中国民族史料汇编

中

潘光旦　编著

学苑出版社

《明史》之部

《資治通鑑》　〔宋〕司馬光編著
　　　　　　　〔元〕胡三省注
〔清〕吳熙載《資治通鑑地理今釋》

總　錄

總錄——明之四至

《明史》卷四〇《地理志一》：

計明初封略，東起朝鮮，西據吐番，南包安南，北距大磧，東西一萬一千七百五十里，南北一萬零九百四里。自成祖棄大寧，徙東勝，宣宗遷開平於獨石，世宗時復棄哈密、河套，則東起遼海，西至嘉峪，南至瓊、崖，北抵雲、朔，東西萬餘里，南北萬里。其聲教所訖，歲時納贄，而非命吏置籍，侯尉羈屬者，不在此數。嗚呼盛矣！

論者謂交趾之棄，未爲失圖，而開平近遷，則守衛益薄，雖置萬全都指揮使司，不足以鎮伏山後諸部，故再傳而有土木之變。

光旦：大寧之放棄，是對兀良哈之讓步；開平衛之南移，則爲對蒙古之讓步，河套亦然，哈密則似入於土魯番，應是畏兀兒也。

總錄——明之全盛

《明史》卷七《成祖三》：

贊曰：……至其季年，威德遐被，四方賓服，受朝命而入貢者殆三十國。幅員之廣，遠邁漢、唐。

光旦：此幅員之廣不知所據何物，豈鄭和所及之國亦計入耶？否則固未見其邁漢唐也。

總錄——民族形勢總

《明史》卷二四五《李應昇傳》：

［天啓三年，以御史］上疏曰："方今遼土淪没，黔、蜀用兵，紅夷之燄未息，西部之賞日增。"

光旦：東北、西北、東南、西南皆有事。東北滿、西北蒙古諸部、西南主要爲彝（安氏，奢氏）、東南則荷蘭所牽動之臺灣諸"番"也。於時，遼東已盡入滿洲，下文卷二四六《滿朝薦傳》有曰，"天啓二年，遼東地盡失"。

總錄——十五世紀四十、五十年代之民族危機

《明史》卷一七〇《于謙傳》：

> 謙之爲兵部也，也先勢方張，而福建鄧茂七、浙江葉宗留、廣東黃蕭養各擁衆僭號，湖廣、貴州、廣西，猺、獞、苗、獠所至蜂起。前後征調，皆謙獨運。……

> 光旦：鄧、葉、黃事見"總錄——起事"片，其中有畬、瑤乃至僮之成分。

《明史》卷一七二：

> 贊曰：英、景間，瓦剌逼西陲，邊圉孔棘，而黃蕭養、葉宗留之徒劫掠嶺南、浙、閩境上。其後荆、襄流民嘯聚，則以劉通、石龍爲之魁。他若都匀、松、茂、黔、楚諸苗、猺，叛者數起。羅亨信、侯璡諸人……無忝厥任矣。孔鏞以知府服叛猺，其才力有過人者。

總錄——明末民族動亂形勢

《明史》卷二七五《祁彪佳傳》：

> 崇禎四年起御史。……尋上《合籌天下全局疏》，以策關（山海關）、寧（寧遠衛），制登海爲二大要。分析中州、秦、晉之流賊，江右楚、粵之山賊，浙、閩、東粵之海賊，滇、黔、楚、蜀之土賊爲四大勢。……

> 光旦：四大勢之三皆涉及少數民族，而二大要則與滿洲之南入分不開。即所謂"流賊"中，少數民族之成分，亦往往而是，西北、西南皆有之。

總錄——西南民族總形勢

《明史》卷三一〇《土司列傳》序：

> 西南諸蠻，有虞氏之苗，商之鬼方，西漢之夜郎、靡莫、邛、筰（原刊作莋）、僰、爨之屬皆是也。自巴、夔以東及湖、湘、嶺嶠，盤踞數千里，種類殊別。歷代以來，自相君長。原其爲王朝役使，自周武王時孟津大會，而庸、蜀、羌、髳、微、盧、彭、濮諸蠻皆與焉。及楚莊蹻王滇，而秦開五尺道，置吏，沿及漢武，置都尉縣屬，仍令自保，此即土官、土吏之所始歟？……（下別見"總錄——土官制度"片。）

總録——正民族地區疆界

《明史》卷二〇一《吴廷舉傳》：

[正德間，]擢右副都御史……出湖南，定諸夷疆地。

總録——陶魯與兩廣

《明史》卷一六五《陶成傳·子魯附傳》：

鬱林人……授新會丞。當是時（景泰末，天順初），廣西猺流刼高、廉、惠、肇諸府……來犯（新會），輒擊破之。天順七年……遷知縣（新會）。尋以破賊功，進廣州同知，仍知縣事。

成化二年從總督韓雍征大藤峽。……用其策，輒有功。……擢……僉事，專治新會、陽江、陽春、瀧水、新興諸縣兵。其冬會參將王瑛破劇賊廖婆保等於欽、化二州，大獲。……明年，賊首黃公漢等猖獗，偕參將夏鑑等連破之思恩、潯州。未幾，賊陷石康，執知縣羅紳。復偕鑑追擊至六菊山，敗之。兩廣自韓雍去，罷總督不設，帥臣觀望相推諉，寇盜滋蔓。魯奏請重臣仍開府梧州，遂爲永制。

……進副使。……

魯治兵久。賊剽兩粤，大者會剿，小者專征，所向奏捷。賊讎之次骨，刼其鬱林故居，焚誥命，發先塋，戕其族黨。魯聞大慟。詔徙籍廣東……益奮志討賊。

二十年，以征荔浦猺[有功]……

進湖廣按察使，治兵兩廣如故。

鬱林、陸川賊黃公定、胡公明等爲亂，與參將歐磐分五路進討，大破之，毀賊巢一百三十。

弘治四年，總督秦紘遣平德慶猺。

進湖廣右布政使。……[尋]改左……兼廣東按察副使，領嶺西道事。人稱之爲"三廣公"。

[弘治]十一年……卒。……

[魯]歷官四十五年，始終不離兵事。大小數十戰，凡斬馘二萬一千四百有奇，奪還被掠及撫安復業者十三萬七千有奇，兩廣人倚之如長城。……

魯將兵不專尚武，嘗言："治寇賊，化之爲先，不得已始殺之耳。"每平賊，率置縣建學以興教化。

光旦：所言"寇""賊"，非瑤即僮。今日兩廣地區之民族形勢，粵東幾不復有僮，粵西東部之少數民族甚少，與此人四十五年之長期鎮壓必有密切關係，故別立片。

總錄——葉盛與兩廣

《明史》卷一七七《葉盛傳》：

[終天順之世，]兩廣盜蜂起（天順二年，或略後，瀧水瑤鳳弟吉之事別有著錄），所至破城殺將。諸將怯不敢戰，殺平民冒功。……盛（二年起，以右僉都御史巡撫兩廣）以蠻出沒不常，請自今攻劫城池者始以聞，餘止類奏。疏至兵部，駁不行。盛與總兵官顏彪破賊砦七百餘所。彪頗濫殺，謗者遂以咎盛。

六年命吳禎撫廣西，而盛專撫廣東。

憲宗立……以韓雍代撫廣東。……草雍敕曰："無若葉盛之殺降也。"

總錄——廣西沿革

《明史》卷三一七《廣西土司傳》序：

廣西猺、獞居多，盤萬嶺之中，當三江之險，六十三山倚爲巢穴，三十六源踞其腹心，其散布於桂林、柳州、慶遠、平樂諸郡縣者，所在蔓衍。而田州、泗城之屬，尤稱強悍。種類滋繁，莫可枚舉。蠻勢之衆，與滇爲埒。今就其尤著者列於篇。觀其叛服不常，沿革殊致，可以覘中國之德威，知夷情之順逆，爲籌邊者之一助云。

《明史》卷三一七《廣西土司傳·桂林[府]》：

桂林，自秦置郡。漢始安。唐桂州，天寶改建陵。宋靜江府。元靜江路。明初，改桂林府，爲廣西布政使司治所，屬內地，不當列於土司。然廣西惟桂林與平樂、潯州、梧州未設土官，而無地無猺、獞。桂林之古田，平樂之府江，潯州之藤峽，梧州之岑溪，皆煩大征而後克，卒不能草薙而獸獮之，設防置戍，世世爲患，是亦不得而略焉。

洪武七年，永、道、桂陽諸州蠻竊發，命金吾右衛指揮同知陸齡率兵討平之。……

光旦：此應是瑤，由鄰省牽涉本省者。

光旦：本傳下文分見"瑤（桂林）"、"僮（桂林）"片。

《明史》卷三一七《廣西土司傳·柳州[府]》：

柳州置自唐貞觀中。明初移治於馬平。所屬州二，縣十。內屬[已]千餘年，惟上林縣尚爲土官，而賓、象、融、羅諸猺（不盡是瑤）蠻蟠結爲寇，城外五里即賊巢，軍民至無地可田。後屢加征勦，置土巡檢於各峒隘，稍稱寧焉。

  光旦：參柳宗元詩，可知"城外五里……"云云，自唐至明，治所雖略有移易，一般城鄉分布光景固無甚區別也。

  洪武二年，中書省臣言："廣西諸峒雖平，宜遷其人入內地，可無邊患。"帝曰："溪洞蠻獠雜處，其人不知禮義，順之則服，逆之則變，未可輕動。惟以兵分守要害以鎮服之，俾日漸教化，數年後，可爲良民，何必遷也。"

  光旦：本傳下文分見"僮（柳州）"、"瑤（柳州）"、"獠（廣西）"諸片。

《明史》卷三一七《廣西土司傳·慶遠[府]》：

  慶遠，秦象郡。漢交阯、日南二郡界。後淪於蠻。唐始置粵州；天寶初，改龍水郡，屬嶺南道；乾符中，更宜州。宋陞慶遠軍節度；咸淳初，改慶遠府。元爲慶元路（慶遠路之誤，慶元路在浙東）。

  洪武元年仍改慶遠府。時征南將軍楊文既平廣西。

  二年，行省臣言："慶遠府地接八番溪洞，所轄南丹、宜山等處，宋、元皆用其土酋安撫使統之。天兵下廣西，安撫使莫天護首來款附，宜如宋、元制，錄用以統其民，則蠻情易服，守兵可減。"帝從之，詔改慶遠府爲慶遠南丹軍民安撫司，置安撫使、同知、副使、經歷、知事各一員，以天護爲同知，王毅爲副使。（其明年，又改司爲府，見"僮（慶遠）"片。）

  [洪武]七年……置南丹州，隸慶遠府，以莫金爲知州。

  [洪武]二十八年……莫金叛……調參將劉真……攻……破之，執莫金幷俘其衆。後遣寶慶衛指揮孫宗等……擊巴蘭等寨蠻獠……蠻地悉定（其間征南將軍楊文又曾征龍州、奉議州，故云"悉定"）。詔置南丹、奉議、慶遠三衛，以官軍守之。

《明史》卷三一七《廣西土司傳·慶遠[府]》：

  弘治九年，總督鄧廷瓚言："廣西猺、獞數多，土民數少，兼各衛軍士十亡八九，凡有征調，全倚土兵。……"（因建議欲多備土兵，別詳"僮（慶遠）片"。）

  光旦：所云土民，當指已成土著之漢民。於時漢人之比數必是小於瑤、僮，今則大不然矣。僮人雖爲最大之少數民族，亦七百萬人耳。

《明史》卷三一七《廣西土司傳·慶遠[府]》：

慶遠領州四。河池，弘治中以縣陞州，改流官。其東蘭、那地、南丹皆土官。縣五，[其中]忻城土官。又長官司二，曰永安，永順。①

　　　　光旦：本傳餘文分見"僮（慶遠）"、"瑤（慶遠）"、獠（廣西）"諸片。

《明史》卷三一七《廣西土司傳·平樂[府]》：

　　平樂，初爲縣，元大德中改平樂府，明因之。

《明史》卷三一七《廣西土司傳·平樂[府]》：

　　[洪武]二十九年遷富川縣於富川千戶所。時富川千戶所新立於矮石城②，典史言："縣治無城，恐蠻寇竊發，無以守禦，宜遷城內爲便。"從之。

　　　　光旦：平樂府餘文分見"僮（平樂）"、"瑤（平樂）"等片。

《明史》卷三一七《廣西土司傳·梧州[府]》：

　　梧州，漢之蒼梧郡也。元至元中，改置梧州路。洪武元年，征南將軍廖永忠、參將朱亮祖等既平廣東，③引兵至梧州境。元達魯花赤拜住率官吏父老迎降。亮祖駐兵滕州。於是潯、貴等州縣以次降附。二年併南流縣於鬱林州，普寧縣於容州，并藤州皆隸梧州府。四年置梧州守禦千戶所。二十三年置容縣守禦千戶所。

　　廣西全省惟蒼梧一道無土司，猺患亦稀。……（下文見"瑤（梧州）"片。）

　　　　光旦：同卷《桂林傳》下云，廣西惟桂林與平樂、潯州、梧州未設土官，與此處所云不一致。然皆說明兩三點：一爲瑤多於僮，而瑤人鮮爲土官者；二爲雖亦有僮，而與瑤雜居之程度不大，盡是瑤人聚居之地，又不宜於設僮人土官；三爲瑤、僮或已在"內地"久，漢化之程度一般較深，可由漢官直接統治，不須土官居間也。

　　　　光旦：《梧州傳》餘文見"瑤（梧州）"片。

《明史》卷三一七《廣西土司傳·潯州[府]》：

　　（具見"瑤（潯州）"片。）

《明史》卷三一七《廣西土司傳·南寧[府]》：

---

① 標點本《校勘記》：《明史》卷四五《地理志》謂領永順、永定、永安三長官司。——整理者注

② 標點本《校勘記》：矮石城，《明史》卷四五《地理志》及《讀史方輿紀要》卷一〇七俱作"靄石山"。——整理者注

③ 標點本《校勘記》：參將，據《明史》卷一三二《朱亮祖傳》、《明史稿》傳一九一《平樂傳》及《太祖實錄》卷二八洪武元年五月戊戌條應爲"參政"。——整理者注

南寧，唐之邕州也。元，邕州路；泰定中，改南寧路。

洪武二年……（詳"僮（南寧）"片）上思州平。

三年，置南寧、柳州二衛。時廣西省臣言："廣西地接雲南、交阯，所治皆溪洞苗蠻，性狼戾多畔。府衛兵遠在靖江（指桂林）數百里外，卒有警，難相援，乞立衛置兵以鎮。"又言："廣海俗素獷戾，動相讎殺，蓋緣郡縣無兵以馭之。近盜寇鬱林，同知集民兵拒守（指二年上思州黃龍冠之起事，見"僮（南寧）"片），潯州經歷徐成祖亦以民兵千餘敗賊，是土兵（此未必是真土兵，第地方漢人民壯耳）未始不可用。乞令邊境郡縣輯民丁之壯者，置衣甲器械，籍之有司，有事則捕賊，無事則務農。"詔從之。遂置衛，益兵守禦。……

五年，宣化盜起，劫掠南寧府（上文未言何時由元之南寧路改府，史文脫漏；按洪武十年改，見《方輿紀要》卷一一〇），詔發廣西官軍討平之。初，南寧衛指揮僉事左君弼虜民之無籍者為軍，又縱所部入山伐木，民多擾，遂相搆為盜。至是討平，命大都督府按君弼罪。

　　光旦：此與非漢族不甚相干，故列此。

南寧故稱邕管，牂牁峙其西北，交阯踞其西南，三十六洞錯壤而居，延袤幾千里，橫山、永平尤要害。歷唐及宋，建牙置帥，與桂州等。又郡地夷曠，可宿數萬師。成化時，征田州及經略安南，舉弭節茲土。……（下見"瑤（南寧）"片。）

南寧領州四。① 曰新寧，曰橫州，為流官。曰上思州，曰下雷州，為土官。縣三，曰宣化，曰隆化，曰永淳。［四州之外，又］歸德州……果化州……元屬田州路。……弘治間……皆為田州所侵削，因改隸於南寧（別詳"僮（南寧）"片）。

　　光旦：史文云"州四"，而不云"州六"，殊不解。設曰，因二州改屬府為時已晚，則下雷州之由峒升州尤遠在二州改屬之後（萬曆十八年，見"僮（南寧）"）。亦是史家綴輯欠周到處。

《明史》卷三一八《廣西土司傳·太平［府］》：

　　太平，漢屬交阯，號麗江。唐為羈縻州，隸邕州都督府。宋平嶺南，於左、右二江溪峒立五寨。其一曰太平，與古萬、遷隆、永平、橫山四寨各領州、縣、

---

① 標點本《校勘記》：《明史》卷四五《地理志》作領州七，橫州、新寧州、上思州、歸德州、果化州、忠州、下雷州。——整理者注

峒，屬邕州建武軍節度。元仍爲五寨；後廢，乃置太平路於麗江。

洪武……二年……改爲太平府。以[黃]英衍爲知府，世襲。……

太平[府]領州縣以十數。明初，皆以世職授土官，而設流官佐之。

> 光旦：本傳、府下文見"儂（廣西）"、"僮（太平）"等片。此處所錄有刪省處，同。太平，明初改府時即改流官知府，傳文失載。

《明史》卷三一八《廣西土司傳·思明[府]》：

思明，唐置州，隸邕州。宋隸太平寨。元改思明路。洪武初，改爲府。

> 光旦：本傳、府餘文分見"僮（思明）"、"儂（廣西）"等片。

《明史》卷三一八《廣西土司傳·思恩[府]》：

思恩，漢屬交阯[郡]。唐爲思恩州，屬邕，乃澄州止戈縣地。（此句意義不清，澄州與止戈縣又從何而來？）宋開寶間，廢澄州，以止戈、賀水、無虞三縣省入上林；治平間，以上林之止戈入武緣，隸邕。元屬田州路。歷代羈縻而已。（明初原爲思恩州，屬田州府；正統四年，改爲府；正統六年又改爲軍民府；弘治十八年，岑濬平，改流；正德七年，設鳳化縣，屬府；嘉靖七年，以府餘地爲九土巡檢司；萬曆七年，以南寧府之武緣縣來屬——具詳"僮（思恩）""[僮]（廣西思恩府）"片。）

《明史》卷三一八《廣西土司傳·鎮安[府]》：

（見"僮（鎮安）"片。）

《明史》卷三一八《廣西土司傳·田州[府]》：

田州，古百粵地。漢屬交阯郡。唐隸邕州都督府。宋始置田州，屬邕州橫山寨。元改置田州路軍民總管府。明興，改田州府，省來安府入焉；後改田州。領縣一，曰上林。

……（具"僮（田州）"片。）

[嘉靖]八年，[王]守仁（時以兵部尚書在桂總督軍務，已平思、田之後）於思、田既議設流官，又議移南丹衛於八寨，改思恩府城於荒田，改設鳳化縣治於三里，添設流官縣於思龍，增築五鎮城堡於五屯。及侍郎林富繼之，又言："田州界居南寧、泗城，交通雲、貴、交阯，爲備非一，不宜改設流官。南丹衛設在賓州，既不足以遥制八寨，遷八寨又不得以還護賓州。爲今日計，獨上林之三里，守仁所議設縣者，可遷南丹衛於此。夫設縣則割賓州之地以益思恩，是顧彼而失此也。遷衛則扼八寨之吭以還護賓州，是一舉而兩得也。然不宜屬田州，而仍屬南寧爲便。"其議與守仁頗有異同，詔從富言。

……（餘文具"僮（田州）"片。）

《明史》卷三一八《廣西土司傳·恩城州》：

唐置。宋、元仍舊。明初因之，隸廣西布政司，朝貢如例。成化十九年，知州岑欽，田州土官岑溥叔也，相讎殺。……（下省，參"僮（田州）"片）……有司以恩城宜裁革，從之，州遂廢。

　　光旦：廢而不改流，豈因僮人為數不多故耶？今恩隆縣境。

《明史》卷三一八《廣西土司傳·上隆州》：

（見"僮（上隆）"片。）

《明史》卷三一八《廣西土司傳·都康州》：

都康州，宋置，隸橫山寨。元屬田州路。洪武間，為蠻獠所據（此語不實，決不始洪武間）。三十二年復置，隸布政司。土官馮姓。其界東南抵龍英，西至鎮安，北至向武。

　　光旦："所據"，指州治則可。

《明史》卷三一九《廣西土司傳·泗城州》：

（見"僮（泗城州）"片。）

《明史》卷三一九《廣西土司傳·利州》：

（見"僮（利州）"片。）

《明史》卷三一九《廣西土司傳·龍州》：

（見"儂（龍州）"片。）

《明史》卷三一九《廣西土司傳·歸順州》：

（見"僮（歸順州）"片。）

《明史》卷三一九《廣西土司傳·向武州》：

（見"僮（向武）"片。）

《明史》卷三一九《廣西土司傳·奉議州》：

（見"僮（奉議）"片。）

《明史》卷三一九《廣西土司傳·江州》：

（見"僮（江州）"片。）

《明史》卷三一九《廣西土司傳·思陵州》：

（見"僮（思陵州）"片。）

總錄——中原與滇黔

《明史》卷三：

　　[洪武]十六年……三月甲辰，召征南師還，沐英留鎮雲南。

《明史》卷三：

　　[洪武]二十年……八月……景川侯曹震屯田雲南品甸。

《明史》卷三：

　　[洪武二十年]十一月壬午，普定侯陳桓、靖寧侯葉昇屯田定邊、姚安、畢節諸衛。

《明史》卷三：

　　[洪武]二十三年……正月……唐勝宗督貴州各衛屯田。

　　　　光旦：查於同年初再度討平貴州蠻之後緊接着爲之。

《明史》卷六《成祖二》：

　　[永樂]十一年……二月辛亥，始設貴州布政司。

《明史》卷一一：

　　[景泰]二年……六月……己卯，詔貴州各衛修舉屯田。（互見）

　　　　光旦：時初破平越苗，參"苗（湖廣、貴州）片"。

《明史》卷一七《世宗一》：

　　[嘉靖]九年……九月壬辰，罷雲南鎮守中官。

　　　　光旦：何時設，須查。

《明史》卷一二六《沐英傳》：

　　[洪武十六年，詔傅友德及藍玉班師，]而留英鎮滇中。……二十年，[英]奉詔自永寧至大理，六十里設一堡，留軍屯田。……

《明史》卷一二六《沐英傳》：

　　英……在滇[十年（洪武十五至廿五年卒）]，百務具舉，簡守令，課農桑，歲較屯田增損以爲賞罰，墾田至百萬餘畝。滇池隘，浚而廣之，無復水患。通鹽井之利以來商旅，辨方物以定貢稅，視民數以均力役。疎節濶目，民以便安。

《明史》卷一二六《沐英傳》：

　　[英長子春嗣英，]在鎮七年，大修屯政，闢田三十餘萬畝，鑿鐵池河，灌宜良涸田數萬畝，民復業者五千餘户。

《明史》卷一三〇《張龍傳》：

　　[洪武]二十三年，[龍]同延安侯唐勝宗督屯田於平越、鎮遠、貴州，議

置龍里衞。

  光旦：貴州，貴州宣慰司也。

《明史》卷一三一《王志傳》：

  [洪武]十六年督兵往雲南品甸，繕城池，立屯堡，置驛傳，安輯其民。

《明史》卷一三一《梅思祖傳》：

  [洪武]十五年，[思祖]與傅有德平雲南，置貴州都司，以思祖署都指揮使。尋署雲南布政司事，與平章潘元明同守雲南。思祖善撫輯，遠人安之。

《明史》卷一三一《鄭遇春傳》：

  從傅有德平雲南，帥楊文等經略城池屯堡。

《明史》卷一三一《葉昇傳》：

  [洪武]二十年命同普定侯陳桓總制諸軍於雲南定邊、姚安，立營屯田，經理畢節衞。明年，東川龍海諸蠻叛，昇以參將從沐英討平之。

《明史》卷一五一《張紞傳》：

  [洪武]十五年，雲南平，出爲左參政。……歷左布政使。[至二十年入覲，]治行爲天下第一……紞在滇凡十七年，土地貢賦，法令條格皆所裁定。民間喪祭冠婚咸有定制，務變其俗。滇人遵用之。

總錄——方瑛與貴州

《明史》卷一六六《方瑛傳》：

  [自正統初至天順二年，]瑛前後克砦幾二千，俘斬四萬餘。平苗之功，前此無與比者。

  光旦：地區亦涉及部分雲南及湖廣。民族則狹義之苗爲主而外，亦涉及傣、佈依、仡佬、東苗等，分見有關各片。

總錄——滇黔之經營

《明史》卷一七〇《于謙傳》：

  貴州苗未平，何文淵議罷二司，專設都司，以大將鎮之。謙曰："不設二司，是棄之也。"議乃寢。

  光旦：二司，布政使司、按察使司也，主民政、刑獄。都司專主軍，只進行軍事鎮壓而無民、刑之政，是退至永樂十一年以前光景也，故曰"棄之"。貴州之有今日，謙一言有力焉。

《明史》卷一九一《何孟春傳》：

　　［正德近末］以右副都御史巡撫雲南。……奏設永昌府，增五長官司、五守禦所。

《明史》卷二〇三《陳察傳》：

　　世宗即位，［察］（時以御史巡按雲南）疏言金齒、騰衝地極邊徼，既統以巡撫總兵，又有監司守備分轄，無事鎮守中官。因劾太監劉玉……罪。

《明史》卷二四九《朱燮元傳》：

　　（燮元鎮壓水西安氏之後，没於水西河以内之地未改設郡縣，裂土分屯，頗多措施，見"［彝］（永寧）——朱燮元"片。）

《明史》卷二四九《朱燮元傳》：

　　（上條事在崇禎三年安位既降之後。）其冬討平定番、鎮寧叛苗，乃通威清等上六衛及平越、清平、偏橋、鎮遠四衛道路，凡一千六百餘里，繕亭障，置遊徼。貴陽東北有洪邊十二馬頭，故宣慰宋嗣殷地也。嗣殷以助［安］邦彦被剿滅，乃即其地置開州，又奏復故施秉縣，招流民實之。

《明史》卷二四九《王三善傳·朱家民附傳》：

　　自［安］邦彦始亂，雲、貴諸土酋盡反，攻陷安南等上六衛，雲南路斷。其後路雖通，羣苗猶出没爲患。家民（當是在黔任左布政使時，已在崇禎初年）率參將許成名等討平盤江外阿野、魯頗諸砦，於是相度盤江西坡、板橋、海子、馬場諸要害，築石城五。宿兵衛民。又於其間築六城，廨舍廬井畢備。羣苗惕息，行旅晏然。盤江居雲、貴交，兩山夾峙，一水中絶，湍激迅悍，舟濟者多陷溺。家民倣瀾滄橋制，冶鐵爲絙三十有六，長數百丈，貫兩崖之石而懸之，覆以板，類於蜀之棧，而道始通。

總錄——滇黔之經營（傅宗龍論黔屯田）

《明史》卷二六二《傅宗龍傳》：

　　［天啓五年，陸廣敗後，巡撫蔡復一、巡按御史傅宗龍謀討諸苗（另有片），以孤賊勢，有成。］宗龍乃條上屯守策，言："蜀以屯爲守，黔則當以守爲屯。蓋安酋土地半在水外，犵狫、龍、仲、蔡、苗諸雜種，緩急與相助。賊有外藩，我無邊蔽，黔兵所以分力愈詘。臣謂以守爲屯者，先發兵據河，奪賊所恃。然後撫剿諸種，隨渡口大小置大小寨，深溝高壘，置烽墩礮臺。小渡則塞以木石，使一粟不入水内，一賊不出水外，賊無如我何。又令沿河兵習水戰，

當賊耕耨時，頻出奇兵，渡河擾之。賊不敢附河而居，而後我可以議屯也。屯之策有二：一曰清衛所原田，一曰割逆賊故壤，而以衛所之法行之。蓋黔不患無田，患無人。客兵聚散無常，不能久駐。莫若倣祖制，盡舉屯田以授有功。因功大小，爲官高下，自指揮至總、小旗，畀以應得田爲世業，而禁其私賣買。不待招徠，戶口自實。臣所謂以守爲屯者如此。……"部議從之。

總錄——滇黔之經營

《明史》卷三一三《雲南土司傳》序：

洪武十四年，大軍至滇，梁王走死，遂置雲南府。自是，諸郡以次來歸，垂及累世，規制咸定。統而稽之，大理、臨安以下，元江、永昌以上（此就下文目次及三一四卷目次言之），皆府治也。孟艮（今在國境外，屬緬甸）、孟定等處則爲司，新化、北勝等處則爲州，或設流官，或仍土職。今以諸府州概列之土司者，從其始也。蓋滇省所屬多蠻夷雜處，即正印爲流官，亦必以土司佐之。而土司名目淆雜，難以縷析，故係之府州，以括其所轄。而於土司事迹，止摭其大綱有關乎治亂興亡者載之，俾控馭者識所鑒焉。

《明史》卷三一三《雲南土司傳·雲南[府]傳》：

自[沐]英平雲南，在鎮十年，恩威著於蠻徼；每下片楮，諸番部具威儀出郭叩迎，盥而後啓，曰："此令旨也。"……數傳而西平裔孫當襲侯，守臣爭之，謂滇人知有黔國公，不知西平侯也。孝宗以爲然，許之[仍襲公]。……

諸土司之進止予奪，皆咨稟[於沐氏]。及承平久，文網周密，凡事必與太監撫、按、三司會議後行，動多掣肘，土官子孫承襲有積至二三十年不得職者。土官復慢令玩法，無所忌憚；待其罪大惡極，然後興兵征剿，致軍民日困，地方日壞。……

《明史》卷三一三《雲南土司傳·大理[府]》：

[洪武]十六年……命六安侯王志、安慶侯仇成、鳳翔侯張龍督兵往雲南品甸，繕城池，立屯堡，置郵傳，安輯人民。……十九年置雲南洱海衛指揮使司，以賴鎮爲指揮僉事。洱海，本品甸也。兵燹後，人民流亡，室廬無復存者。鎮至，復城池，建譙樓，治廬舍市里，修屯堡，隄防、斥堠，又開白鹽井，民始安輯。

光旦：此條前後頗重複，當是先後經營，至賴鎮始告成，而文字未加刪省。

《明史》卷三一三《雲南土司傳·大理[府]》：
　　嘉靖元年改十二關長官司於一泡江之西，從巡撫何孟春奏也。

總錄——貴州沿革

《明史》卷三一六《貴州土司傳》序：
　　貴州，古羅施鬼國。漢西南夷牂牁、武陵諸傍郡地。元置八番、順元諸軍民宣慰使司以羈縻之。
　　明太祖既克陳友諒，兵威遠振，思南宣慰、思州宣撫率先歸附，即令以故官世守之。時至正二十五年也。
　　及洪武五年，貴州宣慰靄翠與宋蒙古歹及普定府女總管適爾等先後來歸，皆予以原官世襲。帝方北伐中原，未遑經理南荒。又田仁智等歲修職貢，最恭順。乃以衛指揮僉事顧成築城以守，賦稅聽自輸納，未置郡縣。
　　永樂十一年，思南、思州相仇殺，始命成以兵五萬執之，送京師。乃分其地為八府四州（亦只今全省之小部分而已），設貴州布政使司，而以長官司七十五分隸焉，屬户部。[又]置貴州都指揮使，領十八衛，而以長官司七隸焉，屬兵部。府以下參用土官。其土官之朝貢符信屬禮部，承襲屬吏部，領土兵者屬兵部。其後府并為六，州并為四，長官司或分或合，釐革不一。（州本為四，何云并？）……
　　太祖於《平滇詔書》言："靄翠輩不盡服之，雖有雲南不能守也"，則志已在黔，至成祖遂成之。然貴州……諸蠻種類[不一]……叛服不常。靄翠歸附之初，請討其隴居部落。帝曰："中國之兵，豈外夷報怨之具。"及仁智入朝，帝諭之曰："天下守土之臣，皆朝廷命吏，人民皆朝廷赤子，汝歸善撫之，使各安其生，則汝可長享富貴。……"
　　二十一年，部臣以貴州逋賦請。帝曰："蠻方辟遠，來納租賦，是能遵聲教矣。逋負之故，必由水旱之災，宜行蠲免。自今定其數以為常，從寬減焉。"
　　二十九年，清水江之亂既平，守臣以賊首匿宣慰家，宜并罪。帝曰："蠻人鴟張鼠伏，自其常態，勿復問。"
　　明初御蠻之道，其後世之龜鑑也夫。

《明史》卷三一六《貴州土司傳·貴陽[府]》：
　　舊為程番長官司。洪武初，置貴州宣慰司，隸四川。永樂十一年改隸貴州。成化十二年置程番府。

隆慶三年移程番府爲貴陽府，與宣慰司同城（是既移治，又改名，只移字意義欠明瞭）。府轄城北，司轄城南。萬曆時，改爲貴陽軍民府。領安撫司一，曰金筑；領長官司十八①，曰貴竹，曰麻嚮，曰木瓜，曰大華，曰程番，曰韋番，曰方番，曰洪番，曰卧龍番，曰金石番，曰小龍番，曰羅番，曰大龍番，曰小程番，曰上馬橋，曰盧番，曰盧山，曰平代（是平伐之誤）。其……宣慰司所領長官司九②，曰水東，曰中曹，曰青山，曰劄佐，曰龍里，曰白納，曰底寨，曰乖西，曰養龍坑。

　　光旦：其中有彝、有苗、有佈依、有仡佬，等，每一長官司所屬之居民究以何族爲主、爲多，尚待核定。

　　自蜀漢時，濟火從諸葛亮南征有功，封羅甸國王。後五十六代爲宋普貴，傳至元阿畫，世有土於水西。宣慰司（應作使）靄翠，其裔也，後爲安氏。……（此段及下文詳"[彝]（水西）——沿革"片。）

　　及設布政使司，而宣慰司如故。安氏領水西，宋氏（明初宣慰即上文蒙古歹，後名欽）領水東。八番降者，皆令世其職。

《明史》卷三一六《貴州土司傳·思南、思州[二府]》：

　　（見"[巴]（思南、思州）——沿革"片。）

《明史》卷三一六《貴州土司傳·鎮遠[府]》：

　　（見"苗（鎮遠）——沿革"片。）

《明史》卷三一六《貴州土司傳·銅仁[府]》：

　　（見"苗（銅仁）——沿革"片。）

《明史》卷三一六《貴州土司傳·黎平[府]》：

　　（見"苗（黎平）——沿革"片。）

《明史》卷三一六《貴州土司傳·安順[府]》：

　　（見"[彝]（安順）——沿革"片。）

《明史》卷三一六《貴州土司傳·都勻[府]》：

　　都勻，元曰都雲。洪武十九年置都勻安撫司。二十九年改爲軍民指揮使

---

① 標點本《校勘記》：《明史》卷四六《地理志》稱，貴陽軍民府領長官司十六，未載貴竹、平伐。——整理者注

② 標點本《校勘記》：《明史》卷四六《地理志》稱貴州宣慰司領長官司七，無青山、劄佐。——整理者注

司，屬四川。永樂十一年①改隸貴州。弘治七年置府。領州二，曰麻哈，曰獨山，即合江洲陳蒙爛土長官司地。領縣一，曰清平，即清平長官司地也。領長官司八：屬府者曰都勻，曰平浪，曰邦水，曰平州②六洞；屬獨山者曰九名九姓，曰豐寧；屬麻哈者曰樂平，曰平定。

洪武二十二年，都督何福奏討都勻叛苗（詳"苗（都勻）"片）。

［洪武］二十三年城都勻衛，命指揮同知董庸守之。

二十五年，九名九姓蠻亂……

二十八年，豐寧三藍等寨亂……

（洪武二十九年，永樂四年，宣德元年、七年，數不靖，見"苗（都勻）"片。）

（宣德七年至弘治七年，長期"苗"亂，及七年設都勻府與府屬獨山、麻哈二州，見"獠（黔、桂間）"片。）

……（以下均見"苗（都勻）"片。）

《明史》卷三一六《貴州土司傳·平越［府］》：

平越，古黎峨里。元爲平月長官司。洪武十四年置衛。十七年改爲軍民指揮使司，屬四川。萬曆中，始置府，屬貴州（未叙置府之由與平播州關係，雖已見他傳，總是疏筆）。領州一，曰黃平，即黃平安撫司地。領縣四③：曰平越；曰湄潭；曰甕安，即甕水、草塘二長官司地；曰餘慶，即白泥、餘慶二長官司地。領長官司一，曰揚義。④

（下文分見"苗（平越）"、"獠（平越）"片。）

《明史》卷三一六《貴州土司傳·石阡［府］》：

石阡，本思州地。永樂十一年置府……領長官司四：曰石阡，曰苗民，曰葛彰葛商，曰龍泉坪。宣德六年，葛彰葛商長官安民奏："前以官鈔糴糧儲備，令蠻民守視。溪洞險僻，無所支用，恐歲久腐爛，賠納實難，請以充有司祭祀過使廩給之用。"從之。

---

① 標點本《校勘記》：永樂十一年，《明史》卷四六《地理志》及《明一統志》卷八八作"永樂十七年"，《讀史方輿紀要》卷一二一作"永樂七年"。——整理者注

② 標點本《校勘記》：平州，《明史》卷四六《地理志》作"平洲"。——整理者注

③ 標點本《校勘記》：《明史》卷四六《地理志》稱領縣三，無平越。——整理者注

④ 標點本《校勘記》：《明史》卷四六《地理志》稱平越領長官司二，曰凱里，曰楊義。此作"領長官司一"，無"凱里"，又楊義作"揚義"。——整理者注

萬曆中，改龍泉坪爲縣。

《明史》卷三一六《貴州土司傳·新添衛》：

新添衛，故麥新地也。宋時克麥新地，乃改爲新添。元置新添葛蠻安撫司。洪武四年置長官司。二十三年改爲衛。二十九年置新添衛軍民指揮使司。領長官司五：曰新添，曰小平伐（大平伐屬龍里衛軍民指揮使司，見卷四六《地理志七》），曰把平寨，曰丹平，曰丹行。

洪武五年春，新添安撫宋亦憐真子仁來朝。

光旦：亦宋家統治範圍。

其（五年）秋，平伐[司]蘆山、山木等砦長來降。

七年，平伐[司]谷霞、谷浪等苗攻劫的敖諸寨，指揮僉事張岱討之。岱攻谷峽、刺向關破之，追至的敖，大破之，擒的令、的若而還，蠻大詟。

光旦：此中應有僚，帶"葛""谷"音之地名疑皆與"仡"有係。

永樂二年置丹行、丹平二長官。

宣德元年，新添土舍宋志道糾洞蠻肆掠，蕭授討擒之。

九年，丹行土舍羅朝煽誘寨長卜長、逃民羅阿記等侵占卧龍番長官龍保地，又攻猱平寨焚劫。時苗民素憚指揮李政，尚書王驥因奏遣政往撫諭。……

成化九年，以旱災免新添衛糧。

光旦：《新添衛傳》下文分見"苗（新添衛）"、"東苗"、"[布依]"、"[僚？]（新添衛）"等片。

《明史》卷三一六《貴州土司傳·金筑安撫司》：

（見"[彝]（金筑安撫司）"片。）

總錄——雲南沿革

《明史》卷三一三《雲南土司傳·雲南[府]傳》：

雲南，[古]滇國也。漢武帝時始置益州郡。蜀漢置雲南郡。隋置昆州。唐仍之。後爲南詔蒙氏所據，改鄯闡府。歷鄭、趙、楊三氏，至大理段氏，以高智昇領鄯闡牧，遂世其地。元初，置鄯闡萬戶府。既[而]改置中慶路，封子忽哥爲雲南王鎮之，仍錄段氏子孫守其土。忽哥死，其子嗣封爲梁王。……

[洪武]十四年，征南將軍傅友德、藍玉、沐英率師至雲南城，梁王赴滇池死，定其地。改中慶路爲雲南府，置都指揮使司，命都督僉事馮誠署司事。

《明史》卷三一三《雲南土司傳·大理[府]》：

唐葉榆縣境也。麟德初，置姚州都督府。開元末，蒙詔皮羅閣建都於此，爲南詔，治太和城。至閣羅鳳，號大蒙國，異牟尋改大禮國。其後，鄭買賜、趙善政、楊干貞互篡奪。至五代晉時，段思平得之，更號大理國。元憲宗取雲南，至大理，段智興降附，乃設都元帥，封智興爲摩訶羅嵯，（此印度語Maharaja也，何以有此？）管領八方。又以劉時中爲宣撫使，同智興安輯其民。段氏有大理，傳十世。

至寶，聞太祖開基江南，遣其叔段真由會川奉表歸款。

洪武十四年，征南將軍傅友德克雲南，授段明爲宣慰使。明遣都使張元亨貽征南將軍書曰："大理乃唐交綏之外國，鄯闡實宋斧畫之餘邦，難列營屯，徒勞兵甲。請依唐、宋故事，寬我蒙、段，奉正朔，佩華篆，比年一小貢，三年一大貢。"友德怒，辱其使。明再貽書曰："漢武習戰，僅置益州。元祖親征，衹緣鄯闡。乞賜班師。"友德答書曰："⋯⋯汝段氏接武蒙氏，運已絶於元代，寬延至今。我師已殲梁王，報汝世仇，不降何待？"

十五年，征南左將軍藍玉、右將軍沐英率師攻大理。大理⋯⋯聞王師至，聚衆扼下關。下關者，南詔皮羅閣所築龍尾關也，號極險。玉等至品甸，遣定遠侯王弼以兵由洱水東趨上關，爲犄角勢，自率衆抵下關⋯⋯遣都督胡海洋由石門間道夜渡河，繞出點蒼山後，攀木援崖而上，立旗幟。昧爽，軍抵下關者望見，皆踴躍謹譟，蠻衆驚亂。英⋯⋯策馬渡河⋯⋯將士隨之，遂斬關入。蠻兵潰，拔其城，酋長段世就擒。世與明皆段寶子也。至京師，帝傳諭曰："爾父寶曾有降表，朕不忍廢。"賜長子名歸仁，授永昌衛鎮撫；次子名歸義，授雁門鎮撫。大理悉定，因改大理路爲大理府，置衛，設指揮使司。

《明史》卷三一三《雲南土司傳·臨安[府]》：

臨安，古句町國。漢置縣。唐爲羈縻舸州地。天寶末，南詔蒙氏於此置通海郡。元時内附，置阿僰部萬户府；至元中改臨安路，屬臨安、廣西、元江等處宣慰司。

> 光旦：曰"舸州"，曰"阿僰部"，皆與"仡佬"有關，與"土獠"爲當地基礎人口而至今尚存之情况相合。

洪武十四年，征南將軍下雲南，遣宣德侯金朝興分道取臨安。元右丞兀卜台、元帥完者都及土官楊政降，改路爲府，廢宣慰司，置臨安衛指揮使司。⋯⋯

臨安領州四，縣四。① 其長官司有九，曰納樓茶甸，曰教化三部，曰溪處甸，曰左能寨，曰王弄山，曰虧容甸，曰思陀甸，曰落恐甸，曰安南，其地皆在郡東南。西平侯征安南（今越南，非上安南長官司），取道於此。蓮花灘之外即交荒外，而臨安無南面之虞者，以諸甸爲之備也。但地多瘴，流官不欲入，諸長官亦不請代襲，自相冠帶，日尋干戈。納樓部內有礦場三，曰中場、鴛黃、摩訶，封閉已久，亡命多竊取之。

其安南長官司，本阿僰蠻所居，舊名褒古，後名捨資。元爲捨資千户所。以地近交阯，改安南，屬臨安路。正德八年，蒙自土舍禄祥爭襲父職，鴆殺其嫡兄禄仁，安南長官司土舍那代助之以兵，遂稱亂。守臣討平之。事聞，命革蒙自土官，改［安南］長官司爲新安守禦千户所，調臨安衛中所官軍戍之（此段分別互見）。

《明史》卷三一三《雲南土司傳·楚雄［府］》：

楚雄，昔爲威楚。元憲宗置威楚萬户府；至元後，置威楚開南路宣撫司。

洪武十五年，南雄侯趙庸取其地。

十七年以土官高政爲楚雄府同知，阿魯爲定邊縣丞。

光旦：《方輿紀要》云，楚雄古爲濮洛蠻地，亦即獠地也。濮即僰、播，洛即獠。南詔以後，彝之成分加大，大理以後，白之成分獨多。高政，白也，阿魯應是彝。

永樂元年，楚雄府言："所屬蠻民，不知禮義。惟僰種賦性溫良，有讀書識字者。府州已嘗設學教養，其縣學未設。縣所轄六里，僰人過半，請立學置官訓誨。"從之。

光旦：此所云僰種，應爲白族無疑。自來白族漢化程度最深，多讀書識字，亦以居府、州、縣城廂者爲多，可推而知之也。

宣德五年命故土知府高政女襲同知。政初爲同知，永樂中來朝，時仁宗監國，嘉其勤誠，陞知府，子孫仍襲同知。政卒，無子，妻襲。又卒，其女奏乞

---

① 標點本《校勘記》：州四縣四，據《讀史方輿紀要》卷一一五應爲"州五縣五"。按《寰宇通志》卷一一二、《明一統志》卷八六、重修《明會典》卷一六都作"州四縣四"，因三書分別纂修於景泰、天順、萬曆初，時臨安府領州四縣四。至萬曆十九年，新化州"來屬"，又置新平縣，遂領州五縣五。《明史》卷四六《地理志》作領"州六"，係將宣德元年已"與安南"之寧遠州亦列爲屬州之故。——整理者注

襲知府。帝曰："皇考有成命。"令襲同知。……

光旦：陞知府者，亦只銜而已，固別有漢官知府也。

九年，黔國公沐晟等奏："楚雄所屬黑石江及泥坎村銀場，軍民盜礦，千百爲羣，執兵攘奪。楚雄縣賊首者些糾合武定賊者惟等，劫掠軍民，殺巡檢張禎。又定邊縣阿苴里諸處強賊，聚衆抄掠景東等衛。大理、蒙化、楚雄、姚州皆有盜出没。"帝敕責晟等，期以三年討靖諸爲亂者。

嘉靖四十三年，楚雄叛蠻阿方等兵起，先攻易門所，流劫嶍峨、昆陽、新化各州縣，僭稱王，約土官王一心、王行道爲援。一心後悔，詣軍門請討賊自効。巡撫呂光洵許之，招降數百人。官軍分道進，擒獲賊黨。乘勝攻大、小木址二寨，克之，斬阿方首，餘賊悉平。

光旦：上兩條中者些、者惟、阿方等應均是彝。者姓爲彝不疑。

《明史》卷三一三《雲南土司傳·澂江[府]》：

澂江，唐爲南寧、昆二州地；天寶末，没於蠻，號羅伽甸。宋時，大理段氏號羅伽部。元置羅伽萬户府；至元中，改澂江路。

洪武十五年……澂江歸附，改澂江府。地居滇省之中，山川明秀，鹽衣耕食，民安於業。近郡之玀玀，性雖頑狠，然恭敬上官。官至，爭迎到家，刲羊擊豕，罄所有以供之，婦女皆出羅拜。故於諸府獨號安静云。

光旦：明代澂江雖尚有彝族，但已完全無土官。

《明史》卷三一三《雲南土司傳·景東[府]》：

景東，古柘南也。漢尚未有其地。唐南詔蒙氏始置銀生府，後爲金齒白蠻所據。

光旦："金齒白蠻"似是一個詞，非兩個，如爲兩個，則以白蠻言之，殊不應言"據"，南詔統治層中白蠻成分甚大也。金齒白蠻之白，疑應作"百"，即擺夷也，亦即傣也。上文《楚雄傳》中既以"白"爲"僰"，則此"白"顯爲又一種人，非今之白族明矣。如"後"指大理國年代，則尤不應言"據"，當時之雲南固"白蠻"天下也。然有白蠻散布其間，亦應是事實，並不矛盾。

元中統三年討平之，以所部隸威楚萬户；至元中，置開南州。

洪武十五年平雲南，景東先歸附。土官俄陶獻馬百六十匹、銀三千一百兩、馴象二。詔置景東府，以俄陶知府事，賜以文綺襲衣。

光旦：俄陶族屬不明。

十八年，百夷思倫發叛，率衆十餘萬攻景東之北吉寨。俄陶率衆禦之，爲所敗，率其民千餘家避於大理府之白崖川。事聞，帝嘉其忠，遣通政司經歷楊大用齎白金文綺賜之。

　　光旦：是俄陶及"其民千餘家"有可能爲白族。

二十三年，沐英討平思倫發，復景東地。因奏景東百夷要衝，宜置衛。以錦衣衛僉事胡常守之，俄陶仍舊職。

［洪武］二十四年，帝以景東爲雲南要害，且多腴田，調白崖川軍士屯守。

二十六年命洱海衛指揮同知賴鎮守景東，從沐春請也。

宣德五年置孟緬長官司。時景東奏所轄孟緬、孟梳，地方遐遠，屢被外寇侵擾。乞并孟梳於孟緬，設長官司，授把事姜嵩爲長官，以隸景東，歲增貢銀五十兩。

六年，大侯土知州刀奉漢侵據孟緬地，敕黔國公沐晟遣官撫諭。

　　光旦：孟梳不見於地理辭書，孟緬見而謂"今闕，當在雲南境"，是未參此段《明史》也。

正統中，思任發叛，官軍征麓川，知府陶瓚從征有功，進階大中大夫。

　　光旦：陶瓚應是俄陶之後，以祖名定姓者。

嘉靖中，者東甸稱亂，劫景東府印去。土舍陶金追斬其頭目，奪印歸。

景東部皆僰種……（下詳"［僰］"片。）

《明史》卷三一三《雲南土司傳·廣南［府］》：

　　（見"儂"片。）

《明史》卷三一三《雲南土司傳·廣西［府］》：

　　（見"［彝］（雲南廣西府）"片。）

《明史》卷三一三《雲南土司傳·鎮沅［府］》：

鎮沅，古濮洛雜蠻所居。《元史》謂是和泥、昔樸二蠻也。唐南詔蒙氏銀生府地。其後，金齒僰蠻據之。

　　光旦：同傳上文景東府下有云，"南詔蒙氏始置銀生府，後爲金齒白蠻所據"，可見"金齒僰蠻"與"金齒白蠻"是一種蠻，皆是今之傣族也，"僰""白"皆誤。

元時爲威遠蠻棚府，屬元江路總管。

洪武十五年，總管刀平與兄那直歸附，授千夫長。

建文四年置鎮沅州，以刀平爲知州。

永樂三年，刀平率其子來朝，貢方物，賜鈔文綺。從征八百，又從攻石崖。者達寨外部整線來降，入貢方物。陞爲府，以刀平爲知府，置經歷、知事各一員。貢賜皆如例。

成化十七年，以地方未平，免鎮沅諸土官朝覲。

正統（？疑正德之誤）元年復免。

嘉靖中征安銓，調鎮沅兵千人，命刀寧息領之。復調其子刀仁，亦率兵千人征那鑑，克魚復寨。初，鎮沅印爲那氏所奪，至是得印以獻，命給之。

領長官司一，曰祿谷寨，永樂十年置。

《明史》卷三一三《雲南土司傳・永寧[府]》：

（見"麼些（永寧）"片。）

《明史》卷三一三《雲南土司傳・順寧[府]》：

（見"蒲蠻（順寧）"片。）

《明史》卷三一三《雲南土司傳・蒙化[府]》：

（見"[白]（……蒙化）"片。）

《明史》卷三一三《雲南土司傳・曲靖[府]》：

（見"[彝]（曲靖）"片。）

《明史》卷三一四《雲南土司傳・姚安[府]》：

（見"[白]（姚安）"片。）

《明史》卷三一四《雲南土司傳・鶴慶[府]》：

（見"[白]（鶴慶）"片。）

《明史》卷三一四《雲南土司傳・武定[府]》：

（見"[彝]（武定）"片。）

《明史》卷三一四《雲南土司傳・尋甸[府]》：

（見"[彝]（尋甸）"片。）

《明史》卷三一四《雲南土司傳・麗江[府]》：

（見"麼些（麗江）"片。）

《明史》卷三一四《雲南土司傳・元江[府]》：

元江，古西南夷極邊境，曰惠籠甸，又名因遠部。南詔蒙氏以屬銀生節度，徙白蠻蘇、張、周、段等十姓戍之；又開威遠等處，置威遠瞼。後和泥侵據其地。宋時，儂智高之黨竄居於此。和泥又開羅槃甸居之。後爲麼些徒蠻（似應作些麼徒蠻，它書皆不作麼些……，而作些麼……）阿棪諸部所據。

　　　　光旦：儂氏之入、和泥之開羅槃甸、阿僰部之入據似皆宋時事。
元時內附；至元中，置元江萬戶府；後於威遠更置元江路，領羅槃、馬籠等十二部，屬臨安、廣西、元江等處宣慰司。

　　洪武十五年改元江府。

　　十七年，土官那直來朝貢象，以那直爲元江知府，賜襲衣冠帶。

　　　　光旦：元江那氏族屬未詳。疑是傣。

　　[洪武]十八年置因遠羅必甸長官司隸之，以土酋白文玉爲副長官。（何以不言正長官？）

　　二十年遣經歷楊大用往元江等府練兵，時百夷屢爲邊患，帝欲發兵平之故也。

　　二十六年置元江府儒學。

　　二十七年，知府那榮及白文玉等來朝貢。

　　永樂三年，榮復入朝貢。帝厚加賜予。遂改爲元江軍民府，給之印信。榮請躬率兵及餽運，往攻八百。帝嘉勞之。……

　　[永樂]九年，那榮率頭目人等來朝，貢馬及金銀器。賜予如例。

　　十二年，故土知府那直子那邦入貢方物。

　　宣德五年，黔國公沐晟奏，元江土知府那忠，被賊刀正、刀龍等焚其廨宇及經歷印信。今獲刀龍、刀洽赴京，乞如永樂故事，發遼東安置，以警邊夷。從之。……

　　正統元年，因遠羅必甸長官司遣人來朝貢馬。

　　正德二年以那端襲土知府。

　　嘉靖二十五年，土舍那鑑殺其姪土知府那憲，奪其印，并收因遠驛印記。巡撫應大猷以聞。命鎮巡官發兵剿之。

　　[嘉靖]二十九年，那鑑懼，密約交蠻武文淵謀亂。撫按官胡奎、林應箕，總兵官沐朝弼以聞，請以副使李維、參政胡堯時督兵剿之。制可。那鑑益縱兵攻掠村寨。沐朝弼與巡撫石簡調武定、北勝、亦佐等土、漢兵，分五哨。調兵既集，朝弼與簡駐臨安，分部進兵，破木龍寨，降甘莊。賊勢漸蹙。那鑑遣經歷張維及生儒數人詣南羨監督（此何官也？）王養浩所乞降。時左布政徐樾以督餉至南羨，樾迂闇，聞維言，謂鑑誠計窮，乃約翼日令鑑面縛出城來降。左右咸謂夷詐不可信，樾不聽，如期親率百人往城下受降。鑑縱象馬夷兵突出衝之，樾及左右皆死。巡按趙炳然以聞，并參朝弼、簡及養浩等失事罪。帝降敕

切責，褫簡職，養浩等各住俸，剋期捕賊贖罪。朝弼與簡乃督集五哨兵，環元江而壁。令南羨哨督兵渡江攻城，選路通哨、甘莊哨各精卒二千佐之。那鑑知二哨精卒悉歸南羨，潛遣兵象乘虛衝路通哨。官兵不意賊至，倉猝燒營走。監督郝維嶽奔入甘莊哨，甘莊亦大潰，督哨李維亦遁。惟餘南羨逼城而軍。武定女土官瞿氏、寧州土舍祿紹先、廣南儂兵頭目陸友仁咸恨那鑑戕主奪嫡，誓死不退。督哨王養浩因激獎之，翼日鼓譟攻城，賊大敗，閉門不出。官兵圍之。鑑乞降。官兵懲徐樾之敗，不應。城中析屋而爨，斗米銀三四錢。時瘴毒起，大兵乃復撤，期秋末征之。朝弼以事聞。帝定二哨失事諸臣罪，行撫臣厚賞瞿氏、祿紹先、陸友仁等，敕朝弼會同新撫臣鮑象賢鳩兵討賊。

[嘉靖]三十二年，象賢至鎮，調集土、漢兵七萬人，廣集糧運，剋期分哨進剿元江，爲必取計。那鑑懼，伏藥死。象賢檄百戶汪輔入城，撫諭其衆，擒其賊首，及戕土官那憲之阿捉，殺布政徐樾之光龍、光色等，皆斬首以獻。鑑子恕輸所占那旂、封巒等村寨，并出所掠鎮沅府印，納象十二隻，輸廩歲逋賦。

象賢命官民推那氏當立者。衆舉前土官那端從孫從仁。象賢疏言其狀，請廢恕，貸其死，命從仁暫統其衆，加汪輔以千戶職。從之。

萬曆十三年以元江土舍那恕招降車里功，許襲祖職，賞銀幣。（祖職爲何？如爲土知府，又何以處從仁或其後人？）

領長官司一，曰因遠羅必甸。（即羅槃甸。）

《明史》卷三一四《雲南土司傳·新化[州]》：

新化，本馬龍、他郎二甸，阿僰諸部蠻據之。元憲宗時內附，立爲二千戶所，隸寧州萬戶府；至元間，以馬龍等甸管民官併於他郎甸，置司，隸元江路。

洪武初，改名馬龍他郎甸長官司，直隸雲南布政司；後陞爲新化州。（曰"初"，當不能早於十五年。洪武十七年置長官司，弘治八年改州，見卷四六《地理志七》。）

十七年以普賜爲馬龍他郎甸副長官。

宣德八年，故長官普賜弟土舍普寧等來朝，貢馬，賜鈔幣。

[是年]八月，黔國公沐晟奏，摩沙勒寨萬夫長刀甕及弟刀眷糾蠻兵侵占馬龍他郎甸長官司衙門，殺掠人民，請遣都督同知沐昂討之。帝命遣人撫諭，但得刀甕，毋擾平民。正統二年，晟等奏甕不服招撫，請調附近官土兵，令都

督[沐]昂剿捕。帝以蠻衆仇殺乃其本性，可仍撫諭之。事遂不竟。

其地有馬龍諸山，居摩沙勒江右。兩岸束隘如峽，地勢極險，故改州以鎮之。

光旦：居民見者，土僚與傣二種。（互見有關片。）

光旦：新化隸屬關係，各書不同：《明史》，州直屬於省，《地理志》稱萬曆十九年改屬臨安府；《方輿紀要》，弘治中以向改州，似仍直隸，萬曆十九年，改隸臨安府；《清一統志》，弘治改州後，萬曆二十五年改屬臨安府。

《明史》卷三一四《雲南土司傳·威遠[州]》：

（見"濮洛"、"百夷"、"[傣]（威遠）"片。）

《明史》卷三一四《雲南土司傳·北勝[州]》：

（見"白（北勝）"、"羅洛"、"麽些（北勝）"諸片。）

《明史》卷三一四《雲南土司傳·灣甸[州]》：

（見"[傣]（灣甸）"片。）

《明史》卷三一四《雲南土司傳·鎮康[州]》：

（見"[傣]（鎮康）"片。又見"黑僰"片。）

《明史》卷三一四《雲南土司傳·大侯[州]》：

（見"[傣]（大侯）"片。）

《明史》卷三一四《雲南土司傳·瀾滄衛》：

瀾滄，元爲北勝州地。洪武中，屬鶴慶府。二十八年置瀾滄衛。二十九年於州（何州？北勝？）南築城，置今衛司。領北勝、浪渠、永寧三州。永樂四年以永寧州陞爲府。正統七年以北勝州直隸布政司，今衛只領州一（浪渠）。

弘治十一年，福建布政李韶以前任雲南參議[①]，知土俗事宜，上疏言四事。一謂瀾滄衛與北勝州同一城（上文言州南，當是州屬之南，斯同一城），地域廣遠，與四川建昌西番野番相通。邇年西番土舍章輗等倚恃山險，招服野番千餘家爲莊户，遂致各番生拗，動輒殺人，州官無兵，不能禁止。衛官大廢軍政，恬不加意。又[謂]姚安府、大羅衛、賓川州地方有賊穴六七，軍民受害。請添設兵備副使於瀾滄衛城，以姚安、大羅、賓川、鶴麗、大理、洱海、景東諸

---

① 標點本《校勘記》：參議，《孝宗實錄》卷一五四弘治十二年九月乙丑條作"右參政"。——整理者注

府州衛所，皆令屬之（所括甚廣，亦見瀾滄衛之設完全屬軍事性，意在鎮壓周圍少數民族）。於野番則用撫流民法（即鄂西鄖陽一帶之作法），於賊巢則用立保甲法，朝夕經理，則內外寇患皆可弭矣。因從其議，設兵備副使一員於瀾滄城。

《明史》卷三一四《雲南土司傳·麓川平緬[宣慰司]》：

（見"[傣]（麓川）"片。）

光旦：三一五卷各雲南土司，除今在國境外者不錄外，分見有關各族片，此處不另著錄。

《明史》卷三二一《安南傳》：

永樂……三年……雲南寧遠州……訴[安南國王胡]㜝侵奪七寨，掠其壻女。㜝遣其臣阮景真……入朝……請……退還祿州（原廣西思明府地）、寧遠地。帝不虞其詐……

光旦：寧遠州，明置，後廢，故治在今建水縣西南一百里。當時應是屬臨安府者。

《明史》卷三二一《安南傳》：

宣德元年……[安南]宣化[人]周莊、太原[人]黃菴等結雲南寧遠州紅衣賊大掠。帝敕沐晟剿寧遠。

總錄——明對東北的經營

《明史》卷九：

[宣德]四年……十二月……壬辰，罷中官松花江造船。

《明史》卷二二：

[天啓]二年……正月……壬戌，振山東流徙遼民。

光旦：此因滿洲起兵，入遼漢民退山東者。此說明清入關之前，漢民至遼東者已屬不少，而此輩對關外之開發，在有明一代期間，必已起相當大之作用。其稱山東，則又從可知當初出關者亦必以山東人為多，而所走為成山、旅大之海路無疑。

《明史》卷一三一《吳禎傳》：

仇成戍遼陽，命禎總舟師數萬，由登州餉之。海道險遠，經理有方，兵食無乏。完城練卒，盡收遼海未附之地，降平章高家奴等。

光旦：洪武四至七年間事。

《明史》卷一三一《唐勝宗傳》：

[洪武十六]年鎮遼東，奉敕勿通高麗。高麗使至，察其奸，表聞。賜敕褒美，比魏田豫卻烏桓賂……在鎮七年，威信大著。

《明史》卷一三一《葉昇傳》：

鎮遼東，修海、蓋、復三城。在鎮六年，邊備修舉，外寇不敢犯。發（揭發也）高麗賂遺，帝屢賜敕，與唐勝宗同褒。

光旦：大致與勝宗同時，洪武十三、二十年間。

總錄——移民東北

《明史》卷四一《地理志二》：

復州衛……（東有得利嬴城，元季土人所築，洪武四年二月置遼東衛於此，尋徙。）

光旦：查城名應作"得利嬴"，在今復縣東八十里德立山之上，元季土人所築，明初置遼東衛，治此，後徙入都司（應是遼陽，所徙者亦只是衙門耳）城中，曰定邊後衛。得利嬴之所以為城與其人口，應自若也。曰土人，而有築城之必要，明初又倚以為治所，其人必為明以前之移民無疑。

總錄——明代對東北的經營

《明史》卷一三四《葉旺傳》及《馬雲附傳》：

洪武四年偕鎮遼東（時為防蒙古計，初設遼陽都指揮使司，以二人並為都指揮使，統轄諸衛，其與蒙古周旋事，見"納哈出"片）……旺與雲之鎮遼也，剪荊棘，立軍府，撫輯軍民，墾田萬餘頃，遂為永利。旺尤久，先後凡十七年。遼人德之。嘉靖初……命有司立祠[於遼東]。

總錄——明與東北

《明史》卷一五九《崔恭傳》：

[正統中]擢萊州知府。內地輸遼東布，悉貯郡庫，歲久朽敝，守者多破家。恭別搆屋三十楹貯之，請約計歲輸外，餘以充本府軍餉，遂放遣守者八百人。

光旦：歲輸遼東布數量不小。當時關外移民不可能太多，部分或大部分應是與東北少數民族進行交換者。

《明史》卷一七四《巫凱傳》：

宣宗立，以都督僉事佩征虜前將軍印，代朱榮鎮遼東。時中國人自塞外脫歸者，令悉送京師，俟親屬赴領。凱言遠道往來，恐致失所，阻遠人慕歸心。乃更令有馬及少壯者送京師，餘得自便。……

帝（宣宗）嘗遣使造舟松花江，招諸部。地遠，軍民轉輸大困，多逃亡。會有警，凱力請罷其役，而逃軍入海西諸部者已五百餘人。既而造舟役復興，中官阮堯民、都指揮劉清等董之。多不法，致激變。凱劾堯民等，下之吏。

光旦：海西，明海西衛，在松花江西、遼河東，諸部應包括金源部落之遺，分四部，北爲烏拉，西爲哈達，東爲葉赫，南爲輝發，皆以河得名；明末爲滿洲所滅。五百餘人中，必有部分遁入之者。此四部者，當未滅前，有扈倫國之稱。

英宗登極，進都督同知，上言邊情八事。[其一爲]召商實邊。……允行。

《明史》卷一七四《巫凱傳》：

凱……在遼東三十餘年（永樂六年，遷遼東都指揮使始，至正統三年十一月卒，終都督同知，實三十年，即 1408—1438），威惠並行，邊務修飭。前後守東陲者，曹義外皆莫及。

《明史》卷一七四《巫凱傳·曹義附傳》：

凱卒，[義]代爲總兵官。凱，名將，義承其後，廉介有守，遼人安之。……義在邊二十年，無赫赫功，然能謹守邊陲（武職前後與凱埒）。……

《明史》卷一七七《王翱傳》：

正統……七年冬，[以右僉都御史]提督遼東軍務。……躬行邊，起山海關抵開原，繕城垣，濬溝塹。五里爲堡，十里爲屯，使烽燧相接。練將士，室鰥寡。軍民大悦。又以邊塞孤遠，軍餉匱[乏]，緣俗立法，令有罪得收贖。十餘年間，得穀及牛羊數十萬，邊用以饒。（正統八年，翱進右副都御史。）

《明史》卷一九九《李成勛傳》：

[正德末，]以右副都御史巡撫遼東。邊備久弛，開原尤甚。士馬纔十二，牆堡墩臺圮殆盡。將士依城塹自守，城外數百里悉爲諸部射獵地，承勛疏請修築。會世宗立，發帑銀四十餘萬兩。承勛命步將四人各一軍守要害，身負畚鍤先士卒。凡爲城塹各九萬一千四百餘丈，墩堡百八十有一。招逋逃三千二百人，開屯田千五百頃。又城中固、鐵嶺，斷陰山、遼河之交，城蒲河、撫順，扼要衝。邊防甚固。

《明史》卷二〇〇《蔡天祐傳》：

　　歷山東副使，分巡遼陽。歲歉，活饑民萬餘。闢濱海圩田數萬頃，民名之曰"蔡公田"。

　　　　光旦：事應在正德間。

《明史》卷二一一《馬永傳》：

　　嘉靖元年，金山礦盜作亂。[永（時以都督同知，鎮守薊州）]遣指揮康雄討平之，塞其礦。

　　　　光旦：此應是吉林西北部之金山，明初蒙古納哈出曾據此抗明。礦盜中應不乏漢人亡命出關者。

《明史》卷二一七《吳道南傳》：

　　遼東議開科試士，[道南（時爲禮部右侍郎，署部事，事當在萬曆二十年代）]以嚴疆當重武，格不行。

《明史》卷二二二《張學顏傳》：

　　遼鎮邊長二千餘里，城砦一百二十所，三面隣敵。官軍七萬二千，月給米一石（應是每一兵），折銀二錢五分，馬則冬春給料，月折銀一錢八分，即歲稔不足支數日。自嘉靖戊午（三十七年）大饑，士馬逃故者三之二。前撫王之誥、魏學曾相繼綏輯，未復全盛之半。繼以荒旱，餓莩枕籍。學顏（隆慶五年起以右僉都御史繼李秋爲遼撫）首請振恤，實軍伍，招流移，治甲仗，市戰馬……創平陽堡以通兩河，移遊擊於正安堡以衛鎮城，戰守具悉就經畫。大將李成梁敢力戰深入，而學顏則以收保爲完策，敵至無所亡失，敵退備如初，公私力完，漸復其舊。

《明史》卷二二二《張學顏傳》：

　　奸民闌出海上，踞三十六島。閱視侍郎汪道昆議緝捕，學顏（時以右副都御史撫遼）謂緝捕非便。命[總兵官]李成梁按兵海上，示將加誅，別遣使招諭，許免差役。未半載，招還四千四百餘口，積患以消。

　　　　光旦：此輩應是內地移民，先後出關或自登、萊渡海而來者。

《明史》卷二二二《張學顏傳》：

　　遼陽鎮東二百餘里舊有孤山堡，巡按御史張鐸增置險山五堡，然與遼鎮聲援不接。都御史王之誥奏設險山參將，轄六堡一十二城，分守靉陽。又以其地不毛，欲移置寬佃，以時絀不果。萬曆初，李成梁議移孤山堡於張其哈佃，移險山五堡於寬佃、長佃、雙墩、長嶺散等。皆據膏腴，扼要害。而邊人苦遠役，出怨言。工甫興，王杲復犯邊……（見"[女直]"片）……學顏……即日巡塞上，撫定[之]……卒築寬佃，斥地二百餘里。於是撫順以北，清河以南，皆遵約束。

《明史》卷二三六《李植傳》：

[萬曆二十六年，]官右僉都御史，巡撫遼東。……植墾土積粟，得田四萬畝，歲獲糧萬石。戶部推其法九邊。

光旦：此似不屬屯田範疇，而是普通墾荒性質。

《明史》卷二三七《馮應京傳·何棟如附傳》：

天啟初，始起南京兵部主事。會遼陽陷。時議募兵，棟如自請行。遂齎帑金赴浙江，得六千七百人。甫至而廣寧復陷，又自請出關視形勢。乃進太僕少卿，充軍前贊畫。……所募兵畏出關，多逃亡。

光旦：募浙江備東北，似始於戚繼光。棟如，無錫人，故募兵出此路。出關前後雖多逃亡，達關外者諒究居多數。此條亦可入"移民"片。

《明史》卷二三八《李成梁傳》：

當萬曆初元時，兵部侍郎汪道昆閱邊，成梁（於萬曆二年進左都督）獻議移建孤山堡於張其哈剌佃①，險山堡於寬佃，沿江（鴨綠？）新安四堡於長佃、長嶺諸處，仍以孤山、險山二參將戍之，可拓地七八百里，益收耕牧之利。道昆上於朝，報可。自是生聚日繁，至六萬四千餘戶。

及三十四年，成梁以地孤懸難守，與督、撫蹇達、趙楫建議棄之，盡徙居民於內地。居民戀家室，則以大軍驅迫之，死者狼籍。成梁等反以招復逃人功，增秩受賞。兵科給事中宋一韓力言棄地非策。巡按御史熊廷弼勘奏如一韓言……悉留中不下。

光旦：熊廷弼《經遼疏牘》中不知有此奏否，容一查。②

《明史》卷二四二《翟鳳翀傳》：

[萬曆三十年代，以]御史……出按遼東。……請所在建常平倉，括贖鍰，節公費，易粟備荒。帝善其議，命推行於諸邊。

《明史》卷二四二《董應舉傳》：

---

① 標點本《校勘記》：張其哈剌佃，《明史》卷二二二《張學顏傳》作"張其哈佃"。——整理者注

② 查《經遼疏牘》編入作者萬曆四十七、四十八年經略遼東時所作疏牘，不含以前的疏奏。——整理者注

[天啓二年]擢……太僕卿……經理天津至山海屯務（因應舉曾上言，保衛神京，在設險營屯故）。……乃分處遼人萬三千餘户於順天、永平、河間、保定……買民田十二萬餘畝，合閒田凡十八萬畝，廣募耕者，（萬三千户之外？）畀工廩、田器、牛種，濬渠築防，教之藝稻……

　　光旦：此乃移民倒流，一所以保衛北京，二所以爲關外堅壁清野之計，亦權宜甚矣。至闢水田藝稻，則徐貞明後又一實例，二例相去亦不過十年耳。

《明史》卷二四八《方震孺傳》：

　　遼陽既破，震孺［以御史］一日十三疏……是時，三岔河以西四百里，人烟絶，軍民盡竄，文武將吏無一騎東者。

　　光旦：明至近末，遼陽東西漢人已自不少。

《明史》卷二四八《徐從治傳》：

　　[崇禎]四年……孔有德反山東……有德者，遼人，與耿仲明、李九成、毛承禄輩皆毛文龍帳下卒也。文龍死，走入登州。登萊巡撫孫元化官遼久，素言遼人可用，乃用承禄爲副將，有德、仲明爲遊擊，九成爲偏裨，且多收遼人爲牙兵。……［至是反，陷登州，攻萊州，明廷主剿主撫，議久不决，兵部尚書熊明遇惑於撫議，］令主事張國臣爲贊畫往撫之，曰"安輯遼人之在山東者"，以國臣亦遼人也。……

　　光旦：滿洲興起後，軍民自海道入登、萊者必甚衆，此爲明見於史文之一例。

　　光旦：此種軍民之一部分，尤其是民，其先有可能即從登、萊移遼者。

　　光旦：在明代，遼東與登、萊爲一個行政區劃，此種區劃與當時之移民形勢必有關係。參看《明史·地理志》。

　　光旦：孔氏、耿氏似即後來清初所稱三藩之二。後雖一度反清，當時有可能爲滿洲派入山東之特工人員，所以爲内應者。

《明史》卷二五〇《孫承宗傳》：

　　承宗在關（以閣臣掌兵部，出督師，駐山海關）四年（天啓二至五年十月），前後修復大城九、堡四十五，練兵十一萬，立車營十二、水營五、火營二、前鋒後勁營八，造甲胄、器械、弓矢、礟石、渠答、鹵楯之具合數百萬，拓地四百里，開屯五千頃，歲入十五萬。

　　光旦：所經營諸事，其間雖恢復爲多，亦必有新闢而經久者。

《明史》卷二五一《劉鴻訓傳》：

神、光二宗相繼崩，[鴻訓以編修]頒詔朝鮮。甫入境，遼陽陷。朝鮮爲造二洋舶，從海道還。沿途收難民，舶重而壞。跳淺沙，入小舟，飄泊三日夜，僅得達登州。

> 光旦：此難民者，皆先期入遼東漢民也。其逃難既走海道，則當初入遼東所取當亦是海道也。由此可知近代以前，自登、萊渡海而去東北者爲數必不甚少矣。（當時海程之一，見卷二五六《李長庚傳》。）

《明史》卷二五三《陳演傳》：

及李自成陷陝西……廷議[調]吳三桂……入守……三桂始用海船渡遼民入關。往返者再，而賊已陷宣、大矣（演時爲首輔，初不同意此舉）。

《明史》卷二五九《楊鎬傳·李維翰附傳》：

萬曆四十四年以右副都御史巡撫遼東。遼三面受敵，無歲不用兵。自稅使高淮朘削十餘年，軍民益困。而先後撫臣皆庸才，玩愒苟歲月。天子又置萬幾不理，邊臣呼籲，漠然不聞，致遼事大壞。及張承允覆没，維翰猶獲善歸。（承允事，見"[滿]"片。）

《明史》卷二五九《熊廷弼傳》：

[萬曆]三十六年，[以御史]巡按遼東。巡撫趙楫與總兵官李成梁棄寬奠新疆八百里，徙編民六萬家於内地。已論功受賞，給事中宋一韓論之。下廷弼覆勘，具得棄地驅民狀，劾兩人罪，及先任按臣何爾健、康丕揚黨庇。疏竟不下。

時有詔興屯，廷弼言遼多曠土，歲於額軍八萬中以三分屯種，可得粟百三十萬石。帝……命推行於諸邊。

《明史》卷二五九《熊廷弼傳》：

[遼陽既失，]東山礦徒，多結砦自固，[及廷弼建三方布置之策，經略遼東，建議]"東山礦徒能結聚千人者，即署都司；五百人者，署守備。將一呼立應，而一二萬勁兵可立致也。"……帝……從之。

> 光旦：東山，未詳，應是遼、瀋以東之山區。言礦徒，明當時已大有人從事採礦冶鍊。

《明史》卷二五九《袁崇焕傳·毛文龍附傳》：

（萬曆末，滿洲興起後，遼民流移，入關者，渡海至登、萊者，僦居沿海諸島者，流入朝鮮者，没入滿洲者，爲數均不少，見此傳者即不一其例，亦見其它列傳，參"[滿]"、"蒙古——在東北"等片，不另立片。）

《明史》卷二七〇《沈有容傳》：

明年（天啟二年），廣寧覆，遼民走避諸島，日望登師救援。[登萊巡撫陶]朗先下令，敢渡一人者斬。有容爭之，立命數十艘往，獲濟者數萬人。時金、復、蓋三衛俱空無人，有欲據守金州者。有容言金州孤懸海外，登州、皮島俱遠隔大洋，聲援不及，不可守。迨[毛]文龍取金州，未幾復失。

光旦：時有容以都督僉事充登萊總兵官，統登萊水師。

《明史》卷二七一《羅一貫傳・劉渠、祁秉忠附傳》：

自遼左軍興，總兵官陣亡者凡十有四人：撫順則張承蔭，四路出師則杜松、劉綎、王宣、趙夢麟，開原則馬林，瀋陽則賀世賢、尤世功，渾河則童仲揆、陳策，遼陽則楊宗業、梁仲善。是役（廣寧失守前二日，援西平之役，渠自鎮武，秉忠自閭陽），渠與秉忠繼之。……卹典……優崇。而償軍之將，若李如柏、麻承恩輩，竟有未膺顯戮者。

《明史》卷二七一《滿桂傳》：

[天啟初，桂以副總兵修寧遠衛城（今興城縣），並鎮守之。]初，城中郭外，一望邱墟。至是（天啟四年及略後）軍民五萬餘家，屯種遠至五十里。承宗（孫承宗，時以大學士、兵部尚書出鎮山海）上其功。……擢都督僉事。

《明史》卷二七一《趙率教傳》：

（率教重興前屯[今綏中]，見"蒙古——在東北"片。）

《明史》卷二七一《黃龍傳》：

[崇禎十年之頃，因孔有德等之降附於清，]諸島（皮島、廣鹿島、長城島等）雖有殘卒，不能成軍，朝廷亦不置大帥，以登萊總兵遙領之而已。明年夏，楊嗣昌決策盡徙其兵民寧[遠]、錦，而諸島一空。

《明史》卷二七五《張慎言傳》：

天啟初，[以御史]出督畿輔屯田……言："廣寧失守（天啟二年），遼人轉徙入關者不下百萬。宜招集津門，以無家之眾，墾不耕之田便。"詔從之。

光旦：走海路以入登、萊者尚不在此數。然則清代以前，漢人之去東北為移民者亦已甚眾矣。

《明史》卷二七五《解學龍傳》：

天啟二年擢刑科給事中。遼東難民多渡海聚登州，招練副使劉國縉請帑金十萬振之，多所乾沒。學龍三疏發其弊，國縉遂獲譴。

>光旦：上條後緊接是條，事似巧合，實非偶然。振金至須十萬，可見渡海之數亦不在少。

《明史》卷二七五《解學龍傳》：

>［天啓三、四年間］上言："遼左額兵舊九萬四千有奇，歲餉四十餘萬。今關上兵止十餘萬，月餉乃二十二萬。……"

《明史》卷二八八《王惟儉傳》：

>天啓三年八月擢右僉都御史，巡撫山東。值徐鴻儒之亂，民多逃亡，遼人避難來者，亦多失所，惟儉加意綏輯。

>光旦：事即在天啓三、四年間。

《明史》卷三二〇《朝鮮傳》：

>先是（洪武二十年三月），元末遼、瀋兵起，民避亂，轉徙高麗。至是因市馬，帝令［指揮僉事高家奴］就索之，遂以遼、瀋流民三百餘口來歸。

《明史卷》三二〇《朝鮮傳》：

>［洪武］二十六年……六月……［朝鮮國王李］旦（即李成桂）……械送逋逃軍民三百八十餘人至遼東。

《明史》卷三二〇《朝鮮傳》：

>［天啓］六年十月，［朝鮮國王李］倧上疏［有］曰，"毛鎮（毛文龍）當全遼淪没之後，孤軍東渡，寄寓海上，招集遼民前後數十萬，亦小邦所仰藉也。顧以封疆多故，土瘠民貧……遼民迫於饑餒，散布村落，強者攘奪，弱者丐乞。小邦兵民被撓不堪，抛棄鄉邑，轉徙内地。遼民逐食，亦隨而入。自昌、義以南，安、肅以北，客居六七，主居三四。……"

>光旦：由此見明末東北漢民之數量已頗可觀。

《明史》卷三三二《坤城傳》：

>仁宗不務遠略，踐阼之初，即撤西洋取寶之船，停松花江造舟之役，召西域使臣還京……

>光旦：松花江造舟，似僅見於此。（又見"總錄——明對東北的經營"中卷九條及"總錄——明與東北"中卷一七四《巫凱傳》條）

總錄——明與東北（建州）

《明史》卷三二〇《朝鮮傳》：

>先是（正統三年八月），建州長童倉避居朝鮮界，已［而］復還建州。朝鮮

言："昔以窮歸臣，臣遇之善。今負恩還建州李滿住（女直頭目）所，慮其同謀擾邊。"建州長言，所部爲朝鮮追殺，阻留一百七十餘家。五年詔［朝鮮國王李］裪還之。

《明史》卷三二〇《朝鮮傳》：

[景泰]二年冬，以建州頭目潛與朝鮮通，戒［朝鮮國王李］珦絕其使。

> 光旦：此所云"頭目"是上條所稱之"建州長"乎？抑海西野人女直頭目乎？野人、女直別有片。

《明史》卷三二〇《朝鮮傳》：

天順三年，邊將奏，有建州三衛都督私與朝鮮結，恐爲中國患。因敕［朝鮮國王李］瑈毋作不靖，貽後悔。瑈疏辨，復諭曰："宣德、正統年間，以王國與彼互相侵掠，敕解怨息兵，初不令交通給賞授官也。彼既受朝廷官職，王又加之，是與朝廷抗也。王……後宜絕私交，以全令譽。"

[天順]四年復諭瑈曰："王奏毛憐衛都督郎卜兒哈通謀煽亂，已置之法。夫法止可行於國中，豈得加於鄰境。郎卜兒哈有罪，宜奏朝廷區處。今輒行殺害，何怪其子阿比車之思復讎也。聞阿比車之母尚在，宜急送遼東都司，令阿比車領回，以解讎怨。"

> 光旦：天順五年，建州衛"野人"確有至新義州復讎之事，見"野人（東北建州）"片。

《明史》卷三二〇《朝鮮傳》：

[成化]三年……朝廷用兵征建州，敕瑈助兵進勦。瑈遣中樞府知事康純統衆萬餘渡鴨、潑瀦二江，攻破九獮府諸寨，斬獲多。

四年正月遣官來獻俘。詔從厚賚，敕獎諭之。

《明史》卷三二八《瓦剌傳》：

［景泰初（元、二年），也先既攻殺脫脫不花，］遂乘勝迫脅諸番，東及建州、兀良哈。

《明史》卷三二八《朵顏等三衛傳》：

正統間（九年以前），［三衛西附瓦剌也先；］又東合建州兵入廣寧前屯。……［九年至十一年間，明大舉討兀良哈，］建州［忽］亦出兵攻之，［益以瓦剌之分道截殺，］三衛大困。

> 光旦：建州與瓦剌對兀良哈態度之改變，史未有說明。

總錄——明與西域

《明史》卷二：

　　[洪武七]年……畏兀兒入貢。

《明史》卷三：

　　[洪武二十一]年……撒馬兒罕……入貢。

《明史》卷三：

　　[洪武]二十四年……九月乙酉，遣使諭西域。

《明史》卷三：

　　[洪武二十四]年……別失八里……入貢。

《明史》卷三：

　　[洪武二十四年，]撒馬兒罕入貢。

《明史》卷三：

　　[洪武二十七]年……撒馬兒罕……入貢。

《明史》卷六《成祖二》：

　　[永樂二]年……別失八里……入貢。

《明史》卷六《成祖二》：

　　[永樂四]年……于闐……入貢。……別失八里入貢者三。

　　　　光旦：永樂三年入貢者有火州①回回，四年又有回回結牙曲，當亦是西域來者，但具體地區不詳。

《明史》卷六《成祖二》：

　　[永樂五]年……別失八里……撒馬兒罕……入貢。

《明史》卷六《成祖二》：

　　[永樂六]年……于闐……撒馬兒罕……入貢。

《明史》卷六《成祖二》：

　　[永樂七]年……哈烈②、撒馬兒罕、火州……入貢。

《明史》卷六《成祖二》：

---

① 火州，今新疆吐魯番市東南哈拉和卓。（見《中國歷史大辭典·歷史地理》，上海辭書出版社，1996年）——整理者注

② 哈烈，即今阿富汗西部赫拉特。（見《中國歷史地名大辭典》，中國社會科學出版社，2005年）——整理者注

[永樂九]年……別失八里獻文豹。

《明史》卷六《成祖二》：

[永樂十一]年……別失八里……入貢。

《明史》卷七《成祖三》：

[永樂十三]年……哈密、哈烈、撒馬兒罕、火州、土魯番……入貢。

《明史》卷七《成祖三》：

[永樂十五]年……別失八里……哈烈、撒馬兒罕入貢。

《明史》卷七《成祖三》：

[永樂十六]年……哈烈……撒馬兒罕入貢。

《明史》卷七《成祖三》：

[永樂十七]年，哈密、土魯番、失剌思、亦思弗罕……哈烈……八答黑商……入貢。

《明史》卷七《成祖三》：

[永樂二十]年……哈密……土魯番[等]入貢。

《明史》卷八《仁宗紀》：

[仁宗即位之年，永樂二十二]年，于闐……哈密……入貢。

《明史》卷九：

[洪熙元]年，哈密回回……入貢。

《明史》卷九：

[宣德元]年……白葛達、撒馬兒罕、土魯番、哈密……入貢。

《明史》卷九：

[宣德二]年……哈密、亦力把里、撒馬兒罕入貢。

《明史》卷九：

[宣德三]年……哈密……土魯番、亦力把里、撒馬兒罕入貢。

《明史》卷九：

[宣德四]年……哈密、土魯番、亦力把里、撒馬兒罕入貢。

《明史》卷九：

[宣德五]年……哈密、罕東、土魯番、撒馬兒罕、亦力把里入貢。

光旦：從宣德二年起，亦力把里（伊犁）亦每年入貢。

《明史》卷九：

[宣德六]年……哈密……亦力把里入貢。

《明史》卷九：

　　［宣德七］年……哈密、哈烈……亦力把里入貢。

《明史》卷九：

　　［宣德］八年……閏［八］月辛亥，西域貢麒麟。

《明史》卷九：

　　［宣德八］年……天方……哈密……撒馬兒罕、亦力把里入貢。

《明史》卷九：

　　［宣德九］年……哈密……入貢。

《明史》卷一〇：

　　［宣德十］年……哈密……入貢。

《明史》卷一〇：

　　［正統二］年……撒馬兒罕……土魯番……哈密入貢。

《明史》卷一〇：

　　［正統四］年……哈密入貢。

《明史》卷一〇：

　　［正統五］年……哈密……入貢。

《明史》卷一〇：

　　［正統六］年……哈密入貢。

《明史》卷一〇：

　　［正統七］年……哈密……土魯番入貢。

《明史》卷一〇：

　　［正統八］年……哈密……入貢。

《明史》卷一〇：

　　［正統十］年……哈密、亦力把里……撒馬兒罕……入貢。

《明史》卷一〇：

　　［正統十一］年……回回哈密……亦力把里、撒馬兒罕……入貢。

《明史》卷一〇：

　　［正統十二］年……哈密……入貢。

《明史》卷一一：

　　［正統十四］年……撒馬兒罕入貢。

《明史》卷一一：

　　　　［景泰二］年……哈密入貢。
《明史》卷一一：
　　　　［景泰三］年……哈密……入貢。
《明史》卷一一：
　　　　［景泰四］年……哈密……入貢。
《明史》卷一一：
　　　　［景泰六］年……哈密……入貢。
《明史》卷一一：
　　　　［景泰七］年……撒馬兒罕……入貢。
《明史》卷一二：
　　　　［天順元］年……哈密……入貢。
《明史》卷一二：
　　　　［天順二］年……哈密入貢。
《明史》卷一二：
　　　　［天順三］年，哈密……入貢。
《明史》卷一二：
　　　　［天順四］年……哈密……入貢。
《明史》卷一二：
　　　　［天順五］年……哈密、亦力把里入貢。
《明史》卷一二：
　　　　［天順六］年……哈密……入貢。
《明史》卷一二：
　　　　［天順七］年……哈密……入貢。
《明史》卷一三：
　　　　［成化元］年……哈密……入貢。
《明史》卷一三：
　　　　［成化二］年……哈密入貢。
《明史》卷一三：
　　　　［成化三］年……哈密……入貢。
《明史》卷一三：
　　　　［成化四］年……哈密……入貢。

《明史》卷一三：
　　［成化五］年……哈密……土魯番入貢。

《明史》卷一三：
　　［成化六］年……哈密……入貢。

《明史》卷一三：
　　［成化八］年……哈密……入貢。

《明史》卷一三：
　　［成化九］年……哈密……入貢。
　　　光旦：查是年正月土魯番速檀阿力破據哈密，此貢使貢品是未破前即遣發者，故成化十年起，不復見入貢之著錄。

《明史》卷一三：
　　［成化十］年……土魯番入貢。（此後互見"土魯番"片）

《明史》卷一三：
　　［成化十一］年，土魯番……入貢。

《明史》卷一四：
　　［成化十二］年，土魯番、撒馬兒罕……入貢。

《明史》卷一四：
　　［成化十四］年……撒馬兒罕入貢。

《明史》卷一四：
　　［成化十六］年……土魯番、撒馬兒罕入貢。

《明史》卷一四：
　　［成化十八］年……哈密……土魯番……入貢。（互見）

《明史》卷一四：
　　［成化十九］年，撒馬兒罕貢獅子。

《明史》卷一四：
　　［成化二十］年……哈密、土魯番入貢。

《明史》卷一四：
　　［成化二十一］年，哈密……入貢。

《明史》卷一四：
　　［成化二十二］年，哈密……入貢。

《明史》卷一五：

[成化二十三]年……哈密、土魯番……入貢。

《明史》卷一五：

[弘治元]年……撒馬兒罕……入貢。

《明史》卷一五：

[弘治二]年，土魯番入貢。撒馬兒罕貢獅子、鸚鵡，卻之。

《明史》卷一五：

[弘治三]年……哈密、撒馬兒罕、天方、土魯番入貢。

《明史》卷一五：

[弘治五]年……土魯番入貢。火剌札（？）國貢方物……

《明史》卷一五：

[弘治六]年……土魯番……入貢。

《明史》卷一五：

[弘治七]年……以土魯番據哈密，卻其貢使。

《明史》卷一五：

[弘治十一]年……土魯番……入貢。

《明史》卷一五：

[弘治十二]年……土魯番……撒馬兒罕入貢。

《明史》卷一五：

[弘治十三]年……土魯番……入貢。

《明史》卷一五：

[弘治十六]年……哈密、土魯番、撒馬兒罕入貢。

《明史》卷一五：

[弘治十七]年……撒馬兒罕、哈密……入貢。

《明史》卷一六：

[正德元]年，哈密……入貢。

《明史》卷一六：

[正德三]年……哈密、撒馬兒罕……入貢。

《明史》卷一六：

[正德四]年……哈密、土魯番、撒馬兒罕入貢。

《明史》卷一六：

[正德五]年……哈密、撒馬兒罕、土魯番……入貢。

《明史》卷一六：

　　[正德六]年……哈密入貢。

《明史》卷一六：

　　[正德七]年……哈密入貢。

《明史》卷一六：

　　[正德八]年，哈密入貢。

　　　　光旦：查是年土魯番復入據哈密，已第四次矣。

《明史》卷一六：

　　[正德九年，遣彭澤經理哈密（詳"哈密"），]哈密[仍]入貢。

《明史》卷一六：

　　[正德十]年……哈密、撒馬兒罕入貢。

《明史》卷一六：

　　[正德]十一年……五月庚寅，土魯番以哈密來歸。

　　[同年]九月，土魯番復據哈密①……（詳"土魯番"。）

《明史》卷一六：

　　[正德十一]年……天方入貢。

《明史》卷一六：

　　[正德]十二年……四月……丙辰，副總兵鄭廉敗土魯番於瓜州。

《明史》卷一六：

　　[正德十三]年……天方……入貢。

《明史》卷一六：

　　[正德十四年，]撒馬兒罕入貢。

《明史》卷一六：

　　[正德十五]年……佛郎機、土魯番入貢。

《明史》卷一七：

　　[嘉靖二]年，撒馬兒罕、土魯番、天方入貢。

《明史》卷一七：

　　[嘉靖四]年，天方入貢。

---

① 標點本《校勘記》：此繫於正德十一年，疑誤。按《明史》卷三二九《哈密衛傳》繫於正德十二年，《明史稿》紀一三《武宗紀》、《武宗實錄》卷一四五均繫於正德十二年正月壬寅。——整理者注

《明史》卷一七：

　　[嘉靖八]年，天方、撒馬兒罕、土魯番入貢。

《明史》卷一七：

　　[嘉靖十一]年……哈密、土魯番、天方、撒馬兒罕入貢。

《明史》卷一七：

　　[嘉靖十二]年，土魯番、天方入貢。

《明史》卷一七：

　　[嘉靖十六]年，土魯番、天方、撒馬兒罕入貢。

《明史》卷一七：

　　[嘉靖十七]年……土魯番入貢。

《明史》卷一七：

　　[嘉靖十八]年……哈密入貢。

《明史》卷一八：

　　[嘉靖二十二]年……土魯番、撒馬兒罕、天方……入貢。

《明史》卷一八：

　　[嘉靖二十五]年，土魯番入貢。

《明史》卷一八：

　　[嘉靖三十三]年……土魯番、天方、撒馬兒罕……入貢。

《明史》卷一八：

　　[嘉靖三十八]年，土魯番、天方、撒馬兒罕……哈密……入貢。

《明史》卷一八：

　　[嘉靖四十三]年……哈密……入貢。

《明史》卷一九：

　　[嘉靖四十五]年，土魯番入貢。

《明史》卷一九：

　　[隆慶三]年……土魯番入貢。

《明史》卷一九：

　　[隆慶五]年……土魯番入貢。

《明史》卷二〇：

　　[萬曆三]年……土魯番入貢。

《明史》卷二〇：

[萬曆四]年……土魯番、天方、撒馬兒罕……哈密入貢。

光旦：尚有一魯迷①，已數見，未詳，亦西域者。

《明史》卷二〇：

[萬曆九]年……土魯番、天方、撒馬兒罕……哈密……入貢。

《明史》卷二〇：

[萬曆十]年……哈密……入貢。

《明史》卷二〇：

[萬曆十三]年，土魯番……入貢。

《明史》卷二〇：

[萬曆十四]年，土魯番入貢。

《明史》卷二〇：

[萬曆十五]年，哈密……入貢。

《明史》卷二〇：

[萬曆二十]年……土魯番入貢。

《明史》卷二一：

[萬曆三十]年……哈密入貢。

《明史》卷二一：

[萬曆三十七]年……哈密入貢。

《明史》卷二一：

[萬曆四十二]年……土魯番入貢。

《明史》卷二一：

[萬曆四十六]年，土魯番、天方、撒馬兒罕、魯迷、哈密……入貢。

《明史》卷二二：

[天啓元]年……土魯番……入貢。

《明史》卷二四：

[崇禎十一]年，土魯番……入貢。

《明史》卷二四：

[崇禎十六]年……哈密入貢。

---

① 魯迷，即今土耳其。（見《中國歷史地名大辭典》，中國社會科學出版社，2005年）——整理者注

總錄——明對西北之經營

《明史》卷一三四《甯正傳》：

從鄧愈……克河州。洪武三年，授河州衛指揮使。上言："西民轉粟餉軍甚勞，而茶布可易粟。請以茶布給軍，令自相貿易，省輓運之苦。"詔從之。正初至衛，城邑空虛，勤於勞倈。不數年，河州遂爲樂土。……兼領寧夏衛事，修築漢、唐舊渠，引河水溉田，開屯數萬頃，兵食饒足。

總錄——明與西域

《明史》卷一五五《費瓛傳》：

［宣德］二年，沙州衛賊屢刧撒馬兒罕及亦力把里貢使，瓛［以甘、肅州總兵官］討破之。

光旦：此所云沙州賊應是蒙古。

《明史》卷一五五《趙安傳》：

永樂元年進馬，除臨洮百户，使西域。

《明史》卷一五六《李英傳》：

［永樂］末年，中官喬來喜、鄧成① 等使西域，道安定、曲先，遇賊見殺，掠所齎金幣。仁宗璽書諭赤斤、罕東及安定、曲先，詰賊主名，而敕英與土官指揮康壽等進討。英詗知安定指揮哈三孫散哥、曲先指揮散即思實殺使者，遂率兵西入。賊驚走。追擊，踰崑崙山，深入數百里。至雅令闊。與安定賊遇，大敗之，俘斬千一百餘人，獲馬牛雜畜十四萬。曲先賊聞風遠遁，安定王桑爾加失夾等懼，詣闕謝罪。宣宗嘉英功［褒勞甚至］……

《明史》卷一五六《李英傳·李英從子文附傳》：

成化中，哈密爲土魯番所並，求救於朝。詔文與右通政劉文往甘肅經略之，無功而還。

《明史》卷一六三《劉鉉傳·薩琦附傳》：

薩琦……其先西域人，後著籍閩縣。

光旦：此當是薩鎮冰的先世，元代爲自西域來之色目人，非蒙古。

《明史》卷一六四《弋謙傳·黃驥附傳》：

---

① 標點本《校勘記》：鄧成，據《明史》卷三三〇《西域傳》、又卷三三一《尼八剌國傳》、《太宗實錄》卷一一一永樂十六年八月戊寅條應爲"鄧誠"。——整理者注

驥，全州人。……永樂時擢禮科給事中，常三使西域。仁宗初，上疏言："西域貢使多商人假托，無賴小人投爲從者，乘傳役人，運貢物至京師，賞賚優厚。番人慕利，貢無虛月，致民失業妨農。比其使還，多齎貨物，車運至百餘輛。丁男不足，役及婦女。所至辱驛官，鞭夫隸，無敢與較者。乞敕陝西行都司，惟哈密諸國王遣使入貢者，許令來京，止正副使得乘驛馬，陝人庶少甦。至西域所產，惟馬切邊需，應就給甘肅軍士。其硇砂、梧桐、鱗之類，皆無益國用，請一切勿受，則來者自稀，浮費益省。"……即議行。

《明史》卷一六六《方瑛傳·陳友附傳》：

陳友，其先西域人，家全椒。[自正統初至天順間積征討邊裔功至封侯。]

《明史》卷一七一《楊善傳·趙榮附傳》：

榮……其先西域人。元時入中國，家閩縣。舅薩琦，官翰林，從入都，以能書授中書舍人。

光旦：能書之書應是蒙文或一種西域文字。爲舍人，正統間事。

《明史》卷一七四《史昭傳》：

宣德……五年，曲先衛都指揮使散即思邀劫西域使臣，[昭自西寧率師討走之。]

《明史》卷一七四《史昭傳·劉昭附傳》：

[宣德間，]罕東酋劄兒加邀殺中官使西域者……命昭（時以都督同知兼鎮河州、西寧）副甘肅總兵官劉廣討之。……（後以朝命未深究。）

《明史》卷一八三《耿裕傳》：

……（弘治初年，撒馬兒罕及土魯番貢獅子，見"土魯番"，此不複録。又土魯番嘗數見，均已入本片，此處不重複。哈密亦然。）

《明史》卷二〇〇《詹榮傳》：

[嘉靖]二十二年，以右僉都御史巡撫甘肅。魯迷貢使留甘州者九十餘人，總兵官楊信驅以禦寇，死者十之一。榮言："彼以好來，而用之鋒鏑，失遠人心，且示中國弱。"詔奪信官，槥死者送之歸。番人感悅。

光旦：魯迷，未詳。是西域之一國。

《明史》卷二〇三《寇天叙傳》：

嘉靖三年，以右僉都御史巡撫……甘肅。……[於其任期內，]西域貢獅子、犀牛、西狗，天叙請卻之，不聽。

《明史》卷二〇六《鄭一鵬傳》：

嘉靖初［年，爲］户科左給事中。……魯迷貢獅子、西牛、西狗、西馬及珠玉諸物。一鵬引漢閉玉門關謝西域故事，請敕邊臣量行賞賚，遣還國，勿使入京，彰朝廷不寶遠物之盛德。不聽。

  光旦：似是嘉靖三年事，見上片別條。亦見同卷《解一貫傳·張録附傳》。

《明史》卷三〇四《鄭和傳》：

  當成祖時，鋭意通四夷，奉使多用中貴。……西域則李達……

總録——土官制度

《明史》卷一七二《劉丙傳》：

  ［成化末，弘治初，］改御史，巡按雲南。雲南諸司吏，舊不得給由，父滿子代，丙請如例考入官。流戍僉發，必經兵部，多淹延致死，丙請屬之撫、按。土官無後者，請録其弟姪，勿令妻妾冒冠服。俱著爲例。

  光旦：第一條，半因道遠，半亦因土官制之影響，司吏來源，部分應是不同程度漢化之土官子弟。

《明史》卷一八五《梁璟傳·王詔附傳》：

  弘治元年……冬，以右副都御史巡撫雲南。土官好爭襲，所司入其賄，變亂曲直，生邊患。詔不通苞苴，一斷以法，且去弊政之不便者。諸夷歸命，邊徼寧戢。

《明史》卷一九五《王守仁傳》：

  ……（守仁論思恩、田州全部改流之弊，似謂凡屬極邊之少數民族地區或土州土縣不宜於改流，見"僮（田州、思恩）——與王守仁"片。）

《明史》卷一九九《胡世寧傳》：

  ［廣西］土官承襲，長吏（漢官）率要賄不時奏，以故諸酋怨叛。［正德初年，世寧爲太平府知府，既定太平、思明諸州之亂（其中多因爭襲致亂），乃］令："生子即聞府。應世及者，年十歲以上，朔望謁府。父兄有故，按籍請官於朝。"土官大悦。

  光旦：此即正德初年事。

《明史》卷二〇二《唐龍傳》：

  授御史，出按雲南。……土官鳳朝明坐罪死，革世職。［武宗義子錢］寧令滇人爲保舉，而矯旨許之。龍抗疏争，寢其事。

  光旦：此似正德六、七年間事，時錢寧似亦駐滇。

光旦：保舉，應是保舉土官繼任者，如此則將破壞土官制度，且繼任不由近親承襲，而由保舉，則將大啓亂源，故力争之也。

《明史》卷二〇六《馬錄傳·湯沐附傳》：

[正德間（近末），]遷右副都御史，巡撫貴州。請立土官世系籍，絕其争襲之弊，而令其子弟入學。報可。

《明史》卷三一二《四川土司傳·播州宣慰司傳》：

正德二年陞播州宣慰使楊斌爲四川按察使，仍理宣慰事。舊制，土官有功，賜衣帶，或旌賞部衆，無列銜方面者。斌狡横，不受兩司節制，諷安撫羅忠等上其平普安（米魯）等戰功，重賂劉瑾，得之。踰年，巡按御史俞緇言不宜授，乃裁之，仍原職。

《明史》卷三一三《雲南土司傳·曲靖[軍民府]》：

正統二年，曲靖軍民知府晏毅言四事。[其]一[關]土官承襲，[曰，土官承襲，]或子孫，或兄弟，或妻繼夫，或妾繼嫡，皆無豫定次序，致臨襲争奪，仇殺連年。乞敕該部（應是兵部、吏部）移文所司，豫爲定序造冊，土官有故，如序襲職。……事下所司議行。

《明史》卷三一六《貴州土司傳》序：

永樂十一年……分其（思南、思州）地爲八府四州，設貴州布政使司，而以長官司七十五分隸焉（分隸各府州），屬户部。置貴州都指揮使（此下奪一司字），領十八衛，而以長官司七隸焉，屬兵部。府以下參用土官。其土官之朝貢符信屬禮部，承襲屬吏部，領土兵者屬兵部。其後府并爲六，州并爲四（本爲四州，何云并？），長官司或分或合，釐革不一。（互見"總錄——貴州沿革"片。）

《明史》卷三一六《貴州土司傳·思南、思州[二府]》：

太祖……平僞漢，略地湖南。思南宣慰使田仁智遣都事楊琛來歸附……俾仍爲思南道宣慰使……并授琛爲宣撫使。

光旦：此是空銜宣撫，無司無地。時元末明初，土司制度尚未確定，故有此，後似罕見其例。

總錄——土司（明代總）

《明史》卷四〇《地理志》序：

[明]置十三布政使司，分領天下府州縣及羈縻諸司。

《明史》卷四〇《地理志》序：

　　終明之世，爲……羈縻之府十有九，州四十有七，縣六。……又土官宣慰司十有一，宣撫司十，安撫司二十有二，招討司一，長官司一百六十有九，蠻夷長（此長字似冗——光旦）官司五。

總錄——土官

《明史》卷七六《職官志五》：

　　軍民府、土州、土縣，設官如府州縣。

　　洪武七年，西南諸蠻夷朝貢，多因元官授之，稍與約束，定征徭差發之法。漸爲宣慰司者十一，爲招討司者一，爲宣撫司者十，爲安撫司者十九，爲長官司者百七十有三。其［未入土司制之］府州縣正貳屬官，或土或流（大率宣慰等司經歷皆流官，［土］府州縣佐貳多流官），皆因其俗，使之附輯諸蠻，謹守疆土，修職貢，供征調，無相攜貳。有相雠者，疏上聽命於天子。

　　又有番夷都指揮使司三、衛指揮使司三百八十五、宣慰司三、招討司六、萬户府四、千户所四十一、站七、地面七、寨一（詳見《兵志·衛所》中），並以附寨番夷官其地。

　　　　光旦：宣慰司三與招討司六理應列入正式土司，與上文所列並算，而不然者，當因其均在西番，不作土司制度之一部分看待故也。

總錄——土官（土司制度）

《明史》卷七六《職官五》：

　　土官：

　　宣慰使司，宣慰使一人（從三品），同知一人（正四品），副使一人（從四品），僉事一人（正五品）。經歷司，經歷一人（從七品），都事一人（正八品）。

　　宣撫司，宣撫使一人（從四品），同知一人（正五品），副使一人（從五品），僉事一人（正六品）。經歷司，經歷一人（從八品），知事一人（正九品），照磨一人（從九品）。

　　安撫司，安撫使一人（從五品），同知一人（正六品），副使一人（從六品），僉事一人（正七品）。其屬，吏目一人（從九品）。

　　招討司，招討使一人（從五品），副招討一人（正六品）。其屬，吏目一人（從九品）。

長官司，長官一人（正六品），副長官一人（從七品）。其屬，吏目一人（未入流）。

蠻夷長官司，長官、副長官各一人（品同上）。（當是同於長官司之長官、副長官。）

又有蠻夷官、苗民官及千夫長、副千夫長等官。

總錄——土官制度總

《明史》卷三一〇《土司列傳》序：

……沿及漢武，置都尉縣屬，仍令自保，此即土官、土吏之所始歟？

光旦："自保"二字甚好，然尚無中土所與之官名。此下如補幾句唐宋之羈縻制度，則比較全面矣。

迨有明踵元故事，大爲恢拓，分別司郡州縣，額以賦役，聽我驅調，而法始備矣。然其道在於羈縻。彼大姓相擅，世積威約，而必假我爵祿，寵之名號，乃易爲統攝，故奔走惟命。然調遣日繁，急而生變，恃功怙過，侵擾益深，故歷朝徵發，利害各半。其要在於撫綏得人，恩威兼濟，則得其死力而不足爲患。《實錄》載成化十八年馬平主簿孔性善言："谿峒蠻獠，雖常梗化，亂豈無因。昔陳景文爲令，猺、獞皆應差徭，厥後撫字乖方，始仍反側。誠使守令得人，示以恩信，諭以禍福，亦當革心。"帝嘉納之，惜未能實究其用，此可爲治蠻之寶鑑矣。

光旦：馬平之例不的，馬平似無土官，猺、獞由漢官直接統治，應舉間接統治之例方合。

嘗考洪武初，西南夷來歸者，即用原官授之。其土官銜號曰宣慰司，曰宣撫司，曰招討司，曰安撫司，曰長官司。以勞績之多寡，分尊卑之等差。

光旦："土官之銜號……"一語說明"土官"一詞包括"土司"，兩詞不相等。近人論此，往往不察，或以爲元明以前應稱土官，以後則稱土司，或以爲屬驗封者爲土官，而屬武選者爲土司：皆未合。

而府州縣（土府、土州、土縣）之名亦往往有之。襲替必奉朝命，雖在萬里外，皆赴闕受職。天順末，許土官繳呈勘奏，則威柄漸弛。成化中，令納粟備振，則規取日陋。孝宗雖發憤釐革，而因循未改。嘉靖九年始復舊制，以府州縣等官隸驗封，宣慰、招討等官隸武選。隸驗封者布政司領之，隸武選者都指揮領之。於是文武相維，比於中土矣。

《明史》卷三一〇《土司列傳·湖廣土司》：

宣德二年……前元故土官子孫牟酋蠻等，各擁蠻民，久據谿洞，今就招撫……兵部議以四百戶以上者設長官司，四百戶以下者設蠻夷官司。

《明史》卷三一一《四川土司傳·烏蒙等傳》：

故事，土官九品以上，皆保送至京乃襲。〔非有特殊情況不得免。〕

總錄——土官，土巡檢司

《明史》卷四三《地理志四》：

〔四川夔州府〕達州（東有渠江，〔江〕中有南昌灘，有土副巡檢司。）

> 光旦：稱土者，當是非漢，此處之土人非巴即獠。附近之梁山縣（達縣東南，中只隔開江縣），宋之梁山軍，北宋時尚有不與外界接觸之巴人，云是丕姓，達州比梁山去交通孔道更遠，更屬內地，或至明尚有殘存，未可知也。

《明史》卷四五《地理志六》：

〔廣西桂林府〕永寧州（明初古田縣，隆慶五年改，今古化縣。有桐木鎮、常安鎮、富橡鎮三土巡檢司。）（互見，下同）

《明史》卷四五《地理志六》：

〔廣西平樂府〕平樂〔縣〕（有水瀌營、昭平堡二土巡檢司。）

《明史》卷四五《地理志六》：

〔廣西平樂府〕恭城〔縣〕（有白面寨、西嶺寨二土巡檢司。）

《明史》卷四五《地理志六》：

〔廣西平樂府〕賀〔縣〕（東北有大寧寨、樊字寨、白花洞三土巡檢司，後廢。）

《明史》卷四五《地理志六》：

〔廣西平樂府〕修仁〔縣〕（東北有麗壁市土巡檢司。）

> 光旦：舉此若干例，以示土官制之一部分，後不列。

總錄——土巡檢司

《明史》卷七五《職官四》：

巡檢司。巡檢、副巡檢（俱從九品），主緝捕盜賊，盤詰奸偽。……初，洪武二年，以廣西地接猺、獞，始於關隘衝要之處設巡檢司，以警奸盜，後遂增置各處。十三年二月特賜敕諭之，尋改爲雜職。

　　光旦：此爲一般巡檢司，由漢人任之，其中在邊省而由當地少數民族（已略漢化或漢而變夷之人）任之、且又世襲者則謂之土巡檢司，以別於一般。例見另片。

　　光旦：若干官職，大者至總督，最小至巡檢，其設置皆與鎮壓少數民族有初元關係，亦是值得注意之一事。總督之所以設，見"總錄——總督……"片。

總錄——土巡檢

《明史》卷二二一《郭應聘傳》：

　　[萬曆]八年……十寨初下，應聘（時巡撫廣西）與總督劉堯誨奏設三鎮隸賓州，以土巡檢守之，而統於思恩參將。十寨遂安。

　　光旦：十寨、三鎮，詳見"僮（平樂）"。

總錄——土巡檢之例

《明史》卷三一三《雲南土司傳·臨安[府]》：

　　宣德五年，中官雲仙還自雲南，奏設東山口巡檢司，以故土官後普覺爲巡檢。

《明史》卷三一三《雲南土司傳·楚雄[府]》：

　　[府屬]南安州琅井[地方]土巡檢李保[以宣德八年陞土州判官]。

《明史》卷三一三《雲南土司傳·曲靖[府]》：

　　萬曆……十三年[平羅雄者繼榮，改流官知州，別以]者繼仁爲巡檢。

《明史》卷三一四《雲南土司傳·永昌[府]》：

　　宣德……八年置騰衝州庫扛關、庫刀關、庫勒關、古湧二關（共五關）①……於五處置巡檢司，以土軍尹黑、張保、李輔、郭節等爲巡檢。正統二年以非額革之。

《明史》卷三一七《廣西土司傳·柳州[府]》：

　　[府及其諸縣如]賓、象、融、羅（羅城）諸猺蠻蟠結……城外五里即賊

---

① 查《宣宗實錄》卷一〇六宣德八年九月己丑條，非於此時始置五關，而是於此五處置五土巡檢司。《明史》卷四六《地理志》作"古勇關"。——整理者注

巢……後……置土巡檢於各峒隘，稍稱寧［息］。

  光旦：實不止瑤。猺字泛用。

《明史》卷三一七《廣西土司傳·柳州［府］》：

  ［隆慶間，柳州懷遠瑤人起事受鎮壓之後，］議設兵防，改萬石、宜良、丹陽爲土巡司，屯土兵五百人，且耕且守。

《明史》卷三一七《廣西土司傳·柳州［府］》：

  萬曆元年，洛容［獞韋朝義之暴動］，土巡檢韋顯忠……提兵決戰，［助官兵鎮壓。］

  光旦：土巡檢對中原統治者之作用蓋在此。

《明史》卷三一七《廣西土司傳·平樂［府］》：

  （巡檢司改土巡檢司之例，見"獞（平樂）"、"總錄——改土歸流與革流返土"片。）

《明史》卷三一七《廣西土司傳·平樂［府］》：

  （右江十寨終於成爲三土巡檢司，見"獞（平樂）"片。）

《明史》卷三一七《廣西土司傳·潯州［府］》：

  ［成化初，大藤峽初平，以韓雍請］設武宣縣東鄉等巡檢司，以土人李昇等爲副巡檢。

《明史》卷三一八《廣西土司傳·思恩［府］》：

  ［弘治末年，平思恩岑濬，改流府；嘉靖六年，王守仁至，］列思恩地爲九土巡檢司，管以頭目，授［土目］王受白山司巡檢，得比於世官。（九司實設於七年，司名見"獞（思恩）"片。）

《明史》卷三一八《廣西土司傳·鎮安［府］》：

  所屬有上映洞、湖潤寨。巡檢皆土人世官。

總錄——土吏目

《明史》卷三一七《廣西土司傳·潯州［府］》：

  ［成化初，大藤峽初平，以韓雍請］設武靖州於峽內，以上隆州知州岑鐸知州事，土人覃仲英世襲土官吏目。

  光旦：土司吏目，一般皆漢人，此獨土人世襲。

總録——土驛丞之例

見"[傣](南甸)"及按語，不另摘録。

總録——土千户之例

《明史》卷三一一《四川土司傳·鹽井衛傳》(附《建昌衛傳》之後)：

("打冲河守禦中左千户所，其土千户剌兀……"，詳"麽些(鹽井)"片。)

《明史》卷三一一《四川土司傳·會川衛傳》(附《建昌衛傳》之後)：

(迷易千户所之副千户爲土副千户，而正則似爲漢，見"[傣]"片。)

《明史》卷三一八《四川土司傳·田州[府]》：

[洪武]十七年，都指揮使耿良奏：……欲令[田州、泗城]選取壯丁各五千人，立二衛，以[泗城知州岑]善忠之子振，[田州知府岑]堅之子永通爲千户，[且耕且戰，以防猺人。]

總録——土司與兵部武選司

《明史》卷七一《選舉志三》：

兵部凡四司，而武選[一司]掌除授，職方掌軍政，其職尤要。凡武職，内則五府、留守司，外則各都司、各衛所及三宣、六慰。流官八等：都督及同知、僉事，都指揮使、同知、僉事，正、副留守。世官九等：指揮使及同知、僉事，衛、所鎮撫，正、副千户，百户，試百户。直省都指揮使二十一，留守司二，衛九十一，守禦、屯田、羣牧千户所二百十有一。此外則苗蠻土司，皆聽部選。

《明史》卷七二《職官志一》：

兵部……武選……清吏司……掌衛所土官選授、陞調、襲替、功賞之事。……凡土司之官九級，自從三品至從七品，皆無歲禄。其子弟、族屬、妻女若壻及甥之襲替，胥從其俗。

總録——總兵掛印稱將軍

《明史》卷七六《職官五》：

總兵掛印稱將軍者，雲南曰征南將軍，大同曰征西前將軍，湖廣曰平蠻將軍，兩廣曰征蠻將軍，遼東曰征虜前將軍，宣府曰鎮朔將軍，甘肅曰平羌將軍，寧夏曰征西將軍，交阯曰副將軍，延綏曰鎮西將軍。(諸印，洪熙元年制頒。)

總錄——總督一官之始設，端爲應付它民族
《明史》卷七三《職官志二》：

都察院［職官］……其在外加都御史或副、僉都御史銜者，有總督，有提督，有巡撫，有總督兼巡撫，提督兼巡撫，及經略、總理、贊理、巡視、撫治等員。

總督薊遼、保定等處軍務兼理糧餉一員。嘉靖二十九年置（詳見"滿——防滿措施"片）。

總督宣大、山西等處軍務兼理糧餉一員。［嘉靖二十九年］定設（詳"蒙——防蒙措施"片）。

總督陝西三邊軍務一員。弘治十年［以火篩入寇初設］，嘉靖四年始定設（詳"蒙——防蒙措施"片）。

總督兩廣軍務兼理糧餉……一員。……景泰三年，苗寇起，以兩廣宜協濟應援，乃設總督（前此只有分省之巡撫）。

總督四川、湖廣、貴州、雲南等處軍務。［嘉靖二十七年以苗患設，］四十二年罷。

四川、湖廣、雲南、貴州、廣西五省總督。［天啓元年以奢崇明反設。］

> 光旦：苗字廣義。下同。

正統十四年以苗亂置總督，鎮守貴州、湖北、川東等處。……成化八年罷。十一年復設。正德二年又罷。五年又復設。嘉靖四十二年裁革總督，令巡撫兼理湖北、川東等處提督軍務。

總錄——土官與田賦
《明史》卷七七《食貨志一》：

貴州田無頃畝尺籍，悉徵之土官。

總錄——賦役
《明史》卷七八《食貨志二》：

永樂中，既得交阯，以絹，漆，蘇木，翠羽，紙扇，沉、速、安息諸香代租賦。廣東瓊州黎人、肇慶猺人內附，輸賦比內地。

總録——土官貢輸

《明史》卷一五九《賈銓傳》：

　　正統十二年，［擢雲南左布政使。］土官十餘部，歲當貢馬輸差發銀及海䶉……至景泰初，皆積逋不能償。銓等爲言除之。

　　　　光旦：同時除免八府民所逋應輸之食鹽米鈔。

　　　　光旦：曰土官貢輸，實即土民之貢輸，特由土官彙集上繳耳。曰十餘部，即指土民言之者。

《明史》卷一六一《應履平傳》：

　　宣宗初，擢貴州按察使。……［正統二］年，上書言四事。……［其］一，停黎平諸府歲辦黃白蠟。

　　　　光旦：此原是當地"土貢"，設府後由府彙收上繳，其爲取諸少數民族無疑。

總録——土官

《明史》卷一五五《趙安傳》：

　　趙安，狄道人。從兄琦，土指揮同知，坐罪死，安謫戍甘州。永樂元年進馬，除臨洮百户，使西域。從北征……

　　　　光旦：應是非漢人，但族屬不明。可能羌，可能蒙古。

《明史》卷一七八《秦紘傳》：

　　［弘治二］年三月進右都御史，總督兩廣軍務。奏言："中官、武將總鎮兩廣者……交通土官爲奸利。……請嚴禁絶。總鎮府故有賞功所，歲儲金錢數萬，費出無經，宜從都御史勾稽。……"帝……從其請。

《明史》卷一八六《樊瑩傳》：

　　［成化初年，以］行人使蜀，不受餽，土官作卻金亭識之。

總録——土官餽獻

《明史》卷一六六《山雲傳》：

　　廣西鎮帥初至，土官率餽獻爲故事。帥受之，即爲所持。雲始至（宣德三年），聞府吏鄭牢剛直，召問曰："餽可受乎？"牢曰："潔衣被體，一污不可澣，將軍新潔衣也。"雲曰："不受，彼且生疑，奈何？"牢曰："黷貨，法當死。將軍不畏天子法，乃畏土夷乎？"雲曰："善。"［乃］盡卻餽獻，嚴馭之。

由是土官畏服，調發無敢後者。

總録——邊官剥削
《明史》卷二〇七《包節傳》：

　　［嘉靖前葉（十一年以後若干年），以御史］出按雲南。時仕者以荒徼憚不欲往，因設告就遠方之法。節言："此曹志甘投荒，非年迫衰遲，則家貧急禄。志在爲己，豈在恤民，滇中長吏所以多不得人也。請自今以附近選人充之，而州縣佐貳始用此曹，庶吏治可舉。"吏部請以節言概行於雲、貴、兩廣。制可。

　　光旦：佐貳何嘗不"急禄"？

總録——鹽法
《明史》卷一八六《韓文傳》：

　　［武宗］正德元年……文（時爲户部尚書）言："鹽法之設，專以備邊。今山、陜饑，寇方大入，度支匱絀，飛輓甚難。奈何壞祖宗法，忽邊防之重。"

　　光旦：與邊防關係，應是指與邊防軍隊之關係，而非與邊地少數民族之關係。參《食貨志》與此有關之部分。邊防軍所需芻糧，除中央與地方直接撥運外，往往由商人承運，商人由此得領取政府所發之鹽引，從而取得賣鹽之許可，曰"飛輓甚難"者，正指中央或地方直接撥運之不易，而不得不仰賴"中鹽"之商人代爲之也。曰專以備邊者，其義似在此。非以鹽輸邊軍，更非以鹽與少數民族爲交易也。又明代官吏有罪，往往罰米輸塞上，亦此意。

總録——礦冶
《明史》卷一七七《王翱傳》：

　　宣德……五年［以御史］巡按四川。……上便宜五事，［有曰，］會川銀場歲運米八千餘石給軍，往返勞費，請令有罪者納粟自贖。詔所司議詳運糧事，而遷蠹吏北京……允行。

　　光旦：會川，明爲衛，今會理縣。歷史上爲獠分布所及之最西地區，明代應以彝之分布爲多。

總錄——水利之例

《明史》卷八八《河渠志六》：

[洪武二十三年，]四川永寧宣慰使言："所轄水道百九十灘，江門大灘八十二，皆被石塞。"詔景川侯曹震往疏之。

光旦：主要與彝族有涉。然今日此一帶主要之少數民族爲苗，即有彝，爲數似已甚少。亦是明末"平"奢氏後之一大變化。當地似本有部分苗民，爲彝所役屬，自茲必更有大批從黔西北移，斯成今日分布之局。

《明史》卷八八《河渠志六》：

[正統十三年，]五開衛（時屬湖廣，今在貴州）言："衛與苗接，山路峻險。去衛三十里有水通靖州江，亂石沙灘，請疏以便輸運。"……從之。

總錄——賑恤

《明史》卷一〇：

[正統九年]四月……丁亥，振沙州及赤斤蒙古饑。

《明史》卷一〇：

[正統九年]六月壬午，振湖廣、貴州蠻饑。

總錄——刑罰

《明史》卷一六一《應履平傳》：

宣宗初，擢貴州按察使。……正統……[二]年，[建議]邊軍犯盜及土官民與官旂罪輕者，入粟缺儲所贖罪。……從之。

總錄——改土歸流

《明史》卷一九五《王守仁傳》：

（守仁論改流之非是，見"僮（田州）"片。）

《明史》卷二一一《沈希儀傳》：

（希儀論思恩改流之非，見"[僮]（田州）"片，又見"瑤（廣西）——與沈希儀"片。）

《明史》卷二一一《沈希儀傳》：

（希儀實亦改土歸流主義者，見"[僮]（思恩）"片所引本傳文下按語。）

總錄——土州廢爲洞之例

《明史》卷四五《地理志六》：

[廣西思恩府]上映州，洪武五年廢爲洞。萬曆三十二年復置。

《明史》卷四五《地理志六》：

[廣西]歸順州，洪武初，廢爲洞。弘治九年八月復置。

總錄——土州、縣廢退之例

《明史》卷三一七《廣西土司傳·南寧[府]》：

（明初，下雷州因印失廢爲峒，仍有峒長，隸府，見"僮（南寧）"片。）

總錄——改土歸流與革流返土

光旦：改土歸流之例，多不勝舉，不特立片，惟革流返土比較不多見，略舉一、二例，亦不能盡載也。

《明史》卷三一七《廣西土司傳·慶遠[府]》：

（忻城縣之例，見"僮（慶遠）"片。）

《明史》卷三一七《廣西土司傳·平樂[府]》：

（昭仁堡設僮族長官司，而停選流官之議，未果行，見"僮（平樂）"片。）

《明史》卷三一七《廣西土司傳·平樂[府]》：

[隆慶初，府江既平，]荔浦之峰門、南源，修仁之麗壁，永安之古眉諸巡司，[初]爲諸獞所奪。至是議改土巡檢，推擇有才武者，給冠帶管事，三載稱職，始世襲。

《明史》卷三一七《廣西土司傳·南寧[府]》：

（南寧府上思州，弘治十八年改流，嘉靖元年復土，見"僮（南寧）"片。）

《明史》卷三三〇《西番諸衛傳》：

（改土歸流，革流返土之又一類型，即由衛改州[岷州]、由州復衛，見"西番——西番諸衛"片。）

總錄——軍衛

《明史》卷一八五《吳世忠傳》：

[弘治中（弘治十一年以後），]寇犯延綏、大同，世忠（時爲兵科給事中）言[足憂者若干事，其第一曰，]"國初設七十二衛，軍士不下百萬。近軍政日

壞，精卒不能得一二萬人，此兵足憂也。"

《明史》卷二〇〇《姚鏌傳》：

[嘉靖四年以後，岑猛及其党盧蘇、王受先後起事，王受攻陷思恩，旋又爲明兵收復，參加此收復之役者有]千夫長韋貫[1]。

光旦：千夫長應即千戶。千戶屬衛所軍。果爾，如韋貫之例，則可知衛所軍隊中，漢人而外，亦有當地之少數民族人民，或漢化程度較深之此種人民。此方面資料似不多，姑存此可疑之一例。

總錄——軍衛作用

《明史》卷一六一《應履平傳》：

宣宗初，擢貴州按察使。……山雲鎮廣西以備蠻，歲調貴州軍萬人，春秋更代，還多逃亡，則取原衛軍以補，不逐逃者。履平奏："貴州四境皆苗蠻，軍伍虛，有急孰與戰守？今衛軍逃於廣西，而以在衛者補。不數年，貴州軍伍盡空，邊釁且起。"帝乃命雲嚴責廣西諸衛，追還逃軍，俟足用，即遣歸。罷貴州戍卒。

光旦：戍卒係衛軍之外派遣去黔以補平時軍力之不足者。

光旦：邊省各衛之目的在鎮壓當地少數民族而防衛移殖之漢人，此條最能加說明，黔桂如此，它邊省亦然。

《明史》卷一六二《劉球傳》：

正統……八年五月……球（時爲翰林侍講）……上言所宜先者十事。[其一事曰，]古者省方巡狩，所以察吏得失，問民疾苦。……今久不舉，故吏多貪虐，民不聊生，而軍衛尤甚。

光旦：應補句曰，而在邊地之軍衛尤爲不堪！

總錄——千戶所與漢族勢力之擴大

光旦：西南地區千戶所之逐步增設一事，最足以見漢族勢力之逐步深入推廣，分見西南各族片，不另立片。

---

[1] 標點本《校勘記》：韋貫，據《明史》卷三一八及《明史稿》傳一九二《田州傳》、《世宗實錄》卷七九嘉靖六年八月乙丑條應爲"韋貴"。——整理者注

總錄——五軍都督府所屬……土官(總)

《明史》卷九〇《兵志二》：

　　後(成祖即位二十餘年間漸次增定)定天下都司、衛、所[及各級土司]，共計都司二十一，留守司二，內外衛四百九十三，守禦、屯田、羣牧千戶所三百五十九，儀衛司三十三(自儀衛司以下，舊無，後以次漸添設)，宣慰使司二，招討使司二，宣撫司六，安撫司十六，長官司七十(原五十九)，番邊都司衛所等四百七(後作四百六十三)。

　　光旦：只宣慰使司以下與少數民族有密切關係，設有土官。

　　左軍都督府(無土官，略)

　　右軍都督府(有土官，見後片)

　　中軍都督府(無土官，略)

　　前軍都督府(有土官，見後片)

　　後軍都督府(無土官，略)

　　光旦：無者，無土官而已，未必無"土民"。

總錄——五軍都督府所屬土官(右軍)

《明史》卷九〇《兵志二》：

　　右軍都督府：

　　在京與在外直隸，無。

　　陝西都司，無。

　　陝西行都司，無。

　　四川都司[所屬]土官：

　　天全六番招討官(？)司(直屬都司。)

　　隴木頭長官司

　　靜州長官司

　　岳希蓬長官司(以上屬茂州衛。)

　　石柱宣撫司

　　酉陽宣撫司(以上屬重慶衛。)

　　石耶洞長官司

　　邑梅洞長官司(以上屬酉陽宣撫司。)

　　占藏先結簇長官司

蠟匝簇長官司

白馬路簇長官司

山洞簇長官司

阿昔洞簇長官司

北定簇長官司

麥匝簇長官司

者多簇長官司

牟力簇長官司①

班班簇長官司

祈命簇長官司

勒都簇長官司

色藏簇長官司②

阿思簇長官司

思囊兒簇長官司

阿用簇長官司

潘幹寨長官司③

八郎安撫司

阿角寨安撫司

麻兒匝安撫司

芒兒者安撫司（以上皆屬松潘衛。）

疊溪長官司

鬱即長官司（以上屬疊溪千戶所。）

四川行都司〔所屬〕土官：

昌州長官司

威龍長官司

---

① 標點本《校勘記》：《明史》卷四三《地理志》作"牟力結簇長官司"。——整理者注
② 標點本《校勘記》：色藏簇，據《明史稿》志六七《兵志》、《明會典》卷一二四、《讀史方輿紀要》卷七三應爲"包藏簇"。《明史》卷四三《地理志》作"包藏先結簇長官司"。——整理者注
③ 標點本《校勘記》：潘幹寨，據《明史》卷四三《地理志》、《明會典》卷一二四應爲"潘斡寨"。——整理者注

普濟長官司（俱屬建昌衛。）

馬喇長官司（屬鹽井衛。）

邛部長官司（屬越巂衛。）

廣西都司，無。

雲南都司[所屬]土官：

茶山長官司

潞江安撫司

鳳溪長官司

施甸長官司

鎮道安撫司

楊塘安撫司（俱屬永昌衛。）

蠻莫安撫司

猛臉長官司①

猛養長官司（俱萬曆十三年改設。）

貴州都司[所屬]土官：

新添長官司

小平伐長官司

把平寨長官司

丹平長官司

丹行長官司（以上屬新添衛。）

楊義長官司（屬平越衛。）

大平伐長官司（屬龍里衛。）

總錄——五軍都督府所屬土官（前軍）

《明史》卷九〇《兵志二》：

前軍都督府：

在京與在外直隸，無。

湖廣都司[所屬]土官：

---

① 標點本《校勘記》：猛臉，《明史》卷四六《地理志》作"孟璉"，係同名異譯。《兵志》雲南都司地名冠以"猛"字者，《地理志》均作"孟"。——整理者注

永順軍民宣慰使司（直屬都司。）

臘惹洞長官司

麥著黄洞長官司

驢遲洞長官司

施溶溪長官司

白崖洞長官司

田家洞長官司（以上屬永順宣慰司）

保靖州（州字冗？）軍民宣慰使司（直屬都司。）

五寨長官司

筸子坪長官司（俱屬保靖宣慰司。）

施南宣撫司（屬施州衛。）

東鄉五路安撫司（屬施南宣撫司。）

把搖洞長官司 ①

上愛茶峒長官司

下愛茶峒長官司

鎮遠蠻夷長官司

隆奉蠻夷長官司（俱屬東鄉五路安撫司。）

忠孝安撫司（屬施南宣撫司。）

忠路安撫司（屬施南宣撫司。）

劍南長官司（屬忠路安撫司。）

金峒安撫司（屬施南宣撫司。）

西坪蠻夷長官司（屬金峒安撫司。）

散毛宣撫司（屬施州衛。）

龍潭安撫司

大旺安撫司（俱屬散毛宣撫司。）

東流蠻夷長官司

臘壁峒蠻夷長官司（俱屬大旺安撫司。）

忠建宣撫司（屬施州衛。）

---

① 標點本《校勘記》：把搖，據《明史》卷四四《地理志》、《明一統志》卷六六應爲"搖把"。——整理者注

忠峒安撫司

高羅安撫司（屬忠建宣撫司。）

木冊長官司（屬高羅安撫司。）

鎮南長官司

唐崖長官司

容美宣撫司（俱屬施州衛。）

椒山瑪瑙長官司

五峰石寶長官司

水盡源通塔平長官司

石梁下峒長官司（俱屬容美宣撫司。）

桑植安撫司（屬九溪衛。）

臻剖六洞橫波等處長官司（屬鎮遠衛。）

湖廣行都司，無。

興都留守司，無。

福建都司，無。

福建行都司，無。

江西都司，無。

廣東都司，無。

　　光旦：凡此所云"土官"即"土司"也，其官雖由兵部武選司遴選，其平時控制與"土軍"調動應是當地都司之事。

總錄——羈縻衛所（東北、北）

《明史》卷九〇《兵志二》：

　　羈縻衛所，洪武、永樂間邊外歸附者，官其長，為都督、都指揮、指揮、千百戶、鎮撫等官，賜以敕書印記，設都司衛所。

都司一：奴兒干

衛三百八十四：

朵顏　泰寧　建州　必里　福餘（以上洪武間置）

兀者　兀者左　兀者右　兀者後　赤不罕　屯河　安河（以上永樂二年置）

毛憐　虎兒文　失里綿　奴兒干　堅河　撒力（以上永樂三年

置）

古賁河　右城　塔魯木　蘇温河　幹灘河[①]　兀者前卜顔　亦罕河　納憐河　麥蘭河　兀列河　雙城　撮剌兒[②]　亦馬剌　幹蘭　亦兒古里　脱木河　卜剌罕　密陳　脱倫　嘉河　塔山　阿速江　速平江　木魯罕山　馬英山　土魯罕山[③]　木塔里山　朶林山　兀也吾　吉河　剳竹哈　福山　肥河　哈温河　木束河　撒兒忽　罕答河　剳童（以上永樂四年置）

阿古河　喜樂温河　木陽河　哈蘭城　可令河　兀的河　哥吉河　野木河　納剌吉河　亦里察河　野兒定河　卜魯丹河　好屯河　喜剌烏河　考郎兀　亦速里河　阿剌山　隨滿河　撒秃河　忽蘭山　古魯渾山　阿資河　甫里河　答剌河　撒只剌河　阿里河　衣木河　亦文山　木蘭河　朶兒必河　甫門河（以上永樂五年置）

納木河　童寬山　兀魯罕河　塔罕山　者帖列山　木興　友帖　牙魯　益實　剌魯　乞忽　兀里溪山　希灘河　弗朶秃河　阿者迷河　撒察河　幹蘭河　阿真河　木忽阿河[④]　欽真河　克默河　察剌秃山　嘔罕河　阮里河　列門河　秃都河　實山　忽里急山　莫温河　薛列河（以上永樂六年置）

卜魯兀　葛林　把城　剳肥河　忽石門　剳嶺上　木里吉　忽兒海　伏里其　乞勒尼　愛河　把河　和屯吉　失里木　阿倫　古里河　塔麻速（以上永樂七年置）

木興河　木剌河　喜申　使防河　甫兒河　亦麻河　兀應

---

① 標點本《校勘記》：幹灘河，據《明一統志》卷八九、《明會典》卷一二五應爲"斡灘河"。下文的幹蘭河衛、幹朶倫衛的"幹"，同上書爲"斡"。又幹朶里衛的"幹"，據《明會典》爲"斡"。——整理者注

② 標點本《校勘記》：撮剌兒，據《明一統志》卷八九、《明會典》卷一二五應爲"撒剌兒"。——整理者注

③ 標點本《校勘記》：土魯罕山，據《明一統志》卷八九、《明會典》卷一二五應爲"土魯亭山"。——整理者注

④ 標點本《校勘記》：木忽阿河，據《明史稿》志六七《兵志》、《明一統志》卷八九、《明會典》卷一二五應爲"木忽剌河"。——整理者注

河　　法因河　　阿答赤河　　古木山　　葛稱哥（以上永樂八年置）

督罕河　　建州左　　只兒蠻　　兀剌　　順民　　囊哈兒　　古魯　　滿徑　　哈兒蠻　　塔亭　　也孫倫　　可木河　　弗思木　　弗提（以上永樂十年置）

幹朶倫（永樂十一年置）

哈兒分　　阿兒溫河　　速塔兒河　　兀屯河　　元城　　和十羅①　　老哈河　　失兒兀赤　　卜魯禿河　　可和②　　乞塔河　　兀剌忽（以上永樂十二年置）

渚冬河　　劄真　　兀思哈里　　忽魯愛（以上永樂十三年置）

吉灘河　　亦馬忽山（以上永樂十四年置）

阿真同真　　亦東河　　亦迷河（以上永樂十五年置）

建州右　　益實左　　阿答赤　　塔山左　　城討溫（以上俱正統間置）

寄住毛憐（此下正統以後續置）

可木　　失里　　失木魯河　　忽魯木　　塔馬速　　失烈木　　吉灘　　和屯　　禾屯吉河　　亦失　　亦力克　　納木　　弗納河　　忽失木　　兀也　　也速倫　　巴忽魯　　兀牙山　　塔木　　忽里山　　罕麻　　木里吉河　　引門河　　亦里察　　只卜得　　塔兒河　　木忽魯　　木答山　　立山　　可吉河　　忽失河　　脱倫兀　　阿的納河　　兀力　　阿速　　速溫河　　納剌吉　　撒剌　　亦實　　弗朶脱河　　亦屯河　　元討溫河③　　甫河　　剌山　　阿者　　童山寬　　替里　　亦里察河　　哈黑分　　禿河　　好屯　　乞列尼　　撒里河　　忽思木　　兀里河　　忽魯山　　弗兒秀河　　没脱倫　　阿魯必河　　咬里山　　亦文　　寫豬洛　　答里山　　古木河　　剌兒　　兀同河　　出萬山　　者屯　　喜辰　　海河　　蘭河　　朶州山　　者亦河　　納速吉河　　把忽兒　　鎮真河　　也速河　　者剌禿　　也魯河　　亦里河　　失里

---

① 標點本《校勘記》：和十羅，據《明一統志》卷八九、《明會典》卷一二五應爲"和卜羅"。——整理者注

② 標點本《校勘記》：可和，據《明一統志》卷八九、《明會典》卷一二五應爲"可河"。——整理者注

③ 標點本《校勘記》：元討溫河，據《明史稿》志六七《兵志》、《明會典》卷一二五應爲"兀討溫河"。——整理者注

兀　幹朵里　禿屯河　者林山　波羅河　朵兒平河　散力　密
刺禿山　甫門　細木河　没倫河　弗禿都河　者列帖　察札禿
河　出萬河　者帖列　兀失　忽里河　失里綿河　兀刺河　愛
河　洽刺察　卜忽禿河　没倫　卜魯　以哈阿哈　速江平　兀
山　弗力　失郎山　亦屯　木河　竹墩　河木　哈郎歲
班　失山　考郎　築屯　黑里河　右城　弗河　文東河　阿
古　弗山　兀答里　納速河　失列河　朵兒玉　兀魯河　弗
郎罕河　赤卜罕山　老河　竹里河　吉答納河　者不登　也速
脱　阿木河　顏亦（以下添設——正統以後？）
　　　山答　塔哈　弗魯納河　行子　兀勒阿城　阿失　吉真
納河　法　薄羅　塔麻所　布兒哈　亦思察河　失刺　卜
忽禿　撒里　你實　平河　忽里失山①　阿乞　台郎　塞
克　拜苦　所力　巴里　塔納　木郎　額克　勒伏　式
木　樹哈　肥哈答　蓋千　英禿　乞忽　阿林　哈兒速　巴
答　脱木　忽把　速哈兒　馬失　塔賽　剳里　者哈　恨
克　哈失　交枝　葛　艾答　亦蠻　哈察　革出　卜
答　蜀河　禿里赤山　賽因　忙哈

[千户]所二十四：
　　　兀者托溫　哈魯門山　兀者撲也木②　兀的罕　兀者穩免
赤　得的河　魚失　五年　兀者巳河　真河　兀的　屯
河　哈三　兀者屯河　古賁河　五音　鎖郎塔真河　兀者撲野
人　敷答河　兀禿河　可里踢　哈魯門　兀討溫河　兀者撒野人

站七：
　　　別兒真　黑龍江地方莽亦帖　弗朵河　亦罕河衛忽把希　忽把
希　弗答林　古代替

地面七：

---

① 標點本《校勘記》：忽里失山，據《明史稿》志六七《兵志》、《明會典》卷一二五應爲"忽里吉山"。——整理者注

② 標點本《校勘記》：兀者撲也木，據《明一統志》卷八九、《明會典》卷一二五應爲"兀者撲野木"。——整理者注

弗孫河　　木溫河　　埇坎河　　撒哈　　亦馬河咬東　　可木　　黑龍江

寨一：黑龍江忽里平寨

總錄——羈縻衛所（西北）
《明史》卷九〇《兵志二》：
西北諸部，在明初服屬，授以指揮等官，設衛給誥印。
衛六：
赤斤蒙古衛　　罕東衛　　安定衛　　阿端衛　　曲先衛　　哈密衛

總錄——羈縻衛所（西番）
見"西番——羈縻衛所"片。

總錄——四川土司
《明史》卷四三《地理志四》：
〔四川〕安寧宣撫司，成化十三年二月置，領長官司二：懷遠、宣化。
光旦：所在地，隸屬關係，司中民族成分，均不詳。

總錄——雲南土司（總）
《明史》卷四六《地理志七》：
雲南……領府五十八，州七十五，縣五十五，蠻部六。後領府十九，禦夷府二，州四十，禦夷州三，縣三十，宣慰司八，宣撫司四，安撫司五，長官司三十三，禦夷長官司二。
光旦：若干府、州實土府土州，《明史·地理志》皆不予注明，廣西下亦然。
光旦：何以云"禦夷"，未詳；"長官司"與"禦夷長官司"之分別何在，亦無說明。
光旦：部分土司境地今不在國內。

總錄——雲南土司（大理府）
《明史》卷四六《地理志七》：

大理府……領州四，縣三，長官司一。
　　太和[縣]（南有太和土巡檢司。）
　　趙州（有定西嶺土巡檢司。）
　　鄧川州（有青索鼻土巡檢司。）
　　[鄧川州]浪穹[縣]（西有上江嘴、西南有下江嘴二土巡檢司。）
　　賓川州（北有金沙江土巡檢司。）
　　　　光旦：武定府和曲州北亦有一金沙江土巡檢司，當是二事。
　　[大理府]雲龍州（東有十二關土巡檢司，舊屬浪穹縣，後改屬。）
　　[大理府]十二關長官司（府東。元十二關防送千户所。洪武中改置。嘉靖元年五月徙於一泡江之西。）

總錄——雲南土司（鎮沅府）

《明史》卷四六《地理志七》：
　　鎮沅府……領長官司一：禄谷寨長官司（府東北。永樂十年四月以禄平寨置。）
　　　　光旦：只領此一長官司，無他屬縣。

總錄——雲南土司（臨安府）

《明史》卷四六《地理志七》：
　　[雲南]臨安府……領州六，縣四①，長官司九。
　　[府屬]建水州（東南有納更山土巡檢司。）
　　[府屬]阿迷州（東有東山口土巡檢司。）
　　[府屬]新化州，本馬龍他郎甸長官司。洪武十七年四月置，直隸布政司。弘治八年改爲新化州。萬曆十九年來屬。
　　[府屬]納樓茶甸長官司（府西南。本納樓千户所，洪武十五年置，屬和泥府。十七年四月改置。）
　　[府屬]教化三部長官司（府東南。元强現三部，洪武中改置。）
　　[府屬]王弄山長官司（府東南。元王弄山大小二部，洪武中改置。）
　　[府屬]虧容甸長官司（府西南。元鐵容甸，屬元江路。洪武中改置，來屬。）

---

① 標點本《校勘記》：下文實記臨安的領縣是五不是四。——整理者注

〔府屬〕溪處甸長官司（府西南。元溪處甸軍民副萬户，屬元江路。洪武中改置，來屬。）

〔府屬〕思佗甸長官司（府西南。元和泥路。洪武十五年三月爲府，領納樓千户所伴溪、七溪、阿撒三蠻部，十七年廢，後改置。）

〔府屬〕左能寨長官司（府西南。本思佗甸寨，洪武中改置。）

〔府屬〕落恐甸長官司（府西南。元伴溪落恐部軍民萬户。洪武中改置。）

〔府屬〕安南長官司（府東南。元捨資千户，後改安南道防送軍千户。洪武十五年三月仍曰捨資千户所，尋改置長官司。正德六年省入蒙自縣。天啓二年復置。）

總録——雲南土司（永昌府）

《明史》卷四六《地理志七》：

永昌軍民府……領州一，縣二，安撫司四，長官司三。

保山〔縣〕（……北有甸頭、南有水眼二土巡檢司。）

永平〔縣〕（……東有打牛坪土巡檢司。）

騰越州（西南有騰衝土州，宣德五年六月置，屬金齒軍民〔指揮使〕司，後直隸布政司，正統三年五月仍屬金齒軍民司，尋廢。）

潞江安撫司（元柔遠路。）洪武十五年三月爲府，後廢，〔地〕屬麓川平緬司。永樂元年正月析置潞江長官司，直隸都司。十六年六月升安撫司。宣德元年六月改隸布政司。正統三年六月屬金齒軍民司。嘉靖元年十月屬府。

鎮道安撫司

楊塘安撫司（二司地舊屬西番，與麗江府接界。）俱永樂四年正月置，屬金齒軍民司。嘉靖元年屬府。

瓦甸安撫司，本瓦甸長官司。宣德二年置，屬金齒軍民司。九年二月直隸都司。正統三年五月仍屬金齒軍民司。五年十一月升爲安撫司。嘉靖元年屬府。

鳳溪長官司（府東。洪武二十三年十一月置，屬金齒軍民司。嘉靖元年屬府。）

施甸長官司（府南。元石甸長官司。洪武十七年五月更名……）

茶山長官司（永樂五年析孟養地置，屬金齒軍民司。嘉靖元年屬府。東有高黎共山。）

總錄——雲南土司（永寧府）

《明史》卷四六《地理志七》：

> 永寧府……領長官司四。
>
> 剌次和長官司（府東北。）
>
> 革甸長官司（府西北。）
>
> 香羅長官司（府西。）
>
> 瓦魯之長官司（府北。四司，俱永樂四年四月置。）

> 光旦：只此四司，無它州縣。

總錄——雲南土司（元江府）

《明史》卷四六《地理志七》：

> ［雲南］元江軍民府……領州二。
>
> 奉化州（倚。本因遠羅必甸長官司，洪武十八年四月置。嘉靖中，改州。……［州］西有步日部，洪武中廢。）
>
> 恭順州（本他郎寨長官司。嘉靖中，改州。）

總錄——雲南土司（順寧府）

《明史》卷四六《地理志七》：

> 順寧府……領州一：雲州。［州］本大侯長官司。永樂元年正月析麓川平緬地置，直隸都司。宣德三年五月升爲大侯禦夷州，直隸布政司。萬曆二十五年更名，來屬。［州］領長官司一。
>
> 孟緬長官司（宣德五年六月以景東府之孟緬、孟梳地置，屬景東府，後直隸布政司。萬曆二十五年來屬。有大猛麻、又有猛撒二土巡檢司，與猛緬稱爲"三猛"。）

> 光旦：以地名推之，自是傣區，然據其它明清文獻，其地亦多蒲人，且在雲南各府州中爲最多，明人董難《百濮考》一文以爲即古之濮人云。

總錄——雲南土司（車里）

《明史》卷四六《地理志七》：

> 車里軍民宣慰使司（元車里路，泰定二年七月置，即大徹里。）洪武十五年閏二月爲軍民府。十九年十一月改軍民宣慰使司。永樂中廢。宣德六年復置。（東

有小徹里部，永樂十九年正月置車里靖安宣慰使司，宣德九年十月省入車里。）

  光旦：主要爲傣族所居，今西雙版納傣族自治州。

總錄——雲南土司（西南諸司）

《明史》卷四六《地理志七》：

  南甸宣撫司（元至元二十六年置南甸路。）洪武十五年三月爲府，後廢，[地]屬騰衝守禦千户所。永樂十二年正月置州，直隸布政司。正統三年五月改屬金齒軍民指揮使司。九年六月升宣撫司，仍直隸布政司。

  干崖宣撫司（元鎮西路。）洪武十五年三月爲府，後廢，[地]屬麓川平緬司。永樂元年正月析置干崖長官司，直隸都司，後屬金齒軍民指揮使司。宣德五年六月復屬都司。正統三年五月復屬金齒……司。九年六月升宣撫司，直隸布政司。（[司]西有雷弄、盞達等部。）

  隴川宣撫司，本麓川平緬軍民宣慰使司。正統六年廢，九年九月改置，治隴把。（合元平緬、麓川兩路之地，元平緬路在隴把東北，麓川路在隴把南。）

  光旦：南甸、干崖、隴川，即明代盛稱"三宣六慰"之"三宣"。

  光旦：隴川一司，東及潞西司地，今約當德宏傣族景頗族自治州之境。

《明史》卷四六《地理志七》：

  鈕兀禦夷長官司，宣德八年十月以和泥之鈕兀、五隆二寨置。（互見"和泥"下）

《明史》卷四六《地理志七》：

  芒市禦夷長官司（元芒施路。）洪武十五年三月爲府，後廢。正統八年四月改置，屬金齒軍民指揮[使]司，後直隸布政司。

  光旦：今爲德宏傣族景頗族自治州州人委所在地。

《明史》卷四六《地理志七》：

  孟璉長官司（舊爲麓川平緬司地，後爲孟定府。）（此語費解，且相去不甚近。——光旦）永樂四年四月置，直隸都司。

  光旦：亦傣人地區，其間似亦有仟佤。孟璉舊亦名哈瓦。

《明史》卷四六《地理志七》：

  茶山長官司（在西南極邊。）永樂四年六月置。

  光旦：此爲景頗地區。

《明史》卷四六《地理志七》：

里麻長官司，永樂六年七月析孟養地置，直隸都司。

　　　　光旦：此亦景頗地，更具體言之，爲阿昌地。里麻，五局合刊本誤作"麻里"。

《明史》卷四六《地理志七》：

　　孟定禦夷府（元孟定路，至元三十一年四月置。）洪武十五年三月爲府。（東南有謀粘路、木連路，後俱廢。）領安撫司一。

　　耿馬安撫司，萬曆十三年析孟定地置。

《明史》卷四六《地理志七》：

　　威遠禦夷州（元威遠州，屬威楚路，後改威遠蠻棚府。）洪武十五年三月仍爲威遠州，屬楚雄府。十七年升爲府，後廢。三十五年（建文四年）十二月復置州，直隸布政司。

《明史》卷四六《地理志七》：

　　灣甸禦夷州，本灣甸長官司。永樂元年正月析麓川平緬地置，直隸都司。三年四月升爲州，直隸布政司。（西北有高黎共山。北有姚關，與順寧府界。）

《明史》卷四六《地理志七》：

　　鎮康禦夷州（元鎮康路。）洪武十五年三月爲府。十七年降爲州，後廢，以其地屬灣甸州。永樂七年七月復置，直隸布政司。（南有昔剌寨。西南有控尾寨。）

《明史》卷四六《地理志七》：

　　者樂甸長官司，永樂元年正月析麓川平緬地置，直隸都司，後改隸布政司。

　　　　光旦：地在鎮沅東江，舊爲思樂縣，此所云"析……置"大有問題。

《明史》卷四六《地理志七》：

　　剌和莊長官司[①]，永樂四年十月置，直隸都司。

《明史》卷四六《地理志七》：

　　八寨長官司[②]，永樂十二年九月置，直隸都司。

[①] 剌和莊長官司治所在今雲南維西傈僳族自治縣北。見《中國歷史地名大辭典》（廣東教育出版社，1995年）——整理者注

[②] 八寨長官司治所即今雲南馬關縣西八寨。見《中國歷史地名大辭典》，（廣東教育出版社，1995年）——整理者注

總錄——雲南土司（土巡檢司）

《明史》卷四六《地理志七》：

　　[雲南楚雄府]廣通[縣]（……東北有沙矣舊、西有回蹬關二土巡檢司。）

　　[楚雄府屬]鎮南州（……有鎮南關、英武關、阿雄關三土巡檢司。）

《明史》卷四六《地理志七》：

　　景東府（……東有三汊河、西北有保甸二土巡檢司。）

《明史》卷四六《地理志七》：

　　北勝州（……東有寧番土巡檢司。）

　　　　光旦：番應是西番。

《明史》卷四六《地理志七》：

　　[雲南武定府]和曲州（……北有……金沙江土巡檢司。……西北有龍街關土巡檢司。）

　　（武定府屬祿勸州……東北有烏蒙山……北有易籠縣，元屬州，洪武十七年省。）

　　　　光旦：此一地區是彝，"烏蒙""籠"之稱亦可證。

《明史》卷四六《地理志七》：

　　蒙化府（西南有備溪江土巡檢司。）

總錄——雲南土司（今不在國境內者）

《明史》卷四六《地理志七》：

　　緬甸軍民宣慰使司。

　　木邦軍民宣慰使司。

　　八百大甸軍民宣慰使司。

　　孟養軍民宣慰使司。

　　老撾軍民宣慰使司。

　　孟艮禦夷府。

　　孟密宣撫司。（地理辭典謂今闕，當在雲南境[①]）

[①] 此引臧勵龢等《中國古今地名大辭典》（1931年）。查《中國歷史地名大辭典》（廣東教育出版社，1995年）稱孟密宣撫司治所在今緬甸撣邦西北蒙米特。——整理者注

蠻莫安撫司。(析孟密地置，地理辭典不載①)

大古剌軍民宣慰使司。

底馬撒軍民宣慰使司。

小古剌長官司。

? 底板長官司。(地典謂今闕，當在雲南境)

孟倫長官司。(地典謂今闕，當在雲南境②)

? 八家塔長官司。(地典謂今闕，當在雲南境)

促瓦長官司。(地典謂今闕，當在雲南境)

散金長官司。(地典謂今闕，當在雲南境)

底兀剌宣慰使司。(地典云今闕③)

總錄——貴州土司(總)

《明史》卷四六《地理志七》：

貴州(永樂十一年)……領府八，州一，縣一，宣慰司一，長官司三十九。後領府十，州九，縣十四，宣慰司一，長官司七十六。

總錄——貴州土司(貴州宣慰司)

《明史》卷四六《地理志七》：

[貴州]貴州宣慰使司(元改順元路軍民安撫司置，屬湖廣行省。)洪武五年正月屬四川……永樂十一年二月來屬。領長官司七。

水東長官司(元水東寨長官司。洪武五年改置，後廢。永樂元年六月[復]置。)

中曹蠻夷長官司(元中曹百納④等處長官司，屬管番民總管。洪武五年改置。)

龍里長官司(元龍里等寨長官司，屬管番民總管。洪武五年改置。)

---

① 查《中國歷史大辭典·歷史地理》(上海辭書出版社，1996年)，蠻莫安撫司轄境相當今緬甸八莫地區。——整理者注

② 孟倫今在緬甸境，見《中國歷史地圖集·明》(地圖出版社，1982年)。——整理者注

③ 底兀剌司在今緬甸境，見《中國歷史地圖集·明》(地圖出版社，1982年)。——整理者注

④ 標點本《校勘記》：百納，據下文及《明史》卷三一六《貴陽傳》、《明史稿》志二二《地理志》、《寰宇通志》卷一一四、《明一統志》卷八八應爲"白納"。——整理者注

白納長官司（元茶山白納等處長官司。洪武五年并入中曹司。永樂四年五月［復析？］置。）

　　底寨長官司（元底寨等處長官司。洪武五年改置。）

　　乖西蠻夷長官司（元乖西軍民府，屬管番民總管。洪武五年改置，後廢。永樂元年六月復置。）

　　養龍坑長官司（元養龍坑宿徵等處長官司。洪武五年改置。）

總錄——貴州土司（貴陽府）

《明史》卷四六《地理志七》：

　　貴陽軍民府，本程番府。成化十二年七月分貴州宣慰司地置，治程番長官司。隆慶二年六月移入布政司城，與宣慰司同治。三年三月改府名貴陽。萬曆二十九年四月升爲軍民府。領州三，縣二，長官司十六。［包括：］

　　新貴［縣］（本貴竹長官司，洪武五年正月置，屬［貴州］宣慰司。萬曆十四年二月改置縣，來屬。）

　　貴定［縣］（萬曆三十六年析新貴縣及定番州地置。東有銅鼓山，南有高連山。）

　　　　光旦：二山説明本亦仡佬地，但不知明代尚有不甚漢化之此族人否耳。

　　開州，崇禎四年十一月以副宣慰洪邊舊地置。

　　廣順州，本金筑長官司。洪武五年三月置，屬四川行省。十年正月改安撫司。……成化十二年［來屬］……萬曆四十年置州。

　　定番州（元程番武勝軍安撫司。）……萬曆十四年三月置州。……領長官司十六。

　　程番長官司（洪武五年三月置……）

　　小程番長官司（元小程番安撫司。洪武六年正月改置。）

　　上馬橋長官司（洪武十五年六月置。）

　　盧番長官司（元盧番靜海軍安撫司。洪武六年正月改置，省元盧番蠻夷軍民長官司入焉。）

　　韋番長官司（元韋番蠻夷長官司。洪武十五年六月改置。）

　　方番長官司（元方番河中府安撫司。洪武五年改置。）

　　洪番長官司（元洪番永盛軍安撫司。洪武六年正月改置。）

　　臥龍番長官司（元臥龍番南寧州安撫司。洪武五年改置。）

小龍番長官司（元小龍番靜蠻軍安撫司。洪武六年正月改置。）
大龍番長官司（元大龍番應天府安撫司。洪武五年改置。）
金石番長官司（元金石番太平軍安撫司。洪武五年改置。）
羅番長官司（元羅番大龍〔二字冗？〕遏蠻軍安撫司。洪武五年改置。）
盧山長官司（元盧山等處蠻夷軍安撫司。洪武六年正月改置。）
木瓜長官司（元木瓜等處蠻夷軍民長官司。洪武五年改置。）
麻响長官司（洪武七年六月置。）
大華長官司（洪武七年六月置。）

總錄——貴州土司（安順府）

《明史》卷四六《地理志七》：

安順軍民府……萬曆三十年九月〔以元以來舊有之安順州升置〕。領州三，長官司六。

寧谷寨長官司（洪武十九年置。）
西堡長官司（洪武十九年置。北有浪伏山……有谷龍河，下流合烏江。）

　　　　光旦：按《明外史·土司傳》，西堡明代尚有仡佬，山水名亦可證。

鎮寧州（元至正十一年四月以火烘夷地置。）……領長官司二。
十二營長官司（洪武十九年置。）
康佐長官司（洪武十九年置。）
永寧州（元以打罕夷地置。）……領長官司二。
慕役長官司（洪武十九年置。）
頂營長官司（洪武四年置。）
普安州，本貢寧安撫司。建文中置……永樂元年正月改普安安撫司……十三年十二月改爲州。

總錄——貴州土司（都勻府）

《明史》卷四六《地理志七》：

都勻府，本都勻安撫司。洪武十九年十二月置。……弘治七年五月置……府……領州二，縣一，長官司八。

都勻長官司（元上都雲等處軍民長官司。洪武十六年更名。）
邦水長官司（元中都雲板水等處軍民長官司，屬管番民總管。洪武十六年更名。)

平浪長官司(洪武十六年置。西南有凱陽山,上有滅苗鎮,即故凱口囤。)

平洲六洞長官司(洪武十六年置。)

麻哈州,本麻哈長官司。洪武十六年置……弘治七年五月升爲州……領長官司二。

樂平長官司(洪武二十四年五月置。)

平定長官司(洪武二十二年置。)

獨山州,本九名九姓獨山州長官司。洪武十六年置……弘治七年五月升爲……州(前一州字疑冗)……領縣一,長官司二。

清平[縣](本清平長官司,洪武二十二年置。弘治七年五月改爲縣。)

合江洲陳蒙爛土長官司(洪武十六年置。)

豐寧長官司(洪武二十三年置。)

總錄——貴州土司(鎮遠府)

《明史》卷四六《地理志七》:

鎮遠府(元[已有之],屬思州安撫司[?]。)洪武四年降爲……州,屬思南宣慰司。[初隸湖廣,]永樂十一年二月置……府於州治,屬貴州布政司。……領縣二,長官司三。

鎮遠[縣](本鎮遠溪洞金容金達蠻夷長官司,洪武二年二月置,屬思南宣慰司。永樂十二年三月屬鎮遠州。初設府時,州未廢,正統三年始省州入府,長官司因亦改屬府。正統三年五月改屬府。弘治七年十月改爲……縣。①)

施秉[縣](本施秉蠻夷長官司,洪武五年置,屬思南宣慰司。永樂十二年三月屬州。正統九年七月改……縣。天啓元年四月省。崇禎四年十一月復置。)

偏橋長官司(元偏橋中寨蠻夷軍民長官司。洪武五年改置,屬思南宣慰司。永樂十二年三月來屬。)

邛水十五洞蠻夷長官司(元邛水縣。洪武五年改置團羅、得民、曉隘、陂帶、邛水五長官司,屬思州宣慰司。二十九年以四司并入邛水司,屬思南宣慰司。永樂十二年三月屬府。)

臻剖六洞橫坡等處長官司(本臻剖、六洞、橫坡三長官司,洪武二十二年

---

① 此述鎮遠由長官司改縣時間有誤,參"苗(鎮遠)——沿革"及其頁下注。——整理者注

置……後并爲一司。）

總錄——貴州土司（黎平府）

《明史》卷四六《地理志七》：

黎平府，本思州宣慰司地。洪武十八年正月置五開衛，屬湖廣都司，後廢。三十五年（建文四年）十一月復置。永樂十一年二月置黎平府於衛城，屬貴州布政司。……萬曆二十九年十一月改府屬湖廣。三十一年四月還屬貴州。領縣一，長官司十三。

永從[縣]（本元福禄永從軍民長官司。洪武中改置福禄永從蠻夷長官司，後廢。永樂元年正月復置……正統六年九月改爲縣。南有福禄江。）

潭溪蠻夷長官司（元潭溪長官司。洪武三年正月改置，屬湖廣……後廢。永樂元年正月復置，屬貴州……）

八舟蠻夷長官司（元八舟軍民長官司。洪武五年改置，後廢。永樂元年正月復置。）

洪舟泊里① 蠻夷長官司（元洪舟泊里軍民長官司。洪武初改置，後廢。永樂元年正月復置。）

曹滴洞蠻夷長官司（元曹滴等洞軍民長官司。洪武初改置，後廢。永樂元年正月復置。）

古州蠻夷長官司（元古州八萬洞軍民長官司。洪武三年正月改置，屬湖廣……後廢。永樂元年復置，屬貴州……）

西山陽洞蠻夷長官司（洪武初置，後廢。永樂元年正月復置。）

新化蠻夷長官司（元新化長官司。洪武三年正月改置，屬湖廣……後廢。永樂元年正月復置，屬貴州……十一年二月置新化府於此，領湖耳、亮寨、歐陽、新化、中林驗洞、龍里六蠻夷長官司，赤溪湳洞長官司。宣德九年十一月，府廢，以所領俱屬黎平府。）

湖耳蠻夷長官司（元湖耳洞長官司。洪武三年正月改置，屬湖廣……後廢。永樂元年正月復置，屬貴州衛。十二年三月屬新化府，府廢，來屬。西有銅鼓衛。）

---

① 標點本《校勘記》：洪舟泊里，據《明史稿》志二二《地理志》、《寰宇通志》卷一一四、《明一統志》卷八八應爲"洪州泊里"。——整理者注

亮寨蠻夷長官司（本八萬亮寨蠻夷長官司。洪武三年正月置，屬湖廣……後廢。永樂元年正月復置，改名，屬貴州衛。十二年三月屬新化府，府廢，來屬。）

歐陽蠻夷長官司（元歐陽寨長官司。洪武三年正月改置。先後隸屬及廢而復置同湖耳。）

中林驗洞蠻夷長官司（洪武初置，後廢。永樂元年正月復置。十二年三月屬新化府，府廢，來屬。下二司同此。）

赤溪湳洞蠻夷長官司

龍里蠻夷長官司

總錄——貴州土司（平越府）

《明史》卷四六《地理志七》：

平越軍民府（元平月長官司。）洪武十四年置平越守禦千戶所。十五年閏二月改爲平越衛。十七年二月升[平越]軍民指揮使司。領長官司五……萬曆二十九年四月（平播州楊氏後）置平越軍民府……領衛二，州一，縣三，長官司二。

（衛二未錄。）

黃平州，本黃平安撫司。洪武七年十一月置，屬播州宣慰司。萬曆二十九年……改爲州，來屬。

餘慶[縣]（本餘慶長官司，洪武十七年置，屬播州宣慰司。萬曆二十九年六月①改爲縣，來屬。東有白泥長官司〔置年與所屬同〕，萬曆二十九年……省入餘慶縣。）

甕安[縣]（本甕水安撫司，洪武初置。萬曆二十九年四月改爲縣，來屬。東有草塘安撫司，洪武十七年六月置，又有重安長官司，永樂四年九月置，俱屬播州宣慰司，萬曆二十九年四月俱省入甕安縣。）

湄潭[縣]（萬曆二十九年四月以播州湄潭地置。西有容山長官司，洪武中置，屬播州宣慰司。萬曆二十九年省入湄潭。）

凱里長官司（本凱里安撫司，嘉靖八年二月分播州宣慰司地置。萬曆

---

① 標點本《校勘記》：六月，據《神宗實錄》卷三五八萬曆二十九年四月丙申條，應爲"四月"。——整理者注

二十九年來屬。三十五年六月改爲長官司。）

　　楊義長官司（洪武初置……有清水江……經城西……北經乖西、巴香諸苗界，而入烏江。）

總錄——貴州土司（思州府）

《明史》卷四六《地理志七》：

　　思州府（元思州宣慰司。）永樂十一年二月改爲府（於革去田氏之後）……領長官司四。

　　都坪峩異溪蠻夷長官司（洪武六年置，二十五年省。永樂十二年三月復置。）

　　都素蠻夷長官司（永樂十二年三月置。）

　　施溪長官司（元施溪樣頭長官司。洪武五年改名，屬湖廣沅州衛。永樂十二年三月來屬。）

　　黃道溪長官司（元屬思州宣慰司。永樂十二年三月屬府。）

總錄——貴州土司（思南府）

《明史》卷四六《地理志七》：

　　思南府（元思南宣慰司，屬湖廣行省。後又曾屬四川。）……永樂十一年二月改爲府，屬貴州布政司。……（有覃韓偏力水土巡檢司。）（直屬府？）領縣三，長官司三。

　　安化［縣］（本水特姜長官司，元屬思州安撫司。洪武初，改曰水德江，屬思南宣慰司。永樂十二年三月屬府。萬曆三十三年改……縣。［境內］舊有洪安、化濟二長官司，屬思南宣慰司，洪武二十六年五月省。）

　　蠻夷長官司（洪武十年十月置，屬思南宣慰司。永樂十二年三月屬府。）

　　婺川［縣］（元屬思州安撫司。……）

　　印江［縣］（本思印［邛］江長官司，元屬思南宣慰司。永樂十二年三月屬府。弘治七年六月改……縣。）

　　沿河祐溪長官司（洪武七年十月置，屬思南宣慰司。永樂十二年三月屬府。）

　　朗溪蠻夷長官司（洪武七年十月置，屬思南宣慰司。永樂十二年三月屬烏羅府。正統三年五月，府廢，來屬。有厥溪蠻夷長官司，亦洪武七年十月置，尋廢。）

光旦：曰朗、曰厭，亦因仡佬也。

總錄——貴州土司（石阡府）

《明史》卷四六《地理志七》：

石阡府，本思州宣慰司地。永樂十一年二月置石阡府。領縣一，長官司三。

石阡長官司（元石阡等處軍民長官司，屬思州安撫司。洪武初改置，屬思州宣慰司。永樂十二年三月爲石阡府治。）

龍泉〔縣〕（本龍泉坪長官司，元爲思州安撫司治。洪武七年七月復置，屬思州宣慰司。永樂十二年三月來屬。萬曆二十九年四月改……縣。）

苗民長官司（洪武七年十月置，屬思州宣慰司。永樂十二年三月來屬。）

光旦：此應是苗族無疑。

葛彰葛商長官司（元〔舊有〕，屬思州安撫司。洪武中屬思州宣慰司。永樂十二年三月來屬。）

光旦：此亦應是苗。鄰有苗民長官司，一也；今尚有少數苗族人民，二也；葛彰、葛商，疑與"鵲倉"有涉，三也。然亦不排斥此一帶舊有仡佬雜居，且更爲土著，是則"葛商"、"葛彰"猶湘之有"古丈"也。

總錄——貴州土司（銅仁府）

《明史》卷四六《地理志七》：

銅仁府，本思州宣慰司地。永樂十一年二月置銅仁府。領縣一，長官司五。

銅仁〔縣〕（元銅人大小①等處蠻夷軍民長官〔司〕，〔屬〕思州安撫司〔五局本原缺司、屬二字〕。洪武初，改置銅仁長官司，屬思南宣慰司。……萬曆二十六年四月改縣。）

省溪長官司（元省溪壩場等處蠻夷長官司，屬思州安撫司。洪武初改名，屬思南宣慰司。永樂十二年三月來屬。）

提溪長官司（元提溪等處軍民長官司，屬思州安撫司。洪武初改名，屬思南宣慰司。永樂十二年三月來屬。）

大萬山長官司（元大萬山蘇葛辦等處軍民長官司，屬思州安撫司。洪武初

---

① 標點本《校勘記》：大小，據《明史稿》志二二《地理志》、《寰宇通志》卷一一四、《讀史方輿紀要》卷一二二應爲"大小江"。——整理者注

改名,屬思南宣慰司。永樂十二年三月來屬。)

烏羅長官司(元烏羅龍千等處長官司,屬思州安撫司。洪武初更名,屬思南宣慰司。永樂十一年二月置烏羅府,領朗溪蠻夷長官司,烏羅、答意、治古、平頭著可四長官司治於此。正統三年五月,府廢,來屬。西有九龍山……西南有烏羅洞,亦稱觀音岨。)

平頭著可長官司(元平頭著可通達等處長官司,屬思州安撫司。洪武七年十月改置,屬思南宣慰司。永樂十二年三月屬烏羅府,府廢,來屬。)

(又……答意長官司,治古寨長官司,俱永樂三年七月置,屬貴州宣慰司,十二年三月改屬烏羅府,正統三年五月俱與府同廢。)

> 光旦:銅仁府一帶,以形勢推之,原本佃人最先居住,苗乃是後來從東方移入者。銅人,即佃人也。舊有發見銅人之説,顯係事後虛構。

總錄——貴州土司(諸衛所)

《明史》卷四六《地理志七》:

龍里衛軍民指揮使司……(東南[舊]有平伐長官司,元平伐等處長官司,洪武十五年改置……萬曆十四年二月省入新貴縣。)[仍]領長官司一。

大平伐長官司(洪武十九年置,屬貴州衛。二十八年來屬。)

新添衛軍民指揮使司(元新添葛蠻安撫司,後廢。)洪武二十二年置新添千户所……二十三年二月改為新添衛……二十九年四月升軍民指揮使司。領長官司五。

新添長官司(洪武四年置。……西南有甕城河土巡檢司。)

小平伐長官司(洪武十五年六月置……)

把平寨長官司(洪武十五年六月置……)

丹平長官司(洪武三十年置,尋省。永樂二年復置。)

丹行長官司(洪武三十年置,尋省。永樂二年復置。)

> 光旦:葛蠻應是仡佬。

安南衛(略)。

威清衛(略)。

平壩衛(略)。

畢節衛(略)。領守禦所一。

赤水衛(略)。領[千户]所四。

普市守禦千戶所，洪武二十三年三月析永寧宣撫司地置。

敷勇衛，本劄佐長官司。洪武五年改元落邦札佐等處長官司置……領[守禦千戶]所四。

於襄守禦千戶所(本青山長官司，洪武五年改元青山遠地等處長官司置，崇禎三年改所。)

息烽守禦千戶所(略。崇禎三年置。)

濯靈守禦千戶所(略。[貴州]宣慰司水西地，崇禎三年置。)

修文守禦千戶所(略。[貴州]宣慰司水西地，崇禎三年置。)

鎮西衛，崇禎三年以[貴州]宣慰司水西地置。領[守禦千戶]所四。

威武守禦千戶所

赫聲守禦千戶所

柔遠守禦千戶所

定遠守禦千戶所(均略。皆水西地，與衛同置。)

總錄——土軍

《明史》卷四〇《地理志》序：

明……置十五都指揮使司以領衛所番漢諸軍，其邊境海疆則增置行都指揮使司，[各以其方分隸於京師之五軍都督府。]

總錄——土兵

《明史》卷七二《職官志一》：

兵部[有權]……徵發。自都督府，都指揮司，留守司，內外衛守禦、屯田、羣牧千戶所，儀衛司，土司，諸番都司衛所，各統其官軍及(或)其部落，以聽征調、守衛、朝貢、保塞之令。以時修浚其城池而閱視之。

光旦：官兵、土兵皆兼執工役。

《明史》卷九一《兵志三》：

衛所之外，郡縣有民壯，邊郡有土兵。

《明史》卷九一《兵志三》：

播州之亂，工部侍郎趙可懷請練土著。

《明史》卷九一《兵志三》：

延綏、固原多邊外土著，善騎射，英宗命簡練以備秋防。大籐峽之役，韓雍用之，以摧猺、獞之用牌刀者。莊浪魯家軍，舊隸隨駕中，洪熙初，令土指揮領之。萬曆間，部臣稱其驍健，爲敵所畏，宜鼓舞以儲邊用。西寧馬户八百，嘗自備騎械赴敵，後以款貢裁之。萬曆十九年，經略鄭雒請復其故。

《明史》卷九一《兵志三》：

　　西南邊服有各土司兵。湖南永順、保靖二宣慰所部，廣西東蘭、那地、南丹、歸順諸狼兵，四川酉陽、石砫秦氏、冉氏諸司，宣力最多。末年，邊事急，有司專以調三省土司爲長策，其利害亦恒相半云。

　　光旦：蜑户亦嘗被調爲兵，別有片。

　　光旦：蒙古、兀良哈有番兵番騎，見"蒙古""兀良哈"片。

《明史》卷一五九《陳泰傳》：

　　正統初……擢御史，巡按貴州。官軍征麓川，歲取土兵二千爲鄉導，戰失利，輒殺以冒功。泰奏罷之。

　　光旦：曰鄉導者，飾詞耳，貴州土官何嘗知雲南西南地理？特以土兵先遣嘗敵耳。及敗，殺以冒功，亦因同爲非漢族，可免深究也！可恥哉！

《明史》卷一五九《李侃傳·李綱附傳》：

　　奉敕編集陝西延綏土兵。

　　光旦：年歲不詳，當在成化初年。

《明史》卷一八七《洪鍾傳》：

　　[正德間（五年以後之若干年間），四川藍廷瑞、鄢本恕、廖惠等之起事，四川]巡撫林俊……益發玀、㺜及石砫土兵助[按察司僉事錢]朝鳳進剿……龍灘河漲，賊半渡，玀、㺜奮擊之，擒斬八百餘人，墜崖溺水甚衆。……

　　[是役也，]官軍[往往]不敢擊……賊……瞰良民爲功，土兵虐尤甚。時有謠曰："賊如梳，軍如篦，土兵如鬀。"

　　光旦：此土兵有廣狹義，石砫者屬狹義。史文未言湖廣土兵，然官軍中有"湖廣……兵"，疑其中亦有狹義之土兵也，永順土舍彭世麟以計擒本恕、廷瑞等一事可證（別見"[土家]"片）。

　　光旦：亦見卷一八七《馬昊傳》，惟只云"土兵"未言"石砫"。又起事者中有方四等人，《洪鍾傳》無。

總錄——狼兵

《明史》卷一六六《山雲傳》：

正統二年，[雲爲右都督鎮廣西時]上言："潯州與大藤峽諸山相錯，猺寇出沒，占耕旁近田。左右兩江土官，所屬人多田少，其狼兵素勇，爲賊所畏。若量撥田州土兵於近山屯種，分界耕守，斷賊出入，不過數年，賊必坐困。"報可。嗣後東南有急，輒調用狼兵，自此始也。

　　光旦：由狼兵之稱，可知左右江居民原爲仡佬，佬、狼一音之轉。狼亦猶中古之獽也。

　　光旦：猺自身無土官，在漢統治者心目中，其地位更低於有土官之民族，且往往交由有土官之族之土官直接統治之，漢統治者只作間接之統治——於此條中得一良好例證。其在湘西，漢統治者通過土家土司、土兵，以統治苗人，是又一例。

　　光旦："東南有急"，指倭寇。狼兵首領有瓦氏夫人者，擊倭有奇功，官史所載見"僮（田州）"嘉靖三十四年下，地方志有之。

《明史》卷一六六《張祐傳》：

　　[正德中]古田諸猺、獞亂。祐言："先年征討，率倚兩江土兵，賞不酬勞。今調多失期，乞定議優賚。"從之。

　　光旦：自此以後，鎮壓古田猺獞及其它軍事行動，當更得狼兵之力。土兵即狼兵也。

《明史》卷一七五《董興傳》：

　　……（景泰元年，興擊黃蕭養，曾用狼兵，見"起事"片，此不複錄。）

《明史》卷一八七《陳金傳》：

　　[正德六、七年間，左都御史總制南畿、浙、閩、湘、粤東軍平江西東鄉、姚源、華林、大帽山等處賊，]以屬郡兵不足用，奏調廣西狼土兵。明年二月先進兵東鄉……土官岑塿、① 岑猛各統……目兵（與官兵）擊賊熟塘。進戰南壕，追敗之赤岸陰嶺。……五月移師姚源……七月[平]華林……又……擊大帽山賊……半歲間，剿賊幾盡。……然所用目兵貪殘嗜殺，剽掠甚於賊，有巨族數百口闔門罹害者。所獲婦女率指爲賊屬，載數千艘去。民間謠曰："土賊猶可，土兵殺我。"金亦知民患之，方倚其力，不爲禁。……功雖多，士民皆深怨焉。東鄉之役，塿兵縱弩射，趫捷若飛，賊大窘。塿兵要賞千金，金靳不予，乃縱賊使逸。……其破姚源賊也……賊……悉所有賂目兵，乘暮遁去。……[故]

---

① 標點本《校勘記》：岑塿，《武宗實錄》卷八七正德七年五月甲寅條作"岑塿"。——整理者注

卒不能盡賊。

  光旦：目兵，即狼土兵；其曰目兵，當是因其由土目率領之故。

  光旦：略後王守仁鎮壓桶岡、三浰等處瑤人，堅持不用狼兵，當是有鑒於此。

總錄——狼兵、土兵（與倭寇）

《明史》卷一八九《陸震傳》：

  正德三年進士。除泰和知縣。……時[值]發狼兵討賊（參"總錄——起事"片，亦見本片上文），所至擾民。震言於總督（應是陳金），令毋聽檥舟，官具糧糗，以次續食，兵行肅然。

《明史》卷一九五《王守仁傳》：

  ……（守仁平八寨猺、獠，嘗用狼兵，即思、田首領盧蘇、王受所率之兵，見"瑤——大藤峽、八寨"片。）

《明史》卷一九八《毛伯溫傳》：

  [嘉靖十八年討安南莫登庸，曾徵調]湖廣狼、土、官兵。

《明史》卷二〇五《張經傳》：

  [嘉靖十六年，大藤峽瑤侯公丁之亂，經亦曾調狼兵。]（見"瑤——大藤峽"片）

《明史》卷二〇五《張經傳》：

  [嘉靖三十三]年五月……命經解部務①（南京兵部尚書），總督……[禦倭]諸軍……經徵兩廣狼土兵聽用。……十一月②……改經右都御史兼兵部右侍郎，專辦討賊。……經……以江、浙、山東兵屢敗，欲俟狼土兵至用之。明年（三十四年）三月，田州瓦氏兵先至，欲速戰，經不可。東蘭諸兵繼至。經以瓦氏兵隸總兵官俞大猷，以東蘭、那地、南丹兵隸遊擊鄒繼芳，以歸順及思恩、東莞兵隸參將湯克寬，分屯金山衛、閔港、乍浦，掎賊三面，以待永順、保靖兵之集。會侍郎趙文華以祭海至，與浙江巡按胡宗憲、[閣臣嚴嵩]

---

① 標點本《校勘記》：解部務，據《明史稿》傳八三《張經傳》、《世宗實錄》卷四一〇嘉靖三十三年五月丁巳條應為"不解部務"。——整理者注

② 標點本《校勘記》：十一月，《世宗實錄》卷四一五嘉靖三十三年十月辛巳條、《國榷》卷六一頁三八四一都作"十月"。——整理者注

比，屢趣經進兵。經[堅持]待永、保兵至夾攻，庶萬全。……[文華密疏誣劾經。三十四年五月，經被逮去。]方文華拜疏，永、保兵已至，其日即有石塘灣之捷。至五月朔，倭突嘉興，經遣參將盧鏜督保靖兵援，以大猷督永順兵（未言瓦氏兵，何也？）由泖湖趨平望，以克寬引舟師（不知此中包括歸順、思恩、東莞兵否）由中路擊之，合戰於王江涇，斬賊首一千九百餘級，焚溺死者甚衆。自軍興來稱戰功第一。

光旦：明世宗終入嚴嵩、趙文華、胡宗憲之言，經旋至京，論死！

代經者應城周珫、衡水楊宜。節制不行，狼土兵肆焚掠。東南民既苦倭，復苦兵矣。……宜以狼兵徒剽掠不可用，請募江、浙義勇，山東箭手，益調[諸省]漕卒，河南毛兵。……酉陽兵潰於高橋，奪舟徑歸蘇州。

《明史》卷二〇五《曹邦輔傳·任環附傳》：

賊（倭）屯新場，環（時為南直隸右參政）與都司李經等率永順、保靖兵攻之。中伏，保靖土舍彭翅等皆死。

光旦：當是嘉靖三十四年間事。

總錄——土兵

《明史》卷一九四《林俊傳》：

正德四年，[以右副都御史]撫四川，[眉州劉烈、保寧藍廷瑞、鄢本恕、廖惠、瀘州曹甫、曹瑄等先後起]……將攻重慶。俊發酉陽、播州土兵助[指揮李]蔭，以元日掩破其四營。……

[起事者先後破滅，]進右都御史。[曹]甫黨方四亡命恩（思）南，復攻南川、綦江，以窺瀘州。俊益發土兵，令副使何珊、李鉞等敗之去。

光旦：凡此皆正德四年至六年間事。

《明史》卷一九四《鄒文盛傳》：

……（正德十一年，或略後，鎮壓清平苗之役，曾調用永順、保靖土兵，見"苗"片。）

《明史》卷一九五《王守仁傳》：

……（嘉靖六年，守仁處置盧蘇、王受之變，曾調永順、保靖土兵數千，但備而未用，見"僮（田州、思恩）——與王守仁"片。）

《明史》卷一九八《毛伯溫傳》：

[嘉靖十八年討安南莫登庸，曾徵調]湖廣狼、土、官兵。

《明史》卷二〇〇《姚鏌傳》：

（嘉靖四年以後不久，四川岑猛起事，姚鏌討之，曾調永順、保靖兵，見"[僮]（田州）"片。）

《明史》卷二〇〇《張岳傳》：

（嘉靖間，岳征湘、黔紅苗、黑苗，曾用土兵，當是永順、保靖者，見"苗（湘、黔）——與張岳"片。）

《明史》卷二〇二《周期雍傳》：

[正德間，官南京御史。]陳金討江西賊，縱苗殺掠，期雍發其狀。

　　光旦：此苗指永順、保靖土兵，然土兵中宜亦有苗，只兵官多屬土家耳。

《明史》卷二〇七《楊思忠傳·方新附傳》：

[嘉靖四十五年十一月，]御史方新上言，[有曰，]"南贛有土兵之叛"。

　　光旦：此土兵不知究何指。計陳金用永、保土兵，地方大受荼毒，距此已五十年矣。

《明史》卷二一〇《趙錦傳》：

隆慶元年……[水西]宣慰安氏……爲[錦（時方以右副都御史巡撫貴州）]効命。[破擒叛苗龍得鮓等。]

《明史》卷二一〇《鄒應龍傳》：

[萬曆初，應龍]合土、漢兵……討[番人栲獠]。

《明史》卷二一一《石邦憲傳》：

[嘉靖後葉（三十四年，見《世宗實錄》卷四二四嘉靖三十四年七月己酉條），邦憲爲貴州總兵官，]調水西兵攻烏江（播州）。

《明史》卷二一二《俞大猷傳》：

時（嘉靖三十四年，見"總錄——狼兵、土兵（與倭寇）"中卷二〇五《張經傳》條）倭屯松江柘林者盈二萬，總督張經趣之（大猷）戰，大猷固不可。及永順、保靖兵稍至，乃從經大破賊於王江涇……

三十五年……冬……獨寧波舟山倭負險，官兵環守不能克。是時土兵（永、保者）狼兵悉已遣歸，而川、貴所調麻寮、大剌、鎮溪、桑植兵六千始至。大猷乘大雪，四面攻之。賊死戰，殺土官一人。諸軍益競進，焚其柵，賊多死，其逸出者復殪，賊盡平。

總錄——狼兵

《明史》卷二一一《沈希儀傳》：

（希儀論猺、獞皆應爲狼，分隸旁近土官，則兩廣世世無患，而當時不能用其說，見"猺（廣西）——與沈希儀"片。）

《明史》卷二一二《李錫傳》：

［萬曆元年，郭應聘、殷正茂、李錫大征古田猺（另有片），］徵浙東鳥銃手、湖廣永順鉤刀手及狼兵［合］十萬人。

《明史》卷二一四《靳學顏傳》：

［隆慶間，以右副都御史巡撫山西上疏，有云，］"在北則借鹽丁、礦徒，在南則借狼、土。此皆腹兵不足用之驗也。"

　　光旦：不足，量與質兼言之。

總錄——土兵

《明史》卷二一二《俞大猷傳·盧鏜附傳》：

［以］參將……與副將［俞］大猷大破賊王江涇。旋督保靖土兵及蜀將陳正元兵擊賊張莊，焚其壘。追擊之後港，爲賊所敗。（時鏜以都指揮爲參將。）

《明史》卷二一二《俞大猷傳·湯克寬附傳》：

總督張經議搗賊柘林，令克寬（本副總兵，統制江淮禦倭，繼降浙西參將，此時奪職，白衣從軍）將廣西土兵屯乍浦，與副將［俞］大猷等相犄角。大戰王江涇，斬級二千。

　　光旦：土兵中應有狼兵，故言廣西，否則應言湖廣或永、保。

《明史》卷二一二《李錫傳》：

［萬曆元年，郭應聘、殷正茂、李錫大征古田猺，］徵浙東鳥銃手、湖廣永順鉤刀手及狼兵［合］十萬人。

《明史》卷二一四《靳學顏傳》：

［隆慶間，以右副都御史巡撫山西上疏，有云，］"在北則借鹽丁、礦徒，在南則借狼、土。此皆腹兵不足用之驗也。"

　　光旦：曰不足，自是兼量與質而言。

《明史》卷二二〇《李汝華傳》：

樞臣徵兵，乃遠及蠻方，致奢崇明、安邦彥相繼反，用師連年。（時在萬曆末年。）

《明史》卷二二一《郭應聘傳》：

[隆慶間，應聘與李錫征府江瑤，]集土、漢兵六萬。

光旦：此中有永順土兵及狼兵，見《李錫傳》(卷二一二)。

《明史》卷二二二《鄭洛傳》：

[萬曆十八、十九年，洮河用兵，巡撫葉夢熊主決戰，曾]調苗兵三千爲選鋒(後從鄭洛議，似未果用)。(詳"蒙古——在西北(洮河用兵……)"片。)

《明史》卷二二二《殷正茂傳》：

[隆慶三、四年間，殷正茂討古田獞，]調土、漢兵十四萬，令總兵俞大猷將之。

《明史》卷二二七《蕭彥傳》：

時用師隴川，副將鄧子龍不善御軍……遂作亂。鼓行至永昌，趨大理，抵瀾滄，過會城。彥(時以右僉都御史巡撫雲南)調土、漢兵夾攻之，[事乃定。]

光旦：事在萬曆中，萬曆十三年以後(參"[傣](麓川)——沿革"及卷二四七《鄧子龍傳》、《劉綎傳》)。

《明史》卷二二八《李化龍傳》：

播州……楊應龍……數從征調，恃功驕蹇。

《明史》卷二二八《李化龍傳》：

(征播之役，用水西兵三萬，見"播州"片。)

《明史》卷二三八《李成梁傳·子如松附傳》：

[萬曆二十年，如松提督陝西軍務攻寧夏哱拜；其]游擊龔子敬提苗兵攻南關。

《明史》卷二四七《劉綎傳》：

[萬曆二十八年劉綎率大軍攻播州楊應龍，松門埡之役，守備陳大剛①死焉，]天全招討楊愈亦死。

光旦：是天全招討司亦出土兵。時綎爲四川總兵官，自得調遣之。

《明史》卷二四七《李應祥傳》：

(萬曆十三、十四年間，李應祥大征松、茂羌人，所用川境土兵，來自播州、酉陽、叙州、馬湖、平茶各地，包羅之族類有苗、土家、彝、獠等，見

---

① 標點本《校勘記》：陳大剛，《明史稿》傳一一七《劉綎傳》及《神宗實錄》卷三四八萬曆二十八年六月戊寅條都作"陳大綱"。——整理者注

"番（松、茂等處）"片。）

> 光旦：其後平建昌、越巂猓、番，平涼山猓，平播，均曾大用土兵，尤其是水西兵，再後平仲家及山苗亦然，散見同卷諸武將傳，不盡摘錄。

《明史》卷二四七《鄧子龍傳》：

[萬曆十一年，劉綎與子龍征緬及岳鳳之役，子龍]命裨將鄧勇等提北勝、蒗渠諸番兵，直搗[三尖山]賊巢。

《明史》卷二四九《朱爕元傳》：

（巴人之後有所謂"捍子軍"者，見《爕元傳·徐如珂附傳》，亦見"巴——捍子軍"片。）

《明史》卷二六一《邱民仰傳·邱禾嘉附傳》：

（石砫土官曾遠至遼地，築守大淩河城，見"[滿]"片。）

《明史》卷三一〇《土司列傳·湖廣土司》：

（永、保土兵紀律不佳，見"[土家]（永順）——沿革"片。）

《明史》卷三一一《四川土司傳·會川衛傳》（《建昌衛傳》後附）：

（洪武中征東川、芒部彝，曾參用會川衛迷易千户所所轄傣族土兵，見"[傣]"片。）

《明史》卷三一一《四川土司傳·天全六番招討司》：

（招討高氏所編當地土兵，以防西番，見"番（天全）——沿革"片。）

《明史》卷三一二《四川土司傳·播州宣慰司傳》：

[萬曆]二十八年[李化龍大征播州，八路兵共二十四萬，其中]官兵三之，土司七之。

> 光旦：其中具體可知者有永順土家兵，見此傳下文。更下又有水西安氏兵，安疆臣領之。

《明史》卷三一二《四川土司傳·永寧宣撫司傳》：

[天啓元、二年間，奢崇明反，據重慶，收復之者，官軍而外，石砫土兵爲多，有萬人，秦民屏、秦翼明將四千，先遣，秦良玉將六千，繼至；餘尚有平茶與酉陽兵。]（原文見"[彝]（永寧）——沿革"片）

《明史》卷三一二《四川土司傳·酉陽宣撫司傳》：

景泰七年……征五開、銅鼓叛苗，[曾調酉陽土兵。]

> 光旦：酉陽出土兵，不一而足，此傳下文尚多，不盡錄。具見"[巴]（酉陽）——沿革"片。

《明史》卷三一二《四川土司傳·石砫宣撫司傳》：

(石砫土兵亦屢出助征討，見"[巴](石砫)——沿革"片。)

《明史》卷三一三《雲南土司傳·雲南[府]傳》：

沙兵(見"[彝？]——沙定洲"片)。

《明史》卷三一三《雲南土司傳·臨安[府]》：

[普名聲]從討奢、安有功，仍授[阿迷]土知州(原爲東山口土巡檢)。

《明史》卷三一三《雲南土司傳·景東[府]》：

(傣族土兵及象陣，屢次被徵調，見"總錄——雲南沿革"片。)

《明史》卷三一三《雲南土司傳·廣南[府]》：

(廣南儂兵亦屢被徵調，見"儂(雲南廣南)"片。)

《明史》卷三一三《雲南土司傳·廣西[府]》：

(明末"沙普兵"，亦稱"昂兵"，見"[彝](雲南廣西府)"片。)

　　光旦：沙、普兵，兼臨安沙氏之兵而言之。

《明史》卷三一四《雲南土司傳·姚安[府]》：

(姚安亦出土兵，弘治中鎮壓貴州普安米魯，即曾用其兵，領兵土官高棟戰死板橋驛，見"[白](姚安)"片。)

《明史》卷三一四《雲南土司傳·麗江[府]》：

(麗江木氏亦出土兵從征，見"麼些(麗江)"片。)

《明史》卷三一六《貴州土司傳·貴陽[府]》：

(王三善解貴陽之圍，大軍中有烏羅兵，見"[彝](水西)——沿革"片。)

《明史》卷三一七《廣西土司傳·柳州[府]》：

[隆慶懷遠猺亂，總制殷]正茂知諸猺獨畏永順鉤刀手及狼兵，乃檄三道兵數萬人擊[之]。

《明史》卷三一七《廣西土司傳·柳州[府]》：

("兵獞"指僮兵，成當地之通行詞彙，見"僮(柳州)"片。)

《明史》卷三一七《廣西土司傳·慶遠[府]》：

(弘治九年，總督鄧廷瓚上言，廣西猺、獞多於漢人，各衛軍士又十亡八九，"凡有征調，全倚土兵"，因建議擴大土司領地，增設土司，俾得培訓更多之土兵，其法爲先屯田，後設司——詳"僮(慶遠)"片。)

　　光旦：爲廷議所駁，似未果行。

《明史》卷三一七《廣西土司傳·平樂[府]》：

萬曆六年[及較後一段時期間，平樂、桂林間瑤、僮之起，]巡撫吳文華檄守巡道吳善、陳俊徵永順白山兵及狼兵剿之，平横山、唝咳諸巢。

光旦："白山兵"之名初見，應即來自永順者，永順，地名，而白山兵，土兵之名，猶之"筸兵"或"白芀"兵也。惟何以稱白山，所不解。

總錄——狼兵

光旦：狼兵之用途甚廣，調動頻繁，分見有關片，不盡另錄。

《明史》卷三一七《廣西土司傳·潯州[府]》：

[正統]二年，[廣西總兵官]山雲奏："潯州府平南等縣耆民言：大藤峽等山，猺寇不時出没……近山荒田，為賊占耕；而左、右兩江，人多食少，其狼兵素勇，為賊所憚。若選委頭目，屯種近山荒田，斷賊出没之路，不過數年，賊徒坐困，地方寧靖矣。臣已會同巡按、諸司計議，量撥田州等府族目土兵，分界耕守，即委土官都指揮黃竑領之。遇賊出没，協同勦殺。"從之。

光旦：耆民建言，似應至"近山荒田，為賊占耕"而止，餘為山雲之議。山雲多陰謀詭計，明內廷閹寺一度多來自廣西僮族，亦其手筆，似見於《明實錄》。此又是一例。

光旦：黃竑應即景泰年間建議景泰自立皇嗣以免罪之人。

光旦：考《明史》它處所云，此舉實狼兵之所由始，而於其始也尚未有狼兵之名，特桂西更以勇悍見稱之土兵而已。今曰"狼兵素勇"，若前此即早有此稱，殊不合史實發展。

《明史》卷三一八《廣西土司傳·思恩[府]》：

（狼兵，或思恩土軍，亦耕田納糧，每人一石半有餘，操練或征調則免，詳"僮（思恩）"片。）

《明史》卷三一八《廣西土司傳·田州[府]》：

（狼兵之濫觴，見於洪武十七年廣西都指揮使耿良之奏，互見"僮（田州）"、"瑤（田州）"片。）

《明史》卷三一八《廣西土司傳·田州[府]》：

（瓦氏夫人破倭，見"僮（田州）"片嘉靖三十四年下。）

總錄——會同館

《明史》卷一八九《夏良勝傳·陳九川附傳》：

[世宗初年，九川爲主客郎中，因有關貢使貢品事]怒罵通事胡士紳等。士紳恚，假番人（似由天方來者）詞訐九川及會同館主事陳邦偁。……

光旦：會同館址似即在東交民巷。

《明史》卷一九二《張㻞傳》：

遷禮部主事，監督會同館。……

光旦：事當在正德末或嘉靖初。館中嘗住有土魯番使人，爲兵部尚書王瓊所利用，欲以陷彭澤，見"哈密"片，此處不錄。

《明史》卷二八五《戴良傳》：

浦江人。……太祖物色得之。十五年召至京師……命居會同館，日給大官膳，欲官之……固辭。

光旦：是會同館所舍不限於少數民族首領或使者也。豈因良忠於蒙古，又嘗欲歸擴廓帖木兒未果，明祖以蒙古待之耶？良即九靈山人。

《明史》卷三二四《占城傳》：

洪武二年……命中書省管勾甘桓、會同館副使路景賢齎詔，封［占城首領］阿荅阿者爲占城國王……

《明史》卷三二五《浡泥傳》：

永樂……六年八月，［浡泥王麻那惹加那率其妃及弟妹子女］入都朝見，帝……［宴饗之］……禮訖送歸會同館。……十月，王卒於館。……十年九月，［襲王子］遐旺偕其母來朝。命禮官宴之會同館。

《明史》卷三二五《滿剌加傳》：

永樂……九年，其王（拜里迷蘇剌）率妻子陪臣五百四十餘人來朝。……有司供張會同館。

《明史》卷三二五《佛郎機傳》：

武宗南巡，［佛郎機使者之］火者亞三因江彬侍帝左右。……亞三侍帝驕甚。從駕入都，居會同館。……

總錄——四夷館

《明史》卷一六八《許彬傳》：

正統末，累遷太常少卿，兼翰林待詔，提督四夷館。

《明史》卷一九四《孫交傳》：

［弘治間（十四年以後）］遷太常少卿，提督四夷館。

《明史》卷二三一《史孟麟傳》：

[萬曆近末]起故官（太僕少卿），督四夷館。

《明史》卷二四二《董應舉傳》：

天啓改元，再遷太常少卿，督四夷館。

《明史》卷三二四《暹羅傳》：

弘治十年[暹羅]入貢。時四夷館無暹羅譯字官，閣臣徐溥等請移牒廣東，訪取能通彼國言語文字者，赴京備用。從之。正德……十年進金葉表朝貢，館中無識其字者。閣臣梁儲等請選留其使一二人入館肄習。報可。

總錄——通譯

《明史》卷六九《選舉志一》：

永樂五年選監生三十八人隸翰林院，習四夷譯書。九年辛卯，鍾英等五人成進士，俱改庶吉士。壬辰、乙未以後，譯書中會試者甚多，皆改庶吉士以爲常。

　　光旦：曰譯書，自是指有文字可譯之四夷語而言，其無文字者即不在習譯之列矣。

　　光旦：亦作一種科舉對待。

　　光旦：壬辰、乙未當是永樂十年與十三年。查下文（卷七〇，《選舉志二》）云："永樂十三年乙未選[庶吉士]六十二人，而宣德二年丁未止邢恭一人，以其在翰林院習四夷譯書久，他人俱不得與也。"合兩段文字閱之，可知永樂十三年之六十二人中必有部分以譯書入選者。

《明史》卷七〇《選舉志二》：

廷試讀卷盡用甲科，而……天順元年丁丑讀卷左都御史楊善乃譯字生[出身]，時猶未甚拘流品也。迨後無雜流會試及爲讀卷官者矣。

　　光旦：譯字生爲雜流，自宣德至天順，約四十年間，官場看法已有前恭後倨之別！

《明史》卷七一《選舉志三》：

[吏部文選司掌銓選，凡三途。]吏員、承差、知印、書算、篆書、譯字、通事諸雜流[爲三途之一]。（餘二途，一爲進士，一爲貢舉。）

　　光旦：此天順以後事，前此譯字生得入選爲翰林院庶吉士，已見另片。

《明史》卷七四《職官三》：

［鴻臚寺未設之初，關於外夷之接引，有］九關通事使一人（正八品），副六人（從八品）……［洪武］三十年始改爲鴻臚寺……又設外夷通事隸焉。

《明史》卷七四《職官志三》：

太常寺［所領］提督四夷館。少卿一人（正四品），掌譯書之事。自永樂五年，外國朝貢，特設蒙古、女直、西番、西天、回回、百夷、高昌、緬甸八館，置譯字生、通事（通事初隸通政使司），通譯語言文字。正德中，增設八百館（八百國蘭者哥進貢）。萬曆中，又增設暹羅館。

初設四夷館隸翰林院，選國子監生習譯。宣德元年兼選官民子弟，委官教肄，學士稽考程課。弘治七年始增設太常寺卿、少卿各一員爲提督，遂改隸太常。嘉靖中，裁卿，止少卿一人。

（譯字生，明初甚重。與考者，與鄉、會試額科甲一體出身。後止爲雜流。其在館者，陞轉皆在鴻臚寺。）

《明史》卷九二《兵志四》：

隆慶二年，提督四夷館太常少卿武金［上書論馬政］。

《明史》卷一五六《薛斌傳·李賢附傳》：

李賢，初名丑驢，韃靼人。……洪武二十一年來歸，通譯書。……授燕府紀善。……凡塞外表奏及朝廷所降詔敕，皆命賢譯。

《明史》卷一五六《李英傳》：

［英爲西寧衛］都指揮僉事。番僧張答里麻者，通譯書。成祖授以左覺義。居西寧，恣甚。以計取西番貢使貲，納逋逃，交通外域，肆惡十餘年。英發其事，磔死，籍其家。西陲快之。（互見）

《明史》卷一六七《袁彬傳》：

有哈銘者，蒙古人。幼從其父爲通事，至是（土木之變）亦侍帝。帝宣諭也先及其部下，嘗使銘。也先輩有所陳請，亦銘爲轉達。……［後］從帝還……數奉使外蕃爲通事。

《明史》卷一八六《許進傳·子論附傳》：

……（嘉靖中，有白通事先後犯黃崖口及大木谷，見"蒙古——在北方"片。）

光旦：白通事，應是蒙人習漢語者。

《明史》卷一八九《夏良勝傳·陳九川附傳》：

世宗［初年］，九川（時爲主客郎中）……怒罵通事胡士紳等。

  光旦：士紳等所通譯者似爲阿拉伯（天方）語。

《明史》卷二〇四《陳九疇傳》：

  ［處理土魯番與哈密事件中有］通事毛鑑。（詳"土魯番"片。）

  光旦：當是能維吾爾語者。

《明史》卷二二二《王崇古傳》：

  俺答請與三鎮通事約誓，欲西迎佛。……（詳見"蒙古——……（與王崇古）"片。）

《明史》卷二三九《董一元傳·王保附傳》：

  朵顏長昂……寇山海關。已［而］又馳喜峰口要賞。［總兵官張］邦奇佯許增市，誘殺其通事二十五人。

  光旦：事在萬曆十九年或略前。

《明史》卷三一〇《土司列傳·湖廣土司》：

  正德四年，［施州衛］容美宣撫幷椒山瑪瑙長官司所遣通事劉思朝等赴京進貢……

  光旦：土家無文字，但語言亦須譯方通，遲至明中葉，鄂西及其與湘、川接壤地區皆土家語區域也。今則惟聞湖南龍山縣偏僻山村尚有說土家語者，湖北來鳳縣與龍山隔水相望，當亦有之，餘概作漢語矣。

《明史》卷三二七《韃靼傳》：

  ［隆慶四、五年間，俺答孫把漢那吉來歸，俺答］使來請命，［總督王］崇古遣譯者鮑崇德往……

《明史》卷三二八《朵顏等三衛傳》：

  ［嘉靖間（三十年以前若干年間），導三衛及俺答入犯者有］哈舟兒、陳通事……俱中國人，被擄遂爲三衛用。

《明史》卷三二九《哈密衛傳》：

  正德三年，［哈密回回都督］寫亦虎仙入貢，不與通事偕行……大通事王永怒，疏請究治……永供奉豹房……

《明史》卷三三一《闡化王傳》：

  弘治八年，［闡化王貢使還至揚州，遇大乘法王貢使，飲酒滋事，詔第］命治通事及伴送者罪。

《明史》卷三三二《撒馬兒罕傳》：

  ［嘉靖］十五年，［撒馬兒罕］入貢，［不遵定例，］甘肅巡撫趙載奏："……

通事宜用漢人，毋專用色目人，致交通生釁。"部議從之。

總錄——屬國使新正朝賀
《明史》卷六《成祖二》：
　　永樂元年……正月乙卯朔，御奉天殿受朝賀，宴羣臣及屬國使。

總錄——通貢
《明史》卷一八六《許進傳》：
　　（弘治元年起，小王子又一再通貢，貢使人數及態度，見"蒙古——小王子"片。）

《明史》卷一八九《夏良勝傳·陳九川附傳》：
　　世宗[初年]，遷主客郎中。正貢獻名物，節貢使犒賞費數萬。會天方國貢玉石，九川簡去其不堪者，所求蟒衣，不爲奏覆，復怒罵通事胡士紳等。……
　　　　光旦：天方今阿拉伯。然此項章程自亦適用於國內之若干少數民族。

《明史》卷一九〇《楊廷和傳》：
　　[武宗崩，廷和（時爲首輔）以遺詔將]哈密、土魯番、佛朗機諸貢使皆給賞遣還國。
　　　　光旦：語氣說明此輩留京師已久歷年月。

《明史》卷二二二《王崇古傳》：
　　（俺答於隆慶間封王，通貢，見"蒙古——……（與王崇古）"片。）

《明史》卷二二二《王崇古傳》：
　　[崇古援故事云，]小王子由大同二年三貢。

《明史》卷二二二《方逢時傳》：
　　（論貢市之效益，力鬬持反對論者，見"蒙古——俺答、辛愛（與方逢時）"片。）

《明史》卷二二四《嚴清傳》：
　　隆慶二年以右僉都御使巡撫……四川。……番人入貢，裁爲定額。

《明史》卷二二七《賈三近傳》：
　　[萬曆初年，]詔增供用庫黃蠟歲二萬五千（斤？），三近（時爲户科給事中）等……諫。……不從。

  光旦：此爲土貢品，部分來自今土家、苗族自治州地區。

總錄——接待、聯繫
《明史》卷七二《職官志一》：
  兵部……所轄，會同館大使一人（正九品），副使二人（從九品）。
《明史》卷七四《職官志三》：
  光祿寺［執掌之一］，凡筵宴酒食及外使、降人，俱差其等而供給焉。
《明史》卷七四《職官志三》：
  鴻臚寺［執掌之一部分，凡］外吏朝覲，諸蕃入貢……若見若辭者，並鴻臚引奏。……［凡］外吏來朝，必先演儀於寺。司賓典外國朝貢之使，辨其等而教其拜跪儀節（查寺有司儀、司賓二署）。
《明史》卷七四《職官三》：
  行人司［執掌之一］……撫諭諸蕃。
    光旦：查此上下文行人司"職專捧節奉使之事"，洪武十三年置，建文中曾一度罷，以行人隸鴻臚，永樂時復。
《明史》卷七四《職官三》：
  太醫院……文武大臣及外國君長有疾，亦奉旨往視。其治療可否，皆具本覆奏。
《明史》卷一二八《宋濂傳》：
  四裔貢賦賞勞之儀……咸以委濂……外國貢使亦知其名，數問宋先生起居無恙否。高麗、安南、日本至出兼金購文集。

總錄——接待
《明史》卷一五五《陳懷傳》：
  正統二年，［懷］以原官（左都督）鎮大同。時北人來貢者日給廩餼，爲軍民累。懷言於朝，得減省。
    光旦：信不能孚，威不能懾，不得不籠絡敷衍，以取苟安，漢以來即如此矣。
《明史》卷一六三《李時勉傳》：
  ［永樂］十九年……成祖決計都北京，時方招徠遠人。……時勉［上言時務十五事中，有曰］，遠國入貢人不宜使羣居輦下。忤帝意。

《明史》卷一六四《鄒緝傳》：

  永樂十九年，[緝以翰林侍講應詔直言，有曰，]"漠北降人，賜居室，盛供帳，意欲招其同類也。不知來者皆懷窺覦，非真遠慕王化，甘去鄉土。宜於來朝之後，遣歸本國，不必留爲後日子孫患。……"書奏，不省。

《明史》卷一八二《劉大夏傳》：

  朝鮮使者在鴻臚寺館遇大夏邑子張生，因問[大夏]起居曰："吾國聞劉東山名久矣。"

總錄——"下番"（使於番）

《明史》卷一三：

  [天順八年，正月，乙亥，憲宗初即位，簡政，]下番使者……皆召還。

    光旦：疑率爲天順時所遣求寶物之中官之類。

總錄——出使

《明史》卷一七六《劉定之傳》：

  景帝即位，[定之（時爲翰林侍講）]上言十事，[有曰，]"奉使（指使瓦刺）之臣，充以驛人駔夫，招釁啓戎，職此之故。今宜擇內蘊忠悃，外工專對，若陸賈、富弼其人者，使備正介之選，庶不失辭辱國。"

《明史》卷三〇四《鄭和傳》：

  當成祖時，銳意通四夷，奉使多用中貴。西洋則和、[王]景弘，西域則李達，迤北則海童，而西番則率使侯顯。

總錄——馬政

《明史》卷一六四《鄒緝傳》：

  永樂十九年，[緝以翰林侍講應詔直言，]"……遣內官買馬外蕃，所出常數千萬，而所取曾不能一二。馬至雖多，類皆駑下，責民牧養，騷擾殊甚。及至死傷，輒令賠補。馬户貧困，更鬻妻子。"

《明史》卷一八四《劉春傳》：

  [遼東亦設有苑馬寺，春子彭年之子起宗嘗官]遼東苑馬寺卿。

《明史》卷二一五《周弘祖傳》：

  [嘉靖末年，]授御史，出督屯田、馬政。

《明史》卷二二七《蕭廩傳》：

[隆慶中以御史出巡陝西四鎮兵食，已而]改巡茶馬。七苑牧地，養馬八千七百餘匹，而占地五萬五千三百頃有奇。廩但給萬二千二百餘頃。

總錄——馬與邊防

《明史》卷三：

[洪武]三十年……正月……丁卯，置行太僕寺於山西、北平、陝西、甘肅、遼東，掌馬政。

《明史》卷六《成祖二》：

[永樂]四年……三月……甲午，設遼東開原、廣寧馬市。

《明史》卷八《仁宗本紀》：

[仁宗即位,]罷……迤西市馬。

《明史》卷九：

[宣德]七年……六月……癸丑，罷中官入番市馬。

《明史》卷九：

[宣德]九年……十月……甲子，罷陝西市馬。

《明史》卷一〇：

[正統]三年……四月……癸未，立大同馬市。

　　光旦：時征阿台朵兒只伯，當是需要大量馬匹之故。

《明史》卷一二：

[天順]五年……十月壬申，以西邊用兵（時禦孛來也），令河南、山西、陝西士民納馬者予冠帶。（互見）

《明史》卷一四：

[成化]十四年……三月……丙戌，復開遼東馬市。

《明史》卷一八：

[嘉靖]三十年……三月壬辰，開馬市於宣府、大同，兵部侍郎史道經理之。

《明史》卷一八：

[嘉靖]三十一年……九月……癸卯，罷各邊馬市。

《明史》卷二一：

[萬曆]二十九年……十二月辛未，詔復朵顏馬市。

《明史》卷一四四《何福傳》：

〔永樂六年，〕請以布市馬，選其良者別爲羣，置官給印專領之。于是馬大藩息。永昌苑牧馬自此始。

《明史》卷四二《地理志三》：

〔平涼府〕平涼〔縣〕（……西有羣牧監。洪武三十年置陝西行太僕寺。永樂四年置陝西苑馬寺，領長樂等六監，開成等二十四苑，俱在本〔平涼〕府及慶陽、鞏昌境內。正統三年又併甘肅苑馬寺入焉。）

《明史》卷四二《地理志三》：

〔平涼府〕固原州（……西有甘州羣牧所，永樂中置。）

總錄——茶馬司

《明史》卷七五《職官四》：

茶馬司。大使一人（正九品），副使一人（從九品）。掌市馬之事。洪武中，置洮州、秦州、河州三茶馬司，設司令、司丞。十五年改設大使、副使各一人，尋罷洮州茶馬司，以河州茶馬司兼領之。三十年改秦州茶馬司爲西寧茶馬司。又洪武中，置四川永寧茶馬司，後革，復置雅州碉門茶馬司。又於廣西置慶遠裕民司（洪武七年置，設大使一人，從八品，副使一人，正九品），市八番溪洞之馬，後亦革。

《明史》卷九二《兵志四》：

茶馬司，洪武中，立於川、陝，聽西番納馬易茶，賜金牌信符，以防詐僞。每三歲，遣廷臣召諸番合符交易，上馬茶百二十觔，中馬七十觔，下馬五十觔。以私茶出者罪死，雖勳戚無貸。末年，易馬至萬三千五百餘匹。

永樂中，禁稍弛，易馬少。乃命嚴邊關茶禁，遣御史巡督。

正統末，罷金牌，歲遣行人巡察，邊氓冒禁私販者多。

成化間，定差御史一員，領敕專理。

弘治間，大學士李東陽言："金牌制廢，私茶盛，有司又屢以敝茶給番族，番人抱憾，往往以羸馬應。宜嚴敕陝西官司揭榜招諭，復金牌之制，嚴收良茶，頗增馬直，則得馬必蕃。"

及楊一清督理苑馬，遂命并理鹽、茶。一清申舊制，禁私販，種官茶。四年間易馬九千餘匹，而茶尚積四十餘萬觔。……又懼後無專官，制終廢也，於正德初，請令巡茶御史兼理馬政，行太僕、苑馬寺官聽其提調，報可。御史翟唐歲收茶七十八萬餘觔，易馬九千有奇。

後法復弛。嘉靖初，户部請揭榜禁私茶，凡引俱南户部印發，府州縣不得擅印。

　　　[嘉靖]三十年詔給番族勘合。然初制訖不能復矣。

《明史》卷一三二《藍玉傳》附《曹震傳》：

　　　[洪武二十年代，震在蜀，]請……令商入粟雲南建昌，給以重慶綦江市馬之引。……報可。

　　　　　光旦：此不知與茶馬法有涉否。但此馬有可能用茶換來，凡領有馬引者，得據購馬，販諸重慶綦江等指定之地方。但不知究作此解釋否也。

總錄——茶馬法

《明史》卷八〇《食貨志四》：

　　　番人嗜乳酪，不得茶則困以病。故唐、宋以來，行以茶易馬法，用制羌、戎，而明制尤密。有官茶，有商茶，皆貯邊易馬。[茶有引，略如鹽引]……茶[與]引不相當，即爲私茶。……私茶出境，與關隘不譏者，並論死。……

　　　[洪武]四年，户部言："陝西漢中、金州、石泉、漢陰、平利、西鄉諸縣，茶園四十五頃，茶八十六萬餘株。四川巴茶三百十五頃①，茶二百三十八萬餘株。宜定令每十株官取其一。無主茶園，令軍士薅采，十取其一②，以易番馬。"從之。於是諸產茶地設茶課司（此是一般），定稅額，陝西二萬六千斤有奇，四川一百萬斤（此專爲易馬用）。設茶馬司於秦、洮、河、雅諸州，自碉門、黎、雅抵朶甘、烏思藏，行茶之地五千餘里。

《明史》卷八〇《食貨志四》：

　　　山後歸德（寧夏東南境？）諸州，西方諸部落，無不以馬售者。碉門、永寧、筠連所產茶，名曰剪刀麄葉，惟西番用之，而商販未嘗出境。四川茶鹽都轉運使言："宜別立茶局，徵其稅，易紅纓、氆衫、米、布、椒、蠟以資國用。而居民所收之茶，依江南給引販賣法……"於是永寧、成都、筠連皆設茶局矣。……

---

① 標點本《校勘記》：頃，據《太祖實錄》卷七二洪武五年二月乙巳條、嵇璜《續文獻通考》卷二二應爲"户"。——整理者注

② 標點本《校勘記》：一，據《明史稿》志六三《食貨志》、《太祖實錄》卷七〇洪武四年十二月庚寅條應爲"八"。——整理者注

光旦：是茶之所易不限於馬。

　　又詔天全六番司民，免其徭役，專令蒸烏茶易馬。

　　初制，長河西等番商以馬入雅州易茶，由四川巖州衛入黎州始達茶馬司。定價馬一匹，茶千八百斤，於碉門茶課司給之。番商往復迂遠，而給茶太多。巖州衛以爲言，請置茶馬司於巖州，而改貯碉門茶於其地，且驗馬高下以爲茶數。詔茶馬司仍舊，而定上馬一匹，給茶百二十斤，中七十斤，駒五十斤。

　　　光旦：以上皆洪武時事。

《明史》卷八〇《食貨志四》：

　　[洪武]三十年改設秦州茶馬司於西寧，敕右軍都督曰："近者私茶出境，互市者少，馬日貴而茶日賤，啓番人玩侮之心。[其]檄秦、蜀二府，發都司官軍於松潘、碉門、黎、雅、河州、臨洮及入西番關口外，巡禁私茶之出境者。"又遣駙馬都尉謝達諭蜀王椿曰："國家榷茶，本資易馬。邊吏失譏，私販出境，惟易紅纓雜物。使番人坐收其利，而馬入中國者少，豈所以制戎狄哉！爾其諭布政司、都司，嚴爲防禁，毋致失利。"

　　當是時，帝綢繆邊防，用茶易馬，固番人心，且以強中國。嘗謂户部尚書郁新："用陝西漢中茶三百萬斤，可得馬三萬匹，四川松、茂茶如之。販鬻之禁，不可不嚴。"以故遣僉都御史鄧文鑑①等察川、陝私茶；駙馬都尉歐陽倫以私茶坐死。又製金牌信符，命曹國公李景隆齎入番，與諸番要約，篆文上曰"皇帝聖旨"，左曰"合當差發"，右曰"不信者斬"。凡四十一面：洮州火把藏思囊日等族，牌四面，納馬三千五十匹；河州必里衛西番二十六族②，牌二十一面，納馬七千七百五匹；西寧曲先、阿端、罕東、安定四衛，巴哇、申中、申藏等族，牌十六面，納馬三千五十匹。下號金牌降諸番，上號藏内府以爲契，三歲一遣官合符。其通道有二，一出河州，一出碉門，運茶五十餘萬斤，獲馬萬三千八百匹（即上數之和，而未言五匹之畸零）。太祖之馭番如此。

　　永樂中……遞增茶斤。由是市馬者多，而茶不足。茶禁亦稍弛，多私出境。碉門茶馬司至用茶八萬餘斤，僅易馬七十匹……乃申嚴茶禁，設洮州茶馬司，

---

① 標點本《校勘記》：鄧文鑑，，據嵇璜《續文獻通考》卷二二、《明進士題名碑録》洪武乙丑科應爲"鄧文鏗"。——整理者注

② 標點本《校勘記》：二十六族，據《明會典》卷三七、《明經世文編》卷一一五頁一〇七二楊一清《修復茶馬舊制疏》應爲"二十九族"。——整理者注

又設甘肅茶馬司於陝西行都司地。……

永樂時停止金牌信符，至［宣德十年］復給。未幾，番人爲北狄所侵掠，徙居内地，金牌散失。而茶司亦以茶少，止以漢中茶易馬，且不給金牌，聽其以馬入貢而已。……

後武宗寵番僧，許西域人例外帶私茶。自是茶法遂壞。

《明史》卷八〇《食貨志四》：

［嘉靖］十五年，御史劉良卿言："律例：私茶出境與關隘失察者，並淩遲處死。蓋西陲藩籬，莫切於諸番。番人恃茶以生，故嚴法以禁之，易馬以酬之，以制番人之死命，壯中國之藩籬，斷匈奴之右臂，非可以常法論也。"

《明史》卷八〇《食貨志四》：

萬曆五年，俺答款塞，請開茶市。御史李時成言："番以茶爲命。北狄若得，藉以制番，番必從狄，貽患匪細。"部議給百餘篦，而勿許其市易。

光旦：同卷上文："番人之市馬也，不能辨權衡，止訂篦中馬。篦大則官虧其直，小則商病其繁。［正德］十年，巡茶御史王汝舟約爲中制，每千斤爲三百三十篦。"然則部議給俺答者亦不過三百餘斤耳。

《明史》卷一八二《馬文升傳》：

［成化間（四年後，九年前），在以左副都御史巡撫陝西期間，於剪滅不即命之番族後，］修茶政，易番馬八千有奇，以給士卒。

《明史》卷一八六《熊繡傳》：

［成化初年，以］行人……巡茶四川。

《明史》卷一九八《楊一清傳》：

弘治十五年……擢……左副都御史，督理陝西馬政。西番故饒馬，而仰給中國茶，飲以去疾。太祖著令，以蜀茶易番馬資軍中用。久而寖弛，奸人多挾私茶闌出爲利，番馬不時至。一清嚴爲禁，盡籠茶利於官，以服致諸番，番馬大集。

《明史》卷二二七《鍾化民傳》：

［以御史］出視陝西茶馬，言："邊塞土寒，獨畜馬爲業。今慮其闌出爲厲禁，於是民間孳息與境內貿易俱廢，公私緩急亦無所資。請聽踰境販鬻，特不得入番中。"……報可。

光旦：事當在萬曆二十年前。

總録——茶馬

《明史》卷二九一《張銓傳》：

　　萬曆三十……年［代］，擢御史，巡視陝西茶馬。

《明史》卷三一一《四川土司傳·天全六番招討司傳》：

　　（司境產茶，不止一種，户部定有歲額，碉門有茶馬司，以與西番貿馬，見"番（天全）——沿革"片。）

《明史》卷三一四《雲南土司傳·武定［府］》：

　　［洪武］二十一年發內帑，令於武定、德昌、會川諸處，市馬三千匹。

　　　　光旦：時茶馬法或尚未行，故直接購買。

總録——茶馬法

《明史》卷三三〇《西番諸衛傳》：

　　洪武……十六年……岷州……設衛。番人歲以馬易茶，馬日蕃息。（二十五年以後，又實行金銅信符之法，以免將士私徵馬匹，有敕致各地番族，憑信符以馬易茶，詳"西番——西番諸衛"片，此處不再録。）

總録——馬市

《明史》卷八一《食貨志五》：

　　永樂間，設馬市三：一在開原南關，以待海西；一在開原城東五里，一在廣寧，皆以待朵顏三衛。定直四等：上直絹八疋，布十二，次半之，下二等各以一遞減。既而城東、廣寧市皆廢，惟開原南關馬市獨存。

　　大同馬市始正統三年，巡撫盧睿請令軍民平價市駝馬，達官指揮李原等通譯語，禁市兵器、銅鐵。帝從之。十四年，都御史沈固請支山西行都司庫銀市馬。時先貢馬互市，中官王振裁其馬價，也先大舉入寇，遂致土木之變。

　　成化十四年，陳鉞撫遼東，復開三衛馬市。通事劉海、姚安肆侵牟，朵顏諸部懷怨，擾廣寧，不復來市。兵部尚書王越請令參將、布政司官各一員監之，毋有所侵剋。遂治海、安二人罪。尋令海西及朵顏三衛入市；開原月一市，廣寧月二市，以互市之稅充撫賞。正德時，令驗放入市者，依期出境，不得挾弓矢，非互市日，毋輒近塞垣。

總録——馬市(附木市)

《明史》卷八一:

嘉靖三十年,以總兵仇鸞言,詔於宣府、大同開馬市,命侍郎史道總理之。兵部員外郎楊繼盛諫。不從。俺答旋入寇抄,大同市則寇宣府,宣府市則寇大同。幣未出境,警報隨至。帝始悔之,召道還。……明年罷大同馬市,宣府猶未絶,抄掠不已,乃并絶之。

隆慶四年,俺答孫把漢那吉來降,於是封貢互市之議起。而宣、大互市復開,邊境稍静。然撫賞甚厚,朝廷爲省客兵餉、減哨銀以充之。頻年加賞,而要求滋甚,司事者復從中乾没,邊費反過當矣。

遼東義州木市,萬曆二十三年開,事具《李化龍傳》。二十六年從巡撫張思忠奏,罷之,遂并罷馬市。其後總兵李成梁力請復,而薊遼總督萬世德亦疏於朝。三十九年① 復開馬、木二市,後以爲常。

總録——木市

《明史》卷二二八《李化龍傳》:

(與兀良哈之木市,見"兀良哈——李化龍……"片。)

《明史》卷二三八《李成梁傳》:

(萬曆二十九年,成梁再度鎮遼,曾舉木市,見"蒙古——在東北(與李成梁)"片。)

《明史》卷三二八《朵顔等三衛傳》:

(木市之旋設旋罷皆在嘉靖二十年代,見"兀良哈——朵顔等三衛"片。)

總録——馬市(附以馬爲貢、幣)

《明史》卷九二《兵志四》:

馬市者,始永樂間。遼東設市三,二在開原,一在廣寧,各去城四十里。

成化中,巡撫陳鉞復奏行之。後至萬曆初不廢。

嘉靖中,開馬市於大同,陝邊、宣鎮相繼行[之]。

隆慶五年,俺答上表稱貢。總督王崇古市馬七千餘匹,爲價九萬六千有奇。

---

① 標點本《校勘記》:三十九年,據《明史稿》志六三《食貨志》、《神宗實録》卷三六六萬曆二十九年十二月辛未條應爲"二十九年"。——整理者注

其價，遼東以米布絹，宣、大、山西以銀。市易外有貢馬者，以鈔幣加賜之。

初，太祖起江左，所急惟馬……外國、土司、番部以時入貢，［所重亦惟馬，］朝廷每厚加賜予，所以招攜懷柔者備至。文帝［以後］……所急者不在馬。……馬無外增，惟恃孳生……矣。

光旦：自亦不盡然，亦曰，以太僕苑馬寺及民間所自蕃殖者爲主耳，非完全無外增也，否則何以解於茶馬之官與馬市之設？

總錄——馬市

《明史》卷一七四《巫凱傳》：

［永樂十二年（或略後），］凱（時爲遼東都指揮使）言……開原市馬悉給本衛（遼東衛）乘操。從之。

《明史》卷一七五《神英傳》：

弘治……十一年，［大同］馬市開，英（時以署都督僉事，充總兵官，守大同）違禁貿易……［被］劾召還。

光旦：同時亦因寇犯蔚州，不救。

《明史》卷一八〇《汪奎傳·附傳》：

盧瑀，［成化中，以刑科給事中］清西北勒市戰馬宿弊。

《明史》卷一八五《吳世忠傳》：

……（大同馬市上，軍將與蒙古做違禁交易之例，見"蒙古——在北方"片，此不複。）

《明史》卷一八七《馬中錫傳》：

武宗即位，起撫遼東（本職爲右副都御史）。……劾鎮守太監朱秀……擅馬市。

《明史》卷一九九《王以旂傳》：

［嘉靖中（三十年，參上摘卷八一條及卷九二《兵志四》條），］延綏、寧夏開馬市，二鎮市五千匹。其長狼台吉等約束所部，終市無譁。以旂（時以左都御史總督三邊）以聞。

《明史》卷二〇〇《趙時春傳》：

大將軍仇鸞倡馬市，時春（時爲兵部主事）憤曰："此秦檜續耳。身爲大將，而效市儈，可乎？"

光旦：事似在嘉靖三十年光景。

《明史》卷三〇五《宦官傳二·陳增傳·高淮附傳》：

　　神宗[朝，淮]採礦徵稅遼東。……請復遼東馬市，巡撫趙楫力爭，始得寢。

總錄——馬貢

《明史》卷一六〇《羅通傳》：

　　景泰……二年……上言："貢使攜馬四萬餘匹，宜量增價酬之。價增則後來益衆，此亦強中國弱外裔之一策。"帝以所貢馬率不堪用，若增價正墮賊計，寢通奏。

　　　　光旦：此當是瓦剌也先所貢馬。

《明史》卷一七六《李賢傳》：

　　景泰二年……也先數貢馬，賢（時官戶部右侍郎）謂輦金帛以強寇自弊，非策。

《明史》卷二二〇《萬士和傳》：

　　（俺答貢馬乞賞，見"蒙古——俺答"片。）

《明史》卷二二二《王崇古傳》：

　　（俺答封順義王後歲時貢馬，見"蒙古——……（與王崇古）"片。）

　　　　光旦：亦參同卷方逢時、吳兌二《傳》，別見有關片。

總錄——馬市（楊繼盛之議論）

《明史》卷二〇九《楊繼盛傳》：

　　改兵部員外郎。俺答躪京師（嘉靖二十九年）……帝命[咸寧侯仇]鸞爲大將軍，倚以辦寇。鸞中情怯，畏寇甚。方請開互市市馬，冀與俺答媾，幸無戰鬥……繼盛以爲讎恥未雪，遽議和示弱，大辱國，乃奏言十不可，五謬。大略謂：

　　互市者，和親別名也。俺答踩躪我陵寢，虔劉我赤子。天下大讎也，而先之和。不可一。

　　往下詔北伐，天下曉然知聖意，日夜征繕助兵食。忽更之曰和，失信於天下。不可二。

　　以堂堂中國，與之互市，冠履倒置。不可三。

　　海內豪傑爭磨礪待試，一旦委置無用。異時欲號召，誰復興起。不可四。

　　使邊鎮將帥以和議故，美衣媮食，弛懈兵事。不可五。

往時邊卒私通境外，吏率裁禁，今乃導之使與通。不可六。

盜賊伏莽，徒懾國威不敢肆耳，今知朝廷畏怯，睥睨之漸必開。不可七。

俺答往歲深入，乘我無備故也。備之一歲，以互市終，彼謂國有人乎？不可八。

或俺答負約不至；至矣，或陰謀伏兵突入；或今日市，明日彼寇；或以下馬索上直。不可九。

歲帛數十萬，得馬數萬匹。十年以後，帛將不繼。不可十。

議者曰"吾外爲市以羈縻之，而內修我甲兵"。此一謬也。夫寇欲無厭，其以費終明甚。苟內修武備，安事羈縻？

曰"吾陰市，以益我馬"。此二謬也。夫和則不戰，馬將焉用，且彼寧肯予我良馬哉？

曰"市不已，彼且入貢"。此三謬也。夫貢之賞不貲，是名美而實大損也。

曰"俺答利我市，必無失信"。此四謬也。吾之市，能盡給其衆乎？能信不給者之無入掠乎？

曰"佳兵不祥"。此五謬也。敵加己而應之，何佳也？人身四肢皆癰疽，毒日內攻，而憚用藥石可乎？……

疏入，帝頗心動……諸大臣遂言遣官已行，勢難中止。……鸞復進密疏。乃……貶[繼盛]狄道典史。……

已而俺答數敗約入寇，鸞奸大露，疽發背死，戮其屍。帝乃思繼盛言。

《明史》卷二〇九《楊繼盛傳·何光裕附傳》：

仇鸞之開馬市也，命尚書史道主之。徇俺答請，以粟豆易牛羊。光裕（時爲兵科都給事中）與御史龔愷等劾道："委靡遷就。馬市既開，復請封號。今其表意在請乞，而道以爲謝恩。況表文非出賊手。道不去，則彼有無厭之求，我無必戰之志，誤國事不小。"……[被責，廷杖，]卒。

總錄——馬市（一般互市）

《明史》卷二二二《王崇古傳》：

（嘉靖嚴禁與俺答通馬市，隆慶因封貢而重開，見"蒙古——……（與王崇古）"片。）

光旦：亦參同卷方逢時、吳兌二《傳》。見有關片。

《明史》卷二二二《鄭洛傳》：

（宣、大、山西市馬數，見"蒙古——俺答、辛愛、三娘子（與鄭洛）"片。）

《明史》卷二三二《魏允貞傳》：

[萬曆]二十一年以右僉都御史巡撫山西。……岢嵐互市，省撫賞銀六萬。（參"蒙古——在北方"片。）

《明史》卷二三八《李成梁傳》：

（萬曆二十九年，成梁再度鎮遼，曾舉辦馬、木二市，見"蒙古——在東北（與李成梁）"片。）

總錄——馬貢、馬課、馬市

光旦：馬貢之例，所在而有，不另錄片。

《明史》卷三一四《雲南土司傳·麗江[府]》：

（以輸馬代銀課，見"麼些（麗江）"片。）

《明史》卷三二八《朵顏等三衛傳》：

（遼東馬市二，皆以待三衛，其初設，廢止，再設再止，見"兀良哈——朵顏等三衛"片。）

《明史》卷三三〇《西番諸衛傳》：

（洪武八年前後西番馬市，見"西番——西番諸衛"片。）

《明史》卷三三〇《西番諸衛傳》：

（萬曆八年前，俺答再度入青海，請於其地開茶市，未得許，見同上片。）

《明史》卷三三〇《安定衛傳》：

（亦有以布帛易馬，而不以茶之例外，見"撒里畏兀兒（安定衛）"片。）

《明史》卷三三〇《曲先衛傳》：

明初設安定、阿端、曲先、罕東、赤斤、沙州諸衛，給之金牌，令歲以馬易茶，謂之差發。

《明史》卷三三〇《罕東衛傳》：

洪熙元年……[罕東]指揮那那奏所屬番民千五百，例納差發馬二百五十匹……（詳"撒里畏兀兒（罕東衛）"片。）

《明史》卷三三一《朵甘烏斯藏行都指揮使司傳》：

初，太祖……以其地皆食肉，倚中國茶為命，故設茶課司於天全六番，令以馬市，而入貢者又優以茶布。

《明史》卷三三一《長河西魚通寧遠宣慰司傳》：

　　洪武[二十一年，禮部主事高惟善(故元當地理問，疑是白族人)]還朝，言[六便]……[部分]番民……專務貿販碉門烏茶、蜀之細布，博易羌貨，以贍其生。若於巖川(應作州)立市，則此輩衣食皆仰給於我，焉敢爲非。[便之]二也。……天全六番招討司八鄉之民，宜悉蠲其徭役，專令蒸造烏茶，運至巖州，置倉收貯，以易番馬。比之雅州易馬，其利倍之。且於打箭爐原易馬處相去甚近，而價增於彼，則番民……歸市必衆。[便之]四也。巖州既立倉易馬，則番民運茶出境，倍收其稅……[其便]五也。

總錄——屯田制度

《明史》卷七七《食貨志一》：

　　屯田之制：曰軍屯，曰民屯。……移民就寬鄉，或召募或罪徙者爲民屯，皆領之有司。而軍屯則領之衛所。邊地，三分守城，七分屯種。內地，二分守城，八分屯種。

總錄——屯田

《明史》卷七七《食貨志一》：

　　太祖初，立民兵萬戶府，寓兵於農……

　　洪武三年，中書省請稅太原、朔州屯卒……

　　[洪武四]年，中書省言河南、山東、北平、陝西、山西及直隸淮安諸府屯田[稅例]。……

《明史》卷七七《食貨志一》：

　　於時(大抵截至宣宗前)，東自遼左，北抵宣、大，西至甘肅，南盡滇、蜀，極於交阯，中原則大河南北，在在興屯矣。

《明史》卷二：

　　[洪武]七年……正月甲戌，都督僉事王簡、王誠，平章伯李昇，屯田河南、山東、北平。

　　　　光旦：屯田北平，半屬邊防，河南、山東則疑大半因蒙古北退後，地方空虛，有移民充實之必要。

《明史》卷一三〇《吳良傳》：

　　[平吳張士誠之前後，良鎮江陰，在境十年，]大開屯田。

《明史》卷一三〇《吴良傳》：

[洪武]八年，[良]督田鳳陽。

《明史》卷一三〇《康茂才傳》：

[茂才子鐸嘗]督民墾田鳳陽。

光旦：在時間上似略早於吴良。

《明史》卷一三〇《郭英傳》：

宣德中，[英孫]玹署宗人府事……奪天津屯田千畝，罪其奴而宥玹。

《明史》卷一三一《薛顯傳》：

[洪武四至十九年間，顯]數奉命巡視河南，屯田北平。

《明史》卷一三二《朱亮祖傳》：

[洪武]八年……同李善長督理屯田。

總録——邊地屯田

《明史》卷二：

[洪武]十三年……九月辛卯，景川侯曹震、滎陽侯楊璟①、永城侯薛顯屯田北平。

《明史》卷二：

[洪武十三年九]月，詔陝西衛軍以三分之二屯田。

《明史》卷三：

[洪武]十五年……八月……己丑，延安侯唐勝宗、長興侯耿炳文屯田陝西。

《明史》卷三：

[洪武]十九年……九月庚申，屯田雲南。

《明史》卷三：

[洪武]二十年……八月……景川侯曹震屯田雲南品甸。

《明史》卷三：

[洪武二十年]十一月壬午，普定侯陳桓、靖寧侯葉昇屯田定邊、姚安、

---

① 標點本《校勘記》：滎陽侯，據《明史》卷一〇五《功臣世表》、又卷一二九《楊璟傳》，紅格本《太祖實録》卷五八洪武三年十一月丙申條、又卷一三三洪武十三年九月辛卯條、卷一四七洪武十五年八月乙巳條應爲"營陽侯"。——整理者注

畢節諸衛。

《明史》卷三：

　　[洪武]二十三年……正月……唐勝宗[於既平貴州蠻（別有片）之後]督貴州各衛屯田。

《明史》卷三：

　　[洪武]二十五年……二月……庚辰，詔天下衛所軍以十之七屯田。

《明史》卷三：

　　[洪武二十五年]八月……丁卯，馮勝、傅友德帥開國公常昇等分行山西，籍民爲軍，屯田於大同、東勝，立十六衛。

《明史》卷三：

　　[洪武二十八年正]月，周王橚、晉王㭎率河南、山西諸衛軍出塞，築城屯田。

《明史》卷九：

　　[宣德]六年……二月丁酉，侍郎羅汝敬督陝西屯田。

《明史》卷九：

　　[宣德六年]四月己酉，侍郎柴車經理山西屯田。

《明史》卷九：

　　[宣德六年]十二月……庚戌，遣御史巡視寧夏、甘州屯田水利。

《明史》卷一一：

　　[景泰]二年……六月……己卯，詔貴州各衛修舉屯田。（互見）

　　　　光旦：時初破平越苗，參"苗（湖廣、貴州）"。

《明史》卷一三：

　　[成化]六年……三月……壬寅，詔延綏屯田。……備阿羅出（詳"蒙古——阿羅出"片）。

《明史》卷一五：

　　[弘治]十四年……七月……庚午，分遣給事中、御史清理屯田。

《明史》卷一六：

　　[正德]四年……八月辛酉，遣使覈各邊屯田。

《明史》卷四五《地理志六》：

　　[廣東瓊州府]定安[縣]（……有潭覽屯田千户所，元置，洪武中因之，永樂四年廢。）

《明史》卷四五《地理志六》：

[廣西柳州府賓州]遷江[縣](……東有遷江屯田千戶所，洪武二十五年九月置。)

《明史》卷一二六《沐英傳》：

[洪武]二十年，[英]奉詔自永寧至大理，六十里設一堡，留軍屯田。……[終英之世(英於洪武廿五年卒)，]歲較屯田增損以爲賞罰，墾田至百萬餘畝。

《明史》卷一二九《馮勝傳》：

[洪武]二十五年，命[勝]籍太原、平陽民爲軍，立衛屯田。

《明史》卷一二九《傅友德傳》：

(同上條年，一事。)友德……副宋國公[馮]勝分行山西，屯田於大同、東勝，立十六衛。

《明史》卷一三〇《張龍傳》：

[洪武]二十三年春，[龍]同延安侯唐勝宗督屯田於平越、鎮遠、貴州，議置龍里衛。

光旦：貴州，貴州宣慰司也。

《明史》卷一三一《唐勝宗傳》：

[洪武]十五年巡視陝西，督屯田，簡軍士。

《明史》卷一三一《費聚傳》：

時(洪武三年前後)諸將在邊屯田募伍，歲有常課。聚[鎮平涼]，頗耽酒色，無所事事。又以招降無功，召還，切責之。

《明史》卷一三一《陸聚傳》：

[洪武]八年同衛國公[鄧]愈屯田陝西，置衛戍守。

《明史》卷一四六《鄭亨傳》：

仁宗即位，鎮大同。……在鎮墾田積穀，邊備完固，自是大同希寇患。

《明史》卷一五一《王鈍傳》：

[永樂元年，]同新昌伯唐雲經理北平屯種。

《明史》卷一五五《費瓛傳》：

[永樂中，瓛]充總兵官，鎮甘肅。……以涼州多閒田，請給軍屯墾。從之。

《明史》卷一五五《譚廣傳》：

[宣德七]年，帝從戶部議，令他衛軍戍宣府者，悉遣還屯種。[譚廣時佩鎮朔將軍印鎮宣府，]上言："臣所守邊一千四百餘里，敵人窺伺，竊發無時。

脱有警，徵兵數百里外，勢豈能及。屯種之議，臣愚未見其可。"帝以邊卒戍守有餘，但命永樂中調戍者勿遣。

《明史》卷一五五《任禮傳》：

[正統八年前後，]時邊將家僮墾塞上田者，每頃輸糧十二石。禮連請於朝，得減四石。是時邊塞無警，禮與巡撫曹翼屯田積粟，繕甲訓兵，邊備甚固。

    光旦：墾塞上田者部分已爲家僮，是屯政已大有問題矣。

《明史》卷一五七《柴車傳》：

[宣德六]年，山西巡按御史張勗言大同屯田多爲豪右占據，命車往按。得田幾二千頃，還之軍。英宗初……協贊甘肅軍務。……稽覈屯田豪占者，悉清出之，得六百餘頃。四年，[以兵部尚書]兼理陝西屯田。

《明史》卷一五八《耿九疇傳》：

景泰……三年三月代陳鎰鎮陝西。……邊民（臨洮諸衛漢人）春夏出作田，秋冬輒徙入塞。九疇言："邊將所以禦寇衛民也，今使民避寇失業，安用將帥？"因禁民入徙。有被寇者，治守帥罪。

    光旦：此所以坐實明代邊"衛"之作用——拓展邊地，進入少數民族地區！軍屯如此，民屯亦爾。

《明史》卷一六四《范濟傳》：

宣宗即位……詣闕言八事。……其五曰，洪武中令軍士七分屯田，三分守城，最爲善策。比者調度日繁，興造日廣，虛有屯種之名，田多荒蕪。兼養馬、採草、伐薪、燒炭，雜役旁午，兵力焉得不疲，農業焉得不廢。……

《明史》卷一七〇《于謙傳》：

謙……遷兵部右侍郎，巡撫河南、山西。……大同孤懸塞外，按山西者不及至，奏別設御史治之。盡奪鎮將私墾田爲官屯，以資邊用。

《明史》卷一七〇《于謙傳》：

楊洪自獨石入衛，八城悉以委寇。[也先既還上皇，並議和，]謙使都督孫安以輕騎出龍門關據之，募民屯田，且戰且守，八城遂復。

《明史》卷一七二《羅亨信傳》：

正統……十年……時遣官度二鎮（大同、宣化）軍田，一軍八十畝外，悉徵稅五升。亨信（時以右副都御史巡撫宣、大）言："文皇帝時，詔邊軍盡力墾田，毋徵稅，陛下復申命之，今奈何忽爲此舉？塞上諸軍，防邊勞苦，無他生業，惟事田作。每歲自冬徂春，迎送瓦剌使臣，三月始得就田，七月又復刈草，八月以後，修治關塞，計一歲中曾無休暇。況邊地磽瘠，霜早收薄，若更徵稅，則民不復畊，必致竄逸。計臣但務積粟，不知人心不固，雖有粟，將誰與守？"帝納其言而止。

《明史》卷一七二《朱鑑傳》：

　　正統五年（或六年），[奏]請天下按察司增僉事一人，專理屯田，遂爲定制。（時以御史巡撫廣東還朝。）

《明史》卷一七三《石亨傳》：

　　正統……六年上言："邊餉難繼，請分大同左右、玉林、雲川四衛軍，墾净水坪迤西曠土，官給牛種，可歲增糧萬八千石。"明年又言："大同西路屯堡，皆臨極邊。玉林故城去[大同？]右衛五十里，與東勝單于城接，水草便利。請分軍築壘，防護屯種。"詔皆允行。（時亨以都指揮同知充左參將佐武進伯朱冕守大同。）

《明史》卷一七四《史昭傳》：

　　[昭以都督僉事，充總兵官，鎮西寧。]宣德初，昭以衛軍守禦，不暇屯種，其家屬願力田者七百七十餘人，請俾耕藝，收其賦以足軍食。從之。

《明史》卷一七四《巫凱傳》：

　　[永樂十二年，]凱（時爲遼東都指揮使）言諸衛兵宜以三之二守禦，而以其一屯糧（種？）。

《明史》卷一七六《商輅傳》：

　　塞上腴田率爲勢豪侵據，輅請覈還之軍。

　　　　光旦：事在景泰間，時輅爲兵部左侍郎兼左春坊大學士。

《明史》卷一七七《年富傳》：

　　英國公張懋及鄭宏（武安侯）各置田莊於邊境，歲役軍耕種，富（時以右副都御史巡撫大同提督軍務）劾之，還軍於伍。

　　　　光旦：景泰末事。軍屯至此，弊已甚矣！

《明史》卷一七二《孫原貞傳》：

　　[景泰]五年冬，（時以兵部尚書，由鎮浙江改鎮福建）[上]疏言："四方屯軍，率以營繕、轉輸諸役妨耕作。宜簡精銳實伍，餘悉歸之農。苟增萬人屯，即歲省支倉糧十二萬石，且積餘糧六萬石，兵食豈有不足哉。……"時不能盡用[其言]。

《明史》卷一七七《李秉傳》：

[正統間]改户部主事。宣府屯田爲豪占，秉往視，歸田於民……

景泰二年，[以郎中]佐侍郎劉璉督餉宣府，發璉侵牟狀。即擢右僉都御史代璉，兼參贊軍務。宣府軍民數遭寇，牛具悉被掠。朝廷遣官市牛萬五千給屯卒。人予直，市穀種。璉盡以畀京軍之出守者，一不及屯卒，更停其月餉，而徵屯糧甚急。秉盡反璉政，厚恤之。軍卒自城守外，悉得屯作。凡使者往來及宦官鎮守供億科斂者，皆奏罷，以官錢給費。……

> 光旦：牛具被掠，説蒙古人亦已兼務農。

《明史》卷一七八《秦紘傳》：

……（見"蒙古——防蒙措施"片。）

《明史》卷一八〇《汪奎傳·從子舜民附傳》：

[弘治中，]改雲南屯田副使。田爲勢要奪者，釐而歸之官。

《明史》卷一八五《張悦傳·張鎣附傳》：

成化三年以右副都御史巡撫寧夏。……道河流，溉靈州屯田七百餘頃。

《明史》卷一八五《李介傳》：

[弘治]十年，[以兵部左侍郎兼左僉都御史經略大同]……察核官田牛具錢還之軍。

《明史》卷一八五《叢蘭傳》：

[正德四]年冬，[以左通政]出理延綏屯田。

《明史》卷一八五《吳世忠傳》：

[弘治間（應近末年），世忠以兵科給事中]乞大同增置臺堡，以閒田給軍耕墾，不徵其税。[又建言他事]……所司多從其議。

> 光旦：閒田，應是在屯田外者，然有助於邊地農業生産之推廣與民族關係之促進，其意義則一也。

《明史》卷一八五《吳世忠傳》：

[正德四]年冬，與（時世忠爲山東按察司僉事）通政叢蘭（即見上）等出理邊屯，世忠往薊州。明年奏言："占種盜賣，積弊已久。若一一究問，恐人情不安，請量爲處分。"從之。劉瑾敗，言官劾其嘗請清核屯田，助瑾爲虐。……朝議寬之，得免。

《明史》卷一八六《張泰傳》：

[弘治間（應在中葉），泰以御史勘永昌、甘肅軍政，]奏……故總兵官周玉侵據屯田……泰又言甘州膏腴地悉爲中官、武臣所據，仍責軍税……請……歸

之軍，且推行於延［綏］、寧［夏］二鎮。詔皆從之。

《明史》卷一八七《馬中錫傳》：

武宗即位，起撫遼東（本職右副都御史）。還屯田於軍。

《明史》卷一九九《王憲傳》：

［正德初年］遷右僉都御史，清理甘肅屯田。進右副都御史。

《明史》卷一九九《范鏓傳》：

嘉靖……二十年擢右副都御史，巡撫寧夏。……上疏言："邊將各有常祿，無給田之制。自武定侯郭勛奏以軍餘開墾田園給將領，委奸軍爲莊頭，害殊大。宜給還軍民，任耕種便。"帝從其請。

《明史》卷二〇〇《詹榮傳》：

（榮爲大同巡撫時，曾大舉屯田，見"蒙古——防蒙措施（邊牆）"片。）

《明史》卷二〇〇《劉天和傳》：

以右僉都御史督甘肅屯政。請以肅州丁壯及山、陝流民於近邊耕牧，且推行於諸邊。尋奏當興革者十事，田利大興。（事應在嘉靖初葉。）

《明史》卷二〇二《賈應春傳》：

在鎮數載（嘉靖三十二年起，初以兵部右侍郎，繼以右都御史，總制三邊）……以花馬池閒田二萬頃給軍屯墾，邊人賴之。

《明史》卷二〇四《翟鵬傳》：

（鵬曾闢地萬四千九百餘頃，見"蒙古——在北方（與翟鵬）"片。）

《明史》卷二〇四《楊守謙傳》：

嘉靖八年進士，授屯田主事。……［久之，］擢右僉都御史，巡撫山西。上言偏頭、老營堡二所，餘地千九百餘頃，請興舉營田。因薦副使張鎬爲提調，牛種取給本土。……報可。……其後二年，營田大興。計秋獲可當帑銀十萬，邊關穀價減十五。……户部請推行之九邊。帝……命亟行之。

《明史》卷二一一《周尚文傳》：

［嘉靖九年，尚文充寧夏總兵官期内，亦嘗］濬渠開屯。（參"蒙古——防蒙措施（邊牆）"片。）

《明史》卷二一四《楊博傳》：

［嘉靖］二十五年超拜右僉都御史，巡撫甘肅。大興屯利，請募民墾田，永不征租。又以暇修築肅州榆樹泉及甘州平川境外大蘆泉諸處墩臺，鑿龍首諸渠。

光旦：下文又有"通宣、大荒田水利"之記録。

《明史》卷二一五《周弘祖傳》：

[嘉靖末年]授御史，出督屯田、馬政。

《明史》卷二二〇《王之誥傳》：

擢右僉都御史，巡撫遼東。大興屯田，每營墾田百五十頃，役軍四百人。列上便宜八事，行之。（事應在嘉靖後半葉。）

《明史》卷二二〇《王遴傳》：

（遴於隆慶間在宣府大興屯田，見"蒙古——在北方"片。）

《明史》卷二二〇《李汝華傳》：

授工科給事中……出閱甘肅邊務……請盡墾甘肅閒田。（事應在萬曆十年後不久。）

《明史》卷二二三《王宗沐傳》：

[嘉靖間（應是三十年代）]遷山西右布政史。……上疏[論山西荒政]曰："……近邱富往來誘惑邊民，妄傳募人耕田不取租稅。愚民何知，急不暇擇，長邊八百餘里，誰要之（無人邀而截之也）者？彼誘而衆，我逃而虛。此可深念者五也。"……

　　光旦：山西民出至今内蒙墾殖，此定是大量之一次。

《明史》卷二二五《楊巍傳》：

[以右僉都御史]巡撫陝西。……清還屯地之奪於藩府者。

　　光旦：應是嘉靖末年事。

《明史》卷二二七《蕭彥傳》：

進户科都給事中。初，行丈量法，延[綏]、寧[夏]二鎮益田萬八千餘頃。總督高文薦請三年征賦。彥言："西北墾荒永免科稅，祖制也。況二鎮多沙磧，奈何定永額，使初集流庸懷去志。"遂除前令。

　　光旦：事在萬曆初葉。

《明史》卷二二八《魏學曾傳》：

隆慶初，[學曾以右副都御史巡撫遼東，於擊退土蠻之餘，]釐屯田二千餘頃。

《明史》卷二二八《李化龍傳》：

[萬曆三十五年，爲戎政尚書（似即兵部尚書，實職而非空銜），]上屯政十二事。……置不理。

《明史》卷二三二《魏允貞傳》：

[萬曆二十年代，巡撫山西，]雁門、平定軍以逋屯糧竄徙……奏除其租，招令復業。(參"蒙古——在北方"片。)

《明史》卷二三二《王國傳》：

　　[萬曆初葉，以御史]出視畿輔屯田，清成國公朱允禎等所侵地九千六百餘頃。

　　　　光旦：於時畿輔亦幾於邊地耳，故列此條。

《明史》卷二五九《熊廷弼傳》：

　　(東北屯田，見"總錄——明與東北"片。)

《明史》卷二六一《盧象昇傳》：

　　遷兵部左侍郎，總督宣、大、山西軍務。大興屯政，穀熟，畝一鍾，積粟二十餘萬。天子諭九邊皆式宣、大。

《明史》卷二六二《傅宗龍傳》：

　　(論以守爲屯，以制水西彞族，見"總錄——滇黔之經營"片。)

《明史》卷三一三《雲南土司傳·大理[府]》：

　　[洪武]二十年詔景川侯曹震及四川都司選精兵二萬五千人，給軍器農具，即雲南品甸(即洱海衛)屯種，以俟征討。

《明史》卷三一三《雲南土司傳·景東[府]》：

　　[洪武]二十四年，帝以景東爲雲南要害，且多腴田，調白崖川軍士屯守。

《明史》卷三一四《雲南土司傳·姚安[府]》：

　　洪武……二十年命普定侯陳桓、靖寧侯葉昇往雲南總制諸軍，於定邊、姚安等處立營屯種。

《明史》卷三一四《雲南土司傳·尋甸[府]》：

　　洪武……二十三年……置屯田所於[尋甸之]甸頭里果馬里，聯絡耕種，以爲邊備。

《明史》卷三一六《貴州土司傳·安順[府]》：

　　[洪武]二十年詔徵普定、安順等州六長官赴京，命以銀二十萬備糴，遣普定侯陳桓等率諸軍駐普安屯田。

　　　　光旦：此二事必有繫，應是屯墾所獲之餘糧責成各土司糴取也。六長官不必盡在安順府境。

《明史》卷三一六《貴州土司傳·平越[府]》：

　　[洪武]二十三年命延安侯唐勝宗往黃平、平越、鎮遠、貴州(貴陽)諸處

訓練軍士，提督屯田，相機剿寇。

《明史》卷三一七《廣西土司傳·慶遠[府]》：

[洪武]二十九年，廣西布政司言："新設（二十八年設）南丹等三衞（餘爲奉議、慶遠）及富川千户所，歲用軍餉二十餘萬石，有司所徵，不足以給。"帝命俱置屯田……尋遣中使至桂林等府市牛給南丹、奉議諸衞軍士。

總録——罪徙屯作

《明史》卷二：

[洪武]八年……二月甲午，宥雜犯死罪以下及官犯私罪者，謫鳳陽輸作屯種贖罪。

《明史》卷二：

[洪武]十三年……五月……丙申，釋在京及臨濠屯田輸作者。

光旦：此所云釋，即從此自由，得占地自耕作，不必放回原籍也。

《明史》卷三：

[洪武]二十五年……正月……辛丑，令死囚輸粟塞下。

《明史》卷六《成祖二》：

永樂元年……八月己巳，發流罪以下墾北京田。

光旦：爲移都之備也。

《明史》卷一三七《吴伯宗傳》附《任亨泰傳》：

亨泰爲禮部尚書時，日照民江伯兒以母病殺其三歲子祀岱嶽。有司以聞。帝怒其滅絶倫理，杖百，戍海南。

《明史》卷一三九《韓宜可傳》：

[宜可]爲陝西按察司僉事。時（洪武九年）官吏有罪者，笞以上悉謫屯鳳陽，至萬數。宜可疏争之。

《明史》卷一三九《葉伯巨傳》：

洪武九年……上書……[有]曰："……漢嘗徙大族於山陵矣，未聞實之以罪人也。今鳳陽皇陵所在，龍興之地，而率以罪人居之……殆非所以恭承宗廟意也。"

《明史》卷一四〇《陶垕仲傳》：

鄞人。……垕仲言："臣父昔爲方氏部曲，以故官例徙鳳陽。臣……依兄撫養……今兄亦爲鳳陽軍吏。……"帝特許迎養，去徙籍。

《明史》卷一六一《周新傳》：

[永樂初，以監察御史]按北京。時令吏民罪徒流者耕北京閒田，監禁詳擬，往復待報，多瘐死。新請從北京行部或巡按詳允就遣，以免淹滯。

光旦：曰北京行部者，時尚未正式遷都北京。

《明史》卷一九二《張溓傳》：

祖善昭……謫臨江通判。先是，練子寧親黨戍臨江者八十餘人，善昭上書，[爲乞宥歸原籍。]不行。

光旦：臨江之地名不一而足，此有通判，應是江西之臨江府。

《明史》卷二〇九《沈鍊傳》：

[嘉靖間，因忤嚴嵩父子，]謫佃保安。

光旦：嘉靖三十年。（亦見卷二一〇《王宗茂傳》。）

總錄——屯田與移民

《明史》卷七七《食貨志一》：

[洪武]六年，太僕丞梁埜僊帖木爾言："寧夏境内及四川西南至船城，東北至塔灘，相去八百里，土膏沃，宜招集流亡屯田。"從之。

是時（當與洪武六年事先後同時）……徙山西真定民屯鳳陽。

《明史》卷一五三《宋禮傳》：

永樂二年拜工部尚書。嘗請給山東屯田牛種，又請犯罪無力准工者徙北京爲民，並報可。

總錄——移民屯田

《明史》卷一二五《徐達傳》：

[洪武四年達]帥盛熙等赴北平……徙山後軍民實諸衛府，置二百五十四屯，墾田一千三百餘頃。

《明史》卷一二七《李善長傳》：

[洪武五年（四年後"踰年"），]命[善長]董建臨濠宮殿。徙江南富民十四萬田濠州，以善長經理之，留濠者數年。

《明史》卷一二八《章溢傳》：

[溢]遷湖廣按察僉事。時荆、襄初平，多廢地，議分兵屯田，且以控制北方。從之。

《明史》卷一三三《俞通海傳》：

弟通源……徙江南豪民十四萬田鳳陽。

> 光旦：未言年份，當即上第二條李善長所經理之事。

《明史》卷二四二《董應舉傳》：

[天啓初，應舉以太僕卿經理天津至山海關屯務，]分處遼人萬三千餘户於順天、永平、河間、保定……濬渠築防，教之藝稻。

《明史》卷二五七《王洽傳》：

崇禎元年……[以兵部尚書]上言："祖宗養兵百萬，不費朝廷一錢，屯田是也。今遼東、永平、天津、登、萊沿海荒地，及寶坻、香河、豐潤、玉田、三河、順義諸縣閒田百萬頃。元虞集有京東水田之議。本朝萬曆初，總督張佳允(胤)、巡撫張國彥行之薊鎮，爲豪右所阻。其後，巡撫汪應蛟復行之河間。今已墾者荒，未墾者置不問……不大失策乎！乞敕諸道監司，遵先朝七分防操、三分屯墾之制，實心力行……"帝……即命行之。

> 光旦：此空論耳，"行之"必非事實。所論亦夾雜，水、旱田不分，一也；軍屯、民屯不分，二也。以言水田，勢須用南方移民爲之，顯非軍屯，而主要目的卻爲"軍糧"、爲"七分防操"，非夾雜而何？以是知言未能付之實行也。

> 光旦："京東"水田之議，宋、元均有建議，自明萬曆至清李鴻章，隨行隨廢，範圍亦有限，前後不下五六次，至1958年"窪改"，黨始完全付諸大面積之實施。

總錄——徙民

《明史》卷二：

[洪武]四年……三月……乙巳，徙山後民萬七千户屯北平。

> 光旦：山後，當是古北口外一帶。

《明史》卷二：

[洪武四年六]月，徙山後民三萬五千户於内地，又徙沙漠遺民三萬二千户屯田北平。

《明史》卷二：

[洪武]九年……十一月……戊子，徙山西及真定民無産者田鳳陽。

《明史》卷三：

[洪武]二十一年……八月癸丑，徙澤、潞民無業者墾河南、北田，賜鈔備農具，復三年。

《明史》卷三：

[洪武]二十二年……四月己亥，徙江南民田淮南，賜鈔備農具，復三年。

《明史》卷三：

[洪武]二十四年……七月庚子，徙富民實京師。

《明史》卷五《成祖一》：

[建文四年(亦曾作洪武三十五年)，]九月……乙未，徙山西民無田者實北平，賜之鈔，復五年。

《明史》卷六《成祖二》：

永樂元年……八月……甲戌，徙直隸蘇州等十郡、浙江等九省富民實北京。

光旦：爲移都之備也。

《明史》卷六《成祖二》：

[永樂]二年……九月……丁卯，徙山西民萬戶實北京。

《明史》卷六《成祖二》：

[永樂]三年……九月……丁巳，徙山西民萬戶實北京。

《明史》卷七《成祖三》：

[永樂]十四年……十一月……徙山東、山西、湖廣流民於保安州，賜復三年。

總錄——官督移民

《明史》卷七七《食貨志一》：

明初，嘗徙蘇、松、嘉、湖、杭民之無田者四千餘户，往耕臨濠，給牛、種、車、糧，以資遣之，三年不征其稅。

徐達平沙漠，徙北平山後民三萬五千八百餘户，散處諸府衛，籍爲軍者給衣糧，民給田。又以沙漠遺民三萬二千八百餘户屯田北平，置屯二百五十四，開地千三百四十三頃。

復徙江南民十四萬於鳳陽。(此條時間及主之者均不詳，參"總錄——移民屯田"中卷一二七《李善長傳》條及卷一三三《俞通海傳》條。)

太祖採[劉九皋之]議，遷山西澤、潞民於河北。

後屢徙浙西及山西民於滁、和、北平、山東、河南。又徙登、萊、青民於東昌、兖州。又徙直隸（南直隸）、浙江民二萬戶於京師，充倉腳夫。

太祖時徙民最多，其間有以罪徙者。建文帝命武康伯徐理往北平度地處之。

成祖覈太原、平陽、澤、潞、遼、沁、汾丁多田少及無田之家，分其丁口以實北平。

自是以後，移徙者鮮矣。

《明史》卷七七《食貨志一》：

[明初，]懲元末豪強侮貧弱，立法多右貧抑富。嘗命戶部籍浙江等九布政司、應天十八府州富民萬四千三百餘戶，以次召見，徙其家以實京師，謂之富戶。

光旦：此當是集中至南京者。

成祖時，復選應天、浙江富民三千戶，充北京宛、大二縣廂長，附籍京師，仍應本籍徭役供給，日久貧乏逃竄，輒選其本籍殷實戶僉補。……

《明史》卷一三九《葉伯巨傳》：

洪武九年……上書……[有]曰："……夫強敵在前，則揚精鼓銳，攻之必克，擒之必獲，可也。今賊突竄山谷，以計求之，庶或可得。顧勞重兵，彼方驚散，入不可蹤跡之地。捕之數年，既無其方，而乃歸咎於新附戶籍之細民，而遷徙之。騷動數千里之地，室家不得休居，雞犬不得寧息。況新附之衆，向者流移他所，朝廷許其復業。今附籍矣，而又復遷徙[之]，是法不信於民也。……"

光旦：此諫官督移民，過於頻繁。然亦於以見明初此舉之目的何在。曩者，余只以爲旨在填空，填蒙古人北退後之空，觀此知尚不止此，其旨蓋亦在，通過增加各地人口密度與民族雜居，逼使未能北退之蒙古人出頭露面而歸於漢化。蓋元主北遁後，留居內地之蒙古人不在少數，皆退入山谷及其它明之兵力不易到達之處，其附近漢人多，即耳目多，多則掩藏不易也。但此意上書人殊不甚了了。

《明史》卷一五一《嚴震直傳》：

[洪武二十六年，]進尚書（工部）。時朝廷事營建，集天下工匠於京師，凡二十餘萬戶。……

光旦：此二十餘萬戶中，必有留應天不去者。

總錄——移民

《明史》卷一六一《黃潤玉傳》：

黃潤玉……鄞人。……永樂初，徙南方富民實北京，潤玉請代父行……許之。
《明史》卷一六一《陳壯傳》：
　　陳壯……其先浙江山陰人。祖坐事謫戍交阯，後調京衛，遂家焉。
《明史》卷一七二《程信傳》：
　　其先休寧人，洪武中戍河間，因家焉。
《明史》卷一七六《商輅傳》：
　　仁壽太后莊戶與民爭田，帝欲徙民塞外。輅曰："天子以天下爲家，安用皇莊爲。"事遂寢。
　　　　光旦：事當在成化十三年，時輅爲吏部尚書、謹身殿大學士。
　　　　光旦：此事雖寢，民未果徙，然爲莊田故，前後必嘗有徙塞上者矣，且爲數必不在少。
《明史》卷一八〇《王獻臣傳》：
　　其先吳人，隸籍錦衣衛。
《明史》卷一八五《黃紱傳》：
　　其先封邱人。曾祖徙平越，遂家焉。
　　　　光旦：紱正統十三年進士，弘治六年卒，先世徙平越，應是明初。
《明史》卷一八五《梁璟傳・王詔附傳：》
　　弘治元年……冬，以右副都御史巡撫雲南。……有故官不能歸者，妻子多鬻爲奴。詔爲資遣，得歸者甚衆。
　　　　光旦：然不得歸者亦多矣。其爲奴，或即爲彝人之奴。
《明史》卷一九二《毛玉傳》：
　　雲南右衛軍家子也，其先良鄉人。
　　　　光旦：應是戍籍，未交代明白耳。
《明史》卷一九八《楊一清傳》：
　　其先雲南安寧人。父景，以化州同知致仕，攜之居巴陵。……父喪，葬丹徒，遂家焉。
《明史》卷一九九《范鏓傳》：
　　其先江西樂平人，遷瀋陽。……正德十二年進士……
　　　　光旦：按《范氏家乘》，鏓之先自蘇州遷江西樂平，系出宋范仲淹。其遷瀋陽，亦屬謫戍性質，非自動移徙。清代第一任首輔范文程，其曾孫也。
《明史》卷二〇一《吳廷舉傳》：

其先嘉魚人，祖戍梧州，遂家焉。

《明史》卷二三六《李植傳》：

父承式，自大同徙居江都。

《明史》卷二三六《王元翰傳》：

雲南寧州人。……流寓南都，十年不歸。卒，遂葬焉。

《明史》卷二八一《循吏傳·史誠祖傳》：

授汶上知縣……成祖過汶上，欲徙其民數百家於膠州，誠祖奏免之。

《明史》卷二八五《文苑傳·陶宗儀傳·顧德輝附傳》：

崑山人。家世素封……吳（張士誠）平，父子（子名元臣）並徙濠梁。

光旦：移豪富於鳳陽之實例。

《明史》卷二八九《熊鼎傳》：

洪武改元，新設浙江按察司，以鼎爲僉事，分部台、温。台、温自方氏竊據，僞官悍將二百人，暴橫甚。鼎盡遷之江、淮間，民始安。

光旦：然江淮間民又何辜乎？

總錄——移流

《明史》卷七七《食貨志一》：

成化初，荆、襄寇亂，流民百萬。項忠、楊璿爲湖廣巡撫，下令逐之，弗率者戍邊，死者無算。祭酒周洪謨著《流民説》，引東晉時僑置郡縣之法，使近者附籍，遠者設州縣以撫之。都御史李賓上其説。憲宗命原傑出撫，招流民十二萬户，給閒田，置鄖陽府，立上津等縣統治之。

光旦：鄂西北巴族餘裔之最後消失，與此必有關係。

《明史》卷一三八《薛祥傳》：

洪武[初]授京畿都轉運使①，分司淮安。……元都下，官民南遷，道經淮安，祥多方存恤。

總錄——流移

《明史》卷一七二《孫原貞傳》：

---

① 標點本《校勘記》：轉運使，據《明史稿》傳二一《薛祥傳》、《明書》卷一〇一《薛祥傳》、《太祖實錄》卷三一洪武元年十月己丑條應爲"漕運使"。——整理者注

[景泰]五年，(時以兵部尚書由鎮浙改鎮閩)[上]疏言，[有曰，]"臣昔官河南(右參政)，稽諸逃民籍凡二十餘萬戶，悉轉徙南陽、唐、鄧、襄、樊間。……宜……督有司籍爲編戶……"時不能盡用。後劉千斤之亂，果如原貞所料。

　　光旦：關於此一方流民，前已屢見不一，未錄。此條最較具體，具體到流民的來源，故錄之。

總錄——移徙

《明史》卷二四〇《何宗彥傳》：

　　其父由金谿客隨州，遂家焉。

《明史》卷二六〇《熊文燦傳》：

　　貴州永寧衛人。[萬曆、天啓間]徙家蘄水。

《明史》卷二六八《黃得功傳》：

　　開原衛人，其先自合肥徙。

總錄——流寓

《明史》卷二七七《邱祖德傳》：

　　成都人。……授寧國推官(崇禎十年)……成都……陷，無家可歸，流寓寧國。……[與金聲等起義抗清失敗後，]退還山中。……清兵攻拔其寨，被獲，磔死。

《明史》卷二八四《曾質粹傳》：

　　永豐人，宗聖五十九代孫也。其先都鄉侯據，避新莽之亂，徙家豫章，子孫散居撫、吉諸郡間。成化初，山東守臣上言："嘉祥縣南武山西南，元寨山之東麓，有漁者陷入穴中，得懸棺，碣曰曾參之墓。"……正德間，山東僉事錢鈜訪得曾子之後一人于嘉祥山中，未幾而沒。嘉靖十二年，以學士顧鼎臣言，詔求嫡嗣。於是江西撫按以質粹名聞，命回嘉祥，以衣巾奉祀。十八年，授[世襲]翰林院五經博士。

《明史》卷二八四《周冕傳》：

　　周冕，先賢元公周子十二代孫也。其先道州人，[宋]熙寧中，周子葬母江州，子孫因家廬山蓮花峰下。

《明史》卷二八五《趙壎傳·王彝附傳》：

  王彝……其先蜀人，父爲崑山教授，遂卜居嘉定。

《明史》卷二八五《高啓傳·楊基附傳》：

  楊基……其先蜀嘉州人，祖宦吳中，生基，遂家焉。……（後曾謫戍臨濠，旋又放歸。）

《明史》卷二八五《高啓傳·張羽附傳》：

  字來儀，後以字行，本潯陽人。從父宦江、浙，兵阻不獲歸，與友徐賁約，卜居吳興。……再徙於吳。

《明史》卷二八五《高啓傳·徐賁附傳》：

  其先蜀人，徙常州，再徙平江。

    光旦：元末明初，吳中詩人"四傑"，高啓而外，楊基、徐賁、張羽三人皆自上江移來者。

《明史》卷二八五《孫蕡傳·王佐附傳》：

  佐……先河東人，元末侍父官南雄，經亂不能歸，遂占籍南海。

《明史》卷二九九《滑壽傳》：

  滑壽……先世襄城人，徙儀真，後又徙餘姚。［以醫術入《方伎傳》。］（元末明初人。）

總錄——先世移徙

《明史》卷一三五《陳遇傳》：

  先世曹人。高祖義甫，宋翰林學士，徙居建康，子孫因家焉。

《明史》卷一三八《周楨傳》①：

  江寧人。元末流寓湖南。

《明史》卷一四一《陳迪傳》：

  ［本］宣城人。祖宥賢，明初從征有功，世撫州守禦百户，因家焉。

《明史》卷一四二《顔伯瑋傳》：

  廬陵人。唐魯國公真卿後。

《明史》卷一四三《程本立傳》：

  崇德人。先儒頤之後。

---

① 標點本《校勘記》：周楨，據《明史稿》傳二一《周禎傳》、《太祖實錄》卷三二洪武元年十一月癸丑條、《國朝獻徵錄》卷四四《周禎傳》應爲"周禎"。下同。——整理者注

《明史》卷一四四《顧成傳》：

其先湘潭人。祖父業操舟，往來江、淮間，遂家江都。

《明史》卷一五二《孔公恂傳·司馬恂附傳》：

贊善司馬恂，宋大賢温國公光後。[今爲]浙江山陰人。

總錄——軍隊調駐

《明史》卷二三九《董一元傳·王保附傳》：

薊三協南營兵，戚繼光所募也，調攻朝鮮，撤還，道石門，鼓譟，挾增月餉。保（時爲薊州總兵官）誘令赴演武場，擊之，殺數百人，以反聞。……以定變功進保秩……時論尤之。

光旦：此部分資料未盡錄，參看繼光本傳。

總錄——北方塞外設而復虛之城邑

《明史》卷四〇《地理志一》：

大寧城……（詳"兀良哈"片，棄與兀良哈，今熱河平原東北一百八十里。）

《明史》卷四〇《地理志一》：

興和[城及其周圍]（詳"蒙古——阿魯台"片，棄與阿魯台）。

光旦：永樂起即以爲塞北屯衛城邑或廢，或移治塞南者不一而足。此處所錄只明言虛地虛城之若干例子而已。

《明史》卷四一《地理志二》：

東勝衛（元東勝州，屬大同路），洪武四年正月州廢，置衛。二十五年八月分置東勝左、右、中、前、後五衛，屬[山西]行都司。二十六年二月罷中、前、後三衛。永樂元年二月徙左衛於北直盧龍縣，右衛於北直遵化縣，直隸後軍都督府。……而衛城遂虛。正統三年九月復置，後仍廢。……領千户所五：失寶赤千户所、五花城千户所、幹（恐誤，應作斡——光旦）魯忽奴千户所、燕只千户所、瓮吉剌千户所（俱洪武四年正月置）。

光旦：今托克托縣。五衛既或遷或廢，五個千户所當是仍在原地，漢人不再管耳。查明嘉靖中，蒙古西土默特部台吉駐牧於此，始名脱脱或托克托城，不知與此五千户所有係否。

總錄——流放安置

《明史》卷二：

　　［洪武］十二年……十二月，汪廣洋貶廣南，① 賜死。

《明史》卷二：

　　［洪武十三年九］月……安置翰林學士承旨宋濂於茂州，道卒。

《明史》卷三：

　　［洪武］十五年……五月……丙子，廣平府吏王允道請開磁州鐵冶。帝曰："……無益於國，且重擾民。"杖之，流嶺南。

《明史》卷三：

　　［洪武］二十年……九月……丁酉，安置鄭國公常茂於龍州。

《明史》卷四：

　　［洪武］三十一年……八月，周王橚有罪，廢爲庶人，徙雲南。（蒙化）

《明史》卷四：

　　建文元年……六月，岷王楩有罪，廢爲庶人，徙漳州。

《明史》卷五《成祖一》：

　　［建文］四年（亦作洪武三十五年）……十月丁巳，命北平州縣棄官避靖難兵者朱寧等二百一十九人入粟免死，戍興州。

　　　　光旦：興州，熱河灤平。

《明史》卷六《成祖二》：

　　［永樂七年邱福北征本雅失里，大敗於臚朐河而死，］十月丁未，削邱福封爵，徙其家於海南。

《明史》卷八《仁宗本紀》：

　　［永樂］十五年，［仁宗弟］高煦以罪徙安樂（明置州，今遼寧開原）。

《明史》卷一二：

　　天順元年……七月……癸未，放徐有貞於金齒。

《明史》卷一六：

　　［正德］三年……九月……辛酉，逮劉大夏下獄，戍肅州。

《明史》卷二四：

---

① 標點本《校勘記》：廣南，《明史》卷一〇九《宰輔年表》、《太祖實錄》卷一二八洪武十二年十二月"是月"條及所附汪廣洋傳都作"海南"。——整理者注

[崇禎]十六年……十一月……癸丑……戍吳甡於金齒。

總錄——謫戍

《明史》卷一一三《后妃傳一》：

[太祖因馬后諫，]赦[宋]濂，安置茂州。

《明史》卷一一三《后妃傳一》：

[太祖因馬后諫，]釋[沈]秀，戍雲南。

　　光旦：沈秀曾助築都城三之一，吳興人，即民間所傳之沈萬三。

《明史》卷一二六《李文忠傳》：

[洪武十七年，文忠病死，太祖疑所遣護醫藥者淮安侯華中毒害之，]貶中爵，放其家屬於建昌衛。

《明史》卷一二五《常遇春傳》：

[遇春次子昇，昇子繼祖，當因與建文有外親之故，]永樂元年遷雲南之臨安衛，時甫七歲。（至弘治五年，嫡裔始被召回授官。）

《明史》卷一二七《汪廣洋傳》：

[洪武]三年……召廣洋爲右丞。[爲]左丞楊憲①……所忌，嗾御史劾廣洋……再奏，徙海南。憲誅，召還。

《明史》卷一二八《宋濂傳》：

[洪武]十三年，長孫慎坐胡惟庸黨，帝欲置濂死。皇后太子力救，乃安置茂州。（後卒於夔州。）……家屬悉徙茂州。

《明史》卷一三〇《耿炳文傳》

[建文中，因反燕受挫，]江陰侯吳高（良子）……被間，徙廣西。

《明史》卷一三一《薛顯傳》：

洪武三年冬……謫居海南。……踰年……召還。

《明史》卷一三一《費聚傳》：

[聚]孫宏……坐奏對不實，戍金齒。

《明史》卷一三三《濮英傳》：

[英]子璵，[洪武二十六]年坐藍玉黨，戍五開死。

---

①　標點本《校勘記》：據《明史》卷一〇九《宰輔年表》、《太祖實錄》卷一二八洪武十二年十二月壬辰條，時楊憲爲右丞，汪廣洋爲左丞。——整理者注

《明史》卷一三八《楊靖傳》附《嚴德珉傳》：
　　德珉……擢左僉都御史，以疾求歸。帝怒，黥其面，謫戍南丹。遇赦放還。
《明史》卷一三八《薛祥傳》：
　　[祥]爲工部尚書，[洪武中]坐累杖死……子四人，謫瓊州，遂爲瓊山人。孫遠，正統七年進士……
《明史》卷一三九《韓宜可傳》：
　　[宜可爲]山西右布政使。尋以事安置雲南。惠帝即位……起[復]。
《明史》卷一四二《鐵鉉傳》：
　　[鉉之磔，]子福安，[亦]戍河池。父仲名，年八十三，母薛，並安置海南。
《明史》卷一四二《陳彥回傳》：
　　莆田人。父立誠，爲歸安縣丞，被誣論死。彥回謫戍雲南……比至蜀……監送者憐而縱之。[遂留蜀多年。]
《明史》卷一四三《程本立傳》：
　　[洪武]二十年……坐累謫雲南馬龍他郎甸長官司吏目，留家大梁，攜一僕之任。

　　　　光旦：長官司吏目爲漢人，此可證。
《明史》卷一四五《邱福傳》：
　　[永樂七年，福敗沒奪爵，]徙其家海南。
《明史》卷一四五《邱福傳·李遠附傳》：
　　正統六年，[遠子安不遵約束，自擊麓川餘賊，敗，損兵折將，]謫戍獨石[堡]。
《明史》卷一四七《解縉傳》：
　　[太祖崩，縉被劾，]謫河州衛吏。
《明史》卷一四七《解縉傳》：
　　[縉死錦衣衛，]妻子宗族徙遼東（後赦還）。
《明史》卷一五〇《陳壽傳·馬京附傳》：
　　[京爲刑部左侍郎，]數爲高煦所譖，謫戍廣西。
《明史》卷一五一《茹瑺傳》：
　　永樂七年，[瑺服毒死錦衣獄，子銓]與兄弟家屬二十七人謫戍廣西河池。仁宗立，釋還。
《明史》卷一五一《張紞傳》：

[統治雲南，]朝士董倫、王景輩謫其地，皆接以禮意。

《明史》卷一五一《鄭賜傳》：

[洪武中葉後，]天下郡邑吏多坐罪謫戍，賜嘗奉命於龍江[驛]編次行伍。……[成祖在藩時，]改北平參議……坐累謫戍安東屯。……[後放還。]

《明史》卷一五一《鄭賜傳》：

永樂元年，[賜以刑部尚書]劾都督孫岳……[岳]安置海南。

《明史》卷一五一《李至剛傳》：

至剛與解縉交甚厚。……[後]縉疏其人品……不端。[及]縉謫廣西，至剛遂奏其怨望，改謫交阯。

光旦：縉嘗謫河州衛，今甘肅導河縣；其謫廣西，本傳亦見。河州之謫，以董倫言，得召還，見卷一五二《倫傳》。

《明史》卷一五一《劉觀傳》：

觀，並其子輻……贓污不法……[宣德四年，]謫輻戍遼東，而命觀隨往，觀竟客死。

《明史》卷一五二《董倫傳》：

[洪武]三十年坐事謫雲南教官。

《明史》卷一五二《董倫傳·王景附傳》：

[洪武末，]與倫先後謫雲南。

《明史》卷一五三《陳瑄傳》：

[太祖時，瑄父聞]坐事戍遼陽，瑄伏闕請代，詔併原其父子。

《明史》卷一五三《陳瑄傳》：

正德三年，[陳熊（瑄孫豫之孫）因忤劉瑾]謫戍海南衛……瑾誅，赦還。

《明史》卷一五四《陳洽傳》：

[洽]父戍五開歿，洽奔喪。會蠻叛道梗，冒險間行，負父骨以歸。

光旦：時當在洪武末。參"五開"片。洪武二十四年嘗起義。

《明史》卷一五八《黃宗載傳》：

永樂初……為湖廣按察司僉事。[時]巨奸宿猾，多謫戍銅鼓、五開間，陰持官吏短長。宗載榜數其罪，曰："不改，必置之法。"眾莫敢犯。

光旦：時銅鼓、五開屬湖廣。

《明史》卷一五八《顧佐傳》：

宣德三年……擢右都御史，賜敕……命察諸御史不稱者黜之……佐視事，即奏黜嚴瞪、楊居正等二十人，謫遼東各衛爲吏。

《明史》卷一五八《段民傳》：

[宣德初年，]越訴禁（越級上訴之禁）甚嚴，犯者戍遼東。民上言[謂]："……理有未安，請更擬。"帝是之。

《明史》卷一五八《章敞傳·徐琦附傳》：

徐琦，字良玉。先世錢塘人，其祖謫戍寧夏，遂家焉。……宣德六年……八年，[兩使安南，有功，]帝……命落琦戍籍。

光旦：戍籍不礙應舉作官，此是一例，琦永樂十三年進士，由行人歷官至南京兵部右侍郎，皆在落戍籍之前。

《明史》卷一五九《高明傳》：

景泰[間]……授御史。……時例，越訴者戍邊。[徐州民訴有司於朝，將援例戍邊，]明言："戍邊，防誣訴也。今訴不誣，法止當杖。"……報許。

光旦：參上所摘卷一五八《段民傳》條。

《明史》卷一六〇《魏源傳》：

[正統初年，]源[以刑部尚書整飭北方邊防]，劾萬全衛指揮杜衡戍廣西。

《明史》卷一六〇《羅通傳》：

正統初，[爲兵部郎中，]以貪淫事爲[尚書王]驥所覺。……奏……謫廣西容山閘官。

《明史》卷一六〇《羅綺傳》：

正統……十一年，[綺（時爲大理右寺丞）因忤王振]謫戍遼東。……

《明史》卷一六〇《張鵬傳》：

天順元年，[因與同官楊瑄等分疏論劾諸跋扈中官，與楊瑄同]戍遼東。頃之赦免，復戍南丹。

光旦：時鵬官御史。

《明史》卷一六二《陳祚傳》：

永樂……十五年，[以河南參議]與布政使周文襃、王文振合疏言建都北京非便，並謫均州太和山[爲]佃户。

《明史》卷一六二《陳鑑傳·何觀附傳》：

景泰二年，[觀以中書舍人上書，忤中貴，]謫九溪衛經歷。

《明史》卷一六二《廖莊傳》：

景泰五年七月，[莊（時爲南京大理寺少卿）上書論易儲事，]明年……謫定羌驛丞。

《明史》卷一六二《廖莊傳》：

[景泰]六年七月……刑科給事中徐正（因同一問題，易儲）……謫戍鐵嶺衛。

《明史》卷一六二《楊瑄傳》：

天順初，[因與同官張鵬等分疏論劾中官石亨、曹吉祥等，與鵬同戍]鐵嶺衛。……復[又]謫戍南丹。

光旦：與《張鵬傳》同。

[瑄]子源（官五官監候）……正德元年，[二年，先後上言天變之由，忤劉瑾，杖後]謫戍肅州。行至河陽驛，以創卒。

《明史》卷一六四《范濟傳》：

洪武中……爲廣信知府，坐累謫戍興州。

《明史》卷一六七《袁彬傳》：

英宗崩，[門]達得罪，貶官都勻。……未幾，達徵下獄，充軍南丹。

《明史》卷一六八《陳循傳》：

英宗復位，于謙、王文死，杖循百，戍鐵嶺衛。

《明史》卷一六八《王文傳》：

英宗復位……主事沈敬……戍鐵嶺。

《明史》卷一六八《江淵傳》：

英宗復位，與陳循等俱謫戍遼東。

《明史》卷一七〇《于謙傳》：

[謙死踰年，徐]有貞爲[石]亨所中，戍金齒。

《明史》卷一七〇《于謙傳·王偉附傳》：

偉……攸人。年十四，隨父謫戍宣府。……[後]舉正統元年進士。

《明史》卷一七二《劉丙傳》：

[成化末、弘治初，]改御史，巡按雲南。……流戍僉發，[往例]必經兵部，多淹延致死，丙請屬之撫、按。……著爲例。

《明史》卷一七三《楊洪傳·子俊附傳》：

[俊子珍，因俊被讒誅死，]戍廣西（憲宗立後赦還）。

《明史》卷一七三《石亨傳·從孫後附傳》：

都督杜清……流金齒（當在天順末年）。

《明史》卷一七三《范廣傳》：

　　子昇，戍廣西（英宗復辟，父廣被誣爲于謙黨，誅死，昇謫戍，家被籍，妻孥第宅賜降丁）。

《明史》卷一七五《劉玉傳》：

　　［因太監曹吉祥關係，吉祥反，誅，］謫海南副千户（原任貴州右副總兵）。

《明史》卷一七五《曹雄傳》：

　　［雄黨於劉瑾，瑾敗，］與家屬永戍海南，遇赦不原。

《明史》卷一七六《岳正傳》：

　　［天順末，］戍肅州（時以翰林修撰爲閣臣，爲石亨、曹吉祥所排）。

《明史》卷一七七《李秉傳》：

　　［成化間（五年，見《憲宗實録》卷六二成化五年正月丙子條），］給事中蕭彦莊［誣］劾秉（時爲吏部尚書）十二罪……帝惡彦莊……謫大寧驛丞。

《明史》卷一七七《姚夔傳》：

　　子璧……官兵部郎中。［因忤汪直，］謫廣西思明同知。

《明史》卷一七八《秦紘傳》：

　　［景泰間爲御史，因忤權貴，］謫湖廣驛丞。

　　　　　光旦：當是少數民族地區之驛丞，猶王守仁之謫龍場驛丞也。

《明史》卷一七九《鄒智傳》：

　　［成化二十三年，以庶吉士上疏忤劉吉等，］謫廣東石城所吏目。……弘治四年［卒於會城，年二十六］。

《明史》卷一八〇《王徽傳》：

　　天順四年，［以］刑科給事中……與同官王淵、朱寬、李翔、李鈞疏陳四事。末言［宦官之禍］……並謫州判官。徽得貴州普安，淵茂州，寬潼川，翔寧州，鈞綏德。……寬……道卒。翔、鈞皆以判官終。

《明史》卷一八〇《魏元傳·胡深附傳》：

　　［成化中，以御史巡按陝西，］坐……杖殺訴冤者，謫黔陽丞。

《明史》卷一八〇《魏元傳·鄭己附傳》：

　　［成化中，以御史巡按甘肅，被劾，］戍宣府。

《明史卷》一八〇《强珍傳》：

　　［成化間，以御史按遼東，忤汪直、陳鉞，］謫戍遼東。

《明史》卷一八〇《汪奎傳·從子舜民附傳》：

[成化間,]貶蒙化衛經歷。

《明史》卷一八〇《汪奎傳·附傳》：

[成化中,工部主事王純]貶思南推官。

《明史》卷一八〇《湯鼐傳》：

[弘治間,因疏諫(時以御史)忤大臣劉吉等,]戍肅州……久之始釋歸。

《明史》卷一八〇《姜綰傳·附傳》：

[弘治初年,方向以給事中監後湖黃册,因忤大學士劉吉等,]謫雲南多羅驛丞。

《明史》卷一八〇《彭程傳》：

[弘治五年(或略前後),]巡按陝西御史嵩縣李興……坐酷刑……戍賓州(妻子同戍)。

《明史》卷一八〇《彭程傳》：

弘治……五年(或略後),[坐諫忤旨(時以御史巡視光祿造皇壇器皿),]程及家屬戍隆慶。……子尚隨父戍所,遂舉廣西鄉試。

《明史》卷一八〇《胡獻傳·附傳》：

武衢[於成化末]以御史謫雲南通海主簿。

《明史》卷一八二《王恕傳》：

[成化末年,]工部主事仙居王純[因]比恕[於]汲黯,至……謫思南推官。(亦見卷一八〇《汪奎傳》。)

《明史》卷一八二《劉大夏傳》：

正德[三年,大夏(時已休致)爲劉瑾所文致,戍]肅州。

《明史》卷一八六《潘蕃傳》：

[正德三年,亦因劉瑾文致,藉岑猛案處理不善,]戍肅州。

《明史》卷一八六《張泰傳》：

[弘治中,甘肅巡撫馮續減削軍餉,爲泰所奏劾,]續編氓口外。

《明史》卷一八七《陸完傳》：

世宗[初,完(吏部尚書)以交通宸濠故]戍福建靖海衛。……卒於戍所。

《明史》卷一八七《俞諫傳》：

諫……父藎……御史,按江西,[忤外戚萬氏等]……謫澧州判官。

《明史》卷一八八《張文明傳》：

[正德十四年,以御史按陝期間,諫忤武宗,又因裁抑中官,]謫電白

典史。

《明史》卷一八八《張文明傳·附傳》：

  ［正德間，張經以御史按宣府，忤中官于喜，］謫雲南河西典史。

《明史》卷一八八《周廣傳》：

  正德中，［以御史上疏，語忤帝義子錢寧，］謫廣東懷遠驛丞。……越二年……再謫竹寨驛丞。

《明史》卷一八八《周廣傳·曹琥附傳》：

  ［因疏救周廣，謫雲南］尋甸［通判］。

《明史》卷一八九《李文祥傳》：

  弘治二年……爲兵部主事……［以言事］貶貴州興隆衛經歷。

《明史》卷一八九《胡爟傳·王雄附傳》：

  ［弘治十三年，被誣阻軍罪，］謫雲南浪穹丞（本官行人）。

《明史》卷一八九《葉釗傳·劉天麒附傳》：

  ［弘治後葉，以進士分司呂梁，忤奄人，］謫貴州安莊驛丞。

《明史》卷一八九《夏良勝傳·陳九川附傳》：

  ［世宗初年，九川爲主客郎中，爲通事胡士紳假番人詞所訐，］戍鎮海衛。

《明史》卷一八九《夏良勝傳·附傳》：

  ［正德間，徐鏊……爲醫，供事内廷，受杖］謫戍烏撒。

《明史》卷一九二《楊慎傳》：

  嘉靖三年，［議大禮忤旨，謫］雲南永昌衛。

《明史》卷一九二《楊慎傳·王元正附傳》：

  ［元正爲翰林院檢討，］以争大禮，謫戍茂州。

《明史》卷一九二《王思傳》：

  正德……九年，［以翰林院編修諫狎虎，］謫潮州三河驛丞。

《明史》卷一九二《張翀傳》：

  ［嘉靖初葉，以禮科都給事中争大禮，］謫戍瞿塘衛……居戍所十餘年。

《明史》卷一九二《劉濟傳》：

  ［嘉靖三年，以刑科都給事中争大禮，哭左順門，］謫戍遼東。……卒於戍所（在戍十餘年）。

《明史》卷一九二《郭楠傳·王懋附傳》：

  ［世宗初葉，御史王懋疏請召回因争大禮被謫去國諸臣，］謫……四川高縣

典史。

《明史》卷一九三《趙貞吉傳》：

[嘉靖後葉，貞吉以左諭德兼御史宣諭諸軍（時俺答圍京城），忤旨，]謫荔波典史。

《明史》卷一九四《林俊傳》：

[成化中，以上書請斬妖僧繼曉，又忤中貴梁芳，]謫姚州判官，[後府經歷張黻救之，]黻[謫]師宗知州。（時俊爲刑部員外郎。）

《明史》卷一九五《王守仁傳》：

正德元年冬，[因抗章救戴銑等，]謫貴州龍場驛丞。

《明史》卷一九六《夏言傳》：

[言敗，]妻蘇流廣西。

《明史》卷一九七《黃綰傳·陸澄附傳》：

[嘉靖初年，澄因議大禮前後反覆，倨恭如二人，以禮部主事]謫高州通判。

《明史》卷一九八《王瓊傳》：

世宗入繼……坐交結近侍……戍莊浪。瓊復訴年老，改戍綏德。（瓊本官吏部尚書。）

《明史》卷一九九《胡世寧傳》：

[正德十年，世寧以江西副使疏發宸濠反狀，]謫戍瀋陽……四年。

《明史》卷二〇〇《楊守禮傳》：

嘉靖初……湖廣僉事。……坐事謫敘州通判。

《明史》卷二〇〇《郭宗皋傳》：

[嘉靖近末，俺答犯大同，明一軍全沒，宗皋時以兵部右侍郎總督宣、大、山西軍務，論罪，]戍陝西靖虜衛。

《明史》卷二〇一《陶琰傳·子滋附傳》：

歷兵部郎中。[以爭大禮事]謫戍榆林。[嘉靖]十五年赦還，卒。

《明史》卷二〇一《吳廷舉傳》：

正德初[因忤鎮守中官潘忠，以廣東副使]戍雁門。

《明史》卷二〇二《王時中傳》：

[正德初，以御史巡按宣、大，忤太監邱聚]謫戍鐵嶺衛。

《明史》卷二〇二《唐龍傳》：

[嘉靖中，前選郎（當是吏部文選司郎中，時龍爲尚書）高簡被劾罔上行

私，與龍衰老有關，簡]遣戍。

《明史》卷二〇二《王杲傳》：

[嘉靖中，杲爲户部尚書，被誣受賄，]卒於雷州戍所。

《明史》卷二〇二《孫應奎傳》：

嘉靖……十一年……王準（與應奎同爲兵科給事中）謫富民典史。

《明史》卷二〇二《周廷傳·潘恩附傳》：

[嘉靖中，爲山東副使（提學？），以試録忤旨，]謫廣東[惠州府]河源典史。

《明史》卷二〇二《胡松（滁縣人）傳·胡松（績溪）附傳》：

[嘉靖中，論王瓊]忤旨，謫廉州推官。（原爲御史。）

《明史》卷二〇三《李中傳》：

[正德中（九年以後），以工部主事諫西華門建寺及延番僧，]謫廣東通衢驛丞。

《明史》卷二〇三《陶諧傳》：

[正德初，以工科給事中掌印忤劉瑾，]謫戍肅州。

《明史》卷二〇三《潘塤傳·吕經附傳》：

[嘉靖十三年以右副都御史巡撫遼東，役軍築邊牆，督過嚴，軍譁變，]謫戍茂州。

《明史》卷二〇三《孫懋傳》：

嘉靖四年，[懋（時爲廣東副使）以疑偵事太監僞冒，執之，]謫藤縣典史。

《明史》卷二〇四《陳九疇傳》：

正德初，[以刑部主事録囚，]忤劉瑾，謫陽山知縣。

《明史》卷二〇四《丁汝夔傳》：

[俺答薄京師，汝夔坐不設備斬，]子戍鐵嶺。

《明史》卷二〇五《曹邦輔傳》：

[嘉靖]三十四年拜右僉都御史，巡撫應天。[不久以禦倭失事，又爲胡宗憲所排，]謫戍朔州。

《明史》卷二〇六《馬録傳》：

[嘉靖六年，因李福達與郭勛獄，被反誣故入人罪，]戍廣西南丹衛。

《明史》卷二〇六《馬録傳·劉琦附傳》：

[爲兵科給事中，因同上獄事，]謫戍瀋陽。閲十年赦歸。

《明史》卷二〇六《張逵傳》：

[爲刑科右給事中，坐李福達與郭勛獄，]謫戍遼東邊衛。

《明史》卷二〇六《葉應驄傳》：

[嘉靖初年，議大禮忤旨，]謫……戍遼東。（時因母喪歸自吉安知府任。）

《明史》卷二〇六《陸粲傳》：

[嘉靖前葉，以工科給事中疏論張璁、桂萼，]謫……貴州都鎮驛丞。

《明史》卷二〇六《邵經邦傳》：

嘉靖八年，[疏論大禮及張璁、桂萼，]謫戍福建鎮海衛（原官刑部員外郎）。

《明史》卷二〇七《楊名傳》：

[嘉靖十一年，以編修疏論汪鋐、郭勛等，忤旨，]謫……戍，編伍瞿塘衛。明年釋還。[不復仕。]

《明史》卷二〇七《張選傳·黃正色附傳》：

[嘉靖十八年，以南京御史劾中官等，被反誣，]遣戍遼東。……居戍所三十年。

《明史》卷二〇七《包節傳》：

[嘉靖間（應在中葉），以御史巡按湖廣，因忤顯陵中官，]永戍莊浪衛。[卒於戍所。]

《明史》卷二〇七《謝廷䢅傳》：

[嘉靖十八年，以吏科給事中諫南巡，]謫……雲南典史。

《明史》卷二〇七《楊思忠傳·王時舉附傳》：

[嘉靖]四十五年[以御史劾刑部尚書黃光昇刑罰失中]，編氓口外。

《明史》卷二〇八《蕭鳴鳳傳》：

[正德後葉，鳴鳳同官（御史）高公韶因忤王瓊]謫……富民典史。……世宗立，起謫籍。

《明史》卷二〇九《馮恩傳》：

[嘉靖十一年，以南京御史上書論執政人物忤，兩年後]遣戍雷州，[在戍所凡六年。]

《明史》卷二〇九《楊繼盛傳》：

[因上疏反對與俺答言和並互市，]貶狄道典史。（應是嘉靖三十年代初年事，時繼盛爲兵部員外郎。）

《明史》卷二一〇《厲汝進傳》：

[嘉靖間（應是前中葉間）爲]戶科都給事中。……與同官……查秉彝……

徐養正……劉起宗……劉禄合疏[揭嚴嵩父子納賄弄權]，並謫雲南廣西典史。

《明史》卷二一〇《周冕傳》：

嘉靖二十年，[以貴州道試御史疏言太子應須教誨，觸怒世宗，]謫雲南通海縣典史。

《明史》卷二一〇《吴時來傳》：

[嘉靖三十七年，爲嚴嵩陷誣爲憚爲琉球之行，]戍……横州（原爲刑科給事中）。

《明史》卷二一〇《張翀傳》：

嘉靖三十二年……授刑部主事。[因劾嚴嵩父子，]謫戍都勻。

《明史》卷二一五《周弘祖傳》：

[隆慶間，以御史爲福建提學副使，爲高拱所惡，]謫……安順判官。

《明史》卷二一五《駱問禮傳》：

[隆慶間，以南京刑科給事中面奏忤旨，]謫楚雄知事。

《明史》卷二一五《陳吾德傳》：

[萬曆初，以兵科右給事中忤張居正，出爲饒州知府，又]謫馬邑典史。

《明史》卷二二一《郭應聘傳》：

[隆慶、萬曆間]應聘在廣西……劉臺謫戍潯州，爲僦居供廩餼，殁復賻斂歸其喪。

《明史》卷二二一《耿定向傳》：

[隆慶、萬曆間，以吏部尚書高拱修怨，自大理右寺丞]謫……横州判官。

《明史》卷二二二《殷正茂傳》：

[隆慶間，倭數爲害粤東瀕海，提督兩廣軍務殷正茂]徙瀕海謫戍之民於雲南、川、湖，絶倭嚮導。

光旦：瀕海謫戍之民，不知是一種或兩種人。如瀕海原居之民亦屬一種，而不限於謫戍，則此條亦應入"總録——移民"片。以理言之，應不止謫戍之民，謫戍者人數必不多，而能爲嚮導者，其間必多原居民。

《明史》卷二二三《盛應期傳》：

[弘治初（六年或其後不久），以都水主事忤中官家人市私鹽者，]謫雲南驛丞。稍遷禄豐知縣。

《明史》卷二二三《王宗沐傳·子士昌附傳》：

[萬曆二十九年，以禮科給事中，因册立東宫事，忤旨，]謫貴州鎮遠典史。

《明史》卷二二九《沈思孝傳》：

　　萬曆初[年]爲刑部主事。[以諫張居正奪情事,]戍神電衛。

　　　　光旦：神電衛未詳所在地。①

《明史》卷二三〇《蔡時鼎傳》：

　　[萬曆間,以御史劾申時行忤旨,]謫馬邑典史。

《明史》卷二三一《顧憲成傳》：

　　[萬曆十五年,以吏部主事上疏論大計京朝官,語侵執政,]謫桂陽州判官。

《明史》卷二三一《安希范傳》：

　　[萬曆]二十一年,行人高攀龍以趙用賢去國,疏爭……謫揭陽典史。

《明史》卷二三三《姜應麟傳》：

　　[萬曆十四年,以户科給事中抗疏新貴妃鄭氏爲皇貴妃,爲立愛廢嫡張本,]降極邊雜職。……得大同廣昌典史。

《明史》卷二三三《羅大紘傳·黄正賓附傳》：

　　[以尚寶少卿忤魏忠賢,]遣戍大同。

《明史》卷二三三《樊玉衡傳》：

　　[萬曆二十六年,以全椒知縣上言論册立皇貴妃事,]永戍雷州。（《憂危竑議》一案有涉,亦見卷二三四《戴士衡傳》）

《明史》卷二三三《楊天民傳》：

　　[萬曆二十九年,以禮科右給事中再疏請定國本（立皇儲）忤旨,謫]貴州永從典史。

《明史》卷二三四《盧洪春傳·董基附傳》：

　　[萬曆十二年,以刑部主事疏諫内廷練兵,]謫……萬全都司都事。

《明史》卷二三四《李沂傳·周弘禴附傳》：

　　[萬曆十九年,以所薦哱承恩等反,]謫澄海典史（原爲監察御史,曾閱視寧夏邊務）。

《明史》卷二三四《戴士衡傳》：

　　[萬曆二十六年,以立皇貴妃鄭氏及《憂危竑議》事,以蘄州判官]永戍……廉州……四十五年……卒於戍所。

---

① 神電衛,治所在今廣東電白縣東電城（見《中國歷史地名大辭典》,廣東教育出版社,1995年）。——整理者注

《明史》卷二三四《曹學程傳》：

[萬曆三十四年九月，以前論日本封貢事忤旨及執政，]謫戍湖廣寧遠衛。（論事時官御史。）

光旦：初論封貢事後，御使郭實已謫大同懷仁典史。

《明史》卷二三五《孟一脈傳》：

[萬曆中，以御史論五事忤旨，]謫建昌推官。

《明史》卷二三六《夏嘉遇傳》：

武進鄒之麟者，浙人黨也。先坐事謫上林典簿。

《明史》卷二三七《傅好禮傳》：

[萬曆二十六年，以太常少卿疏諫稅使四出，]謫……大同廣昌典史。

《明史》卷二四三《趙南星傳》：

[天啓間，因忤魏忠賢及其黨，]戍南星代州，[子]清衡莊浪，[外孫王]鍾龐永昌。……[南星於崇禎初]卒於戍所（南星於泰昌、天啓間即官至左都御史）。

《明史》卷二四三《鄒元標傳》：

[萬曆初年（五年舉進士，觀政刑部，尚未命官），疏諫奪情，忤張居正，]謫戍都勻衛。衛在萬山中，夷獠與居，元標處之怡然。……謫居六年，居正歿，召拜吏科給事中。

《明史》卷二四三《高攀龍傳》：

萬曆十七年，[以進士]授行人，[上疏論大學士王錫爵不容善類，致朝士爲空，]謫……揭陽添注典史。……官七月，以事歸。

《明史》卷二四八《李若星傳》：

[天啓五年，因忤魏忠賢，]戍廉州。

《明史》卷二五一《劉鴻訓傳》：

[崇禎二年，被誣改敕書及受賄事，]謫戍代州（本禮部尚書爲閣員）……七年……卒戍所。①

《明史》卷二五二《吳甡傳》：

[崇禎十六年，受命督師荊襄遏流寇，逗留不行，]戍金齒（甡時任禮部尚

---

① 標點本《校勘記》：七年，《國榷》卷九二頁五五八三及《明史考證攟逸》卷二五引倪元璐所撰墓誌，作"五年"。——整理者注

書，前此曾任兵部左侍郎）。

《明史》卷二五五《黃道周傳》：

[崇禎十四年，因上疏極言，忤莊烈帝及楊嗣昌，]戍廣西①（時官至少詹事）。

《明史》卷二五七《熊明遇傳》：

[天啓五年，魏忠賢以其黨東林故，坐以它罪，]謫戍貴州平溪衛（原任南京右僉都御史，提督操江）。莊烈帝即位，釋還。

《明史》卷二七五《解學龍傳》：

福王立於南京……擢刑部尚書。……治從賊（流寇）之獄，倣唐制六等定罪。……[阮]大鋮……傳旨二等罪斬者謫充雲南金齒軍，三等罪絞者充廣西邊衛軍。

　　　　　光旦：此不知究付諸實行否。

《明史》卷二七七《袁繼咸傳》：

[崇禎十三]年四月擢右僉都御史，撫治鄖陽。未一年，襄陽陷[於流寇]，被逮，戍貴州。

《明史》卷二八六《王紱傳》：

[山水竹石畫家。]洪武中，坐累戍朔州。（紱，無錫人。）

《明史》卷二八六《王紱傳·平顯附傳》：

顯，錢塘人。嘗知滕縣事，謫戍雲南。……雲南詩人稱平、居、陳、郭，顯其一也。

《明史》卷二八六《沈度傳》：

華亭人。……善書……洪武中，舉文學，弗就。坐累謫雲南。

《明史》卷二九六《孝義傳·劉謹傳》：

洪武中，父坐法戍雲南（謹年十四，萬里尋親，六閱月自原籍山陰至雲南）。

《明史》卷二九六《孝義傳·沈德四傳》附：

洪武……二十七年九月，山東……日照民江伯兒（因殺三歲兒以療母疾）……遣戍海南。

---

① 標點本《校勘記》：廣西，《明史》卷三〇八及《明史稿》傳一三二《周延儒傳》作"辰州"，《国榷》卷九七頁五九一一作"辰州衛"。——整理者注

《明史》卷二九七《何競傳》：

蕭山人。父舜賓，爲御史，謫戍廣西慶遠衛。

《明史》卷三〇一《楊氏傳》：

楊氏，慈谿人，字同邑鄭子琰。……子琰父仲徽戍雲南。明制，子成丁者隨遣，子琰亦在戍中。……

《明史》卷三〇六《閹黨傳·張綵傳》：

[綵黨於劉瑾，瑾伏誅，]綵……瘐死獄中……妻子流海南。

《明史》卷三〇八《奸臣傳·陳瑛傳·趙緯附傳》：

[永樂初，]擢禮科給事中，坐罪謫思南宣慰司教授。永樂七年，復原官。

　　光旦：事在設府前。

《明史》卷三〇八《奸臣傳·周延儒傳》：

[崇禎十四年，黃]道周[嘗]謫戍辰州。

總錄——謫戍、發遣

《明史》卷三一四《雲南土司傳·元江[府]》：

（百夷，即傣族，刀龍、刀洽因罪發遣遼東，詳"百夷"片。）

《明史》卷三一四《雲南土司傳·麓川……[司]》：

（思任發之孫思命發發遣登州衛，詳見"[傣]（麓川）——沿革"片。）

《明史》卷三一六《貴州土司傳·銅仁[府]》：

（嘉靖二十三年，貴州銅仁府屬平頭著可長官司苗首領龍母叟，因反明安置遼東，詳"苗（銅仁）——沿革"片。）

《明史》卷三一七《廣西土司傳·桂林[府]》：

宣德六年，都督山雲奏："廣西左、右兩江設土官衙門大小四十九處，蠻性無常，讎殺不絕。朝廷每命臣同巡按御史、三司官理斷，緣諸處皆瘴鄉，兼有蠱毒，三年之間，遣官往彼，死者凡十七人，事竟不完。……"

　　光旦：所遣官無疑多爲謫官之漢人，故互見於此。

《明史》卷三二九《土魯番傳》：

（畏兀兒使臣之從人有發遣至兩粵安置者，此傳中凡兩見，一次安置後又遣返土魯番，一次出巡撫[甘肅]趙載建議，而明世宗"頗採其言"，後實行與否，不得而知——見"畏兀兒（土魯番）"片。）

《明史》卷三三〇《沙州衛傳》：

［正統十一年，任禮徙沙州之衆於甘州，都督僉事喃哥（蒙古）弟鎖南奔獨不從，亡瓦剌，禮偵獲之，］免死，徙東昌（當是山東之東昌）。（詳"撒里畏兀兒（沙州衛）"片。）

總錄——戍籍、徙籍
《明史》卷一三八《陳修傳》附《翟善傳》：
　　［泰興］翟善……以貢舉歷官吏部文選司主事。［洪武］二十六年……署部事……遷……尚書。……帝……欲爲營第於鄉，善辭。又欲除其家戍籍，善曰："戍卒益增，豈可以臣破例。"帝益以爲賢。
　　　　光旦：戍籍自是一種制度，然上文似未見，應於《兵志》中再求之；其與軍籍異同如何，亦須一查。
　　　　光旦：同卷下文《唐鐸傳·沈溍附傳》云，溍爲兵部尚書，"明初，衛所世籍及軍卒勾補之法，皆溍所定。……名目瑣細，簿籍煩多……終明之世，頗爲民患"；所云戍籍，其即軍衛世籍歟？
　　　　光旦：參"罪徙屯作"片。

總錄——戍籍
《明史》卷一七七《王竑傳》：
　　王竑……其先江夏人。祖俊卿，坐事戍河州，遂著籍。……
《明史》卷一八五《曾鑑傳》：
　　其先桂陽人，以戍籍居京師。
《明史》卷一八六《陳壽傳》：
　　陳壽……其先新淦人。祖志弘，洪武間代兄戍遼東，遂籍寧遠衛。（今遼寧興城。）
　　　　光旦：壽於嘉靖初卒，仍歸葬新淦，時已以刑部尚書致仕，當是作大官後戍籍已取消故。
《明史》卷一八六《熊繡傳》：
　　道州人，其先以戍籍自豐城徙焉。
《明史》卷一八八《張文明傳·陳鼎附傳》：
　　其先宣城人。高祖尚書迪，死惠帝之難，子孫戍登州衛，遂占籍焉。
《明史》卷二一六《馮琦傳》：

臨朐人。……琦曾祖裕以下，累世皆進士。裕……以戍籍生於遼東。
《明史》卷二一八《方從哲傳》：
　　其先德清人。隸籍錦衣衛，家京師。
《明史》卷三〇七《佞幸傳·陸炳傳》：
　　其先平湖人。祖墀，以軍籍隸錦衣衛爲總旗。（炳世宗時人。）

總錄——戍徙

《明史》卷二三九《杜桐傳》：
　　崑山人，[先世]徙延安衛。（桐爲萬曆時人，初以世蔭官清水營守備。）

總錄——閹寺來源

《明史》卷一七一《王驥傳》：
　　會川衛訓導[劾驥疏，有曰（未必原詞句）]，擅用腐刑，詭言進御，實充私役。
　　　　光旦：歷代多迫使少數民族爲閹寺，似並無一定制度，即由邊地官吏張羅而來，美其名曰"土貢"，曰"進御"，唐陽城提供一反面例子，此，無論虛實，則正面例子也。如唐顧况詩所云，則似爲另一渠道，由商人爲之者。
《明史》卷一七一《楊善傳·霍瑄附傳》：
　　[天順間，]大同……鎮守太監韋力轉……
　　　　光旦：非僮，即佈依。
《明史》卷一七一《王越傳》：
　　奸人韋英者，① 以官奴從征延綏，冒功得百户。汪直掌西廠用事，英爲爪牙，越因英自結於直。
《明史》卷一七四《許貴傳》：
　　分守[大同]中官韋力轉淫虐……貴（時以都督同知，守大同）奏劾之（事在景泰元、二年）。
《明史》卷一七六《彭時傳》：

---

① 標點本《校勘記》：韋英，《明史稿》傳四一《王越傳》、《憲宗實錄》卷一六二成化十三年二月丁丑條、《国榷》卷三七頁二三七六都作"韋瑛"。——整理者注

〔天順間，與彭同時，有〕中官覃包。

　　光旦：非僮，即土家。

《明史》卷一七六《商輅傳》：

　　〔汪〕直……寄耳目於羣小如韋瑛。

　　光旦：應即上所引《王越傳》中之韋英。

《明史》卷一七七《年富傳》：

　　〔景泰二年始，富以右副都御史巡撫大同提督軍務，於此至六年中，即嘗〕劾分守中官韋力轉。

《明史》卷一七八《余子俊傳》：

　　〔成化二十一年，〕中官韋敬讒子俊假修邊〔牆〕多侵耗。

《明史》卷一七八《朱英傳》：

　　〔成化中，英總督兩廣，〕與市舶中官韋眷忤。

《明史》卷一七八《秦紘傳》：

　　〔紘忤親貴，下法司，〕内官尚亨籍紘家。

　　光旦：尚爲向姓所改，例不一，此恐亦是，則"土家"也。

《明史》卷一八〇《張寧傳》：

　　中官覃包邀與相見，不往。（天順中事，時寧爲禮科給事中，有風裁。）

《明史》卷一八〇《强珍傳》：

　　〔成化中，有鎮守遼東〕中官韋朗。

《明史》卷一八〇《王瑞傳》：

　　〔成化二十年，因王瑞疏論傳奉官事，有〕太監尚銘罷斥。（尚銘曾督東廠，見卷一八五《張悦傳》。）

《明史》卷一八〇《姜綰傳·余濬附傳》：

　　孝宗初，〔以御史〕劾……廣東鎮守中官韋眷。

《明史》卷一八〇《胡獻傳》：

　　弘治九年，〔以御史極論宦寺之禍，有云，〕主事毛廣忤太監韋泰。

《明史》卷一八二《劉大夏傳》：

　　中官韋興者，〔弘治間（十七年以後）鎮守均州。〕

《明史》卷一八四《張元禎傳·陳音附傳》：

　　汪直黨〔羽中有〕韋瑛。

《明史》卷一八五《叢蘭傳》：

［成、弘之際有］中官……韋興。

《明史》卷一八六《雍泰傳・張津附傳》：

　　武宗初……廣西……總鎮中官韋經。（亦見同卷《潘蕃傳》。）

《明史》卷一八六《潘蕃傳》：

　　［有］太監韋霦。（亦見卷一八七《陳金傳》。又見卷一九一《毛澄傳》。又見卷一九八《毛伯温傳》。）

《明史》卷一八八《趙佑傳》：

　　正德［初，有］鎮守内臣……麥秀。

《明史》卷一八八《周璽傳》：

　　［武宗初，］帝遣中官韋興守鄖陽，璽力言不可。

《明史》卷一八八《湯禮敬傳》：

　　正德初，［以刑科給事中，疏］論兩廣鎮監韋經。

《明史》卷一八九《孫磐傳》：

　　［弘治九年前後，有］中官……韋泰。

《明史》卷一九四《梁材傳》：

　　［嘉靖初葉，材爲户部尚書時（嘉靖六、七年至十一、十二年間），有］中官麥福。

《明史》卷一九九《李鉞傳》：

　　嘉靖……四年……帝……録司禮［太監］扶安家八人官錦衣。（鉞以兵部尚書力争不納。）

《明史》卷二〇一《王軏傳》：

　　［嘉靖初，］房山民以牧馬地獻中官韋恒，軏鼇歸之官。

　　　　光旦：明中葉韋姓太監獨多，疑未必皆來自僮族，其間或有漢族奸民冒爲韋姓太監之家人、或此種太監自蓄漢民棄養之兒童，而爲之者。

《明史》卷二〇八《鄭自璧傳》：

　　［嘉靖初年，疏論中官之弊：］中官扶安［等］先後死，官其親屬。自璧（時爲兵科都給事中）……抗疏争。

《明史》卷二一八《沈一貫傳》：

　　［萬曆中，力争撤礦税諸臣中，有］司禮太監田義。（亦見卷二三三《謝廷讚傳》。）

　　　　光旦：疑是土家。亦見卷二二四《孫鑨傳》。

《明史》卷二二七《孫維城傳》：

　　〔萬曆中，有提督太和山（即武當山）〕中官田玉。

《明史》卷二三〇《蔡時鼎傳》：

　　太和山提督中官田玉……

《明史》卷二四〇《劉一燝傳》：

　　〔天啓初，有〕內豎……田詔。

《明史》卷二四二《翟鳳翀傳》：

　　〔萬曆近末，有〕中官……冉登提督九門。

《明史》卷三〇四《金英傳·范弘等附傳》：

　　范弘，交趾（《明史》，阯、趾互用）人……永樂中，英國公張輔以交童之美秀者還，選為奄，弘及王瑾、阮安、阮浪等與焉。

　　　　光旦：弘等來源，今雖在國境外，然此條頗能説明來源之過程，故錄之。張輔之於"交童"，猶山雲之於僮童，然山雲事似只見於《明實錄》，而不見於《明史》，錄此借證，更若有其必要矣。

《明史》卷三〇四《曹吉祥傳》附：

　　其他宦者若跛兒干、亦失哈、喜寧、韋力轉、牛玉之屬，率兇狡。

　　　　光旦：跛兒干、亦失哈應來自蒙古。韋力轉來自廣西僮族。

《明史》卷三〇四《懷恩傳·覃吉附傳》：

　　同時（弘治為太子及為帝時）有覃吉者，不知所由進……弘治之世，政治醇美……吉有力焉。

　　　　光旦：非僮，即土家。

《明史》卷三〇四《汪直傳》：

　　汪直者，大藤峽猺種也。

《明史》卷三〇四《汪直傳》：

　　成化十二年……妖人李子龍以符術結太監韋舍私入大內，事發，伏誅。

《明史》卷三〇四《汪直傳》：

　　南京鎮監覃力朋進貢還，以百艘載私鹽，騷擾州縣。……直廉得以聞。

《明史》卷三〇四《汪直傳》：

　　直……任錦衣百戶韋瑛為心腹，屢興大獄。

《明史》卷三〇四《梁芳傳》：

　　憲宗朝內侍……與韋興比。而諂萬貴妃……其黨〔又有〕韋眷〔等〕，假採辦名，出監大鎮。……［其中］韋朗鎮遼東……眷爲廣東市舶太監，縱賈人通諸番，聚珍寶甚富。

《明史》卷三〇四《何鼎傳》附：

［弘治時］中官……出鎮者［有］浙江麥秀、河南藍忠。

《明史》卷三〇四《谷大用傳》附：

［世宗時有興邸舊奄人］麥福。

《明史》卷三一七《廣西土司傳・慶遠［府］》：

［忻城縣，宣、正後有流、土（莫氏）二縣令，］弘治間，總督鄧廷瓚奏革流官，土人韋保爲内官，陰主之，始獨任土官。

《明史》卷三一八《廣西土司傳・思恩［府］》：

［知府岑］濬從弟業少從中官京師，仕爲大理寺副。

> 光旦：此中官爲僮人，顯而易見。業任大理寺副，在弘治十年代，至十六年前後，又以山東布政司參議在内閣制敕房辦事。

《明史》卷三一八《廣西土司傳・思恩［府］》：

［弘治間（十八年）征岑濬時，在廣西之鎮守中官爲］韋經。

《明史》卷三二一《安南傳》：

頻年（洪武十年代，二十一年以前）貢奄豎、金銀、紫金盤、黄金酒尊、象馬之屬。

> 光旦：此屬國境以外，原可不列。然"貢奄豎"，《明史》有明文，只此一次，有似唐代道州土貢，故列。然國境内亦非無有也，觀此片所錄可知。

《明史》卷三二三《婆羅傳》：

婆羅，又名文菜（萊）……厥貢玳瑁、瑪瑙、硨磲、珠、白焦布、花焦布、降真香、黄蠟、黑小廝。

總録——閹豎來源

《明史》卷三二四《爪哇傳》：

洪武……十四年遣使貢黑奴三百人及他方物。明年又貢黑奴男女百人……

《明史》卷三二五《彭亨傳》：

洪武十一年……遣使齎……表，貢番奴六人及方物。

《明史》卷三三二《撒馬兒罕傳》：

［成化］十九年，［撒馬兒罕貢獅子，使還，］命中官韋洛、鴻臚署丞海濱送

《明史》之部

之……赴廣東［改由海道歸］。

《明史》卷三三二《撒馬兒罕傳》：

[同上使臣]請泛海至滿剌加市狻猊以獻，市舶中官韋眷主之，布政史陳選……不可。

《明史》卷三三二《天方傳》：

成化二十三年……[廣東]市舶中官韋眷侵尅[回回商人阿力寶貨]。

總錄——起事（民族合作者）

《明史》卷一〇：

[正統]九年……七月……處州賊葉宗留盜福安銀礦，殺福建參議竺淵。

《明史》卷一〇：

[正統]十一年……三月……壬申，御史柳華督福建、浙江、江西兵討礦賊。

《明史》卷一〇：

[正統]十三年……八月乙卯，福建賊鄧茂七作亂。甲戌，命御史丁瑄捕之。……十一月丙戌，寧陽侯陳懋充總兵官，保定伯梁珤、平江伯陳豫副之，太監曹吉祥、王瑾提督火器，刑部尚書金濂參贊軍務，討鄧茂七。

《明史》卷一〇：

[正統十三年十一月]甲辰，處州賊（葉宗留——光旦）流劫金華諸縣。

《明史》卷一〇：

[正統]十四年……二月丁巳，御史丁瑄、指揮劉福擊斬鄧茂七於延平。

《明史》卷一〇：

[正統十四年二月]辛未，指揮僉事徐恭充總兵官，討處州賊葉宗留，工部尚書石璞參贊軍務。……四月庚戌，處州賊犯崇安，殺都指揮吳剛。

《明史》卷一〇：

[正統十四年]五月丙戌，陳懋擊破沙縣賊。

　　光旦：查同年月庚子，殺巡按福建御史汪澄及前巡按御史柴文顯，當與此有涉。

《明史》卷一一：

[正統十四年八]月（時英宗已北狩），廣東賊黃蕭養作亂。

《明史》卷一一：

[正統十四年]九月……庚寅，處州賊平。

《明史》卷一一：

[正統十四年九月]乙未，總兵官安鄉伯張安討廣州賊，敗死。指揮僉事王清被執，死之。……丙午……參議楊信民爲右僉都御史，討廣東賊。

《明史》卷一一：

[正統十四年]十二月……辛亥……都督同知董興爲左副總兵，討廣東賊，户部侍郎孟鑑參贊軍務。

《明史》卷一一：

景泰元年……五月……癸丑，董興擊破廣東賊，黄蕭養伏誅。

《明史》卷一四五《陳亨傳·子懋附傳》：

[正統]十三年，福建賊鄧茂七反。都御史張楷討之無功。乃詔懋佩征南將軍印，充總兵官，帥京營、江浙兵往討。至浙江，有欲分兵扼海口者，懋曰："是使賊致死於我也。"明年抵建寧，茂七已死，餘賊聚尤溪、沙縣。諸將欲屠之，懋曰："是堅賊心也。"乃下令招撫，賊黨多降。分道逐捕，悉平之。已而沙縣賊復熾，久不定。會英宗北狩，景帝立，遂詔班師。

總録——起事（疑民族合作者）

《明史》卷一一：

[景泰三年，閏九]月，福建盜起。

《明史》卷一一：

[景泰]五年……十月庚辰，副都御史劉廣衡巡撫浙江、福建，專司討賊。

光旦：此中疑必有畬民參與。

《明史》卷八一《食貨志五》：

[浙、閩開銀場，]供億過公稅，民困而盜益衆。鄧茂七、葉宗留之徒流毒浙、閩，久之始定。

《明史》卷一二八《劉基傳》：

温州賊葉丁香叛，延安侯唐勝宗討之，決策於璟（基次子）。破賊。

光旦：事當在洪武中葉。

《明史》卷一二九《廖永忠傳》附《趙庸傳》：

[洪武十四、十五年間，庸]平廣東盜號鏟平王者，獲賊黨萬七千八百餘人，斬首八千八百餘級，降其民萬三千餘户。

光旦：如此大數量，疑必與當地少數民族有涉。

《明史》卷一四六《張興傳》：

　　正統十三年［興從孫安］鎮廣東。黃蕭養寇廣州，安帥舟師遇賊於戞船澳。安方醉臥，官軍不能支，退至沙角尾。賊薄之，軍潰，安溺死。

總錄——起事

《明史》卷一五四《梁銘傳》：

　　［銘］子珤……正統末，充副總兵，討福建盜鄧茂七，擊斬餘賊於九龍山。班師，而賊黨復作……

《明史》卷一五五《費瓛傳》：

　　［瓛］子釗……從征鄧茂七……

《明史》卷一五六《毛忠傳》：

　　［忠被誣通瓦剌，景帝貶忠官，］發福建立功。……忠在福建亦屢有斬馘功。

　　　　光旦：此所云斬馘功，以時地推，應與鄧茂七有關。

《明史》卷一五八《軒輗傳》：

　　溫、處有銀場，洪武間歲課僅二千八百餘兩，永樂時增至八萬二千兩，民不堪命。帝（英宗）即位，以大臣議罷之。至是（正統五年）參政俞士悅請復開，謂利歸於上，則礦盜自絶。下三司議，輗力持不可，乃止（輗自正統五年始任浙江按察使）。既而給事中陳傅復請，朝廷遽從之，遂致葉宗留之變。

　　　　光旦：葉宗留起事之隊伍中，及所謂"礦盜"中，畬族人民不在少數，參畬族所流傳之《封金山歌》。

《明史》卷一五八《軒輗傳》：

　　景泰元年命［輗］兼理兩浙鹽課。閩賊吳金八等流劫青田諸縣，輗與［布政使孫］原貞討平之。賊首羅丕、廖寧八復自閩抵浙。輗等防遏有功。

《明史》卷一五九《高明傳》：

　　成化……十四年，上杭盜發。詔起［明］巡撫福建，督兵往討。擒誅首惡，餘皆減死遣戍。以上杭地接江西、廣東，盜易嘯聚，請析置永定縣。

　　　　光旦：此條亦入"［畬？］"片，互見。

總錄——起事（緣由與組合）

《明史》卷一五九《夏壎傳》：

　　天順［間］……擢廣東按察使。時用師歲久，役民守城，壎至悉遣之。成化初,奏:"猺、獞弗靖,用兵無功,由有司撫字乖方,賊因得誘良民爲徒黨。劇寇數百,脅從萬千,進則驅之當前,退則殺以抒憤,害常在民,而利常在彼。況用兵不已,供斂日增,以易搖之人心,責無窮之軍費,恐外患未除,內變先作。請慎選監司守令,撫綏遺民,彼被脅之衆自聞風來歸。"帝深納其言。

  光旦:"良民"包括漢族農民。

總錄——起事

《明史》卷一六〇《魏源傳》:

  [源巡按陝西(時官監察御史)。]涼州土寇將爲變。亟請勦,亂遂息。

  光旦:此所云土寇,不知與今日西北之土族有涉否。姑先列此。年月未詳,當在永樂中葉。

《明史》卷一六〇《魏源傳》:

  [宣德九]年(見《宣宗實錄》卷一一二宣德九年八月乙丑條),永豐民夏九旭等據大盤山爲亂。帝以源江西人,命[源(時爲刑部左侍郎)]撫之,都督任禮帥兵隨其後。未至,官軍擒九旭。

  光旦:此雖云"民",疑與瑤有涉,當時往往被稱爲"山寇",其旁近之永新、龍泉、上猶,固所謂山寇之中心也。

《明史》卷一六〇《金濂傳》:

  福建賊鄧茂七等爲亂,都督劉聚、都御史張楷征之,不克。[正統]十三年十一月大發兵,命寧陽侯陳懋等爲將軍往討,以濂(時爲刑部尚書)參軍務。比至,御史丁瑄已大破賊。茂七死,餘賊擁其兄子伯孫據九龍山,拒官軍。濂與衆謀,贏師誘之出,伏精兵,入其壘,遂擒伯孫。帝乃移楷討浙寇,而留濂擊平餘賊未下者。

《明史》卷一六〇《石璞傳》:

  [正統十四]年,處州賊葉宗留作亂,總兵官徐恭等往討,以璞參其軍事。師未至,宗留已爲其黨陳鑑胡所殺。巡撫張驥招降鑑胡,賊勢稍息。璞等逗遛無功。(璞時爲工部尚書。)

《明史》卷一六〇《張瑄傳》:

  [成化]八年……以右副都御史巡撫福建。平賊林壽六、魏懷三等。福安、壽寧諸縣鄰江浙(應作浙江——光旦),賊首葉旺、葉春等負險。瑄捕誅之,餘盡解散。帝降敕勞之。

> 光旦：福安、壽寧諸縣及其鄰浙江地區今爲畬族聚居甚密之處，葉氏雖不必爲畬，然其下必有大量畬人，可無疑也。

《明史》卷一六一《陳本深傳》：

[宣德五年，受敕]知吉安。……樂安大盜曾子良據大盤山，衆萬餘。本深設伏大破之，斬子良。

> 光旦：年歲未詳，本深知吉安凡十八年，即宣德五至正統十二年，正統六年，秩滿九載，事在秩滿前，則應是宣德末正統初之間發生者，以宣德末之可能性爲大，參看卷一六〇《魏源傳》夏九旭事，已見同題別片。

《明史》卷一六一《楊瓚傳》：

擢浙江右布政使。與鎮守侍郎孫原貞共平陶得二之亂。

> 光旦：事當在正統末年。

《明史》卷一六一《陳選傳》：

正統末，大軍征鄧茂七，[選父員韜以御史]往撫其民，釋被誣爲賊者千餘家。

> 光旦：與上條事或有連，時與地均相接近也。

[員韜]歷廣東右參政，福建右布政使。廣東值黃蕭養亂後，而福建亦寇盜甫息，員韜所至，拊循教養，得士民心。

《明史》卷一六二《陳鑑傳》：

正統中，[屢]大舉遠征[麓川]，兵連不解，雲、貴軍民疲敝。苗乘機煽動，閩、浙間盜賊大起。

《明史》卷一六四《劉煒傳》：

天順初……改廣東[參政]，分守惠、潮二府。潮有巨寇，招之不服，會兵進勦，誅其魁。

總錄——起事（鄧茂七等）

《明史》卷一六五《丁瑄傳》：

正統間爲御史。初，福建多礦盜，命御史柳華捕之。華令村聚皆置望樓，編民爲甲，擇其豪爲長，得自置兵仗，督民巡徼。沙縣佃人鄧茂七素無賴，既爲甲長，益以氣役屬鄉民。其俗佃人輸租外，例餽田主。茂七倡其黨令毋餽，而田主自往受粟。田主訴於縣，縣逮茂七。不赴。下巡檢追攝，茂七殺弓兵數人。上官聞，遣軍三百捕之。被殺傷幾盡，巡檢及知縣並遇害。茂七遂大剽略，僞稱剷平王，設官屬。黨數萬人，陷二十餘縣。都指揮范真、指揮彭璽等先後被殺。時福建參政交阯人宋新①，賄王振得遷左布政使，侵漁貪惡，民不能堪，益相率從亂，東南騷動。

十三年四月②，茂七圍延平。刷卷御史張海登城撫諭。賊訴乞貰死，免三年徭役，即解散爲良民。海以聞。命瑄往招討，以都督劉聚、僉都御史張楷大軍繼其後。瑄既至，先令人齎敕往撫。茂七不肯降。瑄馳赴沙縣圖之。賊首林宗政等萬餘人攻後坪，欲立砦。瑄令通判倪冕等率衆先據要害，而身與都指揮雍埜等邀其歸路，斬賊二百餘級，獲其渠陳阿巖。

明年二月，瑄誘賊復攻延平，督衆軍分道衝擊。賊大敗，遁走。指揮劉福追之，遂斬茂七，招脅從復業。未幾，復擒其黨林子得等。尤溪賊首鄭永祖率四千人攻延平。瑄偕埜等邀擊，擒之，斬首五百有奇，餘黨潰散。……茂七雖死，其從子伯孫等復熾。朝廷更遣陳懋等以大軍討，瑄乃還朝。……

當是時，浙、閩盜所在剽掠爲民患。將帥率玩寇，而文吏勵民兵拒賊，往往多斬獲。

閩則有張瑛、王得仁之屬。浙江則金華知府石瑁擒遂昌賊蘇才於蘭谿，處州知府張佑擊敗賊衆，擒斬千餘人。

　　　　光旦：文吏民兵之所以能如此者，其間有民族矛盾故也。

總錄——起事

《明史》卷一六五《伍驥傳》：

天順七年巡按福建。先是，上杭賊起，都指揮僉事丁泉……善捍禦。賊屢攻城，皆爲所卻。已而賊轉熾。驥聞，立馳入汀州，調援兵四集。驥單騎詣賊壘。賊不意御史猝至，皆擐甲露刃。驥從容立馬，諭以禍福。賊見其至誠，感悟泣下，歸附者千七百餘户。給以牛種，俾復故業。惟賊首李宗政負固不服，遂與泉深入破之。泉力戰，爲賊所害。驥弔死恤傷，激以忠義，復與賊戰。連破十八砦，俘斬八百餘人，四境悉平。而驥冒瘴癘成疾，班師至上杭卒。

---

① 標點本《校勘記》：宋新，《明史稿》傳四六《丁瑄傳》、《明史紀事本末》卷三一都作"宋彰"。——整理者注

② 標點本《校勘記》：四月，據《明史》卷一〇《英宗前紀》、《英宗實錄》卷一六九正統十三年八月乙卯條應爲"八月"。——整理者注

光旦：歸附者以千百戶計，明非尋常"盜賊"。參看"[畬?]——沙、尤賊，上杭盜"片。

《明史》卷一六五《毛吉傳》：

天順五年擢廣東僉事，分巡惠、潮二府。……程鄉賊楊輝者，故劇賊羅劉寧黨也。已撫復叛，與其黨曾玉、謝瑩分據寶龍、石坑諸洞，攻陷江西安遠，剽閩、廣間。已[而]欲攻程鄉。吉先其未至，募壯士合官軍得七百人，抵賊巢。先破石坑，斬玉，次擊瑩，馘之，復生擒輝。諸洞悉破，凡俘斬千四百人。……移巡高、雷、廉三府。

光旦：此中應有畬，亦有客家。

《明史》卷一六五《陶成傳》：

處州賊葉宗留、陳鑑胡、陶得二等寇蘭谿，成（時為浙江副使）擊斬數百人。進屯武義，立木城以守。誘賊黨為內應，前後斬首數百，生擒百餘人。又自抵賊巢，諭降者三千餘人。賊勢漸衰，惟得二尚在。久之，勢復熾，擁眾來犯。先遣其黨十餘輩偽為鄉民避賊者，以敝縕裹薪，闌入城。及成出戰，賊持薪縱火，焚木城。官軍驚潰，成與都指揮僉事崔源戰死。時景泰元年五月也。

《明史》卷一六六《韓觀傳》：

成祖即位……命往江西練軍城守……廬陵民嘯聚山澤，帝不欲用兵，遣行人許子謨齎敕招諭，命觀臨撫之。觀至，眾皆復業。

光旦：此"民"疑為漢化程度尚淺之非漢人。參"[瑤?](永新龍泉山寇)"片。

《明史》卷一六六《蕭授傳·吳亮附傳》：

英宗初，[亮以右副總兵]討新淦賊有功。

光旦：此亦可能與未經縮減之瑤區有涉。

《明史》卷一六六《李震傳》：

……（景泰天順間李添保之起事，見"苗"片。）

《明史》卷一七二《孫原貞傳》：

正統八年……遷浙江左布政使。久之，盜大起閩、浙間，赦而再叛。景帝即位，發兵討之。原貞嘗策賊必叛，上方略，請為備。至是即命原貞參議軍事，深入擒其魁。而溫州餘賊猶未滅，命都指揮李信為都督僉事，調軍討之。遂拜原貞兵部左侍郎，參信軍務，鎮守浙江。……景泰元年，原貞進兵搗賊巢。俘斬賊首陶得二等，招撫三千六百餘人，追還被掠男女。……復分兵剿平餘寇。

奏析瑞安地增置泰順，析麗水、青田二縣地置雲和、宣平、景寧四邑（言四者，合泰順言之），建官置戌，盜患遂息。

  光旦：所析出之縣，至今爲畲族人口最多之縣份，起事者中必多此族人，可無疑矣。

《明史》卷一七二《朱鑑傳》：

  宣德[間，以]御史巡按湖廣，諭降梅花峒賊蕭啓寧等。

  光旦：當亦漢化畲瑤。

《明史》卷一七二《楊信民傳》：

  景帝監國……會廣東賊黃蕭養圍廣州急，嶺南人乞信民（信民正統中曾爲廣東左參議），乃以爲右僉都御史巡撫其地。……時廣州被圍久，將士戰輒敗，禁民出入，樵采絕，而鄉民避賊來者拒不納，多爲賊所害，民益愁苦歸賊。信民至，開城門，發倉廩，刻木鍥給民，得出入。賊見木鍥曰，"此楊公所給也"，不敢傷。避賊者悉收保，民若更生。信民益厲甲兵，多方招撫，降者日至。乃使使持檄入賊營，諭以恩信。蕭養曰："得楊公一言，死不恨。"翊日請見。信民單車詣之，隔濠與語。賊黨望見，謹曰："果楊公也。"爭羅拜，有泣下者。……蕭養且降，而都督董興大軍至，賊忽中變。……信民暴疾卒。時景泰元年三月乙卯也。……賊聞之……泣曰："楊公死，吾屬無歸路矣。"未幾，興平賊，所過村聚多殺掠。民仰天號曰："楊公在，豈使吾曹至是！"

《明史》卷一七二《張驥傳》：

  正統……十三年，[以大理右少卿]巡撫浙江。初，慶元人葉宗留與麗水陳鑑胡，聚衆盜福建寶豐諸銀礦，已而羣盜自相殺，遂爲亂。[正統]九年七月，福建參議竺淵往捕，被執死。宗留僭稱王。時福建鄧茂七亦聚衆反，勢甚張。宗留、鑑胡附之，流剽浙江、江西、福建境上。參議耿定，僉事王晟及都督僉事陳榮，指揮劉真，都指揮吳剛、龔禮，永豐知縣鄧顒，前後敗歿。遂昌賊蘇牙、俞伯通剽蘭溪，又與相應，遠近震動。驥至，遣金華知府石瑁擊斬牙等，撫定其餘黨。而鑑胡方以爭忿殺宗留，專其衆，自稱大王，國號太平，建元泰定，僞署將帥，圍處州，分掠武義、松陽、龍泉、永康、義烏、東陽、浦江諸縣。未幾，茂七死，鑑胡勢孤。驥命麗水丞丁寧率老人王世昌等齎榜入賊巢招之，鑑胡遂偕其黨出降。惟陶得二不就撫，殺使者，入山爲亂如故。時十四年四月也。驥既招降鑑胡，而別賊蘇記養等掠金華，亦爲官軍所獲，賊勢乃益衰。……鑑胡至京，帝（景泰）宥不誅。更遇赦，釋充留守衛軍。也先入犯，鑑胡乘間亡，被獲，伏誅。

《明史》卷一七二《白圭傳》：

[景泰間，]擢浙江右布政使。福建賊鄭懷冒流剽處州，協諸將平之。

《明史》卷一七二《張瓚傳·謝士元附傳》：

永豐有銀礦，處州民盜發之，聚數千人。將士憚其驍獷，不敢剿。士元（時爲廣信知府，永豐爲其屬縣）勒兵趨之，賊遮刺士元，傷左股。裹創力戰，獲其魁，塞礦穴而還。

光旦：應是成化間事。

《明史》卷一七三《孫鏜傳》：

正統末，擢指揮僉事，充左參將，從總兵官徐恭討葉宗留。敗賊金華，復破之烏龍嶺。

《明史》卷一七五《董興傳》：

正統中……擢署都督僉事，充右參將，從寧陽侯陳懋討鄧茂七，破餘黨於建寧，進都督同知。

南海賊黃蕭養圍廣州，安鄉伯張安、都指揮王清戰死，賊衆攻城益急。詔拜興左副總兵，調江西、兩廣軍往討，而以侍郎孟鑑贊理軍務。興用天文生馬軾自隨。……景泰元年二月，師至廣州，賊舟千餘艘，勢甚熾，而徵兵未至，諸將請濟師。軾曰："廣民延頸久矣，即以狼兵往擊，猶拉朽耳。"興從之。既而兵大集，進至大洲擊賊，殺溺死者萬餘人，餘多就撫。蕭養中流矢死，函首以獻，俘其父及子等，餘黨皆伏誅。……進右都督，留鎮廣東。

《明史》卷一七五《張俊傳·李鉉附傳》：

江西盜猖獗，擢[鉉]署都督僉事，與都御史俞諫同提督軍務。賊王浩八據裴源山，憑高發矢石，官軍幾不支。鉉下馬持刀，督將士殊死鬥，賊乃走。追數十里，擒之。復以次討平劉昌三、胡浩三等。

《明史》卷一七七《王翱傳》：

正統……四年，處州賊流劫廣信，命翱（時爲右僉都御史）往捕，盡俘以還。

《明史》卷一七七《林聰傳》：

初，正統中，福建銀場額重，民不堪。聰（時爲吏科給事中）恐生變，請輕之。時弗能用。已[而]果大亂（指鄧茂七等之起事）。及是（景泰四年）復極言其害，竟得減免。（時聰爲都給事中，仍吏科。）

《明史》卷一七八《韓雍傳》：

　　正統……十三年冬，處州賊葉宗留自福建轉犯江西。官軍不利，都督僉事陳榮、指揮劉真遇伏死。詔雍（時以御史巡按江西）及鎮守侍郎楊寧督軍民協守。會福建巡按御史汪澄牒鄰境會討賊鄧茂七，俄以賊議降，止兵。雍曰："賊果降，退未晚也。"趣進，賊已叛，澄坐得罪死。人以是服雍識。

《明史》卷一七八《朱英傳》：

　　正統十年……授御史。浙、閩盜起，簡御史十三人與中官分守諸府，英守處州。而葉宗留黨四出剽掠，處州道梗。英間道馳至，撫降甚衆，戮賊首周明松等，賊散去乃還。

《明史》卷一八〇《王獻臣傳·吳一貫附傳》：

　　正德初，遷江西［按察司］副使。討華林賊有功。

《明史》卷一八六《張敷華傳》：

　　成化……十一年出爲浙江參議。景寧礦盜起，至數千人。敷華諭散之，執其魁十二人。

　　　　光旦：景寧今尚多畬民。

《明史》卷一八六《雍泰傳·張津附傳》：

　　［弘治初，］除建陽知縣。……遏礦盜。

《明史》卷一八六《張泰傳》：

　　成化二年，［以進士］除知沙縣。時經鄧茂七之亂，泰撫綏招集，流亡盡復。

《明史》卷一八七《何鑑傳》：

　　［正德］六年……大盜並起……藍廷瑞、鄢本恕等躪四川，汪澄二、羅光權、王浩八、王鈺五等擾江西……五月……以鑑［爲兵部尚書］……［七年，］陳金、洪鍾……以次平江西、四川諸賊。

《明史》卷一八七《陳金傳》：

　　正德……六年二月，江西盜起。詔起金故官（左都御史），總制軍務。南畿、［浙、閩、粵、湘］文武將吏俱隸焉。……是時，撫州則東鄉賊王鈺五、① 徐仰三、傅傑一、揭端三等，南昌則姚源賊汪澄二、王浩八、殷勇十、洪瑞七等，瑞州則華林賊羅光權、陳福一等，而贛州大帽山賊何積欽等又起，官軍累年不

---

① 標點本《校勘記》：王鈺五，《武宗實錄》卷八七正德七年五月甲寅條作"王珏五"。——整理者注

能克。金以屬郡兵不足用，奏調廣西狼土兵。明年二月先進兵東鄉……五月移師姚源……七月乘勝［平］華林賊。……又……擊大帽山賊……半歲間，剿賊幾盡。遂即東鄉立縣，並立萬年縣，招降人居之。

  光旦：此中應有畬與客家，贛州部分且應有瑤。

《明史》卷一八七《俞諫傳》：

  歷江西參議，平大帽山賊。……

  光旦：事在正德六年前，陳金大舉征討之前。

  正德……八年春，姚源降賊王浩八叛……以諫（時爲右副都御史）代陳金督［贛、浙、閩］諸軍討之。時浩八衆萬餘，屯浙江開化，爲同知伍文定等所敗，遁還江西德興……［一面請求受撫，一面］奔據貴溪裴源山，餘衆復集，連營十里。……（餘不盡錄。）

  光旦：今貴溪尚有數以千計之畬族，我於1957年5月曾加訪問。

《明史》卷一八七《周南傳》：

  ［正德六］年起督南、贛軍務（以右副都御史爲之），南贛巡撫之設，自南始。①汀州大帽山賊張時旺、黃鏞、劉隆、李四仔等聚衆稱王，攻剽城邑，延及江西、廣東之境，數年不靖，官軍討之輒敗。推官莫仲昭、知縣蔣璣、指揮楊澤等被執，賊勢愈熾。南集諸道兵擊之龍牙，擒時旺。義民林富別擊斬鏞於鐵坑。其他諸砦爲指揮孫堂等所破。而副使楊璋、僉事凌相等亦擊隆、四仔，擒之。先後斬獲五千人。仲昭等得逸還。……南乃移師會總督陳金，共平姚源諸賊，境內遂寧。

  光旦：事亦見南所爲文集，別有片。

  光旦：此一地區之複雜性可追至唐開元設汀州治以前。地原名黃龍洞，畬人以外，逃賦役之漢民趨之者數以千計云。

《明史》卷一九九《胡世寧傳》：

  遷江西副使。與都御史俞諫畫策擒盜，討平王浩八。……

  光旦：事在正德九年前，參卷一八七《俞諫傳》（見前片）。

正德九年三月上疏曰："江西之盜，剿撫二説相持，臣愚以爲無難決也。已撫者不誅，再叛者毋赦，初起者亟剿，如是而已。"

---

① 標點本《校勘記》：《明史》卷七三《職官志》稱南、贛等處地方，"弘治十年始設巡撫，正德十一年改提督軍務。"與此異。——整理者注

《明史》卷一九九《李承勋傳》：

　　正德六年，贛州賊犯新淦，執參政趙士賢。靖安賊據越王嶺瑪瑙岸①。華林賊又陷瑞州。諸道兵不敢前。承勳（時爲南昌知府）督民兵剿，數有功。華林賊殺副使周憲，憲軍大潰。承勳單騎入憲營，衆乃復集。都御史陳金即檄承勳討之（華林）。賊黨王奇聽撫，搜得其衷刃，縱使還。奇感泣，誓以死報。承勳令奇密入砦，説降其黨爲内應，而親率所部登山。奇夜拔柵，官軍奮而前，降者自内出，賊遂潰。已[而]從金斬賊渠羅光權、胡雪二。華林賊平。鎮守中貴黎安誣承勳擅易賊首王浩八獄詞，坐下吏。大理卿燕忠即訊，得白。

《明史》卷一九九《王以旂傳》：

　　正德六年……除上高知縣。華林賊方熾，以旂訓鄉兵禦之，賊不敢犯。

《明史》卷二〇〇《伍文定傳》：

　　[劉]瑾敗，起補嘉興[同知]。江西姚源賊王浩八等流劫浙江開化，都御史俞諫檄文定與參將李隆、都指揮江洪、僉事儲珊討之，軍華埠。而都指揮白弘與湖州知府黃衷別營馬金。賊黨劉昌三破執弘，官軍大挫。浩八突華埠，洪、文定擊敗之，追及於孔埠。隆、珊亦追至地淮②，破其巢，進攻淫田。洪以奇兵深入，中賊誘，與指揮張琳等皆被執。文定等殿後得還。賊亦遁歸江西。……調吉安[知府]。討平永豐及大茅山賊。

　　已[而]佐巡撫王守仁平桶岡、橫水。

　　　　光旦：以上三事皆在正德間（中、後葉）。

《明史》卷二〇〇《伍文定傳・邢珣附傳》：

　　[正德中（劉瑾誅後不久），]遷贛州知府。招降劇盜滿總等，授廬給田，撫之甚厚。後討他盜，多藉其力。[王]守仁征橫水、桶岡，珣常爲軍鋒，功最。

《明史》卷二〇一《陶琰傳》：

　　[正德七]年……王浩八……入衢州（開化）。進琰右都御史，巡視浙江。至則……浩八[已]聽撫。……奏設兵備道守要害，防浩八黨出没，遣將擊斬其渠魁。遂城開化、常山、遂安、蘭谿，境内以靖。

---

① 標點本《校勘記》：瑪瑙岸，《明史》卷二八九《周憲傳》作"馬腦砦"，《讀史方輿紀要》卷八四作"瑪腦寨"，《清一统志》卷二三八作"馬腦崖"。——整理者注

② 標點本《校勘記》：地淮，據《武宗實錄》卷一〇〇正德八年五月癸巳條應爲"池淮"。《讀史方輿紀要》卷九三開化縣下有"池淮溪"，其地有"池淮畈"。——整理者注

《明史》卷二〇一《王縝傳》：

[以]右副都御史，巡撫蘇、松諸府。協平江西賊王浩八。

《明史》卷二〇〇《張嵿傳》：

廣東新寧、恩平賊蔡猛三等剽掠，衆至數萬。嵿（時以右都御史總督兩廣軍務）合兵三萬餘人擊新寧諸賊，破巢二百，擒斬一萬四千餘人，俘賊屬五千九百餘人，猛三等皆授首。自嶺南用兵，以寡勝衆未有若是役者。……

程鄉賊梁八尺等與福建上杭流賊相應。遣都指揮李皐等會福建官兵夾擊，俘斬五百餘人。

歸善李文積聚奸宄拒捕，討之，久弗克。嵿遣參政徐度等剿之，俘斬千餘人。

光旦：嵿以世宗即位之初出督兩廣，此三役皆在其任內，應均屬嘉靖初葉或前葉事。

《明史》卷二〇一《吳廷舉傳》：

擢廣東僉事。從總督潘蕃討平南海、清遠諸盜。

光旦：事似在弘治末年。

《明史》卷二〇二《周用傳》：

爲廣東參議，預平番禺盜，有功。

光旦：事應在正德末或嘉靖初年。

《明史》卷二一二《劉顯傳》：

[嘉靖]四十一年五月，廣東賊大起。詔顯（以署都督僉事）充總兵官鎮守。

光旦：此或所謂"程鄉盜"，以梁寧、徐東洲、林朝曦等爲首者，見同題別片之涉及俞大猷者。

《明史》卷二〇一《吳廷舉傳》：

[正德間，]擢江西右參政。敗華林賊於連河。從陳金大破姚源賊。其黨走裴源，復從俞諫破之。賊首胡浩三既撫復叛，廷舉往諭，爲所執。居三月，盡得其要領，誘使攜。及得還，浩三果殺其兄浩二，內亂。官兵乘之，遂擒浩三。

《明史》卷二〇二《周期雍傳》：

[正德間，官南京御史，]陳金討江西賊，縱苗殺掠，期雍發其狀。

光旦：此苗指永順保靖土兵，然土兵中宜有苗，只兵、官多屬土家耳。

《明史》卷二〇二《周期雍傳》：

嘉靖初，爲浙江參議。討平溫、處礦盜。

《明史》卷二〇三《劉玉傳》：

祖廣衡……景泰初，歷左副都御史……福建、浙江盜起，命往督兵捕。議創壽寧縣於官臺山，以清盜窟。討平處州賊。

光旦：壽寧在閩東北，似亦福安專區之一縣，畬族聚居最多之一地。

光旦：此景泰末事，五年（見"總錄——起事（疑民族合作者）"中卷一一景泰五年條）。

《明史》卷二〇五《朱紈傳》：

[討南麂等島倭及海盜，]還平處州礦盜。

光旦：似在嘉靖廿八年，時紈以右副都御史巡撫浙江。

《明史》卷二〇七《楊思忠傳·方新附傳》：

[嘉靖四十五年十一月，]御史方新上言，[有曰，]"徽州諸府有礦徒竊發之虞"。

《明史》卷二一二《戚繼光傳》：

閩、廣賊流入江西。總督胡宗憲檄繼光（事在嘉靖四十年，時繼光署都指揮僉事，充參將，備倭浙江）援擊。破之上坊巢，賊奔建寧。

《明史》卷二一二《劉顯傳》：

閩賊流入江西，大掠石城、臨州、東鄉、金谿，殺吏民萬計。詔顯（時以署都督僉事，節制振武營）赴剿，擊敗之陽湖，賊乃遁。

光旦：無年份，但下文緊接嘉靖四十一年發生之它事，則有可能即與本片上條是一事。

總錄——起事（在粵東，與張元勳）

《明史》卷二一二《張元勳傳》：

[隆慶]五年春，擢署都督僉事，代郭成爲總兵官，鎮守廣東。惠州河源賊唐亞六、廣州從化賊萬尚欽、韶州英德賊張廷光劫掠郡縣，莫能制。

明年，元勳進勦。斬馘六百有奇，亞六等授首，餘黨悉平。

肇慶恩平十三村賊陳金鶯等，與鄰邑苔村三巢賊羅紹清、林翠蘭、譚權伯，藤峒九逕十寨賊黃飛鶯、邱勝富、黃高暉、諸可行、黃朝富等，相煽爲亂。

故事，兩粵惟大征得叙功，鷗勦不叙，故諸將不樂鷗勦。總督殷正茂與元勳計，令鷗勦得論功，諸軍爭奮。正茂又密遣副將梁守愚、游擊王端等屯恩平，若常戍者，掩不備，斬翠蘭等，生擒紹清、權伯以獻。其諸路鵰勦者，效首功二千四百有奇，還被掠子女千三百餘人，生得金鶯，惟高暉等亡去。元勳逐北至藤峒，又生獲勝富、可行、朝富等八十人。部將鄧子龍等亦獲高暉、飛鶯。三巢、十寨、十三村諸賊盡平，餘悉就撫。

惠、潮地相接，山險木深。賊首藍一清、賴元爵與其黨馬祖冒、黃民太、曾廷鳳、黃鳴時、曾萬璋、李仲山、卓子望、葉景清、曾仕龍等各據險結砦，連地八百餘里，黨數萬人。正茂議大征。會金鶯等已滅，諸賊頗懼。廷鳳、萬璋並遣子入學，祖昌、景清亦佯乞降。正茂知其詐，徵兵四萬，令參將李誠立、沈思學、王詔，游擊王瑞（上文有游擊王端）等分將之，元勳居中節制，監司陳奎、唐九德、顧養謙、吳一介監其軍，數道並進。賊敗，乃憑險自守。官軍遍搜深箐邃谷間。而元勳偕九德，追亡至南嶺。一日夜馳至養謙所，擊破李坑，生得子望等。

明年破烏禽嶂。仕龍阻高山，元勳佯飲酒高會，忽進兵擊擒之。

先後獲大賊首六十一人，次賊首六百餘人，破大小巢七百餘所，擒斬一萬二千有奇。帝爲宣捷，告郊廟，進元勳署都督同知……元勳復討斬餘賊千三百有奇，撫定降者。巨寇皆靖。

潮州賊林道乾之黨諸良寶既撫復叛，襲殺官軍，掠六百人入海。再犯陽江，敗走。乃據潮故巢，居高山巔，不出戰。官軍營淤泥中。副將李誠立挑戰，墜馬傷足，死者二百人。賊出掠而敗，走巢固守。元勳積草土與賊壘平，用火攻之，斬首千一百餘級。時萬曆二年三月也。……遺孽魏朝義等四巢［尋］亦降。尋［又］與胡守仁共平良寶黨林鳳。惠、潮遂無賊。……

元勳起小校。大小百十戰，威名震嶺南。與廣西李錫並稱……

總錄——起事（與俞大猷）

《明史》卷二一二《俞大猷傳》：

廣東饒平賊張璉數攻陷城邑，積年不能平。［嘉靖］四十年七月詔移大猷（原在鎮筸爲參將）南贛，合閩、廣兵討之。時［胡］宗憲兼制江西，知璉遠出，檄大猷急擊。大猷謂"宜以潛師搗其巢，攻其必救，奈何以數萬衆從一夫浪走哉？"乃疾引萬五千人登柏嵩嶺，俯瞰賊巢。璉果還救，大猷連破之，斬首千二百餘級。賊懼，不出。用間誘璉出戰，從陣後執之，並執賊魁蕭雪峯。……散餘黨二萬，不戮一人。擢副總兵，協守南、贛、汀、漳、惠、潮諸郡。

遂乘勝征程鄉盜，走梁寧，擒徐東洲。林朝曦者，獨約黃積山大舉。官軍攻斬積山，朝曦遁，後亦爲徐甫宰所滅。

　　光旦：此中必有畬與客家。

《明史》卷二一二《俞大猷傳》：

[嘉靖四十三]年改廣東[總兵官]。潮州倭二萬與大盜吳平相犄角，而諸峒藍松三、伍端、溫七、葉丹樓輩日掠惠、潮間。閩則程紹録亂延平，梁道輝擾汀州。大猷以威名懾羣盜，單騎入紹禄營，督使歸峒，因令驅道輝歸，兩人卒爲他將所滅。惠州參將謝敕與伍端、溫七戰，失利。以"俞家軍"至恐之，端乃驅諸酋以歸。無何，大猷果至，七被擒。端自縛，乞殺倭自效。[許之，果立功。]……乃移師潮州，以次降藍松三、葉丹樓。遂使招降吳平，居之梅嶺。

平未幾復叛，造戰艦數百，聚衆萬餘，築三城守之，行劫濱海諸郡縣。福建總兵官戚繼光襲平，平遁保南澳。四十四年秋入犯福建，把總朱璣等戰没於海中。大猷將水兵，繼光將陸兵，夾擊平南澳，大破之。平僅以身免，奔據饒平鳳凰山。繼光留南澳。大猷部將湯克寬、李超等躡賊後，連戰不利，平遂掠民舟出海。……卒爲克寬所追擊，遠遁以免，不敢入犯矣。

《明史》卷二一二《俞大猷傳》：

（文字、時間均與上相連，但事似不相連）河源、翁源賊李亞元等猖獗。總督吳桂芳留（因吳平遁被奪職，故云留）大猷討之，徵兵十萬，分五哨進。大猷使間攜賊黨而親搗其巢，生擒亞元，俘斬一萬四百，奪還男婦八萬餘人。（乃還其總兵官，改廣西。）

《明史》卷二一二《俞大猷傳》：

伍端死，其黨王世橋①復叛，劫執同知郭文通。大猷連敗之，其部下執以獻。進署都督同知。

《明史》卷二一二《俞大猷傳》：

海賊曾一本者，吳平黨也。既降復叛，執澄海知縣，敗官軍，守備李茂才中礮死。詔大猷暫督廣東兵協討。隆慶二年，一本犯廣州，尋犯福建。大猷合郭成、李錫軍擒滅之。……進右都督。[總廣西兵如故。]

《明史》卷二一二《俞大猷傳·湯克寬附傳》：

---

① 標點本《校勘記》：王世橋，《明史》卷二二二及《明史稿》傳一〇一《吳桂芳傳》並作"王西橋"。——整理者注

爲惠、潮參將……從大猷破吳平。平未幾復振，克寬已擢狼山副總兵，命留討賊。俄敗之陽江烏豬洋。平窘，奔安南。都御史吳桂芳檄安南協討，遣克寬以舟師會，夾擊平萬橋山下。焚其舟，擒斬四百人，平遠竄。……進……署都督僉事，爲廣東總兵官。

曾一本突海豐、惠來間，克寬倡議撫之，令居潮陽下澢地。未幾，激民變，一本亦反，[獲罪，赦免，赴薊鎮立功。]

《明史》卷二一二《戚繼光傳》：

與[俞]大猷擊走吳平於南澳，遂擊平餘孽之未下者（事似在嘉靖四十四年，時繼光以都督同知，代大猷爲福建總兵官，大猷由廣東總兵官移廣西，暫留未去）。

《明史》卷二一二《劉顯傳·郭成附傳》：

隆慶元年冬，擢署都督僉事，爲廣東總兵官。渡海追曾一本大獲，進署都督同知。

《明史》卷二一二《劉顯傳·郭成附傳》：

潮州諸屬邑，賊巢以百數。郭明據林樟，胡一化據北山洋，陳一義據馬湖，剽劫二十載。成督諸軍擊殺明等，俘斬千三百有奇。

《明史》卷二一二《李錫傳》：

隆慶元年冬，以署都督僉事爲福建總兵官。海寇曾一本橫行閩、廣間，俞大猷將赴廣西，總督劉燾令會閩師夾擊。一本至閩，錫出海禦之，與大猷遇賊柘林澳，三戰皆捷。賊遁馬耳澳復戰。會廣東總兵官郭成率參將王詔等以師會，次菜蕪澳，分三哨進。一本駕大舟力戰，諸將連破之，燬其舟。詔生擒一本及其妻，斬首七百餘，死水火者萬計。時廣寇惟一本最強，錫、大猷、成共平之，而錫功最鉅。其後一本餘党梁本豪復亂，爲黃應甲所擒……錫……加署都督同知。

總錄——起事（與吳百朋等）

《明史》卷二一二《李錫傳·黃應甲附傳》：

萬曆五年[以]浙江總兵官改鎮廣東。龍川鮑時秀者，妻杜氏，有妖術。乃據義都緱嶺，立二十四方大總，自號無敵峒王，既降復反。應甲討平之。

《明史》卷二一二《李錫傳·尹鳳附傳》：

隆慶初，以故官（福建參將）涖福建，從[李]錫平曾一本。

《明史》卷二一二《張元勳傳》：

  隆慶初，［以福建］南路參將從李錫破曾一本。

《明史》卷二二〇《吳百朋傳》：

  ［以］右僉都御史……巡撫南、贛、汀、漳。與兩廣提督吳桂芳討平河源賊李亞元、程鄉賊葉丹樓（事在嘉靖四十年代，可能爲四十四年。）……

  初，廣東大埔民藍松山、余大眷①倡亂，流劫漳、延、興、泉間。官軍擊敗之，奔永春。與香寮盜蘇阿普、范繼祖連兵犯德安②，爲都指揮耿宗元所敗，僞請撫。百朋亦陽罷兵，而誘賊黨爲內應，先後悉擒之，惟三巢未下。三巢者，和平李文彪據岑岡，龍南謝允樟據高沙，賴清規據下歷。朝廷以倭患棘，不討且十年。文彪死，子珍及江月照繼之，益猖獗。

  四十四年秋……進右副都御史，巡撫如故。上疏曰："三巢僭號稱王，旋撫旋叛。廣東和平、龍川、興寧，江西龍南、信豐、安遠，蠶食過半。不亟討，禍不可言。三巢中惟清規跨江、廣六縣，最逆命，用兵必自下歷始。"帝采部議，從之。百朋乃命守備蔡汝蘭討擒清規於苦竹嶂，羣賊震懾。

  隆慶初……進兵部右侍郎兼右僉都御史，巡撫如故。百朋奏，春夏用兵妨耕作，宜且聽撫。帝從之。

《明史》卷二二一《郭應聘傳》：

  轉廣東參政。從總督③吳桂芳平李元乽（上文，如卷二二〇《吳百朋傳》，一再稱李亞元，應是一人），別擊賊首張韶南、黃仕良等。

《明史》卷二二一《郭應聘傳・吳文華附傳》：

  遷總督兩廣軍務……進右都御史。會［廣東］巡撫吳善、總兵呼良朋討平嚴秀珠。岑崗賊李珍、江月照拒命久，文華購擒月照，平珍。

  光旦：事當在萬曆初葉。

---

① 標點本《校勘記》：余大眷，《世宗實錄》卷五三六嘉靖四十三年七月丙午條、《國榷》卷六四頁四〇〇三均作"余大春"。——整理者注

② 標點本《校勘記》：德安，據《世宗實錄》卷五三六嘉靖四十三年七月丙午條應爲"德化"。——整理者注

③ 標點本《校勘記》：總督，《明史稿》傳一〇二《郭應聘傳》作"提督"。據《明史》卷七三《職官志》，正德、嘉靖、隆慶間，兩廣"總督"已改稱"提督"。又卷二二三《吳桂芳傳》稱"部議罷總督，改桂芳兵部右侍郎兼右僉都御史提督兩廣軍務兼理巡撫"。作"提督"是。——整理者注

總錄——起事

《明史》卷二二二《譚綸傳》：

　　以尚書楊博薦起復［浙江右參政］，將浙兵，討饒平賊林朝曦。朝曦者，大盜張璉餘黨也。璉既滅，朝曦據巢不下，出攻程鄉。知縣徐甫宰嚴兵待，而遣主簿梁維棟入賊中，諭散其黨。朝曦窮，棄巢走，綸及廣東兵追擒之。

　　　　光旦：無年份，約在嘉靖四十年代初。時倭患方從浙東轉入福建。

　　［嘉靖末，］進兵部右侍郎兼右僉都御史，總督兩廣軍務兼巡撫廣西。招降岑崗賊江月照等。

《明史》卷二二二《譚綸傳·徐甫宰附傳》：

　　嘉靖中……除武平知縣。武平當閩、粵交，多盜，甫宰築城立堡者三。上官以程鄉盜藪，調之往。既平［林］朝曦，超擢潮州兵備僉事，添注勦寇……已而程鄉賊溫鑑、梁輝等合上杭賊窺江西。平遠知縣王化遮擊之檀嶺，賊敗奔瑞金，副使李佑三戰皆捷。賊由間道歸程鄉，甫宰討擒之，餘黨悉平。……已［而］東莞水兵徐永太等亂，停俸討賊。［未竟疾卒。］

《明史》卷二二二《殷正茂傳》：

　　［隆慶間（四年前後）］代［李］遷提督兩廣軍務。當是時，羣盜惠州藍一清、賴元爵，潮州林道乾、林鳳、諸良寶，瓊州李茂，處處屯結。廣中日告警……正茂議守巡官畫地分守……令總兵官張元勳、參政江一麟……以次盡平諸盜。……語詳元勳及李錫傳。（其間夾有倭患，未錄。）

《明史》卷二二二《譚綸傳·王化附傳》：

　　嘉靖四十年新置平遠縣，授化知縣。以擊賊檀嶺，有知兵名。田坑賊梁國相既降復叛，約三圖賊葛鼎榮等分寇江西、福建。化寄妻子會昌，而身率鄉兵往擊。賊連敗，乃縱反間會昌，言化已歿，化妻計氏……自刎。化怒，追賊益急，獲國相於石子嶺。遷潮州府同知，仍署縣事。

《明史》卷二二二《譚綸傳·李佑附傳》：

　　歷官江西副使（嘉靖中，應已在四十年代），邀賊瑞金有功（參同傳《徐甫宰附傳》）。尋敗廣東賊吳志高、江西下歷賊賴清規等……進江西右參政。偕總兵官俞大猷，大破劇賊李亞元。擢僉都御史，巡撫廣東。屢敗海寇林道乾、山寇張韶南等。

《明史》卷二二二《王崇古傳·李棠附傳》：

　　遷右副都御史，巡撫南、贛。督僉事諸察討平韶州山賊。

光旦：無年份，在隆慶萬曆之際。
　　光旦：此山賊有可能是瑤。

《明史》卷二二二《方逢時傳》：

　　廣東、江西盜起，詔於興寧、程鄉、安遠、武平間築伸威鎮，擢逢時廣東兵備副使，與參將俞大猷鎮之。已而程鄉賊平，移巡惠州。

　　光旦：似在嘉靖四十年，見卷二一二《俞大猷傳》。

《明史》卷二二二《殷正茂傳·李遷附傳》：

　　［以提督兼巡撫廣東與殷正茂討平］惠、潮山寇，俘斬千二百餘級。

《明史》卷二二二《淩云翼傳》：

　　［萬曆三年（見卷二二二《殷正茂傳》），］遷兵部左侍郎兼右僉都御史，提督兩廣軍務，代殷正茂。時寇盜略盡，惟林鳳遁去。鳳初屯錢澳求撫，正茂不許，遂自彭湖奔東番魍港，爲福建總兵官胡守仁所敗。是年（與上遣官事均在萬曆三年，見《神宗實錄》卷四五萬曆三年十二月己卯條）冬，犯柘林、靖海、碣石，已［而］復犯福建。守仁追擊至淡水洋，沉其舟二十。賊失利，復入潮州。參政金浙諭降其黨馬志善、李成等，鳳夜遁。明年（萬曆四年，見《神宗實錄》卷五四萬曆四年九月丙申條）秋，把總王望高以呂宋番兵討平之。……

　　光旦：呂宋番兵來得突兀！

　　［萬曆六年，平羅旁猺之次年，］又捕斬廣東大廟諸山賊。嶺表悉定。

　　光旦：凡言山寇山賊，瑤之成分必大。

《明史》卷二二三《吳桂芳傳》：

　　改……兵部右侍郎兼右僉都御史，提督兩廣軍務兼理巡撫。兩廣羣盜河源李亞元、程鄉葉丹樓連歲爲患……進討……平之。

　　降賊王西橋、吳平已撫復叛。西橋掠東莞，敗都指揮劉世恩兵，執肇慶同知郭文通以求撫。桂芳擒斬之，進討平。平初據南澳，爲戚繼光、俞大猷所敗，奔饒平鳳凰山，掠民舟出海，自陽江奔安南。桂芳檄安南萬寧宣撫司進勦，遣［副總兵湯］克寬以舟師會之，夾擊平萬橋山下。乘風縱火，平軍死無算，擒斬三百九十餘人。……［或言平被擒，或言溺死。］……平黨林道乾復窺南澳，時議設參將戍守。桂芳言："澳中地險而腴。元時曾設兵戍守，戍兵即據以叛，此禦盜生盜也，不如戍柘林便。"從之。

　　光旦：事在嘉靖末葉。

《明史》卷二二五《張瀚傳》：

隆慶元年，[以右副都御史、兵部右侍郎總]督兩廣軍務。……大盜曾一本寇掠廣州，詔切責瀚，停總兵官俞大猷、郭成俸。已[而]一本浮海犯福建，官軍迎擊大破之……已[而]復犯廣東，陷碣石衛……成[卒]大破賊。

《明史》卷二二八《魏學曾傳·葉夢熊附傳》：

遷贛州知府，平黃鄉賊。

　　光旦：事應在萬曆十年前後不久。

《明史》卷二四二《陳邦瞻傳》：

海寇林莘老嘯聚萬餘人侵掠海濱，邦瞻扼之，不得逞。（事在萬曆末葉，時邦瞻總督兩廣兼巡撫廣東。）

《明史》卷二四四《左光斗傳·弟光先附傳》：

官御史，巡按浙江。任滿，既出境，許都反東陽。光先聞變疾返，討平之。

　　光旦：無年份，當在崇禎間。許都以姓與名論，原出畬族可無疑。（參"畬？"中卷二七六《朱大典傳》條。）

《明史》卷二四六《侯震暘傳·朱欽相附傳》：

[天啓]五年以右僉都御史巡撫福建，討賊楊六、蔡三、鍾六等有功。

《明史》卷二四七《陳璘傳》：

嘉靖末（或略後）[以廣東守備]與平大盜賴元爵及嶺東殘寇。

《明史》卷二四七《鄧子龍傳》：

嘉靖中，江西賊起，掠樟樹鎮。子龍應有司募，破平之。

　　光旦：此"賊"當是從西南方來者，則有可能爲瑶也。

《明史》卷二四七《鄧子龍傳》：

授廣東把總。萬曆初，從大帥張元勳討平巨盜賴元爵。已[而]從平陳金鶯、羅紹清。賊魁黃高暉逸，子龍入山生獲之。遷銅鼓石守備。

《明史》卷二四八《梅之煥傳》：

[萬曆末葉]出爲廣東副使……海寇袁進掠潮州，之煥扼海道，招散其黨，卒降進。

《明史》卷二六〇《熊文燦傳》：

崇禎元年……拜右僉都御史，巡撫[福建]。海上故多劇盜……（袁進、李忠、楊六、楊七、鄭芝龍，先後敗降後）鍾斌又起。斌初亦就撫，後復叛，寇福州。文燦誘斌往泉州，令芝龍擊敗之。既而躉之大洋，斌投海死。……

擢……兵部右侍郎兼右僉都御史，總督兩廣軍務，兼巡撫廣東。先是，海寇鍾淩秀既降復叛，爲芝龍所擒，其黨潰入長汀，轉掠江西屬邑，文燦檄芝龍屢敗賊。

    光旦：此兩鍾姓人均有可能是"畬"或"客"，淩秀尤爾。

《明史》卷二八九《張瑛傳》：

  正統時，擢建寧知府。鄧茂七作亂，賊二千餘迫城結砦，四出剽掠。瑛率建安典史鄭烈會都指揮徐信軍，分三路襲之，斬首五百餘，遂拔其砦。進右參議，仍知府事，烈亦遷主簿。茂七既誅，其黨林拾得等轉掠城下，瑛與從父敬禦之。賊敗，乘勝逐北，陷伏中，敬死，瑛被執，大罵不屈死。

《明史》卷二八九《周憲傳》：

  正德[間]……歷江西副使。華林、馬腦賊方熾，總督陳金檄憲勦之，平馬腦砦及仙女、雞公嶺諸寨，先後斬獲千餘人。華林賊窘，遣諜者詭言饑困狀。憲信之，移檄會師夾擊。他將多觀望。憲攻北門，三戰，賊稍却，與子幹先登逼之。賊下木石如雨，軍潰，憲中槍，幹前救，力戰墮崖死。憲創重被執，罵不絕口，賊支解之。

《明史》卷三〇四《曹吉祥傳》：

  正統[間]……與寧陽侯陳懋等征鄧茂七於福建。

總錄——與漢農民起義合作之例

《明史》卷二七〇《賀虎臣傳》：

  （崇禎四年，神一元陷保安，明寧夏總兵官賀虎臣舉兵圍之，一元引河套數千騎挫虎臣軍，見"蒙古——在河套"片。）

總錄——剿殺首功

《明史》卷七二《職官志一》：

  兵部[論]首功四等：迤北爲大，遼東次之，西番、苗蠻又次之，內地反寇又次之。

總錄——首功

《明史》卷一九八《王瓊傳》：

  正德……十年……爲兵部尚書。時四方盜起，將士以首功進秩。瓊言："此贏秦弊政。行之邊方猶可，未有內地而論首功者。今江西、四川妄殺平民千萬，縱賊貽禍，皆此議所致。自今內地征討，惟以蕩平爲功，不計首級。"從之。

  光旦：是則邊地征討仍論首功也。

《明史》卷一九九《范鏓傳》：

  嘉靖……二十年擢右副都御史，巡撫寧夏。……不上（尚也）首功。

《明史》卷二〇四《翟鵬傳》：

  （論首功之非，見"蒙古——在北方（與翟鵬）"片。）

《明史》卷二〇四《楊守謙傳》：

  [以右僉都御史巡撫延綏。既至，]言："激勸軍士在重賞。令斬一首者陞一級，不願者予白金三十兩。賞已薄，又文移察勘，動涉歲時，以故士心不勸。近宣、大事棘（俺答之故），稍加賞格，請倍增其數，鎮巡官驗明即給。蓋增級、襲廕，有官者利之，窮卒覬賞而已。"兵部以爲然，定斬首一級者與五十兩，著爲令。

  光旦：事應在嘉靖二十年代。所見適與上數條相反，蒙漢邊民苦矣！

《明史》卷二〇七《王與齡傳·周鈇附傳》：

  [嘉靖前葉，以]御史巡按陝西。被俘民自塞外逃歸者，邊將殺以冒功。鈇請下詔嚴禁，有報降五人以上者賞之。詔可。

  光旦：首功之害如此！

《明史》卷二〇九《沈鍊傳》：

  先是（謫佃保安之前），許論總督宣、大，常殺良民冒功，鍊貽書誚讓。後[嚴]嵩黨楊順爲總督。會俺答入寇，破應州四十餘堡。懼罪，欲上首功自解，縱吏士遮殺避兵人，逾於論。鍊遺書責之加切。

  光旦：鍊卒以此於嘉靖三十六年九月被殺。

《明史》卷二二一《郝杰傳》：

  [隆慶間，以御史]劾薊督劉燾、巡撫耿隨卿觀望，寇退則斷死者報首功……[萬曆]十七年，[以]右僉都御史巡撫遼東。[又劾總兵官李成梁]殺附塞者充首功，習以爲常。……十九年……襲板升……獲老弱二百八十餘級。

《明史》卷二二二《譚綸傳》：

  綸終始兵事垂三十年（萬曆五年卒），積首功二萬一千五百。

《明史》卷二三九《杜桐傳》：

  桐自偏裨至大帥（萬曆三十年代初年卒，官至寧夏總兵官），積首功一千八百，時服其勇。

《明史》卷二四七《劉綎傳》：

　　［萬曆十三、十四年，劉綎平羅雄州者繼榮，］首功止五十餘級，而撫降者萬餘人，論者稱其不妄殺。

　　　　光旦：此類例子不多。

《明史》卷二六六《王章傳》：

　　［崇禎十二年，以御史］出按甘肅……邊卒貸武弁金，償以賊首，武弁以冒功，坐是數召邊釁。章著令，非大舉毋得以零級冒功。

總錄——推行漢化

《明史》卷三：

　　［洪武］二十八年……六月壬申，詔諸土司皆立儒學。

《明史》卷六《成祖二》：

　　［永樂］六年……四月丙申，始命雲南鄉試。

《明史》卷一五：

　　［弘治］十五年……七月……辛卯，命各邊衛設養濟院、漏澤園。

《明史》卷七五《職官志四》：

　　其後宣慰、安撫等土官，俱設儒學。

　　　　光旦："其後"二字所指不明，照上文大字，爲正統元年後，小字文，則爲洪武十七年後。幸帝紀部分，已有洪武二十八年之文，見上。

《明史》卷一七七《王翺傳》：

　　宣德……五年［以御史］巡按四川。……上便宜五事，［有曰，］州縣土司徧設社學……允行。

《明史》卷一七八《秦紘傳》：

　　［弘治二年春］進右都御史，總督兩廣軍務。奏言："……廣、潮、南、韶多盜，當設社學，編保甲，以絕盜源。"帝……從其請。

　　　　光旦：此盜當亦少數民族也。由其地原無社學與保甲而知之。

《明史》卷一八〇《王徽傳》：

　　……（見"彝——畢節、普安"片。）

《明史》卷一八七《洪鍾傳》：

　　成化［中，以刑部郎中安輯閩、贛、粵邊區畬、客區流移歸，建議］有司立鄉社學，教之《詩》《書》禮讓。

《明史》卷二〇三《唐冑傳》：

　　瓊山人。……［嘉靖間（初葉），］遷廣西提學僉事。令土官及猺、蠻悉遣子入學。……

　　　　光旦：包括獐、猺。此類不另列獐、猺片下。

　　［他調後，］屢遷［至］廣西左布政使（嘉靖十五年前不久）。官軍討古田賊，久無功，冑遣使撫之。其魁曰："是前唐使君令吾子入學者。"即解甲。

　　　　光旦：漢化竟然有效！？

《明史》卷二〇六《馬錄傳·湯沐附傳》：

　　請……令［土官］子弟入學（詳"總錄——土官制度"片。）

《明史》卷二〇九《楊繼盛傳》：

　　（嘉靖三十年代，繼盛貶狄道典史，曾於狄道番人中設學館，聘師授徒，見"番"片。）

　　　　光旦：按同卷《沈鍊傳》，鍊因忤嚴嵩父子，謫成保安佃作，亦嘗招邊人子弟入學，然此邊人或本漢人出塞者。

《明史》卷二三一《顧憲成傳·歐陽東鳳附傳》：

　　（擇俊秀猺人子弟入學，見"瑤（廣西）"片。）

《明史》卷三〇一《招曩猛傳》：

　　（傣族節婦弘治時奉旨旌表門閭，見"［傣］"片。）

《明史》卷三一〇《土司列傳·湖廣土司》：

　　（隆慶間，平覃壁，巡撫劉愨條議施州善後五事，其第五事包括令土官子弟"赴學觀化"，見"［巴］（施州）——沿革"片。）

　　　　光旦：施州各土官漢化程度甚高，尤以容美爲甚，見《容美紀游》、《鶴峯縣志》等書。

《明史》卷三一〇《土司列傳·保靖》：

　　［弘治十六年六月，因保靖彭氏房分間爭襲爭地累世爭奪不已，湖廣巡撫閻仲宇、巡按王約等建議：］"以後土官應襲子弟，悉令入學，漸染風化，以格頑冥。如不入學者，不准承襲。"……從之。

　　　　光旦：其後保靖宣慰頗通文學，今花垣（應作花園）縣（舊永綏廳）舊有花園一所，爲其與漢文士飲酒賦詩高會之所，從此，漢、土統治者糾結益密矣。

《明史》卷三一一《四川土司傳·烏蒙等傳》：

[洪武]二十三年，烏撒……烏蒙、芒部土官，各遣子弟入監讀書。

《明史》卷三一一《四川土司傳·烏蒙等傳》：

[宣德]八年……設烏蒙儒學教授、訓導各一員。以通判黃甫越言，元時本府向有學校，今文廟雖存，師儒未建。乞除教官，選俊秀子弟入學讀書，以廣文治。從之。

光旦：入學者亦止奴隸主子弟耳。

《明史》卷三一一《四川土司傳·建昌傳》：

[洪武]十八年，[建昌衛指揮使]月魯帖木兒……請遣子入學。

《明史》卷三一一《四川土司傳·建昌傳》：

[洪武]二十三年，安配遣子僧保等四十二人入監讀書。

光旦：查安配所任職，《傳》文先後異詞，初曰建昌土官，繼曰致仕指揮，又順上文言之，似應為宣慰，即元宣慰安定之繼承者，而同時建昌衛指揮使為月魯帖木兒。同時復有"已故土官安思正之妻師克"，明祖授為"知府"。地方分畫，官屬高下，史文交代未清。

《明史》卷三一一《四川土司傳·天全六番招討司傳》：

（招討使高敬讓子虎入國子學讀書卒業之例，見"番（天全）——沿革"片。）

《明史》卷三一二《四川土司傳·播州宣慰司傳》：

[洪武]二十一年……宣慰……司并所屬宣撫司官，各遣其子……入太學，帝敕國子監官善訓導之。

《明史》卷三一二《四川土司傳·播州宣慰司傳》：

[正德十年前後，播州宣慰楊]斌……為其子相請入學，并得賜冠帶。……嘉靖元年賜播州儒學《四書集註》，從宣慰楊相奏也。

《明史》卷三一二《四川土司傳·永寧宣撫司傳》：

[洪武二十年代前葉，宣撫祿照]子阿聶與弟智皆在太學。

《明史》卷三一二《四川土司傳·酉陽宣撫司傳》：

[永樂]五年，[宣撫冉]興邦遣部長龔俊等……[入京]謝立儒學恩。

《明史》卷三一三《雲南土司傳·楚雄[府]》：

（白族集中地區，府、州、縣皆有儒學，漢化之深，自明初已然，見"總錄——雲南沿革"片。）

《明史》卷三一四《雲南土司傳·鶴慶[府]》：

（府屬順州土知州於永樂十五年請建學教育，見"[白]（鶴慶）"片。）

《明史》卷三一四《雲南土司傳·麗江[府]》：

（永樂十六年，麗江府及諸州初設學校，詳"麼些（麗江）"片。）

《明史》卷三一四《雲南土司傳·麗江[府]》：

雲南諸土官，知詩書好禮守義，以麗江木氏爲首云。

《明史》卷三一四《雲南土司傳·元江[府]》：

[洪武]二十六年置元江府儒學。

《明史》卷三一五《雲南土司傳·車里[宣慰司]》：

[永樂]四年[車里宣慰使刀暹答]遣子刀典入國學，實陰自納質。帝知其隱，賜衣幣慰諭遣還。

光旦：此與推行漢化之旨相反。於以見漢與非漢關係，總是政治考慮第一，不納其質，以安其心，此政治考慮，漢化究屬次要；其在車里一方，納質亦政治考慮也，入國學只是手段，意自不在漢化也。

《明史》卷三一六《貴州土司傳·思南、思州[二府]》：

正統初，[思南府領]蠻夷長官司奏土官衙門婚姻，皆從土俗，乞頒恩命。帝以土司循襲舊俗，因親結婚者，既累經赦宥不論，繼今悉依朝廷禮法，違者罪之。

光旦：主要之點自是同姓不婚一部分禮法。所云"因親結婚"當是同姓亦相婚也。其餘不關宏恉，漢統治者亦不問矣。

《明史》卷三一六《貴州土司傳·鎮遠[府]》：

萬曆末……有土舍楊載清者應襲推官，[載清]嘗中貴州鄉試，命於本衛（何衛？）加俸級優異之。

《明史》卷三一六《貴州土司傳·黎平[府]》：

萬曆二十八年，皮林逆苗吳國佐、石纂太等作亂。國佐本洪州司（即洪舟泊里長官司）特洞寨苗，頗知書，嘗入永從學爲生員……皮林諸苗推服之。……

《明史》卷三一六《貴州土司傳·安順[府]》：

[洪武]十五年，普定軍民知府者額來朝……命諭其部衆，有子弟皆令入國學。

光旦：部衆子弟，皆令入學，似不限於上層。

《明史》卷三一七《廣西土司傳·慶遠[府]》：

正統四年，[南丹土知州]莫禎奏[乞陞爲土官知府，與流官知府分工，己"專備蠻賊"，綜攬戶、兵等政，且曰，]各村寨皆置社學，使漸風化。

《明史》卷三一七《廣西土司傳·梧州[府]》：

萬曆初……總制淩云翼[既撫平岑溪瑤潘積善]，貸其死，且以其子入學。

《明史》卷三一八《廣西土司傳·思明[府]》：

萬曆……三十三年，總督戴耀① 奏[思明善後各事，最後曰]，"於府治設教授一員，量給廩生六名，其寄附太平府者，悉歸本學，嗣後續增其祭祀廩餼之用，則地方可安，文教可興。"詔悉從之。

《明史》卷三一八《廣西土司傳·思恩[府]》：

正統……十二年設儒學，置教授一員，訓導四員……從[土知府岑]瑛請也。……[景泰]五年從瑛請建廟學，造祭祀樂器。

《明史》卷三三一《董卜韓胡宣慰司傳》：

（景泰間，此宣慰司索漢文經書及史地書，及處理經過，見"藏（董卜……）"片。）

總錄——以宗教爲統治工具

《明史》卷二八六《林鴻傳·王洪附傳》：

改翰林檢討……歷修撰、侍講。帝頒佛曲於塞外，命洪爲文，逡巡不應詔。爲同列所排，不復進用。

光旦：此永樂中事，與修《大典》約同時。

總錄——人文流動

《明史》卷二三九《蕭如薰傳》：

自隆慶後，款市既成，烽燧少警，輦下視鎮帥爲外府。山人雜流，乞朝士尺牘，往者無不饜所欲。薊鎮戚繼光有能詩名，尤好延文士，傾貲結納，取足軍府。如薰亦能詩，士趨之若騖，賓座常滿。妻楊氏、繼妻南氏皆貴家女，至脫簪珥供客猶不給。軍中患苦之……一時風會所尚，諸邊物力爲耗，識者歎焉。

光旦：此於蒙古恐無甚影響，然漢人於邊塞日益扎根，漢化流布漸深

---

① 標點本《校勘記》：戴耀，據《神宗實錄》卷四〇五萬曆三十三年正月壬辰條、《國榷》卷八〇頁四九三六應爲"戴燿"。——整理者注

漸廣應不無影響，故錄之。

總錄——封建影響
《明史》卷一八〇《姜綰傳·附傳》：

劉遜……歷湖廣副使。[忤劉瑾，瑾一再借端抑之。]先是，榮王乞辰州、常德田二千頃、山場八百里、民舍市廛千餘間，遜與巡撫韓重持勿予。至是（遜被抑後），瑾悉予之。

光旦：副使，應是按察司副使。

光旦：與漢族毗連地區之非漢族經常受漢族封建經濟影響，而此類特權與霸佔之作法則影響尤屬顯然。辰州、常德近苗、土家，其地亦雜有苗、土家，其淪為佃農與橫遭其它奴役者必多矣。

光旦：應是成化末年事。或弘治初年事。

《明史》卷二二七《蕭廩傳》：

[隆慶中，以御史]出覈陝西四鎮兵食。……固原州海剌都之地，密邇松山，為楚府牧地。廩言楚府封武昌，牧地在塞下，與寇接，王所收四五百金，而奸宄窟穴，弊甚大，宜諭使獻之朝廷。詔可。

總錄——非漢人漢化之例
分見"蒙古"、"韃靼"、"西番"片。又"[京]"片。

亦見"總錄——明與西域"片。

總錄——漢逋亡者之非漢化
《明史》卷三一九《廣西土司傳》附《廣東瓊州府》：

（見"黎——瓊州沿革"末片及按語。）

總錄——舊稱漫用
《明史》卷二〇七《楊思忠傳·方新附傳》：

[嘉靖四十五年十一月，]御史方新上言，[有云，]"北狄之患，自古有之。……南贛有土兵之叛，徽州諸府有礦徒竊發之虞，舜之三苗不棘於此矣。"

光旦：北狄指蒙古。三苗，指南方不同民族。

《明史》卷二〇七《余珊傳》：

今……北狄蹂躪於沙漠。

總録——以蠻制蠻論
《明史》卷三一七《廣西土司傳·慶遠[府]》：
（正統四年，慶遠府南丹州土知州莫禎奏乞授爲本州土官知府，與流官知府分工，土官知府專備蠻賊，明英宗覽而嘉之，以爲"以蠻攻蠻，古有成説"，敕總兵官柳溥酌之——此一段以蠻制蠻之議論與實例詳"僮（慶遠）"片。）

《明史》卷三一九《廣西土司傳》附《廣東瓊州府》：
（弘治十五年，符南蛇起事，户部主事瓊州人馮顒奏以蠻攻蠻之道，從之——見"黎——瓊州沿革"片。）

總録——邊患由邊將邀功論
《明史》卷一六六《王信傳》：
[成化]十七年疏言（時以都督僉事，佩平蠻將軍印鎮湖廣）："湖廣諸蠻雖腹心蠹，實無能爲。久不靖者，由我將士利其竊發以邀功也。選精鋭，慎隄防，其患自息。"

　　　光旦：此論早有發之者，且亦屢矣。宋劉貢父有七絶專咏此。

《明史》卷一六八《尹直傳》：
[成化]二十二年……貴州鎮巡官奏苗反，請發兵，廷議將從之。直（時爲禮部左侍郎，召佐兵部，禮部係在南京者，而兵部爲在北京者）言起釁邀功，不可信。命官往勘，果無警。

《明史》卷二〇一《徐問傳》：
……（問亦有"邊將喜功召釁"之議論，詳"總録——反窮兵論"片。）

總録——反窮兵論
《明史》卷一六四《范濟傳》：
宣宗即位……詣闕言八事。……其七[言對蒙古毋務窮兵]（不録，其中涉及事實之若干語句見"蒙古——明之守勢"片）。

《明史》卷二〇一《徐問傳》：
[嘉靖間（十二年以後若干年，二十一年以前），爲兵部右侍郎，疏]言："兩廣、雲、貴半土司，深山密箐，猺、獞、羅、僰所窟穴。邊將喜功召釁，

好爲掃穴之舉。王師每入，巨憨潛踪，所誅戮率無辜赤子。興大兵，費厚餉，以易無辜命，非陛下好生意。宜敕邊臣布威信，嚴陀塞，謹哨探，使各安邊境，以絕禍萌。"

總錄——內遷議
《明史》卷三一七《廣西土司傳·柳州[府]》：

洪武二年，中書省臣言："廣西諸峒雖平，宜遷其人入內地，可無邊患。"帝曰："溪洞蠻獠雜處，其人不知禮義，順之則服，逆之則變，未可輕動。惟以兵分守要害以鎮服之，俾日漸教化，數年後，可爲良民，何必遷也。"

總錄——天命有在、不分族類論
《明史》卷三三二《別失八里傳》：

[洪武二十四年]九月……書諭[別失八里王]黑的兒火者，[有]曰："……曩者我中國宋君，奢縱怠荒，奸臣亂政。天監否德，於是命元世祖肇基朔漠，入統中華，生民賴以安靖七十餘年。至於後嗣，不修國政，任用非人，致……民生嗟怨，上達於天。天用是革其命，屬之於朕。……"

阿𤐫

見"獠（土獠）"片。

哀牢

《明史》卷三一四《雲南土司傳·永昌[府]》：

永昌，古哀牢國。

光旦：哀牢，即今仡佬。後之諸種濮人、僰子、玃刺、昔濮、蒲蠻、阿𤐫、土獠……皆其遺也，雖分散，甚或成若干孤島，其原有之廣泛範圍，猶彷彿窺見之也。哀牢稱國，明是一族類之名，猶夜郎也，不止一二山名而已，山名亦即由族名而來。夜郎亦即哀牢之音轉，滇、黔、川南，渾然大片，皆此族也。

哀牢有九隆之故事，九隆亦仡佬也。

> 光旦：哀牢山已見者有三：一在雲南新平縣西，景東、鎮沅二縣東，界元江、阿墨江二水間；二在保山縣東，一名安樂山，地理辭書謂夷語訛爲哀牢云（此乃故作解人語，大是無聊）；三在老撾、越南交界處，《明史》，卷三一五，《老撾宣慰司傳》云，"[成化十七]年，安南黎灝率兵九萬，開山爲三道進兵，破哀牢，入老撾境……"此設非山名，亦應地名。此亦見卷三二一，《安南傳》，惟時間似略早一二年。

安田蠻（[僮？]）

《明史》卷二：

[洪武]五年……九月戊午，周德興平婪鳳、安田諸蠻。

> 光旦：應是僮，婪鳳在廣西西部田東、田陽之間，安田應在其附近。

《明史》卷一三二《周德興傳》：

副鄧愈爲征南左將軍，帥趙庸、左君弼出南寧，平婪鳳、安田諸州蠻，克泗城州。

> 光旦：與上條是一事。

八　番

《明史》卷三一六《貴州土司傳·貴陽[府]》：

[府]領長官司十八，[其中]程番……韋番……方番……洪番……卧龍番……金石番……小龍番……羅番……大龍番……小程番……盧番……[合稱八番]……八番降者，皆令世其職。

> 光旦：十一長官司，其中三龍、二程，合得八番。三龍番應即所稱之"龍家"。韋、羅、盧等番疑即今布依。餘待考。龍家究爲何族，亦一問題。

《明史》卷三一六《貴州土司傳·新添衛》：

[宣德]九年，丹行[長官司]土舍羅朝煽誘寨長卜長、逃民羅阿記等侵占卧龍番長官龍保地……時苗民（泛用）素憚指揮李政，尚書王驥因奏遣政往撫諭。

《明史》卷三一七《廣西土司傳·慶遠[府]》：

慶遠府地接八番溪洞。

巴

［巴］——白芳子（自稱）

見"白芳子"片。

［巴］——自稱

《明史》卷四三《地理志四》：

［四川保寧府］蒼溪［縣］（北有八字堡巡檢司。）

光旦："八字"當不是堡之形狀。

［巴？］——自稱

《明史》卷四四《地理志五》：

［湖廣武昌府］蒲圻［縣］（……南有蒲圻河……西有蒲圻湖。）

《明史》卷四四《地理志五》：

［湖廣武昌府興國州］大冶［縣］（……北有白雉山。）

巴——自稱

《明史》卷二四九《王三善傳》：

［天啓二年末，三善自黔東進軍］……奪龍里城。……［進］奪七里沖，進兵畢節舖。……遂抵貴陽城下，賊解圍去。

光旦：黔西北有畢節衛，今畢節縣，曩者曾肯定其爲巴人之遺，因巴人初居此得名，"畢節"，猶之"白芳"，巴及今湘西土家之自稱也。此又一地名，甚小，不載一般地圖，應在龍里之西，貴陽之東。

《明史》卷三一〇《土司列傳·湖廣土司》：

太祖即吳王位，甲辰六月，［施州蠻夷始有降附者，因就元所置土司有所改置，亦有新設者，其中］梅梓、麻寮二洞，各置長官一，以向思明①、唐漢明爲之。

光旦：巴人自稱之詞由二音綴合成，其前一音綴普通以 P 始，亦有以

---

① 標點本《校勘記》：向思明，《太祖實錄》卷一四甲辰年六月戊戌條作"向志明"。——整理者注

M始者，此"梅梓"其一例也。梅梓當與麻寮相近，則在湘西北大庸、桑植一帶，當時亦施州境。余於1957年初經行川東南，並由此入鄂西南，一路小地名以"梅子"稱者不一，而詢諸當地鄉民，其地固不產此果也，則其來源亦從可知矣。

《明史》卷三一〇《土司列傳·湖廣土司》：

[洪武]五年，忠建元帥墨池遣其子臚吾，率所部溪洞元帥阿巨等來歸附。

光旦：此似引族稱為個人名字之例。惟全稱應為墨池什用，什用者，首領或官位之稱也。

巴——地名

《明史》卷四三《地理志四》：

[重慶府涪州]武隆[縣]（西南有涪陵江，亦曰黔江，亦曰巴江。）

光旦：巴江之名，前所未喻。《水經注》亦稱此江有三名，曰涪陵，曰黔，曰小別。當時即以"別"為"巴"之音轉，猶大別山、小別山之即為巴山也，至此更得一重證明。

《明史》卷四四《地理志五》

[湖廣黃州府]蘄水[縣]（……北有巴水，源出縣之板石山，流入黃岡縣界。有……巴河鎮……巡檢司。）

《明史》卷四四《地理志五》：

[湖廣岳州府]巴陵[縣]（……西南有巴邱山。）

《明史》卷四四《地理志五》：

[湖廣荊州府]松滋[縣]（……西南有巴山。）

《明史》卷八三《河渠志一》：

[洪武]十七年，[黃河]決開封東月堤，自陳橋至陳留橫流數十里。又決杞縣，入巴河。

光旦：此一帶又一巴河，前所未喻。查《方輿紀要》卷四七，巴河列陳留縣下，"在縣東北三十五里，一名泌水，黃河之支流也。……今東經蘭陽、儀封縣南，入歸德府寧陵縣界，復入于大河。"既曰巴，又稱泌，其為巴人之遺，無可疑矣。又查地典，歸德商丘縣東有河名響河，東南流經夏邑至永城縣為巴溝河（又東入皖北），由來亦同。

光旦：此巴河地典未列。

[巴]——捍、江關

《明史》卷四三《地理志四》：

　　[四川夔州府]奉節[縣]（……東南有江關。）

《明史》卷四四《地理志五》：

　　[湖廣荆州府夷陵州]長陽[縣]（南有古捍關。西有梅子八關。）

　　　光旦：捍關所以與楚界，自巴人遺跡不疑。"梅子"之稱。疑亦與巴人分不開，"梅子"其自稱之音也。

《明史》卷四四《地理志五》：

　　[湖廣荆州府夷陵州]宜都[縣]（西北有古江關。）

　　　光旦：江關亦巴人遺跡。一說捍關、江關皆在今四川奉節縣境，故兩地均有記載。疑二說或均有據，楚之未盛也，二關在東，楚之已盛而巴人不得不向西退卻，則復置二關於西。宜都之西北即長陽之東北，長陽為巴人第二發源之地，清江即相傳為"向王"廩君所鑿，則其後人必有據險自衛之長計，設捍關於東南、江關於東北，亦固其所也。

[巴]——蠻水、夷水

《明史》卷四四《地理志五》：

　　[湖廣襄陽府]宜城[縣]（……西有蠻水，亦曰夷水，源出房縣，流至縣界，入漢水。）

　　　光旦：此又一夷水，與施州東流經長陽而入大江後名清江之夷水自不為一事，然夷或蠻之稱，乃至夷陵之"夷"，與"夷"之後改為"宜"，如宜都、宜城、宜昌皆因此一帶為巴人舊地而來。

　　　光旦：蠻水入宜城（今自忠縣）前，先經南漳縣，今稱蠻水。

[巴]——分布

《明史》卷三一〇《土司列傳·湖廣土司》：

　　湖南，古巫郡、黔中地也。其施州衛與永、保諸土司境，介於岳、辰、常德之西，與川東巴、夔相接壤，南通黔陽。谿峒深阻，易於寇盜。

　　　光旦：此一巴人後裔之自然區域，劃得十分清楚，東自洞庭以西，北至施州（跨大江南北），南至黔陽，皆甚切情實，西則尚欠明曉，實則自巴夔南至酉陽之川東全境亦應包括在此自然區域之內。史文但言"接壤"，又未及酉陽，尚不够全面也。

元末滋甚。陳友諒據湖、湘間，噉以利，資其兵爲用。諸苗（此不應稱苗，應稱"土家"）亦爲盡力，有乞兵旁寨爲之驅使者，友諒以此益肆。及太祖殲友諒於鄱陽，進克武昌，湖南諸郡望風歸附，元時所置宣慰、安撫、長官司之屬，皆先後迎降。太祖以原官授之，已而梗化（下別見）。

  光旦：是則言分佈，酉陽尤不可缺。1957年1月，我至酉陽，聞當地人言，其地有友諒後裔，仍陳姓，乃友諒敗後避入者，由此可推知友諒亦嘗資及酉陽冉氏土兵。

[巴]（古漊中蠻）

《明史》卷四四《地理志五》：

  [湖廣岳州府澧州]慈利[縣]（……西有漊水，源出四川巫山縣，東流合諸溪澗之水，至縣西匯於澧水，亦曰後江。）

  光旦：《後漢書》卷一一六之漊中蠻當即分布在此水兩岸者。當時漊中、溇陽諸蠻雖已以巴人爲主，瑶之成分或亦不太弱，不若後世之幾於全部爲巴或土家也。

[巴]（古溇陽蠻）

《明史》卷四四《地理志五》：

  [湖廣岳州府]澧州（……北有溇水，[南流入澧水。])

  光旦：《北史》卷九五有溇陽蠻，注似於溇陽未詳，疑即此水之北之蠻也；蠻爲巴，或主要爲巴，可無疑。

  光旦：下文：溇水亦流經安鄉縣北。

[巴]——潀山蠻

《明史》卷三一九《廣西土司傳》附《廣東瓊州府》：

  嘉靖……二十八年，崖州……那燕[反]……給事鄭廷鵠言……[事平後，]新附之民中有異志者，或遷之海北地方屯田，或編入附近衛所戎籍，如漢徙潀山蠻故事。……詔……允行。

  光旦：故事見《後漢書》卷一一六，所徙者其後構成所稱"江夏蠻"與"五水蠻"之一部分。然前後可以相比者，亦只單純之一"徙"而已，餘不能比也。

[巴]——施州

《明史》卷四四《地理志五》：

[湖廣]施州衛軍民指揮使司(元施州，屬四川行省夔州路。)洪武初省。十四年五月復置，屬夔州府。六月兼置施州衛軍民指揮使司，屬四川都司。十二月[改]屬湖廣都司。後州廢，存衛。(今恩施)

（光旦：州廢，存衛，説明少數民族猶不在少數。）

領所一，宣撫司四，安撫司九，長官司十三，蠻夷官司五。

大田軍民千户所，洪武二十三年閏四月以散毛宣撫司之大水田置。(……南……與酉陽界。)東北距衛(今恩施)二百二十里。(今咸豐)

施南宣撫司(元施南道宣慰司。)洪武四年十二月因之，後廢。十六年十二月① 復置……二十七年後，復廢。永樂二年五月改置長官司，屬大田軍民千户所。四年三月升宣撫司，仍屬衛。北距衛一百里。領安撫司五。

東鄉五路安撫司(元東鄉五路軍民府。洪武四年十二月改置長官司，後升安撫司。領長官司三，蠻夷官司二。)

搖把峒長官司(元又把峒安撫司，後廢。宣德三年五月改置。)

上愛茶峒長官司

下愛茶峒長官司(俱元容美洞地。至大二年置懷德府，屬四川南道宣慰司。至順二年正月升宣撫司。至正中，升軍民宣慰司。太祖甲辰年六月改軍民宣撫司，後廢。宣德三年五月改置。)

鎮遠蠻夷官司(宣德三年五月置。)

隆奉蠻夷官司(元隆奉宣撫司。洪武四年十二月改長官司，後廢。宣德三年五月改置官司。)

忠路安撫司(明玉珍忠路宣撫司。洪武四年改安撫司，二十三年廢。永樂五年復置，領長官司一。)

劍南長官司(宣德三年五月置。)

忠孝安撫司(元置。洪武四年十二月改長官司，尋復故。二十三年廢。永

---

① 標點本《校勘記》：十二月，據《太祖實録》卷一五八洪武十六年十一月乙卯條應爲"十一月"。——整理者注

樂五年復置。）

金峒安撫司（元置。洪武四年十二月改長官司。永樂五年復故。宣德三年五月領蠻夷官司一。）

西坪①蠻夷官司（宣德三年五月置。隆慶五年正月降爲峒長。）

中峒安撫司（嘉靖初置。）

散毛宣撫司（元至元三十年四月置散毛洞蠻夷官。三十一年五月升爲府，屬四川行省。至正六年七月改散毛誓崖等處軍民宣慰司。明玉珍改散毛宣慰使司都元帥。）洪武七年五月改散毛沿邊宣慰司，屬四川重慶衛。二十三年廢。永樂二年五月置散毛長官司，屬大田軍民千户所。四年三月升宣撫司，屬施州衛。（西接忠建宣撫司，東南接永順宣慰司。）東北距衛二百五十里。領安撫司二。（今來鳳）

龍潭安撫司（元龍潭宣撫司。明玉珍改長官司。洪武八年十二月改龍潭安撫司，屬四川重慶衛。二十三年廢。永樂四年三月復置，來屬。南有清江。）

大旺安撫司（明玉珍大旺宣撫司。洪武八年十二月因之，屬四川〔重慶衛？〕。永樂五年改置。領蠻夷官司二。）

東流蠻夷官司（洪武八年十二月置東流安撫司，屬四川，後廢。宣德三年五月改置，來屬。）

臘壁峒蠻夷官司（宣德三年五月置。）

忠建宣撫司（元忠建軍民都元帥府。明玉珍因之。）洪武五年正月改長官司。六年升宣撫司。二十七年四月改安撫司，尋廢。永樂四年復置宣撫司，屬施州衛（西南界容美）。北距衛二百五十里。領安撫司二。（今宣恩）

忠峒安撫司（元湖南鎮邊宣慰司。明玉珍改沿邊溪洞宣撫司。洪武五年正月改沿邊溪峒長官司，後廢。永樂四年改置。）

高羅安撫司（元高羅宣撫司。明玉珍改安撫司。洪武六年廢。永樂四年三月復置。領長官司一。）

光旦：此中必有仡佬，已與巴同化矣。

思南長官司（成化後置。）

光旦：此與貴州之思南不相涉。然二處領導層皆巴也，"思南"二音必

---

① 標點本《校勘記》：西坪，《明史》卷三一〇《施州傳》、《明史稿》傳一八四《施州傳》、《宣宗實錄》卷四三宣德三年五月戊寅條、《明一統志》卷六六都作"西泮"。——整理者注

有意義。

> 光旦：高羅，即歌羅，說者謂李白放謫夜郎，至此召回。亦可云已達古夜郎地也。

容美宣撫司（元容美等處宣撫司，屬四川行省。）太祖丙午年二月因之。吳元年正月改黃沙靖安麻寮等處軍民宣撫司。洪武五年二月改置長官司。七年十一月升宣慰司，後廢。永樂四年復置宣撫司，[屬]施州衛。（西南有山河〔？〕，即漊水之上源，東入九溪衛界。）西北距衛二百十里。領長官司五。

> 光旦：今鶴峰縣。

> 光旦：參後漢漊中蠻。

盤順長官司（元元統二年正月置盤順府。至正十五年四月升軍民安撫司。洪武五年三月改長官司。）

椒山瑪瑙長官司

五峰石寶長官司

石梁下峒長官司

水盡源通塔平長官司（俱洪武七年十一月置，十四年廢。永樂五年復置。）

木冊長官司（元木冊安撫司。明玉珍改長官司。）洪武四年廢。永樂四年三月復置，屬高羅安撫。宣德九年六月直隸施州衛。（宣恩境）

> 光旦：既曾屬高羅，後又直屬衛，疑其中仡佬之成分尚未化盡也。

鎮南長官司（元宣化鎮南五路軍民府，尋改湖南鎮邊毛嶺峒宣慰司。明玉珍改鎮南宣撫司。）太祖丙午年二月因之，尋廢。洪武八年二月復置，屬施州衛。二十三年復廢。永樂五年改置[長官司]，直隸施州衛。（宣恩境）

唐崖長官司（元唐崖軍民千戶所。明玉珍改安撫司。）洪武七年四月改長官司，後廢。永樂四年三月復置，直隸施州衛。（南有黔水，即清江之上源。）（咸豐境）

> 光旦：土司之由大改小，廢置不常，說明巴族後人之日就漢化，而中原統治者又復亟亟於推進，設所設衛，移民亦日充斥，終於歸流而後已（清雍正）。至今只散毛一司（今來鳳縣）尚有五六萬"土家"人，餘皆漢化矣！

[巴]（施州）

《明史》卷二七九《堵允錫傳》：

順治四年，永明王令[李]赤心（自成兄子，唐王時，降，允錫於常德受其降，原名李錦）等攻荊州。月餘，大清兵援荊州。赤心等大敗，步走入蜀，數日不得食。乃散入施州衛……八月，大兵破武岡（永明初嘗駐此）及寶慶、常德、辰、沅，允錫走永順土司。尋赴貴陽，抵遵義……又入施州，請忠貞營軍（即李赤心及自成婦弟高必正——原名高一功——等於降明後所改組之軍隊）。……

[巴]（施州）——沿革

《明史》卷三一〇《土司列傳·湖廣土司》：

> 施州，隋爲清江郡，改施州。明初仍之。洪武十四年改置施州衛軍民指揮使司，屬湖廣都司。領軍民千户所一：曰大田。領宣撫司三：曰施南，曰散毛，曰忠建。領安撫司八：曰東鄉五路，曰忠路，曰忠孝，曰金峒，曰龍潭，曰大旺，曰忠峒，曰高羅。領長官司七：曰摇把峒，曰上愛茶峒，曰下愛茶峒，曰劍南，曰木册，曰鎮南，曰唐崖。領蠻夷長官司五：曰鎮遠，曰隆奉，曰西坪，曰東流，曰臘壁峒。又有容美宣撫司者，亦在境内（既在境内，而不言領，不與上三宣撫並列，所未解），領長官司四：曰椒山瑪瑙，曰五峰石寶，曰石梁下峒，曰水盡源通塔平。

> 光旦：施州之稱，此未言其由來。前史及它文獻言桓玄之敗，其子誕（天生）逃入蠻中，爲蠻人首領，稱"施王"，施州之名源於此。今恩施縣之名猶保留此稱。然桓天生何以稱施王，音義何居，仍所不解。

> 初，太祖即吴王位，甲辰六月，湖廣安定宣撫使向思明遣長官硬徹律（疑此爲蒙古化名字）等，以元所授宣撫敕印來上，請改授。乃命仍置安定等處宣撫司二，以思明及其弟思勝爲之。又置懷德軍民宣撫司一，以向大旺爲之，統軍元帥二，以南木、潘仲玉爲之。抽攔、不用①、黄石三洞，各置長官一，以没葉、大蟲、硬徹律爲之。臡坪洞設元帥府一，以向顯祖爲之。梅梓、麻寮二洞，各置長官一，以向思明、唐漢明爲之。皆新降者。

> 光旦：以上似皆在湖北洞庭湖以西地區，然懷德或爲例外，須查看，餘亦應一查，始具體。

> 丙午二月，容美洞宣撫使田光寶遣弟光受等，以元所授宣撫敕印來上。命

---

① 標點本《校勘記》：不用，《太祖實録》卷一四甲辰年（至正二十四年）六月戊戌條及《國榷》卷二頁三一三俱作"不夜"。——整理者注

光寶爲四川行省參政，行容美洞等處軍民宣撫司事，仍置安撫元帥治之。並立太平、臺宜、麻寮等十寨長官司。

　　光旦：此又一麻寮，應在今鄂西南鶴峰、五峰等縣境；鶴峰，舊容美也。疑"麻寮"爲仡佬之一派，猶今廣西仫佬族之源自仡佬也。

洪武四年，宣寧侯曹良臣帥兵取桑植。容美洞元施南道宣慰使覃大勝弟大旺、副宣慰覃大興、[田]光寶子答谷等皆來朝，納元所授金虎符。命以施州宣慰司爲從三品，東鄉諸長官司爲正六品，以流官參用。

五年，忠建元帥墨池遣其子驢吾，率所部溪洞元帥阿巨等來歸附，納元所授金虎符並銀印、銅章、誥敕。置忠建長官司及沿邊溪洞長官司，以墨池等爲長官。

[同年]二月，容美宣撫田光寶復遣子答谷來朝。征南將軍鄧愈平散毛、柿谿、赤谿、安福等三十九峒，散毛宣慰司都元帥覃野旺上僞夏所授印。

十四年，江夏侯周德興移師討水盡源通塔平、散毛諸峒，置施州衛軍民指揮使司。

十五年①，置施南宣撫司，隸施州衛。

十七年，散毛沿邊安撫司安撫覃野旺之子起刺來朝，命爲本司僉事。景川侯曹震言："散毛等洞蠻時寇掠爲民患，已令施州衛及施南宣撫覃大勝招之，如負固，請發兵討。"

二十二年命忠建宣撫（上文言，五年，置忠建長官司。六年改宣撫司，史文於此無交代，《地理志》中有之）田思進之子忠孝代父職。時思進年八十餘，乞致仕（此或即上文墨池也，初爲長官，後升宣撫，墨池本族語名，思進漢語名，此類甚多），故有是命。

明年（洪武二十三年），涼國公藍玉克散毛洞，擒剌惹長官覃大旺（剌惹，應是司名，何時設置，上文欠交代）等萬餘人。置大田軍民千戶所，隸施州衛。以藍玉奏：散毛、鎮南、大旺、施南等洞蠻叛服不常，黔江[所駐？]施州衛兵相去遠，難應援，今散毛地與大水田連，宜置千戶所守禦。乃改散毛爲大田，命千戶石山等領土兵一千五百人，置所鎮之。時忠建、施南叛蠻結寨於龍孔，玉遣指揮徐玉將兵攻之，擒宣撫覃大勝，餘蠻退走。玉復分兵搜之，殺獲男女

---

① 標點本《校勘記》：《明史》卷四四《地理志》及《太祖實錄》卷一五八洪武十六年十一月乙卯條繫於十六年。——整理者注

一千八百餘人，械大勝及其黨八百二十人送京師。磔大勝於市，餘戍開元，給衣糧遣之。

　　光旦：開元所在地，應一查。（詳"女直"中卷四一《地理志二》條）

　　永樂二年復設散毛、施南二長官司。先是，洪武初，諸土司長官來降者，皆予原官。蠻苗吳面兒之難，諸土司地多荒廢，長官亦罷承襲。至是，故土官之子覃友諒等以招復蠻民，請仍設治所。以其户少，降爲長官司（上文忠建，恐亦其例），隸大田軍民千户所。以友諒爲散毛長官，覃添富爲施南長官。

　　［永樂］四年，改施南、散毛仍爲宣撫司，以友諒、添富來朝故也。以田應虎爲龍潭安撫。時應虎來朝，言其祖父自宋、元來，俱爲安撫，自蠻亂（此乃苗也，指洪武十八年五開吳面兒之起事）併其地入散毛，隔遠難治，乞仍舊，從之。時高羅安撫田大民言，招復蠻民四百餘户，乞還原職［及］治所。木册長官田谷佐、唐崖長官覃忠孝，並言父祖世爲安撫，洪武時大軍平蜀，民驚潰，治所廢，今谷佐等招集三百餘户，請襲，許之。

　　五年，鎮南長官覃興等來朝，稱係世職，洪武中廢，今招徠蠻民三百户，乞仍舊，既［而］五峰石寶長官張再武（此疑是巴化之乞佬）亦以襲職請，從之。同時，設東鄉五路安撫，以覃忠爲之，隸施南。設石梁下峒、椒山瑪瑙、水盡源通塔平三長官司，以向潮文、劉再貴、唐思文爲之，隸容美。既［而］復設忠路、忠孝、金峒三安撫司，隸施州衛，以覃英、田大英、覃添貴爲之。皆因洪武間蠻亂民散，廢其治，今忠等以故官子姪來朝，奏請復設，並從之，各賜印章冠帶。

　　光旦：言蠻亂民散，蠻爲苗無疑，民則可漢可苗，亦可土家，而苗則是部分不參加起事者。

　　宣德二年[①]設劍南長官司，隸忠路安撫；搖把峒、上愛下愛二茶峒三長官司及鎮邊[②]、隆奉二蠻夷官司，皆隸東鄉五路安撫；東流、臘壁峒二蠻夷官司，隸散毛宣撫；石關峒長官司、西平（上文作西泙）蠻夷官司，隸金峒安撫。皆以其酋長爲之。先是，忠路安撫司等各奏，前元故土官子孫牟酋蠻等，各擁蠻

[①] 標點本《校勘記》：《明史》卷四四《地理志》及《宣宗實錄》卷四三宣德三年五月戊寅條繫於三年。——整理者注

[②] 標點本《校勘記》：鎮邊，《宣宗實錄》卷四三宣德三年五月戊寅條同，《明史》卷四四《地理志》及卷九〇《兵志》、《明史稿》志二一《地理志》及志六七《兵志》都作"鎮遠"。——整理者注

民，久據谿洞，今就招撫，請設官司，授以職事。兵部以聞，帝以馭蠻當順其情，所授諸司，宜有等殺。兵部議以四百户以上者設長官司，四百户以下者設蠻夷官司。元土官子孫量授以職，從所招官司管屬。皆從之。令三年一朝貢如故事。

　　光旦：牟姓，非苗非土，似出於獠。此姓鄂西川東獨多，率皆已漢化，此其未漢化而巴化者乎，故巴爲之請。

　　[宣德]九年，木册長官田谷佐奏：高羅安撫常倚勢淩轢，侵奪其土地人民，已蒙朝廷分理，然彼宿怨未平，恐復加害，乞徑隸施州衛。從之。

　　正統三年命散毛宣撫覃友諒子瑄試職。初，友諒以罪械赴京，中路逃匿，後爲官軍所獲，斃獄。至是，本司以其子爲蠻民信服，乞[許其]襲職。帝以友諒罪重宜革，第以蠻故詘法信恩，命瑄試職圖後效。

　　景泰二年，禮部奏："散毛宣撫司副使黄縉瑄謀殺親兄，律應斬。其妻譚氏遣子忠等貢馬贖罪，然瑄①罪重，法不可宥。宜給鈔以酬馬直。"從之。

　　光旦：黄氏，亦土家，湘西北土司中亦有之。

　　光旦：此事何以歸禮部，所不甚解。或因貢馬關係，然職貢似亦不關禮部事。

　　天順元年，容美宣撫田潮美老疾，請[以]子保富代職。從之。

　　五年，禮部奏："施州木册長官司土舍譚文壽凶暴，并造不法誹謗之言，罪當刑。今其母向氏進馬以贖，恐不可從。"帝命給鈔百錠以慰其母，其子仍禁錮之。

　　成化二年，搖把洞長官向麥荅踵奏："鄰近洗羅峒長，窺知本洞土兵調征兩廣，村寨空虛，煽誘土蠻攻劫，乞調官軍勦治。"

　　光旦：何未見下文？"土蠻"即"土家"。

　　[成化]五年，禮部奏："容美宣撫司田保富等，遣人進貢方物不及數，恐使者侵盜，宜停其賞，仍移知所司。"施州等衛八安撫司各奏，成化五年朝視（覲字之誤）進馬，已付邊衛騎操，而諸衛收馬文移不至，恐有虛詐，宜勘實給賞。皆從之。

　　弘治二年，木册長官田賢及容美致仕田保富各進馬，爲土人譚敬保等贖

---

① 標點本《校勘記》：瑄，據《英宗實録》卷二〇〇景泰二年正月壬戌條應爲"縉瑄"。——整理者注

罪。刑部言："蠻民納馬贖罪，輕者可原，重者難宥，宜下按臣察覈。"

[弘治]八年，容美宣撫貢馬及香，禮部以香不及數，馬多道斃，又無文驗，命予半賞。

九年，金峒安撫覃彥龍奏："境內產杉木，嘗鬻金三千貯庫。今彥龍年老，子惟一人，恐身后土人爭奪，乞解部。"工部議非貢典，卻之。

正德四年，容美宣撫并椒山瑪瑙長官司所遣通事劉思朝等赴京進貢，沿途驛傳多需索，爲偵事所發，自魯橋以北計千餘金。部臣以聞，帝以遠蠻宥之。散毛宣撫并五峰石寶、水盡源通塔平長官司入貢後期，部議半賞，從之。

九年命大田千戶所千戶冉霈子舜卿爲指揮僉事，以自陳討川寇功也。

光旦：爲千戶者或漢人之移其地者，或當地族人之漢化較深者，冉霈顯屬後一類。冉姓以川東及川東南之巴人後裔中爲多，施州較少，此爲不多見之一例。

光旦：川寇指藍廷瑞、鄢本恕之起事，在正德六年。

十一年，容美宣撫田秀愛其幼子，將逐其兄白俚俾，而以幼子襲。白俚俾恨之，賊殺其父及其弟。事聞，下鎮巡官驗治，磔死。土官唐勝富、張世英等爲白俚俾奏辨，罪亦當坐。詔以蠻獠異類，難盡繩以法，免其並坐，戒飭之。

[正德]十五年，容美宣撫司同知田世瑛奏：獲鎮南軍民府古印，爲始祖田始進開熙二年頒給，乞改陞宣撫司爲軍民府。禮部議，以開設宣撫，頒印已久，不當更，古印宜繳。從之。

光旦：此何以歸禮部議，不解。

光旦：宋制與元明不同，大抵純粹是非漢地區，設羈縻州縣，而漢與非漢已雜居之地則有此類軍民府之設，然而爲之長官者不必爲當地土民，禮部何不以此理由折之？亦不解。

嘉靖七年，容美宣撫司、龍潭安撫司每朝貢率領千人，所過擾害，鳳陽巡撫唐龍以聞。禮部按舊制，進貢不過百人，赴京不過二十人，命所司申飭。忠孝安撫司把事田春者數十人稱入貢，僞造關文，騷擾驛傳，應天巡撫以聞。兵部議，土司違例入貢，且所過橫索，恐有他虞，宜嚴禁諭。

二十六年，臘壁峒等長官司入貢，禮部驗印文詐偽，詔革其賞，并下按臣勘問。

三十三年詔湖廣川貴總督并節制容美[等]十四司。初，容美土官田世爵與土官(何司，欠交代)向元楫累世相仇。元楫幼，世爵佯爲講好，以女嫁之，謀奪其產，因誣元楫以奸。有司恐激變，令自捕元楫，下獄論死。世爵遂發兵，盡俘向氏，并籍其土，皆没入之。久之，撫按知其謀，責與元楫對狀，世爵不出，陰與羅峒土舍黄中等謀叛。於是湖廣巡按御史周如斗請移荆南道分巡施州衛，以便控制，調廣西、清浪等戍軍，以實行伍。疏下督臣馮岳等議，岳等言："施州地勢孤懸，不可久居，戍軍亦非一時可集。當移荆瞿守備於施州，九永守備於九谿，上荆南道備巡歷。至世爵驕横，有司不能攝治，獨久繫元楫何爲。宜假督臣以節制容美之權，問世爵抗違之罪，如不悛，即繩以法。" 從之。[故有此詔。]

時龍潭安撫黄俊素貪暴，據支羅洞寨（應即上文之羅洞，奪支字），以睚眥皆殺人，繫獄。會白草番反，俊子中請立功爲父贖罪，已[而]又自求爲副指揮，賄當事者許之。俊出益驕，乃與中及羣盜李仲實等，恣行於四川之雲陽、奉節間。副使熊逵等計擒俊與仲實。俊死於獄，中自縛出降，執餘黨譚景雷等自贖。帝命追戮俊，梟示，仲實等論斬，中謫戍……

[嘉靖] 三十五年，命容美宣撫田九霄襲職，賜紅紵衣一襲，以浙江黄宗山擊倭之功也。

光旦：土家兵擊倭，不止永順、保靖兩司者。

隆慶元年，吏科給事 [中] 朱繪等言，湖廣施州衛忠路安撫覃大寧一日奏五上，語多不實，請究治。都察院議，金峒安撫土舍覃璧爭印相殺，及磁峒不當轄四川（轄於四川也）。俱下撫按官勘報。

四年，覃璧作亂，傷官軍，撫按請治失事諸臣罪。兵部言："本衛孤懸境外，事起倉猝，宜從寬貸，以責後功。" 帝然之，命所司相機勦撫。

[隆慶] 五年，巡撫劉慤以覃璧平，條議五事："一，請以川東所轄巫山、建始、黔江、萬縣改屬上荆道。一，以荆州去施州衛遠，不便巡歷。夷陵（宜昌）西有傅友德所闢取蜀故道，名百里荒者，抵衛僅五百餘里。請以巴東之石砫司巡檢、施州衛之州門驛、三會驛並移近地，俾閭井聯絡。而於百里荒及東卜瓏仍創建哨堡，令千户一員，督班軍百人戍守。

光旦：百里荒，當是清江兩岸沿江地帶，跨長陽、五峰等縣，近無通行之大路，清江自長陽以上亦不甚通航。我於1956年底，至長陽後，意欲直接西至恩施（施州衛治所在），事實上不可能，終於繞道川東奉節及川東南之酉、秀、黔、彭轉入鄂西南而達恩施，如此大圈子雖非必要（我意在訪問此大片巴人舊地，初不僅長陽、恩施二地也），然兩地間無直徑而傅友德之舊道已湮，從可知矣。

一，施州衛延袤頗廣，物産最饒，衛官朘削，致民逃夷地爲亂。宜裁通判設同知，撫治民蠻，均平徭賦，勿額外橫索。一，金峒世官不宜遽絶，貸覃勝罪，降安撫爲峒長（殊無此正式官稱），聽支羅所百户提調。一，施州所轄十四司應襲官舍，必先白道院，始許理事。其擅立名號者，請嚴治，并令兵巡道每歲經歷施州，豫行調集各官舍獎諭，令赴學觀化。"俱從之。

萬曆十一年，湖廣撫按奏："施州衛施南等宣撫司各官，仍聽鎮筸參將節制，載入敕書，以一事權。"從之。

光旦：此或即筸兵、捍子兵之稱之由來，施南等既歸此參將節制，則較近之永、保土兵可知矣。曰筸兵者，不必出自筸子坪本地也，特歸鎮筸參將節制耳。其中以土家兵爲主，而附有苗兵，亦從此得到明確。

崇禎十二年，容美宣撫田元疏言："六月間，穀賊復叛，撫、治兩臣（治，何臣，費解）調用土兵。臣即捐行糧戰馬，立遣土兵七千，令副長官陳一聖等將之前行。悍軍（疑即捍軍或筸軍）鄧維昌等憚於征調，遂與譚正賓結七十二村，鳩銀萬七千兩，賂巴東知縣蔡文陞以逼民從軍之文上報，阻（沮）忠義而啓邊釁。"帝命撫、按核其事。時中原寇盜充斥，時事日非，即土司徵調不至，亦不能問矣。

光旦：穀賊，指當時在鄂西穀城一帶之"流寇"，按即張獻忠。

光旦：悍軍定是筸軍或捍軍之誤，如真係强悍之悍，則應作"悍兵"。

光旦："撫、治兩臣"應是"撫、按兩臣"之誤刊。

[巴]（思南）

《明史》卷三一六《貴州土司傳·平越[府]》：

天啓四年，[諸苗起事，]凱里土司楊世慰①……與平茶辇苗來修怨……窺香鑪山……總督楊述中檄總兵魯欽……進勦……欽……分遣朗溪司田景祥截平茶賊援。用藥弩及礮殺傷賊衆，賊乘夜遠遁。自是不敢再窺鑪山。

光旦：朗溪長官及部分部衆亦巴後，與二思同。二思早經改府，朗溪司至明末尚存。它書謂副長官任姓，疑本姓冉，冉轉爲任爲嚴，它處頗有其例，則亦巴後也。

---

① 標點本《校勘記》：楊世慰，《明史》卷二七〇《魯欽傳》作"楊世蔚"。——整理者注

[巴]（思南、思州）

《明史》卷三一六《貴州土司傳》序：

> 明太祖既克陳友諒，兵威遠振，思南宣慰、思州宣撫率先歸附，即令以故官世守之……[思南宣慰]田仁智等歲修職貢，最恭順……賦稅聽自輸納，未置郡縣。永樂十一年，思南、思州相仇殺，始命成（顧成，洪武八年爲[貴州？]衛指揮僉事，築衛城，至此應已遷官，史於此處未詳，參卷一四四《顧成傳》）以兵五萬執之，送京師。乃分其地（應是思南思州之地，初必甚廣，不止後所設二府所轄之境土）爲八府四州（後府併爲六）……

> 光旦：二思統治層爲巴人後裔，一般居民中亦多此族人。然不限於此，苗族亦不在少數。隋唐以降，歷代自湘、川境移入之漢人自亦所在而有。

> 光旦：二思巴人後裔，與湘西永順、保靖、桑植、鄂西之容美、散毛等，川東南之酉陽、石砫各土司之巴人後裔，尤其是在其上層間，有密切關係。其在湘西者，明清以來稱"土家"（別有片），其他是否亦有"土家"之稱，一時尚未能肯定。

《明史》卷三一六《貴州土司傳》序：

> [田]仁智[初附]，入朝，帝（明太祖）諭之曰："天下守土之臣，皆朝廷命吏，人民皆朝廷赤子，汝歸善撫之，使各安其生，則汝可長享富貴。……"

[巴]（思南、思州）——沿革

《明史》卷三一六《貴州土司傳·思南思州[二府]》：

> 思南，即唐思州。宋宣和中，番部田祐恭內附，世有其地。元改宣慰司。明洪武初，析爲二宣慰，屬湖廣。永樂十一年置思南府，領長官司四：曰水德江，曰蠻夷，曰沿河祐溪，曰朗溪。[置]思州[府]，領長官司四：曰都坪峨異溪，曰都素，曰施溪，曰黃道溪。

> 初，太祖起兵平僞漢，略地湖南。思南宣慰使田仁智遣都事楊琛來歸附，并納元所授宣慰誥。帝以[其]率先來歸，俾仍爲思南道（何來道字？）宣慰使，以三品銀印給之，并授琛爲宣撫使（亦可有無司之使，是明初土司制度尚未成定局之證明）。思州宣撫使田仁厚亦遣都事林憲、萬戶張思溫來獻鎮遠、古州軍民二府，婺川、功水、常寧等十縣，龍泉、瑞溪、沿河等三十四州。於是命改思州宣撫爲思南（？）鎮西等處宣慰使司，以仁厚爲使，俱歲朝貢不絕。

> [洪武]二年，仁厚死，子弘正襲。

帝以思南土官世居荒服，未嘗詣闕，詔令率其部長入朝。九年，仁智入覲，加賜織金文綺，并諭以敬上愛下、保守爵禄之道。仁智辭歸，至九江龍城驛病卒。有司以聞，遣官致祭，並敕送柩歸思南。

時思州田弘正與其弟弘道等來朝，帝命禮部皆優賜。

[洪武]十一年，仁智子大雅襲，奉表謝恩。命思南收集各洞弩手二千人，備征調。

光旦：巴人善弩，猶是戰國以來之舊，傳統不衰。

十四年，大雅入朝。

十八年，思州諸洞蠻作亂，命信國公湯和等討之。時寇出没不常，聞師至，輒竄山谷間，退則復出剽掠。和等師抵其地，恐蠻人驚潰，乃令軍士於諸洞分屯立柵，與蠻人雜耕，使不復疑。久之，以計擒其魁，餘黨悉定，留兵鎮之。

[洪武]二十年移思南宣慰於鎮遠。大雅來謝恩。思州宣慰弘正死，子琛襲。

三十年，大雅母楊氏（疑是播州者）來朝。

永樂八年，大雅死，子宗鼎襲。初，宗鼎兇暴，與其副使黄禧搆怨，奏訐累年。朝廷以田氏世守其土，又先歸誠，曲與保全，改禧為辰州知府。

光旦：副使應即副宣慰使，黄禧應亦巴後，思南有此姓，猶永順之有參著黄洞之黄姓也。辰州知府是流官，應由漢人任，黄禧何以得改任，所不解。當是因黄禧之漢化程度已頗深，而辰州境内亦多漢化之此族人也乎？

未幾，思州宣慰田琛與宗鼎爭沙坑地有怨。禧遂與琛結，圖宗鼎，搆兵。琛自稱天主，禧爲大將，率兵攻思南。宗鼎挈家走，琛殺其弟，發其墳墓，并戮其母屍。宗鼎訴於朝，屢敕琛、禧赴闕自辨，皆拒命不至，潛使奸人入教坊司，伺隙為變。事覺，遣行人蔣廷瓚召之，命鎮遠侯顧成以兵壓其境，執琛、禧械送京師，皆引服。琛妻冉氏（疑是酉陽來者）尤強悍，遣人招誘臺羅等寨苗普亮為亂，冀朝廷遣琛還招撫，以免死。帝聞而錮之。（錮何人？琛？冉氏？）以宗鼎窮蹙來歸，得末減，令復職，還思南。而宗鼎必得報怨，以絕禍根。帝以宗鼎幸免禍，不自懲，乃更逞忿，亦留之。宗鼎出誹言，因發祖母陰事，謂與禧奸，實造禍本。祖母亦發宗鼎縊殺親母、瀆亂人倫事。帝命刑部正其罪，諭户部尚書夏原吉曰："琛、宗鼎分治思州、思南，皆爲民害。琛不道，已正其辜。宗鼎滅倫，罪不可宥。其思州、思南三十九長官地，可更郡縣，設貴州布政使司總轄之。"命顧成剿臺羅諸寨。成斬苗賊普亮，思州乃平。（此似十一年事。）

十二年遂分其地爲八府四州。貴州爲内地，自是始。兩宣慰廢，田氏遂亡。

[巴]（石砫）

《明史》卷四三《地理志四》：

[四川]石柱宣慰司（元石砫軍民宣撫司。明玉珍改安撫司。）洪武八年正月爲宣撫司，屬重慶衛。嘉靖四十二年改屬夔州衛。天啓元年升爲宣慰司。

光旦：所以升者，秦良玉從平奢崇明有功。

[巴]（石砫）——沿革

《明史》卷三一二《四川土司傳·石砫宣撫司傳》：

石砫，以石潼關、砫蒲關而名。後周置施州。唐改青（應作清）江郡。宋末，置石砫安撫司。元改石砫軍民府，尋仍爲安撫司。

洪武七年，石砫安撫使馬克用遣其子付德與同知陳世顯入朝，貢方物。

八年，改石砫安撫司爲宣撫司，隸重慶府。

十六年，石砫溪蠻寇施州，黔江守禦官軍擊破之。

十八年，石砫宣撫同知陳世顯遣子興潮等奉表貢方物，賀明年正旦。

二十四年賜石砫宣撫同知陳興潮及其子文義白金百兩，以從征散毛洞有功故也。

光旦：由是可知同知亦此族人，世襲，非監護之漢官。

宣德五年命宣撫馬應仁子鎮爲宣撫。初，應仁有罪應死，貸謫戍。至是，帝念其祖克用嘗効力先朝，命求其子孫之良者用之，故有是命。

成化十八年，四川巡撫孫仁奏："三月内盜三百人入石砫，殺宣撫馬澄及隸卒二十餘人，焚掠而去。以石砫地鄰酆都，互争銀場相訐，有司不爲區治，致相讎殺。"命責有司捕賊。仁奏："石砫歲辦鉛課五千一百三十斤，正統後停之。鄰境軍民假以徵課，乘機竊取，釀成禍階。請除其課，閉其洞，仍移忠州臨江巡檢於酆都南賓里之姜池，以便防守。"從之。

光旦：初言銀場，繼言鉛課，初言停，繼言除，文字欠清楚。司境有礦可採，而司之統治層亦與其事，則可知。

是年（成化十八），命馬徽爲宣撫。

萬曆二十二年，石砫女土官覃氏行宣撫事。土吏馬邦聘謀奪其印，與其黨馬斗斛、斗霖等，集衆數千，圍覃氏，縱火焚公私廬舍八十餘所，殺掠一空。

覃氏上書言：“臣自從征疊、茂，擊賊大雪山，斬首捕寇，皆著有成勞，屢膺上官獎賞。今邦聘無故虐劉孤寡，臣豈不能出一旅與之角勝負，誠以非朝命，不敢也。今叛人斯在，請比先年楚金洞舍（土舍也）覃碧謀篡事，願與邦聘同就吏。”二十三年命四川撫、按讞其獄，事未決。會楊應龍反播州，覃與應龍爲姻，而斗斛亦結應龍，兩家觀望，獄遂解。覃氏有智計，性淫，故與應龍通。長子千乘失愛，曘次子千駟，謂應龍可恃，因聘其女爲千駟妻。千駟入播，同應龍反。千乘襲馬氏爵，應調，與酉陽冉御龍同征應龍。應龍敗，千駟伏誅，而千乘爲宣撫如故（語冗）。千乘卒，妻秦良玉以功封夫人，自有傳。

[巴]（酉陽）

《明史》卷四三《地理志四》：

　　[四川]酉陽宣慰司（元酉陽州，屬懷德府。明玉珍改沿邊溪洞軍民宣慰司。）洪武五年四月仍置酉陽州，兼置酉陽宣慰司，州尋廢。八年正月改宣慰司爲宣撫司，屬四川都司。永樂十六年改屬重慶衛。天啓元年升爲宣慰司。……領長官司三：石耶洞長官司、邑梅洞長官司、麻兔洞長官司（別見"苗"片）。

《明史》卷二七〇《秦良玉傳》：

　　（石砫土兵與酉陽土兵助討播州，又同出山海關，參加禦滿洲之渾河戰役，皆有功，見"[巴]——秦良玉"片。）

《明史》卷三一二《四川土司傳·播州宣慰司傳》：

　　永寧、酉陽皆[楊]應龍姻媾。

　　　光旦：湘、川、黔各大土司皆通姻媾，不分族屬。播州族屬不明，自謂漢族，而永寧則彝也，酉陽則巴也。播州亦與思州、思南通婚，亦巴後也。楊應龍以妾爲妻之田氏，此《傳》中數見，疑即來自二思之地，第不必爲二思故土司嫡裔耳。

[巴]（酉陽）——沿革

《明史》卷三一二《四川土司傳·酉陽宣撫司傳》：

　　酉陽，漢武陵郡酉陽縣地。宋爲酉陽州。元屬紹慶府[①]。

[①] 標點本《校勘記》：紹慶府，據《明史》卷四三《地理志》、《元史》卷六〇《地理志》應爲"懷德府"。——整理者注

洪武五年，酉陽軍民宣慰司冉如彪遣弟如喜來朝貢。置酉陽州，以如彪爲知州。

八年改爲宣撫司，仍以冉如彪爲使。置平茶、邑梅、麻兔、石耶四洞長官司，以楊底綱、楊金奉、冉德原、楊隆爲之，每三年一入貢。石耶不能親至京，命附於酉陽。

光旦：四長官司在酉陽司南，人口以苗爲多，巴族後人較少，三楊氏長官亦非巴後。

[洪武]二十七年，平茶洞署長官楊再勝，謀殺兄子正賢及洞長楊通保等。正賢等覺之，逃至京師，訴其事，且言再勝與景川侯（曹震）謀反。帝命逮再勝鞫之，再勝辭服，當族誅，正賢亦應緣坐。帝誅再勝，釋正賢，使襲長官。

酉陽宣撫冉興邦以襲職來朝，命改隸渝州。

永樂三年，指揮丁能、杜福撫諭亞堅等十一寨生苗一百三十六戶，各遣子入朝，命隸酉陽宣撫司。

四年免酉陽荒田租。

五年，興邦遣部長龔俊等貢方物，並謝立儒學恩。

光旦：此龔姓爲巴人後無疑。板楯七姓之一。今烏江入川而成黔江或涪陵江之處有大灘曰龔灘即因此姓得名，解放後已鑿通矣。龔姓，文獻中有作龏者，定誤。龔灘即在酉陽南境盡處。

景泰七年調宣撫僉事（宣撫使兼都督僉事也）冉廷璋兵，征五開、銅鼓叛苗，賜敕諭賞齎。

天順十三年（天順只八年，無十三年，是成化之誤，見《憲宗實錄》卷一六二成化十三年二月己未條）命進宣撫冉雲散官一階，以助討叛苗及擒石全州之功也。

弘治七年，宣撫冉舜臣以征貴州叛苗功，乞陞職。兵部以非例，請進舜臣階明威將軍，賜敕褒之。

[弘治]十二年，舜臣奏宋農寨蠻賊糾脅諸寨洞蠻，殺掠焚劫，乞剿捕。保靖、永順二宣慰亦奏，邑梅副長官楊勝剛父子謀據酉陽，結俊倍洞長楊廣震等，號召宋農、後溪諸蠻，聚兵殺掠，請並討。兵部議，酉陽溪洞連絡，易煽動，宜即撲滅，請行鎮巡官酌機宜。

光旦：此應皆是司境以內之苗。

十四年調酉陽兵五千協剿貴州賊婦米魯。

正德三年，酉陽宣撫司護印舍人冉廷璽及邑梅長官司奏，湖廣鎮溪所洞苗聚衆攻劫，請兵剿捕。

[正德]八年，宣撫冉元獻大木二十，乞免男維翰襲職赴京。從之。

二十年（順上文，應是正德，然正德才十六年，嘉靖之誤，見《世宗實録》卷二四五嘉靖二十年十月壬午條），元再獻大木二十，詔量加服色酬賞。

萬曆十七年，宣撫冉維屏獻大木二十，價逾三千。工部議，應加從三品服，以爲土官輸誠之勸。從之。

光旦：應是楠木，鄂西南、川東南所產爲多。今則無復大者矣。余1957年經此，詢之當地人，故知之。

四十六年調酉陽兵四千，命宣撫冉躍龍將之援遼。四十七年，躍龍遣子天允及文光等領兵赴遼陽，駐虎皮、黄山等處三載，解奉集之圍。再援瀋陽，以渾河失利，冉見龍戰没，死者千餘人。撤守遼陽，又以降敵（應是投降之敵人，非降於敵）縱火，冉文煥等戰没，死者七百餘人。兵部尚書張鶴鳴言："躍龍遣子弟萬里勤王，見龍既殺身殉國，躍龍又自捐金二千兩，運軍器至山海關，振困招魂，忠義可嘉。臣在貴州時，躍龍亦自捐餉征紅苗，屢建奇功。今又著節於邊，宜加優恤，以風諸邊。"天啓元年授躍龍宣慰使，並妻舒氏，皆給誥命，仍恤陣亡千七百餘家。

光旦：宣撫改宣慰，終明之世未改，是則目録中應作"宣慰司"，不應作"宣撫司"。

光旦：躍龍妻舒氏，當來自湖廣酉水以南者，《宋史·西南溪峒蠻夷傳》所謂"南江舒氏"也。其源爲瑶。此一帶少數民族統治上層，至此蓋漢化已深已久，族雖別而階級則無別，且又均已漢化，故巴、瑶之間亦得通婚媾也。

[天啓]二年，奢崇明叛，躍龍率援師合圍重慶。及崇明誅，其土舍冉紹文與有功。

[天啓]四年，躍龍以東西赴調效命，爲弟見龍及諸陣亡者請賚卹。命下所司。

崇禎九年，宣慰使冉天麟疏言："庶孽天允假旨謀奪臣爵土，不遂，擅兵戕殺。"下撫按察勘。時蜀方憂盗，大吏自顧不暇，土官事多寢閣云。

巴——捍子軍、筸兵

《明史》卷二四九《朱燮元傳·徐如珂附傳》：

[天啓初年，如珂]奉檄搗藺州土城。賊借水西兵十萬來援，前軍少卻。捍子軍覃懋勳挽白竹弩連中之，賊大潰。……遂拔藺州。

光旦：捍子軍之名，初見，義未詳。疑亦"白芳子弟兵"之類，由巴人之後裔組成之。覃爲巴舊姓，一也（瞫、潭、譚、秦，皆其異寫）。白竹弩，巴人傳統武器，極銳利，《後漢書》卷一一六（或卷八六）言，秦昭襄王使巴人射殺白虎，用白竹弩，至此且二千年矣。

《明史》卷二六一《盧象昇傳》：

[象昇（時以右副都御史總理江北、河南、山東、湖廣、四川軍務，剿"流賊"）]調四川及箄子土（原刻誤作"上"）兵，搜捕均州賊。

光旦："箄子土兵"疑即上條《朱燮元傳》中之"捍子軍"。箄子土兵應即來自箄子坪（湖南鳳凰縣）者，今爲土、苗雜居之地，疑當明代，土家或多於苗。箄字，義不詳，疑或與竹弩有關，故即以之名軍，待再考。其事似在崇禎九年。

《明史》卷二六九《湯九州傳·楊正芳附傳》：

[崇禎]七年，[流]賊陷當陽，正芳（時爲副總兵，何地之副總兵，史文交代未清）以鎮箄兵敗賊班鳩灘（是則應是湖廣副總兵）。

光旦：此中應亦有苗。

《明史》卷二六九《湯九州傳·楊正芳附傳》：

[崇禎]七年……十月，正芳（時爲湖廣副總兵）督箄兵千餘援雛南，戰敗……死焉。（敗死於"流寇"。）

[巴]——白桿兵

《明史》卷二七〇《秦良玉傳》：

良玉……所部號白桿兵，爲遠近所憚。

光旦：此與上文所見之悍兵、捍兵、箄軍等名稱必有關，疑皆一名而同音異寫者。所以疑之者，則因其悉與巴人後裔有涉，無例外。

巴——捍子兵、箄軍

《明史》卷三一〇《土司列傳·湖廣土司》：

（此名稱之由來，或因湖廣土家兵皆歸鎮箄參將節制之故，事起於萬曆十一年；又箄軍又嘗作悍軍：均見"[巴]（施州）——沿革"片。）

巴——巴姓

《明史》卷一八九《夏良勝傳》附：

[正德末，忤旨受杖謫官者，有]行人……巴思明。

《明史》卷二五一《錢龍錫傳·錢士升附傳》：

[崇禎七年，以禮部尚書（閣員）疏諫括江南富戶，有云，]"此秦皇不行於巴清、漢武不行於卜式者，而欲行於聖明之世乎？"

　　光旦：《史記》，巴清作巴寡婦清，今作巴清，是直以巴爲姓也。然確有巴姓，不知彼寡婦果以巴爲姓否耳。

巴——鄂姓

《明史》卷二九四《郭以重傳·岳璧附傳》：

崇禎[中]，蘄州破，指揮岳璧自屋墮地，不死。賊執至城上，欲降之。……曰："我世臣也，城亡與亡……"[不屈死。]

　　光旦：黃梅一帶岳姓，原爲鄂姓，巴姓也，當因嘗受歧視，改岳。其說曰，原本岳姓，因岳飛被害，懼殃及，乃改鄂，及宋孝宗平反岳飛獄，又還爲岳！此岳璧者應是當地人，自言"世臣"，蓋當地世襲指揮也。黃梅鄂改岳之例，與蘄水文改聞之例極相似，惟聞則未改還爲文耳。

[巴]——樊姓

《明史》卷四四《地理志五》：

[湖廣武昌府]武昌[縣]（……西有樊山，一名西山……西南有樊港，一名樊溪，又名袁溪，匯縣南湖澤凡九十九，北入大江，曰樊口。）

《明史》卷四四《地理志五》：

[湖廣襄陽府]襄陽[縣]（……北有樊城，有樊城關巡檢司。）

巴——樊姓

《明史》卷二三三《樊玉衡傳》：

樊玉衡……黃岡人。

　　光旦：此即樊山、樊口之樊，源出廩君，爲五姓之一，黃岡於晉代爲五水蠻聚居之地，五水蠻於東漢初爲江夏蠻，則漢統治者強制徙自鄂西巴人舊地者。此人應是巴後，可無甚疑義。

光旦：五水蠻舊地如浠水、黄梅等又有岳（鄂姓）、聞（文姓，聞一多原姓文）諸姓，来源正同。

[巴]——樊姓

《明史》卷二七九《樊一蘅傳》：

樊一蘅……宜賓人。……福王立……[起爲兵部右侍郎，總督川陝軍務。]時張獻忠已據全蜀，惟遵義未陷。[順治二年，亦即福王立之明年諸將頗收復蜀地，兵威甚振，凡]二十餘萬，奉一蘅節制。……其他據城邑奉征調者……夔、萬則譚弘、譚詣。……[順治三年，清兵入蜀，諸將散據各地]……譚詣據巫山，譚文據萬縣，譚弘據天字城……搖黃諸家據夔州夾江兩岸，而李自成餘孽李赤心等十三家亦在建始縣。一蘅令不行，保叙州一郡而已（時已爲順治四年，永明王命爲户兵二部尚書）。……七年……譚弘、譚詣、譚文[等]盡降[於大清]。……[旋一蘅]謝事，避山中。[八年]九月……遘疾死。

《明史》卷三一七《廣西土司傳·平樂[府]》：

隆慶中，總督殷正茂擊破古田，即以檄趣八寨歸降……於是寨老樊公懸、韋公良等踵軍門上謁……

光旦：僮中亦有樊姓，尚屬初見；疑亦三國時巴人駐兵之遺，與覃姓同。尚可能有扶姓，另有片。

[巴]——扶姓

《明史》卷一五：

[弘治]十三年……六月……庚子……太監扶安往代[太監金輔爲大同前綫禦火篩之監軍]。

《明史》卷一一七《諸王傳二》：

嘉靖三年，[慶定王朱]台浤（太祖第十六子朱㮵之後）[爲寧遠衛楊欽等誣告圖謀]不軌……帝使太監扶安、副都御史王時中等復按。

光旦：此姓今湘西土家族中尚有，永順、龍山兩縣公路貫穿之一市鎮上即有四家（1956年）。論者謂即板楯七姓中朴姓之同音異寫。

[巴]——伏姓

《明史》卷一四八《楊士奇傳》：

[宣德初，]擇使交阯者。蹇義薦伏伯安……

[巴]——扶姓

《明史》卷二二一《郝杰傳·扶克儉附傳》：

光山人。……克儉本姓扶，冒胡姓，久之始復故。

《明史》卷三〇六《閹黨傳·霍維華傳》附：

有李恒茂者……爲禮科給事中，薦[崔]呈秀復官……劾罷侍郎扶克儉……

《明史》卷三一七《廣西土司傳·桂林[府]》：

（僮人古田起事，爲期甚久，至嘉靖末隆慶初，有首領扶嫩、土婆顯等爲各縣官兵合力捕獲，事在殷正茂大征前不久，見"僮（桂林）"片。）

光旦：扶嫩似爲姓與名。果爾，則扶姓亦見於僮人中，疑亦三國時巴人駐兵之遺，與覃姓同。尚有樊姓，別有片。

[巴]——龔姓

《明史》卷三一二《四川土司傳·酉陽宣撫司傳》：

永樂[初，司屬有]部長龔俊（詳"[巴]（酉陽）——沿革"片）。

[巴]——蹇姓

《明史》卷四四《地理志五》：

[湖廣荊州府夷陵州]長陽[縣]（西南有蹇家園巡檢司。）

《明史》卷一四九《蹇義傳》：

義，字宜之，巴[縣]人……奏事……帝（太祖）問："汝蹇叔後乎？"……頓首不敢對。

光旦：不必爲蹇叔後，然頗疑來源則一。秦穆時，巴人早已有出川東而北移或東移者，蹇叔屬出川之支，而漢之蹇碩（中常侍）……此之蹇義，近代之蹇先艾、先達，則爲歷久留川東之支。

巴——藺（地與姓）

《明史》卷二四九《朱燮元傳》：

永寧，古藺州地。奢氏，獹玀種也。

光旦：藺亦巴之遺，有藺姓。古藺州設於唐，廢於宋，爲羈縻州，今爲古蘭縣，在敘永（舊永寧衛）東南。蘭市，在涪陵縣城西六十里。

　　光旦：以此推之，則蘭州本巴地，彝族乃後入者。然遲至明末，當地巴之餘裔尚不乏，見於奢氏將佐中者即有數人，見"巴"別片。

　　光旦：北方之蘭（地或姓），疑來自古代東移之巴人。

[巴]——覃、譚姓

《明史》卷一六六《山雲傳》：

　　[宣德三年]夏，忻城蠻譚團作亂，雲[時爲征蠻將軍充總兵官，鎮廣西]，討擒之。

　　光旦：忻城統治者大姓莫氏，疑本仡佬，然其人口，乃至統治層亦不單純。此譚氏之由來頗值得研究。三國時，相傳蜀漢諸葛亮曾派大量巴人軍隊至桂北三江懷遠一帶駐紮，見鄺露《赤雅》，譚有可能爲巴人五大姓瞫之後，亦猶川東之譚之爲瞫後也。今僮人中之覃姓，疑亦起源於此，猶湘西之覃也，所不同者，湘西之覃，今爲土家，與古代巴人猶存直綫傳統關係，而廣西之譚與覃，或於一段時期仡佬化之後，終於僮化乃至漢化耳。此説扯得較遠，姑識此容續考。然譚、覃之姓之出現於廣西，差較黃、韋諸姓爲遲，亦説明其本非土著也。

《明史》卷一六八《劉珝傳》：

　　[成化間有]中官覃昌。

巴——秦姓

《明史》卷二四九《朱燮元傳》：

　　秦良玉。（禦永寧奢氏）

《明史》卷二四九《王三善傳》：

　　秦民屏。（討水西安氏）

《明史》卷二六〇《邵捷春傳》：

　　秦良玉、秦翼明。（鎮壓"流寇"）

《明史》卷二六一《盧象昇傳》：

　　秦翼明。（鎮壓"流寇"）

《明史》卷二六三《陳士奇傳》：

　　秦良玉。（鎮壓"搖黃十三家"）

《明史》卷二六九《張令傳》：

  秦良玉。（禦張獻忠——巡撫邵捷春"倚［張］令及秦良玉爲左右手"）

[巴]——覃姓、秦姓
《明史》卷三一二《四川土司傳·石砫宣撫司傳》：

  （宣撫馬千乘母覃氏，妻秦良玉，覃氏未言來處，良玉則忠州，應不是一家，可見秦雖由覃改，亦有不改者，故二姓並存——見"[巴]（石砫）——沿革"片。）

    光旦：由覃改秦之實例——1956年末，余在奉節，得與當地文史界同人舉行座談，在座有師範學校教師覃君，於我提出此一問題時，自云其祠堂中祖先牌位，初皆書覃，至最近五世則作秦。

[巴]——譚姓、秦姓
《明史》卷二七〇《秦良玉傳》：

  搖黃十三家賊横蜀中。有秦纘勳者，良玉族人也，爲賊耳目，被擒，殺獄卒遁去。良玉捕執以獻。

    光旦：十三家中秦纘勳不構成一家，然亦巴後之起事者。

《明史》卷二六三《陳士奇傳》：

  ［崇禎］十五年秋，擢右僉都御史……巡撫四川。……搖黃賊十三家，縱橫川東北十餘年……士奇檄副使陳其赤、葛徵奇，參將趙榮貴等進討，屢告捷。而賊狡，迄不能制。士奇本文人……以文墨爲事，軍政廢弛。石砫女將秦良玉嘗圖全蜀形勢，請益兵分守十三隘，扼賊奔突。置不問，蜀以是擾。

《明史》卷二七九《吕大器傳》：

  永明王監國，令……掌兵部……盡督西南諸軍……至涪州，與將軍李占春深相結。他將楊展、于大海、胡雲鳳、袁韜、武大定、譚弘、譚詣、譚文以下，皆受大器約束。

《明史》卷二七九《文安之傳》：

  （三譚與安之關係，見"[巴]——文姓"片。）

《明史》卷二七九《樊一蘅傳》：

  （三譚與樊一蘅關係，見"[巴]——樊姓"片。）

[巴]——秦良玉

《明史》卷二七〇《秦良玉傳》：

秦良玉，忠州人，嫁石砫宣撫使馬千乘。

光旦：忠州自古爲巴地，唐時巴人尚多，見白居易《長慶集》等文獻。馬氏亦巴後。

萬曆二十七年，千乘以三千人從征播州，良玉別統精卒五百裹糧自隨，與副將周國柱扼賊鄧坎。明年正月二日，賊乘官軍宴，夜襲。良玉夫婦首擊敗之，追入賊境，連破金筑等七寨。已[而]偕酉陽諸軍直取桑木關，大敗賊衆，爲南川路戰功第一。賊平，良玉不言功。

其後，千乘爲部民所訟，瘐死雲陽獄，良玉代領其職。……所部號白桿兵，爲遠近所憚。

光旦：前有捍兵、悍兵、箄軍，此又有白桿兵，疑皆一名之同音異寫。所以疑之者，因其悉與巴人之後裔有涉。

泰昌時，徵其兵援遼。良玉遣兄邦屏、弟民屏先以數千人往。朝命賜良玉三品服，授邦屏都司僉書，民屏守備。天啓元年，邦屏渡渾河戰死，民屏突圍出。良玉自統精卒三千赴之，所過秋毫無犯。詔加二品服，即予封誥。子祥麟授指揮使。良玉陳邦屏死狀……兵部尚書張鶴鳴言："渾河血戰，首功數千，實石砫、酉陽二土司功。……"乃贈邦屏都督僉事，錫世廕，與陳策等合祠；民屏進都司僉書。部議再徵[土]兵二千。良玉與民屏馳還。

抵家甫一日，而奢崇明黨樊龍反重慶，齎金帛結援。良玉斬其使，即發兵率民屏及邦屏子翼明、拱明溯流西上，度渝城，奄至重慶南坪關，扼賊歸路。伏兵襲兩河，焚其舟。分兵守忠州，馳檄夔州，令急防瞿塘上下。賊出戰，即敗歸。良玉上其狀，擢民屏參將，翼明、拱明守備。

已而奢崇明圍成都急，巡撫朱燮元檄良玉討。時諸土司皆貪賊賂，逗遛不進。獨良玉鼓行而西，收新都，長驅抵成都，賊遂解圍去。良玉乃還軍[重慶]，攻二郎關，民屏先登，已[而]克佛圖關，復重慶。良玉初舉兵，即以疏聞。命封夫人，錫誥命，至是復授都督僉事，充總兵官。命祥麟爲宣慰使（其父原爲宣撫，後良玉代職，何時升宣慰，未見交代），民屏進副總兵，翼明、拱明進參將。良玉益感奮，先後攻克紅崖墩、觀音寺、青山墩諸大巢，蜀賊底定。……

[天啓三]年，民屏從巡撫王三善抵陸廣，兵敗先遁。其冬，從戰大方，

屢捷。明年正月,退師。賊來襲,戰死。二子佐明、祚明得脫,皆重傷。……贈[民屏]都督同知,立祠賜祭,官二子。而是時翼明、拱明皆進官至副總兵。

崇禎三年,永平[等]四城失守。良玉與翼明奉詔勤王,出家財濟餉。……帝……召見平臺,賜良玉綵幣羊酒,賦四詩旌其功。會四城復,乃命良玉歸,而翼明駐近畿。明年築大凌河城。翼明以萬人護築,城成,命撤兵還鎮(近畿?)。

七年,流賊陷河南,加翼明總兵官,督軍赴討。明年,鄧玘死,以所部皆蜀人,命翼明將之,連破賊於青崖河、吳家堰、袁家坪,扼賊走鄖西路。……已[而]從盧象昇逐賊穀城。賊走均州,翼明敗之青石鋪。賊入山自保,翼明攻破之。連破賊界山、三道河、花園溝,擒黑煞神、飛山虎。賊出沒鄖、襄間,撫治鄖陽苗胙土遣使招降,翼明贊其事,爲賊所紿,卒不降。……被劾。已而賊犯襄陽,翼明連戰得利,屯兵廟灘,以扼漢江之淺。而羅汝才、劉國能自深水以渡,遂大擾蘄、黃間。……[再]被劾解官。

而良玉自京師還……專辦蜀賊。七年二月,賊陷夔州,圍太平,良玉至乃走。十三年扼羅汝才於巫山。汝才犯夔州,良玉師至乃去。已[而]邀之馬家寨,斬首六百,追敗之留馬埡,斬其魁東山虎。復合他將大敗之譚家坪北平①,又破之仙寺嶺。良玉奪汝才大纛,擒其渠副塌天,賊勢漸衰。

當是時,督師楊嗣昌盡驅賊入川。川撫邵捷春……所倚惟良玉及張令二軍。……其年(十三年)十月,張獻忠連破官軍於觀音巖、三黃嶺,遂從上馬渡過軍。良玉偕張令急扼之竹箘坪,挫其鋒。會令爲賊所殪,良玉趨救不克,轉鬬復敗,所部三萬人略盡。乃單騎見捷春請曰:"事急矣,盡發吾溪峒卒,可得二萬。我自廩其半,半餼之官,猶足辦賊。"捷春……謝其計不用。良玉乃歎息歸。

時搖黃十三家賊橫蜀中。有秦纘勳者,良玉族人也,爲賊耳目,被擒,殺獄卒遁去。良玉捕執以獻,無脫者。

張獻忠盡陷楚地,將復入蜀。良玉圖全蜀形勢上之巡撫陳士奇,請益兵守十三隘,士奇不能用。復上之巡按劉之勃,之勃許之,而無兵可發。十七年春,獻忠遂長驅犯夔州。良玉馳援,衆寡不敵,潰。

---

① 標點本《校勘記》:北平,據《明史紀事本末》卷七五、《懷陵流寇始終錄》卷一三應爲"北山"。——整理者注

及全蜀盡陷，良玉慷慨語其衆曰："吾兄弟二人皆死王事（邦屏死禦滿洲，民屏死征水西），吾以一孱婦蒙國恩二十年，今不幸至此，其敢以餘年事逆賊哉！"悉召所部約曰："有從賊者，族無赦！"乃分兵守四境。賊遍招土司，獨無敢至石砫者。後獻忠死，良玉竟以壽終。

翼明既罷，崇禎十六年冬，起四川總兵官。道梗，命不達。而拱明值普名聲之亂，與賊鬭死。

光旦：南朝梁、陳間嶺南有冼夫人，至此而蜀東有秦良玉，皆善與漢統治上層完全併力，蓋同屬最高統治階級而漢化程度又已甚深也。未引史文謂良玉"兼通詞翰，儀度嫻雅"，亦可見其漢化程度矣。

光旦：忠州、石砫，一江之隔，石砫在江南，自周（宇文）至唐，爲施州西境，與鄂之極西實爲一片，皆巴人舊地，而遲至元、明、清初，猶是巴人後裔大量聚居之地。我於1957年初至川東南，擬訪其地，因尚無公路，滑竿山行，來回須十日，作罷，至今以爲恨。然其南屬於同省之武隆、彭水、黔江，其東屬於鄂之利川、咸豐，皆一訪之矣。

[巴]——秦良玉，石砫馬氏

《明史》卷二七一《童仲揆傳》：

（秦邦屏戰死渾河，此《傳》所叙較詳，見"[滿]"片。）

《明史》卷二七三《左良玉傳》：

崇禎……六年，[良玉以副將禦流寇於豫之河北，]額兵……七千……折亡殆盡。……總兵鄧玘方立功萊州，乃命將川兵益以石砫土司馬鳳儀兵馳赴良玉，與共角賊。已而鳳儀以孤軍戰歿於侯家莊。……

光旦：前有秦良玉、馬千乘所生子祥麟，此鳳儀不知與三人之關係如何。

《明史》卷三〇九《李自成傳》：

[崇禎十六年，]朝議日督[孫傳庭出]戰。不得已出關[部署]……四川將秦翼明出商洛，爲犄角。……（事似在十六年秋。）

《明史》卷三〇九《張獻忠傳》：

明年（崇禎九年）秋，總督盧象昇去，苗胙土巡撫湖廣，不習兵。於是獻忠自均州，[馬]守應（老回回）自新野，蝎子塊自唐縣，並犯襄陽，衆二十餘萬。總兵秦翼明兵寡不能禦，湖廣震動。……

［崇禎］十三年……［獻忠］陷大昌，進屯開縣，張令戰死，石砫女土司秦良玉亦敗。

巴——馬姓

《明史》卷二六八《曹文詔傳》：

石砫土官馬鳳儀軍敗没於侯家莊（敗於河南境之"流寇"）。

［巴］——冉姓

《明史》卷三一二《四川土司傳·酉陽宣撫司傳》：

（酉陽世襲宣撫使及其屬下麻兔長官司長官，均爲冉姓，詳"［巴］（酉陽）——沿革"片。）

《明史》卷三一四《雲南土司傳·麓川……［司］》：

［王驥第一次征麓川，分道入，］右參將冉保從東路……

《明史》卷三一六《貴州土司傳·思南、思州［二府］》：

［思州宣慰田］琛妻冉氏尤強悍。

巴——田姓

《明史》卷二二八《李化龍傳》：

播州……楊應龍……嬖小妻田雌鳳。

光旦：此田氏疑原出巴人，或來自迤東思州、思南者。

光旦：明中官頗不乏田姓者，非巴後即土家，見"閹寺來源"片。

《明史》卷二三七《田大益傳》：

四川定遠人。……

光旦：定遠縣，舊屬重慶府，今名武勝，在合川之北，鄰水之西，古代皆巴地，此人應是巴後可無疑。

［巴］——田姓

《明史》卷二七三《左良玉傳》：

崇禎……九年……七月①……［豫流］賊不支西走。陳永福方敗賊於唐河，

---

① 標點本《校勘記》：七月，《懷陵流寇始終錄》卷九作"八月"。——整理者注

賊至田家營，良玉渡河擊之，斬獲頗衆。

　　光旦：此田家營當在唐河或其附近之地。豫西南爲南北朝以來巴人集中之地，此田姓宜出巴人無疑。

《明史》卷二九二《何承光傳·田實附傳》：

　　崇禎……七年二月……[流]賊陷夔州……次日陷巫山……四月……指揮田實[等]擊賊百丈關，兵敗被執，罵賊死。

　　光旦：田實應是當地或附近地段之人。

《明史》卷二七九《吕大器傳》：

　　[福王初立，遷大器吏部左侍郎，大器疏劾馬士英，言其姻婭中有]田仰。

　　光旦：馬士英，似是黔人，則田仰應亦是黔人，黔之田姓，巴人後也。此人前已一見，未録。

[巴]——文姓

《明史》卷七九《食貨志三》：

　　[嘉靖]時修工部舊庫，名曰節慎庫，以貯礦銀。尚書文明以給工價，帝詰責之，令以他銀補償，自是專以給内用焉。

《明史》卷八三《河渠志一》：

　　[嘉靖初，]御史戴金言：黄河入淮之道有三……[其三]自小壩經歸德城南飲馬池抵文家集，經夏邑至宿遷曰白河。

　　光旦：文家集之地名，可與巴溝河之河名相發明，參"巴——地名"片。

《明史》卷一一五《興宗孝康皇帝傳》：

　　[帝爲太子，太祖爲擇東宫官，以]治書侍御史文原吉……兼太子賓客。

《明史》卷一三六《詹同傳》：

　　[有]侍御史文原吉。

巴——文姓

《明史》卷一六八《萬安傳》：

　　[弘治初，]御史文貴[等]交章列[安]罪狀。

《明史》卷一八六《雍泰傳·張津附傳》：

　　[弘治中，有御史文森，與津同官。]

　　光旦：正德間，文森爲南贛巡撫，爲王守仁所取代（正德十一年），見卷一九五《王守仁傳》。

《明史》卷二六二《楊文岳傳》：

[有]汝陽知縣文師頤……全州人。

《明史》卷二六六《申佳允傳》：

[有]少詹事文安之……佳允座主也。

《明史》卷二六七《宋玫傳·附傳》：

[有]嘉興推官文德翼。

[巴]——文姓

《明史》卷二七九《文安之傳》：

文安之，夷陵人。……[永明王（順治七年）時，以東閣大學士]爲首輔……兼吏、兵二部尚書，總督川、湖諸處軍務……進諸將王光興、郝永忠、劉體仁、袁宗第、李來亨、王友進、塔天寶、馬雲翔、郝珍、李復榮、譚弘、譚詣、譚文、黨守素等公侯爵……[爲孫可望所阻。安之自梧、桂經湖廣、貴州，輾轉入]川東，依劉體仁以居。李赤心，高必正等久竄廣西……赤心死，養子來亨代領其衆……食盡，且畏大兵逼，率衆走川東，分據川、湖間，耕田自給。川中舊將王光興、譚弘等附之，衆猶數十萬。

順治十六年正月，[永明]王奔永昌。安之率體仁、宗第、來亨等十六營由水道襲重慶。會譚弘、譚詣殺譚文，諸將不服。安之欲討弘、詣，弘、詣懼，率所部降於大兵。諸鎮遂散。時王已入緬甸，地盡失，安之不久鬱鬱而卒。

光旦：夷陵文姓爲巴後無疑。余於1956年底訪宜昌，自宜昌至南津關，一路塚墓多田、杜、文等姓，證明其地久爲巴族後人集中之點，夷陵之夷，即其人也。宜昌、宜都、宜城之"宜"皆從夷字之音而來。參《左傳·哀公傳》"夷虎"之稱，"夷虎"集居之地亦此一帶。

《明史》卷三一七《廣西土司傳·柳州[府]》：

萬曆元年，洛容……獞蠻韋朝義[起事，敗]，兵校文斌獲朝義……

光旦：此一帶三國時即有蜀漢所遣巴人軍隊駐守，部分留未去，見鄺露《赤雅》，疑此文姓與更爲廣泛之覃姓均源出於此而早經僮化者也。

[巴]——向姓

《明史》卷一二三《明玉珍傳》：

[玉珍]更六卿爲中書省樞密院,改……司寇向大亨、司空張文炳知樞密院事……[洪武]四年,[明師攻蜀,]大亨之師以援漢州。數戰皆大敗……大亨走成都……[不久,]以成都降於[傅]友德。……[及明]班師……大亨……鑿舟自沉死。

《明史》卷一二九《傅友德傳》:

友德破階、文,擣江油……[攻]漢州……破其守將向大亨於城下……遂拔漢州,進圍成都。

《明史》卷一二九《廖永忠傳》:

[永忠既下重慶,降明昇,]慰安戴壽、向大亨等家,令其子弟持書往成都招諭(時大亨於成都降明,見上)。

《明史》卷一三一《陳德傳》:

[洪武四年,德從伐蜀,]拔漢州。向大亨、戴壽等走成都,追敗之。

《明史》卷一四三《程本立傳》:

[洪武]三十一年,[本立]奏計京師。學士董倫、府尹向寶交薦之。

《明史》卷一五〇《古朴傳》及《向寶附傳》:

[永樂、宣德間,朴]與右都御史向寶,俱以清介稱。

寶……進賢人。

巴——相姓

《明史》卷一九一《何孟春傳》:

[世宗時,參加大禮議而被遮留在金水橋南之諸臣中,有刑部]郎中相世芳。

[巴]——資姓

《明史》卷三一三《雲南土司傳·曲靖[府]》:

萬曆九年調羅雄[土知州者繼榮]兵征緬[甸,與霑益州女土知州安素儀合營,相通],師過越州,留土官資氏家,淫樂不進。……

光旦:此資氏不知源出巴人否。設是,亦早已彝化矣。巴人散布入滇,成漢時爲多,則無問題。

巴

《明史》卷二四九《朱燮元傳》:

（川南叙州永寧一帶巴、彝雜處，永寧奢氏之起事，將佐中必不乏巴族彝化之後裔，而鎮壓此起事之漢人將佐中亦不乏此輩，列舉如下：）

樊龍、樊虎——最先發難而占領重慶之首領。

符國禎——攻占遵義之首領。

冉世洪——漢軍指揮，戰死成都以東某隘口。

秦良玉——石砫女土官，爲漢方所調發者。

羅象乾——"賊"將，圍成都期間"反正"，後爲漢軍參將。

　　光旦：樊爲廩君蠻最初五姓之一，覃亦其一，最先作瞫，後始作秦。符初作朴，爲巴東板楯蠻七姓之一。冉姓顯是巴人，南北朝時代集中今奉節一帶，唐代起著於酉陽。羅爲巴氏著姓，成漢統治四川時屢見不鮮。

（又見同《傳》《盧安世附傳》：）

秦翼明——漢兵將佐。

冉紹文——土官，漢兵將佐。

悦先民——土官，漢兵將佐。

《明史》卷二四九《王三善傳》：

（三善水西之役中，亦頗有巴族後人爲將佐者：）

秦民屏——總兵張彦方部將，大方退師時戰死，時已爲副總兵。

向日升——參議，從三善軍。

覃弘化——副總兵劉超部將，鴨池之役逃降安氏。

田景獻——貴州思南人，職方主事，走諭安邦彦被執，大方退師時被殺。

[巴]——白虎

《明史》卷四四《地理志五》：

[湖廣荊州府]夷陵州（東北有白虎關。）

《明史》卷四四《地理志五》：

[湖廣荊州府歸州]興山[縣]（北有貓兒關，達鄖、襄。）

　　光旦：曰貓者，諱言虎也，虎亦應是白虎。

《明史》卷四四《地理志五》：

[湖廣襄陽府]均州（東南有黑虎廟巡檢司。）

　　光旦：此黑虎廟甚奇特，白虎夷地而有黑虎廟，殊不可解。疑漢人創建以抵制此一帶之白虎神廟者，亦猶漢人以周處來頂替白虎神也，參杜光庭《録異記》。

[巴]——抗争、起事

《明史》卷三一〇《土司列傳·湖廣土司》：

洪武三年，慈利安撫使覃垕連搆諸蠻入寇，征南將軍周德興平之。

[洪武]五年，復命鄧愈爲征南將軍，率師平散毛等三十六洞，① 而副將軍吴良復平五開、古州諸蠻凡二百二十三洞，籍其民一萬五千，收集潰散士卒四千五百餘人，平其地。

光旦：慈利、散毛無問題，主要爲巴後，至少部分亦稱"土家"。古州宋以前爲向姓巴人所統治，至此應尚有巴之後人。五開則主要應是苗，列此甚見混淆不清。然史文苗、土不分久矣，固不僅《明史》爲然，不足深責也。

光旦："收集潰散士卒……"有意義。溪洞爲漢民逋逃藪，平時避苛擾，戰時潰散，皆入其地，唐時，閩、贛、粤邊區黄龍洞中漢民逃税役者亦多至三四千人，與此皆其例也。此端與民族良好關係之發展，乃至民族融合，均有涉，曰"有意義"者，在此。

巴——與羌在族源上之關係

《明史》卷三一一《四川土司傳·松潘衛傳》：

（見"羌（松潘）——沿革"片，主要見按語。）

白

[白]

《明史》卷三：

[洪武]十五年……閏[二]月癸卯，藍玉、沐英克大理，分兵徇鶴慶、麗江、金齒，俱下。

光旦：主要是白。

---

① 標點本《校勘記》：三十六洞，《明史》同卷《施州傳》、《太祖實録》卷七三洪武五年四月庚子條都作"三十九洞"，《明史》卷一二六《鄧愈傳》作"四十八洞"。——整理者注

《明史》卷一三〇《張龍傳》：

[龍]從傅友德征雲南……破大理、鶴慶，平諸洞蠻。

光旦：未言年份，與上條自是一事，藍、沐是副傅者。

《明史》卷一三〇《胡海傳》：

[洪武十五年，]與副將軍沐英會師攻大理，敵悉眾扼上、下關。定遠侯王弼自洱水東趨上關，英帥大軍趨下關，而遣海以夜四鼓取石門間道渡河，繞點蒼山後，攀大樹緣崖而上，立旂幟。英士卒望見，皆踴躍大呼。敵眾驚擾。英遂斬關入，海亦麾山上軍馳下，前後夾攻，敵悉潰走。

《明史》卷一三一《金朝興傳》：

[洪武]十五年從傅友德征雲南，駐師臨安，元右丞兀卜台、元帥完者都、土酋楊政等俱降。……撫輯有方，軍民咸悅。進次會川卒。

《明史》卷一二四《把匝剌瓦爾密傳》：

梁王把匝剌瓦爾密，元世祖第五子雲南王忽哥赤之裔也。封梁王，仍鎮雲南。……王以女妻大理酋段得功，嘗倚其兵力，後以疑殺之，[及明兵來攻，]遂失大理援。

光旦：段得功，他處往往作段功。近人話劇《孔雀膽》即以梁王殺段功事為題材。

《明史》卷一二六《沐英傳》：

尋拜征南右副將軍，同永昌侯藍玉從將軍傅友德取雲南。……[梁王既敗死，觀音保既降，]屬郡皆下。獨大理倚點蒼山、洱海，扼龍首、龍尾二關。關故南詔築，土酋段世守之。英自將抵下關，遣王弼由洱水東趨上關，胡海由石門間道渡河，扳點蒼山而上，立旗幟。英亂流斬關進，山上軍亦馳下，夾擊，擒段世，遂拔大理。分兵收未附諸蠻，設官立衛守之。

光旦：此主要為白族，然其它民族尚多。事在洪武十四、十五年。

《明史》卷一二六《沐英傳》：

[大理既定，又征服東西諸大彝部（烏撒、東川、建昌、芒部）之後，]土酋楊苴等復煽諸蠻二十餘萬圍雲南城。英馳救，蠻潰竄山谷中，分兵捕滅之，斬級六萬。

光旦：楊氏應是白族，然二十餘萬中其它民族成分亦不在少數，可推知也。事當亦不出洪武十五年。

《明史》卷一二六《沐英傳》：

[洪武]十七年,曲靖亦佐酋作亂,討降之。因定普定、廣南諸蠻,通田州糧道。

  光旦:此主要亦是彝,然其間亦有獠、僮(儂、沙)。普定今貴州安順,則亦應有苗。

《明史》卷一二六《沐英傳》:

[洪武]二十年平浪穹蠻。

  光旦:今洱源,當在白族自治州內。

《明史》卷一二六《沐英傳》:

成化三年春,[沐]琮……之鎮……以次討平馬龍、麗江、劍川、順寧、羅雄諸叛蠻,捕擒橋甸、南窩反者。

  光旦:劍川爲"白族"聚居之一地。

  光旦:橋甸、南窩不詳,反者亦未必爲少數民族,姑附此。

《明史》卷一三二《王弼傳》:

[洪武]十四年從傅友德征雲南,至大理,土酋段世扼龍尾關。弼以兵由洱水趨上關,與沐英兵夾擊之,拔其城,擒段世。鶴慶、麗江諸郡以次悉平。

《明史》卷二四九《蔡復一傳·沈㷆炘附傳》:

[萬曆]四十七年以右副都御史巡撫雲南。……光宗立……雲龍州土舍段進志①掠永昌、大理,㷆炘討擒之。

  光旦:事在泰昌年或天啓元年。

《明史》卷二九二《尹夢鼇傳》:

夢鼇,雲南太和人。……崇禎中知潁州。八年正月,[流賊陷城,死之。]

《明史》卷二九三《趙興基傳》:

興基,雲南太和人。崇禎初……通判廬州。……十五年……五月,[張獻忠陷廬州,死之。]

《明史》卷二九五《高其勳傳》:

[沙定洲之起事,先後攻或攻陷武定、楚雄、大理等城,明文武官僚死者不少,其中多白族人。](見此《傳》,不盡錄。高其勳應即白族人。)

《明史》卷二九六《孝義傳》序:

---

① 標點本《校勘記》:段進志,據《明史稿》傳一二八《蔡復一傳》附《沈㷆炘傳》、《國榷》卷八四頁五一八四應爲"段進忠"。——整理者注

成化間［孝子］則有……姚州土官高紫潼賜。

> 光旦：三字名。

《明史》卷二九七《趙重華傳》：

重華，雲南太和人。［萬曆初，萬里尋親至江南無錫。］

《明史》卷二九八《楊黼傳》：

黼，雲南太和人，［列《隱逸傳》。］

［白］（雲南府）

《明史》卷三一三《雲南土司傳·雲南［府］傳》：

［洪武］十五年……土官楊苴乘隙作亂，集蠻衆二十餘萬攻雲南城。時城中食少，士卒多病，寇至，都督謝熊、馮誠等嬰城固守，賊不能攻，遂遠營爲久困計。時沐英方駐師烏撒，聞之，將驍騎還救。至曲靖，遣卒潛入報城中，爲賊所得，紿之曰："總兵官領三十萬衆至矣。"賊衆驚愕，拔營宵遁，走安寧、羅次、邵甸、富民、普寧、大理、江川等處，復據險樹柵，謀再寇。英分調將士剿降之，斬首六萬餘級，生擒四千餘人，諸部悉定。

> 光旦：楊苴應是白族，二十餘萬中亦應以白族爲多。本《傳》上文云，"大理段氏以高智昇領鄯闡牧，遂世其地。"又云，"元初置鄯闡萬户府。……［以］忽哥爲雲南王鎮之，仍錄段氏子孫守其土。"雲南府境多白族，於此可見。今皆漢化矣。

《明史》卷三一三《雲南土司傳·大理［府］》：

（段氏宋元至明初經歷大要及明收大理情況，見"總錄——雲南沿革"片。）

《明史》卷三一三《雲南土司傳·大理［府］》：

［洪武］十六年，品甸土酋杜惠來朝，命爲千夫長。

> 光旦：杜惠疑是白族人。

《明史》卷三一三《雲南土司傳·大理［府］》：

［洪武］十七年以……楊奴爲雲南縣丞。

> 光旦：此人見《土官底簿》，應是白族。

《明史》卷三一四《雲南土司傳·鶴慶［府］傳》：

（明初平雲南，以安寧州董賜率先歸附有功，曾一度任鶴慶府土知府，後改雲南前衛世襲指揮僉事，詳見"［白］（鶴慶）"片。）

[白]（臨安、楚雄、蒙化）

《明史》卷三一三《雲南土司傳·臨安[府]》：

洪武十四年……下雲南……取臨安。元右丞兀卜台、元帥完者都及土官楊政降，改路爲府。

光旦：楊政應是白族。

《明史》卷三一三《雲南土司傳·楚雄[府]》：

（大理國以後，楚雄境白族爲多，府、州、縣城廂尤爾，且多讀書識字而漢化程度較深者，見"總錄——雲南沿革"片。）

《明史》卷三一三《雲南土司傳·蒙化[府]》：

蒙化，唐屬姚州都督府。蒙氏時，細奴邏築城居之，號蒙舍詔。段氏改開南縣。元爲州，屬大理。

洪武十七年以土酋左禾爲蒙化州判官、施生爲正千夫長。

二十三年，西平侯沐英以蒙化所屬蠻火頭字青等梗化不服，請置衛。命指揮僉事李聚守蒙化。

賊高天惠作亂，大理衛指揮使鄭祥捕斬之，傳首雲南。

永樂九年，土知州左禾（左氏原爲州判，何時陞知州，未見交代）、正千夫長阿束（施生之後人？）來朝，貢馬，賜予如例。

既[而]左伽從征麓川，戰於大侯[州]，功第一，進秩臨安知府，掌州事。（此應在正統間。）

正統中，陞州爲府，以左伽爲知府，世襲。

所部江內諸蠻，性柔，頗馴擾；江外數枝，以勇悍稱。每應征調，多野戰，無行伍。

成化十七年，巡撫奏地方未寧，免蒙化土官明年朝貢。

正統（應是正德之誤）元年詔復免。

萬曆四十八年，雲龍土知州段龍死，子嘉龍立，養子進忠殺嘉龍爭襲，流劫殺掠。官軍進討，進忠從間道欲趨大理，官軍擒誅之。改設流官，授段氏世吏目一人。

光旦：府境人口當以白族爲多。《方輿紀要》引《志》云，"初，羅羅摩及僰蠻居此。"羅羅摩應是彝，僰應是白。高天惠及雲龍段氏無疑是白；江內馴擾之諸蠻，亦應是。土官左氏疑亦白，能征麓川而立首功，明此僰非傣之僰，而白之僰也。

蒙氏族屬，至今聚訟紛紜。爲傣、爲彝、爲白，各説皆有。然必非白。我則疑其爲蒲，無緣在此討論。然府境西即順寧，兩治所相去止一百五十里，順寧多蒲，而謂蒙化無蒲，未可也。是府境內白、彝而外，應有蒲。又《方輿紀要》引《通考》云"近郡有摩察夷，黑爨之別種"，疑與今之拉祜有係（？）。

白（元江）

《明史》卷三一四《雲南土司傳·元江[府]》：

　　元江，古……曰惠籠甸，又名因遠部。南詔蒙氏以屬銀生節度，徙白蠻蘇、張、周、段等十姓戍之。

　　光旦：此稱白蠻，而不言僰蠻，得之。

[白]（姚安）

《明史》卷三一四《雲南土司傳·姚安[府]》：

　　姚安，本漢弄棟、蜻蛉二縣地。唐置姚州都督府，以民多姚姓也（此語屢見於文獻，但不知竟何所據）。天寶間，南詔蒙氏改爲弄棟府。宋時，段氏改姚州。元立統矢千户所，天曆間，陞姚安路。

　　洪武十五年定雲南，改爲府。

　　十六年，姚安土官自久（族屬疑不是白，而是彝？）作亂。官兵往討，師次九十九莊，自久遁去。明年復寇品甸。西平侯沐英奏以土官高保爲姚安府同知、高惠爲姚安州（安字冗，應作姚州）同知。保、惠從英擊自久，平之。

　　[洪武]二十年，[屯田姚安。]（詳"邊地屯田"片）

　　二十六年，保以襲職，遣其弟貢馬謝恩。

　　宣德九年，姚安土知府高賢遣使貢馬。（何時陞知府，未見交待。）

　　弘治中，土官高棟與普安叛賊（應是米魯）戰，死於板橋驛。

　　嘉靖三十年，土官高鵠當元江之變（何變，參"總錄——雲南沿革"中卷三一四《雲南土司傳·元江[府]》條），布政司徐樾遇害，奮身赴救，死之。

　　萬曆中，同知高金以征緬功，賜四品服。

　　所屬大姚縣，有鐵索箐者，本猓種。……（下詳"猓（姚安）"片。）

《明史》之部　　667

[白]（鶴慶）

《明史》卷三一四《雲南土司傳·鶴慶[府]》：

  鶴慶，唐時名鶴川。南詔置謀統郡。元初，置鶴州；至元中，陞鶴慶府，尋改爲路。

  洪武中，大軍平雲南，分兵拔三營萬户砦，獲僞參政寶山帖木兒等六十七人。置鶴慶府，以土官高隆署府事。

  十七年以董賜爲知府（參《土官底簿》）、高仲爲同知、賜子節爲安寧知州（不屬本府，因同受命，又爲賜子，故列此）、楊奴爲劍川知州。賜率其屬來朝，貢馬及方物，詔賜冠帶并織金文綺、布帛、鈔錠。

  十八年以賜爲雲南前衛世襲指揮僉事。賜，安寧州人，世爲酋長。大軍入滇，率衆來降，復從軍討賊有功，故與子節並有世襲知府、知州之命。及賜來朝，以父子俱受顯榮，無以仰報，子幼沖，不達政治，乞還父子所授官，而自爲安寧知州。帝曰："爾能綏靖邊鄙，授爾官以酬爾勳。今辭尊居卑，奈何？"命潁國公傅友德及諸大臣議之。皆以賜既有功，不可聽其辭，而節之官則可免。乃改賜明威將軍雲南前衛世襲指揮僉事……

  [洪武]二十年，劍川土官楊奴叛。大理衛指揮鄭祥討之，斬八十餘人，楊奴遁。未幾，還劍川，復聚蠻爲亂，祥復以兵擊斬之。

  二十四年置鶴慶衛。

  [洪武]三十年改鶴慶府爲軍民府。

    光旦：《明史》於府與軍民府之別似亦不甚重視，如姚安實軍民府，《方輿紀要》明言之，而《明史》同卷上文《姚安府傳》即始終未言其爲軍民府。

  永樂十五年，順州知州王義言："霑被聖化三十餘年，聲教所屆，言語漸通，子弟亦有俊秀，請建學教育。"從之。

  正統二年，副使徐訓奏鶴慶土知府高倫與弟純屢逞兇惡，屠戮士庶，與母楊氏并叔宣互相賊害。敕黔國公沐昂諭使輸款，如恃強不服，即調軍擒捕。五年復敕昂等曰："比聞土知府高倫妻劉氏同倫弟高昌等，糾集囉囉、麼些人衆，肆行兇暴。事發，不從逮訊。敕至，即委官至彼勘實，量調官軍擒捕首惡，并逮千户王蕙及高宣等至京質問。"八年，鶴慶民楊仕潔妻阿夜珠告倫謀殺其子，復命法司移文勘驗。已而大理衛千户奏報，倫擅率軍馬欲謀害親母，又稱其母告倫不孝及私斂民財，多造兵器，殺戮軍民，支解梟令等罪。遂敕黔國公沐晟等勘覆。及奏至，言倫所犯皆實，罪應死。倫復屢訴，因與叔宣爭襲，又與千户王蕙争娶妾，以致挾仇誣陷。所勘殺死，皆病死及強盜拒捕之人。倫母楊亦訴倫無不孝，實由宣等陷害。復敕晟及御史嚴恭確訪。既而奏當。倫等皆伏誅。

高氏族人無可繼者，帝命於流官中擇人，以綏遠蠻。乃擢瀘州知府林道節爲知府。鶴慶之改流官自此始。

《明史》卷三一四《雲南土司傳·麗江［府］》：

（成化十一年，鶴慶千夫長趙賢越至麗江府境殺掠，詳"麼些（麗江）"片。）

[白]（永昌）

《明史》卷三一四《雲南土司傳·永昌［府］》：

永昌，古哀牢國。漢武帝時，置不韋縣。東漢置瀾滄郡，尋改永昌郡。唐屬姚州，後爲南詔蒙氏所據。歷段氏、高氏皆爲永昌府。元初，於永昌立三千户所，隸大理萬户所（府）；至元間置永昌州，尋爲府，隸大理路，置金齒等處宣撫司治。

洪武十五年定雲南，立金齒衛。以元雲南右丞觀音保爲金齒指揮使，賜姓名李觀。（李觀事見於《太祖實錄》卷一五二洪武十六年二月庚子條，未言置衛事。）

十六年，永昌州（元時已爲府，上文未言改州，此州字何來？）土官申保來朝，詔賜錦二匹、織金文綺二匹、衣一襲及鈒花銀帶、靴襪。

十七年以申保爲永昌府同知。

> 光旦：申保不知是白族否。

［是年］四月，金齒土官段惠遣把事及其子弟來貢，賜綺帛鈔有差。置司甸長官司（應即下文之施甸），以土酋阿千①爲副長官，賜冠帶。

> 光旦：阿千族屬不明。

十八年置金齒衛指揮使司。（見《太祖實錄》卷一七一洪武十八年二月己未條）

二十年，遣使諭金齒衛指揮儲傑、嚴武、李觀曰："金齒遠在邊徼，土民不遵禮法。爾指揮李觀處事寬厚，名播蠻中，爲諸蠻所愛。然其下多恃功放恣，有乖軍律，故特命傑、武輔之。觀之寬，可以綏遠；傑、武之嚴，可以馭下。敕至，其整練諸軍，以觀外變。"

---

① 阿千，《太祖實錄》卷一六二洪武十七年五月己酉條作"阿干"。——整理者注

［洪武］二十三年罷永昌府（上文始終未言置，或仍元之舊。洪武十五年三月更置，見《太祖實錄》卷一四三洪武十五年三月乙未條），改金齒衛爲軍民指揮使司。時西平侯沐英言，永昌居民鮮少，宜以府衛合爲軍民使司，從之。置鳳谿長官司，以永昌府通判阿鳳爲長官。

  光旦：阿鳳族屬不明。

二十四年置永平衛。

永樂元年，賜金齒土官百户汪用鈔一百錠、綵幣四表裏，以西平侯沐晟遣用招安穵的法，故賞之。

洪熙元年，金齒軍民指揮使司及騰衝守禦千户所等土官貢馬，賜鈔幣。

宣德五年設金齒軍民指揮司騰衝州，置土知州一員。時騰衝守禦所土官副千户張銘言，其地遠在極邊，麓川宣慰思任發不時侵擾，乞設州治。帝從之，即以銘爲騰衝知州。

八年置騰衝州庫扛關、庫刀關、庫勒關、古湧二關……（下詳"［僰］（永昌）"片。）

嘉靖元年復設永昌軍民府。領州一、縣二。其長官司二，曰施甸（上作司甸），曰鳳谿。

白（北勝）

《明史》卷三一四《雲南土司傳·北勝［州］》：

  北勝，唐貞元中，南詔異牟尋始開其地，名北方賧，徙瀾河（即西洱河？）白蠻及羅落、麽些諸蠻，以實其地，號成偈賧，又改名善巨郡。宋時，大理段氏改爲成紀鎮。

  光旦：改名成紀鎮，頗耐尋思。白族之由來甚複雜，其一，或其主要之來源，爲巴族，巴族之先出甘南成紀，見《山海經》及《路史》。豈命名之際，不無溯委窮源之意乎？

元初，内附；至元中，置施州，尋改北勝州；後爲府，隸麗江路軍民宣撫司。

洪武十五年改爲州，隸鶴慶府，後屬瀾滄衛。

永樂五年，土官百夫長楊克即牙舊（《太宗實錄》卷七三永樂五年十一月丁卯條作楊克郎牙舊）來貢馬，賜鈔幣。

宣德四年，土判官高林子瑛來貢方物，請襲父職。

十年，土知府高瑛來朝貢，賜鈔幣。

正統七年，以北勝州直隸雲南布政司，設流官吏目一員，以州蠻苦於瀾滄衛官軍侵漁也。

萬曆四十八年，北勝州土同知高世懋死，異母弟世昌襲。其族姪蘭妄稱世昌奸生，訟之官，不聽。世昌懼逼，走麗江避之。尋還至瀾滄，宿客舍，蘭圍（原作團，誤）而縱火，殺其家七十餘人，發其祖父墓，自稱欽授把總，大掠。麗江知府木增請討之，謂法紀弁髦，尾大不掉，不治將有隱憂。上官嘉其義，調增率其部進剿，獲蘭梟之。

白夷

《明史》卷三一一《四川土司傳·建昌衛傳》：

洪武……二十五年，[建昌衛指揮使月魯帖木兒之叛也，]四川都指揮使瞿能率各衛兵至雙狼寨，擒僞千戶段太平等，賊衆大潰，月魯帖木兒敗遁。

《明史》卷三一一《四川土司傳·建昌衛傳》：

[建昌衛境内，]土番、僰人子、白夷、麽些、狢㹴、猓玀、韃靼、回紇諸種，散居山谷間。（衛境四至見"[彝]（建昌）——沿革"片。）

光旦：白夷即今白族，上條"段太平"即其例。

《明史》卷三一一《四川土司傳·建昌衛傳·鹽井衛附傳》：

永樂五年，[於衛之南境]設馬剌長官司，其村落多白夷居之。長官世何氏，洪武時歸附，授世職。地接雲南北勝州，稱庶富，人亦擾馴。

白芳子

《明史》卷三一二《四川土司傳·永寧宣撫司傳》：

[自景泰元年至成化三、四年間，山都掌蠻屢叛，]國子學録黄明善（當是永寧司人，已退職鄉居者）[一再疏奏剿撫機宜，成化三年第二次奏疏曰：]"宋時多剛縣蠻爲寇，用白芳子兵破之。白芳子者，即今之民壯；多剛縣者，即今之都掌多剛寨也。前代用鄉兵有明效，宜急募民壯，以助官軍。……招募民壯，須賞罰必信。"詔總兵官（時四川總兵官爲李安）。

光旦：白芳子，"芳"字應作"劳"，從艸從力，不從刀，音棘。

光旦：白劳之稱，初見於五代文獻，官書則初見於《宋史》，以地望言之，出巴東、鄂西，爲巴人自稱無疑，今湘西北及鄂西南土家族猶以此自稱。

光旦：巴人尚武善戰，周武用之，漢高亦用之，前者以之取殷，後者以之定三秦。其在當地，多爲鄉兵民壯，川東南亦巴人舊地，川南遠至馬湖亦多有之，見《嘉靖馬湖府志》。宋之"白芳子弟兵"大部來自川東南，有遠至今鄂西恩施者。然以"白芳"爲一般民壯之別稱，而別無意義，則大誤；巴人自稱，不爲通人所曉也蓋已久矣，固不必以此責黃明善。然亦於以見巴族後人當民壯者之多，宋明之間，在川東川南，實際上已成民壯或鄉兵之代名詞，即此一端，已屬大有意義，初不必斤斤於用之者識其由來與否也。

光旦：參看楊慎輯《全蜀藝文志》及張澍《蜀典》，二書皆叙及此稱，但於其來源亦不甚了了。

光旦：參"[土家](辰溪)"片。

白羅羅

白羅羅

《明史》卷一八四《周洪謨傳》：

都掌蠻及白羅羅、舁（羿字之誤）子數叛，[洪謨嘗建言，]"宜特設長官司，就擇其人任之，庶無後患。"

光旦：無年份。洪謨於弘治元年以禮部尚書致仕歸長寧，又三年卒。建言在成化十六年（參下條）。

白玀玀

《明史》卷三一二《四川土司傳·永寧宣撫司傳》：

[成化]十六年，白玀玀、羿子與都掌大壩蠻相攻。禮部侍郎周淇（洪）謨言……"白玀玀者，相傳爲廣西流蠻，有衆數千，無統屬。景泰中，糾戎、珙苗，攻破長寧[等]九縣，今又侵擾都掌。其所居，崖險箐深，既難剪滅……宜立長官司治之。地近芒部，宜即隸之。……"（參詳"[彝](永寧)——沿革"片。）從之。

光旦：此白玀玀究爲何族，尚待核定。可有二說，一爲古白蠻之遺，與今之白族相近，所以對當地統治上層之彝或黑玀玀而言之者。此說從名稱推測，自不免失之皮相。二據"廣西流蠻"之傳說，則有可能爲仲家，即今之布依，其稱爲白玀玀者，或緣其自紅水江一路北遷，道經彝族控制之地，先後或曾遭受彝族不同程度之奴役，直至川南，始得自主，故"無統屬"，人數亦不甚多，只"數千"，然經行黔西北時，嘗與苗族頻打交道，且或與苗族同入川南，故得"糾戎、珙苗"攻破長寧等縣。然"廣西流蠻"之傳說總須先獲得肯定，否則此第二説更不免牽強附會也。

百　夷

《明史》卷三一三《雲南土司傳·景東[府]》：

　　（百夷之稱屢見，見"[傣]（景東、會川）"片。）

《明史》卷三一四《雲南土司傳·元江[府]》：

　　[洪武]二十年遣經歷楊大用往元江等府練兵，時百夷屢爲邊患，帝欲發兵平之故也。

　　　　光旦：即傣族，語氣似在元江境外。但元江境內亦有此族人，見下。

《明史》卷三一四《雲南土司傳·元江[府]》：

　　宣德五年，黔國公沐晟奏，元江土知府那忠，被賊刀正、刀龍等焚其廨宇及經歷印信。今獲刀龍、刀洽赴京，乞如永樂故事，發遼東安置，以警邊夷。從之。

　　　　光旦：永樂故事不知何事。然西南少數民族發東北安置者不一其例，由此可知。

《明史》卷三一四《雲南土司傳·威遠[州]》：

　　威遠，唐南詔銀生府地，舊爲濮落雜蠻所居。大理時，爲百夷所據。

《明史》卷三一四《雲南土司傳·大侯[州]》：

　　大侯，蠻名孟祐，百夷所居。

　　　　光旦：土官向亦傣族人。萬曆中改爲雲州，設流官。

《明史》卷三一四《雲南土司傳·麓川平緬[宣慰司]》：

　　"往歲人至百夷，多貪其財貨，不顧事理，貽笑諸蠻。……"

　　　　光旦：洪武二十年，明祖敕諭沐英等用語。

　　　　光旦：同《傳》中用"百夷"處甚多，不具摘。行人李思聰且寫有《百夷傳紀》一書，進之明祖，詳"[傣]（麓川）"片。

比 蘇

《明史》卷四六《地理志七》：

[雲南永昌府]騰越州（西有大盈江，亦曰大車湖①，自徼外流入，下流至比蘇蠻界，注於金沙江。）

光旦：金沙江應是大金沙江。

畢節蠻

《明史》卷三：

[洪武]二十五年……正月……何福討都匀、畢節諸蠻，平之。

光旦：應是彝，然其初或曾有巴人聚居，亦巴國南鄙之一角，斯地獲"畢節"之稱。

《明史》卷一四四《何福傳》：

與都督茅鼎會兵徇五開。未行，而畢節諸蠻復叛，大掠屯堡，殺吏士。福令畢節諸衛嚴備，而檄都督陶文等從鼎擣其巢。擒叛酋，戮之，分兵盡捕諸蠻，建堡設戍，乃趨五開（五開見別片）。

光旦：未言具體年份，但與前條是一事。

別失八里

《明史》卷三：

[洪武二十四年，]別失八里入貢。

光旦：地名，在烏魯木齊與阿克蘇地帶，其人應是以維吾爾爲主。

---

① 標點本《校勘記》：大車湖，據《明史稿》志二二《地理志》、《寰宇通志》卷一一三、《明一统志》卷八七應爲"大車江"。《讀史方輿紀要》卷一一八，大車江在州西，大車湖在州南。——整理者注

僰

僰——字之濫用

光旦:《明史》僰字用法不一，已發見者有三：

1. 指獠之後人，如"僰人子"，如"阿僰"，各有片。

2. 指今之白族，舊稱民家，如楚雄境內之"僰種"，見"總錄——雲南沿革"片有關楚雄沿革部分。

3. 指今之傣族，舊稱百夷、伯夷、或擺夷，或金齒，如景東府境內之"僰種"，"景東部皆僰種"，見"總錄——雲南沿革"片有關景東沿革部分，與"[傣]"片。

三種用法，惟第一種不誤，餘二皆誤。其故有二：作史者有大民族思想，對少數民族不求甚解，認識上本不清楚，於更前代之史實亦不求聯繫，以求前後一致，一也；所憑史料，來自各方，照本鈔輯，不問矛盾，不求統一，二也。二亦出於一。

僰——地名

《明史》卷四三《地理志四》：

[重慶府]江津[縣]（東南有僰溪口，僰溪入江處。）

《明史》卷四三《地理志四》：

[重慶府]綦江[縣]（南有綦江，即僰溪之上流，一名東溪。）

《明史》卷四三《地理志四》：

[遵義軍民府]桐梓[縣]（北有僰溪，源出山箐，綦江之上流。）

光旦:此僰溪之稱當甚古老，溪出桐梓北之山箐，桐梓本古夜郎地，明萬曆二十九年四月以舊夜郎縣之望草地置，是夜郎即僰也。詳"播州——名稱"片。

僰人子

《明史》卷一八七《馬昊傳》：

烏蒙、芒部二府壤接筠連、珙縣，圍亘千里，山箐深阻，諸蠻僰人子、羿子、仲家子、猫子、猓猡等雜居其中。

有僰人子普法惡者，通漢語，曉符籙，妄言彌勒出世，自稱蠻王，煽諸夷作亂。流民謝文禮、謝文義應之。都指揮杜琮戰敗，文義奪其胄。[正德]十二年，昊（時以副都御史巡撫四川）督指揮曹昱進討，法惡敗，走保青山砦。昊分據水口，絕其汲道，闢南方圍待之。賊乏水渴，突南圍，官軍遮擊。法惡中流矢死，諸蠻大奔。……進右都御史……

　　光旦：此即獠也，此一帶最古老之居民。此一帶本牂柯，即夜郎地，夜郎即犵獠也。彝文《西南彝誌》謂彝人向呼犵狫爲僰人（今漢譯作濮人，亦未爲不可），可證。有河流源出夜郎（今遵義一帶），經南川綦江以入於大江，名僰溪，亦可證。

　　光旦：明以來稱僰者不一矣，惟此爲不誤。稱今之白族爲僰，或稱擺夷，即傣族爲僰，皆大誤。然稱傣爲僰，語言系統上猶説得過去。

　　光旦：據《貴州通志·土民志》，貴州亦有僰人子，自是同一來源。然小有不同，似呼爲"白兒子"。

　　光旦：此亦説明此時川南之獠尚不甚式微。

僰蠻平，不置戍守，遂班師。請改高縣爲州，設長吏，增高、珙、筠連田租千八百石，令指揮魏武度田，奪降人業給之軍民。而珙縣知縣步梁窺昊意，誘殺降人阿尚。杜琮以亡胄故，怨文義，潛使人購其頭。於是文義乘羣蠻怨，嗾之，遂大訌，攻高、慶符二縣，破其城。琮率兵禦之，又敗死，傷七百人。

　　自黎、雅以西，天全六番皆相繼亂。

　　[昊因此及松茂羌亂措置失宜，獲罪。]

《明史》卷三一一《四川土司傳·建昌衛傳》：

　　[境内，]土番、僰人子、白夷、麽些、犵狫、猓玀、韃靼、回紇諸種，散居山谷間。（衛境四至見"[彝]（建昌）——沿革"片。）

　　光旦：此獠之遺也。南齊時此種人最盛，故特有越巂、沈黎二獠郡之設置。僰、獠前後關係，見別片按語。

僰蠻

《明史》卷二二三《盛應期傳》：

　　泉江僰蠻普法惡作亂，富順奸民謝文禮、文義附之。法惡死，指揮何卿等先後討誅文禮、文義。應期[時以右副都御史巡撫四川，亦受賞賚]。

　　光旦：此是獠，它有關係見"[獠]"下。

光旦：稱僰甚合。泉江未詳。

　　光旦：事應在正德近末。

　　光旦：即"僰兒子"之"僰"。

《明史》卷三一一《四川土司傳·烏蒙等傳》：

　　（芒部僰蠻，即今仡佬，阿又礤所率領之奴隸起義，於正德十五年爲彝漢統治者武力鎮壓，見"[彝]（烏蒙、烏撒等）——沿革"片，此不複錄。）

播　州

播州——名稱

《明史》卷四三《地理志四》：

　　[四川省遵義軍民府]桐梓[縣]（萬曆二十九年四月以舊夜郎縣[之]望草地置。北有僰溪，源出山箐，綦江之上流[也]。）

　　光旦：播州之"播"從何而來，前所未喻。據此，可認爲"播"即"僰"也，亦即"番君吳芮"與"番禺"之"番"，以至於"鄱陽"之"番"。

　　"百越"最古老之一派曰濮，見於春秋以前，春秋之濮曰僰曰番，僰在西而番在東。漢以後，此二稱不復見於文獻，至唐而西南又有播州。

　　查播州初設時名郎州，旋改播州。唐又嘗於今四川珙縣西北設播浪州，至元始廢。又在珙縣西南設播郎縣，至宋廢。一説又有播朗州，亦唐置，亦在珙縣西北。叙州府境又有播陵州、播陵縣，珙縣境亦有縣名播陵，瀘縣地復有播羅縣，皆唐置。凡此皆屬羈縻性質。

　　曰郎、浪、朗、陵、羅，均爲"夜郎"之"郎"或其音轉。夜郎即犵獠（亦即哀牢、甌駱），夜郎始見於漢，獠始見於三國。郎、獠之稱出，而濮、僰之稱不復用，實一事也。治古越語者謂濮、僰、番之音，越語"人"也，今僮侗語族皆然；郎、獠或其它音同音轉之字則爲其人族類之真正稱號，故如播郎縣，亦曰郎人之縣耳，播州初曰郎州，後始定爲播州，則後先各取其一稱也。

　　"播州"即從"夜郎"而來，至此方才清楚。

播州

《明史》卷二〇：

[萬曆]二十二年……十月己未，南京兵部右侍郎邢玠總督川、貴軍務，討播州宣慰使楊應龍。

《明史》卷二一：

　　[萬曆二十五年七]月，楊應龍叛，掠合江、綦江。

《明史》卷二一：

　　[萬曆二十七年二]月，貴州巡撫江東之遣兵討楊應龍，敗績。

　　三月己亥，前兵部侍郎李化龍總督川、湖、貴州軍務，討楊應龍。……

　　六月己亥，楊應龍陷綦江，參將房嘉寵、遊擊張良賢戰死。……

　　十月……丙戌，以播州用兵，加四川、湖廣田賦。

《明史》卷二一：

　　[萬曆]二十八年……二月……丙戌，李化龍帥師分八路進討播州。……

　　六月丁丑，克海龍囤，楊應龍自縊死，播州平。

《明史》卷二一：

　　[萬曆二十八年，]十二月乙未，御午門，受播州俘。

《明史》卷二一：

　　[萬曆]二十九年……正月壬子，以播州平，詔天下。

《明史》卷二一：

　　[萬曆三十一年三]月，播州餘賊吳洪等作亂，有司討平之。

《明史》卷二一：

　　[萬曆]三十二年……十月甲寅，始敘平播州功。

《明史》卷四三《地理志四》：

　　[重慶府]綦江[縣]（元綦江長官司，屬播州[宣慰司]。明玉珍改爲縣。洪武中來屬。）

《明史》卷四三《地理志四》：

　　[四川]遵義軍民府（元播州宣慰司，屬湖廣行省。）洪武五年正月改屬四川。十五年二月改屬貴州都司。二十七年四月改屬四川布政司。萬曆二十九年四月改置遵義軍民府。

　　　　光旦：查二十八年六月，播州楊應龍平。

　　[遵義軍民府]遵義[縣]（元播州總管。洪武五年正月改爲播州長官司。萬曆二十九年四月改縣。）

　　[遵義軍民府]真安州（元珍州思寧長官司。明玉珍改真州。）洪武十七年

置真州長官司。萬曆二十九年四月改置[真安州]。

《明史》卷一四四《顧成傳》：

[成]再鎮貴州，屢平播州、都勻諸叛蠻，威鎮南中。

光旦：成再鎮南中是建文末年永樂最初十年間事，帝紀不載。帝紀遲至萬曆二十二年因楊應龍之起事始初見。

《明史》卷一六二《陳鑑傳》：

正統中[鑑以御史出按貴州]，嘗請改四川播州宣慰司隸貴州。

《明史》卷一七二《張瓚傳》：

成化……十年冬，以右副都御史巡撫四川。播州致仕宣慰楊輝言，所屬天壩干、灣溪諸寨及重安長官司為生苗竊據，請王師進討。詔瓚諭還侵地，不服則征之。瓚率兵討定，請設安寧宣撫司，即授輝子友為宣撫以鎮[之]。詔可……

光旦：安寧宣撫司地，地理辭典謂今闕，應在今四川境。失之不究。查此宣撫當即以天壩干、重安司等舊地為基礎，則應在今貴州黃平與都勻兩縣之間，具體治所雖不可指，不應謂在四川也；播州宣慰司於時尚屬四川，而宣撫歸其統轄，固是事實，然亦不應因此牽誤。

瓚功名著西蜀。……惟天壩干之役，或言楊輝溺愛庶長子友，欲官之，詐言生苗為亂，瓚信而興師，其功不無矯飾云。

《明史》卷一七八《余子俊傳》：

[成化]十三年召為兵部尚書。……貴州巡撫陳儼等以播州苗竊發，請調湖廣、廣西、四川兵五萬，合貴州兵會剿。子俊言賊在四川，而貴州請討，是邀功也，奏寢其事。

光旦：事應在成化十五年（見"播州——沿革"）。

光旦：此云苗，殆未必是，至少不盡是。

《明史》卷一八三《何喬新傳》：

安寧宣撫使楊友欲奪嫡弟播州宣慰使愛爵，誣愛有異謀。喬新往勘，與巡撫劉璋共白愛誣。友奪官安置他府，播人遂安。

光旦：事在成化近末。時喬新為刑部右侍郎。

[及弘治中（十五年以前），喬新致仕]家居（江西廣昌），楊愛遣使厚致贈，且獻良材可為櫬者，喬新堅卻之。

《明史》卷一九四《林俊傳》：

……（播州亦出土兵，見"總録——土兵"片。）

《明史》卷二一一《馬芳傳·孫炯附傳》：

炯，天啓中湖廣總兵官。協討貴州叛賊，從王三善至大方，數戰皆捷。已[而]大敗，三善自殺，炯潰歸。

《明史》卷二二三《王宗沐傳·子士琦附傳》：

歷重慶知府。播州宣慰使楊應龍叛，承總督邢玠檄至松坎撫定之。遂進兵備副使，治其地。……[後]坐應龍復叛，降湖廣右參政。

光旦：年份核其它有關條。在萬曆二十三年（見"播州——沿革"）。

《明史》卷二一一《石邦憲傳》：

播州宣慰楊烈殺長官王黼①，黼黨李保等治兵相攻且十年，總督馮岳與邦憲（時以署都督僉事充總兵官鎮貴州）討平之。

播州②苗盧阿項爲亂，邦憲以兵七千編筏渡江，直抵磨子崖。策賊必夜襲，先設備。賊至，擊敗之。賊求援於播州吳鯤。諸將懼，邦憲曰："水西宣慰安萬銓，播州所畏也。吾調水西兵攻烏江，聲楊烈縱鯤助逆罪，烈奚暇救人乎？"已[而]水西兵至。邦憲進逼其巢，乘風縱火，斬關而登，賊大奔潰，擒賊首父子，斬獲四百七十餘人。進署都督同知。

光旦：此中甚複雜，有彝、有苗，播州統治層説者謂古代氐人之南移者，盧阿項應是"盧番"，疑是佈依也。

光旦：事似在嘉靖三十五年（參《世宗實録》卷四四〇嘉靖三十五年十月丁酉條）。

《明史》卷二一二《劉顯傳·郭成附傳》：

楊應龍叛，成（時爲松潘參將）進討，無功……尋卒於官。

《明史》卷二一八《申時行傳》：

亦數有獻納……寢葉夢熊奏以弭楊應龍之變。

光旦：年份核其它有關條。時時行以吏部尚書爲首輔。（萬曆十九年，

---

① 標點本《校勘記》：王黼，《明史》卷三一二、《明史稿》傳一八六《播州宣慰司傳》及《世宗實録》卷四二四嘉靖三十四年七月己酉條都作"王黻"。——整理者注

② 標點本《校勘記》：播州，《明史》卷三一二、《明史稿》傳一八六《播州宣慰司傳》並作"真州"。下文稱"賊（指盧阿項等）求援於播州吳鯤，《播州宣慰司傳》稱盧阿項等被討平爲"真州盜平"，此應作"真州"。——整理者注

参"播州——沿革"。)

播州——與李化龍

《明史》卷二二八《李化龍傳》：

　　[萬曆]二十七年三月，化龍起故官(右僉都御史兵部右侍郎)，總督湖廣、川、貴軍務兼巡撫四川，討播州叛臣楊應龍。應龍之先曰楊鑑①。明初内附，授宣慰使。應龍性猜狠嗜殺。數從征調，恃功驕蹇。知川兵脆弱，陰有據蜀志，間出剽州縣。嬖小妻田雌鳳，譖殺妻張氏，屠其家。用誅罰立威，所屬五司七姓不堪其虐，走貴州告變。巡撫葉夢熊疏請大征。詔不聽，逮繫重慶獄。應龍詭將兵征倭自效，得脱歸。復逮，不出。四川巡撫王繼光發兵討，覆於白石，應龍諉罪諸苗。朝廷命邢玠總督。值東西用兵，勢未能窮治，因招撫之。應龍益結生苗，奪五司七姓地，并湖貴②四十八屯以畀之，歲出侵掠。是年(二十七年)二月敗官軍於飛練堡，都司楊國柱、指揮李廷棟等皆死。已[而]復破殺綦江參將房嘉寵、遊擊張良賢，投屍蔽江下。僞軍師孫時泰請直取重慶，擣成都，劫蜀王爲質，而應龍遷延，聲言爭地界，冀曲赦如曩時。

　　化龍至成都，徵兵未至，亦謬爲好語縻之。帝聞綦江破，大怒。追褫前四川、貴州巡撫譚希思、江東之職，而賜化龍劍，假便宜討賊。

　　賊焚東坡、爛橋、梗湖、貴路，又焚龍泉，走都司楊惟忠。化龍劾諸大帥不用命者，沈尚文逮治，童元鎮、劉綎皆革職充爲事官。諸軍大集，化龍先檄水西兵三萬守貴州，斷招苗路，乃移重慶，大誓文武。

　　明年二月分八道進兵。川師四路：總兵官(上文云已革職充爲事官，何時復職或授新職，文無交代)劉綎由綦江，總兵官馬孔英由南川，總兵官吴廣由合江，副將曹希彬受廣節制，由永寧。黔師三路：總兵官童元鎮(何時復官亦未交代)由烏江，參將朱鶴齡受元鎮節制，統宣慰使安疆臣由沙溪，總兵官李應祥由興隆。楚師一路分兩翼：總兵官陳璘由偏橋，副總兵陳良玭受璘節制，

---

① 標點本《校勘記》：楊鑑，據《明史》卷三一二及《明史稿》傳一八六《播州宣慰司傳》、《太祖實錄》卷七一洪武五年正月乙丑條、《萬曆武功録》頁五〇八《播酋楊應龍列傳》中應爲"楊鏗"。——整理者注

② 標點本《校勘記》：湖貴，據《明史》卷三一二及《明史稿》傳一八六《播州宣慰司傳》、《萬曆武功録》頁五二一《播酋楊應龍列傳》下應爲"湖廣"。——整理者注

由龍泉。每路兵三萬，官兵三之，土司七之。貴州巡撫郭子章駐貴陽，湖廣巡撫支可大移沅州，化龍自將中軍策應。帝以楚地遼闊，又擢江鐸爲僉都御史，巡撫偏、沅。湖廣設偏沅巡撫，自鐸始也。

推官高折枝先以南川兵進據桑木鎮，綎復自綦江入。應龍以勁兵二萬屬其子朝棟曰："爾破綦江，馳南川，盡焚積聚，彼無能爲也。"比抗諸路兵皆大敗，應龍頓足歎曰："吾不用時泰計，今死矣！"或言水西佐賊，化龍詰之，疆臣斬賊使，二氏交遂絕。烏江兵敗績，逮下元鎮於理，諸將益奮。綎先入婁山關，直抵海龍囤，璘、疆臣兵亦至。賊勢急，上囤死守，遣使詐降。化龍檄諸將斬使，焚書。以綎與應龍有舊，諭無通賊，綎械其人以自明。八路兵皆會囤下，築長圍困之，更番迭攻。六月，綎破土、月二城，應龍窘，與二妾俱縊。明晨，官軍入城，七子皆被執。詔磔應龍屍并子朝棟於市。自出師至滅賊，凡百有十四日。

播自唐乾符中入楊氏，二十九世，八百餘年，至應龍而絕。以其地置遵義、平越二府，分屬川、貴。……

贊曰：……李化龍之功可與韓雍、項忠相埒。

播州

《明史》卷二二九《艾穆傳》：

[萬曆]十九年秋，擢右僉都御史，巡撫四川。……有告播州宣慰使楊應龍叛者，貴州巡撫葉夢熊請征之。蜀人多言應龍強，未易輕舉，穆亦不欲加兵，與夢熊異。朝命兩撫臣會勘，應龍不願赴貴州，乃逮至重慶，對簿論斬，輸贖，放之還。穆病歸，未幾卒。後應龍復叛，議者追咎穆。

《明史》卷二三〇《楊恂傳》：

[萬曆初葉，以户科都給事中疏論首輔趙志皋，有曰，]"楊應龍負固不服，執政貪其重餌，與之交通。如近日綦江捕獲奸人，得所投本兵及提督巡捕私書。其餘四緘及黃金五百、白金千、虎豹皮數十，不言所投。臣細詢播人，始囁嚅言曰：求票擬耳。夫票擬，輔臣事也，而使小醜得以利動哉？"

《明史》卷二三五《王德完傳》：

[萬曆]二十八年，起任工科[都給事中]，極陳……播州用兵之患。……[後(用兵後若干年)又]極陳國計匱乏，言："……播州之役，[費]二百餘萬。"

《明史》卷二三六《江東之傳》：

[萬曆]二十四年以右僉都御史巡撫貴州。……[在任曾]遣指揮楊國柱討楊應龍敗績。

光旦：此在李化龍大征之前。

播州——與劉綎

《明史》卷二四七《劉綎傳》：

屬播酋楊應龍作亂，擢綎四川總兵官。……[尋鐫級爲]副總兵……以應龍輸款，[未再用兵。]

光旦：事應在萬曆二十三年，參"播州——沿革"。

《明史》卷二四七《劉綎傳》：

[楊應龍復反，]會四川總兵官萬鏊罷，即以綎（朝鮮班師，進都督同知）代之。時兵分八道，川居其四。川東又分爲二，以綦江道最要，令綎當之。應龍熟綎才，頗懼，益兵守要害。

[萬曆]二十八年正月，諸將克丁山、銅鼓、嚴村，遂直搗楠木、山羊、簡臺三峒。峒絕險，賊將穆照等衆數萬連營，諸將憚之。綎分兵攻其三面，大戰於李漢壩，生擒其魁，餘賊奔入峒。乘勢克三關，直搗峒前，焚之，賊多死。盡克三峒，擒穆照及賊魁吳尚華。是日，綎督戰，左持金，右挺劍，大呼曰："用命者賞，不用命者齒劍！"鬭死者四十人，遂大捷。應龍乃遣子朝棟、惟棟及其黨楊珠統銳卒數萬，由松坎、魚渡、羅古池三道並進。綎伏萬人羅古，待松坡（坎）賊；以萬人伏營外，待魚渡賊；而別以一軍策應。賊果至，伏盡起。綎率部下轉戰，斬首數百，追奔五十里。賊聚守石虎關，綎亦掘塹守。……（綎於此辭任，以要挾朝廷，總督李化龍爲言，平播非綎不可，乃復受事。）

[綎乃]踰夜郎舊城，攻克賊滴淚、三坡、瓦窰坪、石虎諸隘，直抵婁山關。婁山萬峯插天，叢箐中一徑纔數尺。賊設木關十三座，排柵置深坑，百險俱備。綎分奇兵爲左右路，間道趨關後，而自督大軍仰攻，奪其關，追至永安莊，兩路軍亦會。

綎老將持重，慮賊衝突，聯諸營：一據婁山關爲老營，一據白石口爲腰營，一據永安莊爲前營。都指揮王芬者，勇而寡謀，每戰輒請爲前鋒，連勝有輕敵心，獨營松門埡之衝，距大營數里。賊方有烏江之勝，謀再奪婁山。適穆照遣使泄芬孤軍狀，賊乃襲殺芬，守備陳大剛、天全招討楊愈亦死，失亡士卒二千人。綎聞，親率騎卒往救，部將周以德、周敦吉分兩翼夾攻，賊始大奔，追至養馬城而還。是日，應龍幾被獲，乃不敢窺婁山。

綎懲前失，劄近關堅壁，且請濟師。踰十餘日，克後水囤，營於冠子山。尋會馬孔英、吳廣諸軍，逼海龍囤下，與諸將共平賊，綎功爲多。……進左都督。

《明史》卷二四七：

贊曰：播州之役，諸將用命，合八道師，歷時五月，僅乃克之……

播州——與陳璘

《明史》卷二四七《陳璘傳》：

會有征播之役。命璘爲湖廣總兵官（時擊倭有功，進都督同知，師還不久），由偏橋進（征播八路之一），副將陳良玭由龍泉，受璘節制。

［萬曆］二十八年二月，軍次白泥，楊應龍子朝棟率衆二萬渡烏江迎戰。璘前禦之，而分兩翼躡其後。賊少挫，追奔至龍溪山，賊合四牌賊共拒。四牌在江外，與江内七牌皆五司遺種、九股惡苗，素助賊。璘廣招撫，乃進軍龍溪。偵知賊有伏，令遊擊陳策用火器擊之。賊據險，矢石雨下。璘先登，斬小校退者以徇。把總吳應龍等陷陣，賊大潰，退四牌保兒囤。璘二裨將逼之，中伏。璘募死士從應龍等奮擊，賊復潰，奔據囤巔，夜由山後遁。黎明追及於袁家渡，復敗之。四牌之賊遂盡。

三月望，諸軍爲浮橋渡江。知賊將張佑、謝朝俸、石勝俸等營七牌野豬山，璘即夜發抵苦練坪。前鋒與戰，後軍至，夾擊之。賊敗逃深箐，官軍遂入苦菜關。

會童元鎮烏江師敗，璘懼，請退師，總督李化龍不可。璘乃進營楠木橋，次湄潭。賊悉聚青蛇、長坎、瑪瑙、保子四囤，地皆絕險，而青蛇尤甚。璘議，同日攻則兵力弱，止攻一囤，則三囤必相助。乃先攻三囤，次及青蛇。良玭師亦來會，令伏囤後，別以一軍守板角關，防賊逸。璘督諸將力攻三日，賊死傷無算，三囤遂下。青蛇四面陡絕，璘圍其三面，購死士從瑪瑙後附葛至山背舉礟。賊惶駭，諸軍進攻，焚其茅屋。賊退入囤内，木石交下。將士冒死上，毀大栅二重，前後擊之。賊大敗，斬首一千九百有奇，七牌之賊亦盡。

乃分兵六道，攻克大小三渡關，乘勝抵海龍囤下。諸將俱攻囤前，獨水西安疆臣攻其後，相持四十餘日。其下受賊重賄，多與通，且潛以火藥遺賊，故賊不備其後。璘知之，與監軍者謀，令疆臣退一舍。璘移其處，置鐵牌百餘，距屯（囤）丈許，賊強弩無所施。又爲瓿板於柵前，賊每夜出劫，爲釘傷，不敢復出。應龍勢窮，相聚哭。

化龍初有令，諸將分日攻。六月六日，璘與吳廣當進兵。璘夜四更銜枚上，賊酣睡，斬其守關者，樹白幟，鳴礮。賊大驚潰散，應龍自焚。廣軍亦至，賊盡平。

播州——與李應祥

《明史》卷二四七《李應祥傳》：

[萬曆]二十八年大征播州。貴州總兵官童元鎮逗遛，總督李化龍劾之，薦應祥代。時分兵八道（中四道爲川軍，見《劉綎傳》，別有片），貴州分烏江、興隆二道。詔元鎮充爲事官由烏江入，應祥由興隆入，諸道剋二月望進兵。應祥未受事，副將陳寅等已連克數囤，拒賊四牌高囤下，別遣兵從間道直搗龍水囤。他將蔡兆吉又自乾坪抵箐岡，過四牌。賊首謝朝俸營其地，四面峭壁深箐，前二關。賊從高鼓譟，官軍殊死戰，俘朝俸妻子，乘勢抵河畔。會烏江敗書聞，斂兵不進者旬日。

及應祥受任，益趣諸將急渡。寅等乃取他道渡河，而潛爲浮橋以濟師。諸軍渡，賊失險，乞降者相繼，應祥悉受之。賊所恃止黃灘，一關壁立，衆死守。會賊徒石勝俸等率萬餘人降，告曰："去黃灘三十里有三關，入播門戶也，先襲破之，則黃灘孤難守。"應祥然其計，令偕陳寅率精卒四千夜抵關下。勝俸以數十騎誘開門，殲其戍卒。黃灘賊懼。寅督諸將渡河攻關前，勝俸由墳林暗渡襲關後，賊乃大敗。應祥直抵海龍囤，合諸道兵共滅楊應龍。

播既平，還鎮銅仁。[二十九]年改鎮四川。播遺賊吳洪、盧文秀等惡有司法嚴，而遵義知縣蕭鳴世失衆心。洪等遂稱應龍有子，聚衆爲亂。應祥偕副使傅光宅捕之，盡獲。

播州——與吳廣

《明史》卷二四七《陳璘傳·吳廣附傳》：

[萬曆二十八年，]大征播州，擢廣總兵官，以一軍出合江。副將曹希彬以一軍出永寧，受廣節制。廣屯二郎壩，大行招徠。賊驍將郭通緒迎戰，將士襲走之。陶洪、安村、羅村三砦土官各出降，他部來歸者數萬。廣擇其壯者從軍。

通緒扼穿崖囤，廣督土漢軍擊破之。

　　劉綎、馬孔英已入播，廣猶頓二郎，總督李化龍趣之。乃議分四哨進攻崖門，別遣永寧女土官奢世續等督夷兵二千，扼桑木埡諸要害，以防餉道。諸將連破數囤，進營母豬塘。楊應龍懼，令通緒盡發關外兵拒敵。廣伏礮手五百於磨搶（槍？）埡外南岡下，而遣裨將趙應科挑戰。埡夾兩山中，甚隘。通緒橫槊衝應科，應科佯北。通緒追出埡，遇伏急旋，馬中礮墜。方躍上他馬，伏兵攢刺之殪，餘賊大奔。官軍逐北，賊盡降。遂薄崖門。徑小止容一騎，賊衆萬餘出關拒戰。希彬懸賞千金，士攀崖競進，追至第四關。關上男婦盡哭。賊黨自殺其魁羅進恩，率萬餘人出降。其第一關猶拒不下，廣乘夜疾進，奪其關，關內民爭獻牛酒。劉綎、馬孔英已入關，李應祥、陳璘猶在關外。廣合希彬軍連戰紅碗、水土崖、分水關皆捷，遂進營水牛塘。應龍大懼。知廣軍孤深入，謀欲襲之，乃遣人詐降。廣測其詐，堅壁以待。應龍擁衆三萬直衝大營，諸將殊死戰。會他將來援，賊乃退。廣遂與諸道軍逼海龍囤。賊詐令婦人乞降，哭囤上，又詐報應龍仰藥死，廣信之。已[而]知其詐，急燒第二關，奪三山，絕賊樵汲，賊益窘。旋與陳璘從囤後登，應龍急自焚死。獲其子朝棟，出應龍屍烈焰中。廣中毒矢，失聲，絕而復甦，遂以本官鎮四川。踰年卒。

《明史》卷二五六《崔景榮傳》：

　　[以]御史……巡按……四川。[萬曆二十八年，]播州亂，景榮監大帥劉綎、吳廣輩軍。……播州平，或請以播北畀安氏（水西），景榮不可。

播州——童元鎮烏江之敗

《明史》卷二四七《李應祥傳·童元鎮附傳》：

　　[以總兵官]移鎮貴州。[萬曆]二十八年，李化龍大征楊應龍，令元鎮督永順（土家、苗）、鎮雄（彝）、泗城（僚、僮）諸土軍，由烏江進。元鎮憚應龍，久駐銅仁不進，屢趣乃行。時劉綎、吳廣諸軍已進，羣賊議分兵守，其黨孫時泰曰："兵分則力薄。乘官軍未集，先破其弱者，餘自退矣。"應龍善之。聞元鎮發烏江，應龍喜曰："此易與耳。"謀縱之渡江，密以計取。監軍按察使楊寅秋言烏江去播不遠，宜俟諸道深入，與俱進。元鎮不從。於是永順兵先奪烏江，賊遣千餘人沿江叫罵以誘之。諸軍既濟，復奪老君關。前哨參將謝崇爵乘勢督泗城及水西兵再拔河渡關。三月望，賊以步騎數千先衝水西軍。軍中驅象出戰，賊多傷。俄駕象者斃，象反走，擲火器者又誤擊己營，陣亂。泗城兵先走，崇

爵亦走，争浮橋，橋斷，殺溺死者數千人。河渡既敗，烏江相去六十里，猶未知。明日，參將楊顯發永順兵三百出哨。道遇賊數萬，咸爲水西裝。永順兵不之疑，賊掩殺三百人，亦襲其裝，直趨烏江。烏江軍信爲水西、永順軍，不設備，遂爲賊所破，争先渡江。賊先斷浮橋，士卒多溺死，顯及二子與焉。元鎮所部三萬人，不存什一，將校止崇爵等三人[得脱]，江水爲不流。

　　貴陽聞警，居民盡避入城，遠近震動。化龍用上方劍斬崇爵，益徵兵，檄鎮雄土官隴澄邀賊歸路。隴澄者，即安堯臣，水西安疆臣弟也。軍不與元鎮合，獨全，當事頗疑其通賊。寅秋以鎮雄去播止二日，令搗巢立效，澄許之。河渡未敗時，澄已遣部將劉岳、王嘉猷攻拔苦竹關及半壩嶺。暨敗，二將移新站。賊伏兵大水田，別以五千人來襲，敗還。嘉猷乃揚聲搗大水田，而潛以一軍拔大夫關，直抵馬坎，斷賊歸路，與疆臣合，賊遂遁。會都指揮徐成將兵至，合泗城土官岑紹勳兵，再克河渡關。賊將張守欽、袁五受據長箐、萬丈林。永順兵擊破之，生擒守欽。攻清潭洞，復擒五受。

　　會朝議責元鎮敗狀，令李應祥并將其軍，遂合水西、鎮雄諸部，直抵海龍囤，竟滅賊。

播州——與馬孔英

《明史》卷二四七《馬孔英傳》：

　　大征播州楊應龍。詔發陝西四鎮兵，令孔英（時爲都督僉事寧夏總兵官）將以往。兵分八道，孔英道南川，獨險遠，去應龍海龍囤六七百里。未至，重慶推官高折枝監紀軍事，請獨當一面。乃與參將周國柱先以石砫宣撫馬千乘兵破賊金筑，復督酉陽宣撫冉御龍敗賊於官壩。

　　孔英至軍，平茶、邑梅兵亦集，軍容甚壯。先師期一日入真州，用土官鄭葵、路麟爲鄉道，別遣邊兵千（此來自陝西四鎮者）扼明月關。諸軍鼓行前，連破四寨，次赤崖，抵清水坪、封寧關，破賊營十數，逼桑木關。關内民降者日千計。折枝結三大砦處之，禁殺掠。降者日衆，賊益孤。

　　關爲賊要害（當是桑木關），山險箐深，賊憑高拒。乃令千乘、御龍出關左右，國柱搗其中。賊用標槍藥矢，銳甚。官軍殊死戰，奪其關，逐北至風坎關，賊復大敗。連破九杵、黑水諸關，苦竹、羊崖、銅鼓諸寨。國柱攻金子壩，無一人，疑有伏。焚空砦十九，嚴兵以待。賊果突出，擊敗之。孔英乃留王之翰兵守白玉臺，衛饟道，平茶、邑梅兵守桑木關，而親率大軍進營金子壩。

应龙闻桑木關破，大懼，遣弟世龍及楊珠以鋭卒劫之翰營。之翰走，殺饟卒無算。平茶兵來援，賊始退。孔英還擊，世龍復卻。裨將劉勝奮擊，賊乃奔。官軍進朗山口，由朗山進蒙子橋。深箐蓊翳，賊處處設伏，悉勦平之。

應龍益懼，遣其黨詐降，謀爲內應。折枝盡斬之，伏以待。珠果夜劫營，伏發，賊驚潰，追奔至高坪。已[而]奪賊養馬城，直抵海龍第二關下，賊守兵益多。孔英軍已深入，而諸道未有至者。酉陽、延綏兵皆退，賊躪殺官軍六十人。居數日，劉綎兵至，乃合兵連克海崖、海門諸關。賊走保囤上，竟覆滅。

初，總督李化龍剋師期，諸將莫利先入。孔英所將邊卒及諸土兵，皆獷悍，監紀折枝勇而有謀，故師獨先。八道圍海龍，諸將以囤後易攻，爭走其後，孔英獨壁關前。……進都督同知……久之，以總兵官鎮貴州。

播州

《明史》卷二七〇《秦良玉傳》：

（良玉與夫馬千乘率石砫土兵從征播州，南川戰功推第一，見"[巴]——秦良玉"片。）

《明史》卷二八三《湛若水傳·蔣信附傳》：

嘉靖[間]，累官四川水利僉事。却播州土官賄……遷貴州提學副使。

《明史》卷二九〇《龔萬禄傳》：

貴州人。……從劉綎征楊應龍，先登海龍囤，署守備，戍建武所。

光旦：此龔姓，應是巴人之後，板楯七姓之一。

《明史》卷三〇四《宦官傳一·劉瑾傳》：

[武宗朝，]瑾權擅天下，威福任情。……授播州土司楊斌爲四川按察使。

《明史》卷三〇五《宦官傳二·陳增傳》：

萬曆……二十七年，播州用兵……費帑金二三百萬。

播州——沿革

《明史》卷三一二《四川土司傳·播州宣慰司傳》：

遵義府即播州。秦爲夜郎且蘭地。漢屬牂牁[郡]。唐貞觀時，改播州。乾符初，南詔陷播，太原楊端應募復其城，爲播人所懷服，歷五代，子孫世有其地。宋大觀中，楊文貴納土，置遵義軍。元世祖授楊邦憲宣慰使，賜其子漢英名賽因不花，封播國公。

洪武四年平蜀，遣使諭之。

五年，播州宣慰使楊鏗、同知羅琛、總管何嬰、蠻夷總管鄭瑚等，相率來歸，貢方物，納元所授金牌、銀印、銅章。詔賜鏗衣幣，仍置播州宣慰使司，鏗、琛皆仍舊職。領安撫司二，曰草塘，曰黃平；長官司六，曰真州，曰播州，曰餘慶，曰白泥，曰容山，曰重安。以嬰等爲長官。

[洪武]七年，中書省奏："播州土地既入版圖，當收其貢賦，歲納糧二千五百石爲軍儲。"帝以其率先來歸，田稅隨所入，不必以額。已[而]復置播州黃平宣撫司。

播州江渡蠻黃安作亂，貴州衛指揮張岱討平之。

八年，鏗遣其弟錡來貢，賜衣幣。自是，每三歲一入貢。

十四年遣使齎敕諭鏗："比聞爾聽浮言，生疑貳。今大軍南征（征雲南也），多用戰騎，宜率兵二萬、馬三千爲先鋒，庶表爾誠。"

十五年城播州沙溪，以官兵一千人、土兵二千人戍之。改播州宣慰司隸貴州，改黃平衛爲千户所。

[洪武]十七年，鏗子震卒於京，命有司歸其喪。

二十年徵鏗入朝，貢馬十匹。帝諭以守土保身之道，賜鈔五百錠。

二十一年，播州宣慰使司并所屬宣撫司官，各遣其子來朝，請入太學。帝敕國子監官善訓導之。

永樂四年免播州荒田租。

設重安長官司，隸播州宣慰司，以張佛保爲長官，以佛保嘗招輯重安蠻民嚮化故也。

七年，宣慰使楊昇招諭草塘、黃平、重安所轄當科、葛雍等十二寨蠻人來歸。

宣德三年，昇賀萬壽節後期，禮部議予半賞。帝以道遠，勿奪其賜。

七年，草塘所屬穀徹①等四十一寨蠻作亂，總兵陳懷剿撫之，旋定。

正統十四年，宣慰使楊綱老疾，以其子輝代。

景泰三年，輝奏："湖、貴所轄臻剖、五坌等苗賊，糾合草塘、江渡諸苗黃龍、韋保等，殺掠人民，屢撫復叛，乞調兵征剿，以靖民患。"帝命總督王

---

① 標點本《校勘記》：穀徹，《明史稿》傳一八六《播州宣慰司傳》作"穀撒"。——整理者注

來、總兵梁瑢等，會同四川巡撫剿之。

七年，調輝兵征銅鼓、五開叛苗，賜敕頒賞。

成化十年以播州賊齋果等屢歲爲患，敕責川、貴鎮巡官。

正統末（此節係追溯之文，但似應作天順末），苗蠻聚衆寇邊，土官同知羅宏奏，輝有疾，乞以其子愛代。帝命愛襲職，仍敕愛即率兵從總兵官剿賊。先是（上文已屬追溯，此更在前？應是成化十年之前，而非天順末之前，殊失叙事之法），輝奏所屬秂壩干地五十三寨及重安所轄灣溪等寨，屢被苗蠻占據，乞令湖、貴會兵征之。命如輝言。（插此一段，似意在說明苗事孔棘，非年幼之宣慰所能應付，否則徒見行文顛倒錯亂而已。）部議（又回至成化十年之項）以愛年幼，請仍起輝暫理軍事。又以輝難獨任，宜敕都御史張瓚親至播州督理，勵輝等振揚威武，以備征調，其機宜悉聽瓚裁處。

［成化］十二年，瓚督諸軍及輝攻敗灣溪、秂壩干地諸苗，凡破山寨十六，斬首四百九十六級，撫男婦九千八百餘口。事下兵部，以苗就撫者多，宜量爲處分。瓚議設安寧宣撫司，并懷遠、宣化二長官司（《明史》喜用"并"字，作"與"解，何不逕作"與"，或寫作"並"，否則易與"併"混，而意義全殊），建靖南、龍場二堡，命輝董其役。輝調兵民五千餘，立治所，委所屬黃平諸長官，分蕆城垣。將竣，輝因奏："各寨苗蠻，近頗知懼，但大軍還後，難保無虞。播州向設操守土兵一千五百人，今撥守懷遠、靖南、秂漂、龍場各二百人，宣化百人，安寧六百人，其家屬宜徙之同居，爲固守計。其工之未畢者，宜命臣子愛董之，而聽臣致仕如故。"詔從之。

時灣溪既立安寧宣撫，爛土諸蠻惡其逼，遂引齋果等攻陷秂漂、靖南城堡，圍安寧。愛新襲，力弗能支，求援於川、貴二鎮。兵部奏起輝再統兵剿之，又敕川、貴兵爲助。

［成化］十五年，貴州巡撫陳儼奏："苗賊齋果轉橫，乞調川、湖等官軍五萬五千，剋期會貴州，聽儼節制。"兵部言："賊作於四川，而貴州守臣自欲節制諸軍，恐有邀功之人主之。且興師五萬，以半年計，須軍儲十三萬五千石，山路險峻，輸運之夫須二十七萬衆，況天將暑，瘴癘可虞。"帝然其奏（何奏？應是兵部者，參上摘卷一七八《余子俊傳》條）。

［成化］二十二年，愛兄宣撫楊友訐奏愛，帝命刑部侍郎何喬新往勘。二十三年，喬新奏："輝在日，溺其庶子友，欲令承襲，長官張淵阿順之。安撫宋韜謂楊氏家法，立嗣以嫡，愛宜立。輝不得已立愛，又欲割地以授友，謀

於淵，因以禾壩干乃本州懷遠故地，爲生苗所據，請兵取之。容山長官韓瑄以土民安輯日久，不宜征。淵與輝計執瑄，杖殺之。前巡撫張瓉受輝賂，以其地設安寧宣撫司，冒以友任宣撫。輝立券，以所有金玉、服用、莊田召諸子均分之。輝没，淵乃與友潛謀刺愛，淵弟深亦與謀，不果。友遂奏愛居處器用僭擬朝廷，又通唐府，密書往來，私習兵法、天文，謀不軌，事皆誣。"帝命斬淵、深。以愛信讒薄兄，友因公擅殺，且謀嫡，盜官錢，皆有罪。愛贖復任，友遷保寧羈管，仍敕喬新從宜處治。

弘治元年增設重安守禦千戶所，命播州歲調土兵一千助戍守。

[弘治]七年，以平苗功，賜敕勞愛。

十四年，調播州兵五千征貴州賊婦米魯等。

正德二年陞播州宣慰使楊斌爲四川按察使，仍理宣慰事。舊制……（此下一段文字見"總錄——土官制度"片。）踰年……裁之，仍原職。

初，友既編置保寧，愛益恣，厚斂以賄中貴，征取友向所居凱里地者獨苛。同知楊才居安寧，乘之，朘剝尤甚，諸苗憤怨。凱里民爲友奏復官，弗得，乃潛入保寧，以友還，糾衆作亂，攻播州，焚愛居第及公私廨宇略盡，遂殺才，多所殘戮。愛屢奏於朝，帝命鎮巡官調兵征之。會友死，遂緩師。已而鎮巡官言："友子弘能悔過自新，且善撫馭，蠻衆願聽其約束。其前爲友所焚殺者，俱已隨土俗折償，且還所侵奪於官。乞授弘冠帶爲土舍，協同播州經歷司撫輯諸蠻。其家衆置保寧者仍歸之，隸播州管轄。并諭斌與弘協和，不得再造釁端。"報可。

未幾，播州安撫宋淮奏："貴州凱口爛土苗婚於凱離①、草塘諸寨，陰相搆結，誘山苗爲亂。乞賜斌敕，令每年巡視邊境，會湖廣鎮巡官撫處（何不言貴州鎮巡官？所不解）。"部議，土官向無領敕出巡者。諭斌宜撫綏土衆，輯睦親族，以副朝廷優待之意。因授致仕宣慰愛爲昭毅將軍，給誥命，賜麒麟服。時斌又爲其父請進階及服色，禮科駁之，以服色等威所繫，不可假。兵部以愛舊有剿賊功，皆許之。斌復爲其子相請入學，并得賜冠帶。

[正德]十二年，播州安撫羅忠（黃平安撫）、宋淮（草塘安撫）等奏："斌有父喪，欲援文臣例守制，但邊防爲重，乞仍令掌印理事。"

---

① 標點本《校勘記》：凱離，據《明史》卷三一二上下文、卷四六《地理志》應爲"凱里"。——整理者注

初，楊宏（上文作弘）既歸凱里，與重安土舍馮綸等有怨。宏卒，綸等誘苗蠻攻之，更相仇殺，侵軼貴州境。巡撫鄒文盛言狀，且請移文四川，會官撫處，踰歲不報。文盛乃遣參議蔡潮入播州，督致仕楊斌撫平之。因言：“宜復安寧宣撫，俾宏子弟襲職。斌未衰，宜仍起任事，以制諸蠻（主要爲苗）寨。潮有撫蠻勞，宜量擢。”兵部議："安寧已革不可復，斌子既代，亦不可起。土官應襲與否，屬四川，非黔所得專。[文]盛所請難行，而功不可誣。"

[正德]十六年賜斌蟒衣玉帶。

嘉靖元年賜播州儒學《四書集註》，從宣慰楊相奏也（上文，相嘗入太學讀書）。

宏（凱里土舍，亦作弘）既死，其弟張求襲職不得，時盜邊，劫白泥[長官]司印信，復與相搆兵。守臣乞改凱里屬貴州，以張爲土知州，[以]解釋之。兵部議："張習父兄之惡，幸免於辜；敢肆然執印信以要挾，當命川、貴守臣按其前後争産殺人諸罪，實於理。若張悔過輸情，還所獲印，尚可量授一官，聽調殺賊以自效。倘或怙終，必誅以爲玩法戒。"既[而]遂許張襲宣撫（其父友原爲安寧宣撫），而改安寧爲凱里，隸貴州。

初，楊相之祖、父皆以嫡庶相争，梯禍數世。至是，相復寵庶子煦。嫡子烈母張，悍甚，與烈盜兵逐相。相走，客死水西。烈求父屍，宣慰（此貴州宣慰）安萬銓因要挾水烟、天旺故地，而後予屍，烈陽許之。及相喪還，烈靳地不予，遂與水西搆難，又殺其長官王黻。時嘉靖二十三年也。（長官，播州宣慰屬下某一長官司之長官。）烈既代襲，遂與黻黨李保治兵相攻，垂十年，總督馮岳調總兵石邦憲討平之。

真州苗盧阿項者亦久稱亂，邦憲以兵七千擊敗之。有言賊求援於播者，邦憲曰："吾方調水西兵，聲揚烈助逆罪，烈暇救人乎。"已[而]擒阿項父子，斬獲四百餘人。

初，嘉靖初，議分凱里屬貴州，既[而]又以播地多在貴州境，并改屬思石兵備。及真州盜平，地方安靖，播人以爲非便。川、貴守臣異議不決，命總督會勘。總督奏，仍以播歸四川，而貴州思石兵備仍兼制播、酉（酉陽）、平（平茶）、邑（邑梅）諸土司事。報可。

隆慶五年，烈死，子應龍請襲，命予職。

萬曆元年給應龍宣慰使敕書。

八年賜故宣慰楊烈祭葬，從應龍請也。

十四年，應龍獻大木七十，材美，賜飛魚服，又復引其祖斌賜蟒例。部議，以斌有軍功，且出特恩，未可爲比。帝命以都指揮使銜授應龍。

十八年，貴州巡撫葉夢熊疏論應龍兇惡諸事，巡按陳效歷數應龍二十四大罪。時方防禦松潘，調播州土兵協守，四川巡按李化龍疏請暫免勘問，俾應龍戴罪圖功。由是，川、貴撫、按疏辨，在蜀者謂應龍無可勘之罪，在黔者謂蜀有私暱應龍之心。於是給事中張希皋等，以事屬重大，兩省利害，豈漫不相關者，乞從公會勘，無執成心。

十九年，夢熊主議，播州所轄五司改土爲流，悉屬重慶，與化龍意復相左。化龍遂引嫌求斥。蓋應龍本雄猜，阻兵嗜殺，所轄五司七姓悉叛離。嬖姿田屠妻張氏，并及其母。妻叔張時照與所部何恩、宋世臣等上變，告應龍反。夢熊請發兵剿之，蜀中士大夫悉謂蜀三面鄰播，屬裔以什伯數，皆其彈壓，且兵驍勇，數征調有功，剪除未爲長策。以故，蜀撫按並主撫。朝議命勘，應龍願赴蜀，不赴黔。

二十年，應龍詣重慶對簿，坐法當斬，請以二萬金贖。御史張鶴鳴方駁問，會倭大入朝鮮，徵天下兵，應龍……願將五千兵征倭自贖，詔釋之。兵已啓行，尋報罷。巡撫王繼光至，嚴提勘結，應龍抗不出。張時照等復詣奏闕下，繼光用兵之議遂決。

二十一年，繼光至重慶，與總兵劉承嗣等分兵三道進婁山關，屯白石口。應龍佯約降，而統苗兵據關衝擊。承嗣兵敗，殺傷大半。會繼光論罷，即撤兵，委棄輜重略盡。黔師協剿，亦無功。時四川新撫譚希忠與貴州鎮、撫再議剿，御史薛繼茂主撫。應龍上書自白，遣其黨攜金入京行間，執原奏（亦原告也）何恩詣綦江縣。

二十二年，以兵部侍郎邢玠總督貴州。二十三年，玠至蜀，察永寧、酉陽皆應龍姻媾，而黃平、白泥久爲仇讎，宜剪其枝黨。乃檄應龍，謂當待以不死。會水西宣慰安疆臣請父國亨卹典，兵部尚書石星手札示疆臣，趣應龍就吏得貰，疆臣奉札至播招應龍。時七姓恐應龍出得除罪，而四方亡命竄匿其間[者]，又幸[應]龍反，因以爲利，驛傳文移，輒從中阻。玠檄重慶知府王士琦詣綦江，趣應龍[詣]安穩（地名）聽勘。應龍使弟兆龍至安穩，治郵舍，儲糈，叩頭郊迎，致餼牽如禮，言：「應龍縛渠魁，待罪松坎。所不敢至安穩者，恐墮安穩仇民不測禍也，幸請至松坎受事。」士琦曰，「松坎亦曩奏勘地」，即單騎往。應龍果面縛道旁，泣請死罪；願執罪人，獻罰金，得自比安國亨。國亨者，曩亦被訐懼罪不出界，故應龍引之。士琦爲請於玠，許之。應龍乃縛獻黃元等十二人案驗，抵應龍斬，論贖，輸四萬金助採木；仍革職，以子朝棟代。次子可棟羈府追贖，黃元等斬重慶市，總督以聞。時倭氛未靖（此在朝鮮之倭），兵部欲緩應龍，事東方，朝廷亦以應龍向有積勞，可其奏。於松坎設同知治焉，以士琦爲川東兵備副使彈治之。

應龍獲寬，益怙終不悛。尋可棟死於重慶，益痛恨。促喪歸不得，復檄完贖，大言曰："吾子活，銀即至矣。"擁兵驅千餘僧招魂去。分遣土目，置關據險。厚撫諸苗，名其健者爲硬手；州人稍殷厚者，没入其貲以養苗。苗人咸願爲出死力。

[萬曆]二十四年，應龍殘餘慶，掠大阡、都壩，焚劫草塘、餘慶二司及興隆、都勻各衛。又遣其黨圍黃平，戮重安長官家，勢復大熾。二十五年流劫江津及南川，臨合江，索其仇袁子升，縋城下，磔之。時兵備王士琦調征倭，應龍益統苗兵，大掠貴州洪頭、高坪、新村諸屯。已[而]又侵湖廣四十八屯，阻塞驛站。訶原奏仇民宋世臣、羅承恩等挈家匿偏橋衛，襲破之。大索城中，戮其父母，淫其妻女，備極慘酷。

二十七年，貴州巡撫江東之令都司楊國柱部卒三千剿應龍，奪三百落。賊佯北，誘師殲焉，國柱等盡死。東之罷，以郭子章代，而起李化龍節制川、湖、貴州諸軍事，調東征諸將劉綎、麻貴、陳璘、董一元南征。

時應龍乘大兵未集，勒兵犯綦江。城中新募兵不滿三千，賊兵八萬奄至，游擊張良賢巷戰死，綦江陷。應龍盡殺城中人，投屍蔽江（應即入長江之僰溪），水爲赤。益結九股生苗及黑腳苗等爲助，屯官壩，聲[言]窺蜀。已[而]遂焚東坡、爛橋，楚、黔路梗。

[萬曆]二十八年，應龍五道並出，破龍泉司。時總督李化龍已移駐重慶，徵兵大集，遂以二月十二日誓師，分八路進。每路約三萬人，官兵三之，土司七之，旗鼓甲仗森列，苗大驚。總兵劉綎破其前鋒，楊朝棟僅以身免，賊膽落。遂連克桑木、烏江、渡三關①，奪天都、三百落諸囤。賊連敗，乃乘隙突犯烏

---

① 標點本《校勘記》："渡"字前脫"河"字。按《明史稿》傳一八六《播州宣慰司傳》作"連克桑木、烏江、河渡三關"，《國榷》卷七八頁四八五〇稱萬曆二十八年三月"壬子，貴陽兵克烏江關；甲寅，克河渡關。"《萬曆三大征考》稱三月初八日克桑木關，十一日克烏江關，十二日克河渡關。——整理者注

江，詐稱水西隴澄會哨，誘永順兵，斷橋，淹死將卒無算。尋綎破九盤，入婁山關。關爲賊前門，萬峰插天，中通一線。綎從間道攀藤毀柵入，陷焉（應作陷之）。四月朔，師屯白石，應龍率諸苗決死戰。綎親勒騎衝中堅，分兩翼夾擊，敗之。追奔至養馬城，連破龍爪、海雲險囤，壓海龍囤，賊所倚天險，謂飛鳥騰猿不能逾者。時偏沅師已破青蛇囤，安疆臣亦奪落濛關，至大水田，焚桃溪莊。賊見勢急，父子相抱哭，上囤死守，每路投降文緩師。總兵吳廣入崖門關，營水牛塘，與賊力戰三日，卻之。賊詭令婦人於囤上拜表痛哭云："田氏（應龍妾）且降。"復詐爲應龍仰藥死報廣，廣輕信按兵。已[而]覘賊詐，益厲兵攻，燒二關，奪賊樵汲路。八路師大集海龍囤，遂築長圍，更番迭攻。賊知必死。會化龍聞父喪，詔以縗墨視師。化龍念賊前囤險不能越，令馬孔英率勁兵併力攻其後。天苦雨，將士馳泥淖中苦戰。六月四日，天忽霽，綎先士卒，克土城。應龍益迫，散金募死士拒戰，無應者。起，提刀巡壘，見四面火光燭天，大兵已登囤，破土城入。應龍倉皇同愛妾二闔室縊，且自焚。吳廣獲其子朝棟，急覓應龍屍，出焰中。賊平。

計出師至滅賊，百十有四日，八路共斬級二萬餘，生獲朝棟等百餘人。化龍露布以聞，獻俘闕下，剟應龍屍，磔朝棟、兆龍等於市。

播州自唐入楊氏，傳二十九世，八百餘年，至應龍而亡。

[萬曆]三十一年，播州餘逆吳洪、盧文秀等叛，總兵李應祥等討平之。分播地爲二，屬蜀者曰遵義府，屬黔者爲平越府。

《明史》卷三一二《四川土司傳·石砫宣撫司傳》：

（楊應龍與石砫馬氏瓜葛，及與馬千馴同反明，見"[巴]（石砫）——沿革"片。馬千乘與冉御龍同助征播州，見同片。）

播州

《明史》卷三一六《貴州土司傳·貴陽[府]》：

（萬曆十三年，楊應龍獻大木，水西安國亨因亦獻大木，爲起復計，見"[彝]（水西）——沿革"片。）

《明史》卷三一六《貴州土司傳·貴陽[府]》：

（萬曆二十年代安疆臣出兵助征播州與此事前後播州與水西間多年之土地糾紛，均見上條中所列水西片。）

布　依

[佈依？]

《明史》卷一五四《梁銘傳》：

　　[景泰元、二年，銘子珤與方瑛大舉攻苗]……俘僞王韋同烈等……（詳"苗"片。）

　　　　光旦：韋同烈，應是佈依，此番起事，定是多族合作者。

《明史》卷一五五《宋晟傳》：

　　[洪武三十]年，總羽林八衛兵討平五開、龍里苗。

　　　　光旦：龍里之"苗"，至少部分應是佈依。

《明史》卷一五六《毛勝傳》：

　　（即上第一條事，勝亦參與，梁珤爲總兵，勝與方瑛爲左、右副總兵，獲韋同烈於香鑪山，見"苗"片。）

《明史》卷一六六《蕭授傳》：

　　[宣德]九年，都勻蠻爲亂，引廣西賊入掠。授（自永樂十六年起，以右軍都督僉事，充總兵官，鎮湖廣、貴州）遣指揮陳原、顧勇分道邀擊，獲賊首韋萬良等，降下合江蔡郎等五十餘寨。

《明史》卷一六六《方瑛傳》：

　　景泰元年……貴州羣蠻叛，道梗……四月拜右副總兵，與保定伯梁珤、侍郎侯璡次第破走之。[於破賞改諸砦苗後，復]分道擊賊香爐山。瑛入自龍場，大破平之。（時已進爲右都督。）

《明史》卷一六六《方瑛傳》：

　　[景泰]五年，四川草塘苗黃龍、韋保作亂，自稱平天大王，剽播州西坪、黃灘。瑛（時爲左都督，鎮守貴州）與巡撫蔣琳會川兵進剿，賊魁皆就縛。

　　　　光旦：上條香爐山之役，首領爲韋同烈，此條則黃龍、韋保，應皆舊所稱仲家苗，即今之佈依。

《明史》卷一六六《方瑛傳・陳友附傳》：

　　景泰二年（時爲都督同知，充左參將，守備靖州），偕王來等擊賊香爐山。自萬潮山入，大破之。留鎮湖廣。……進右都督。

《明史》卷一六六《李震傳》：

景泰二年［以貴州右參將］從王來征韋同烈，破鎖兒、流源諸砦，俘斬千六百人，共克香爐山，獲同烈。進都指揮使（原以都指揮同知充參將），守靖州。

《明史》卷一七二《侯璡傳》：

景泰初，貴州苗韋同烈叛，圍新添、平越、清平、興隆諸衛。命璡（時爲兵部左侍郎）總督貴州軍務討之。時副總兵田禮已解新添、平越圍，璡遂遣兵攻敗都盧、水西諸賊，貴州道始通。又調雲南兵，由烏撒會師，開畢節諸路，檄普安土兵援安南衛，而自率師攻紫塘、彌勒等十餘寨。會賊復圍平越，回師擊退之。遂分哨七盤坡、羊腸河、楊老堡，解清平圍，東至重安江，與［王］驥兵會。興隆抵鎮遠道皆通。……進兵部尚書。進克賞改苗，擒其渠王阿同等三十四人。別賊阿趙僞稱趙王，率衆掠清平，璡復討擒之。水西苗阿忽等六族皆自乞歸化，詔璡隨方處置。景泰元年八月……卒於普定。

光旦：此中佈依外，有苗，且亦有彝，阿忽六族應是彝。

光旦：似皆景泰元年八月前事。

《明史》卷二一一《石邦憲傳》：

播州苗盧阿項爲亂，邦憲（事在嘉靖後葉，似在三十五年，參《世宗實錄》卷四四〇嘉靖三十五年十月丁酉條，時邦憲以署都督僉事充總兵官鎮貴州）［以官兵七千及水西兵敗擒之］。（詳見"播州"片）

光旦：盧阿項應是所稱"盧番"，說者謂爲佈依北進之一部分。

［佈依］

《明史》卷三一〇《土司列傳·湖廣土司》：

（香爐山之役，永順土兵亦參與，見"［土家］（永順）——沿革"片。）

［布依］（東苗）

《明史》卷三一〇《土司列傳·湖廣土司》：

天順二年諭［永順宣慰彭］世雄調土兵會勦貴州東苗。

光旦：此布依也。

［布依］

《明史》卷三一二《四川土司傳·播州宣慰司傳》：

景泰三年，[播州宣慰楊]輝奏："湖、貴所轄臻剖、五坌等苗賊，糾合草塘、江渡諸苗黃龍、韋保等，殺掠人民，屢撫復叛，乞調兵征剿……"帝命總督王來、總兵梁珤等，會同四川巡撫剿之。（與"苗"片、"播州"片互見。）

　　光旦：黃龍、韋保應是布依，因疑臻剖、五坌之苗究否爲苗。

　　光旦：播州宣慰司有土同知羅琛、土同知羅宏、安撫羅忠等羅姓土官，疑皆布依族也，不另立條，有要查本《傳》。

　　光旦：又同《傳》下文有重安土舍馮綸與真州"苗"盧阿項，綸嘗誘"苗"攻凱里土舍楊氏，此所云"苗"及馮、盧二姓疑實不是苗，而是布依。又如應龍定案時，交出渠魁黃元等十二人，疑黃姓亦布依。

　　光旦：同《傳》下文數言播州宣慰轄"五司七姓"，此中除宋家外，多爲布依，苗族無分也。

《明史》卷三一六《貴州土司傳·貴陽[府]》：

（府所領八番十一司中之韋番、羅番、盧番可肯定爲今之布依，餘待考；別有七長官司不以番名，亦待查，其間或亦均有布依也，見"八番"及"總錄——貴州沿革"片。）

《明史》卷三一六《貴州土司傳·貴陽[府]》：

[天啓初，水西安邦彥之起事，引故宣慰土舍宋萬化爲助，]萬化……率苗、仲、九股陷龍里，遂[與邦彥兵合]圍貴陽。

　　光旦：自天啓初至崇禎初，終邦彥之反明戰爭，"諸苗"視官軍之强弱勝敗以爲向背，本《傳》下文雖只舉"諸苗"，實亦包括部分"仲"在內，可斷言也。

《明史》卷三一六《貴州土司傳·黎平[府]》：

永樂五年，寨長韋萬木來朝，自陳所統四十七寨，乞設官。因設酉（應作西）山陽洞長官司，以萬木爲屯長。（何不爲長官？"屯長"又是何等土官？）

　　光旦：此應是八番中韋番之一部分，更東移者。

《明史》卷三一六《貴州土司傳·新添衛》：

[宣德]九年，丹行[長官司]土舍羅朝煽誘寨長卜長、逃民羅阿記等侵占臥龍番長官龍保地，又攻猱平寨焚劫。……尚書王驥……奏遣[指揮李]政往撫諭。

　　光旦：二羅姓人應爲布依無疑。

《明史》卷三一六《貴州土司傳·新添衛》：

（見"苗（新添衛）"、"東苗"、"仲家"諸片。）

[布依]——韋同烈

《明史》卷三一六《貴州土司傳·平越[府]》：

[景泰]二年，都御史王來奏，貴州苗韋同烈聚衆於興隆之截洞，復攻平越、清平等衛。梁珤（保定伯，佩平蠻將軍印）自沅州發兵由東路，都督方瑛由西路，合兵興隆，擊破之，同烈退保香鑪山。瑛由龍場，都督陳友由萬潮山，都督毛福壽由重安江，攻破黎樹、翁滿等三百餘寨，斬三千餘級，招撫袞水等二百餘寨，合兵香鑪山下。衆縛同烈降，械至京。

光旦：同烈應是布依，"韋番"之屬。然同起事者之中苗人必多，仡佬亦應有之，決不止布依也。

[布依]

《明史》卷三一九《廣西土司傳·泗城州》：

（泗城之僮與程番，即今貴州貴定之布依應有關係，岑、程之間關係或更密切，參"僮（泗城）"片隆慶二年下；又同上片叙程縣沿革及其按語。）

蔡[家]

《明史》卷二六二《傅宗龍傳》：

宗龍乃條上屯守策，[有云，]"安酋土地半在水外，犵狫、龍、仲、蔡、苗諸雜種，緩急與相助。賊有外藩，我無邊蔽。"

光旦：此中必有不少爲其"娃子"者。

光旦：一說此爲古代流移入滇之中原族類。

朝　鮮

朝鮮——名稱

《明史》卷三：

[洪武]二十五年……九月……高麗李成桂幽其主瑶而自立，以國人表來請命。詔聽之，更其國號曰朝鮮。

光旦：朝鮮本古稱，中經分裂，不用已久，至此似方恢復，非新號也。朝鮮族之名，可云從此更始。

朝鮮

《明史》卷一一三《后妃傳一》：

　　恭獻賢妃權氏，朝鮮人。永樂時，朝鮮貢女充掖庭，妃與焉。

《明史》卷一二一《公主傳》：

　　［太祖女］含山公主，母高麗妃韓氏。洪武二十七年下嫁尹清。

《明史》卷一八〇《張寧傳》：

　　天順中……朝鮮與鄰部毛憐衛讎殺，詔寧（時為禮科給事中）同都指揮武忠往解。寧辭義慷慨，而忠驍健，張兩弓折之，射雁一發墜，朝鮮人大驚服，兩人竟解其讎而還。

　　光旦：朝鮮人應在今國境外。毛憐衛所在地不詳。① 姑亦列片。

《明史》卷二一一《周尚文傳·趙國忠附傳》：

　　嘉靖八年，［以］都指揮僉事，守備靉陽。擢錦義右參將。連破敵。

　　光旦：此敵未詳，疑主要為朝鮮族人。

　　光旦：靉陽，堡名，遼寧鳳城縣北一百二十八里，接本溪、桓仁二縣境。

《明史》卷三二〇《朝鮮傳》：

　　［洪武］二十五年……冬，［高麗李］成桂（時代王氏有國未及一年）……遣使表慰，并請更國號。帝命仍古號曰朝鮮。

車　夷

《明史》卷二二二《吳兌傳》：

　　（見"蒙古——東西全綫（與吳兌）"片。）

《明史》卷二二二《張佳胤傳》：

　　（滿五大掠史、車二部，見"蒙古——在北方"片。）

---

① 查毛憐衛轄有今吉林省琿春市以北、黑龍江省東寧縣以南地區。（見《中國歷史地名大辭典》，廣東教育出版社，1995年）——整理者注

《明史》卷二二七《孫維城傳》：

  遷赤城兵備副使。……招史、車二部千餘人。

  光旦：事在萬曆前半葉，二十年前後。

韃靼

韃靼

《明史》卷一四六《鄭亨傳》：

  洪武二十五年，[亨以世襲大興左衛副千户]應募持檄諭韃靼，至斡難河。還，遷密雲衛指揮僉事。

  光旦：即蒙古。既有此異名，應別立片。

《明史》卷一五六《吳允誠傳》：

  韃靼可汗鬼力赤遇弒，其下多潰。答蘭（允誠長子）與別立哥請出塞自效，有功。別立哥者，秉誠（柴秉誠，原名倫都兒灰，與允誠，原名把都帖木兒，同歸明成祖者）子也。

  光旦：無年月，在永樂征瓦剌前。

《明史》卷一五六《薛斌傳·李賢附傳》：

  李賢，初名丑驢，韃靼人。元工部尚書。洪武二十一年來歸，通譯書。太祖賜姓名，授燕府紀善。……

《明史》卷三一一《四川土司傳·建昌衛傳》：

  [衛境內有]土番、僰人子、白夷、麼些、狢獹、猓玀、韃靼、回紇諸種，散居山谷間。

  光旦：即蒙古。元代流入西南之蒙古人實繁有徒，月魯帖木兒即其著例。滇省已爾，何況建昌，建昌固元人征滇、緬初經之路也。

韃靼（蒙古）

《明史》卷三二七《韃靼傳》：

  韃靼，即蒙古，故元後也。

  太祖洪武元年，大將軍徐達率師取元，元主自北平遁出塞，居開平，數遣其將也速等擾北邊。

明年，常遇春擊敗之，師進開平，俘宗王慶孫[①]、平章鼎住。時元主奔應昌，其將王保保據定西爲邊患。

三年春，以徐達爲大將軍，使出西安擣定西；李文忠爲左副將軍，馮勝爲右副將軍，使出居庸擣應昌。文忠至興和，擒平章竹貞，復大破元兵於駱駝山，遂趨應昌。未至，知元主已殂，進圍其城，克之。獲元主孫買的里八剌及其妃嬪、大臣、寶玉、圖籍。太子愛猷識理達臘獨以數十騎遁去。而徐達亦大破王保保兵於沈兒峪口，走之。太祖封買的里八剌爲崇禮侯，諡元主曰順帝。於是故元諸將江文清等、王子失篤兒等，先後歸附。獨王保保擁太子愛猷識理達臘居和林，屢詔諭之，不從。

五年春，命大將軍徐達、左副將軍李文忠、征西將軍馮勝率師三道征之。大將軍達由中路出鴈門，戰不利，守塞。勝軍西次蘭州。右副將軍傅友德先進，轉戰至埧林山，勝等兵合，斬其平章不花，降上都虜等所部吏民八千三百餘户，遂由亦集乃路至瓜沙州，復連敗之。文忠東出居庸至口溫，元將棄營遁，乃率輕騎自臚朐（應作胸）河疾馳，進敗蠻子哈剌章於土剌河，追及阿魯渾河，又追及稱海，獲其官屬子孫并軍士家屬千八百餘，送京師。達等尋召還。

明年春，遣達、文忠等備西北邊。元兵入犯武、朔，達遣陳德、郭子興擊破之。未幾，達等復大破王保保兵於懷柔。時元兵先後犯白登、保德、河曲，輒爲守將所敗，獨撫寧、瑞州被殘，太祖乃徙其民於内地。

七年夏，都督藍玉拔興和。文忠亦遣裨將擒斬其長，而自以大軍攻高州大石崖，克之，斬宗王、大臣朵朵失里等，至氈帽山斬魯王，獲其妃蒙哥禿。秋，太祖以故元太子流離沙漠，父子隔絶，未有後嗣，乃遣崇禮侯北歸，以書諭之。

又二年，其部下九住等寇西邊，敗去。

洪武十一年夏，故元太子愛猷識理達臘卒，太祖自爲文，遣使弔祭。子脱古思帖木兒（上云未有後嗣，矛盾，若指未有後嗣者爲崇禮侯，於文未順）繼立。其丞相驢兒、蠻子哈剌章，國公脱火赤，平章完者不花、乃兒不花，樞密知院愛足等，擁衆於應昌、和林，時出没塞下。太祖屢賜璽書諭之，不從。

［洪武］十三年春，西平侯沐英師出靈州，渡黃河，歷賀蘭山，踐流沙，擒脱火赤、愛足等於和林，盡以其部曲歸。冬，完者不花亦就擒。

[①] 標點本《校勘記》：慶孫，《明史》卷一二五《常遇春傳》、《太祖實録》卷四二洪武二年六月己卯條都作"慶生"。——整理者注

明年春，徐達及副將軍湯和、傅友德征乃兒不花，至河北，襲灰山，斬獲甚衆。時王保保已先卒，諸巨魁多以次平定，或望風歸附，獨丞相納哈出擁二十萬衆據金山，數窺伺遼。

二十年春，命宋國公馮勝爲大將軍，率潁川侯傅友德、永昌侯藍玉等，將兵二十萬征之，還其先所獲元將乃剌吾（遣還以説之也）。勝軍駐通州，遣藍玉乘大雪襲慶州，克之。夏，師踰金山，臨江侯陳鏞失道，陷敵死。乃剌吾歸，備以朝廷撫恤恩語其衆，於是全國公觀童來降。納哈出因聞乃剌吾之言已心悸，復爲大軍所迫，乃陽使人至大將軍營納款，以覘兵勢。勝遣玉往受降。使者見勝軍還報，納哈出仰天嘆曰："天弗使吾有此衆矣。"遂率數百騎詣玉納降。已［而］將脱去，爲鄭國公常茂所傷不得去。都督耿忠遂以衆擁之見勝，勝重禮之，使忠與同寢食。先後降其部曲二十餘萬人，及聞納哈出傷，由是驚潰者四萬人，獲輜重畜馬亘百餘里。勝班師，都督濮英以三千騎殿，爲潰卒所邀襲，死之。秋，勝等表上納哈出所部官屬二百餘人，將校三千三百餘人，金銀銅印一百顆，虎符牌面百二十五事，馬二百九十餘匹……太祖封納哈出爲海西侯，先後賜予甚厚，并授乃剌吾千户。

納哈出既降，帝以故元遺寇終爲邊患，乃即軍中拜藍玉爲大將軍，唐勝、郭英副之，耿忠、孫恪爲左、右參將，率師十五萬往征之。

冬（仍洪武二十年），元將脱脱等降於玉。

明年春，玉以大軍由大寧至慶州，聞脱古思帖木兒在捕魚兒海，從間道馳進，至百眼井哨不見敵，欲引還。定遠侯王弼曰："吾等奉聖主威德，提十萬餘衆，深入至此，無所得，何以復命？"玉乃穴地而爨，一夜馳至捕魚兒海。黎明，去敵營八十里。時大風揚沙，晝晦，軍行無知者，敵不設備。弼爲前鋒，直薄之，遂大破其軍，斬太尉、蠻子［等］數千人。脱古思帖木兒以其太子天保奴、知院捏怯來、丞相失烈門等數十騎遁去，獲其次子地保奴及妃主五十餘人、渠率三千、男女七萬餘，馬駝牛羊十萬，聚鎧仗焚之。又破其將哈剌章營，盡降其衆。於是漠北削平。捷奏至，太祖大悦，賜地保奴等鈔幣，命有司給供具。既［而］有言玉私元主妃者，帝怒，妃慚懼自殺。地保奴出怨言，帝居之琉球。

脱古思帖木兒既遁，將依丞相咬住於和林，行至土剌河，爲其下也速迭兒所襲，衆復散，獨與捏怯來等十六騎偕。適咬住來迎，欲共往依闊闊帖木兒，大雪不得發。也速迭兒兵猝至，縊殺之，并殺天保奴。於是捏怯來、失烈門等來降，置之全寧衛。未幾，捏怯來爲失烈門所襲殺，衆潰，詔朶顏等衛招撫之，來降者益衆。

［洪武］二十三年春，命潁國公傅友德等以北平兵從燕王，定遠侯王弼等以山西兵從晉王，征咬住及乃兒不花、阿魯帖木兒等。燕王出古北口，偵知乃兒不花營迤都，冒大雪馳進，去敵一磧，敵不知也。先遣指揮觀童往，觀童舊與乃兒不花善，一見相持泣。頃之，大軍壓其營，乃兒不花驚欲遁，觀童止之，引見王，賜飲食慰諭遣還。乃兒不花喜過望，遂偕咬住等來降。久之，乃兒不花等以謀叛誅死，敵益衰。

太祖亦封燕、晉諸王爲邊藩鎮，更歲遣大將巡行塞下，督諸衛卒屯田，戒以持重，寇來輒敗之。

而敵自脫古思帖木兒後，部帥紛拏，五傳至坤帖木兒，咸被弒，不復知帝號。有鬼力赤者篡立，稱可汗，去國號，遂稱韃靼云。

成祖即位，遣使諭之通好，賜以銀幣并及其知院阿魯台、丞相馬兒哈咱等。時鬼力赤與瓦剌相仇殺，數往來塞下，帝敕邊將各嚴兵備之。

永樂三年，頭目埚胡兒、察罕達魯花等先後來歸。

久之，阿魯台殺鬼力赤，而迎元之後本雅失里于別失八里，立爲可汗。

六年春，帝即以書諭本雅失里曰："自元運既訖，順帝後愛猷識理達臘至坤帖木兒凡六傳，瞬息之間，未聞一人善終者。我皇考太祖高皇帝於元氏子孫，加意撫恤，來歸者輒令北還，如遣脫古思帖木兒歸，嗣爲可汗（此與上文不符，上云遣歸者爲崇禮侯買的里八剌，豈二名是一人耶？然亦未見交代），此南北人所共知。朕之心即皇考之心。茲元氏宗祧不絕如線，去就之機，禍福由分，爾宜審處之。"不聽。

明年，獲其部曲完者帖木兒等二十二人，帝因復使給事中郭驥齎書往。驥被殺，帝怒。秋，命淇國公邱福爲大將軍，武城侯王聰、同安侯火真副之，靖安侯王忠、安平侯李達①爲左、右參將，將精騎十萬北討，諭以毋失機，毋輕犯敵，一舉未捷，俟再舉。時本雅失里已爲瓦剌所襲破，與阿魯台徙居臚朐河。福率千騎先馳，遇游兵擊破之。軍未集，福乘勝渡河追敵，敵輒佯敗引去。諸將以帝命止福，福不聽。敵衆奄至，圍之，五將軍皆没。帝益怒。

---

① 標點本《校勘記》：李達，據《明史》卷六《成祖紀》、卷一〇六《功臣世表》、卷一四五《邱福傳》附《李遠傳》，《太宗實錄》卷六五永樂七年七月癸酉條應爲"李遠"。——整理者注

明年（應是永樂八年），帝自將五十萬衆出塞。本雅失里聞之懼，欲與阿魯台俱西，阿魯台不從，衆潰散，君臣始各爲部。本雅失里西奔，阿魯台東奔。帝追及幹（應作斡）難河，本雅失里拒戰。帝麾兵奮擊，一呼敗之。本雅失里棄輜重孳畜，以七騎遁。幹（應作斡）難河者，元太祖始興地也。班師至静虜鎮，遇阿魯台，帝使諭之降。阿魯台欲來，衆不可，遂戰。帝率精騎大呼衝擊，矢下如注，阿魯台墜馬，遂大敗，追奔百餘里乃還。冬，阿魯台遣使來貢馬，帝納之。

　　越二年，本雅失里爲瓦剌馬哈木等所殺。阿魯台已數入貢，帝俱厚報之，并還其向所俘同産兄妹二人。至是，奏馬哈木等弑其主，又擅立答里巴，願輸誠内附，請爲故主復仇。天子義之，封爲和寧王。自是，歲或一貢，或再貢，以爲常。

　　十二年，帝征瓦剌。阿魯台使部長以下來朝會。賜米五十石，乾肉、酒糗、綵幣有差。

　　[永樂]十四年，以戰敗瓦剌，使來獻俘。

　　十九年，阿魯台貢使至邊，要劫行旅，帝諭使戒飭之，由是驕蹇不至。阿魯台之内附，困于瓦剌，窮蹙而南，思假息塞外。帝納而封之，母妻皆爲王太夫人、王夫人。數年生聚，畜牧日以蕃盛，遂慢我使者，拘留之。其貢使歸，多行劫掠，部落亦時來窺塞。

　　二十年春，大入興和。于是詔親征之。阿魯台聞大軍出，懼，其母妻皆詈之曰："大明皇帝何負爾，而必爲逆！"于是盡棄其輜重馬畜于濶灤海側，以其孥直北徙。帝命焚其輜重，收其馬畜，遂班師。

　　明年秋，邊將言阿魯台將入寇。帝曰："彼意朕必不復出，當先駐塞下待之。"遂部分寧陽侯陳懋爲先鋒，至宿嵬山不見敵，遇王子也先土干率妻子部屬來降。帝封爲忠勇王，賜姓名曰金忠。忠勇王至京師，數請擊敵自效。帝曰："姑待之。"

　　二十二年春，開平守將奏阿魯台盜邊，群臣勸帝如忠勇王言。帝復親征，師次蘭荅納木兒河①，得諜者，知阿魯台遠遁。帝意亦厭兵，乃下詔暴阿魯台罪惡，而宥其所部來降者，止勿殺。車駕還，崩於榆木川。

---

① 標點本《校勘記》：蘭荅納木兒河，據《明史》卷七《成祖紀》、卷一五六《金忠傳》、《太宗實録》卷一二九永樂二十二年四月庚午條應爲"荅蘭納木兒河"。——整理者注

未幾，阿魯台使來貢馬，仁宗已登極，詔納之。自是，歲修職貢如永樂時。時阿魯台數敗于瓦剌，部曲離散。其屬把的等先後來歸，朝廷皆予官職，賜鈔幣，詔有司給供具。自後來歸者，悉如例。阿魯台日益蹙，乃率其屬東走兀良哈，駐牧遼塞。諸將請出兵掩擊之，帝不聽。

宣德九年，阿魯台復爲脫脫不花所襲，妻子死，孳畜略盡，獨與其子失捏干等徙居母納山察罕腦剌等處。未幾，瓦剌脫懽襲殺阿魯台及失捏干，于是阿魯台子阿卜只俺及其孫妻速木答思等喪敗無依，來乞内附。帝憐而撫之。

阿魯台既死，其故所立阿台王子及所部朵兒只伯等復爲脫脫不花所窘，竄居亦集乃路。外爲納款，而數入寇甘、涼。

正統元年，將軍陳懋敗朵兒只伯于平川，追及蘇武山，頗有斬獲。

二年冬，命都督任禮爲總兵官，蔣貴、趙安副之，尚書王驥督師，以便宜行事。

明年夏，復敗朵兒只伯等于石城。阿台與朵兒合，復敗之兀魯乃地，追及黑泉，又及之刁力溝，出沙漠千里，東西夾擊，敵幾盡，先後獲其部長一百五十人。於是阿台、朵兒只伯等來歸。未幾，脫脫不花捕阿台等殺之。脫脫不花者，故元後，韃靼長也。

瓦剌脫懽既擊殺阿魯台，悉收其部，兼并賢義、安樂二王之衆，欲自立爲可汗。衆不可，乃立脫脫不花，以阿魯台衆屬之，自爲丞相，陽推奉之，實不承其號令。

脫懽死，子也先嗣，益桀驁自雄，諸部皆下之，脫脫不花具可汗名而已。脫脫不花歲來朝貢，天子皆厚報之，比諸蕃皆有加，稱之曰達達可汗，賜賫并及其妃。

［正統］十四年秋，也先謀大舉入寇，脫脫不花止之曰："吾儕服食，多資大明，何忍爲此。"也先不聽，曰："可汗不爲，吾當自爲。"遂分道，俾脫脫不花侵遼東，而自擁衆從大同入。帝親征之，駕於土木陷焉。明年景皇帝自監國即位①，尊帝爲太上皇帝。秋，上皇歸自也先所。事載《瓦剌傳》。

脫脫不花自上皇歸後，修貢益勤。嘗妻也先姊，生子，也先欲立之，不從。

---

① 標點本《校勘記》：按景帝即位在正統十四年九月癸未，英宗之歸在景泰元年八月丙戌，"明年"兩字顯係誤置。據《明史》卷一一《景帝紀》、《英宗實錄》卷一八三應移"明年"二字於"尊帝爲太上皇帝"之下。——整理者注

也先亦疑其與中國通，將害己，遂治兵相攻。也先殺脫脫不花，收其妻子孳畜，給諸部屬，而自立爲可汗。時景皇帝二年也。朝廷稱也先爲瓦剌可汗。

未幾，[也先]爲所部阿剌知院所殺。韃靼部長孛來復攻破阿剌，求脫脫不花子麻兒可兒立之，號小王子。阿剌死，而孛來與其屬毛里孩等皆雄視部中，于是韃靼復熾。

景泰六年遣使入貢。

英宗復辟，遣都督馬政往賜故伯顏帖木兒妻幣。孛來留之，而遣使入賀，欲獻璽。帝敕之曰："璽已非真，即真，亦秦不祥物耳，獻否從爾便。第無留我使，以速爾禍。"時敵數寇威遠諸衛，夏（天順元年），定遠伯石彪敗之於磨兒山。

天順二年，孛來大舉寇陝西，安遠侯柳漙禦之輒敗，而飾小捷以聞。

明年春，敵入安邊營，石彪等破之，都督周顔①、指揮李鑑戰死。

四年[孛來]復寇榆林，彰武伯楊信拒卻之。再入，敗之於金谿峪②。未幾，復大掠陝西諸邊，廷臣請治各守將罪，帝宥之。

五年春，寇入平虜城，誘指揮許顒等入伏，殺之。邊報日亟，命侍郎白圭、都御史王竑往視師。秋，孛來求款，帝使詹昇齎敕往諭。孛來遣使隨昇來貢，請改大同舊貢道，而由陝西蘭縣入。許之。未幾，復糾其屬毛里孩等入河西。

明年（天順六年）春，圭等分巡西邊。圭遇敵於固原川③，竑遇敵于紅崖子川，皆破之。帝賜璽書獎勵，敕孛來使臣，仍從大同入貢。時麻兒可兒復與孛來相仇殺。麻兒可兒死，衆共立馬古可兒吉思，亦號小王子。自是，韃靼部長益各專擅。小王子稀通中國，傳世次，多莫可考。

　　光旦：是有二小王子，《明史》前文全未加區別。

孛來等每歲入貢，數寇掠，往來塞下，以西攻瓦剌爲辭，又數要劫三衛。

七年冬，貢使及關，帝卻之，以大學士李賢言乃止。

八年春，御史陳選言："韃靼部落，孛來最強，又密招三衛諸蕃，相結屯

---

① 標點本《校勘記》：周顔，據《明史》卷一二《英宗後紀》、卷一七四《周賢傳》，《英宗實錄》卷二九九天順三年正月甲辰條應爲"周賢"。——整理者注

② 標點本《校勘記》：金谿峪，據《明史》卷一七三《楊信傳》、《明史稿》傳二〇一《韃靼傳》、《英宗實錄》卷三一一天順四年正月戊子條應爲"金雞峪"。——整理者注

③ 標點本《校勘記》：固原川，《明史》卷一七二《白圭傳》作"固原州"，稱白圭敗孛來兵於此州。——整理者注

住。去冬來朝，要我賞宴，窺我虛實，其犯邊之情已露。而我邊關守臣，因循怠慢，城堡不修，甲仗不利，軍士不操習，甚至富者納月錢而安閒，貧者迫饑寒而逃竄。邊備廢弛，緩急何恃。乞敕在邊諸臣，痛革前弊。其鎮守、備禦等官，亦宜以時黜陟，庶能者知奮，怠者知警。至陀塞要害之處，或益官軍，或設營堡，或用墩臺，咸須處置得宜，歲遣大臣巡視，庶邊防有備，寇氛可戢。"報聞。

成化元年春，孛來誘兀良哈九萬騎入遼河，武安侯鄭宏禦卻之。秋，散掠延綏。冬，復大入。命彰武伯楊信率山西兵，都御史項忠率陝西兵禦之，少卻。未幾，復渡河曲，圍黃甫川堡，官軍力戰，乃引去。

始，韃靼之來也，或在遼東、宣府、大同，或在寧夏、莊浪、甘肅，去來無常，為患不久。景泰初，始犯延慶，然部落少，不敢深入。天順間，有阿羅出者，率屬潛入河套居之，遂逼近西邊。河套，古朔方郡，唐張仁愿築三受降城處也。地在黃河南，自寧夏至偏頭關，延袤二千里，饒水草，外為東勝衛。東勝而外，土平衍，敵來，一騎不能隱，明初守之，後以曠絕內徙。至是，孛來與小王子、毛里孩等先後繼至，擄中國人為鄉導，抄掠延綏無虛時，而邊事以棘。

光旦："先後繼至"，謂繼阿羅出之後，陸續進入河套。

二年（成化）夏，大入延綏。帝命楊信充總兵官，都督趙勝為副，率京軍及諸邊卒二萬人討之。信先以議事赴闕，未至。敵散掠平涼，入靈州及固原，長驅寇寧靜①、隆德諸處。冬，復入延綏，參將湯允績戰死。

未幾，諸部內爭，孛來弒馬可古兒吉思②，毛里孩殺孛來，更立他可汗。斡羅出③者復與毛里孩相仇殺，毛里孩遂殺其所立可汗，逐斡羅出，而遣使入貢。尋渡河掠大同。

三年（成化）春，帝命撫寧侯朱永等征之。會毛里孩再乞通貢，而別部長孛魯乃亦遣人來朝。帝許之，詔永等駐軍塞上。

---

① 標點本《校勘記》：寧靜，《明史》傳一七八《項忠傳》、《憲宗實錄》卷三三成化二年八月乙丑條都作"靜寧"。按《明史》卷四二《地理志》，靜寧州與隆德縣均隸陝西平涼府。作"靜寧"是。——整理者注

② 標點本《校勘記》：馬可古兒吉思，上文作"馬古可兒吉思"。——整理者注

③ 標點本《校勘記》：斡羅出，《明史》卷三二七上文及卷一三《憲宗紀》、卷一七一《王越傳》、卷一七三《朱謙傳》附《朱永傳》都作"阿羅出"。——整理者注

四年秋，給事中程萬里上言："毛里孩久不朝貢，窺伺邊疆，其情叵測。然臣度其有可敗者三。近我邊地才二三日程，彼客我主，一也。兼并諸部，馳驅不息，既驕且疲，二也。比來散逐水草，部落四分，兵力不一，三也。宜選精兵二萬，每三千人爲一軍，統以驍將，嚴其賞罰，使探毛里孩所在，潛師擣之，破之必矣。"帝壯之，而不能用。冬寇延綏。

　　明年（五年）春再入。守將許寧等輒擊敗之。冬復糾三衛入寇，延綏、榆林大擾。

　　六年春，大同巡撫王越遣游擊許寧擊敗之；楊信等亦大破之于胡柴溝。時孛魯乃與斡羅出合別部乩加思蘭、孛羅忽亦入據河套，爲久居計。延綏告急，帝命［朱］永爲將軍，以王越參贊軍務，使禦敵。永至，數以捷聞……而敵據套自如。

　　七年春，永上戰守二策，廷議以糧匱馬乏，難於進剿，請命邊將慎守禦以圖萬全。于是吏部侍郎葉盛巡邊，偕延綏巡撫余子俊及越議築邊牆，設立臺堡。冬，敵入塞，參將錢亮敗績，越等不能救。兵部尚書白圭請擇遣大將軍專事敵，會盛還，越亦赴京計事，乃集廷議，請大發兵搜套。帝以武靖侯趙輔爲將軍，節制諸路，王越仍督師。敵大入延綏，輔不能禦，遂召還，以寧晉伯劉聚代之，聚亦未有功。而毛里孩、孛魯乃、斡羅出稍衰，滿魯都①入河套稱可汗，乩加思蘭爲太師。

　　九年（成化）秋，滿魯都等與孛羅忽並寇韋州。王越偵知敵盡行，其老弱巢紅鹽池，乃與許寧及游擊周玉率輕騎晝夜疾馳至，分薄其營，前後夾擊，大破之。復邀擊於韋州。滿魯都等敗歸，孳畜廬帳蕩盡，妻孥皆喪亡，相顧悲哭去。自是不復居河套，邊患少弭；間盜邊，弗敢大入，亦數遣使朝貢。

　　初，乩加思蘭以女妻滿魯都，立［之］爲可汗。久之殺孛羅忽，并其衆，益專恣。滿魯都部脫羅干、亦思馬因謀殺之。尋滿魯都亦死，諸強酋相繼略盡，邊人稍得息肩。

　　時中官汪直怙恩用事，思以邊功自樹，王越、朱永附之。

---

① 標點本《校勘記》：滿魯都，據《明史》卷一三《憲宗紀》、卷一五五《劉聚傳》、卷一七一《王越傳》，《憲宗實錄》卷一二一成化九年十月壬申條應爲"滿都魯"。下同。——整理者注

十六年(成化)春①，邊將上言，傳聞敵將渡河，遽以永爲將軍。直與越督師至邊，未及期(此語費解)，襲敵於威寧海子，大破之，又敗之于大同。永晉公爵……越封威寧伯，直增禄至三百石。未幾，詔以越代永總兵。于是亦思馬因等益糾衆盜邊，延及遼塞。秋，敵三萬騎寇大同，連營五十里，殺掠人畜數萬。總兵許寧禦之，兵敗，以捷聞。敵既得利，長驅入順聖川，散掠渾源、朔諸州。宣府巡撫秦紘(它處作紘)、總兵周玉力戰卻之。山西巡撫邊鏞，參將支玉等悉力捍禦，敵去輒復來，迄成化末無寧歲。

亦思馬因死，入寇者復稱小王子，又有伯顔猛可王。

弘治元年夏，小王子奉書求貢，自稱大元大可汗。朝廷方務優容，許之。自是，與伯顔猛可王等屢入貢，漸往來套中，出没爲寇。

八年，北部亦卜剌因王等入套駐牧。于是小王子及脱羅干之子火篩相倚日強，爲東西諸邊患。其年，三入遼東，多殺掠。

明年，宣、大、延綏諸境俱被殘。

十一年秋，王越既節制諸邊，乃率輕兵襲敵于賀蘭山後，破之。

明年②，敵擁衆入大同、寧夏境，游擊王杲敗績，參將秦恭、副總兵馬昇逗遛不進，皆論死。時平江伯陳鋭爲總兵，侍郎許進督師，久無功，被劾去，以保國公朱暉、侍郎史琳代之，太監苗逵監軍。

十三年(弘治)冬，小王子復居河套。

明年春，吏部侍郎王鏊上禦敵八策：一曰定廟算，二曰重主將，三曰嚴法令，四曰恤邊民，五曰廣招募，六曰用間，七曰分兵，八曰出奇。帝命所司知之。時敵以八千騎東駐遼塞下，攻入長勝堡，殺掠殆盡。秋，暉等以五路之師夜襲敵于河套，斬首三級，驅挈畜千餘歸，賞甚厚。小王子以十萬騎從花馬池、鹽池入，散掠固原、寧夏境，三輔震動，戕殺慘酷。

十五年③(弘治)以户部尚書秦紘總制陝西。夏，敵入遼東清河堡，至密雲，

---

① 標點本《校勘記》：此繫於成化十六年春，《明史》卷一四《憲宗紀》、《憲宗實録》卷一九八繫於成化十五年十二月辛未。《明史》卷一七三《朱謙傳》附《朱永傳》作十五年冬，又稱十六年春出師無功。——整理者注

② 標點本《校勘記》：指弘治十二年。按《傳》文在本年內所記事件，都見於《明史》卷一五《孝宗紀》弘治十三年。——整理者注

③ 標點本《校勘記》：《明史》卷一五《孝宗紀》、《孝宗實録》卷一七九都繫於十四年九月甲辰。《明史》卷一七八《秦紘傳》也作"十四年"。——整理者注

旋西掠偏頭關。秋，復以五千騎犯遼東長安堡，副總兵劉祥禦之，斬首五十一級，敵乃退。

明年，稍靖。

十七年春，敵上書請貢，許之，竟不至；仍入大同殺墩軍，犯宣府及莊浪，守將衛勇、白玉等禦卻之。

明年春，敵三萬騎圍靈州，復散掠內地，指揮仇鉞、總兵李祥擊走之。敵大舉入寇宣府，總兵張俊禦之，大敗，裨將張雄、穆榮戰歿。

武宗嗣位，復命暉、琳出禦。冬，敵入鎮夷所，指揮劉經死之。復自花馬池毀垣入，掠隆德、靜寧、會寧諸處，關中大擾。

以楊一清爲總制。時正德元年春也。劉瑾用事，監軍皆閹人，一清不得職去，文貴、才寬相繼受事。

二年（正德），敵入寧夏、莊浪及定遼後衛諸境，守將皆逮問。

四年，敵數寇大同。冬，才寬禦敵於花馬池，中伏死。總兵馬昂與別部亦孛來戰于木瓜山，勝之，斬三百六十五級，獲馬畜六百餘，軍器二千九百餘。

明年，北部亦卜剌（上文有亦不剌因王）與小王子仇殺。亦卜剌竄西海，阿爾禿厮與合，逼脅洮西屬番，屢入寇。巡撫張翼、總兵王勛不能制，漸深入，邊人苦之。

八年夏，擁衆來川（來入川境），遣使詣翼所，乞邊地駐牧修貢。翼啗以金帛，令遠徙，亦卜剌遂西掠烏斯藏，據之。自是洮、岷、松潘無寧歲。

小王子數入寇，殺掠尤慘。復以五萬騎攻大同，趨朔州，掠馬邑。帝命咸寧侯仇鉞總兵（統兵也）禦之，戰于萬全衛，斬三級，而所失亡十倍，以捷聞。

明年（正德九年）秋，敵連營數十，寇宣、大塞，而別遣萬騎掠懷安。總制叢蘭告急，命太監張永督宣、大、延綏兵，都督白玉爲大將，協蘭守禦，京師戒嚴。已［而］敵踰懷安趨蔚州，至平虜城南，蘭等預置毒飯於田間如農家餉，而設伏以待。敵至，中毒，伏猝發，多死者。

其年，小王子部長卜兒孩以內難復奔據西海，出沒寇西北邊。

十一年秋，小王子以七萬騎分道入，與總兵潘浩戰于賈家灣。浩再戰再敗，裨將朱春、王唐死之。張永遇［之］於老營坡，被創走居庸。敵遂犯宣府，凡攻破城堡二十，殺掠人畜數萬。浩奪三官，諸將降罰有差。

十二年冬，小王子以五萬騎自榆林入寇，圍總兵王勛等於應州。帝幸陽和，親部署，督諸將往援，殊死戰，敵稍卻。明日復來攻，自辰至酉，戰百餘合，敵引而西，追至平虜、朔州，值大風黑霧，晝晦，帝乃還，命宣捷於朝。

是後歲犯邊，然不敢大入。

嘉靖四年春，以萬騎寇甘肅。總兵姜奭禦之於苦水墩，斬其魁。

明年犯大同及宣府，亦卜刺復駐牧賀蘭山後，數擾邊。

明年（嘉靖六年）春，小王子兩寇宣府。參將王經、開山①先後戰死。秋，以數萬騎犯寧夏塞，尚書王憲以總兵鄭卿等敗之，斬三百餘級。

明年（嘉靖七年）春，掠山西。夏，入大同中路，參將李蓁禦卻之。冬，復寇大同，指揮趙源戰死。

十一年春，小王子乞通貢，未得命，怒，遂擁十萬騎入寇。總制唐龍請許之，帝不聽。龍連戰，頗有斬獲。

時小王子最富強，控弦十餘萬，多畜（蓄）貨貝，稍厭兵，乃徙幕東方，稱"土蠻"。

分諸部落在西北邊者甚衆。曰吉囊、曰俺答者，於小王子爲從父行，據河套，雄黠喜兵，爲諸部長，相率躪諸邊。

十二年春，吉囊擁衆屯套內，將犯延綏，邊臣有備，乃突以五萬騎渡河西，襲亦不刺、卜兒孩兩部，大破之。卜兒孩爲莊、寧邊患久，亦郎骨、土魯番諸蕃皆苦之，嘗因屬番帖木哥求貢市，朝廷未之許。至是唐龍以卜兒孩衰敗遠徙，西海獲寧，請無更議款事。

吉囊等既破西海，旋竊入宣府、永寧境，大掠而去。冬，犯鎮遠關，總兵王效、副總兵梁震敗之於柳門，又追敗之於蜂窩山，敵溺水死者甚衆。

明年（嘉靖十三年）春，寇大同。秋，復由花馬池入犯，梁震及總兵劉文拒卻之。

十五年夏，吉囊以十萬衆屯賀蘭山，分兵寇涼州，副總兵王輔禦之，斬五十七級。又入莊浪境，總兵姜奭遇之於分水嶺，三戰三勝之。又入延綏及寧夏邊。冬，復犯大同，入掠宣、大塞，總制侍郎劉天和、總督尚書楊守禮及巡撫都御史楚書悉力禦之。

十九年秋，書以總兵白爵等三敗敵於萬全右衛境，斬百餘級。天和以總兵周尚文大破敵於黑水苑，斬吉囊子小十王。

---

① 標點本《校勘記》：開山，據《明史》卷一七《世宗紀》、《世宗實録》卷七四嘉靖六年三月庚辰條應爲"關山"。——整理者注

明年春，守禮以總兵李義禦敵於鎮朔堡，以總兵楊信禦敵於甘肅，皆勝之。

[同年]秋，俺答及其屬阿不孩遣使石天爵款大同塞，巡撫史道以聞，詔卻之。以尚書樊繼祖督宣、大兵，懸賞格購俺答、阿不孩首。遂大舉内犯，俺答下石嶺關，趣太原。吉囊由平虜衛入掠平定、壽陽諸處。總兵丁璋、游擊周宇戰死，諸將多獲罪，繼祖獨蒙賞。

二十一年夏，敵復遣天爵求貢。大同巡撫龍大有誘縛之，上之朝，詭言用計擒獲。帝悦，擢大有兵部侍郎，邊臣陞賞者數十人，磔天爵於市。敵怒，入寇，掠朔州，抵廣武，由太原南下，沁、汾、襄垣、長子皆被殘；復從忻、崞、代而北，屯祁縣。參將張世忠力戰，敵圍之數重。自巳至申，所殺傷相當。已而世忠矢盡見殺，百戶張宣、張臣俱死，敵遂從鴈門故道去。秋，復入朔州。

吉囊死，諸子狼台吉等散處河西，勢既分，俺答獨盛，歲數擾延綏諸邊。

二十三年(嘉靖)冬，小王子自萬全右衛入，至蔚州及完縣。京師戒嚴。

二十四年秋，俺答犯延綏及大同，總兵張達拒卻之。又犯鵓鴿峪，參將張鳳、指揮劉欽、千戶李瓚、生員王邦直等皆戰死。會總督侍郎翁萬達、總兵周尚文嚴兵備陽和，敵引去。

明年(二十五年)夏，俺答復遣使詣大同塞，求貢，邊卒殺之。秋，復來請，萬達再疏以聞，帝不許。敵以十萬騎西入保安，掠慶陽、環縣而東，以萬騎寇錦、義。總督三邊侍郎曾銑率參將李珍等直擣敵巢於馬梁山後，斬百餘級，敵始退。銑議復河套，大學士夏言主之。帝方嚮用言，令銑圖上方略，以便宜從事。

明年(二十六年)夏，萬達復言："敵自冬涉春屢求貢，詞恭，似宜許。"不聽，責萬達罔瀆。銑鳩兵繕塞，輒破敵。既而帝意中變，言與銑竟得罪，斬西市。敵益蓄忿思逞，廷臣不敢言復套事矣。

二十八年(嘉靖)春，犯宣府滴水崖。把總指揮江瀚、董暘戰死，全軍覆。遂犯永寧、大同。總兵周尚文禦之於曹家莊，大敗之，斬其魁。會萬達自懷來赴援，宣府總兵趙國忠聞警，亦率千騎追擊，復連敗之。是歲，犯西塞者五。

二十九年春，俺答移駐寧海子。夏，犯大同，總兵張達、林椿死之。敵引去，傳箭諸部大舉。秋，循潮河川南下至古北口，都御史王汝孝率薊鎮兵禦之。敵陽引滿内嚮，而別遣精騎從間道潰牆入。汝孝兵潰，遂大掠懷柔，圍順義，抵通州，分兵四掠，焚湖渠馬房。畿甸大震。敵大衆犯京師，大同總兵咸寧侯仇鸞、巡撫保定都御史楊守謙等，各以勤王兵至。帝拜鸞爲大將軍，使護諸軍。鸞與守謙皆愞愞不敢戰，兵部尚書丁汝夔恇擾不知所爲，閉門守。敵焚掠三日夜，引去。帝誅汝夔及守謙。敵將出白羊口，鸞尾之。敵猝東返，鸞出不意，兵潰，死傷千餘人。敵乃徐由古北口出塞。諸將收斬遺屍，得八十餘級，以捷聞。

方俺答薄都城時，縱所擄馬房內官楊增持書入城求貢。輔臣徐階等謂當以計款之，諭令退屯塞外，因邊臣以請。俺答歸，遣子脫脫陳款。時鸞方用事，乃議開馬市以中敵。兵部郎中楊繼盛上疏爭之，不得。

明年（嘉靖三十年）春，以侍郎史道涖其事，給白金十萬，開市大同，次及延、寧（延綏、寧夏）。叛人蕭芹、呂明鎮者，故以罪亡入敵，挾白蓮邪教，與其党趙全、邱富、周原、喬源諸人導俺答爲患。俺答市畢，旋入掠。邊臣責之，以芹等爲詞。芹詭有術，能墮城。敵試之不驗，遂縛芹及明鎮，而全、富等竟匿不出。俺答復請以牛馬易粟豆，求職役誥敕，又潛約河西諸部內犯，墮諸邊垣。帝惡之，詔罷馬市，召道還。自是，敵日寇掠西邊，邊人大困。

三十一年春，敵二千騎寇大同，指揮王恭禦之於平川墩，戰死。夏，東入遼塞，圍百戶常禄，指揮姚大謨、劉棟、劉啓基等於三道溝，四人皆戰没。備禦指揮王相赴援，大戰於寺兒山，殺傷相當，敵舍去。千戶葉廷瑞率百人助相。明日，相裹創復邀敵於蠟黎山，殊死鬭，矢竭，遂與麾下將士三百人皆死之。廷瑞被創死復蘇，敵亦引退。其年，凡四犯大同，三犯遼陽，一犯寧夏。

明年（三十二年）春，犯宣府及延綏。夏，犯甘肅及大同。守將禦之輒敗。秋，俺答復大舉入寇，下渾源、靈邱、廣昌，急攻插箭、浮圖等峪。固原游擊陳鳳、寧夏游擊朱玉率兵赴援，大戰卻之。敵分兵東犯蔚［州］，西掠代、繁時。已［而］駐鄜、延二十日，延、慶諸城屠掠幾徧，乃移營中部，以瞰涇、原，會久雨乃去。

時小王子亦乘隙爲寇，犯宣府、赤城。

未幾，俺答復以萬騎入大同，縱掠至八角堡。巡撫趙時春禦之，遇敵於大蟲嶺，總兵李淶戰死，軍覆，時春僅以身免。

三十三年春，入宣府紫溝堡。夏，復犯寧夏，大同總兵岳懋中伏死。秋，攻薊鎮牆，百道並進。警報日數十至，京師戒嚴。總督楊博悉力拒守，募死士夜砍其營，敵驚擾乃遁。

明年（三十四年）數犯宣、薊，參將趙傾葵、李光啓、丁碧先後戰死。朝廷再下賞格，購俺答首，賜萬金，爵伯；獲邱富、周原者三百金，授三品武階。時富等在敵，招集亡命，居豐州，築城自衛，搆宮殿，墾水田，號曰板升。板升，華言屋也。趙全教敵，益習攻戰事。俺答愛之甚，每入寇必置酒全所，問計。

三十五年夏，敵三萬騎犯宣府。游擊張綖迎戰，敗死。冬，掠大同邊，繼掠陝西環、慶諸處，守將孫朝、袁正等卻之。

其年，土蠻再犯遼東。

明年（三十六年），敵以二萬騎分掠大同邊，殺守備唐天祿、把總汪淵。俺答弟老把都復擁衆數萬入河流口，犯永平及遷安，副總兵蔣承勛力戰死。夏，突犯宣府馬尾梁，參將祁勉戰死。秋，復入大同右衛境，攻毀七十餘堡所，殺擄甚衆。冬，俺答子辛愛有妾曰桃松寨，私部目收令哥，懼誅來降。總督楊順自詡為奇功，致之闕下。辛愛來索不得，乃縱掠大同諸墩堡，圍右衛數匝。順懼，乃詭言敵願易我以趙全、邱富。本兵許論以為便，乃遣桃松寨夜逸出塞，紿之西走，陰告辛愛，辛愛執而戮之。敵狎知順無能，圍右衛益急，更分兵犯宣、薊鎮。西鄙（何以言西？）震動，右衛烽火斷絕者六閱月。大學士嚴嵩與許論議，欲棄右衛。帝不聽，詔諸臣發兵措餉，而以兵部侍郎江東代順。時故將尚表以餽餉入圍城，悉力捍（原作得，應是捍之誤刊）禦，粟盡食牛馬，徹（撤）屋為薪，士卒無變志。表時出兵突戰，獲俺答孫及壻與其部將各一人。會帝所遣侍郎江東及巡撫楊選、總兵張承勳等各嚴兵進，圍乃解。復掠永昌、涼州及宣府、赤城，圍甘州十四日始退。

土蠻亦數寇遼東。

三十八年春，老把都、辛愛謀大舉入犯，駐會州，使其諜詭稱東下。總督王忬不能察，遽分兵而東，號令數易，敵遂乘間入薊鎮潘家口，忬得罪。夏，犯大同，轉掠宣府東西二城，駐內地旬日，會久雨乃退。

三十九年，敵聚衆喜峰口外，窺犯薊鎮。大同總兵劉漢出擣其帳於灰河，敵稍遠徙。秋，漢復與參將王孟夏等擣豐州，擒斬一百五十人，焚板升略盡。是歲，寇大同、延綏、薊、遼邊無虛日。

明年（四十年）春，敵自河西踏冰入寇，守備王世臣、千户李虎戰死。秋，犯宣府及居庸。冬，掠陝西、寧夏塞。已[而]復分兵而東，陷蓋州。

四十一年夏，土蠻入撫順，為總兵黑春所敗。冬，復攻鳳凰城，春力戰二日夜，死之①。海、金殺掠尤甚。

冬，俺答數犯山西、寧夏塞。延綏總兵趙岢分部銳卒，令裨將李希靖等東出神木堡，擣敵帳於半坡山，徐執中等西出定邊營，擊敵騎於莜麥湖，皆勝之，斬一百十九級。

四十二年（嘉靖）春，敵入宣府滴水崖，劉漢卻之。敵遂引而東，數犯遼塞。秋，總兵楊照敗死。

時薊遼總督楊選囚縶三衛長通罕，令其諸子更迭爲質。通罕者，辛愛妻父也，冀以牽制辛愛，三衛皆怨。冬，大掠順義、三河。諸將趙溱、孫臏戰死，京師戒嚴。大同總兵姜應熊禦之於密雲，敗之，敵退。詔誅選。

明年，土蠻入遼東，都御史劉燾上諸將守禦功，言海水暴漲，敵騎多沒者。帝曰："海若效靈。"下有司祭告，燾等皆有賞。

冬，敵犯陝西，大掠板橋、響閘兒諸處。

四十四年春，犯遼東寧前小團山，參將綫補袞、游擊楊維藩死之。（此亦應是土蠻所爲。）

夏，犯肅州，總兵劉承業禦之，再戰皆捷。秋，俺答子黃台吉帥輕騎，自宣府洗馬林突入，散掠内地。把總姜汝棟以銳卒二百伏暗莊堡，猝遇台吉，搏之。台吉墮馬，爲所部奪去。台吉受傷，越日始甦。

明年，俺答屢犯東西諸塞。夏，清河守備郎得功扼之張能峪口，勝之。冬，大同參將崔世榮禦敵於樊皮嶺，及子大朝、大賓俱戰死。

時邱富死，趙全在敵中益用事，尊俺答爲帝，治宮殿。期日上棟，忽大風，棟墜傷數人。俺答懼，不敢復居。兵部侍郎譚綸在薊鎮善治兵，全乃説俺答無輕犯薊，大同兵弱，可以逞。

隆慶元年，俺答數犯山西。秋，復率衆數萬分三道入井坪、朔州、老營、偏頭關諸處。邊將不能禦，遂長驅攻岢嵐及汾州，破石州，殺知州王亮寀，屠其民，復大掠孝義、介休、平遥、文水、交城、太谷、隰州間，男女死者數萬。事聞，諸邊臣罰治有差。

而三衛勾土蠻同時入寇薊鎮，昌黎、撫寧、樂亭、盧龍皆被蹂躪。游騎至灤河，京師震動，三日乃引去。諸將追之，敵出義院口。會大霧，迷失道，墮

---

① 標點本《校勘記》："冬"字疑誤，據《明史》行文慣例，應作"巳"字。黑春之死在夏季，見《世宗實録》卷五〇九嘉靖四十一年五月壬子條。——整理者注

棒槌崖中，人馬枕藉，死者頗衆，諸將乃趣割其首。

二年，敵犯柴溝，守備韓尚忠戰死。時兵部侍郎王崇古鎮西邊，總兵李成梁守遼東，數以兵邀擊於塞外。敵知有備，入寇稍稀。

四年秋，黃台吉寇錦州，總兵王治道、參將郎得功以十餘騎入敵死。

冬，俺答有孫曰把漢那吉者，俺答第三子鐵背台吉子也，幼孤，育於俺答妻所。既長，娶婦比吉。把漢復聘襖兒都司女，即俺答外孫女，貌美，俺答奪之。把漢恚，遂率其屬阿力哥等十人來降。大同巡撫方逢時受之，以告總督王崇古。崇古上言："把漢來歸，非擁衆內附者比，宜給官爵，豐館餼，飭輿馬，以示俺答。俺答急，則使縛送板升諸叛人；不聽，即脅誅把漢牽沮之；又不然，因而撫納，如漢置屬國居烏桓故事，使招其故部，徙近塞。俺答老且死，黃台吉立，則令把漢還，以其衆與台吉抗，我按兵助之。"詔可，授把漢指揮使，阿力哥正千戶。俺答方西掠吐番，聞之亟引還，約諸部入犯，崇古檄諸道嚴兵禦之。敵使來請命，崇古遣譯者鮑崇德往，言朝廷待把漢甚厚，第能縛板升諸叛人趙全等，且送至，把漢即夕返矣。俺答大喜，屏人語曰："我不爲亂，亂由全等。若天子幸封我爲王，長北方諸部，孰敢爲患？即死，吾孫當襲封，彼衣食中國，忍倍德乎？"乃益發使與崇德來乞封，且請輸馬，與中國鐵鍋、布帛互市，隨執趙全、李自馨等數人來獻。崇古乃以帝命遣把漢歸，把漢猶戀戀，感泣再拜去。俺答得孫大喜，上表謝。

崇古因上言："朝廷若允俺答封貢，諸邊有數年之安，可乘時修備。設敵背盟，吾以數年蓄養之財力，從事戰守，愈於終歲奔命，自救不暇者矣。"復條[上]八事以請。一，議封號官爵。諸部行輩，俺答爲尊，宜錫以王號，給印信。其大枝如老把都、黃台吉及吉囊長子吉能等，俱宜授以都督。弟姪子孫如兀慎、打兒漢等四十六枝，授以指揮。其俺答諸壻十餘枝，授以千戶。一，定貢額。每歲一入貢，俺答馬十匹，使十人。老把都、吉能、黃台吉八匹，使四人。諸部長各以部落大小爲差，大者四匹，小者二匹，使各二人。通計歲貢馬不得過五百匹，使不得過百五十人。馬分三等，上駟三十進御，餘給價有差，老瘠者不入。其使，歲許六十人進京，餘待境上。使還，聽以馬價市繒布諸物。給酬賞，其賞額視三衛及西蕃諸國。一，議貢期、貢道。以春月及萬壽聖節四方來同之會，使人、馬匹及表文自大同左衛驗入，給犒賞。[其]駐邊者，分送各城[交]撫鎮驗賞。入京者，押送自居庸關入。一，立互市。其規如弘治初，北部三貢例。蕃以金、銀、牛馬、皮張、馬尾等物，商販以緞紬、布匹、釜鍋等物。開市日，來者以三百人駐邊外，我兵五百駐市場，期盡一月。市場，陝西三邊有原立場堡，大同應於左衛北威遠堡邊外，宣府應於萬全右衛張家口邊外，山西應於水泉營邊外。一，議撫賞。守市兵人布二匹，部長緞二匹、紬二匹。以好至邊者，酌來使大小，量加賞犒。一，議歸降。通貢後，降者不分有罪無罪，免收納。其華人被擄歸正者，查別無竊盜，乃許入。一，審經權。一，戒狃飾。疏入，下廷臣議。帝終從崇古言。

詔［乃］封俺答爲順義王，賜紅蟒衣一襲；昆都力哈①、黃台吉授都督同知，各賜紅獅子衣一襲、綵幣四表裏；賓兔台吉等十人，授指揮同知；那木兒台吉等十九人，授指揮僉事；打兒漢台吉等十八人，授正千户；阿拜台吉等十二人，授副千户；恰台吉等二人，授百户。昆都力哈，即老把都也。兵部採崇古議，定市令。秋市成，凡得馬五百餘匹，賜俺答等綵幣有差。西部吉能及其姪切盡等亦請市，詔子（予之誤）市紅山墩暨清水營。市成，亦封吉能爲都督同知。

已而俺答請金字經及剌麻僧，詔給之。崇古復請玉印，詔予鍍金銀印。俺答老佞佛，復請於海南建寺，詔賜寺額"仰華"。

俺答常遠處青山，二子，曰賓兔，居松山，直蘭州之北，曰丙兔，居西海，直河州之西，並求互市，多桀驁。俺答諭之，亦漸馴。自是，約束諸部無入犯，歲來貢市，西塞以寧。

而東部土蠻數擁衆寇遼塞。總兵李成梁敗之於車山②，斬五百八十餘級，守備曹簪復敗之於長勝堡。

神宗即位，［土蠻］頻年入犯。

萬曆六年，成梁率游擊秦得倚等擊敵於東昌堡，斬部長九人，餘（？）級八百八十四，總督梁夢龍以聞。帝大悦，祭告郊廟，御皇極門宣捷。

七年冬，土蠻四萬騎入錦川營。夢龍、成梁及總兵戚繼光等已預受大學士張居正方略，併力備禦，敵始退。自是，敵數入，成梁等數敗之，輒斬其巨魁，又時襲擊於塞外，多所斬獲。敵畏之，少戢，成梁遂以功封寧遠伯。

俺答既就市，事朝廷甚謹。部下卒有掠奪邊氓者，必罰治之，且稽首謝罪，

---

① 標點本《校勘記》：《明史》卷二二二《王崇古傳》作"昆都力"。——整理者注
② 標點本《校勘記》：車山，據《明史》卷二三八《李成梁傳》、《明史稿》傳二〇一《韃靼傳》、《穆宗實錄》卷六四隆慶五年十二月辛亥條應爲"卓山"。——整理者注

朝廷亦厚加賞賚。

十年春，俺答死，帝特賜祭七壇、綵緞十二表裏、布百匹，示優恤。其妻哈屯率子黃台吉等，上表進馬謝，復賜幣布有差。封黃台吉爲順義王，改名乞慶哈。立三歲而死，朝廷給恤典如例。

十五年春，子撦力克嗣。其妻三娘子，故俺答所奪之外孫女而爲婦者也，歷配三王，主兵柄，爲中國守邊保塞，衆畏服之，乃敕封爲忠順夫人，自宣、大至甘、肅不用兵者二十年。

及撦力克西行遠邊，而套部莊禿賴等據水塘，卜失兔、火落赤等據莽剌、捏工兩川，數犯甘、涼、洮、岷、西寧間。他部落亡慮數十種，出没塞下，順逆不常。帝惡之。

十九年詔並停撦力克市賞。已而撦力克叩邊輸服，率衆東歸，獨莊禿賴、卜失兔等寇抄如故。

其年冬，別部明安、土昧分犯榆林邊，總兵杜桐禦之，斬獲五百人，殺明安。

二十年，寧夏叛將哱拜等勾卜失兔、莊禿賴等，大舉入寇，總兵李如松擊敗之。

二十二年，延綏巡撫李春光奏：“套部納款已久，自明安被戮而寇恨深，西夏黨逆而貢市絶，延鎮連年多事。今東西各部皆乞款，而卜失兔挾私叵測，邊長兵寡，制禦爲難。宜察敵情，審時勢。敵入犯則血戰，偶或小失，應寬吏議。倘敵真心效順，相機議撫，不可忘戰備也。”帝命兵部傳飭各邊。秋，卜失兔入固原，游擊史見戰死。延綏總兵麻貴禦之，閱月始退。全陝震動。

其年，東部炒花犯鎮武堡，總兵董一元與戰，大破之。

明年（萬曆二十三年）春，松部宰僧等犯陝西，總督葉夢熊督（？）卻之。秋，海部永邵卜犯西寧，總督三邊李汶檄參將達雲、游擊白澤暨馬其撒、卜爾加諸屬番，設伏遊（邀）擊，大敗之，斬六百八十三級。捷聞，帝大悦，且以屬番效命，追叙前總制鄭雒（上文似作洛）功，賞賚並及雒。

二十四年（萬曆）春，總督李汶以勁兵分三道出塞，襲卜失兔營，共斬四百九級，獲馬畜、器械數千。火落赤部衆復窺伺洮州，汶遣參將周國柱等擊之於莽剌川腦，斬一百三十六級。秋，著力兔、阿赤兔、火落赤等合謀犯西邊，炒花亦擁衆犯廣寧，守將皆嚴兵卻之。

二十五年秋，海部寇甘鎮，官軍擊走之。

冬，炒花糾土蠻諸部寇遼東，殺掠無算。

明年夏，復寇遼東，總兵李如松遠出擣巢，死之。

冬，旼等分道出襲火落赤等於松山，走之，復其地。

二十七年詔復撦力克市賞。時旼等築松山，諸部紛叛，延、寧守臣共擊之，殺獲甲首幾三千。

明年，著力兔、宰僧、莊秀（禿字之誤）賴等乞通款，不許。邊臣王見賓等復爲請，詔復套部貢市。

三十一年，海部數入陝西塞，兵備副使李自實，總兵蕭如薰、達雲等，擊走之。

三十三年夏，東部宰賽誘殺慶雲堡守禦熊鑰，詔革其市賞。

三十五年（萬曆）夏，總督徐三畏言：＂河套之部與河東之部不同。東部事統於一，約誓定，歷三十年不變。套部分四十二枝，各相雄長，卜失兔徒建空名於上。西則火落赤最狡，要挾最無厭；中則擺言太以父明安之死，無歲不犯；冬（東之誤）則沙計爭爲監市，與炒花朋逞。西陲搶攘非一日矣。然衆雖號十萬，分爲四十二枝，多者不過二三千騎，少者一二千騎耳。宜分其勢，納其款，俾先順者獲賞，後至者拒剿。仍須主戰以張國威。＂時已許宰賽及火落赤諸部復貢市矣。

未幾，撦力克死，未有嗣，忠順夫人率所部仍效貢職。西部銀定、歹青數擁衆犯東西邊。延綏部猛克什力亦以挾賞故，常沿邊抄掠。卜失兔欲婚於忠順，忠順拒之。其所部素囊台吉、五路台吉等，各不相下，封號久未定。

四十一年，卜失兔始婚於忠順，東、西諸部長皆具狀爲請封。忠順夫人旋卒，詔封卜失兔爲順義王，而以把漢比吉素效恭順，封忠義夫人。卜失兔爲撦力克孫，襲封時，已少衰，所制止山、大二鎮外十二部。其部長五路、素囊及兀愼台吉等，兵力皆與順義埒。朝廷用宣大總督涂宗濬言，各予陞賞如例。

其年，炒花糾虎墩兔三犯遼東。虎墩兔者，居插漢兒地，亦曰插漢兒王子，元裔也。其祖打來孫始駐牧宣塞外，俺答方強，懼爲所併，乃徙帳於遼，收福餘雜部，數入掠薊西，四傳至虎墩兔，遂益盛。

明年（萬曆四十二年）夏，炒花復合宰賽、煖兔以三萬騎入掠，至平虜、大寧。既［而］求撫賞，許之。

四十二年（順上文，應作四十三年），猛克什力寇懷遠及保寧。延綏總兵官秉忠（官是姓）等破之，斬二百二十一級。①

明年，插部數犯遼東。已[而]掠義州，攻陷大安堡，兵民死者甚衆。②

四十四年，總兵杜文煥數破套部猛克什力等於延綏邊，火落赤、擺言太及吉能、切盡、歹青、沙計東西諸部皆懼，先後來請貢市。

四十六年……清兵起，略撫順及開原，插部乘隙擁衆挾賞。西部阿暈妻滿旦亦以萬騎自石塘路入掠薊鎮白馬關及高家、馮家諸堡。游擊朱萬良禦之，被圍。羽書日數十至，中外戒嚴。頃之，滿旦亦叩關乞通貢。

四十七年……清兵滅宰賽及北關金台什、布羊古等。金台什孫女爲虎墩兔婦，於是薊遼總督文球、巡撫周永春等以利啗之，俾聯結炒花諸部，以捍……清兵，給白金四千。明年，爲泰昌元年，加賞至四萬。虎[墩兔]乃揚言助中國，邀索無厭。

天啓元年秋，吉能犯延綏邊，榆林總兵杜文煥擊敗之。

明年春，復大掠延安黃花峪，深入六百里，殺掠居民數萬。

三年春，銀定糾衆再掠西邊，官軍擊敗之。

明年春，復謀入故巢，犯松山，爲守臣馮任等所敗。夏，遂糾海西古六台吉等犯甘肅，總兵董繼舒擊之，斬三百餘級。

其年，歹青以領賞譁於邊，邊人格殺之。歹青，虎墩兔近屬也，邊臣議歲給償命銀一萬三千有奇，而虎怏怏，益思颺去。未幾……清兵襲破炒花，所部皆散亡，半歸於插漢。

時卜失兔益衰，號令不行於諸部，部長干兒駡等歲數犯延綏諸邊。七慶台吉及敖目比吉、毛乞炭比吉等，亦各擁衆往來窺伺塞下。

崇禎元年，虎墩兔攻哈喇嗔（他處作慎）及白言台吉、卜失兔諸部，皆破之，遂乘勝入犯宣、大塞。秋，帝……召總督王象乾，詢以方略，象乾對言："禦插之道，宜令其自相攻。今卜失兔西走套內，白台吉（上作白言台吉）挺身免，而哈喇嗔所部多被擄，不足用。永邵卜最強，約三十萬人，合卜失兔所部并聯絡朶顏三十六家及哈喇嗔餘衆，可以禦插漢。然與其搆之，不如撫而用之。"帝曰："插漢意不受撫，奈何？"對曰："當從容籠絡。"帝曰："如不款何？"象乾復密奏，帝善之，命往與督師袁崇煥共計。象乾至邊，與崇煥議合，

---

① 事見《神宗實錄》卷五三〇萬曆四十三年三月己酉條。——整理者注

② 事見《神宗實錄》卷五三七萬曆四十三年九月戊寅條。——整理者注

皆言西靖而東自寧，虎不款，而東西並急，因定歲予揷金八萬一千兩，以示羈縻。大同巡撫張宗衡上言："揷來宣、大，駐新城，去大同僅二百里，三閱月未敢近前，饑餓窮乏，揷與我等耳。揷恃撫金爲命，兩年不得，資用已竭，食盡馬乏，暴骨成莽。揷之望款不啻望歲，而我遺之金繒、牛羊、茶果、米穀無算，是我適中其欲也。揷怠忕悖慢，耳目不忍睹聞，方急款尚如是。使揷士馬豐飽，其憑陵狂逞，可勝道哉。"象乾言："款局垂成而復棼之，既示揷以不信，亦非所以爲國謀。"疏入，帝是象乾議，詔宗衡毋得異同。

明年（崇禎二年）秋，虎［墩兔］復擁衆至延綏紅水灘，乞增賞未遂，即縱掠塞外，總兵吳自勉禦卻之。既而東附……清兵攻龍門。未幾，爲……清兵所擊。

六年夏，揷漢聞……清兵至，盡驅部衆渡河遠遁。

是時，韃靼諸部先後歸附於……清。

明年……清兵遂大會諸部（韃靼）於兀蘇河南岡，頒軍律焉。而虎已卒，乃追至上都城，盡俘揷漢妻孥部衆。

其後，套部歲入寧夏、甘、凉境，巡撫陳奇瑜、總兵馬世龍、督師洪承疇等輒擊敗之。套部千兒駡，亦爲總兵尤世禄所斬。

迄明世，邊陲無寧，致中原盜賊蜂起。當事者狃與俺答等貢市之便，見揷之恣於東也，謂歲捐金錢數十萬，冀苟安旦夕，且覬收之爲用，而卒不得。追其後也，明未亡，而揷先斃，諸部皆折入於……清。國計愈困，邊事愈棘，朝議愈紛，明亦遂不可爲矣。

韃靼地，東至兀良哈，西至瓦剌。當洪、永、宣世，國家全盛，頗受戎索，然畔服亦靡常。正統後，邊備廢弛，聲靈不振。諸部長多以雄傑之姿，恃其暴强，迭出與中夏抗。邊境之禍，遂與明終始云。

韃靼

《明史》卷三二八《朶顏等三衛傳》：

（韃靼與兀良哈前後關係，見"兀良哈——朶顏等三衛"片。）

傣

[傣]——自稱？

《明史》卷一八七《陸完傳》：

世宗［初，完（吏部尚書）以正德間嘗交通宸濠］戍福建靖海衛。……初，完嘗夢至一山曰"大武"。及抵戍所，有山如其名……

光旦：大武者，武大，大即傣，武即布、侗、傣語稱人，猶"武夷"之爲越人也。大武之大亦猶臺嶺、臺灣之臺，疑皆與傣之遺跡有涉。於此姑備一説。

[傣]

《明史》卷三：

[洪武]十五年……閏[二]月癸卯，藍玉、沐英克大理，分兵徇鶴慶、麗江、金齒，俱下。

光旦：自不止傣，尚有白、麽些等。

《明史》卷二〇：

[萬曆]十一年……閏二月……緬甸寇永昌。

光旦：緬甸與明關係，至此似尚屬初見，平時亦未見有"入貢"之記録。此番寇永昌，自與跨兩國之傣人有涉，故列"傣"下。

《明史》卷二〇：

[萬曆]十二年……四月……丁巳，游擊將軍劉綎討平隴川賊。……六月辛亥，以雲南用兵，免稅糧及逋賦。

《明史》卷二〇：

[萬曆]十九年……正月，緬甸寇永昌、騰越。

《明史》卷二一：

[萬曆]三十年……[七]月，緬賊陷蠻莫宣撫司，宣撫思正奔騰越，賊追至，有司殺正以謝賊，始解。

《明史》卷二一：

[萬曆]三十四年……六月癸卯，緬甸陷木邦。

《明史》卷九二《兵志四》：

天順八年，延綏參將房能言麓川破賊，用九龍筒，一綫然則九箭齊發，請頒式各邊。

《明史》卷一五五《蔣貴傳》：

正統……六年，[征麓川蠻思任發，]命佩平蠻將軍印，充總兵官，與王驥帥師抵金齒。分路進搗麓川上江寨，破木籠山[①]七寨及馬鞍山象陣，功皆第一。事詳《王驥傳》。明年，師還，[貴]進封侯……

八年夏，復佩平蠻將軍印，與王驥討思任發子思機發，攻破其寨。明年，師還……是役也，貴子雄乘敵敗，帥三十人深入。敵扼其後，自刎沉於江。

《明史》卷一五六《毛勝傳》：

正統七年以征麓川功，擢都督僉事。……已[而]再征麓川……命[勝與都督冉保]充左右參將。賊平，進都督同知。……[景泰初，既平貴州、湖廣諸苗後，]移鎮騰衝。金齒芒市長官刀放革潛結麓川遺孽思卜發爲變，勝設策擒之。

《明史》卷一五九《李儀傳·丁璿附傳》：

正統五年將征麓川，命乘傳往備儲餉。尋言用兵便宜，遂命撫雲南。麓川平，召爲左副都御史。

《明史》卷一五九《陳泰傳》：

正統初……擢御史，巡按貴州。官軍征麓川，歲取土兵二千爲鄉導，戰失利，輒殺以冒功，泰奏罷之。

《明史》卷一五九《賈銓傳》：

[正統中，]爲大理知府。王驥征麓川，饋運有勞。……麓川平，擢雲南左參政。

《明史》卷一六一《應履平傳》：

[正統]三年遷雲南左布政使。時麓川用兵，屢奏勞績。

[傣]——劉球諫書

《明史》卷一六二《劉球傳》：

正統六年，帝以王振言，大舉征麓川。球（時爲翰林侍講）上疏曰：“帝王之馭四裔，必宥其小而防其大。……今麓川殘寇思任發素本羈屬，以邊將失馭，致勤大兵。雖渠魁未殲，亦多戮羣醜，爲誅爲舍，無繫輕重。璽書原其罪釁，使得自新，甚盛德也。邊將不達聖意，復議大舉，欲屯十二萬衆於雲南，以取其降，不降則攻之。不慮王師不可輕出，蠻性不可驟馴，地險不可用衆，客兵

---

① 標點本《校勘記》：木籠山，前脫“杉”字，據《明史》卷一七一《王驥傳》應爲“杉木籠山”。《明史》卷二四七《劉綎傳》、《明一統志》卷八七、《蠻司合誌》卷九作“沙木籠山”；《明史》卷三一四《麓川傳》則二名錯出。——整理者注

不可久淹。……臣竊謂宜緩天誅……至於瓦剌，終爲邊患。及其未即騷動，正宜以時防禦。迺欲移甘肅守將以事南征，卒然有警，何以爲禦？……伏望陛下罷大舉之議……［只宜］量調官軍，分屯金齒諸要害，結木邦諸蠻以爲援，乘間進攻，因便撫諭，寇自可服。至於西北……"

　　章下兵部。謂南征已有成命，不用球言。

　　　　光旦：英宗不用球言，北兵南調，捨大事小，卒召土木之禍。

《明史》卷一六二《劉球傳》：

　　［正統］八年五月……球［又］……上言所宜先者十事。［其一事曰，］"麓川連年用兵，死者十七八，軍貲爵賞不可勝計。今又遣蔣貴遠征緬甸，責獻思任發。果擒以歸，不過梟諸通衢而已。緬將挾以爲功，必求與木邦共分其地。不與則致怒，與之則兩蠻坐大，是滅一麓川生二麓川也。……況思機發已嘗遣人來貢，非無悔過乞免之意。若敕緬斬任發首來獻，仍敕思機發盡削四境之地，分於各寨新附之蠻，則一方可寧矣。"［不從。］

　　　　光旦：木邦於清光緒二十年代終於劃歸緬甸，今不在國境綫內。

　　　　光旦：球六年、八年二疏皆兼及麓川、瓦剌，皆忤及王振，卒致殺身，詳本傳下文。

［傣］

《明史》卷一六二《陳鑑傳》：

　　正統中，［以］御史……按貴州。時麓川酋思任發子思機發遁孟養，屢上書求宥罪通貢。不許，復大舉遠征，兵連不解，雲、貴軍民疲敝。苗乘機煽動，閩、浙間盜賊大起。舉朝皆知其不可，懲劉球禍（見同題別片），無敢諫者。十四年正月，鑑抗疏言賊酋遠遁，不爲邊患，宜專責雲南守臣相機勦滅，無遠勞禁旅。王振怒，欲困之，改鑑雲南參議，使赴騰衝招賊。

　　　　光旦：孟養在干崖土司南，今屬緬甸。

《明史》卷一六五《郭緒傳》：

　　（弘治十四年五月，緒以雲南參議平孟密宣撫與孟養宣撫間之糾紛經過頗詳。今孟密所在地不詳，詞書謂"闕，當在雲南境"①，而孟養已屬緬甸，不在

---

① 孟密治所在今緬甸撣邦西北蒙米特，見《中國歷史大辭典·歷史地理》（上海辭書出版社，1996年）。——整理者注

國境之內，故不復摘錄，有必要時查原書卷可也。——光旦）

《明史》卷一六六《蕭授傳·吳亮附傳》：

[正統中，]方政歿於麓川……命爲副總兵，將兵五萬往討。至雲南，賊益熾，坐金齒參將張榮敗不救，逮下獄。左遷。

《明史》卷一六六《方瑛傳》：

都督政之子。正統初，以舍人從父征麓川。父戰死，瑛發憤，矢報父讎。……[正統]六年，[以都指揮同知]從王驥征麓川。帥兵六千突賊壘。賊渠衣黃衣帳中。瑛直前，左右擊斬數百人，躪死者無算，遂平其地。進都指揮使。尋復從驥破貢章、沙壩、阿嶺諸蠻。進都督僉事……充右參將，協守雲南。十三年復從驥征麓川。破鬼山大寨，留鎮雲南。

《明史》卷一六六《李震傳》：

[正統九年後，]從王驥平麓川，進[都指揮]同知。

[傣]——與王驥

《明史》卷一七一《王驥傳》：

麓川之役起。麓川宣慰使思任發叛，數敗王師。黔國公沐晟討之，不利，道卒，以沐昂代。昂條上攻取策，徵兵十二萬人。中官王振方用事，喜功名，以驥可屬，思大舉。驥亦欲自效。六年正月遂拜蔣貴平蠻將軍，李安、劉聚爲副，而驥總督軍務，大發東南諸道兵十五萬討之。刑部侍郎何文淵、侍講劉球先後疏諫，不納。……驥請得以便宜從事。馳傳至雲南，部署諸將，遣參將冉保由東路趨孟定，大軍由中路至騰衝，分道夾擊。是年十一月，與貴以二萬人趨上江，圍其寨，五日不下。會大風，縱火焚柵，拔之，斬首五萬餘級。進自夾象石，渡下江，通高黎貢山道。閏月至騰衝，長驅抵杉木籠山。賊乘高據險，築七壘相救。驥遣參將宮聚、副將[軍？]劉聚分左右翼緣嶺上，而自將中軍奮擊之，賊大潰，乘勝至馬鞍山。踰月，抵賊巢。山陡絕，深塹環之，東南面江，壁立不可上。驥遣前軍覘賊，敗其伏兵。賊更自間道立柵馬鞍山，出大軍後。驥戒軍中無動，而令都指揮方瑛以六千人突賊寨，斬首數百，復誘敗其象陣。會東路軍冉保等已合木邦、車里、大候（應作侯，刊誤）諸土軍，破烏木弄、戞邦諸寨，遣別將守西峨渡，防賊軼，刻期與大軍會。驥乃督諸將環攻其七門，積薪縱火。風大作，賊焚死無算，溺江死者數萬人。思任發攜二子走孟養。獲其虎符、金牌、宣慰司印及所掠騰衝諸衛所印章三十有奇。犁其巢穴，留兵守之而還。

明年……五月，師還。……封［驥］……靖遠伯……貴進侯……士卒賜予加等。府庫爲竭。

思任發之竄緬甸也，其子思機發復帥餘衆居者藍，乞入朝謝罪。廷議因而撫之，王振不可。

是年（七年）八月復命驥總督雲南軍務，帥參將冉保、毛福壽以往。未至而思機發遣弟招寨①入貢，緬甸亦奏獲思任發，要麓川地。朝廷不納其貢，且敕驥圖緬甸，驥因請濟師。

八年五月復命蔣貴爲平蠻將軍，調土兵五萬往，發卒轉餉五十萬人。驥初檄緬甸送思任發。緬人陽聽命，持兩端。是年冬，大軍逼緬甸，緬人以樓船載思任發覘官軍，而潛以他舟載之歸。驥知緬人資木邦水利爲唇齒，且慮思機發將以獻其父故仇之，故終不肯獻思任發。驥乃趨者藍，破思機發巢，得其妻子部落，而思機發獨脫去。

［九］年召還（轉巡西北諸邊，備蒙古）……緬人已［而］以思任發來獻，而思機發竊駐孟養地，屢遣使入貢謝罪。中外咸願罷兵。振意終未慊，要思機發躬入朝謝。沐斌帥師至金沙江招之，不至。諭孟養執之以獻，亦不聽命。於是振怒，欲盡滅其種類。

十三年春復命驥總督軍務，宮聚爲平蠻將軍，帥師十五萬②人往。明年造舟浮金沙江，蠻人柵西岸拒守。官軍聯舟爲浮橋以濟，拔其柵，進破鬼哭山，連下十餘寨，墜溺死者無算，而思機發終脫去，不可得。

是時，官軍踰孟養，至孟邦海。地在金沙江西，去麓川千里，自古兵力所不至，諸蠻見大軍皆震怖。而大軍遠涉，驥慮饋餉不繼，亟謀引還。時思機發雖遁匿，而思任發少子思陸復擁衆據孟養。驥度賊終不可滅，乃與思陸約，立石表，誓金沙江上，曰：「石爛江枯，爾乃得渡。」遂班師。

驥凡三征麓川，卒不得思機發。

議者咎驥等老師費財，以一隅騷動天下。而會川衛訓導詹英抗疏劾之，大略謂：「驥等多役民夫，弇綵繒，散諸土司以邀厚利。擅用腐刑，詭言進御，

---

① 標點本《校勘記》：招寨，據《明史》卷三一四《麓川傳》、《明史稿》傳四一《王驥傳》、《英宗實錄》卷一〇〇正統八年正月庚午條應爲"招賽"。——整理者注

② 標點本《校勘記》：十五萬，《明史》卷三一四《麓川傳》作"十三萬"。——整理者注

實充私役。師行無紀，十五萬人一日起行，互相蹂踐。每軍負米六斗，跋陟山谷，自縊者多。抵金沙江，徬徨不敢渡，既渡不敢攻，攻而失都指揮路宣、翟亨等。俟賊解，多捕魚戶為俘，以地分木邦、緬甸，掩敗為功。此何異李宓之敗，而楊國忠以捷聞也。"……

[傣]

《明史》卷一七二《侯璡傳》：

　　正統初……[以兵部郎中]從王驥征麓川，至金齒。驥自統大軍擊思任發，而遣璡援大侯州。賊衆三萬至，督都指揮馬讓、盧鉞擊走之。遂由高黎貢山兼程夜行，會大軍，壓其巢。麓川平，拜禮部右侍郎，參贊雲南軍務……驥再征麓川，璡以功遷左（禮部左侍郎）。……十一年復……鎮雲南（時已調兵部左侍郎）。思機發竄孟養，驥復南征。璡與都督張軏分兵進抵金沙江，破之鬼哭山。

《明史》卷一七二《楊寧傳》：

　　正統……四年，[以刑部主事]與都督吳亮征麓川。賊款軍門約降，寧曰："兵未加而先降，誘我也，宜嚴兵待之。"不聽，令寧督運金齒。已而賊果大至，官兵敗績。……寧擢郎中。復從王驥至騰衝破賊，寧與太僕少卿李蕡督戰，並有功。……超拜刑部右侍郎。……九年代侯璡參贊雲南軍務。時麓川甫平，寧以騰衝地要害，與都督沐昂築城置衛，設戍兵控諸蠻。邊方遂定。

《明史》卷一七三《郭登傳》：

　　正統中，從王驥征麓川有功，擢……指揮僉事。又從沐斌征騰衝……署都指揮僉事。

《明史》卷一七五《何洪傳》：

　　正統中，[以成都前衛指揮使]從征麓川……有功。

《明史》卷一七五《劉玉傳》：

　　從征麓川，授副千戶。

《明史》卷一七八《余子俊傳》：

　　[成化]十三年召為兵部尚書。……緬甸酋卜剌浪欲奪思洪發貢章地，設詞請於朝。子俊言不宜許，乃諭止之。

　　　　光旦：事應在十三年以後，十八年以前。在成化十五年（見《憲宗實錄》卷一九五成化十五年十月乙酉條）。

光旦：貢章地，今不知在國境内否。①

《明史》卷一八〇《汪奎傳·從子舜民附傳》：

［弘治間，］改雲南屯田副使。……麓川遺孽思禄渡金沙江，據孟密，承檄撫定之。

《明史》卷一八二《王恕傳》：

成化……十二年……進右都御史，［巡撫雲南。雲南鎮守中官錢能，貪恣甚，］頻遣［指揮郭］景及指揮盧安、蘇本等交通干崖、孟密諸土官，納其金寶無算。恕皆廉得之。遣騎執景，景懼自殺，因劾能……盡發能貪暴狀……上……置不問。

《明史》卷一八三《何喬新傳》：

父文淵，［爲刑部右侍郎。］……正統三年……朝議征麓川，文淵疏諫曰："麓川徼外彈丸地，不足煩大兵。若遣雲南守將屯金齒，令三司官撫諭之，遠人獲更生，而朝廷免調兵轉餉，策之善者也。"帝下其議，廷臣多主用兵。於是西南騷動，僅乃克之，而失亡多。

[傣？]

《明史》卷一八〇《姜洪傳》：

［弘治間，］擢雲南參政。土官陶洪與八百媳婦約爲亂，洪乘間翦滅。

光旦：八百，今在泰國境。

[傣]

《明史》卷一八六《張泰傳》：

弘治五年，［以御史］按雲南。孟密土舍思撰搆亂，以兵遏木邦宣慰使罕弄法於孟乃砦。守臣撫諭，拒不聽。泰與巡撫張誥集兵示必討，思撰懼，始罷兵。

光旦：木邦在今國境外，孟密今地不詳。孟乃砦所在地，查未得。②

《明史》卷一八七《陳金傳》：

---

① 貢章今不在國境内，在緬甸境。見《中國歷史地圖集·明》（地圖出版社，1982 年）。——整理者注

② 孟密治所在今緬甸撣邦西北蒙米特，孟乃在其東北，見《中國歷史地圖集·明》（地圖出版社，1982 年）。——整理者注

弘治……十三年……拜右副都御史，巡撫［雲南］。孟養酋思祿與孟密酋思撰搆兵積年。金奉詔發緬甸、干崖、隴川、南甸諸部兵，聚糧十二萬，爲征討計，而遣參議郭緒往撫之。思祿懼，遂罷兵修貢。

　　光旦：孟養今在國境以外。

《明史》卷一八八《陸崑傳・黃昭道附傳》：

　　遷雲南參政。撫木邦、孟密有功。

　　光旦：約在弘治近末。

《明史》卷一九四《林俊傳》：

　　弘治元年……擢雲南副使。……于（干）崖土舍刀怕愈欲奪從子宣撫官，刼其印數年。俊檄諭之，遂歸印。進按察使。

《明史》卷二〇三《歐陽重傳》：

　　嘉靖六年，［以右僉都御史巡撫雲南。］……緬甸、木邦、隴川、孟密、孟養諸酋相讎殺，各訐奏於朝，下重等勘覆。遣參政王汝舟、知府嚴時泰等遍歷諸蠻，譬以禍福。皆還侵地，供貢如故。重列善後數事，悉報可。

　　光旦：事在嘉靖七年（見《世宗實錄》卷九三嘉靖七年十月戊辰條）。隴川今在國境內。

《明史》卷二一八《申時行傳》：

　　亦數有獻納……用鄧子龍、劉綎平隴川。

　　光旦：時時行以吏部尚書爲首輔，約萬曆十一年。事似與岳鳳之平定有係。（參"［傣］——與劉綎""［傣］——與鄧子龍"）

《明史》卷二二七《蕭彥傳》：

　　自緬甸叛，孟養、車里二宣慰久不貢。至是修貢，彥（時以右僉都御史撫雲南）撫納之。

　　光旦：事在萬曆中。

《明史》卷二四一《周嘉謨傳》：

　　擢右副都御史，巡撫雲南。隴川宣撫多安民叛，入緬，據蠻灣。嘉謨討擒之，立其弟安靖而還。進兵部右侍郎，巡撫如故。

　　光旦：無年份，當在萬曆後半葉。（萬曆三十五年，參"［傣］（隴川）——沿革。）

［傣］——與劉綎

《明史》卷二四七《劉綎傳》：

[萬曆]十年冬①，緬甸犯永昌騰越，巡撫劉世曾請濟師。明年春，擢綎遊擊將軍，署騰衝守備事。緬甸去雲南遠，自其酋莽瑞體以兵服諸番，勢遂強，數擾邊境。江西人岳鳳者，商隴川，驍桀多智，爲宣撫多士寧記室，士寧妻以妹。鳳誘士寧往見瑞體，僞命代士寧爲宣撫。瑞體死，子應裏嗣。鳳結耿馬賊罕虔、南甸土舍刀落參、芒市土舍放正堂，與應裏從父猛別、弟阿瓦等，各率象兵數十萬攻雷弄、盞達、干崖、南甸、木邦、老姚、思甸諸處，殺掠無算。窺騰越、永昌、大理、蒙化、景東、鎮沅、元江。已[而]陷順寧，破盞達，又令曩烏引緬兵突猛淋。指揮吳繼勳等戰死。鄧川土官知州何鈺，鳳僚壻也，使使招之，鳳縶獻應裏。當是時，車里、八百、孟養、木邦、孟艮、孟密、蠻莫皆以兵助賊，賊勢益盛。黔國公沐昌祚聞警，移駐洱海，巡撫劉世曾亦移楚雄。大徵漢土軍數萬，令參政趙睿壁蒙化，副使胡心得壁騰衝，陸通霄壁趙州，僉事楊際熙壁永昌，與監軍副使傅寵、江忻②督參將胡大賓等分道進擊。大小十餘戰，積級千六百有奇，猛別、落參皆殪。參將鄧子龍擊斬罕虔於姚關。應裏趣鳳東寇姚關，北據灣甸、芒市。會綎至軍，軍大振。鳳懼，乃令妻子及部曲來降。綎責令獻金牌印符及蠻莫、孟密地。乃以送鳳妻子還隴川爲名，分兵趨沙木籠山，據其險，而己馳入隴川境。鳳度四面皆兵，遂詣軍門降。綎復率兵進緬，緬將先遁，留少兵隴川。綎攻之，鳳子曩烏亦降。綎乃攜鳳父子往攻蠻莫，乘勝掩擊。賊窘，縛緬人及象馬來獻。蠻莫平。遂招撫孟養賊，賊將乘象走，追獲之。復移師圍孟璉，生擒其魁。雲南平……綎……進副總兵……

乃改孟密安撫司爲宣撫，增設安撫二，曰蠻莫，曰耿馬；長官司二，曰孟璉，曰孟養；千户所二，一居姚關，一居猛淋。皆名之曰"鎮安"。命綎以副總兵署臨元（臨安、元江二府？）參將，移鎮蠻莫。……

未幾，緬人復大舉寇孟密。孟密兵戰敗，賊遂圍五章。把總高國春率五百人援，破賊數萬，連摧六營，爲西南戰功第一。……

蠻莫設安撫，以土官思順有功，特授之。……[後]叛歸莽酋。

---

① 標點本《校勘記》：十年冬，《明史》卷二〇《神宗紀》、《神宗實錄》卷一三四都作萬曆十一年閏二月甲子。——整理者注

② 標點本《校勘記》：江忻，據《明史稿》傳一一七《劉綎傳》應爲"姜忻"。——整理者注

光旦：此條傣以外，亦涉及漢、白（鄧川何鈺應是白族）及境外之緬，地名半亦在今國境之外。然一切皆起於隴川，故盡錄之。

[傣]——與鄧子龍
《明史》卷二四七《鄧子龍傳》：

[萬曆]十一年閏二月，緬甸犯雲南。詔移子龍永昌（本爲參將，何處者未詳，故從何處移永昌亦不詳）。木邦部耿馬奸人罕虔與岳鳳同爲逆，説緬酋莽應裏内侵，虔從掠干崖、南甸。已[而]引渡查理江，直犯姚關，灣甸土知州景宗真及弟宗材助之。子龍急戰攀枝樹下①，陣斬宗真、虔，生獲宗材。虔子招罕、招色奔三尖山，令叔罕老率蒲人藥弩手五百阻要害。子龍餌蒲人以金，盡知賊間道。乃命裨將鄧勇等提北勝、蒗渠諸番兵，直搗賊巢，而預伏兵山後夾擊。夜半上，生擒招罕、招色、罕老及其黨百三十餘人，斬首五百餘級，尖山巢空，乃撫流移數千人。會劉綎亦俘岳鳳以獻。……進子龍副總兵……

無何，緬人復寇猛密，把總高國春大破之。子龍以犄角功，亦優叙。自是，蠻人先附緬者，多來附。

[傣]
《明史》卷二四七《鄧子龍傳》：

[萬曆]十八年，孟養賊思箇叛。[巡撫吳定請命子龍討之，]命未至，定已與黔國公沐昌祚遣將卻之。……

先是，猛廣土官思仁烝其嫂甘線姑，欲妻之，弗克。偕其黨丙測叛歸緬，數導入寇。[萬曆]二十年攻孟養，犯蠻莫。土同知思紀奔等練山。子龍（時褫官後已復副總兵署金山參將事）擊敗之，乃去。

光旦：猛廣未詳。② 孟養今在國境以外。

《明史》卷三〇一《招囊猛傳》：

招囊猛，雲南孟璉長官司土官舍人刁派羅妻也。……夫死，守節二十八年。

---

① 標點本《校勘記》：攀枝樹，《明史》卷三一五《緬甸傳》、《蠻司合誌》卷一〇、《讀史方輿紀要》卷一一九都作"攀枝花"。——整理者注
② 孟廣在今緬甸北部蒙米特東北。(參見《中國歷史地名大辭典》，廣東教育出版社，1995年)——整理者注

弘治六年九月，雲南都指揮使奏其事。帝曰："朕以天下爲家，方思勵名教以變夷俗。其有趨於禮義者，烏可不亟加獎勵。招囊猛貞節可嘉，其即令有司顯其門閭，使遠夷益知向化，無俟覼報。"

《明史》卷三〇四《王振傳》：

興麓川之師，西南騷動。

　　　　光旦：史文未免太簡！

《明史》卷三〇四《曹吉祥傳》：

正統初，征麓川，爲監軍。

《明史》卷三〇四《梁芳傳·錢能附傳》：

憲宗時……能鎮雲南……尤橫。……遣[指揮使郭]景與指揮盧安等索寶貨於干崖、孟密諸土司，至逼淫罕弄女孫，許爲奏授宣撫。踰三年，事發。詔巡撫都御史王恕廉之……事皆實。

《明史》卷三〇五《宦官傳二·梁永傳·楊榮附傳》：

[萬曆三十四]年，楊榮爲雲南人所殺。初，榮妄奏阿瓦、猛密諸番願内屬，[謂]其地有寶井，可歲益數十萬，願賜敕領其事。帝許之。既而[知其誣]……

[傣]（麓川蠻）

《明史》卷三：

[洪武]十八年……十二月……癸丑，麓川平緬宣慰使思倫發反，都督馮誠敗績，千戶王昇死之。

《明史》卷三：

[洪武]二十一年……正月辛巳，麓川蠻思倫發入寇馬龍他郎甸，都督甯正擊敗之。三月……甲辰，沐英討思倫發敗之。

《明史》卷三：

[洪武]二十二年……十一月……己卯，思倫發入貢謝罪，麓川平。

《明史》卷三：

[洪武]三十年……九月……戊辰，麓川平緬土酋刀幹孟逐其宣慰使思倫發以叛。……十一月癸酉，沐春爲征虜前將軍，都督何福等副之，討刀幹孟。

《明史》卷三：

[洪武]三十一年……五月丁未，沐春擊刀幹孟，大敗之。

《明史》卷四：

　　[洪武三十一年]十二月癸卯，何福破斬刀幹孟，麓川平。

　　　　光旦：查同年九月，沐春卒於軍次，何福代領其衆。

　　　　光旦：至正統三年，方再有事。

《明史》卷一三四《甯正傳》：

　　雲南初定，命正與馮誠共守之。思倫發作亂，正破之於摩沙勒寨，斬首千五百。已[而]敵衆大集，圍定邊。沐英分兵三隊，正將左軍，鏖戰，大敗之。語在《英傳》。

　　　　光旦：即上文第二條《明史》卷三洪武二十一年事。

《明史》卷一〇：

　　[正統]三年……六月……乙亥，都督方政、僉事張榮同征南將軍黔國公沐晟、右都督沐昂，討麓川叛蠻思任發。

《明史》卷一〇：

　　[正統]四年……正月壬午，方政破麓川蠻於大寨，追至空泥，敗没。……

　　三月……丁卯，黔國公沐晟卒於軍。……

　　五月庚戌，右都督沐昂爲征南將軍，充總兵官，討思任發。

《明史》卷一〇：

　　[正統]五年……五月，征麓川，參將張榮敗績於芒市。

《明史》卷一〇：

　　[正統]六年……正月……乙卯……大舉征麓川，定西伯蔣貴爲平蠻將軍，都督同知李安、僉事劉聚副之，兵部尚書王驥總督軍務。……

　　十一月……癸卯，王驥拔麓川上江寨。……

　　十二月，王驥克麓川，思任發走孟養。丁未，班師。右副總兵李安攻餘賊於高黎貢山，敗績。

《明史》卷一〇：

　　[正統]七年……五月壬申，論平麓川功……

　　　　光旦：王驥三下麓川之第一下，至此結束。

《明史》卷一〇：

　　[正統七年]八月壬寅，復命王驥總督雲南軍務。

《明史》卷一〇：

　　[正統]八年……五月己巳，復命平蠻將軍蔣貴、王驥帥師征麓川思任發

子思機發。……

九月甲子，思機發請降。

《明史》卷一〇：

［正統］九年……二月丙午，王驥擊走思機發，俘其孥以獻。召驥還。

《明史》卷一〇：

［正統］十年……三月……庚辰，思機發入貢謝罪。

《明史》卷一〇：

［正統十年］十二月丙辰，緬甸獲思任發，斬其首送京師。

《明史》卷一〇：

［正統］十三年……三月戊子，詔責孟養宣慰司獻思機發。［同月，］王驥仍總督軍務，都督同知宮聚爲平蠻將軍，充總兵官，帥師討思機發。

《明史》卷一〇：

［正統］十四年……二月……己巳，王驥破思機發於金沙江，又破之鬼哭山，班師。

《明史》卷一一：

［景泰］五年……三月……庚辰，緬甸執獻思機發。

《明史》卷一四五《張玉傳》：

正統十三年，［玉第三子軏］以副總兵征麓川。

［傣］（百夷）（麓川）

《明史》卷一二六《沐英傳》：

［洪武二十一］年，百夷思倫發叛，誘羣蠻入寇摩沙勒寨，［英］遣都督甯正擊破之。

二十二年，思倫發復寇定邊，衆號三十萬。英選騎三萬馳救，置火礟勁弩爲三行。蠻敺百象，被甲荷欄楯，左右挾大竹爲筒，筒置摽鎗，銳甚。英分軍爲三，都督馮誠將前軍，甯正將左，都指揮同知湯昭將右。將戰，令曰："今日之事，有進無退。"因乘風大呼，礟弩並發，象皆反走。昔剌亦者，寇梟將也，殊死鬭，左軍小卻。英登高望之，取佩刀，命左右斬帥首來。左帥見一人握刀馳下，恐，奮呼突陣。大軍乘之，斬馘四萬餘人，生獲三十七象，餘象盡殪。賊渠帥各被百餘矢，伏象背以死。思倫發遁去，諸蠻震慴，麓川始不復梗。……

[尋]再敗百夷於景東。思倫發乞降，貢方物。

　　　　光旦：此洪武二十三、二十四年事。

《明史》卷一三〇《吳良傳》：

　　[良子、嗣江陰侯高嘗]帥蕃軍討百夷。

　　　　光旦：無具體年份，但亦洪武二十年代事，與上引各條同屬一個軍事行動。

《明史》卷一三二《藍玉傳》：

　　[洪武二十四年，玉初平建昌衛月魯帖木兒，]請籍民為兵，討朶甘、百夷。詔不許，遂班師。（互見"朶甘"）

　　　　光旦：因利順便，西向則朶甘，南向則百夷也。

[傣]（麓川）

《明史》卷一二六《沐英傳》：

　　[洪武]三十年，麓川宣慰使思倫發為其屬刀幹孟所逐，來奔。[沐]春挾與俱朝，受上方略，遂拜春為征虜前將軍，帥何福、徐凱討之。先以兵送思倫發於金齒，檄幹孟來迎。不應。乃選卒五千，令福與瞿能將，踰高良公山①，直擣南甸，大破之，斬其酋刀名孟。回軍擊景罕寨。賊乘高堅守，官軍糧且盡，福告急。春帥五百騎救之，夜渡怒江，旦抵寨，下令騎馳騁，揚塵蔽天，賊大驚潰。乘勝擊崆峒寨，亦潰。前後降者七萬人。將士欲屠之，春不可。幹孟乞降，帝不許，命春總滇、黔、蜀兵攻之。未發而春卒……

　　建文元年，[弟晟]嗣侯。比就鎮，而何福已破擒刀幹孟，歸思倫發。亡何，思倫發死，諸蠻分據其地，晟討平之。以其地為三府二州五長官司，又於怒江西置屯衛千戶所戍之，麓川遂定。

《明史》卷一四八《楊士奇傳》：

　　[楊榮既卒，楊士奇、楊溥益孤，]其明年（應是正統五年）遂大興師征麓川，帑藏耗費，士馬物故者數萬。

《明史》卷一五一《王鈍傳》：

　　[洪武中，受]遣諭麓川，卻其贈。或曰："不受，恐遠人疑貳。"鈍乃受之，還至雲南，輸之官庫。

---

① 標點本《校勘記》：《明史》内又作"高黎共山"或"高黎貢山"。——整理者注

《明史》卷一五三《陳瑄傳》：
　　　　會雲南兵征百夷有功。（洪武末年事。）
《明史》卷一二六《沐英傳》：
　　　　正統三年，麓川思任發反。[沐]晟抵金齒，與弟昂及都督方政會兵。政爲前鋒，破賊沿江諸寨，大軍逐北至高黎共山下，再破之。明年復破其舊寨。政中伏死，官軍敗績。晟引還，慚懼發病……卒。[晟弟昂以右都督代鎮。]
　　　　正統四年，[昂]佩將印，討麓川，抵金齒。畏賊盛，遷延者久之。參將張榮前驅至芒部（應作芒市——光旦）敗，昂不救，引還，貶秩二級。已[而]思任發入寇，擊卻之……
　　　　光旦："已而"云云，應是五年之事。
　　　　[正統]六年，兵部尚書王驥、定西伯蔣貴將大軍討思任發，昂主饋運。賊破，復昂職，命督軍捕思任發，不能得。十年，昂卒。……
　　　　[沐晟之子]斌始之鎮，會緬甸執思任發送京師，其子思機發來襲，斌擊卻之。思機發復據孟養。
　　　　[正統]十三年復大發兵，使驥等討之，而斌爲後拒，督餉無乏。
《明史》卷一二六《沐英傳》：
　　　　天順初，[沐昂之孫]瓚爲都督同知……居七年，[於此期間，]降思卜發，勒還諸蠻侵地，功多。
　　　　光旦：末句義欠明，諸蠻所侵漢人地乎？抑思卜侵諸蠻地乎？
《明史》卷一二六《沐英傳》：
　　　　成化三年春，[沐斌之子琮，年長]之鎮……以[沐]瓚（原以都督同知代琮鎮、以待琮之成年者）爲副總兵，移鎮金齒。
　　　　光旦：此所以備麓川者。

[傣]（隴川）

《明史》卷一二六《沐英傳》：
　　　　[萬曆]十一年，隴川賊岳鳳叛附緬甸，挾其兵侵旁近土司。[沐]昌祚（沐氏嗣公，朝弼子）壁洱海，督裨將鄧子龍、劉綎等斬木邦叛酋罕虔，以暑瘴退師。明年復攻罕虔故巢，三道並入，擒其酋罕招等，又破緬兵於猛臉。岳鳳降。
　　　　光旦：查岳鳳乃漢商人投傣者，鳳導傣人起事。

[傣]（麓川）

《明史》卷一三六《李原名傳》：

　　[洪武]二十年使平緬歸，言："思倫發懷詐窺伺，宜嚴邊備。靖江王以大理印行令旨，非法，爲遠人所輕。"稱旨。

[傣]（百夷、麓川）

《明史》卷一四三《程本立傳》：

　　[洪武]二十年……坐累謫雲南馬龍他郎甸長官司吏目……土酋施可伐煽百夷爲亂，本立單騎入其巢，諭以禍福，諸酋咸附。未幾，復變。西平侯沐英、布政使張紞知本立賢，屬行縣典兵事，且撫且禦，自楚雄、姚安抵大理、永昌、鶴慶、麗江，山行野宿，往來綏輯。凡九年，民夷安業。

　　　　光旦：行縣範圍甚廣，説明當時傣族影響之所及，乃至東抵楚雄，北抵麗江，亦有程度不同之傣人分佈。此段史料不無價值。

《明史》卷一四四《何福傳》：

　　[洪武三十年]冬拜征虜左將軍，副西平侯沐春討麓川叛蠻刀幹孟。明年，福與都督瞿能踰高良公山，擣南甸，擒其酋刀名孟。回軍擊景罕寨，不下。春以鋭軍至，賊驚潰，幹孟懼，乞降。已而春卒，賊復懷貳。是時太祖已崩，惠帝初即位，拜福征虜將軍。福遂破擒刀幹孟，降其衆七萬，分兵徇下諸寨，麓川地悉定。建文元年還京師。

《明史》卷一四五《邱福傳》附《李遠傳》：

　　正統六年，[遠子安以都督同知]副定西伯蔣貴征麓川。貴令安駐軍潞江護餉，而自帥大軍進。賊破，安恥無功，聞有餘賊屯高黎貢山，徑往擊之。爲所敗，失士卒千餘人，都指揮趙斌等皆死。

[傣]（麓川）——沿革

《明史》卷三一四《雲南土司傳·威遠[州]》：

　　（正統六年，威遠州傣族土官率兵助攻麓川，有功，明廷以其以傣攻傣，大加獎飾，見"[傣]（威遠）"片。）

　　　　光旦：麓川之擾，涉及鄰境府州之處甚多，分見有關片，不盡複録或相參見。

《明史》卷三一四《雲南土司傳·麓川平緬[宣慰司]》：

麓川、平緬，元時皆屬緬甸。……洪武……十五年，大兵下雲南，進取大理，下金齒。平緬與金齒壤地相接，土蠻思倫發聞之懼，遂降。因置平緬宣慰使司，以倫發爲宣慰使。

十七年八月，倫發遣刀令孟獻方物，并上元所授宣慰使司印。詔改平緬宣慰使爲平緬軍民宣慰使司，並賜倫發朝服、冠帶及織金文綺、鈔錠。尋改平緬軍民宣慰使司爲麓川平緬宣慰使司①。麓川與平緬連境，元時分置兩路以統其所部，至是以倫發遣使貢，命兼統麓川之地。

十八年，倫發反，率衆寇景東。都督馮誠率兵擊之，值天大霧，猝遇寇，失利，千戶王昇戰死。

二十年，敕諭西平侯沐英等曰："近御史李原德②歸自平緬，知蠻情詭譎，必爲邊患。符到，可即於金齒、楚雄、品甸及瀾滄江中道，葺壘深池，以固營柵，多置火銃爲守備。寇來，勿輕與戰。又以往歲人至百夷，多貪其財貨，不顧事理，貽笑諸蠻。繼今不許一人往平緬，即文移亦慎答之，毋忽。"

明年（洪武二十一年），倫發誘群蠻入寇馬龍他郎甸之摩沙勒寨。英遣都督甯正擊破之，斬首千五百餘級。倫發悉舉其衆，號三十萬，象百餘，寇定邊，欲報摩沙勒之役，新附諸蠻皆爲盡力。英選師三萬亟趨至，賊列象陣搏戰。英列弩注射，突陣大呼，象多傷，其蠻亦多中矢斃，蠻氣稍縮。次日，英率將士，益置火鎗、神機箭，更番射，象奔，賊大敗。擣其寨，斬首三萬餘級，降卒萬餘人。象死者半，生獲三十有七。倫發遁，以捷聞。帝遣使諭英移師逼景東，屯田固壘以待大軍集，勿輕受其降。

二十二年，倫發遣把事招綱等來言："往者逆謀，皆由把事刀廝郎、刀廝養所爲。乞貸死，願輸貢賦。"雲南守臣以聞。乃遣通政司經歷楊大用齎敕往諭思倫發修臣禮，悉償前日兵費，庶免問罪之師。倫發聽命，遂以象、馬、白金、方物入貢謝罪，大用并令獻叛首刀廝郎等一百三十七人，平緬遂平。自是，三年每來朝貢。

---

① 標點本《校勘記》：麓川平緬宣慰使司，脫"軍民"二字，據《明史》卷四六《地理志》、《太祖實錄》卷一六四洪武十七年八月丙子條應爲"麓川平緬軍民宣慰使司"。——整理者注

② 標點本《校勘記》：李原德，據《明史稿》傳一八八《麓川傳》、《太祖實錄》卷一八二洪武二十年五月庚申條、《國榷》卷八頁六七〇、《明史》卷一三六《李原名傳》應爲"李原名"。——整理者注

二十七年，倫發來朝，貢馬、象、方物。已[而]遣京衛千戶郭均英往賜思倫發公服、幞頭、金帶、象笏。

二十八年，緬國王使來言，百夷屢以兵侵奪其境。明年，緬使復來訴。帝遣行人李思聰等使緬國及百夷。思倫發聞詔，俯伏謝罪，願罷兵。

光旦：麓川平緬欲自爲國，於此可見，北無以侵明，則南進而侵緬矣。

適其部長刀幹孟叛，思聰以朝廷威德諭其部衆，叛者稍退。思倫發欲倚使者服其下，強留之，以象、馬、金寶爲賂，思聰諭卻之。歸述其山川、人物、風俗、道路之詳，爲《百夷傳紀》以進，帝襃之。

初，平緬俗不好佛。有僧至自雲南，善爲因果報應之説，倫發信之。又有金齒戍卒逃入其境，能爲火硫、火砲之具，倫發喜其技能，俾繫金帶，與僧位諸部長上。刀幹孟等不服，遂與其屬叛，攻騰衝。倫發率其家走雲南，西平侯沐春遣送至京師。帝憫之。

[乃]命春爲征南將軍，何福、徐凱爲副將軍，率雲南、四川諸衛兵往討刀幹（上文作幹）孟。并遣倫發歸，駐潞江上，招諭其部衆。賜倫發黃金百兩、白金百五十兩、鈔五百錠。又敕春曰："思倫發窮而歸我，當以兵送還。若至雲南，先遣人往諭幹孟毋怙終不臣，必歸而主。倘不從，則聲罪討之。"時幹孟既逐倫發，亦懼朝廷加兵，乃遣人詣西平侯請入貢。春以聞。

三十一年奏："幹孟欲假朝廷威以拒忽都（此二字何指？非有誤即欠交代），其言入貢，未可信。"帝諭人諭春曰："遠蠻詭詐誠有之，姑從所請，審度其宜，毋失事機。"春以兵送倫發於金齒，使人諭刀幹孟，幹孟不從。[乃]遣左軍都督何福、瞿能等，將兵五千討之。踰高良公山，直擣南甸，大破之，殺刀名孟，斬獲甚衆。回兵擊景罕寨。寨憑高據險，堅守不下，官軍糧械俱盡，賊勢益張。福使告急於春，春率五百騎往救，乘夜至潞江，詰旦渡。率騎馳躪，揚塵蔽天。賊不意大軍至，驚懼，遂破之。乘勝擊崆峒寨，賊夜潰。幹孟遣人乞降，事聞，朝廷以其狡詐，命春俟變討之。春尋病卒，幹孟竟不降。又命都督何福往討，未幾，擒幹孟歸，倫發始還平緬，踰年卒。

永樂元年，思倫發子散朋來朝，貢馬。賜絨錦、織金文綺、紗羅并儐從鈔有差。

二年遣内官張勤等頒賜麓川。麓川平緬、木邦、孟養（後二者今在國境外）俱遣人來貢，各賜之鈔幣。……并使賜麓川平緬宣慰（時爲思行發）冠帶、襲衣。

五年，麓川平緬所隸孟外頭目刀發孟來朝，貢象及金器，散朋亦貢馬，各賜鈔幣。（散朋與思行發關係未詳。）

六年，思行發貢馬、方物謝，賜金牌信符。

黔國公沐晟言："麓川平緬所隸孟外（爲？）陶孟土官刀發孟之地，爲頭目刀薛孟侵據，請命思行發諭刀薛孟歸侵地。"從之。

［永樂］七年，行發來貢，遣中官雲仙等齎敕，賜金織（似應作織金）文綺、紗羅。至麓川，行發失郊迎禮，仙責之。行發惶懼，九年遣刀門奈來貢謝罪。帝貸之，仍命宴勞其使，並遣賜行發文錦、金織（二字倒？）紵絲紗羅。

十一年，行發請以其弟思任發代職。從之。任發遣頭目刀弄發貢象六、馬百匹及金銀器皿等物謝恩。

二十年，任發遣使奉表來貢，並謝侵南甸州罪。遣中官雲仙齎賜並敕戒之。

洪熙元年遣內官段忠、徐亮以即位詔諭麓川。

宣德元年遣使諭西南夷，賜麓川錦綺有差，以其勤修職貢也。……

黔國公沐晟奏，麓川所屬思陀甸火頭曲比爲亂，請發兵討。帝命姑撫之。

置麓川平緬宣慰司所轄大店地驛丞一員，以土人刀捧怯爲之，從宣慰刀暗發奏也。（何來又一宣慰？）

三年，雲南三司奏，麓川宣慰使思任發奪南甸州地，請發兵問罪。帝命晟同三司、巡撫詳計以聞。敕任發保境安民，不得侵鄰疆，陷惡逆，以滋罪咎。晟以任發侵奪南甸、騰衝之罪不可宥，請發官軍五萬及諸土兵討之。帝以交阯、四川方用兵，民勞未息，宜再行招諭。不得已，其調雲南土官軍及木邦宣慰諸蠻兵剿之。……

正統元年，免麓川平緬軍民宣慰司所欠差發銀二千五百兩。以任發奏其地爲木邦所侵……［故］。部執不可，帝特蠲之。

初，洪武間，克平雲南，惟百夷部長思倫發未服，後爲頭目刀幹孟所逐，赴京陳訴。命爲宣慰，回居麓川。（此與上文不一致，倫發爲平緬宣慰早在洪武十五年，兼麓川，亦十七年事，按此所云，則遲至刀幹孟反之後，相差十餘年之多！）分其地，設孟養、木邦、孟定三府，隸雲南；設潞江、干崖、大侯、灣甸四長官司，隸金齒。永樂元年陞孟養、木邦爲宣慰司。[①] 孟養宣慰刀木旦

[①] 標點本《校勘記》：《明史》卷四六《地理志》、《太宗實錄》卷二九永樂二年六月癸酉條繫於永樂二年。——整理者注

與鄰境仇殺而死，緬甸乘機并其地。未幾，緬甸宣慰新斯加①又爲木邦宣慰所殺。時倫發已死，子行發襲，亦死。次子任發襲爲麓川宣慰，狡獪愈於父兄，差發金銀，不以時納，朝廷稍優容之。會緬甸之危，任發侵有其地，遂欲盡復其故地。

〔乃〕稱兵擾邊，侵孟定府及灣甸等州，殺掠人民。而南甸知州刀貢罕亦奏麓川奪其所轄羅卜思莊等二百七十八村。於是晟奏："思任發連年累侵孟定、南甸、干崖、騰衝、潞江、金齒等處，自立頭目刀珍罕、土官早亨等相助爲暴，叛形已著。近又侵及金齒，勢甚猖獗。已遣諸衛馬步官軍至金齒守禦，乞調大兵進討。"

朝命選將，廷臣舉右都督方政、都督僉事張榮往雲南，協同鎮守右都督〔沐〕昂率兵討之。任發方修貢冀緩師，而晟邊信其降，無渡江意。任發乃遣衆萬餘奪潞江，沿江造船三百艘，欲取雲龍，又殺死甸順江東（此四字不明所指）等處軍餘（何謂軍餘？參《明史·兵志》）殆盡。帝以賊勢日甚，責晟等玩寇養患。政亦至軍，欲出戰，晟不可。政造舟欲濟師，晟又不許。政不勝憤，乃獨率麾下與賊將緬簡戰，破賊舊大寨。賊奔景罕，指揮唐清復擊破之。又追之高黎共山下，共斬三千餘級。乘勝深入，逼任發上江。上江，賊重地也。政遠攻疲甚，求援於晟，晟怒其違節制渡江，不遣。久之，以少兵往，至夾象石，又不進。政追至空泥，知晟不救，賊出象陣衝擊，軍殲，政死焉。晟聞敗，乃請益軍。帝遣使者責狀，仍調湖廣官軍三萬一千五百人、貴州一萬人、四川八千五百人，令吳亮、馬翔統之，至雲南，聽晟節制，仍敕晟豫籌糧糒。而晟懼罪，暴卒。

時任發兵愈橫，犯景東，剽孟定，殺大侯知州刀奉漢等千餘人，破孟賴諸寨，孟璉長官司諸處皆降之。任發仍遣人以象馬金銀來修貢，復致番書於雲南總兵官，謂："始因潞江安撫司線舊法相邀報仇，其後線舊法乃誣己爲入寇，致大軍壓境，惶恐無地。今欲遣使謝罪，乞爲導奏。"帝降敕許赦其罪。

時刑部侍郎何文淵疏請罷麓川師，命下廷臣議。於是行在兵部尚書王驥及英國公張輔等，皆以爲"麓川負恩怙惡，在所必誅，須更選將練兵，以昭天討。如思任發早自悔禍，縛詣軍門，生全之恩，取自上裁。"帝然之。已而侍

① 標點本《校勘記》：新斯加，據《明史》卷三一五《緬甸傳》、《宣宗實錄》卷三一宣德二年九月丁酉條應爲"新加斯"。——整理者注

講劉球復以息兵請如文淵議。部覆以麓川之征，已有成命，報聞。

[正統]六年以定西伯蔣貴爲平蠻將軍，都督李安、劉聚副之，以兵部尚書王驥總督雲南軍務，大會諸道兵十五萬討之。時任發遣賊將刀令道等十二人，率衆三萬餘，象八十隻，抵大侯州，欲奪景東、威遠。而驥將抵金齒，任發遣人乞降，驥受之，密令諸將分道入。右參將冉保從東路攻細甸、灣甸水寨，入鎮康，趨孟定。驥與貴由中路至上江，會騰衝。左參將宮聚自下江據夾象石。至期，合攻之。賊拒守嚴，銃弩飛石，交下如雨。次日，乘風焚其柵，火竟夜不息。官軍力戰，拔上江寨，斬刀放憂父子，擒刀孟項，前後斬馘五萬餘，以捷聞。

七年，驥率兵渡下江，通高黎貢山道。至騰衝，留都督李安領兵提備。驥由南甸至羅卜思莊，前軍抵於木籠①。時任發率衆二萬餘據高山，立硬寨，連環七營，首尾相應。驥遣宮聚、劉聚分左右翼緣嶺上，驥將中軍橫擊之，賊遁。軍進馬鞍山，擣賊寨。寨兩面拒江壁立，周迴三十里皆立柵開塹，軍不可進，而賊從間道潛師出馬鞍山後。驥戒中軍毋動，命指揮方瑛率精騎六千突入賊寨，斬首數百級，復誘敗其象陣。而從東路者，合木邦人馬，招降孟通諸寨。元江同知杜凱等亦率車里及大侯蠻兵五萬，招降孟璉長官司并攻破烏木弄、憂邦等寨，斬首二千三百餘級。齊集麓川，守西峨渡，就通木邦信息。百道環攻，復縱火焚其營，賊死不可勝算。任發父子三人并挈其妻孥數人，從間道渡江，奔孟養。搜獲原給虎符、金牌信符、宣慰司印及所掠騰衝千戶等印三十二。麓川平。捷聞，命還師。

時任發敗走孟蒙，復爲木邦宣慰所擊，追過金沙江，走孟廣。緬甸宣慰卜剌當亦起兵攻之。帝命木邦、緬甸能効命擒任發獻者，即以麓川地與之。未幾，任發爲緬人擒，緬人挾之求地。其子思機發窮困，乞來朝謝罪，先遣其弟招賽入貢，帝命遣還雲南安置。機發窺大兵歸，圖恢復，據麓川出兵侵擾。

於是復命王驥、蔣貴等統大軍再征麓川。驥率師至金齒，機發遣頭目刀籠肘偕其子詣軍門求降。驥遣人至緬甸索任發，緬佯諾不遣。驥至騰衝，與蔣貴、沐昂分五營進，緬人亦聚衆待。驥欲乘大師攻之，見其衆盛，未易拔，又恐多一麓川敵，乃宣言犒師，而命貴潛焚其舟數百艘，進師薄之。緬甸堅執前詔，

---

① 標點本《校勘記》：於木籠，疑當作"杉木籠"，見下文。"杉木籠"係一山名，見《明史》卷一七一《王驥傳》。本傳下文又作"沙木籠山"。——整理者注

必予地乃出任發，復詭以機發致仇爲解。驥乃趨者藍，擣機發巢，破之。機發脫走，俘其妻子部衆，立隴川宣慰司而歸（至此始用隴川之名）。時思機發竊據孟養，負固不服，自如也。

十一年，緬甸始以任發及其妻孥三十二人獻至雲南。① 任發於道中不食，垂死。千户王政斬之，函首京師。

其子機發屢乞降，遣頭目刀孟永等修朝貢，獻金銀。言蒙朝廷調兵征討，無地逃死，乞貸餘生，詞甚哀。帝命受其貢，因敕總兵官沐斌及參贊軍務侍郎楊寧等，以朝廷既貸思機發以不死，經畫善後長策以聞，并賜敕諭思機發。

十二年，總兵官黔國公沐斌奏：「臣遣千户明庸齋敕招諭思機發，以所遣弟招賽未歸，疑懼不敢出。近緬甸以機發掠其牛馬、金銀，欲進兵攻取。臣等議遣人分諭木邦、緬甸諸宣慰司，令集蠻兵，剋期過江，分道討機發。臣等率官軍萬人駐騰衝，以助其勢。賊四面受敵，必成擒矣。」從之。

已[而]命授機發弟招賽爲頭目，給冠帶、月糧、房屋，隸錦衣衛，其從人俱令於馴象所供役。先是，招賽安置雲南，其黨有欲稱亂者，乃命招賽來京，且冀以招徠機發也。帝既命雲南出兵剿機發，及沐斌等至騰衝，督諸軍追捕，機發終不出，潛匿孟養，遣其徒來貢。許以恩貸，復不至。斌以春瘴作，江漲不可渡，糧亦乏，引兵還。

帝以斌師出無功，復命兵部尚書靖遠伯王驥總督軍務，都督同知宫聚佩平蠻將軍印，率南京、雲南、湖廣、四川、貴州官軍、土軍十三萬人往討之。至是，驥凡三征麓川矣。帝密諭驥曰：「萬一思機發遠遁，則先擒刀變蠻，平其巢穴。或遁入緬地，緬人黨蔽，亦相機擒之。庶蠻衆知懼，大軍不爲徒出。」又敕諭斌，軍事悉與驥會議而行。又敕諭木邦、緬甸、南甸、干崖、隴川等宣慰司罕蓋發等，各整兵、備船、積糧，以俟調度。

十四年，驥率諸將自騰衝會師，由干崖造舟，至南牙山舍舟陸行，抵沙壩，復造舟至金沙江。機發於西岸埋柵拒守。大軍順流下至管屯，適木邦、緬甸兩宣慰兵十餘萬亦列於沿江兩岸，緬甸備舟二百餘爲浮梁濟師，併力攻破其柵寨，得積穀四十萬餘石。軍飽，銳氣增倍。賊領衆至鬼哭山，築大寨於兩峰上，築二寨爲兩翼，又築七小寨，綿亘百餘里。官軍分道並進，皆攻拔之，斬

---

① 標點本《校勘記》：《明史》卷一〇《英宗前紀》及《英宗實錄》卷一三六俱繫於正統十年十二月丙辰，《明史》卷三一五《緬甸傳》繫於正統十二年。——整理者注

獲無算，而思機發、思卜發復奔遁。時王師踰孟養至孟那。孟養在金沙江西，去麓川千餘里，諸部皆震讋曰："自古，漢人無渡金沙江者，今王師至此，真天威也。"

驥還兵，其部衆復擁任發少子禄①據孟養地爲亂。驥等慮師老，度賊不可滅，乃與思禄約，許土目得部勒諸蠻，居孟養如故，立石金沙江爲界，誓曰"石爛江枯，爾乃得渡"。思禄亦懼，聽命。乃班師。捷聞，帝爲告廟云。

景泰元年，雲南總兵官沐璘奏："緬甸宣慰已擒獲思機發，又將思卜發放歸孟養，恐緬人復挾爲奇貨，不若緩之，聽其自獻便。"從之。

五年，緬人索舊地，左參將胡誌等諭以銀㒴等處地方與之，乃送思機發及其妻孥六人至金沙江村，誌等檻送京師。南寧伯毛福壽以聞，乃誅思機發於京師。

七年，任發子思卜發奏："臣父兄犯法時，臣幼無知。今不敢如父兄所爲，甚畏朝廷法，謹備差發銀五百兩、象三、馬六及方物等，遣使人入貢，惟天皇帝主哀憐。"因賜敕戒諭，并賫思卜發與妻錦幣及其使鈔幣有差。

成化元年，總兵官沐瓚等以思任發之孫思命發至京師，乃逆賊遺孽，不可留，請發沿海登州衛安置，月給米二石。從之。（何以與處理思卜發之辦法完全不同，所不可解，且命發爲任發之孫，更有違罪人不孥之旨。）麓川亡。

先是，麓川之初平也，分其地立隴川宣撫使司，因（此字冗）以恭項爲宣撫使。恭項者，故麓川部長，首先歸順効力有功，因命於麓川故地開設宣撫。已，頭目曩渙等復來歸，願捕賊自効。帝命還守本土，有功，即加叙。諸凡來歸者視此例。遂以刀歪孟爲本司同知，刀落曩爲副使，隴尋爲僉事，俱賜冠帶，從宣撫恭項請也。恭項子恭立來貢，給賜如例，并授恭立爲長史。未幾，隴川宣撫失印，請再給。帝責恭項以不能宣揚國威，反失印，罪應不宥，姑從寬頒給。時板塞據者藍寨，侵擾隴川，百夫長刀門線、刀木立進兵圍之，斬板塞等二十三人。命賜有功者皆爲冠帶把事，並賫織金文綺。

正統十一年，木邦宣慰罕蓋發來求麓川故地。有司以已設隴川宣撫司，建官分管，以孟止地予之。報可。

---

① 標點本《校勘記》：禄，據下文應爲"思禄"。《明史》卷一七一《王驥傳》、《孝宗實錄》卷一九五弘治十六年正月癸未條俱作"思陸"，《明史》卷三一五《孟養傳》作"思陸發"。——整理者注

[正統]十二年敕諭恭項,言:"比者,總兵奏爾與百夫長刀木立相仇殺,人民懷怨,欲謀害爾父子。今遷爾於雲南,俾不失所,且遣官護爾家屬完聚,其體憫恤,無懷疑懼。"既而總兵官言:"隴川致亂,皆由恭項暴殺無辜,刻虐蠻人。同知刀歪孟爲蠻衆信服,乞安置項於別衛,以刀歪孟代。"帝以恭項來歸,屈法宥之,命於曲靖安置,并遣敕往諭。

　　景泰七年,隴川宣撫多外悶(即刀歪孟,何以改寫,所不解)遣人貢象、馬及金銀器皿、方物,賜綵幣、襲衣如例。仍命齎敕賜之,以多外悶初修朝貢故也。

　　成化十九年,以隴川宣撫司多歪孟(名又回原有寫法!)子亨法代職。

　　初,隴川與木邦相鄰,爭地仇殺,搆兵不息。嘉靖中,土舍多鯨刃兄自襲,下鎮巡官按問,伏辜,還職兄子多參。詔貰其罪,并戒木邦罕孟毋得復黨鯨爭職。

　　萬曆初,緬甸莽瑞體叛,來招隴川宣撫多士寧,士寧不從。其記室岳鳳者,江西撫州人,黠而多智,商於隴川,士寧信任之,妻以妹。鳳曲媚士寧,陰奪其權,與三宣六慰各土舍罕拔等歃血盟,誘士寧往擺古,歸附緬酋。陰使其子曩烏鴆士寧并殺其妻女,奪印投緬,受緬僞命,代士寧爲宣撫。及瑞體死,子應裏嗣,鳳父子臣服之。誘敗官軍,獻士寧母胡氏及親族六百餘人於應裏,盡殺之,多氏之宗幾盡。

　　初,鳳之附於緬也,爲瑞體招諸部,拒中國,傷官軍,逆勢寖成,緬深倚之。久之,以緬不足恃。而鄧川土知州何鈺,鳳友壻也(何鈺當是白族,是漢、傣、白三族通婚),初使人招鳳,鳳執使獻緬。及是,鈺復開示百方,與之盟誓。時官軍亦大集,諸將劉綎、鄧子龍各率勁師至,環壁四面。鳳懼,乃令妻子及部曲來降。綎責令獻金牌符印及蠻莫、猛密地。乃以送鳳妻子還隴川爲名,分兵趨沙木籠山,先據其險,而自領大兵馳入隴川。鳳度無可脫,遂詣軍門降。……[旋]鳳子曩烏亦降。……復移師圍孟璉,生擒其魁。隴川平,獻俘於朝,帝爲告謝郊廟。時萬曆十二年九月也。

　　踰年復鑄隴川宣撫司及孟定府印,陞孟密安撫爲宣撫司。添設安撫司二,曰蠻莫,曰耿馬;長官司二,曰孟璉,曰孟養;千戶所二,一居姚關,一居孟淋砦,皆名之曰鎮安;并鑄印記,建大將行署於蠻莫。從雲南巡撫劉世曾之議也。

　　於是,多士寧之子思順襲隴川宣撫使。二十九年,莽應裏分道入犯……

並出隴川。多思順不敵，奔猛卯。緬初以猛卯同知多俺爲嚮導……至是大軍遣木邦罕欽擒多俺殺之。未幾，思順死，蠻莫思正乘喪襲隴川，據其妻罕氏。三十五年，思順子安民以守將索賂，叛入緬。已而緬聽撫，遣安民歸。安民久據蠻灣，桀驁甚著，永騰參將周會遣二指揮襲之，敗績。王師亟討，其族人挾其弟多安靖誅之以獻。時安靖尚幼，勢孤，詔俟其長給之印。安民弟安邦治（應是始字之誤）亦附緬，後寄居蠻莫。

其地（置隴川）有馬安（鞍，已見上文）、摩黎、羅木等山，極險峻，麓川之所恃爲巢穴者也。

　　光旦：此《傳》中別有若干涉及緬甸之處，省去未摘。

[傣]（雲南寧遠州）

《明史》卷一二六《沐英傳》：

　　[洪武二十七年]寧遠酋刀拜爛依交阯不順命，[沐春]遣何福討降之。

　　光旦：寧遠州故城在今雲南建水縣西南一百里。

[傣]（景東、會川）

《明史》卷三一一《四川土司傳·會川衛傳》（附《建昌衛傳》後）：

　　[衛]領迷易千戶所。土官賢姓，其先雲南景東僰種也，徙其屬來田種。洪武十六年歸附，以隨征東川、芒部勞，授世襲副千戶。居所治城外，所轄僰蠻僅八百戶。

　　光旦：此所云僰，百夷也，即今傣也。景東"民多百夷"，見明李元陽《雲南通志》，卷四，則北移至衛境者應亦爲百夷無疑。

　　光旦：副千戶，居所城之外，文亦稱之爲"土官"，其爲土副千戶無疑。然則居所城內之正千戶應是漢人。

《明史》卷三一三《雲南土司傳·景東[府]》：

　　景東……南詔蒙氏始置銀生府，後爲金齒白蠻所據。元中統三年討平之……

　　光旦：金齒白蠻是一種人，非兩種，"白"疑應作"百"，爲"百"字之誤，説見"總錄——雲南沿革"片有關按語。

《明史》卷三一三《雲南土司傳·景東[府]》：

　　[洪武]十八年，百夷思倫發……攻景東……二十三年，沐英討平思倫發，

復景東地,因奏景東百夷要衝,宜置衛。……(詳"總錄——雲南沿革"片。)
《明史》卷三一三《雲南土司傳·景東[府]》:

  宣德……六年,大侯土知州刀奉漢侵據[景東]孟緬[長官司]地……(詳"總錄——雲南沿革"片。)

[傣](景東)

《明史》卷三一三《雲南土司傳·景東[府]》:

  (景東土知府參與對麓川思任發之征討,見"總錄——雲南沿革"片。)

《明史》卷三一三《雲南土司傳·景東[府]》:

  景東部皆僰種,性淳樸,習弩射,以象戰。歷討鐵索、米魯、那鑑、安銓、鳳繼祖諸役,皆調其兵及戰象。天啟六年,貴州水西安邦彥反,率眾二十萬入滇境,至馬龍後山,去會城十五里。總兵官調景東土舍陶明卿率兵伏路左。賊分道并至,官兵禦之,賊拒戰,勢甚銳。明卿乃以象陣從左翼衝出橫擊,賊潰,追奔十餘里。巡撫上功,推明卿第一。景東每調兵二千,[陶氏]必自効千餘,餉士之費,未嘗仰給公家,土司中最稱恭順。

  光旦:景東二千,陶氏自出千餘,二千為傣兵,陶氏與其部曲之不為傣,由此可以推知。

  光旦:此稱僰種,是以"百""擺"為僰也。《明史》於僰字用法甚亂,以傣為僰,以白為僰,皆誤。但於此《傳》中用法則前後一致,此處為"僰種"即《傳》上文之"金齒僰種"也。

[傣](孟定)

《明史》卷三一三《雲南土司傳·孟定[府]》:

  孟定,蠻名景麻。至元中,立孟定路軍民總管府,領二甸,隸大理、金齒等處宣慰司。

  洪武三十五年,土酋刀名扛來朝,貢方物,賜綺帛鈔幣,設孟定府[①],以刀渾立為知府。

  永樂二年,孟定土官刀景發遣人貢馬,賜鈔羅綺。遣使往賜印誥、冠帶、

---

① 標點本《校勘記》:本傳繫此事於洪武三十五年。《明史》卷四六《地理志》、《太祖實錄》卷一四三都繫於洪武十五年三月。——整理者注

襲衣，復頒信符、金字紅牌。

四年，帝以孟定道里險遠，每歲朝貢不便，令自今三年一貢（本無歲貢之例），如慶賀謝恩不拘例。

初，孟璉與孟定皆麓川地，其土目皆故等夷，惡相屬；後改孟璉隸雲南，多以互侵土地仇殺。宣德六年，土知府罕顏法以爲言，敕黔國公沐晟遣官撫諭，俾各歸侵掠。

光旦：罕姓當是孟璉之知府，何不說明？

正統中，麓川叛，孟定知府刀禄孟遁走。木邦土官罕葛從征有功，總督王驥奏令食孟定之土。

嘉靖間，木邦罕烈據地奪印，令土舍罕慶守之，名爲耿馬；地之所入，悉歸木邦。

萬曆十二年，官兵取隴川，平孟定故地，以罕葛之後爲知府。十五年頒孟定府印。

崇禎末，孟定叛，降於緬甸。

其地，自姚關南八日程，西接隴川，東連孟璉，南木邦，北鎮康。土瘠人稀，有馬援城在焉。

領安撫司一，曰耿馬。萬曆十二年置，以們罕爲安撫使。與孟定隔喳哩江。孟定居南，耿馬居北。罕死，弟們罕金護印，屢奉朝貢。時木邦思禮作亂，侵灣甸、鎮康，倚罕金爲聲援。天啓二年，緬人攻猛乃、孟艮，罕金欲救之。緬移兵攻［罕］金，［罕］金厚賂之，乃解。後與木邦罕正搆難不絕云。

光旦：明末，孟定一度析入於緬，何時復歸國境，須一查。

[傣]（元江）

見"總錄——雲南沿革"中《明史》卷三一四《雲南土司傳·元江［府］》條前半。

[傣]（永昌）

《明史》卷三一四《雲南土司傳·永昌［府］》：

元……至元間置永昌州，尋爲府，隸大理路，置金齒等處宣撫司治。洪武十五年……以元雲南右丞觀音保爲金齒指揮使，賜姓名李觀。……十八年置金齒衛指揮使司。（二十三年，改……爲軍民指揮使司，兼民事。）

永樂元年，賜金齒土官百户汪用鈔一百錠、綵幣四表裏，以西平侯沐晟遣用招安罕的法，故賞之。……

光旦：罕的法當是境内之傣，故一百户足以招安之。

宣德五年設金齒軍民指揮司騰衝州，置土知州一員。時騰衝守禦所土官副千户張銘言，其地遠在極邊，麓川宣慰思任發不時侵擾，乞設州治。帝從之，即以銘爲騰衝知州。

[宣德]八年置騰衝州庫扛關、庫刀關、庫勒關、古湧二關。先是，騰衝州奏，本州路通麓川、緬甸諸處，人民逃徙者多，有悮差發貢獻。舊四百夫長隸騰衝千户所，其庫扛關等五處，皆軍民兼守。今四百夫已隸本州，止州民守之。乞於五處置巡檢司，以土軍尹黑、張保、李輔、郭節等爲巡檢。正統二年以非額革之。

光旦："人民逃徙"，大多數是傣族往來走動也。

[傣]（曲靖）

《明史》卷三一四《雲南土司傳·麓川……司》：

麓川之初平也，分其地立隴川宣撫使司……以恭項爲宣撫使。恭項者，故麓川部長，首先歸順効力有功，[故授之。（事應在正統七、八年）後獲罪，與家屬被]遷……於雲南……於曲靖安置。（詳"[傣]（麓川）——沿革"片。）

光旦：故曲靖亦曾有少數傣族人。遷曲靖爲正統十二年事。

[傣]（新化）

《明史》卷三一四《雲南土司傳·新化[州]》：

（宣德八年八月，州境或司境〔原爲馬龍他郎甸長官司，弘治間改州〕傣人刀氏侵佔司署，剿撫議久不決，似不了了之，詳"總錄——雲南沿革"及"[僚?]（新化普氏）"片。）

[傣]（威遠）

《明史》卷三一四《雲南土司傳·威遠[州]》：

威遠，唐南詔銀生府地，舊爲濮落雜蠻所居。大理時，爲百夷所據。元至元中，置威遠州。

洪武十五年平雲南後，改威遠蠻棚府爲威遠州（何時設蠻棚府，未言）。

三十五年（即建文四年），以土官刀算黨爲威遠知州。

永樂二年，算黨爲車里所擄，奪其地，命西平侯諭之，乃還算黨并侵地。

三年，算黨進象馬方物謝，頒降敕諭、金字紅牌，賜之金帶、織金文綺、襲衣及銀鈔、錦幣。

二十二年，土官刀慶罕等來朝，貢馬及方物，賜慶罕鈔八十錠，紵絲、羅紗、及頭目以下，皆有加。

宣德三年，刀慶罕遣頭目招剛（傣族官級名）刀著中等來貢，賜予如例，就令齎敕及織金紵絲、紗羅賜之，仍給信符勘合底簿。

八年，威遠州奏其地與車里接境，累被各土官劫掠，播孟（地名）實當要衝，乞置巡檢司，以把事劉禧爲巡檢。從之。

正統二年，土知州刀蓋罕遣人貢馬及銀器，賜綵幣等物，并以新信符給之。

正統六年給威遠土知州刀蓋（罕字大概可省，如法或發之類）金牌，命合兵剿麓川叛寇，以捷聞。敕曰："叛寇思任發侵爾境土，脅爾從逆。爾母招曩猛能秉大義，効忠朝廷，悉出金貲，分賚頭目。爾母子躬擐甲冑，賈勇殺賊，斬其頭目派罕①，追逐餘賊過江，溺死數千，斬首數百，得其戰艦戰象，仍留兵守賊所據江口地。忠義卓然，深足嘉尚。今特陞爾正五品，授奉政大夫、修正庶尹，封爾母爲太宜人，俱錫誥命、銀帶及綵幣表裏，酬爾母子勛勞。陶孟（似亦官級名）刀孟經等亦賜賚有差。爾宜益勉忠義，以副朕懷。"

時西南諸部多相仇殺，所給金牌信符，燒燬不存。景泰六年，刀蓋罕隨乃吾（此何人？）等來朝貢，因……復給與金牌信符、織金文綺，賜敕諭遣之。

成化元年，威遠州土舍刀朔罕遣頭目刀昔思貢象馬并金銀器，賜予如例。

其俗勇健，男女走險如飛。境内有河，汲水練炭上即成鹽。無秤斗，以簍計多寡量之。（練似煉之誤。）

[傣]（灣甸）

《明史》卷三一四《雲南土司傳·灣甸[州]》：

灣甸，蠻名細睒。元中統初，内附，屬鎮康路。

洪武十七年置灣甸縣。

---

① 標點本《校勘記》：派罕，據《英宗實錄》卷八一正統六年七月己亥條、《國榷》卷二五頁一六一二應爲"刀派罕"。——整理者注

永樂元年三月設灣甸長官司，以西平侯沐晟奏地近麓川，地廣人稠故也。尋仍改爲灣甸州（仍字無着落），以土官刀景發爲知州，給印章、金牌并置流官吏目一員。

四年，帝以灣甸道里險遠，每歲朝貢，令自今三年一貢，著爲令。如慶賀、謝恩之類，不拘此例。

六年，刀景發遣人來朝，貢馬及方物，賜鈔幣。

七年，刀景發子景懸等來朝，貢馬，賜予如例。

宣德八年以土官刀景項弟景辦法繼兄職。……

州鄰木邦、順寧，日以侵削。

成化五年，灣甸州土官舍人景拙法遣使刀胡猛等來朝，貢象馬并金銀器，賜宴并衣服綵幣有差。

萬曆十一年，土官景宗真率弟宗材導木邦叛賊罕虔入寇姚關，宗真死於陣，擒宗材斬之。景真（奪宗字）子幼，貸死，降爲州判官。後從討猛廷瑞有功，復舊職。

灣甸地多瘴。有黑泉，漲時，飛鳥過之輒墮。

[傣]（鎮康）

《明史》卷三一四《雲南土司傳·鎮康[州]》：

鎮康，蠻名石賧，本黑僰所居。元中統初，内附；至元十三年立鎮康路軍民總管府，領三甸。

洪武十五年改爲鎮康府。

十七年改爲州。

永樂二年遣官頒信符及金字紅牌於鎮康州。

七年以灣甸同知曩光爲知州。初，鎮康地隸灣甸，曩光請增設署所，故有是命。（文字不清楚。卷四六《地理志七》稱鎮康州曾廢，以其地屬灣甸州。此時復置州，直隸布政司。）

九年以中官徐亮使西南蠻，曩光阻道，詔責之，至是（是字何所指？），遣人來朝謝罪。

十四年，鎮康州長官司（此《傳》上下文俱未言有何長官司）遣人貢馬，賜鈔幣。

二十一年，知府（洪武十七年改府爲州，何來知府？）刀孟廣來朝，貢馬。

宣德三年賜鎮康州土官刀門淵等鈔幣有差。

成化五年，知州刀門憂遣使貢馬及金銀器，賜予如例，[并]及妻。

鎮康後亦爲木邦、順寧所侵削。

隆慶間，知州悶坎者，罕虔妻以女，因附虔歸緬。坎敗死，其弟悶恩歸義。恩死，子悶枳襲，木邦思禮誘之歸緬，不從。天啓二年，木邦兵據喳哩江，枳奔姚關，守備遣官撫之，乃退。

[傣]（大侯）

《明史》卷三一四《雲南土司傳·大侯[州]》：

大侯，蠻名孟祐，百夷所居。元中統初，内附，屬麓川路。

洪武二十四年置大侯長官司。

永樂二年頒給信符、金字紅牌。

三年，大侯長官司長官刀奉偶遣子刀奉董貢馬及銀器，賜鈔幣。

六年，長官刀奉偶遣弟不納狂來貢，賜予如例。

宣德四年① 陞大侯長官司爲大侯州，以土官刀奉罕爲知州。時刀奉罕奏："大侯蠻民復業者多，歲納差發銀二百五十兩。灣甸、鎮康二長官民少，歲納差發銀各百兩，[而]永樂中俱陞爲州，乞援二州例。"帝諭吏部曰："大侯民多復業，亦其長官善撫綏也，宜增秩旌之。"故有是命。

八年，大侯州入貢，遣内官雲仙往撫之，并賜錦綺有差。

正統三年，土官刀奉漢（即刀奉罕）子刀奉送來貢，命齎敕并織金文綺絨錦諸物，賜刀奉漢并及其妻。初，奉漢令把事傅永瑶來朝，貢馬，奏欲與木邦宣慰罕門法共起土兵十萬，協同征剿麓川，乞賜金牌信符，以安民心。特賜之，復降敕嘉獎。

七年，敕刀奉漢子刀奉送襲大侯知州，賜冠帶、印章、綵段表裏，以奉送能率土兵助討麓川也。

十一年，大侯知州奉敬法等貢銀器、象馬，賜綵幣、衣服有差。

十二年敕賜大侯州奉敬法、刀奉送（是兩知州矣！）等并其妻綵幣，命來使齎與之。

---

① 標點本《校勘記》：《明史》卷四六《地理志》、《宣宗實錄》卷四三宣德三年五月戊午條繫於宣德三年。——整理者注

萬曆中，土目奉學塔於順寧知府猛廷瑞，後巡撫陳用賓誣奏廷瑞與學反狀，廷瑞斬奉學首以獻，學兄赦守大侯如故。子（應是學子？）奉先與其族舍猛麻奉恭（猛麻應是地名）争殺抗命，次年討平之，改爲雲州，設流官。

[傣]（干崖）

《明史》卷三一五《雲南土司傳·干崖宣撫司》：

干崖，舊名干賴賧，僰人（百夷）居之。東北接南甸，西接隴川，有平川衆岡。境内甚熱，四時皆蠱，以其絲織五色土錦充貢。元中統初，内附；至元中，置鎮西路軍民總管府，領三甸。

洪武十五年改鎮西府。

永樂元年設干崖長官司。

二年頒給信符、金字紅牌并賜冠服。

三年，干崖長官曩歡遣頭目奉表貢馬及犀、象、金銀器，謝恩，賜鈔幣。

五年設古刺驛，隸干崖。曩歡復遣子刀思曩朝貢，賜賚如例。自是，三年一朝貢不絕。

宣德六年① 改隸雲南都司（上文未云所隸，改字無着落）。時長官刀弄孟奏，其地近雲南都司，而歲納差發銀於金齒衞（是初屬金齒衞），路遠，乞改隸，而輸銀於布政司。從之。

正統三年命仍隸金齒軍民指揮使司。

六年陞干崖副長官刀怕便爲長官司（司字似冗），賜綵幣，以歸附後屢立功，從總兵官沐昂請也。

九年陞干崖爲宣撫司，以刀怕便爲宣撫副使，劉英爲同知，從總督王驥請也。

弘治三年，干崖土舍刀怕愈欺其姪刀怕落幼，劫印奪職。蠻衆不服，遂起兵相攻。四年，按察司副使林俊同參將沐詳移文往諭，始釋兵歸印。事聞，帝以鎮巡官不以時奏報，責之。

嘉靖三十九年，緬酋莽瑞體叛，招干崖諸土官入寇。

萬曆初，宣撫刀怕舉死，妻罕氏，木邦宣慰罕拔妹也。拔既叛附緬，召怕

---

① 標點本《校勘記》：《明史》卷四六《地理志》、《宣宗實錄》卷六七宣德五年六月壬午條繫於宣德五年。——整理者注

舉弟怕文襲職以臣緬，且許以妹。怕文不受，與戰。緬兵十萬驟臨，怕文潰奔永昌。罕拔遂取干崖印付罕氏。

[萬曆]十年，隴川岳鳳破干崖，奪罕氏印。十一年①，遊擊劉綎破隴川，鳳降，追印竟不得。而干崖部衆自相承代，亦莫得而考云。

[傣]（潞江）

《明史》卷三一五《雲南土司傳·潞江[安撫司]》：

潞江，地在永昌、騰越之間，南負高崙山，北臨潞江，爲官道咽喉。地多瘴癘，蠻名怒江甸。至元間，隸柔遠路。

永樂元年内附，設潞江長官司。其地舊屬麓川平緬，西平侯奏其地廣人稠，宜設長官司治之。二年頒給信符、金字紅牌。

九年，潞江長官司曩璧遣子維羅法貢馬、方物，賜鈔幣。

尋陞爲安撫司。曩璧來朝，貢象、馬、金銀器，謝恩。

宣德元年，曩璧遣人貢馬，請改隸雲南布政司。從之。遣中官雲仙齎敕及綺幣賜曩璧。

三年，黔國公沐晟奏，潞江千夫長刀不浪班叛歸麓川，劫潞江，逐曩璧入金齒，據潞江驛，逐驛丞周禮，立寨固守，斷絕道路，請發兵討。帝敕晟與三司計議。

五年，晟奏，刀不浪班懼罪，還所據地，歸舊部，輸役如故，乞宥之。報可。

是年置雲南廣邑州。[安插當地蒲人。]（詳"蒲（廣邑）"片，此處省）

八年改金齒永昌千户所爲潞江州，隸雲南布政司，以千夫長刀珍罕（後助思任發反明，見《麓川傳》）爲知州，刀不浪班爲同知，置吏目及清水關巡檢各一員（皆流官）。

光旦：是潞江安撫司之外，別有潞江州。

正統三年從黔國公沐晟奏，改潞江安撫司仍隸金齒（初嘗隸金齒，上文未有交代），悉還舊制。

五年，安撫使線舊法以麓川思任發叛來告，諭整兵以俟。未幾，麓川賊遣部衆奪據潞江，殺傷官軍，潞江遂削弱。

---

① 標點本《校勘記》：《明史》卷二〇《神宗本紀》繫於十二年。——整理者注

正德十六年，安撫司土官安捧奪其從弟掩莊田三十八所，掩訟於官，不報。捧遂集蠻兵圍掩寨，縱火屠掠，掩母子妻妾及蠻民男婦死者八十餘人，據有其地。官軍誘執之，捧死於獄。帝命戮屍棄市，其子詔及黨與皆斬。

天啓間，有線世禄者，繼襲安撫。

[傣]（南甸）

《明史》卷三一五《雲南土司傳·南甸[宣撫司]》：

南甸宣撫司，舊名南宋，在騰越南半箇山下，其山巔北多霜雪，南則炎瘴如蒸。元置南甸路軍民總管府，領三甸。

洪武十五年改南甸府。

永樂十一年改爲州①，隸布政司。

宣德三年，南甸爲麓川侵奪，有司請討。不許，降敕誡諭麓川，俾還侵地。

五年，南甸州奏："先被麓川宣慰司奪其境土，賴朝廷威力復之，若不置官司以正疆界，恐侵奪未厭，乞置四巡檢司鎮之。"帝命吏部除官。

八年又奏："與麓川接境，舊十二百夫長在騰衝千户所時，賴邦哈等處軍民兼守。後麓川侵據，不守者十餘年。今蒙敕諭還，竊恐再侵，百姓逃移，乞於賴邦哈、九浪、莽孟洞三處各置巡檢，以土軍楊義等三人爲之。"命下三司勘覆，授之。

正統二年，土知州刀貢罕奏："麓川思任發奪其所轄羅卜思莊二百七十八村，乞遣使齎金牌信符諭之退還。"帝敕沐晟處置奏聞。麓川之役自是起。

九年陞州爲宣撫司，以知州刀落硬爲宣撫使，通判劉思勉爲土同知。

六年（此六年必有誤）頒給金牌信符勘合，加敕諭之。

[正統]十年免所欠差發銀兩，令安業後，仍前科辦。

天順二年復置南甸驛丞一人，以土人爲之（是一般驛丞不以土人爲之，而率以漢人爲之，如略後王守仁爲貴州龍場驛丞之例）。（土驛丞，前亦已有其例，不及摘録。）

時宣撫刀落蓋奏南寧伯毛勝遣騰衝千户藺愈占其招八地，逼民逃竄。敕雲南三司官同巡按御史詣其地體勘，以所占田寨退還，治勝、愈罪。

---

① 標點本《校勘記》：《明史》卷四六《地理志》及《寰宇通志》卷一一三、《明一統志》卷八七繫於永樂十二年。——整理者注

南甸所轄羅卜思莊與小隴川，皆百夫長之分地。知事謝氏居曩宋，悶氏居盞西，屬部直抵金沙江，地最廣。司東十五里曰蠻干，宣撫世居之。南百里有關，立木爲柵，周一里，曰南牙，甚高，山勢延袤一百餘里，官道經之。上有石梯，蠻人據以爲險。

[傣]（芒市）
《明史》卷三一五《雲南土司傳·芒市[長官司]》：

芒市，舊曰怒謀，又曰大枯賧、小枯賧，在永昌西南四百里，即唐史所謂茫施蠻也。元中統初，內附；至元十三年立茫施路軍民總管府，領二甸。

洪武十五年置茫施府。

正統七年，總兵官沐晟奏：“芒市陶孟刀放革遣人來訴，與叛寇思任發有讎。今任發已遁去，思機發兄弟三人來居麓川者藍地方，願擒以獻。”兵部言：“放革先與任發同惡，今勢窮乃言結釁，譎詐難信。宜敕諭放革，如能去逆效順，當密調土兵助剿機發。”從之。

[正統]八年，機發令其黨涓孟車等來攻芒市，爲官軍所敗。放革來降，靖遠伯王驥請設芒市長官司，以陶孟刀放革爲長官，隸金齒衛。

成化八年，木邦曩罕弄亂，掠隴川。敕芒市等長官司整兵備調。

萬曆初，長官放福與隴川岳鳳聯姻，導緬寇松坡營。事覺，伏誅，立舍目放緯領司事，轄於隴川。芒市川原廣邈，田土富饒，而人稍脆弱云。

[傣]（者樂甸）
《明史》卷三一五《雲南土司傳·者樂甸[長官司]》：

者樂甸，本龍馬（應作馬龍）他郎甸猛摩地，名者島。洪武末，內附，隸雲南布政司。（以何名義隸？）永樂元年設者樂甸長官司，改隸雲南都司，以沐晟言其地廣人稠也。十八年，長官刀談來朝，貢馬。自是，皆以刀氏世領司事。其地山險多瘴，介於鎮沅、元江、景東間。日事攻戰，鎧械犀利，兵寡而勁，諸部畏憚之。

[傣]（孟璉）
《明史》卷三一五《雲南土司傳·孟璉長官司》：

永樂四年四月設。時孟璉頭目刀派送遣子壞罕來言，孟璉舊屬麓川平緬宣慰司，後隸孟定府。而孟定［土］知府刀名扛亦故平緬頭目，素與等夷，乞改隸。遂設長官司，隸雲南都司，命刀派送爲長官，賜冠帶、印章。

　　正統四年，思任發反，以兵破孟璉，［孟璉］遂降於麓川，爲木邦宣慰罕蓋法擊敗（此語不全，主辭應是麓川，然於此亦無意義）。

　　七年，總督王驥征麓川，招降孟璉、亦保等寨。敕賜孟璉故長官司刀派罕子派樂等綵幣，以麓川平故也。

　　嘉靖中，孟璉與孟養、孟密諸部仇殺數十年，司廢。

　　至萬曆十三年，隴川平（岳鳳之變），復設，稱猛臉（臉？）云。

［傣］（里麻）

《明史》卷三一五《雲南土司傳·里麻長官司》：

　　永樂六年設，隸雲南都司，以刀思放爲長官。時思放爲里麻招剛。招剛者，故西南蠻官名。思放籍其地來朝，請授職事，遂有是命，仍賜印章、冠帶。八年遣頭目貢馬。

　　　　光旦：境內基層居民爲景頗，亦見"景頗"片。元、明間，傣族向西伸
　　　　展，遠至今印度阿薩姆，里麻、茶山之有傣，亦西進之一迹也。

［傣］（車里）

《明史》卷一二六《沐英傳》：

　　永樂三年，八百大甸寇邊，遏貢使，［沐］晟會車里、木邦討定之。

［傣］——車里

《明史》卷三〇八《奸臣傳·陳瑛傳》：

　　車里宣慰使刀暹答侵威遠州地，執其知州刀算黨以歸。帝遣使諭之，刀暹答懼，歸地及所執知州，遣弟刀臘等貢方物謝罪。瑛（時爲左都御史）請先下刀臘法司，且逮治刀暹答。帝曰："蠻獠之性稍不相得則相讎，改則已。今服罪而復治之，何以處不服者。"遂赦弗問。

　　　　光旦：事在永樂八年。

［傣］（車里）

《明史》卷三一五《雲南土司傳·車里［宣慰司］》：

車里，即古產里，爲倭沙[①]、貂玀諸蠻雜居之地，古不通中國。

光旦：產里，見《逸周書·王會》篇後所附伊尹《四方獻令》。既曰"即古產里"，又何云"古不通中國"？

元世祖命將兀良吉艀伐交趾，經所部，降之，置撒里路軍民總管府，領六甸，後又置耿凍路耿當、孟弄二州。

洪武十五年，蠻長刀坎來降，改置車里軍民府，以坎爲知府。坎遣姪豐禄貢方物，詔賜刀坎及使人衣服、綺幣甚厚，以初奉貢來朝故也。

十七年復遣其子刀思拂來貢，賜坎冠帶、鈔幣，改置軍民宣慰使司，以坎爲使。

二十四年，子刀暹答嗣，遣人貢象及方物。

二十八年以賜誥命謝恩，予賜皆如例。

永樂元年，刀暹答令其下剽掠威遠知州刀算黨及民人以歸。西平侯沐晟請發兵討，帝命晟移文諭之，如不悛，即以兵繼。又以車里已納威遠印，是悔過之心已萌，不必加兵。晟使至，暹答果懼，還刀算黨及威遠之地，遣人貢馬謝罪。帝以其能改過，宥之。自是頻入貢。……

四年遣子刀典入國學，實陰自納質。帝知其隱，賜衣幣慰諭遣還，以道里遼遠，命三年一貢，著爲令。

十一年，暹答卒。長子刀更孟自立，驕狠失民心，未幾亦卒。更孟長子霸羨年幼，衆推刀賽署司事。刀賽者，更孟弟刀怕漢也。怕漢死，妻以前夫子刀弄冒爲暹答孫，請襲。

十五年命刀弄襲宣慰使，以更孟從弟刀雙孟爲本司同知。

十九年，雙孟言刀弄屢以兵侵劫蠻民，乞別設治所，以撫其衆。詔分其地，置靖安宣慰使司，陞雙孟爲宣慰使，命禮部鑄印給之。

宣德三年，雲南布政司奏刀弄、雙孟相仇殺，弄棄地投老撾，請差官招撫。帝命黔國公計議。

六年，黔國公奏，謂奉命招撫刀弄，其母具言布政司差官劉亨徵差發金，亨已取去，本司復來徵，蠻民因而激變逐弄，弄逃入老撾，尋還境內以死。未嘗棄地外投，亦未嘗與雙孟仇殺。帝命法司執劉亨等罪之。

---

① 標點本《校勘記》：倭沙，據《明史稿》傳一八九《車里傳》及《明一統志》卷八七、《讀史方輿紀要》卷一一九應爲"倭泥"。——整理者注

七年，車里土舍刀霸羨請襲。許之，遣行人陸塤齎敕賜冠帶、襲衣。

九年，靖安宣慰刀霸供言："靖安原車里地，今析爲二，致有争端，乞仍併爲一，歲貢如例。"帝從其請，革靖安宣慰，仍歸車里，命刀霸供、刀霸羨共爲宣慰使，俾上所授靖安宣慰司印。

正統五年命貢使齎敕及綺帛歸賜刀霸羨及妻，嘉其勤修職貢也。

六年，麓川宣慰思倫發叛，詔給車里信符金牌，命合兵剿賊。

景泰三年以刀霸羨奉調有功，免其積欠差發金。

天順元年，總兵官沐璘奏："刀霸羨自殺，弟板雅忠等已推兄三寶歷代承職。今板雅忠又作亂，糾合八百相仇殺。"帝命璘亟爲撫諭，并勘奏應襲者。

二年，帝以三寶歷代者，雖刀更孟之子，乃庶孽奪嫡，謀害刀霸羨，致板雅忠借兵攻殺，不當襲。但蠻民推立，姑從衆願，命襲宣慰使。

成化十六年，交趾（本書上文概作交阯，此《傳》始作交趾）黎灝叛，頒僞敕於車里，期會兵共攻八百。車里持兩端。雲南守臣以聞，遣使敕車里諸土官互相保障，勿懷二心。

二十年復敕車里等部，慎固封疆，防交人入寇，不得輕與文移，啓釁納侮。

嘉靖十一年，緬酋莽應裏據擺古，蠶食諸蠻。車里宣慰刀糯猛折而入緬，有大、小車里之稱，以大車里應緬，而以小車里應中國。

萬曆十三年命元江土舍那恕往招糯猛，[糯猛]復歸，獻馴象、金屏、象齒諸物，謝罪。詔受之，聽復職。

天啓七年，巡撫閔洪學奏，緬人侵孟艮，孟艮就車里求救，宣慰刀韞猛遣兵象萬餘赴之。緬人以是恨車里，興兵報復，韞猛年已衰，重賂求和。緬聞韞猛子召河璇有女名召烏岡色美，責獻烏岡。河璇別以女給之。緬知其詐，大憤，攻車里愈急。韞猛父子不能支，遁至思毛（思茅？）地，緬追執之以去。中朝不及問，車里遂亡。

光旦：其後地爲那氏（當是元江者）所據。清順治十八年，復，重設宣慰使司。直至清末，部分復割入法屬越南。

[傣]（瓦甸）

《明史》卷三一五《雲南土司傳·瓦甸長官司》：

初隸金齒，永樂九年改隸雲南都司。土官刀怕賴言金齒遠，都司近，故改隸焉。宣德八年置曲石、高松坡、馬緬三巡檢司。初，長官司言其地山高林茂，寇盜出沒，人民不安，乞置巡檢司，以授通事楊資、楊中、范興三人。從之，命資於曲石，中於高松坡，興於馬緬。正統五年，長官早貴爲思任發所獲，〔貴〕殺〔任發〕守者十七人，挈家來歸。帝嘉其忠順，命所司褒賞，以早貴爲安撫，賜綵幣、誥命。

　　光旦：長官刀姓，傣，後爲早，景頗，何以有此轉換，不詳。安撫只是空名。

　　光旦：任三巡檢者應是漢化之白族人。瓦甸似在騰衝，白人南移騰衝者頗不乏其人。

蜑

[蜑]——珠池

《明史》卷八二《食貨志六》：

　　廣東珠池，率數十年一採。宣宗時，有請令中官採東莞珠池者，繫之獄。英宗始使中官監守，天順間嘗一採之。至弘治十二年，歲久珠老，得最多，費銀萬餘，獲珠二萬八千兩，遂罷監守中官。正德九年又採，嘉靖五年又採，珠小而嫩，亦甚少。八年復詔採，兩廣巡撫林富言："五年採珠之役，死者五十餘人，而得珠僅八十兩，天下謂以人易珠。恐今日雖以人易珠，亦不可得。"給事中王希文言："雷、廉珠池，祖宗設官監守，不過防民爭奪。正德間，逆豎用事，傳奉採取，流毒海濱。陛下御極，革珠池少監，未久旋復。驅無辜之民，蹈不測之險，以求不可必得之物，而責以難足之數，非聖政所宜有。"皆不聽。隆慶六年詔……廣東採珠八千兩。神宗立，停罷。既而以太后進奉，諸王、皇子、公主冊立、分封、婚禮[所需]……復遣中官李敬、李鳳廣東採珠五千一百餘兩。給事中包見捷力諫。不納。至三十二年始停採。四十一年，以指揮倪英言，復開。

蜑——蜑兵

《明史》卷九一《兵志三》：

　　永樂六年命豐城侯李彬等緣海捕倭，復招島人、蜑户、賈豎、漁丁爲兵，防備益嚴。

《明史》卷九一《兵志三》：

粤東雜蠻蛋，習長牌、斫刀，而新會、東莞之產強半。

《明史》卷一二九《廖永忠傳》附《趙庸傳》：

[洪武十四、十五年間，庸因討盜及叛蠻在粤，]奏籍蛋户萬人爲水軍。

《明史》卷一三四《花茂傳》：

[茂爲廣東]都指揮同知……上言："廣東南邊大海，姦宄出没，東莞、筍岡諸縣逋逃蛋户，附居海島，遇官軍則詭稱捕魚，遇番賊則同爲寇盗，飄忽不常，難於訊詰。不若籍以爲兵，庶便約束。"……報可。

光旦：筍岡，似無此縣名，曰諸縣，文字必有誤。

[蛋？]

《明史》卷一二八《劉基傳》：

甌、括間有隙地曰談洋，南抵閩界，爲鹽盗藪，方氏所由亂，[基]請設巡檢司守之。奸民弗便也。合① 茗洋逃軍反……

光旦：後基既告老，胡惟庸即以此事誣基謀反。

蛋

《明史》卷一八三《彭韶傳》：

成化……十四年[韶遷廣東左布政使時，鎮守]珠池[中官爲]黄福。

光旦：此中應亦有僮，中官黄福或即自此族出。與市舶中官韋眷同時。又同時錦衣鎮撫梁德，家本廣東，歸採禽鳥花木，貽害尤甚。此三人者，疑皆僮。然採珠役人，主要應是蛋。

《明史》卷一九九《鄭曉傳》：

[嘉靖中，曉官兵部右侍郎兼副都御史總督漕運時，禦倭長江口北岸一帶有功，又曾上書論倭寇，有曰，]"洪武時倭寇近海州縣。……築城練兵，經略數年，猶未乂安。乃招漁丁、島人、鹽徒、蛋户籍爲水軍至數萬人……久之，倭始不爲患。"

《明史》卷二〇七《郭弘化傳》：

[嘉靖十一年，以御史上言，有云，]"廣東以採珠之故，激民爲盗，至攻

---

① 標點本《校勘記》：合，據《明史稿》傳一八《劉基傳》應爲"會"。——整理者注

劫會城。"

  光旦：此中應以蜑爲多，僮、漢亦有之。

《明史》卷二一二《李錫傳》：

  [隆慶初，]廣寇惟[曾]一本最强，錫、[俞]大猷、[郭]成共平之……其後一本餘黨梁本豪復亂，爲黃應甲所擒。

《明史》卷二一二《李錫傳·黃應甲附傳》：

  蜑户蘇觀陞、周才雄招亡命數千人，縱掠雷、廉間，殺斷（？）州千户田治。應甲率五軍並進，生擒觀陞、才雄，斬首四百餘級，其黨縛酋長陳泉以降。

  未幾，梁本豪亂。本豪，故曾一本黨，亦蜑户也。一本誅，竄海中，習水戰，遠通西洋。且結倭兵爲助，殺千户，掠通判以去。[萬曆]十年六月，總督陳瑞與應甲謀（應甲於萬曆五年起爲廣東總兵官），分水軍二，南駐老萬山備倭，東駐虎門備蜑，別以兩軍備外海，兩軍扼要害。水軍沈蜑舟二十，生擒本豪。諸軍競進，大破之石茅洲。賊復奔潭洲沙灣，聚舟二百，及倭舟十，相犄角。諸將合追，先後俘斬千六百有奇，沉其舟二百餘，撫降者二千五百。帝爲告郊廟……

《明史》卷二七八《陳子壯傳》：

  永明王授子壯東閣大學士兼兵部尚書，督廣東、福建、江西、湖廣軍務。……子壯亦以[順治四年]八月①起兵[南海之]九江村。兵多蜑户番鬼，善戰。乃與陳邦彥約共攻廣州。[未果，被執，不降見殺。]

《明史》卷三二二《日本傳》：

  萬曆二年……[倭]陷廣東銅鼓衛②雙魚所。……十年……又犯廣東。……其犯廣東者，爲蜑賊梁本豪勾引，勢尤猖獗。總督陳瑞集衆軍擊之，斬首千六百餘級，沈其船百餘艘③，本豪亦授首。

  光旦：參"總録——起事"片。

---

① 標點本《校勘記》：八月，據《明史》卷二七八《陳邦彥傳》、《小腆紀年》卷一四應爲"七月"。——整理者注

② 標點本《校勘記》：銅鼓衛，據《明史》卷二一二《張元勳傳》及《神宗實録》卷三二萬曆二年十二月乙卯條應爲"銅鼓石"。《明史》卷九〇《兵志》，銅鼓衛隸湖廣都司，不在廣東。——整理者注

③ 標點本《校勘記》：百餘，《明史》卷二一二《李錫傳》附《黃應甲傳》作"二百餘"。——整理者注

道州蠻

《明史》卷二：

[洪武]七年……四月……壬寅，金吾指揮陸齡討永、道諸州蠻，平之。

光旦：此當以瑤之成分爲多。

狄（赤狄）

《明史》卷二六九《猛如虎傳》：

由皋落山勦東犯之賊（"流寇"）（時在崇禎六年，如虎官遊擊）。

光旦：皋落山，所在未詳。此當是春秋赤狄東山皋落氏之遺。顧棟高云，今山西垣曲縣西北六十里有皋落鎮。今地圖有之，則此山或即在鎮附近。

光旦：皋落山之名亦見同卷《虎大威傳》。

貂玀

《明史》卷三一五《雲南土司傳·車里[宣慰司]》：

車里，即古產里，爲倭沙、貂玀諸蠻雜居之地。

東苗

《明史》卷一六六《方瑛傳》：

天順二年，東苗干把豬等僭僞號，攻都勻諸衛。命瑛（景泰三年起鎮貴州，英宗復位起，鎮貴州、湖廣）與巡撫白圭合川、湖、雲、貴軍討之，克六百餘砦。邊方悉定。

《明史》卷一六六《李震傳》：

天順中[以都督僉事]從[方]瑛平貴東苗干把豬。瑛卒，即以震充總兵官，代鎮貴州、湖廣。

《明史》卷一七二《白圭傳》：

天順二年，貴州東苗干把豬等僭號，攻劫都勻諸處。詔進[圭]右副都御史，贊南和侯方瑛軍往討。圭以谷種諸夷爲東苗羽翼，先剿破百四十七砦。遂會兵青崖，復破四百七十餘砦，乘勝攻六美山。干把豬就擒，諸苗震讋。

《明史》卷一七五《何洪傳》：

　　與平東苗（時洪以都指揮使掌四川都司事）。

　　　　光旦：當與上數條是一事，在天順二年。

《明史》卷一七五《劉玉傳》：

　　[以都督僉事充右參將]分守貴州。從方瑛討東苗，殲干把豬。

《明史》卷三一六《貴州土司傳·貴陽[府]》：

　　天順三年，東苗之亂，[水西宣慰隴]富不時出兵，聞朝廷有意督之，乃進馬謝罪……

《明史》卷三一六《貴州土司傳·黎平[府]》：

　　天順元年①，鎮守太監阮讓言："東苗爲貴州諸苗之首，負固據險，僭號稱王，逼脅他種，東苗平則諸苗服。臣會同方瑛計議，并請師期。"於是頒諭四川、湖廣諸宣慰、宣撫會師討賊。

　　三年，督理軍務都御史白圭以谷種山箐，乃東苗羽翼，宜先勦。因同瑛進青崖，令總兵李貴進牛皮箐，參將劉玉進谷種，參將李震進鬼山。所向皆捷，克水車壩等一百四十七寨。諸將復合兵青崖，攻石門山，克擺傷等三十九寨。仍分兵四路，進攻董農、竹蓋、甲底等四百三十七寨。賊首干把豬退守六美山。合兵大進，斬五千餘級，生擒干把豬，送京師伏誅。

《明史》卷三一六《貴州土司傳·新添衛》：

　　東西二路苗名曰仲家者，盤踞貴（貴陽）、龍（龍里）、平（平越）、新（新添）之間，爲諸苗渠帥。……窺黔自平播後……經年剽掠無虛日。[萬曆三十四年，巡撫郭子章奏討平之。]（詳"苗（新添衛）"片。又參見"總錄——貴州沿革"片新添衛部分。）

　　　　光旦：東、西苗爲仲家，即布依，至此始明白。

---

① 標點本《校勘記》：上文係"天順元年"，《英宗實錄》卷二九三繫此事於天順二年七月己亥。——整理者注

侗

洞蠻

《明史》卷二：

　　[洪武]五年……正月……甲戌……衛國公鄧愈爲征南將軍，江夏侯周德興、江陰侯吳良副之，分道討湖南、廣西洞蠻。……

　　　　光旦：應包括土家、瑤、苗、僮等。

　　四月……庚子，鄧愈平散毛諸洞蠻。（別有片）……

　　六月……壬寅，吳良平靖州蠻。（別有片）……

　　八月丙申，吳良平五開、古州諸蠻。（別有分片）……

　　九月戊午，周德興平婪鳳、安田諸蠻。……

　　十一月……甲子，征南師還。

狪

《明史》卷二一二《李錫傳》：

　　柳州懷遠，猺、獞、狑、狪環居之……（詳"瑤（古田）片"。）

　　　　光旦：古之谿人，唐宋狹義之"峒蠻"，宋末之"犵獠"（陸游，《老學庵筆記》），此之狪，今日之侗，應皆一種人。其源皆出此種人之自稱之音，即谿字之古讀，意亦謂"平壩"或"河干"；此音合之爲谿、爲干，分之則爲犵獠、爲犵狑，以其它漢語譯之則爲"峒"、爲"洞"。更有訛而爲與原義絕不相干之同音字，如"銅"（貴州銅仁府、縣原一度作"銅人"）。最後演爲今之"侗"。

《明史》卷二二一《郭應聘傳》：

　　[隆慶間，廣西巡撫郭應聘與兩廣總督殷正茂命總兵官討懷遠猺，無功，]應聘[乃]益調諸路兵，鎮撫白杲、黃土、大梅、青淇狪、獞，以孤賊勢。

[侗]

《明史》卷四四《地理志五》：

　　[湖廣靖州]會同[縣]（……西南有郞水，自貴州黎平府流入。）

　　　　光旦：郞水亦稱郞江。

《明史》卷四四《地理志五》：

[湖廣靖州]通道[縣]（……西北有播揚河，自貴州黎平府流合[於縣西之渠水]。

光旦：參貴州遵義之嘗稱"郎州"、"播州"，皆古夜郎或濮、僰之遺也。今此一帶為侗人所居，侗出夜郎或仡佬，地名可證。

光旦：又靖州似即宋之誠州，北宋年間曾一度由統治王朝"開闢"，旋又放棄，認為賠錢太多，不合算。明初（洪武前乙巳年七月）曾一度為靖州軍民安撫司。今其地有通道侗族自治縣。又陸游《老學庵筆記》稱此地有犵獠、犵……、犵……之屬。此一地自古有少數民族，且原本仡佬，可以無疑；而"侗"之自稱即"仡獠"之合音也。

侗

《明史》卷三一六《貴州土司傳‧銅仁[府]》：

（銅仁之名，原自峒人或侗人，見"苗（銅仁）——沿革"片末按語。）

都勻蠻

《明史》卷三：

[洪武]二十三年……六月乙丑，藍玉遣鳳翔侯張龍平都勻、散毛諸蠻。

光旦：二地相去甚遠，扯在一起，非有誤，即甚疏闊。

《明史》卷三：

[洪武]二十五年……正月……何福討都勻、畢節諸蠻，平之。

《明史》卷一三〇《張龍傳》：

[洪武]二十三年……都勻亂，佐藍玉討平之。

光旦：與上第一條是一事，然未及"散毛"。

《明史》卷一三二《藍玉傳》：

[洪武]二十三年……平都勻安撫司、散毛諸洞。

光旦：即上第一、三條事。

《明史》卷一四四《何福傳》：

[洪武二十三年，]移兵討平都勻蠻，俘斬萬計。

《明史》卷一四四《顧成傳》：

[成]再鎭貴州，屢平播州、都勻諸叛蠻，威震南中。

  光旦：成再鎭南中是建文末年至永樂最初十年間事，與上數條平都之役不爲一事。

《明史》卷一四四《顧成傳》：

[弘治]五年十月，貴州都勻苗乜富架作亂，自稱都順王，梗滇、蜀道。詔[成玄孫]溥充總兵官，帥兵八萬討之，分五路刻期並進。誅富架父子，斬首萬計。

  光旦：都勻如何梗滇蜀道，所未喻。史文容有誤。

都掌蠻

見"山都掌蠻"。

《明史》卷三一〇《土司列傳·湖廣土司》：

成化三年，兵部尚書程信請調永順兵征都掌蠻。（此見《永順傳》。）

《明史》卷三一〇《土司列傳·湖廣·保靖》：

[成化]三年……調保靖兵征都掌蠻。

朵甘（詳"藏"片）

《明史》卷二：

[洪武十一]年……朵甘……入貢。

  光旦：當即朵甘思，元置朵甘思宣慰司，以統羌番，今青海河源之東南至西康境，皆其地。所云羌番，包括羌、藏、西番。

《明史》卷二：

[洪武十四]年……朵甘……入貢。

《明史》卷三：

[洪武二十]年……朵甘……入貢。

《明史》卷三：

[洪武二十七]年……朵甘……入貢。

《明史》卷一三二《藍玉傳》：

[洪武]二十四年，[玉]請籍民爲兵，討朵甘、百夷。詔不許。（互見

"[傣]"下）

  光旦：時玉方鎮壓建昌月魯帖木兒，思因利順便，西平朵甘，南定百夷，故有此請。

《明史》卷一三二《藍玉傳》附《曹興傳》：

  洪武十一年，從沐英討泚（洮）州羌，降朵甘酋，擒三副使等。

  光旦：參上第一條，朵甘第一次入貢，當在此度征討之後，朵甘屈服也。

《明史》卷一三二《謝成傳》：

  從沐英征朵甘，降乞失迦，平洮州十八族。

  光旦：未言年份，但緊接十二年前，與上條應是一事。

蛾　昌

《明史》卷四六《地理志七》：

  [雲南永昌府]騰越州（東北有龍川江，源出徼外蛾昌蠻地之七藏甸，下流合於大盈江。）

《明史》卷四六《地理志七》：

  [雲南直隸都司之]里麻長官司，永樂六年七月析孟養地置。

  光旦：里麻，五局合刻板《明史》作"麻里"誤。

  光旦：《明史·地理志》未言此是"蛾昌蠻地"，見於其它明清文獻。

番

番

《明史》卷七：

  [永樂]十三年……麻林及諸番進麒麟、天馬、神鹿。

《明史》卷九：

  [洪熙元年（時仁宗初崩），]八月戊辰，都指揮李英討安定曲先叛番，大敗之，安定王桑兒加失夾詣闕謝罪。

《明史》卷九：

  [宣德]五年……十二月癸巳，曲先叛番平。

《明史》卷九：

　　[宣德]七年……六月……癸丑，罷中官入番市馬。

　　　　光旦：此番字必係泛用，猶昭君和番之番也。

《明史》卷一〇：

　　[正統]四年……十二月丁丑，都督同知李安充總兵官，僉都御史王翱參贊軍務，討松潘祈命簇叛番。

　　　　光旦：羌、番同異，須一推究。

《明史》卷一〇：

　　[正統]五年……四月……丙戌，祈命簇番降。

《明史》卷一八：

　　[嘉靖]二十五年……三月戊辰，四川白草番亂。

《明史》卷一八：

　　[嘉靖]二十六年……四月乙巳，巡撫四川都御史張時徹、副總兵何卿討平白草叛番。

《明史》卷二〇：

　　[萬曆十三年六]月，四川松茂番作亂。

《明史》卷二〇：

　　[萬曆]十四年……六月癸未，松茂番平。

《明史》卷二〇：

　　[萬曆]十六年……五月，四川建昌番作亂，討平之。

　　　　光旦：此應是彝，上條松茂者應是羌。此"番"片應別立互見片。

《明史》卷二〇：

　　[萬曆]十九年……五月壬午，四川四哨番作亂，巡撫都御史李尚思討平之。

《明史》卷二四：

　　[崇禎十一年三]月，李自成自洮州出番地，總兵官曹變蛟追破之，復入塞，走西和、禮縣。

《明史》卷一一六《諸王傳一》：

　　[洪武]二十八年正月，命[秦愍王樉]率平羌將軍甯正征叛番於洮州，番懼而降。

　　　　光旦：查上文，樉，太祖第二子，就藩西安。

《明史》卷一一七《諸王傳二·蜀王椿傳》：

　　蜀獻王椿，太祖第十一子，洪武……二十三年就藩成都。……時諸王皆備邊，練士卒，椿獨以禮教守西陲。番人入寇，燒黑崖關。椿請於朝，遣都指揮瞿能隨涼國公藍玉出大渡河邀擊之。自是番人讋伏。前代兩川之亂，皆因内地不逞者鉤致爲患。有司私市蠻中物，或需索啓争端。椿請繒錦香扇之屬，從王邸定爲常貢，此外悉免宣索。蜀人由此安業……川中二百年不被兵革，椿力也。

　　　　光旦：後數語更適用於一般蜀人。

《明史》卷一二六《李文忠傳》：

　　[洪武]十二年，洮州十八番族叛，[文忠]與西平侯沐英合兵討平之，築城東籠山南川，置洮州衛。

《明史》卷一二六《沐英傳》：

　　[英]使使以兵威諭降諸番，番部有重譯入貢者。

　　　　光旦：此洪武二十三、二十四年間事。

[番]（音婆）

《明史》卷一四一《胡閏傳》：

　　閏……鄱陽人。太祖征陳友諒，過長沙王吳芮祠，見[閏所爲]題壁詩，奇之，立召見……

　　　　光旦：番君吳芮，遲至明初，鄱陽尚有廟。

番

《明史》卷一五六《毛忠傳》：

　　天順……七年，永昌、涼州、莊浪塞外諸番屢爲邊患。忠與總兵官衛穎分討之。忠先破巴哇諸大族。其脊（咎）啞、馬吉思諸族，他將不能下者，忠復擊破之。……[因功]封伏羌伯。

《明史》卷一六〇《王彰傳》：

　　[彰爲]右副都御史。陝西僉事馬英激肅州番爲變，殺御史及都指揮。彰劾英，置極典。

　　　　光旦：未詳年份，當在永樂八至十一年之間。

《明史》卷一六〇《羅綺傳》：

　　[景泰二年，綺以刑部左侍郎]代寇深鎮守松潘。[於屢次鎮壓羌人外，]又

敗黑虎諸寨番，斬馘三百五十。在鎮七年，威名甚震。

　　光旦：此未必景泰二年事，而是綺在鎮七年中事，但不至天順，天順初綺即被召還也。

　　光旦：番寨有黑虎之號，值得注意。彝族中有黑虎崇拜，而在巴人與今之土家，則有白虎之信仰，應聯係看，以求其先合後分之關係。

《明史》卷一六一《張昺傳》：

　　弘治元年七月，[昺以南京御史]偕同官上言：[有曰，]"左道雖斥，而符書尚揭於官禁，番僧旋復於京師，是異端復興之漸也。"

《明史》卷一六九《胡濙傳》：

　　英宗即位，詔節冗費。濙（時爲禮部尚書，兼詹事府事，又兼領戶部，後二職皆在行在，即北京，時遷都事尚未完全肯定故也）因奏……汰法王以下番僧四五百人①，浮費大省。

《明史》卷一七二《張瓚傳·謝士元附傳》：

　　弘治元年……擢右副都御史，巡撫[四川]。土番大小娃者，將煽亂，士元託行邊，馳詣其地。賊恐，羅拜道左，徐慰遣之。

　　光旦：族稱、所在地，均不具體！

《明史》卷一七四《王璽傳》：

　　成化……十二年……署都督僉事，充總兵官，鎮守甘肅。黃河以西，自莊浪抵肅州南山，其外番人阿吉等二十九族所居也。洪武間，立石畫界，約樵牧毋越疆。歲久湮廢，諸番往往闌入，而中國無賴人又潛與交通爲邊患。璽請"復畫疆域，召集諸番，諭以界石廢，恐官軍欺淩諸部，今復立之，聽界外駐牧，互市則入關。……"帝稱善，從之。……[璽]在邊二十餘年（其中在西北者強半），爲番人所憚。

《明史》卷一七五《何洪傳》：

　　憲宗[初]，德陽人趙鐸反，自稱趙王，漢州諸賊皆歸之。連番衆數陷城，殺將吏。遣其党何文讓及僧悟昇掠安岳諸縣。洪斬悟昇，生擒文讓。鐸將逼成都，官軍分三路討。洪偕都指揮寧用趨彰明，賊引去。追至梓潼朱家河，力戰，賊少卻。洪乘勝陷陣，後軍不繼，爲賊所圍，左右跳盪，殺賊甚衆，力竭而死。……而四川都指揮僉事……劉雄亦戰死。……洪雖死，綿竹典史蕭讓帥鄉

---

① 標點本《校勘記》：四五百人，《明史稿》傳三四《胡濙傳》作"千餘人"。——整理者注

兵擊鐸，破之。官兵頻進擊，其黨稍散去。鐸勢孤，帥餘賊趨彰明。千戶田儀等設伏梓潼，而參將周貴直搗其巢。賊大敗，夜奔石子嶺。儀亟進，斬鐸，賊盡平。成化元年正月①也。

  光旦：時洪爲都督僉事，掌四川都司事。

  光旦：番，應是川西北之羌。

《明史》卷一七五《劉玉傳》：

  天順……六年……以……都督僉事［充］右副總兵鎮守涼州。咎（昝）咂族叛，會兵平之，進都督同知。

  光旦：此雖未言所謂"番"，應是。

《明史》卷一七八《秦紘傳》：

  遷陝西右參政。岷州番亂，提兵三千破之。

  光旦：無具體年份，應在成化三至十三年之間。

《明史》卷一八一《徐溥傳》：

  ［弘治］十年二月……上疏，［有云，］内府番經廠［等］焚燬無餘，［足見佛之無靈。］（時溥爲禮部尚書、文淵閣大學士，首輔。）

《明史》卷一八二《馬文升傳》：

  成化［間］（四年後，九年前），西固番族不即命者悉滅之。（時文升以左副都御史巡撫陝西。）

  光旦：西固城守禦軍民千戶所屬陝西岷州衛（見卷四二《地理志三》）。

《明史》卷一八七《馬昊傳》：

  ［正德十二、十三年，僰人子及他蠻（川南筠連、高、珙一帶者）亂，既平復起，於是］黎、雅以西，天全六番皆相繼亂。

  光旦：天全六番究爲何族，待考定。

《明史》卷一八八《張欽傳》：

  正德……十二年七月，帝……將出關幸宣府。欽（時以御史巡視居庸關）上疏諫，［有曰，］"外之甘肅有土番之患，江右有華（崋字之誤）賊之擾。"

  光旦："土番"，此處有可能是藏。

《明史》卷一九八《王瓊傳》：

---

① 標點本《校勘記》：正月，據《憲宗實錄》卷一七成化元年五月甲子條、《國榷》卷三四頁二一九一應爲"五月"。——整理者注

［嘉靖初年以前，］沙州番人帖木哥土巴等素爲土魯番役屬者，苦其徵求，［至嘉靖七年前後］率五千餘人入附。……

光旦：此番人，與土魯番之番人似有別。

甘肅軍民素苦土魯番侵暴，恐瓊去，相率乞守臣奏留。（瓊是嘉靖七年，以兵部尚書兼右都御史出督陝西三邊軍務，至十年冬始還京爲吏部尚書。）

《明史》卷二〇〇《楊守禮傳》：

遷右副都御史，巡撫四川。與副將何卿平諸番亂。

光旦：應在嘉靖中前葉。

《明史》卷二〇五《朱紈傳》：

［嘉靖初葉，］歷四川兵備副使。與副總兵何卿共平深溝諸砦番。

光旦：應是羌，詳"［羌］（松潘）——與何卿"。

《明史》卷二〇九《楊繼盛傳》：

［嘉靖三十年代初，以兵部員外郎疏諫與俺答言和互市，忤仇鸞，］貶狄道典史。其地雜番俗，罕知詩書。繼盛簡子弟秀者百餘人，聘三經師教之。鬻所乘馬，出婦服裝，市田資諸生。縣有煤山，爲番人所據，民仰薪二百里外。繼盛召番人諭之，咸服曰："楊公即須我曹穹帳亦舍之，况煤山耶？"番民信愛之，呼曰"楊父"。

《明史》卷二一一《馬芳傳·孫爌附傳》：

［崇禎後葉（應是十四年），以總兵官］移鎮甘肅。十五年督三協副將王世寵、王加春、魯蔭昌等討破叛番，斬首七百餘級，撫安三十八族而還。

《明史》卷二一二《劉顯傳》：

［萬曆初年（九年以前，顯時以都督同知爲總兵官鎮四川，顯於九年卒於任），］擊西川番没舌、丢骨、人荒諸砦，斬其首惡，撫餘衆而還。建昌傀廈、洗馬諸番，咸獻首惡。西陲以寧。（卷二二一《王廷瞻傳》，在萬曆五年。）

《明史》卷二一四《楊博傳》：

歷職方郎中。［隨］大學士翟鑾巡九邊……至肅州，屬番數百遮道邀賞。鑾慮來者益衆不能給。博請鑾盛儀衛，集諸番轅門外，數以天子宰相至，不悉衆遠迎，將縛以屬吏。諸番羅拜請罪。乃稍賚其先至者，餘皆懼不復來。

光旦：事約在嘉靖十八、十九年間（見卷一九三《翟鑾傳》）。

《明史》卷二二一《李禎傳》：

（自俺答西牧，初則隴右吃緊，繼則禍中川西北，諸番多折入之，見"蒙古——在西北"片。)

　　　光旦：松潘當川西北之衝，此所云番，至少部分爲羌無疑。

《明史》卷二二二《王崇古傳》：

　　（隆慶俺答封貢前後，越甘肅侵入番地者爲俺答族屬，例如從孫切盡台吉，見"蒙古——……（與王崇古）片"。）

　　　光旦：封貢前，其孫把漢投明時，俺答本人亦正掠西番，同見。

《明史》卷二二二《鄭洛傳》：

　　（蒙古入洮河，鄭洛之用兵及其它措施，卒收復諸番部，勒蒙古北歸，見"蒙古——在西北（洮河用兵與鄭洛）"片。）

《明史》卷二二三《盛應期傳》：

　　擢右副都御史巡撫四川。討平天全六番招討使高文林。

　　　光旦：無年份，應在正德近末。（正德十六年，見"番（天全）——沿革"。）

《明史》卷二二四《嚴清傳》：

　　隆慶二年以右僉都御史巡撫……四川。……番人入貢，裁爲定額。

《明史》卷二三九《蕭如薰傳》：

　　青海寇糾番族犯洮、岷，如薰（時以總兵官鎮固原）及臨洮總兵孫仁禦之，擒斬三百四十有奇，撫叛番五千人，獲駝馬甲仗無算。

　　　光旦：年份不詳，只知爲萬曆下半葉中，二十二年以後（萬曆二十七年，見"西番——西番諸衛"）。此青海寇應是俺答從子永邵卜等以迎活佛爲名自宣府留青海不去者，又因其有迎活佛之名義，得與番人糾合。此番即藏人之在青海者。

《明史》卷二三九《達雲傳》

　　寇歲掠諸番，番不敵則折而入［於］寇。及寇敗遠徙，雲（時爲西寧參將、升副總兵，寇指自宣府以上進據青海之俺答從子永邵卜之部）急招番，復業者七千餘户。（詳見"蒙古——俺答（及其後人）"片。）

《明史》卷二三九《達雲傳・尤繼先附傳》：

　　（西北蒙古真相、火落赤蠶食莽剌、捏工二川一帶番族，見"蒙古——在西北"片。）

《明史》卷二六〇《邵捷春傳》：

　　崇禎二年，出爲四川右參政，分守川南，撫定天全六番高、楊二氏。

《明史》卷二六七《鹿善繼傳·薛一鶚附傳》：

遷蘭州知州。州北有田没於番，吏派其賦於他户，後田復歸，爲衛卒所據，而民出賦三十年，一鶚核除其害。

《明史》卷二七九《吕大器傳》：

崇禎……十四年，擢右僉都御史，巡撫甘肅。……遣總兵官馬爌督副將〔王〕世寵等討羣番爲亂者，斬首七百餘級，撫三十八族而還。又擊敗其餘黨。西陲略定（此語包括漢人勾結西部蒙古及土魯番爲亂者，不止"番"而已）。

《明史》卷二八一《循吏傳·周濟傳》：

〔正統中（十一年前），以御史〕巡按四川。威州土官董敏、王允相讎殺，詔濟督官兵進討。濟曰："朝廷綏安遠人，宜先撫而後征。"馳檄諭之，遂解。

《明史》卷二八五《趙壎傳·杜寅附傳》：

官岐寧衛知事。洪武八年，番賊既降復叛，寅與經歷熊鼎俱被害。

> 光旦：岐寧衛未詳。

《明史》卷二八九《牟魯傳·朱顯忠附傳》：

以指揮僉事……從傅友德克文州，遂留守之。洪武四年，蜀將丁世珍①召番數萬來攻。食盡無援……裹創力戰，城破，爲亂兵所殺。〔千户王〕均諒〔亦〕被執不屈，磔死。

《明史》卷三〇四《宦官傳·谷大用傳》附：

（番襲入藏迎僧之宦官劉允，見"藏"片。）

《明史》卷三一〇《土司列傳·湖廣土司》：

（施州支羅洞土舍黃中請討白草番立功，爲父黃俊〔龍潭安撫使〕贖罪，見"〔巴〕（施州）——沿革"片。）

〔番〕（打箭爐）

《明史》卷三：

〔洪武十六〕年，打箭爐入貢。

> 光旦：藏及西番。

---

① 標點本《校勘記》：丁世珍，《明史》卷二《太祖紀》作"丁世貞"，《太祖實錄》卷六六洪武四年六月戊戌條作"丁世真"。——整理者注

番（松、茂等處）

《明史》卷二四一《周嘉謨傳》：

萬曆十年遷四川副使……撫白草番。督兵邛州、灌縣，皆有方略。

光旦：萬曆十年至十四、十五年間事。白草番似在川西北，應是羌。邛、灌用兵，對象未詳，姑亦列此。

《明史》卷二四七《劉綎傳》：

[萬曆]二十四年三月，火落赤、真相、昆都魯、歹成、他卜囊等掠番……（詳"蒙古——在西北"。）

《明史》卷二四七《李應祥傳》：

[萬曆]十三年，[以]南京左府① 僉事，出爲四川總兵官。松、茂諸番列砦四十八，歲爲吏民患。王廷瞻撫蜀時，嘗遣副將吳子忠擊破丟骨、人荒、沒舌三砦，諸酋乃降。故事，諸番歲有賞賚，番恃強邀索無已。其來堡也，有下馬、上馬、解渴、過堡酒及熱衣氣力偏手錢；戍軍更番，亦奉以錢，曰新班、架梁、放狗、躧草、掛綵。廷瞻一切除之，西陲稍靖。僅六七年，勢復猖獗。是年（萬曆十三年）夏，楊柳番出攻普安堡，犯歸水崖、石門坎，遂入金瓶堡，殺守將。

巡撫雒遵屬應祥討之。提卒三千入茂州，克一巖。番恃險，剽如故。無何，遵罷，徐元泰代。檄諭之，使三反，番不應。窺蒲江關，斷歸水崖、黃土坎道，築牆五哨溝，絕東南聲援。見官軍少，相顧笑曰："如此磨子兵奈我何？"磨子者，謂屢旋轉而數不增也。其冬（十三年冬）突平夷堡，掠良民，刳其腸繞二牛角，牛奔，腸寸裂。明年（十四年）正月，遂圍蒲江關，礮燬雉堞。守將朱文達出，斬數十人。賊稍解，東南路始通。

元泰決計大征。諸路兵悉集。乃命遊擊周于德將播州兵爲前鋒，遊擊邊之垣將酉陽兵爲後拒，故總兵郭成將叙、馬（叙州、馬湖？）兵扼其吭，參將朱文達將平茶兵擊其脅，而應祥居中節制，參議王鳳監之。應祥令軍中各樹赤、白幟一。良民陷賊者徒手立赤幟下，熟番不附賊者徒手立白幟下，即免罪。番雖多，遇急不相救。國師喇嘛者，狡猾，聯姻青海酋丙兔與灣仲、占柯等，刻木連大小諸姓，歃血詛盟。至是，邀灣仲、占柯先犯歸化以嘗官軍。于德誘擒喇嘛、灣仲，守備曹希彬復擊斬占柯。丟骨、人荒、沒舌三砦最強，于德皆攻

---

① 標點本《校勘記》：左府，《明史稿》傳一一七《李應祥傳》作"後府"。——整理者注

克，復連破卜洞王諸砦。文達、成之垣亦各拔數砦，與于德軍合。遂攻破蜈蚣、茹兒諸巢。[初，]嘉靖初，之垣祖輪以指揮討茹兒賊，被殺，漆其頭爲飲器。及是六十年，之垣乃得之，以還葬焉。賊屢北，窘，悉棄輜重餌官軍。官軍不顧，斬關入，賊多死。河東平。

尋渡河而西，連破西坡、西革、歪地、乾溝、樹底諸巢。有小粟谷者，首亂。覘大軍西，不設備，郭成夜襲之，大獲。牛尾砦尤險惡，將士三路夾攻，火其柵，斬酋合兒結父子。河西亦平。

諸軍得所積稞粟，留十日，盡焚其砦，以六月班師。其逃窮谷者，求偏頭結賽乞降。應祥令埋奴設誓，然後許之。埋奴者，番人反接其奴，獻軍前，譁天而誓，即牽至要路，掘坎埋之，露其首，凡埋二十三人。偏頭結賽雅善天竺僧。僧言歲在雞犬，番行陑。偏頭信之，預匿山谷中。逸賊以爲神，跡而拜求之，故偏頭爲之請。是役也，焚碉房千六百有奇，生擒賊魁三十餘人，俘馘以千餘計。自是羣番震驚，不敢爲患。邊人樹碑記績焉。

　　光旦：松、茂皆羌也，應與"羌"片合觀，前固嘗以松、茂入"[羌]"片矣。

　　光旦：此條亦頗説明羌、藏、蒙三者關係。

　　光旦：大用各方土兵，此亦一佳例，計播州、酉陽、叙、馬、平茶、苗、土家、彝、獠……應有盡有，當時悉川屬也，而所擊對象則爲羌，在當時即爲數不多矣。

　　光旦：當時羌亦行農奴制，如藏之例，埋奴事可證。

番（建昌、越嶲）

《明史》卷二四七《李應祥傳》：

　　（見"猓（建昌、越嶲）——與李應祥"片。）

《明史》卷二四七《鄧子龍傳》：

　　[萬曆]十一年，[子龍征緬及岳鳳之役，]命裨將鄧勇等提北勝、滇渠諸番兵，直擣賊巢。

　　光旦：此番應是西番，今之普米？

番（天全）——沿革

《明史》卷三一一《四川土司傳·天全六番招討司傳》：

天全，古氏羌地。五代孟蜀時，置碉門、黎、雅、長河西、魚通、寧遠六軍安撫司。宋因之，隸雅州。元置六安撫司，屬土番等處宣慰司；後改六番招討，又分置天全招討司。明初并爲天全六番招討司，隸四川都司。

洪武六年，天全六番招討使高英遣子敬嚴等來朝，貢方物。帝賜以文綺龍（誤刊，應作襲）衣。以英爲正招討，楊藏卜爲副招討，秩從五品，（正副同？）每三歲入貢，賜予甚厚。

二十一年，楊藏卜來朝，言茶户向與西番貿易，歲收其課。近在官收買，額遂虧，乞從民便。許之。

先是，高敬嚴襲招討使，偕楊藏卜奏請簡土民爲兵，以守邊境。詔許之。敬嚴等遂招選土民，教以戰陣，得馬步卒千餘人。至是（洪武廿一年）藏卜來朝，奏其事，詔更天全六番招討司爲武職，令戍守邊界，控制西番。

［洪武］三十一年，帝諭左都督徐增壽曰："曩因碉門拒（即距）長河西口，道路險隘，以致往來跋涉艱難，市馬數少。今聞有路自碉門出枯木任傷①徑抵長河西口，通雜道長官司，道路平坦，往來徑直，可即檄所司開拓，以便往來。"

永樂二年，高敬讓來朝，并賀立皇太子，且遣其子虎入國子學，賜虎衣衾等物。

十年，敬讓遣子虎貢馬。初，虎入國學讀書，以丁母憂去，至是服闋還監，皇太子命禮部賜予如例。

宣德五年，六番招討司奏："舊額歲辦烏茶五萬斤，二年一次，運付碉門茶馬司易馬。今户部令再辦芽茶二千二百斤，山深地瘠，艱於采辦，乞減其數。"帝令免烏茶，只辦芽茶。

十年命高鳳署天全六番招討司事。先是，敬讓以罪下獄死。至是，其子鳳乞襲父職。帝念其祖有撫綏功，命暫理招討事。

正統四年命鳳襲。

正德十五年，招討高文林父子稱兵亂，副招討楊世仁亦助惡。命四川撫按官討之。初，文林等與蘆山縣民爭田搆釁，知縣處置失宜，致叛亂。踰年，討斬文林，擒其子繼恩，擇其宗人承襲。

---

① 標點本《校勘記》：枯木任傷，據《太祖實錄》卷二五六洪武三十一年二月丙午條應爲"枯木任場"。——整理者注

初，天全招討司治碉門城，元之碉門安撫司也，在雅州境。明初，宣慰余思聰、王德貴歸附，始降司爲州，設雅州千户所，而設碉門百户，近天全六番之界。又置茶課司以平互市。蓋其地爲南詔咽喉，三十六番朝貢出入之路。三十六番者，皆西南諸部落，洪武初，先後至京，授職賜印。立都指揮使[司]二：曰烏斯藏，曰朶甘。爲宣慰司者三：曰朶甘，曰董卜韓胡，曰長河西魚通寧遠。爲招討司者六，爲萬户府者四，爲千户所者十七。是爲三十六種。或三年，或五年一朝貢，其道皆由雅州入，詳《西蕃傳》。

光旦：司境六"番"究爲何族，或哪幾個族，須核對近代分布情況後大致加以判定。

番

《明史》卷三二七《韃靼傳》：

[正德五年，]北部[韃靼]亦卜剌與小王子仇殺。亦卜剌竄西海（即青海），阿爾禿厮與[之]合，逼脅洮西屬番屢入寇。巡撫張翼、總兵王勛不能制，漸深入，邊人苦之。

《明史》卷三二七《韃靼傳》：

[萬曆二十三年]秋，海部（青海蒙古）永邵卜犯西寧，總督三邊李敗檄參將達雲、遊擊白澤暨馬其撒、卜爾加諸屬番，設伏遊（應是邀之誤）擊，大敗之，斬六百八十三級。……帝……以屬番效命，追叙前總制鄭雒（《明史》上文做洛）功，賞賚並及雒。

高山——雞籠

《明史》卷三二三《雞籠傳》：

雞籠山在彭湖嶼東北，故名北港，又名東番，去泉州甚邇。地多深山大澤，聚落星散。無君長，有十五社，社多者千人，少或五六百人。無徭賦，以子女多者爲雄，聽其號令。雖居海中，酷畏海，不善操舟，老死不與鄰國往來。永樂時，鄭和徧歷東西洋，靡不獻琛恐後，獨東番遠避不至。和惡之，家貽一銅鈴，俾挂諸項，蓋擬之狗國也。其後，人反寶之，富者至掇數枚，曰："此祖宗所遺。"

光旦：此俗未必與鄭和有關，第因和名聲大，不知來歷者繫之耳。高山不止一族，其中有畲、瑶之属，地密邇閩浙，畲族亦有泛海之傳説，其地不可能無此族類可知。曰"此祖宗所遺"，正説明其與槃瓠龍犬之圖騰關係。

俗尚勇，暇即習走，日可數百里，不讓奔馬。足皮厚數分，履荆棘如平地。男女椎結，裸逐無所避。女或結草裙蔽體。遇長老則背身而立，俟過乃行。男子穿耳。女子年十五，斷唇旁齒以爲飾，手足皆刺文，衆社畢賀，費不貲。貧者不任受賀，則不敢刺。

四序，以草青爲歲首。土宜五穀，而不善水田。穀種落地，則止殺，謂行好事，助天公，乞飯食。既收獲，即標竹竿於道，謂之插青，此時逢外人便殺矣。

村落相仇，刻期而後戰。勇者數人前跳，被殺則立散。其勝者，衆賀之曰："壯士能殺人也。"其負者家，衆亦賀之曰："壯士不畏死也。"次日即和好如初。

地多竹，大至數拱，長十丈。以竹搆屋，覆之以茅，廣且長，聚族而居。

無曆日、文字。有大事集衆議之。

善用鏢鎗，竹柄鐵鏃，銛甚，試鹿鹿斃，試虎虎亦斃。性既畏海，捕魚則於溪間。冬月聚衆捕鹿，鏢發輒中，積如坵山。獨不食雞雉，但取其毛以爲飾。

中多大溪，流入海，水澹，故其外名淡水洋。嘉靖末，倭寇擾閩，大將戚繼光敗之。倭遁居於此，其黨林道乾從之。已[而]道乾懼爲倭所併，又懼官軍追擊，揚帆直抵浡泥，攘其邊地以居，號道乾港。而雞籠遭倭焚掠，國遂殘破。

[其人]初悉居海濱，既遭倭難，稍稍避居山後。忽中國漁舟從魍港飄至，遂往來通販，以爲常。

光旦：此語寫在倭難之後，大是不符事實。

至萬曆末，紅毛番泊舟於此，因事耕鑿，設闤闠，稱臺灣焉。崇禎八年，給事中何楷陳靖海之策，言："自袁進、李忠、楊禄、楊策、鄭芝龍、李魁奇、鍾斌、劉香相繼爲亂，海上歲無寧息。今欲靖寇氛，非墟其窟不可。其窟維何？臺灣是也。

"臺灣在彭湖島外，距漳、泉止兩日夜程，地廣而腴。初，貧民時至其地，規魚鹽之利，後見兵威不及，往往聚而爲盜。近則紅毛築城其中，與奸民互市，屹然一大部落。墟之之計，非可干戈從事，必嚴通海之禁，俾紅毛無從謀利，奸民無從得食，出兵四犯，我師乘其虛而擊之，可大得志。紅毛舍此而去，然後海氛可靖也。"時不能用。

其地，北自雞籠，南至浪嶠，可一千餘里；東自多羅滿，西至王城，可九百餘里。水道順風，自雞籠淡水至福州港口，五更可達。自臺灣港至彭湖嶼，四更可達。自彭湖至金門，七更可達。東北至日本，七十更可達。南至吕宋，六十更可達。蓋海道不可以里計，舟人分一晝夜爲十更，故以更計道里云。

　　光旦：此《傳》不盡關高山，特此方面資料太少，故盡錄之。

仡佬

　　光旦：亦作"犵"，見"苗（鎮遠）——沿革"片。又"犵"片。

　　光旦：亦作"獐獠"，自有片。

　　光旦：論顧、陸二姓及一部分張姓之由來，見"[彝]（安順）——沿革"片（成化十年段及其按語）。

[仡佬]——名稱

《明史》卷四五《地理志六》：

　　[廣西]向武州……（北有富勞縣，元屬田州路，洪武二年屬田州府，尋爲夷獠所據，建文四年復置，後廢。）（互見）

　　光旦：富勞之勞，亦獠也。"富"，越或僚語"人"也。果爾，則其它地名如廣東之博羅縣、廣西南寧府橫州永淳縣北之武羅鄉，慶遠府天河縣之福祿鎮，乃至柳江之舊稱福祿江，皆屬同音異寫。

　　光旦：又此二者亦頗有顛倒用之者，亦通行於此一地，例如泗城州舊屬之上林長官司境内有羅博關巡檢司；又如江州之羅白縣，如博、白之音指"人"，則亦猶言"羅人"或"駱人"耳。

　　光旦：同省迤東亦正復有縣名博白。

[仡佬]——異寫

《明史》卷四四《地理志五》：

　　[湖廣衡州府]衡陽[縣]（……北有岣嶁峰。）

《明史》卷四五《地理志六》：

　　[福建興化府]莆田[縣]（……東南有吉了巡檢司。）

《明史》卷四五《地理志六》：

［福建漳州府］漳浦［縣］（……東南有古雷……巡檢司。）

　　光旦：古雷應是仡佬同音異寫。又漳州、漳浦、漳浦縣南之漳江，即雲霄溪，以及自長汀、沙縣流來之九龍江，龍溪縣南之九龍嶺，漳浦縣南之梁山、東南之良山——疑皆與此族人有涉。"九龍"猶哀牢夷之"九隆"也。

《明史》卷四五《地理志六》：

　　［福建漳州府］南靖［縣］（北有歐寮山。）

　　光旦：此山名爲仡佬之異寫無疑。又同府漳平縣，明成化六年以龍巖縣之九龍鄉置。此一帶，"漳"與"九龍"之稱不勝枚舉。"九龍"之爲說已見上。"漳"或"章"爲仡佬之別稱，故湖南古丈坪一帶之仡佬，當其未化於苗人時，亦有"大、小章"之稱，見《苗防備覽》，唐初開設漳州，亦即以此命定州名。

《明史》卷四四《地理志五》：

　　［湖廣施州衛］忠建宣撫司……領安撫司二。［其一］爲高羅安撫司。（互見）（今湖北宣恩境）

《明史》卷四五《地理志六》：

　　［福建］福寧州（南有高羅巡檢司。）

《明史》卷四五《地理志六》：

　　［廣東廣州府連州］連山［縣］（北有高良水。）

《明史》卷四五《地理志六》：

　　［廣東肇慶府］陽春［縣］（北有古良巡檢司，尋廢。）

《明史》卷四五《地理志六》：

　　［廣東肇慶府德慶州］開建［縣］（北有古令巡檢司，治古令村，後遷縣東北之褥村。）

《明史》卷四五《地理志六》：

　　［廣東韶州府］翁源［縣］（東有桂丫山巡檢司，初治茶園舖，後遷南浦。）

　　光旦：此未必相干，古丫而非古了也。然"古丫"之音亦數見不一，例如肇慶府高要縣，高要縣東南有古耶巡檢司，而同縣南有銅鼓山，亦見與仡佬有係也。

《明史》卷四五《地理志六》：

　　［廣西梧州府鬱林州］北流［縣］（東北有勾漏山。）

　　光旦：晉葛洪求爲勾漏令，勾漏亦縣之舊名，即此。

《明史》卷四五《地理志六》：

[廣西柳州府]賓州……（西有古漏山，下有古漏關，古漏水出焉，入於賓水。賓水在南，即都泥江也。）

《明史》卷四五《地理志六》：

[廣西]思恩府[治]……（東有古零土巡檢司，爲當地九土巡檢司之一。）

《明史》卷四五《地理志六》：

[廣西太平府]左州（治，本古攬村也。）

《明史》卷四五《地理志六》：

[廣西太平府]結倫州。

《明史》卷四五《地理志六》：

[廣西南寧府]新寧州，隆慶六年二月以宣化縣定禄洞地置。（城西有麗江，一名定禄江……東南有渠樂寨巡檢司。）

光旦：定禄之禄，亦音之異寫。

[仡佬]——歐、甌

《明史》卷四四《地理志五》：

[浙江湖州府]歸安[縣]（東有昇山，亦曰烏山，一名歐餘山。）

《明史》卷四四《地理志五》：

[浙江溫州府]永嘉[縣]（城北甌江。）

《明史》卷四五《地理志六》：

[福建建寧府]甌寧[縣]。

[仡佬]——異寫

《明史》卷四六《地理志七》：

[雲南雲南府]昆陽州（東南有渠濫川，東北入於滇池。）

《明史》卷四六《地理志七》：

[雲南臨安府]嶍峨[縣]（西南有伽羅關巡檢司。）

《明史》卷四六《地理志七》：

[雲南楚雄府]楚雄[縣]（[北有]峩崃江，下流入武定府，合金沙江。西有波羅澗。）

《明史》卷四六《地理志七》：

[雲南楚雄府]鎮南州（東有五樓山。）

《明史》卷四六《地理志七》：

[雲南永昌府]保山[縣]（東有哀牢山，本名安樂，夷語哀牢。西有九隆山。）

[雲南永昌府]永平[縣]（西南有博南山，一名金浪巔山，俗訛爲丁當丁山。）

[雲南永昌府]騰越州（東北有高黎共山，一名崑崙岡。）

《明史》卷四六《地理志七》：

[貴州貴陽府]貴定[縣]（東有銅鼓山，南有高連山。）

> 光旦：高連應即仡佬異寫，因"銅鼓山"之在近而益彰。

《明史》卷四六《地理志七》：

[貴州安順軍民府]西堡長官司（有浪伏山……有谷龍河，下流合烏江。）

> 光旦：查《圖書集成·職方》卷一五三七，引《明外史·土司傳》，西堡有仡佬族，"浪""合龍"山河之名亦暗示之，"合龍"爲"仡佬"之異寫無疑。

《明史》卷四六《地理志七》：

[貴州思南府東境]朗溪蠻夷長官司（洪武七年十月置，永樂十二年三月[至]正統三年五月[曾屬烏羅府]。[境內又曾]有厥溪蠻夷長官司，亦洪武七年十月置，尋廢。）

> 光旦：厥溪、朗溪之"厥"與"朗"，亦仡佬而析言之者，又曾屬烏羅府，益若可信。

《明史》卷四六《地理志七》：

[貴州銅仁府西有]烏羅長官司（元烏羅龍千等處長官司，[元屬思州安撫，洪武初更名，屬思南宣慰]。永樂十一年二月置烏羅府，領[蠻夷長官司一（朗溪），長官司四，烏羅司其一也]。正統三年五月，府廢，來屬[銅仁]。[司境]西有九龍山……西南有……烏羅洞。）

> 光旦：烏羅、九龍，亦互相發明。

仡佬——異寫

《明史》卷一六六《韓觀傳》：

[洪武二十八年，觀以廣西都指揮使]捕擒宜山諸縣蠻，斬其僞王及萬户以下二千八百餘人。……從……討龍州土官趙宗壽……移兵征南丹、奉議及都

康、向武、高勞①、上林、思恩、都亮諸蠻，先後斬獲萬餘級。

光旦"高勞"，仡佬異寫。除龍州當時應尚爲儂外，餘地之仡佬當亦未盡成爲僮。

《明史》卷一七八《項忠傳》：

高州……賊……

光旦：高州"賊"，至明代當以瑤人爲多，然其中亦有僮，而此僮原本爲獠。高州之高，茂名縣東北之高涼山，三國以降，其地或其迤東先後所設名高涼之郡縣無疑皆從"仡佬"之自稱之音而來。

仡佬——同音異寫

《明史》卷二四七《李應祥傳·童元鎮附傳》：

廣西岑溪……東南爲十三山②，有孔亮、陀田、桑園、古欖、魚修等百餘〔猺〕巢，與廣東羅旁接。

光旦：孔亮、古欖均爲仡佬之同音異寫，説明此一帶原爲仡佬舊地，今則以瑤爲多矣。

《明史》卷三一〇《土司列傳·湖廣土司》：

施州衛軍民指揮使司……領安撫司八，〔其一〕曰高羅。

光旦：高羅，字似亦作歌羅，舊亦夜郎散布所及，李白徙夜郎，似即到此爲止，旋即召回。亦即獠地，西與"南平獠"應是一片。然此亦巴人聚居之區，西晉以降，此一帶巴、獠關係極密，是一大事實，然二者之中，究孰爲先入其地，一時尚無法判斷，頗疑獠乃後進，屬西晉近末成漢李勢年代之事，顧此亦不易言，蜀本無獠，李勢（李壽時即已有過一度）時始從山而出，則此處亦蜀東山地也，不待出而早即存在矣。無論如何，有兩點可以肯定：一，巴自西北來，獠自東南來，此一帶爲會遇之點，兩者均甚古老（此認定蜀南與蜀東南山區自古即有獠，而非成漢時從蜀東流

---

① 標點本《校勘記》：高勞，據《明史》卷四五《地理志》、卷三一九《向武州傳》、《太祖實録》卷二四二洪武二十八年十月癸卯條應爲"富勞"。——整理者注

② 標點本《校勘記》：十三山，應爲"六十三山"，據《明史》卷三一七《廣西土司傳》稱廣西瑤、僮"六十三山倚爲巢穴"，《萬曆武功録》頁三六四謂"六十三山及七山皆岑溪瑤巢也"。——整理者注

入者）；二，巴之勢力似大於獠，雖二族交流，而獠人巴化之迹似大於巴人獠化之迹。

光旦：鄂西、川東、湘西北皆嘗有獠，迹象不一，懸棺其最著者，我於三處皆嘗見之。

仡佬——異寫

《明史》卷三一五《雲南土司傳·南甸[宣撫司]》：

[宣德]八年，[南甸州（時尚爲州，正統九年始改宣撫司）]奏："……於賴邦哈、九浪、莽孟洞三處各置巡檢，以土軍楊義等三人爲之。"命……授之。

光旦：按滇西南多蒲人，疑此亦蒲人舊地。蒲即濮，濮後亦稱仡佬，"九浪"應即仡佬之音轉。蒲多莽姓，疑"莽孟洞"亦有涉。但不知至明代中葉，南甸境內尚有此種人否。楊義應是白族，非漢人，至此爲戍軍者，故稱土軍。

《明史》卷三一六《貴州土司傳·貴陽[府]》：

[新黔撫王三善率大軍進解水西安邦彥對貴陽之圍，]前鋒楊明楷率烏羅兵擊死安邦俊，遂乘勝抵貴陽城下。

光旦：烏羅兵，松桃縣治西北烏羅長官司所調出之土兵也。以其正副長官之楊、冉二姓推之，其土民應多苗族及或亦稱"土家"之巴人後裔，然以烏羅之地名推之，應亦仡佬舊地，烏羅即仡佬之訛異也，其間或有苗化或土家化之仡佬，亦未可知。烏羅沿革見"苗（銅仁）——沿革"片。

《明史》卷三一六《貴州土司傳·新添衛》：

元置新添葛蠻安撫司。……[明]洪武……二十三年改爲[新添]衛。……領長官司五，[其一]曰小平伐，[小平伐司境有]谷霞、谷浪……谷峽……[等砦名或地名。]

光旦：谷浪疑爲仡佬之音訛。

《明史》卷三一八《廣西土司傳·太平[府]》：

[府屬]鎮遠州，舊名古隴，宋[始置州]，隸邕州。

光旦：又廣西地名"古……"者不一而足，疑皆駱越之遺跡，而與"駱"特別有關者。如右江八寨中即有古卯、古鉢、古憑。宋立五寨，一曰古萬。

《明史》卷三一八《廣西土司傳·太平[府]》：

[府屬有]結倫州。

　　　　光旦：尚有結安、都結二州。

《明史》卷三二一《安南傳》：

　　[張輔再征安南，永樂]八年……五月，[沐]晟追[陳]季擴(時稱帝)至虞江……[又]追至古靈縣……

[仡佬]

《明史》卷四三《地理志四》：

　　[四川]馬湖府(元馬湖路，屬叙南[等處蠻夷]宣撫司。)洪武四年十二月爲府。

　　　　光旦：此範圍内應是以仡佬爲主，與叙州府境相同，但亦應有彝。

　　[馬湖府]屏山[縣](本泥溪長官司，洪武四年十二月置。萬曆十七年三月改縣。[倚郭。])

　　　　光旦：改縣亦是鎮壓山都掌蠻以後事，當時民族成分必已有較大之變動。

　　[馬湖府]平夷長官司(洪武四年十二月置。)

　　[馬湖府]蠻夷長官司(洪武四年十二月置。)

　　[馬湖府]沐川長官司(洪武四年十二月置。)

　　[馬湖府]雷坡長官司(洪武四年十二月置。二十六年省。)

　　　　光旦：五長官司，只倚郭者於萬曆中改縣，終明之世，保存者三，疑此部分仡佬與九絲一帶者聯繫不深，至少未曾一同起事，故得不改。又或彝之成分較多，自不與都掌同起反抗。

《明史》卷四三《地理志四》：

　　叙州府(元叙州路，屬叙南等處蠻夷宣撫司。)洪武六年六月置府。

　　　　光旦：此本古僰道，僰即三國起見於史籍之獠，即今之仡佬。此所云蠻夷主要應是仡佬。

　　[叙州府]南溪[縣](有銅鼓灘，在縣東。)

　　[叙州府]富順[縣](東有金川，亦曰中水，即雒江也。)

　　　　光旦：味文義，雒江之稱當是最舊。

　　[叙州府]興文[縣](西有武寧城，萬曆二年二月築，置建武守禦千戶所於此。所南有九絲城。)

光旦：即九絲蠻所立之城，九絲蠻固獠也，武寧城與建武所設原所以防九絲之再起也。

[敘州府]隆昌[縣]（西南有雒江。）

[敘州府]高州（元屬敘南[等處蠻夷]宣撫司。）

[敘州府高州]珙[縣]（元下羅計長官司，屬敘南[等處蠻夷]宣撫司。）

光旦：文雖未明言仡佬或獠，灘稱"銅鼓"，江稱"雒"，州稱"高"，皆其證也。

《明史》卷四四《地理志五》：

[湖廣郴州]桂東[縣]（……南有漚江，[合於桂水。]）

《明史》卷四四《地理志五》：

[湖廣辰州府沅州]黔陽[縣]（西有郎江，南有黔江，俱流入[縣北之沅水]。）

光旦：舊時此應亦是仡佬區域，"郎""黔"二稱可證，"郎"即"夜郎"之"郎"，而"黔"則今侗人之自稱，實乃"仡伶"或"仡連"之合音。

《明史》卷四五《地理志六》：

[廣東高州府]信宜[縣]（東北有中道巡檢司，治在懷德鄉黃獠寨之左，廢，後復置[它處]。）

光旦：黃，姓，獠，族也，即今仡佬。

《明史》卷四六《地理志七》：

[貴州石阡府]葛彰葛商長官司（在府南。）

光旦：葛彰葛商之稱之由來頗耐尋味。可有二說。一曰苗：葛彰即鵒倉也，徐偃王與其龍犬，實畬、瑤、苗之共同圖騰；而傍近有苗民長官司，又至今此一帶尚有少量苗族人口，皆足佐證。二曰仡佬：葛，仡也；彰或商，即大小章或張也，黔之有葛彰亦猶湘之有古丈云爾，又查《圖書集成·職方》卷一五三二，《石阡府古蹟》云，"廢夜郎縣在葛彰司西六十里"；則此地古本獠也。二說均有可取，然終以後一說爲長。獠於二者之中更屬土著，苗則後至，苗人自謂其祖先曾向獠人學種水稻，每歲必納米以謝云。

仡佬

《明史》卷一五七《胡拱辰傳》：

景帝即位……出爲貴州左參政。白水堡犵狫頭目沈時保素梗化，拱辰言於总兵官方瑛，遣將擒之。一方遂寧。

[仡佬？]

《明史》卷一六六《蕭授傳》：

贵州宣慰所轄乖西、巴香諸峒寨，山箐深險，諸蠻錯居，攻剽他部，傷官軍，發民塚，而昆阻比諸寨亦恃險不輸賦。[宣德]二年，授（自永樂十六年起以右軍都督僉事，充總兵官，鎮湖廣、貴州）遣都指揮蘇保會宣慰宋斌攻破昆阻比寨，窮追，斬僞王以下數百人。乖西諸蠻皆震懾歸命。

光旦：查乖西，元爲乖西府，後改雍真、乖西、葛蠻等處長官司，明改乖西長官司，在今紫江縣東、東北六十里，其地有所謂紫薑苗。然"葛蠻"之"葛"應即"仡佬"之"仡"，故此條列仡佬下，然其中亦必有其它民族成分，不可能盡爲仡佬也。

《明史》卷一六六《蕭授傳》：

英宗即位，命佩征蠻副將軍印，鎮守如故。……正統元年……廣西蒙顧十六洞與湖廣逃民相聚蜂起，授督兵圍之。再戰，悉擒斬其酋，餘黨就誅。捷聞，進右都督。

《明史》卷一六六《方瑛傳》：

[景泰]五年，[瑛（時爲左都督，鎮貴州）於剿擒草塘苗黃龍、韋保之後，]分兵克中潮山及三百灘乖西、谷種、乖立諸砦，執僞王谷蟻丁等，斬首七千餘。詔封南和伯。

光旦：乖、谷、葛等音疑皆與仡之音有涉。貴州多谷姓漢人，疑或淵源於此。

《明史》卷二〇一《徐問傳》：

嘉靖十一年……拜右副都御史，巡撫貴州。獨山州賊蒙釴弒父爲亂。問聞南丹、泗城欲助逆，檄廣西撫按伐其謀。又檄釴弟釗復父讎，事平得承襲。釴援絕。問督大兵分道入，誅之。……召爲兵部右侍郎。

光旦：此蒙氏應與唐宋以來桂北所謂"撫水蠻"之蒙氏有連，原爲仡佬之一部分，與南丹、泗城之統治階層皆本源仡佬，而地又相連，故有"助逆"之風聞。泗城、南丹今皆爲僮，其在貴州獨山者，情況不詳，無從列片，姑以"仡佬"論列之。

《明史》卷二一一《何卿傳》：

［正德間（近末），以指揮僉事］擢筠連守備。從巡撫盛應期擊斬叛賊謝文禮、文義。

犵狫

《明史》卷二六二《傅宗龍傳》：

宗龍乃條上屯守策，[有云，]"安酋土地半在水外，犵狫、龍、仲、蔡、苗諸雜種，緩急與相助。賊有外藩，我無邊蔽。"

光旦：此中必有不少爲"娃子"者。

［仡佬］——南丹

《明史》卷四五《地理志六》：

［廣西柳州府賓州］上林[縣]（……西北有三里營，南丹衛在焉。衛舊在南丹州，洪武二十八年八月置，二十九年正月升軍民指揮使司，尋罷軍民，止爲衛。永樂二年十二月徙上林縣東，正統六年五月徙賓州城……萬曆八年徙於此。）

［仡佬］（＋瑶＋僮）（廣西慶遠府）

《明史》卷四五《地理志六》：

［廣西］慶遠府（元慶遠路。）洪武元年爲府。二年正月改慶遠南丹軍民安撫司。三年六月復曰慶遠府。領州四，縣五，長官司三。

宜山[縣]。

天河[縣]（……有思農鎮、歸仁鎮二土巡檢司。）

忻城[縣]（……北有三寨堡土巡檢司。）（宋以降，莫氏）

[河池州]思恩[縣]（……[有]歐家山。）（宋以降，蒙氏，撫水蠻）

[河池州]荔波[縣]（東南有勞村江，源出貴州陳蒙爛土長官司，流入州界，爲金城江。東有窮來、南有蒙石、又有方村三土巡檢司，後廢。）

南丹州。（宋以降，莫氏）

東蘭州（東南有紅水河。）（宋以降，韋氏）

那地州。（宋以降，羅氏）

永順長官司。

永定長官司（二司皆弘治五年析宜山縣地置。）

永安長官司（弘治九年，析天河縣地置。）

光旦：三長官司之設置，說明即如宜山、天河，遲至明中葉，漢人尚不克盡化其地，餘不論矣。

光旦：舊主要為獠或其分派如峒、狑、狄、狇狫之類，今皆尚有之，狑似即為毛難、狇狫即仫佬；其中大多數似漸同化於僮。

[仫佬]——銅鼓

《明史》卷四五《地理志六》：

[廣東肇慶府]高要[縣]（南有銅鼓山。）

《明史》卷四五《地理志六》：

[廣東瓊州府]澄邁[縣]（西南有銅鼓巡檢司，治新安都，後遷西黎都，廢。）

《明史》卷四五《地理志六》：

[廣西桂林府永寧州]永福[縣]（東北有銅鼓市巡檢司。）

《明史》卷四五《地理志六》：

[廣西平樂府]荔浦[縣]（治東有銅鼓嶺。）

《明史》卷四六《地理志七》：

[貴州貴陽府]貴定[縣]（東有銅鼓山，南有高連山。）

《明史》卷四六《地理志七》：

[貴州]黎平府（[治]東北有銅鼓巖。西有福祿江，其上源為古州江，下流入廣西懷遠縣。）

《明史》卷四六《地理志七》：

[貴州黎平府東北]湖耳蠻夷長官司（西有銅鼓衛，本銅鼓守禦千戶所……）

光旦：今貴州錦屏縣，明初所征之銅鼓蠻早已為苗為侗，無復仫佬矣。然侗與仫佬甚近，或即犵獾也，犵獾之合音即至今侗人之自稱。別有"銅鼓蠻"片。

犺獠（貴州）

《明史》卷三一六《貴州土司傳，貴陽[府]》：

[貴州]巡撫陳儀①以西堡、獅子孔之平，由[水西宣慰隴]觀與子貴榮統部衆二萬攻白石崖，四旬而克，家自饋餉，口不言功，[因]特給觀正三品昭勇將軍誥。初，安氏世居水西，管苗民四十八族（中有犵獠，西堡、獅子孔者主要爲犵獠，即今仡佬，見下文《安順府傳》中，亦見別片）。[與宣慰宋氏同]設治所於[貴陽]城内……安氏掌印，非有公事不得擅還水西。至是總兵官爲之請，許其以時巡歷所部，趣辦貢賦，聽暫還水西，[宣慰印則交宋氏暫掌。]

光旦：西堡、獅子孔之犵獠，即彝所稱之濮或僰也，蓋爲水西之農業奴隸。其反也，所反者即安氏，"家自饋餉，口不言功"，是自然之事，何勞獎飾！漢族封建統治者必欲以最高宗主自居，加之封誥，亦大可哂矣，恐安氏亦竊笑之也。然自此安氏得隨時去水西"巡視所部"，啓尾大之漸，終釀天啓之禍，貴陽之圍，幾於靡有孑遺，於漢族統治者亦何所利哉！仡佬今雖式微，當時亦嘗有此一段關鍵性之關係，亦難得也。

《明史》卷三一六《貴州土司傳·安順[府]》：

[洪武]二十六年，普定西堡長官司阿德及諸寨長作亂，命貴州都指揮顧成討平之。

二十八年，成討平西堡土官阿旁。

三十一年，西堡滄浪寨長必莫者聚衆亂，阿革傍等亦糾三千餘人助惡。成皆擊斬之。其地悉平。

《明史》卷三一六《貴州土司傳·安順[府]》：

天順四年，西堡蠻賊聚衆焚劫。鎮守貴州内官鄭忠、右副總兵李貴請調川、雲都司官兵二萬，并貴州宣慰安隴富兵二萬進勦。至阿果，擒賊首楚得隆等，斬首二百餘級。餘賊奔白石崖，復斬級七百餘，焚其巢而還。

十年（文聯天順下，然天順無十年，奪成化二字，見《憲宗實錄》卷一三四成化十年十月庚寅條），安順土知州張承祖與所屬寧谷寨長官顧鐘爭地仇殺。下巡撫究治，命各貢馬贖罪。

光旦：顧、張二姓及其所部之主要成分，疑不是苗，更不是彝，而是犵獠或仡佬，説見"[彝]（安順）——沿革"片按語。

成化十四年，貴州總兵吳經奏，西堡、獅子孔洞等苗作亂，先調雲南軍八千助防守，聞雲南有警，乞改調沅州、清浪諸軍應援。十五年，經奏已擒斬

---

① 陳儀，據《憲宗實錄》卷一九七成化十五年十一月辛丑條應爲"陳儼"。——整理者注

贼首阿屯、坚娶等，以捷闻。

《明史》卷三一六《贵州土司传，安顺[府]》：

西堡阿得（上文有阿德，似一人）、狮子孔阿江二种，皆犵獠也。初據滄浪六寨，不供常賦。土官温愷懼罪自縊，其子廷玉請免賦，不允。往徵，爲其寨長乜吕等所殺。六年（應是正德），廷玉弟廷瑞訴於守臣，會乜吕死，指揮楊仁撫其衆。巡撫蕭翀請令其輸賦，免用兵。從之。

光旦：土官温姓應不是犵獠，未經漢化之犵獠高不過寨長而已。温姓其爲半漢化之苗乎？

古州蠻

《明史》卷二：

[洪武]五年……八月丙申，吴良平五開、古州諸蠻。

光旦：古州首領初爲向氏，至此似已爲猶氏，則所云蠻者，兼土家、瑶而言之也。

《明史》卷三：

[洪武]三十年……三月……庚辰，古州蠻叛，龍里千户吴得、鎮撫井孚戰死。……四月己亥，都指揮齊讓爲平羌將軍，討之。……五月……乙卯，楚王楨、湘王柏帥師討古州蠻。……九月……乙亥，都督楊文爲征虜將軍，代齊讓。

《明史》卷三：

[洪武]三十一年……二月……辛丑，古州蠻平，召楊文還。

光旦：三十年以齊讓爲平羌將軍，平羌云者，亦率意命名耳，古州何得有羌？

《明史》卷一一六《諸王傳一》：

楚昭王楨，太祖第六子。……就藩武昌。……[洪武]三十年，古州蠻叛，帝命楨帥師，湘王柏爲副，往征。楨請餉三十萬，又不親蒞軍。帝詰責之，命城銅鼓衛而還。

光旦：此地古屬獠，宋以前上層爲巴人之後，宋以後似以苗、瑶爲主要成分。

《明史》卷一一七《諸王傳二》：

湘獻王柏，太祖第十二子。……就藩荆州。……[洪武]三十年五月，同楚王楨討古州蠻。

《明史》卷一三一《黃彬傳》：

[洪武]五年，古州等洞蠻叛，以鄧愈爲征南將軍，三道出師，彬與營陽侯[楊]璟出澧州。

貴州蠻

貴州蠻（或苗）

《明史》卷二：

[洪武]八年……六月壬寅，指揮同知胡汝平貴州蠻。

《明史》卷三：

[洪武]二十三年……正月……庚辰，貴州蠻叛，延安侯唐勝宗討平之。

《明史》卷一〇：

[正統]九年……六月壬午，振湖廣、貴州蠻饑。

《明史》卷一三〇《吳良傳》：

[洪武]五年，[良平廣西左右兩江之後，仍副征南將軍鄧愈帥平章李伯昇入]五溪之地，[並]移兵入銅鼓、五開，收潭溪，開太平，殲清洞、崖山之衆於銅關鐵寨。諸蠻皆震慴內附。

《明史》卷一三一《唐勝宗傳》：

帥師討平貴州蠻。

> 光旦：與卷三所載是一事，洪武二十三年事也。

《明史》卷一四四《顧成傳》：

[洪武]八年調守貴州。時羣蠻叛服不常。成連歲出兵，悉平之。……成在貴州凡十餘年（似不止，八年至卅一年，實跨二十三四年——光旦），討平諸苗洞寨以百數，皆誅其渠魁，撫綏餘衆。恩信大布，蠻人帖服。

> 光旦：下文，建文末，永樂初，成又鎮貴州，則尚不止二十三四年矣。

《明史》卷一四五《張玉傳》：

正統十三年，[玉第三子軏]以副總兵征麓川。還，討貴州叛苗。

貴州蠻

《明史》卷一六六《方瑛傳》：

景泰元年……貴州羣苗叛，道梗……四月拜右副總兵，與保定伯梁珤、侍郎侯璡次第破走之。進右都督。

《明史》卷一八五《李敏傳》：

天順初，[以御史]奉敕撫定貴州蠻。

《明史》卷一八五《黃珂傳》：

金達長官何碖謀不軌，計擒之，改設流官。

> 光旦：金達在鎮遠，何碖族屬不明，姑列此。無年份，應在弘治中（弘治十年，見"苗（鎮遠）——沿革"），時珂以御史巡按貴州。

《明史》卷二〇三《唐冑傳》：

嘉靖……十五年，[唐冑爲戶部左侍郎，疏諫征安南，有曰，]"今……貴州有凱口之師。"

> 光旦：凱口之役，見"苗（都勻）"嘉靖十五年下。

《明史》卷二〇三《曾鈞傳》：

遷四川參政。黔寇亂，撫定之。

> 光旦：應在嘉靖中葉。但史筆太略，無所用之。

《明史》卷二一一《石邦憲傳》：

剿平龍里衛賊阿利等。

> 光旦：嘉靖末葉事，時邦憲以右都督爲貴州總兵官。

《明史》卷二二八《李化龍傳·江鐸附傳》：

擢撫偏、沅。夾攻楊應龍有功……命留討皮林諸洞蠻，平之。詳具《陳璘傳》。

哈剌灰

《明史》卷三二九《哈密衛傳》：

[哈密之]地種落雜居。一曰回回，一曰畏兀兒，一曰哈剌灰，其頭目不相統屬，[哈密忠順王與忠義]王莫能節制。

《明史》卷三二九《哈密衛傳》：

[弘治四年，兵部尚書馬]文升……言：[哈密]番人重種類，且素服蒙古，哈密故有回回、畏兀兒、哈剌灰三種，北山又有小列禿、乜克力相侵逼，非得蒙古後裔鎮之不可。……[七年，]廷臣[議革哈密王爵]，令都督奄克孛

剌總理哈密事，與回回都督寫亦虎仙，哈剌灰都督拜迭力迷失等分領三種番人以輔之。

《明史》卷三二九《哈密衛傳》：

　　［嘉靖七年正月，刑部尚書胡世寧疏救甘肅巡撫陳九疇，主棄哈密不興復，有云：］拜牙即（最後一代之忠順王）久歸土魯番（始於正統八年）……回回一種，早已歸之（同入土魯番也）。哈剌灰、畏兀兒二族逃附肅州已久，不可驅之出關。［哈密實已無可興復。］

哈　密

哈密

《明史》卷一三：

　　［成化九年正］月，土魯番速檀阿力破哈密，據之。

　　　　光旦：哈密自永樂十三年起頻年入貢，見"總錄——明與西域"片。

《明史》卷一四：

　　［成化］十三年……十月戊申，復立哈密衛於苦峪谷，給土田牛種。

《明史》卷一四：

　　［成化］十八年……四月癸丑，罕慎復哈密城。

《明史》卷一四：

　　［成化十八］年……哈密……入貢。

《明史》卷一四：

　　［成化二十］年……哈密……入貢。

《明史》卷一四：

　　［成化二十一］年，哈密……入貢。

《明史》卷一四：

　　［成化二十二］年，哈密……入貢。

《明史》卷一五：

　　［成化二十三］年……哈密……入貢。

《明史》卷一五：

　　［弘治元年］二月……丁未……封哈密衛左都督罕慎爲忠順王。

《明史》卷一五：

[弘治元]年，土魯番殺忠順王罕慎，復據哈密。

《明史》卷一五：

[弘治三]年……哈密……入貢。

光旦：哈密已爲吐魯番所據，何以又入貢，所不解。

《明史》卷一五：

[弘治]四年……土魯番以哈密地及金印來歸。

《明史》卷一五：

[弘治]五年……二月丙寅，命陝巴襲封忠順王。

《明史》卷一五：

[弘治]六年……四月己亥，土魯番速檀阿黑麻襲執陝巴，據哈密。己酉，侍郎張海、都督同知緱謙經略哈密。

《明史》卷一五：

[弘治]八年……十二月辛酉，巡撫甘肅僉都御史許進、總兵官劉寧入哈密，土魯番遁，遂班師。

《明史》卷一五：

[弘治]十年……十一月庚子，土魯番歸陝巴，乞通貢。

《明史》卷一五：

[弘治十六]年……哈密……入貢。

《明史》卷一五：

[弘治十七]年……哈密……入貢。

《明史》卷一六：

[正德元]年，哈密……入貢。

《明史》卷一六：

[正德三]年……哈密……入貢。

《明史》卷一六：

[正德四]年……哈密……入貢。

《明史》卷一六：

[正德五]年……哈密……入貢。

《明史》卷一六：

[正德六]年……哈密入貢。

《明史》卷一六：

［正德七］年……哈密入貢。
《明史》卷一六：
　　　［正德］八年……八月……土魯番襲據哈密。……是年，哈密入貢。
　　　　　光旦：自是在被襲據之前，貢使已出。
《明史》卷一六：
　　　［正德］九年……五月……己丑，彭澤總督甘肅軍務，經理哈密。……是年……哈密……入貢。
《明史》卷一六：
　　　［正德］十年……閏四月……戊寅，召彭澤還。……是年……哈密……入貢。
《明史》卷一六：
　　　［正德］十一年……五月庚寅，土魯番以哈密來歸。……
　　　［同年］九月，土魯番復據哈密……（詳"土魯番"。）
《明史》卷一七：
　　　［嘉靖十一］年……哈密……入貢。
《明史》卷一七：
　　　［嘉靖十八］年……哈密入貢。
《明史》卷一八：
　　　［嘉靖三十八］年……哈密……入貢。
《明史》卷一八：
　　　［嘉靖四十三］年……哈密……入貢。
《明史》卷二〇：
　　　［萬曆四］年……哈密入貢。
《明史》卷二〇：
　　　［萬曆九］年……哈密……入貢。
《明史》卷二〇：
　　　［萬曆十］年……哈密……入貢。
《明史》卷二〇：
　　　［萬曆十五］年，哈密……入貢。
《明史》卷二一：
　　　［萬曆三十］年……哈密入貢。

《明史》卷二一：

　　［萬曆三十七］年……哈密入貢。

《明史》卷二一：

　　［萬曆四十六］年……哈密……入貢。

《明史》卷二四：

　　［崇禎十六］年……哈密入貢。

《明史》卷一一七《諸王傳二》：

　　肅莊王楧，太祖第十四子。洪武……二十八年始就藩甘州。……三十年……移［藩］蘭州。永樂六年，以捶殺衛卒三人及受哈密進馬，逮其長史官屬［鞫治］。

《明史》卷一四四《顧成傳》：

　　嘉靖初……錦衣千戶王邦奇者，怨大學士楊廷和、兵部尚書彭澤，上疏言："哈密失策，事由兩人。"帝怒，逮繫廷和諸子壻。……仕隆（成玄孫溥之子）言："廷和功在社稷。邦奇小人，假邊事惑聖聽……"有詔切責（謂不應爲廷和辯解也）。

《明史》卷一五六《李英傳·從子文附傳》：

　　成化中，哈密爲土魯番所併，求救於朝。詔文與右通政劉文往甘肅經略之，無功而還。（互見）

《明史》卷一五六《毛忠傳》：

　　祖拜都，從征哈密……戰歿。

　　　　光旦：此當在洪武中。

《明史》卷一六四《弋謙傳·黃驥附傳》：

　　……（明洪熙及其後一段時期，久暫不詳，西域只哈密等少數國得遣使入貢，詳"總錄——明與西域"片。）

《明史》卷一七一《王越傳》：

　　［弘治十一年］條上制置哈密事宜（時越再度總制延綏、寧夏、甘肅三邊）。

《明史》卷一七四《周賢傳·子玉附傳》：

　　（弘治間，土魯番願獻還哈密城及金印，玉時鎮甘肅，爲請，得還——見"土魯番"片。）

《明史》卷一七四《王璽傳》：

　　初，哈密爲土魯番所擾，使其將牙蘭守之。［哈密］都督罕慎寄居苦峪口，近赤斤、罕東，數相攻，罕慎勢窮無援。朝議敕璽（時以署都督同知充總兵官鎮守甘肅）築城苦峪，別立哈密衛以居之。璽遣諜者間牙蘭，牙蘭不聽，得其所羈掠九十餘人以歸，具悉虛實。十七年（成化）召集赤斤、罕東將士，犒以牛酒，令助罕慎。罕慎合二衛兵，夜襲哈密及刺木等八城，遂復其地，仍令罕慎居之。……璽有復哈密功，官不進，［成化二十年移鎮大同後又若干年］乃實授都督同知（十七年爲署都督同知）。

《明史》卷一七四《劉寧傳》：

　　［弘治八年］（時寧以右都督，佩平羌將軍印，鎮甘、肅），與巡撫許進襲破土魯番於哈密。進左都督。

《明史》卷一七四《彭清傳》：

　　［弘治初年，］清（時以都指揮僉事充右參將分守甘肅）與巡撫王繼恢復哈密有功。……［弘治］八年……哈密復爲土魯番所據，文升（馬文升，時兵部尚書）方密圖恢復，倚清成功，言"肅州多故，而清名著西域，不可易"，乃寢［移鎮清涼州之議（議爲巡撫許進所建）］。文升既得楊燾策，銳［意］欲搗哈密襲牙蘭，乃發罕東、赤斤暨哈密兵，令清統之爲前鋒，從許進潛往。行半月，抵其城下，攻克之。牙蘭已先遁，乃撫安哈密遺種，全師而還。是役也，文升授方略，擬從間道往，而進仍由故道，牙蘭遂逸去，斬獲無幾。然番（土魯番）人素輕中國，謂不能涉其地，至是始知畏。清功居多……

　　［弘治］十年……冬，土魯番歸哈密忠順王陝巴，且乞通貢。西域復定。

《明史》卷一七四《杭雄傳》：

　　正德［間（九年，見"哈密——沿革"），雄以署都指揮僉事充］延綏遊擊將軍，從都御史彭澤經略哈密。

《明史》卷一八二《馬文升傳》：

　　……（弘治八年，罕東、赤斤兵協助收復哈密事，見"土魯番"片，此不複。）

《明史》卷一八五《李敏傳·葉淇附傳》：

　　弘治四年……爲［戶部］尚書，尋……哈密爲土魯番所陷，守臣請給其遺民廩食，處之内地。淇曰："是自貽禍也。"寢其奏。

《明史》卷一八五《李介傳·子昆附傳》：

　　正德……十年以右副都御史巡撫甘肅。與總督彭澤經略哈密。兵部尚書王瓊劾澤處置失宜，語連昆，下吏。法司言昆設謀遏強寇（指土魯番），功不可掩。瓊不從，謫浙江［按察司］副使。

《明史》卷一八六《許進傳》：

……（弘治八年，收復哈密之役，見"土魯番"片，此不複錄。）

《明史》卷一八八《石天柱傳》：

正德……十二年（或十三年）……兵部尚書王瓊欲因哈密事殺都御史彭澤。……（亦見卷一九〇《石珤傳·石玠附傳》。又見卷一九一《毛澄傳》，玠與澄皆嘗爭之，右彭澤。）

《明史》卷一九二《張璁傳》：

尚書王瓊與都御史彭澤有隙，以澤遣使土魯番許金幣贖哈密城印爲澤罪，嗾番人在館者（在會同館者）暴澤過惡，誘璁（時以禮部主事監督會同館）爲署牒，且曰："澤所爲，南宋覆轍也。事成當顯擢。"璁力拒曰："王公誤矣。澤與土魯番檄具在，豈宋和戎比。昔范仲淹亦嘗致書元灝（應作昊），寧獨澤也。"不肯署。

《明史》卷一九八《王瓊傳》：

……（嘉靖初，四至七年光景，土魯番與哈密關係，及明廷措置，見"土魯番"片，此不複錄。）

《明史》卷一九九《胡世寧傳》：

……（胡世寧建言應放棄哈密，見"土魯番"片，時亦在嘉靖七年。）

《明史》卷二〇一《周金傳》：

……（正德近末，朝廷有用兵土魯番，復哈密之議，金持不可，見"土魯番"片。）

《明史》卷二〇三《王儀傳》：

除肅州兵備副使，協巡撫楊博徙哈密遺種於境外。

光旦：事應在嘉靖後葉（二十五年以後，參卷二一四《楊博傳》）。

《明史》卷二〇七《楊言傳》：

［嘉靖］六年，錦衣百戶王邦奇借哈密事請誅楊廷和、彭澤等……言［以禮科給事中抗疏辨其誣］。

《明史》卷二二二《王崇古傳》：

"忠順王以元裔而封哈密。"

《明史》卷三二八《瓦剌傳》：

［景泰初（元、二年間），也先既殺脫脫不花，］遂乘勝迫脅諸蕃……西及赤

斥蒙古、哈密。

《明史》卷三二八《瓦剌傳》：

[景泰]六年，[也先既見殺於阿剌知院，家屬奔散]……弟伯都王、姪兀忽納等往依哈密。伯都王，哈密王母之弟也。英宗復辟三年，哈密爲請封，詔授伯都王都督僉事，兀忽納指揮僉事。

《明史》卷三二八《瓦剌傳》：

[景泰六年，也先被殺至成化二十三年以前，瓦剌衰，部屬分散，有首領]拜亦撒哈者，常偕哈密來朝。[又有]養罕王[者]稱雄……成化二十三年……謀犯邊，哈寧（密）罕慎來告。養罕不利去，憾哈密，兵還掠其大土剌。

《明史》卷三二八《瓦剌傳》：

弘治初……土魯番據哈密，都御史許進以金帛厚啗[瓦剌火兒忽力、火兒古倒溫]二部，令以兵擊走之。

《明史》卷三二八《瓦剌傳》：

嘉靖[初葉，瓦剌數困敗於土魯番]，哈密復乘間侵掠[之，其部長]卜六王不支……

《明史》卷三二九《土魯番傳》：

（哈密及土魯番長期糾紛，與終於見并於土魯番，見"畏兀兒（土魯番）"片。）

《明史》卷三三二《哈烈傳》：

嘉靖二十六年……禮官言："祖宗故事，[西域]惟哈密每年一貢，貢三百人，送十一赴京，餘留關內，有司供給。"

《明史》卷三三二《天方傳》：

[嘉靖]十一年……禮官言："舊制，惟哈密與朵顏三衛比歲一貢，貢不過三百人。三衛地近，盡許入都。哈密則十遣其二，餘留待於邊。"

> 光旦：此與同卷《哈烈傳》所言不盡一致，《哈烈傳》言"十遣其一"，此言"十遣其二"。

哈密——沿革

《明史》卷三二九《哈密衛傳》：

哈密，東去嘉峪關一千六百里。漢伊吾盧地，明帝置宜禾都尉，領屯田。

唐爲伊州。宋入於回紇。元末以威武王納忽里①鎮之，尋改爲肅王；卒，弟安克帖木兒嗣。

洪武中，太祖既定畏兀兒地，置安定等衛，漸逼哈密。安克帖木兒懼，將納款。

成祖初，遣官招諭之，許其以馬市易。即遣使來朝，貢馬百九十匹。

永樂元年十一月至京。帝喜，賜賚有加，命有司給直收其馬四千七百四十匹，擇良者十匹入内廄，餘以給守邊騎士。

明年六月復貢，請封。乃封爲忠順王，賜金印。復貢馬謝恩。已而迤北可汗鬼力赤毒死之，其國人以病卒聞。

三年二月遣官賜祭，以其兄子脱脱爲王，賜玉帶。脱脱自幼俘入中國，帝拔之奴隸中，俾列宿衛，欲令嗣爵。恐其國不從，遣官問之，不敢違，請還主其衆。因賜其祖母及母綵幣。旋遣使貢馬謝恩。

四年春，甘肅總兵官宋晟奏，脱脱爲祖母所逐。帝怒，敕責其頭目曰："脱脱朝廷所立，即有過，不奏而擅逐之，是慢朝廷也。老人昏耄，頭目亦不知朝廷耶？即迎歸，善匡輔，俾孝事祖母。"由是脱脱得還，祖母及頭目各遣使謝罪。

三月（永樂四年）立哈密衛，以其頭目馬哈麻火者等爲指揮、千[户]、百户等官，又以周安爲忠順王長史，劉行爲紀善，輔導[之]。冬，授頭目十九人爲都指揮等官。

光旦：馬哈麻火者不是蒙古。

明年，宋晟奏，頭目陸十等作亂，已誅，慮他變，請兵防禦。帝命晟發兵應之，而以安克帖木兒妻子往依鬼力赤，恐誘賊侵哈密，敕晟謹備。

晟卒，以何福代，又敕福開誠撫忠順。會頭目請設把總一人理國政，帝敕福曰："置把總是增一王也，政令不一，下安適從。"寢其議。

自是，比歲朝貢，悉加優賜，其使臣皆增秩授官。帝眷脱脱特厚，而脱脱顧凌侮朝使，沈湎昏瞶，不恤國事，其下買柱等交諫不從。帝聞之怒。

八年十一月遣官賜敕戒諭之。未至，而脱脱以暴疾卒。訃聞，遣官賜祭。擢都指揮同知哈剌哈納爲都督僉事，鎮守其地，賜敕及白金、綵幣。且封脱脱

---

① 標點本《校勘記》：納忽里，《太宗實錄》卷三二永樂二年六月甲午條、《殊域周咨録》卷一二均作"忽納失里"，《明史稿》傳二〇二《哈密衛傳》作"納忽失里"。——整理者注

從弟兔力帖木兒爲忠義王，賜印誥、玉帶，世守哈密。

十年，貢馬謝恩。自是修貢惟謹，故王祖母亦數奉貢。

十七年（仍永樂），帝以朝使往來西域者，忠義王致禮延接，命中官齎綺帛勞之，賜其母妻金珠冠服、綵幣，及其部下頭目。其使臣及境内回回尋貢馬三千五百餘匹及貂皮諸物。詔賜鈔三萬二千錠、綺百、帛一千。

二十一年貢駝三百三十、馬千匹。

仁宗踐阼，詔諭其國。

洪熙元年再入貢，賀即位。

仁宗崩，宣宗繼統，其王兔力帖木兒亦卒，使來告哀。

宣德元年遣官賜祭，命故王脱脱子卜答失里嗣忠順王，且以登極肆赦，命其國中亦赦。復貢馬謝恩。

明年遣弟北斗奴等來朝，貢駝馬方物。授北斗奴都督僉事，因命中官諭王，遣故忠義王弟脱歡帖木兒赴京。

三年，以卜答失里年幼，命脱歡帖木兒嗣忠義王，同理國事。自是，二王並貢，歲或三四至，奏求婚娶禮幣，命悉予之。

正統二年，脱歡帖木兒卒，封其子脱脱塔木兒爲忠義王，未幾卒。已而忠順王亦卒，封其子倒瓦答失里爲忠順王。

五年遣使三貢。廷議以爲煩，定令每年一貢。

初，成祖之封忠順王也，以哈密爲西域要道，欲其迎護朝使，統領諸番，爲西陲屏蔽。而其王率庸懦。又其地種落雜居。一曰回回，一曰畏兀兒，一曰哈剌灰，其頭目不相統屬，王莫能節制。衆心離渙，國勢漸衰。

光旦：曰種落雜居，何不及蒙古？二王之屬應是蒙古無疑。統治者既爲蒙古，其一般人口中亦應有一部分蒙古。曰"王莫能節制"，亦示王屬於此三種人以外之別一種也。

及倒瓦答失里立，都督皮剌納潛通瓦剌猛可卜花等謀殺王，不克。王父在時，納沙州叛亡百餘家，屢敕王令還，止遣其半。其貢使又數辱驛吏卒，呵叱通事，當四方貢使大宴日，惡言詬罵，天子不加罪，但令慎擇使臣，以是益無忌。

其地，北瓦剌，西土魯番，東沙州、罕東、赤斤諸衛，悉與構怨。由是鄰國交侵。罕東兵抵城外，掠人畜去。沙州、赤斤先後兵侵，皆大獲。瓦剌酋也先，王母弩温答失里弟也，亦遣兵圍哈密城，殺頭目，俘男婦，掠牛馬駝不可勝計，取王母及妻北還，（王妻言北還，豈亦瓦剌女乎？）脅王往見，王懼不敢往。數遣使告難。敕令諸部修好，迄不從，惟王母妻獲還。

十年（正統），也先復取王母妻及弟，并撒馬兒罕貢使百餘人掠之，又數趣王往見。王外順朝命，實懼也先。

十三年夏，親詣瓦剌，居數月方還；而遣使詒天子，謂守朝命不敢往。天子爲賜敕褒嘉。已［而］知其詐，嚴旨詰責。然其王迄不能自振。會也先方東犯，不復還故土，以是哈密獲少安。

景泰三年遣其臣捏列沙朝貢，請授官。先是，使臣至京必加恩命。是時于謙掌中樞，言哈密世受國恩，乃敢交通瓦剌。今雖歸款，心猶譎詐。若加官秩，賞出無名。乃止。終景泰世，使臣無授官者。

天順元年，倒瓦剌失里①卒，弟卜列革遣使告哀，即封爲忠順王。

時都指揮馬雲使西域，聞迤北酋乩加思蘭梗道，不敢進。會哈密王報道已通，雲乃行，至哈密。而賊兵實未退，且謀劫朝使。帝疑王與賊通，遣使切責。

四年（景泰），王卒，無子，母弩溫答失里主國事。

初，也先被誅，（也先於景泰六年被殺，何必言"初"？）其弟伯都王及從子兀忽納走居哈密。王母爲上書乞恩，授伯都王都督僉事，兀忽納指揮僉事。

自卜列革之亡，親屬無可繼，命國人議當襲者。頭目阿只等言脫歡帖木兒外孫把塔木兒官都督同知，可繼。王母謂臣不可繼君，而安定王阿兒察與忠順王同祖，爲請襲封。

七年冬，奏上，禮官言："乩加思蘭見哈密無主，謀據其地，勢危急，乞從其請。"帝命都指揮賀玉往。至西寧逗遛不進，哈密使臣苦兒魯海牙請先行，又不許。帝逮玉下吏，改命都指揮李珍，而敕安定、罕東護使臣偕往。阿兒察以哈密多難，力辭不行，珍乃返。

哈密素衰微，又婦人主國，衆益離散。乩加思蘭乘隙襲破其城，大肆殺掠。王母率親屬部落走苦峪，猶數遣使朝貢，且告難。朝廷不能援，但敕其國人速議當繼者而已。其國以殘破，故來者日衆。

成化元年，禮官姚夔等言："哈密貢馬二百匹，而使人乃二百六十人。以中國有限之財，供外藩無益之費，非策。"帝下廷臣議，定歲一入貢，不得過

---

① 標點本《校勘記》：倒瓦剌失里，據上文及《英宗實錄》卷七一正統五年九月辛丑條、卷二八二天順元年九月癸酉條應爲"倒瓦答失里"。——整理者注

二百人，制可。

明年，兵部言王母避苦峪久，今賊兵已退，宜令還故土，從之。已而貢使言其地饑寒，男婦二百餘人隨來丐食，不能歸國。命人給米六斗、布二疋，遣之。

初，國人請立把塔木兒，以王母不肯，無王者八年。至是頭目交章請，詞極哀。乃擢把塔木兒爲右都督，攝行國王事，賜之誥印。

五年（成化），王母陳老病乞藥物，帝即賜之。

尋與瓦剌、土魯番遣使三百餘人來貢，邊臣以聞。廷議貢有定期，今前使未回後使又至，且瓦剌强寇，今乃與哈密偕；非哈密挾其勢以邀利，即瓦剌假其事以窺邊。帝乃卻其獻，令邊臣宴賚，遣還。[而]貢使堅不受賜，必欲親詣闕下，乃命遣十之一赴京。

八年（成化），把塔木兒子罕慎以父卒請嗣職。帝許之，而不命其主國事，國中政令無所出。土魯番速檀阿力乘機襲破其城，執王母，奪金印，以忠順王孫女爲妾，據守其地。

九年（成化）四月，事聞，命邊臣謹戒備，敕罕東、赤斥諸衛協力戰守。尋遣都督同知李文、右通政劉文赴甘肅經略。[二人]抵肅州，遣錦衣千户馬俊奉敕往諭。時阿力留其妹堉牙蘭①守哈密，而已攜王母、金印已返土魯番。俊至，諭以朝命，抗詞不遜，羈俊月餘（俊所至蓋土魯番）。一日，牙蘭忽至，言大兵三萬即日西來，阿力乃宴勞俊等，舁王母出見。王母懼不敢言，夜潛遣人來云（當是至俊所）："爲我奏天子，速發兵救哈密。"文等以聞，遂檄都督罕慎及赤斥、罕東、乜克力諸部集兵進討。

十年冬，兵至卜隆吉兒川，諜報阿力集衆抗拒，且結別部謀掠罕東、赤斥二衛。文等不敢進，令二衛還守本土。罕慎及乜克力、畏兀兒之衆退居苦峪，文等亦引還肅州。帝乃命罕慎權主國事，因其請給米布，且賜以穀種。文等無功而還。

土魯番久據哈密。朝命邊臣築苦峪城，移哈密衛於其地。

十八年春，罕慎糾罕東、赤斥二衛，得兵一千三百人，與己所部共萬人，夜襲哈密城破之，牙蘭遁走；乘勢連復八城，遂還居故土。巡撫王朝遠以聞。

---

① 標點本《校勘記》：牙蘭，《明史》卷一九九《胡世寧傳》、《世宗實錄》卷八九嘉靖七年六月壬寅條、《國榷》卷三七頁二三四二作"牙木蘭"。下同。——整理者注

帝喜，賜敕獎勵，并獎二衛。朝遠請封罕慎爲王，且言[土]魯番亦革心向化，與罕慎議和，宜乘時安撫，取還王孫女及金印，俾隨王母共掌國事。哈密國人亦乞封罕慎。廷議不從，乃進左都督，資白金百兩、綵幣十表裏，特敕獎勞，將士陞賞有差。

弘治元年從其國人請，封罕慎爲忠順王。

土魯番阿力已死，而其子阿黑麻嗣爲速檀，僞與罕慎結婚，誘而殺之，仍令牙蘭據其地。哈密都指揮阿木郎來奔求救。廷臣請諭土魯番貢使，令復還侵地，并敕赤斤、罕東，共圖興復。

明年（弘治二年），哈密舊部綽卜都等率衆攻牙蘭，殺其弟，奪其叛臣（叛哈密者）者盼卜等人畜以歸。事聞，進秩加賞。

先是，罕慎遣使來貢，未還而遘難，其弟奄克孛剌率部衆逃之邊方，朝命以賜罕慎者還賜其弟。

阿黑麻之去哈密也，止留六十人佐牙蘭。阿木郎覘其單弱，請邊臣調赤斤、罕東兵，夜襲破其城，牙蘭遁去，斬獲甚多。有詔獎賚。當是時，阿黑麻桀傲甚，自以地遠中國，屢抗天子命。及破哈密，貢使頻至，朝廷仍善待之，由是益輕中國。帝乃薄其賜賚，或拘留使臣，卻其貢物，敕責令悔罪。

光旦："阿黑麻桀傲"以下云云應入其本傳，不應列此。

已[而]訪獲忠順王族孫陝巴，將輔立之。阿黑麻漸警懼。

三年（弘治）遣使叩關，願獻還哈密及金印，釋其拘留使臣。天子納其貢，仍留前使者。

明年，果以城、印來歸。乃從馬文升言，還其所拘使臣。

文升又言："番人重種類，且素服蒙古，哈密故有回回、畏兀兒、哈剌灰三種，北山又有小列禿、乜克力相侵逼（小列禿、乜克力亦似種落之稱），非得蒙古後裔鎮之不可。今安定王族人陝巴，乃故忠義王脫脫近屬從孫，可主哈密。"天子以爲然，而諸番亦共奏陝巴當立。

五年春立陝巴爲忠順王，賜印誥、冠服及守城戎器，擢阿木郎都督僉事，與都督同知奄克孛剌共輔之。已而諸番索陝巴犒賜不得，皆怨。阿木郎又引乜克力人掠土魯番牛馬，阿黑麻怒。

六年（仍弘治）春[土魯番]潛兵夜襲哈密，殺其人百餘，逃及降者各半。陝巴與阿木郎據大土剌以守。大土剌，華言大土臺也。圍三日不下。阿木郎急調乜克力、瓦剌二部兵來援，俱敗去。[土魯番]乃執陝巴，擒阿木郎支解之。

牙蘭復據守，并移書邊臣訴阿木郎罪。

  光旦：阿木郎能急調也克力、瓦剌兵來援，差能説明阿木郎本人、也克力部，皆蒙古也。

  時土魯番先後貢使皆未還。邊臣以其書不遜，且僭稱可汗，乞命將遣兵先勦除牙蘭，然後直抵土魯番，馘阿黑麻之首，取還陝巴。否則降敕嚴責，令還陝巴，乃宥其罪。廷議從後策，令守臣拘貢使，縱數人還，齎敕曉示禍福。帝如其請，命廷推大臣赴甘肅經略。

  初，哈密變聞，邱濬謂馬文升曰："西陲事重，須公一行。"文升曰："……番人嗜利，不善騎射，自古未有西域能爲中國患者，徐當靖之。"濬復以爲言，文升請行。廷臣僉言北寇強，本兵未可遠出，乃推兵部右侍郎張海、都督同知緱謙二人。帝賜敕指授二人，而二人皆庸才，但遣土魯番人歸諭其主，令獻還侵地，[自]駐甘州待之。

  明年，阿黑麻遣使叩關求貢，詭言願還陝巴及哈密，乞朝廷亦還其使者。海等以聞，請再降敕宣諭。廷議言，先已降敕，今若再降，有傷國體，宜令海等自遣人往諭。不從命，則仍留前使，且盡驅新使出關，永不許貢，仍與守臣檄罕東、赤斤諸部兵，直擣哈密，襲斬牙蘭。如無機可乘，則封嘉峪關，毋納其使。陝巴雖封王，其還與否，於中國無損益，宜別擇賢者代之。帝以陝巴既與中國無損益，則哈密城池已破，如獻還，當若何處之。廷臣復言陝巴乃安定王千奔之姪，忠順王之孫，向之封王，欲令鎮撫一方爾。今被虜，孱弱可知，即使復還，勢難復立。宜革其王爵，居之甘州，犒賚安定王，諭以不復立之故。令都督奄克孛剌總理哈密事，與回回都督寫亦虎仙，哈剌灰都督拜迭力迷失等，分領三種番人以輔之。且修濬苦峪城塹，凡番人散處甘、涼者，令悉還其地，給以牛具口糧。若陝巴未還，不必索取，我不急陝巴，彼將自還也。帝悉如其言，敕諭海等。

  光旦：所議總理哈密事之都督奄克孛剌，蒙古也，都督寫亦虎仙，回回也，拜迭力迷失，哈剌灰，民族雜居之格局顯然矣，史文略畏兀兒都督名爲可惜耳。何以知之？因"等"之一字而知，亦從"輔之"二字而知，蓋統治層之主體仍不失爲蒙古，王雖革，無損也，且差可慰安定王。

  然尚可別有説，王位雖革，其首腦地位尚存，陝巴仍得爲之，如此，則奄克孛剌可能是畏兀兒。作此解釋，文中"與"字才有着落。

  然據上下文，奄克孛剌實罕慎弟，則爲蒙古無疑；是二説中仍以前一说为近是。

海等见敕书将弃陕巴，甚喜，即逐其贡使，闭嘉峪关，缮修苦峪城，令流寓番人归其地，拜疏还朝。

八年（弘治）正月至京。言官交章劾其经略无功，并下吏贬秩。而哈密终不还。

文升锐意谋兴复，用许进巡抚甘、肃以图之。进偕大将刘宁等潜师夜袭，牙兰逸去，斩其遗卒，抚降馀众而还。自明初以来，官军无涉其地者，诸番始知畏。

阿黑麻亦欲还陕巴。然哈密屡破，遗民入居者旦暮虞寇。阿黑麻果复来攻，固守不下，讫散去。诸人自以穷窘难守，尽焚室庐，走肃州求济。边臣以闻。诏赐牛具、谷种，并发流寓三种番人及哈密之寄居赤斤者，尽赴苦峪及瓜沙州，俾自耕牧，以图兴复。

时哈密无王，奄克孛剌为之长。

十年（弘治）遣其党写亦虎仙等来贡，给币帛五千酬其直。使臣犹久留，大肆咆烋。礼官徐琼等极论其罪，乃驱之去。

时诸番以朝廷闭关绝贡不得入，咸怨阿黑麻。阿黑麻悔，送还陕巴及哈密之众，乞通贡如故。廷议谓无番文不可骤许，必令具文乃从其请。陕巴前议废，今使暂居甘州，俟众头目俱归心，然后修复哈密城堑，令复旧业。帝悉从之。

冬，起王越总制三边军务兼经理哈密。

十一年秋，越言哈密不可弃，陕巴亦不可废，宜仍其旧封，令先还哈密，量给修城、筑室之费，犒赐三种番人及赤斤、罕东、小列秃、乜克力诸部，以奖前劳，且责后效。帝亦报可。自是哈密复安，土鲁番亦修贡惟谨。

奄克孛剌者，罕慎弟也，与陕巴不相能。当事患之，令陕巴娶罕慎女，与之结好。陕巴嗜酒掊尅，失众心，部下阿孛剌等咸怨。

十七年春，[阿孛剌]阴构阿黑麻迎其幼子真帖木儿主哈密。陕巴惧，挈家走苦峪。奄克孛剌与写亦虎仙在肃州，边臣以二人为番众所服，令还辅陕巴，与百户董杰偕行。杰有胆略。既抵哈密，阿孛剌与其党五人约夜以兵来劫。杰知之，与奄克孛剌等谋，召阿孛剌等计事，立斩之，其下遂不敢叛。乃令陕巴还哈密，真帖木儿还土鲁番。真帖木儿年十三，其母即罕慎女也，闻父已死，兄满速儿嗣为速檀，与诸弟相雠杀，惧不敢归，愿倚奄克孛剌，曰："吾外祖也。"边臣虑与陕巴隙，居之甘州。

十八年（仍弘治）冬，陝巴卒，其子拜牙即①自稱速檀。命封爲忠順王。

正德三年，寫亦虎仙入貢，不與通事偕行，自攜邊臣文牒投進。大通事王永怒，疏請究治，寫酋亦奏永需求。永供奉豹房，恃寵恣横。詔勿究治，兩戒諭之。寫酋自是益輕朝廷，潛懷異志。

初，拜牙即嗣職，滿速兒與通和，且遣使求真帖木兒。邊臣言與之便。樞臣謂土魯番稔惡久，今見我扶植哈密，聲勢漸張，乃卑詞求貢，以還弟爲名。我留其弟，正合古人質其親愛之意，不可遽遣。帝從之。

六年始命寫亦虎仙偕都督滿哈剌三送之西還，至哈密，奄克孛剌欲止之，二人不可。護至土魯番，遂以國情輸滿速兒，且誘拜牙即叛。拜牙即素昏愚，性又淫暴，心怵屬部害己，而滿速兒又甘言誘之，即欲偕奄克孛剌同往，[奄克孛剌]不從，奔肅州。

八年（正德）秋，拜牙即棄城叛入土魯番。滿速兒遣火者他只丁據哈密，又遣火者馬黑木赴甘肅言拜牙即不能守國，滿速兒遣將代守，乞犒賜。

九年四月，事聞，命都御史彭澤往經略。澤未至，賊遣兵分掠苦峪、沙州，聲言予我金幣萬，即歸城、印。澤抵甘州，謂番人嗜利，可因而款也。遣通事馬驥諭令還侵地及王，當予重賞。滿速兒僞許之，澤即畀幣帛二千及白金酒器一具。

十一年五月②，拜疏言："臣遣通事往宣國威，要以重賞，其酋悔過效順，即以金印及哈密城付之滿哈剌三、寫亦虎仙二人，召還他只丁，并還所奪赤斤衛印。惟忠順王在他所，未還。請録效勞人役功，賜臣骸骨歸田里。"帝即令還朝。忠順王迄不返，他只丁亦不肯退，復要重賞，始以城來歸。

明年③五月，甘肅巡撫李昆上言："得滿速兒牒，謂拜牙即不可復位，即還故土，已失人心，乞別立安定王千奔後裔。此言良然。如必欲其復國，乞敕滿速兒兄弟送還，仍厚賜繒帛，冀其效順。"廷議："經略西陲已踰三載，而忠順迄無還期，宜興師絶貢，不可遂其要求，損我威重。但城、印歸，國體具在，

---

① 標點本《校勘記》：拜牙即，《明史》卷一九八《彭澤傳》、《明史紀事本末》卷四〇都作"拜牙郎"。——整理者注

② 標點本《校勘記》：十一年五月，當作"十年六月"。彭澤此疏見《武宗實錄》卷一二六正德十年六月庚午條。——整理者注

③ 標點本《校勘記》：明年，當作"十一年"。李昆上言，見《武宗實錄》卷一三七正德十一年五月己丑條。——整理者注

宜敕責滿速兒背負國恩，求取無厭。仍量賜其兄弟，令其速歸忠順。不從，則閉關絕貢，嚴兵爲備。"從之。

初，寫亦虎仙與滿速兒深相結，故首倡逆謀。已而有隙，滿速兒欲殺之，大懼，求他只丁爲解，許賂幣千五百匹，期至肅州界之，且啗之入寇曰，肅州可得也。滿速兒喜，令與其壻馬黑木（應即上文火者馬黑木？）俱入貢，以覘虛實，且徵其賂。邊臣以同來火者撒者兒乃火者他只丁弟，懼爲變，并其黨虎都寫亦覊之甘州，而督寫亦虎仙出關，懼不肯去。他只丁聞其弟被拘，怒，復又奪哈密城，請滿速兒移居之，分兵脅據沙州，擁衆入寇，至兔兒壩。遊擊芮寧與參將蔣存禮，都指揮黃榮、王琮各率兵往禦。寧先抵沙子壩，遇賊。賊悉衆圍寧，而分兵綴諸將，寧所部七百人皆戰沒。賊薄肅州城，索所許幣。副使陳九疇固守，且先絕其內應。賊知事洩，慮援兵至，大掠而去。

十二年（仍正德）正月，羽書聞。廷議復命彭澤總制軍務，偕中官張永、都督鄧永率師西征。賊還至瓜州，副總兵鄭廉合奄克孛剌兵擊敗之，斬七十九級。賊乃遁去，又與瓦剌相攻，力不敵，移書求款。澤等乃罷行。

先是，寫亦虎仙與子米兒馬黑木、壻火者馬黑木及其黨失拜烟答俱以內應繫獄，失拜烟答被搥死。及事平，械寫亦虎仙赴京，下刑部獄，其子仍繫甘州。失拜烟答子米兒馬黑麻者，寫亦虎仙姪壻也，以入貢在京，探知王瓊欲傾彭澤，突入長安門訟父冤，下錦衣獄。會兵部、法司請行甘肅訊報，瓊欲因此興大獄，奏遣科道二人往勘。

明年（正德十三年），勘至，於澤無所坐。瓊怒，劾澤欺罔辱國，斥爲民。坐昆、九疇激變，逮下吏，並獲重譴。

明年，寫亦虎仙亦減死，遂夤緣錢寧，與其壻得侍帝左右。帝悅之，賜國姓，授錦衣指揮，扈駕南征。

滿速兒犯邊後，屢求通貢，不得。

十五年歸先所掠將卒及忠順王家屬，復求貢。廷議許之，而王迄不還。巡按御史潘倣力言貢不當許，不聽。

明年，世宗嗣位，楊廷和以寫亦虎仙稔中國情實，歸必爲邊患，於遺詔中數其罪，并其子、壻伏誅。而用陳九疇爲甘肅巡撫。時滿速兒比歲來貢，朝廷待之若故，亦不復問忠順王事。

嘉靖三年秋，擁二萬騎圍肅州，分兵犯甘州。九疇及總兵官姜奭等力戰敗之，斬他只丁，賊乃却去。事聞，命兵部尚書金獻民西討，抵蘭州，賊已久退，乃引還。九疇因力言賊不可撫，乞閉關絕貢，專固邊防。可之。

明年（嘉靖四年）秋，賊復犯肅州，分兵圍參將雲冒，而以大衆抵南山。九疇時已解職。他將援兵至，賊始遁。

當是時，番屢犯邊城，當局者無能振國威，爲邊疆復讎雪恥，而一二新進用事者反借以修怨。由是封疆之獄起。百户王邦奇者，素憾楊廷和、彭澤，六年春，上言："今哈密失國，番賊内侵，由澤賂番求和，廷和論殺寫亦虎仙所致。誅此兩人，庶哈密可復，邊境無虞。"桂萼、張璁輩欲藉此興大獄，斥廷和、澤爲民，盡置其子弟親黨於理，有自殺者。復遣給事、錦衣官往按。番酋牙蘭言非敢獲罪天朝，所以犯邊，由冤殺寫亦虎仙、失拜烟答二人故。今願獻還城印贖前罪。事下兵部，尚書王時中等言："番酋乞貢數四，先已下總制尚書王憲，因其貢使鐫責。所請當不妄，第其詞出牙蘭，非真求貢之文，或詐以款我。若果悔罪，必先歸城印及所掠人畜，械送首惡，稽首關門，方可聽許。"帝納之。

萼以前獄未竟，必欲重興大獄，請留質牙蘭，遣譯者諭其主還侵地。而與禮、兵二部尚書方獻夫、王時中等協議，爲挑激之詞，言番人上書者四輩，皆委咎前吏，雖詞多詆飾，亦事發有因。宜遣官嚴覈激變虛實，用服其心，其他具如前議。九疇報捷時，言滿速兒、牙蘭已斃礮石下，二人實未死。帝固疑之。覽萼等議，益疑邊臣欺罔，手詔數百言，切責九疇，欲置之死，而戒首輔楊一清勿黨庇。遂遣官逮九疇。尚書金獻民、侍郎李昆以下坐累者四十餘人。

七年（嘉靖）正月，九疇逮至下獄。萼等必欲殺之，并株連廷和、澤。刑部尚書胡世寧力救，帝稍悟，免死戍邊，澤、獻民等皆落職。番酋氣益驕。而萼又薦王瓊督三邊，盡釋還九疇所繫番使，許之通貢。番酋迄不悔罪，侮玩如故。時以（以字冗）牙蘭獲罪其主，率部帳來歸，邊臣受之。滿速兒怒，其部下虎力納咱兒引瓦剌二千餘騎犯肅州，至老鸛堡，值撒馬兒罕貢使在堡中，賊呼與語，遊擊彭濬急引兵擊之。賊言欲問信通和，濬不聽，進戰，破之。賊遁走赤斤，使人持番文求貢，委罪瓦剌，詞多悖謾。瓊希時貴指，必欲議撫，因言番人且悔，宜原情赦罪，以罷兵息民，并上濬及副使趙載功狀。章下兵部。

初，胡世寧之救陳九疇也，欲棄哈密不守，言："拜牙即久歸土魯番，即還故土，亦其臣屬（言不能再爲主），其他族裔無可繼者。回回一種，早已歸之（當時歸徙土魯番）。哈剌灰、畏兀兒二族逃附肅州已久，不可驅之出關。

然則哈密將安興復哉？縱得忠順嫡派，畀之金印，助之兵食，誰與爲守。不過一二年，復爲所奪，益彼富強，辱我皇命，徒使再得城印，爲後日要挾之地。乞聖明熟籌，如先朝和寧交阯故事，置哈密勿問。如其不侵擾，則許之通貢。否則閉關絶之，庶不以外番疲中國。"詹事霍韜力駁其非。至是（仍嘉靖七年，但稍後），世寧改掌兵部，上言："番酋變詐多端，欲取我肅州，則漸置奸回於内地。事覺，則多縱反間，傾我輔臣。乃者許之朝貢，使方入關，而賊兵已至，河西幾危。此閉關與通貢，利害較然。今瓊等既言賊薄我城堡，縛我士卒，聲言大舉，以恐嚇天朝，而又言賊方懼悔，宜仍許通貢，何自相牴牾。霍韜又以賊無印信番文爲疑，臣謂即有印信，亦安足據。第毋墮其術中，以間我忠臣，弛我邊備，斯可矣。牙蘭本我屬番，爲彼掠去，今束身來歸，事屬反正，宜即撫而用之。招彼攜貳，益我藩籬。至於興復哈密，臣等竊以爲非中國所急也。夫哈密三立三絶，今其王已爲賊用，民盡流亡。借使更立他種，彼強則入寇，弱則從賊，難保爲不侵不叛之臣。故臣以爲立之無益，適令番酋挾爲奸利耳。乞賜璽書，令會同甘肅守臣，遣番使歸諭滿速兒，詰以入寇狀。倘委爲不知，則令械送虎力納咱兒。或事出瓦剌，則縛其人以自贖。否則羈其使臣，發兵往討，庶威信並行，賊知斂戢。更敕瓊爲國忠謀，力求善後之策，以通番納貢爲權宜，足食固圉爲久計，封疆幸甚。"疏入，帝深然之，命瓊熟計詳處，毋輕信番言。

至明年（嘉靖八年），甘肅巡撫唐澤亦以哈密未易興復，請專圖自治之策。瓊善之，據以上聞。帝報可。自是置哈密不問，土魯番許之通貢，西陲藉以息肩。

而哈密後爲失拜烟答子米兒馬黑木所有①，服屬土魯番。朝廷猶令其比歲一貢，異於諸番，迄隆慶、萬曆朝猶入貢不絶，然非忠順王苗裔矣。

　　光旦：以統治上層言之，此蒙古、畏兀兒（維吾爾）交替之過程也。

漢

漢——名稱用法

《明史》卷七六《職官志五》：

---

① 標點本《校勘記》：馬黑木，上文作"馬黑麻"。上文稱馬黑木爲寫亦虎仙子，馬黑麻爲失拜烟答子。——整理者注

錦衣衛［爲二十二親軍衛之一］，特異於諸衛焉。……錦衣衛掌侍衛、緝捕、刑獄（詔獄）之事……凡朝會、巡幸，則具鹵簿儀仗，率大漢將軍（一千五百七員）等侍從扈行。

漢

《明史》卷二〇四《楊選傳》：

  ［嘉靖四十年前後，朵顏衛某部長名］通漢。

  光旦：此自爲有意識之命名，在漢化與未漢化之間。宋代湘西巴人後裔"南江白氏"有首領向通漢，取義正同。

《明史》卷二一〇《鄒應龍傳》：

  ［應龍］合土、漢兵……討［番人栴㹟］。

《明史》卷二一一《沈希儀傳》：

  ［思恩改流後，］夷民不樂漢法。

《明史》卷二二二《王崇古傳》：

  ［俺答曰，］"今吾孫降漢，是天遣之合也。"

  光旦：言漢不言明。詳"蒙古——……（與王崇古）"片。

黑㦣

《明史》卷三一四《雲南土司傳·鎮康［州］》：

  鎮康，蠻名石睒，本黑㦣所居。元中統初，內附。

  光旦：然後來爲傣族之散布地，明初以降之土官皆傣族也，見"［傣］（鎮康）"片。

  光旦：黑㦣今爲何族，待核查。

黑苗

《明史》卷三一六《貴州土司傳·都勻［府］》：

  又有黑苗曰夭漂者……（詳"苗（都勻）"片。）

和 泥

和泥

《明史》卷四六《地理志七》：

[雲南臨安府西南]思佗甸長官司（元和泥路。洪武十五年三月爲[和泥]府，領納樓千戶所〔同年改置納樓茶甸長官司，另見〕及伴溪、七溪、阿撒三蠻部，十七年廢[府]後復置。）

《明史》卷四六《地理志七》：

[雲南臨安府]納樓茶甸長官司（本納樓千戶所，洪武十五年置，屬和泥府。十七年四月改置。）

光旦：和泥，即今哈尼。

《明史》卷四六《地理志七》：

鈕兀禦夷長官司，宣德八年十月以和泥之鈕兀、五隆二寨置。

光旦：地典謂地在車里北。今西雙版納有哈尼人，合。然其地亦頗有蒲人云。

[和泥]

《明史》卷一二六《沐英傳》：

[嘉靖七年，]師宗、納樓、思陀、八寨皆亂，久不解。[沐]紹勛（沐氏嗣公，沐崑子）使使者徧歷諸蠻，諷以武定、尋甸事，皆慴伏，願還侵地。

光旦：時武定鳳氏、尋甸安氏之起事方被鎮壓失敗，故云。

光旦：納樓在今雲南建水縣西南一百八十里。蒙氏時名茶甸。元及明初爲千戶所，屬和泥路、府。旋改長官司，加茶甸字樣。

光旦：思陀在雲南石屏縣西南，接元江縣界，古司桂司陀部，元爲思陀甸寨，屬和泥路。明初改爲左能寨長官司，見"總錄——雲南土司（臨安府）"片。其地除和泥外，尚有猓玀、玀剌、擺夷三種。

和泥

《明史》卷三一三《雲南土司傳·楚雄[府]》：

[宣德]八年陞南安州琅井土巡檢李保爲州判官，以鄉老言："本州俱羅

舞、和泥、烏蠻雜類，稟性頑獷，以無土官管束，多致流移，差役賦稅，俱難理辦。衆嘗推保署州事，撫綏得宜，民皆向服，流移復歸，乞授本州土官。"吏部言："南安舊無土官，難從其請。"帝以爲治在順民情，從之。

  光旦：和泥，今之哈尼。

《明史》卷三一三《雲南土司傳·鎮沅[府]》：

  鎮沅，古濮洛雜蠻所居。《元史》謂是和泥、昔樸二蠻也。

《明史》卷三一四《雲南土司傳·元江[府]》：

  元江……南詔蒙氏以屬銀生節度，徙白蠻蘇、張、周、段等十姓戍之。……後和泥侵據其地。宋時，儂智高之黨竄居於此。[旋]和泥又開羅槃甸居之。

  光旦：是和泥之入在宋以前，而白族徙戍之後，其在唐後葉乎？

《明史》卷三一四《雲南土司傳·元江[府]》：

  [洪武]十八年[於府下]置因遠羅必甸長官司……以土酋白文玉爲副長官。

  光旦：《方輿紀要》卷一一五云，因遠羅必甸"本名羅槃甸"，即由和泥人首先開拓者也。是則其大部分居民與白氏副長官應是和泥，可以推理得之。

《明史》卷三一五《雲南土司傳·鈕兀長官司》：

  宣德八年置。鈕兀、五隆諸寨在和泥之地，其酋任者、陀比等朝貢至京，奏地遠蠻多，請授職以總其衆。兵部請設長官司，從之。遂以任者爲長官，陀比爲副。

紅　苗

《明史》卷三一六《貴州土司傳·新添衛》：

  在水垠（銀）山介於銅仁、思、石者曰山苗，紅苗之羽翼也。……（詳"苗（新添衛）片"。）

華

華

《明史》卷一九九《鄭曉傳》：

  [嘉靖中，曉官兵部右侍郎兼副都御史總督漕運時，於江北擊敗倭寇後，

上書論倭寇之患，有曰，]"倭恃華人爲耳目，華人借倭爲爪牙。"

  光旦：對國外用"華"，對國內諸少數民族言，則往往用"漢"，《明史》言"番、漢"、"夷漢"之處不一而足，關於"漢"之一詞，率不列片，此處"華人"之稱似尚屬僅見，並於以見"漢""華"二詞之用法，在當時已有小大內外之別。今"漢族"與"中華民族"之區別，已於此見之矣。

  光旦：惟以語言論，"華"字之用法似始終等於"漢"，曰"華言"者，漢語也，然似未見有用"漢語"一詞者，例如，卷二〇〇，《劉源清傳》(附《詹榮傳》後)云，"那顏者，華言大人也。"

《明史》卷二〇三《潘塤傳》：

  [正德九年，以工科給事中上疏，有曰，]"華裔一統，莫非臣妾。"

  光旦：此華字在大小之間；裔，衣邊也，假借爲一切不屬於華之邊地民族之總稱，然封建帝國之邊疆無定界，華之影響又不斷擴展，故曰，"可大可小"。

《明史》卷二二二《鄭洛傳》：

  俺答……建寺於青海，奏賜名"仰華"。

華夏

《明史》卷三二一《安南傳》：

  [洪武二]年六月……詔……安南國王陳日煃，[有曰，]"朕荷天地之靈，肅清華夏。"

  光旦：如此用法，實用"中國"。

回

回回

《明史》卷六《成祖二》：

  [永樂三]年……火州回回入貢。

《明史》卷六《成祖二》：

  [永樂四]年……回回結牙曲進玉椀，卻之。

《明史》卷六《成祖二》：

  [永樂七]年，火州入貢。

《明史》卷六《成祖二》：

[永樂]八年……五月……丁亥，回回哈剌馬牙殺都指揮劉秉謙，據肅州衛以叛，千戶朱迪等討平之。……七月……西寧侯宋琥鎮甘肅。

光旦：此當與防回回有關，但亦不止此。

《明史》卷九：

[洪熙元]年，哈密回回入貢。

《明史》卷二三：

[崇禎]八年……十二月……乙巳，老回回諸賊自河南犯陝西，洪承疇敗之於臨潼。

《明史》卷二三：

[崇禎]十年……正月……丙午，老回回諸賊趨江北。

回回——曆法

《明史》卷三一《曆志一》：

洪武元年改[太史]院爲司天監，又置回回司天監。詔徵元太史院使張佑、回回司天太監黑的兒等共十四人。尋召回回司天臺官鄭阿里等十一人至京，議曆法。三年改監爲欽天，設四科：曰天文，曰漏刻，曰大統曆，曰回回曆。以監令、少監統之。

《明史》卷三一《曆志一》：

[洪武]三十一年罷回回欽天監，其回回曆科仍舊。

光旦：下文，"回回科推驗西域《九執曆法》"。

《明史》卷三一《曆志一》：

萬曆十二年十一月癸酉朔，《大統曆》推日食九十二秒，《回回曆》推不食，已而《回回曆》驗。

《明史》卷三一《曆志一》：

崇禎二年五月乙酉朔，日食，禮部侍郎徐光啓依西法預推，順天府見食二分有奇，瓊州食既，大寧以北不食。《大統》、《回回》所推應云食分時刻，與光啓互異。已而光啓法驗，餘皆疎。

《明史》卷三一《曆志一》：

[崇禎]七年……時言曆者四家，《大統》、《回回》外，別立西洋爲西局，[魏]文魁[所論之曆]爲東局。

《明史》卷三一《曆志一》：

　　[崇禎]九年正月十五日辛酉，曉望月食。[李]天經（繼徐光啓用西法）及《大統》、《回回》、東局，各預推虧圓食甚分秒時刻。……惟天經所推獨合。

《明史》卷三一《曆志一》：

　　崇禎十一年正月……詔仍行《大統曆》……[其]因年遠有差者，旁求參考新法（即西法），與回回科並存。

　　　　光旦：是《回回曆法》明代始終參用。

《明史》卷三七《曆志七·回回曆法一》：

　　《回回曆法》，西域默狄納國王馬哈麻所作。……其曆元用隋開皇己未，即其建國之年也。洪武初，得其書於元都。十五年秋，太祖謂西域推測天象最精……命翰林李翀、吳伯宗同回回大師馬沙亦黑等譯其書。……

　　按西域曆術見於史者，在唐有《九執曆》，元有札馬魯丁之《萬年曆》。《九執曆》最疏，《萬年曆》行之未久。唯《回回曆》設科，隸欽天監，與《大統》參用二百七十餘年。雖於交食之有無深淺，時有出入，然勝於《九執》、《萬年》遠矣。但其書多脫誤。蓋其人之隸籍臺官者，類以土盤布算，仍用其本國之書。而明之習其術者，如唐順之、陳壤、袁黃輩之所論著，又自成一家言。以故翻譯之本不行於世，其殘缺宜也。

　　今爲博訪專門之裔，考究其原書，以補其脫落，正其訛舛，爲《回回曆法》，著於編。

　　　　光旦：即《明史》卷三七、三八、三九，三卷。

《明史》卷七四《職官志三》：

　　欽天監……凡習業分四科：曰天文，曰漏刻，曰回回，曰曆。自五官正下至天文生、陰陽人，各分科肄業。

　　　　光旦：上條所云係定局，至其初設過程則如下。

　　明初即置太史監……吳元年改監爲院……洪武元年……改太史院爲司天監……又置回回司天監，設監令一人（正四品），少監二人（正五品），監丞二人（正六品）。徵元回回司天監鄭阿里等議曆。三年改司天監爲欽天監。……三十一年罷回回欽天監，以其曆法隸本監。

回回

《明史》卷八五《河渠三》：

隆慶元年……都御史翁大立……上言："漕河資泉水……宜由回回墓開通以達鴻溝，令穀亭、湖陵之水皆入昭陽湖。"

  光旦：此地名不見地典。

  光旦：昭陽湖即微山湖。

回

《明史》卷一六八《陳循傳》：

  也先犯京師，請……馳檄回番以疑敵（及其它）。帝皆從其計。

  光旦：此言回番，應是一種人，非回與番兩種人，當時對西北回族或有此稱。

《明史》卷一七四《劉寧傳·周璽附傳》：

  弘治初，移鎮陝西（原以都督僉事，充副總兵，分守代州，兼督偏頭諸關），討平扶風諸縣附籍回回。

  光旦：言附籍者，當是移來尚不甚久也。

《明史》卷一七四《姜漢傳》：

  ［正德］十一年，回賊魏景陽作亂，華陰諸縣悉被害。［陝西］巡撫蕭翀檄奭（漢子，時為都指揮僉事，嗣父職守寧夏）討之，獲景陽。進署都指揮同知，充右參將守肅州。嘉靖二年……進署都督僉事，充總兵官，鎮甘肅。回賊犯甘州，奭與戰張欽堡，敗走之。

  未幾，西海賊八千騎犯涼州。奭率遊擊周倫等襲擊於苦水墩，大敗之，斬首百餘級，殲其長，還所掠人口千二百、畜產二千。都指揮張錦亦戰死。……進署都督同知。

  光旦：西海，即青海。"賊"，不知是何族，承上文，姑作為"回"錄於此。

《明史》卷一七六《呂原傳·子㦂附傳》：

  回回貢使乞道廣東歸國，［㦂］以非制格之。

  光旦：此應是今國境外之回回。事在成化間，時㦂為禮部郎中。

《明史》卷一八八《張士隆傳》：

  世宗立，［以御史］出為陝西副使。漢中賊王大等……結回回為亂，［匿豪家。］士隆下令，匿賊者罪及妻孥無赦。賊無所容，遂就擒滅。

《明史》卷二〇三《寇天敘傳》：

嘉靖三年以右僉都御史巡撫……甘、肅。回賊犯山丹……擒其長脫脫木兒。

《明史》卷二一一《周尚文傳》：

關內回賊四起，倚南山，尚文（時在正德中，五年以後，尚文以指揮使掌西安後衛事）次第平之。

《明史》卷二二三《朱衡傳·翁大立附傳》：

隆慶二年……督河道。……請濬回回墓以達鴻溝，引昭陽之水沿鴻溝出留城……

> 光旦：墓應在魯南，蕭、沛以北。鴻溝應是在蕭縣之一段，昭陽即微山湖，留城即古留縣，張良所封地。此地有墓，即留名，必有較大量之回回人聚居。

《明史》卷二二七《蕭廩傳》：

［萬曆］九年……改右僉都御史，巡撫陝西。……境內回回部常羣行拾麥穗，間或草竊，耀州以變告。廩撫諭之，戮數人，變遂定。令拾麥毋帶兵器，儕偶不得至十人。

回——哈姓

《明史》卷二一一《馬芳傳·孫爌附傳》：

［崇禎十六年，甘州之陷（陷於"流寇"）爌（時爲甘肅總兵官）、巡撫林日瑞］及中軍哈維新［等］皆死焉。

《明史》卷二六三《林日瑞傳》：

［崇禎十六年，日瑞以右僉都御史巡撫甘、肅，死甘州"流寇"之難，同死者有］撫標中軍哈維新。

回

《明史》卷二六〇《陳奇瑜傳》：

先是，老回回、過天星、滿天星、闖塌天、混世王五大營自楚入蜀，陷夔州。……

《明史》卷二六八《曹文詔傳》：

追斬老回回於濟原（源）（崇禎六年七月）。

《明史》卷二六九《李卑傳》：

崇禎二年，陝西巡撫劉廣生議討延慶回賊，三道進兵，命卑（原山海關遊擊,坐事罷歸)與遊擊伍維藩等由西路入。卑簡精騎二百追擊,兩晝夜行四百里,抵保安寧塞,連破之,共獲首功一千有奇。

《明史》卷二七七《袁繼咸傳》:

　　崇禎……十年除湖廣參議……兼僉事,分巡武昌、黃州。擊退賊老回回、革裏眼等七大部[於]黃陂、黃安。

《明史》卷二八五《戴良傳·丁鶴年附傳》:

　　有丁鶴年者,回回人。曾祖阿老丁與弟烏馬兒皆巨商。元世祖征西域,軍乏餉,老丁……盡以貲獻。論功,賜田宅京師,奉朝請。烏馬兒累官甘肅行省左丞。父職馬祿丁,以世蔭爲武昌縣達魯花赤,有惠政,解官,留葬其地。至正壬辰,武昌被兵,鶴年……奉母走鎮江。……五年,避地四明。方國珍據浙東,最忌色目人,鶴年轉徙逃匿……及海內大定,牒請還武昌……

《明史》卷二九四《祝萬齡傳》:

　　崇禎……三年,遷河南副使,監軍磁州。輝縣之北與山西陵川之南,有村曰水峪,回賊竊據數十年,大爲民患。萬齡與山西監司王肇生合兵擊,六戰,焚其巢三百餘,賊遂平。……加右參政。

　　　　光旦:所云巢之單位,不知究何所指。一村而有三百巢,豈即三百家也耶?

《明史》卷二九六《孝義傳》序:

　　永樂間,[孝子]則有……東光回滿住。

　　　　光旦:回應是姓,或因信奉回教而得姓者,姑列此。

《明史》卷三〇一《月娥傳》:

　　月娥,西域人,元武昌尹職馬祿丁女也。……長適蕪湖葛通甫……太祖渡江之六年,[避僞漢兵至太平,投水死,入《列女傳》。]……弟丁鶴年……

　　　　光旦:鶴年別有傳,見卷二八五《戴良傳》附。此似應作丁月娥。

《明史》卷三〇七《佞倖傳·錢寧傳》:

　　[正德中,寧]引……回回人于永及諸番僧以秘戲進。

《明史》卷三〇九《李自成傳》:

　　先是(崇禎十五年以前),有馬守應稱老猺猺、賀一龍稱革裏眼、賀錦稱左金王、劉希堯稱爭世王、藺養成稱亂世王者,皆附自成,時號"革左五營"。……[其後(在崇禎十六年)自成]奪守應兵……[時張]獻忠方據武昌,自成遣使賀,且脅之曰:"老猺猺已降,曹操(即羅汝才)輩誅死,行及汝矣。"

獻忠大懼，南入長沙。……

《明史》卷三〇九《張獻忠傳》：

　　崇禎三年，陝西賊大起，王嘉允據府谷……明年，嘉允死，其黨王自用[領其衆]……[張]獻忠及高迎祥、羅汝才、馬守應（即老猾猾）等皆爲之渠。……八年，十三家（"流寇"初起時諸派合稱）會滎陽，議敵官軍。守應欲北渡，獻忠嗤之，守應怒，李自成爲解，乃定議。

　　　　光旦：後守應蹤跡：與獻忠同入潼關；與羅汝才等踞鄖陽、商洛山中……（下別有片）最後降於自成（見上條）。

《明史》卷三〇九《張獻忠傳》：

　　明年（崇禎九年）秋，總督盧象昇去，苗胙土巡撫湖廣，不習兵。於是獻忠自均州，守應（老猾猾）自新野，蝎子塊自唐縣，並犯襄陽，衆二十餘萬。總兵秦翼明兵寡不能禦，湖廣震動。獻忠糾汝才、守應及闖塌天諸賊，順流東下……

《明史》卷三二九《哈密衛傳》：

　　[永樂中（十七年，見《太宗實錄》卷二一六永樂十七年九月丁巳條），哈密]使臣及境內回回……貢馬三千五百餘匹及貂皮諸物。詔賜鈔三萬二千錠、綺百、帛一千。

《明史》卷三二九《哈密衛傳》：

　　[哈密之]地種落雜居。一曰回回，一曰畏兀兒，一曰哈剌灰，其頭目不相統屬，[哈密忠順、忠義]王莫能節制。

《明史》卷三二九《哈密衛傳》：

　　[弘治四年，兵部尚書馬]文升……言：[哈密]番人重種類……故有（歷來有也）回回、畏兀兒、哈剌灰三種……[七年，]廷臣[議革哈密王]，令都督奄克孛剌總理哈密事，與回回都督寫亦虎仙，哈剌灰都督拜迭力迷失等，分領三種番人以輔之。……帝悉如其言。

《明史》卷三二九《哈密衛傳》：

　　正德三年，寫亦虎仙入貢，不與通事偕行，自攜邊臣文牒投進。大通事王永怒，疏請究治，寫酋亦奏永需求。永供奉豹房，恃寵恣橫。詔勿究治……

　　　　光旦：明武宗與回回有些特殊關係，宮中至曾禁豬肉，似曾見清人俞正鎣《癸巳類稿》或《續稿》①。可與此條聯係觀之。觀同傳下文寫亦虎仙之發展,益明。

《明史》卷三二九《哈密衛傳》:

[嘉靖七年正月,刑部尚書胡世寧上疏救陳九疇,主棄哈密,言:]"拜牙即(最後一代之忠順王)久歸土魯番……回回一種,早已歸之(歸拜牙即,或土魯番,均可通;玩文氣,且似已移居土魯番境)。哈剌灰、畏兀兒二族逃附肅州已久,不可驅之出關。[哈密實已無可興復。]"……(九疇時爲甘肅巡撫,致仕。)

[同年,略後,]世寧改掌兵部,[又]上言(亦所以駁詹事霍韜論世寧正月一疏):"番酋(土魯番)變詐多端,欲取我肅州,則漸置奸回於內地。……"

光旦:寫亦虎仙即其所指之例。

《明史》卷三二九《火州傳》:

[永樂五]年,[火州]遣使貢玉璞方物。使臣言,回回行賈京師者,甘、涼軍士多私送出境,洩漏邊務。帝命御史往按,且敕總兵官宋晟嚴束之。

《明史》卷三三〇《阿端衛傳》:

[宣德七]年正月,[阿端衛真只罕]入朝……因言:"阿端故城在回回境,去帖兒谷(當時所居地)尚一月程,朝貢艱(當是帖兒谷更遠,故艱),乞移本土(回回境)爲便。"天子從其請。

光旦:此"回回境"不知何處,應是更近內地。

《明史》卷三三〇《赤斤蒙古衛傳》:

出嘉峪關西行二十里曰大草灘,又三十里曰黑山兒,又七十里曰回回墓……[再西一百二十里爲]赤斤蒙古。

《明史》卷三三〇《赤斤蒙古衛傳》:

[永樂]八年,回回哈剌馬牙叛於肅州,約[赤斤蒙古所千户]塔力尼爲援。拒不應,而率部下擒賊六人以獻。天子聞之喜,詔改千户所爲衛,擢塔力尼指揮僉事……

《明史》卷三三〇《哈梅里傳》:

[洪武十四]年五月,[哈梅里故元諸王兀納失里]遣回回阿老丁來朝貢馬。詔賜文綺,遣往畏兀兒之地,詔諭諸番。

---

① 見《癸巳存稿》卷八《正德禁殺猪》。——整理者注

《明史》卷三三二《撒馬兒罕傳》：

[洪武末葉,]其國(撒馬兒罕)中回回……自驅馬抵涼州互市。帝不許,令赴京鬻之。元時回回徧天下,及是居甘肅者尚多,詔守臣悉遣之,於是歸撒馬兒罕者千二百餘人(事在洪武二十五、二十六年)。

《明史》卷三三二《撒馬兒罕傳》：

鎖魯檀者,君長之稱,猶蒙古可汗也。

光旦：《明史》他處亦譯稱"速檀",例見《土魯番傳》,未另摘錄。英文作 Sultan,回教國家之最高政治首腦。

狪——狪兵

《明史》卷一八七《洪鍾傳》：

[正德五至七年間,四川藍廷瑞、鄢本恕等之起事,明廷遣洪鍾、林俊等統軍征之,曾]發玀、狪及石砫土兵助……剿。

光旦：玀、狪二字應是分指兩個族類,不是一個,玀即彝,狪即回。其時鍾總制陝、豫、川、湘軍務,而當時之陝包括甘肅,故亦得調動回族人所構成之軍隊也。

光旦：亦見於同卷《馬昊傳》,惟未言"石砫"。

狪

《明史》卷二六四《李夢辰傳》：

崇禎[初年],改兵科給事中。時盜起陝西,山東曹、濮間之盜,道梗三百餘里,河北有狪賊。夢辰歷陳其狀,請敕將吏急防。

回紇(回鶻)

《明史》卷三一一《四川土司傳·建昌衛傳》：

[衛境以內有]土番、僰人子、白夷、麼些、猓玀、猭玀、韃靼、回紇諸種,散居山谷間。

光旦：今維吾爾,當是與蒙古或所稱韃靼同入西南者。然疑與回回不免相混。

《明史》卷三二五《浡泥傳》：

洪武[初]……入朝。表用金箋,用銀字,近回鶻。

《明史》卷三二九《哈密衛傳》：
　　哈密……宋入於回紇。
《明史》卷三二九《火州傳》：
　　火州……宋時回鶻居之，嘗入貢。
《明史》卷三二九《土魯番傳》：
　　土魯番……宋……爲回鶻所據，嘗入貢。
《明史》卷三三〇《哈梅里傳》：
　　［洪武二十四年八月前一段時期，］西域回紇來貢者，多爲哈梅里①（地名，亦城名，地名辭書不載，在涼州以西似不甚遠，時故元諸王兀納失里等居之）所遏。……［或爲所］邀殺……八月命都督僉事劉真［等討破之］。

[京]

《明史》卷一七八《余子俊傳·阮勤附傳》：
　　［子俊之築西北邊牆也，被讒、劾，］兵部侍郎阮勤等爲白［之］。……勤，本交阯人，其父内徙，占籍長子。勤……景泰五年進士。……［歷官兵、刑二部侍郎。］蠻邦人著聲中國者，勤爲最。

[景頗]

《明史》卷四六《地理志七》：
　　［雲南永昌府］茶山長官司。
　　　　光旦：據明代其它文獻及近年調查，此地基本人口爲景頗，其土司爲早姓。
《明史》卷三一四《雲南土司傳·麓川……［司］》：
　　［正統初，沐晟奏思任發諸不法事，有曰，］"自立頭目刀珍罕、土官早亨等相助爲暴，叛形已著。……"
　　　　光旦：早亨爲今景頗族人。早氏之族世爲山官，此初見。

---

① 哈梅里，永樂四年在此地設哈密衛，治所今哈密市。見《中國歷史大辭典·歷史地理》"哈密力"條（上海辭書出版社，1996年）。——整理者注

《明史》卷三一五《雲南土司傳·茶山長官司》：

　　永樂二年頒給信符、金字紅牌。八年，長官早張（它書作早章）遣人貢馬。宣德五年置滇灘巡檢司。以長官司奏滇灘當茶山、瓦高之衝，蠻寇出沒，民不能安，通事段勝頗曉道理，能安人心，乞置司，以勝爲巡檢。從之。

　　　　光旦：此處所云蠻寇，它書亦稱野人，其地稱野人山，實亦景頗之未與內地接觸者。

《明史》卷三一五《雲南土司傳·里麻長官司》：

　　永樂六年設，隸雲南都司，以刀思放爲長官。時思放爲里麻招剛。招剛者，故西南蠻官名。思放籍其地來朝，請授職事，遂有是命，仍賜印章、冠帶。八年遣頭目貢馬。

　　　　光旦：里麻，它書往往作麻里。麻里誤。

　　　　光旦：副長官亦早氏，見其主要居民爲景頗，與茶山相似。副長官爲早氏，見《天下郡國利病書》。

《明史》卷三一五《雲南土司傳·瓦甸長官司》：

　　……正統五年，長官早貴爲思任發所獲，[貴]殺其守者十七人，挈家來歸。帝嘉其忠順，命所司襃賞，以早貴爲安撫，賜綵幣、誥命。

　　　　光旦：瓦甸具體地點，地理辭書謂"今闕"①，然上文云其地有曲石巡檢司，以曲石之地名推之，應在騰衝境。近人李根源自稱其書齋爲曲石山房，其所刊叢書爲《曲石叢書》，可證也。

　　　　光旦：它書稱長官司爲安撫司，自是因明英宗以早貴爲安撫故。然此安撫只空名耳。瓦甸長官本傣族刀氏，疑早貴本爲副長官，史文奪一副字。

靖州蠻（靖州苗）

《明史》卷二：

　　[洪武]五年……六月……壬寅，[江陰侯]吳良平靖州蠻。

　　　　光旦：吳良於是年正月副衛國公鄧愈出征，見"洞蠻"片。

《明史》卷一三：

---

① 此引臧勵龢等《中國古今地名大辭典》（1931年）。查《中國歷史地名大辭典》（廣東教育出版社，1995年）稱瓦甸長官司治所即今雲南騰衝縣東北瓦甸。——整理者注

［成化］三年……二月……丁巳，湖廣總兵官李震討破靖州苗。

　　　　光旦：明初稱蠻，至此稱苗，當是一種人。

《明史》卷一四：

　　　　［成化］十二年……三月……壬戌，李震大破靖州苗。

《明史》卷一二三《張士誠傳》：

　　　　李伯昇仕［張］士誠至司徒，既降，［太祖］命仍故官……嘗將兵討平湖廣慈利蠻，又爲征南右副將軍，同吳良討靖州蠻。

《明史》卷一三〇《吳良傳》：

　　　　［洪武］四年討靖州、綏寧諸蠻。

《明史》卷一三〇《胡海傳》：

　　　　［海久］鎮益陽。武岡、靖州、五開諸苗蠻先後作亂，悉捕誅首亂而撫其餘衆。

　　　　光旦：當在洪武元至十四年間。曰諸苗，實不止苗，兼有侗。

九絲蠻

《明史》卷二九〇《張振德傳》：

　　　　授四川興文知縣。縣故九絲蠻地，萬曆初，始建土牆數尺，戶不滿千。

　　　　光旦：振德任興文知縣，應是萬曆近末年事。

　　　　光旦：九絲，似因城得名，實都掌或山都掌蠻之一部分。

　　　　光旦：城中居戶自是漢人或漢化已深之獠或彝。

《明史》卷三一二《四川土司傳·永寧宣撫司傳》：

　　　　［天啓初，奢崇明反，其壻樊龍］據重慶。……陷遵義、興文……興文，故九絲蠻地也。

　　　　光旦：仡佬也。

九溪蠻

《明史》卷三：

　　　　［洪武］二十二年……二月……癸亥，湖廣千戶夏得忠結九溪蠻作亂，靖寧侯葉昇討平之，得忠伏誅。

《明史》卷一三〇《吴復傳》：
　　［洪武五］年，［復］從鄧愈平九溪、辰州諸蠻，克四十八洞，還守安陸。

《明史》卷一三〇《胡海傳》：
　　［洪武二十二年］以征南將軍討平澧州九溪諸蠻寇。
　　　　光旦：與上第一條似是一事，然海亦若是主將。

《明史》卷一三一《葉昇傳》：
　　湖廣安福所千户夏得忠誘九溪洞蠻為寇，昇同胡海等討之。潛兵出賊後掩擊，擒得忠，立永定、九溪二衛。
　　　　光旦：與上三條中之二條同一事。
　　　　光旦：此一帶主要民族成分是"土家"。

《明史》卷一三二《藍玉傳》附《陳桓傳》：
　　平九溪洞蠻，立營堡，屯田。
　　　　光旦：未言年份，推之亦與上四條中之三條是一事。

《明史》卷一四五《譚淵傳》：
　　嘉靖十四年，［譚綸（淵→忠→璟→？→祐→綸）］鎮湖廣。勦九溪蠻有功。

［柯爾克孜］

見"乞兒吉思"片。

婪鳳蠻（［僮］）

《明史》卷二：
　　［洪武］五年……九月戊午，周德興平婪鳳、安田諸蠻。
　　　　光旦：應是僮，在今田東、田陽之間。

《明史》卷一三二《周德興傳》：
　　副鄧愈為征南左將軍，率趙庸、左君弼出南寧，平婪鳳、安田諸州蠻。克泗城州。
　　　　光旦：與上條是一事。

浪穹蠻

《明史》卷一二六《沐英傳》：

[洪武]二十年，[英]平浪穹蠻。

光旦：今雲南洱源，當在白族自治州境內。

獠

[獠？]（+彝）

《明史》卷一二六《沐英傳》：

成化三年，[沐]琮……之鎮……廣西土官虐，所部爲亂，琮請更設流官，民大便。

光旦：查明廣西府，元之廣西路。唐及以前爲東爨彌鹿等部所居，旋爲師宗、彌勒、維摩三部所據，歷蒙、段二氏皆不能制。師宗、彌勒疑仍是爨之屬，即後來之彝，彌勒或即彌鹿之音轉；而維摩則別有來歷，與桂西之各族有連，或即當地所稱之"土僚"。

獠

《明史》卷一三七《劉三吾傳》：

三吾[次兄]燾孫，常寧州學正，死獠寇。

光旦：此湖南舊屬衡州府之常寧。時在元末。

《明史》卷一五一《鄭賜傳》：

[洪武晚年，與吳文同爲]湖廣布政使參議……二人協力剗弊，民以寧輯，苗、獠畏懷。

《明史》卷一五四《李彬傳》：

[永樂中，]鎮交阯。……潘僚者，又安土知府也。爲中官馬騏所虐，反偪儀。彬擊敗之。

光旦：此僚即獠，土知府獠人也，原或無姓，因被命爲土知府，不得不有一正式之姓名耳，而此姓名亦無非影射其爲一"獠人"！

《明史》卷一五九《夏壎傳》：

［成化］八年以右副都御史巡撫四川。苗、獠時爲寇。壎立互知會捕法，賊爲之戢。……在蜀二年，民夷畏服。

《明史》卷一六四《劉煒傳》：

……（煒稱建易儲議之思明土官黃玖爲"蠻獠"，見"[僮]片"）。

光旦：至明代，獠之稱已不多見，然僮之稱亦尚未甚流行。

《明史》卷一七二《鄧廷瓚傳》：

貴州新設程番府，地在萬山中，蠻獠雜居……特擢廷瓚爲知府。至則悉心規畫，城郭、衢巷、學校、壇廟、廨舍，以次興建。榜諭諸獠受約束。政平令和，巡撫陳儼上其治行。帝令久任。……

光旦：無具體年份，當在成化間。（成化十二年，參"總錄——貴州沿革"中卷三一六《貴州土司傳·貴陽［府］》條。）

《明史》卷一九五《王守仁傳》：

正德元年冬……謫貴州龍場驛丞。龍場萬山叢薄，苗、獠雜居。守仁因俗化導，夷人喜，相率伐木爲屋，以棲守仁。

光旦：獠字是用得對的。此處本獠地。苗字則所指不限於苗。

［獠］

《明史》卷二〇八《劉繪傳》：

出爲重慶知府。土官爭地相鬨，檄諭之，即定。

光旦：土官族屬未詳。重慶古爲巴人地，魏晉以降，府境北部日益漢化，而南境與獠接者率與獠雜居，或寖淫而爲獠，唐宋所稱"南平獠"者是也。則此土官主要應是獠。然東南境之彭水、黔江，及府境東鄰之施州、東南鄰之酉陽各大小土司，猶是巴人後也，不能以"獠"概之。

《明史》卷二一〇《鄒應龍傳》：

臨安土官普崇明、崇新兄弟搆爭。崇明引廣南儂兵爲助，崇新則召交兵。已[而]交兵退，儂兵尚留，應龍（時以右僉都御史兵部侍郎巡撫雲南）命部將楊守廉往剿。守廉掠村聚，殺人。儂賊乘之，再敗官軍。人以咎應龍，[應龍卒以此削籍。]

光旦：普氏族屬久爲疑問。以此條推之，可能爲"土獠"，崇明引儂人，崇新引交人，皆相近之族類也。滇東南至近代尚有土獠，普氏其巨擘矣乎？

獠

《明史》卷二四三《鄒元標傳》：

　　萬曆五年[(後不久)因疏諫奪情，忤張居正，]謫戍都勻衛。衛在萬山中，夷獠與居，元標處之怡然（時元標初舉進士，觀政刑部，尚未授官）。

《明史》卷二四九《王三善傳》：

　　[天啓]三年正月，[陸廣河之敗，由]獨山土官蒙詔先遁，官軍大敗，爭[回]渡河。

　　光旦：此蒙氏可能與宋桂北撫水蠻之蒙氏有係，則其源亦獠也（撫水，今宜北縣一帶）。

[獠]——岜或峝

《明史》卷四五《地理志六》：

　　[廣西]都康[直隸]州……（西有岜爐江，下流合於通利江。）

　　光旦：岜或峝，更常見者爲峝，於此僅一見，然於它處屢屢見之，見之於山名者尤夥，皆不出桂西黔東範圍，疑獠語指"山"也。字書，音"節"，意爲"山曲"，字亦作節，故《詩》"節彼南山"，從卩從山。

獠——銅鼓

《明史》卷一六六《方瑛傳》：

　　英宗……復位。……瑛討蒙能餘黨，克銅鼓、藕洞一百九十五砦。

　　光旦：銅鼓砦時已爲苗砦。查應即爲明之銅鼓衛。宋時爲砦，故此時尚以砦呼之。清廢衛。今爲貴州錦屏縣，即在天柱縣之南，而湖南靖縣之西。《宋史·西南溪峒蠻夷傳》，元豐三年，湖南轉運判官趙揚言，上江、銅鼓等砦，並至誠州，在城下貿易，可漸招撫。誠州，即今靖縣。時誠州初闢，尋復棄之。惟宋時苗之成分少而仡佬之成分多，參陸游《老學庵筆記》，南宋末如此，北宋可知。正唯其仡佬或獠舊地，故遺有銅鼓之稱也。

[獠]——銅鼓

《明史》卷一七八《韓雍傳》：

　　[成化間，雍總督兩廣軍務，]自奉尊嚴……軍門設銅鼓數十，儀節詳密。

《明史》卷一八〇《龐泮傳》：

弘治中，中旨取善擊銅鼓者，泮［以工科給事中］疏諫。

《明史》卷二一二《劉顯傳》：

（都掌蠻所藏與所珍用之銅鼓〔又有大銅、鐵鍋〕特多，詳"山都掌蠻——與劉顯"片。）

《明史》卷二一二《張元勳傳》：

［萬曆二年］冬，倭陷銅鼓石雙魚城。元勳大破之儒峒……

　　光旦：銅鼓石，今稱銅鼓墟，在廣東赤溪縣西南，舊屬新寧縣，後隨赤溪分出。

獠——銅鼓

《明史》卷二四七《劉綎傳》：

［萬曆］二十八年正月，［劉綎由綦江路進攻播州楊應龍，］諸將［首］克丁山、銅鼓、嚴村，遂直搗楠木、山羊、簡臺三峒。……

　　光旦：此銅鼓地名不載地名詞書，不知具體所在，以形勢推之，應在綦江、松坎、桐梓、遵義一綫左右。以丁山所在地推之，則應在桐梓縣南境。宋於此置鼎山縣治，後廢；鼎山應即丁山，江蘇宜興之鼎山亦互稱丁山也。丁山、銅鼓既聯稱而一時並克，則二地應相去不遠。

《明史》卷二四七《鄧子龍傳》：

萬曆初，［因平陳金鶯、羅紹清、黃高暉等，由］廣東把總……遷銅鼓石守備。

　　光旦：此銅鼓石不知在何處，應在廣東。文昌縣東六十里有銅鼓山，赤溪縣西南有銅鼓墟，均傍海，不知孰是，抑或尚有第三處。

《明史》卷二四七《馬孔英傳》：

［征播之役，孔英自南川真州入，克桑木關後，攻金子壩前，］連破九杵、黑水諸關，苦竹、羊崖、銅鼓諸寨。

　　光旦：此又一銅鼓地名，較《劉綎傳》所敘者應更東南。

《明史》卷三二二《日本傳》：

萬曆二年……［倭］陷廣東銅鼓衛雙魚所。

獠（廣西向武州、都康州）

《明史》卷四五《地理志六》：

[廣西]向武州……（北有富勞縣，元屬田州路，洪武二年屬田州府，尋爲夷獠所據，建文四年復置，後廢。）（互見）
《明史》卷四五《地理志六》：
　　[廣西]都康州（元屬田州路。）洪武二年屬田州府，後爲夷獠所據。建文元年復置。
　　　　光旦：向武、都康二州皆直隸布政司。
　　　　光旦：爲夷獠所據，應是同時事。
　　　　光旦：獠之稱，此時此地尚用之，不言獞。

[獠]（雲南）

《明史》卷二四七《鄧子龍傳》：
　　丁改十寨賊普應春、霸生等作亂，勢張甚。[雲南巡撫吳]定大徵漢土軍，令子龍（時有罪褫官，立功自贖）軍其（吳定也）右，遊擊楊威軍其左，大破之，斬首一千二百級，招降六千六百人。帝爲告謝郊廟……復子龍副總兵，署金山參將事。
　　　　光旦：丁改不詳，似在滇中東臨安一帶，或與較後起事之普名聲有係。事在萬曆十九年至二十年（見《神宗實錄》卷二三九萬曆十九年八月甲午條，卷二五三萬曆二十年十月甲午條、戊戌條）。
《明史》卷二四九《朱燮元傳》：
　　[崇禎]四年，阿迷州土官普名聲作亂，陷彌勒州曲江所，又攻臨安及寧州，遠近震動。巡撫王伉、總兵官沐天波不能禦……燮元（時以兵部尚書兼督貴州、雲南、廣西諸軍，駐貴州，時則平水西安氏後不久）遣兵臨之，遂就撫。
　　　　光旦：此兩條中之普氏，繩以川南普法惡之例（見"爨蠻"片），則亦古爨人之遺也，近代在滇中東地區稱"土僚"。但一時尚未能肯定，姑存此待核。

獠（廣西）

《明史》卷三一七《廣西土司傳·柳州[府]》：
　　洪武二年，中書省臣[建]言遷[廣西諸峒蠻]人入內地……帝曰："溪洞蠻獠雜處……未可輕動。……"[議不行。]
《明史》卷三一七《廣西土司傳·柳州[府]》：

永樂……九年，賓州遷江縣、象州武仙縣古逢等洞蠻獠作亂。詔發柳州、南寧、桂林等衛兵討之。

《明史》卷三一七《廣西土司傳·慶遠[府]》：

[洪武二十八年，平南丹土官莫金叛]後，遣寶慶衛指揮孫宗等分兵擊巴蘭等寨。蠻獠懼，焚寨遁去，官兵追捕斬之。

《明史》卷三一八《廣西土司傳·太平[府]》：

[洪武初，平章楊璟還自廣海，答明帝問，有曰，]"蠻獠頑獷，散則爲民，聚則爲盜……"

《明史》卷三一八《廣西土司傳·田州[府]》：

[嘉靖七年間，王守仁疏田州事，有云，]"深山絶谷，瑶、獠盤據。"

《明史》卷三一八《廣西土司傳·都康州》：

宋置。[元仍之。]洪武間爲蠻獠所據。三十二年復置。

光旦：當是州治爲所據，非州境也，州境向有蠻獠。

《明史》卷三一九《廣西土司傳·向武州》：

向武領縣一，曰富勞，元置。洪武間爲蠻獠所據。建文時復置，仍隸向武州。永樂初，省武林入焉。土官亦黄氏世襲。

光旦："富"、"武"均指"人"，"勞"、"林"疑均與"獠""狑"有係。

獠（土獠）

《明史》卷三一二《四川土司傳·永寧宣撫司傳》：

[宣德]九年，宣撫奢蘇奏："生儒皆土獠，朝廷所授官（學官）言語不通，難以訓誨。永寧監生李源資厚學通，乞如雲南鶴慶府例，授爲儒學訓導。"詔從之。

光旦：此條頗有啓發。土獠，即獠也，曰土獠者，言其在當地久，最屬土著也。宣撫之族爲彝，而此語出諸彝族之口，明彝之進入此地，在獠之後。川南故牂牁地，亦即夜郎地，夜郎即犵獠，簡稱曰獠，最爲西南之基層民族，三國起初見於史，自此其散布東至荆楚西南（包括兩廣），北則初則川南，西晉以後遠及川北，西則越巂、沈黎，南則滇、黔全境，且大大越出國境以外，至印度支那各國。今存者，黔尚有少數，滇東較多，即名"土獠"，國境以内，似盡此矣。明代則川南尚頗有之，山都掌蠻而外，此處又明白提出，都掌蠻史未嘗明説是獠，然其爲獠固無可疑者。

光旦：生儒皆土獠一語又說明：一，獠、漢雖不通語言，獠、彝之間當必有相通之道，否則彝人不能統治，李源亦無從教誨；二，土獠得爲生儒，明非娃子，與其它彝地之獠不同。

光旦：別有一可能。"土獠"爲土與獠兩種人，土即與宣撫同屬一族之彝。同傳下文，成化十六年，禮部侍郎叙州人周洪謨言："宣撫土獠（即宣撫司境内之土獠），仍令宣撫（此宣撫使）奢貴治之。其南境寨蠻（白玀玀、羿子等，又其間亦定有苗）近赤水、畢節要路者，宜立二長官司，仍隸永寧宣撫。"由是可推知"土"即彝也，謂"土"與"獠"二種歸宣撫直接統治，餘則通過其自族之長官而統治之。由此亦可推知此一地彝、獠共處已久，關係比較密切，而語言已彼此通曉，故能同爲生儒，同受通當地語言之學官教誨。

《明史》卷三一三《雲南土司傳·臨安[府]》：

臨安……唐爲羈縻牁州地。……元……置阿僰部萬户府。

光旦：曰"牁"，曰"僰"，說明今當地之"土獠"實爲最基礎之人口，"獠"上加"土"，有以也。

《明史》卷三一三《雲南土司傳·臨安[府]》：

臨安領（州、縣外）……長官司有九……[其最東南（鄰印度支那北境）者]曰安南……安南長官司本阿僰蠻所居，舊名褒古，後名捨資。元爲捨資千户所，以地近交阯，改安南，屬臨安路。

光旦：阿僰之爲獠，觀此條而益可肯定。安南長官司之南應即今老撾及越南北部，彼方固仍以"獠"爲主要人口也，老撾且有寮國之稱。土獠之散布舊必甚廣，自滇之東部直下以至印度支那東半，更西則與傣交叉矣，然獠、傣亦近。彝之來自西與北，始將此大片獠截斷打爛。地名三變，褒古，獠名也，"褒"猶"僰""播"之類，"古"即"仡""牁"之類；捨資疑是彝稱，安南則漢稱矣。下文云安南長官司那氏，自是彝。

《明史》卷三一四《雲南土司傳·元江[府]》：

元江[於宋、元之間]爲麽些徒蠻阿僰諸部所據。

光旦："麽些徒"似應作"些麽徒"，別有片。

《明史》卷三一四《雲南土司傳·新化[州]》：

新化，本馬龍、他郎二甸，阿僰諸部蠻據之。……[元至元間、明初先後置長官司。洪武]十七年以普賜爲馬龍他郎甸副長官……

獠（黔、桂間）

《明史》卷三一六《貴州土司傳·都勻[府]》：

宣德……七年，陳蒙爛土副長官張勉奏，所司去衛遠，地連古州生苗與廣西獠洞，近化從寨長韋翁同等煽亂，乞立堡，并請調泗城州土兵一千鎮守。從之。

光旦：生苗自是苗，然張勉所部疑是僚或與僚接近之族類。副長官姓張，一也；近連廣西僚洞，二也；自請泗城土兵守堡而不疑，三也。

九年，翁同糾下高大刀蠻合廣西賊韋萬良等恣殺掠。指揮陳原討擒萬良等三人，翁同遂聽撫。而落昌、蔡郎等四十寨仍聚衆拒敵（敵字欠斟酌）。總兵蕭授遣指揮顧勇進討，平之。

成化十四年，陳蒙爛土長官司張鏞奏："天壩干賊首齋果侵掠，請於所侵大陳、大步等寨設一司，隸安寧宣撫"（見下文）。而豐寧長官司楊泰亦奏峰峒陸光翁等聚爛土爲亂。先是，宣慰楊輝（播州）平天壩干後、即灣溪立安寧宣撫司。爛土諸苗惡其逼己，至是果等既攻陷天潷，遂圍豐寧。時輝已致仕，子愛承襲，力弗支，求援於川、貴二鎮。[二鎮]各奏聞，命仍起輝，會兵討之。十六年，鏞復奏齋果糾合九姓、豐寧并荔波賊萬人，攻剽愈亟。帝責諸守臣玩寇。於是巡撫謝杲言："自天順四年以來，諸苗攻劫舟溪等處，不靖至今。"乃命鎮守太監張成、總兵吳經相機勦撫。二十年，爛土苗賊龍洛道僭號稱王，聲言犯都勻、清平諸衛。豐寧長官楊泰與土目楊和有隙，誘廣西泗城州農民九千於鍰坑等一百餘寨殺掠。於是苗患愈盛。弘治二年，苗賊七千人攻圍楊安堡，都指揮劉英統兵覘之，爲所困。命鎮巡官往援，乃得出。五年（仍弘治）命鎮遠侯顧溥率官（原刊言字，顯誤）兵八萬人，巡撫鄧廷瓚提督軍務，太監江德監諸軍，往征之。七年，諸軍分道進勦，令熟苗詐降於賊，誘令入寇，伏兵擒之，直擣其巢，凡破一百十餘寨。以捷聞。

於是開置都勻府及獨山、麻哈二州。

光旦：自宣德間至此之長期"苗"亂，苗固不在少數，然亦有僚與僚相近之族類。少數民族之起事，往往不限於一族。"苗（都勻）"片與此呼應而已，不複錄。

光旦：參"苗（都勻）"片，其中尚有非苗而爲僚之屬者。

《明史》卷三一七《廣西土司傳·慶遠[府]》：

[永樂二年，]荔波縣（時屬廣西慶遠府）民覃真保上言[請詔諭未編户之縣境瑤民]。

光旦：此覃姓應不是僮。今廣西毛難族中亦有譚、覃二姓，疑應是與今毛難有關之獠人支派。毛難之稱，説者謂出思恩縣之茆灘，以地名爲族名者，則當時之荔波尚不可能有毛難也，故以獠之一派目之。

[僚?]（新添衛）

《明史》卷三一六《貴州土司傳·新添衛》：

元置新添葛蠻安撫司。

光旦：元新添葛蠻安撫司，明新添長官司，長官雖世爲宋家人，其居民中必多仡佬。葛蠻之葛，谷霞、谷浪、谷峽之谷似均反映及之，谷浪之稱尤明顯。

《明史》卷三一六《貴州土司傳·新添衛》：

[洪武五年]秋，平伐[司]蘆山、山木等砦長來降。

七年，平伐[司]谷霞、谷浪等苗攻劫的敖諸寨，指揮僉事張岱討之。岱攻谷峽剌向關破之，追至的敖，大破之，擒的令、的若而還。

獠（平越）

《明史》卷三一六《貴州土司傳·平越[府]》：

洪武八年，貴州江力、江松、剌回四十餘寨苗把具播、共桶等連結苗、獠二千作亂，平越安撫司（仍元之舊，元稱平月，然元時只長官司，何時改安撫，史文未言）乞兵援。命指揮同知胡汝討之。

光旦：稱平月、或平越，因獠故。獠即駱越。

[洪武]九年，黃平蠻獠都麻堰亂，宣撫司（上文云安撫司）捕之，不克，千戶所以兵討之，亦敗。乃命重慶諸衛合擊，大破之，平其地。

[僚?]（阿迷普氏）

《明史》卷三一三《雲南土司傳·臨安[府]》：

宣德五年，中官雲仙還自雲南，奏設東山口巡檢司，以故土官後普覺爲巡檢。

《明史》卷三一三《雲南土司傳·臨安[府]》：

初，臨安阿迷州土官普柱，洪武中爲土知州。後設流。[更後（見上條），]錄其後覺爲東山巡檢，既而以他事廢。正德二年，以廣西[府]維摩[州]王弄山與阿迷接壤，盜出沒，仍令普覺後納繼前職。普維藩者，與寧州禄氏搆兵，師殲焉。維藩子名聲，幼育於官，（爲何育於官，官是何人？）既長，有司俾繼父職。（父職爲何，上文未言，仍東山口巡檢乎？）名聲收拾舊部，勇於攻戰，從討奢安有功，仍授土知州（復明初其祖普柱之職），漸驕恣。崇禎五年，御史趙洪範按部，名聲不出迎。已[而]出戈甲旗幟列數里。洪範大怒，謀之巡撫王伉，請討，得旨。官軍進圍州城。名聲恐，使人約降，而陰以重賄求援於元謀土官吾必奎。時官軍已調必奎隨征，必奎與名聲戰，兵始合，佯敗走。官軍望見，遂大潰，布政使周士昌戰死。朝廷以起釁罪伉，逮治。而名聲就撫。然驕恣益甚，當事者頗以爲患。已而廣西知府張繼孟道出阿迷，以計毒殺之。

必奎聞名聲死，遂反，連陷武定、禄豐、楚雄諸城。寧州土官禄永命、石屏州土目龍在田，俱與必奎、名聲從征著名，至是，黔國公沐天波檄之統兵合剿，擒必奎。名聲妻萬氏，本江西寄籍女，淫而狡。名聲死後，改嫁王弄山副長官沙源之子定洲。名聲有子曰服遠，與萬氏分寨居，定洲誘殺服遠，併其地。天波檄定洲取必奎，定洲不欲行，遂反（詳"[彝？]——沙定洲"片）。

　　光旦：同傳上文，謂洪武十七年以土官和寧爲阿迷知州，而至此又云，阿迷州土官普柱洪武中爲土知州，和寧與普柱，一人乎？抑兩人而有親族關係乎？全無交代，所不可解。

　　光旦：普名聲"幼育於官"，當是因父師全殲於寧州，親死家亡，無所歸宿，故漢官收養之。不同族而同階級之人相恤如此！

[僚？]（新化普氏）

《明史》卷三一四《雲南土司傳·新化[州]》：

　　新化，本馬龍、他郎二甸，阿僰諸部蠻據之。元憲宗時內附，立爲二千戶所，隸寧州萬戶府。至元間……[明]洪武初，[兩度置]長官司（轄境前後略有不同）……[洪武]十七年以普賜爲馬龍他郎甸副長官（往往不提正長官，不知何故）。宣德八年，故長官普賜弟土舍普寧等來朝，貢馬，賜鈔幣。

　　光旦：宣德八年八月起，長官司衙門爲傣族（似是司境以內者）所侵占，至正統二年，剿撫迄無定議，似是不了了之，下文有云"事遂不竟"。弘治八年，改司爲新化州（見《明史·地理志七》），史亦未言緣何而改、改時司之統治權在何族手中，疏略甚矣。弘治改之，亦見《方輿紀要》及《清一統志》。

普氏應即阿僰，阿僰應即土僚，故列此。然肯定尚有待。

犵

《明史》卷三一六《貴州土司傳·鎮遠[府]》：

永樂初，鎮遠長官何惠言："每歲修治清浪、焦溪、鎮遠三橋，工費浩大。所部臨溪部民，皆犵獷、犵、犵，力不勝役，乞令軍民參助。"從之。

光旦：即獠，今仡佬。

老犴

《明史》卷二一一《石邦憲傳》：

[嘉靖二十年代，邦憲征銅仁苗，]使使購老獼、老犴等執[龍]許保送軍門。（參"苗（湘、黔）"片。）

光旦：此本應作"犴老"，文獻有作"犴犵"者，即今之仡佬也。老犴問題較多，別有片。

老獼

《明史》卷二一一《石邦憲傳》：

[嘉靖二十年代，邦憲征銅仁苗，]使使購老獼、老犴等執[龍]許保送軍門。（參"苗（湘、黔）"片。）

光旦："獼"字必有誤，有二可能：

1. 應作獼。老獼者，猶獼老也，獠之一派，今廣西之仫佬，疑即其人，而當時黔東或亦有之。

2. 爲"猫"字之誤。卷一八七：《馬昊傳》，川南郢、今滇黔北部有"猫子"，"生苗"之完全未漢化者，疑此處深山密箐中亦尚有之。

二説中，以前説爲勝。由下文"老犴"知之。"老犴"爲"犴老"應無疑，此可誤倒，則"獼老"亦可倒誤也。

黎

黎

《明史》卷一五：

[弘治]十五年……十一月壬申，瓊州黎賊作亂。

《明史》卷一五：

[弘治]十六年……七月，廣東官軍討黎賊，敗之。

《明史》卷一八：

[嘉靖二十九年三]月，瓊州黎賊平。

《明史》卷四五《地理志六》：

[廣東瓊州府]澄邁[縣]（……南有黎母江。）

《明史》卷四五《地理志六》：

[廣東瓊州府]澄邁[縣]（南有兔穎巡檢司，治曾家東都，後遷南黎都，廢。）

《明史》卷四五《地理志六》：

[廣東瓊州府]澄邁[縣]（西南有銅鼓巡檢司，治新安都，後遷西黎都，廢。）（互見）

光旦：黎母江亦經臨高縣南。

《明史》卷四五《地理志六》：

[廣東瓊州府]定安[縣]（南有五指山，亦曰黎母山，黎人環居山下，外爲熟黎，内爲生黎。）

《明史》卷四五《地理志六》：

[廣東瓊州府]會同[縣]（西有黎盆溪。）

《明史》卷四五《地理志六》：

[廣東瓊州府]樂會[縣]（西北有萬泉河，有黎盆水流入焉。）

[黎]

《明史》卷一四〇《劉仕貆傳》：

[洪武]十五年……授廣東按察司僉事，分司瓊州。瓊俗善蠱。上官至，輒致所產珍貨爲贄。受則喜，不受則懼按，治蠱殺之，仕瓊者多爲所汙。仕貆廉且惠，輕徭理枉，大得民和。雖卻其贄，夷人不忍害也。

光旦：是亦從民族歧視所產生之迷信，轉以用爲貪污服務！就居官者本人言之，實亦不信，只借以爲口實耳。

黎

《明史》卷一五三《陳瑄傳》：

　　安南范子儀等寇欽、廉，黎岐賊寇瓊厓，相犄角。圭（瑄之後嗣爵者）移文安南，曉以利害，使縛子儀，而急出兵攻黎岐，敗走之。

　　　光旦：無具體年月，當在嘉靖二十八年（見卷二一二《俞大猷傳》）。參帝紀有關黎片。

《明史》卷一五四《柳升傳》：

　　珣（升裔孫嗣爵者）……以討瓊州黎賊功，加少保。

　　　光旦：無年份，但列在嘉靖十九年以後（二十一年，見《世宗實錄》卷二六一嘉靖二十一年五月辛巳條）。

《明史》卷一六九《王直傳》：

　　父伯貞……建文初……以薦知瓊州。崖州黎相仇殺，以反聞，且用兵。伯貞捕其首惡，兵遂罷。瓊田歲常三穫，以賦軍，軍不時受，俟民乏，乃急斂以要利。伯貞爲立期，三輸之，弊始絕。居數年，大治。流民占籍者萬餘。

　　　光旦：蒙"軍不時受"之害者，自是黎、漢皆有。

《明史》卷一七八《秦紘傳》：

　　[弘治間（弘治四年，見《孝宗實錄》卷四九弘治四年三月甲午條）]遣將討平黎賊[於]陵水（時紘以右都御史總督兩廣）。

《明史》卷一八六《潘蕃傳》：

　　弘治……十四年進右都御史，總督兩廣。……黎寇符南蛇亂海南，聚衆數萬。蕃令副使（按察司）胡富調狼、土兵討斬之，平賊巢千二百餘所。……進左都御史。

　　　光旦：此應十四年略後事（弘治十五及十六年，參上摘卷一五條）。

《明史》卷一八六《胡富傳》：

　　符南蛇圖儋州，富（時爲廣東按察司副使）與參議劉信往覘。賊突至，殺信，富手斬劇賊一人，賊乃退。還，益兵討平之。

　　　光旦：無年份，只知在弘治中，參上條。

《明史》卷一八八《許天錫傳·附傳》：

　　瓊山馮顒[弘治中]爲主事。官軍討叛黎符南蛇久不克，顒歷陳致變之由，請購已革土官子孫，俾召集舊卒，以夷攻夷，有功則復舊職。尚書劉大夏亟稱之，奏行其策。

光旦：主事是户部者（見"黎——瓊州沿革"），尚書是兵部者（見卷一八二《劉大夏傳》）。顒，瓊山人，故能歷陳致變之由，並建此毒計！

《明史》卷二〇〇《張岳傳》：

　　改廣東參政，分守海北。……征瓊州叛黎[，有]功。

　　光旦：此嘉靖中葉事（二十一年，見《世宗實錄》卷二六一嘉靖二十一年五月辛巳條），時安南莫登庸初降。

《明史》卷二〇一《方良永傳》：

　　[弘治間]擢廣東僉事。瓊州賊符南蛇爲亂，[劉]大夏時爲總督，檄攝海南兵備，會師討平之。

《明史》卷二〇二《周延傳》：

　　爲廣東參政。……征黎寇……預，有功。

　　光旦：事在嘉靖中葉，具體年份參上條按語。

《明史》卷二〇三《陶諧傳》：

　　[嘉靖中（十三年，見《世宗實錄》卷一六六嘉靖十三年八月丁酉條），]瓊山沙灣洞賊黎佛二等殺典史，諧（時以兵部右侍郎總督兩廣軍務）……剿平[之]。

　　光旦：應是漢化較深之黎。

　　光旦：《傳》下文云："爲總督三年，俘斬累萬。"此中不止黎，亦包括瑤（另有片）及"海賊"等。

《明史》卷二〇四《商大節傳》：

　　爲廣東僉事。搗海南叛黎巢。

　　光旦：應在嘉靖中葉（二十一年，見《世宗實錄》卷二六一嘉靖二十一年五月辛巳條）。

《明史》卷二〇五《張經傳》：

　　進右都御史（仍總督兩廣軍務）。平……瓊州黎。

　　光旦：當在嘉靖十九年或更後（二十一年，見《世宗實錄》卷二六一嘉靖二十一年五月辛巳條）。

《明史》卷二一〇《周冕傳》：

　　[爲]武選郎中。楊繼盛劾嚴嵩及嚴效忠冒功事，語侵歐陽必進。必進奏辯，章下兵部。冕上言："臣奉詔檢得二十七年（嘉靖）通政司狀：效忠年十六，因武會試未第，咨兩廣軍門聽用。已而必進及總兵官陳圭奏黎賊平，遣效忠報捷，授錦衣試所鎮撫。未踰月，嚴鵠言兄效忠曾斬首七級，并功加賞，應得署副千

户。……臣心疑其僞……"

《明史》卷二一一《沈希儀傳》：

[嘉靖]二十六年以[署都督僉事充]廣東副總兵。[尋以破賀縣瑤功，實授都督僉事。]瓊州五指山熟黎素畏法，供徭賦，知州邵濤虐取之。其酋那燕遂結崖州感恩、昌化諸黎爲亂。總督歐陽必進議并萬州陵水黎討之，分兵五道。希儀適病，最後至，謂必進曰："萬州陵水黎未有黨惡之實，奈何并誅，益樹敵？莫若止三道。"必進從之。希儀乃偕參將武鸞、俞大猷等直入五指山下，斬那燕及其黨五千四百有奇，俘獲者五之一，招降三千七百人。……進都督同知。

光旦：事應在二十六年後不久。（應是二十八年，見下卷《俞大猷傳》。即下條。）

《明史》卷二一二《俞大猷傳》：

是年（上文爲嘉靖二十八年），瓊州五指山黎那燕搆感恩、昌化諸黎共反。[歐陽]必進（時總督兩廣）……檄大猷討。而朝議設參將於崖州，即以大猷任之。乃會廣西副將沈希儀諸軍，擒斬賊五千三百有奇，招降者三千七百。大猷言於必進曰："黎亦人也，率數年一反一征，豈上天生人意。宜建城設市，用漢法雜治之。"必進納其言。大猷乃單騎入峒，與黎定要約。海南遂安。

《明史》卷二二六《海瑞傳》：

舉鄉試。入都，即伏闕上《平黎策》，欲開道置縣，以靖鄉土。識者壯之。

光旦：事應在嘉靖三十年前後。

《明史》卷二四七《李應祥傳·童元鎮附傳》：

廣西岑溪西北爲上、下七山，介蒼藤間，有平田、黎峒、白板、九密等三十七[瑤]巢。

光旦：瑤地而有黎峒，説明此原爲黎地。黎之分佈原不限於海南，海北亦有之。古之俚、明清間廣西之"狑"（今已爲僮），皆黎也。此逕以黎稱，更非偶然。俚即黎，參屈大均，《廣東新語》。

《明史》卷二七○《張可大傳》：

改廣東高肇參將。……奉命征黎，與總兵王鳴鶴用黑番爲導，搗其巢，黎乃滅。

光旦：無具體年月，應在萬曆四十年以前。

光旦：黑番，前未見，不詳，疑即黎之一部分，漢化程度較深者。

《明史》卷二九七《鄭䭾傳·榮瑄附傳》：

瑄，瓊州人。……兄琇……天順四年，土賊據瓊城，瑄兄弟扶母走避。遇賊，琇謂瑄曰："我以死衛母，汝急去。"瑄從之。琇與母遂陷賊中。官軍至，琇被執。主將將殺琇，瑄趨至……泣請曰："兄以母故陷賊，母老家貧，恃兄為命，願殺瑄存兄養母。"主將不察，竟殺瑄。

黎——瓊州沿革

《明史》卷三一九《廣西土司傳》附《廣東瓊州府》：

瓊州，居環海中。漢武帝平南粵，始置珠崖、儋耳二郡。歷晉、隋、唐、宋叛服不一，事具前史。元改置瓊州路，屬海北海南道宣慰司。天曆初，改乾寧軍民安撫司。

洪武元年，征南將軍廖永忠平廣東，改乾寧安撫司為瓊州府，以崖州吉陽軍、儋州萬安軍俱為州，南建州為安定縣①隸焉。

六年，儋州宜倫縣民陳昆六等作亂，攻陷州城。廣東指揮使司奏言："近儋州山賊亂，已調兵剿。其儋、萬二州，山深地曠，宜設兵衛鎮之。"詔置儋、萬二州守禦千戶所。

七年，儋州黎人符均勝等作亂，海南衛指揮張仁率兵討平之。

又海南羅屯等洞黎人作亂，千戶周旺等討平之。

澄邁縣賊王官舍亂，典史彭禎領民兵捕斬之。

十五年，萬、崖二州民陳鼎叔等作亂，陷陵水縣，為海南衛官軍擊敗，追至藤橋，斬鼎叔等三百餘人，餘黨悉平。

十七年，儋州宜倫縣黎民唐那虎等亂，海南衛指揮張信發兵討之。那虎及其黨鄭銀等敗遁，信追擒之，送京師。知州魏世吉受賄，縱銀去。帝謂兵部曰："知州不能捕賊，及官軍捕至而反縱之乎？"命遣力士即其州杖世吉，責捕所縱者。

永樂三年，廣東都司言："瓊州所屬七縣八洞生黎八千五百人，崖州抱有等十八村一千餘戶，俱已向化，惟羅活諸洞生黎尚未歸附。"帝命遣通判劉銘齎敕撫諭之。

---

① 標點本《校勘記》：安定縣，據《明史》卷四五《地理志》瓊州府條、《明一統志》卷八二瓊州府條、《世宗實錄》卷三五一嘉靖二十八年八月庚申條應為"定安縣"。下同。——整理者注

御史汪俊民言："瓊州周圍皆海，中有大、小五指，黎母等山，皆生熟黎人所居。比歲軍民有逃入黎洞者，甚且引誘生黎，侵擾居民。朝廷屢使招諭，黎性頑狠，未見信從。又山水峻惡，風氣亦異，罹其瘴毒，鮮能全活。近訪宜倫縣熟黎峒首王賢祐，嘗奉命招諭，黎民歸化者多。請仍詔賢祐，量授以官，俾招諭未服，戒約諸峒，無納逃逋。其熟黎則令隨産納稅，悉免差徭；其生黎歸化者，免稅三年；峒首則量所招民數多寡授以職。如此庶幾黎人順服。"從之。遣知縣潘隆本齎敕撫諭。

[永樂]四年，瓊州屬縣生黎峒首羅顯、許志廣、陳忠等三十三人來朝。初以生黎多未向化，遣銘招撫。至是向化者萬餘户。顯等從銘來朝，且乞以銘撫其衆。帝遂授銘瓊州知府，專職撫黎，仍授顯等知縣、縣丞、巡檢等官，賜冠帶鈔幣，遣還。自是諸黎感悅，相繼來歸。瓊山、臨高諸縣生黎峒首王罰、鍾異、王琳等來朝，命爲主簿、巡檢。

六年，銘復率土黎峒首王賢祐、王惠、王存禮等來朝，貢馬。命賢祐爲儋州同知，惠、存禮爲萬寧縣主簿。

八年，文昌縣斬腳寨黎首周振生等來歸，賜以鈔幣，俾仍往招諸峒。

九年，臨高縣典史王寄扶奉命招至生黎二千餘户，而以峒首王乃等來朝。命寄扶爲縣主簿，并賜王乃等鈔。

十一年，瓊山縣東洋都民周孔洙招諭包黎等村黎人王觀巧等二百三十户，願附籍爲民。從之。

臨高民黃茂奉命招撫深峒、那呆等二十四峒生黎，率黎首王聚、符喜等來朝貢馬，黎民來歸者户四百有奇。

通計前後所撫諸黎共千六百七十處，户三萬有奇。蓋皆本廟算云。

十四年，王賢祐率生黎峒首王撒、黎佛金等來朝貢。帝嘉納之。命禮部曰："黎人遠處海南，慕義來歸，若朝貢頻繁，非存撫意。自今生黎土官峒首俱三年一貢，著爲令。"

十六年，感恩土知縣樓吉禄率峒首貢馬。

十九年，寧遠土縣丞邢京率峒首羅淋朝貢。

時崖州民以私忿相戰鬥，衛將利漁所欲，發兵勦之。瓊州知州王伯貞執不可，曰："彼自相仇殺耳，非有寇城邑殺良民之惡，不足煩官軍。"衛將不從，伯貞乃遣寧遠縣丞黃童按視。果仇殺，逮治數人，黎人遂安。

宣德元年，樂會土主簿王存禮等遣黎首黎寧及萬州黎氏（民字之誤）張初等來貢。帝謂尚書胡濙曰："黎人居海島，不識禮儀，叛服不常，昔專設官撫綏，今來朝，當加賚之。"

九月，澄邁縣黎王觀珠、瓊山縣黎王觀政等聚衆殺瓊山土知縣許志廣，流劫鄉村，殺掠人畜。命廣東三司勘實討之。[宣德]二年，指揮王瑀等追捕黎賊，兵至金雞嶺，賊率衆拒敵，敗之，生擒賊首王觀政及從賊二百六十二人，斬首二百六十七級，餘衆潰，奔走入山，招撫復業黎八百一十二户。以捷聞，械送觀政等至京。帝謂尚書蹇義曰："蠻性雖難馴，然至爲變，必有激。宜嚴戒撫黎諸官，寬以馭之，若生事激變，國有常刑。"

正統九年，崖州守禦千户陳政聞黎賊出没，偕副千户洪瑜領軍搜捕賊，乃圍熟黎村，黎首出見，政等輒殺之。又令軍旗孫得等十五人焚其廬舍，殺其妻孥數人，擄其財物。各黎激變，政及官軍百人皆爲所殺。巡按御史趙忠以聞。坐瑜激變律斬。

景泰三年敕萬州判官王琥曰："以爾祖父能招撫黎人，特授土官。爾能繼承父志，亦既有年。兹特降敕付爾，撫諭該管村峒黎人，各安生業，不得倣傚別峒生黎所爲。其官軍亦不得擅入村峒，擾害激變。"

天順五年敕兩廣巡撫葉盛，以海南賊五百餘占據城池，可馳至瓊，相機撫捕，勿使滋蔓。

弘治二年，崖州故土官陳迪孫、冠帶舍人陳崇祐朝貢。以其能撫黎人之逋逃復業者，厚賜之。

十五年，黎賊符南蛇反，鎮兵討之，不下。户部主事馮顒奏："府治在大海南。有五指山峒，黎人雜居。外有三州、十縣、一衛、十一所。永樂間，置土官州縣以統之，黎民安堵如故。成化間，黎人作亂，三度征討。將領貪功，殺戮無辜。（此三度征討，何本傳上文皆未載？）迨弘治間，知府張桓、余濬貪殘苛斂，大失黎心，釀成今日南蛇之禍。臣本土人，頗知事勢，乞仍考原設應襲土官子舍，使各集土兵，可得數萬，聽鎮巡官節制。有能擒首惡符南蛇者，復其祖職。以蠻攻蠻，不數月可奏績矣。"詔從之。

嘉靖十九年，總督蔡經以崖、萬二州黎岐叛亂，攻逼城邑，請設參將一員，駐劄瓊州分守。

二十八年，崖州賊首那燕等聚衆四千人爲亂。詔發兩廣官軍九千剿之。給事鄭廷鵠言："瓊州諸黎盤居山峒，而州縣反環其外。其地彼高而我下，其土彼膏腴而我鹹鹵，其勢彼聚而我散。故自開郡來千六百餘年，無歲不遭黎害，然無如今日甚矣。今日黎患，非九千兵可辦，必添調狼、土官兵，兼召募打手，集數萬衆，一鼓而四面攻之，然後可克。嘗考剿除黎患，其大舉有二。元至元辛卯，曾空其穴，勒石五指山。其時雖建屯田府，立定安、會同二縣，惜其經略未盡，故所得旋失。嘉靖庚子（即上條十九年），又嘗大渡師徒，攻毀巢岡，無處不至。於是議者謂德霞地勢平衍，擬建城立邑，招新民耕守。業已舉行，中道而廢，旋爲賊資，以至復有今日。謹條三事：一，崖黎三面郡縣，惟東南連郎溫、脚二峒岐賊①，實當萬州陵水之衝。崖賊被攻，必借二峒東江②以分我兵勢。計須先分奇兵攻二峒，而以大兵徑擣崖賊。彼此自救不暇，莫能相顧，則殲滅可期。傳聞賊首那燕已入凡陽搆集岐賊。此必多方誤我，且訛言搖惑，以堅諸部助逆之心。宜開示慰安，以解狐疑之黨。一，隋、唐郡縣，輿圖可考，今多陷入黎中。蕩平後悉宜恢復，并以德霞、千家、羅活等膏腴之地盡還州縣，設立屯田，且耕且守。仍由羅活、磨斬開路以達安定，由德霞沿溪水以達昌化。道路四達，井邑相望，非徒懾奸銷萌，而王路益開拓矣。一，軍威既振，宜建參將府於德霞，各州縣許以便宜行事，以鎮安人心。其新附之民中有異志者，或遷之海北地方屯田，或編入附近衛所戎籍，如漢徙溳山蠻故事。又擇仁明慈惠之長，久任而安輯之，則瓊人受萬世利矣。"（此人應亦是瓊州人。）疏下兵部議，詔悉允行。

二十九年，總兵官陳圭、總督歐陽必進等督兵進剿，斬賊五千三百八十級，俘一千四十九人，奪牛羊器械倍之，招撫三百七十六人。……

萬曆十四年，長田峒黎出掠，兵備道遣兵執戮之。草子坡諸黎召衆來報復，戰於長沙營，斬黎首百餘級，於是黃村、田尾諸峒黎皆出降。

瓊州黎人，居五指山中者爲生黎，不與州人交。其外爲熟黎，雜耕州地。原姓黎，後多姓王及符。熟黎之產，半爲湖廣、福建奸民亡命，及南、恩、藤、梧、高、化之征夫。利其土，占居之，各稱酋首。成化間，副使涂棐設計犂掃，漸就編差。弘治間，符南蛇之亂，連郡震驚。其小醜侵突，無時而息云。

---

① 標點本《校勘記》：東南連郎溫、脚二峒岐賊，據《世宗實錄》卷三五一嘉靖二十八年八月庚申條、《國榷》卷五九頁三七三八、《讀史方輿紀要》卷一〇五陵水縣獨秀山條應爲"東面連郎溫、嶺脚二峒岐賊"。又"郎溫"，《國榷》作"瑯瑥"。——整理者注

② 標點本《校勘記》：東江，據《世宗實錄》卷三五一嘉靖二十八年八月庚申條應爲"東矼"。——整理者注

光旦：瓊州多湖廣、福建及兩廣南寧、思恩、藤州、梧州、高州、化州逋亡之人，與黎雜居，强梁者半從黎俗而以酋首自居……——此段甚好，蓋凡此之情況不限於黎，其它民族地區亦所在而有，幾成前此民族自然融合中一個必經之階段，而少數民族地區生產之提高與初期階級之分化率亦由此矣。唐中葉，大量逋亡漢人之進入閩贛粵邊區之黃龍洞，及此，皆著例也。

黎岐

《明史》卷三一九《廣西土司傳》附《廣東瓊州府》：

　　嘉靖十九年，總督蔡經以崖、萬二州黎岐叛亂……請設參將一員……駐劄瓊州分守。

《明史》卷三一九《廣西土司傳》附《廣東瓊州府》：

　　嘉靖……二十八年……給事鄭廷鵠言："……崖黎三面郡縣，惟東南連郎溫、脚二峒岐賊，實當萬州陵水之衝。崖賊被攻，必借二峒東江以分我兵勢。……傳聞賊首那燕已入凡陽搆集岐賊。……"（詳"黎——瓊州沿革"片。）

狑

《明史》卷二一二《李錫傳》：

　　柳州懷遠，猺、獞、狑、狪環居之……（詳"瑶（古田）"片。）

　　光旦：今不復有此稱。疑即今之毛難，今毛難自稱之音近"犵狑"，此不言"犵"而只言"狑"，猶"仡佬"之省而爲"獠"也。

　　光旦：狑與狪極近，説見"狪"片按語。

龍　家

龍家

　　見"八番"片。

龍[家]

《明史》卷二六二《傅宗龍傳》：

　　宗龍乃條上屯守策，[有云，]"安酋土地半在水外，犵狫、龍、仲、蔡、苗諸雜種，緩急與相助。賊有外藩，我無邊蔽。"

光旦：此中必有不少當"娃子"者。

麓川蠻

見"[傣]"片。

羅

羅

《明史》卷三一六《貴州土司傳·貴陽[府]》：

[洪武]十四年……靄翠……死，妻奢香代襲。都督馬曄欲盡滅諸羅，代以流官，故以事撻[奢]香，激爲兵端。諸羅果怒，欲反。

光旦：即"玀"。

羅鬼

《明史》卷二四九《李橒傳》：

[安邦彥之起]……邦彥自統水西軍及羅鬼、苗、仲數萬，東渡陸廣河，直趨貴陽。

光旦：水西軍，主要爲彝，羅鬼兵，亦彝也，但不必直隸水西耳。《明史》至此，於此族所用名稱有"猓"、"猓玀"、"羅鬼"，亦有稱"夷"者，則所指不具體，亦往往稱"蠻""苗"，則更浮泛矣。"彝"字則未一見。

羅落

《明史》卷三一四《雲南土司傳·北勝[州]》：

唐貞元中，南詔異牟尋始開其地，名北方睒，徙瀾河（即西洱河？）白蠻及羅落、麽些諸蠻以實其地，號成偈睒……大理段氏改爲成紀鎮。元……至元中……改北勝州。……

羅舞

《明史》卷三一三《雲南土司傳·楚雄[府]》：

[宣德]八年陞南安州琅井土巡檢李保爲州判官,以鄉老言:"本州俱羅舞、和泥、烏蠻雜類,稟性頑獷,以無土官管束,多致流移,差役賦稅,俱難理辦。衆嘗推保署州事,撫綏得宜,民皆向服,流移復歸,乞授本州土官。"吏部言:"南安舊無土官,難從其請。"帝以爲治在順民情,從之。(互見)

> 光旦:羅舞,它書亦作"羅婺",如《方輿紀要》。但李保不知何族人。

玀——玀兵

《明史》卷一八七《洪鍾傳》:

[正德五至七年間,四川藍廷瑞、鄢本恕等之起事,明遣洪鍾、林俊等征之,曾]發玀、猓及石砫土兵助……剿。

> 光旦:即調自彝族之土兵。

> 光旦:亦見於卷一八七《馬昊傳》,惟未言"石砫"。

玀鬼

《明史》卷二七〇《魯欽傳》:

邦彥盡驅玀鬼,結四十營於斑鳩灣……

> 光旦:於是當地漢人以此呼彝族人。

《明史》卷三一六《貴州土司傳·貴陽[府]》:

當[王]三善由貴陽陸廣深入大方百七十里,皆玀鬼巢窟,以失地利而陷(指三善回師時遇水西兵被害)。

玀玀

《明史》卷三一一《四川土司傳·烏蒙等傳》:

[洪武]二十一年……[諭征南將軍潁國公傅]友德等曰:"東川、芒部諸夷,種類皆出於玀玀。厥後子姓蕃衍,各立疆場,乃異其名曰東川、烏撒、烏蒙、芒部、祿肇、水西。……"

> 光旦:祿肇之稱,前未經見。時將用兵東川。

玀玀(或囉囉)

《明史》卷三一三《雲南土司傳·澂江[府]》:

近郡之玀玀,性雖頑狠,然恭敬上官。官至,爭迎到家,刲羊擊豕,罄所有以供之，婦女皆出羅拜。故於諸府獨號安靜云。（互見"總錄——雲南沿革"片。）

《明史》卷三一三《雲南土司傳·曲靖[府]》：

洪武……十六年，霑益州……安磁等貢……玀玀刀甲、氈衫、虎皮。

《明史》卷三一四《雲南土司傳·鶴慶[府]》：

正統……五年復敕[黔國公沐]昂等曰："比聞土知府高倫妻劉氏……等，糾集囉囉、麼些人衆，肆行凶暴。……"

囉囉斯

《明史》卷三一一《四川土司傳·建昌衛》：

建昌衞……至元間，置建昌路，又立囉囉斯宣慰司以統之。

《明史》卷三一三《雲南土司傳·曲靖[府]》：

[所屬]越州，蠻呼爲苦麻部。元末，龍海居之（阿資之父），所屬俱囉囉斯種。

光旦：囉囉斯畢竟是族名，即玀玀。但不知何以多一"斯"音。

猓（涼山）

《明史》卷二四七《李應祥傳》：

邛部屬夷膩乃者，地近馬湖。其酋撒假與外兄安興、木瓜夷白祿、雷坡（今作雷波）賊楊九乍等，數侵掠內地。巡撫曾省吾議討之。會有都蠻（山都掌蠻？）之役，不果。乃建六堡，益戍兵千二百人。而諸蠻鴟張如故。及建、越興師（萬曆十四、十五年，別有片），又藏納叛人。

[巡撫徐]元泰乃令都指揮李獻忠①等分勦。賊詐降，誘執獻忠等三將，殺士卒數千人，勢益猖獗。應祥（時爲四川總兵官）等師旋（旋自建昌、越嶲征猓、番之役），元泰益徵播州、酉陽（此處不再徵叙，馬土兵者，叙、馬土兵與所征者同一族屬故也，此條未嘗明言所征族類，觀此即可推知其爲猓或彝無疑）諸土兵，合五萬人，令應祥督文達（參將朱文達）、之垣（遊擊邊之垣）及周于德（亦遊擊）諸將三道入，故總兵郭成亦從征。十一月（萬曆十五年），于德首敗白祿兵，追至馬蝗山，懸索以登，賊潰。乘勢攻木瓜夷，射殺白祿。追

---

① 標點本《校勘記》：李獻忠，《明史稿》傳一一七《李應祥傳》作"李猷忠"。下同。——整理者注

至利濟山，雪深數尺。于德先登，復大敗賊，燬其巢。

初，撒假與九乍率萬人據山，播州兵擊走之。至是，文達復破之大田壩。合于德兵追逐，所向皆捷。遊擊萬鰲躡擊撒假於鼠囤，獲其妻子。郭成復至三寶山大戰，生擒撒假。安興據巢守，文達、鰲分道入，獲其母妻。安興擲金於途以緩追者，遂得脫。已[而]諸軍深入，竟獲之。

他夷猓畏威，降者二千餘人，悉獻還土田，願修職貢。兵乃罷。凡斬首一千六百九十餘，俘獲七百三十有奇。（應祥屢加至都督同知。）

以其地置屛山縣。……蜀中劇寇盡平。

猓（建昌、越嶲）——與李應祥

《明史》卷二四七《李應祥傳》：

建昌、越嶲諸衛，番猓雜居。建昌逆酋曰安守，曰五咱，曰王大咱，與越嶲邛部黑骨夷並起爲亂。巡撫徐元泰議討，徵兵萬八千。仍以文達（上文曾討松茂番，故曰仍）、之垣（參將朱文達，遊擊邊之垣）分將，應祥統之，副使周光鎬監其軍。

[萬曆十四年]十一月，光鎬先渡瀘。黑骨與大咱已據相嶺，焚三峽橋；五咱等亦寇禮州、德昌二所。時徵兵未集，光鎬先設疑以嘗相嶺賊，賊果退據桐槽。桐槽者，大咱巢穴也。已而諸道兵盡抵越嶲。應祥令文達攻五咱，之垣攻大咱，姑置黑骨夷弗問。夜半走三百里抵禮州，賊半渡，文達擊敗之，遂渡河搗其巢。之垣亦屢破桐槽，大咱亡入山峪中。

無何，五咱據磨旗山挑戰。官軍夾擊，賊退保毛牛山。山延袤六七百里，連大小西番界，文達兵大破之。五咱西遁，與安守合，結砦西谿。

會所徵鹽井剌馬[①]兵三千至，猙獰跳躍，類非人形，諸番所深畏。應祥偵賊將劫營，乃潛移己營，而令剌馬兵屯其處。夜分賊來襲，剌馬起擊之，伏屍狼籍。

諸將遂進攻西谿，逐北至磨砦七板番。連兵圖五咱，而令裨將田中科營麥達，逼安守。會諜者報守謀襲中科，應祥夜飲材官高逢勝三巨觥，令率敢死士三百疾趨七十里，抵麥達而伏。守夜至，遇伏被擒。守爲羣寇魁，守殪，西南

---

① 標點本《校勘記》：剌馬，據《明史稿》傳一一七《李應祥傳》應爲"馬剌"。馬剌是一長官司，屬鹽井衛軍民指揮使司，見《明史》卷四三《地理志》。下同。——整理者注

邛、笮、苴蘭、靡莫（此亦隨意引用舊史所稱西南夷諸名而已，與猓、番等究有何種淵源關係，固罔然也！——光旦）諸酋皆震怖。商山四堡番乞降於之垣，大小七板番乞降於文達。各埋奴道左，呼號頓首，誓世世不敢叛。五咱勢窮，走昌州，亦爲裨將王言所獲。

土木安四兒者，居建昌城中，潛剽掠於外。至是知禍及，率黨數百人走據虛郎溝。諸軍既滅五咱，應祥遣之北，示將討黑骨者，四兒遂弛備。將士忽還軍襲之，獲四兒。

復討大咱。初，大咱敗匿所親普雄酋姑咱所。大軍至，姑咱懼，密告裨將王之翰，之翰搜得大咱。

而黑夷酋阿弓等七人在大孤山，亦先爲之翰所擒。

於是建昌、越巂諸番盡平。上首功二千有奇，撫降者三千餘人。時萬曆十五年七月也。

　　光旦：鹽井剌馬兵不知是何族屬。

猓（建昌）

《明史》卷二四七《劉綎傳》：

　　[萬曆]四十年，四川建昌猓亂，命綎爲總兵官討之。偕參政王之機分八道督諸將攻，而己居中節制。克桐槽、沈渣、阿都、廈卜、越北諸砦。大小五十六戰，斬馘三千三百有奇，諸猓巢穴一空。

猓（雲南姚安）

《明史》卷三一四《雲南土司傳·姚安[府]》：

　　[姚安軍民府所屬]大姚縣，有鐵索箐者，本猓種，依山險，以剽掠爲業，旁郡皆受其害。弘治間，稍有歸命者，分隸於姚安、姚州。嘉靖中，乃專屬姚安。其渠羅思者，有幻術，造僞印稱亂。萬曆元年，巡撫鄒應龍與總兵官沐昌祚討平之，諸郡乃安。

　　光旦：此類資料，說明具體分布，較好，惜其不多。

　　光旦：本傳上文言洪武十六年，土官自久作亂。自久不知是彝否，即或是，應亦不是鐵索箐者，因其已爲土官也。

猓㺵

《明史》卷二四九《朱燮元傳》：

  永寧，古藺州地。奢氏，猓㺵種也。

《明史》卷三一一《四川土司傳·建昌衛傳》：

  [衛境內有]土番、僰人子、白夷、麽些、猓玀、猓㺵、韃靼、回紇諸種，散居山谷間。

   光旦：猓玀、猓㺵合是一種，即今彝也，然何以分列爲二，且先後聯稱，所不解。

猓猡

《明史》卷一八七《馬昊傳》：

  烏蒙、芒部二府壤接笻連、珙縣，圍亙千里，山箐深阻，諸蠻僰人子、羿子、仲家子、猫子、猓猡等雜居其中。

   光旦：正德近末（十二年被鎮壓，起事或略早於此），猓猡曾與其它雜居之諸族從僰人子首領普法惡一同起事，詳"僰人子"片，此不複。

   光旦：此即彝。《明史》上文概稱彝爲"蠻"，至此始初見具體之稱。於以知《明史》作家之不求甚解，不知烏蒙、芒部……一系列廣大地區之主要"蠻"人，無非"猓猡"也。然《明史》上文已兩度見"玀"之稱，亦耳聞而未嘗予以深究者。

猓玀

《明史》卷三一一《四川土司傳·建昌衛傳》：

  [建昌衛境內有]土番、僰人子、白夷、麽些、猓猁、猓㺵、韃靼、回紇諸種，散居山谷間。

   光旦：猓猁、猓㺵合是一種，即今彝也，但何以分列爲二，且音極相近，所不解。

[滿]

[滿]

《明史》卷二〇：

[萬曆]十一年……五月，我大清太祖高皇帝起兵征尼堪外蘭，克圖倫城。

光旦：滿初見於《明史》。清人作《明史》，自"天命"征尼堪外蘭作爲清開國之始。

《明史》卷二一：

[萬曆]二十六年……四月丁卯，遼東總兵官李如松出塞，遇伏戰死。

光旦：此伏不知何人之伏，姑假定爲滿洲者。

光旦：查《本紀》下文萬曆二十七年，土蠻犯錦州，則李如松所遇之伏或爲土蠻者。互見"蒙古——土蠻"條。

《明史》卷二一：

[萬曆三十四]年……蒙古喀爾喀諸部悉歸我大清。

《明史》卷二一：

[萬曆]四十六年……四月甲辰，大清兵克撫順城，千總王命印死之。庚戌，總兵官張承允帥師援撫順，敗没。……

七月丙午，大清兵克清河堡，守將鄒儲賢、張旃死之。

《明史》卷二一：

[萬曆]四十七年……二月乙丑，經略楊鎬誓師於遼陽，總兵官李如柏、杜松、劉綎、馬林分道出塞。

三月甲申，杜松遇大清兵於吉林崖，戰死。乙酉，馬林兵敗於飛芬山[①]，兵備僉事潘宗顔戰死。庚寅，劉綎兵深入阿布達里岡，戰死。……

六月丁卯，大清兵克開原，馬林敗没。癸酉，大理寺丞熊廷弼爲兵部右侍郎兼右僉都御史，經略遼東。

八月……癸亥，逮楊鎬。

《明史》卷二二：

[萬曆]四十八年（泰昌元年）……九月……辛卯，逮遼東總兵官李如柏。……

十月……戊申，遼東巡撫都御史袁應泰爲兵部侍郎，經略遼東，代熊廷弼。

《明史》卷二二：

天啓元年……三月乙卯，大清兵取瀋陽，總兵官尤世功、賀世賢戰死。總

[①] 標點本《校勘記》：飛芬山，《明史稿》紀一六《神宗紀》及《神宗實錄》卷五八〇都作"稗子谷"。——整理者注

兵官陳策、童仲揆、戚金、張名世帥諸將援遼，戰於渾河，皆敗没。壬戌，大清兵取遼陽，經略袁應泰等死之。巡按御史張銓被執，不屈死。……

四月……丙子，遼東巡撫僉都御史薛國用爲兵部侍郎，經略遼東。參議王化貞爲右僉都御史，巡撫廣寧。

《明史》卷二二：

［天啓元年］六月……丙子……熊廷弼爲兵部尚書兼右副都御史，經略遼東。辛巳，兵部尚書王象乾總督薊、遼軍務。……

八月丙子，擢參將毛文龍爲副總兵，駐師鎮江城。……

十二月……辛卯，以熊廷弼、王化貞屢議戰守不合，遣使宣諭。

《明史》卷二二：

［天啓］二年……正月……丁巳，大清兵取西平堡，副將羅一貫死之。鎮武營總兵官劉渠、祁秉忠逆戰於平陽橋，敗没。王化貞走閭陽，與熊廷弼等俱入關。參政高邦佐留松山，死之。癸亥，兵部尚書張鶴鳴視師遼東。乙丑，京師戒嚴。……

三月……甲辰……兵部侍郎王在晉爲尚書兼右副都御史，經略遼、薊、天津、登、萊軍務。……

六月……加毛文龍爲總兵官。

八月庚辰，孫承宗以原官督理山海關及薊、遼、天津、登、萊軍務。

《明史》卷二二：

［天啓］五年……正月癸亥，大清兵取旅順。……

八月……壬寅，熊廷弼棄市，傳首九邊。

九月壬子，遼東副總兵魯之甲敗没於柳河。……

十月己卯，兵部尚書高第經略薊、遼、登、萊、天津軍務。

《明史》卷二二：

［天啓］六年……正月……丁卯，大清兵圍寧遠，總兵官滿桂、寧前道參政袁崇煥固守。己巳，圍解。

二月乙亥，袁崇煥爲僉都御史，專理軍務，仍駐寧遠。……

三月……壬子，袁崇煥巡撫遼東、山海。

《明史》卷二二：

［天啓七年］春，大清兵征朝鮮。……

五月……丙子，大清兵圍錦州。癸巳，攻寧遠。

六月庚子，錦州圍解。……

　　七月……丙寅，罷袁崇煥。

《明史》卷二三：

　　崇禎元年……四月……甲午，袁崇煥爲兵部尚書，督師薊、遼。

《明史》卷二三：

　　[崇禎]二年……六月戊午，袁崇煥殺毛文龍於雙島。……

　　九月丁未，楊鎬棄市。……

　　十月戊寅，大清兵入大安口。

　　十一月壬午朔，京師戒嚴。乙酉，山海關總兵官趙率教戰没於遵化。甲申，大清兵入遵化，巡撫都御史王元雅、推官何天球等死之。丁亥，總兵官滿桂入援。己丑……召前大學士孫承宗爲兵部尚書……視師通州。辛卯，袁崇焕入援，次薊州。戊子，宣、大、保定兵相繼入援。……辛丑，大清兵薄德勝門。

《明史》卷二三：

　　[崇禎二年]十二月……甲寅，總兵官祖大壽兵潰，東出關。乙卯，孫承宗移駐山海關。……丁卯，遣中官趣滿桂出戰，桂及前總兵官孫祖壽俱戰没。總兵官馬世龍總理援軍。

《明史》卷二三：

　　[崇禎]三年……正月甲申，大清兵克永平，副使鄭國昌、知府張鳳奇等死之。……戊子，大清兵克灤州。……壬寅，兵部右侍郎劉之綸敗没於遵化。……

　　五月辛卯，馬世龍、祖大壽諸軍入灤州。壬辰，大清兵東歸，永平、遷安、遵化相繼復。……

　　八月癸亥，殺袁崇煥。

《明史》卷二三：

　　[崇禎]四年……八月……丁未，大清兵圍祖大壽於大淩城。

　　九月……戊戌，山海總兵官宋偉等援大淩，敗於長山，監軍太僕少卿張春被執。……

　　十月……己巳，大壽自大淩脱歸，入錦州。

　　十一月……壬辰，孫承宗致仕。……

　　十二月……丁丑，以[孫承宗]大淩築城招釁，奪孫承宗官。

《明史》卷二三：

[崇禎]六年……五月……壬子，孔有德（於山東反明敗遁後）及其黨耿仲明等航海降於我大清。

《明史》卷二三：

[崇禎]七年……正月己丑，廣鹿島副將尚可喜降於我大清。

《明史》卷二三：

[崇禎七年]七月壬辰，大清兵入上方堡，至宣府。乙未，詔總兵官陳洪範守居庸，巡撫保定都御史丁魁楚等守紫荆、雁門。辛丑，京師戒嚴。庚戌，大清兵克保安，沿邊諸城堡多不守。

八月，分遣總兵官尤世威等援邊。戊辰，宣大總督侍郎張宗衡節制各鎮援兵。……丁亥，大清兵克萬全左衛。庚寅，旋師出塞。

《明史》卷二三：

[崇禎]九年……七月甲辰，內臣李國輔等分守紫荆、倒馬諸關。庚戌，成國公朱純臣巡視邊關。癸丑，詔諸鎮星馳入援。己未，大清兵入昌平，巡關御史王肇坤等死之。……是月，大清兵入寶坻，連下近畿州縣。……

[八]月，大清兵出塞。……

十二月，大清兵征朝鮮。

《明史》卷二三：

[崇禎十年二]月，朝鮮降於我大清。……

四月戊寅，大清兵克皮島，副總兵金日觀力戰死之，總兵官沈冬魁走石城島。

《明史》卷二四：

[崇禎]十一年……九月……辛巳，大清兵入牆子嶺，總督薊遼兵部侍郎吳阿衡死之。……

十一月戊辰，大清兵克高陽，致仕大學士孫承宗死之。

《明史》卷二四：

[崇禎]十二年……正月……庚申，大清兵入濟南，德王由樞被執，布政使張秉文等死之。……

二月……大清兵北歸。

三月丙寅，出青山口。凡深入二千里，閱五月，下畿內、山東七十餘城。

《明史》卷二四：

[崇禎]十四年……四月壬子，大清兵攻錦州，祖大壽拒守。……

七月……壬寅，洪承疇援錦州，駐師松山。……

　　八月乙巳，援兵戰於松山，陽和總兵官楊國柱敗没。……甲子，總兵官吴三桂、王樸自松山遁，諸軍夜潰。

《明史》卷二四：

　　[崇禎]十五年……二月……戊午，大清兵克松山，洪承疇降，巡撫都御史邱民仰，總兵官曹變蛟、王廷臣，副總兵江翥、饒勳等死之。……

　　三月……己卯，祖大壽以錦州降於大清。……

　　十一月……壬申，大清兵分道入塞，京師戒嚴。……庚辰，大清兵克薊州。……

　　閏[十一]月……大清兵南下，畿南郡邑多不守。……

　　十二月，大清兵趨曹、濮，山東州縣相繼下，魯王以派自殺。

《明史》卷二四：

　　[崇禎]十六年……四月……辛卯，大清兵北歸，戰於螺山，總兵官張登科、和應薦敗没，八鎮兵皆潰。

《明史》卷二四：

　　[崇禎]十七年……四月（崇禎帝已於三月丁未死），我大清兵破賊（李自成之隊伍）於山海關。

　　五月，入京師。

[滿]——防滿措施

《明史》卷七三《職官二·都察院·附總督巡撫》：

　　總督薊遼、保定等處軍務兼理糧餉一員。嘉靖二十九年置。先是，薊、遼有警，間遣重臣巡視，或稱提督。至是以邊患益甚，始置總督，開府密雲，轄順天、保定、遼東三巡撫……天啓元年置遼東經略。（經略之名，起於萬曆二十年宋應昌暨後楊鎬。至天啓元年，又以內閣孫承宗督師經略山海關，稱樞輔。）崇禎四年併入總督。十一年又增設總督於保定。

[滿]

《明史》卷二一一《馬芳傳·子林附傳》：

　　遼左用兵，詔林以故官（署都督僉事充遼東總兵官）從征。楊鎬之四路出師也，令林將一軍由開原出三岔口，而以游擊竇永澄監北關軍並進。林軍至尚间崖结营浚壕，严斥堠自卫。及闻杜松军败，方移营，而大清兵已逼。乃还兵，别立营，浚壕三周，列火器壕外，更布骑兵於火器外，他士卒皆下马，结方阵壕内。又一军西营飞芬山。杜松军既覆，大清兵乘锐薄林军。见林壕内军已与壕外合而陈，纵精骑直前冲之。林军不能支，遂大败。副将麻岩战死，林仅以数骑免。死者弥山谷，血流尚间崖下，水为之赤。大清遂移兵击飞芬山。佥事潘宗颜等一军亦覆。北关兵闻之，遂不敢进。

林既丧师，谪……官……守开原。时蒙古宰赛、煖兔许助林兵，林与结约，恃此不设备。其年六月，大清兵忽临城。林列众城外，分少兵登陴。大清兵设楯梯进攻，而别以精骑击破林军之营东门外者。军士争门入，遂乘势夺门，攻城兵亦踰城入。林城外军望见尽奔。大清兵据城邀击，壕不得渡，悉歼之。林及副将于化龙、参将高贞、游击于守志、守备何懋官等，皆死焉。……

［林子］燃、熠［先死尚间崖之役］。

《明史》卷二一八《方从哲传》：

［万历］四十六年四月，大清兵克抚顺，朝野震惊。……明年二月，杨镐四路出师，兵科给事中赵兴邦用红旗督战，师大败。……未几，大清兵连克开原、铁岭。……［从哲］用姚宗文阅辽东，龉经略熊廷弼去，辽阳遂失。论者谓明之亡，神宗实基之，而从哲其罪首也。（时从哲一人为宰辅。）

《明史》卷二三一《刘元珍传》：

光宗即位，起元珍光禄少卿。时辽、沈既没，故赞画主事（兵部者）刘国缙入南四卫，以招抚军民为名，投牒督饷侍郎，令发舟南济。议者欲推为东路巡抚，元珍上疏言：“国缙乃李成梁义儿，成梁弃封疆，国缙为营免，遂基祸本。杨镐、李如柏丧师，国缙甫为赞画，即奏保二人，欲坐杜松以违制。创议用辽人，冒官帑二十万金募土兵三万，曾不得一卒之用。被劾解官，乃忽拥数万众，欲问道登、莱，窜处内地。万一敌中间谍阑入其间，何以备之？”疏下兵部，巡抚议遂寝。

《明史》卷二三二《李三才传》：

天启元年，辽阳失。［廷议起三才（时因东林事落职为民）经略东事，未果。］

《明史》卷二三六《夏嘉遇传》：

［万历］四十七年三月，辽东败书闻，嘉遇（时为礼部主事）……抗疏言：“辽左三路丧师，虽缘杨镐失策，揆厥所由，则以纵贷李维翰故。夫维翰丧师

辱國，罪不容誅，乃僅令回籍聽勘。誰司票擬，則閣臣方從哲也；誰司糾駁，則兵科趙興邦也。參、貂、白錫，賂遺絡繹，國典邊防，因之大壞。惟陛下立斷。"

  光旦：彼時參、貂已絡繹。本條之重要點應在此。

《明史》卷二三八《李成梁傳·子如柏附傳》：

  [萬曆末年，]遼東總兵官張承蔭戰歿，[詔以如柏代。]……清師臨河，如柏故引軍防懿路。及楊鎬四路出師，令如柏以一軍出鴉鶻關。甫抵虎攔路，鎬聞杜松、馬林兩軍已覆，急檄如柏還。……清哨兵二十人見之，登山鳴螺，作大軍追擊狀，如柏軍大驚，奔走相蹴死者千餘人。……[被劾，自裁。]

《明史》卷二三八《李成梁傳·子如楨附傳》：

  萬曆四十七年四月，[以如柏弟如楨爲遼東總兵官。]經略楊鎬使守鐵嶺。鐵嶺故李氏宗族墳墓所在。當如柏還京（被劾自裁前不久），其族黨部曲高貲者悉隨之而西，城中爲空。後鎬以孤城難守，令如楨還屯瀋陽，僅以參將丁碧等防守，力益弱。……清兵臨城（鐵嶺），如楨擁兵不救，城遂失。……乃罷任。

《明史》卷二三九《張臣傳·子承蔭附傳》：

  [萬曆]四十六年四月，我太祖高皇帝起兵，拔撫順，巡撫李維翰趣承蔭（時爲遼東總兵官）赴援。承蔭急率副將頗廷相、參將蒲世芳、遊擊梁汝貴等諸營並發，次撫順。承蔭據山險，分軍三，立營浚濠，布列火器。甫交鋒，大清兵蹴之，大潰。承蔭、世芳皆戰死。廷相、汝貴已潰圍出，見失主將，亦陷陣死。將士死者萬人，生還者十無一二，舉朝震駭。既而撫安、三岔兒、白家衝三堡連失，詔逮維翰。

《明史》卷二三九《張臣傳·孫全昌附傳》：

  [崇禎七]年七月，大清兵西征插漢，旋師入其境（時全昌爲宣府總兵官）。攻圍龍門、新城、赤城，克保安州，薄鎮城，全昌嬰城固守。已而大清兵西行，全昌進兵應州。帝以其孤軍，敕吳襄、尤世威赴援，不應。全昌至渾源，以捷聞，還軍葛峪、羊房口。襄等復不援。八月，大清兵再入其境。閏八月四日克萬全右衛，① 他城堡多失守。……[被劾]戍邊。

《明史》卷二三九《官秉忠傳》：

---

① 標點本《校勘記》：萬全右衛，《明史》卷二二三《莊烈帝紀》及《國榷》卷九三頁五六九五作"萬全左衛"。——整理者注

[以]佥書前府……赴援遼東(萬曆四十六年)。楊鎬之四路出師也，令秉忠防守鎮城。無何，辭疾歸。

《明史》卷二三九《杜桐傳·弟松附傳》：

[萬曆]四十六年，張承蔭戰歿，詔松(時爲總兵官，鎮山海關)馳援遼陽。明年二月，楊鎬議四路出師。以撫順最衝，令松以六萬兵當之，故總兵趙夢麟、保定總兵王宣爲佐。期三月二日抵二道關，會李如柏等並進。……[二月]二十九日夜，出撫順關，日馳百餘里，抵渾河。半渡，河流急，不能盡渡。松醉趣之，將士多溺河中。松遂以前鋒進，連克二小砦，松喜。三月朔乘勢趨撒爾湖谷口。時大清方築城界凡山上，役夫萬五千，以精騎四百護之。聞松軍至，精騎則盡伏谷口以待。松軍過將半，伏兵尾擊之，追至界凡渡口，與築城夫合據山旁吉林崖。明日，松引大軍圍崖，別遣將營撒爾湖山上。松軍攻崖，方戰，大清益千人助之，已[而]又續遣二旗兵趨界凡以爲援，而遣六旗兵攻松別將於撒爾湖山。明日，六旗兵大戰，破撒爾湖山軍，死者相枕藉。所遣助吉林崖者，自山馳下擊松軍，二旗兵亦直前夾擊，松兵大敗，松與夢麟、宣皆歿於陣。橫屍亘山野，流血成渠。大清兵逐北二十里，至勺琴山而還。時車營五百尚阻渾河，而松已敗。頃之，馬林、劉綎兩軍亦敗，獨李如柏一軍遁還。

《明史》卷二四〇《何宗彥傳》：

[萬曆四十七]年秋，遼事益棘。宗彥(時爲禮部左侍郎，署部事)率僚屬上言："自三路喪師，開原、鐵嶺相繼沒，瀋陽孤危。……"

《明史》卷二四〇：《孫如游傳·孫嘉績附傳》：

大清兵薄都城，按營不動，衆莫測。嘉績(時爲兵部主事)曰："此待後至者，即擧衆南下爾。"越三日，蒙古兵數萬果從青山口入，即日南下。

　　光旦：此崇禎十年後事，時滿洲已收蒙古，蒙古爲所調遣矣。

《明史》卷二四一《鍾羽正傳》：

天啓二年……[爲]佥都御史……熊廷弼、王化貞之獄，衆議紛呶。羽正言："向者開原、鐵嶺之罪不明，致失遼陽；遼陽之罪不明，致失廣寧。朝廷疆土，堪幾番敗壞。"由是二人皆坐大辟。

《明史》卷二四二《洪文衡傳·何喬遠附傳》：

光宗立，[爲太僕少卿。]王化貞駐兵廣寧，主戰。喬遠畫守禦策，力言不宜輕擧。無何，廣寧竟棄。

《明史》卷二四六《滿朝薦傳》：

天啓二年（或略後），[以]太僕少卿……上疏曰："……遼陽之禍，起於袁應泰之大納降人，降人盡占居民婦女，故遼民發憤，招敵攻城。……廣寧之變，起於王化貞之誤信西部，取餉金以啗插而不給卒伍，以故人心離散。敵兵過河，又不聞西部策應，遂至手足無措，抱頭鼠竄。……"

　　　　光旦：此條頗複雜。"禍"與"變"之主要來源自是滿洲。"降人"應是自三衛東播之兀良哈，袁應泰或有意倚以爲力，故大納之。"遼民"自是漢人。"敵"亦滿洲。"插"應是蒙古土蠻之插漢部分，亦爲滿洲所侵凌者（清兵於崇禎七年西征插漢，見卷二三九《張臣傳》），王化貞亦思所以利用之，故挪餉金以爲餌。唯所云"西部"不清楚，疑即"插"也，或至少包括"插"之蒙古之在遼河以西之地區之各部落。明末東北民族形勢複雜，此亦一斑矣。

《明史》卷二四八《劉策傳》：

　　崇禎二年……起故官（兵部右侍郎），兼右僉都御史，總理薊、遼、保定軍務。大清兵由大安口入內地，策不能禦，被劾。祖大壽東潰，策偕孫承宗招使還。明年……論死，棄市。

《明史》卷二四八《方震孺傳》：

　　遼陽既破，[明兵堅守三岔河。]是時，三岔河以西四百里，人烟絕，軍民盡竄，文武將吏無一騎東者。……（天啓元年）議者欲棄三岔河，退守廣寧。震孺（時以御史巡按遼東，監紀軍事）請駐兵振武①。……請敕寧前監軍，專斬逃軍逃將。並從其言。然是時，經撫不和，疆事益壞。……明年（天啓二年）正月……[震孺方]候代前屯，而大清兵已再渡三岔河。先鋒孫得功不戰，而呼於振武曰："兵敗矣"，遂走。巡撫王化貞在廣寧，亦倉皇走。列城聞之皆走，惟震孺前屯無動。當是時，西平守將羅一貫已戰死，參將祖大壽擁殘兵駐覺華島上。……

《明史》卷二七一《童仲揆傳》：

　　天啓改元，[經略袁]應泰欲城清河、撫順。議三路出師，用大將十人，各將兵萬餘，仲揆（時督川兵援遼，充援勦總兵官）[與同官陳]策當其二。未行，而大清兵已逼瀋陽。兩人馳救，次渾河。遊擊周敦吉曰："事急矣，請直

---

① 標點本《校勘記》：振武，《明史稿》傳一三六《方震孺傳》作"鎮武"。"振武"係一衛名，屬山西都指揮使司，去遼東廣寧甚遠。"鎮武"係一堡名，在廣寧，見《明會典》卷一二六。作"鎮武"是。下同。——整理者注

抵瀋陽，與城中兵夾擊，可以成功。"已[而]聞瀋陽陷……敦吉固請與石砫都司秦邦屏先渡河，營橋北，仲揆、策及副將戚金、參將張名世統浙兵三千營橋南。邦屏結陣未就，大清兵來攻，卻復前者三，諸軍遂敗。敦吉、邦屏及參將吳文傑、守備雷安民等皆死。他將走入浙兵營，被圍數匝。……大清兵盡銳攻……營中用火器，多殺傷。火藥盡，短兵接，遂大潰。策先戰死，仲揆將奔，金止之，乃還兵鬭。力盡矢竭，揮刀殺十七人。大清兵萬矢齊發，仲揆與金、名世及都司袁見龍、鄧起龍等並死焉。……自遼左用兵，將士率望風奔潰，獨此以萬餘人當數萬衆。雖力絀而覆，時咸壯之。

《明史》卷二七一《滿桂傳》：

天啓……六年正月……大清以數萬騎來攻（寧遠衛，今興城縣），遠邇大震，桂（時以都督僉事，充副總兵鎮寧遠）與崇煥（袁崇煥）死守。始攻西南城隅，發西洋紅夷礮，傷攻者甚衆。明日轉攻南城，用火器拒卻之，圍解。……擢都督同知，實授總兵官。……

七年五月，大清兵圍錦州，分兵略寧遠。桂（時已以左都督充總兵，掛印，移鎮山海關，兼統關外四路及燕河、建昌諸軍）遣兵救，被圍笊籬山。桂與總兵尤世禄赴之，大戰相當。遂入寧遠城，與崇煥爲守禦計。俄大清兵進薄城下，桂率副將尤世威等出城迎[戰]，頗有殺傷，桂亦身被重創。……及崇煥休去，[王]之臣再督師……仍[以桂]鎮寧遠。

《明史》卷二七一《趙率教傳》：

[天啓]七年正月，大清兵南征朝鮮。率教（初以總兵官鎮山海關，旋又盡統關內外兵移鎮寧遠）督兵抵三岔河爲牽制，卒無功。三月，[袁]崇煥議修築錦州、大淩河、中左所三城，漸圖恢復。率教移鎮錦州護工……五月，大清兵圍錦州，率教與中官紀用，副將左輔、朱梅等嬰城固守。發大礮，頗多擊傷。相持二十四日，圍始解。時[滿]桂亦著功寧遠，因稱"寧、錦大捷"。

《明史》卷二七一《趙率教傳》：

率教……與滿桂並稱良將。二人既殁（率教以崇禎二年十一月中流矢死於遵化之戰，桂以同年十二月勤王至京師，值清兵自良鄉回，戰死永定門），益無能辦東事者。

《明史》卷二九一《潘宗顏傳》：

擢開原兵備僉事。[萬曆]四十六年，馬林將出師，宗顏上書經略楊鎬曰："林庸儒，不堪當一面，乞易他將，以林爲後繼，不然必敗。"鎬不從。[以]宗顏監林軍，出三岔口，營稗子峪，夜聞杜松敗，林軍遂譁。及旦，大清兵大至。林恐甚，一戰而敗，策馬先奔。守顏殿後……衝擊……自辰至午，力不支，與遊擊竇永澄、守備江萬春、贊理通判董爾礪等皆死焉。

《明史》卷二九一《張銓傳》：

遼東總兵官張承蔭敗歿，而經略楊鎬方議四道出師。銓（時以御史按江西）馳奏言：「敵山川險易，我未能悉知，懸軍深入，保無抄絕？且突騎野戰，敵所長，我所短。以短擊長，以勞赴逸，以客當主，非計也。昔臚胊河之戰，五將不還，奈何輕出塞。爲今計，不必徵兵四方，但當就近調募，屯集要害以固吾圉，厚撫北關以樹其敵，多行間諜以攜其黨，然後伺隙而動。若加賦選丁，騷擾天下，恐識者之憂不在遼東。」……[及]綎、松（劉綎、杜松）敗，時謂銓有先見云。

[滿]——與劉綎

《明史》卷二四七《劉綎傳》：

[萬曆四十七]年二月，經略楊鎬令綎（時爲左府僉書）及杜松、李如柏、馬林四路出師。綎兵四萬，由寬佃，副使康乾監之，遊擊喬一琦別監朝鮮軍並進。綎鎮蜀久，好用蜀兵。久待未至，遂行。而所分道獨險遠，重岡疊嶺，馬不成列。次深河，連克牛毛、馬家二砦。大清兵五百守董鄂路，聞綎軍至，逆戰。綎縱兵圍數重，大清兵衆寡不敵，失二裨將，傷五十人，餘潰圍出。綎已深入三百里，杜松軍覆猶不知。復整衆進，遇大清兵。綎引軍登阿布達里岡，將布陣，大清兵亦登岡，出其上，而別以一軍趨綎西。岡上軍自高馳下，奮擊綎軍，綎殊死戰。趨綎西者復從旁夾擊，綎軍不能支。大清兵乘勢追擊，遇綎後二營軍。未及陳，復爲大清兵所乘。大潰，綎戰死。養子劉招孫者，最驍勇，突圍，手格殺數人，亦死。士卒脫者無幾。

時應乾（上文作康乾，或是康應乾，奪應字）及朝鮮軍營富察之野，大清遂移師邀之。應乾兵及朝鮮兵列械將戰，狂風驟起，揚沙石。應乾發火器，反擊己營，大亂。大清兵趨擊，大破之，掩殺幾盡。應乾以數百騎免。一琦亦爲大清兵所破，走入朝鮮營。朝鮮都元帥姜弘立、副元帥全景瑞①懼，率衆降，

---

① 標點本《校勘記》：全景瑞，據《國榷》卷八三頁五一三一、朝鮮《李朝實錄‧光海君日記》卷一三六應爲"金景瑞"。——整理者注

一琦投崖死。

楊鎬聞杜松、馬林師敗，馳召綎及李如柏還。騎未至，綎已覆，獨如柏全。

[滿]——與楊鎬

《明史》卷二五九《楊鎬傳》：

[萬曆]四十六年四月，我大清兵起，破撫順，守將王命印死之。遼東巡撫李維翰趣總兵官張承允往援，與副總兵頗廷相等俱戰歿，遠近大震。……起[鎬]兵部右侍郎往經略。既至……徵四方兵，圖大舉。

至七月，大清兵由鴉鶻關克清河，副將鄒儲賢戰死。……其冬，四方援兵大集，遂議進師。時蚩尤旗長竟天，彗見東方，星隕地震，識者以爲敗徵。大學士方從哲、兵部尚書黃嘉善、兵科給事中趙興邦等皆以師久餉匱，發紅旗，日趣鎬進兵。

明年（四十七年）正月，鎬乃會總督汪可受、巡撫周永春、巡按陳王庭等定議，以二月十有一日誓師，二十一日出塞。兵分四道：總兵官馬林出開原攻北，杜松出撫順攻西，李如柏從鴉鶻關出趨清河攻南，東南則以劉綎出寬奠（寬甸），由涼馬佃搗後，而以朝鮮兵助之。號大兵四十七萬，期三月二日會二道關並進。天大雪，兵不前，師期洩。松欲立首功，先期渡渾河，進至二道關，伏發，軍盡覆。林統開原兵從三岔口出，聞松敗，結營自固。大清兵乘高奮擊，林不支，遂大敗，遁去。鎬聞，急檄止如柏、綎兩軍，如柏遂不進。綎已深入三百里，至深河，大清兵擊之而不動。已[而清兵]乃張松旗幟，被其衣甲紿綎。既入營，營中大亂，綎力戰死。惟如柏軍獲全。文武將吏前後死者三百一十餘人，軍士四萬五千八百餘人，亡失馬駝甲仗無算。

敗書聞，京師大震。……無何，開原、鐵嶺又相繼失。言官交章劾鎬……下詔獄，論死。崇禎二年伏法。

[滿]——與熊廷弼

《明史》卷二五九《熊廷弼傳》：

[萬曆]四十七年，楊鎬既喪師……擢兵部右侍郎兼右僉都御史，代鎬經略。未出京，開原失，廷弼上言：……開原必不可棄。敵未破開原時，北關、朝鮮猶足爲[其]腹背患，今已破開原，北關不敢不服，遣一介使朝鮮，[朝鮮]不敢不從。既無腹背憂，必合東西之勢以交攻，然則遼、瀋何可守

也？……甫出關，鐵嶺復失，瀋陽及諸城堡軍民一時盡竄，遼陽洶洶。……［廷弼既至］數月，守備大固。……人心復［定］。……［廷弼］自按遼即持守邊議，至是主守禦益堅。……

明年（萬曆四十八年）五月，我大清兵略地花嶺。六月略王大人屯。八月略蒲河。［明］將士失亡七百餘人，諸將［總兵官賀］世賢等亦有斬獲功。……

是時，光宗崩，熹宗初立，朝端方多事，而封疆議起。……［卒之，］朝議允廷弼去，以袁應泰代。……

天啟元年，瀋陽破，應泰死（按《應泰傳》，應泰死於遼陽破之時，此不切）……及遼陽破，河西軍民盡奔，自塔山至閭陽二百餘里，烟火斷絕，京師大震。……乃復詔起廷弼於家，而擢王化貞爲巡撫……巡撫廣寧。……

廣寧城在山隈，登山可俯瞰城內，恃三岔河爲阻，而三岔之黃泥窪又水淺可涉。廣寧止屠卒千，化貞招集散亡，復得萬餘人。激厲士民，聯絡西部，人心稍定。……

六月，廷弼入朝……建三方布置策（廣寧、登萊、天津，以山海關爲節制點）……進……兵部尚書，兼右副都御史，駐山海關，經略遼東軍務。……

［廷弼主守，化貞主戰，廷弼主集中兵力於廣寧，化貞主分布兵力於河上，］而經、撫不和之議起矣。

八月……化貞所遣都司毛文龍……襲取鎮江，奏捷。……亟命……化貞督廣寧兵四萬進據河上，合蒙古軍乘機進取……兵不果進。頃之，化貞……言："敵棄遼陽不守，河東失陷將士日夜望官軍至，即執敵將以降。而西部虎墩兔、炒花咸願助兵。敵兵守海州（今海城）不過二千，河上止遼卒三千（此遼卒應是已從屬滿洲者）。若潛師夜襲，勢在必克。敵南防者聞而北歸，我據險以擊其惰，可盡也。"兵部……以爲然……請令廷弼進駐廣寧，薊遼總督王象乾移鎮山海。……化貞復馳奏："敵因官軍收復鎮江，遂驅掠四衛屯民。屯民據鐵山死守，傷敵三四千人，敵圍之益急。急宜赴救。"於是兵部愈促進師。化貞即以是月（八月）渡河。廷弼不得已出關，次右屯，而馳奏海州取易守難，不宜輕舉。化貞卒無功而還。……

廣寧有兵十四萬，而廷弼關上無一卒，徒擁經略虛號，［兵部張鶴鳴又處處右化貞，於是齟齬益甚。］廷弼言："三方兵力未集，文龍發之太早，致敵恨遼人，屠戮四衛軍民殆盡，灰東山之心，寒朝鮮之膽（時亦用朝鮮兵在鴨綠江南牽制），奪河西之氣（此蒙古兵部分），亂三方並進之謀，誤屬國聯絡之算，目爲奇功（化貞目之也），乃奇禍耳。"……

至九月，化貞猶言虎墩兔兵四十萬且至，請速濟師。廷弼言："撫臣恃西部，欲以不戰爲戰計。西部與我，進不同進。彼入北道，我入南道，相距二百餘里。敵分兵來應，亦須我自撐拒。臣未敢……謂可不戰勝也。……"既而西部竟不至，化貞兵亦不敢進。……

是時，廷弼主守，謂遼人不可用，西部不可恃，永芳不可信（李永芳，降於滿洲，化貞妄以爲可爲內應），廣寧多間諜可虞。[而]化貞一切反之，絕口不言守，謂我一渡河，河東人必內應。……識者知其必僨事……

十月，冰合，廣寧人謂大清兵必渡河，紛然思竄。……廷弼乃復出關，至右屯，議以重兵內護廣寧……乃令劉渠以二萬人守鎮武，祁秉忠以萬人守閭陽。又令羅一貫以三千人守西平。……部署甫定，化貞又信諜者言，遽發兵襲海州，旋亦引退。廷弼乃上言：撫臣之進，及今而五矣。……兵屢進屢退，敵已窺盡伎倆，而臣之虛名亦以輕出而損。……

[天啓]二年正月……大清兵逼西平……無何……圍急。化貞信中軍孫得功計，盡發廣寧兵，畀得功及祖大壽往會秉忠進戰。廷弼亦馳檄渠撤營赴援。二十二日遇大清兵平陽橋。鋒始交，得功及參將鮑承先等先奔，鎮武、閭陽兵遂大潰，渠、秉忠戰沒沙嶺，大壽走覺華島。西平守將[羅]一貫待援不至，與參將黑雲鶴亦戰歿。廷弼已離右屯，次閭陽。……遂退還。時大清兵頓沙嶺不進。化貞素任得功爲腹心，而得功潛降於大清，欲生縛化貞以爲功，訛言敵已薄城。城中大亂奔走，參政高邦佐禁之，不能止。化貞……不知也。參將江朝棟排闥入……大呼曰："事急矣，請公速走。"化貞莫知所爲。朝棟掖之出上馬……遂棄廣寧，跟踣走。與廷弼遇大凌河。……議守寧遠及前屯。廷弼曰："嘻，已晚，惟護潰民入關可耳。"乃以己所將五千人授化貞爲殿，盡焚積聚。二十六日偕[僉事韓]初命護潰民入關。……獨邦佐自經死。得功率廣寧叛將迎大清兵入廣寧，化貞逃已兩日矣。大清兵追逐化貞等二百里，不得食，乃還。……

二月逮化貞，罷廷弼聽勘。四月……並論死。……五年八月，[廷弼]棄市……

崇禎元年……秋，工部主事徐爾一訟廷弼冤，曰：……其罪無足據，而勞有足矜也。廣寧兵十三萬，糧數百萬，盡屬化貞。廷弼止援遼兵五千人，駐右屯，距廣寧四十里耳。化貞忽同三四百萬遼民一時盡潰，廷弼五千人，不同潰足矣，尚望其屹然堅壁哉！……化貞仗西部，廷弼云"必不足仗"。化貞信李永芳……廷弼云"必不足信"。無一事不力爭，無一言不奇中。……當三路同時陷沒，開、鐵、北關相繼奔潰，廷弼經理不及一年，俄進築奉集、瀋陽，俄進屯虎皮驛，俄迎扼敵兵於橫河上，於遼陽城下鑿河列柵埋礮，屹然樹金湯。……而今俱抹搬不論……明年五月，大學士韓爌等[亦論其事]。……[崇禎]五年，化貞始伏誅。

《明史》卷二五九《袁應泰傳》：

（克瀋陽、遼陽，見"蒙古——在東北（袁應泰與降人）"片。）

[滿]——與袁崇煥

《明史》卷二五九《袁崇煥傳》：

大清知經略（高第）易與，[天啓]六年正月舉大軍西渡遼河。二十三日抵寧遠。崇煥（時爲按察使）聞，即偕大將[滿]桂，副將左輔、朱海①，參將[祖]大壽，守備何可剛等集將士誓死守。……明日，大軍進攻，戴楯穴城，矢石不能退。崇煥令閩卒羅立，發西洋巨礮，傷城外軍。明日，再攻，復被卻，圍遂解……[此役也，崇煥孤城自守，而]經略第、[山海關守將楊]麒並擁兵關上，不救。……擢崇煥右僉都御史……

大清初解圍，分兵數萬略覺華島，殺參將金冠等及軍民數萬。

[高第、楊麒]坐失援[寧遠]，並褫官去，而以王之臣代第，趙率教代麒。……

大清舉兵，所向無不摧破，諸將罔敢議戰守。議戰守，自崇煥始。三月（仍天啓六年），復設遼東巡撫，以崇煥爲之。……加兵部右侍郎……命之臣專督關內，以關外屬崇煥畫關守。

[是年]八月中，我太祖高皇帝晏駕，崇煥遣使弔，且以覘虛實。我太宗文皇帝遣使報之，崇煥欲議和，以書附使者還報。我大清兵將討朝鮮，欲因此阻其兵，得一意南下。七年正月再遣使答之（答崇煥，當是敷衍和議），遂大興兵渡鴨綠江南討。

朝議……召之臣還，罷經略不設，以關內外盡屬崇煥……乃乘大軍之出

---

① 標點本《校勘記》：朱海，據《熹宗實錄》天啓六年二月丙子條、《國榷》卷八七頁五三二〇應爲"朱梅"。——整理者注

（清軍），遣將繕錦州、中左、大凌三城，而再使使持書議和。……

朝鮮……爲大清所服，［崇焕出師救，未果。］……

崇焕初議和，中朝不知。及奏報，優旨許之，後以爲非計，頻旨戒諭。……四月（仍七年），崇焕上言："……乘敵有事江東，姑以和之説緩之。敵知，則三城已完，戰守又在關門四百里外，金湯益固矣。"……

五月十一日大清兵直抵錦州，四面合圍。率教［等］……嬰城守，而遣使議和，欲緩師以待救。使三返不决，圍益急。崇焕以寧遠兵不可動，選精騎四千，令［尤］世禄、大壽將，繞出大軍後决戰。別遣水師東出，相牽制。……世禄等將行，大清已於二十八日分兵趨寧遠。崇焕與……副使畢自肅［等］督將士登陴守，列營濠内，用礮距擊。而……世禄、大壽［等］大戰城外，士多死……大軍亦旋引去，益兵攻錦州。以溽暑不能克，士卒多損傷，六月五日亦引還，因毀大、小凌河二城。時稱寧、錦大捷……

七月，［因不爲魏忠賢所喜，誣其不救錦州，乞休］……允其歸。……

莊烈帝即位［之年］十一月，［復起用。］……崇禎元年四月……以兵部尚書兼右副都御史，督師薊、遼，兼督登、萊、天津軍務……八月……抵關……留鎮寧遠。……

［崇禎二年］六月，［以計誅毛文龍。］

［崇禎二年九月（誅文龍後三月），］大清兵數十萬分道入龍井關、大安口。崇焕……督［師］……入衛。……魏忠賢遺黨……謀興大獄……遂以擅主和議、專戮大帥二事爲兩人（餘一人爲大學士錢龍錫）罪。……三年八月，遂磔崇焕於市。

［滿］——與毛文龍

《明史》卷二五九《袁崇焕傳·毛文龍附傳》：

以都司援朝鮮，逗留遼東。遼東失，自海道遁回，乘虛襲殺大清鎮江守將，［有功］……授……總兵……設軍鎮皮島……皮島亦謂之東江，在登、萊大海中……遠南岸，近北岸，北岸海面八十里即抵大清界，其東北海則朝鮮也。島上兵本河東民，自天啓元年河東失，民多逃島中。文龍籠絡其民爲兵……［天啓］四年五月，文龍遣將沿鴨緑江越長白山，侵大清國東偏，爲守將擊敗，衆盡殲。八月遣兵從義州城西渡江，入島中屯田。大清守將覺，潛師襲擊，斬五百餘級，島中糧悉被焚。五年六月遣兵襲耀州之官屯寨，敗歸。六年五月遣兵襲鞍山驛，喪其卒千餘。越數日又遣兵襲撤爾河，攻城南，爲大清守將所卻。七年正月，大清兵征朝鮮，并規剿文龍。三月，大清兵克義州，分兵夜擣文龍於鐵山。文龍敗，遁歸島中。……

崇禎二年［六月，袁崇煥責以十二罪，誅文龍以肅軍］。

  光旦：據下文崇煥疏，皮島當時"合老稚四萬七千"人，其中"兵不能二萬"。

《明史》卷二五九《趙光抃傳》：

  先是，毛文龍據東江，海疆賴之。文龍死，陳繼盛、黃龍、沈世魁代，其部往往爲亂，中朝又素以糜餉爲憂。及世魁死，島中無帥，光抃慫臾［楊］嗣昌撤之。二十年積患一朝而除，而於邊計亦左焉。

［滿］——與邱民仰

《明史》卷二六一《邱民仰傳》：

  ［崇禎］十三年……擢右僉都御史……巡撫遼東，按行關外八城，駐寧遠。十四年春，錦州被圍……聲援斷絕。有傳其帥祖大壽語者："逼以車營，毋輕戰。"總督洪承疇集兵，民仰轉餉，未發。……命郎中張若麒就行營計議，若麒至，則趣進師。七月，師次乳峰，去錦州五六里而營。旦日，楊國柱之軍潰。踰月，王樸軍亦潰。未幾，馬科等五將皆潰。大清兵掘松山，斷我歸路，遂大敗，蹂躪殺溺無算，退保松山。圍急，外援不至，筭糧竭。至明年二月，且半年矣。城破，承疇降，民仰死，若麒跳從海上蕩漁舟而還。寧遠、關門勁旅盡喪。

［滿］——與邱禾嘉

《明史》卷二六一《邱民仰傳·邱禾嘉附傳》：

  ［崇禎］三年正月……永平［等］四城失守，樞輔孫承宗在關門，聲息阻絕。……禾嘉（時以兵部職方主事監總理馬世龍軍）議通關門聲援，率軍入開平。二月，大清兵來攻，禾嘉力拒守，乃引去。已［而］分略古治鄉，禾嘉令副將何可綱、張洪謨、金國奇、劉光祚等迎戰，抵灤州。甫還，而大清兵復攻牛門、水門，又督參將曹文詔等轉戰，抵遵化而返。……

  超拜右僉都御史，巡撫［寧遠］（時已廢不用），兼轄山海關諸處。禾嘉初涖鎮，大清兵以二萬騎圍錦州。禾嘉督諸將赴救，城獲全。……

  ［重築大凌城。］四年五月……大壽以兵四千據其地，發班軍萬四千人築

之，護以石砫土兵萬人。……八月，大清兵抵城下……四面合圍，別遣一軍截錦州大道。城外堠臺皆下，城中兵出，悉敗還。禾嘉聞之，馳入錦州，與總兵官吳襄、宋偉合兵赴救。離松山三十餘里，與大清兵遇，大戰長山、小凌河間，互有傷損。九月望，大清兵薄錦州，分五隊直抵城下。襄、偉出戰不勝，乃入城。二十四日，監軍張春會襄、偉兵，過小凌河東五里，築壘列車營，爲大凌聲援。大清兵扼長山，不得進。禾嘉遣副將……祖大壽……等出戰五里莊，亦不勝。夜趨小凌河，至長山接戰，大敗。……凌城援自此絕。……禾嘉……移駐松山，圖再舉……大凌糧盡食人馬。大清屢移書招之……獨副將可綱不從。十月二十七日，大壽殺可綱，與副將張存仁等三十九人投誓書約降。……［並］請設計誘降錦州……大凌城人民商旅三萬有奇，僅存三之一……城亦被毀。十一月六日，大清復攻杏山。明日攻中左所。城上用礮擊，乃退。……［大壽誘降錦州之謀未遂。］

《明史》卷二七〇《秦良玉傳》：

（石砫土兵援遼禦滿洲，參加渾河戰役、築大凌河城等，先後有功，良玉亦曾不止一度至京師、出關，見"［巴］——秦良玉"片。）

［滿］——與賀世賢

《明史》卷二七一《賀世賢傳》：

遷義州參將。萬曆四十六年七月，清河被圍，副將鄒儲賢固守。城破，率親丁鏖戰城南，與參將張旆俱死。部將二十人、兵民萬餘殲焉。世賢駐靉陽，聞變，疾馳出塞，得首功百五十有四級，進副總兵。

明年，楊鎬四路出師。世賢副李如柏出清河。劉綎深入中伏，勸如柏往救，不從，綎遂覆歿。尋擢都督僉事，充總兵官，駐虎皮驛。鐵嶺被圍，世賢馳援，城已破，邀獲首功百餘級。泰昌元年九月連戰灰山、撫安堡，獲首功二百有奇。當是時，四方宿將鱗集遼左，率縮朒不敢戰，獨世賢數角鬭有功……

移鎮瀋陽。經略袁應泰下納降令。廣寧總兵李光榮疑世賢所納多，以狀聞。巡撫薛國用亦奏三可慮，兵部尚書崔景榮請拒勿納，而置已納於他所。然世賢所納卒不可散……

天啓元年三月，我大清以重兵薄瀋陽。世賢及總兵尤世功掘塹濬壕，樹大木爲柵，列楯車火器木石……法甚具。大清先以數十騎來偵，世功兵躡之，殺四人。世賢……且曰……率親丁千，出城逆擊，期盡敵而反。大清兵佯敗，世賢乘鋭進。倏精騎四合，世賢戰且卻，抵西門，身被十四矢。城中聞世賢敗，各鳥獸竄，而降丁復叛，斷城外吊橋。或勸世賢走遼陽……［世賢不肯，］揮鐵鞭馳突圍中，擊殺數人，中矢墜馬而死。世功引兵援，亦戰死。

［滿］——佟姓

《明史》卷二一一《馬永傳》：

　　［嘉靖十四年，遼東兵變，所遣"悍卒"中有］廣寧卒佟伏。

　　　　光旦：佟似爲滿族姓，滿族入關以前關内無之。是則早在明代中後葉，滿族已有在漢人軍隊中當兵者矣。

《明史》卷二一八《沈淮傳》：

　　淮……劾［刑部尚書王］紀保護熊廷弼、佟卜年、劉一爔等。

《明史》卷二四一《周嘉謨傳》：

　　［天啓初，］給事中孫杰劾嘉謨（時以吏部尚書爲閣臣）［薦］用袁應泰、佟卜年等爲……罪。

《明史》卷二四二《程紹傳》：

　　［萬曆中有］副將佟養正……行賄求遷，［爲紹（户科給事中）所劾。］

《明史》卷二五九《熊廷弼傳》：

　　［廷弼經略遼東軍事，建三方布置策，以］夔州同知佟卜年爲登萊監軍僉事……［後］帝於講筵忽問："卜年係叛族，何擢僉事？……"廷弼……抗疏辨。

　　　　光旦：佟卜年原爲滿族，此一問可證。

茫施蠻

《明史》卷三一五《雲南土司傳·芒市［長官司］》：

　　……在永昌西南四百里，即唐史所謂茫施蠻也。元中統初，内附；至元十三年立茫施路軍民總管府……洪武十五年置茫施府。

　　　　光旦：應即是傣之一部分。

［毛難］

見"僮（慶遠）"片按語。又"獠（廣西）"片。又，"獠（黔、桂間）"片。

栩獗

《明史》卷二一〇《鄒應龍傳》：

[萬曆初，]番人栩獗反，[應龍（時以兵部侍郎兼右僉都御史巡撫雲南）]合土、漢兵進討，斬獲各千餘人。

蒙 古

蒙古

見"韃靼（蒙古）"片。

蒙古——明之守勢

《明史》卷一六四《范濟傳》：

宣宗即位……詣闕言，[有曰，]"洪武初年嘗赫然命將，欲清沙漠。既以餽運不繼，旋即頒師。遂撤東勝衛於大同，塞山西陽武谷口，選將練兵，扼險以待。……不數年間，朵兒只巴獻女，伯顏帖木兒、乃兒不花等相繼擒獲，納哈出亦降。此專務內治，不勤遠略之明效也。"

《明史》卷一七〇《于謙傳》：

謙以上皇雖還，國恥未雪，會也先與脫脫不花（瓦剌之可汗）搆，請乘間大發兵，身往討之，以復前仇，除邊患。[景]帝不許。

光旦：此中景泰自有私意，然亦永樂以後明之一貫政策也。

《明史》卷一七三《楊洪傳·子俊附傳》：

景泰三年，俊（曾爲右都督，時降官充遊擊將軍）上疏曰："也先既弒其主，併其衆，包藏禍心，窺伺邊境，直須時動耳。聞其妻孥輜重，去宣府纔數百里。我緣邊宿兵不下數十萬，宜分爲奇正以待，誘使來攻。正兵列營大同、宣府，堅壁觀變，而出奇兵倍道搗其巢。彼必還自救，我軍夾攻，可以得志。"疏下廷議，于謙等以計非萬全，遂寢。

光旦：與上《于謙傳》條不無矛盾。

《明史》卷一七六《李賢傳》：

正統初，[賢（時官驗封主事）]言："塞外降人居京師者盈萬，指揮使月俸三十五石，實支僅一石，降人反實支十七石五斗，是一降人當京官十七員半矣。宜漸出之外，省冗費，且消患未萌。"帝不能用。

  光旦：明統治者對蒙古一貫取守勢，專意籠絡，冀其無事，此條最足以說明之。

《明史》卷一八〇《屈伸傳》：

  ……（弘治間，明於兀良哈亦取守勢，見"兀良哈"片。）

《明史》卷一八二《劉大夏傳》：

  大同小警，帝（孝宗）用中官苗逵言，將出師。內閣劉健等力諫，帝猶疑之，召問大夏（時爲兵部尚書）曰："卿在廣，知苗逵延綏搗巢功乎？"對曰："臣聞之，所俘婦稚十數耳。賴朝廷威德，全師以歸。不然，未可知也。"帝默然良久，問曰："太宗頻出塞，今何不可？"對曰："陛下神武固不後太宗，而將領士馬遠不逮。且淇國公小違節制，舉數十萬衆委沙漠，奈何易言之。度今上策惟守耳。"……師不果出。

  光旦：事在弘治十七年，或略後。

蒙古——防蒙措施

《明史》卷七三《職官志二·都察院·附總督巡撫》：

  總督宣大、山西等處軍務兼理糧餉一員。正統元年始遣僉都御史巡撫宣、大。景泰二年，宣府、大同各設巡撫，遣尚書（兵部）石璞總理軍務。成化、弘治間，有警則遣。正德八年設總制。嘉靖初，兼轄偏、保。二十九年去偏、保，定設總督宣大、山西等處銜。三十八年令防秋日駐宣府。四十三年移駐懷來。隆慶四年移駐陽和。

《明史》卷七三《職官志二·都察院·附總督巡撫》：

  總督陝西三邊軍務一員。弘治十年，火篩入寇，議遣重臣總督陝西、甘肅、延綏、寧夏軍務，乃起左都御史王越任之。十五年以後，或設或罷。至嘉靖四年，始定設，初稱提督軍務。七年改爲總制。十九年避制字，改爲總督，開府固原，防秋駐花馬池。

《明史》卷九二《兵志四》：

  正德七年……開納馬例，凡十二條。……［嘉靖］二十九年，俺答入寇，太僕馬缺，復行正德納馬例。已，稍增損之。至四十一年，遂開例至捐馬授職。

蒙古——與明邊防

《明史》卷一三〇《華雲龍傳》：

　　洪武三年……雲龍上言："北平邊塞，東自永平、薊州，西至灰嶺下，隘口一百二十一，相去可二千二百里。其王平口至官坐嶺，隘口九，相去五百餘里。俱衝要，宜設兵。紫荊關及蘆花山嶺尤要害，宜設千戶守禦所。"……從之。

　　　　光旦：此六年事（見《太祖實錄》卷八一洪武六年四月辛丑條）。

《明史》卷一四六《鄭亨傳》：

　　永樂元年充總兵官，帥武成侯王聰、安平侯李遠備宣府。亨至邊，度宣府、萬全、懷來形便，每數堡相距，中擇一堡可容數堡士馬者，爲高城深池，浚井蓄水，謹瞭望。寇至，夜舉火，晝鳴礮，併力堅守。規畫周詳，後莫能易。

蒙古——防蒙措施

《明史》卷一五九《李儀傳》：

　　英宗即位之歲，始設諸邊巡撫。僉都御史丁璿方督大同、宣府軍儲，而儀以右僉都御史巡撫其地，盛有所建置。明年請以大同東西二路分責於總兵官羅文、方政。從之。

《明史》卷一六〇《魏源傳》：

　　正統二年五月命[源以刑部尚書]整飭大同、宣府諸邊，許便宜行事。源遣都督僉事李謙守獨石，楊洪副之，劾萬全衛指揮杜衡戍廣西。明年奏大同總兵官譚廣老，帝命黃真、楊洪充左右參將協鎮，諸將肅然。按行天城、朔州諸險要，令將吏分守。設威遠衛，增修開平、龍門城，自獨石抵宣府，增置墩堠。免屯軍租一年，儲火器爲邊備，諸依權貴避役者悉括歸伍。……

《明史》卷一七一《王驥傳》：

　　[正統九年，還自第二度征麓川，]命與都御史陳鎰巡延綏、寧夏、甘肅諸邊。初，寧夏備邊軍，半歲一更。後邊事亟，三年乃更。軍士日久疲罷，又益選軍餘防冬，家有五六人在邊者，軍用重困。驥（時仍爲兵部尚書）請歲一更，當代者以十月至，而代者留至來年正月乃遣歸（是實跨十四月，奚止一年？——光旦），邊備足而軍不勞。帝善其議，行之諸邊。

《明史》卷一七一《王越傳》：

　　[成化]十年春（查天順間，蒙古始出入河套，成化五年起，入套屯駐，九年，越等逐之，渡河北去，見《越傳》上文），廷議設總制府於固原……控制延

綏、寧夏、甘肅三邊。總兵、巡撫而下，並聽節制。詔……即以越任之，三邊設總制自此始。

《明史》卷一七七《王復傳》：

……（成化初年，西北防蒙措施多出復之建議規畫，見"蒙古——在西北（與王復）"片，不另錄。）

《明史》卷一七七《葉盛傳》：

……（也先北退後，宣、大一帶城堡之整理恢復，盛與孫安之力爲多，見"蒙古——也先"片，此不另錄。本傳下文，盛於成化初巡撫宣府，又作若干設施，見"蒙古——在北方"片。）

《明史》卷一七八《朱英傳》：

成化……十年以右副都御史巡撫甘肅，先後陳安邊二十八事。其請徙居戎、安流離、簡貢使，於時務尤切。

光旦：此應不限於甘肅邊，然應涉及西域，不止蒙古。

蒙古——防蒙措施（與秦紘）

《明史》卷一七八《秦紘傳》：

［弘治］十四年秋，寇大入花馬池，敗官軍孔壩溝，直抵平涼。……詔起［紘］戶部尚書兼右副都御史，總制三邊軍務。紘馳至固原，按行敗所。……劾治敗將楊琳等四人罪，更易守將。練壯士，興屯田，申明號令，軍聲大振。

初，寇未入河套，平涼、固原皆內地無患。自孛來住牧後，（住牧河套？）固原當兵衝，爲平、慶、臨、鞏門戶，而城（固原城）隘民貧，兵力單弱，商販不至。紘乃拓治城郭，招徠商賈，建改爲州，而身留節制之。奏言："固原主、客兵止萬八千人，散守城堡二十四。勢分力弱，宜益兵。舊臨、鞏、秦州諸軍歲赴甘、涼備禦。及他方有警，又調兵甘、涼，或發京軍征討。……請自今京兵毋輕發，臨、鞏、甘、涼諸軍亦宜各還本鎮。……"

紘見固原迤北延袤千里，閒田數十萬頃，曠野近邊，無城堡可依。議於花馬池迤西至小鹽池二百里，每二十里築一堡，堡周四十八丈，役軍五百人。固原迤北諸處亦各築屯堡，募人屯種，每頃歲賦米五石，可得五十萬石。規畫已定，而寧夏巡撫劉憲爲梗。紘乃奏曰："竊見三邊情形，延綏、甘、涼地雖廣，而士馬精強。寧夏怯弱矣，然河山險阻。惟花馬池至固原，軍既怯弱，又墩臺疏遠，敵騎得長驅深入，故當增築墩堡，韋州豫望城諸處亦然。今固原迤南修築將畢，惟花馬池迤北二百里，當築十堡。而憲危言阻衆，且廢垂成之功。……"帝下詔責憲，憲引罪，卒行紘策。修築諸邊城堡一萬四千餘所，垣塹六千四百餘里，固原屹爲重鎮。

紘又以意作戰車，名"全勝車"，詔頒其式於諸邊。

在事三年，四鎮晏然，前後經略西陲者莫及。

蒙古——防蒙措施

《明史》卷一八五《梁璟傳》：

畿輔八府舊止設巡撫一人，駐薊州以禦邊，不能兼顧。璟（時在成化間，璟爲兵科都給事中）請順天、永平二府分設一巡撫，以薊州邊務屬之，令巡撫陳濂專撫保定六府兼督紫荊諸關。朝議從之，遂爲定制。

《明史》卷一八六《許進傳·子論附傳》：

幼從父歷邊境，盡知阨塞險易，因著《九邊圖論》上之（時應在嘉靖初葉）。

《明史》卷一八六《熊繡傳》：

弘治……七年以右副都御史巡撫延綏。榆林初僅小堡，屯兵備冬。景泰中，始移巡撫、總兵官居之，遂爲西北巨鎮，城隘弗能容，繡因請增築千二百餘丈。涖鎮數年，練兵積粟，邊政修舉。

《明史》卷一八六《王璟傳》：

[正德]六年起撫（以右僉都御史）山西。製火槍萬餘，槍藏箭六，皆傅毒藥，用以禦寇。寇不敢西。

《明史》卷一九八《楊一清傳》：

（一清論西北防蒙措施甚詳，見"蒙古——在西北（與楊一清）"，此不另。）

《明史》卷一九九《鄭曉傳》：

[嘉靖初年，爲]職方主事。……尚書金獻民屬撰《九邊圖志》，人爭傳寫之。

《明史》卷一八七《洪鍾傳》：

弘治……十一年擢右副都御史，巡撫順天。整飭薊州邊備……所部潮河川去京師二百里，居兩山間，廣百餘丈，水漲成巨浸，水退則坦然平陸，寇得長驅直入。鍾言："關以東三里許，其山外高内庳，約餘二丈，可鑿爲兩渠，分殺水勢，而於口外斜築石堰以束水。置關堰内，守以百人，使寇不得馳突，可免京師北顧憂，且得屯種河壖地。"兵部尚書馬文升等請從之。……未幾，工成。

光旦：此今密雲水庫地也。

光旦：北宋以瓦橋關迤北之水系與窪地防燕雲契丹，明以潮河川防蒙古，以步拒騎，不得不仰賴水之地利，前後如一轍也。然其後嘉靖間俺答仍由此薄京師。

《明史》卷一九三《翟鑾傳》：

嘉靖……十八年二月改兵部尚書兼右都御史，［充行邊使］……東西往返三萬餘里。［十九］年春入京。……［其］在大同與總督毛伯溫議築長堡①，過甘肅與總督劉天和議拓嘉峪關。［均見施行，遂］以原官入閣。

《明史》卷一九九《范鏓傳》：

［嘉靖中（二十年後若干年），以右副都御史］總理邊關阨隘。奏上經略潮河川、居庸關諸處事宜，請於古道門外蜂窩嶺增墩臺一爲外屏，濬壕設橋，以防衝突。川西南兩山對處，各設敵臺，以控中流，分戍兵番直守要害。又薊鎮五里垛、划車、开連口、慕田谷等地，宜設墩臺。惡谷、紅生谷②、香鑪石等地，宜斬崖塹。居庸關外諸口，在宣府爲內地，在居庸則爲邊藩，宜敕東中路文武臣修築。加潮河川提督爲守備，增副將居庸關，領天壽山、黃花鎮。設橫嶺守備，塞懷來路，增置新軍二千餘人……

又議紫荆、倒馬、龍泉等關及山海關、古北口經略事宜，請於紫荆之桑谷，倒馬之中窰關峪，龍泉之陡石嶺諸要害，創築城垣，增設敵樓營舍。薊州所轄燕河、太平、馬蘭、密雲四路，修築未竟者，括諸司贖鍰竣之。而浮圖峪、插箭嶺尤爲紫荆、倒馬二關衝，移參將分駐石門杜家莊，俾保定總兵駐紫荆。薊、遼懸絕千里，移建昌營遊擊於山海關。……

又言："諸路緩急，以密雲之分守爲最。各關要害，以密雲之迤西爲最。若燕河之冷口，馬蘭之黃崖，太平之榆木嶺、擦崖子，皆所急也。宜……迭爲戰守。"

---

① 標點本《校勘記》：長堡，據《明史稿》卷七二《李時傳》附《翟鑾傳》、《世宗實錄》卷二三〇嘉靖十八年十月壬午條應爲"五堡"。——整理者注

② 標點本《校勘記》：紅生谷，應爲"紅土谷"。據《明史考證攟逸》卷一七："按《邊防考》，紅土谷在黑谷關八十里，與惡谷、香鑪石等處連結。明嘉靖時始於此緣崖置塹以爲固。此作'紅生谷'誤。"——整理者注

光旦：此議實行否，未詳。不久以後，俺答逼都城。

《明史》卷二〇〇《蔡天祐傳·張文錦附傳》：

嘉靖元年拜右副都御史，巡撫大同。……大同北四望平衍，寇至無可禦。文錦曰："寇犯宣府不能近鎮城者，以葛谷、白陽諸堡為外蔽也。今[大同]城外即戰場，何以示重？"議於城北九十里外，增設五堡，曰水口、宣寧、只河、柳溝、樺溝。參將賈鑑督役嚴，卒已怨。及堡成，欲徙鎮卒二千五百家戍之。眾憚行，請募新丁，僚吏咸以為言。文錦怒曰："……鎮親兵先往，孰敢後！"親兵素游惰有室。聞當發，大恐。請子身往，得分番。又不聽，嚴趣之。……遂倡亂。……

光旦：此即嘉靖三年八月之大同軍亂。後五堡究如何戍守，傳文未詳。文錦死於亂。

《明史》卷二〇〇《劉天和傳》：

嘉靖……十五年改兵部左侍郎，總制三邊軍務。兵車皆雙輪，用二十人，遇險即困，又行遲不適於用。天和請倣前總督秦紘隻輪車，上置砲槍斧戟，廂前樹狻猊牌，左右虎盾，連二車可蔽三四十人。一人輓之，推且翼者各二人。戰則護騎士其中，敵遠則施火器，稍近發弓弩，又近乃出短兵。敵走，則騎兵追。復製隨車小帳，令士不露宿。又毒弩矢，修邊牆濠塹。皆從之。

《明史》卷二〇四《翟鵬傳》：

（見"蒙古——在北方（與翟鵬）"片。）

《明史》卷二〇四《孫繼魯傳》：

嘉靖……二十六年擢右副都御史……巡撫山西。……總督都御史翁萬達議撤山西內邊兵，并力守大同外邊，帝報可。繼魯抗章爭，言："紫荊、居庸、山海諸關，東枕溟渤；雁門、寧武、偏頭諸關，西據黃河。天設重險，以藩衛國家，豈可聚師曠野，洞開重門以延敵。夫紫荊諸關之拱護京師，與雁門諸關之屏蔽全晉，一也。今議者不撤紫荊以并守宣府，豈可獨撤雁門以并守大同耶？況自偏頭、寧武、雁門東抵平刑關為山西長邊，自右衛雙溝墩至東陽河、鎮口臺為大同長邊，自丫角山至雙溝百四十里為大同緊邊，自丫角山至老牛灣百四十里為山西緊邊，論長邊則大同為急，山西差緩，論緊邊則均為最急。此皆密邇河套，譬之門闔。山西守左，大同守右。山西并力守左尚不能支，又安能分力以守大同之右。近年寇不敢犯山西內郡者，以三關備嚴故也。使三關將士還（遠）離堡戍，欲其不侵犯難矣。全師在外，強寇內侵，即紫荊、倒馬諸關不將徒守哉！"……

兵部是繼魯言。帝不從……〔卒從萬達。〕……逮〔繼魯〕下詔獄。疽發於項，瘐死。

《明史》卷二一二《俞大猷傳》：

〔嘉靖三十七年，大猷被誣縱倭獲罪，〕令立功塞上。大同巡撫李文進……與籌軍事。乃造獨輪車拒敵馬。嘗以車百輛，步騎三千，大挫敵安銀堡。文進上其制於朝，遂置兵車營。京營有兵車，自此始也。

《明史》卷二一二《戚繼光傳》：

議立車營。車一輛用四人推輓，戰則結方陣，而馬步軍處其中。又製拒馬器，體輕便利，遏寇騎衝突。寇至，火器先發，稍近則步軍持拒馬器排列而前，間以長鎗、筤筅。寇奔，則騎軍逐北。又置輜重營隨其後。

光旦：事在隆慶五年。

《明史》卷二一二《戚繼光傳》：

自順義受封，朝廷以八事課邊臣，曰：積錢穀，修險隘，練兵馬，整器械，開屯田，理鹽法，收塞馬，散叛黨。三歲則遣大臣閱視，而薊最之。……

自嘉靖庚戌（二十九年）俺答犯京師，邊防獨重薊。增兵益餉，騷動天下。復置昌平鎮，設大將，與薊相脣齒。猶時躪內地，總督王忬、楊選並坐失律誅。十七年間，易大將十人，率以罪去。繼光在鎮十六年（自隆慶初算起），邊備修飭，薊門宴然。繼之者，踵其成法，數十年得無事。亦賴當國大臣〔如張居正等倚任之力〕。

《明史》卷二一四《楊博傳》：

歷職方郎中。大學士翟鑾巡九邊，以博自隨。所過山川形勢，土俗好惡，士卒多寡強弱，皆疏記之。

光旦：事在嘉靖十八及十九年間（見上摘卷一九三《翟鑾傳》）。

《明史》卷二一四《楊博傳》：

（造偏箱車百輛，習車戰，以禦蒙古，見"蒙古——在北方（與楊博等）"片。）

《明史》卷二二〇《吳百朋傳》：

萬曆初〔以兵部右侍郎〕閱視宣、大、山西三鎮。……以糧餉、險隘、兵馬、器械、屯田、鹽法、番馬、逆黨八事核邊臣……又進邊圖，凡關塞險隘，番族部落，士馬強弱，亭障遠近，歷歷如指掌。

《明史》卷二二〇《劉應節傳》：

隆慶元年［以右僉都御史巡撫順天］。上疏曰："國初設立大寧，薊門猶稱内地。既大寧内徙，三衛反覆，一切防禦之計，與宣、大相埒，而額兵不滿三萬。……本鎮西起鎮邊，東抵山海，因地制兵，非三十萬不可。今主、客兵不過十三萬而已。且宣府地方六百里，額兵十五萬；大同地方千餘里，額兵十三萬五千；今薊、昌地兼二鎮，而兵力獨不足。援彼例此，何以能守？以今上計，發精兵二十餘萬，恢復大寧，控制外邊，俾畿輔肩背益厚，宣、遼聲援相通，國有重關，庭無近寇，此萬年之利也。"（下尚有中、下計，不錄。）……卒不行。

光旦：薊遼形勢，明初與此際大有不同。明初，成祖以三衛（大寧亦然）畀兀良哈，倚爲屏蔽，蒙古之壓力集中於北與西北。至此，俺答頻東，土蠻又東徙其帳，三衛因此而反覆，而滿洲之興亦已有端倪。應節"援彼例此"，而不就前後形勢之不同言之，亦疏矣。

《明史》卷二二二《譚綸傳》：

隆慶元年……進［兵部］左侍郎兼右僉都御史，總督薊、遼、保定軍務。……綸相度邊隘衝緩，道里遠近，分薊鎮爲十二路，路置一小將，總立三營：東駐建昌備燕河以東，中駐三屯備馬蘭、松、太，西駐石匣備曹牆、古石。……

光旦：亦見卷二一二《戚繼光傳》，略有出入。

《明史》卷二二二《方逢時傳》：

（於獨石堡與南山之間鑿通盤道，以利情報及交通，見"蒙古——俺答、辛愛（與方逢時）"片。）

《明史》卷二二二《張學顔傳》：

（學顔爲遼撫，作備土蠻及三衛之若干措施，然不盡爲土蠻、三衛，故列"總錄——明與東北"片。）

《明史》卷二二七《宋儀望傳》：

［以］御史……巡鹽河東，請開桑乾河通宣、大餉道……兵部尚書聶豹言："河成便漕，兼制敵騎。"工部尚書歐陽必進言："道遠役重。"遂報罷。

《明史》卷二二七《孫維城傳》：

遷赤城兵備副使，繕亭障二百六十所。

光旦：事在萬曆二十年前後。

《明史》卷二三二《魏允貞傳》：

　　[萬曆初葉，以御史疏陳時弊，有云，]"俺答自通市以來，邊備懈弛。三軍月餉，既剋其半以充市賞，復剋其半以奉要人，士無宿飽，何能禦寇。"

蒙古——防蒙措施（以餌養魚論）
《明史》卷二三五《孟一脉傳》：

　　[萬曆中，以御史疏陳五事，其五有曰：]"漁夫舍餌以得魚，未聞以餌養魚者也。今以中國之文帛綺繡爲蕃戎常服，雖曰貢市，實則媚之。邊臣假貢市以賂戎，戎人肆剽竊而要我。彼此相欺，以誑君父。幸其不來，來則莫禦。所謂以餌養魚者也。……"疏入，忤旨，謫建昌推官。

蒙古——防蒙措施
《明史》卷二五一《蔣德璟傳》：

　　[崇禎十六年，]進《御覽備邊册》，凡九邊十六鎮新舊兵食之數，及屯、鹽、民運、漕糧、馬價悉志焉。已[而]進《諸邊撫賞册》。（時以禮部尚書在閣。）

　　　　光旦：於此時進此二册，所備已不止是蒙古，且應以滿洲爲主矣。

蒙古——邊供、邊儲
《明史》卷七八《食貨志二》：

　　世宗中年，邊供費繁……二十九年，俺答犯京師，增兵設戍，餉額過倍。三十年，京邊歲用至五百九十五萬。

《明史》卷一四九《夏原吉傳》：

　　[成祖]召原吉問邊儲多寡，對曰："比年師出無功，軍馬儲蓄十喪八九……"[帝銳意北征，怒，]命原吉出理開平糧儲。……明年（永樂十九年）北征，以糧盡引還。

蒙古——防蒙經費
《明史》卷二一四《劉體乾傳》：

　　[隆慶間，爲戶部尚書，]詔取太倉銀三十萬兩。體乾言：太倉銀所存三百七十萬耳，而九邊年例二百七十六萬有奇……薊州、大同諸鎮例外奏乞不

與焉。……

帝嘗問九邊軍餉，太倉歲發及四方解納之數。體乾奏："祖宗朝止遼東、大同、宣府、延綏四鎮，繼以寧夏、甘肅、薊州，又繼以固原、山西，今密雲、昌平、永平、易州俱列戍矣。各鎮防守有主兵。其後增召募，增客兵，而坐食愈眾。各鎮籌餉有屯田。其後加民糧，加鹽課，加京運，而橫費滋多。"因列上隆慶以來歲發之數。

《明史》卷二一四《靳學顏傳》：

[隆慶間]拜右副都御史，巡撫山西。應詔陳理財，[有曰，]"我朝邊兵四十萬。其後……增兵益戍……嘉靖中即以詘乏告……我朝以民養兵，而新軍又一切仰太倉。舊餉不減，新餉日增。"

光旦：邊兵，主要爲北方之九邊。

光旦：曰"以民養兵"，屯田已形同虛設矣！然就明代初葉言之，以民養養兵，亦非的論。

《明史》卷二三五《王德完傳》：

[萬曆中（二十年前後），]遷戶科都給事中。上籌畫邊餉議，言："諸邊歲例，弘、正間止四十三萬，至嘉靖則二百七十餘萬，而今則三百八十餘萬。"

蒙古——諸邊撫賞

《明史》卷二五七《趙彥傳》：

[天啓]三年八月召代董漢儒爲兵部尚書……請……敕諸邊撫賞毋增故額。

光旦：撫賞成一種羈縻制度，實例甚多，其弊亦大，俺答款貢以後，尤成一大問題。事實均散見"蒙古……"諸條中，不更立片。

蒙古——防蒙經費，兵額

《明史》卷二五七《梁廷棟傳》：

[崇禎三年，代申用懋掌兵部，]以兵食不足，將加賦，因言："……臣考九邊額設兵餉，兵不過五十萬，餉不過千五百三十餘萬，何憂不足。……[大患]在官貪。……"

光旦：此九邊兵額、餉額，不知究於何時定出，實行過若干年。無論如何，至崇禎初，兵虛餉浮，決不是此數耳。

《明史》卷二五七《張鳳翼傳》：

以宣、大兵寡,[以兵部尚書]上言:"國初額軍,宣府十五萬一千,今止六萬七千。大同十三萬五千,今止七萬五千。乞兩鎮各增募萬人。"

光旦:至此所防主要對象,已與明初不同,非復蒙古,而爲滿洲矣。鳳翼掌兵部,是崇禎五年間事(見《崇禎長編》卷六三崇禎五年九月戊申條),而至七年,滿洲即西征插漢,入宣、大境。斯有增兵之議。

蒙古——邊防措施(佛郎機礮)

《明史》卷三二五《佛郎機傳》:

嘉靖二年,[佛郎機]寇新會之西草灣……敗遁。官軍得其礮,即名爲佛郎機,副使汪鋐進之朝。九年秋,鋐累官右都御史,上言:"今塞上墩臺城堡未嘗不設,乃寇來輒遭蹂躪者,蓋墩臺止瞭望,城堡又無制遠之具,故往往受困。當用臣所進佛郎機,其小止二十斤以下,遠可六百步者,則用之墩臺。每墩用其一,以三人守之。其大至七十斤以上,遠可五六里者,則用之城堡。每堡用其三,以十人守之。五里一墩,十里一堡,大小相依,遠近相應,寇將無所容足,可坐收不戰之功。"帝悦,即從之。火礮之有佛郎機自此始。然將士不善用,迄莫能制寇也。

蒙古——防蒙措施(九邊)

《明史》卷九一《兵志三》:

元人北歸,屢謀興復。永樂遷都北平,三面近塞。正統以後,敵患日多。故終明之世,邊防甚重。東起鴨緑,西抵嘉峪,綿亘萬里,分地守禦。初設遼東、宣府、大同、延綏四鎮,繼設寧夏、甘肅、薊州三鎮,而太原總兵治偏頭,三邊制府駐固原,亦稱二鎮,是爲九邊。

初,洪武二年① 命大將軍徐達等備山西、北平邊,諭令各上方略。從淮安侯華雲龍言,自永平、薊州、密雲迤西二千餘里,關隘百二十有九,皆置戍守。於紫荆關及蘆花嶺設千户所守禦。又詔山西都衛於雁門關、太和嶺并武、朔諸山谷間,凡七十三隘,俱設戍兵。

[洪武]九年敕燕山前、後等十一衛,分兵守古北口、居庸關、喜峰口、

---

① 標點本《校勘記》:二年,據《明史稿》志六八《兵志》、《太祖實録》卷八〇洪武六年三月壬子條應爲"六年"。——整理者注

松亭關烽堠百九十六處，參用南北軍士。

［洪武］十五年又於北平都司所轄關隘二百，以各衛卒守戍。詔諸王近塞者，每歲秋，勒兵巡邊。

［洪武］十七年命徐達籍上北平將校士卒。復命將覈遼東、定遼等九衛官軍。是後，每遣諸公、侯校沿邊士馬，以籍上。

［洪武］二十年置北平行都司於大寧。其地在喜峰口外，故遼西郡，遼之中京大定府也；西大同，東遼陽，南北平。馮勝之破納哈出，還師，城之，因置都司及營州五屯衛，而封皇子權爲寧王，調各衛兵往守。先是，李文忠等取元上都，設開平衛及興和等千戶所；東西各四驛，東接大寧，西接獨石。

［洪武］二十五年又築東勝城於河州東受降城之東，設十六衛，與大同相望。自遼以西，數千里聲勢聯絡。

建文元年，文帝起兵，襲陷大寧，以寧王權及諸軍歸。……而改北平行都司爲大寧都司，徙之保定。調營州五衛於順義、薊州、平谷、香河、三河，以大寧地界兀良哈。自是，遼東與宣、大聲援阻絕，又以東勝孤遠難守，調左衛於永平，右衛於遵化，而墟其地。先是興和亦廢，開平徙於獨石，宣府遂稱重鎮。

然帝（永樂）於邊備甚謹。自宣府迤西迄山西，緣邊皆峻垣深濠，烽堠相接。隘口通車騎者百戶守之，通樵牧者甲士十人守之。武安侯鄭亨充總兵官，其敕書云："各處烟墩，務增築高厚，上貯五月糧及柴薪藥弩，墩傍開井，井外圍牆與墩平，外望如一。"重門……

洪熙改元，朔州軍士白榮請還東勝、高山等十衛於故地。興州軍士范濟亦言，朔州、大同、開平、宣府、大寧皆藩籬要地，其土可耕，宜遣將率兵，修城堡，廣屯種。皆不能用。

正統元年，給事中朱純請修塞垣。總兵官譚廣言："自龍門至獨石及黑峪口五百五十餘里，工作甚難，不若益墩臺瞭守。"乃增赤城等堡烟墩二十二。寧夏總兵官史昭言："所轄屯堡，俱在河外，自河迤東至察罕腦兒，抵綏德州，沙漠曠遠，並無守備。請於花馬池築哨馬營。"大同總兵官方政繼以馬營請，欲就半嶺紅寺兒廢營修築。宣大巡撫都御史李儀以大同平衍，巡哨宜謹，請以副總兵主東路，參將主西路，而迤北則屬之總兵官都指揮。並如議行。

後三年，詔塞紫荊關諸隘口，增守備軍。時瓦剌漸強，從成國公朱勇請也。既而也先入塞，英宗陷於土木。

景帝即位，十餘年間，邊患日多。索來、毛里孩、阿羅出之屬，相繼入犯，無寧歲。

成化元年，延綏總兵官張傑言："延慶等境廣袤千里，所轄二十五營堡，每處僅一二百人，難以應敵，宜選精銳九千為六哨，分屯府谷、神木二縣，龍州、榆林二城，高家、安邊二堡，庶緩急有備。"又請分布鄜、慶防秋軍二千餘人於沿邊要害。從之。

[成化]七年，延綏巡撫都御史余子俊大築邊城。先是，東勝設衛守在河外，榆林治綏德。後東勝內遷，失險，捐米脂、魚河地幾三百里。正統間，鎮守都督王禎始築榆林城，建緣邊營堡二十四，歲調延安、綏德、慶陽三衛軍分戍。天順中，阿羅出入河套駐牧，每引諸部內犯。至是，子俊乃徙治榆林。由黃甫川西至定邊營千二百餘里，墩堡相望，橫截套口，內復塹山堙谷，曰夾道，東抵偏頭，西終寧、固，風土勁悍，將勇士力，北人呼為橐駝城。

[成化]十二年，兵部侍郎滕昭、英國公張懋條上邊備，言："居庸關、黃花鎮、喜峰口、古北口、燕河營有團營馬步軍萬五千人戍守，請益軍五千，分駐永平、密雲以策應遼東。涼州、鎮番、莊浪、賀蘭山迤西，從雪山過河，南通靖虜，直至臨、鞏，俱敵入犯之路，請調陝西官軍，益以甘、涼、臨、鞏、秦、平、河、洮兵，戍安定、會寧，遇警截擊；以涼州銳士五千，扼要屯駐，彼此策應。"詔可。

[成化]二十一年敕各邊軍士，每歲九月至明年三月，俱常操練，仍以操過軍馬及風雪免日奏報。邊備頗修飭。

弘治十四年設固原鎮。先是，固原為內地，所備惟靖虜。及火篩入據河套，遂為敵衝。乃改平涼之開成縣為固原州，隸以四衛，設總制府，總陝西三邊軍務。是時陝邊惟甘肅稍安，而哈密屢為土魯番所擾，乃敕修嘉峪關。

正德元年春，總制三邊都御史楊一清請復守東勝，"因河為固，東接大同，西屬寧夏，使河套千里沃壤，歸我耕牧，則陝右猶可息肩"。因上修築定邊營等六事。帝可其奏。旋以忤中官劉瑾罷，所築塞垣僅四十餘里而已。

武宗好武，邊將江彬等得幸，遼東、宣府、大同、延綏四鎮軍多內調，又以京軍六千與宣府軍六千，春秋番換。

[正德]十三年，頒定宣、大、延綏三鎮應援節度：敵不渡河，則延綏聽調於宣、大；渡河，則宣、大聽調於延綏。從兵部尚書王瓊議也。

初，大寧之棄，以其地畀朵顏、福餘、泰寧三衛，蓋兀良哈歸附者也。未幾，遂不靖。宣宗嘗因田獵，親率師敗之，自是畏服。故喜峰、密雲止設都指揮鎮守。土木之變，頗傳三衛助逆，後因添設太監參將等官。至是，朵顏獨盛，情叵測。

嘉靖初，御史邱養浩請復小河等關於外地，以扼其要。又請多鑄火器，給沿邊州縣，募商糴粟，實各邊衛所。詔皆行之。

初，太祖時，以邊軍屯田不足，召商輸邊粟而與之鹽。富商大賈悉自出財力，募民墾田塞下，故邊儲不匱。弘治時，戶部尚書葉淇始變法，令商納銀太倉，分給各邊。商皆撤業歸，邊地荒蕪，米粟踴貴，邊軍遂日困。

[嘉靖]十一年，御史徐汝圭條上邊防兵食，謂"延綏宜漕石州、保德之粟，自黃河而上，楚粟由鄖陽，汴粟由陜、洛，沔粟由漢中，以達陝右。宣、大產二麥，宜多方收糴。紫荊、倒馬、白羊等關，宜招商賃車運"。又請"以宣府游兵駐右衛懷來，以援大同。選補游兵於順聖西城為臨期應援，永寧等處游兵衛宣府，備調遣。直隸八府召募勇敢團練，赴邊關遠近警急。榆林、山、陝游兵，於本處策應"。報可，亦未能行也。

[嘉靖]十八年移三邊制府鎮花馬池。是時，俺答諸部強橫，屢深入大同、太原之境，晉陽南北烟火蕭然。巡撫都御史陳講請"以兵六千戍老營堡東界之長峪，以山西兵守大同。三關形勢，寧武為中路，莫要於神池，偏頭為西路，莫要於老營堡，皆宜改設參將。雁門為東路，莫要於北樓諸口，宜增設把總、指揮。而移神池守備於利民堡，老營堡游擊於八角所，各增軍設備"。帝悉許之。規畫雖密，然兵將率怯弱，其健者僅能自守而已。

[嘉靖]二十二年詔宣府兵乘塞。舊制，總兵夏秋間分駐邊堡，謂之暗伏。至是，有司建議，入秋悉令赴邊，分地拒守，至九月中罷歸，犒以帑金。久之，以勞費罷。

[嘉靖]二十四年，巡按山西御史陳豪言："敵三犯山西，傷殘百萬，費餉銀六十億，曾無尺寸功。請定計決戰，盡復套地。"

明年，敵犯延安，總督三邊侍郎曾銑力主復套，條上十八事。帝嘉獎之。大學士嚴嵩窺帝意憚兵，且欲殺舊閣臣夏言，因劾銑，并言誅死，自是無敢言邊事者。

[嘉靖]二十九年，俺答攻古北口，從間道黃榆溝入，直薄東直門，諸將不敢戰。敵退，大將軍仇鸞力主貢市之議。明年開馬市於大同，然寇掠如故。又明年，馬市罷。

先是翁萬達之總督宣、大也，籌邊事甚悉。其言曰："山西保德州河岸，東盡老營堡，凡二百五十四里。西路丫角山迤北而東，歷中北路，抵東路之東陽河鎮口臺，凡六百四十七里。宣府西路，西陽河迤東，歷中北路，抵東路之永寧四海冶，凡一千二十三里。皆逼臨巨寇，險在外者，所謂極邊也。老營堡轉南而東，歷寧武、雁門、北樓至平刑（型）關盡境，約八百里。又轉南而東，爲保定界，歷龍泉、倒馬、紫荊、吳王口、插箭嶺、浮圖峪至沿河口，約一千七十餘里。又東北爲順天界，歷高崖、白羊，抵居庸關，約一百八十餘里。皆峻嶺層岡，險在內者，所謂次邊也。敵犯山西必自大同，入紫荊必自宣府，未有不經外邊[而]能入內邊者。"乃請修築宣、大邊牆千餘里，烽堠三百六十三所。後以通市故，不復防，遂半爲敵毀。至是，兵部請敕邊將修補。科臣又言，垣上宜築高臺，建廬以棲火器。從之。

時俺答益強，朶顏三衛爲之鄉導，遼、薊、宣、大連歲被兵。

[嘉靖]三十四年，總督軍務兵部尚書楊博，既解大同右衛圍，因築牛心諸堡，修烽堠二千八百有奇。宣、大間稍寧息，而薊鎮之患不已。薊之稱鎮，自二十七年始。時鎮兵未練，因詔各邊入衛兵往戍。既而兵部言："大同之三邊，陝西之固原，宣府之長安嶺，延綏之夾牆，皆據重險，惟薊獨無。渤海所南，山陵東，有蘇家口，至寨籬村七十里，地形平漫，宜築牆建臺，設兵守，與京軍相夾制。"報可。

時兵力屢弱，有警徵召四集，而議者惟以據險爲事，無敢言戰者。其後薊鎮入衛兵，俱聽宣、大督、撫調遣，防禦益疎，朶顏遂乘虛歲入。

[嘉靖]三十七年，諸鎮建議，各練本鎮戍卒，可省徵發費十之六。然戍卒選愞不任戰，歲練亦費萬餘，而臨事徵發如故。

隆慶間，總兵官戚繼光總理薊、遼，任練兵事，因請調浙兵三千人以倡勇敢。及至，待命於郊，自朝至日中，天雨，軍士跬步不移，邊將大駭。自是薊兵以精整稱。

俺答已通貢，封順義王，其子孫襲封者累世。迨萬曆之季，西部遂不競，而土蠻部落虎墩兔、炒花、宰賽、煖兔輩，東西煽動，將士疲於奔命……

初，邊政嚴明，官軍皆有定職。總兵官總鎮軍爲正兵，副總兵分領三千爲奇兵，遊擊分領三千往來防禦爲遊兵，參將分守各路東西策應爲援兵。營堡墩臺分極衝、次衝，爲設軍多寡。平時走陣、哨探、守瞭、焚荒諸事，無敢惰。稍違制，輒按軍法。而其後皆廢壞云。

蒙古——防蒙措施（邊牆）——余子俊

《明史》卷一七八《余子俊傳》：

成化……六年（或七年）……拜右副都御史，巡撫延綏。先是，巡撫王銳請沿邊築牆建堡，爲久遠計，工未興而罷。子俊上疏言："三邊惟延、慶地平易，利馳突。寇屢入犯，獲邊人爲導，徑入河套屯牧。自是寇顧居內，我反屯外，急宜於沿邊築牆置堡。況今舊界石所在，多高山陡厓。依山形，隨地勢，或剷削，或壘築，或挑塹，緜引相接，以成邊牆，於計爲便。"尚書白圭以陝民方困，奏緩役。既而寇入孤山堡，復犯榆林，子俊先後與朱永、許寧擊敗之。是時，寇據河套，歲發大軍征討，卒無功。

八年秋，子俊復言："今征套士馬屯延綏者八萬，芻茭煩內地。若今冬寇不北去，又須備來年軍資。姑以今年之數約之，米豆需銀九十四萬，草六十萬。每人運米豆六斗、草四束，應用四百七萬人，約費行資八百二十五萬。公私煩擾至此，安得不變計。臣前請築牆建堡，詔事寧舉行。請於明年春夏寇馬疲乏時，役陝西運糧民五萬，給食興工，期兩月畢事。"圭猶持前議阻之。……子俊先用軍功進左副都御史。明年（成化九年），又用紅鹽池搗巢功，進右都御史。

寇以搗巢（即九年紅鹽池之役）故遠徙，不敢復居套。內地患稍息，子俊得一意興役。東起清水營，西抵花馬池，延袤千七百七十里，鑿崖築牆，掘塹其下，連比不絕。每二三里置敵臺崖砦備巡警。又於崖砦空處築短牆，橫一斜二如箕狀，以瞭敵避射。凡築城堡十一，邊墩十五，小墩七十八，崖砦八百十九，役軍四萬人，不三月而成。牆內之地悉分屯墾，歲得糧六萬石有奇。十年閏六月，子俊具上其事……

初，延綏鎮治綏德州，屬縣米脂、吳堡悉在其外。寇以輕騎入掠，鎮兵覺而追之，輒不及，往往得利去。自子俊徙鎮榆林，增衛益兵，拓城置戍，攻守器畢具，遂爲重鎮，寇抄漸稀，軍民得安耕牧焉。……

子俊之築邊牆也，或疑沙土易傾，寇至未可恃。至[成化]十八年，寇入犯，許寧等逐之。寇扼於牆塹，散漫不得出，遂大衄，邊人益思子俊功。……

[成化]二十年命兼左副都御史，總督大同、宣府軍務。其冬還朝。……未幾（成化二十一年），復出行邊（宣、大邊）。初，子俊巡歷宣、大（此二十年事），請以延綏邊牆法行之兩鎮，因歲歉而止。比復出（二十一年），銳欲行之。言東起四海治（冶），西抵黃河，延袤千三百餘里，舊有墩百七十，應增築四百四十，墩高廣皆三丈，計役夫八萬六千，數月可成。詔明年（成化

二十二年)四月即工。然是時,歲比不登,公私耗敝,驟興大役,上下難之。子俊又欲責成於邊臣,而己不親其事,謗議由是起。……[不果築。]……

　　光旦:四海冶,應作四海冶,舊嘗冶鑄於此,地當四水合流之會,故曰"四海",地近居庸關北口。

　　光旦:此建議應在二十一年,因二十二年二月,子俊被劾去。

[清水營至花馬池邊牆之築,]爲銀百五十萬,米菽二百三十萬……

　　子俊沉毅……有偉略。……榆林始事,怨讟叢起,子俊持之益堅,竟以成功(指西北邊牆),爲數世利。

蒙古——防蒙措施(邊牆)

《明史》卷一八六《張鼐傳》:

　　[弘治十五]年秋擢右僉都御史巡撫遼東。時軍政久弛,又許餘丁納貲助驛遞,給冠帶,復其身,邊人競援例避役。鼐言不可,因條上定馬制、核屯糧、清隱占、稽客戶、減軍伴數事……尋……築邊牆自山海關迄開原鸚陽堡凡千餘里。

《明史》卷一八六《許進傳·子論附傳》:

　　[初]翁萬達爲總督(宣、大、山西、保定),築大同邊牆六百里,里建一墩臺於牆内。後以兵少牆不能守,盡撤而守臺。論(時論爲兵部尚書)言:"兵既守臺,則寇攻牆[時]不得用其力。及寇入牆,率震駭逃散。請改築於牆外,每三百步建一臺,俾矢石相及。去牆不得越三十步,高廣方四丈五尺,其顛損三之一,上置女牆、營舍,守以壯士十人。下築月城,穴門通出入。度工費不過九萬金,數月而足。"詔立從之。

　　光旦:事在嘉靖三十三、三十四年。時論以兵部尚書出督宣、大、山西軍務。

《明史》卷一八七《洪鍾傳》:

　　弘治……十一年擢右副都御史,巡撫順天。整飭薊州邊備,建議增築塞垣。自山海關西北至密雲古北口、黃花鎮直抵居庸,延亘千餘里,繕復城堡二百七十所,悉城緣邊諸縣,因奏減防秋兵六千人,歲省輓輸犒賚費數萬計。

《明史》卷一九八《楊一清傳》:

　　(一清爲三邊總制,嘗論築牆事,亦嘗有所興築,見"蒙古——在西北(與楊一清)"片。)

《明史》卷一九八《楊一清傳》：

　　陸粲請增築邊牆，推明一清曩時議，一清（時已入閣爲首輔，在大禮議起後不久，似是嘉靖六年，參卷一七）因力從臾之。帝爲發帑金，命侍郎王廷相往，然久之亦竟止。

《明史》卷一九九《王以旂傳》：

　　〔嘉靖中（二十七年，參卷一八），以旂以左都御史總督三邊，〕在鎮六年，修延綏城堡四千五百餘所，又築蘭州邊垣。〔卒於鎮。〕

《明史》卷二〇〇《蔡天祐傳》：

　　歲當繕邊垣。

　　　　光旦：即邊牆每年須修葺一次。

《明史》卷二〇〇《詹榮傳》：

　　榮（嘉靖二十二年起，初以右僉都御史，後以右副都御史，巡撫大同）以大同無險，乃築東路邊牆百三十八里，堡七，墩臺百五十四。又以守邊當積粟，而近邊弘賜諸堡三十一所，延亘五百餘里，闢治之皆膏腴田，可數十萬頃，乃奏請召軍佃作，復其租徭，移大同一歲市馬費市牛賦之，秋冬則聚而遏寇。帝立從焉。

蒙古——防蒙措施（邊牆）與翁萬達

《明史》卷一九八《翁萬達傳》：

　　〔嘉靖二十三年（參卷一八），〕進兵部右侍郎兼右僉都御史……總督宣、大、山西、保定軍務。……屢疏請修築邊牆，議自大同東路陽和口至宣府西陽河，須帑銀二十九萬。帝已許之，兵部撓其議，以大同舊有二邊，不當復於邊內築牆。帝不聽。乃自大同東路天城、陽和、開山口諸處爲牆百二十八里，堡七，墩臺百五十四；宣府西路西陽河、洗馬林、張家口諸處爲牆六十四里，敵臺十。斬崖削坡五十里。工五十餘日成。進右都御史。……

　　已〔而〕（時已進左都御史）會宣、大、山西鎮巡官議上邊防修守事宜，其略曰：

　　山西起保德州黃河岸，歷偏頭，抵老營，二百五十四里。大同西路起丫角山，歷中北二路，東抵東陽河鎮口臺，六百四十七里。宣府起西陽河，歷中北二路，東抵永寧四海治（冶），千二十三里。凡千九百二十四里，皆逼巨寇，險在外，所謂極邊也。山西老營堡（應即上文之老營）轉南而東，歷寧武、雁門,至平邢關八百里。又轉南而東,歷龍泉、倒馬、紫荊之吳王口、插箭嶺、浮圖峪,至沿河口千七十餘里。又東北,歷高崖、白羊,至居庸關一百八十餘里。凡二千五十餘里,皆峻山層岡,險在內,所謂次邊也。外邊,大同最難守,次宣府,次山西之偏、老。大同最難守者,北路。宣府最難守者,西路。山西偏關以西百五十里,恃河為險,偏關以東百有四里,略與大同西路等。內邊,紫荊、寧武、雁門為要,次則居庸、倒馬、龍泉、平邢。邇年寇犯山西,必自大同;犯紫荊,必自宣府。先年山西防秋,止守外邊偏、老一帶,歲發班軍六千人備禦,大同仍置兵,寧、雁為聲援。比棄極衝,守次邊,非守要之意。宣府亦專備西、中二路,而北路空虛。且連年三鎮防秋,徵調遼、陝兵馬,糜糧賞不訾(貲),恐難持久。併守之議,實為善經。外邊四時皆防,城堡兵各有分地,冬春徂夏,不必參錯徵發。若泥往事臨時調遣,近者數十里,遠者百餘里,首尾不相應。萬一如往年潰牆而入,越關而南,京師震駭,方始徵調,何益事機。擺邊之兵,未可遽罷。《易》曰"王公設險以守其國"。"設"之云者,築垣乘障、資人力之謂也。山川之險,險與彼共。垣塹之險,險為我專。百人之堡,非千人不能攻,以有垣塹可憑也。修邊之役,必當再舉。……

乃請帑銀六十萬兩,修大同西路、宣府東路邊牆(即接上文所云已築一段之東西兩端),凡八百里。工成……牆堞近遠,濠塹深廣,曲盡其宜。寇乃不敢輕犯。牆內戍者得以暇耕牧,邊費亦日省。初,客兵防秋,歲帑金一百五十餘萬,添發且數十萬,其後減省幾半。

蒙古——防蒙措施(邊牆)

《明史》卷二〇二《賈應春傳》:

在鎮數載(嘉靖三十二年起,初以兵部右侍郎,後以右都御史總制三邊),築邊垣萬一千八百餘丈。

《明史》卷二〇三《潘塤傳·呂經附傳》:

嘉靖十三年,[以]右副都御史,巡撫遼東。……役軍築邊牆,督趣過當。[軍譁,受毆辱。]

《明史》卷二〇三《王儀傳》:

[官右僉都御史巡撫宣府時,曾以]築邊垣,[被]賫銀幣。(時在嘉靖二十一年後不久。)

《明史》卷二〇四《翟鵬傳》:

（鵬曾修築邊牆三百九十餘里，見"蒙古——在北方（與翟鵬）"片。）

《明史》卷二〇四《曾銑傳》：

[嘉靖二十五年，銑以兵部侍郎總督陝西三邊軍務，於建議收復河套之外，同時，]與延、寧撫臣欲西自定邊營，東至黃甫川一千五百里，築邊牆禦寇，請帑金數十萬，期三年畢功。……

　　　光旦：此事成否，史無明文。但疏入後，曾予"修邊費"二十萬，不知即用以築牆否。

《明史》卷二〇四《王忬傳》：

[嘉靖三十年代，東北屢失事，嚴嵩謂與邊牆失修，有缺口，有關。]（見"蒙古——在東北"片）

《明史》卷二〇五《曹邦輔傳》：

[隆慶初年，]以[兵部]左侍郎兼右僉都御史，總督薊、遼、保定軍務。言修治邊牆非上策，宜急練兵。

《明史》卷二〇八《齊之鸞傳》：

遷寧夏僉事。……時方大修邊牆，之鸞董役。巡撫胡東皋稱其能。

　　　光旦：事似在嘉靖初葉。

《明史》卷二一一《梁震傳》：

[嘉靖初葉（十三年間，參卷一七），震以延綏副總兵大破吉囊十萬騎於]乾溝……乾溝凡三十里，當敵衝。震濬使深廣，築土牆其上，寇不復輕犯。

《明史》卷二一一《周尚文傳》：

[嘉靖初葉（九年前不久），]吉囊數踏冰入（應是踏黃河冰，入涼州境，時尚文以都指揮同知充涼州衛副總兵）。尚文築[邊]牆百二十里……（互見"蒙古——吉囊"片。）

《明史》卷二一一《周尚文傳》：

[嘉靖]九年擢署都督僉事，充寧夏總兵官。王瓊築邊牆，尚文督其役。且濬渠開屯，軍民利之。……

[二十五年（見《世宗實錄》卷三一五嘉靖二十五年九月己卯條），宣大]總督翁萬達議築邊牆，自宣府西陽和至大同關山口[①]，延袤二百餘里，以屬尚文

---

① 標點本《校勘記》：關山口，據《明史》卷一九八及《明史稿》傳七四《翁萬達傳》應爲"開山口"。——整理者注

（時以右都督充大同總兵官）。乃益築陽和以西至山西丫角山，凡四百餘里，敵臺千餘。斥屯田四萬餘頃，益軍萬三千有奇。……進左都督……［並詔許］永除屯稅。

《明史》卷二一二《戚繼光傳》：

自嘉靖以來，邊牆雖修，墩臺未建。繼光（時以右都督爲總兵官，鎮薊州、永平、山海關等處）巡行塞上，議建敵臺。略言：薊鎮邊垣，延袤二千里，一瑕則百堅皆瑕。比來歲修歲圮，徒費無益。請跨牆爲臺，睥睨四達。臺高五丈，虛中爲三層，臺宿百人，鎧仗糗糧具備。令戍卒畫地受工，先建千二百座。……［隆慶］五年秋，臺功成。（繼光於隆慶初北調，二年，爲總兵官。）

《明史》卷二一二《戚繼光傳》：

［萬曆初年（二年以後），］增建敵臺，分所部十二區爲三協，協置副將一人。（時已進左都督。）

《明史》卷二一四《楊博傳》：

［嘉靖］二十五年……拜右僉都御史，巡撫甘肅。……以暇修築肅州榆樹泉及甘州平川境外大蘆泉諸處墩臺。

《明史》卷二一四《楊博傳》：

初，俺答薄都城，由潮河川入，議者爭請爲備。水湍悍，不可城。博（時爲兵部左侍郎，經略薊州、保定）緣水勢建石墩，置戍守。（自是三十年代初之事，俺答薄京師爲嘉靖二十九年。）

《明史》卷二一四《楊博傳》：

（又，修繕大同已圮邊牆，築前翁萬達所議築者，又論邊牆確有戰守之效用，見"蒙古——在北方（與楊博等）"片。）

《明史》卷二二二《譚綸傳》：

［隆慶間］總督薊、遼……軍務。……與［戚］繼光圖上方略，築敵臺三千，起居庸至山海……臺工成，益募浙兵九千餘守之。邊備大飭，敵不敢入犯。

光旦：與《繼光傳》所言自是一事，但有出入。

《明史》卷二二三《萬恭傳》：

濱河州縣患套寇東掠，歲鑿冰以防，恭（於嘉靖四十三年起以兵部右侍郎兼右僉都御史巡撫山西，此嘉靖末事）爲築牆四十里。教人以耕及用水車法，民大利之。

《明史》卷二二四《孫丕揚傳》

萬曆元年擢右僉都御史，巡撫保定諸府。……按行關隘，增置敵樓三百餘所，築邊牆萬餘丈。

《明史》卷二二五《梁夢龍傳》：

　　修築黃花鎮、古北口邊牆。（詳"蒙古——土蠻"片。）

《明史》卷二二五《楊巍傳》：

　　隆慶初，進右副都御史，移撫山西（移自陝撫）。……修築沿邊城堡。

《明史》卷二三二《魏允貞傳》：

　　〔萬曆二十年代，爲山西巡撫。〕自款市成，邊政廢。允貞視要害，築邊牆萬有餘丈。（參"蒙古——在北方"片。）

《明史》卷二三九《達雲傳》：

　　松山既復，爲築邊垣，分屯置戍。（詳"蒙古——在西北"片。）

《明史》卷二五二《吳甡傳》：

　　〔崇禎〕七年九月超擢右僉都御史，巡撫山西。……以閒修築邊牆。

蒙古——北退

《明史》卷二：

　　〔洪武〕三年……四月……丙戌，元帝崩於應昌，子愛猷識理達臘嗣。……五月……甲辰，李文忠克應昌。元嗣君北走，獲其子買的里八剌，降五萬餘人，窮追至北慶州，不及而還。……六月……壬申，李文忠捷奏至，命仕元者勿賀。諡元主曰順帝。癸酉，買的里八剌至京師，羣臣請獻俘。帝曰："武王伐殷用之乎？"省臣以唐太宗嘗行之對。帝曰："太宗是待王世充耳。若遇隋之子孫，恐不爾也。"遂不許。又以捷奏多侈辭，謂宰相曰："元主中國百年，朕與卿等父母皆賴其生養，奈何爲此浮薄之言，亟改之。"……十月……辛巳，貽元嗣君書。

　　光旦：明祖取元，直以周取殷，唐取隋相比，蒙古雖異族，而不甚以異族視之。

蒙古——元嗣君

《明史》卷二：

　　〔洪武〕十一年……四月，元嗣君愛猷識理達臘殂，子脫古思帖木兒嗣。

《明史》卷二：

［洪武十一年］六月壬子，遣使祭故元嗣君。

《明史》卷三：

　　［洪武二十二］年……元也速迭兒弑其主脫古思帖木兒而立坤帖木兒。

《明史》卷六《成祖二》：

　　永樂元年……二月……己未……貽書鬼力赤可汗，許其遣使通好。……七月庚寅，復貽書鬼力赤。

　　　光旦：鬼力赤可汗，當是蒙古嗣君，何前未見交代？

《明史》卷六《成祖二》：

　　［永樂六］年，鬼力赤爲其下所弑，立本雅失里爲可汗。

《明史》卷六《成祖二》：

　　［永樂七年，北巡期中，］六月……辛亥，給事中郭驥使本雅失里，爲所殺。……七月癸酉，淇國公邱福爲征虜大將軍，武成侯王聰、同安侯火真副之，靖安侯王忠、安平侯李遠爲左、右參將，討本雅失里。（下見"蒙古——朱棣北征"片。）

《明史》卷三〇八《奸臣傳·胡惟庸傳》：

　　［惟庸嘗］遣元故臣封績致書稱臣于元嗣君，請兵爲外應。事……未發。（此在洪武十二年前）……［洪武］二十一年，藍玉征沙漠，獲封績，［李］善長不以奏。至二十三年五月，事發，捕績下吏，訊得其狀。

蒙古——元亡後各部分散

《明史》卷一四八《楊溥傳·馬愉附傳》：

　　邊警，方命將，而別部使至，衆議執之。愉言："賞善罰惡，爲治之本。波及於善，非法。乘人之來執之，不武。"帝然之，厚遣其使。

　　　光旦：此說明，元亡後，諸部各自爲政，甚無統系；而明統治者對蒙古亦甚不求瞭解，應付不分皂白。

蒙古——明初塞外之軍事行動

《明史》卷一二五《徐達傳》：

　　洪武元年……謀北伐。……達［問太祖曰］："元都克，而其主北走，將窮追之乎？"帝曰："元運衰矣，行自澌滅，不煩窮兵。出塞之後，固守封疆，防其侵軼可也。"達頓首受命。……

[洪武]三年……帝復以達爲大將軍、平章李文忠爲副將軍，分道出兵。達自潼關出西道，擣定西，取擴廓[帖木兒]。文忠自居庸出東道，絕大漠，追元嗣主。達至安定①，擴廓退屯沈兒峪，進軍薄之。隔溝而壘，日數交。擴廓遣精兵從間道刼東南壘……達帥兵擊卻之。……明日，整兵奪溝，殊死戰，大破擴廓兵。擒郯王、濟王②及國公、平章以下文武僚屬千八百六十餘人，將士八萬四千五百餘人，馬駝雜畜以巨萬計。擴廓僅挾妻子數人奔和林。……副將軍文忠亦克應昌，獲元嫡孫、妃主、將相。先後……振旅還京師。

[洪武]五年復大發兵征擴廓。達以征虜大將軍出中道，左副將軍李文忠出東道，征西將軍馮勝出西道，各將五萬騎出塞。達遣都督藍玉擊敗擴廓於土剌河。擴廓與賀宗哲合兵力拒，達戰不利，死者數萬人。……時文忠軍亦不利，引還。獨勝至西凉獲全……

明年，達復帥諸將行邊，破敵於答剌海……

[洪武]十四年，復帥湯和等討乃兒不花。

《明史》卷一二六《湯和傳》：

[洪武三年，和]以右副將軍③從大將軍[徐達]敗擴廓於定西，遂定寧夏，逐北至察罕腦兒，擒猛將虎陳，獲馬牛羊十餘萬。徇東勝、大同、宣府皆有功。

《明史》卷一二六《湯和傳》：

[洪武五年，和]從大將軍北伐，遇敵於斷頭山，戰敗，亡一指揮……

[和]征察罕腦兒，大捷。

光旦：此條無年月，與上文亦不連，當是五年至九年間事。

《明史》卷一二六《湯和傳》：

[洪武]九年，伯顏帖木兒爲邊患，[和]以征西將軍防延安。伯顏乞和，乃還。

《明史》卷一二六《湯和傳》：

[洪武]十四年以左副將軍出塞，征乃兒不花，破敵灰山營，獲平章別里

---

① 標點本《校勘記》：安定，據《明史》卷一二六《鄧愈傳》、《明史稿》傳一一《徐達傳》、《太祖實錄》卷一七一洪武十八年二月己未條應爲"定西"。——整理者注
② 標點本《校勘記》：濟王，據《太祖實錄》卷一七一洪武十八年二月己未條、《元史》卷一〇八《諸王表》應爲"文濟王"。——整理者注
③ 標點本《校勘記》：右副將軍，據《太祖實錄》卷四八洪武三年正月癸巳條應爲"右副副將軍"。——整理者注

哥、樞密使久通而還。

《明史》卷一二五《常遇春傳》：

　　元將也速攻通州（無年月，事在下元都、拔太原之後不久。洪武二年四月，見卷二），詔遇春還備，以平章李文忠副之，帥步騎九萬，發北平，徑會州，敗敵將汪文清①於錦州，敗也速於全寧。進攻大興州，分千騎爲八伏。守將夜遁，盡擒之，遂拔開平。元帝北走，追奔數百里。獲其宗王慶生及平章鼎住等將士萬人，車萬輛，馬三千匹，牛五萬頭，子女寶貨稱是。師還，次柳河川，暴疾卒。

　　光旦：全寧今赤峰。

《明史》卷一二六《鄧愈傳》：

　　[洪武]三年，[愈]以征虜左副副將軍從大將軍[徐達]出定西[攻擴廓]……擴廓敗走。……追豫王至西黄河，抵黑松林，破斬其大將。……出甘肅西北數千里而還。

　　光旦：此當在河州以西。

《明史》卷一二六《李文忠傳》：

　　洪武二年春，[文忠]以偏將軍從右副將軍常遇春出塞，薄上都，走元帝，語具《遇春傳》。

　　遇春卒……代將其軍……會大將軍徐達攻慶陽。行次太原，聞大同圍急……遂出雁門，次馬邑，敗元游兵，擒平章劉帖木，進至白楊門。……阻水自固。元兵[夜刼營，未遑]。質明，敵大至。以二營委之，殊死戰，度敵疲，乃出精兵左右擊，大破之，擒其將脱列伯，俘斬萬餘人，窮追至莽哥倉而還。

　　明年拜征虜左副將軍。與大將軍[徐達]分道北征，以十萬人出野狐嶺，至興和，降其守將。進兵察罕腦兒，擒平章竹真②。次駱駝山，走平章沙不丁。次開平，降平章上都罕等。時元帝已崩，太子愛猷識里達臘新立。文忠諜知之，兼程趨應昌。元嗣君北走，獲其嫡子買的立八刺暨后妃宫人諸王將相官屬數百人，及宋、元玉璽金寶十五，玉册二，鎮圭、大圭、玉帶、玉斧各一。出精騎

---

① 標點本《校勘記》：汪文清，據《明史》卷一二六《李文忠傳》、《太祖實錄》卷五六洪武三年九月戊申條、卷一六〇洪武十七年三月戊戌條應爲"江文清"。——整理者注

② 標點本《校勘記》：竹真，據《明史》卷二《太祖紀》、卷三二七《韃靼傳》、《太祖實錄》卷四九洪武三年二月戊子條、《國榷》卷四頁四〇九應爲"竹貞"。——整理者注

窮追至北慶州而還。道興州，擒國公江文清等，降三萬七千人。至紅羅山，又降楊思祖之衆萬六千餘人。

《明史》卷一二六《李文忠傳》：

[洪武五]年，[文忠]復以左副將軍由東道北征，出居庸，趨和林，至口温，元人遁。進至臚朐河，令部將韓政等守輜重，而自帥大軍，人齎二十日糧，疾馳至土剌河。元太師蠻子哈剌章悉衆渡河，列騎以待。文忠引軍薄之，敵稍卻。至阿魯渾河，敵來益衆。……文忠……殊死戰，遂破敵，虜獲萬計。追奔至稱海，敵兵復大集。文忠乃斂兵據險，椎牛饗士，縱所獲馬畜於野。敵疑有伏，稍稍引去。文忠亦引還，失故道。[迂道經]桑哥兒麻……是役也，兩軍勝負相當，而宣寧侯曹良臣，指揮使周顯、常榮、張耀俱戰死……

[洪武]六年行北平、山西邊，敗敵於三角村。

[洪武]七年遣部將分道出塞。至三不剌川，俘平章陳安禮。至順寧楊門，斬真珠驢。至白登，擒太尉不花①。其秋帥師攻大寧、高州，克之，斬宗王朵朵失里，擒承旨百家奴。追奔至氈帽山，擊斬魯王，獲其妃及司徒答海等。進師豐州，擒元故官十二人，馬駝牛羊甚衆，窮追至百千兒②乃還。

是後屢出備邊。

《明史》卷一三〇《韓政傳》：

[政]從左副將軍李文忠擣應昌，至臚朐河。文忠深入，令政守輜重。

《明史》卷一二六《沐英傳》：

元國公脫火赤等屯和林，數擾邊。[洪武]十三年命英總陝西兵出塞，略亦集乃路，渡黃河，登賀蘭山，涉流沙，七日至其境。分四翼夜擊之，而自以驍騎衝其中堅。擒脫火赤及知院愛足等，獲其全部以歸。

[洪武十四]年，又從大將軍[徐達]北征，異道出塞，略公主山長寨，克全寧四部，度臚朐河，執知院李宣，盡俘其衆。

《明史》卷一二八《章溢傳》：

[溢子存道，]洪武三年從徐達西征[擴廓帖木兒]……五年從湯和出塞征

---

① 標點本《校勘記》：不花，《太祖實錄》卷八八洪武七年四月甲辰條、卷一六〇洪武十七年三月戊戌條作"伯顏不花"。——整理者注

② 標點本《校勘記》：百千兒，據《明史稿》傳一二《李文忠傳》，《太祖實錄》卷一六〇洪武十七年三月戊戌條應爲"百斤兒"。——整理者注

陽和［堡］，遇敵於斷頭山，力戰死焉。
《明史》卷一二九《馮勝傳》：

　　［洪武］五年……擴廓在和林，數擾邊。帝患之，大發兵三道出塞。命勝爲征西將軍，帥副將軍陳德、傅友德等出西道，取甘肅。至蘭州，友德以驍騎前驅，再敗元兵，勝復敗之掃林山。至甘肅，元將上都驢迎降。至亦集乃路，守將卜顏帖木兒亦降。次別篤山，岐王朶兒只班遁去，追獲其平章長加奴等二十七人及馬駝牛羊十餘萬。是役也，大將軍達軍不利，左副將軍［李］文忠殺傷相當，獨勝斬獲甚衆，全師而還。……

　　自後數出……大同征元遺衆。

《明史》卷一二九《傅友德傳》：

　　既克元都，［友德］偵邏古北隘口……略大同……從攻山西，克太原。擴廓自保安來援，萬騎突至。友德以五十騎衝卻之……擴廓倉卒遁去，追至土門關，獲其士馬萬計。復敗賀宗哲於石州，敗脫列伯於宣府。遂西會大將軍［徐達］，圍慶陽，以偏師駐靈州，遏其援兵，遂克慶陽。……

　　洪武三年從大將軍擣定西，大破擴廓。移兵伐蜀……

　　［洪武］五年，副征西將軍馮勝征沙漠，敗失剌罕於西涼；至永昌，敗太尉朶兒只巴，獲馬牛羊十餘萬。略甘、肅，射殺平章不花，降太尉鎖納兒等。至瓜沙州，獲金銀印及雜畜二萬而還。是時師出三道，獨友德全勝。……

　　明年（洪武六年）復出雁門，爲前鋒，獲平章鄧孛羅帖木兒。……

　　［洪武］九年破擒伯顏帖木兒於延安，降其衆。……

　　［洪武］十四年，［友德］副大將軍達出塞，討乃兒不花，渡北黃河，襲灰山，斬獲甚衆。……

　　［洪武］二十三年，［友德］從晉王、燕王征沙漠，擒乃兒不花，還駐開平。復征寧夏。明年（二十四年）爲征虜將軍，備邊北平。復從燕王征哈者舍利，追元遼王。軍甫行，遽令班師。敵不設備，因潛師深入至黑嶺，大破敵衆而還。

《明史》卷一二九《廖永忠傳》：

　　［洪武］三年，［永忠］從大將軍徐達北征，克察罕腦兒。

《明史》卷一二九《廖永忠傳》：

　　［洪武五年，永忠］北征，至和林。

《明史》卷一二九《廖永忠傳》附《趙庸傳》：

　　洪武元年……從常遇春北追元帝。……再敗元兵於馬邑，擒其將脫列伯。……三年……從［李］文忠北伐，出野狐嶺，克應昌。師還，論功最，以在應昌私納奴婢，不得封公。

《明史》卷一二九《廖永忠傳》附《趙庸傳》：

　　［洪武］二十三年，［庸］以左副將軍從燕王出古北口，降乃兒不花。

《明史》卷一三〇《耿炳文傳》：

　　［洪武］十四年，［炳文］從大將軍出塞，破元平章乃兒不花於北黃河。

《明史》卷一三〇《耿炳文傳》：

　　［洪武］二十一年，［炳文］從永昌侯藍玉北征，至捕魚兒海。

《明史》卷一三〇《郭英傳》：

　　［英］從常遇春攻太原，走擴廓，下興州、大同。至沙淨州渡河，取西安……慶陽，追敗賀宗哲於亂山……進克定西，討察罕腦兒，克登寧州，斬首二千級。

《明史》卷一三〇《郭英傳》：

　　［洪武］二十年［英從馮勝降納哈出後，復］從藍玉至捕魚兒海。

《明史》卷一三〇《華雲龍傳》：

　　［雲龍與徐達進克元都後，］踰年，［雲龍］攻下雲州，獲平章火兒忽答、右丞哈海……

　　　　光旦：此洪武二年事（參卷二），時雲龍為北平行省參知政事，同時為大都督府僉事總六衛兵。

　　洪武三年……［雲龍］行邊至雲州，襲元平章僧家奴營於牙頭，突入其帳擒之，盡俘其衆。至上都大石崖，攻克劉學士諸寨，驢兒國公奔漠北。自是無內犯者。

　　　　光旦：此六年事。

《明史》卷一三一《顧時傳》：

　　［洪武五年，時］副李文忠北征，分道入沙漠。迷失道，糧且盡，遇寇，士疲不能戰。時帥麾下數百人，躍馬衝擊。敵衆引去，獲其輜重糧畜以歸，軍聲大振。

《明史》卷一三一《吳禎傳》：

　　［禎在遼陽，］完城練卒，盡收遼海未附之地，降平章高家奴等。

《明史》卷一三一《薛顯傳》：

　　［洪武五年］從大將軍［徐達］征漠北。

《明史》卷一三一《郭興傳》：

　　[洪武]六年從徐達鎮北平，同陳德敗元兵於答剌海口。

《明史》卷一三一《陳德傳》：

　　[洪武]五年爲左副將軍，與馮勝征漠北，破敵於別篤山，俘斬萬計。克甘、肅，取亦集乃路，留兵扼關而還。明年復總兵出朔方，敗敵三岔山，擒其副樞失剌罕等七十餘人。其秋，再出戰於答剌海口，斬首六百級，獲其同僉忻都等五十四人。凡三戰三捷。

《明史》卷一三一《王志傳》：

　　[洪武]三年……帥兵出察罕腦兒塞，還鎮平陽。復從大將軍征沙漠。

《明史》卷一三一《金朝興傳》：

　　克大同，改[朝興]大同衛指揮使。取東勝州，獲元平章劉麟等十八人。

　　　　光旦：洪武元、二年事。

《明史》卷一三一《金朝興傳》：

　　[洪武]七年，[朝興]帥師至黑城，獲元太尉盧伯顏、平章帖兒不花幷省院等官二十五人。遂從李文忠分領東道兵，取和林，語具《文忠傳》。

　　　　光旦：當是黑城堡，在甘肅山丹縣境。

《明史》卷一三一《葉昇傳》：

　　[洪武]十二年……討平延安伯顏帖木兒。

《明史》卷一三二《王弼傳》：

　　……克陝西，進征察罕腦兒。

　　　　光旦：此書在洪武三年前。

《明史》卷一三二《王弼傳》：

　　[洪武廿一年，弼]以副將軍從藍玉出塞。深入不見敵，玉欲引還。弼持不可，玉從之。進至捕魚兒海，以弼爲前鋒，直薄敵營。走元嗣主脫古思帖木兒，盡獲其輜重，語在《[藍]玉傳》。

《明史》卷一三二《藍玉傳》：

　　[洪武]五年從徐達北征，先出雁門，敗元兵於亂山，再敗之於土剌河。七年帥兵拔興和，獲其國公帖里密赤等五十九人。

《明史》卷一三二《藍玉傳》：

　　[納哈出既降，玉代馮勝]爲大將軍，移屯薊州。時順帝孫脫古思帖木兒嗣立，擾塞上。[洪武]二十一年三月，命玉帥師十五萬征之。出大寧，至慶

州，諜知元主在捕魚兒海，間道兼程進至百眼井。去海四十里，不見敵，欲引還。定遠侯王弼曰："吾輩提十餘萬衆深入漠北，無所得，遽班師，何以復命？"玉曰："然。"令軍士穴地而爨，毋見烟火，乘夜至海南。敵營尚在海東北八十餘里，玉令弼爲前鋒，疾馳薄其營。敵謂我軍乏水草，不能深入，不設備。又大風揚沙，晝晦。軍行，敵無所覺。猝至前，大驚，迎戰，敗之。殺太尉蠻子等，降其衆。元主與太子天保奴數十騎遁去。玉以精騎追之，不及。獲其次子地保奴、妃公主以下百餘人。又追獲吳王朶兒只、代王達里麻及平章以下官屬三千人，男女七萬七千餘人，並寶璽、符敕、金牌、金銀印諸物，馬駝牛羊十五萬餘，焚其甲仗蓄積無算。奏捷京師……又破哈剌章營，獲人畜六萬。

  光旦：此哈剌章不知與西南之哈剌章有涉否，應一詢治蒙古史者。

《明史》卷一三三《張德勝傳》：

  [洪武]三年，[德勝養子興祖（後復姓汪）]克武、朔二州，獲元知院馬廣等。帥兵至大同北口，大敗元兵，獲擴廓弟金剛奴等四百餘人。

《明史》卷一三三《孫興祖傳》

  洪武三年帥六衛卒從[徐]達出塞，次三不剌川，遇敵力戰死。

《明史》卷一三三《孫興祖傳》：

  [洪武]二十一年，[興祖子恪]以右參將從藍玉北征，至捕魚兒海，論功封……侯。

《明史》卷一三三《曹良臣傳》：

  [洪武五年（三年之第二明年）]從副將軍[李]文忠北征，至臚朐河，收其部落。文忠帥良臣持二十日糧，兼程進至土剌河。哈剌章渡河拒戰，少卻。追至阿魯渾河，敵騎大集。將士皆殊死戰，敵大敗走，而良臣與指揮周顯、常榮、張耀皆戰死。……[周]顯……洪武三年以收應昌紅羅山寨，遷指揮使。

《明史》卷一三三《濮英傳·于光等附傳》：

  孫虎……從副將軍李文忠北征，由東道入應昌，至落馬河與元兵戰死。

《明史》卷一三三《濮英傳·附傳》：

  涼州衛百戶劉林戍涼州，也先帖木兒叛，戰死。

《明史》卷一三四《甯正傳》：

  [洪武]十三年從沐英北征，擒元平章脫火赤、知院愛足，取全寧四部。

《明史》卷一四四《何福傳》：

  從藍玉出塞，至捕魚兒海（參上摘卷一三三《孫興祖傳》條）。

《明史》卷一四五《張玉傳》：

張玉……仕元……洪武十八年來歸。從大軍出塞，至捕魚兒海……［後又］北逐元人之擾邊者，至鴉寒山還……從燕王出塞，至黑松林。又從征野人諸部。

蒙古——朱棣北征及其它關係

《明史》卷五《成祖一》：

［洪武］二十三年，同晉王討乃兒不花。晉王怯不敢進，王倍道趨迤都山，獲其全部而還……是後屢帥諸將出征，並令王節制沿邊士馬。

《明史》卷六《成祖二》：

永樂元年……二月……己未……貽書鬼力赤可汗，許其遣使通好。……七月庚寅，復貽書鬼力赤。（別有片）

光旦：鬼力赤可汗，何前未見交代，此處亦無説明？

《明史》卷六《成祖二》：

［永樂元年，二月］甲戌，高陽王高煦備邊開平。三月庚辰，江陰侯吳高鎮大同。……六月……戊辰，武安侯鄭亨鎮宣府。

《明史》卷六《成祖二》：

［永樂］三年……六月……庚辰，中官山壽等帥兵出雲州覘敵。

《明史》卷六《成祖二》：

［永樂六］年……瓦剌入貢。（別起片）

《明史》卷六《成祖二》：

［永樂］七年……二月……辛巳，以北巡告天地宗廟社稷。壬午，發京師。

《明史》卷六《成祖二》：

［永樂七年］五月……乙未，封瓦剌馬哈木爲順寧王，太平爲賢義王，把禿孛羅爲安樂王。

蒙古——朱棣北征（本雅失里）

《明史》卷六《成祖二》：

［永樂七年，二月……北巡，］壬午，發京師。……

六月……辛亥，給事中郭驥使［於］本雅失里，爲所殺。……

七月癸酉，淇國公邱福爲征虜大將軍，武成侯王聰、同安侯火真副之，靖安侯王忠、安平侯李遠爲左、右參將，討本雅失里。

八月甲寅，邱福敗績於臚朐河，福及聰、真、忠、遠皆戰死。……

九月……遂決意親征。丙子，武安侯鄭亨率師巡邊。壬午，成安侯郭亮備禦開平。

《明史》卷六《成祖二》：

[永樂]八年……正月辛未，召寧陽侯陳懋隨征漠北。……

二月辛丑，以北征詔天下……丁未，發北京。……

三月丁卯，清遠侯王友督中軍，安遠伯柳升副之，寧遠侯何福、武安侯鄭亨督左、右哨，寧陽侯陳懋、廣恩伯劉才督左、右掖，都督劉江督前哨。甲戌，次鳴鑾戍。乙亥，誓師。……

四月庚申，次威虜鎮……

五月丁卯，更名臚朐河曰飲馬（因邱福敗於此故也）。

《明史》卷六《成祖二》：

[永樂八年，五月]甲戌，聞本雅失里西奔，遂渡飲馬河追之。己卯，及於幹（斡）難河，大敗之，本雅失里以七騎遁。丙戌，還次飲馬河，詔移師征阿魯台。

蒙古——朱棣北征與阿魯台

《明史》卷六《成祖二》：

[永樂八年，五月]甲戌，聞本雅失里西奔，遂渡飲馬河追之。己卯，及於幹（斡）難河，大敗之，本雅失里以七騎遁。丙戌，還次飲馬河，詔移師征阿魯台。……

六月甲辰，阿魯台僞降，命諸將嚴陣以待，果悉衆來犯。帝自將精騎迎擊，大敗之，追北百餘里。丁未，又敗之。己酉，班師。……

七月丁卯，次開平。……壬午，至北京……

十二月癸巳，阿魯台遣使貢馬。

《明史》卷六《成祖二》：

[永樂九]年……阿魯台來貢馬。

《明史》卷六《成祖二》：

[永樂]十一年……七月戊寅，封阿魯台爲和寧王。

《明史》卷六《成祖二》：

[永樂十一年]十一月……壬午，瓦剌馬哈木兵渡飲馬河，阿魯台告警。

《明史》卷七《成祖三》：

  [永樂]十二年……六月，[既克瓦剌]……宣捷於阿魯台。戊午，次三峯山，阿魯台遣使來朝。

《明史》卷七《成祖三》：

  [永樂]十四年……三月……壬寅，阿魯台敗瓦剌，來獻捷。

《明史》卷七《成祖三》：

  [永樂]十九年……七月己巳，帝將北征，敕都督朱榮領前鋒，安遠侯柳升領中軍，寧陽侯陳懋領御前精騎，永順伯薛斌、恭順伯吳克忠領馬隊，武安侯鄭亨、陽武侯薛禄領左、右哨，英國公張輔、成山侯王通領左、右掖。……

  十一月……甲申，發直隸、山西、河南、山東及南畿應天等五府，滁、和、徐三州丁壯運糧，期明年二月至宣府。

《明史》卷七《成祖三》：

  [永樂]二十年……二月乙巳，隆平侯張信、兵部尚書李慶分督北征軍餉，役民夫二十三萬五千有奇，運糧三十七萬石。

  三月……乙亥，阿魯台犯興和，都指揮王唤戰死。丁丑，親征阿魯台……戊寅，發京師。辛巳，次雞鳴山。阿魯台遁。……

  四月乙卯，次雲州……

  五月……辛未，次西涼亭。……乙酉，次開平。

  六月壬辰，令軍行出應昌，結方陣以進。癸巳，諜報阿魯台兵攻萬全，諸將請分兵還擊，帝曰："詐也。彼慮大軍搗其巢穴，欲以牽制我師，敢攻城哉。"甲午，次陽和谷，寇攻萬全者果遁去。

《明史》卷七《成祖三》：

  [永樂二十年]七月己未，阿魯台棄輜重於闊欒海側北遁，發兵焚之，收其牲畜，遂旋師。謂諸將曰："阿魯台敢悖逆，恃兀良哈爲羽翼也。當還師翦之。"……（詳"兀良哈"片。）

  八月……辛丑，以班師詔天下。……

  九月壬戌，至京師。

    光旦：此次北征對象，以阿魯台始，以兀良哈終。

《明史》卷七《成祖三》：

  [永樂]二十一年……七月戊戌，復親征阿魯台。安遠侯柳升、遂安伯陳英領中軍，武安侯鄭亨、保定侯孟瑛領左哨，陽武侯薛禄、新寧伯譚忠領右

哨，英國公張輔、安平侯[1]李安領左掖，成山侯王通、興安伯徐亨領右掖，寧陽侯陳懋領前鋒。……壬寅，發京師。戊申，次宣府……

八月……庚申，塞黑峪、長安嶺諸邊險要。

九月戊子，次西陽河。癸巳，聞阿魯台爲瓦剌所敗，部落潰散，遂駐師不進。……

十月甲寅，次上莊堡，迤北王子也先土干帥所部來降，封忠勇王，賜姓名金忠。庚午，班師。

十一月甲申，至京師。

《明史》卷七《成祖三》：

[永樂]二十二年……正月甲申，阿魯台犯大同、開平，詔羣臣議北征，敕邊將整兵俟命。丙戌，徵山西、山東、河南、陝西、遼東五都司及西寧、鞏昌、洮、岷各衛兵，期三月會北京及宣府。……

三月戊寅……諭諸將親征。命柳升、陳英領中軍，張輔、朱勇領左掖，王通、徐亨領右掖，鄭亨、孟瑛領左哨，薛祿、譚忠領右哨，陳懋、金忠領前鋒。

光旦：金忠本蒙古迤北王子也先土干，上年十月降並改姓名者。

四月……己酉，發京師。庚午，次隰寧，諜報阿魯台走答蘭納木兒河，遂趨進師。

五月己卯，次開平，使使招諭阿魯台諸部。……己亥，次威遠州。……

六月庚申，前鋒至答蘭納木兒河，不見敵，命張輔等窮搜山谷三百里，無所得。進駐河上。癸亥，陳懋等引兵抵白邱山，以糧盡還。甲子，班師……

七月庚辰，勒石於清水源之崖。……己丑，次蒼崖戍……庚寅，至榆木川……辛卯，崩。

《明史》卷八《仁宗紀》：

[仁宗即位之年，永樂二十二年，]十一月……阿魯台來貢馬。

蒙古——朱棣北征

《明史》卷一四四《何福傳》：

[永樂]八年，帝北征，召福[自甘肅鎮所]從出塞。

---

[1] 標點本《校勘記》：安平侯，據《明史》卷一〇六《功臣世表》及卷一四五《邱福傳》附《李遠傳》，《太宗實錄》卷二六一應爲"安平伯"。——整理者注

《明史》卷一四五《朱能傳》：

[成祖在藩時，燕兵起以前，]嘗從北征，降元太尉朶兒不花。

《明史》卷一四五《朱能傳》：

永樂二十二年，[能子勇]從北征。

《明史》卷一四五《邱福傳》：

[永樂七]年七月，[福]將大軍出塞，至臚朐河，敗没。先是，本雅失里殺使臣郭驥，帝大怒，發兵討之。命福佩征虜大將軍印，充總兵官，武城侯王聰、同安侯火真爲左、右副將[軍]，靖安侯王忠、安平侯李遠爲左、右參將，以十萬騎行。帝慮福輕敵，諭以："兵事須慎重。自開平以北，即不見寇，宜時時如對敵，相機進止，不可執一。一舉未捷，俟再舉。"已行，又連賜敕，謂軍中有言敵易取者，慎勿信之。福出塞，帥千餘人先至臚朐河南。遇遊騎，擊敗之，遂渡河。獲其尚書一人，飲之酒，問本雅失里所在。尚書言："聞大兵來，惶恐北走，去此可三十里。"福大喜曰："當疾馳擒之。"諸將請俟諸軍集，偵虛實而後進。福不從。以尚書爲鄉導，直薄敵營。戰二日，每戰，敵輒佯敗引去，福銳意乘之。李遠諫曰："將軍輕信敵間，懸軍轉鬭，敵示弱誘我，深入必不利，退則懼爲所乘，獨可結營自固。晝揚旂伐鼓，出奇兵與挑戰；夜多燃炬鳴礮，張軍勢，使彼莫測。俟我軍畢至，併力攻之，必捷，否亦可全師而還。始上與將軍言何如，而遂忘之乎？"王聰亦力言不可。福皆不聽，厲聲曰："違命者斬！"即先馳，麾士卒隨行。控馬者皆泣下。諸將不得已與俱。俄而敵大至，圍之數重。聰戰死，福及諸將皆被執遇害……一軍皆没。敗聞，帝震怒，以諸將無足任者，決計親征。

《明史》卷一四五《邱福傳》附《李遠傳》：

從邱福出塞，至臚朐河。諫福，不聽。師敗，遠帥五百騎突陣，殺數百人，馬蹶被執，罵不絶口死。

《明史》卷一四五《譚淵傳》：

永樂二十年，[淵子忠]將右掖從征沙漠。

《明史》卷一四五《陳亨傳》：

[永樂]八年，[亨少子懋]從北征，督左掖。十一年巡寧夏邊。尋命將山西、陝西二都司及鞏昌、平涼諸衛兵，駐宣府。明年[又]從北征，領左哨。戰忽失溫，與成山侯王通先登，都督朱崇等乘之，遂大捷。明年復鎮寧夏。二十年[再]從北征。領御前精騎，破敵於屈裂河。別將五千騎循河東北，捕餘寇，

殲之山澤中。師還，武安侯鄭亨將輜重先行，懋伏隘以待。敵來躐，伏起縱擊，敵死過半。……［二十二年（二十年明年之明年）］復領前鋒，從北征。成祖之崩於榆木川也……懋與陽武侯薛祿帥精騎三千馳歸衛京師。

《明史》卷一四五《陳亨傳》附《劉才傳》：

　　永樂八年，［才］從北征，督右掖。……［二十二］年復從北征，至懷來……

《明史》卷一四六《陳珪傳》：

　　［洪武末，］成祖出塞，［珪］爲前鋒。……［永樂］二十年，［珪子愉］①從北征。失律，下獄死。

《明史》卷一四六《鄭亨傳》：

　　［永樂八］年，帝北征，命亨督運。出塞，將右哨，追敗本雅失里。大軍與阿魯台遇。亨帥衆先，大破之。論功爲諸將冠。……十二年復從北征，領中軍。戰忽失溫，追敵中流矢卻，復與大軍合破之。二十年復從出塞，將左哨，帥卒萬人，治龍門道過軍，破兀良哈於屈裂河。將輜重還，擊破寇之追躡者……成祖凡五出塞，亨皆在行。

《明史》卷一四六《徐祥傳》：

　　［永樂］十二年，［祥孫亨］從北征，爲中軍副將。至土剌河，獲馬三千。還守開平，將輕騎往來興和、大同備邊。後屢從出塞。

《明史》卷一四六《王友傳》：

　　［永樂］八年……從北征，督中軍。別與劉才築城飲馬河上。會知院失乃干欲降，帝令友將士卒先行，諭以遇敵相機剿滅。友等至，與敵相距一程，迂道避之應昌。軍中乏食，多死者。……

《明史》卷一四七《黃淮傳》：

　　［永樂十二］年，帝征瓦剌……

《明史》卷一四七《金幼孜傳》：

　　［永樂八］年北征，幼孜與［胡］廣、［楊］榮扈行……使自瓦剌來，帝召幼孜等傍輿行，言敵中事……自後北征皆從，所撰有《北征前·後》二《錄》。

《明史》卷一四七《金幼孜傳》：

　　［永樂］二十二年從北征，中道兵疲，帝以問羣臣。……幼孜言不宜深入。不聽。次開平，帝謂……曰："朕夢神人語上帝好生者再，是何祥也？"……

――――――――――

① 標點本《校勘記》：陳愉，《明史》卷一〇六《功臣世表》作"陳瑜"。——整理者注

對曰："陛下此舉，固在除暴安民。然火炎崑岡，玉石俱燼，惟陛下留意。"帝然之，即命草詔，招諭諸部。還軍至榆木川，帝崩。

  光旦：時同諫朱棣勿窮兵者尚有楊榮。

《明史》卷一四八《楊榮傳》：

  帝凡五出塞，士卒饑凍，饋運不繼，死亡十二三。［二十二年之第五次出塞，］大軍抵答蘭納木兒河，不見敵。……榮［與金幼孜］言宜班師。帝許之。還次榆木川……

《明史》卷一五四《李彬傳》：

  ［永樂］十二年從北征，領右哨，破敵於忽失溫，追奔至土剌河。

《明史》卷一五四《柳升傳》：

  ［永樂八］年從北征，至回曲津，將神機火器爲前鋒，大敗阿魯台。……十二年復從北征，將大營兵戰忽蘭忽失溫，以火器破敵。……二十年復從北征，將中軍破兀良哈於屈裂兒河……帝五出塞，升皆從，數有功。

《明史》卷一五五《宋晟傳》：

  ［洪武］三十一年，［晟］出鎮開平，從燕王出塞，還城萬全。

《明史》卷一五五《薛禄傳》附《金玉傳》：

  ［永樂］八年，［玉］充鷹揚將軍從北征。師旋，爲殿。至長秀川，收敵所棄牛羊雜畜亙數十里。

《明史》卷一五五《劉榮（初名江）傳》：

  永樂八年從北征，以遊擊將軍督前哨。乘夜據清水源，敗敵斡難河，復敗阿魯台於靖虜鎮。……十二年再從北征，仍爲前鋒，將勁騎偵敵於飲馬河。見敵騎東走，追至康哈里孩，擊斬數十人。復與大軍合擊馬哈木於忽失溫，下馬持短兵突陣，斬獲多，受上賞。

《明史》卷一五五《朱榮傳》：

  ［永樂八］年，督右掖，從征阿魯台……十二年復從北征……其冬充總兵官，鎮大同。修忙牛嶺、兔毛河、赤山、榆楊口、來勝諸城[①]，寇不敢近。……二十年復從北征，爲前鋒。駐雕鶚峒寇，以五千騎視敵所向。大軍次玉沙泉。榮帥鋭士三百人，人三馬，齎二十日糧深入。敵已棄牛羊馬駝北走，悉收之，

[①] 標點本《校勘記》：兔毛河、赤山，《明史》卷四一《地理志》作"兔毛川"、"赤兒山"。地書不載"來勝"，疑爲"東勝"之訛。——整理者注

焚其輜重。移師破兀良哈。……二十二年復從北征。

《明史》卷一五六《吳允誠傳》：

[永樂八]年從出塞，敗本雅失里，[自都督同知]進右都督。尋進左都督。與中官王安追闊脫赤，至把力河獲之。封恭順伯……

《明史》卷一五六《吳成傳》：

從征本雅失里。疾戰，本雅失里以七騎遁。

《明史》卷一五八《段民傳》：

車駕北征，餉舟由濟寧達潞河，陸輓出居庸至塞外。民深計曲算，下不擾而事集。

《明史》卷一七三《楊洪傳》：

初，從成祖北征，至斡難河，獲人馬而還。帝曰："將才也。"令識其名，進千戶。

《明史》卷一七四《巫凱傳》：

永樂……十一年，[以遼東都指揮使]帥所部會北京。明年從征沙漠。

《明史》卷一八二《劉大夏傳》：

[弘治間，大夏為兵部尚書，對孝宗論出塞遠征之不易，因追敘成祖北征之事，有曰，]"淇國公小違節制，舉數十萬衆委沙漠……"

蒙古——永樂北征

《明史》卷二九九《皇甫仲和傳》：

成祖北征，仲和與袁忠徹扈從。師至漠北，不見寇，將引還……寇[忽]大至……時初得安南神礮，寇一騎直前，即以礮擊之，一騎復前，再擊之，寇不動。帝登高望之曰："東南不少卻乎？"亟麾大將譚廣等進擊，諸將奮斫馬足，寇少退。俄疾風揚沙，兩軍不相見，寇始引去。……[明日，寇降。]

　　光旦：此《傳》意外説明皇甫、袁二人占術之精，語涉迷信，不引，只錄其敘事之詞。

《明史》卷三〇四《鄭和傳》：

當成祖時，銳意通四夷，奉使多用中貴。……迤北則海童……

蒙古——擴廓帖木兒

《明史》卷一二四《擴廓帖木兒傳》：

擴廓帖木兒，沈邱人。本王姓，小字保保，元平章察罕帖木兒甥也。察罕養爲子，順帝賜名擴廓帖木兒。[元亡，抗明最久且力，曾大敗徐達、李文忠、馮勝兵十五萬於嶺北，明兵爲之希出塞。明祖亦敬之，嘗曰，]"吾不能臣王保保，其人奇男子也。"竟册其妹爲秦王妃。

> 光旦：秦王樉，太祖第二子。卷一一六，《樉傳》亦云"妃，元河南王王保保女弟"，次妃始爲鄧愈女。

> 光旦：王保保當已是蒙漢通婚之所出。至是，其女弟又婚漢人。亦見當時民族相婚無禁。

《明史》卷一二四《擴廓帖木兒傳》：

> 明兵已定元都，將軍湯和等自澤州徇山西。擴廓遣將禦之，戰於韓店，明師大敗。會順帝自開平命擴廓復大都，擴廓乃北出雁門，將由保安徑居庸以攻北平。徐達、常遇春乘虛擣太原，擴廓還救。部將豁鼻馬潛約降於明。明兵夜刼營，營中驚潰。擴廓倉卒以十八騎北走。明兵遂西入關[掃蕩]……於是元臣皆入於明，唯擴廓擁兵塞上，西北邊苦之。（取太原事，參一二五卷《常遇春傳》。）

> 洪武三年，太祖命大將軍徐達總大兵出西安，擣定西。擴廓方圍蘭州，趨赴之。戰於沈兒峪，大敗，盡亡其衆，獨與妻子數人北走，至黃河，得流木以渡，遂奔和林。時順帝崩，太子嗣立，復任以國事。

> 踰年，太祖復遣大將軍徐達、左副將軍李文忠、征西將軍馮勝將十五萬衆，分道出塞取擴廓。大將軍至嶺北，與擴廓遇，大敗，死者數萬人。……

> 明年，擴廓復攻雁門，命諸將嚴爲之備。自是明兵希出塞矣。

> 其後，擴廓從其主徙金山，卒於哈刺那海之衙庭……蓋洪武八年也。

蒙古——梁王把匝剌瓦爾密

《明史》卷一二四《把匝剌瓦爾密傳》：

> 順帝北去，大都不守，中國無元尺寸地，而王守雲南自若；歲遣使自塞外達元帝行在，執臣節如故。……明年（明師平四川之次年，洪武五年，見卷二）正月，北平守將以所得王遣往漠北使者蘇成來獻，太祖乃命待制王禕齎詔偕成往招諭。王待禕以禮。會元嗣君遣使脫脫來徵餉，脫脫疑王有他意，因脅以危語。王遂殺禕而以禮斂之。

> 踰三年，太祖復遣湖廣參政吳雲偕大軍所獲雲南使臣鐵知院等往。知院

以己奉使被執，誘雲改制書給王。雲不從，被殺。王聞雲死，收其骨，送蜀給孤寺。

太祖知王終不可以諭降，乃命傅友德爲征南將軍，藍玉、沐英爲副，帥師征之。洪武十四年十二月下普定。王遣司徒平章達里麻率兵駐曲靖。沐英引軍疾趨，乘霧抵白石江。霧解，達里麻望見大驚。友德等率兵進擊，達里麻兵潰被擒。……失精甲十餘萬。王……走普寧州之忽納砦……驅妻子赴滇池死。遂與左丞達的、右丞驢兒夜入草舍，俱自經。太祖遷其家屬於耽羅。

光旦：雲南多蒙古後裔，與梁王之久守顯有關係。

蒙古——納哈出

《明史》卷一二五《常遇春傳》：

洪武二十年，命〔常茂（遇春長子）〕從大將軍馮勝征納哈出於金山。勝，茂婦翁也。……納哈出請降，詣右副將軍藍玉營，酒次……納哈出取酒澆地，顧其下咄咄語。茂方在坐，麾下趙指揮者，解蒙古語，密告茂："納哈出將遁矣。"茂因出不意，直前搏之。納哈出大驚，起欲就馬。茂拔刀砍其臂，傷。納哈出所部聞之，有驚潰者。勝故怒茂，增飾其狀，奏茂激變，遂械繫至京。……安置……龍州。

蒙古——納哈出（與馮勝）

《明史》卷一二九《馮勝傳》：

大將軍〔徐〕達，左副將軍〔李〕文忠皆卒，而元太尉納哈出擁衆數十萬屯金山，數爲遼東邊害。〔洪武〕二十年命勝爲征虜大將軍，潁國公傅友德、永昌侯藍玉爲左、右副將軍，帥南雄侯趙庸等以步騎二十萬征之。鄭國公常茂、曹國公李景隆、申國公鄧鎮等皆從。帝復遣故所獲納哈出部將乃刺吾者奉璽書往諭降。勝出松亭關，分築大寧、寬河、會州、富峪四城。駐大寧踰兩月，留兵五萬守之，而以全師壓金山。納哈出見乃刺吾驚曰："爾尚存乎！"乃刺吾述帝恩德。納哈出喜，遣其左丞探馬赤等獻馬，且覘勝軍。勝已深入，踰金山，至女直苦屯，降納哈出之將慶國公①觀童。大軍奄至，納哈出度不敵，因乃刺

---

① 標點本《校勘記》：慶國公，據《明史》卷三二七《韃靼傳》、《太祖實錄》卷一八二洪武二十年六月癸卯條、《國榷》卷八頁六七一應爲"全國公"。——整理者注

吾請降。勝使藍玉輕騎受之。玉飲納哈出酒，歡甚，解衣衣之。納哈出不肯服，顧左右咄咄語，謀遁去。勝之壻常茂在坐，遽起砍其臂。都督耿忠擁以見勝。納哈出將士妻子十餘萬屯松花河，聞納哈出傷，驚潰。勝遣觀童諭之乃降，得所部二十餘萬人，牛羊馬駝輜重亘百餘里。還至亦迷河，復收其殘卒二萬餘、車馬五萬。而都督濮英殿後，爲敵所殺。[喪騎三千。]師還，以捷聞，並奏常茂激變狀，盡將降衆二十萬人入關。

  光旦：查《地名辭典》引《明統志》，金山在開原西北三百五十里遼河北岸，合東、西、中三金山，亘三百餘里，與兀良哈接境。在今康平縣境，康平在開原縣西，其西北似接通遼縣境。然既曰遼河北岸，則似不應在康平，而應遠在遼源縣之北，遼源爲四洮鐵路之一站，遼源與開通二站之間有小站曰"金山"，似即爲此金山之南麓。《地典》似誤。

  光旦：松花河似即今松花江（與嫩江相會前之南段）。果爾，則《地典》謂自明宣德始有"松花江"之稱，亦未爲事實矣。

《明史》卷一二九《馮勝傳》：

  納哈出者，元木華黎裔孫，爲太平路萬户。太祖克太平被執，以名臣後，待之厚。知其不忘元，資遣北歸。元既亡，納哈出聚兵金山，畜牧蕃盛。帝遣使招諭之，終不報。數犯遼東，爲葉旺所敗。勝等大兵臨之，乃降，封海西侯。從傅友德征雲南，道卒。子察罕，改封瀋陽侯，坐藍玉黨死。

《明史》卷一二九《傅友德傳》：

  [洪武]二十年，[友德]副大將軍馮勝，征納哈出於金山。

《明史》卷一二九《廖永忠傳》附《趙庸傳》：

  [洪武]二十年，[庸]以左參將從傅友德討納哈出。

蒙古——納哈出

《明史》卷一三〇《郭英傳》：

  [洪武]十八年加[英]靖海將軍，鎮守遼東。二十年從大將軍馮勝出金山，納哈出降。

《明史》卷一三〇《張龍傳》：

  [洪武]二十年從馮勝出金山，降納哈出。

《明史》卷一三〇《胡海傳》：

  [洪武二十年，]以左參將從征金山。

《明史》卷一三一《薛顯傳》：

　　從魏國公巡北邊。從宋國公出金山。[洪武]二十年冬召還。

《明史》卷一三一《陳德傳》：

　　子鏞……[洪武]二十年從馮勝征納哈出，將至金山，與大軍異道相失，敗沒。

《明史》卷一三二《王弼傳》：

　　[洪武]二十年，以副將軍從馮勝北伐，降納哈出。

《明史》卷一三二《藍玉傳》：

　　[洪武]二十年，以征虜左副將軍從大將軍馮勝征納哈出。次通州，聞元兵有屯慶州者，玉乘大雪，帥輕騎襲破之，殺平章果來，擒其子不蘭溪還。會大軍進至金山，納哈出遣使詣大將軍營納款，玉往受降。納哈出以數百騎至，玉大喜，飲以酒。納哈出酌酒酬玉，玉解衣衣之，曰："請服此而飲。"納哈出不肯服，玉亦不飲，爭讓久之。納哈出覆酒於地，顧其下咄咄語，將脫去。鄭國公常茂在坐，直前砍傷之，都督耿忠擁以見勝。其衆驚潰，遣降將觀童諭降之。還至亦迷河，悉降其餘衆。

《明史》卷一三二《藍玉傳·張温附傳》：

　　[洪武]二十年秋，帥師討納哈出餘衆。

《明史》卷一三二《謝成傳》：

　　[洪武]二十年，同張温追討納哈出餘衆。

《明史》卷一三三《濮英傳》：

　　[洪武二十]年，命[英]帥所部隨大將軍馮勝北征。抵金山，降納哈出，遂班師，而以英將騎兵三千人爲殿。納哈出餘衆竄匿者尚數十萬，聞師旋，設伏於途，謀俟大軍過竄取之，未發。英後至，猝爲所乘，衝突不能出，馬踣遂見執。敵既得英，思挾爲質。英絕食不言，乘間引佩刀剖腹死。

《明史》卷一三四《葉旺傳》：

　　元主北走，其遼陽行省參政劉益屯蓋州……帝遣斷事黃儔……諭益。益……來歸。乃立遼陽指揮使司，以益爲指揮同知。未幾，元平章洪保保[等]合謀殺益。……保保挾儔走納哈出營。[權衛事張良佐]以狀聞。且言……[當時蒙古人在東北之形勢，包括在金山之納哈出，]今保保逃往，釁必起。……

　　[洪武八年，帝]念遼陽重地……設都指揮使司……以旺及[馬]雲並爲都指揮使……已知儔被殺，納哈出將内犯，敕旺等預爲備。

未幾，納哈出果以衆至，見備禦嚴，不敢攻，越蓋[州]至金州。金州城未完，指揮韋富、王勝等督士卒分守諸門。乃剌吾者，敵驍將也，率精騎數百挑戰城下，中伏弩仆，爲我兵所獲。敵大沮。富等縱兵擊，敵引退，不敢由故道，從蓋城南十里沿柞河遁。旺先以兵扼柞河。自連雲島至宿駝寨十餘里，緣河壘冰爲牆，沃以水，經宿凝冱如城。布釘板沙中，旁設坑穽，伏兵以伺。雲及指揮周鶚、吴立等建大旗城中，嚴兵不動，寂若無人。已寇至城南，伏四起，兩山旌旗蔽空，矢石雨下。納哈出倉皇趨連雲島，遇冰城，旁走，悉陷於穽，遂大潰。雲自城中出，合兵追擊至將軍山、畢栗河，斬獲及凍死者無算，乘勝追至猪兒峪。納哈出僅以身免。……時洪武八年也。

《明史》卷一五五《譚廣傳》：

洪武初，起卒伍，從征金山。

蒙古——哈梅里

《明史》卷三：

[洪武]二十四年……八月……乙亥，都督僉事劉真、宋晟討哈梅里，敗之。

蒙古——那哈朮

《明史》卷一四七《解縉傳》：

[縉被劾謫河州衛，縉寓書於禮部侍郎董倫（時惠帝初立），有曰，]"那哈朮來歸，欽承顧問，謂宜待之有禮，稍忤機權，其徒必貳。……頗皆億中。"

光旦：那哈朮應是蒙古，前似未見。

蒙古——阿魯台

《明史》卷四〇《地理志一》：

興和守禦千户所（元興和路）洪武三年爲府，屬北平布政司。四年後，府廢。三十年正月置所。永樂元年二月直隸後軍都督府。二十年爲阿魯台所攻，徙治宣府衛城，而所地遂虚。

光旦：張家口以上至內蒙古蘇尼特旗，皆興和路地；興和故城即張北縣治。

《明史》卷九：

[宣德]五年……十月乙亥，阿魯台犯遼東，遼海衛指揮同知皇甫斌力戰死。

《明史》卷九：

[宣德]八年……九月……己亥，阿魯台部昝卜寇涼州，總兵官劉廣擊斬之。

《明史》卷九：

[宣德]九年……八月……己巳，瓦剌脫歡攻殺阿魯台，來告捷。九月癸未，自將巡邊。乙酉，度居庸關。……乙未，阿魯台子阿卜只俺來歸。丁酉，至洗馬林……十月……還［京］。

《明史》卷一四四《何福傳》：

[永樂七]年，本雅失里糾阿魯台將入寇，爲瓦剌所敗，走臚朐河，欲收諸部潰卒窺河西。詔福嚴兵爲備。

《明史》卷一四五《陳亨傳》：

[永樂二十一年（二十年之明年），亨子懋]將陝西、寧夏、甘肅三鎮兵，從征阿魯台，爲前鋒。

《明史》卷一四六《鄭亨傳》：

（見"朱棣北征"片。）

《明史》卷一四七《黃淮傳》：

阿魯台歸款，請得役屬吐蕃諸部。求朝廷刻金作誓詞，磨其金酒中，飲諸酋長以盟。衆議欲許之。淮曰："彼勢分則易制，一則難圖矣。"帝［韙之］。

光旦：帝，成祖也。

《明史》卷一五四《柳升傳》：

[永樂八]年從北征，至回曲津，將神機火器爲前鋒，大敗阿魯台。

《明史》卷一五五《劉榮（初名江）傳》：

永樂八年從北征……敗阿魯台於靖虜鎮。

《明史》卷一五六《吴允誠傳》：

再征阿魯台，［允誠子克忠（原名答蘭）］從行。三征阿魯台，復從。兄弟皆有功。

《明史》卷一五六《吴成傳》：

從征阿魯台，合朱榮兵爲前鋒，追至闊灤海。召還……又三從出塞。洪熙元年……從陽武侯薛祿征大松嶺，爲前鋒，有功……宣宗初……出守備興和。

成好畋獵而不修武備。寇伺其出獵，卒入城，掠其妻孥以去。……已而阿魯台入貢，還其家口。三年，帝北征，從敗賊於寬河。

  光旦：大松嶺之役與阿魯台有涉否，一時無法肯定。

  光旦：寬河之役，對方爲兀良哈，見下《金忠傳》。

《明史》卷一五六《金忠傳》：

  金忠者，蒙古王子也先土干也。……爲阿魯台所忌。永樂二十一年……來降。……［甚受］眷寵……明年，忠請爲前鋒，討阿魯台自效。帝初不許。會大同、開平警報至，諸將請從忠言。帝復出塞，忠與陳懋爲前鋒。而阿魯台聞王師復出，倉皇渡答蘭納木兒河遁去。忠、懋至河不見寇，抵白邛山，卒無所遇，乃班師。

蒙古——瓦剌

《明史》卷六《成祖二》：

  ［永樂六］年……瓦剌入貢。

《明史》卷六《成祖二》：

  ［永樂］七年……五月……乙未，封瓦剌馬哈木爲順寧王，太平爲賢義王，把禿孛羅爲安樂王。

《明史》卷六《成祖二》：

  ［永樂］十一年……十一月……壬午，瓦剌馬哈木兵渡飲馬河，阿魯台告警，命邊將嚴守備。甲申，寧陽侯陳懋，都督譚青、馬聚、朱崇巡寧夏、大同、山西邊，簡練士馬。尋命陝西、山西及潼關等五衛兵駐宣府，中都、遼東、河南三都指揮使司及武平等四衛兵會北京。乙巳，應城伯孫巖備開平。

《明史》卷六《成祖二》：

  ［永樂］十一年……是年①，馬哈木弑其主本雅失里，立答里巴爲可汗。

《明史》卷七《成祖三》：

  ［永樂］十二年……正月……辛丑，發山東、山西、河南及鳳陽、淮安、徐、邳民十五萬，運糧赴宣府。

---

① 標點本《校勘記》：是年，此指永樂十一年。《明史》卷三二八《外國·瓦剌傳》作"十年"。《太宗實錄》卷一二八永樂十年五月乙酉條稱："瓦剌順寧王馬哈木等遣其知院海答兒等隨指揮孫觀保來朝，且言既滅本雅失里，得其傳國璽，欲遣使進獻。"作"十年"是。——整理者注

二月己酉，大閱。庚戌，親征瓦剌。安遠侯柳升領大營，武安侯鄭亨領中軍，寧陽侯陳懋、豐城侯李彬領左、右哨，成山侯王通、都督譚青領左、右掖，都督劉江、朱榮爲前鋒。……

三月……庚寅，發北京，皇太孫從。……

四月甲辰朔，次興和。

《明史》卷七《成祖三》：

［永樂十二年，四月］丁卯，［車駕］次屯雲谷，孛羅不花等來降。……

六月甲辰，劉江遇瓦剌兵，戰於康哈里孩，敗之。戊申，次忽蘭忽失溫，馬哈木帥衆來犯，大敗之，追至土剌河，馬哈木宵遁。庚戌，班師，宣捷於阿魯台。戊午，次三峯山，阿魯台遣使來朝。己巳，以敗瓦剌詔天下。

七月戊子，次紅橋。……己亥，次沙河……

八月辛丑朔，至北京……

九月癸未，郭亮、徐亨備開平。……

［九月］甲午，費瓛鎮甘肅，劉江鎮遼東。

閏月（九月）……丁卯，都督朱榮鎮大同。

《明史》卷七《成祖三》：

［永樂］十三年……正月丙午，塞居庸以北隘口。丁未，馬哈木謝罪請朝貢，許之。

《明史》卷七《成祖三》：

［永樂］十四年……三月……壬寅，阿魯台敗瓦剌，來獻捷。

《明史》卷七《成祖三》：

［永樂］十六年……正月……興安伯徐亨、都督夏貴備開平。……三月……都督僉事劉鑑備邊大同。

《明史》卷七《成祖三》：

［永樂］十七年……二月乙酉，興安伯徐亨備興和、開平、大同。

《明史》卷七《成祖三》：

［永樂］十八年……五月壬午，左都督朱榮鎮遼東。……七月丁亥，徐亨備開平。

《明史》卷七《成祖三》：

［永樂十九］年，瓦剌賢義王太平、安樂王把禿孛羅來朝。

《明史》卷七《成祖三》：

[永樂二十]年……瓦剌……入貢。

《明史》卷七《成祖三》：

[永樂二十一年七月，復征阿魯台，九月在途，]癸巳，聞阿魯台爲瓦剌所敗。

《明史》卷八《仁宗紀》：

[仁宗即位之年，永樂二十二]年……瓦剌入貢。

《明史》卷九：

[洪熙元]年……瓦剌……入貢。

《明史》卷九：

[宣德二]年……瓦剌……入貢。

《明史》卷九：

[宣德三]年……瓦剌……入貢。

《明史》卷九：

[宣德五]年……瓦剌……入貢。

《明史》卷九：

[宣德六]年……瓦剌……入貢。

《明史》卷九：

[宣德七]年……瓦剌……入貢。

《明史》卷九：

[宣德八]年……瓦剌……入貢。

《明史》卷九：

[宣德]九年……八月……己巳，瓦剌脫歡攻殺阿魯台，來告捷。

《明史》卷九：

[宣德九]年……瓦剌入貢。

《明史》卷一〇：

[宣德十]年……瓦剌入貢。

《明史》卷一〇：

[正統元]年……瓦剌入貢。

《明史》卷一〇：

[正統二]年……瓦剌……入貢。

《明史》卷一〇：

[正統三]年……瓦剌入貢。

《明史》卷一〇：

[正統四]年……瓦剌……入貢。

《明史》卷一〇：

[正統六]年……瓦剌……入貢。

《明史》卷一〇：

[正統七]年……瓦剌……入貢。

《明史》卷一〇：

[正統八]年……瓦剌……入貢。

《明史》卷一〇：

[正統九]年……瓦剌……入貢。

光旦：查是年，也先已有不穩消息，別具"蒙古——瓦剌、也先"片。

《明史》卷一〇：

[正統十二]年……瓦剌……入貢。

光旦：查是時已對也先作準備，見"瓦剌、也先"片。

《明史》卷一〇：

[正統十三]年……瓦剌貢使三千人，賞不如例，遂構釁。

光旦：三千人，何其多也！此條互見。

《明史》卷一一：

[景泰二]年……瓦剌……入貢。（互見）

光旦：土木之變後首次入貢。

《明史》卷一一：

[景泰三]年，瓦剌……入貢。

《明史》卷一一：

[景泰四]年……瓦剌入貢。

《明史》卷一三：

[成化二]年……瓦剌入貢。

《明史》卷一六：

[正德十三]年……瓦剌入貢。

《明史》卷一七：

[嘉靖]十九年……六月辛巳，瓦剌部長欵塞。

光旦：時吉囊正屢犯明邊。

《明史》卷一五六《吳允誠傳》：

帝（永樂）征瓦剌，允誠父子皆從。

《明史》卷一五六《毛忠傳》：

［正統十三年（或後不久），忠］充右參將，協守甘肅。景泰初，侍郎李實使漠北，還言忠數遣使通瓦剌。詔執赴京。……貶官，發福建立功。……初忠之征沙漠也，獲番僧加失領真以獻。英宗赦不誅。後逃之瓦剌，爲也先用，憾忠，欲陷之。遂宣言忠與也先交通，而朝廷不察也。英宗在塞外獨知之，比復辟，即召還。

《明史》卷一五七《劉中敷傳》：

正統……六年……瓦剌入貢，詔問［中敷（時爲户部尚書）］馬駝芻菽數，不能對……論斬……已［而］釋爲民（時王振立威，專摭大臣小過）。

《明史》卷一六〇《羅綺傳》：

景帝立……進［大理寺］右少卿，副李實使瓦剌。上皇還，以勞擢刑部左侍郎。

光旦：此條應列"也先"片，列此亦可。

《明史》卷一六二《劉球傳》：

正統六年……大舉征麓川。球（時爲翰林侍講）上疏，［有］曰，"……至於瓦剌，終爲邊患。及其未即騷動，正宜以時防禦。迺欲移甘肅守將以事南征，卒然有警，何以爲禦？……"

《明史》卷一六二《劉球傳》：

［正統］八年五月……［又］上言所宜先者十事。［有曰，］"迤北貢使日增，包藏禍心，誠爲難測。宜分遣給事、御史閱視京邊官軍，及時訓練，勿使借工各廠，服役私家。……"［帝不從。］

《明史》卷一九八《王瓊傳》：

……（嘉靖七年光景，土魯番曾引瓦剌入寇肅州，見"土魯番"片。）

《明史》卷二〇四《陳九疇傳》：

（嘉靖三年，陳九疇之擊逐土魯番，破其肅州圍，亦曾遠交瓦剌，見"土魯番"片。）

《明史》卷二二二《王崇古傳》：

［隆慶四年，崇古初總督宣、大、山西，以招降鄰部、孤立俺答爲務，］西

番、瓦剌、黄毛諸種，一歲中降者踰二千人。

　　光旦：應即也先所屬之瓦剌，然語氣又似西番之一種。

《明史》卷二二二《吳兌傳》：

　　［萬曆五年，］俺答西掠瓦剌，聲言迎佛……兌（時總督宣、大、山西，接方逢時）諭俺答繞賀蘭山後行，勿道甘肅；又陰洩其謀於瓦剌。俺答兵遂挫，留青海，［未能前。］

《明史》卷二三九《張臣傳》：

　　［萬曆間（五年後，十一年前），］順義王俺答報怨瓦剌……（詳"蒙古——俺答"片。）

《明史》卷二三九《達雲傳》：

　　（瓦剌他卜囊與留據青海之俺答從子永邵卜歲擾西寧，見"蒙古——俺答（及其後人）"片。）

《明史》卷三〇四《王振傳》：

　　搆釁瓦剌，振遂敗。瓦剌者，元裔也。［正統］十四年，其太師也先貢馬，振減其直，使者恚而去。秋七月，也先大舉入寇，振挾帝親征。廷臣交諫，弗聽。至宣府，大風雨，復有諫者，振益虩怒。……八月己酉，帝駐大同，振益欲北。鎮守太監郭敬以敵勢告，振始懼。班師，至雙寨，雨甚。振初議道紫荊關……復改道宣府。軍士紆迴奔走，壬戌始次土木。瓦剌兵追至，師大潰。帝蒙塵，振乃爲亂兵所殺。……

　　先是，郭敬鎮大同，歲造箭鏃數十甕，以振命遺瓦剌，瓦剌輒報以良馬。及帝親征，西寧侯宋瑛、駙馬都尉井源爲前鋒，遇敵陽和，敬又撓使敗。至是逃歸，亦坐誅（振黨坐誅者多人，故此曰"亦"）。

蒙古——瓦剌、也先

《明史》卷一〇：

　　［正統］九年……八月……甲戌，敕邊將備瓦剌也先。

《明史》卷一〇：

　　［正統九年］九月丁亥，靖遠伯王驥、右都御史陳鎰經理西北邊備。

《明史》卷一〇：

　　［正統］十二年……七月甲辰，敕各邊練軍備瓦剌。

《明史》卷一〇：

[正統十三]年……瓦剌貢使三千人，賞不如例，遂構釁。

《明史》卷一〇：

　　[正統]十四年……六月……甲子……詔河南、山西班軍番休者盡赴大同、宣府。乙丑，西寧侯宋瑛總督大同兵馬。……戊寅，平鄉伯陳懷，駙馬都尉井源，都督王貴、吳克勤，太監林壽，分練京軍於大同、宣府，備瓦剌。……

　　七月己丑，瓦剌也先寇大同，參將吳浩戰死。下詔親征。……[癸巳]，西寧侯宋瑛、武進伯朱冕與瓦剌戰於陽和，敗没。甲午，發京師。乙未，次龍虎臺。……丁酉，次居庸關。辛丑，次宣府。……丙午，次陽和。八月戊申，次大同。……己酉，廣寧伯劉安爲總兵官，鎮大同。庚戌，師還。丁巳，次宣府。庚申，瓦剌兵大至，恭順侯吳克忠、都督吳克勤戰没，成國公朱勇、永順伯薛綬救之，至鷂兒嶺遇伏，全軍盡覆。辛酉，次土木，被圍。壬戌，師潰，死者數十萬。英國公張輔，泰寧侯陳瀛，駙馬都尉井源，平鄉伯陳懷，襄城伯李珍，遂安伯陳塤，修武伯沈榮，都督梁成、王貴，尚書王佐、鄺埜，學士曹鼐、張益，侍郎丁鉉①、王永和，副都御史鄧棨等，皆死。帝北狩。……戊辰，帝至大同。……辛未，帝至威寧海子。甲戌，至黑河。

《明史》卷一一：

　　正統十四年……八月……乙亥，[景泰帝]諭邊將，瓦剌奉駕至，不得輕出。

《明史》卷一一：

　　[正統十四年]九月……辛丑，給事中孫祥、郎中羅通爲右副都御史，守紫荆、居庸關。

《明史》卷一一：

　　[正統十四年]十月戊申，也先擁上皇至大同。……丙辰，也先陷紫荆關，孫祥死之。京師戒嚴。……戊午，也先薄都城，都督高禮、毛福壽敗之於彰義門。己未，右通政王復、太常少卿王榮②使也先營，朝上皇於土城。……于謙、石亨等連敗也先衆於城下。壬戌，寇退。甲子，出紫荆關。丁卯……瓦剌可

---

① 標點本《校勘記》：丁鉉，據《明史》卷一六七《王佐傳》附《丁鉉傳》、卷三二八《瓦剌傳》及《英宗實録》卷一八一，應爲"丁鉉"。——整理者注

② 標點本《校勘記》：王榮，據《明史》卷一七〇《于謙傳》、卷一七一《楊善傳》附《趙榮傳》、又卷一七七《王復傳》及《國榷》卷二八頁一八〇四，應爲"趙榮"。——整理者注

汗脱脱不花使來。辛未，昌平伯楊洪充總兵官，都督孫鏜、范廣副之，剿畿內餘寇。

《明史》卷一一：

[正統十四年]十一月……壬辰，上皇至瓦剌。

《明史》卷一一：

景泰元年……閏[正]月甲寅，瓦剌寇寧夏。……庚午，大同總兵官郭登敗瓦剌於沙窩，又追敗之於栲栳山。……

二月……癸未，懸賞格招陷敵軍民。丙戌，石亨爲鎮朔大將軍，帥師巡大同。都指揮同知楊能充遊擊將軍，巡宣府。……

三月己酉，瓦剌寇朔州。……癸丑，瓦剌寇寧夏、慶陽。乙卯，寇朔州。……

四月……辛巳，瓦剌寇大同，官軍擊卻之。……丙申，瓦剌寇雁門。……癸卯，瓦剌寇大同，郭登擊卻之。

五月乙巳……瓦剌掠河曲、代州，遂南犯，詔劉安督涿、易諸軍禦之。戊申，瓦剌寇雁門……辛未，瓦剌遣使請和。

六月壬午，瓦剌寇大同，郭登擊卻之。丙戌，也先復擁上皇至大同。……戊子，瓦剌寇宣府，都督朱謙、參將紀廣禦卻之。……己亥，給事中李實、大理寺丞羅綺使瓦剌。……

七月……庚申，右都御史楊善、工部侍郎趙榮使瓦剌。

《明史》卷一一：

[景泰元年七月]癸亥，李實、羅綺還。己巳，楊善至瓦剌，也先許上皇歸。

八月癸酉，上皇發瓦剌。……甲申，遣侍讀商輅迎上皇於居庸關。丙戌，上皇還京師。

《明史》卷一一：

[景泰]二年……四月……甲午，瓦剌寇宣府馬營，敕遊擊將軍石彪等巡邊。……

[十二]月，也先弒其主脫脫不花。

《明史》卷一一：

[景泰二]年……瓦剌……入貢。（互見）

《明史》卷一一：

[景泰]三年……十月……丙辰，都督孫鏜、僉事石彪協守大同，都督同

知衛穎，僉事楊能、張欽協守宣府，備也先。

《明史》卷一一：

　　[景泰]四年……八月……甲午，也先自立爲可汗。……

　　十月……戊戌，也先遣使來。

　　是年……瓦剌入貢。

《明史》卷一一：

　　[景泰五]年……也先爲知院阿剌所殺。

《明史》卷一六六《方瑛傳·陳友附傳》：

　　[正統初至九年間，以]都指揮僉事頻年使瓦剌有勞……進都指揮使。

　　　　光旦：友之先爲西域人，或通蒙古語，故頻出使。

《明史》卷一七二《羅亨信傳》：

　　[正統]十年……亨信(時以右副都御史巡撫宣、大)言，[請勿徵邊軍屯田稅，有曰，]諸軍防邊勞苦，無他生業，惟事田作[外]，每歲自冬徂春，迎送瓦剌使臣，三月始得就田……

　　初，亨信嘗奏言："也先專候釁端，以圖入寇。宜預於直北要害，增置城衛爲備。不然，恐貽大患。"兵部議，寢不行。及土木之變，[亨信堅守宣府孤城，]也先挾上皇至城南，傳命啓門。……[亦拒不奉命。]也先逡巡引去。赤城、鵰鶚、懷來、永寧、保安諸守將棄城遁，並按其罪。當是時，車駕既北，寇騎日薄城下，關門左右皆戰場。……

《明史》卷一七二《楊寧傳》：

　　景泰初……拜禮部尚書，偕胡濙理部事。迤北可汗(即瓦剌可汗脫脫不花？)遣使入貢，寧言："宜留使數日，宴勞賜予，視也先使倍厚。彼性多猜，二人必內搆，邊患可緩。"帝務誠信，不許。

《明史》卷一七〇《于謙傳》：

　　謙以上皇雖還，國恥未雪，會也先與脫脫不花(瓦剌之可汗)搆，請乘間大發兵，身往討之，以復前仇，除邊患。[景]帝不許。

《明史》卷一七七《王翱傳》：

　　正統……十四年，[翱(時以右都御史提督遼東軍務)與]諸將破敵廣平山，進左[都御史]。脫脫不花大舉犯廣寧，翱方閱兵，寇猝至，衆潰。翱入城自保。或謂城不可守，翱手劍曰："敢言棄城者斬。"寇退，坐停俸半載。

　　　　光旦：廣平山之敵，不知即脫脫不花方面之蒙古否。

《明史》卷一七八《項忠傳》：

　　從英宗陷於瓦剌，令飼馬，乘間挾二馬南奔。馬疲，棄之，徒跣行七晝夜，始達宣府。

蒙古——瓦剌、也先（與楊善）

《明史》卷一七一《楊善傳》：

　　景泰元年……夏，李實、羅綺使瓦剌，議罷兵，未還，而也先使至，言朝廷遣使報阿剌知院，而不遣大臣報可汗（脫脫不花）及太師（也先），事必不濟。……乃命善及侍郎趙榮爲使，齎金銀書幣往。……時也先欲還上皇，而敕書無奉迎語……

　　既至，其館伴與飲帳中，詒善曰："土木之役，六師何怯也？"善曰："彼時官軍壯者悉南征，王司禮（振）邀大駕幸其里，不爲戰備，故令汝得志耳。今南征將士歸，可二十萬。又募中外材官技擊，可三十萬。悉教以神槍、火器、藥弩，百步外洞人馬腹立死。又用策士言，緣邊要害，隱鐵椎三尺，馬蹄踐輒穿。又刺客林立，夜度營幕若猿猱。"伴色動。善曰："惜哉，今皆置無用矣。"問："何故？"曰："和議成，歡好且若兄弟，安用此？"因以所齎遺之。其人喜，悉以語也先。明日謁也先，亦大有所遺，也先亦喜。善因詰之曰："太上皇帝朝，太師遣貢使必三千人，歲必再齎，金幣載途，乃背盟見攻何也？"也先曰："奈何削我馬價，予帛多剪裂，前後使人往多不歸，又減歲賜？"善曰："非削也，太師馬歲增，價難繼而不忍拒，故微損之。太師自度，價比前孰多也？帛剪裂者，通事爲之，事露，誅矣。即太師貢馬有劣弱，貂或敝，亦豈太師意耶？且使者多至三四千人，有爲盜或犯他法，歸恐得罪，故自亡耳，留若奚爲？貢使受宴賜，上名或浮其人數，朝廷核實而予之。所減乃虛數，有其人者，固不減也。"也先屢稱善。善復曰："太師再攻我，屠戮數十萬，太師部曲死傷亦不少矣。上天好生，太師好殺，故數有雷警。今還上皇，和好如故，中國金幣日至，兩國俱樂，不亦美乎？"也先曰："敕書何以無奉迎語？"善曰："此欲成太師令名，使自爲之。若載之敕書，是太師迫於朝命，非太師誠心也。"也先大喜……其平章昂克問善："何不以重寶來購？"善曰："若齎貨來，人謂太師圖利。今不爾，乃見太師仁義，爲好男子，垂史策，頌揚萬世。"也先笑稱善。知院伯顏帖木耳勸也先留使臣，而遣使要上皇復位。也先懼失信，不可，竟許善奉上皇還。……

善使瓦剌，携子四人行。

光旦：善出使時，任右都御史視鴻臚寺事。此行任務亦鴻臚職分內事也。

蒙古——瓦剌、也先

《明史》卷一七二《朱鑑傳》：

景帝監國……擢右副都御史，巡撫［山西］（正統七年起即在山西，歷左參政、布政使）。上言［備也先］。……瓦剌窺塞下，鑑日夜爲守禦計。景泰元年，敵數萬騎攻雁門，都指揮李端擊卻之。尋犯河曲及義井堡，殺二指揮，圍忻、代諸州，石亨等不能禦，長驅抵太原城北，山西大震。命鑑移鎮雁門，而別遣都督僉事王良鎮太原。援兵漸集，敵亦饜，乃引去。

《明史》卷一七二《程信傳》：

景帝即位……也先犯京師，信（時爲吏科給事中）督軍守西城，上言五事。都督孫鏜擊也先失利，欲入城，信不納，督軍從城上發箭礟助之。鏜戰益力，也先遂卻。

《明史》卷一七三《楊洪傳》：

［正統］十二年充總兵官（時爲左都督）……鎮宣府。……瓦剌可汗脱脱不花、太師也先皆嘗致書於洪，並遺之馬。洪聞於朝，敕令受之而報以禮。……帝既北狩，道宣府，也先傳帝命趣開門。城上人對曰："所守者主上城池。天已暮，門不敢開。……"也先乃擁帝去。景帝監國……封［洪］昌平伯。也先復令帝爲書遺洪，洪封上之。……洪一意堅守。也先逼京師，急詔洪將兵二萬入衛。比至，寇已退。敕洪與孫鏜、范廣等追擊餘寇。至霸州破之，獲阿歸等四十八人，還所掠人畜萬計。及關，寇返鬭，殺官軍數百人……寇去……［景泰二］年夏，佩鎮朔大將軍印，還鎮宣府。……

也先犯京師，［洪子］俊（時署都指揮僉事，總督獨石、永寧諸處邊務）敗其別部於居庸，進都督僉事。……

景泰三年，俊（時降官充遊擊將軍）上疏曰："也先既弒其主，併其衆……"［因獻計出兵滅也先，未得許。］（見"蒙古——明之守勢"片）……明年……送瓦剌使歸。至永寧，被酒［杖人獲罪］……

光旦：上二事皆洪子俊事，見附傳。

［洪從子］能……景泰元年，［以都指揮同知］充遊擊將軍，沿邊巡徼。寇

犯蔚州，畏不進，復與紀廣禦寇野狐嶺，敗……爲御史張昊所劾。……天順初，以左都督爲宣府總兵官，與石彪破寇磨兒山，封武强伯。

蒙古——瓦剌

《明史》卷三二〇《朝鮮傳》：

　　初（正統七年五月以前），瓦剌密令女直諸部誘朝鮮，使背中國。[國王李]裪拒之，白其事於朝。帝嘉其忠，敕獎之……

《明史》卷三二七《韃靼傳》：

　　[成祖元、二年間，]鬼力赤（篡元嗣，稱可汗，去國號，稱韃靼，始此人）與瓦剌相仇殺，數往來塞下，帝敕邊將各嚴兵備之。

《明史》卷三二七《韃靼傳》：

　　[永樂七年，帝命邱福等征本雅失里，]時本雅失里已爲瓦剌所襲破，與阿魯台徙居臚朐河。……[十年，]本雅失里爲瓦剌馬哈木等所殺。……十二年，帝征瓦剌。阿魯台使部長以下來朝會，[合兵擊瓦剌。]……十四年，[阿魯台]以戰敗瓦剌，使來獻俘。

《明史》卷三二七《韃靼傳》：

　　[洪熙、宣德間，]阿魯台數敗于瓦剌，部曲離散。……宣德九年……瓦剌脫懽[終於]襲殺阿魯台及[其子]失捏干。

《明史》卷三二七《韃靼傳》：

　　[天順間，]孛來……往來塞下，以西攻瓦剌爲辭，又數要劫三衛。

《明史》卷三二八《朶顏等三衛傳》：

　　（瓦剌與兀良哈先後分合關係，見"兀良哈——朶顏等三衛"片。）

《明史》卷三二九《哈密衛傳》：

　　（瓦剌與哈密蒙古統治層關係，見"哈密——沿革"片。）

蒙古——瓦剌傳

《明史》卷三二八《瓦剌傳》：

　　瓦剌，蒙古部落也，在韃靼西。元亡，其强臣猛可帖木兒據之。死，衆分爲三，其渠曰馬哈木，曰太平，曰把禿孛羅。

　　成祖即位，遣使往告。

　　永樂初，復數使鎮撫答哈帖木兒等諭之，并賜馬哈木等文綺有差。

六年冬，馬哈木等遣暖答失等隨亦剌思來朝貢馬，仍請封。

明年夏，封馬哈木爲特進金紫光祿大夫，順寧王；太平爲特進金紫光祿大夫，賢義王；把禿孛羅爲特進金紫光祿大夫，安樂王；賜印誥。暖答失等宴賚如例。

八年春，瓦剌復貢馬謝恩。自是，歲一入貢。

時元主本雅失里偕其屬阿魯台居漠北，哈馬木（上作馬哈木）乃以兵襲破之。八年，帝既自將擊破本雅失里及阿魯台兵，馬哈木上言請得早爲滅寇計。

十年，馬哈木遂攻殺本雅失里。復上言欲獻故元傳國璽，慮阿魯台來邀，請中國除之；脫脫不花子在中國，請遣還；部屬多從戰有勞，請加賞賚；又瓦剌士馬強，請予軍器。帝曰："瓦剌驕矣，然不足較。"賚其使而遣之（其時脫脫不花子當是業已遣還矣）。

明年（永樂十一年），馬哈木留敕使不遣，復請以甘、肅、寧夏歸附韃靼者多其所親，請給還。帝怒，命中官海童切責之。冬，馬哈木等擁兵飲馬河，將入犯，而揚言襲阿魯台。開平守將以聞，帝詔親征。

明年（十二年）夏，駐蹕忽蘭忽失溫。三部埒境來戰，帝麾安遠侯柳升、武安侯鄭亨等先嘗之，而親率鐵騎馳擊，大破之，斬王子十餘人，部眾數千級。追奔，度兩高山，至土剌河。馬哈木等脫身遁，乃班師。

明年（十三年）春，馬哈木等貢馬謝罪，且還前所留使，詞卑。帝曰："瓦剌故不足較。"受其獻，館其使者。

明年（十四年），瓦剌與阿魯台戰，敗走。

未幾，馬哈木死。海童歸言，瓦剌拒命由順寧，順寧死，賢義、安樂皆可撫。帝因復使海童往勞太平、把禿孛羅。

十六年春，海童偕瓦剌貢使來。馬哈木子脫懽請襲爵，帝封[之]爲順寧王。而海童及都督蘇火耳灰等以綵幣往賜太平、把禿孛羅及弟昂克，別遣使祭故順寧王。自是，瓦剌復奉貢。

[永樂]二十年，瓦剌侵掠哈密，朝廷責之，遣使謝罪。

二十二年冬，瓦剌部屬賽因打力來降，命爲所鎮撫，賜綵幣、襲衣、鞍馬，仍令有司給供具。自後來歸者悉如例。

宣德元年，太平死，子捏烈忽嗣。

時脫懽與阿魯台戰，敗之，[阿魯台]遁母納山、察罕腦剌間。

宣德九年，脫懽襲殺阿魯台，遣使來告，且請獻玉璽。帝賜敕曰："王殺阿魯台，見王克復世仇，甚善。顧王言玉璽，傳世久近，殊不在此。王得之，王用之可也。"仍賜紵絲五十表裏。

正統元年冬，成國公朱勇言："近瓦剌脫懽以兵迫逐韃靼朵兒只伯，恐吞併之，日益強大。乞敕各邊廣儲積，以備不虞。"帝嘉納之。未幾，脫懽內殺其賢義、安樂兩王，盡有其衆，欲自稱可汗（汗），衆不可，乃共立脫脫不花，以先所併阿魯台衆歸之。自爲丞相，居漠北，哈喇嗔等部俱屬焉。已[而]襲破朵兒只伯，復脅誘朵顏諸衛，窺伺塞下。

[正統]四年，脫懽死，子也先嗣，稱太師淮王。於是北部皆服屬也先，脫脫不花具空名，不復相制。每入貢，主臣並使，朝廷亦兩敕答之；賜賚甚厚，並及其妻子、部長。

故事，瓦使不過五十人。利朝廷爵賞，歲增至二千餘人。屢敕，不奉約。使往來多行殺掠，又挾他部與俱，邀索中國貴重難得之物。稍不饜，輒造釁端，所賜財物亦歲增。

也先攻破哈密，執王及王母，既而歸之。又結婚沙州、赤斤蒙古諸衛，破兀良哈，脅朝鮮。邊將知必大爲寇，屢疏聞，止敕戒防禦而已。

十一年冬，也先攻兀良哈，遣使抵大同乞糧，并請見守備太監郭敬。帝敕敬毋見，毋予糧。

明年，復致書宣府守將楊洪。洪以聞，敕洪禮其使，報之。頃之，其部衆有來歸者，言也先謀入寇，脫脫不花止之，也先不聽，尋約諸番共背中國。帝詔問，不報。時朝使至瓦剌，也先等有所請乞，無不許。瓦剌使來，更增至三千人，復虛其數以冒廩餼。禮部按實予之，所請又僅得五之一，也先大媿怒。

十四年七月，遂誘脅諸番，分道大舉入寇。脫脫不花以兀良哈寇遼東。阿剌知院寇宣府，圍赤城，又遣別騎寇甘州。也先自寇大同。參將吳浩戰死貓兒莊。羽書踵至。

太監王振挾帝親征，羣臣伏闕爭，不得。大同守將西寧侯宋瑛、武進伯朱冕、都督石亨等與也先戰陽和，太監郭敬監軍，諸將悉爲所制，失律，軍盡覆。瑛、冕死，敬伏草中免，亨奔還。車駕次大同，連日風雨甚，又軍中常夜驚，人恟懼，郭敬密言於振，始旋師。車駕還次宣府，敵衆襲軍後。恭順侯吳克忠拒之，敗歿。成國公朱勇、永順伯薛綬以四萬人繼往，至鷂兒嶺，伏發，盡陷。次日，至土木。諸臣議入保懷來，振顧輜重遽止，也先遂追及。土木地高，掘井二丈不得水，汲道已爲敵據，衆渴，敵騎益增。明日，敵見大軍止不行，僞退。振遽令移營而南。軍方動，也先集騎四面衝之，士卒争先走，行列大亂。敵跳陣而入，六軍大潰，死傷數十萬。英國公張輔，駙馬都尉井源，尚書鄺埜、王佐，侍郎曹鼐、丁鉉等五十餘人死之，振亦死。帝蒙塵，中官喜寧從。也先聞車駕至，錯愕未之信，及見，致禮甚恭，奉帝居其弟伯顏帖木兒營，以先所掠校尉袁彬來侍。也先將謀逆，會大雷雨震死也先所乘馬……乃止。也先擁帝至大同城，索金幣，都督郭登與白金三萬。登復謀奪駕入城，帝阻之不果。也先遂擁帝北行。

九月，郕王自監國即皇帝位，尊帝爲太上皇帝。也先詭稱奉上皇還，由大同、陽和抵紫荆關，攻入之，直前犯京師。兵部尚書于謙督武清伯石亨、都督孫鏜等禦之。也先邀大臣出迎上皇，未果。亨等與戰，數敗之。也先夜走，自良鄉至紫荆，大掠而出。都督楊洪復大破其餘衆於居庸。也先仍以上皇北行。……也先……欲以妹進上皇，上皇卻之，益敬服，時時殺羊馬置酒爲壽，稽首行君臣禮。

景泰元年，也先復奉上皇至大同，郭登不納，仍謀欲奪上皇，也先覺之，引去。初，也先有輕中國心，及犯京師，見中國兵强，城池固，始大阻（應是沮之誤）。會中國已誘誅賊奄喜寧，失其間諜，而脫脫不花、阿剌知院復遣使與朝廷和，皆撤所部歸。也先亦決意息兵。秋，帝遣侍郎李實、少卿羅綺、指揮馬政等齎璽書往諭脫脫不花及也先。而脫脫不花、也先所遣皮兒馬黑麻等已至，帝因復使都御史楊善、侍郎趙榮率指揮、千户等往。也先語實，兩國利速和，迎使夕至，大駕朝發，但當遣一二大臣來。實歸，善等至，致奉迎上皇意。也先曰："上皇歸，當仍作天子邪？"善曰："天位已定，不再更。"也先引善見上皇，遂設宴餞上皇行。也先席地彈琵琶，妻妾奉酒，顧善曰："都御史坐。"善不敢坐。上皇曰："太師著坐，便坐。"善承旨坐，即起，周旋其間。也先顧善曰："有禮。"伯顏等亦各設餞畢。也先築土臺，坐上皇臺上，率妻妾部長羅拜其下，各獻器用、飲食物。上皇行，也先與部衆皆送約半日程，也先、伯顏乃下馬伏地慟哭曰："皇帝行矣，何時復得相見！"良久乃去，仍遣其頭目七十人送至京。

上皇歸後，瓦剌歲來貢，上皇所亦別有獻。於是帝意欲絶瓦剌，不復遣使往。也先以爲請。尚書王直、金濂、胡濙等相繼言絶之且起釁。帝曰："遣使，有前事，適以滋釁耳。曩瓦剌入寇時，豈無使邪？"因敕也先曰："前者使往，小人言語短長，遂致失好。朕今不復遣，而太師請之，甚無益。"

也先與脫脫不花內相猜。脫脫不花妻，也先姊也，也先欲立其姊子爲太子，不從。也先亦疑其通中國，將謀己，遂治兵相攻。脫脫不花敗走，也先追殺之，執其妻子，以其人畜給諸部屬；遂乘勝迫脅諸蕃，東及建州、兀良哈，西及赤斤蒙古、哈密。

三年（景泰）冬，遣使來貢。

明年正旦，尚書王直等復請答使報之。下兵部議，兵部尚書于謙言：「臣職司馬，知戰而已，行人事非所敢聞。」詔仍毋遣使。

明年（五年）冬，也先自立爲可汗，以其次子爲太師，來朝，書稱大元田盛大可汗，末曰添元元年。田盛，猶言天聖也。報書稱曰瓦剌可汗。

未幾，也先復逼徙朵顏所部於黃河母納地。

也先恃強，日益驕，荒於酒色。

六年，阿剌知院攻也先，殺之。韃靼孛來復殺阿剌，奪也先母妻并其玉璽。也先諸子火兒忽答等徙居干趕河，弟伯都王、姪兀忽納等往依哈密。伯都王，哈密王母之弟也。

英宗復辟三年，哈密爲請封，詔授伯都王都督僉事，兀忽納指揮僉事。

自也先死，瓦剌衰，部屬分散，其承襲代次不可考。

天順中，瓦剌阿失帖木兒屢遣使入貢，朝廷以其爲也先孫，循例厚賚之。

又搽力克（又一搽力克，在俺答孫搽力克之前甚久）者，常與孛來讎殺。

又拜亦撒哈者，常偕哈密來朝。其長曰克捨，頗強，數糾韃靼小王子入寇。克捨死，養罕王稱雄，擁精兵數萬，克捨弟阿沙爲太師。

成化二十三年，養罕王謀犯邊，哈寧（密）罕慎來告。養罕不利去，憾哈密，兵還掠其大土剌。

弘治初，瓦剌中稱太師者，一曰火兒忽力，一曰火兒古倒溫，皆遣使朝貢。土魯番據哈密，都御史許進以金帛厚啗二部（當是二太師之所部），令以兵擊走之。

［正德間，］其部長卜六王者，屯駐把思瀾。

正德十三年，土魯番犯肅州。守臣陳九疇因遺卜六王綵幣，使乘虛襲破土魯番三城，殺擄以萬計。土魯番畏逼，與之和。

嘉靖九年，復以議婚（當是瓦剌與土魯番議婚）相仇隙。土魯番益強，瓦剌數困敗，又所部輒自殘，多歸中國。哈密復乘間侵掠。卜六王不支，亦求內附。朝廷不許，遣出關，不知所終。

光旦：也先以後，一篇糊塗賬。

蒙古——與土木之變

《明史》卷一二六《湯和傳》：

和曾孫允勛[爲]……錦衣千戶。偕中書舍人趙榮通問英宗於沙漠，脫脫不花問中朝事，慷慨酬答不少屈。

蒙古——土木之變與也先

《明史》卷一四四《顧成傳》：

正統末，[成孫興祖]從北征，自土木脫歸，論死。也先逼都城，復冠帶，充副總兵，禦敵於城外。授都督同知，守備紫荊關。

《明史》卷一四五《朱能傳》：

[正統]十四年，[能子勇]從駕至土木，迎戰鷂兒嶺，中伏死，所帥五萬騎皆没。于謙等追論勇罪，奪封。

《明史》卷一四六《陳珪傳》：

[珪曾孫]瀛，歿土木。

《明史》卷一四六《李濬傳》：

[濬孫珍]歿於土木。

《明史》卷一四六《陳志傳》：

[志曾孫塤]歿於土木。

《明史》卷一四八《楊士奇傳》：

正統初，士奇言瓦剌漸強，將爲邊患，而邊軍缺馬，恐不能禦。請於附近太僕寺關領，西番貢馬亦悉給之。……未幾，也先果入寇，有土木之難，識者思其言。

《明史》卷一五二《鄒濟傳》：

景帝初……也先入寇，九門皆閉。百姓避兵者，號城下求入，[濟子]幹（時爲兵部右侍郎，爲于謙所倚重）開門納之。

蒙古——也先

《明史》卷一五五《任禮傳》：

[正統]八年，赤斤蒙古衛都督且旺失加苦也先暴橫，欲移駐也洛卜剌。

禮［時鎮甘、肅］，以其地近肅州，執不許。……事竟寢。（十一年，沙州衛喃哥衆欲奔瓦剌，喃哥弟鎖南奔受也先封爲祁王，鎖南奔不果歸瓦剌，及十四年也先入寇，分道抵肅州——均詳"蒙古——在西北"片，不複。）

《明史》卷一五六《吳允誠傳》：

　　土木之變，［允誠子］克忠與其弟都督克勤子瑾爲後拒。寇突至，驟戰不勝。敵兵據山上，飛矢石如雨，官軍死傷略盡。克忠下馬射，矢竭，猶殺數人，與克勤俱歿於陣。……瑾被執，逃歸。

《明史》卷一五六《毛勝傳》：

　　［正統］十四年夏，也先謀入寇，勝偕平鄉伯陳懷等率京軍三萬鎮大同。懷遇寇戰殁，勝脫還。……貴州苗大擾，詔勝往討。未行，而也先逼京師。勝禦之彰義門北，擊退之。越二日，引兵［至］西直門外，解都督孫鏜圍。明日，都督武興戰殁於彰義門，寇乘勝進。勝與都御史王竑急援之，寇遂引卻。勝追襲至紫荊關，頗有斬獲。事定，［乃赴貴州。］

《明史》卷一五六《焦禮傳》：

　　英宗北狩，景帝命充左副總兵，守寧遠。未幾，也先逼京城，詔禮率師入衛。寇退還鎮。景泰四年，賊二千餘騎犯興水堡，禮擊走之。……進左都督。

《明史》卷一五五《宋晟傳》：

　　正統中……瓦剌也先入寇，［晟第三子］瑛充總兵官，督大同守將朱冕、石亨等戰陽和，全軍敗沒，瑛及冕皆戰死。

《明史》卷一五五《劉榮傳》：

　　正統十四年，［榮次子安］與郭登鎮大同。也先擁英宗至城下，邀登出見，登不可。安出見……馳至京師，言奉上皇命來告敵情……京師戒嚴……安充總兵官，陣東直門。寇退……

《明史》卷一五五《朱榮傳》：

　　［正統］十四年，［榮子冕］從北征，戰於陽和，死之。

《明史》卷一五五《陳懷傳》：

　　［正統］十四年，扈駕北征，死土木。

《明史》卷一五九《陳鎰傳》：

　　正統……九年春，進右都御史，鎮守［陝西］如故。……時瓦剌也先漸強，遣人授罕東諸衛都督喃哥等爲平章，又置甘肅行省名號。鎰以聞，請嚴爲之備。已［而］命與靖遠伯王驥巡視甘肅、寧夏、延綏邊務，聽便宜處置。

《明史》卷一五九《陳泰傳》：

  景帝監國……于謙薦守紫荊關。也先入犯，關門不守……景泰元年……守備白羊口。……

《明史》卷一五九《崔恭傳》：

  擢萊州知府。……也先犯京師，[自萊州]遣民兵數千入援。

《明史》卷一六〇《金濂傳》：

  上皇還，也先請遣使往來如初。帝堅意絕之。濂再疏諫。不聽。

《明史》卷一六〇《石璞傳》：

  景帝[初，璞以工部尚書兼大理寺卿]出理大同軍餉。敵犯馬營，命提督宣府軍務。至則寇已退。

《明史》卷一六〇《羅通傳》：

  [景]帝即位，進右副都御史。也先犯京師，別部攻居庸甚急。天大寒，通汲水灌城，冰堅不得近。七日遁走，追擊破之。

  景泰元年……還……理[都察]院事。言[也先攻]德勝等門，[拒戰者]不知斬馘幾何，而獲官者至六萬六千餘人。……意蓋詆[于]謙與石亨輩。謙疏辯言……德勝門外官軍升級，惟武清侯石亨功次冊當先者萬九千八百餘人，及陣亡三千餘人而已，安所得六萬之多？……

  [同年，]塞上軍民多爲寇所掠。通請榜諸邊，能自歸者，軍免戍守三年，民復徭役終身。又請懸封爵重賞，募能擒斬也先、伯顏帖木兒、喜寧（叛明中官）者。……詔……行之。

  [同年，]宣府有警，總兵官朱謙告急。廷推都督同知范廣帥兵往，以通提督軍務。寇退，駐師懷來、宣府，以邊儲不敷，召還。

《明史》卷一六二《鍾同傳》：

  [景泰]五年五月，同（時爲御史）……上疏論時政，[有曰，]"近得賊諜，言也先使偵京師及臨清虛實，期初秋大舉深入，直下河南。"

《明史》卷一六四《聊讓傳·郭佑附傳》：

  景泰二年，監生郭佑……上書……曰："逆寇犯順，上皇蒙塵，此千古非常之變，百世必報之讎也。今使臣之來，動以數千，務驕蹇責望於我，而我乃隱忍姑息，致賊勢日張，我氣日索，求和與和，求戰與戰，是和戰之權，不在我而在賊也。……"

《明史》卷一六七《曹鼐傳》：

正統……十四年七月，也先入寇，中官王振挾帝親征。……鼐與張益以閣臣扈從。未至大同，士卒已乏糧。宋瑛、朱冕全軍没……前驅敗報踵至……［前距］紫荆……四十餘里，［因王振欲帝幸其蔚州里第故，］復折而東，趨居庸。八月辛酉次土木。……瓦剌大至，據南河。明日佯卻，且遣使通和。帝召鼐草詔答之。振遽令移營就水，行亂。寇騎躪陣入，帝突圍不得出，擁以去。鼐、益等俱及於難。

　　　　光旦：同卷下文《鄺埜傳》云，朱勇敗没時，帝方次宣府。

《明史》卷一六七《孫祥傳》：

　　［以］右副都御史守備紫荆關。也先逼關，都指揮韓青戰死，祥堅守四日。也先由間道入，夾攻之，關破。……巷戰，兵潰被殺。

《明史》卷一六七《孫祥傳·謝澤附傳》：

　　正統末，［以］通政使守備白羊口。王師敗於土木……未數日，也先兵大入，守將吕鐸遁。澤督兵扼山口……寇至，衆潰……叱賊……被殺。

《明史》卷一六七《袁彬傳》：

　　中官喜寧爲也先腹心。……寧勸也先西犯寧夏，掠其馬，直趨江表，居帝南京。……帝止寧計。（因彬與哈銘之諫止。）……

　　也先將獻妹於帝，彬請駕旋而後聘，帝竟辭之。

《明史》卷一六八《江淵傳》：

　　也先薄京師，［以刑部右侍郎］參都督孫鏜軍事。景泰元年出視紫荆、倒馬、白羊諸關隘，與都指揮同知翁信督修雁門關。

《明史》卷一六九《王直傳》：

　　景泰元年，也先使使議和，且請還上皇……直［以吏部尚書］率羣臣上言……請遣使往報……［不許。］已而瓦剌别部阿剌使復至……［直於廷議中堅持遣使往報之議，］聲色愈厲。……乃議遣使，命李實、羅綺往。既行，而瓦剌可汗脱脱不花及也先使先後至，將遣歸。使者謂館伴曰："中國關外十四城皆爲我有。前阿剌知院使來，尚遣人偕往。今亦必得大臣同行，庶有濟。"……直等固請，乃遣楊善等報之。比實還，又以也先使至，具言也先欲和狀。直……等上疏，請更遣使齎禮幣往迎上皇，［至於再三］……帝終不聽。已而善竟奉上皇還。

　　二年，也先遣使入貢，且請答使。……不許。無何，也先遣騎入塞，以報使爲辭。［直先後又上疏，謂應遣使答之，均不報。］

《明史》卷一七〇《于謙傳》：

　　[正統十四年]十月，敕謙提督各營軍馬。而也先挾上皇破紫荊關直入，窺京師。……亟分遣諸將，率師二十二萬，列陣九門外：都督陶瑾安定門，廣寧伯劉安東直門，武進伯朱瑛朝陽門，都督劉聚西直門，鎮遠侯顧興祖阜成門，都指揮李端正陽門，都督劉得新崇文門，都指揮湯節宣武門，而謙自與石亨率副總兵范廣、武興陳德勝門外，當也先。……悉閉諸城門，身自督戰。……副總兵高禮、毛福壽卻敵彰義門北，擒其長一人。……

　　初，也先深入，視京城可旦夕下。及見官軍嚴陣待，意稍沮。叛閹喜寧嗾使邀大臣迎駕，索金帛以萬萬計，復邀謙及王直、胡濙等出議。帝不許，也先氣益沮。庚申，寇窺德勝門。謙令亨設伏空舍，遣數騎誘敵。敵以萬騎來薄，副總兵范廣發火器，伏起齊擊之。也先弟孛羅、平章卯那孩中礮死。寇轉至西直門，都督孫鏜禦之……寇引退。副總兵武興擊寇彰義門，與都督王敬挫其前鋒。寇且卻，而內官數百騎欲爭功，躍馬競前。陣亂，興被流矢死。寇逐至土城，居民升屋號呼，投磚石擊寇，譁聲動天。王竑及福壽援至，寇乃卻。

　　相持五日，也先……知終弗可得志……遂擁上皇由良鄉西去。謙調諸將追擊，至關而還。

《明史》卷一七〇《于謙傳》：

　　景泰元年三月，總兵朱謙奏，敵二萬攻圍萬全，敕范廣充總兵官禦之。已而寇退……大同參將許貴奏，迤北有三人至鎮，欲朝廷遣使講和。謙曰，前遣指揮季鐸、岳謙往，而也先隨入寇。繼遣通政王復、少卿趙榮，不見上皇而還。和不足恃，明矣。……自是邊將人人主戰守……

　　初，也先多所要挾，皆以喜寧爲謀主。謙密令大同鎮將擒寧，戮之。又計授王偉誘誅間者小田兒。且因諜用間，請特釋忠勇伯把台家，許以封爵，使陰圖之。也先始有歸上皇意，遣使通款，京師稍解嚴。……

　　八月，上皇北狩且一年矣。也先見中國無釁，滋欲乞和，使者頻至，請歸上皇。大臣王直等議遣使奉迎，[謙亦爭之，乃]……先後遣李實、楊善往。卒奉上皇以歸……

　　上皇既歸，瓦剌復請朝貢。先是，貢使不過百人，正統十三年至三千餘，賞賚不貲，遂入寇。及是又遣使三千來朝，謙請列兵居庸關備不虞，京師盛陳兵，宴之。因言和議難恃，條上安邊三策。……

　　瓦剌入貢，每攜故所掠人口至。謙必奏酬其使，前後贖還累數百人。……

杨洪自独石入卫，八城悉以委寇。谦使都督孙安以轻骑出龙门关据之，募民屯田，且战且守，八城遂复。

《明史》卷一七一《杨善传·李实附传》：

景泰初，为礼科给事中。也先令完者脱欢议和，实请行。擢礼部右侍郎以往，少卿罗绮为副。至则见上皇，颇得也先要领，还言也先请和无他意。及杨善往，上皇果还。

《明史》卷一七一《杨善传·赵荣附传》：

正统十四年十月，也先拥上皇至大同……遂犯京师，奉上皇登土城，邀大臣出迓。荣慨然请行。……即擢大理右少卿，充鸿胪卿（原为中书舍人）。偕右通政王复出城朝见……也先以非大臣，遣之还……景泰元年七月擢工部右侍郎，偕杨善等往［使］。敕书无奉迎语，善口辩，荣左右之，竟奉上皇归。

光旦：荣为萨琦甥，其先本皆西域人，至是或尚通蒙古语或其他蒙古人所谙之西域语言。

光旦：土城即今德胜门外之土城。

《明史》卷一七一《杨善传·霍瑄附传》：

正统十二年……［从大同通判］擢……知府。也先拥英宗至城下……上皇命括城内金帛，瑄悉所有献之……寇数出没大同、浑源，伺军民樵采，辄驱掠。或幸脱归，率残伤肢体。遗民相率入城……

《明史》卷一七三《石亨传》：

［正统十四年］秋，也先大举寇大同，亨（时为都督同知，佐武进伯朱冕守大同）及西宁侯宋瑛、武进伯朱冕等战阳和口。瑛、冕战没，亨单骑奔还［京师］。降官……

郕王监国……也先逼京师，命偕都督陶瑾等九将，分兵营九门外。德胜门当敌冲，特以命亨。于谦以尚书督军。寇薄彰义门，都督高礼等却之。转至德胜门外，亨用谦令，伏兵诱击，死者甚众。既而围孙镗西直门外，以亨救引却。相持五日，寇敛众遁。论功，亨为多，进侯（先已进为武清伯，官则为大都督）。景泰元年二月命佩镇朔大将军印，帅京军三万人，巡哨大同。遇寇，败之。

《明史》卷一七三《石亨传·从子彪附传》：

也先逼京师，既退，［以指挥同知］追袭余寇，颇有斩获，进署都指挥佥事。景泰改元……充游击将军，守备威远卫。敌围土城，彪用礮击死百余人，遁去。……［景泰］三年冬，充右参将，协守大同。……英宗复辟……进都督同知，再以遊擊將軍赴大同備敵。與參將張鵬等哨磨兒山。寇千餘騎來襲，彪率壯士衝擊，斬把禿王，奪其旗，俘斬百二十人。追至三山墩，又斬七十二人。……封定遠伯。

《明史》卷一七三《郭登傳》：

　　正統……十四年……八月，也先擁帝北去，經大同，使袁彬入城索金幣。……登（時以都督僉事，充參將，佐總兵官廣寧伯劉安鎮大同）與安……以金二萬餘及宋瑛、朱冕、內臣郭敬家資進帝，以賜也先等。……明日，也先擁帝去。……

　　景泰元年春，偵知寇騎數千，自順聖川入營沙窩。登（時爲右都督，代劉安爲總兵官鎮大同）率兵躡之，大破其衆，追至栲栳山，斬二百餘級，得所掠人畜八百有奇。邊將自土木敗後，畏縮無敢與寇戰。登以八百人破敵數千騎，軍氣爲之一振。……封定襄伯……

　　[同年]四月，寇騎數千奄至，登出東門戰。佯北，誘之入土城。伏起，敵敗走。登度敵且復至，令軍士齎毒酒、羊豕、楮錢，僞爲祭冢者，見寇即棄走。寇至，爭飲食之，死者甚衆。

　　[同年]六月，也先復以二千騎入寇，登再擊卻之。越數日，奉上皇至城外，聲言送駕還。登與同守者設計……候駕月城內，伏兵城上，俟上皇入，即下月城閘。也先及門而覺，遂擁上皇去。……

　　初，也先欲取大同爲巢穴，故數來攻。及每至輒敗，有一營數十人不還者，敵氣懾，始有還上皇意。

《明史》卷一七三《朱謙傳》：

　　景帝[即位]，進左都督，充總兵官，鎮守宣府。景泰元年四月，寇三百騎入石峰口，復由故道去……踰月，復入犯。謙率兵禦之，次關子口。寇數千騎突至，謙拒以鹿角，發火器擊之，寇少卻，如是數四。謙軍且退，寇復來追。都督江福援之，亦失利。謙卒力戰，寇不得入。六月復有二千騎南侵。謙遣都指揮牛犖等往禦，戰南坡。謙見塵起，率參將紀廣等馳援。自巳至午，寇敗遁。……封撫寧伯。是時，寇氣甚驕，屢擾宣府、大同，意二城且旦夕下。而謙守宣府，郭登守大同，數挫其衆。也先知二人難犯，始一意歸上皇。八月，上皇還……既而謙謬報寇五千騎毀牆入。察之，則也先貢使也。……明年二月，卒於鎮。

《明史》卷一七三《孫鏜傳》：

也先將入犯，進右都督，充總兵官，統京軍一萬禦之紫荊關。將發，寇已入，遂營都城外。寇薄德勝門，爲于謙等所卻，轉至西直門。鏜與大戰，斬其前鋒數人。寇稍北，鏜逐之，寇益兵圍鏜。鏜力戰不解。高禮、毛福壽來援，禮中流矢。會石亨兵至，寇乃退。詔鏜副楊洪追之，戰於涿州深溝，頗有斬獲。……［京師］城下之役，惟鏜戰最力［云］。

《明史》卷一七三《孫鏜傳·趙勝附傳》：

正統末，［以永平衛指揮使］禦寇西直門，進都指揮僉事。

《明史》卷一七三《范廣傳》：

也先犯京師，廣（時以都督僉事充左副總兵爲石亨副）躍馬陷陣……寇退，又追敗之紫荊關。……景泰元年……三月，寇犯宣府。……［以都督同知］充總兵官偕都御史羅通督兵巡哨，駐居庸關外數月。

《明史》卷一七四《許貴傳》：

正統末，［以山西行都司］守備大同西路。也先入寇，從石亨戰陽和後口，敗績，貴力戰得還。英宗北狩，邊城悉殘破，大同當敵衝，人心尤恟懼。貴以忠義激戰士。敵來，擊敗之。進都指揮使。景泰元年……充右參將。敵寇威遠，追敗之蒲州營，奪還所掠人畜。敵萬騎逼城下，禦卻之。……遷都督同知。……嘗募死士入賊壘，劫馬百餘……

《明史》卷一七五《衛青傳·子穎附傳》：

景帝［初］……論黃花鎮、白羊口及西直門禦寇功，累進都督同知。

《明史》卷一七六《李賢傳》：

……（也先數貢馬，見"總錄——馬貢"片。）

《明史》卷一七六《劉定之傳》：

景帝即位，［定之以翰林侍講］上言十事，［有曰，］"昨德勝門下之戰，未聞摧陷強寇，但迭爲勝負，互［有］殺傷而已。雖不足罰，亦不足賞。乃……"

《明史》卷一七七《王復傳》：

也先犯京師，邀大臣出迎上皇。衆憚行，復請往。乃遷右通政（原通政參議），假禮部侍郎，與中書舍人趙榮偕。敵露刃夾之，復等不爲懾。

《明史》卷一七七《葉盛傳》：

也先［攻］都城……［既］退……大臣陳循等議召還鎮守居庸都御史羅通，并留宣府都督楊洪掌京營。盛言："今日之事，邊關爲急。往者獨石、馬營不棄，駕何以陷土木？紫荊、白羊不破，寇何以薄都城？今紫荊、倒馬諸關，寇退幾及一月，尚未設守禦。宣府爲大同應援，居庸切近京師，守之尤不可非人。洪等既留，必求如洪者代之，然後可……"帝是之。……

　　光旦：時正統十四年，景帝已立，尚未改元。時盛爲右參政。

　　[景泰二年，以右參政]協贊都督僉事孫安軍務。初，安嘗領獨石，馬營，龍門衛、所四城備禦。英宗既北狩，安以四城遠在塞外，勢孤，奏棄之内徙。至是廷議命安修復。盛與闢草萊，葺廬舍，庀戰具，招流移，爲行旅置煖鋪，請帑金買牛千頭以賦（付也）屯卒，立社學，置義冢，療疾扶傷。兩歲間，四城及赤城、鵰鶚諸堡次第皆完。安由是進副總兵。

《明史》卷一九〇《蔣冕傳》：

　　[武宗之爲]威武大將軍行邊也，冕（時以大學士預機務）……疏諫，[有曰，]"曩睿皇帝北征，六軍官屬近三十萬，猶且陷於土木。……"

《明史》卷二八二《儒林傳·薛瑄傳》：

　　景帝嗣位……起大理寺丞。也先入犯，分守北門有功。

《明史》卷三〇四《金英傳·興安附傳》：

　　也先入寇，至德勝門，景帝敕安與李永昌同于謙、石亨總理軍務。永昌，亦司禮近侍也。

《明史》卷三〇四《曹吉祥傳》附：

　　土木之敗，跛兒干、喜寧皆降敵。跛兒干助敵反攻，射内使黎定。既[而]又爲敵使至京，有所需索，景帝執而誅之。喜寧數爲也先畫策，索賞賜，導入邊寇掠。上皇患之，言於也先，使寧還京索禮物，而命校尉袁彬以密書報邊臣。至獨石，參將楊俊擒寧送京師，景泰元年三月① 磔於市。（跛兒干、喜寧俱宦者，跛兒干疑源出蒙古。）

蒙古——阿台、朶兒只伯

《明史》卷一〇：

　　[宣德十年（時宣宗已崩，英宗初立），]十月壬寅，遣使諭阿台、朶兒只伯。……

　　光旦：前未見。

---

① 標點本《校勘記》：三月，據《明史》卷一一《景帝紀》及《英宗實錄》卷一八九景泰元年二月壬辰條應爲"二月"。——整理者注

十二月壬子，阿台、朶兒只伯犯涼州、鎮番，總兵官陳懋敗之於黑山。

《明史》卷一〇：

[正統元年]五月丁卯，阿台、朶兒只伯寇肅州。……

八月甲戌，右都督蔣貴充總兵官，都督同知趙安副之，帥師討阿台、朶兒只伯。

《明史》卷一〇：

[正統]二年……正月……己亥，大同總兵官方政、都指揮楊洪會寧夏、甘肅兵出塞討阿台、朶兒只伯。……

五月庚寅，兵部尚書王驥經理甘肅邊務。壬寅，刑部尚書魏源經理大同邊務。……

十月甲子，鎮守甘肅左副總兵任禮充總兵官，都督蔣貴、都督同知趙安爲左、右副總兵，兵部侍郎柴車，僉都御史曹翼、羅亨信參贊軍務，討阿台、朶兒只伯。兵部尚書王驥、太監王貴監督之。

《明史》卷一〇：

[正統]三年……四月乙卯，王驥、任禮、蔣貴、趙安襲擊阿台、朶兒只伯，大破之，追至黑泉還。

蒙古——孛來

《明史》卷一二：

[天順元年]四月……乙卯，孛來寇寧夏，參將种興戰死。

五月辛未，安遠侯柳溥備宣、大邊。……

十二月……辛丑，安遠侯柳溥充總兵官，禦孛來於甘、涼。

《明史》卷一二：

[天順]二年……七月癸卯，定遠伯石彪爲平夷將軍，充總兵官，禦寇寧夏。

八月戊辰，孛來寇鎮番。……

十月……壬午，武平伯陳友爲征夷將軍，充總兵官，剿寇寧夏。

《明史》卷一二：

[天順]三年……正月……甲辰，定遠伯石彪、彰武伯楊信敗孛來於安邊營，都督僉事周賢、都指揮李鑑戰死。

《明史》卷一二：

[天順]四年……八月甲子，孛來三道入寇，大同總兵官李文、宣府總兵官楊能禦之。癸酉，孛來入雁門，掠忻、代、朔諸州。

　　九月庚辰，孛來圍大同右衛。庚寅，撫寧伯朱永，都督白玉、鮑政備宣府邊。

《明史》卷一二：

　　[天順]五年……四月癸巳，兵部侍郎白圭督陝西諸邊，討孛來。

《明史》卷一二：

　　[天順五年]六月丙子，孛來寇河西，官軍敗績。壬午，兵部尚書馬昂總督軍務，懷寧伯孫鏜充總兵官，帥京營軍禦之。……

　　七月……戊午，都督馮宗充總兵官，禦寇於河西，兵部侍郎白圭、副都御史王竑參贊軍務。辛酉，孛來上書乞和。……

　　十月壬申，以西邊用兵，令河南、山西、陝西士民納馬者予冠帶。（互見）

《明史》卷一二：

　　[天順]六年……正月……戊申，孛來遣使入貢。

　　二月癸酉，諭孛來。

《明史》卷一五六《李英傳·從子文附傳》：

　　天順……四年秋，孛來大舉入寇，文[時爲右都督，鎮大同，]按兵不戰。[孛來]遂入雁門，大掠忻、代諸州。京師震恐。寇退，徵文下詔獄。

《明史》卷一五六《毛忠傳》：

　　天順……五年，孛來以數萬騎分掠西寧、莊浪、甘肅諸道，入涼州。忠鏖戰一日夜，矢盡力疲。賊來益衆，軍中皆失色。忠意氣彌厲，拊循將士，復殊死鬭。賊見終不可勝，而援軍亦至，遂解去。忠竟全師還。

《明史》卷一六六《方瑛傳·陳友附傳》：

　　孛來犯邊，充游擊將軍，從安遠侯柳溥等往禦。率都指揮趙瑛等與戰，敵敗遁。再犯鎮番，復擊卻之，俘百六十人。尋佩將軍印，充總兵官，討寧夏寇。

　　　　光旦：此未言年份，只叙在天順元年之後。（天順元年及二年，見上摘卷一二條。）

《明史》卷一七二《白圭傳》：

　　[天順五]年，孛來寇莊浪。圭與都御史王竑贊都督馮宗軍務（圭時爲兵部右侍郎），分兵巡邊。圭敗之固原州。

《明史》卷一七三《楊洪傳·從子能附傳》：

也先已死,孛來繼興(天順初年),能(時爲左都督)欲約兀良哈共襲劫之,與以信礮。兵部劾其非計。帝以能志在滅賊,置不罪。寇犯宣府,能失利,復爲兵部所劾,帝亦宥之。

《明史》卷一七三《孫鏜傳·趙勝附傳》:

孛來犯甘肅,勝[以都督同知]與李杲充左右參將,從白圭西征至固原,擊寇卻之。

光旦:參上摘別條,當是天順五年事。

《明史》卷一七五《衛青傳·子穎附傳》:

天順元年,[以都督同知]出鎮甘肅。孛來入犯,不能禦。

《明史》卷一七六《李賢傳》:

孛來近塞獵,[石]亨言傳國璽在彼,可掩而取,帝色動。賢言釁不可啓,璽不足寶,事遂寢。

光旦:事當在天順初年。時賢爲吏部尚書。

《明史》卷一七七《王竑傳》:

天順五年,孛來寇莊浪,都督馮宗等出討。……起竑故官(左副都御史),與兵部侍郎白圭參贊軍務。明年正月,竑與宗擊退孛來於紅崖子川。圭等還,竑……留鎮至冬。

《明史》卷一七八《秦紘傳》:

……(見"蒙古——防蒙措施"片。)

蒙古——毛里孩

《明史》卷一三:

[成化]二年……七月……戊戌,毛里孩犯固原。

八月丁巳,犯寧夏,都指揮焦政戰死。

《明史》卷一三:

[成化]三年……正月……丙申,撫寧侯朱永爲平胡將軍,充總兵官,會楊信討毛里孩。

三月……己巳,毛里孩犯大同。

《明史》卷一三:

[成化]四年……十一月……壬戌,毛里孩犯遼東,指揮胡珍戰沒。

十二月己酉,遼東總兵官趙勝奏:"十一月初六日,虜賊千餘攻指揮傅斌營，指揮胡珍率軍來援，被賊射死。"

［十二月］毛里孩犯延綏，都指揮僉事許寧擊敗之。

《明史》卷一三：

［成化］五年……十一月乙未，毛里孩犯延綏。

《明史》卷一三：

［成化］六年……正月……己亥，大同總兵官楊信敗毛里孩於胡柴溝。

《明史》卷一三：

［成化八年正］月，延綏參將錢亮禦毛里孩於安邊營，敗績，都指揮柏隆、陳英戰死。

蒙古？——滿俊

《明史》卷一三：

［成化］四年……六月……辛亥，開城賊滿俊反，陝西總兵官寧遠伯任壽、巡撫都御史陳价討之。……

七月癸酉，都督同知劉玉爲平虜副將軍，充總兵官，太監劉祥監軍，副都御史項忠總督軍務，討滿俊。

光旦：開城似在甘肅，以地點及"平虜副將軍"之稱號推之，疑反者爲蒙古而已相當漢化者，姑存此備續考。（《憲宗實錄》卷五七成化四年六月辛亥條稱滿俊爲"土達"。）

八月……乙卯，朱永代劉玉爲總兵官。是月，任壽、陳价、寧夏總兵官廣義伯吳琮及滿俊戰，敗績，都指揮蔣泰、申澄被殺。

十月乙未，項忠敗賊於石城，伏羌伯毛忠戰死。

十一月，項忠擊擒滿俊，送京師，伏誅。

蒙古？——滿俊（與項忠）

《明史》卷一七八《項忠傳》：

成化……四年，滿俊反。滿俊者，亦名滿四。其祖巴丹，自明初率所部歸附，世以千戶畜牧爲雄長。仍故俗，無科徭。其地在開城縣之固原里，接邊境。俊獷悍，素藏匿姦盜，出邊抄掠。會有獄連俊，有司跡逋至其家，多要求。俊怒，遂激衆爲亂。守臣遣俊姪指揮璥往捕。俊殺其從者，劫璥叛，入據石城。石城，即唐吐番石堡。城稱險固，非數萬人不能克者也。山上有城砦，四面峭壁，中鑿五石井以貯水，惟一徑可緣而上。俊自稱招賢王，有衆四千。都指揮邢端等禦之，敗績。不再月，衆至二萬，關中震動。乃命忠（時爲右副都御史，理都察院事，本巡撫陝西）總督軍務，與監督軍務太監劉祥、總兵官都督劉玉帥京營及陝西四鎮兵討之。師未行，而巡撫陳价等先以兵三萬進討，復大敗。賊因官軍器甲，勢益張。朝議欲益兵。忠慮京軍脆弱不足恃，且更遣大將撓事權，因上言［以爲不可，乃止］……忠遂與巡撫都御史馬文升分軍（三萬三千人有餘）七道，抵石城下，與戰，斬獲多。伏羌伯毛忠乘勝奪其西北山，幾破，忽中流矢死。玉亦被圍。諸軍欲退，忠斬一千户以徇。衆力戰，玉得出，乃列圍困之。……日遣兵薄城下，焚芻草，絶汲道。賊窘欲降，邀忠與文升相見。忠偕劉玉單騎赴之，文升亦從數十騎至，呼俊、瑄諭以速降。賊遥望羅拜，忠直前挾瑄以歸。俊氣沮，猶豫不出。忠命縛木爲橋，人負土囊填濠塹，擊以銅礮，死者益衆。賊倚愛將楊虎貍爲謀主，夜出汲被擒，忠貰其死，諭以購賊賞格。示之金，且賜金帶鈎，縱歸，使誘俊出戰，伏兵擒焉。急擊下石城，盡獲餘寇。毁其城，鑿石紀功。增一衛於固原西北西安廢城，留兵戍之而還。

初，石城未下，天甚寒，士卒頗困。忠慮賊奔突，乘凍渡河與套寇合，［故］日夜治攻具。身當矢石不少避，大小三百餘戰。……卒用殄賊。……進右都御史。

光旦：可能與河套合，故疑其應爲蒙古。

光旦：石城，在固原縣西北一百五里。

《明史》卷一七八《朱英傳》：

大軍討滿四，英（時補陝西右參政）主饋餉有功。

《明史》卷一七五《劉玉傳》：

成化四年，滿俊亂固原，白圭舉玉（時以都督僉事充右副總兵鎮涼州）爲總兵官，統左、右參將夏正、劉清討之，兵分爲七。玉與總督項忠抵石城，賊已數敗。會毛忠死，玉亦被圍，中流矢，力戰得出。相持兩月，大小百十戰，竟平之。進左都督……滿俊之叛，據石城險，屢敗官軍，玉戰最力。

《明史》卷一七五《神英傳》：

成化［初］，以從征滿四功，遷都指揮使，充延綏右參將。

《明史》卷一七六《彭時傳》：

都御史項忠討滿四不利。朝議命撫寧侯朱永將京軍往赴。……［未行，］會忠馳奏，已圍賊石城。……［朝議猶難之，］時曰："賊四出攻剽，鋒誠不可當。

今入石城自保，我軍圍甚固，此困獸易擒耳。"……"成敗，冬月決矣。"……時惟商輅然其言。至冬，賊果平。

    光旦：滿俊、滿四，是一人。此條亦成化四年事。

《明史》卷一八二《馬文升傳》：

  滿四之亂，陝西巡撫陳价下吏……起文升右副都御史代价。馳至軍，與總督項忠討平之。

蒙古——阿羅出

《明史》卷一三：

  ［成化五］年冬，阿羅出入居河套。

《明史》卷一三：

  ［成化］六年……三月……壬寅，詔延綏屯田。朱永爲平虜將軍，充總兵官，太監傅恭、顧恒監軍，王越參贊軍務，備阿羅出於延綏。……

  五月……丁酉，王越敗阿羅出於延綏東路。……

  七月壬午，朱永敗阿羅出於雙山堡。……甲辰，總兵官房能敗阿羅出於開荒川。……

  ［十一］月，孛羅忽渡河與阿羅出合。

《明史》卷一三：

  ［成化］七年……十二月……癸未，召朱永還，王越總督延綏軍務。……

  是年，乩加思蘭入居河套，與阿羅出合。

蒙古——乩加思蘭等

《明史》卷一三：

  ［成化七］年，乩加思蘭入居河套，與阿羅出合。（互見）

《明史》卷一三：

  ［成化八年正］月……乩加思蘭犯固原、平涼。……

  五月癸丑，武靖侯趙輔爲平虜將軍，充總兵官，節制各邊軍馬，同王越禦乩加思蘭。……

  十一月己酉，寧晉伯劉聚代趙輔爲將軍，屯延綏。……

  是年，孛羅忽、乩加思蘭屢入安邊營、花馬池，犯固原、寧夏、平涼、臨鞏、環慶，南至通渭。

《明史》卷一三：

[成化]九年……正月……壬子，劉聚、王越敗乩加思蘭於漫天嶺。

七月壬辰，巡撫延綏都御史余子俊敗乩加思蘭於榆林澗。

九月……庚子，王越襲滿都魯、孛羅忽、乩加思蘭於紅鹽池，大破之。諸部漸出河套。

《明史》卷一三：

[成化]十年……正月……癸卯，王越總制延綏、甘肅、寧夏三邊，駐固原。丙午，召劉聚還。……

閏六月乙巳，築邊牆自紫城砦至花馬池。

八月辛卯，都督同知趙勝爲平虜將軍，充總兵官，太監劉恒、覃平監軍，討乩加思蘭。

《明史》卷一三：

[成化]十一年……八月……丁亥，滿都魯、乩加思蘭遣使來朝。

《明史》卷一四：

[成化十三]年……滿都魯、乩加思蘭各遣使貢馬。

蒙古——伏當加、亦思馬因

《明史》卷一四：

[成化]十四年……六月癸卯，太監汪直行遼東邊。

《明史》卷一四：

[成化]十五年……七月癸酉，汪直行大同、宣府邊。

《明史》卷一四：

[成化十五年]十月丁亥，撫寧侯朱永爲靖虜將軍，充總兵官，汪直監軍，禦伏當加。

《明史》卷一四：

[成化]十六年……正月……丁酉，保國公朱永爲平虜將軍，充總兵官，王越提督軍務，汪直監軍，禦亦思馬因於延綏。

二月……戊寅，王越襲亦思馬因於威寧海子，破之。……

十二月庚申，亦思馬因犯大同。丙寅，朱永、汪直、王越率京軍禦之。

《明史》卷一四：

[成化]十七年……四月……癸酉，亦思馬因犯宣府。

五月己亥，汪直監督軍務，王越爲平胡將軍，充總兵官，禦之。……

七月……甲午，命所在鎮守總兵、巡撫聽汪直、王越節制。

《明史》卷一四：

[成化]十八年……六月壬寅，亦思馬因犯延綏，汪直、王越調兵禦敗之。

蒙古？——乜克力（野乜克力）

見"哈密——沿革"片。

見"蒙古（赤斤蒙古衛）"片。

見"撒里畏兀兒（罕東左衛）"片。

《明史》卷一五：

[弘治八]年……乜克力諸部款肅州塞求入貢，卻之。

《明史》卷一八二《馬文升傳》：

西北別部野乜克力，其長曰亦剌思王，曰滿哥王，曰亦剌因王，各遣使款肅州塞，乞貢且互市。巡撫許進、總兵官劉寧爲請，文升（時爲兵部尚書）言互市可許，入貢不可許。乃卻之。

光旦：無具體年份，只可知在弘治中（弘治八年，見上條）。

蒙古？——小列禿

見"哈密——沿革"片。

蒙古——小王子

《明史》卷一四：

[成化]十九年……七月辛丑，迤北小王子犯大同。癸卯，總兵官許寧禦之，敗績。己未，朱永爲鎮朔大將軍，充總兵官，帥京軍禦之。

八月甲子，犯宣府，巡撫都御史秦紘、總兵官周玉禦卻之。乙丑，戶部侍郎李衍、刑部侍郎何喬新巡視邊關。[後數日，]朱永敗寇於大同、宣府。……

十月壬申，召朱永還。

《明史》卷一四：

[成化]二十年……三月……己酉，太監張善監督軍務，定西侯蔣琬充總兵官，同總督尚書余子俊備大同、宣府。

《明史》卷一四：

[成化二十一年]冬，小王子犯蘭州、莊浪、鎮番、涼州。

《明史》卷一四：

[成化]二十二年……七月，小王子犯甘州，指揮姚英等戰死。

《明史》卷一四：

[成化]二十三年……二月乙酉，副都御史邊鏞、通政司參議田景賢巡視大同諸邊。

《明史》卷一五：

弘治元年……三月……乙亥，小王子寇蘭州，都指揮廖斌擊敗之。……

八月乙巳，小王子犯山丹、永昌。辛亥，犯獨石、馬營。

《明史》卷一五：

[弘治]六年……五月丙寅，小王子犯寧夏，殺指揮趙璽。

《明史》卷一五：

[弘治]八年……正月……壬子，甘肅總兵官劉寧敗小王子於涼州。

蒙古——小王子（參火篩）

《明史》卷一五：

[弘治]十年……五月戊辰，小王子犯潮河川。己巳，犯大同。……

七月癸丑，都督楊玉帥京營軍，備永平。

《明史》卷一五：

[弘治]十一年……二月己巳，小王子遣使求貢。……

五月戊申，甘肅參將楊翥敗小王子於黑山。……

七月己酉，總制三邊都御史王越襲小王子於賀蘭山後，敗之。

《明史》卷一五：

[弘治]十二年……四月癸巳，敕宣、大、延綏備邊。

《明史》卷一五：

[弘治十三年十]月，小王子諸部寇大同。……

是年，小王子部入居河套，犯延綏神木堡。

《明史》卷一五：

[弘治]十四年……四月庚辰，工部侍郎李鐩總督延綏邊餉。戊子，保國公朱暉、提督軍務都御史史琳、監軍太監苗逵，分道進師延綏。……

光旦：此蓋兼禦小王子與火篩者。

七月……丁卯，朱暉、史琳襲小王子於河套。

　　閏[七]月乙酉，都指揮王泰禦小王子於鹽池，戰死。……

　　九月……甲辰，召史琳還，起秦紘爲戶部尚書兼副都御史，代之。

《明史》卷一五：

　　[弘治]十五年……正月丙子，朱暉帥師還。

蒙古——小王子

《明史》卷一五：

　　[弘治]十八年……正月己丑，小王子諸部圍靈州，入花馬池，遂掠韋州、環縣。戶部侍郎顧佐理陝西軍餉。……甲辰，小王子陷寧夏清水營。

《明史》卷一六：

　　[弘治十八年]五月……戊申（時武宗初即位），小王子犯宣府，總兵官張俊敗績。庚戌，太監苗逵監督軍務，保國公朱暉爲征虜將軍，充總兵官，右都御史史琳提督軍務，禦之。……

　　八月……丙子，召朱暉等還。……

　　十月丙辰，小王子犯甘肅。

《明史》卷一六：

　　[正德]二年……六月……戊寅，罷修邊垣，輸其費於京師。

《明史》卷一六：

　　[正德]四年……閏九月，小王子犯延綏，圍總兵官吳江於隴州城。……

　　十一月甲子，犯花馬池，總制尚書才寬戰死。

《明史》卷一六：

　　[正德六年三]月，小王子入河套，犯沿邊諸堡。……

　　十月……丁酉，甘州副總兵白琮敗小王子於柴溝。

《明史》卷一六：

　　[正德]八年……正月……癸巳，戶部侍郎叢蘭、僉都御史陳玉巡邊。……

　　三月戊子，置鎮國府處宣府官軍。……

　　五月辛巳，仇鉞充總兵官，帥京營兵禦敵於大同。

《明史》卷一六：

　　[正德]九年……七月乙丑，小王子犯宣府、大同。太監張永提督軍務，都督白玉充總兵官，帥京營兵禦之。

八月……辛丑，小王子犯白羊口。……己未，小王子入寧武關，掠忻州、定襄、寧化。

　　九月壬戌，犯宣府、蔚州。

《明史》卷一六：

　　［正德］十年……八月丙寅，小王子犯固原。

《明史》卷一六：

　　［正德］十一年……七月乙未，小王子犯薊州白羊口。太監張忠監督軍務，左都督劉暉充總兵官，帥東西官廳軍禦之。……

　　八月丁巳，左都御史彭澤、成國公朱輔帥京營兵防邊。

《明史》卷一六：

　　［正德］十二年……十月……甲辰，小王子犯陽和，掠應州。丁未，親督諸軍禦之，戰五日。辛亥，寇引去。駐蹕大同。

《明史》卷一六：

　　［正德］十五年……七月，小王子犯大同、宣府。

《明史》卷一七：

　　［正德］十六年……七月……丁巳（時武宗已崩，世宗初即位），小王子犯莊浪，指揮劉爵禦卻之。

《明史》卷一七：

　　［嘉靖］二年……正月……丁卯，小王子犯沙河堡，總兵官杭雄戰卻之。

蒙古——小王子等

《明史》卷一七：

　　［嘉靖］二年……五月庚午，小王子犯密雲石塘嶺，殺指揮使殷隆。……

　　八月辛酉，小王子犯丁字堡，都指揮王綱戰死。

《明史》卷一七：

　　［嘉靖］三年……十二月……戊午，起致仕大學士楊一清爲兵部尚書，總制陝西三邊軍務。

《明史》卷一七：

　　［嘉靖］四年……正月丙寅，西海卜兒孩犯甘肅，總兵官姜奭擊敗之。

《明史》卷一七：

　　［嘉靖］六年……二月辛亥，小王子犯宣府，參將王經戰死。……三月庚

辰，寇復犯宣府，參將關山戰死。

《明史》卷一七：

[嘉靖]六年……八月……總制尚書王憲擊敗小王子於石舊墩①。

《明史》卷一七：

[嘉靖]七年……十二月丙子，小王子犯大同，指揮趙源戰死。

《明史》卷一八：

[嘉靖]二十三年……十月……甲戌，小王子入萬全右衛。戊寅，掠蔚州，至於完縣。京師戒嚴。乙酉，逮總督宣大兵部尚書翟鵬、巡撫薊鎮僉都御史朱方下獄，鵬謫戍，方杖死。

十一月庚子，京師解嚴。

《明史》卷一八：

[嘉靖]三十二年……八月丙子，小王子犯赤城。

光旦：小王子之活動，見於帝紀者，前後跨七十年，應不是一人，即稱小王子者不一。

蒙古——小王子

《明史》卷一一七《諸王傳二》：

[嘉靖]二十四年，和川奉國將軍[朱]充灼坐罪奪祿，怨[其兄代王]充燿（太祖第十三子代簡王桂之後）不爲解，乃與襄垣中尉充潋謀引敵入大同殺王。會應州人羅廷璽等以白蓮教惑衆，見充灼爲妖言，因畫策，約奉小王子入塞，藉其兵攻雁門，取平陽，立充灼爲主，事定，即計殺小王子。充灼然之。先遣人陰持火箭，焚大同草場五六所，而令通蒙古語者衛奉闌出邊，爲總兵周尚文邏卒所獲，並得其所獻小王子表，鞫實以聞。逮充灼等至京，賜死。

光旦：小王子當不及知情，然此類通邊之事必不止一二端，此雖未成，總是一例。

---

① 標點本《校勘記》：石舊墩，據《明史》卷一九九、《明史稿》傳七九《王憲傳》應爲"石臼墩"。《皇明九邊考》卷一〇稱："嘉靖六年六月二十六日套虜""到花馬池西北石臼兒墩拆開邊牆口一十九處入境。"提督王憲敗之，"餘賊由原路石臼兒墩牆口遁出"。又《讀史方輿紀要》卷六二，寧夏後衛楊柳堡下稱："有石臼墩，俱寇徑也。嘉靖初，寇從此入，官軍敗之，寇退走。"——整理者注

《明史》卷一六〇《張鵬傳》：

　　［成化］十八年代陳鉞爲兵部尚書。……鎮守大同中官汪直言小王子將大舉，請發京兵援。鵬等言："大同士馬四萬已足用，所請宜勿許。……"詔可[其言]。

《明史》卷一七三《朱謙傳·子永附傳》：

　　［成化］十九年秋，小王子入邊，宣、大告急。……以永（時以保國公領京軍）爲鎮朔大將軍，中官蔡新監其軍，督諸將周玉、李瑛等擊敗之。

《明史》卷一七三《朱謙傳·孫暉附傳》：

　　[弘治十四年春，火篩連小王子自河套大入延綏、寧夏。]（詳"蒙古——火篩"片）

《明史》卷一七四《許貴傳·子寧附傳》：

　　[成化間（成化十九年，見上摘卷一四條），]小王子大入。寧（官都督同知，時方從延綏總兵官調任大同總兵官）知敵勢盛，欲持重俟隙，乃斂兵守，而別遣將劉寧、董升與周璽相犄角。寇大掠，焚代王別堡。王趣戰，使衆哭於轅門。寧憤，與鏜（郭鏜，巡撫）等營城外。寇以十餘人爲誘，太監蔡新部騎馳擊。寧將士爭赴之，遇伏大敗，死者千餘人。寧奔夏米莊，鏜、新馳入城。會璽等來援，寇乃退。寧還，陣亡家婦子號呼詬詈，擲以瓦礫，寧大喪氣。已而寇復入，劉寧、宋澄、莊鑑等禦之。十戰，少利，寇退。寧等掩其敗，更以捷聞。……

《明史》卷一七四《周賢傳·子玉附傳》：

　　［成化］十九年，小王子犯大同。敗總兵官許寧。入順聖川大掠，以六千騎寇宣府。玉（時以署都督同知佩征朔將軍印鎮宣府）將二千人前行，巡撫秦紘兵繼進，至白腰山擊敗之。指揮曹洪邀擊至西陽河，都指揮孫成亦敗寇七馬房。時寇乘勝，氣甚銳，竟爲玉等所挫，一時稱其功。未幾，寇復入，玉伏兵敗之。朱永至大同，復會玉軍擊敗之鵓鴿峪。進署右都督。

《明史》卷一七四《杭雄傳》：

　　嘉靖……[元（或二）年]，小王子萬餘騎入沙河堡，雄（時以都督同知充大同總兵官）戰卻之。未幾，復大入，不能禦。

《明史》卷一七八《秦紘傳》：

　　[成化間（據卷一七四《周賢傳·周玉附傳》，見上，應是成化十九年），]小王子數萬騎寇大同，長驅入順聖川，掠宣府境。紘（時以右僉都御史巡撫宣府）

與總兵官周玉等邀擊，遁去。尋入掠興寧口，連戰卻之，追還所掠……進左僉都御史，巡撫如故。

《明史》卷一八一《劉健傳》：

[弘治十七]年夏，小王子謀犯大同……未幾，邊警狎至，帝惑中官苗逵言銳欲出師(京營軍)。健(弘治十一年起爲首輔)與[李]東陽、[謝]遷委曲阻之。

《明史》卷一八二《馬文升傳》：

小王子以數萬騎牧大同塞下，勢洶洶。……文升(時爲兵部尚書)謂彼方敗於他部，無能爲。請密爲備，而揚聲逼之，必徙去。已而果然。

> 光旦：是弘治間事，然無具體年份。參別條，應在弘治十四年以前，可能早至弘治七年以前。

《明史》卷一八五《叢蘭傳》：

遷通政參議。小王子犯大同，命經略紫荆、倒馬諸關，塞蹊隧可通敵騎者百十所。

> 光旦：無年份，當在弘治末年或正德初年。

《明史》卷一八六《許進傳》：

弘治元年擢右僉都御史巡撫大同。小王子久不通貢，遣使千五百餘人款關，進以便宜納之。請於朝，詔許五百人至京師。已而屢盜邊，進被劾，不問。三年復窺邊，進等整軍待之。新寧伯譚祐以京軍援，乃遁去。又乞通貢，進再爲請，帝許之。當是時，大同士馬盛强，邊防修整。貢使每至關，率下馬脫弓矢入館，俛首聽命，無敢譁者。

《明史》卷一九八《翁萬達傳》：

……（嘉靖二十七年略前，小王子與俺答隙……見"蒙古——俺答（與翁萬達）"片。）

《明史》卷一九九《王憲傳》：

爲兵部尚書。小王子入寇，條上平戎及諸邊防禦事宜。

> 光旦：應在嘉靖中葉。

《明史》卷二〇〇《詹榮傳》：

代府奉國將軍[朱]充灼行剽，榮(時以右副都御史巡撫大同)奏奪其禄。充灼等結小王子入寇，謀據大同。榮告[總兵官周]尚文捕得，皆伏辜。（事在嘉靖廿四年，見上摘卷一一七《諸王傳二》條。）

《明史》卷二一一《周尚文傳·趙國忠附傳》：

[嘉靖]三十一年再鎮遼東（以都督僉事爲之，嘉靖十年代，曾以署都督僉事充遼東總兵官）。小王子、打來孫以數萬騎寇錦州，國忠禦卻之。明年入獅子口，督參將李廣等逐出塞，斬擒五十人。寇屢入榆林堡、高臺、蛤利河。先後掩擊，獲首功百五十有奇。

《明史》卷二一二《戚繼光傳》：

小王子後土蠻徙居[東]插漢地……（詳"蒙古——土蠻"片。）

《明史》卷二一三《張居正傳》：

俺答款塞，久不爲害。獨小王子部衆十餘萬，東北直遼左，以不獲通互市，數入寇。居正用李成梁鎮遼，戚繼光鎮薊門。成梁力戰卻敵，功多至封伯，而繼光守備甚設。居正皆右之，邊境晏然。

> 光旦：俺答、小王子，不必其本人，泛言其部下或後輩亦可，參有關之它條可知，例如此言"小王子部衆……"，具體應言"土蠻"，如《戚繼光傳》所云。

《明史》卷二二二《王崇古傳》：

[崇古援故事云，]"小王子由大同二年三貢"。

蒙古——火篩（參小王子）

《明史》卷一五：

[弘治]十二年……四月癸巳，敕宣、大、延綏備邊。

《明史》卷一五：

[弘治]十三年……四月，火篩寇大同，遊擊將軍王杲敗績於威遠衛。乙巳，平江伯陳鋭爲靖虜將軍，充總兵官，太監金輔監軍，户部左侍郎許進提督軍務，禦之。

五月……癸亥，火篩大舉入寇大同左衛，遊擊將軍張浚禦卻之。①

六月……庚子，召陳鋭、金輔還，保國公朱暉、太監扶安往代，益兵禦寇。……

十二月辛丑，火篩寇大同，南掠百餘里。

---

① 標點本《校勘記》：張浚，據《明史》卷一七五《張俊傳》、《孝宗實錄》卷一六二應爲"張俊"。——整理者注

> 光旦：同年十月，小王子已一度寇大同。

《明史》卷一五：

> ［弘治十四年四］月，火篩諸部寇固原。……
>
> ［八］月，火篩諸部犯固原，大掠韋州、環縣、萌城、靈州。……
>
> ［同月］火篩諸部犯寧夏東路。
>
> 九月……丁亥，遣使募兵於延綏、寧夏、甘、涼。

《明史》卷一五：

> ［弘治］十六年……四月辛亥，敕宣、大嚴邊備。

《明史》卷一五：

> ［弘治］十七年……六月……辛巳，召劉健、李東陽於暖閣，議邊務。癸未，火篩入大同，指揮鄭瑀力戰死。

《明史》卷一五：

> ［弘治十七年］七月癸巳，工部侍郎李鐩、大理少卿吳一貫、通政司參議叢蘭分道經略邊塞。甲午，左副都御史閻仲宇、通政司參議熊偉分理邊餉。……
>
> 九月……甲寅，太常少卿孫交經略宣、大邊務。

蒙古——火篩

《明史》卷一五三《陳瑄傳》：

> 弘治……十三年，火篩寇大同，銳（瑄孫豫之子）以總兵官佩將軍印往援。既至，擁兵自守……

《明史》卷一七三《朱謙傳·孫暉附傳》：

> 弘治……十三年……火篩入大同，平江伯陳銳等不能禦，命暉（時以嗣保國公領京營）佩大將軍印代之。比至，寇已退，乃還。明年春，火篩連小王子，大入延綏、寧夏。右都御史史琳請濟師。復命暉佩大將軍印，統都督李俊、李澄、楊玉、馬儀、劉寧五將往，而以中官苗逵監其軍。至寧夏，寇已飽掠去，乃與琳、逵率五路師搗其巢於河套。寇已徙帳，僅斬首三級，獲馬駝牛羊千五百以歸。未幾，寇入固原，轉掠平涼、慶陽，關中大震。兩鎮將嬰城不敢戰，而暉等畏怯不急赴。比至，斬首十二人，還所掠生口四千，遂以捷聞。是役也……師行紆迴無紀律，邊民死者徧野，諸郡困轉輸餉軍，費八十餘萬，他徵發稱是。先後僅獲首功十五級。……
>
> 武宗即位，寇大入宣府，復命暉偕逵、琳帥師往。寇轉掠大同，參將陳雄

擊斬八十餘級，還所掠人口二千七百有奇。……兵部……往勘，所報多不實。

光旦：此寇當仍是火篩。

《明史》卷一七五《張俊傳》：

弘治十二年……進都指揮同知，[協守大同。]火篩入大同左衛，大掠八日。俊遣兵三百邀其前，復分兵三百爲策應，而親禦之荆東莊。依河結營，擊卻三萬餘騎。……擢都督僉事。

《明史》卷一八〇《屈伸傳》：

……（火篩？所部大入固原，見"蒙古——在西北"片。）

《明史》卷一八一《王鏊傳》：

擢吏部右侍郎。嘗奏陳邊計，略言："昨火篩入寇大同……而緣邊諸將皆嬰城守，無一人敢當其鋒者，此臣所不解也。……比年邊將失律，往往令戴罪殺賊。副總兵姚信擁兵不進，亦得逃罪。此人心所以日懈，士氣所以不振也。……"

光旦：是弘治間事，或與上《張俊傳》條一事。

《明史》卷一八六《許進傳》：

[弘治]十三年，火篩大舉犯大同，邊將屢敗。敕進（時爲户部左侍郎）與太監金輔、平江伯陳鋭率京軍禦之，無功。

《明史》卷一八六《陳壽傳》：

[弘治]十三年冬，以右僉都御史巡撫延綏。火篩數盜邊，前鎮巡官俱得罪去。壽至，蒐軍實，廣間諜，分布士馬爲十道，使互相應援，軍勢始振。明年，諸部大入，先以百餘騎來誘。諸將請擊之，壽不可。自出帳，擁數十騎，據胡牀指麾飲食。寇望見，疑之，引去。諸道襲擊，斬獲甚多。朝廷方遣苗逵等重兵至，而壽已奏捷。……逵欲乘勝搗巢。駐延綏久，戰馬三萬匹日費芻菽不貲。壽請出牧近塞，就水草……省費數十萬。

蒙古——俺答等

《明史》卷一七：

[嘉靖]二年……三月乙巳，俺答寇大同。

《明史》卷一七：

[嘉靖]二十年……七月丁酉，俺答、阿不孩遣使款塞求貢，詔卻之。

[八]月，俺答、阿不孩、吉囊分道入寇，總兵官趙卿帥京營兵，都御史

翟鵬理軍務，禦之。

九月……辛亥，俺答犯山西，入石州。

《明史》卷一七：

［嘉靖］二十一年……閏五月戊辰，俺答、阿不孩遣使款大同塞，巡撫都御史龍大有誘殺之。

六月辛卯，俺答寇朔州。壬寅，入雁門關。丁未，犯太原。……

七月……己未，俺答寇潞安，掠沁、汾、襄垣、長子，參將張世忠戰死。

《明史》卷一八：

［嘉靖二十二年］春，俺答屢入塞。……

八月，犯延綏，總兵官吳瑛等擊敗之。

《明史》卷一八：

［嘉靖］二十三年……正月丙寅，俺答犯黃崖口。

二月戊寅，犯大水谷。

三月癸丑，犯龍門所。……

七月，俺答犯大同，總兵官周尚文戰於黑山，敗之。

《明史》卷一八：

［嘉靖］二十四年……八月……庚戌，俺答犯松子嶺，殺守備張文瀚。是月，犯大同，參將張鳳、指揮劉欽等戰死。

蒙古——俺答

《明史》卷一八：

［嘉靖］二十五年……五月戊辰，俺答款大同塞，邊將殺其使。

六月甲辰，犯宣府，千戶汪洪戰死。……

［七］月，俺答犯延安、慶陽。……

九月，俺答犯寧夏。……

十月丁亥，犯清平堡，遊擊高極戰死。

《明史》卷一八：

［嘉靖］二十六年……四月……己酉，俺答求貢，拒之。

《明史》卷一八：

［嘉靖］二十七年……八月丁巳，俺答犯大同，指揮顧相等戰死，周尚文追敗之於次野口。

九月壬午，犯宣府，深入永寧、懷來、隆慶，守備魯承恩等戰死。

《明史》卷一八：

[嘉靖]二十八年……二月……壬子，俺答犯宣府，指揮董晹等敗没，遂東犯永寧，關南大震。乙卯，周尚文敗俺答於曹家莊。丙辰，宣府總兵官趙國忠又敗之於大㳍沱。

《明史》卷一八：

[嘉靖]二十九年……六月丁巳，俺答犯大同，總兵官張達、副總兵林椿戰死。……

八月……丁丑，俺答大舉入寇，攻古北口，薊鎮兵潰。戊寅，掠通州，駐白河，分掠畿甸州縣，京師戒嚴。召大同總兵官仇鸞及河南、山東兵入援。壬午，薄都城。……甲申，寇退。……丙戌，京師解嚴。……丁亥，仇鸞敗績於白羊口。……

九月……乙未……設戎政府，以仇鸞總督之。……

十一月癸巳，分遣御史選邊軍入衛。

《明史》卷一八：

[嘉靖]三十年……十一月，俺答犯大同。

《明史》卷一八：

[嘉靖]三十一年……正月壬辰，俺答犯大同。甲午，入弘賜堡。

二月……辛酉，俺答犯懷仁川，指揮僉事王恭戰死。……

三月戊子，大將軍仇鸞帥師赴大同。……

五月甲申，召仇鸞還。……

八月己未，收仇鸞大將軍印，尋病死。乙亥，戮仇鸞屍，傳首九邊。

[同月]己卯，俺答犯大同，分掠朔、應、山陰、馬邑。

九月乙酉，犯山西三關。壬辰，犯寧夏。

蒙古——俺答等

《明史》卷一八：

[嘉靖]三十二年……二月……壬申，俺答犯宣府，參將史略戰死。

三月……甲辰，俺答犯宣府，副總兵郭都戰死。……

七月戊午，俺答大舉入寇，犯靈邱、廣昌。乙丑，河套諸部犯延綏。己巳，俺答犯浮圖峪，遊擊陳鳳、朱玉禦之。……

九月丙午，俺答犯廣武，巡撫都御史趙時春敗績，總兵官李淶、參將馮恩等力戰死。辛酉，以敵退告謝郊廟。

《明史》卷一八：

[嘉靖]三十三年……六月癸酉，俺答犯大同，總兵官岳懋戰死。……

九月丁卯，俺答犯古北口，總督楊博禦卻之。

《明史》卷一八：

[嘉靖三十四年二]月，俺答犯薊鎮，參將趙傾葵等戰死。……

四月戊子，俺答犯宣府，參將李光啓被執，不屈死。……

九月……丙午，俺答犯大同、宣府。戊午，犯懷來。京師戒嚴。辛酉，參將馬芳敗寇於保安。

《明史》卷一八：

[嘉靖]三十五年……六月……辛丑，俺答犯宣府，殺遊擊張紘。

《明史》卷一八：

[嘉靖]三十六年……二月，俺答犯大同。

三月癸丑①，把都兒寇遷安……

是月，吉能寇延綏……

蒙古——俺答、辛愛等

《明史》卷一八：

[嘉靖]三十六年……九月，俺答子辛愛寇應、朔，毀七十餘堡。……

十一月丁丑，辛愛圍右衛城。

《明史》卷一八：

[嘉靖]三十八年……六月乙巳，辛愛犯大同。……

[八]月，俺答犯土木，遊擊董國忠等戰死。

九月，犯宣府。

《明史》卷一八：

[嘉靖]三十九年……正月丙戌，俺答犯宣府。……

七月……庚午，劉漢襲俺答於豐州，破之。

---

① 標點本《校勘記》：癸丑，是年三月甲寅朔，不得有癸丑日。據《世宗實錄》卷四四六作"三月二十九日"，二十九日應爲"壬午"。——整理者注

九月己巳，俺答犯朔州廣武。

《明史》卷一八：

[嘉靖]四十年……七月……庚戌，俺答犯宣府，副總兵馬芳禦卻之。

九月庚子，犯居庸關，參將胡鎮禦卻之。

《明史》卷一八：

[嘉靖]四十二年……正月戊申，俺答犯宣府，南掠隆慶。

《明史》卷一八：

[嘉靖四十二年]十月丁卯，辛愛、把都兒破牆子嶺入寇，京師戒嚴。詔諸鎮兵入援。戊辰，掠順義、三河，總兵官孫臏敗死。乙亥，大同總兵官姜應熊禦寇密雲，敗之。十一月丁丑，京師解嚴。

《明史》卷一八：

[嘉靖]四十三年……十二月……俺答犯山西，遊擊梁平、守備祁謀戰死。

《明史》卷一八：

[嘉靖]四十四年……四月……壬午，俺答犯肅州，總兵官劉承業禦卻之。

蒙古——俺答

《明史》卷一八：

[嘉靖]四十五年……四月……丙戌，俺答犯遼東。……

七月乙未，俺答犯萬全右衛。……

十月丁卯，犯固原，總兵官郭江敗死。癸酉，犯偏頭關。

閏[十]月甲辰，犯大同，參將崔世榮力戰死。

《明史》卷一九：

隆慶元年……九月乙卯，俺答寇大同。詔嚴戰守。癸亥，俺答陷石州，殺知州王亮采，掠交城、文水。

《明史》卷一九：

[隆慶]二年……二月丁酉，寇犯柴溝堡，守備韓尚忠戰死。……

光旦："寇"當指俺答部。

十一月壬子，宣府總兵官馬芳襲俺答於長水海子，又敗之鞍子山。

《明史》卷一九：

[隆慶]三年……正月壬子，大同總兵官趙岢敗俺答於弘賜堡。……

九月丙子，俺答犯大同，掠山陰、應州、懷仁、渾源。

《明史》卷一九：

[隆慶]四年……四月……丙午，俺答寇大同、宣府，官兵拒卻之。……

八月庚戌，宣、大告警，敕邊備。

九月……癸未，寇犯大同，副總兵錢棟戰死。戊子，犯錦州，總兵官王治道等戰死。

《明史》卷一九：

[隆慶四年]十月癸卯，俺答孫把漢那吉來降。丁未，以把漢那吉爲指揮使。……

十一月丁丑，俺答乞封。……

十二月丁酉，俺答執叛人趙全等九人來獻。詔遣把漢那吉歸，厚賜之。乙卯，受俘，磔趙全等於市。

《明史》卷一九：

[隆慶]五年……三月……己丑，封俺答爲順義王。……

六月……甲寅，順義王俺答貢馬，告廟受賀。丙辰，俺答執趙全餘黨十三人來獻。……

九月癸未，三鎮貢市成。（互見）

《明史》卷二〇：

[萬曆]十年……二月癸巳，順義王俺答卒。

《明史》卷二〇：

[萬曆]十一年……二月甲子，俺答子乞慶哈襲封順義王。

《明史》卷二〇：

[萬曆十三年十二]月，順義王乞慶哈卒。

《明史》卷二〇：

[萬曆]十五年……三月乙卯，乞慶哈子撦力克襲封順義王。

《明史》卷二〇：

[萬曆]十八年……八月癸酉，停撦力克市賞。

光旦：因互市入邊，有賞，在當時當是一種例規。

《明史》卷二〇：

[萬曆]二十年……四月……撦力克擒賊（哱拜，另有片），叩關獻俘，復還二年市賞。

《明史》卷二一：

[萬曆]三十五年……四月……壬子，順義王撦力克卒。

《明史》卷二一：

[萬曆]四十一年……六月乙未，卜失兔襲封順義王。

《明史》卷一五三《陳瑄傳》：

[圭（陳瑄裔孫嗣爵者）受命]總京營兵。寇入紫荊關，圭請出戰，營於盧溝，寇退而止。明年，寇復入古北口，或議列營九門爲備，圭以徒示弱無益。寇亦尋退。董築京師外城。

光旦：是北京外城之創築，是蒙古俺答入侵後之一種措施。

光旦：無年月，當在嘉靖三十二年前後，查《本紀》（參上摘卷一八各條）可知。

《明史》卷一七四《姜漢傳·孫應熊附傳》：

[嘉靖]二十七年春，俺答寇大同，總兵官周尚文戰曹家莊。應熊（時以指揮使充宣府西路參將）從[總督翁]萬達自懷來鼓譟揚塵而西。寇不測衆寡，遂遁。累進都督僉事，充總兵官，鎮守寧夏。

《明史》卷一七四《姜漢傳·孫應熊附傳》：

[嘉靖]四十年秋，寇六萬餘騎犯居庸岔道口，應熊（時被劾縱寇，充爲事官，赴塞上立功）被圍於南溝，中五鎗墮馬，參將胡鎮殺數人奪之歸。其冬，復爲右都督，充總兵官，鎮守大同。以招徠塞外人口……四十二年，寇大舉犯畿輔，詔應熊等入援，諸鎮兵盡集，見敵勢盛，不敢擊。……會寇將遁，應熊禦之密雲，頗有斬獲。寇退……第……功，以應熊爲首。

光旦：此條未言俺答，應是俺答之衆無疑。

《明史》卷一八六《許進傳·子論附傳》：

俺答薄都城，起故官（右副都御史）撫山西。……[嘉靖]三十三年出督宣、大、山西軍務。奸人吕鶴初與邱富以左道惑衆。富叛降俺答，爲之謀主。鶴遣其黨闌出塞外，引寇入犯，爲偵卒所獲。論遣兵捕鶴，並誅其黨。……進右都御史。（出督宣、大、山西軍務時原爲兵部左侍郎）

《明史》卷一八六《許進傳·子論附傳》：

俺答子辛愛憤總督楊順納其逃妾，擁衆圍大同右衛城數重，城中析屋而爨。帝聞，深以爲憂，密問[嚴]嵩。嵩意欲棄之而難於發言，則請降諭問本兵。論（時爲兵部尚書）請復右衛軍馬，歲辦五十萬金，故爲難詞，冀以動帝。帝顧亟措餉發兵，易置文武將吏。右衛圍亦尋解。

光旦：此嘉靖三十六至三十七年間事（見"韃靼（蒙古）"）。

《明史》卷一八六《許進傳·子論附傳》：

[嘉靖]三十八年復起故官（兵部尚書），督薊、遼、保定軍務。把都兒犯薊西，論厚集精鋭以待。至則[已]爲遊擊胡鎮所破。分掠沙兒嶺、燕子窩，又卻，乃遁去。

《明史》卷一九三《李春芳傳》：

俺答款塞求封，春芳偕[高]拱、[張]居正即帝前決之。

光旦：此隆慶間事。

《明史》卷一九三《趙貞吉傳》：

俺答薄都城，謾書求貢。詔百官廷議，貞吉[以中允與議]⋯⋯

光旦：此嘉靖後葉事。（二十九年，參"韃靼（蒙古）"。）

《明史》卷一九三《趙貞吉傳》：

俺答款塞求封，貞吉（時以大學士預機務）力贊其議。（此隆慶間事。）

《明史》卷一九三《趙貞吉傳·殷士儋附傳》：

俺答封事成，進少保，改武英殿[大學士]。

光旦：似隆慶五年春事，參帝紀片。

蒙古——俺答（與翁萬達論貢事）

《明史》卷一九八《翁萬達傳》：

[嘉靖]二十一年，俺答、阿不孩使石天爵等款鎮遠堡求貢。言小王子等九部牧青山，艷中國繒帛，入掠止人畜，所得寡，且不能無亡失，故令天爵輸誠。朝議不納。天爵等復至，巡撫龍大有執之⋯⋯磔[之]於市。寇怒，大入屠村堡，信使絶五年。會玉林衛百户楊威爲所掠，威詭能定貢市，遂釋還。俺答、阿不孩復遣使款大同左衛塞，邊帥家丁董寶等狃天爵前事，復殺之，以首功報。

萬達（於嘉靖二十三年，以兵部右侍郎兼右僉都御史總督宣、大、山西、保定軍務）言："北敵，弘治前歲入貢，疆場稍寧。自虞臺嶺之戰覆我師，漸輕中國，侵犯四十餘年。石天爵之事，臣嘗痛邊臣失計。今復通款，即不許，當善相諭遣。誘而殺之，此何理也。請亟誅寶等，榜塞上，明告以朝廷德意，解其蓄怨搆兵之謀。"帝不聽。

未幾，俺答、阿不孩復奉印信番文，欲詣邊陳款。萬達爲奏曰："今屆秋，彼可一逞。乃屢被殺戮，猶請貢不已者，緣入犯則利在部落，獲貢則利歸其長。處之克當，邊患可弭。若臣等封疆臣，貢亦備，不貢亦備，不緣此懈也。"兵部尚書陳經等言敵難信，請敕邊臣詰實，責萬達十日內回奏。萬達還其使，與約。至期，使者不至。萬達慮帝督過，以使者去無可究為辭。已而使狎至，牢拒之，好言慰答而已。

俺答以通好，散處其衆，不設備，亦不殺哨卒。頃之，復至，詞益恭。萬達又為奏曰："敵懇懇求貢，去而復來。今宣、大興版築（見"蒙古——防蒙措施（邊牆）"片），正當羈縻，使無擾。請限以地、以人、以時。悉聽，即許之貢，不聽則曲在彼，即拒絕之。"帝責其瀆奏，卒不許。蓋是時曾銑有復套之議，夏言主之，故力絀貢議，且以復套事行諸邊臣議之。（萬達所議，見"蒙古——在河套"片。）……

其後，俺答與小王子隙。小王子欲寇遼東，俺答以其謀告，請與中國夾攻以立信。萬達不敢聞。使者再至，為言於朝。帝不許。

二十七年三月，萬達又言，諸部求貢不遂，慙且憤，聲言大舉犯邊，乞令邊臣得便宜從事。帝怒，切責之，通貢議乃絕。

其年八月，俺答犯大同不克，退攻五堡，官軍戰彌陀山卻之。趨山西，復敗還。踰月，犯宣府，大掠永寧、隆慶、懷來，軍民死者數萬。……俺答將復寇宣府，總兵官趙卿怯，萬達奏以周尚文代。未至，寇犯滴水崖，指揮董暘、江潮①、唐臣、張淮等戰死，遂南下駐隆慶石河營，分遊騎東掠。遊擊王鑰、大同遊擊袁正卻之。寇移而南。會尚文萬騎至，參將田琦騎千餘與合，連戰曹家莊，斬四首，奪其旗，寇據險不退。萬達督參將姜應熊等馳赴，順風鼓譟，揚沙蔽天。寇驚曰："翁太師至矣！"是夜東去。諸將追擊，連敗之。……進兵部尚書兼右副都御史。……

明年秋，大同失事，督撫郭宗皋、陳耀被逮。詔起萬達代（時以父憂歸）……未達，而俺答犯都城。……

蒙古——俺答
《明史》卷一九九《王邦瑞傳》：

---

① 標點本《校勘記》：江潮，據《明史》卷三二七《韃靼傳》、《國榷》卷五九頁三七二九應為"江瀚"。——整理者

俺答犯都城，命邦瑞（時爲吏部左侍郎）總督九門。邦瑞屯禁軍郭外，以巡捕軍營東、西長安街，大啓郭門，納四郊避寇者。兵部尚書丁汝夔下獄，命邦瑞攝其事，兼督團營。寇退，請……濬九門濠塹……報可。

《明史》卷一九九《鄭曉傳》：

[以右都御史拜刑部尚書。]俺若（俺答之誤）圍大同右衛急，帝命兵部尚書楊博往督大師，乃以曉攝兵部。

《明史》卷二〇〇《詹榮傳》：

[嘉靖二十三年，以右僉都御史巡撫大同。]俺答數萬騎入掠，榮與[總兵官周]尚文破之黑山陽。進右副都御史。寇復大舉犯中路，參將張鳳等陣歿。榮與尚文及總督翁萬達嚴兵備陽和，而遣騎邀擊，多所殺傷。寇乃引去。……

[自此若干年後（嘉靖二十九年，見上摘卷一八條），俺答薄京師（薄京師之年，去翁萬達、詹榮之去大同尚不遠）……論者謂二人在，寇未必至此。

《明史》卷二〇〇《趙時春傳》：

嘉靖……三十二年擢僉都御史，巡撫山西。……慨寇縱橫，[嘗謂]"使吾領選卒五千，俺答、邱福（何以以邱福爲例，不解）不足平也。"作《禦寇論》，論戰守甚悉。……九月，寇入神池、利民諸堡，時春率馬步兵往禦之。至廣武，諸將畢會。諜報寇騎二千餘，去兩舍。時春擐甲欲馳，大將李淶固止之。……[不聽，]策馬前。及於大蟲嶺，伏兵四起，敗績。倉皇投一墩，守卒縋之上，乃得免。淶軍竟覆。

蒙古——俺答（與郭宗皋）

《明史》卷二〇〇《郭宗皋傳》：

嘉靖……二十三年十月，寇入萬全右衛，抵廣昌，列營四十里。順天巡撫朱方下獄，擢宗皋右僉都御史代之。寇已去。宗皋言："密雲最要害，宜宿重兵。乞敕馬蘭、太平、燕河三屯歲發千人，以五月赴密雲，有警則總兵官自將赴援。居庸、白楊，地要兵弱，遇警必待部奏，不能及事。請預擬借調之法，令建昌三屯軍，平時則協助密雲，遇警則移駐居庸。"俱報可。

久之，宗皋聞敵騎四十萬欲分道入，奏調京營、山東、河南兵爲援。已竟無實……

故事，京營歲發五軍詣薊鎭防秋。宗皋請罷三軍，以其犒軍銀充本鎭募兵費。又請發修邊餘銀，增築燕河營、古北口。……[均不果。]……

尋進兵部右侍郎，總督宣、大、山西軍務。俺答三萬騎犯萬全左衛，總兵官陳鳳、副總兵林椿與戰鷂兒嶺，殺傷相當。……明年（二十九年，見上摘卷一八條）再犯大同，總兵官張達及椿皆戰死……給事中唐禹追論［其事］，言全軍悉陷，乃數十年未有之大衂。……宗皋戍陝西靖虜衛。

光旦：事似截至嘉靖近末止。

光旦：此條前半雖未言俺答，所云寇恐亦俺答也。（卷二〇四《翟鵬傳》言俺答，卷一八言小王子。）

蒙古——俺答

《明史》卷二〇二《胡松傳》：

歷山西提學副使。［嘉靖］三十年秋，上邊務十二事，謂："去秋俺答掠興、嵐，即傳箭徵兵，剋期深入。守臣皆稔聞之。而巡撫史道、總兵官王陞等備禦無素。待其壓境，始以求貢上聞。又陰致賄遺，令勿侵己分地，冀嫁禍他境。今山西之禍，實大同貽之。宜亟置重典，以厲諸鎮。大同自兵變以來，壯士多逃漠北爲寇用，今宜招使歸。有攜畜產器械來者，聽其自有。更給牛種費，優復數年。則我捐金十萬，可得壯士二萬。拊而用之，皆勁旅也。孰與棄之以資強敵哉。大同最敵衝，爲鎮巡者較諸邊獨難。今宜不拘資格，精擇其人。……又久其期，非十年不得代。……又必稍寬文網……言官毋得輕劾，以壞其成功。至用間之道，兵家所貴。今寇諜獲於山西者已數十人，他鎮類是。故我之虛實，彼無不知。今宜厚養死士，潛縱遣之。得間則斬其名王、部長及諸用事貴人。否亦可覘強弱虛實，而陰爲備。又寇貪而好利，我誠不愛金帛。東賂黃毛三衛以牽其左，西收亦不剌遺種，子（予）善地，以綴其右，使首尾掣曳，自相狼顧，則我可起承其敝，坐收全勝矣。"……

寇大入，抵太原。……［言官等］論松虛議無補，遂斥爲民。

《明史》卷二〇二《賈應春傳》：

嘉靖……三十二年進兵部右侍郎，總督三邊軍務。俺答諸部歲擾邊，應春言："諸邊間諜不通，每寇入莫測其向，我則無所不備。兵分勢孤，往往失事。夫寇將內犯，必聚衆治器，腊肉飼馬，傳箭祭旗，其形先露。而我民被掠者，間亦臨邊傳報，類有左驗。使邊臣厚以官賞，令密偵候，視漫然散守者，功相十百。"乃定賞格以請。帝立從之。

其秋，寇大入延綏，殺掠五千餘人。應春督諸將邀擊，獲首功二百四十，以捷聞。而巡按御史吉澄極言敗狀。帝竟錄應春功。

《明史》卷二〇二《胡松（滁縣人）傳·胡松（績溪人）附傳》：

俺答入寇，[逼京師，]仇鸞以邊衆入衛，欲悉召其衆實京師，移武庫仗於營，便給調。松（時爲工部尚書）言，邊兵外也而內之，武庫仗內也而外之，非所以重肘腋，杜微慎防也，執弗許。

《明史》卷二〇四《翟鵬傳》：

（俺答凡數見，見"蒙古——在北方（與翟鵬）"片。）

《明史》卷二〇四《曾銑傳》：

遷右僉都御史，巡撫山東。俺答數入內地，銑請築臨清外城。工畢，進副都御史。

《明史》卷二〇四《楊守謙傳》：

[嘉靖]二十九年進副都御史，巡撫保定兼督紫荆諸關。……未幾，俺答入寇，守謙率師倍道入援。帝……令營崇文門外。……寇游騎散掠枯柳諸村，去京城二十里。守謙……等兵移營東直門外。……寇薄都城，諸將高秉元、徐鏞等禦之，不能卻。帝拜[仇]鸞大將軍，進守謙兵部右侍郎，協同提督內外諸軍事。鸞時自孤山（通州境白河岸）還，至東直門觀望，斬死人首六級報功。守謙孤軍薄俺答營，而陣無後繼，不敢戰。……尚書丁汝夔慮喪師，[亦]戒勿輕戰。諸將……亦堅壁，輒引汝夔及守謙爲辭。流聞禁中……初，寇抵安定門，詔守謙……等合擊，莫敢前。……委[稱]無部檄……寇遂燬城外廬舍。城西北隅火光燭天，內臣園宅在焉，環泣帝前……寇退，遂……坐失誤軍機……戮於市。

《明史》卷二〇四《王忬傳》：

[嘉靖]二十九年，俺答大舉犯古北口。忬（時以御史按順天）奏言潮河川有徑道，一日夜可達通州。因疾馳至通爲守禦計，盡徙舟楫之在東岸者。夜半，寇果大至。不得渡，遂壁於河東。

《明史》卷二〇四《楊選傳》：

[嘉靖二十年代，]俺答圍大同右衛，巡撫朱笈被逮……拜選右僉都御史代之。與侍郎江東、總兵官張承勛解其圍。

蒙古——俺答（與丁汝夔）

《明史》卷二〇四《丁汝夔傳》：

［嘉靖］二十八年十月拜兵部尚書……條上邊務十事，皆報可。當是時，俺答歲寇邊，羽書疊至。天子方齋居西內，厭兵事，而大學士嚴嵩竊權，邊帥率以賄進，疆事大壞。

其明年（二十九年）八月甲子，俺答犯宣府，諸將拒之不得入。汝夔即上言：“寇不得志於宣府，必東趨遼、薊。請敕諸將嚴爲備。潮河川乃陵京門户，宜調遼東一軍赴白馬關，保定一軍赴古北口。”從之。寇果引而東，駐大興州，去古北口百七十里。大同總兵官仇鸞知之，率所部馳至居庸南。順天巡撫王汝孝駐薊州，誤聽諜者謂寇向西北。汝夔信之，請令鸞還大同勿東，詔俟後報。及興州報至，命鸞壁居庸，汝孝守薊州。未幾，寇循潮河川南下至古北口，薄關城。總兵官羅希韓，盧欽不能卻，汝孝師大潰。寇遂由石匣營達密雲，轉掠懷柔，圍順義城。聞保定兵駐城內，乃解而南，至通州。阻白河不得渡，駐河東孤山，分剽昌平、三河，犯諸帝陵，殺掠不可勝紀。

京師戒嚴。召各鎮勤王，分遣文武大臣各九人，守京城九門，定西侯蔣傳、兵部侍郎①王邦瑞總督之……仇鸞與副將徐珏、游擊張騰等軍白河西，楊守謙與副將朱楫等軍東直門外，諸路援兵亦稍集。……

寇游騎四出，去都城三十里。及辛巳，遂自通州渡河而西，前鋒七百騎駐安定門外教場。明日，大營薄都城。分掠西山、黃村、沙河、大小榆河，畿甸大震。……

寇縱橫內地八日，諸軍不敢發一矢。寇本無意攻城，且所掠過望，乃整輜重，從容趨白羊口而去。

方事棘，帝趣諸將戰甚急。汝夔以咨嵩。嵩曰：“塞上敗或可掩也，失利輦下，帝無不知，誰執其咎？寇飽自颺去耳。”汝夔因不敢主戰，諸將亦益閉營，寇以此肆掠無所忌。既退……坐汝夔守備不設……斬於市……妻流三千里，子戍鐵嶺。

蒙古——俺答

《明史》卷二〇八《劉繪傳》：

［嘉靖二十一］年，寇大入山西。繪（時爲户科給事中）上疏曰：“俺答方

---

① 標點本《校勘記》：兵部侍郎，據《明史》卷一九九本傳、《國朝獻徵錄》卷三九《王公邦瑞墓志銘》，王邦瑞此時已由兵部右侍郎改遷吏部左侍郎。——整理者注

彊，必爲腹心患。議者謂宜守不宜戰，以故邊將多自全，或拾殘騎報首功。督巡諸臣亦第列士馬守要害，名曰清野，實則避鋒；名曰守險，實則自衛。請專任翟鵬，得便宜從事。馳發宣、大、山西士馬，合十七八萬人。三路並舉，有進無退，寇雖多，可計日平也。"帝壯其言。令假鵬便宜，得戮都指揮以下（此語似亦見鵬本傳，然未摘）。然鵬竟不能出塞。

《明史》卷二〇九《沈鍊傳》：

俺答犯京師，致書乞貢，多嫚語。下廷臣博議，司業趙貞吉請勿許。廷臣無敢是貞吉者，獨鍊（時爲錦衣衛經歷）是之。

光旦：此嘉靖二十九年間事（參上摘卷一九三《趙貞吉傳》條）。

《明史》卷二〇九《楊繼盛傳》：

（繼盛上疏論與俺答和戰及馬市，見"總錄——馬市（楊繼盛之議論）"片）。

《明史》卷二一〇《謝瑜傳·童漢臣附傳》：

爲御史。寇大入宣府、大同，總督樊繼祖等掩敗，三以捷聞。漢臣等劾之，得罪（應是被劾者得罪）。其按山西，督諸將擊卻俺答之薄太原者。

蒙古——俺答、辛愛（與馬芳）

《明史》卷二一一《馬芳傳》：

蔚州人。十歲爲北寇所掠，使之牧。芳私以曲木爲弓，剡矢射，俺答獵，虎虓其前，芳一發斃之。乃授以良弓矢、善馬，侍左右。芳陽爲之用，而潛自間道亡歸。周尚文鎮大同，奇之，署爲隊長。數禦寇有功……

嘉靖二十九年秋，寇犯懷柔、順義。芳馳斬其將，授陽和衛總旗。寇嘗入威遠，伏驍騎鹽場，而以二十騎挑戰。芳知其詐，用百騎薄伏所，三分其軍銳，以次擊之。……敵騎辟易十里，斬首凡九十級。已復禦之新平。寇營野馬川，剋日戰。芳度寇且遁，急乘之，斬級益多。衆方賀，芳遽策馬曰："賊至矣。"趣守險，而身斷後。頃之，寇果麕至。芳戰益力，寇乃去。亡何，戰泥河，復大破之。……

三十六年，[以左都督]遷薊鎮副總兵，分守建昌。土蠻十萬騎薄界嶺口，芳與總兵官歐陽安斬首數十，獲驍騎猛克兔等六人。寇不知芳在，芳免冑示之，驚曰："馬太師也！"遂卻。……

未幾，辛愛、把都兒大入，躙遵化、玉田。芳追戰金山寺有功，而州縣破残多……

寻移守宣府。寇大入山西，芳一日夜驰五百里及之，七战皆捷。……擢总兵官……寇薄通州，芳入卫，令专护京师。寇退……寻与故总兵刘汉出北沙滩，捣寇巢。已［而］坐寇入，令戴罪［立功］。

《明史》卷二一一《马芳传》：

［嘉靖］四十五年七月，辛爱以十万骑入西路，芳（时以左都督充总兵官守宣府）迎之马莲堡。堡圮，众请塞之，不可。请登台，亦不可。开堡四门，偃旗鼓，寂若无人。比暮，野烧烛天，嚣呼达旦。芳卧，日中不起，敌骑窥者相属，莫测所为。明日，芳蹶然起，乘城，指示众曰："彼军多反顾，且走。"勒兵追击，大破之。

隆庆初，或为辛爱谋，以五万骑犯蔚州，诱芳出，而以五万骑袭宣府城，可得志。芳豫伐木环城，寇至不可上，遂解去。顷之，率参将刘潭等出独石塞外二百里，袭其帐于长水海。还至塞，追者及鞍子山。迎战，又大败之。……

芳……谙敌情……一岁数出师捣巢……尝命三十人出塞四百里，多所斩获，寇大震。芳乃帅师至大松林，顿旧兴和卫，登高四望，耀兵而还。

时大同被寇，视宣府尤甚。总督陈其学恐扰畿辅，令总兵官赵岢扼紫荆关。寇乃纵掠怀仁、山阴间。岢坐贬……调芳［代之为大同总兵官］。

俺答转犯威远几破，会其学率胡镇等救，而芳军亦至，相拒十余日，乃走。芳谓诸将曰："大同非宣府比，与我间一墙耳。寇不时至，非大创之不可。"乃将兵出右卫，战威宁海子，破之。其年（当是隆庆四年，见上摘卷一九条），俺答就抚，塞上遂无事。

《明史》卷二一一《马芳传》：

［万历初年（元年后，七年前）］顺义王要赏，声言渝盟，复用芳镇宣府（曾一度被劾闲住）。……［九年］卒。

芳［先后］战膳房堡、朔州、登鹰巢、鸽子堂、龙门、万全右卫、东岭、孤山、土木、乾庄、岔道、张家堡、得胜堡、大沙滩，大小百十接，身被数十创，以少击众，未尝不大捷。擒部长数十人，斩馘无算，威名震边陲，为一时将帅冠。……

光旦：各战役不必皆为御俺答、辛爱者，然主要为此二人之部众。

万历二十年，顺义王撦力克絷献史、车二部长，［芳次子］林（时为大同参将）以制敌功，进副总兵。

蒙古——俺答

《明史》卷二一二《俞大猷傳》：

[嘉靖]二十一年，俺答大入山西，詔天下舉武勇士。大猷……自薦……兵部……送之宣大總督翟鵬……[翟鵬]禮之……然[未]能用。

《明史》卷二一三《徐階傳》：

俺答犯京，階請釋……戴綸、歐陽安等自效，報可。……

中官陷寇歸，以俺答求貢書進。帝以示嚴嵩及階……嵩曰："饑賊耳，不足患。"階曰："傅城而軍，殺人若刈菅，何謂饑賊？"帝……問求貢書安在。嵩出諸袖曰："禮部事也。"……階曰："寇深矣，不許恐激之怒，許則彼厚要我。請遣譯者紿緩之，我得益為備。援兵集，寇且走。"……寇尋飽去，乃下階疏，弗許貢。……

寇由牆子嶺入，直趨通州。帝方祠醮，兵部尚書楊博不敢奏，謀之階，檄宣府總兵官馬芳、宣大總督江東入援。……寇從通掠香河，階請亟備順義，而以奇兵邀之古北口。寇趨順義不得入，乃走古北口。其後軍遇參將郭琥伏而敗，頗得其所掠人畜輜重。

光旦：以上諸條先後年份，在嘉靖二十九年及四十二年（參核"韃靼（蒙古）"及上摘卷一八條）。

《明史》卷二一三《高拱傳》：

俺答孫把漢那吉來降，總督王崇古受之，請於朝，乞授以官。朝議多以為不可，拱與[張]居正力主之。遂排眾議請於上，而封貢以成。事具《崇古傳》。

《明史》卷二一三《張居正傳》：

[高]拱主封俺答，居正亦贊之，授王崇古等以方略。……和市成……

《明史》卷二一四《楊博傳·子俊民附傳》：

遷兵部左侍郎署部事。時議撦力克嗣封。俊民言："款未可遽罷。惟內修守備，而外勒西部，使盡還巢，申定市額，使無濫索而已。"議遂定。

光旦：事在萬曆十四年左右（參上摘卷二〇各條）。

《明史》卷二一六《陸樹聲傳》：

神宗嗣位（尚未改元）……拜禮部尚書。……北部要增歲幣，兵部將許之，樹聲力爭。

《明史》卷二二〇《萬士和傳》：

俺答及所部貢馬，邊臣請加官賞。士和（萬曆元年起代陸樹聲為禮部尚書）

言賞賚有成額，毋徇邊臣額外請。從之。

《明史》卷二二〇《王之誥傳》：

隆慶元年……進右都御史（仍總督宣、大、山西軍務）。俺答犯石州，之誥令山西總兵官申維岳，參將劉寶、尤月、黑雲龍四營兵尾之南下，而檄大同總兵官孫吳、山西副總兵田世威等出天門關，遏其東歸。巡撫王繼洛駐代州不出，維岳不敢前，石州遂陷。殺人數萬，所過無孑遺，大掠十有四日而去。

《明史》卷二二〇《劉應節傳》：

隆慶元年……俺答寇石州，山西騷動，詔應節（時以右僉都御史巡撫河南）赴援。已［而］寇退。

《明史》卷三三一《烏斯藏大寶法王傳》：

有僧鎖南堅錯者，能知已往未來事，稱活佛，順義王俺答不（應是亦字）崇信之。萬曆七年，以迎活佛為名，西侵瓦剌，為所敗。此僧戒以好殺，勸之東還。俺答亦勸此僧通中國……

光旦：此處未及其在青海建寺事。

蒙古——俺答、辛愛（與方逢時）

《明史》卷二二二《方逢時傳》：

［隆慶］四年正月，［以右僉都御史巡撫］大同。俺答犯威遠堡，別部千餘騎攻靖鹵，伏兵卻之。其冬，俺答孫把漢那吉來降。逢時告總督王崇古曰："機不可失也。"遣中軍康綸率騎五百往受之。與崇古定計，挾把漢以索叛人趙全等。遣百戶鮑崇德出雲石堡語俺答部下五奴柱曰："欲還把漢則速納款，若以兵來，是趣之死矣。"五奴柱白俺答，邀［崇德］入營，說以執趙全易把漢。俺答心動，遣火力赤致書逢時。而全方從臾用兵，俺答又惑之，令其子辛愛將二萬騎入弘賜堡，兄子永邵卜趨威遠堡，自率衆犯平虜城。逢時曰："此必趙全謀也。"全嘗投書逢時，言悔禍思漢，欲復歸中國。逢時以示俺答，俺答大驚，有執全意。及戰，又不利，乃引退。辛愛猶未知，奄至大同。逢時使人持把漢箭示之曰："吾已與而父約，以報汝。"辛愛執箭泣曰："此吾弟鐵背台吉故物也，我來求把漢，把漢既授官，又有成約，當更計之。"乃遣部下啞都善入見。逢時曉以大義，犒而遣之。辛愛喜，因使求幣，逢時笑曰："台吉，豪傑也，若納款，方重加爵賞，何愛此區區，損盛名。"辛愛大慙，復遣啞都善來謝曰："邊人不知書，蒙太師教，幸甚。"俺答使者至故將田世威所，世威亦讓之曰：

"爾來求和，兵何爲者？"使者還報俺答，召辛愛還。辛愛東行，宣府總兵官趙岢遏之，復由大同北去。……

俺答乃遣使定約。夜召全等計事，即帳中縛之送大同。逢時受之。崇古亦送把漢歸。逢時……進兵部右侍郎兼右僉都御史。……

萬曆初……總督宣、大、山西軍務。始逢時與崇古共決大計，而貢市之議崇古獨成之。[至此，]逢時復代崇古，乃申明約信。兩人首尾共濟，邊境遂安。

逢時分巡口北，時親行塞外，自龍門盤道墩以東至靖湖堡山梁一百餘里，形勢聯絡，歎曰："此山天險。若修鑿，北可達獨石，南可援南山，誠陵京一藩籬也。"及赴陽和，道居庸，出關見邊務修舉，欲并遂前計。上疏曰："獨石在宣府北，三面隣敵，勢極孤懸。懷、永與陵寢止限一山，所係尤重。其地本相屬，而經行之路尚在塞外，以故聲援不便。若設盤道之險，舍迂就徑，自龍門黑峪以達寧遠，經行三十里，南山、獨石皆可朝發夕至，不惟拓地百里，亦可漸資屯牧，於戰守皆利。"遂與巡撫吳兌經營修築，設兵戍守。累進兵部尚書兼右副都御史，總督如故……

[萬曆]五年，召[還京]。時議者爭言貢市利害。逢時臨赴闕上疏曰："……臣……代崇古任……八年以來，九邊生齒日繁，守備日固，田野日闢，商賈日通，邊民始知有生之樂。北部輸誠效貢，莫敢渝約，歲時請求，隨宜與之，得一菓餅，輒稽首歡笑。有掠人要賞，如打喇明安兔者，告俺答罰治，即俛首聽命。而異議者或曰敵使充斥爲害；或曰日益費耗，彼欲終不可足；或曰與寇益狎，隱憂叵測。此言心則忠矣，事機或未覩也。夫使者之入，多者八九人，少者二三人，朝至夕去，守貢之使，賞至即歸，何有充斥。財貨之費，有市本，有撫賞，計三鎮歲費二十七萬，較之鄉時戶部客餉七十餘萬，太僕馬價十數萬，十纔二三耳。而民間耕穫之入，市賈之利不與焉。所省甚多，何有耗費。乃若所憂則有之，然非隱也。方庚午（隆慶四年，與俺答議通封貢之年）以前，三軍暴骨，萬姓流離，城郭邱墟，芻糧耗竭，邊臣首領不保，朝廷爲旰食。七八年來，幸無此事矣。若使臣等處置乖方，悋小費而虧大信，使一旦肆行侵掠，則前日之憂立見，何隱之有哉？其所不可知者，俺答老矣，誠恐數年之後，此人既死，諸部無所統一，其中狡黠互相爭搆，假托異辭，遂行侵擾。此則時變之或然，而不可預料者。在我處之，亦惟罷貢絕市，閉關固壘以待。仍禁邊將毋得輕舉，使曲常在彼，而直常在我。因機處置，顧後人方略何如耳。……臣又聞之，禦戎無上策；征戰禍也，和親辱也，賂遺恥也。今曰貢，

则非和亲矣；曰市，则非赂遗矣；既贡且市，则无征战矣。……"

至京，复奏上款贡图。

蒙古——俺答（及其家族）

《明史》卷二二二《王崇古传》（据传文资料拟）：

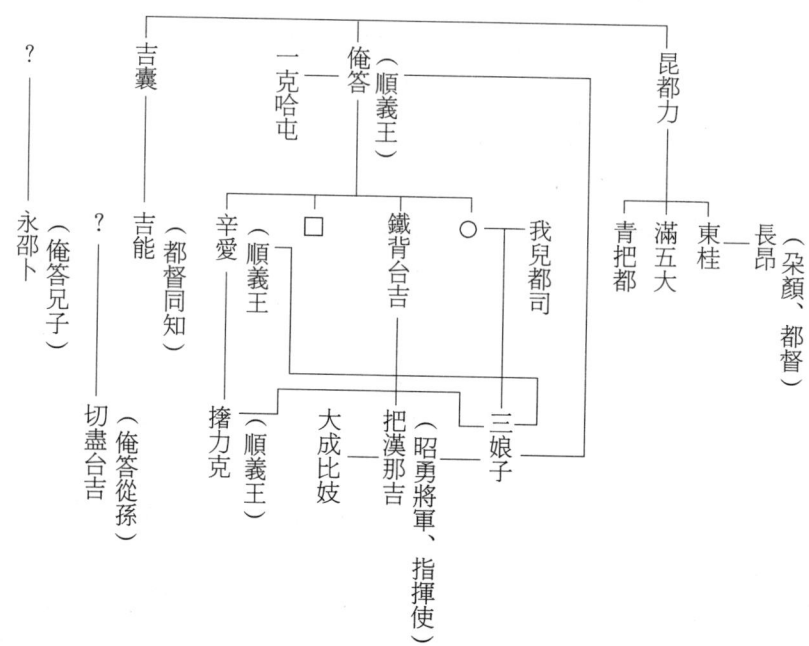

《明史》卷二二二《方逢时传》：

[俺答又有]兄子永邵卜。

《明史》卷二二二《吴兑传》：

（据补：青把都、东桂、及三娘子与辛爱、撦力克婚姻綫。又东桂所嫁长昂。）

《明史》卷二二二《郑洛传》：

昆都力又一子满五大；辛爱改名乞庆哈。

《明史》卷二二二《张佳胤传》：

青把都与弟满五大。

蒙古——俺答、辛爱、三娘子（与郑洛）

《明史》卷二二二《郑洛传》：

[以]山西參政，佐總督王崇古款俺答有功。

萬曆二年……改右僉都御史，巡撫……大同……七年，以[右副都御史、兵部]左侍郎總督宣、大、山西軍務。昆都力子滿五大令銀定入犯，洛奏停貢市，遣使責俺答罰贖駝馬牛羊，乃復許款。

三娘子佐俺答主貢市，諸部皆受其約束。及辛愛襲封，年老且病，欲妻三娘子。三娘子不從，率衆西走，辛愛自追之，貢市久不至。洛計三娘子別屬，則辛愛雖王無益，乃使人語之曰："夫人能歸王，不失恩寵，否則塞上一婦人耳。"三娘子聽命。辛愛更名乞慶哈，貢市惟謹。洛……加兵部尚書兼右副都御史。

[萬曆]十四年，乞慶哈死，子撦力克當襲。三娘子以年長，自練兵萬人，築城別居。洛恐貢市無主，復諭撦力克曰："夫人三世歸順，汝能與之匹，則王，不然封別有屬也。"撦力克盡逐諸妾，復妻三娘子。遂以明年嗣封，并奏封三娘子忠順夫人（前只稱順義王妃）。

洛乃上疏請定市馬數，宣府不得踰三萬，大同萬四千，山西六千，而申飭將吏嚴備，以防盜竊，且無輕遏其部落馳獵者。帝嘉納之。

　　光旦：三娘子接婚祖孫父子三世，實出明廷之政治強制，然亦必因其俗，如匈奴然，否則亦不可強也。

蒙古——三娘子

《明史》卷二一七《沈鯉傳》：

順義王妻三娘子請封，鯉不予妃號，但稱夫人。（鯉於萬曆十二年冬爲禮部尚書，事在十五年，參上條。）

《明史》卷二一八《申時行傳》：

亦數有獻納。……薦鄭洛爲經略，趣順義王東歸。

　　光旦：與鄭洛事果有聯繫，萬曆十八年事（參《神宗實錄》卷二二五萬曆十八年七月乙丑條、己巳條，卷二二七萬曆十八年九月壬寅條）。時時行以吏部尚書爲首輔。

《明史》卷二二二《王崇古傳》：

（三娘子來歷與婚姻關係，見"蒙古——……（與王崇古）"片。）

《明史》卷二二二《吳兌傳》：

（三娘子先後妻俺答、辛愛、撦力克三世，掌貢市亦三世，見"蒙古——

東西全綫（與吳兌）"片。）

蒙古——俺答

《明史》卷二二三《萬恭傳》：

嘉靖……四十二年，寇逼通州，帝方急兵事。以［恭爲兵部右侍郎］……［尋］命兼僉都御史，巡撫山西。甫至，寇犯龍鬚墩，恭伏兵擊卻之。未幾，寇五萬騎至朔州川，恭與戰老高墓。列車爲陣，發火器，寇少卻。忽風起，火反焚車，寇復大至。諸將殊死戰，寇乃去。（事在嘉靖末。）

《明史》卷二二三《王宗沐傳·子士琦附傳》：

歷山東右布政使，佐涂宗濬封順義王。

光旦：此附傳全不言年份。所册封應是萬曆四十一年事（參上摘卷二一條及"韃靼（蒙古）"）。

《明史》卷二二四《宋纁傳》：

隆慶改元，［以御史］再按山西。俺答陷石州，將士捕七十七人，當斬。纁訊得其誣，釋者殆半。

《明史》卷二二六《邱橓傳》：

寇犯通州，總督楊選被逮。及寇退，橓（時爲兵科都給事中）偕其僚陳善後事宜，指切邊弊。帝以橓不早劾選，杖六十，斥爲民。

光旦：應即嘉靖四十二年事。

《明史》卷二三八《麻貴傳》：

父禄，嘉靖中爲大同參將，從鎮帥劉漢襲板升，大獲。俺答圍右衛，禄與副將尚表固守，乘間擊斬其部長，寇乃引退。辛愛犯京東，禄以宣府副總兵入衛，與子遊擊錦並有卻敵功。

蒙古——俺答（及其後人）

《明史》卷二三八《麻貴傳》：

［萬曆間（十年後不久至十九年），］鎮大同（即爲大同總兵官）。時諸部納款久，攛力克襲封順義王，奉中國益虔。貴頻以安邊勞蒙賜賚。

《明史》卷二三八《麻貴傳·兄錦附傳》：

［嘉靖間］官千總，協守大同右衛。……俺答圍城，數突圍，城卒完。

《明史》卷二三九《張臣傳》：

[萬曆]五年春，以總兵官鎮守寧夏。順義王俺答報怨瓦剌，欲取道賀蘭，臣不可。俺答恚，語不遜。臣夜決漢、唐二渠水，道不通，復陳兵赤水口①。俺答乃從山後去。三歲互市，毋敢譁者。

《明史》卷二三九《張臣傳》：

　　十一年，小阿卜户犯黑峪關，守將陳文治以下俱逮繫。詔起臣（前此曾一度被劾罷）副總兵，駐守馬蘭峪。……猛可真者，俺答弟老把都棄妾也，坐與小阿卜户犯黑峪關，罷歲賞。既納款，復猖獗，以諛詞報邊臣，而令大嬖只代爲謝罪。大嬖只者，順義王乞慶哈（即辛愛改名）棄妾也。臣等測其詐，令將士出塞捕二十三人，繫之獄，令還我被掠人。猛可真以所愛者五人在俘中，許獻還所掠，親叩關索故賞。臣等并召大嬖只入演武場，譙責甚厲。兩婦叩頭請死，乃貸之。先後獻還八十餘人，中有被拘數十年者。

《明史》卷二三九《董一元傳》：

　　父晹，嘉靖中爲宣府遊擊將軍。俺答犯滴水崖，力戰死。

《明史》卷二三九《董一元傳·王保附傳》：

　　[萬曆]二十三年冬，順義王撦力克弟趕兔率三軍犯白馬關及東西臺，爲守備徐光啓、副將李芳春、戴延春所卻。明年秋，復偕部長倒布犯黑谷頂，敗而去。保（時以都督同知爲薊州總兵官）度其再至，分營開連口及橫河兒。寇果馳橫河。官軍夜半疾抵石塘嶺，襲其營。寇大驚潰，乘勢追出塞。其冬，復犯羅文峪，敗去。

《明史》卷二三九《達雲傳》：

　　萬曆中（當是二十年前後）……遷西寧參將。永邵卜者，順義王俺答從子也，部衆强盛。先嘗授都督同知，再進龍虎將軍。自以貢市在宣府，守臣遇己厚，不可逞，乃隨俺答西迎活佛，留據青海，與瓦剌他卜囊歲爲西寧患。嘗誘殺副將李魁②。邊臣不能報，益有輕中國心。

　　[萬曆]二十三年九月九日，度將士必燕飲，擁勁騎直入南川。屬番偵告雲，[雲]設兵要害，令番人繞出朶爾硤口外，潛扼其背，而已提精卒二千與戰。方合，伏忽起，寇首尾不相顧，番人夾擊，大敗之。雲手馘其帥一人，斬

---

① 標點本《校勘記》：赤水口，據《明史稿》傳一一六《張臣傳》及《讀史方輿紀要》卷六二應爲"赤木口"。——整理者注

② 標點本《校勘記》：李魁，《明史》卷三三〇《西番諸衛傳》作"李奎"。——整理者注

首六百八十餘級。其走峽外者，又爲番人所殲。獲駝馬戎器無算。爲西陲戰功第一。所馘把都爾哈，即前殺李魁者，其地即魁陣亡處，時又皆九月也。先是，副將李聯芳爲寇所殺，總兵尤繼先生獲其讎。邊人以此二事爲快。

雲既勝，度寇必復至，厚集以待。踰月，寇果連真相、火落赤諸部，先圍番刺卜爾寨以誘官軍。番不能支，合於寇，寇遂逼西川。雲督諸軍營康纏溝，寇悉衆圍之，矢石如雨。雲左右衝擊，自辰至申，戰數十合。寇死傷無算，乃以長鎗鈎杆專犯西寧軍。西寧軍堅不可破。寇始遁，追奔數十里而還。……雲擢都督同知……

寇歲掠諸番，番不敵則折而入寇。及寇敗遠徙，雲急招番，復業者七千餘户。

永邵卜連犯明沙、上谷，雲並擊走之。初，南川奏捷，雲已進副總兵，至是命以總兵官鎮守延綏。……

二十六年，永邵卜復犯西寧，參將趙希雲等陣歿，雲坐停俸。……

無何，青海寇糾衆分犯河西，五道俱有備，獻首功百七十有奇。……（此下參看"蒙古——在西北"片。）

　　光旦：此條無具體年份，自在二十六年以後。

未幾（萬曆三十三年後不久），青海寇復大入，將士分道遮擊，生擒其長沙賴，餘敗奔。……[三十五]年，松山、青海二寇復連兵犯涼州，雲逆戰紅崖，大獲，斬首百三十有奇。（時雲已爲左都督。）

《明史》卷二三九《柴國柱傳》：

　　（松山蒙古與青海蒙古合作入寇，見"蒙古——在西北（松山）"片。）

　　光旦：青海蒙古爲永邵卜之部，永邵卜，俺答從子。

蒙古——俺答

《明史》卷二八三《羅洪先傳·程文德附傳》：

　　起禮部右侍郎。俺答犯京師，分守宣武門，盡納鄉民避寇者。

《明史》卷二九七《張鈞傳》：

　　鈞，石州人。……嘉靖二十年，俺答犯石州。……殺掠甚慘，石州爲親死者十一人，[鈞其一也。]

蒙古——吉囊、俺答

《明史》卷二〇二《唐龍傳》：

嘉靖……十一年，陝西大饑。吉囊擁衆臨邊，延綏告警。……進龍兵部尚書，總制三邊軍務兼理振濟……時吉囊居套中，西抵賀蘭山，限以黃河不得渡，用牛皮爲渾脫，渡入山後。俺答亦自豐州入套爲患。龍用總兵官王效、梁震，數敗敵。

《明史》卷二〇四《翟鵬傳》：

嘉靖……二十年八月，俺答入山西內地。……乃起故官（右僉都御史），整飭畿輔、山西、河南軍務……鵬馳至，俺答已飽去，而吉囊軍復寇汾、石諸州。鵬往來馳驅，不能有所挫。寇退，乃召還。

《明史》卷二一〇《桑喬傳》：

［嘉靖十六年，喬（時以御史巡按山西）與同官上言，有曰，］吉囊恣橫，邊備積弛。

《明史》卷二一一《梁震傳》：

擢延綏副總兵。與總兵官王效卻敵鎮遠關（此敵即吉囊）……吉囊、俺答犯延綏，震敗之黃甫川。尋犯響水、波羅，參將任傑大敗之。吉囊復以十萬騎入寇，震大破之乾溝，獲首功百餘。……乾溝凡三十里，當敵衝。震濬使深廣，築土牆其上，寇不復輕犯。

　　　光旦：此嘉靖十四年或更較前之事。據下文同卷《王效傳》，似是十一、十二年間事。犯鎮遠關者的是吉囊，亦見《王效傳》。（十二年及十三年，見下摘卷一七條。）

《明史》卷二一四《楊博傳》：

吉囊、俺答歲盜邊，［兵部］尚書張瓚一切倚辦博（時爲職方郎中）。帝或中夜降手詔，博隨事條答。

《明史》卷二一九《張四維傳》：

楊博、王崇古久歷邊陲……四維，博同里而崇古姊子也，以故亦習知邊務。［吏部尚書］高拱深器之。……超……拜吏部右侍郎。俺答封貢議起，朝右持不決。四維爲交關於拱，款事遂成。（時在隆慶間。）

《明史》卷二一九《馬自強傳》：

初，俺答通貢市，賞有定額，後邊臣徇其求，額漸溢。自強請申故約，濫乞者勿與，歲省費不貲。

　　　光旦：時自強爲禮部尚書，事在萬曆初年（六年以前）。

《明史》卷二二〇《溫純傳》：

俺答請貢市，高拱定議許之。純（時爲兵科都給事中）以爲弛邊備，非中國利。

《明史》卷二二一《李禎傳》：

（自俺答西牧，初則禍鍾隴右，後則延及四川、西北，而諸番多折入之，見"蒙古——在西北"片。）

光旦：事在萬曆中，似自十八年洮河有警始。

《明史》卷二二二《王崇古傳》：

（俺答祖孫、父子、兄弟、叔侄、夫婦，見"蒙古——……（與王崇古）"片。）

光旦：同卷《吳兌傳》對俺答家族人員有所補充，別擬有系圖片。

蒙古——吉囊

《明史》卷一七：

［嘉靖］十二年……十二月己卯，吉囊犯寧夏，總兵官王效、副總兵梁震擊敗之。

《明史》卷一七：

［嘉靖］十三年……三月……乙酉，吉囊犯響水堡，參將任傑擊敗之。……

八月壬子，寇犯花馬池，梁震禦卻之。

《明史》卷一七：

［嘉靖］十四年……六月，吉囊犯大同，總兵官魯綱禦卻之。

《明史》卷一七：

［嘉靖十五年四］月，吉囊犯甘、涼，總兵官姜奭擊敗之。……

［同年］秋，吉囊犯延綏，官軍四戰皆敗之。

《明史》卷一七：

［嘉靖］十六年……六月癸酉，吉囊寇宣府，指揮趙鏜戰死。……

八月，復寇宣府，殺參將張國輔。

《明史》卷一七：

［嘉靖］十七年……六月，寇犯宣府，都指揮周冕戰死。……

八月甲辰，吉囊犯河西，總督都御史劉天和禦卻之。

《明史》卷一七：

［嘉靖］十八年……二月……壬寅，起翟鑾爲兵部尚書兼右都御史，充行邊使。

《明史》卷一七：

　　[嘉靖十九年……正月……辛亥，吉囊寇大同，殺指揮周岐。……

　　七月癸卯，吉囊入萬全右衛，總兵官白爵逆戰於宣平，敗之。壬子，又敗之於桑乾河。

《明史》卷一七：

　　[嘉靖十九年]九月，吉囊犯固原，周尚文敗之於黑水苑。延綏總兵官任傑追擊於鐵柱泉，又敗之。

《明史》卷一七：

　　[嘉靖]二十年……吉囊寇蘭州，參將鄭東戰死。

《明史》卷一七四《姜漢傳·子奭附傳》：

　　……吉囊他部寇莊浪……（見"蒙古——在西北"片，不複錄。）

《明史》卷一七四《杭雄傳》：

　　嘉靖[初年(三年後)]復出鎮寧夏(時以都督僉事充總兵官)。吉囊大入，總督王憲檄雄等破之。進都督同知。寇八千騎乘冰犯寧夏。雄及副總兵趙鎮禦之，前鋒陷伏中，雄等皆敗。

《明史》卷一九九《王憲傳》：

　　嘉靖四年……爲三邊總制……部將王宰、史經連敗寇……吉囊數萬騎渡河從石臼墩深入，憲督總兵官鄭卿、杭雄、趙瑛等分據要害擊之，都指揮卜雲斷其歸路。寇至青羊嶺，大敗去。五日四捷，斬首三百餘級，獲馬駞器仗無算。

《明史》卷二〇〇《姚鏌傳》：

　　嘉靖元年，吉囊入涇陽。鏌(時以右副都御史巡撫延綏)遣遊擊彭楧出西路……指揮卜雲……副之。夜半邀擊，斬其二將，乃遁。

《明史》卷二〇〇《劉天和傳》：

　　吉囊十萬衆屯賀蘭山後，遣別部寇涼州，副將王輔逐奪其纛。寇莊浪，總兵官姜奭屢敗之。進天和右都御史(本以右副都御史巡撫陝西，今巡撫如故)。寇復大集兵將入犯。天和策寇矚西有備必東，密檄延綏副將白爵宵行，與參將吳瑛合。寇果東入黑河墩，遇爵伏兵，大創而去。既又入蒺藜川，爵尾擊之，寇多死。尋入寇家澗、張家塔，爲爵、瑛所敗。犯寧夏者，總兵官王效復破之。……進天和左都御史。吉囊犯河西，天和禦卻之。進兵部尚書。寇將入平虜城，天和伏兵花馬池。寇戰不勝，走河上，遇伏兵，多死於水。吉囊乘虛寇固原，剽掠且靨。會淫潦，弓矢盡膠，無鬬志。而諸將多畏縮，天和斬指揮二人，召故總兵周尚文令立功。會陝西總兵官魏時角寇至黑水苑，尚文盡銳夾擊，殺吉囊子小十王。寇退寧夏，巡撫楊守禮、總兵官任傑等復邀擊，敗之鐵柱泉，斬獲共四百四十餘級。

　　光旦：事在嘉靖十五年後至十九年間（參上摘卷一七各條）。

《明史》卷二〇〇《楊守禮傳》：

　　遷右副都御史，巡撫寧夏。寇犯固原，爲總督劉天和所敗。欲自寧夏去，守禮與總兵任傑等邀敗之。會天和召還，進守禮右都御史總督軍務……［又］進兵部尚書。總兵官李義、楊信連卻吉囊……尋上疏乞休，［不許。］其秋（與乞休之舉同屬一年，但究爲何年之秋乎！？嘉靖二十二年，見《世宗實錄》卷二七九嘉靖二十二年十月己卯條），寇三萬騎抵綏德。遊擊張鵬卻之，總兵官吳英等追至塞外，東路參將周文兵亦至，夾擊敗之。巡按御史殷學言，寇入內地五百里，請治諸將罪。部議延綏游兵俱調宣、大，寇方避實擊虛。而我能以寡勝衆，宜錄其功。

　　光旦：事接上條。

《明史》卷二一一《王效傳》：

　　[嘉靖]十一年冬，進署都督僉事，充總兵官，代周尚文鎮寧夏。吉囊犯鎮遠關，效與梁震敗之柳門。追北蜂窩山，蹙溺之河，斬首百四十有奇。……吉囊十萬騎復窺花馬池，效、震拒之不得入，轉犯乾溝。震分兵擊，[寇]遂趨固原。總兵官劉文力戰，寇趨青山峴，大掠安定、會寧。效方敗別部於鼠湖，追至沙湖，疾移師往援，破之安定，再破之靈州，先後斬首五十餘級。總制三邊尚書唐龍以大捷聞，而巡按御史奏諸將失事罪。給事中戚賢往勘，奏，安、會二縣多殺掠，文當罪。然麾下卒僅八千，倍道蒙險，攖八九萬方張之寇，殊死戰，宜以功贖。震乾溝，效鼠湖、沙湖、安定、靈州之戰，以孤軍八百當寇萬餘，功俱足錄。……尋以清水營功，進[效]右都督。寇以輕騎犯寧夏，效伏兵打鎧口，俟其半入橫擊，敗之，而防河卒復以戰艘邀斬其奔渡者（應仍是吉囊，時吉囊居河套）。……進左都督。寇憤，設伏誘敗之，貶右都督。

　　光旦：以上嘉靖十二、十六年間事。

《明史》卷二一一《周尚文傳》：

　　[嘉靖初業（九年前不久），]吉囊數踏冰入。尚文（時以都指揮同知爲涼州副總兵）築[邊]牆百二十里，澆以水，冰滑不可上。冰泮則令力士持長竿鐵鉤，鉤殺渡者。

蒙古——吉能（參"在河套"）

《明史》卷一八：

　　[嘉靖]三十二年……三月……辛巳，吉能犯延綏，殺副總兵李梅。壬午，兵部侍郎楊博巡邊。

《明史》卷一八：

　　[嘉靖三十六年三]月，吉能寇延綏，殺副總兵陳鳳。

《明史》卷一八：

　　[嘉靖]三十七年……八月己未，吉能犯永昌、涼州，圍甘州。

《明史》卷一八：

　　[嘉靖]四十年……十一月……庚戌，吉能犯寧夏，進逼固原。

《明史》卷一八：

　　[嘉靖]四十一年……十一月……辛丑，吉能犯寧夏，副總兵王勳戰死。……是月，延綏總兵官趙岢分部出塞襲寇，敗之。

《明史》卷一九：

　　[隆慶]五年……六月……甲辰，授河套部長吉能爲都督同知。（與"在河套"片互見）

蒙古——吉囊、俺答、小王子（與周尚文）

《明史》卷二一一《周尚文傳》：

　　[嘉靖前葉（十九年以前不久），]吉囊……大掠清平堡，[尚文（時以署都督僉事爲延綏總兵官）]坐奪俸。……[十九年（見上摘卷一七條），]吉囊大入，抵固原。……尚文……奮擊之黑水苑，殺其子號小十王者，獲首功百三十餘。乃以爲都督同知。……

　　[二十一年]秋，以總兵官鎮大同……吉囊數萬騎犯前衛。尚文與戰黑山，殺其子滿罕歹，追至涼城，斬獲多。進右都督。已[而]寇（此應與俺答相涉）由宣府逼畿甸，出大同塞而北。尚文邀之，稍有俘獲。後寇復大舉，犯鵓鴿谷（似亦作峪），將南下。尚文備陽和，遣騎四出邀寇。寇遁……（下爲與總督翁萬達築邊牆事，另見有關片。）

　　叛人充灼召小王子寇邊，尚文偵得其使者……

　　初，俺答及吉囊諸子盛強，諸邊歲受其患，大同尤甚。自尚文蒞鎮，與總督萬達（翁萬達）、巡撫詹榮規畫戰守備，邊民息肩者數年。尚文益招叛人，孤敵勢，歸者相屬。

  光旦：塞上漢人闌出者亦不在少數，此可證。

  二十七年八月，俺答伏兵五堡旁，誘指揮顧相等出，圍之彌陀山。尚文急督副總兵林椿、參將呂勇、遊擊李梅及二子君佐、君仁出塞援，圍始解。相及指揮周奉，千戶呂愷、郝經等已陣殁。尚文轉戰次野口，伏突起。殊死戰，斬其長一人。相持月餘乃引去。尚文設伏，殺其殿卒而還。……

  俺答數萬騎犯宣府，萬達檄尚文大破之曹家莊。……其年（曹家莊之役之年，二十八年，見"蒙古——俺答"中卷一八條）卒……

  自［嘉靖］二十年後，俺答頻擾邊。宿將王效、馬永、梁震皆前死，惟尚文存，威名最盛。

《明史》卷二一一《周尚文傳·趙國忠附傳》：

  俺答大舉犯宣府，總兵官趙卿不任戰，命國忠（時已授都督僉事）代之。至坌道①，寇已為周尚文所敗，東走。國忠命參將孫勇率精卒逆擊於大滹沱，敗之。與尚文分道擊，寇盡走……

  俺答薄京師（嘉靖二十九年），國忠趨入衛，壁沙河北。已［而］移護諸陵。寇騎至天壽山，見國忠陣紅門前，不敢入。

蒙古——把都兒

《明史》卷一八：

  ［嘉靖］二十七年……正月，把都兒寇廣寧，參將閻振戰死。

《明史》卷一八：

  ［嘉靖］三十一年……四月丙寅，把都兒、辛愛犯新興堡，指揮王相等戰死。

《明史》卷一八：

  ［嘉靖］三十六年……三月癸丑，把都兒寇遷安，副總兵蔣承勛力戰死。

《明史》卷一八：

  ［嘉靖］三十八年……二月庚午，把都兒犯潘家口，渡灤河，逼三屯營。

---

① 標點本《校勘記》：坌道，據《明史稿》傳九〇《周尚文傳》應為"岔道"。《讀史方輿紀要》卷一八延慶右衛棒棰峪注稱："舊有邊牆，東達大小紅門、岔道諸處，謂之南山口，宣鎮之內阻也。"——整理者注

三月己卯，掠遷安、薊州、玉田。

《明史》卷一八：

　　［嘉靖］三十九年……七月乙丑朔，把都兒犯薊西，遊擊胡鎮禦卻之。

《明史》卷一八：

　　［嘉靖］四十年……十二月丙寅，把都兒犯遼東蓋州。

蒙古——兀慎

《明史》卷一八：

　　［嘉靖］三十九年……三月癸未，大同總兵官劉漢襲敗兀慎於灰河。

蒙古——打來孫

《明史》卷一八：

　　［嘉靖］三十五年……十一月戊午，打來孫犯廣寧，總兵官殷尚質等戰死。十二月丁未，犯環、慶。

《明史》卷一八：

　　［嘉靖］三十九年……三月……丁亥，打來孫犯廣寧，陷中前所，殺守備武守爵、黃廷勛。

《明史》卷一八：

　　［嘉靖］四十二年……八月乙亥，總兵官楊照襲寇於廣寧塞外，力戰死。

蒙古——他不囊、火落赤、永邵卜

《明史》卷二〇：

　　［萬曆十六年九］月，青海部長他不囊犯西寧，殺副將李魁。

《明史》卷二〇：

　　［萬曆］十八年……六月……甲申，青海部長火落赤犯舊洮州，副總兵李聯芳敗没。……

　　［七］月，火落赤再犯河州、臨洮，總兵官劉承嗣敗績。

《明史》卷二〇：

　　［萬曆］十九年……二月乙酉，總兵官尤繼先敗火落赤餘衆於莽剌川。

《明史》卷二〇：

　　［萬曆］二十三年……九月戊寅，青海部長永邵卜犯甘肅，參將達雲敗之。

《明史》卷二〇：

〔萬曆二十四年三〕月，火落赤犯洮河，總兵官劉綎破走之。

《明史》卷二一二《劉顯傳·郭成附傳》：

火落赤擾西寧，四川巡撫李尚思以地近松潘，檄成（時爲松潘參將）軍松林，遊擊萬鰲軍漳臘。寇不敢逼，西陲獲安。

光旦：應是萬曆間事，十六年以後（參"猓（涼山）"）。

《明史》卷二一八《王錫爵傳》：

火落赤、真相犯西陲，議者爭請用兵，錫爵主款，與〔申〕時行合。

光旦：事在萬曆十八年或稍後，時錫爵以禮部尚書在內閣，申時行爲首輔。

蒙古——銀定、歹成

《明史》卷二一：

〔萬曆〕三十三年……正月……庚辰，銀定、歹成犯鎮番，總兵官達雲擊敗之。

《明史》卷二一：

〔萬曆〕三十五年……四月戊戌，銀定、歹成犯涼州，副總兵柴國柱擊走之。

蒙古——喀爾喀諸部

《明史》卷二一：

〔萬曆三十四〕年……蒙古喀爾喀諸部悉歸我大清。

蒙古——拱兔

《明史》卷二一：

〔萬曆〕三十七年……三月辛卯，拱兔陷大勝堡，遊擊于守志戰於小淩河，敗績。

蒙古——乃蠻

《明史》卷二一：

〔萬曆〕四十六年……八月……庚辰，乃蠻等七部款塞。

《明史》卷二三九《張臣傳·子承蔭附傳》：

  [萬曆四十年至四十五年間,]乃蠻諸部連犯中後所、連山驛,[遼東]副總兵李繼功等力戰,殲其魁,徐引去。(時承蔭爲遼東總兵官。)

蒙古——土蠻(海州)

《明史》卷一八：

  [嘉靖]三十九年……十二月,土蠻犯海州東勝堡。

    光旦：海州,當是今遼寧海城一帶。

《明史》卷一八：

  [嘉靖]四十一年……五月……壬子,土蠻攻湯站堡,副總兵黑春力戰死。

《明史》卷一八：

  [嘉靖]四十三年……正月壬辰,土蠻黑石炭寇薊鎮,總兵官胡鎮、參將白文智禦卻之。

《明史》卷一八：

  [嘉靖四十四年三]月,土蠻犯遼東,都指揮線補袞、楊維藩戰死。

《明史》卷一九：

  隆慶元年……三月……乙酉,土蠻犯遼陽,指揮王承德戰歿。……

  九月……壬申,土蠻犯薊鎮,掠昌黎、盧龍,至於灤河。詔宣大總督侍郎王之誥還駐懷來,巡撫都御史曹亨駐兵通州。……乙亥,總兵官李世忠援永平,與敵戰於撫寧,京師戒嚴。

  十月丙戌,寇退,京師解嚴。

蒙古——土蠻

《明史》卷二〇：

  [萬曆]九年……正月……癸酉,土蠻犯錦州,遊擊周之望敗沒。……甲申,遼東總兵官李成梁襲敗土蠻於襖郎兔。……

  [三]月,土蠻犯遼陽①,副總兵曹簠禦之,敗績。……

  十月己亥,土蠻犯廣寧、義州,李成梁禦卻之。

---

① 標點本《校勘記》：此即《神宗實錄》卷一一一所載克石炭、以兒鄧、小歹青等入遼陽事。《實錄》繫於四月乙巳,與此互異。——整理者注

《明史》卷二一：

[萬曆]二十七年……九月，土蠻犯錦州。

《明史》卷二一：

[萬曆]二十六年……四月丁卯，遼東總兵官李如松出塞，遇伏戰死。

光旦：不知是何人所設之伏，姑假定爲土蠻者，亦互見"[滿]"片。

《明史》卷九一《兵志三》：

[嘉靖末，在俺答通貢封王累世之後，]西部遂不競，而[東部之]土蠻部落虎墩兔、炒花、宰賽、煖兔輩，東西煽動，將士疲於奔命，未嘗得安枕也。

光旦：據此語氣，土蠻亦蒙古也。

《明史》卷二〇四《王忬傳》：

[嘉靖三十年代後葉（三十六年，參卷二一一《馬芳傳》），忬以右都御史任薊遼總督期間，]土蠻十萬騎薄界嶺口，副將馬芳拒卻之。明日，敵騎二百奔還，芳及[總兵官歐陽]安俘斬四十級。

光旦：土蠻，人名乎？族稱乎？究爲何族？待查。後詢之熟悉北方民族史實之同志，知爲蒙古首領名稱，猶之俺答、辛愛之類云。

《明史》卷二一二《戚繼光傳》：

當是時（隆慶五年前後），俺答已通貢，宣、大以西，烽火寂然。獨小王子後土蠻徙居插漢地，控弦十餘萬，常爲薊門憂。而朵顏董狐狸及其兄子長昂交通土蠻，時叛時服。萬曆元年春，二寇謀入犯。馳喜峰口，索賞不得，則肆殺掠，獵傍塞，以誘官軍。繼光（時以右都督充總兵官鎮薊州……）掩擊，幾獲狐狸。其夏，復犯桃林，不得志去。長昂亦犯界嶺，官軍斬獲多。邊吏諷之降，狐狸乃款關請貢。廷議給以歲賞。明年春，長昂復窺諸口不得入，則與狐狸共逼長禿令入寇。繼光逐得之以歸。長禿者，狐狸之弟，長昂叔父也。於是二寇率部長親族三百人，叩關請死罪，狐狸服素衣叩頭乞赦長禿。繼光及總督劉應節等議，遣副將史宸、羅端詣喜峰口受其降。皆羅拜，獻還所掠邊人，攢刀設誓。乃釋長禿，許通貢如故。終繼光在鎮，二寇不敢犯薊門。[尋進左都督。]

《明史》卷二一二《戚繼光傳》：

[萬曆初葉（七年，見"韃靼（蒙古）"），]土蠻犯遼東，繼光（時已進左都督，仍總薊鎮兵）急赴，偕遼東軍拒退之。

《明史》卷二一七《王家屏傳》：

萬曆……十八年，以久旱……言，[有云，]"調燮之難莫甚今日。況套賊跳梁於陝右，土蠻猖獗於遼西，貢市屬國復鴟張虎視於宣、大。虛内事外，内已竭而外患未休；剝民供軍，民已窮而軍食未裕。"（時家屏以吏部左侍郎在内閣。）

《明史》卷二二二《王崇古傳》：

（土蠻爲俺答之主，俺答對土蠻之半獨立性，見"蒙古——……（與王崇古）"片。）

《明史》卷二二二《吳兑傳》：

（俺答通貢後，其子辛愛仍助其主土蠻擾邊；而俺答姪女東桂則助兑通風報信，以挫土蠻侵擾之謀，見"蒙古——東西全綫（與吳兑）"片。）

《明史》卷二二二《張學顔傳》：

調薊州[兵備副使]。俺答封順義王，察罕土門汗語其下曰："俺答，奴也，而封王，吾顧弗如。"挾三衛窺遼欲以求王。而海、建諸部日强，皆建國稱汗。大將王治道、郎得功戰死，遼人大恐。隆慶五年二月，遼撫李秋免……進[學顔]右僉都御史，巡撫遼東[代之]。

　　光旦：土門汗應即土蠻，俺答之主，故稱俺答爲奴。

　　光旦：俺答封貢之議實始於隆慶四年冬其孫把漢那吉之降，至五年二月，事應猶未就，此處叙事先後，疑誤。

　　光旦：海，海州，建，建州，應亦是蒙古？參"女直"片。

《明史》卷二二二《張學顔傳》：

[隆慶五年]十一月，與[遼東總兵官李]成梁破土蠻卓山，進右副都御史，[仍巡撫遼東。]

《明史》卷二二二《張學顔傳》：

[萬曆]五年夏，土蠻大集諸部犯錦州，要求封王。學顔（時已加兵部侍郎）奏曰："敵方憑陵，而與之通，是畏之也。制和者在彼，其和必不可久。且無功與有功同封，犯順與效順同賞，既取輕諸部，亦見笑俺答。臣等謹以正言卻之。"會大雨，敵亦引退。

其冬……土蠻約泰寧速把亥分犯遼、瀋、開原。明年正月破敵劈山，殺其長阿丑台等五人。[召還爲兵部侍郎。]

《明史》卷二二五《梁夢龍傳》：

[萬曆]五年，以兵部左侍郎進右都御史，總督薊、遼、保定軍務。李成梁大破土蠻於長定堡，帝爲告廟宣捷，大行賞賚……已[而]給事中光懋言："此乃保塞内屬之部，游擊陶承嚳假犒賚掩襲之，請坐以殺降罪。"兵部尚書方

逢時曲爲解……

　　[尋]土蠻三萬騎入東昌堡,成梁擊敗之。寧前(廣寧前衛?)復警,夢龍親率勁卒三千出山海關爲成梁聲援,分遣兩參將遮擊,復移[戚]繼光駐一片石邀之。敵引去。前後奏永莫堡①、丁字泊、馬蘭峪、養善木、紅土城、寬奠(上文作寬佃?)、廣寧右屯、錦、義、大寧堡諸捷……加兵部尚書。以修築黃花鎮、古北口邊牆[又加官蔭子]。

《明史》卷二二八《魏學曾傳》:

　　進右僉都御史,巡撫遼東。隆慶初,土蠻大入永平。學曾入駐山海,檄諸將王治道等追擊至義院口,大捷。進右副都御史。學曾乃易置將吏,招納降附,鰲屯田二千餘頃,數破敵。

《明史》卷二二八《李化龍傳》:

　　(與兀良哈諸部連結關係,見"兀良哈——李化龍……"片。)

《明史》卷二二八《李化龍傳》:

　　(主要指兀良哈各部,又似兼及迤東之女直之在海西者,見"兀良哈——李化龍……"片。)

《明史》卷二三八《李成梁傳》:

　　隆慶元年,土蠻大入永平。成梁(時爲遼東險山參將)赴援有功,進副總兵。

　　　光旦:此後二十餘年間,直至萬曆十九年成梁解遼東總兵官任,土蠻在遼東之活動至爲頻繁,率與兀良哈諸部連合進行,成梁本傳下文歷敘之,見"蒙古——在東北(與李成梁)"片,此處不複。

《明史》卷二三八《李成梁傳·子如松附傳》:

　　[萬曆二十六]年四月,土蠻寇犯遼東。如松(時爲總兵官)率輕騎遠出搗巢,中伏力戰死。

《明史》卷二三八《麻貴傳》:

　　[萬曆三十九]年,插漢虎墩兔以三萬騎入掠穆家堡。禦之敗去。

　　　光旦:上文《李成梁傳》稱土蠻爲插漢部長,是虎墩兔其部下也,故列此。

《明史》卷二三九《張臣傳·子承蔭附傳》:

　　[萬曆四十年,]遼東總兵官麻貴罷,敕承蔭馳代之。蟒金諸部近寧前,守

---

① 標點本《校勘記》:永莫堡,應爲"永奠堡"。《明會典》卷一三三《遼東邊圖》有永奠堡,而無"永莫堡"。——整理者注

將祖天壽間出獵，被圍曹莊，將士死者二百三十人，被掠者六百餘人，天壽以數騎免。事聞，論死。承廕初抵任，獲免。敖克等犯中後所，拒斬其二長，餘走出塞。

  光旦：蟒金部，敖克不知與土蠻系屬如何，姑置於此。

《明史》卷二三九《董一元傳》：

  嘉靖時，歷薊鎮遊擊將軍。土蠻黑石炭等以萬餘騎犯一片石，總兵官胡鎮禦之，一元功最。……遷石門寨參將。隆慶初，破敵棒槌崖，功復最。……遷副總兵，駐防古北口。

  光旦：土蠻，人名，亦部名，此似可證。

《明史》卷二三九《張臣傳》：

  隆慶元年九月，土蠻大入昌黎、撫寧、樂亭、盧龍，遊騎至灤河。諸將莫敢戰，臣獨勒兵赴之。……率所部千人擐甲直馳，呼聲震山谷。寇以數騎嘗，奮前斬之。追至棒槌崖，斬首百十餘級，墜崖死傷者無算。……無何，寇潛入場子嶺，參將吳昂被殺，命臣代之。（此以前臣爲延綏入衛遊擊將軍。）

《明史》卷二三九《張臣傳·子承廕附傳》：

  時（萬曆四十年前後）虎墩兔、炒花、煖兔、宰賽逼處遼境，無歲不犯邊。承廕未至時（承廕以萬曆四十年接麻貴爲遼東總兵官），虎墩兔以三萬騎犯穆家堡，參將郎名忠等遏斬其四十餘騎。及再舉，守將梁汝貴襲破其營。已而乃蠻諸部連犯中後所、連山驛，副總兵李繼功等力戰，殪其魁，徐引去。自是虎墩兔所屬貴英哈等三十餘部悉奉約束，遼西得少安。

  光旦：此中有兀良哈，有乃蠻，不盡是插漢土蠻之屬也。

蒙古——插漢（亦土蠻屬）

《明史》卷二三九《張臣傳·孫全昌附傳》：

  ［崇禎七］年七月，大清兵西征插漢，旋師入其境（宣府，時全昌爲宣府總兵官）。

《明史》卷二三九《董一元傳》：

  （萬曆二十二年，插漢土蠻子卜言台周等與泰寧把兔兒合力攻遼西，見"兀良哈——與董一元"片。）

《明史》卷二四八《耿如杞傳》：

  莊烈帝即位……擢……右僉都御史，巡撫山西。插漢虎墩兔據順義王地，爲邊患，戰款無定策。如杞言守邊爲上。修塞垣，繕戰壘，剷山塹谷，事有緒矣。[崇禎]二年，京師戒嚴，如杞[提兵]赴援。

  光旦：虎墩兔屬插漢，至此明白。

《明史》卷二四八《顏繼祖傳·附傳》：

  張翼明……以兵部右侍郎巡撫大同。崇禎元年，插漢虎墩兔入犯，殺掠萬計。翼明及總兵官渠家楨不能禦，並坐死。

《明史》卷二五〇《孫承宗傳》：

  （插漢部東入遼西，亦見"蒙古——在東北"片。）

《明史》卷二五七《董漢儒傳》：

  [天啓初年，]諸鎮援遼軍多逃逸，有出塞投插部者。

《明史》卷二五七《王洽傳》：

  崇禎元年……[擢任]兵部尚書。……宣大總督王象乾與大同巡撫張宗衡爭插漢款戰事，帝召諸大臣平臺，詰問良久。洽及諸執政並主象乾策，定款議。詳見《象乾》、《宗衡傳》。

蒙古——插漢

《明史》卷二五七《梁廷棟傳》：

  有安國棟者，初以通判主插漢撫賞事，廷棟（時爲兵部尚書，事在崇禎初年）薦其才，特擢職方主事，仍主撫賞，頗爲奸利。廷棟庇之。……[卒以此落職閒住。]

《明史》卷二五七《熊明遇傳》：

  [萬曆]四十三年，[以掌兵科給事中事上疏陳八憂、五漸、三無之説曰，]"套部圖王，插部覬賞，可憂三。"（互見）

《明史》卷二五七《張鳳翼傳》：

  [崇禎]七年……七月，我大清西征插漢，師旋，入山西、大同、宣府境（時鳳翼爲兵部尚書，曾因守臣論罪事被責於帝前對狀）。

《明史》卷二五九《袁崇煥傳》：

  十三山難民十餘萬，久困不能出。大學士孫承宗行邊，崇焕請："將五千人駐寧遠，以壯十三山勢，別遣驍將救之。寧遠去山二百里，便則進據錦州，否則退守寧遠，奈何委十萬人置度外？"承宗謀於總督王象乾。象乾以關上軍方喪氣，議發插部護關者三千人往。承宗以爲然，告[經略王]在晉。在晉竟不能救，衆遂没，脱歸者僅六千人而已。

《明史》卷二五九《袁崇焕傳》：

（插漢迫哈剌慎叛明未果，見"蒙古——在東北"。）

《明史》卷二五九《趙光抃傳·范志完附傳》：

崇禎四年……授永平推官，專理插漢撫賞（似未果任職）。

《明史》卷二六五《倪元璐傳》：

［崇禎］四年……［以］右庶子上制實八策，［及制虛八策，其制實八策之第一曰］間插部，［四曰］靖降人。

光旦："降人"不必爲插漢，但亦蒙古。

《明史》卷二六七《張伯鯨傳》：

（插漢之在西者似與河套部有連，且合作，見"蒙古——在河套"片。）

《明史》卷二六八《曹文詔傳》：

［崇禎］七年七月，大清兵西征插漢，還師入大同境，攻拔得勝堡……

《明史》卷二七〇《馬世龍傳》：

崇禎……六年五月，插漢虎墩兔合套寇犯寧夏，總兵賀虎臣戰歿，詔起世龍代之（原爲左都督，病歸）。世龍生長寧夏，習其形勢，大修戰備。明年正月，二部入犯，遣參將卜應第大破之，斬首二百有奇。踰月，套寇犯賀蘭山。世龍遣降丁潛入其營，賊其長撒兒甲，斬級如前。未幾，插部大舉入寇。世龍遣副將婁光先等分五道伏要害，而己中道待之，夾擊，斬首八百有奇。巡撫王振奇亦斬三百餘級。寇復犯河西玉泉宫，世龍復邀斬五百餘。其年七月犯棗園堡，世龍又大敗之，俘斬一千有奇。世龍半歲中屢奏大捷，威名震西塞。

《明史》卷二七〇《賀虎臣傳》：

崇禎……六年五月，插漢虎墩兔合套寇五萬騎自清水、橫城分道入。守備姚之夔等不能禦，沙井驛副將史開先、臨河堡參將張問政、岳家樓守備趙訪皆潰逃。寇遂進薄靈州，虎臣（時爲寧夏總兵官）急領千騎入守。旋盡勒城中兵出擊，次大沙井。寇從漢伯堡突至，虎臣軍未及布陣，且衆寡不敵，遂戰死。子讚挾五十騎突重圍出。

光旦：上兩條後先相啣接。

《明史》卷二七一《滿桂傳》：

崇禎元年……大同總兵渠家楨失事，命桂（原以總兵官鎮寧遠）代之。大同久恃款弛備，插部西侵順義王，遂入境大掠。家楨及巡撫張翼明論死。插部遂挾賞不去。桂至，徧閱八路七十二城堡，邊備大修，軍民恃以無恐。
《明史》卷三二七《韃靼傳》：

　　虎墩兔者，居插漢兒地，亦曰插漢兒王子，元裔也。其祖打來孫始駐牧宣塞外，俺答方強，懼爲所併，乃徙帳於遼，收福餘雜部，數入掠薊西，四傳至虎墩兔，遂益盛。……（下文活動，詳"韃靼（蒙古）"片萬曆四十二年以次。）
《明史》卷三二八《朵顏等三衛傳》：

　　（崇禎初，插漢與兀良哈關係見"兀良哈——朵顏等三衛"片末尾。）

蒙古——北邊形勢總
《明史》卷二三九《董一元傳·王保附傳》：

　　自嘉靖庚戌後（嘉靖二十九年，公元1550後），薊鎮重於他鎮。穆宗有詔，獲大小部長者破格酬，他鎮不得比。迨俺答款塞，宣、大、山西三鎮烽煙寂然。陝西四鎮以火落赤敗盟，始復用兵，然寇弱易禦。獨泰寧、插漢諸部時時犯遼東。而薊門密邇王畿，與遼帥俱慎選。以保有威望，用之（保以萬曆十九年，或稍後，爲薊鎮總兵官）。

蒙古——自東徂西全綫（與王崇古）
《明史》卷二二二《王崇古傳》：

　　嘉靖四十三年改右僉都御史，巡撫寧夏。崇古……具知諸邊阨塞……修戰守，納降附，數出兵搗巢。寇屢殘他鎮，寧夏獨完。

　　隆慶初，加右副都御史。吉囊子吉能據河套爲西陲諸部長，別部賓兔駐牧大、小松山，南擾河、湟番族，環四鎮皆寇。總督陳其學無威略，總兵官郭江、黃演等皆敗死，陝西巡撫戴才亦坐免。其冬，進崇古兵部右侍郎兼右僉都御史，總督陝西、延［綏］、寧［夏］、甘肅軍務。……大將趙岢、雷龍等。數有功。着力兔行牧河東，龍潛出興武襲破其營，斬獲多，加崇古右都御史。吉能犯邊，爲防秋兵所遏，移營白城子。龍等出花馬池長城關與戰，大敗之。崇古在陝［及寧夏］七年（按如不計寧夏，只四年），先後獲首功甚多。

　　自河套以東宣府、大同邊外，吉囊弟俺答、昆都力駐牧地也。又東薊、昌以北，吉囊、俺答主土蠻居之。皆強盛。俺答又納叛人趙全等，據古豐州地（當是隋唐之豐州，故城在今五原縣境），招亡命數萬，屋居佃作，號曰板升。全等尊俺答爲帝，爲治城郭宮殿；亦自治第，制度如王者，署其門曰開化府。又日夜教俺答爲兵。東入蔚、昌，西掠忻、代，遊騎薄平陽、靈石，至潞安以北。自嘉靖辛丑，擾邊者三十年（辛丑，嘉靖二十年），邊臣坐失事得罪者甚衆，患視陝西四鎮尤劇。朝廷募獲全者官都指揮使，賞千金，卒不能得。邊將士率賄寇求和，或反爲用；諸陷寇自拔歸者，輒殺之以冒功賞；敵情不可得，而軍中動靜敵輒知。

　　[隆慶]四年（自嘉靖辛丑至此適三十年）正月詔崇古總督宣、大、山西軍務。崇古禁邊卒闌出，而縱其素通寇者深入爲間。又檄勞番、漢陷寇軍民，率衆降及自拔者，悉存撫之。歸者接踵。西番、瓦剌、黄毛諸種一歲中降者踰二千人。

　　其冬，把漢那吉來降。把漢那吉者，俺答第三子鐵背台吉子也。幼失父，育於俺答妻一克哈屯。長娶大成比妓不相得。把漢自聘我兒都司①女，號三娘子，即俺答外孫女也。俺答見其美，奪之。把漢恚，又聞崇古方納降，是年十月率妻子十餘人來歸。巡撫方逢時以告。崇古念因此制俺答，則趙全等可除也，留之大同，慰藉甚至。偕逢時疏聞於朝曰："俺答橫行塞外幾五十年，威制諸部，侵擾邊圉。今神厭凶德，骨肉離叛，千里來降，宜給宅舍，授官職，豐餼廩服用，以悦其心，嚴禁出入，以虞其詐。若俺答臨邊索取，則因與爲市（交換條件也），責令縛送板升諸逆，還被掠人口，然後以禮遣歸，策之上也。若遂桀驁稱兵，不可理諭，則明示欲殺，以撓其志。彼望生還，必懼我制其死命。志奪氣沮，不敢大逞，然後徐行吾計，策之中也。若遂棄而不求，則當厚加資養，結以恩信。其部衆繼降者，處之塞下，即令把漢統領，略如漢置屬國居烏桓之制。他日俺答死，子辛愛必有其衆。因加把漢名號，令收集餘衆，自爲一部。辛愛必忿爭。彼兩族相持，則兩利俱存，若互相讎殺，則按兵稱助。彼無暇侵陵，我遂得休息，又一策也。若循舊例安置海濱，（應是山東之海濱？）使俺答日南望，侵擾不已；又或給配諸將，使之隨營立功，彼素驕貴不受驅策，駕馭苟乖，必滋怨望，頓生颺去之心，終貽反噬之禍，均爲無策。"

　　奏至，朝議紛然。……大學士高拱、張居正力主崇古議。詔授把漢指揮使，賜緋衣一襲……俺答方掠西番，聞變急歸，調辛愛兵分道入犯，索把漢甚急。辛愛佯發兵，陰擇便利，以故俺答不得志。一克哈屯思其孫，朝夕哭，俺答患

---

① 標點本《校勘記》：大成比妓、我兒都司，《明史》卷三二七《韃靼傳》作大成"比吉"和"襖兒都司"。——整理者注

之。巡撫逢時遣百戶鮑崇德入其營，俺答盛氣待之曰："自吾用兵，而鎮將多死。"崇德曰："鎮將孰與而孫？今朝廷待而孫甚厚，稱兵是速其死也。"俺答疑把漢已死，及聞言，心動，使使詗之。崇古令把漢緋袍金帶見使者，俺答喜過望，崇德因說之曰："趙全等旦至，把漢夕返。"

俺答大喜，屏人語曰："我不爲亂，亂由全等。今吾孫降漢，是天遣之合也。天子幸封我爲王，永長北方諸部，孰敢爲患。即不幸死，我孫當襲封，彼受朝廷厚恩，豈敢負耶？"遂遣使與崇德俱來，又爲辛愛求官，并請互市。崇古以聞，帝悉報可。

俺答遂縛全等十餘人以獻，崇古亦遣使送把漢歸。帝以叛人既得，祭告郊廟，磔全等於市。

把漢既歸，俺答與其妻撫之泣。遣使報謝，誓不犯大同。

崇古令要土蠻、昆都力、吉能等皆入貢，俺答報如約，惟土蠻不至。崇古念土蠻勢孤，薊、昌可無患，命將士勿燒荒搗巢。

議通貢市，休息邊民。朝議復譁。尚書郭乾謂馬市先帝明禁，不宜許。給事中章端甫請敕崇古無邀近功，忽遠慮。崇古上疏曰："先帝既誅仇鸞，制復言開市者斬，邊臣何敢故違禁旨，自陷重辟。但敵勢既異昔强，我兵亦非昔怯，不當援以爲例。夫先帝禁開馬市，未禁北敵之納款。今敵求貢市，不過如遼東開原、廣寧之規，商人自以有無貿易，非請復開馬市也。俺答父子兄弟橫行四五十年……流毒畿輔，莫收遏劉功者，緣議論太多，文網牽制，使邊臣無所措手足耳。昨秋，俺答東行，京師戒嚴，至倡運甎聚灰塞門乘城之計。今納款求貢，又必責以久要，欲保百年無事，否則治首事之罪。豈惟臣等不能逆料他時，雖（應作即）俺答亦恐能保其身［而］不能制諸部於身後也。夫拒敵甚易，執先帝禁旨，一言可決。但敵既不得請，懷憤而去，縱以把漢之故，不擾宣、大，而土蠻、三衛歲窺薊、遼，吉能、賓兔侵擾西鄙，息警無時，財力殫絀，雖智者無以善其後矣。昔也先以剋減馬價而稱兵，忠順王以元裔而封哈密，小王子由大同二年三貢，此皆前代封貢故事。夫揆之時勢，既當俯從，考之典故，非今創始。堂堂天朝，容荒服之來王，昭聖圖之廣大，以示東西諸部，傳天下萬世，諸臣何疑憚而不爲耶？"因條封貢八事以上。詔下廷議。定國公徐文璧、侍郎張四維以下二十二人以爲可許；英國公張溶、尚書張守直以下十七人以爲不可許；尚書朱衡等五人言封貢便，互市不便；獨僉都御史李棠極言當許狀。……

乃詔封俺答順義王，名所居城曰歸化；昆都力、辛愛等皆授官；封把漢昭勇將軍，指揮使如故。俺答率諸部受詔甚恭，使使貢馬，執趙全餘黨以獻。帝嘉其誠，賜金幣……王印，給食用，加撫賞（後二項當是給貢使者），惟貢使不聽入京。河套吉能亦如約請命。以事在陝西，下總督王之誥議。之誥欲令吉能一二年不犯，方許封貢。崇古復上疏曰："俺答、吉能親爲叔姪，首尾相應。今收其叔而縱其姪，錮其首而舒其臂，俺答必呼吉能之衆就市河東宣、大；商販不能給，而吉能糾俺答擾陝西，四鎮之憂方大矣。"帝然其言，亦授吉能都督同知。

崇古乃廣召商販，聽令貿易。布帛、菽粟、皮革遠自江、淮、湖廣輻輳塞下，因收其稅以充犒賞。其大小部長則官給金繒，歲市馬各有數。崇古仍歲詣弘賜堡宣諭威德。諸部羅拜，無敢譁者。

自是邊境休息。東起延、永，西抵嘉峪七鎮，數千里軍民樂業，不用兵革，歲省費什七。……

初，俺答諸部嘗越甘肅掠西番。既通款，其從孫切盡台吉連歲盜番，不得志，求俺答西援。崇古每作書止之，俺答亦報書謝。

是年（何年？上文有"萬曆初"云云，應是萬曆五年，見"蒙古——東西全綫（與吳兌）"，時崇古爲兵部尚書），俺答請與三鎮通事約誓，欲西迎佛。崇古上言："西行非俺答意，且以迎佛爲名不可沮，宜飭邊鎮嚴守備，而陰泄其謀於番族以示恩。"[被劾"弛防徇敵"，力請致仕得允。]

俺答既死，辛愛、撦力克相繼襲封。[萬曆]十五年詔以崇古竭忠首事，三封告成，[特加獎飾。]又二年（萬曆十七年）卒。……崇古身歷七鎮，勳著邊陲。封貢之初，廷議紛呶……閣臣力持之，乃得成功。順義歸款二十年，崇古乃歿。

光旦：歸款之年，上文不甚明確，只有隆慶四年之"上限"，而無"下限"，事始於四年冬把漢之降，下限仍不明。（事終於隆慶五年九月三鎮貢市之成，參"蒙古——俺答"中卷一九條。）

[及]總督梅友松撫馭失宜，西邊始擾，而禍已紓於嘉靖時。宣、大則歸款迄明季不變。

《明史》卷二二二《鄭洛傳》：

[以]山西參政佐……王崇古款俺答有功。

蒙古——東西全綫（與吳兌）

《明史》卷二二二《吳兌傳》：

[隆慶]五年秋,擢右僉都御史,巡撫宣府。……時俺答初封貢,而昆都力、辛愛陰持兩端,助其主土蠻爲患。兌有智計,操縱馴伏之。嘗偵俺答離營獵,從五騎直趨其營。守者愕,控弦。從騎呵之曰:"太師來犒軍耳。"皆拜跪迎導,且獻酪。兌遍閱廬帳,抵暮還。市者或潛盜所鬻馬,兌使人棓擊之,曰:"後復盜,即閉關停市。"諸部追所奪馬,并執其人以謝。

　　辛愛復擾邊,俺答曰:"宣、大,我市場也。"戒勿動。然辛愛猶桀驁,俺答常以己馬代[之]入貢。既得賞賜,抵地不肯受,又遣兵掠車夷。車夷者,不知其所出,自嘉靖中徙至,與史夷雜居,皆宣鎮保塞屬也。辛愛掠之,以其長革固去,其(辛愛)二比妓來駐龍門教場。兌以史、車唇齒,車被掠,史益孤,奏築堡居之。使使詰責辛愛,令還革固而勒其比妓遠邊。辛愛誘比妓五蘭且沁、威兀慎歲盜葛峪堡器甲、牛羊。兌皆付三娘子罰治。三娘子有盛寵於俺答,辛愛嫉妒,數詛罾之。三娘子入貢,宿兌軍中,愬其事。兌贈以八寶冠、百鳳雲衣、紅骨朶雲裙。三娘子以此爲兌盡力。

　　辛愛、撦力克相繼襲王,皆妻三娘子,三娘子主貢市者三世。

　　昆都力嘗求封王,會病死。其子青把都擁兵至塞,多所要挾。兌諭以禍福,而耀武震之。青把都懼,貢如初。其女東桂嫁朶顏都督長昂,嘗隨父入貢,訴其貧。兌諭其昆弟,每一馬分一繒畀之。後東桂報土蠻別騎掠三岔河東,兌得爲備,有功。……

　　[萬曆]五年夏,[以兵部右侍郎兼右僉都御史]代方逢時總督宣、大、山西軍務。俺答西掠瓦剌,聲言迎佛,寄帑於兌,留旗箭爲信。尚書王崇古奏上方略,使兌諭俺答繞賀蘭山後行,勿道甘肅;又陰泄其謀於瓦剌。俺答兵遂挫,留青海未歸。而青把都復附土蠻,其部下時入寇。大學士張居正令兌趣俺答東還約束之,青把都亦罰治其下,款貢乃益堅。……

　　[萬曆]九年夏,[以兵部左侍郎右都御史]總督薊、遼、保定軍務兼巡撫順天。泰寧速把亥與青把都交通,陰入市宣府,而歲犯遼東以要款。朝廷拒不許,兌修義州城備之。明年春,速把亥來寇,總兵官李成梁擊斬之。其弟炒花、姪老撒卜兒悉遁去。……進兌兵部尚書。

蒙古——在北方
《明史》卷二:

　　[洪武]六年……三月……壬子,徐達爲征虜大將軍,李文忠、馮勝、鄧

愈、湯和副之,備邊山西、北平。……

> 光旦:查上年十二月鄧愈方受命西征吐蕃,與此才隔三月。

六月……壬辰,擴廓帖木兒遣兵攻雁門,指揮吳均擊卻之。……

十月辛巳,召徐達、馮勝還。

十一月壬子,擴廓帖木兒犯大同,徐達遣將擊敗之,達仍留鎮。

《明史》卷二:

[洪武]八年……二月……癸丑……召徐達、李文忠、馮勝還,傅友德等留鎮北平。……

五月己巳,永嘉侯朱亮祖偕傅友德鎮北平。……

七月……壬戌,召傅友德、朱亮祖還,李文忠、顧時鎮山西、北平。……

八月己酉,元擴廓帖木兒卒。……

[十二]月,納哈出犯遼東。(另有分片)

《明史》卷二:

[洪武]九年……正月,中山侯湯和,潁川侯傅友德,都督僉事藍玉、王弼,中書右丞丁玉,備邊延安。

《明史》卷二:

[洪武九年]六月……辛丑,李文忠[自鎮守北平、山西]還。

《明史》卷二:

[洪武九年]七月……元將伯顏帖木兒犯延安,傅友德敗降之。

《明史》卷二:

[洪武]十二年……六月丁卯,都督馬雲征大寧。

《明史》卷二:

[洪武十二年]十一月……庚申,大寧平。

《明史》卷二:

[洪武]十三年……十一月乙未,徐達還。

《明史》卷二:

[洪武十三年十一月]丙午,元平章完者不花、乃兒不花犯永平,指揮劉廣戰沒,千戶王輅擊敗之,擒完者不花。

《明史》卷二:

[洪武]十四年……正月戊子,徐達爲征虜大將軍,湯和、傅友德爲左、右副將軍,帥師討乃兒不花。

《明史》卷二：

　　[洪武十四年]四月庚午，徐達率諸將出塞，至北黃河，擊破元兵，獲全寧四部以歸。……

　　[洪武十四年]八月……辛巳，徐達還。

　　[洪武十四年]九月壬午……徐達鎮北平。

《明史》卷三：

　　[洪武]十五年……十月……甲辰，徐達還。

《明史》卷三：

　　[洪武]十六年……正月……戊午，徐達鎮北平。……

　　[洪武十六年]十月丁丑，召徐達等還。……

　　[洪武]十七年……正月……戊申，徐達鎮北平。……

　　[洪武十七年閏十]月，召徐達還。……

　　　　光旦：查徐達於十八年二月己未卒。

　　[洪武]十八年……八月庚戌，馮勝、傅友德、藍玉備邊北平。……

　　　　光旦：是年十月癸卯，召馮勝還。

《明史》卷三：

　　[洪武十九年十二]月，命宋國公馮勝分兵防邊。發北平、山東、山西、河南民運糧於大寧。

《明史》卷三：

　　[洪武]二十年……九月……丁未，藍玉爲征虜大將軍，延安侯唐勝宗、武定侯郭英副之，北征沙漠。

《明史》卷三：

　　[洪武]二十一年……四月丙辰，藍玉襲破元嗣君於捕魚兒海，獲其次子地保奴及妃主王公以下數萬人而還。……七月戊寅，安置地保奴於琉球。八月……丁卯，藍玉師還。

《明史》卷三：

　　[洪武]二十二年……四月……甲寅，徙元降王於眈羅。

《明史》卷三：

　　[洪武]二十三年……正月丁卯，晉王棡、燕王棣帥師征元丞相咬住、太尉乃兒不花，征虜前將軍潁國公傅友德等皆聽節制。……乙酉，齊王榑帥師從燕王棣北征。……三月癸巳，燕王棣師次迤都，咬住等降。

《明史》卷三：

[洪武]二十四年……正月……戊申，穎國公傅友德爲征虜將軍，定遠侯王弼、武定侯郭英副之，備北平邊。

《明史》卷三：

[洪武二十四年]三月……魏國公徐輝祖、曹國公李景隆、涼國公藍玉等備邊陝西。

《明史》卷三：

[洪武二十四年]四月……癸未，燕王棣督傅友德諸將出塞，敗敵而還。

《明史》卷三：

[洪武]二十五年……二月戊午，召曹國公李景隆等還。

《明史》卷三：

[洪武]二十六年……二月丁丑，晉王棡統山西、河南軍出塞……三月辛亥，代王桂率護衛兵出塞，聽晉王節制。……丙辰，馮勝、傅友德備邊山西、北平，其屬衛將校悉聽晉王、燕王節制。庚申，詔二王軍務大者始以聞。

《明史》卷三：

[洪武二十八年正]月，周王橚、晉王棡率河南、山西諸衛軍出塞，築城屯田。

《明史》卷六《成祖二》：

[永樂]十年……八月……己未，敕邊將自長安嶺（《地名辭典》作長安領堡）迤西迄洗馬林築石垣，深濠塹。

《明史》卷一二六《湯和傳》：

和曾孫允勣……[成化]三年擢署都指揮僉事，爲延綏東路參將，分守孤山堡。孤山最當寇衝，允勣奏請築城聚糧，增兵戍守。未報，寇大至。允勣病，力疾上馬，陷伏死。

《明史》卷一四四《何福傳》：

[永樂七年，]迤北王子、國公、司徒以下十餘人帥所部駐亦集乃，乞內附。福以聞。帝令庶子楊榮往佐福經理，其衆悉降。福親至亦集乃鎮撫之，送其酋長於京師。

《明史》卷一四五《張玉傳》：

[玉第三子軏，宣宗時]從成國公朱勇出塞至氈帽山。

《明史》卷一四五《邱福傳》附《李遠傳》：

英宗即位，［遠子安］起［爲］都督僉事。征阿台、朵兒只伯。

《明史》卷一四六《鄭亨傳》：

［宣德初，亨］仍鎮大同……招降迤北部長四十九人，請於朝，厚撫之，歸附者相屬。

《明史》卷一五五《薛禄傳》：

［宣德二年，禄］北巡開平，還駐宣府。敵犯開平，無所得而退，去城三百餘里。禄帥精兵晝伏夜行，三夕至。縱輕騎蹂敵營，破之，大獲人畜。師還，敵躡其後，復奮擊敗之。敵由是遠遁。……三年從北征，破敵於寬河，留鎮薊州、永平。復數……巡邊護餉，出開平、宣府間。五年遇敵於鳳凰嶺，斬獲多……上言永寧衛團山及雕鶚、赤城、雲州、獨石宜築城堡，便守禦。詔發軍民三萬六千赴工，精騎一千五百護之，皆聽禄節制。

《明史》卷一五五《譚廣傳》：

正統初（六年以前），朝議以脱歡雖款塞，狡謀未可測，命廣及他鎮總兵官（廣時鎮宣府）陳懷、李謙、王彧圖上方略。廣等各上議，大要謂："邊寇出没不常，惟守禦爲上策。宜分兵扼要害，而間遣精鋭巡塞外，遇敵則量力戰守，間諜以偵之，輕兵以躡之。寇來無所得，去有所懼，則邊患可少弭。"帝納其言。……

　　光旦：明代至此，對蒙古本已取守勢，又十年，而英宗惑於王振，方有土木之禍。

［廣正統九年卒，］在宣府二十年，修屯堡，嚴守備，增驛傳，又請頒給火器於各邊。……邊徼帖然，稱名將。

《明史》卷一五六《李英傳·從子文附傳》：

天順［初，文］以右都督出鎮大同。寇二千餘騎犯威遠，文率師敗之……

《明史》卷一五九《李侃傳·雷復附傳》：

［成化七年（當年或後不久）］改右副都御史，巡撫山西。……敗寇紅沙烟，再敗之烟寺溝、石人村。賜敕獎勞。

　　光旦：事當在七至十年間，復於十年夏卒於任。

《明史》卷一七一《王越傳》：

［成化］十六年春，延綏守臣奏寇潛渡河入靖虜，越乃説［汪］直出師。詔拜保國公朱永爲平虜將軍，直監軍，而越提督軍務。越説直令永率大軍由南路，己與直將輕騎循塞垣而西，俱會榆林。越至大同，聞敵帳在威寧海子，則盡選宣、大兩鎮兵二萬，出孤店，潛行至猫兒莊，分數道。值大風雨雪晦冥，進至

威寧，寇猶不覺，掩擊大破之。斬首四百三十餘級，獲馬駝牛羊六千，師不至榆林而還。永所出道迂，不見敵，無功。……封越威寧伯……

明年復與直、永帥師出大同。適寇入掠，追擊至黑石崖，擒斬百二十餘人，獲馬七百匹。……

其年五月，宣府告警，命佩平胡將軍印，充總兵官。復以直監督軍務，率京軍萬人赴之。比至，寇已去，因留屯其地。……

明年（應是十八年），寇犯延綏。越等調兵援之，頗有斬獲……調越延綏。

《明史》卷一七三《楊洪傳》：

宣德四年命 [洪]（時爲千戶）以精騎二百，專巡徼塞上。繼命城西貓兒峪，留兵戍之。敗寇於紅山。……

[正統] 三年春，[洪]（時爲都指揮僉事，守赤城、獨石）擊寇於伯顏山。洪馬蹶傷足，戰益力，擒其部長也陵台等四人。追至寶昌州，又擒阿台答剌花等五人。寇大敗，遁去。……進都指揮同知……命充右參將佐 [總兵官譚廣]。洪建議加築開平城，拓龍門所，自獨石至潮河川，增置墩臺六十。尋進都指揮使。……嘗追寇至亦把禿河。再遷都督同知。……（正統九年，進左都督，十二年充總兵官，代郭玹鎮宣府。）

自宣德以來（至正統近末），迤北未嘗大舉入寇。惟朵顏三衛衆乘間擾邊，多不過百騎，或數十騎。他將率巽懦，洪獨以敢戰至大將。諸部亦憚之，稱爲"楊王"。（朵顏三衛之侵擾，別見"兀良哈"片）

《明史》卷一七三《楊洪傳・從子信附傳》：

[成化] 六年，信（時以總兵官再度鎮大同）與副將徐恕、參將張瑛分道出塞，敗寇於胡柴溝，獲馬五百餘匹。……信在邊三十年……（主要在大同，其次延綏。）[成化] 十三年冬卒於鎮。

《明史》卷一七三《石亨傳》：

正統初，[亨以寬河衛指揮僉事] 獲首功，累遷都指揮僉事。敗敵黃牛坡，獲馬甚衆。三年正月，敵三百餘騎飲馬黃河，亨追擊至官山下，多所斬獲。進都指揮同知。尋充左參將，佐武進伯朱冕守大同。……[七]年（或更後）……敗敵紅城……進都指揮使。敵犯延安，追至金山敗之。（此條亦可入"在西北"片）

《明史》卷一七三《朱謙傳》：

洪熙時，隸陽武侯薛祿，征北有功，進指揮使。……正統六年，[謙（時爲萬全都指揮僉事）] 與參將王真巡哨至伯顏山，遇寇擊走之。[又敗兀良哈

（見有關片）。]

《明史》卷一七三《朱謙傳·子永附傳》：

天順四年，宣、大告警，命帥京軍巡邊（時永以嗣侯領禁軍）。……

[成化十五]年冬，拜靖虜將軍（時以嗣侯，撫寧侯，領京軍），東伐（時方征討蒙古之入河套者，永初亦參與，似至成化七年始召還京，故聯上文稱"東伐"），以中官汪直監督軍務。……進爵保國公。[十六]年正月，延綏告警（時河套問題暫告解決，此警當是來自一般北方者）。命永爲將軍，[王]越提督軍務，直仍監督，分道出塞。越與直選輕騎出孤店關，俘寇於威寧海子。而永率大軍由西路①出榆林，不見寇，道迴遠，費兵食巨萬，馬死者五千餘匹。……永無功……十七年二月，復偕直、越出師大同，禦亦思馬②，獲首功百二十。

《明史》卷一七三《孫鏜傳·趙勝附傳》：

成化改元，山西告警，拜[勝（時以都督同知典京營）]將軍。次雁門，寇已退，乃還。明年復出延綏禦寇。會方納款，遂旋師。

《明史》卷一七四《許貴傳·子寧附傳》：

成化初，[以都指揮僉事]充大同遊擊將軍。寇入犯，與同官秦傑等禦之小龍州澗，擒其右丞把禿等十一人。

《明史》卷一七四《周賢傳·子玉附傳》：

[成化九年（或略後），以]署都督僉事，還守宣府（九年，從王越襲河套紅鹽池還）。寇入馬營、赤城，擊敗之。兵部言宣府諸大帥無功，玉所部三千人能追敵出境……乃予實授（都督僉事）。尋充宣府副總兵。十三年佩征朔將軍印，鎮宣府。破敵紅崖，追奔至水磨灣。進署都督同知。十七年五月，寇復入犯，參將吳儼、少監崖榮追出塞，至赤把都，爲所遮，兵分爲三，皆被圍。儼、榮走據北山，困甚。守備張澄率兵進，力戰，解二圍。抵北山下，儼、榮已夜遁。澄拔其衆而還，死者過半。澄所部七百人，亦多戰死。……玉先以葛谷堡、赤城頻受掠，凡三被論，至是復以節制不嚴見劾。

《明史》卷一七四《魯鑑傳·孫經附傳》：

---

① 標點本《校勘記》：由西路，據《明史》卷一七一《王越傳》，《明史稿》傳五〇《朱謙傳》附《朱永傳》、《憲宗實錄》卷二〇一成化十六年三月丙戌條應爲"由南路"。——整理者注

② 標點本《校勘記》：亦思馬，《明史》卷一七四《劉寧傳》，又卷三二七《韃靼傳》、《孝宗實錄》卷一〇九弘治九年二月戊午條作"亦思馬因"。——整理者注

[嘉靖]二十二年，宣、大有警，詔經（時爲都督同知，充總兵官，守莊浪世業）簡[土軍]壯士五千赴援。至而邊患已息。

《明史》卷一七四《劉寧傳·周璽、莊鑑附傳》：

會延綏用兵，[寧（時方襲世職，爲永寧衛指揮使）]疏請效死。尚書白圭許之。屢以功遷都指揮使，充宣府遊擊將軍。周璽（出身，襲開平衛指揮使）……以征北功……署都指揮僉事充右參將，分守陽和……成化十六年，[璽]從王越征威寧海子，累進都指揮使。時邊寇無虛歲。十八年分道入掠，璽與遊擊董昇戰黑石崖，[劉]寧戰塔兒山，皆有功。璽進署都督僉事，遷大同副總兵。寧進都督僉事，改左參將，分守陽和。十九年秋，亦思馬因大入。大同總兵官許寧分遣璽守懷仁，寧與董昇營西山，自將中軍，擊之夏米莊，敗績。寧、昇被圍數重，幾陷。亟發巨礮擊之，敵多死，圍乃解。璽聞中軍失利，亟還兵援。夜遇敵，乘勝前，銳甚。璽厲將士曰："今日有進無退。"大呼陷陣，敵少卻。久之，短兵接，臂中流矢，拔鏃戰益急，與子鵬及麾下壯士擊殺數十人。會寧兵至，中軍潰卒亦稍集，敵乃退。許寧等亦還。無何復入掠。[劉]寧將兵三千，遇之聚落站西，連戰敗之。復敗之白登柳林，又追敗之小鵓鴿谷（峪？）。而大同西路參將莊鑑亦邀其歸路，戰於牛心山，敵遂遁。

《明史》卷一七四《劉寧傳》：

弘治……十三年，大同告警，命寧（時以左都督鎮甘、肅）爲副總兵，從平江伯陳銳禦之。銳無將略，與寧不協，止毋戰，寇遂得志去。

《明史》卷一七四《劉寧傳》：

[寧以都督同知充左副總兵協守大同時（當在成化晚年），]入貢者數萬人懷異志。寧率二十騎直抵其營，衆駭愕。有部長勒馬引弓出。寧前下馬，與諸部長坐，舉策指畫，宣天子威德。一人語不遜，寧摑其面，奮臂起，其長叱之退。寧復坐與語，呼酒歡飲，皆感悟，卒如約。

　　光旦：數萬人應是一次，故曰"懷異志"，前此也先盛時，"入貢"人數最多亦只三千，已是咄咄逼人。

《明史》卷一七四《姜漢傳》：

武宗嗣位，寇大舉犯宣、大，漢（時以都指揮僉事充延綏遊擊將軍）偕副總兵曹雄、參將王戟分道援，有功。

《明史》卷一七四《安國傳》：

正德……十一年冬，寇二萬騎分掠偏頭關諸處，國（時署都指揮僉事，充右副總兵守延綏）偕遊擊杭雄馳敗之岢嵐州，斬首八十餘級，獲馬千餘匹。寇遂遁。初，寇大入白羊口，帝遣中官張忠、都督劉暉、侍郎丁鳳統京軍討之，比至，已飽掠去。忠、暉恥無功，紀功御史劉澄甫攘國等功歸之！

《明史》卷一七四《杭雄傳》：

[以署都指揮僉事充延綏遊擊將軍]偕副將安國破敵岢嵐（即上條事），進都督僉事，改參將……

《明史》卷一七五《仇鉞傳》：

正德……八年，大同有警，命充總兵官，統京軍禦之。……鉞既至，值寇犯萬全河沙①。擊之，斬首三級，而軍士亡者二十餘人。寇亦引去。

光旦：鉞，鸞祖父，時已進世侯，掌京軍三千營。

《明史》卷一七五《神英傳》：

弘治……十一年……寇掠蔚州……不救……[被]劾，召還（時以署都督僉事充總兵官鎮大同）……

光旦：同時亦因馬市貿易違禁。

尋……充右參將，從朱暉禦寇延綏。武宗立，寇犯宣府，與李俊並充左參將，帥京軍以援。

《明史》卷一七五《神英傳·子周附傳》：

正德……九年秋，寇大入寧武關，躪忻、定襄、寧化。周（時以都督同知充副總兵鎮山西）擁兵不戰，軍民死者數千。……執歸京師。

《明史》卷一七五《張俊傳》：

武宗初立，寇乘喪大入，連營二十餘里。俊（時以都督僉事、總兵官鎮宣府）遣諸將李稽、白玉、張雄、王鎮、穆榮各帥三千人，分扼要害。俄，寇由新開口毀垣入，稽遽前迎敵，玉、雄、鎮、榮各帥所部拒於虞臺嶺。俊急帥三千人赴援，道傷足，以兵屬都指揮曹泰。泰至鹿角山，被圍。俊力疾，益調兵五千人，持三日糧，馳解泰圍，復援出鎮。又分兵救稽、玉，稽、玉亦潰圍出。獨雄、榮阻山澗，援絕死。諸軍已大困，收兵還。寇追之，行且戰，僅得入萬全右衛城，士馬死亡無算。……徵還。

《明史》卷一七七《李秉傳》：

---

① 標點本《校勘記》：萬全河沙，據《武宗實錄》卷一○三正德八年八月戊戌條、《國榷》卷四九頁三○四五應爲"萬全沙河"。——整理者注

景泰［間］（三年後）……諜報寇牧近邊，廷議遣楊俊會宣府兵出剿。秉（時以右僉都御史巡撫宣府）曰："塞外原諸部牧地，非犯邊也。掩殺倖功，非臣所敢聞。"乃止。諸部質所掠男婦求易米，朝議成丁者予一石，幼者半之。諸部概乞一石，鎮將不可。秉曰："是輕人重粟也。"如其言予之。自請專擅罪，帝以爲識體。

光旦：上文嘗言（見"總錄——邊地屯田"片）蒙古人掠漢軍民牛具，可知蒙古生產，牧而外，已兼務農，然所生產者不多，故有易米之必要。此條頗有意義，説明兩條邊綫：一牧與農之邊綫，屬生產，一漢與蒙之邊綫，屬民族；亦於以見彼時大同、宣府以外，漢人外移者尚不多，故猶爲蒙古之牧地，然所謂塞，離長城亦已遠矣。

《明史》卷一七七《李秉傳》：

憲宗立，進右副都御史，復撫宣府。……［尋］拜左都御史。……［成化二］年秋，命整飭遼東抵大同邊備。……擊敵鳳皇山（此當是在遼寧鳳城縣者）。捷聞……乃往巡宣府、大同……還。未幾，命爲總督，與武清伯趙輔分五道出塞，大捷。

光旦：簡而不要，用處不多。

《明史》卷一七七《葉盛傳》：

憲宗［初］……遷左僉都御史，代李秉巡撫宣府（正統末、景泰初，盛曾以右參政督餉宣府，又協贊都督僉事孫安軍務，見"蒙古——也先"片）。請量減中鹽米價，以勸商裕邊。復舉官牛官田之法，墾田四千餘頃。以其餘積市戰馬千八百匹，修堡七百餘所，邊塞益寧。

光旦：此更應入"防蒙措施"片，姑列此。事在成化元、二年，跨成化三年。

《明史》卷一八〇《屈伸傳》：

弘治九年……京師民訛言寇近邊，兵部請榜諭。［伸（時爲禮科給事中）持不可，卒無事］。……

寇犯大同，遊擊王杲匿敗績狀。伸率同官發之，並劾罪總兵官王璽等。

《明史》卷一八〇《王獻臣傳》：

弘治六年（或略後），擢御史。巡大同邊，請亟正諸將姚信、陳廣閉營避寇及馬昇、王杲、秦恭喪師罪……帝多從之。

《明史》卷一八一《劉健傳》：

弘治……十三年四月，大同告警，京師戒嚴。兵部請甄別京營諸將……

《明史》卷一八三《何喬新傳》：

成化……十六年擢右副都御史，巡撫山西。邊地軍民每出塞伐木捕獸，喬新言："此輩苟遇敵，必輸情求生，皆賊導也。宜毋聽闌出，犯者罪守將。"詔可。

> 光旦：然前此"闌出"者恐已多矣。否則今內蒙古不可能有如許多之漢民。然漢人究於何時開始比較大量出塞，與塞北民族交往，頗值得探索。

敵犯塞，偕參將支玉伏兵灰溝營，擊斬甚眾。進左副都御史。

《明史》卷一八四《吳儼傳》：

正德……十二年，武宗北巡，儼[再疏諫（第二疏在十三年），有曰，]"所禦之寇尚遠隔陰山，而不虞之禍或猝起於肘腋……"（時儼爲南京禮部尚書。）

《明史》卷一八五《李敏傳》：

成化……十三年擢右副都御史，巡撫大同。敵騎出沒塞下，掩殺守墩軍，敏伏壯士突擒之。修治垣塹，敵不敢犯。

《明史》卷一八五《李介傳》：

弘治……十年夏，北寇謀犯大同，命介（時爲兵部左侍郎）兼佐（左）僉都御史，往督軍餉，且經略之。比至，寇已退，乃大修戎備。[整理屯田（另見）。]

《明史》卷一八五《叢蘭傳》：

[正德八]年，大同有警，命[蘭（時爲戶部左侍郎）]巡視居庸、龍泉諸關。尋兼督宣、大軍餉，進右都御史，總制宣、大、山東（此山東應是指晉境太行山以東）軍務。[蘭]令內地皆築堡，寇至收保如塞下。寇五萬騎自萬全右衛趨蔚州大掠，又三萬騎入平虜南城。以失事停半歲俸。

《明史》卷一八五《吳世忠傳》：

大同總兵官神英、副總兵趙昶等，因馬市令家人以違禁綵繒易馬，番人因闌入私易鐵器。既出塞，復潛兵掠蔚州，陷馬營，轉剽中東二路。英等擁兵不救，巡撫劉瓛、鎮守中官孫振又不以實聞。[弘治]十一年，事發，世忠[時爲兵部給事中]往勘。上疏備陳大同邊備廢弛、士卒困苦之狀。因極言英、瓛等貪利畏敵，蕩無法度。英落職，瓛、振召還。

《明史》卷一八六《許進傳·子論附傳》：

白通事以千餘騎犯黃崖口，論（時以右僉都御史巡撫順天）督將士敗之。再犯大木谷，復爲官軍所卻。……進右副都御史。

> 光旦：無年份，似在嘉靖中葉。

《明史》卷一八六《許進傳·子論附傳》：

　　[嘉靖三十三(更可能爲三十四)年,]寇萬騎犯山西,論(時以兵部尚書,出督宣、大、山西軍務)督軍遮破之朔州川；其犯宣府、龍門者,亦爲將士所敗；先後俘斬五百三十有奇。

《明史》卷一八七《馬中錫傳》：

　　弘治[中(弘治五年以後)],擢右副都御史,巡撫宣府。……寇嘗犯邊,督軍敗之。

《明史》卷一八九《胡獻傳·王雄附傳》：

　　[弘治]十三年秋,大同有警,命保國公朱暉禦之……雄(時爲行人)極言暉不足任……[中官]苗逵方督暉軍,謂雄阻軍……謫[雄]雲南浪穹丞。

《明史》卷一八九《葉釗傳》：

　　武宗立,[以刑部員外郎]陳八事,中言："宣、大被寇,殺卒幾千人。監督中官苗逵妄報首功,宜召還候勘。"

《明史》卷一九〇《梁儲傳》：

　　[正德十二年]九月①,帝馳出居庸關,幸宣府……遂由宣府抵大同,遇寇於應州,幾殆。

《明史》卷一九三《趙貞吉傳》：

　　[隆慶]三年秋,[以]大學士參預機務。……會寇入大同,總兵官趙岢失事,總督陳其學反以捷聞……

《明史》卷一九四《孫交傳》：

　　[弘治間(十四年以後),]大同有警,命[交(以太常少卿提督四夷館)]經略黃花鎮諸邊。增垣塹,廣樹藝,制敵騎馳突。

《明史》卷一九七《黃綰傳》：

　　大同軍變……外勾蒙古爲助,塞上大震。……命綰(時爲禮部左侍郎)[往勘],得便宜行事。綰馳至大同……有爲叛軍使蒙古歸者,綰執戮之……

　　　　　光旦：事在嘉靖十二年冬至十三年春(參卷一七)。

《明史》卷一九八《彭澤傳》：

　　寇大入宣府,廷議以許泰將兵,澤總制東西兩邊軍務。及詔下,罷泰不遣,

---

① 標點本《校勘記》：九月,《明史》卷一六《武宗紀》及《武宗實錄》卷一五二均繫此事於"八月辛未"。——整理者注

［澤亦不果遣，改］……遣成國公朱輔。會寇遁。

　　光旦：事在正德下半葉，土魯番速檀滿速兒前後兩度取哈密之間，澤時爲左都御史。（正德十一年，參卷一六）

《明史》卷一九八《毛伯温傳》：

　　［嘉靖十八年，］詔伯温［以右都御史］總督宣、大、山西軍務。……大同所轄鎮邊、鎮川、弘賜、鎮河、鎮虜五堡，相距二百餘里，極邊近賊帳。自巡撫張文錦以築堡致亂後，無敢議修者。伯温……卒營之。募軍三千防守，給以閒田，永除其賦。邊防賴焉。

《明史》卷一九八《毛伯温傳》：

　　嘉靖二十三年秋，順天巡撫朱方以防秋畢請撤客兵。未幾，寇大入，直逼畿輔。帝震怒，并械總督翟鵬遣戍，斃方杖下。御史舒汀言，方止議撤薊兵，而并撤宣、大，則伯温（時爲兵部尚書）與職方郎韓最也。帝遂削伯温籍，杖最八十，戍極邊。

《明史》卷一九八《翁萬達傳》：

　　［嘉靖二十三年，］進兵部右侍郎兼右僉都御史……總督宣、大、山西、保定軍務。……嚴殺降禁，違輒抵死。得降人，撫之如所親，以是益知敵情。寇數萬騎犯大同中路，入鐵裏門，故總兵官張達力戰卻之。又犯鷓鴣谷，參將張鳳、諸生王邦直等戰死。萬達與總兵官周尚文備陽和，而遣騎四出邀擊，頗有斬獲。寇登山，見官兵大集，乃引去。

《明史》卷一九九《李鉞傳》：

　　［正德間（十一年，參上摘卷一七四《安國傳》），］擢右僉都御史巡撫山西。寇入白羊口。鉞度宣、大有備，必窺岢嵐、五臺間，乃亟畫戰守。寇果犯岢嵐，鉞與延綏援將安國、杭雄敗之。

《明史》卷一九九《王憲傳》：

　　［正德中，以右副都御史巡撫］大同。［有應州禦寇功。］

《明史》卷一九九《王憲傳》：

　　朔州告急，廷推憲（時爲左都御史）總督宣、大。［未果。］

　　光旦：應是嘉靖前葉（七年，參"韃靼（蒙古）"）事。

《明史》卷一九九《李承勛傳》：

　　［嘉靖十年前不久（七年，參上條），］寇犯大同，議遣大臣督兵。衆推都御史王憲，憲不肯行。給事中夏言［語承勛應請行］，承勛竟不請（時承勛爲兵部

尚書）。……會寇退，罷。

  光旦：與上條似是一事。

《明史》卷二〇〇《詹榮傳》：

  ［嘉靖二十三年起，初以右僉都御史，繼以右副都御史，巡撫大同，於其任期中，擊退俺答，破朱充灼勾結小王子據大同之謀，建邊牆墩堡，闢屯田。（皆另有片）］寇入犯，與［總兵官周］尚文破之彌陀山，斬一部長。……召還，［以兵部右侍郎理部事］……

  當榮之撫大同也（任期至嘉靖二十七年，參卷一九八《翁萬達傳》），［翁］萬達爲總督，尚文爲總兵。三人皆有才略，寇數入不能得志。自後代者不能任，寇無歲不入蹂邊，人益思榮等。明年（嘉靖二十九年，參別有關條），俺答薄京師，萬達、榮皆已去。論者謂二人在，寇未必至此。

《明史》卷二〇〇《詹榮傳·劉源清附傳》：

  嘉靖……十二年，以邊警遷兵部左侍郎，總制宣、大、山西、保定諸鎮軍務。［大同軍亂（似是第二次，第一次在嘉靖三年），］亂卒……勾外寇爲助。［總兵官郄］永遇之，大敗而遁。叛卒遂引寇十餘騎入城，指代［王］府曰："以此爲那顏居。""那顏"者，華言大人也。城中人聞之，皆巷哭。明日，外寇攻東南二關，叛卒與犄角，官軍殊死戰，互有殺傷。寇知叛卒不足賴，倒戈擊之，大詬而去。是時，寇游騎南掠至朔、應。

《明史》卷二〇二《周期雍傳》：

  嘉靖……九年擢右僉都御史，巡撫順天。薊州、密雲關堡數十，以避寇警移入內地，關外益無備，期雍悉修復之。

《明史》卷二〇二《聶豹傳》：

  ［嘉靖中］補平陽知府。山西頻中寇，民無寧居。豹令富民出錢，罪疑者贖，得萬餘金，修郭家溝、冷泉、靈石諸關隘。（應在嘉靖二十年前後。）

《明史》卷二〇二《聶豹傳》：

  ［嘉靖］三十一年，［爲兵部尚書，］奏上防秋事宜，又請增築京師外城，皆報可。是年[①]秋，寇大入山西，覆總兵官李涞軍，大掠二十日而去。總督蘇祐反以大捷聞，爲巡按御史毛鵬所發，章下兵部。豹言："寇雖有所掠，而我師

[①] 標點本《校勘記》：是年，指三十一年，據《明史》卷一八《世宗紀》、《世宗實錄》卷四〇二嘉靖三十二年九月丙午條應爲"三十二年"。——整理者注

斬獲過當。"

   光旦：此應是俺答諸部。

《明史》卷二〇二《張永明傳》：

  擢南京刑科給事中。寇入大同、山西，總督樊繼祖，巡撫史道、陳講等不能禦，永明偕同官論其罪。

   光旦：近嘉靖中葉事。嘉靖二十年（見"韃靼（蒙古）"）。

《明史》卷二〇二《趙炳然傳》：

  爲兵部尚書……兼右都御史，總督宣、大、山西軍務。新平、平遠、保平三堡密邇宣府，舊屬大同天成，相去六十里，孤懸塞外，隔崇山，寇騎時出沒。炳然奏添設參將，別爲一營，報可。尋以總兵官馬芳等卻敵功，被賚。

   光旦：應是嘉靖四十四及四十五年事（見《世宗實錄》卷五四五嘉靖四十四年十月壬申條、卷五五五嘉靖四十五年二月壬申條、卷五五六同年三月壬辰條）。

《明史》卷二〇三《汪元錫傳》：

  [正德中，以兵科都給事中先後言下列各事：]

  偏頭關之捷，錄功太濫……

  宣府守將朱振等皆扈從西巡，寇乘虛入塞，何以禦之。……

  帝將選禁軍親征四海治（冶）部寇……極陳不可。……

  車駕還京，以應州之捷大賚文武。[元錫又言，]"是役殺邊民無算，六軍多傷。……而軍民繫賊庭[者]南向號哭，臣等何忍受賜。"……

  駕又幸大喜峯口，欲招三衛花當、把兒孫，元錫等皆抗章諫。

《明史》卷二〇三《潘珍傳》：

  [嘉靖前葉，以兵部左侍郎諫討安南莫敦庸，有曰，]"今北敵日蕃，聯帳萬里，烽警屢聞……"

   光旦：此不止北方，亦兼西北言之。

《明史》卷二〇三《王儀傳》：

  遷山西右參政（在嘉靖二十一年前不久），分守冀、寧。寇抵清源城，儀洞開城門，寇疑引去。按行所部，築城郭……榆次、平定間遂皆有城。

  二十一年擢右僉都御史，巡撫宣府。寇入龍門，總兵官郤永等敗之。儀進右副都御史。尋……築邊垣……寇自萬全右衛入，游騎犯完、唐。……勘上失事罪。

《明史》卷二〇五《曹邦輔傳》：

萬曆元年……求去（老病致仕，時爲南京户部尚書，早在隆慶初曾總督薊、遼、保定軍務），且言辛愛有窺覬志，宜慎防之。

蒙古——在北方（與兀良哈關係）

《明史》卷二〇四《楊選傳》：

[嘉靖]四十年擢總督薊遼副都御史。條上封疆極弊十五事，多從其請。……居庸岔道卻敵[有]功，進兵部右侍郎。

明年五月①，古北口守將遣哨卒出塞，朶顔衛掠其四人。部長通漢叩關索賞，副總兵胡鎮執之，并縛其黨十餘人。通漢子懼，擁所執哨卒至牆下，請易其父。通漢者，辛愛妻義父也，選欲以牽制辛愛，要其子入質，乃遣還父。自是諸子迭爲質，半歲而代。……

十月丁卯，辛愛與把都兒等大舉自牆子嶺、磨刀峪潰牆入犯，京師戒嚴。帝大驚，諭閣臣徐階曰："朕東見火光，此賊去京不遠，其令……并力剿逐。"明日，選以寇東遁聞……帝疑，以問階。對曰："寇營尚在平谷，選等往通州矣，謂追殺者，妄也。"……寇稍東，大掠三河、順義，圍諸將傅津等於鄭官屯。選遣副將胡鎮偕總兵官孫臏、游擊趙溱擊之。臏、溱戰歿，鎮力戰得脱。寇留内地八日不退。……又二日，寇始北去，京師解嚴。

初，諜者言寇將窺牆子嶺，部檄嚴待之，而三衛爲寇導者紿選赴潘家口。寇已入，選[及巡撫徐]紳懼得罪，徑趨都城，屯東直門外，旋還通州。及遣鎮等禦，又不勝。内侍家薊西者，[又]譖言通漢父子實召寇。帝入其言……[卒]論選死。

蒙古——在北方（與翟鵬）

《明史》卷二〇四《翟鵬傳》：

嘉靖……二十年八月，俺答入山西内地。……乃起[鵬]故官（右僉都御史），整飭畿輔、山西、河南軍務兼督餉。鵬馳至，俺答已飽去，而吉囊軍復

---

① 標點本《校勘記》：明年，指嘉靖四十一年。但五月記事《世宗實録》卷五二一繫於嘉靖四十二年五月戊寅，下段"十月丁卯"記事，《明史》卷一八《世宗紀》及《世宗實録》卷五二六亦繫於四十二年，"明年"當作"四十二年"。——整理者注

寇汾、石諸州。鵬往來馳驅，不能有所挫。寇退，乃召還。（以上與它片互見。）

明年三月……除鵬兵部右侍郎代［樊繼祖總督宣、大］。上疏言："將吏遇被掠人牧近塞，宜多方招徠。殺降邀功者，宜罪。寇入，官軍遏敵雖無功，竟賴以安者，當錄。若賊衆我寡，奮身戰，雖有傷折、未至殘生民者，罪當原。於法，俘馘論功，損挫論罪，乃有摧鋒陷陣不暇斬首，而在後掩取者反積級受功……非戎律之平。"帝皆從其議。會有降人言寇且大入，鵬連乞兵、餉。帝怒，令革職閒住……

其年七月，俺答復大入山西，縱掠太原、潞安。……乃起鵬故官……鵬受命，寇已出塞。

即馳赴朔州，請調陝西、薊、遼客兵八支，及宣、大三關主兵，兼募土著，選驍銳者十萬，統以良將，列四營，分布塞上，每營當一面。寇入境，游兵挑之，誘其追，諸營夾攻。脱不可禦，急趨關南依牆守，邀擊其困歸。帝從之。

鵬乃浚壕築垣，修邊牆三百九十餘里，增新墩二百九十二，護墩堡一十四，建營舍一千五百間，得地萬四千九百餘頃，募軍千五百人，人給五十畝，省倉儲無算。

疏請東自平刑（亦作型、邢），西至偏關，畫地分守。增游兵三支，分駐雁門、寧武、偏關。寇攻牆，戍兵拒，游兵出關夾攻，此守中有戰。東大同，西老營堡，因地設伏，伺寇所向；又於宣、大三關間，各設勁兵，而別選戰士六千，分兩營，遇警令總督武臣張鳳隨機策應，此戰中有守。帝從其議……

先是，鵬遣千户火力赤率兵三百哨至豐州灘，不見寇。復選精鋭百，遠至豐州西北，遇牧馬者百餘人，擊斬二十三級，奪其馬還。未入塞，寇大至，官軍饑憊，盡棄所獲奔。鵬具實陳狀。帝以將士敢深入，仍行遷賞。

光旦：明邊備至此亦大可憐矣。能説實話，已是好將官，能"深入"，即稍稍主動出擊，即使無功，亦以有功論！

舊例，兵皆團操（會操也）鎮城（宣、大城），聞警出戰。自邊患熾，每夏秋間分駐邊堡，謂之暗伏。鵬請入秋悉令赴塞，畫地分守，謂之擺邊，九月中還鎮。遂著爲令。

二十三年正月，帝以去歲無寇爲將帥力，降敕獎鵬［等］……三月，俺答寇宣府龍門所，總兵官郄永等卻之，斬五十一級。論功，進［鵬］兵部尚書。帝倚鵬殄寇……然［鵬］不能呼吸應變。……是年九月，薊州巡撫朱方請撤諸路防秋兵，兵部尚書（同時二兵部尚書，此是實任，而鵬是虛銜）毛伯温因并撒宣、大三關客兵。俺答遂以十月初寇膳房堡。為郤永所拒，乃於萬全右衛毀牆入。由順聖川至蔚州，犯浮屠峪，直抵完縣，京師戒嚴。帝大怒，屢下詔責鵬。鵬在朔州聞警。夜半至馬邑，調兵食，復趨渾源，遣諸將禦敵。……［鵬被劾，下獄，卒。］

《明史》卷二〇四《翟鵬傳·張漢附傳》：

以兵部左侍郎張漢代鵬……［代至時，］寇已出境。

蒙古——在北方（與楊博等）

《明史》卷二一一《周尚文傳》：

［嘉靖前葉（十六年，見《世宗實錄》卷一九六嘉靖十六年正月庚寅條），］起山西副總兵（以署都督僉事充任）。寇由偏頭關趨岢嵐，尚文轉戰三百里，破之，與子君佐俱傷。

《明史》卷二一二《俞大猷傳》：

［嘉靖三十七年，被誣縱倭，獲罪，］令立功塞上。大同巡撫李文進……與籌軍事。乃造獨輪車拒敵馬。嘗以車百輛，步騎三千，大挫敵安銀堡。……文進將襲板升，謀之大猷，果大獲……寇掠廣武，大猷拒卻之。

光旦：廣武，應是代縣西六十里之廣武鎮。

《明史》卷二一二《戚繼光傳》：

［隆慶初年（二年五月以後，應是三、四年間），以右都督為總兵官，鎮守薊州、永平、山海諸處。］寇入青山口，拒卻之。

《明史》卷二一四《楊博傳》：

［嘉靖］三十三年秋，把都兒及打來孫十餘萬騎犯薊鎮，攻牆。帝憂甚，數遣騎偵博（時總督薊、遼、保定）。博擐甲宿古北口城上，督總兵官周益昌等力禦。……寇攻四晝夜不得入，乃并攻孤山口，登牆。官軍斷一人腕，乃退屯虎頭山。博募死士，夜以火驚其營。寇擾亂，比明悉去。進右都御史……

明年（嘉靖三十四年），打來孫復入益昌，擊卻之。……擢博兵部尚書……

大同右衛圍急，改博總督宣、大、山西軍務。博墨縗（時丁父憂）馳出關。未至，侍郎江東等以大軍進，寇引去。時右衛圍［已］六月，守將王德戰亡，城中芻粟且盡，士死守無二心。……博以邊人不習車戰，寇入輒不支，請造偏箱車百輛；有警則右衛車東，左衛車西，使相聲援。又以大同牆圮，繕治為急；次則塞銀釵、驛馬諸嶺，以絕寇紫荊路；備居庸南山，以絕寇陵寢畿甸路；修陽神地諸牆塹，以絕入山西路。乃於大同牛心山諸處築堡九，墩臺九十二，接左衛高山跕①，以達鎮城。濬大濠二，各十八里，小濠六十有四。五旬訖功……

哱素把伶及叛人了都記等數以輕騎寇邊，博先後計擒之。

又數出奇兵襲寇，寇稍徙帳。因議築故總督翁萬達所創邊牆，招還內地民爲寇掠者千六百餘人。又請通宣、大荒田水利，薄其租。報可。

改薊遼總督。……博上言："今九邊，薊鎮爲重。請敕邊臣逐大同寇，使不得近薊，宣、大諸將從獨石偵情形，預備黃花、古北諸要害，使一騎不得入關，即首功也。"帝是之。

　　光旦：以上截至嘉靖四十二年前。

[嘉靖]四十二年十月，寇擁衆窺薊州，聲言犯遼陽。總督楊選帥師東，博檄止之。又手書三往，卒不從。博拊几曰："敗矣。"急徵兵入援，寇已潰牆子嶺，犯通州。帝嘆曰："庚戌事又見矣。"諸路兵先後至。命宣大總督江東……守皇城、京城，鎮遠侯顧寰以京營兵分布城內外。寇解而東，蹂順義、三河，飽掠去。援兵不發一矢，取道斃及零騎傷殘者報首功。帝……誅選。……

[隆慶初]以吏部尚書理兵部事。陳薊、昌（昌平）戰守方略，謂："議者以守牆爲怯，言可聽，實無少效。牆外邀擊，害七利三；牆內格鬥，利一害九。夫因牆守，所謂先處戰地而待敵。名守，實戰也。臣爲總督，嘗拒打來孫十萬衆，以爲當守牆無疑。"

蒙古——在北方

《明史》卷二〇八《鄭自璧傳》：

　　[嘉靖]六年三月，宣府失事。[自璧以兵科都給事中]劾總兵傅鐸，并及鎮守中官王玳、巡撫周金、副將時陳等罪。……

《明史》卷二〇九《沈束傳》：

　　大同總兵官周尚文卒，請卹典，嚴嵩格不予。束言："尚文……曹家莊之役，奇功也。……宜贈封爵延子孫。他如董暘、江瀚，力抗強敵，繼之以死。……宜賜祭……"[獲罪。]（時束爲禮科給事中。）

　　光旦：事在嘉靖二十八年（見《世宗實錄》卷三四八嘉靖二十八年五月

---

① 標點本《校勘記》：高山跕，據《明史稿》傳九三《楊博傳》、《皇明九邊考》卷五《大同鎮疆域考》應爲"高山站"。——整理者注

乙亥條、己卯條）。曹家莊一役之當年。

《明史》卷二一〇《桑喬傳》：

[嘉靖]十四年……改御史，出按山西。所部頻寇躪，喬奏請[厚犒、恤]。參將葉宗等將萬人至荆家莊，陷賊伏中，大潰，賊遂深入天城、陽和。兩月間五遭寇。巡撫樊繼祖、總兵官魯綱以下，皆爲喬劾，副將李懋及宗等六人並逮治。（即嘉靖十四、十五年間事。）

《明史》卷二一一《馬永傳》：

[正德間，爲金吾左衛都指揮同知，]守備遵化，寇入馬蘭峪，參將陳乾被劾，擢永代。戰柏崖、白羊峪，皆有功。十三年進都督僉事，充總兵官，鎮守薊州。……中路擦崖當敵衝，無城堡，耕牧者輒被掠。永令人持一月糧，營崖表，版築其内。城廨如期立，乃遷軍守之。……進署都督同知。

《明史》卷二一一《馬永傳》：

大同兵變，殺巡撫張文錦……[朝廷議撫，永（時以右都督鎮守薊州）主剿，言，]"春和北寇南牧，叛卒勾連，禍滋大。……"

　　光旦：事在嘉靖初葉（三年，見卷一七）。時明廷即命永以薊鎮兵往，會亂平，還鎮。"勾連"之說，必常有之事，亦應有之事，軍爲之，民亦爲之，軍叛時爲之，不叛時宜亦有往還，非永"危言"聳聽也。

《明史》卷二一一《梁震傳》：

[嘉靖十五年，以右都督自延綏]移鎮大同。……寇入犯，震破之牛心山，斬級百餘。寇憤，駐近邊伺隙。時車駕祀山陵，震伏將士於諸路。寇果入，大破之宣寧灣，又破之紅崖兒，斬獲甚衆。進左都督……毛伯温督師，與震修鎮邊諸堡，不數月工成。卒……

震[在鎮]，時率健兒（自畜五百人）出塞劫敵營。或議其起釁，震曰："凡啓釁者，謂寇不擾邊，我橫挑邀功也。今數深入，乃不思一挫之耶？"

《明史》卷二一七《王家屏傳》：

萬曆……十八年，以久旱……言，[有云，]"調燮之難莫甚今日。況套賊跳梁於陝右，土蠻猖獗於遼西，貢市屬國復鴟張虎視於宣、大。虛内事外，内已竭而外患未休；剝民供軍，民已窮而軍食未裕。"（時家屏以吏部左侍郎在内閣。）

《明史》卷二二〇《王之誥傳》：

調大同兵備副使。以搗板升功，增俸……（事應在嘉靖三十九年，參"韃靼（蒙古）"。）

《明史》卷二二〇《王遴傳》：

[隆慶間，]以故官（右僉都御史）巡撫宣府。總兵官馬芳饒（驍）勇，寇不敢深入。遴乃大興屯田，邊儲賴之。

《明史》卷二二一《郝杰傳》：

隆慶元年，[以御史]巡撫（似應作按）畿輔。冬，寇大入永平，疏請蠲被掠地徭賦。

《明史》卷二二二《張佳胤傳》：

萬曆七年起故官（右副都御史），巡撫……宣府。時青把都已服，其弟滿五大（二人均俺答弟昆都力之子）猶桀驁，所部八賴掠塞外史、車二部，總兵官麻錦擒之。佳胤命錦縛八賴將斬，而身馳赦之，八賴叩頭誓不敢犯邊。後與總督鄭洛計服滿五大。入爲兵部右侍郎。

《明史》卷二二五《楊巍傳》：

[嘉靖後葉（應是三十年代），]遷[山西]參議，分守宣府。寇入犯，偕副將馬芳擊斬其部長……尋爲陽和兵備副使。擢右僉都御史，巡撫宣府。錄擣巢功……

《明史》卷二二七《宋儀望傳》：

授御史。劾大將軍仇鸞挾寇自重，疏留中。

《明史》卷二二七《孫維城傳》：

進按察使[備赤城]。部長安兔挾五千騎邀賞，維城請於督、撫，革其市賞而責之，戢不敢肆。

　　　光旦：事在萬曆前半葉，二十年代。

《明史》卷二三二《魏允貞傳》：

[萬曆]二十一年以右僉都御史巡撫山西。……力裁幕府歲供及州縣冗費，以其銀數萬繕亭障，建烽堠……雁門、平定軍以逋屯糧竄徙，允貞奏除其租，招令復業。岢嵐互市，省撫賞銀六萬。……自款市成，邊政廢。允貞視要害，築邊牆萬有餘丈。

《明史》卷二三八《麻貴傳》：

隆慶中，遷大同新平堡參將。寇大入，掠山陰、懷仁、應州。將吏並獲罪，獨貴與兄副將錦拒戰有功，受賞。

《明史》卷二三八《麻貴傳·兄錦附傳》：

隆慶初，進[大同]副總兵，從趙岢出塞敗寇兵。

《明史》卷二三九《張臣傳》：

　　［以隊長］從千總劉朋守黃甫川。朋遇寇喪馬被圍，臣單騎馳救，射中其魁，奪馬載朋歸……旋代朋職，屢戰跨馬梁、李家溝、高家堡、田家梁、西紅山，並有功，遷宣府膳房堡守備。寇嘗大入，環攻堡，欲生得臣。臣召麾下酌水爲酒，歡呼歌飲，寇莫測所爲，不敢登。臣夜決圍出，取他道以歸。……擢延綏入衛遊擊將軍。

　　　　光旦：事當在嘉靖近末。

《明史》卷二四一《鍾羽正傳》：

　　［萬曆初葉，］遷工科左給事中，出視宣府邊務。哈剌慎、老把都諸部挾增市賞二十七萬有奇。羽正建議裁之。與參政王象乾譸以利害，莫敢動。

　　　　光旦：哈剌慎諸部後有東移入遼西寧遠以西者，見"蒙古——在東北"片所摘《孫承宗傳》文。

《明史》卷二六一《盧象昇傳》：

　　明年（崇禎十年）春，聞宣警，即夜馳至天城。矢檄旁午，言二百里外乞炭馬蹄闊踏四十里。象昇曰："此大舉也。"問："入口乎？"曰："未。"象昇曰："殆欲右窺雲、晉，令我兵集宣，則彼乘虛入耳。"因檄雲、晉兵勿動，自率師次右衛，戒邊吏勿輕言戰。持一月，象昇曰："懈矣，可擊。"哨知三十六營離牆六十里，潛召雲師西來，宣師東來，自督兵直子午（谷也），出羊房堡，計日鏖戰。乞炭聞之遂遁。象昇在陽和（堡也），乞炭不敢近邊。

《明史》卷二八九《牟魯傳‧黃里附傳》：

　　雲內州同知。洪武五年秋，蒙古兵突入城。里率兵巷戰，死之。

《明史》卷三〇四《汪直傳》：

　　用王越（直黨，兵部尚書，左都御史）言，詐稱亦思馬因犯邊。詔［保國公朱］永同越西討，直爲監軍。越封威寧伯，直……加祿米。已［而］……亦思馬因寇大同，殺掠甚衆。……

　　　　光旦：事在成化十六年（見卷一四）。

　　十七年秋，命直偕越往宣府禦敵。敵退，直請班師。不許，徙鎮大同……久……不得還，［自此直等］寵日衰。

《明史》卷三〇四《張永傳》：

　　正德……九年，北邊有警，命永督宣府、大同、延綏軍禦之，寇退乃還。

　　　　光旦：當仍是監軍性質，非中官直接領兵也。

《明史》卷三〇七《佞倖傳・江彬傳》：

　　正德……十二年……［彬導帝］幸陽和。迤北五萬騎入寇，諸將王勛等力戰。至應州，寇引去。斬首十六級，官軍死數百人，以捷聞京師。

《明史》卷三二九《哈密衛傳》：

　　［永樂二年，］封［故元所封哈密肅王安克帖木兒］爲忠順王……已而迤北可汗鬼力赤毒死之。

《明史》卷三二九《哈密衛傳》：

　　天順元年……都指揮馬雲使西域，聞迤北酋乩加思蘭梗道，不敢進。會哈密王報道已通，雲乃行，至哈密。而賊兵實未退，且謀劫朝使。……

　　七年冬……乩加思蘭見哈密無主，謀據其地……［尋］乘隙襲破其城，大肆殺掠。

《明史》卷三三二《別失八里傳》：

　　［洪武二十四年］九月……書諭［別失八里王］黑的兒火者，［有曰，］"……三十年間，諸夏奠安，外蕃賓服。惟元臣蠻子哈剌章等尚率殘衆，生釁寇邊，興師致討，勢不容已。兵至捕魚兒海，故元諸王、駙馬率其部屬來降。"

　　　　光旦：捕魚兒海即貝爾池，在滿洲里南。

蒙古——在北方和西北

《明史》卷二：

　　［洪武］五年……正月……甲戌，魏國公徐達爲征虜大將軍，出雁門，趨和林，曹國公李文忠爲左副將軍，出應昌，宋國公馮勝爲征西將軍，取甘肅，征擴廓帖木兒。靖海侯吳禎督海運，餉遼東。……

　　　　光旦：此時元已亡，故錄。

　　三月丁卯，都督僉事藍玉敗擴廓於土剌河。……

　　六月……戊寅，馮勝克甘肅，追敗元兵於瓜、沙州。……

　　［六月］甲辰，李文忠敗元兵於阿魯渾河，宣寧侯曹良臣戰沒。……

　　七月丙辰，湯和及元兵戰於斷頭山，敗績。

　　八月……甲辰，元兵犯雲内，同知黃理① 死之。……

---

① 標點本《校勘記》：黃理，據《太祖實錄》卷七五、《國榷》卷一頁二八六、《明史》卷二八九《牟魯傳》附傳應爲"黃里"。——整理者注

十月丁酉，馮勝師還。……

十一月……壬申，納哈出犯遼東。（亦見別片）

[十一]月，召徐達、李文忠還。

十二月……壬寅，貽元嗣君書。

《明史》卷二：

[洪武]七年……四月己亥，都督藍玉敗元兵於白酒泉，遂拔興和。……

七月甲子，[李]文忠破元兵於大寧、高州。……

九月丁丑，遣崇禮侯買的里八剌歸，遺元嗣君書。……

> 光旦：何時封崇禮侯，上文殊未見。

十一月壬戌，納哈出犯遼陽……（另有片）

十二月戊戌，召鄧愈、湯和還。

蒙古——在西北

《明史》卷二：

[洪武]十三年……三月……壬子，沐英襲元將脫火赤於亦集乃，擒之，盡降其衆。

> 光旦：亦集乃，元路，治居延。

《明史》卷二：

[洪武十三年]五月……壬寅，都督濮英進兵赤斤站，獲故元豳王亦憐真及其部曲而還。

《明史》卷三：

[洪武]二十五年……四月壬子，涼國公藍玉征罕東。……五月辛巳，藍玉至罕東，寇遁。

《明史》卷三：

[洪武]三十年……正月……甲戌①，耿炳文爲征西將軍，郭英副之，巡西北邊。

《明史》卷六《成祖二》：

---

① 標點本《校勘記》：甲戌，是年正月甲寅朔，丙辰是初三日，甲戌是二十日。紀文於"甲戌"日下，連書丙寅（十三日）、丁卯（十四日）、己巳（十六日）等日，足證作"甲戌"誤。據《明史稿》紀三《太祖紀》、《太祖實錄》卷二四九應爲"丙辰"。——整理者注

〔永樂〕二年……六月……甲午，封哈密安克帖木兒爲忠順王。

《明史》卷六《成祖二》：

〔永樂〕五年……八月乙酉，左都督何福鎮甘肅。

《明史》卷六《成祖二》：

〔永樂〕六年……三月癸丑，寧陽伯陳懋鎮寧夏。

《明史》卷六《成祖二》：

〔永樂〕八年……七月……西寧侯宋琥鎮甘肅。

光旦：查同年五月甫平肅州回回之叛，當亦兼防回回者。

《明史》卷六《成祖二》：

〔永樂八〕年（月日未詳），失捏干寇黃河東岸，寧夏都指揮王俶敗沒。

《明史》卷六《成祖二》：

〔永樂〕九年……正月……丙子，柳升鎮寧夏。

《明史》卷六《成祖二》：

〔永樂九年〕十月……癸卯，封哈密兔力帖木兒爲忠義王。

《明史》卷六《成祖二》：

〔永樂〕十年……三月丁亥，豐城侯李彬討甘肅叛寇八耳思朶羅歹。

《明史》卷六《成祖二》：

〔永樂〕十一年……正月……辛丑，豐城侯李彬鎮甘肅，召宋琥還。

《明史》卷一〇：

〔正統〕九年……四月……丁亥，振沙州及赤斤蒙古饑。

《明史》卷一〇：

〔正統九年〕九月丁亥，靖遠伯王驥、右都御史陳鎰經理西北邊備。

光旦：此或與備也先有關，姑先列此，亦互見"瓦剌、也先"片。

《明史》卷一二：

天順元年……三月……庚辰……石亨爲征虜副將軍，剿寇延綏。

《明史》卷一三：

〔成化〕二年……六月……壬子，楊信爲平虜將軍，充總兵官，太監裴當監督軍務，禦寇延綏。

《明史》卷一四四《何福傳》：

成祖即位，以福……佩征虜將軍印，充總兵官，鎮寧夏，節制山、陝、河南諸軍。福至鎮，宣布德意，招徠遠人，塞外諸部降者相踵。邊陲無事，因請置驛、屯田、積穀，定賞罰，爲經久計。

《明史》卷一四五《陳亨傳》：

[永樂]六年三月，[亨少子懋]佩征西將軍印，鎮寧夏，善撫降卒。明年秋，故元丞相咎卜及平章、司徒、國公、知院十餘人，皆帥衆相繼來降。已而平章都連等叛去，懋追擒之黑山，盡收所部人口畜牧。[八年至二十二年間，四次從成祖北征(別有片)]……懋在鎮(寧夏)久，威名震漠北。……英宗即位……[歸朝，尋]出爲平羌將軍，鎮甘肅。其冬，寇掠鎮番，懋遣兵援之，解去，以斬獲聞。

　　光旦：此寇當是蒙古，"平羌將軍"亦是空銜而已，實與羌無干。

《明史》卷一四八《楊榮傳》：

[成祖初即位，]同值七人，榮最少，警敏。一日晚，寧夏報被圍。……榮曰："寧夏城堅，人皆習戰，奏上已十餘日，圍解矣。"夜半，果奏圍解。

《明史》卷一四八《楊榮傳》：

[永樂七年，]甘肅總兵官何福言脫脫不花等請降，需命於亦集乃。命榮往甘肅偕福受降。

《明史》卷一四八《楊榮傳》：

[永樂]十年，甘肅守臣宋琥言，叛寇老的罕逃赤斤蒙古，且爲邊患。乃……遣榮至陝西，會豐城侯李彬議進兵方略。榮還奏言……有罪不過數人，兵未可出。帝從其言，叛者亦降。

《明史》卷一五四《李彬傳》：

[永樂]十年，[受]命往甘肅與西寧侯宋琥經略降酋。彬與柳升嚴兵境上，而令土官李英防野馬川。涼州酋老的罕叛，都指揮何銘戰死，英追躡，盡俘其衆。老的罕走赤斤蒙古。帝欲發兵，彬言道遠餉難繼，宜緩圖之。明年代琥鎮甘肅，赤斤蒙古縛老的罕以獻。

《明史》卷一五四《柳升傳》：

[天順中，]陝西有警，命[溥(升子)]佩平虜大將軍印往禦。敵再入涼州，溥閉壁不出，敵飽掠去，躡取數十級報捷，被劾……

《明史》卷一五四《梁銘傳》：

天順元年，[銘子珤]出鎮陝西，破敵涼州，又破敵靖虜堡。

《明史》卷一五五《宋晟傳》：

洪武十二年……降涼州衛指揮使。十七年五月討西番叛酋，至亦集乃路，擒元海道千戶也先帖木兒、國公吳把都剌赤等，俘獲萬八千人，送酋長京師，簡其精銳千人補卒伍，餘悉放遣。

　　光旦：此中上層及所簡千人應是蒙古，互見有關片。

《明史》卷一五五《宋晟傳》：

　　爲都指揮……仍鎮涼州。[洪武]二十四年充總兵官，與都督劉真討哈梅里。其地去肅州千餘里。晟令軍中多具糧糗，倍道疾馳，乘夜至城下。質明，金鼓聲震地，闔城股栗，遂克之。擒其王子列兒怯帖木兒，及僞國公以下三十餘人，收其部落輜重以歸。自是番戎慴服，兵威極於西域。

《明史》卷一五五《宋晟傳》：

　　明年（洪武二十五年）五月從藍玉征罕東，徇阿真川，土酋哈昝等遁去。

　　光旦：此是否必爲蒙古，待考。

《明史》卷一五五《宋晟傳》：

　　建文改元，[晟]仍鎮甘肅。成祖即位……拜平羌將軍……永樂三年招降把都帖木兒、倫都兒灰等部落五千人，獲馬駝牛羊萬六千。……晟凡四鎮涼州，前後二十餘年，威信著絕域。（甘、肅、涼，作一地論——光旦）

《明史》卷一五五《宋晟傳》：

　　[晟次子]琥……嗣侯（西寧侯）……[永樂]八年……鎮甘肅。十年與李彬捕叛酋老的罕，俘斬甚衆。

《明史》卷一五五《宋晟傳》：

　　[晟第三子瑛，瑛孫誠嗣侯，]復佩平羌將軍印，鎮甘肅。誠……嘗出獵至涼州，遇寇掠牛馬北去。誠三矢殪三人，寇驚散，盡驅所掠還。

《明史》卷一五五《費瓛傳》：

　　永樂八年春，涼州衛千戶虎保、永昌衛千戶亦令真巴等叛，衆數千，屯據驛路。新附伯顏帖木兒等應之。西鄙震動。都指揮李智擊之不勝。賊聲言攻永昌、涼州城。皇太子命瓛往討。至涼州，智及都指揮陳懷以師會，遂進兵鎮番。遇賊於雙城。瓛擊其左，懷等擊其右。賊大敗走，斬首三百餘級。追奔至黑魚海，獲賊千餘，馬駝牛羊十二萬。虎保等遠遁。……[十二年起，宣德二年止，先後]鎮甘肅。二年，沙州衛賊屢刼撒馬兒罕及亦力把里貢使，瓛討破之。

《明史》卷一五五《陳懷傳》：

　　[以]都指揮使……從都督費瓛征涼州叛人虎保。

《明史》卷一五五《蔣貴傳》：

正統元年……阿台寇甘、涼，邊將告急，命[貴]（時爲右都督）佩平虜將軍印，帥師討之。賊犯莊浪，都指揮江源戰死，亡士卒百四十餘人。……明年春，諜報敵駐賀蘭山後。詔大同總兵官方政、都指揮楊洪出大同迤西，貴與都督趙安出涼州塞會勦。貴至魚兒海子，都指揮安敬言前途無水草，引還。鎮守陝西都御史陳鎰言狀，尚書王驥出理邊務，斬敬，責貴立功。貴感奮。

會朵兒只伯懼罪，連遣使入貢，敵勢稍弱。貴帥輕騎敗之於狼山，追抵石城。已[而]聞朵兒只伯依阿台於兀魯乃地，貴將二千五百人爲前鋒往襲。……遂出鎮夷，間道疾馳三日夜，抵其巢。阿台方牧馬，貴猝入馬羣，令士卒以鞭擊弓韣驚馬，馬盡佚。敵失馬，挽弓步鬭。貴縱騎蹂擊，指揮毛哈阿奮入其陣，大敗之。復分軍爲兩翼，別遣百騎乘高爲疑兵，轉戰八十里。會任禮亦追敵至黑泉，阿台與朵兒只伯以數騎遠遁。西邊悉平。……論功封[貴]定西伯。

《明史》卷一五五《任禮傳》：

正統元年佩平羌將軍印，充左副總兵鎮甘肅。阿台、朵兒只伯數犯肅州，璽書譙讓。二年復寇莊浪。都指揮魏榮擊卻之，擒朵兒只伯姪把禿孛羅。……三年與王驥、蔣貴出塞，敗朵兒只伯於石城，復分道至梧桐林、亦集乃，進至黑泉而還。斬獲多，封寧遠伯。

《明史》卷一五五《任禮傳》：

[正統五]年代[蔣]貴鎮甘肅。八年，赤斤蒙古衛都督且旺失加苦也先暴横，欲移駐也洛卜剌。禮以其地近肅州，執不許。已[而]奏請建寺於其地。禮復言許其建寺，彼必移居，遺後患。事竟寢。……

光旦：此所云寺當是喇嘛廟。清統治者利用喇嘛統治蒙古，非創爲之也，亦因襲爲之耳。

十一年，沙州衛都督喃哥兄弟爭，部衆離貳。禮欲乘其饑窘，遷之內地。會喃哥亦請居肅州境內。禮因遣都指揮毛哈剌往撫其衆，而親帥兵繼其後。比至，喃哥復持兩端。其部下欲奔瓦剌，禮進兵逼之，遂收其全部千二百餘人以還。事聞，賜賚甚厚。時瓦剌也先方盛，封喃哥弟鎖南奔爲祁王。禮以二寇合則勢益難制，遣人招之。鎖南奔欲從未決，禮潛師直抵罕東，縶之以歸。帝大喜……十四年，也先分道入寇，抵肅州。禮遣裨將禦之，再戰再敗，失士馬萬計。徵還……

[禮成化初卒，]子壽嗣，總兵鎮陝西。坐征滿四失律，宥死戍邊。

光旦：滿四應是蒙古，一時未能肯定，姑此存錄。

《明史》卷一五五《趙安傳》：

[宣德五年，安]以左參將從史昭討曲先，斬獲多。

> 光旦：曲先應是蒙古之在西北者。安所駐爲臨洮衛，前後所征討皆在西北一隅。

《明史》卷一五五《趙安傳》：

[宣德九年（或略後，總在正統元年前），]與侍郎徐晞出塞討阿台、朵兒只伯，敗之。

正統元年進都督同知，充右副總兵官，協任禮鎮甘肅。明年與蔣貴出塞勦寇，無功。三年，復與王驥、任禮、蔣貴分道進師，至刁力溝執右丞、達魯花赤等三十人。……明年移鎮涼州。

《明史》卷一五五《劉聚傳》：

成化六年以右副總兵從朱永赴延綏，追賊[至]黃草梁。遇伏，鏖戰傷頰，麾下力捍以免。頃復與都督范瑾等擊寇青草溝，敗之。永等追寇牛家寨，聚亦據南山力攻。寇大敗，出境。論功進左都督……八年冬代趙輔爲將軍，總陝西諸鎮兵。寇入花馬池，率副總兵孫鉞、遊擊將軍王璽等擊卻之。還至高家堡，寇復至，敗之。追奔至漫天嶺，伏起夾擊，又敗之。鉞、璽亦別破賊於井油山。……其冬，孛羅忽、滿都魯、癿加思蘭連兵深入，至秦州、安定、會寧諸州縣，縱橫數千里。賊退，適王越自紅鹽池還，妄以大捷聞……兵部員外郎張謹劾聚及總兵官范瑾等六將，殺被掠者冒功。部科及御史交章劾。詔遣給事中韓文往勘，還奏如謹言。……帝以寇既遁，置不問。

《明史》卷一五六《吳允誠傳》：

[永樂]七年往亦集乃覘敵，擒哈剌等二十餘人，[自都督僉事]進都督同知。

《明史》卷一五六《吳允誠傳》：

允誠[本蒙古人（見另片"蒙古——漢化蒙古人"）]，三子：答蘭、管者、克勤。允誠與二子從軍，留其妻及管者居涼州。番人虎保等誘脅允誠衆，欲叛去。允誠妻與管者謀，召部將都指揮保住、卜顔不花等擒其黨，誅之。帝喜，[獎賜優厚]……

> 光旦：虎保事亦見卷一五五費瓛、陳懷等人傳。此處言"番人"虎保，則虎保應不是蒙古，而是羌、藏，而羌之可能性爲更大，由"虎保"之名之意義可以推測之也。然此亦難必，《明史》對蒙古時亦用番字之稱，例如

"番兵"。姑存於"蒙古"片下。略後又有老的罕，亦涼州番人，例亦同。

[允誠第三子克勤之]子琮……鎮守寧夏。成化四年，滿四反。琮坐激變，且臨陣先退，下獄……謫戍邊。

《明史》卷一五六《李英傳》：

[永樂末年至宣德初，中官喬來喜、鄧成等使西域，爲安定、曲先等地蒙古人（？）所刼殺，李英奉敕往討有功。]（詳見"明與西域"片，此處不複）

《明史》卷一五六《毛忠傳》：

[忠年二十，襲永昌百户。]常從太宗北征。宣德五年征曲先叛寇，有功。八年征亦不剌山，擒僞少師知院。九年出脱歡山，十年征黑山寇，皆擒其酋。……正統三年從都督蔣貴征朶兒只伯，先登陷陣，大獲……[十一]年從總兵官任禮收捕沙州衛都督喃哥部落，徙之塞内……十三年率師至罕東，生縶喃哥弟僞祁王（也先所封）鎖南奔并其部衆……

光旦：亦不剌山、脱歡山、黑山，或在漠北，而不在西北，但皆爲蒙古無疑。姑列於此。

英宗……復辟，[知忠受誣（見"瓦剌"片），又因其在福建有斬馘功，]擢都督同知，充左副總兵，鎮守甘肅。……天順二年，寇大入甘肅……三年以鎮番破賊功，進左都督。五年，孛來以數萬騎分掠……諸道，[忠力戰敗之，終]解去（此段另詳"蒙古——孛來"片）……

成化四年，固原賊滿四據石城反。詔忠移師討之，與總督項忠等夾攻賊巢。[毛]忠由木頭溝直抵礮架山下，多所斬獲。賊稍卻，冒矢石連奪山北、山西兩峰。而項忠等軍亦克山之東峰，及石城東、西二門。賊大窘，相對哭。忽昏霧起，他哨舉烟掣軍，賊遂併力攻[毛]忠。忠力戰不已，爲流矢所中，卒……從子海、孫鎧前救忠，亦死。

《明史》卷一五七《柴車傳》：

英宗初，西鄙不靖。以車……協贊甘肅軍務。……初，朶兒只伯寇涼州，副總兵劉廣喪師，不以實聞，顧飾功要賞。車劾其罪。械廣至京……正統三年，以破朶兒只伯功，增俸一級。

《明史》卷一五九《李儀傳》：

[正統元年，]朝議遣方政、楊洪出塞，與甘肅將蔣貴、史昭合擊朶兒只伯。儀言："四裔爲患，自古有之，在備禦有方耳。和寧殘部，窮無所歸，乍臣乍叛，小爲邊寇，邊將謹待之，將自遁，何必窮兵。萬一乘虚襲我，少有失，

適足爲笑，乞敕政等無窮追。"不納。

> 光旦：和寧即和林，在嶺北，庫倫西南，朶兒只伯應是和寧一路蒙古之首領，然至此已以殘部流入西北矣，故列於此。和林本元太祖所都（Karokorum），皇慶間改稱和寧，爲一路。

《明史》卷一六〇《羅通傳》：

正統初，遷兵部郎中，從尚書王驥整飭甘肅邊務。從破敵于兀魯乃還。

《明史》卷一六六《方瑛傳·陳友附傳》：

[正統]九年充寧夏游擊將軍……未幾，[以都督僉事]出塞招答哈卜等四百人來歸。

> 光旦：既爲寧夏游擊將軍，此塞應在西北。

《明史》卷一六六《方瑛傳·陳友附傳》：

[天順間，於擊退孛來後，]尋佩將軍印，充總兵官，討寧夏寇。先是，寇大入甘、涼，[柳]溥及總兵衛穎①等不能禦，惟友稍獲。至是巡撫芮剑列諸將失事狀。兵部請免友罪，詔並宥溥等。召還，進侯，卒。

> 光旦：討寧夏寇結果如何，何無下文？

《明史》卷一六八《江淵傳》：

[景泰二]年六月……條上三事，[其第一，]厚結朶顏、赤斤諸衛，爲東西藩籬。（時爲戶部侍郎兼翰林學士。）

《明史》卷一七一《王驥傳》：

阿台、朶兒只伯數寇甘、涼，邊將屢失利。侍郎柴車、徐晞，都御史曹翼相繼經理邊務，未能制。[正統]二年五月命驥往，許便宜行事。驥疾驅至軍，大會諸將，問往時追敵魚兒海子，先退敗軍者誰。僉曰"都指揮安敬"。驥先承密旨戮敬，遂縛敬斬轅門，并宣敕責都督蔣貴。諸將皆股慄。驥乃[大事整頓邊軍]……俄阿台復入寇。帝以任禮爲平羌將軍，蔣貴、趙安爲副，驥督軍。三年春，偕諸將出塞，以貴爲前鋒，而自與任禮帥大軍後繼，與貴約曰："不捷，無相見也。"貴擊敵石城，敵走兀魯乃。貴帥輕騎二千五百人出鎮夷，間道兼行，三日夜及之。擒左丞脫羅，斬首三百餘，獲金銀印各一，駞馬兵甲千計。驥與禮自梧桐林至亦集乃，擒樞密、同知、僉院十五人，萬户二人，降其

---

① 標點本《校勘記》：衛穎，據《明史》卷一七五《衛青傳》附《衛穎傳》、《明史稿》傳五二《方瑛傳》附《陳友傳》，應爲"衛穎"。——整理者注

部落，窮進至黑泉。而趙安等出昌寧，至刁力溝，亦擒右丞、達魯花赤三十人。分道夾擊，轉戰千餘里，朵兒只伯遠遁。論功，貴、禮皆封伯，而驥兼大理卿。（驥本只兵部尚書。）

《明史》卷一七一《王越傳》：

[成化十八]年，寇犯延綏。越（時爲大同總兵官）等（汪直，時總鎮大同、宣府）調兵援之，頗有斬獲……調越延綏……

[弘治]十年冬，寇犯甘肅。廷議復設總制官……詔起[越]……總制甘、涼邊務兼巡撫。越言甘鎮兵弱，非籍延、寧（延綏、寧夏）兩鎮兵難以克敵，請兼制兩鎮……從之（參"蒙古——防蒙措施"叙總制三邊之片）。

明年（弘治十一年），越以寇巢賀蘭山後，數擾邊，乃分兵三路進剿。斬四十三級，獲馬駝百餘。……其冬[越]卒於甘州。

《明史》卷一七二《羅亨信傳》：

正統二年，蔣貴討阿台、朵兒只伯，亨信（時以右僉都御史練兵平凉、西寧）參其軍務。至魚兒海，貴等以劦餉不繼，留十日引還。……亨信上章言貴逗遛狀。……明年進兵，大破之。

《明史》卷一七二《侯璡傳》：

正統初，[以兵部主事]從尚書柴車等出鐵門關禦阿台有功，進郎中。

《明史》卷一七三《楊洪傳·從子信附傳》：

天順初，[以都督僉事自宣府副總兵]移鎮延綏，進都督同知。明年破寇青陽溝，大獲。封彰武伯……充總兵官……頃之，破寇高家堡。三年與石彪大破寇於野馬澗。明年（天順四年），寇二萬騎入榆林，信擊卻之，追奔至金雞峪，斬平章阿孫帖木兒，還所掠人畜萬計。其冬，代李文鎮大同。……成化元年冬禦寇延綏無功，召還。

《明史》卷一七三《石亨傳·從子彪附傳》：

天順二年，命[彪（時以都督同知充遊擊將軍，備大同）]偕高陽伯李文赴延綏禦寇……尋充總兵官。明年，寇二萬騎入掠安邊營。彪與彰武伯楊信等禦之，連戰皆捷，斬鬼力赤，追出塞，轉戰六十餘里，生擒四十餘人，斬首五百餘級，獲馬駝牛羊二萬餘，爲西北戰功第一。……進侯（天順初已封定遠伯，因其禦迤北功）。

光旦：鬼力赤，蘇聯史家及近出之《柯爾克孜簡史》認爲是柯爾克孜首領。然頗有問題。前者云鬼力赤卒於永樂十三年，而此則云天順三年被明兵所殺，前後相去四十四年。(《明史》中前有一鬼力赤可汗於永樂六年爲其下所弒，見"蒙古——元嗣君""蒙古——瓦剌"。)

《明史》卷一七四《史昭傳》：

宣德……五年，曲先衛都指揮使散即思邀劫西域使臣，昭率參將趙安偕中官王安、王瑾討之。長驅至曲先，散即思望風遁，擒其黨答答不花等，獲男女三百四十人，馬駝牛羊三十餘萬，威震塞外。(時昭以都督僉事充總兵官鎮西寧。)

七年春，以征西將軍鎮寧夏。字的達里麻犯邊，遣兵擊之。至瀾台察罕，俘獲甚衆。進都督同知。

正統初，昭以寧夏孤懸河外，東抵綏德二千里，曠遠難守，請於花馬池築哨馬營，增設烽堠，直接哈剌兀速之境。邊備大固。尋進右都督。

時阿台、朶兒只伯數寇邊。詔昭與甘肅守將蔣貴、趙安進剿。並無功……貶都督僉事。……[正統九年卒。]

昭居寧夏十二年……兵政修舉，亦會敵勢衰弱，邊境得無事。……而與昭並爲邊將最久，有勳績可稱者，都督同知劉昭鎮西寧二十年，都指揮李達鎮洮州至四十年。並爲蕃漢所畏服。

光旦：洮州之蕃，蒙古外，尚有羌、藏。

《明史》卷一七四《史昭傳・劉昭附傳》：

宣德[間(宣德二年後)]，進都督同知，移(自河州)西寧，復鎮河州，兼轄西寧。罕東酋劄兒加邀殺中官使西域者，奪璽書金幣去。命昭副甘肅總兵官劉廣討之。劄兒加請還所掠書幣，貢馬贖罪。帝以窮寇不足深治，命昭等還。

《明史》卷一七四《周賢傳》：

[天順間，]以故官(都督僉事)赴寧夏，隸定遠伯石彪。寇二萬騎入安邊營。彪率賢等擊之，連戰皆捷，追至野馬澗、半坡墩，寇大敗。而賢追不已，中流矢卒。……

《明史》卷一七四《王璽傳》：

……(成化十七年，赤斤、罕東二衛助璽從土魯番手中收復哈密，以居罕慎，見"哈密"片，此不複錄。)已[而]罕東入寇，璽(十二年起，以署都督僉事充總兵官鎮甘肅)禦卻之，請興師以討。帝念其常(嘗)助罕慎，第遣使責諭。

光旦：罕東入寇，似亦十七年事。(璽改署都督同知，在是年初。)

明年(十八年)，北寇殺哨卒，璽率參將李俊及赤斤兵擊之於狼心山黑河西，多所斬獲。

  光旦：北寇，所以別於赤斤、罕東之在西而言，一般言之，亦屬西北。

《明史》卷一七四《魯鑑傳》：

  成化……十七年坐寇入境（莊浪境，時鑑以署都督同知充左參將分守莊浪衛），戴罪立功。尋充左副總兵協守甘肅。寇犯永昌，被劾。……俄命充總兵官，鎮守延綏。……予實授。……

  弘治初［年，鑑子麟以都指揮］同知，充甘肅遊擊將軍。……寇入永昌，失律，委罪副將陶禎……［尋］調韋州禦寇。寇大入不能擊，遣都指揮楊琳邀之孔壩溝。琳大敗，不救，連被劾。

《明史》卷一七四《劉寧傳》：

  ［弘治七年，］寧［以都督同知］佩平羌將軍印，鎮甘肅。其冬，寇犯涼州，寧與戰抹山墩，擒斬五十餘，相持至暮，收輜重南行。寇復來襲，擒其長一人。明日，參將顏玉來援，副將陶禎兵亦至，寇乃遁。俘其稚弱，獲馬駝牛羊二千。進右都督。

《明史》卷一七四《彭清傳》：

  弘治初，［以都指揮僉事］充右參將，分守肅州。寇入犯，率兵躡之，獲馬駝器仗及所掠人畜而還。……［弘治］八年，甘肅有警……擢左副總兵，仍守甘、肅。未幾……［議］移……涼州。（實未果移，見"哈密"片。）……清……久鎮西陲，威名甚著，番（包括土魯番之"番"）夷憚之。

《明史》卷一七四《姜漢傳》：

  弘治……十八年春，寇犯寧夏興武營，漢（時爲都指揮僉事，充延綏遊擊將軍）帥所部馳援，遇於中沙墩，擊敗之。

《明史》卷一七四《姜漢傳·子奭附傳》：

  ［嘉靖間（十五年，見"韃靼（蒙古）"），］吉囊他部寇莊浪，奭（時以署都督同知充總兵官鎮甘、肅）與遇分水嶺，再勝之，遂至平嶺。敵騎大集，奭伏兵誘之，復斬其長一人，獲首功七十。予實授（都督同知）。十六年春，寇大入甘州，不能禦。……尋［於］永昌破敵……

  姜氏爲大將，著邊功，凡五世。

蒙古——在西北（與王復）

《明史》卷一七七《王復傳》：

[成化初年，]毛里孩擾邊，命復（時爲兵部尚書）出視陝西邊備。自延綏抵甘肅，相度形勢，上言：＂延綏東起黃河岸，西至定邊營，接寧夏花馬池，縈紆二千餘里。險隘俱在內地，而境外乃無屏障，止憑墩堡以守。軍反居內，民顧居外。敵一入境，官軍未行，民遭掠已盡矣。

＂又西南抵慶陽，相去五百餘里，烽火不接，寇至，民猶不知。其迤北墩堠，率皆曠遠，非禦邊長策。請移府谷、響水等十九堡，置近邊要地。而自安邊營接慶陽，自定邊營接環州，每二十里築墩臺一，計凡三十有四。隨形勢爲溝牆，庶息響相聞，易於守禦。＂

其經略寧夏，則言：＂中路靈州以南，本無亭燧。東西二路，營堡遼絕，聲聞不屬，致敵每深入。亦請建置墩臺如延綏，計爲臺五十有八。＂

其經略甘肅，則言：＂永昌、西寧、鎮番、莊浪俱有險可守。惟涼州四際平曠，敵最易入。又水草便利，輒經年宿留。遠調援軍，兵疲銳挫，急何能濟。請於甘州五衛內，各分一千戶所，置涼州中衛，給之印信。其五所軍伍，則於五衛內餘丁選補。且耕且練，斯戰守有資，兵威自振。＂

又言：＂洪武間建東勝衛，其西路直達寧夏，皆列烽堠。自永樂初，北寇遠遁，因移軍延綏，棄河不守。誠使兵强糧足，仍準祖制，據守黃河，萬全計也。

＂今河套未靖，豈能遽復，然亦宜因時損益。

＂延綏將校視他鎮爲少，調遣不足，請增置參將二人，統軍九千，使駐要地，互相援接，實今日急務。＂

奏上，皆從之。

復在邊建置，多合機宜。及還……命白圭代之。

蒙古——在西北

《明史》卷一七五《曹雄傳》：

總督才寬禦寇沙窩……雄（時以署都督同知，佩征西將軍印，充總兵官鎮固原）擁兵不救。

光旦：事在正德間（正德四年，參＂蒙古——小王子＂中卷一六條）。

《明史》卷一七八《秦紘傳》：

……（見＂蒙古——防蒙措施＂片。）

《明史》卷一八〇《屈伸傳》：

[弘治中（十四年，見＂蒙古——小王子（參火篩）＂中卷一五條），]太監苗

遠、成國公朱暉等搗巢獲三級，及寇大入固原，不敢救，既而斬獲十二級，先後以捷聞。伸（時爲兵科都給事中）等數劾之。及班師，又極論曰："暉等西討無功……且此一役糜京帑及邊儲共一百六十餘萬兩，而首功止三級。是以五十萬金易一無名之首也，乃所上有功將士至萬餘人。假使馘一渠魁如火篩，或斬級至千百，將竭天下財不足供費，而報功者不知幾萬萬也。暉、遠及都御史史琳、監軍御史王用宜悉置重典。"帝不聽。

　　光旦：此"寇"當即火篩所領者，年代近之。

《明史》卷一八二《馬文升傳》：

　　……（弘治八年，罕東、赤斤二衛兵協助漢兵收復哈密，見"土魯番"片，此不複。）

《明史》卷一八四《劉瑞傳》：

　　［弘治間（應在弘治十一年光景，或略後），以翰林院檢討上言，有云，］"賀蘭之征，王越啓其釁，請追正欺罔之罪。"報聞。

　　光旦：賀蘭之征，見前片。

《明史》卷一八五《黃珂傳》：

　　正德四年擢右僉都御史巡撫延綏。……亦不剌寇邊，珂偕總兵官馬昂督軍戰，敗之木瓜山。六年復寇邊，珂檄副總兵王勛等七將分據要害夾擊，復敗之。

《明史》卷一八六《許進傳》：

　　……（弘治八年，赤斤、罕東二衛蒙古協助收復哈密，見"土魯番"片。）

《明史》卷一八六《張泰傳》：

　　寇入永昌、甘、肅，遊擊魯麟委罪副總兵陶禎，而總兵官劉寧疏言守臣不和，詔泰［以御史］往勘。泰奏鎮守太監傅悳、故總兵官周玉侵據屯田，巡撫馮續減削軍餉，寇數入莫肯爲禦，失士卒六百餘、馬駝牛羊二萬，皆不以聞。……

　　光旦：事應在弘治中葉。

《明史》卷一八七《周南傳》：

　　武宗初立，寇入宣府，［南（時以右副都御史巡撫大同）命］參將陳雄等邀擊，敗之。

《明史》卷一八七《馬昊傳》：

　　正德……十年，亦不剌寇松潘……（見"［羌］（松潘）"片。）

　　光旦：亦不剌，似是蒙古之在西北者。一八八卷《張文明傳》可證。

《明史》卷一八八《張文明傳·成文附傳》：

  正德中，阿爾禿厮、亦不剌與小王子戰敗，引所部駐甘肅塞外，時入寇掠，陷堡寨五十有三。巡撫張翼、鎮守太監朱彬等反冒奏首功千九百有餘，以捷奏者十有一。文出巡按，盡發其奸。

蒙古——在西北（與楊一清）

《明史》卷一九八《楊一清傳》：

  弘治十五年……擢……左副都御史，督理陝西馬政。……（另見"總錄——茶馬法"片。）會寇大入花馬池……命一清巡撫陝西，仍督馬政。甫受事，寇已退。乃選卒練兵，創平虜、紅古二城以援固原，築垣瀕河以捍靖虜……

  武宗初立，寇數萬騎抵固原，總兵曹雄軍隔絕不相聞。一清帥輕騎自平涼晝夜行抵雄軍，爲之節度，多張疑兵脅寇。寇移犯隆德。一清夜發火礮，響應山谷間。寇疑大兵至，遁出塞。

  一清以延綏、寧夏、甘肅有警不相援，患［在］無所統攝，請遣大臣兼領之。……即命一清總制三鎮軍務。

  尋進右都御史。一清遂建議修邊，其略曰："陝西各邊，延綏據險，寧夏、甘肅扼河山，惟花馬池至靈州地寬延，城堡復疎。寇毀牆入，則固原、慶陽、平涼、鞏昌皆受患。成化初，寧夏巡撫徐廷璋築邊牆綿亘二百餘里。在延綏者，余子俊修之甚固。由是，寇不入套二十餘年。後邊備疎，牆塹日夷。弘治末至今，寇連歲侵略。都御史史琳請於花馬池、韋州設營衛，總制尚書秦紘僅修四五小堡及靖虜至環慶治塹七百里，謂可無患。不一二年，寇復深入。是紘所修不足捍敵。"

  ［續曰，］"臣久官陝西，頗諳形勢。寇動稱數萬，往來倏忽。未至徵兵多擾費，既至召援輒後時。欲戰則彼不來，持久則我師坐老。臣以爲防邊之策，大要有四：修濬牆塹，以固邊防；增設衛所，以壯邊兵；經理靈、夏，以安內附；整飭韋州，以遏外侵。今河套即周朔方，漢定襄，赫連勃勃統萬城也。唐張仁愿築三受降城，置烽堠千八百所，突厥不敢踰山牧馬。……夫受降據三面險，當千里之蔽。國初舍受降而衛東勝，已失一面之險。其後又輟東勝以就延綏，則以一面而遮千餘里之衝，遂使河套沃壤爲寇巢穴。深山大河，勢乃在彼，而寧夏外險反南備河。此邊患所以相尋而不可解也。"

  ［因作建議曰，］"誠宜復守東勝，因河爲固，東接大同，西屬寧夏，使河

套方千里之地，歸我耕牧，屯田數百萬畝，省內地轉輸，策之上也。如或不能，及今增築防邊，敵來有以待之，猶愈無策。"

因條具便宜：延綏安邊營石澇池至橫城三百里，宜設墩臺九百座，暖譙九百間，守軍四千五百人；石澇池至定邊營百六十三里，平衍宜牆者百三十一里，險崖峻阜可剷削者三十二里，宜爲墩臺，連接寧夏東路；花馬池無險，敵至仰客兵，宜置衛，興武營守禦所兵不足，宜召募；自環慶以西至寧州，宜增兵備一人；橫城以北，黃河南岸有墩三十六，宜修復。

帝可其議。大發帑金數十萬，使一清築牆。而劉瑾憾一清不附己，一清遂引疾歸。其成者，在要害間僅四十里。……

嘉靖三年十二月……改兵部尚書、左都御史，總制陝西三邊軍務。……一清至是三爲總制……

亦不剌竄西海（即青海），爲西寧、洮河害，金獻民言撫便，獨一清請剿。

蒙古——在西北

《明史》卷一九八《王瓊傳》：

[嘉靖七年，以兵部尚書兼右都御史督陝西三邊軍務，既撫定土魯番，]而北寇常爲邊患。初入犯莊浪，瓊部諸將遮擊之，斬數十級。俄由紅城子入，殺部餉主簿張文明（與上條之張文明不是一人）。明年以數萬騎寇寧夏。已[而]又犯靈州，瓊督遊擊梁震等邀斬七十餘人。其秋，集諸道精卒三萬，按行塞下。寇聞，徙帳遠遁。諸軍分道出，縱野燒，耀兵而還。……

[嘉靖十一年]花馬池有警，兵部尚書王憲請發兵。瓊（時方受召還，改任吏部尚書）言花馬池備嚴，寇不能入，大軍至，且先退，徒耗中國。憲竟發六千人，比至彰德，寇果遁。

《明史》卷一九九《李鉞傳》：

世宗即位[後不久]（以兵部左侍郎）總制陝西三邊軍務。……初至固原，寇入犯，援兵未集。鉞下令大開諸營門，晝夜不閉。寇疑有備，未敢逼。乃礮擊之，寇引去。以其間[大飭守備]……未幾，寇復深入平涼、邠州。鉞令遊擊時陳、周尚文等，分伏要害遏其歸，斬獲多。鉞策寇失利必東犯延綏，檄諸將設伏待。寇果至，又敗去。

《明史》卷一九九《胡世寧傳》：

[嘉靖初，世寧爲兵部尚書，建言放棄哈密，追叙到，]"國初所封元孽和

顺、宁顺、安定三王等耳。安定在哈密（境或地區？）内，近甘肅，今存亡不可知，我一切不問，獨重哈密（城、國）何也？"[又云，爲土魯番守哈密而土魯番以之爲交還哈密城之條件之]"牙木蘭本曲先衛人，反正歸順。"（是牙木蘭是蒙古而非維吾爾。）

　　光旦：蒙、維之關係，自元亡以來，始終維持，於此見一斑。

　　光旦：世寧卒於嘉靖九年，此在九年前不久（七年，見"哈密——沿革"）。

《明史》卷一九九《李承勛傳》：

　　[嘉靖]十年春……承勛（時爲兵部尚書）言："……曩河西患土魯番，今亦不剌又深入。兩寇雲擾，孤危益甚。套寇出入，並經莊浪。急宜繕塞設險，斷臂截踵，使不得相合。"

　　光旦：亦不剌，自是蒙古。套寇互見。

《明史》卷一九九《范鏓傳》：

　　[嘉靖]二十年擢右副都御史，巡撫寧夏。……不上首功。一意練步騎，廣儲蓄，繕治關隘亭障。寇爲遠徙，俘歸者五百人。

《明史》卷一九九《王邦瑞傳》：

　　擢右僉都御史，巡撫寧夏。寇乘冰入犯，設伏敗之。

　　光旦：年份未詳，應是嘉靖初葉事。

《明史》卷二〇三《寇天叙傳》：

　　[嘉靖前葉（三年後若干年）]進右副都御史，巡撫陝西。寇入固原，擊敗之，斬首百餘。

《明史》卷二〇四《翟鵬傳》：

　　嘉靖七年擢右僉都御史，巡撫寧夏。……野雞臺二十餘墩孤懸塞外，久棄不守，鵬盡復之。……坐寇入停俸。

《明史》卷二〇四《曾銑傳》：

　　嘉靖……二十五年夏，以原官（兵部右侍郎）總督陝西三邊軍務。寇十萬餘騎由寧塞營入，大掠延安、慶陽境。銑率兵數千駐塞門，而遣前參將李珍搗寇巢於馬梁山陰，斬首百餘級。寇聞之始遁。……既而寇屢入，游擊高極死焉，副總兵蕭漢敗績。……

《明史》卷二一一《王效傳》：

　　嘉靖中（初葉，十二年以前），累官都指揮僉事，充延綏右參將。出神木塞，擣寇雙乃山，斬獲多。

《明史》卷二一一《王效傳·劉文附傳》：

[嘉靖]十一年，寇西掠還，將犯寧夏河東，文（時以署都督僉事總兵官鎮陝西）擊破之。

《明史》卷二一一《周尚文傳》：

[嘉靖初年（元年或其後不久），以]都指揮同知，爲涼州副總兵。御史按部莊浪，猝遇寇。尚文亟分軍擁御史，而自引麾下射之，寇乃遁。嘗追寇出塞，寇來益衆。尚文軍半至，麾下皆恐。乃從容下馬，解鞍背崖力戰，所殺傷相當。部將丁杲來援，寇始退。……

九年擢署都督僉事，充寧夏總兵官。……寇掠西海（即青海），過寧夏，巡撫楊志學議發兵邀。尚文不從，[被]劾解職。

《明史》卷二一一《周尚文傳》：

[嘉靖前葉（十八年，見《世宗實錄》卷二三一嘉靖十八年十一月己酉條），]以總兵官鎮延綏（前此不久，任山西副總兵，皆以署都督僉事爲之）。寇犯紅山墩，力戰敗之。

《明史》卷二一四《楊博傳》：

[嘉靖]二十五年……拜右僉都御史，巡撫甘肅。……初，罕東屬番避土魯番亂，遷肅州境上，時與居民戕殺。監生李時暘以爲言，事下守臣。博爲築金塔、白城七堡，召其長，令率屬徙居之。諸番徙七百餘帳，州境爲之肅清。

總兵官王繼祖卻寇永昌、鎮羌，參將蔡勳等戰鎮番、山丹，三告捷，斬首百四十餘級。進博右副都御史。

《明史》卷二一六《劉應秋傳》：

[萬曆]十八年，[以南京國子司業]疏論首輔申時行言：……輔臣[對]邊事……專事蒙蔽。賊大舉入犯，既掠洮、岷，直迫臨、鞏，覆軍殺將，頻至喪敗，而時行猶曰"掠番"，曰"聲言入寇"，豈洮河以內，盡皆番地乎？

　　光旦：同卷上文《黃鳳翔傳》，鳳翔以禮部右侍郎抗疏，言"洮河告警"，即指同一事。

　　光旦：此"賊"似即火落赤，參"蒙古——他不囊、火落赤、永邵卜"片。

《明史》卷二一九《許國傳》：

[萬曆十八]年秋，火落赤犯臨洮、鞏昌，西陲震動，帝召對……[申]時

行言款貢足恃，國謂渝盟犯順，桀驁已極，宜一大創之，不可復羈縻。帝心然國言，而時行爲政不能奪（時時行爲首輔，國以禮部尚書爲次輔）。

《明史》卷二二〇《王遴傳》：

[嘉靖]四十五年擢右僉都御史，巡撫延綏。寇大入定邊、固原，總兵官郭江戰歿。總督陳其學、陝西巡撫戴才坐免，遴貶俸……隆慶改元，寇六入塞，皆失利去。

《明史》卷二二一《李禎傳》：

[萬曆]十八年，洮河有警，[禎以順天府丞]極言貢市非策，因歷詆邊吏四失。帝以納款二十年，不當咎始事……寢其議。……

[二十五年，禎以兵部左侍郎攝部事。]四川被寇。禎言：川、陝接界，而松潘向無寇患者，以諸番爲屏蔽也。自俺答西牧，隴右騷然。其後隴右備嚴，寇不得逞，而禍乃移之川矣。今諸番疆（應作彊）半折入於西部（應是蒙古西部或西部蒙古）。臣閱地圖，從北界迤西間道達蜀地，多不隔三舍。幸層巖疊嶂，屹然天險，如鎮虜堡爲漳臘門戶，虹橋關爲松城咽喉。關堡之外，或嶺或崖，皆可據守。守阿玉嶺，則[寇]不能越啞際而窺堡。守黃勝場，則[寇]不敢踰塞墩而寇關。他如橫山、寡石崖尤爲要害，皆當亟議防禦，令撫鎮臣計畫以聞。報可。

《明史》卷二二三《王宗沐傳·子士昌附傳》：

擢兵科給事中。寇犯固原、甘、肅，方議諸將罪，而延綏兩以捷聞。兵部請告廟宣捷，士昌奏止之。

光旦：無年份，當在萬曆二十七年至二十九年間（參下摘卷二三三《楊天民傳》條）。

蒙古——在西北（洮河用兵與鄭洛）

《明史》卷二二二《鄭洛傳》：

[萬曆]十八年，洮河用兵，詔兼右都御史，經略陝西、延[綏]、寧[夏]、甘肅及宣、大、山西邊務。松（大小松山）、套賓兔等屢越甘肅侵擾河、湟諸番。及俺答迎佛，又建寺於青海，奏賜名仰華，留永邵卜（俺答兄子）別部把爾戶及丙兔、火落赤守之，俱牧海上。他部往來者，率取道甘肅，甘肅鎮臣以通款弗禁也。丙兔死，其子真相進據莽剌川，火落赤據捏工川，益併吞番族。河套都督卜失兔亦遣使邀撦力克，撦力克遣洛書，以赴仰華爲名。洛使從

塞外行，又諭忠順夫人曰："彼中撫賞不能多，且王家在東，恐有內顧憂也。"撦力克遂行。

未至，把爾户部卒闌入西寧。副總兵李奎方醉，單騎馳之。卒持鞭自白，為奎所斫，遂大譟，射奎死。火落赤、真相進圍舊洮州，副總兵李聯芳敗歿。入臨洮、河州、渭源，總兵官劉承嗣失利，遊擊李芳等皆死。當是時，撦力克已至仰華，火落赤、真相益挾為重，關中大震，惟把爾户不助逆。

事聞，詔洛經略七鎮，以僉事萬世德、兵部員外郎梁雲龍隨軍贊畫，而停撦力克貢市。俄罷總督梅友松，命洛兼領其事。洛以洮河之禍，由縱敵入青海，乃馳至甘肅，令曰："北部自青海歸巢者，聽假道；自巢入青海者，即勒兵拒之。"未幾，卜失兔至水泉，欲趨青海。總兵官張臣與相持月餘，洛設伏掩擊之，卜失兔僅以身免。莊禿賴後至，聞之亦退去。

明年（萬曆十九年），洛與雲龍入西寧，控扼青海。撦力克聞之，西徙二百里，還洮河所掠人口，與忠順夫人輸罪請歸。火落赤、真相亦夜去兩川，餘黨留莽剌南山。洛慮諸部約結，先遣使趣撦力克北歸，別遣雲龍、世德收番族以弱其勢，而具以狀奏聞。言："自順義南牧，借塗收番，子女牛羊皆有之，生死唯所制。洮河之役，遂為嚮導，番戎之勢不分，則心腹之患無已。臣鼓舞勞來，招回諸番八萬餘人……"且具陳收番有六利。

是時，撦力克觀望不即歸，洛與相羈縻，先遣總兵官尤繼先擊走莽剌餘寇。督撫魏學曾、葉夢熊等請決戰……洛……持不可。夢熊乃調苗兵三千為選鋒，[力詆洛綏靖之非。]會撦力克北歸謝罪，乞復貢市，洛乃進兵青海，走火落赤、真相，焚仰華，置戍西寧、歸德而還。

尚書石星以宣、大事急，請速召洛究款戰之計。洛既至[鎮]，與總督蕭大亨、巡撫王世揚……上疏曰："撦力克諉罪火落赤、真相，桀驁之狀已斂。且其部落數千里，部長十餘輩。在巢保疆者，宣鎮則青把都兄弟未嘗東窺薊、遼，而兀慎、擺腰五路之在新平，馴服猶故。在西行牧者，不他失未嘗窺莽、捏，而大成比妓則又歸巢獨先。今以一人之罪，概絕諸部，消往日之恩，開將來之隙，臣未見其可。今史二外叛（上文石星言宣、大事急，應是指此，史筆失於交代），屢犯邊疆，若令順義王縛獻以著信，然後酌議市賞，在我固未為失策也。"議遂定。……順義王果縛史二來獻，復款如故。……

逾三年（萬曆二十二年？），官軍與番人夾擊把爾户於西寧，大破之。[石]星復奏洛收番之功，再詔起用（時洛以人言謝病歸）。[不果]……卒。

蒙古——在西北（洮河用兵）（哱拜）

《明史》卷二二八《魏學曾傳》：

萬曆十八年，順義王撦力克西赴青海，火落赤、真相犯洮河，副總兵李奎、李聯芳先後被殺。朝命尚書鄭洛經略七鎮兼領總督，洛固辭總督。明年春，閣臣王錫爵薦學曾。起兵部尚書，總督陝西、延、寧、甘肅軍務。時洛專主款。學曾至，與議不合，陝西巡撫葉夢熊助之（助學曾）。初，順義王封，夢熊以諫沮坐得罪，學曾亦爲高拱言不便。至是，撦力克助叛，學曾、夢熊欲遂討之，詆洛玩寇。會撦力克東歸，火落赤諸部亦徙去，學曾奏撦力克雖歸，陰留精兵二萬於嘉峪，欲助火落赤、真相。其説本採諸道路，朝士乃爭附和之。錫爵意悔，具疏言狀，又遺書責夢熊。而兵部尚書石星以順義既東，宣、大事急，召洛還定撫議，置學曾疏不問。

未幾，河套部長土眛、明安入市畢，要請增賞。學曾令總兵官杜桐、神木參將張剛、孤山遊擊李紹祖出不意擊斬明安，俘馘四百八十餘級，奪馬畜器械稱是。……明安子擺言太聲言復仇，號召諸部。

明年，哱拜反，遂煽諸部爲亂。拜，西部人也。嘉靖中得罪其部長，父兄皆見殺，拜跳脱來降，驍勇屢立戰功。前督撫王崇古、石茂華先後奏加副總兵，遂多畜亡命。子承恩，拜夢妖物入妻施脅而生，狼形梟啼，性狠戾。拜老，承恩襲父爵。十九年，洮河告警，御史周弘禴舉承恩及指揮土文秀、拜義子哱雲等。巡撫黨馨檄文秀西援。拜謁經略鄭洛，願與子承恩從出師。馨惡其自薦，抑損之，拜以故心怨。[拜]至金城，見諸鎮兵皆出其下。比賊退，取道塞外還，寇騎遇之皆辟易，遂有輕中外心。

馨數裁拜，且按承恩罪……雲、文秀亦以他故怨馨。會戍卒請衣糧久弗給，拜遂嗾軍鋒劉東暘、許朝作亂。二十年二月[①] 殺馨及副使石繼芳，逼總兵官張維忠縊死。雲、文秀殺遊擊梁琦、守備馬承光。東暘稱總兵，奉拜爲謀主，承恩、朝爲左、右副總兵，雲、文秀爲左、右參將。承恩遂陷玉泉營、中衛、廣武，河西望風靡。惟文秀徇平虜，參將蕭如薰堅守不下。賊既取河西四十七堡，且渡河，復誘河套著力兔、宰僧犯平虜、花馬池。全陝皆震動。

學曾檄副總兵李昫率遊擊吳顯趨靈州，別遣遊擊趙武趨鳴沙州，沿河扼賊

---

① 標點本《校勘記》：二月，據《明史》卷二〇《神宗本紀》、《神宗實錄》卷二四六萬曆二十年三月戊辰條應爲"三月"。——整理者注

南渡，而自駐花馬池，當賊衝。昫等渡河，賊將多遁去，四十七堡皆復，惟寧夏鎮城尚爲賊據。著力兔等中外相呼應，拜、文秀攻趙武於玉泉。雲引著力兔攻平虜，如薰設伏射殺雲。昫救武，圍亦解。

四月，昫引兵與故總兵牛秉忠抵鎮城下。帝已擢董一奎爲總兵，李賁副之，已［而］復擢如薰代一奎，而以麻貴代賁。未至，昫等攻城。賊於東西二門各出驍騎三千搏戰，步卒列火車爲營。官軍擊之，奪其車百輛，追奔入湖，賊溺死無算。副總兵王通戰尤力。家丁高益等乘勝入北門，後兵不繼被殺，通亦負傷，榆林遊擊俞尚德戰死。

翼（翌）日，朝、文秀脅慶王上東城，乞暫罷兵，詭言願獻首惡。會官軍糧盡，乃引退，休近堡。學曾日夜趣帑餉，調延綏、莊浪、蘭、靖、榆林兵。道回遠，所治舟亦未具，乃駐花馬池，俟軍至移靈州。頃之，延綏遊擊姜顯謨、都司蕭如蕙、甘州故總兵張傑及麻貴軍皆至，復抵鎮城攻之。

賊計延綏、榆林兵出內虛，勾黃台吉妻，令其子捨達大、從子火落赤、土昧鐵雷掠舊安邊磚井堡以牽我兵。承恩復以間合寇兵，伏延漢渠，掠糧車二百。學曾自花馬池還靈州，被圍，救至而解。

貴等數攻城不能克，賊殺慶王妃，盡掠其宮人金帛。牛秉忠戰傷右股，乃復退師。

帝用尚書星言，賜學曾尚方劍督戰。會寧夏巡撫朱正色、甘肅巡撫葉夢熊、監軍御史梅國楨，諸大將劉承嗣、董一奎、李如松先後至軍，六月復攻城，連戰不下。……當是時，賊外以求撫緩兵，而陰結寇爲助，然糧盡，勢且困。

七月，學曾與夢熊、國楨定計，決黃河大壩水灌之，水抵城下。時套寇卜失兔、莊禿賴以三萬騎犯定邊小鹽池，用土昧鐵雷爲前鋒，而別遣宰僧以萬騎從花馬池西沙湃口入，爲拜聲援。麻貴擊之右溝，寇稍挫，分趨下馬關及鳴沙洲。學曾令遊擊龔子敬扼沙湃口，而檄延綏總兵官董一元搗土昧鐵雷巢，斬首百三十餘級，寇大驚引去。遇子敬，圍之十重，子敬死，寇亦去，賊援遂絕。

學曾益決大壩水。八月，河決隉壞，復繕治之，城外水深八九尺，東西城崩百餘丈。著力兔、宰僧復入李剛堡。如松、貴等擊敗之，追奔至賀蘭山。賊益懼求款，未決，會學曾得罪罷。朝命以夢熊代，夢熊遂成功。

初，學曾之遣人招哱暘、朝也，留固原十餘日以俟之，帝責其玩寇；李昫渡河又稍遲，松山、河套寇先入，官軍用是再失利。……又北寇數萬斷我糧道，殺戮無算，匿不以奏。帝遂大怒，逮學曾至京。然學曾逮未踰月，城壞而大軍入，賊竟以破滅。

夢熊既代學曾，亦賜尚方劍，時調度靈州。獨國楨監軍寧夏。賊被圍久，食盡無援，而城受水浸，益大崩。國楨挾諸將趨南關。秉忠先登，國楨大呼，諸將畢登。賊退據大城，攻數日不下。國楨使間紿束楊、朝、承恩，互相殺以降，貰其罪。三人內猜疑，束楊、朝遂先誘殺承恩黨文秀。承恩亦與其黨周國柱誘束楊、朝殺之。……[乃]開門降。如松率兵圍拜家。拜倉皇縊，闔室自焚死。夢熊自靈州馳至，下令盡誅拜黨及降人二千，慰問宗室士庶。寧夏平。……俘承恩獻京師。……詔磔……於市。

《明史》卷二二八《魏學曾傳·葉夢熊附傳》（與本傳文相穿插）：

爲户部主事，轉餉寧夏。改御史，以諫受把漢那吉降，貶郃陽丞。……[以]右僉都御史，巡撫……陕西（當在萬曆十八年），進右副都御史。以請討撦力克，與經略[鄭]洛議相左。廷議方右洛，絀其議不用。會撦力克東歸，洛亦還宣、大，乃移夢熊甘肅，與學曾共事。……會拜反，上疏自請討賊……六月（萬曆二十年）至靈州，與學曾合。……

初，卜失兔爲都督，其部長切盡台吉最用事。切盡台吉死，卜失兔不能制諸部。經略鄭洛專事羈縻。學曾以洮河之變惡諸部爲逆，襲殺明安。會拜反，著力兔、宰僧遂聲言與拜爲一家，而卜失兔、莊禿賴亦引兵助之。及拜誅，切盡台吉之比吉率著力兔、宰僧、莊禿賴等頓首花馬池塞下，悔罪求款。夢熊爲奏請。帝……令要諸部縛叛贖罪。著力兔等求款益堅，夢熊乃與巡撫田樂奏上四鎮款戰機宜……中外相仗莫敢決，卜失兔遂率諸部大入定邊。總兵官麻貴等擊卻之……未幾，切盡台吉從子青把都兒犯甘肅，總兵官楊㵾、副總兵何崇德禦之，斬首六百餘級。……

自洮河變後，寇頗輕中國。招撫議既絕，諸部數入犯，四鎮遂頻歲用兵云。

光旦：明安，河套部長，見本條上文。

《明史》卷二二九《沈思孝傳》：

進右僉都御史，巡撫陕西。寧夏哱拜叛，詔思孝移駐下馬關，爲總督魏學曾聲援。

《明史》卷二三四《李沂傳·周弘禴附傳》：

[萬曆十八年冬，命以]監察御史閱視寧夏邊務。……還朝，以將材薦哱承恩、土文秀、哱雲。明年，承恩等反，坐謫澄海典史。

《明史》卷二三五《王德完傳》：

［萬曆二十八年起任工科都給事中，］極陳國計匱乏，言："近歲寧夏用兵，費百八十餘萬。"

蒙古——在西北（洮河用兵）

《明史》卷二三〇《萬國欽傳》：

［萬曆］十八年夏，火落赤諸部頻犯臨洮、鞏昌。七月，帝召見［申］時行等……咨以方略……時行以款貢足恃為言。……未幾，警報狎至，乃推鄭洛為經略尚書行邊，實用以主款議也。國欽（時為御史）抗疏劾時行，曰："陛下以西事孔棘，特召輔臣議戰守，而輔臣……乃飾詞欺罔。陛下怒賊侵軼，則以為攻抄熟番。臨、鞏果番地乎？陛下責督撫失機，則以為咎在武臣。封疆僨事，督撫果無與乎？陛下言款貢難恃，則云通貢二十年，活生靈百萬。西寧之敗，肅州之掠，獨非生靈乎？……蓋由九邊將帥，歲餽金錢，漫無成畫。寇已殘城堡，殺吏民，猶謂計得。三邊總督梅友松意專媚敵。前奏順義謝恩西去矣，何又圍我臨、鞏？後疏盛誇戰績矣，何景古城全軍皆覆？甘肅巡撫李廷儀延賊入關，不聞奏報，反代請贖罪。計馬牛布帛不及三十金，而殺掠何止萬計。欲仍通市，臣不知於國法何如也。此三人皆時行私黨，故敢朋奸誤國乃爾。"

《明史》卷二三三《李獻可傳·張棟附傳》：

［以兵科都給事中］遣視固原邊備。時經略鄭洛方議和，棟言撦力克負固不歸，卜失兔傑黠如故，火落赤、真相雄據海上，不可使洛委責以去。……會……洛……報撦力克東歸……棟又言："洮河失事，陛下……命洛視師，豈止欲其虛詞媚敵，博一順義東歸畢事耶？今火、真依海為窟，出沒自如，不宜敘將吏功。"報聞。

《明史》卷二三三《朱維京傳》：

火落赤敗盟，經略鄭洛主和，督撫魏學曾、葉夢熊主戰。維京（時為光祿丞）請召洛還，專委學曾等經理。及學曾以寧夏事被逮，復抗疏救之。

蒙古——在西北（哱拜）

《明史》卷二三八《麻貴傳》：

［萬曆二十］年，寧夏哱拜反。……為副將，總兵討賊。屢攻城不克。其［年］五月，哱拜以套寇五百騎圍平虜堡，貴選精卒三百間道馳卻之。俄以總督魏學曾命撫著力兔、銀定、宰僧於橫城。啗以重利，皆不應，貴乃還攻城。寧夏總

兵董一奎攻其南，固原總兵李煦①攻其西，故總兵劉承嗣攻其北，牛秉忠攻其東，貴以游兵主策應。哱拜自北門出戰，將往勾套部，貴逐之入城，別遣將馬孔英、麻承詔等擊套寇援兵，俘斬百二十人。拜初與套部深相結，諸部長稱之爲王。日坐著力兔帳中，主籌畫，至是不敢復出。俄朝命蕭如薰代董一奎，盡將諸道援兵，以貴爲副。而李如松軍亦至，攻益急。賊奉黃金、繡蟒于卜失兔等，請急徇靈州，先據下馬關，沮饟道。卜失兔與莊禿賴果合兵犯定邊，而宰僧從花馬池西沙湃入。貴迎擊，挫宰僧於石溝。會董一元搗土昧巢，諸部長俱解去。賊復乞援於著力兔，擁衆大入。如松率勁騎迎戰張亮堡，自卯迄巳，敵鋭甚。會貴及李如樟等兵至，夾擊之，寇乃卻。逐北至賀蘭山，獲首級百二十餘。持示賊，賊益恟懼。無何城破，賊盡平。……擢［貴］總兵官，鎮守延綏。……

　　［子］承詔，寧夏參將。從平哱拜有功。

《明史》卷二三八《李成梁傳·子如松附傳》：

　　［萬曆］二十年，哱拜反寧夏……命如松爲提督陝西討逆軍務總兵官，［御史梅］國楨監之。武臣有提督，自如松始也。已［而］命盡統遼東、宣府、大同、山西諸道援軍。六月抵寧夏。……

　　先是，諸將董一奎、麻貴等數攻城不下。如松至，攻益力。用布囊三萬，實以土，踐之登，爲礟石所卻。［如松弟］如樟夜攀雲梯上，不克。游擊龔子敬提苗兵攻南關，如松乘勢將登，亦不克，乃決策水攻。

　　拜窘，遣養子克力蓋往勾套寇，如松令部將李寧追斬之。已［而］套寇以萬餘騎至張亮堡。如松力戰，手斬士卒畏縮者，寇竟敗去。水侵北關，城崩。如松及蕭如薰等佯擊北關誘賊，而潛以鋭師襲南關，攀雲梯而上。拜及子承恩自斬叛黨劉東暘、許朝乞貸死。於是如松先登，如薰及麻貴、劉承嗣等繼之，盡滅拜族。……進都督……

《明史》卷二三八《李成梁傳·子如樟附傳》：

　　［以］都指揮僉事從兄如松征寧夏……有功。

蒙古——在西北（洮河之役，哱拜）

《明史》卷二三九《董一元傳》：

---

① 標點本《校勘記》：李煦，據《明史稿》傳一一六《麻貴傳》、《神宗實錄》卷二四九萬曆二十年六月丁酉條應爲"李昫"。——整理者注

郑洛经略洮河，命一元练兵西宁（原爲蓟州总兵官，劾罢）。火落赤入犯，一元击之西川，多所斩获。寻以副总兵协守宁夏，擢延绥总兵官。哱拜之乱，套中诸部长悉助之。一元乘其西掠，轻骑捣土昧巢，获首功百三十，驱其畜产而还，寇内顾引去。进署都督同知。

　　光旦：郑洛经略事始於萬曆十八年，哱拜事在萬曆二十年。

《明史》卷二三九《萧如薰传》：

　　萬曆中……歷官宁夏参将，守平虏城。二十年春，哱拜、劉東暘据宁夏镇城反，遣其党四出略地。拜子承恩徇玉泉营，游击傅桓拒守，爲其下所执。贼已[而]徇中卫及广武，参将熊国臣等弃城奔，列城皆风靡。贼党土文秀徇平虏，独如薰坚守不下。……拜养子云最骁勇，引河套著力兔急攻。如薰伏兵南关，佯败，诱贼入，射云死，余衆败去。又袭著力兔营，获人畜甚多。著力兔愤，复来攻，爲麻贵所却，城获全。……遂以都督佥事爲宁夏总兵官（守城期间曾短期爲副总兵），尽统延绥、甘肃、固原诸援军。其秋竟与李如松等共平贼……进署都督同知。

《明史》卷二四七《马孔英传》：

　　（哱拜引套寇犯宁夏，即上条事，亦见此《传》，详"蒙古——在西北"片。）

蒙古？——哱拜

《明史》卷二〇：

　　[萬曆]二十年……三月戊辰，宁夏致仕副总兵哱拜杀巡抚都御史党馨、副使石继芳，据城反。……壬申，总督军务兵部尚书魏学曾讨宁夏贼。……

　　四月甲辰，总兵官李如松提督陕西讨贼军务。甲寅，甘肃巡抚都御史叶梦熊帅师会魏学曾讨贼。擂力克擒贼，叩关献俘，复还二年市赏。……

　　六月丁未，诸军进次宁夏，贼诱河套部入犯，官军击却之。……

　　七月……甲申，罢三边总督魏学曾，以叶梦熊代之，寻逮学曾下狱。……

　　九月壬申，宁夏贼平。……

　　十一月戊辰，御午门，受宁夏俘。

　　十二月甲午，以宁夏贼平，告天下。

《明史》卷一一七《诸王传二》：

　　[萬曆二十]年，宁夏贼哱拜反，[庆宪王朱伸域]妃方氏匿其子帅锌地窖中，自经死。时寿阳嗣王[朱]倪燫，哱拜胁降之，不屈，爲所囚。镇原王伸

垣理府事，謀襲賊弗克，府中人皆被殺。賊平，［各邀旌恤。］

蒙古——在西北

《明史》卷二三三《楊天民傳》：

延綏總兵官趙夢麟潛師襲寇，以大捷聞，督撫李汶、王見賓等咸進秩……寇乃大入，殺軍民萬計，汶等又妄奏捷。天民（時爲禮科給事中）再疏論之，奪見賓職，夢麟戍邊，汶亦被譴。

光旦：事在萬曆二十七年至二十九年間。此寇疑來自河套。

《明史》卷二三八《李成梁傳·子如柏附傳》：

［萬曆］二十三年，［以貴州總兵官］改鎮寧夏。著力兔犯平虜、橫城，如柏邀之，大獲，斬首二百七十有奇。進右都督。

《明史》卷二三八《麻貴傳》：

［萬曆］二十二年七月，卜失兔糾諸部深入定邊營張春井。貴（時爲延綏總兵官）乘虛搗其帳於套中，斬首二百五十有奇。［卜失兔］還自寧塞，復邀其零騎。會寇留內地久，轉掠至下馬關。寧夏總兵蕭如薰不能禦，總督葉夢熊急檄貴赴援。督副將蕭如蘭等連戰曬馬臺、薛家窪，斬首二百三十有奇，獲畜產萬五千。……進［貴］署都督同知……明年，卜失兔復入塞，掠八日而還。順義王撦力克約之納款，不從，復擬大入。貴勒兵萬五千人：遊擊閻逢時等出紅山爲中軍，參將師以律等出高家堡、神木、孤山爲左軍，參將孫朝梁等出定邊、安邊、平山爲右軍，而自以大軍當一面。銜枚疾趨，踰塞六十里。寇莫知所防，大潰。俘斬四百有奇，獲馬駝牛羊千五百。

《明史》卷二三九《達雲傳·尤繼先附傳》：

［萬曆］十八年，火落赤、真相犯洮河，副總兵李聯芳等戰死。詔進署都督僉事，充總兵官，代劉承嗣鎮守固原。寇據莽剌、捏工二川，日蠶食番族，且擾西寧。聞官軍大集，卜失兔（此在河套者）又敗於水泉，乃乘冰堅渡黃河北走，留其黨可卜列、宗塔兒等五百餘人牧莽剌川南山。南山即石門大山口，走烏思藏門戶也。屬番來告，繼先乃令番以八百人前導，與故總兵承嗣，遊擊原進學、吳顯等疾馳七百里，直抵南山。奮擊，大破之，斬首百五十有奇，生獲十二人。而拜巴爾的者，可卜列從子，前殺聯芳，至是被擒。師旋，寇尾至撒川。見有備，乃夜走。他寇犯鎮羌、西寧、石羊亦俱敗。火落赤遂徙帳西海。……進［都督僉事］。

> 光旦：按與俺答從子永邵卜留據大致同時。參"蒙古——俺答（及其後人）"片。

《明史》卷二三九《杜桐傳》：

> ［萬曆二十五年，以總兵官］徙鎮寧夏。著力兔、宰僧入犯，逆戰水塘溝，俘斬百二十。寇益糾諸部連犯平虜、興武，桐督諸將馬孔英、鄧鳳、蕭如薰等連破之，斬首二百餘級。而延綏將士亦數搗巢（此應是在河套內者）。諸部長懼，乞款，詞甚哀。三十年，二鎮撫臣孫維城、黃嘉善協謀撫之，乃復貢市。

《明史》卷二三九《蕭如薰傳》：

> 青海寇糾番族犯洮、岷……（見"番"片。）

《明史》卷二三九《蕭如薰傳》：

> 再鎮寧夏（如薰初鎮寧夏，後鎮固原，皆在萬曆二十年代，此再鎮年代未詳，當在三十年代）。銀定、歹成數入犯，輒挫衂去。

《明史》卷二三九《達雲傳》：

> 萬曆中……進肅州遊擊將軍。炒胡兒入犯，偕參將楊濬擊敗之。

> 光旦：達氏，涼州衛人，疑是回族，今回族中有此姓。

《明史》卷二三九《達雲傳》：

> （俺答從子永邵卜進據青海，與西北諸蒙古合擾西寧番漢，所合者有瓦剌他卜囊、真相、火落赤諸部，又松山、賀蘭山諸部，見"蒙古——俺答（及其後人）"片。）

> 光旦：松山、賀蘭山諸部關係則見本片別紙。

《明史》卷二三九《張臣傳·子承蔭附傳》：

> 萬曆三十七年，代王威爲延綏總兵官（本爲副）。沙計及猛克什力數犯邊。是年冬，復犯波羅、神木。承蔭邀卻之，追斬八十餘人。沙計欲修貢，守臣惡其反覆，拒之，益徙近邊，以數千騎犯雙山堡。承蔭擊走之，俘斬百二十有奇。四十年，沙計復入塞。承蔭遮擊之嚮水（疑應作響水），斬首百七十餘級。……進署都督同知。

《明史》卷二三九《李懷信傳》：

> 萬曆中……進定邊副總兵。卜失兔（河套）、火落赤（西路）、鐵雷（河套）、擺言太等歲擾邊。定邊居延綏西，被患尤棘。懷信勇敢有謀，寇入輒敗。其先後鎮帥杜松、王威、張承蔭、官秉忠又皆一時選，故邊患雖劇，而士氣不衰。

> 四十三年擢甘肅總兵官……松山寇入掠蘆溝墩諸處，懷信邀擊，大敗之。

斬首三百有奇，獲駝馬甲仗無算。已[而]復分三道犯鎮番諸堡，懷信亦分遏之。寇引還，將士尾其後，獲首功百九十有奇。自後寇入多失利去，威名著河西。

先是，陝西止設四鎮，自西寧多警，增設臨洮總兵官，遂爲五鎮。然惟甘、延最當敵衝，故擇帥常慎。而甘肅北有松山，南臨青海，諸部落環居其外，尤難禦。懷信在鎮，邊人恃以無恐。

《明史》卷二四五《李應昇傳》：

[天啓三年，以御史]上疏曰："方今遼土淪没，黔、蜀用兵，紅夷之燄未息，西部之賞日增。"

> 光旦：賞，即所謂市賞也，名爲互市，而朝廷所"賞"者實不賞，且年有增益。此自是民族關係中一大陋事，值得別立片録之。今不及，只散見"蒙古"各片中。

《明史》卷二四六《滿朝薦傳》：

天啓二年，[以太僕少卿]上疏曰："……一邊筴耳，西部索百萬之貲，邊臣猶慮其未飽；健兒乞錙銖之餉，度支尚謂其過奢。祖宗朝有是顛倒乎？"

《明史》卷二四七《劉綎傳》：

[萬曆]二十四年三月，火落赤、真相、昆都魯、歹成、他卜囊等掠番窺内地。綎（時以青海寇數擾邊，特設臨洮總兵官，以綎任之，事當在二十三年）部將周國柱等擊之莽剌川腦，斬首百三十有奇，獲馬牛雜畜二萬計。

《明史》卷二四七《李應祥傳》：

（松茂羌中喇嘛國師與青海酋丙兔姻連，見"番（松茂等處）"片。）

> 光旦：丙兔應是蒙古。此尚在永邵卜入據之前，應是蒙古之早在青海者，亦俺答之族（見"西番——西番諸衛"）。

《明史》卷二四七《馬孔英傳》：

萬曆二十年，哱拜反，引套寇入掠，孔英（時爲寧夏參將）屢擊敗之。卜失兔（套部）入下馬關，從麻貴邀擊，大獲。進本鎮副總兵。二十四年九月，着力兔、宰僧犯平虜、横城。孔英偕參將鄧鳳力戰，斬首二百七十有奇……擢……都督僉事，[爲寧夏]總兵官……二十七年，着力兔、宰僧復犯平虜、興武，孔英與杜桐等分道襲敗之。再入，又敗之。

蒙古——在西北（松山）

《明史》卷二三九《達雲傳》：

甘［州］、寧［夏］間有松山，賓兔、阿赤兔、宰僧、著力兔（上文《蕭如薰傳》稱"河套著力兔"與此抵牾——光旦）等居之，屢爲兩鎮（甘、寧）患。巡撫田樂決策恢復。雲（時以總兵官鎮甘、肅）偕副將甘州馬應龍、涼州姜河、永昌王鐵塊等分道襲之。寇遠竄，盡拔其巢，擴地五百里。雲……進右都督……

> 光旦：事在萬曆二十六年（參"韃靼（蒙古）"）。

松山既復，爲築邊垣，分屯置戍。……進左都督。

寇戀其故巢，乘官軍撤防時潛兵入犯，雲據險邀擊之。寇大敗，斬首百六十。……寇益糾其黨犯鎮番，雲及諸將葛賴等大破之，斬首三百七十餘級。……寇復入犯，雲破走之。是時，寇失松山，走據賀蘭山後，連青海諸部寇鈔不已，銀定、歹成尤桀驁。三十三年連營犯鎮番。雲遣副將柴國柱擊之，寇大敗去。……

［三十五］年，松山、青海二寇復連兵犯涼州，雲逆戰紅崖，大獲，斬首百三十有奇。

雲……名震西陲，爲一時邊將之冠。以秋防卒於軍。

《明史》卷二三九《官秉忠傳》：

> 萬曆中……擢寧夏、甘肅副總兵。嘗與主將達雲大破寇於紅崖，銀定、歹成屢被挫去。

《明史》卷二三九《柴國柱傳》：

> 歷西寧守備。……從參將達雲擊寇南川……進都指揮僉事。寇盜邊，輒爲國柱所挫。屢進涼州副總兵。松山既復，方建堡置堠，寇數來擾，國柱頻擊卻之。銀定、歹成連兵寇鎮番，國柱馳救，斬首二百有奇，獲馬駝甲仗無算。青海寇（此永邵卜部）大掠鎮羌黑古城諸堡，守備楊國珍不能禦，國柱急率遊擊王允中等擊走之。銀定、歹成復犯河西，國柱邀擊，獲首功百二十。擢署都督僉事，陝西總兵官。［萬曆］三十六年春，改鎮甘肅。銀定、歹成屢不得志，益寇鈔永昌。國柱馳與大戰，敗之，追至麻山湖，斬首百六十有奇。其部落復入寇，守備鄭崇雅等戰歿，國柱坐奪俸一年。河套、松山諸部長合兵入寇，國柱檄諸將分道擊，復斬首百六十。屢加右都督。

> 光旦：松山、青海（原宣府以北之蒙古）、河套皆相合作。

《明史》卷二四八《李若星傳》：

> ［天啓四年，若星（時以右僉都御史巡撫甘肅）］遣將丁孟科、官維賢擊河套、松山諸部［於］鎮番，斬首二百四十餘級。（互見）

《明史》卷二四八《梅之煥傳》：

　　冬（崇禎二年），京師戒嚴，有詔入衛（時之煥以右僉都御史巡撫甘肅）。且行，西部乘虛犯河西。之煥止留，遣兵伏賀蘭山後，邀其歸路，大兵出水泉峽口，再戰再敗之，斬首八百四十有奇。

　　　　光旦：戒嚴年月，帝紀部分可查明。應是二年十一月。

《明史》卷二五六《崔景榮傳》：

　　擢右僉都御史，巡撫寧夏。銀定素驕，歲入掠。景榮親督戰破之，因議革導賊諸部賞。諸部懼，請與銀定絕。銀定既失導，亦叩關求市。寧夏歲市費不貲，景榮議省之。在任三年，僅一市而已。其後延鎮吉能（此似在河套者）等挾款求補市，卒勿許，歲省金錢十餘萬。

　　　　光旦：此在萬曆四十一年以前若干年內。

《明史》卷二六四《王家禎傳》：

　　天啟間，歷官左僉都御史，巡撫甘肅。松山部長銀定、歹成擾西鄙二十餘年。家禎至，三犯三卻之，先後斬首五百四十。

蒙古——在西北

《明史》卷二六六《王章傳》：

　　［崇禎十二年以御史］出按甘肅……西部寇莊浪，巡撫急徵兵。章曰："貧寇索食耳。"策馬入其帳，眾羅拜乞降，乃稍給之食。

《明史》卷二七一《羅一貫傳·祁秉忠附傳》：

　　萬曆四十四年為永昌參將。銀定、歹青以二千餘騎入塞，秉忠提兵三百拒之，轉戰兩晝夜。援軍至，［敵］始遁。秉忠追還所掠人畜，邊人頌之。擢涼州副總兵。

《明史》卷二七一《官惟賢傳》：

　　天啟……五年春，河套、松山諸部入犯，惟賢（時以參將鎮鎮番）偕參將丁孟科大敗之，斬首二百四十餘級。明年春，班記剌麻台吉復糾松山銀定、歹成及矮木素、三兒台吉以三千騎來犯。惟賢再敗之，獲首功二百有奇。三兒台吉被創死。進惟賢副總兵。其冬，銀定等以三兒之死挾憤圖報，益糾河套土巴台吉等分道入掠。惟賢及鎮將徐永壽等亦分道拒之，共獲首功百有六十。七年春，銀定、賓兔、矮木素、班記剌麻合土賣火力赤等由黑水河入。惟賢及西路副將陳洪範大破之，斬首百八十餘級。當是時，西部頻寇邊，惟賢屢挫其鋒。

《明史》卷二七九《吕大器傳》：

　　崇禎……十四年擢右僉都御史，巡撫甘肅。劾總兵官柴時華不法……遣副將王世寵代之。時華乞兵西部（蒙古）及土魯番爲變，大器令世寵討敗時華及西部，時華自焚死。

《明史》卷二七九《吕大器傳》：

　　［崇禎十四年，］塞外爾迭尼、黃台吉等擁衆乞賞，謀犯肅州，守臣拒走之。大器假賞犒名，毒飲馬泉，殺其衆無算。

《明史》卷二八九《熊鼎傳》：

　　［洪武］八年，西部朶兒只班率部落内附，改鼎岐寧衞經歷（原爲刑部主事）。既至，知寇僞降，密疏論之。帝遣使慰勞，賜裘帽，復遣中使趙成召鼎［還］。鼎既行，寇果叛，脅鼎北還。鼎責以大義，罵之，遂與成及知事杜寅俱被殺。

《明史》卷三〇五《宦官傳·陳增傳》：

　　萬曆……二十年，寧夏用兵，費帑金二百餘萬。

《明史》卷三〇八《奸臣傳·胡惟庸傳》：

　　平涼侯費聚奉命撫蘇州軍民，日嗜酒色。帝（洪武）怒，責往西北招降蒙古，無功。

《明史》卷三一一《四川土司傳·松潘衞傳》：

　　（萬曆八年，雪山國師喇嘛等四十八寨，勾北邊部落〔此應是蒙古〕爲寇，圍漳臘……火落赤之姪小王子死焉。詳"羌（松潘）——沿革"片。）

蒙古——在西北（青海）

《明史》卷三三〇《西番諸衞傳》：

　　正德四年，蒙古部酋亦不刺、阿爾秃厮獲罪其主，擁衆西奔。瞰知青海饒富，襲［西番］而據之……自是甘肅、西寧始有海寇之患。……（詳"西番——西番諸衞"片。）［亦自是，］番爲海寇所侵，日益内徙。［嘉靖］八年，洮、岷諸番數犯臨洮、鞏昌（見同上片）。

《明史》卷三三〇《西番諸衞傳》：

　　［嘉靖］十一年，甘肅巡撫趙載等言，亦不刺據海上已二十餘年……［宜有所處置。］疏甫上，會河套酋吉囊引衆西掠，大破亦不刺營，收其部落大半而去，惟卜兒孩一枝斂衆自保。由是西寧亦獲休息……（詳同上片。）

光旦：卜兒孩，在亦不剌所部中，本已"傾心向化"，不復爲患；曰"亦"者，時諸西番亦適已"撫"定故也。

《明史》卷三三〇《西番諸衛傳》：

〔嘉靖〕三十八年，〔俺答〕攜子賓兔、丙兔等數萬衆，襲據〔青海〕。卜兒孩竄走……〔後〕丙兔〔留〕據青海，〔許之開市甘肅，建喇嘛寺名仰華。〕（具詳"西番——西番諸衛"片）

《明史》卷三三〇《西番諸衛傳》：

（俺答二度入青海，及其羣從子弟切盡台吉、火落赤、永邵卜等留居青海後之活動，事跨萬曆八年前後，直至萬曆三十年代，見同上片。）

蒙古——在西北（哈梅里）

《明史》卷三三〇《哈梅里傳》：

哈梅里，地近甘、肅，元諸王兀納失里居之。洪武十三年，都督濮英練兵西涼，請出師略地，開哈梅里之路以通商族（應是旅字）。太祖賜璽書曰："略地之請，聽爾便宜。然將以謀爲本，爾慎毋忽。"英遂進兵。兀納失里懼，遣使納款。

明年（洪武十四年）五月遣回回阿老丁來朝貢馬。詔賜文綺，遣往畏吾兒之地，招諭諸番。

二十三年，帝聞兀納失里與別部讎殺，諭甘肅都督宋晟等嚴兵備之。

明年遣使請於延安、綏德、平涼、寧夏以馬互市。帝曰："番人黠而多詐。互市之求，安知非覘我中國。利其馬而不虞其害，所喪必多。宜勿聽。自今至者，悉送京師。"

時西域回紇來貢者，多爲哈梅里所遏。有從他道來者，又遣兵邀殺之。帝聞之怒。八月（洪武二十四年）命都督僉事劉真偕宋晟督兵討之。真等由涼州西出，乘夜直抵城下（有城），四面圍之。其知院岳山夜縋城降。黎明，兀納失里驅馬三百餘匹，突圍而出。官軍爭取其馬，兀納失里率家屬隨馬後遁去。真等攻破其城，斬豳王別兒怯帖木兒、國公省阿桑爾只等一千四百人[①]，獲王

[①] 標點本《校勘記》：別兒怯帖木兒，《明史》卷一五五《宋晟傳》、《太祖實錄》卷二一一洪武二十四年八月乙亥條都作"列兒怯帖木兒"。省阿桑爾只，同上《太祖實錄》作"省阿朵爾只"。——整理者注

子別列怯部屬千七百三十人，金銀印各一，馬六百三十匹。

二十五年遣使貢馬騾請罪。帝納之，賜白金、文綺。

蒙古（西番諸衛）

《明史》卷三三〇《西番諸衛傳》：

[洪武三]年五月，吐蕃宣慰使司（此故元者）鎖南普^①等以元所授金銀牌印宣敕來上，會鄧愈克河州，遂詣軍前降。其鎮西武靖王卜納剌亦以吐蕃諸部來納款。冬，鎖南普等入朝貢馬及方物。帝喜，賜襲衣。

四年正月設河州衛，命[鎖南普]爲指揮同知，予世襲。知院朶兒只、汪家奴並爲指揮僉事。設千戶所八，百戶所七，皆命其酋長爲之。

光旦：以上與"西番——西番諸衛"片互見。

光旦：近論者（《東鄉族簡史簡志合編》）謂此與東鄉族之起源有關，似不無理由。今東鄉族自治縣之地形，以鎖南壩爲中心，最高，壩名疑即從鎖南普而來。

蒙古（赤斤蒙古衛）

《明史》卷三三〇《赤斤蒙古衛傳》：

赤斤蒙古衛。出嘉峪關西行二十里曰大草灘，又三十里曰黑山兒，又七十里曰回回墓，墓西四十里曰騸馬城，並設墩臺，置瞭卒。城西八十里即赤斤蒙古。漢燉煌郡地。晉屬晉昌郡。唐屬瓜州。元如之，屬沙州路。

洪武十三年，都督濮英西討，次白城，獲蒙古平章忽都帖木兒。進至赤斤站，獲豳王亦憐真及其部曲千四百人，金印一。師還，復爲蒙古部人所據。

永樂二年九月，有塔力尼者，自稱丞相苦朮子。率所部男婦五百餘人，自哈剌脫之地來歸。詔設赤斤蒙古所，以塔力尼爲千戶，賜誥印、綵幣、襲衣。

八年（永樂），回回哈剌馬牙叛於肅州，約塔力尼爲援。拒不應，而率部下擒賊六人以獻。天子聞之喜，詔改千戶所爲衛，擢塔力尼指揮僉事，其部下授官者三人。

---

① 標點本《校勘記》：鎖南普，《明史》卷一二六《鄧愈傳》作"何鎖南"，《太祖實錄》卷五三洪武三年六月"是月"條、又卷五九洪武三年十二月壬午條，《國榷》卷四頁四二一、又同卷頁四三八都作"何鎖南普"，下同。——整理者注

明年遣使貢馬。

又明年以匿叛賊老的罕，將討之。用侍講楊榮言，止兵勿進，而賜敕詰責。塔力尼即擒老的罕來獻。天子嘉之，進秩指揮同知，賜賚甚厚。

久之卒。子且旺失加襲，修貢如制，進指揮使。

宣德二年再進都指揮同知，其僚屬亦多進秩。

正統元年，其部下指揮可兒即掠西域阿端（當即《阿端衛傳》末所云之又一阿端）貢物，殺使臣二十一人。賜敕切責，令還所掠。

尋與蒙古脫歡帖木兒、猛哥不花戰，勝之，使來獻捷。進都指揮使。

五年（正統），朝使往來哈密者，且旺失加具餱糧、驟馬護送。擢都督僉事。

明年，天子聞其部下時往沙州寇掠，或冒沙州名，邀劫西域貢使，遣敕切責。

時瓦剌兵強，數侵掠鄰境。且旺失加懼，欲徙居肅州。天子聞而諭止之，令有警馳報邊將。

八年，瓦剌酋也先遣使送馬及酒，欲娶且旺失加女為子婦，娶沙州困即來女為弟婦。二人不欲，並奏遵奉朝命，不敢擅婚。天子以瓦剌方強，其禮意不可卻，諭令各從其願，並以此意諭也先，而二人終不欲。

明年（正統九年），且旺失加稱老不治事。詔授其子阿速都督僉事，代之。也先復遣使求婚，且請親人往受其幣物。阿速虞其詐，拒不從，而遣人乞徙善地。天子諭以土地不可棄，令獎率頭目圖自強。又以其饑困，令邊臣給之粟，所以撫恤[之]者甚至。

先是，苦朮娶西番女，生塔力尼；又娶蒙古女，生都指揮瑣合者、革古者二人。各分所部為三，凡西番人居左帳，屬塔力尼，蒙古人居右帳，屬瑣合者，而自（苦朮）領中帳（中帳亦有所領乎？有則為何種人？）。後苦朮卒，諸子來歸，並授官。至是（正統九年）阿速勢盛，欲兼并右帳，屢相讎殺。瑣合者不能支（似應作瑣合者之部），愬於邊將，欲以所部內屬。邊將任禮遣赴京，請發兵收其部落。帝慮其部人不願內徙，仍遣瑣合者還甘肅（是瑣合者至此尚存，或係苦朮老來子），而令禮往取其孥。

十三年（正統），邊將護哈密使臣至苦峪。赤斤都指揮總兒加陸等率衆圍其城，聲言報怨。官軍出擊之，獲總兒加陸，已而逃去。事聞，敕責阿速，令縛獻犯者。

景泰二年，也先復遣使持書求婚。會阿速他往，其僚屬以其書來上。兵部尚書于謙言："赤斤諸衛久爲我藩籬，也先無故招降結親，意在撤我屛蔽。宜令邊臣整兵愼防，幷敕阿速悉力捍禦，有警馳報，發兵應援。"從之。

五年，也先益圖兼幷，遣使齎印授阿速，脅令臣服。阿速不從，報之邊臣。會也先被殺，獲已。

天順元年，都指揮馬雲使西域，命賜阿速綵幣，俾護送往還。尋進秩左都督。

成化二年［阿速］卒，子瓦撒塔兒請襲，即以父官授之。其部下指揮敢班數侵盜邊境，邊將誘致之，送京師。天子數其罪，賜貲遣還。

六年，其部人以瓦撒塔兒幼弱，其叔父乞巴等二人爲部族信服，乞命爲都督，理衛事。瓦撒塔兒亦上書，乞予一職，協守邊方。帝從其請，並授指揮僉事。

明年，瓦撒塔兒卒，子賞卜塔兒嗣爲左都督。

九年，土魯番陷哈密，遣使三人，以書招都督僉事昆藏同叛。昆藏不從，殺其使，以其書來獻。天子嘉之，遣使賜貲，且令發兵攻討。昆藏以力不足，請發官軍數千爲助。朝議委都督李文等計度。已［而］文等進征，昆藏果以兵來會。會文等頓軍不進，其兵亦還。

十年（成化），賞卜塔兒以千騎入肅州境，將與阿年族番人讎殺。邊臣既諭卻之，兵部請遣人責以大義，有讎則赴愬邊吏，不得擅相侵掠。從之。

十四年，其部人言賞卜塔兒幼不更事，指揮僉事加定得衆心，乞遷一秩，俾總衛事。賞卜塔兒亦署名推讓。而罕東酋長復合詞奏擧，且云兩衛番人，待此以靖。帝納其言，擢加定都指揮僉事，暫掌印務。

時土魯番猶據哈密。哈密都督罕愼結赤斤爲援，復其城。有詔褒賞。

十九年（成化），鄰番野乜克力（《哈密衛傳》無野字）來侵，大肆殺掠，赤斤遂殘破。其酋長訴於邊臣，給之粟。又命繕治其城，令流移者復業。赤斤自是不振。

然弘治中，阿木郎破哈密，猶用其兵。後許進西征，亦以兵來助。

正德八年，土魯番遣將據哈密，遂大掠赤斤，奪其印而去。及彭澤經略，始以印來歸。

已［而］番賊（土魯番）犯肅州與中國爲難。赤斤當其衝，益遭蹂躙。部衆不能自存，盡內徙肅州之南山，其城遂空。

嘉靖七年，總督王瓊撫安諸郡，核赤斤之衆僅千餘人。乃授賞卜塔兒子鎖南束爲都督，統其部帳。

蒙古——在哈密
見"哈密——沿革"片。

蒙古（安定、阿端、曲先、沙州、罕東等衛）
見"撒里畏兀兒……"諸片。

蒙古——在河套
《明史》卷一三：

[成化五]年冬，阿羅出入居河套。（互見）

《明史》卷一三：

[成化六年十一]月，孛羅忽渡河與阿羅出合。（互見）

《明史》卷一三：

[成化七]年，乩加思蘭入居河套，與阿羅出合。（互見）

《明史》卷一三：

[成化]九年……九月……庚子，王越襲滿都魯、孛羅忽、乩加思蘭於紅鹽池，大破之。諸部漸出河套。（互見）

《明史》卷一三：

[成化]十年……六月乙巳，築邊牆自紫城砦至花馬池。（互見）

　　光旦：乩加思蘭似亦作伽嘉色凌。

《明史》卷一四：

[成化二十年九]月，寇復入居河套。

《明史》卷一五：

[弘治十三]年，小王子部入居河套，犯延綏神木堡。

《明史》卷一五：

[弘治]十四年……七月……丁卯，朱暉、史琳襲小王子於河套。……

[十二]月，寇出河套。

《明史》卷一六：

[正德六年三]月，小王子入河套，犯沿邊諸堡。

《明史》卷一八：

　　[嘉靖]二十七年……正月……癸未，以議復河套，逮總督陝西三邊侍郎曾銑，杖給事中、御史於廷。罷夏言。三月癸巳，殺曾銑，逮夏言。……十月癸卯，殺夏言。

《明史》卷一八：

　　[嘉靖]三十二年……七月……乙丑，河套諸部犯延綏。

《明史》卷一九：

　　隆慶元年……十月……寧夏總兵官雷龍出塞邀擊河套部，敗之。

《明史》卷一九：

　　[隆慶]三年……四月己丑，總兵官雷龍出塞襲河套部，敗之。

《明史》卷一九：

　　[隆慶]五年……六月……甲辰，授河套部長吉能爲都督同知。（互見）

《明史》卷一九：

　　[隆慶五年]八月癸卯，許河套部互市。

　　九月癸未，三鎮貢市成。（互見）

《明史》卷二〇：

　　[萬曆]十九年……十二月……癸丑，河套部敵犯榆林、延綏，總兵官杜桐敗之。

《明史》卷二〇：

　　[萬曆]二十年……六月，[寧夏哱拜（另有片）]誘河套部入犯，官軍擊卻之。……

　　七月……甲申，罷三邊總督魏學曾，以葉夢熊代之。

《明史》卷二〇：

　　[萬曆]二十二年……七月丙申，河套部長卜失兔犯延綏。是月，延綏總兵官麻貴敗河套部敵於下馬關。

《明史》卷二〇：

　　[萬曆]二十四年……二月戊申，麻貴襲河套部，敗之。……

　　五月戊辰，河套部敵犯甘肅，總兵官楊濬擊破之。……

　　[九]月，河套部犯寧夏。總兵官李如柏擊敗之。

《明史》卷二一：

　　[萬曆]三十年……閏[二]月丙申，復河套諸部貢市。

《明史》卷二一：

　　[萬曆]三十四年……五月癸酉，河套部犯延綏，官軍擊走之。……九月甲午，詔陝西嚴敕邊備。

《明史》卷二一：

　　[萬曆]三十五年……閏[六]月辛巳，復河套諸部貢市。

《明史》卷二一：

　　[萬曆]三十九年……二月庚子，河套部敵犯甘州之紅崖青湖，官軍禦卻之。

《明史》卷二一：

　　[萬曆]四十三年……閏八月……丁卯，河套諸部犯延綏，官軍禦之，敗績，副將孫弘謨被執。

《明史》卷二一：

　　[萬曆]四十四年……六月壬寅，河套諸部犯延綏，總兵官杜文煥禦卻之。……

　　七月乙未，河套部長吉能犯高家堡，參將王國興敗没。

《明史》卷二一：

　　[萬曆]四十六年……十二月丁巳，河套部長猛克什力來降。

《明史》卷二二：

　　[天啓]二年……正月……河套部犯延綏。

《明史》卷二三：

　　[崇禎]六年……五月……癸丑，河套部犯寧夏，總兵官賀虎臣戰没。……

　　七月甲辰，大清兵取旅順，總兵官黃龍死之。

《明史》卷四二《地理志三》：

　　（河套……洪武中，爲內地。天順後，元裔阿羅出、毛里孩、孛羅出相繼居之。[榆林衛即在河套東南，衛之]北有邊牆，成化九年築，長一千七百七十餘里，東起清水營，接山西偏頭關界，西抵定邊營，接寧夏花馬池界。）

　　　　光旦：邊牆所以防蒙古，今地圖尚有之，而蒙古者，又以河套蒙古爲限者也。

《明史》卷一五五《趙輔傳》：

　　成化……八年，廷議大舉搜河套，拜輔將軍，陝西、延綏、寧夏三鎮兵皆聽節制。輔至榆林，寇已深入大掠。輔不能制，與王越疏請罷兵。言官交論其罪。命給事中郭鏜往勘，還言："寇於六月入平涼、鞏昌、臨洮，殺掠人畜。迨七月而縱橫慶陽境內。輔與越至榆林不進，宜治其弛兵玩寇罪。"帝不納。

《明史》卷一五七《陳俊傳》：

[成化中，]議用兵河套，敕俊（時爲户部右侍郎）赴河南、山、陝，會巡撫諸臣畫努餉，發帑金二十萬助之。俊以邊庾空竭，歲又不登，而榆林道險遠，轉輸難，乃發金於內地市易，修西安、韓城、同官徑道，以利飛輓。

《明史》卷一六三《謝鐸傳》：

時（成化九年）塞上有警，[鐸（時爲編修）]條上備邊事宜，請養兵積粟，收復東勝、河套故疆。

光旦：東勝不一，此東勝不在西北，而在大同，卷一六四，《范濟傳》，濟上疏中有曰，"撤東勝衛於大同，塞山西陽武谷口"，此事在洪武初年，自此，地入蒙古，故此有收復之說乎？

蒙古——在河套（與王越等）

《明史》卷一七一《王越傳》：

成化三年，撫寧侯朱永征毛里孩，以越（天順七年起以右副都御史巡撫大同，其前任爲韓雍）贊理軍務。其秋，兼巡撫宣府。五年冬，寇入河套，延綏巡撫王銳請濟師，詔越帥師赴之。

河套者，周朔方、秦河南地，土沃，豐水草。東距山西偏頭關，西距寧夏，可二千里。三面阻河，北拊榆林之背。唐三受降城在河外，故內地。明初，阻河爲守，延綏亦無事。自天順間，毛里孩等三部始入爲寇。然時出没，不敢久駐。至是始屯牧其中，屢爲邊患。

越至榆林，遣遊擊將軍許寧出西路龍州、鎮靖諸堡，范瑾出東路神木、鎮羌諸堡，而自與中官秦剛按榆林城爲聲援。寧戰黎家澗，瑾戰崖窑川，皆捷。右參將神英又破敵於鎮羌。寇乃退。……

引還（時已爲成化六年）。抵偏頭關，延綏告警。兵部劾越擅還。詔弗罪，而令越屯延綏近地爲援。寇萬餘騎五路入掠，越令寧等擊退之。進右副都御史。

是年三月（仍成化六年），朝廷以阿羅出等擾邊不止，拜撫寧侯朱永爲將軍，與越共圖之。破敵開荒川，諸將追奔至牛家寨，阿羅出中流矢走。……進右都御史。

又明年（成化七年）……辭大同巡撫。……加總督軍務，專辦西事。然是時寇數萬，而官軍堪戰者僅萬人，又分散防守，勢不敵。永、越乃條上戰守二策。尚書白圭亦難之，請敕諸將守。

其年，寇復連入懷遠諸堡，永、越禦卻之。圭復請大舉搜套。明年（成化八年）遣侍郎葉盛至軍議。時永已召還，越以士卒衣裝盡壞，馬死過半，請且休兵，與盛偕還。而廷議以套不滅，三邊終無寧歲。先所調諸軍已踰八萬，將權不一，迄無成功，宜專遣大將調度。乃拜武靖伯趙輔①爲平虜將軍，敕陝西、寧夏、延綏三鎮兵皆受節制，越總督軍務。比至，寇方深入環、慶、固原飽掠，軍竟無功。

越、輔以滿都魯、孛羅忽、乣加思蘭方强盛，勢未可破，乃奏言："欲窮搜河套，非調精兵十五萬不可。……宜姑事退守……量留精鋭，就糧鄜、延，沿邊軍民悉令内徙。……"奏上，廷議不決。越等又奏：寇知我軍大集，移營近河，潛謀北渡，殆不戰自屈。但山、陝荒旱，[供應不易]……攻取實難，請從防守之策……於是部科諸臣劾越、輔欺謾。會輔有疾，召還，以寧晉伯劉聚代。

明年（應是成化九年），越與聚敗寇漫天嶺，進左都御史。

是時三遣大將，皆以越總督軍務。寇每入，小擊輒去，軍罷即復來，率一歲數入。將士益玩寇，而寇勢轉熾。

其年九月，滿都魯及孛羅忽、乣加思蘭留妻子老弱於紅鹽池，大舉深入，直抵秦州、安定諸州縣。越策寇盡鋭西，不備東偏，乃率延綏總兵官許寧、遊擊將軍周玉各將五千騎爲左右哨，出榆林，踰紅兒山，涉白鹽灘，兩晝夜行八百里。將至，暴風起，塵翳目。一老卒前曰："天贊我也。去而風，使敵不覺。還軍，遇歸寇，[寇]處下風。乘風擊之，蔑不勝矣。"越遽下馬拜之，擢爲千户。分兵千爲十覆，而身率寧、玉張兩翼，薄其營，大破之。擒斬三百五十，獲駝馬器械無算，焚其廬帳而還。及滿都魯等飽掠歸，則妻子畜產已蕩盡，相顧痛哭。自是遠徙北去，不敢復居河套，西陲息肩者數年。

初，文臣視師者，率從大軍後，出號令行賞罰而已。越始多選跳盪士爲腹心將，親與寇搏，又以間諜敵累重邀劫之，或剪其零騎，用是數有功。[成化]

---

① 點本《校勘記》：武靖伯趙輔，據《明史》卷一三《憲宗紀》、卷一〇七《功臣世表》、又卷三二七《韃靼傳》、《憲宗實錄》卷一〇四成化八年五月癸丑條，成化八年，趙輔當稱"武靖侯"。——整理者注

十年……設總制府於固原……控制延綏、寧夏、甘肅三邊。……三邊設總制自此始。……

[弘治十一年]冬卒於甘州。……[越]久歷邊陲……知敵情僞及將士勇怯，出奇制勝，動有成算。……越在時，人多咎其貪功。及死，而將餒卒惰，冒功糜餉滋甚，邊臣竟未有如越者。

蒙古——在河套

《明史》卷一七二《白圭傳》：

成化……六年，阿羅出等駐牧河套，陝西數被寇。圭(時爲兵部尚書)言鎮巡官偷肆宜治，延綏巡撫王銳、鎮守太監秦剛、總兵官房能俱獲罪去。圭乃議大舉搜河套，發京兵及他鎮兵十萬屯延綏，而以輸餉責河南、山西、陝西民，不給，則預徵明年賦。於是内地騷然。而前後所遣三大將朱永、趙輔、劉聚，皆畏怯不任戰，卒以無功。十年卒官。

《明史》卷一七三《楊洪傳·從子信附傳》：

[成化初年(二年及三年事，見卷一三)，]毛里孩據河套，命佩將軍印，總諸鎮兵往禦。寇既渡河北去，已[而]復還據套，分掠水泉營及朔州，信等屢卻之。寇遂東入大同。因詔信還鎮大同(信於成化前嘗鎮大同，故曰還)。

《明史》卷一七三《朱謙傳·子永附傳》：

[成化初年(三年，見卷一三)，]毛里孩犯邊，命[永(時以撫寧侯領禁軍)]佩將軍印，會彰武伯楊信禦之。會[毛里孩]遣使朝貢，乃班師。(與上條似爲一事，卻又不一致——光旦)

[成化]六年，阿羅出寇延綏。復拜將軍，偕都御史王越，都督劉玉、劉聚往討，擊敗之蘇家寨。寇萬騎自雙山堡分五道至，戰於開荒川。寇少卻，乘勢馳之，皆棄輜重走。至牛家寨，遇都指揮吳瓊兵少，寇圍之。指揮李鎬、滕忠至，復力戰。聚及都指揮范瑾、神英分據南山夾擊，寇乃大敗。斬首一百有六，獲馬牛數千，阿羅出中流矢遁。時斬獲無多，然諸將咸力戰追敵，邊人以爲數十年所未有。……

阿羅出雖少挫，猶據河套。明年(成化七年)正月，寇屢入，永所部屢有斬獲。三月復以萬餘騎分掠懷遠諸堡。永與越等分兵爲五，設伏敗之，追至山口及滉忽都河，寇敗走。而遊擊孫鉞、蔡瑄別破他部於鹿窖山。……寇復以二萬餘騎入掠，擊退之。歲將盡，乃召永還，留越總制三邊。

《明史》卷一七三《朱謙傳·孫暉附傳》：

[弘治十四]年春，火篩連小王子，大入延綏、寧夏。……[及暉等率師]至寧夏，寇已飽掠去，乃……搗其巢於河套。寇已徙帳……（詳"蒙古——火篩"片。）

　　　光旦：雖徙帳，應尚在套內。

《明史》卷一七三《孫鏜傳·趙勝附傳》：

成化……七年……乩加思蘭犯宣府，詔勝（時以都督同知典京營）爲將軍，統京兵萬人禦之……以寇遁召還。

《明史》卷一七四《許貴傳·子寧附傳》：

成化初……移延綏（署都指揮僉事，初充大同遊擊將軍，繼改宣府，又自宣府移此）。地逼河套，寇數入掠孤山堡。寧提孤軍奮擊之，三戰皆捷，寇渡河走。明年（此無所承，上文只云"成化初"，或是成化元年，參卷一三），復以三千騎入沙河墩，與總兵官房能禦之。寇退，復掠康家岔。寧出塞百五十里，追與戰，獲馬牛羊千餘而還。時能守延綏，無將略，巡撫王銳請濟師。詔大同巡撫王越帥衆赴。越遣寧出西路。破敵黎家澗。進都指揮同知。復遣寧與都指揮陳輝追寇，獲馬騾六百。

朝廷以阿羅出復入河套，頻擾邊，命越與朱永禦，而……擢[寧]都督僉事，佩靖虜副將軍印，代能充總兵官。……踰月，寇大入，永遣寧及遊擊孫鉞禦之。至波羅堡，相持三日夜，寇乃解去。亡失多，寧以力戰得出……至冬，賊入安邊，寧追擊有功。

[成化]七年，[寧]又與諸將孫鉞、祝雄等敗寇於㳌忽都河……

迤北開元王把哈孛羅屢欲降，內懼朝廷見罪，外畏阿羅出讎之，徬徨不決。寧請撫慰以固其心，卒降之。

明年（成化八年），參將錢亮敗績於師婆澗，士卒死者十三四，寧與越等俱被劾。……時滿都魯等屢犯延綏，寧帥鎮兵力戰。寇不得志，乃出西路，直犯環、慶、固原。寧將輕騎夜襲之鴨子湖，奪馬畜而還。

又明年（成化九年），寇入榆林澗，與巡撫余子俊敗之。滿都魯等大入西路，留其家紅鹽池。越乘間與寧及宣府將周玉襲破其巢。進署都督同知。與子俊築邊牆，增營堡。寇患少衰。

　　　光旦：言少衰者，河套暫不復有蒙古駐屯，渡河北去。見"蒙古——在河套（與王越）"片。

[成化]十八年，寇分數道入，寧夏之邊牆，獲級百二十。

> 光旦：此寇當即上文之寇，但已在河套之外。

《明史》卷一七四《周賢傳·子玉附傳》：

[成化九年（時以都指揮使，充宣府遊擊將軍），]詔率所部援延綏，從王越襲紅鹽池。進署都督僉事，還守宣府。

《明史》卷一七四《王璽傳》：

成化初……署都指揮僉事，守禦黃河七墅。……阿魯（上文均作羅）出寇延綏，命充遊擊將軍赴援，戰孤山堡，敗之。寇再入，戰漫天嶺、劉宗塢及漫塔、水磨川，皆有功。進都指揮同知……

《明史》卷一七四《姜漢傳·孫應熊附傳》：

[嘉靖]三十二年①，套寇數萬騎屯賀蘭山，遣精騎掠紅井。應熊（時以都督僉事充總兵官鎮守寧夏）戒將士固守以綴敵，而潛師攻敵營，斬首百四十級。進都督同知。越二年（三十五年），套寇數萬踏冰西渡，由寧夏山後直抵莊、涼。應熊等掩擊，獲首功百餘。進右都督。

《明史》卷一七五《劉玉傳》：

成化……六年，[以左都督]充左副總兵，從朱永出延綏。五月，河套部入犯，玉帥衆禦卻之。

《明史》卷一七五《神英傳》：

成化[初年]，遷都指揮使，充延綏右參將。屢敗乜加思蘭兵，進署都督僉事。巡撫余子俊築邊牆，命英董役，工成……

> 光旦：邊牆所以備渡河北去之河套蒙古。

《明史》卷一七七《王復傳》：

成化元年，延綏總兵官房能奏追襲河套部衆，有旨獎勞。復（時爲兵部左侍郎）以七百里趨戰非宜，且恐以僥倖啓釁，請敕戒諭。帝是之。

> 光旦：下文尚有涉及河套者，見"蒙古——在西北（與王復）"片。

《明史》卷一七七《葉盛傳》：

[成化間（六年，見上摘卷一七二《白圭傳》條），]滿都魯諸部久駐河套，兵部尚書白圭議以十萬衆大舉逐之，沿河築城抵東勝，徙民耕守。帝壯其議。

---

① 事應在嘉靖三十三年。見《明史》卷二〇二《賈應春傳》及《世宗實錄》卷四一四嘉靖三十三年九月庚子條、卷四一七嘉靖三十三年十二月丁卯條。——整理者注

八年春，敕盛往會總督王越，巡撫馬文升、余子俊、徐廷璋詳議。……盛……既［嘗］往來三邊，知時無良將，邊備久虛，轉運勞費，搜河套復東勝未可輕議。乃會諸臣上疏，言守爲長策。"如必決戰，亦宜堅壁清野，伺其惰歸擊之，令一大創，庶可遏再來。又或乘彼入掠，遣精卒進擣其巢，令彼反顧，內外夾擊，足以有功。然必守固，而後戰可議也。"帝善其言。而圭主復套，師出，竟無功。

  光旦：然次年（成化九年）再舉，卒成所謂擣巢之功，套部暫渡河而北，未可云完全無功。然此擣巢之議亦未嘗不發自盛也。

《明史》卷一七八《項忠傳》：

  ［成化二年］毛里孩寇延綏，詔忠（時以右副都御史巡撫陝西）偕彰武伯楊信禦之，無功。明年，信議大舉搜河套，敕忠提督軍務。忠方赴延綏，而寇復陷開城，深入靜寧、隆德六州縣，大掠而去。……搜套師亦不出。

《明史》卷一八二《馬文升傳》：

  孛羅忽、滿都魯、乩加思蘭比歲犯邊。文升（時以左副都御史巡撫陝西）請駐兵韋州，而設伏諸堡待之。遂敗寇黑水口，擒其平章迭烈孫，又敗之湯羊嶺，斬首二百，名其嶺曰"得勝坡"，勒石紀之而還。（"比歲"，成化九年前之各年也。——光旦）

蒙古——在河套（倪岳論西北用兵）

《明史》卷一八三《倪岳傳》：

  ［嘗疏］論西北用兵害尤切，其略云：近歲毛里孩、阿羅忽、孛羅出、乩加思蘭大爲邊患。蓋緣河套之中，水草甘肥，易於屯牧，故賊頻據彼地，擁衆入掠。……命將徂征，四年三舉，絕無寸功。……

  頃兵部建議：令宣府出兵五千，大同出兵一萬，併力以援延綏，而不慮其相去既遠，往返不逮……［僅而得達，與敵相值，］精銳既盡乎西，老弱乃留於北，萬一北或有警，而西未可離，首尾衡決，遠近坐困，其可爲得計哉？……

  朝廷出帑藏給邊，歲爲銀數十萬。山西、河南輸輕齎於邊者，歲不下數十萬。……

  禦敵之策……論議紛紜。

  ［一］有謂復受降之故險，守東勝之舊城，使聲援交接，掎角易制。夫欲

復城河北，即須塞外屯兵。出孤遠之軍，涉荒漠之地……曠日持久，軍食乏絶。進不得城，退不得歸，一敗而聲威大損矣。

〔二〕又有謂統十萬之衆，裹半月之糧，奮揚武威，掃蕩窟穴，使河套一空。事非不善也。然……其間地方千里，無城郭之居，委積之守。彼或往來遷徙，罷我馳驅。我則情見勢屈，爲敵所困。……（此議白圭倡之，王越行之，倖而獲售者，已見前片。）

〔三〕其最無策者，又欲棄延綏勿守，使兵民息肩。不知……向失東勝，故今日之害萃於延綏，而關、陝震動。今棄延綏，則他日之害鍾於關、陝，而京師震動。賊愈近而禍愈大矣。

因陳重將權、增城堡、廣斥堠、募民壯、去客兵、明賞罰、嚴間諜、實屯田、復邊漕數事。時兵部方主用兵，不能盡用也。

光旦：此自是成化初葉中所作之議論，在王越等搜套"搗巢"之前。

蒙古——在河套

《明史》卷一八五《叢蘭傳》：

正德……六年……河套有警……命蘭（時以户部右侍郎督理三邊軍餉）兼管固〔原〕、靖〔邊〕等處軍務。

《明史》卷一八五《吴世忠傳》：

正德……八年擢右僉都御史巡撫延綏。寇在河套，逐之失利，乃引疾歸。

光旦：成化九年，套部被襲渡河北去，何時再度入套，至此似尚未見交代。

《明史》卷一九六《夏言傳》：

河套議起。言……因陝西總督曾銑請復河套，贊決之。……江都人蘇綱者，言繼妻父也，雅與銑善。銑方請復河套，綱亟稱於言。言倚銑可辦，密疏薦之，謂羣臣無如銑忠者。帝令言擬旨，優獎之者再。銑喜，益鋭意出師。帝忽降旨詰責，語甚厲。〔嚴〕嵩〔與言久相矛盾〕，揣知帝意，遂力言河套不可復。

光旦：事在嘉靖二十五（參下摘卷二〇四《曾銑傳》條）、二十七年間。

言卒以此敗。

《明史》卷一九八《楊一清傳》：

（一清備論河套之歷史、及其得失利害，見"蒙古——在西北（與楊一清）"片，此不複。）

蒙古——在河套（翁萬達論復套）

《明史》卷一九八《翁萬達傳》：

是時（嘉靖二十五年後，二十七年前）曾銑有復套之議，夏言主之，故力絀［萬達之］貢議（見"蒙古——俺答（與翁萬達……）"片），且以復套事行諸邊臣議之。

萬達議曰：

"河套本中國故壤。成祖三犁王庭，殘其部落，舍黃河，衛東勝。後又撤東勝以就延綏，套地遂淪失。然正統、弘治間，我未守，彼亦未取。乃因循畫地守，捐天險，失沃野之利。弘治前，我猶歲搜套，後乃任彼出入，盤據其中，畜牧生養。譬之爲家，成業久矣。欲一舉復之，毋乃不易乎！

"提軍深入，山川之險易，途徑之迂直，水草之有無，皆未熟知。我馬出塞三日已疲，彼騎一呼可集。我軍數萬衆，緩行持重則備益固，疾行趨利則輜重在後。即得小利，歸師尚艱。倘失嚮導，全軍殆矣。彼遷徙遠近靡常。一戰之後，彼或保聚，或佯遁，笳角時動，壁壘相持，已離復合，終不渡河。我軍於此，戰耶，退耶，兩相守耶？數萬衆出塞，亦必數萬衆援之，又以驍將通糧道，是皆至難而不可任者也。夫馳擊者彼所長，守險者我所便。弓矢利馳擊，火器利守險。舍火器守險，與之馳擊於黃沙白草間，大非計。

"議者欲整六萬衆，爲三歲期。春夏馬瘦，彼弱，我利於征，秋冬馬肥，彼強，我利於守。春蒐套，秋守邊，三舉彼必遠遁，我乃拒河守。夫馬肥瘦，我與敵共之。即彼弱，然坐以待，懼其擾擊我，及彼強，又懼其報復我。且六萬之衆，千里襲人，一舉失利，議論蜂起，烏能待三。即三舉三勝，彼敗而守，終不渡河，版築亦無日。

"議者見近時搗巢，恒獲首功，昔年城大同五堡，寇不深競，以爲套易復。然搗巢，因其近塞，乘不備，勝則倏歸，舉足南向即家門。復套，則深入其地，後援不繼，事勢異也。往城諸邊，近我土，彼原不以爲利。套，自其四時駐牧地，肯晏然已乎？事體異也。曰伺彼出套，據河守，先丞築渡口垣牆，以次移置邊堡。彼控弦十餘萬，豈肯空套出。築垣二千餘里，豈不日可成。堡非百數十不相聯絡，堡兵非千人不可居，而遊徼瞭望者不與，當三十萬衆不止也。況循邊距河，動輒千里，一歲食糜億萬。自內輸邊，自邊輸河，飛輓之艱不可不深慮。若令彼有其隙，我乘其敝，從而圖之，未嘗不可。今塞下喘息未定，邊卒瘡痍未起，橫挑強寇以事非常，愚所不解也。"

蒙古——在河套

《明史》卷一九九《李承勋傳》：

[嘉靖]十年春……承勋（時爲兵部尚書）言："去歲冰合，敵騎盡入河套。延、寧、固原皆當警備。甘肅軍餉專仰河東，宜於蘭州糴貯，以備緩急。……套寇出入，並經莊浪。急宜繕塞設險，斷臂截踵，使不得相合。"（時河西有土魯番之患，亦不刺又深入，不得與此二者相合也。）

《明史》卷一九九《王以旂傳》：

[嘉靖中（二十五年，見下摘卷二〇四《曾銑傳》條），]三邊總督曾銑議復河套，大學士夏言主之。……令以旂（時以左都御史爲兵部尚書）集廷臣議。以旂等力主銑議。議上，帝意忽變……以旂等……盡反前説。帝逮銑，令以旂代之。套寇自西海還，肆掠永昌、鎮羌，總兵官王繼祖禦卻之。已[而]復來犯，并及鎮番、山丹。部將蔡勳、馬宗援三戰皆捷。前後斬首一百四十餘級。……已而寇數萬復屯寧夏塞外（此寇不知即套寇否），將大入。官軍擊之，斬首六十餘級，寇宵遁。

《明史》卷二〇二《唐龍傳》：

（吉囊、俺答亦嘗居河套或入套爲患，見有關片。）

《明史》卷二〇二《賈應春傳》：

[嘉靖三十三]年罷宣大總督蘇祐，以應春代。時秋防將屆，代應春者江東未至，令仍舊任（兵部右侍郎總督三邊）。套寇（吉囊？）數萬人屯寧夏山後，先遣騎五百餘入掠。總兵官姜應熊守紅井以綴敵，而密遣精兵薄其營，斬首百四十餘級。進應春右都御史。踰月，寇別部入永昌、西寧，爲守將所破。……久之，寇五千騎犯環、慶，爲都督袁正所破，掠莊、涼，守將邀斬百二十人。

蒙古——在河套（與曾銑復套論）

《明史》卷二〇三《唐冑傳》：

[嘉靖十五年，冑爲户部左侍郎，疏諫征安南，有曰，]"北寇日强，據我河套。"

《明史》卷二〇四《曾銑傳》：

時（嘉靖二十五年前後）套寇牧近塞，零騎往來，居民不敢樵採。銑方築塞，慮爲所擾，乃選銳卒擊之。寇稍北，間以輕騎入掠，銑復率諸軍驅之遠徙。參將李珍及韓欽功爲多……（時銑以兵部侍郎總督陝西三邊。）

銑……念寇居河套，久爲中國患，上疏曰："賊據河套，侵擾邊鄙將百年。孝宗欲復而不能，武宗欲征而不果，使吉囊據爲巢穴。出套則寇宣、大、三關，以震畿輔；入套則寇延、寧、甘、固，以擾關中。深山大川，勢顧在敵而不在我。封疆之臣曾無有以收復爲陛下言者……臣……切齒痛心有日矣。竊嘗計之：秋高馬肥，弓矢勁利，彼聚而攻，我散而守，則彼勝；冬深水枯，馬無宿藁，春寒陰雨，壤無燥土，彼勢漸弱，我乘其弊，則中國勝。臣請以銳卒六萬，益以山東鎗手二千，每當春夏交，攜五十日餉，水陸交進，直搗其巢。材官騶發，礮火雷激，則寇不能支。此一勞永逸之策，萬世社稷所賴也。"遂條八議以進。……

光旦：明世宗初同意此議，後忽變計，嚴嵩輩即借此興大獄，銑及夏言均死。餘文冗長不錄。

其後，俺答歲入寇，帝卒不悟，輒曰："此銑欲開邊，故行報復耳。"

蒙古——在河套

《明史》卷二一七《王家屏傳》：

萬曆……十八年以久旱……言，[有云，]"調燮之難莫甚今日。況套賊跳梁於陝右，土蠻猖獗於遼西，貢市屬國復鴟張虎視於宣、大。虛內事外，內已竭而外患未休；剝民供軍，民已窮而軍食未裕。"（時家屏以吏部左侍郎在內閣。）

《明史》卷二二三《萬恭傳》：

濱河州縣患套寇東掠，歲鑿冰以防，恭爲築牆四十里。教人以耕及用水車法，民大利之。（事在嘉靖末，時恭以右僉都御史、兵部右侍郎巡撫山西。）

光旦：此寇應是吉囊之部。

《明史》卷二二七《孫維城傳》：

[萬曆]二十九年拜右僉都御史，巡撫延綏。河套常犯順，罷貢市十餘年。後復松山，築邊城，諸部長恐，益侵軼。至是，吉囊、卜、莊等乞款。聞巡撫王見賓當去，請益切。在寧夏者曰著、宰，亦請之巡撫楊時寧。兩鎮交奏，給事中桂有根請聽邊臣自主。維城方代見賓，時寧亦遷去，以黃嘉善代，二人並申約束。維城又條善後六事，款事復堅。

《明史》卷二二八《魏學曾傳》：

（見"蒙古——在西北（洮河用兵……）"片。）

《明史》卷二三八《李成梁傳·子如松附傳》：

（哱拜勾套寇爲助，見"蒙古——在西北（哱拜）"片。）

《明史》卷二三八《麻貴傳》：

（著力兔之活動，初與哱拜連，後獨自進行，見"蒙古——在西北"片。）

《明史》卷二三九《張臣傳》：

[萬曆]十八年春，移鎮甘肅（陝西總兵官，原鎮固原）。火落赤犯洮河，卜失兔將往助之，其母泣沮，不從，遂攜妻女行，由永昌宋家莊穴牆入。臣逆戰水泉三道溝，手格殺數人，奪其坐纛。卜失兔及其黨炒胡兒並中流矢走。臣亦被創。將士斬級以百數，生獲其愛女及牛馬羊萬八百有奇。卜失兔仰天大慟曰："傷哉我女，悔不用母言，以至此也。"自是不敢歸巢，與宰僧匿西海（青海）。已[而]屬宰僧謝罪，其母及順義王亦代爲言，乃還其女，而使歸套。臣以功進秩爲真（都督同知）。時諸部長（當是一般西北者）桀驁甚，經略鄭洛專主款。臣以爲不足恃，上書陳八難、五要。……

《明史》卷二三九《張臣傳·孫應昌附傳》：

[天啓]二年秋，河套入犯，[應昌（時爲延綏參將）]不能禦，免歸。……崇禎二年，總督楊鶴檄應昌署定邊鎮將事。河套入寇，擊斬百二十餘級……鶴遂薦應昌以副將鎮定邊。

《明史》卷二三九《董一元傳》：

（萬曆二十年套中諸部響應哱拜，見有關哱拜片。）

《明史》卷二三九《杜桐傳》：

[萬曆]十四年……署都督僉事，充[延綏]總兵官。時卜失兔以都督同知爲套中主，威令不行，其下各雄長，志常叵測。朔漠素無痘症，自嘉靖庚戌（公元1550年）深入石州，染此症，犯者輒死。打兒漢者，卜失兔祖吉能部落也，數將命奉貢，累官指揮同知。一日，互市還，與其儕禿退台吉等俱染痘死。禿退子阿計疑邊吏酖其父，思亂。及卜失兔西助火落赤共擾河西，諸部遂蠢動。十九年冬，打兒漢子土昧與他部明安互市訖，復臨邊要賞，聲犯內地。桐與巡撫賈仁元計先出兵襲之。乃令參將張剛自神木，遊擊李紹祖自孤山，桐率輕騎自榆林，三道並出。遇寇力戰，大破之，斬首四百七十餘級，馘明安而還。

延綏自吉能納款，塞上息肩二十年，自此兵端復開。明安子擺言太日思報復，寇鈔無已時矣。

《明史》卷二三九《杜桐傳·弟松附傳》：

萬曆二十二年，卜失兔掠張春井，大入下馬關。松（時爲寧夏守備）偕遊擊史見、李經以二千餘騎邀擊馬蓮井，小勝，誤入伏中，見戰死，松、經皆重傷，士卒死過半。麻貴援軍至，松復裹創力戰，寇始敗走。時松已進遊擊將軍，[至此]遷延綏參將。貴大舉搗巢，松以右軍出清平塞，多所斬獲，進副總兵。……[萬曆三十四]年，套寇犯安邊、懷遠，松（時以署都督僉事爲延綏總兵官）大破之……

[萬曆]四十三年，河套寇大入，令松（時廢，無官職）以輕騎搗火落赤營。獲首功二百有奇。復叙用。

《明史》卷二三九《杜桐傳·子文煥附傳》：

[萬曆]四十三年……署都督僉事、寧夏總兵官。延綏被寇，文煥赴救，大破之。明年遂代官秉忠鎮延綏。屢敗寇安邊、保寧、長樂，斬首三百有奇。西路（河套以西之蒙古）火落赤、卜言太懼，相率降。沙計數盜邊，爲文煥所敗，遂納款。既而復與吉能、明愛合，駐高家、柏林邊，要封王、補賞十事。文煥襲其營，斬首百五十。火落赤諸部落攢刀立誓，獻罰九九。九九者，部落中罰駝馬牛羊數也。已[而]沙計又伏兵沙溝，誘殺都指揮王國安，糾猛克什力犯雙山堡，復犯波羅。文煥擊破之，追奔二十餘里。當是時，套寇號十萬。然其衆分四十二枝，多者二三千，少不及千騎，屢不得志。沙計乃與吉能、明愛、猛克什力相繼納款，延綏遂少事。

《明史》卷二三九《杜桐傳·子文煥附傳》：

天啓元年再鎮延綏。詔文煥援遼。文煥乃遣兵出河套，搗巢以致寇。諸部大恨，深入固原、慶陽，圍延安，揚言必縛文煥，掠十餘日始去。命解職候勘。

《明史》卷二三九《蕭如薰傳》：

（河套著力兔助哱拜攻寧夏鎮城，見有關"哱拜"片。）

《明史》卷二三九《蕭如薰傳》：

[萬曆]二十二年八月，卜失兔西犯定邊，闌入固原塞，副將姜直不能禦，遂由沙梁隤牆入，直抵下馬關，縱橫內地幾一月。如薰免官（署都督同知寧夏總兵官）。……尋復以總兵官鎮守固原。套寇入犯，擊卻之。

《明史》卷二三九《柴國柱傳》：

（松山蒙古與河套蒙古合兵入寇，見"蒙古——在西北（松山）"片。）

《明史》卷二四七《馬孔英傳》：

（萬曆二十年起，初爲哱拜所引，後復自動入寇寧夏，見"蒙古——在西北"片。）

《明史》卷二三九《官秉忠傳》：

[萬曆]四十年五月擢總兵官，代張承蔭鎮延綏。套寇犯保寧，秉忠督參將杜文煥等敗之白土澗。一日再捷，俘斬二百五十，馘其長十二人。無何，旗牌撤勒犯長樂，秉忠將輕騎追襲之，大獲。猛克什力犯保寧，秉忠又破之。已而猛克挾賞不獲，再寇保寧及懷遠，秉忠隨所向以勁騎遮擊，先後斬首二百二十有奇。猛克及旗牌復以千餘騎犯波羅，遙見保寧軍，遂遁出塞。

吉能者，卜失兔子，爲套中之主，士馬雄諸部。見卜失兔襲順義王，補其五年市賞，遂挾求封王，且還八年市賞。邊臣不許，則大怨。會他部鐵雷以痘瘡死，妄言邊吏毒殺之。而沙計盜邊，又被鉚去。吉能遂合套中諸部，大舉入寇。東道高家、大柏油、神木、柏林，中道波羅，西道磚井、寧塞諸城堡盡被蹂躪。副將孫洪謨禦之大柏油，中伏被圍。遊擊萬化孚等不救，士卒死傷過半，洪謨遂降。秉忠聞寇入，急遣遊擊張榜潛劫其營，又敗，死四百餘人。會故帥杜松、寧夏帥杜文煥援軍至，並破敵，而秉忠所部亦有斬獲，寇始退。然猶駐塞下，時鈔掠。秉忠亦屢出襲擊，多獲首功……沙計謀從雙山、建安入犯，秉忠設伏待之。遂大敗去，斬其首二百有奇。

《明史》卷二四八《梅之煥傳》：

莊烈帝即位……起故官（右僉都御史），巡撫甘肅。大破套寇，斬首七百餘級，生得部長三人，降六百餘人。明年（崇禎二年）春，寇復大入，患豌豆瘡（即瘡？），環大黃山而病。諸將請掩之，之煥不可，曰："幸災不仁，乘危不武，不如舍之，因以爲德焉。"遂不戰。踰月，羣寇望邊城搏顙涕泣而去。

《明史》卷二四八《李若星傳》：

[天啓四年，若星（時以右僉都御史巡撫甘肅）]遣將丁孟科、官維賢擊河套、松山諸部[於]鎮番，斬首二百四十餘級。（互見）

《明史》卷二五六《崔景榮傳》：

（吉能求補市賞，勿許，見"蒙古——在西北"片。）

《明史》卷二五七《熊明遇傳》：

[萬曆四十三年，以掌兵科給事中事上疏陳八憂、五漸、三無之說曰，]"套部圖王，插部覬賞，可憂三。"（互見）

《明史》卷二六〇《鄭崇儉傳》：

[崇禎十年前後，]遷右僉都御史，巡撫寧夏。數敗套寇。

《明史》卷二六七《馬從聘傳》：

拜右僉都御史，巡撫延綏，失事奪俸。既而有搗巢功，未敘，引疾歸。

> 光旦：無年份，當在萬曆中葉，不出萬曆三十年代。

《明史》卷二六七《張伯鯨傳》：

擢[延綏]兵備僉事……敗套寇於長樂堡。巡撫陳奇瑜上其功。（崇禎二至七年以前事。崇禎六年，參卷二六〇《陳奇瑜傳》。）

《明史》卷二六七《張伯鯨傳》：

[崇禎]七年……擢右僉都御史[巡撫延綏]。督總兵王承恩等分道擊破插漢部長及套寇於雙山、魚河二堡，斬首三百。

《明史》卷二六九《尤世威傳》：

[崇禎十六]年十月，李自成陷西安，傳檄榆林招降。……[時榆林]士馬單弱……布政使都任亟集……參將劉廷傑……與里居將帥世威……[等]議城守。衆推世威爲主帥。……守具未備，賊已抵城下。廷傑募死士，乞師套部。師將至，賊分兵卻之……

《明史》卷二七〇《馬世龍傳》：

（崇禎六、七年間，與插漢部合作攻寧夏、河西，見"蒙古——插漢"片。）

《明史》卷二七〇《馬世龍傳·楊肇基附傳》：

進右都督，[自登萊改鎮]延綏，以擊套寇功，進左都督。

> 光旦：無具體年月，應在天啓近末。

《明史》卷二七〇《賀虎臣傳》：

天啓……六年遷延綏副總兵。河套寇大舉入犯，從帥楊肇基協擊，大破之。加署都督僉事。

> 光旦：即上條事。

《明史》卷二七〇《賀虎臣傳》：

崇禎……四年，神一元陷保安。……虎臣（時以總兵官鎮守寧夏）等……進圍保安，賊引河套數千騎挫虎臣軍。

《明史》卷二七一《官惟賢傳》：

（天啓五、七年間，與松山諸部合兵入掠，見"蒙古——在西北"片。）

《明史》卷二九一《高邦佐傳》：

轉神木參政，屢破套寇沙計。

> 光旦：事應在萬曆末葉。

蒙古——在東北

《明史》卷二：

> [洪武]五年……十一月……壬申，納哈出犯遼東。

《明史》卷二：

> [洪武]七年……十一月壬戌，納哈出犯遼陽。

《明史》卷二：

> [洪武八年十二]月，納哈出犯遼東，指揮馬雲、葉旺大敗之。

《明史》卷三：

> [洪武]二十年……正月癸丑，馮勝爲征虜大將軍，傅友德、藍玉副之，率師征納哈出。……三月辛亥，馮勝率師出松亭關，城大寧、寬河、會州、富峪。……六月庚子，臨江侯陳鏞從征失道，戰没。癸卯，馮勝兵踰金山。丁未，納哈出降。閏[六]月庚申，師還次金山，都督濮英殿軍遇伏，死之。秋八月癸酉，收馮勝將軍印，召還，藍玉攝軍事。……九月戊寅，封納哈出海西侯。癸未，置大寧都指揮使司。……[十]月，馮勝罷歸鳳陽，奉朝請。

> 光旦：結束納哈出一段情況。

《明史》卷三：

> [洪武]二十八年……正月，燕王棣帥總兵官周興出遼東塞。……

> [洪武二十八年]六月……辛巳，周興等自開原追敵至甫答迷城，不及而還。

蒙古——在東北與北方

《明史》卷三：

> [洪武]二十九年……二月……辛亥，燕王棣帥師巡大寧，周世子有燉帥師巡北平關隘。三月……甲子，燕王敗敵於徹徹兒山，又追敗之於兀良哈禿城而還。

《明史》卷三：

> [洪武]三十年……正月……己巳，左都督楊文屯田遼東。

《明史》卷三：

> [洪武]三十一年……五月……戊午，都督楊文從燕王棣，武定侯郭英從

遼王植，備禦開平，俱聽燕王節制。

《明史》卷六《成祖二》：

[永樂]九年……三月……戊子，劉江鎮遼東。

《明史》卷七《成祖三》：

[永樂]十二年……九月……甲午……劉江鎮遼東。

《明史》卷七《成祖三》：

[永樂]十八年……五月壬午，左都督朱榮鎮遼東。

《明史》卷七《成祖三》：

[永樂]二十年……十二月辛卯，朱榮鎮遼東。

《明史》卷八《仁宗本紀》：

[仁宗初即位，永樂二十二年]八月……己未，武安侯鄭亨鎮大同……襄城伯李隆鎮山海，武進伯朱榮鎮遼東。

《明史》卷八：

洪熙元年……三月……庚寅，陽武侯薛禄爲鎮朔大將軍，率師巡開平、大同邊。

《明史》卷九：

[洪熙元年(時仁宗已崩，宣宗方即位)，]六月……辛亥，諭邊將嚴守備。

《明史》卷九：

[洪熙元年(時仁宗已崩，宣宗方即位)，閏七]月戊申，安順伯薛貴、清平伯吴誠①、都督馬英、都指揮梁成帥師巡邊。

《明史》卷九：

[宣德元年]正月……癸丑，赦死罪以下運糧宣府自贖。

《明史》卷九：

[宣德]二年……五月癸巳，薛禄督餉開平。

《明史》卷九：

[宣德二年]七月……丁未，薛禄敗敵於開平。

《明史》卷九：

[宣德]四年……六月……己亥，寇犯開平，鎮撫張信等戰死。庚子，薛

---

① 標點本《校勘記》：吴誠，據《明史》卷一〇七《功臣世表》、又卷一五六《吴成傳》、《宣宗實錄》卷五洪熙元年閏七月戊申條應爲"吴成"。——整理者注

禄督餉開平。……

　　光旦：此寇當是蒙古，但亦有可能是兀良哈。

十一月癸卯，薛禄及恭順侯吳克忠帥師巡宣府。

《明史》卷九：

　　[宣德]五年……四月戊寅，薛禄帥師築赤城、鵰鶚、雲州、獨石、團山城堡。

《明史》卷一〇：

　　[正統]九年……正月甲寅，右都御史王文巡延安、寧夏邊。

《明史》卷二三：

　　[崇禎元]年，革廣寧及薊鎮塞外諸部賞。諸部饑，告糴，不許。

蒙古——在東北

《明史》卷一三四《葉旺傳》：

　　洪武四年，[旺與馬雲]偕鎮遼東。

　　初，元主北走，其遼陽行省參政劉益屯蓋州，與平章高家奴相爲聲援，保金、復等州。帝遣斷事黃儔齎詔諭益。益籍所部兵馬、錢糧、輿地之數來歸。乃立遼陽指揮使司，以益爲指揮同知。未幾，元平章洪保保、馬彥翬合謀殺益。右丞張良佐、左丞商暠擒彥翬殺之，保保挾儔走納哈出營。良佐因權衛事，以狀聞。且言："遼東僻處海隅，肘腋皆敵境。平章高家奴守遼陽山寨，知院哈剌章屯瀋陽古城，開元則右丞也先不花，金山則太尉納哈出，彼此相依，時謀入犯。今保保逃往，釁必起，乞留斷事吳立鎮撫軍民。而以所擒平章八丹、知院僧孺等械送京師。"帝命立、良佐、暠俱爲蓋州衛指揮僉事。

　　既念遼陽重地，復設都指揮使司統轄諸衛，以旺及雲並爲都指揮使。

《明史》卷一五五《宋晟傳》：

　　[洪武]二十八年六月，[晟]從總兵官周興出開原，至忽剌江。部長西陽哈遁，追至甫答迷城，俘人畜而還。

《明史》卷一五五《劉榮（初名江）傳》：

　　永樂八年……遣[江]鎮遼東。敵闌入殺官軍。……九年復鎮遼東。十二年再從北征……（另見"朱棣北征"片）[尋]復充總兵官，鎮遼東（同時亦所以備禦倭寇）。……榮爲將……恩信嚴明。諸款塞者，撫輯備至。

　　光旦：永樂十八年，劉榮卒，由朱榮代鎮遼東，至洪熙元年，朱榮又辛；朱榮任內，似無甚軍事行動，不另錄。

《明史》卷一五五《趙輔傳》：

[成化]三年總兵征迤東，與都御史李秉從撫順深入，邊戰有功，進侯。

《明史》卷一七四《巫凱傳》：

宣宗立，以都督僉事佩征虜前將軍印，代朱榮鎮遼東。……敵掠西山，凱擊敗之，盡得所掠者。

光旦：此敵應是蒙古。西山，遼東西部之山區。

《明史》卷一七七《王翱傳》：

（正統十四年，脫脫不花曾攻廣寧，見"蒙古——瓦剌、也先"片，此不複錄。）

《明史》卷二〇四《王忬傳》：

[嘉靖三十年代（三十四年，參卷二一四《楊博傳》），以右都御史爲薊遼總督。]打來孫十餘萬騎深入廣寧諸處，總兵官殷尚質等戰歿。……未幾，打來孫復以十萬騎屯青城，分遣精騎犯一片石、三道關。總兵官歐陽安拒卻之。……把都兒等犯遷安，副總兵蔣承勛戰死。……[帝以忬]所部屢失事……諭嚴嵩與兵部計防守之宜。嵩奏流河口邊牆有缺，故寇乘之入，宜大修邊牆。……

時寇別部入瀋陽，有鄉兵金仲良者擒其長討賴。……卻寇，[有功。]……已而寇復入遼陽，副總兵王重禄敗績。……

踰月（不知踰何月，距何事之發生踰月），寇犯清河，總兵官楊照禦之，斬首八百餘級。越四日，土蠻十萬騎薄界嶺口，副將馬芳拒卻之。明日，敵騎二百奔還，芳及[總兵官]安（姓歐陽，安名）俘斬四十級。……

三十八年二月，把都兒、辛愛數部屯會州，挾朵顏爲鄉導，將西入，聲言東。忬遽引兵東。寇乃以其間由潘家口入，渡灤河而西，大掠遵化、遷安、薊州、玉田，駐內地五日，京師大震。……

[忬卒以此論斬。]

《明史》卷二一一《馬永傳》：

嘉靖元年，金山礦盜作亂。[永（時以都督同知鎮守薊州）]遣指揮康雄討平之，塞其礦。

光旦：此金山當是在吉林與內蒙哲里木盟之間者，亦即明初元遺官納哈出所佔之地。

光旦：礦盜應不止蒙古人，其中必有漢族移民，乃至東北其它民族之人。

《明史》卷二一一《周尚文傳·趙國忠附傳》：

嘉靖八年，[以]都指揮僉事守備靉陽。擢錦、義右參將。連破敵⋯⋯

光旦：此敵不必是蒙古，或不盡是蒙古，甚或主要爲朝鮮族。故互見。

進署都督僉事，爲遼東總兵官。禦敵有功，斬級百七十有奇。進都督同知⋯⋯敵以八百騎從鴉鶻關入。都指揮康雲戰歿，裨將三人亦死⋯⋯[尋]守備張文瀚禦敵死，國忠坐解任。

《明史》卷二一二《戚繼光傳》：

南北名將馬芳、俞大猷前卒，獨繼光與遼東李成梁在。然薊門守甚固，敵無由入，盡轉而之遼，故成梁擅戰功。

《明史》卷二二一《郝杰傳》：

[萬曆]十九年春，[遼東總兵官李]成梁用參將郭夢徵策，使副將李寧襲板升於鎮夷堡，獲老弱二百八十餘級。師旋，爲別部所邀，寧先走，將士數千人失亡大半，成梁飾功邀敘。杰（時以右僉都御史巡撫遼東）具奏草[劾之，被抑未達]。

蒙古——在東北（與李成梁）

《明史》卷二二一《郝杰傳》：

[萬曆]十八年冬，海州被掠十三日，副將孫守廉不戰，[遼東總兵官李]成梁亦弗救。[巡按御史胡克儉劾之。]

光旦：本《傳》有《胡（本姓扶，後又還姓扶）克儉附傳》。

《明史》卷二二二《張學顏傳》：

（學顏種種措施，事因備土蠻及三衛而起，但不盡爲土蠻、三衛，見"總錄——明與東北"片。）

《明史》卷二三八《李成梁傳》：

隆慶⋯⋯三年四月，張擺失等屯塞下，成梁（時爲副總兵，協守遼陽）迎擊斬之，殲其卒百六十有奇。餘衆遠徙，遂空其地。⋯⋯

四年九月，辛愛大入遼東。總兵官王治道戰死，擢成梁署都督僉事代之。當是時，俺答雖款塞，而插漢部長土蠻與從父黑石炭，弟[小?]委正、大委正，從弟煖兔、拱兔，子卜言台周，從子黃台吉勢方強。泰寧部長速把亥、炒花，朶顏部長董狐狸、長昂佐之。東則王杲、王兀堂、清佳砮、楊吉砮之屬，亦時窺塞下。十年之間，殷尚質、楊照、王治道三大將皆戰死。成梁乃大修戎備，甄拔將校，收召四方健兒，給以厚餼，用爲選鋒。軍聲始振。

明年（隆慶五年）五月，敵犯盤山驛，指揮蘇成勛擊走之。無何，土蠻大入。成梁遇於卓山，麾副將趙完等夾擊，斷其首尾。乘勝抵巢，鹹部長二人，斬首五百八十餘級。進署都督同知……

又明年（隆慶六年）十月，土蠻六百騎營舊遼陽北河，去邊二百餘里，俟衆集大舉。成梁擊走之。

萬曆元年，又擊走之前屯。已[而]又破走之鐵嶺鎮西諸堡。……

朵顏兀魯思罕以四千騎毀牆入，成梁禦卻之。

建州都指揮王杲故與撫順通馬市。及是，誘殺備禦（武職名，見《明會典·兵部》）裴承祖，成梁謀討之。明年（萬曆二年）十月，杲復大舉入。成梁檄副將楊騰、遊擊王惟屏分屯要害，而令參將曹簠挑戰。諸軍四面起，敵大奔，盡聚杲寨。寨地高，杲深溝堅壘以自固。成梁用火器攻之，破數柵，矢石雨下。把總于志文、秦得倚先登，諸將繼之。杲走高臺，射殺志文。會大風起，縱火焚之，先後斬馘千一百餘級，毀其營壘而還。進左都督……杲大創，不能軍，走匿阿哈納寨。曹簠勒精騎往，杲走南關。都督王台執以獻，斬之。

[萬曆]三年春，土蠻犯長勇堡，擊敗之。其冬，炒花大會黑石炭、黃台吉、卜言台周、以兒鄧、煖兔、拱兔、堵剌兒等二萬餘騎，從平虜堡南掠。副將曹簠馳擊，遂轉掠瀋陽。見城外列營，乃據西北高墩。成梁邀戰，發火器。敵大潰，棄輜重走。追至河溝，乘勝渡河，擊斬以千計。……

明年（萬曆四年），黑石炭、大委正營大清堡邊外，謀錦、義。成梁率選鋒馳二百里，逼其營，攻破之。殺部長四人，獲級六十有奇。

五月，土蠻復入①，聯營河東，而遣零騎西掠。成梁掩其巢，得利而還。

明年（萬曆六年）正月，速把亥糾土蠻大入，營劈山。成梁馳至丁字泊，敵方分騎繞牆入。成梁夜出塞二百里，擣破劈山營，獲級四百三十，馘其長五人。……三月，遊擊陶承嚳擊敵長定堡，獻馘四百七十有奇。……有言所殺乃土蠻部曲，因盜牛羊事覺，懼罪來歸，承嚳掩殺之。給事中光懋因請治承嚳殺降罪，御史勘如懋言。……六月，敵犯鎮靜堡，復擊退之。十二月，速把亥、

---

① 標點本《校勘記》：據《明史稿》傳一一五《李成梁傳》作"五年"。《神宗實錄》卷六三萬曆五年六月丁卯條稱："先是五月丙申，土蠻入犯錦州。"事在萬曆五年五月甚明。——整理者注

炒花、煖兔、拱兔會土蠻黃台吉，大、小委正，卜兒亥，慌忽太等三萬餘騎壁遼河攻東昌堡，深入至耀州。成梁遣諸將分屯要害以遏之，而親提銳卒，出塞二百餘里，直搗圜山。斬首八百四十，及其長九人，獲馬千二百匹。敵聞之，皆倉皇走出塞。論功，封寧遠伯……

是時，土蠻數求貢市，關吏不許，大恨。[萬曆]七年十月復以四萬騎自前屯錦川營深入。成梁命諸將堅壁，自督參將楊粟等遏其衝。會戚繼光亦來援，敵遂退。俄又與速把亥合壁紅土城，聲言入海州，而分兵入錦、義。成梁踰塞二百餘里，直抵紅土城，擊敗之，獲首功四百七十有奇。

迤東都督王兀堂故通市寬奠（今寬甸），後參將徐國輔弟國臣強抑市價，兀堂乃與趙鎖羅骨數遣零騎侵邊。明年（萬曆八年）三月以六百騎犯靉陽及黃岡嶺，指揮王宗義戰死。復以千餘騎從永奠入，成梁擊走之。追出塞二百里。敵以騎卒拒，而步卒登山鼓譟。成梁大敗之，斬首七百五十，盡毀其營壘。……其秋，兀堂復犯寬奠，副將姚大節擊破之。兀堂由是不振。

土蠻數侵邊不得志，忿甚，益徵諸部兵分犯錦、義及右屯、大淩河。以城堡堅，不可克，而成梁及薊鎮兵亦集，乃引去。無何，復以二萬餘騎從大鎮堡入攻錦州①。參將熊朝臣固守，而遣部將周之望、王應榮出戰，頗有斬獲。矢盡，皆戰死。敵乃分掠小淩河、松山、杏山。成梁馳援，始出境。

[萬曆]九年正月，土蠻復與黑石炭，大、小委正，卜言台周，腦毛大，黃台吉，以兒鄧，煖兔，拱兔，炒户兒（即炒花？）聚兵塞下，謀入廣寧。成梁帥輕騎從大寧堡出。去塞四百餘里，至襖郎兔大戰。自辰迄未，敵不支敗走。官軍將還，敵來追。成梁逆擊，且戰且行。先後斬首三百四十，及其長八人。……

四月，黑石炭、以兒鄧、小歹青、卜言兔入遼陽。副將曹簠追至長安堡，遇伏，失千總陳鵬以下三百十七人，馬死者四百六十匹，遂大掠人畜而去。……

十月，土蠻復連速把亥等十餘萬騎攻圍廣寧，不克。轉掠團山堡、盤山驛及十三山驛，攻義州。成梁禦卻之。

[萬曆]十年三月，速把亥率弟炒花、子卜言兔入犯義州。成梁禦之鎮夷堡，設伏待之。速把亥入，參將李平胡射中其脅，墜馬，蒼頭李有名前斬之。

---

① 標點本《校勘記》：傳文記此次攻錦州事於九年正月之前，《明史》卷二〇《神宗紀》、《神宗實錄》卷一〇八均繫於萬曆九年正月癸酉。——整理者注

寇大奔，追馘百餘級。炒花等慟哭去。速把亥為遼左患二十年，至是死。……

初，王杲死，其子阿台走依王台長子虎兒罕。以王台獻其父，嘗欲報之。王台死，虎兒罕勢衰，阿台遂附北關合攻虎兒罕。又數犯孤山、汎河。成梁出塞，遇於曹子谷，斬首一千有奇，獲馬五百。阿台復糾阿海連兵入，抵瀋陽城南渾河，大掠去。成梁從撫順出塞百餘里，火攻古勒塞，射死阿台。連破阿海寨，擊殺之，獻馘二千三百。杲部遂滅。……

北關清佳砮、楊吉砮素讎南關。王台[既]沒，屢侵台季子猛骨孛羅，且藉土蠻煖兔、慌忽太兵侵邊境。其年（萬曆十年）十二月，巡撫李松使備禦霍九皋許之貢市。清佳砮、楊吉砮率二千餘騎詣鎮北關謁。松、九皋見其兵盛，譙讓之，則以三百騎入。松先伏甲於旁，約二人不受撫則礮舉甲起。頃之，二人抵關，據鞍不遜，松叱之，九皋麾使下，其徒邊拔刀擊九皋，并殺侍卒十餘人。於是軍中礮鳴，伏盡起，擊斬二人并其從騎，與清佳砮子兀孫孛羅、楊吉砮子哈兒哈麻盡殲焉。成梁聞礮，急出塞，擊其留騎，斬首千五百有奇。餘衆刑白馬，攢刀，誓永受約束。乃旋師。……

方成梁之出塞也，炒花等以數萬騎入蒲河及大寧堡。將士防禦六日，始出塞。

[萬曆]十三年二月，把兔兒欲報父速把亥之怨，偕從父炒花、姑壻花大糾西部以兒鄧等以數萬騎入掠瀋陽。既退，駐牧遼河，聲犯開原、鐵嶺。成梁與巡撫李松潛為浮橋濟師，踰塞百五十里，疾掩其帳。寇已先覺，整衆逆戰。成梁為疊陣，親督前陣擊，而松以後陣繼之，斬首八百有奇。……

其年（萬曆十三年）五月，敵犯瀋陽，伏精騎塞下，誘官軍。遊擊韓元功追襲之，敗死。閏九月，諸部長復犯蒲河，殺裨將數人，大剽掠，而西部銀燈亦窺遼、瀋。成梁令部將李平胡出塞三百五十里，搗破銀燈營，斬首一百八級。諸部長聞之，始引去。

[萬曆]十四年二月，土蠻部長一克灰正糾把兔兒、炒花、花大等三萬騎，約土蠻諸子共馳遼陽挾賞。成梁偵得之，率副將楊燮，參將李寧、李興、孫守廉以輕騎出鎮邊堡。晝伏夜行二百餘里，至可可毋林。大風雷，敵不覺。既至，風日晴朗，敵大驚，發矢如雨。將士冒死陷陣，獲首功九百，斬其長二十四人。其年十月，敵七八萬騎犯鎮夷諸堡，閱五日始去。

[萬曆]十五年春，東西部連營入犯。其秋八月，復以七八萬騎犯鎮夷堡。十月，把漢大成糾土蠻十萬騎由鎮夷、大清二堡入，數日始出。

北關既被創，後清佳砮子卜寨與楊吉砮子那林孛羅漸強盛，數與南關虎兒罕子歹商搆兵。成梁以南關勢弱，謀討北關以輔翊之。明年（萬曆十六年）五月率師直擣其巢。卜寨走，與那林孛羅合，憑城守。城四重，攻之不下。用巨礮擊之，碎其外郛，遂拔二城，斬馘五百餘級。卜寨等請降，設誓不復叛。乃班師。

　　［萬曆］十七年三月，敵犯義州，復入太平堡，把總朱永壽等一軍盡沒。九月，腦毛大合白洪大、長昂三萬騎復犯平虜堡，備禦李有年、把總馮文昇皆戰死，成梁選鋒沒者數百人。敵大掠瀋陽蒲河、榆林，八日始去。

　　明年（萬曆十八年）二月，卜言台周，黃台吉，大、小委正結西部叉漢塔塔兒五萬餘騎復深入遼、瀋、海、蓋。成梁潛遣兵出塞襲之，遇伏，死者千人。成梁乃報首功二百八十……

　　土蠻族弟土墨台猪借西部青把都、恰不慎及長昂、滾兔十萬騎深入海州。成梁不敢擊。縱掠數日而去。

　　［萬曆］十九年閏二月①，成梁乘給事侯先春閱視，謀邀擣巢功，使副將李寧等出鎮夷堡潛襲板升，殺二百八十人。師還遇敵，死者數千人。成梁及總督蹇達不以聞。巡按御史胡克儉盡發其先後欺罔狀……其年十一月……解成梁任……

　　成梁鎮遼二十二年，先後奏大捷者十，帝輒祭告郊廟，受……賀……邊帥武功之盛，二百年來未有也。……師出必捷，威振絕域。……而其戰功率在塞外，易爲緣飾。若敵入內地，則以堅壁清野爲詞，擁兵觀望；甚或掩敗爲功，殺良民冒級。……

　　迨成梁去遼，十年之間更易八帥，邊備益弛。

　　［萬曆］二十九年八月……命再鎮遼東，年已七十有六矣。是時，土蠻、長昂及把兔兒已死，寇鈔漸稀。而開原、廣寧之前復開馬、木二市。諸部耽市賞利，爭就款。以故成梁復鎮八年，遼左少事。

　　光旦：自隆慶元年至萬曆十九年，又自萬曆二十九年至三十六年，李成梁再度在遼，所與周旋者不止一族。主要爲蒙古之土蠻，其次爲與之連接之兀良哈。兀良哈亦蒙古也，然究其來源，與蒙古亦自有別。至東邊之王杲、王兀堂、王台、清佳砮、楊吉砮，或所稱南關、北關等，其族屬關係，《成梁傳》無明文，姑先附此，它日有緣查明時，應分出別立它片。

　　光旦：萬曆初年，成梁爲左都督之初，曾向東拓殖七八百里之遙，似

---

① 標點本《校勘記》：閏二月，應爲"閏三月"。是年閏三月，不閏二月。——整理者注

直至鴨綠江邊，移民墾牧，至萬曆三十四年前後，繁殖至六七萬户，後因守禦不易，又迫其西遷"内地"，當是退至遼、瀋、錦、義一帶，另見"總録——明與東北"片。

《明史》卷二三八《李成梁傳·子如柏附傳》：

[萬曆末年，]蒙古炒花入犯，[如柏（時爲總兵官）]督諸將擊卻之。（互見）

光旦：炒花是兀良哈，嚴格言之，不應書作蒙古。

《明史》卷二三八《李成梁傳·子如梅附傳》：

遷遼東副總兵。[萬曆]二十四年，炒花、卜言兔將入犯，如梅謀先襲之。督部將方時新等出塞三百里，直搗其廬帳，斬首百餘級而還。明年，如梅與參政楊鎬謀復從鎮西堡出塞，潛襲敵營，失利，損部將十人，士卒百六十人。如梅以血戰重創，免罪。

蒙古——在東北

《明史》卷二三九《張臣傳·子承廕附傳》：

時（萬曆四十年及其前後）虎墩兔、炒花、煖兔、宰賽逼處遼境，無歲不犯邊。承廕（四十年代麻貴爲遼東總兵官）未至時，虎墩兔以三萬騎犯穆家堡，參將郎名忠等遏斬其四十餘騎。及再舉，守將梁汝貴襲破其營。已而乃蠻諸部連犯中後所、連山驛，副總兵李繼功等力戰，殪其魁，徐引去。自是虎墩兔所屬貴英哈等三十餘部悉奉約束，遼西得少安。

光旦：此中甚雜，蒙古之土蠻、乃蠻等外，似尚有兀良哈，須清理。炒花爲泰寧兀良哈無疑。

光旦：遼西少安，只就蒙古言之耳，且爲期亦甚促，至四十六年，滿洲起兵矣。是"少安"，最多不過四五年。

《明史》卷二三九《柴國柱傳》：

[萬曆]四十六年……召僉書都督府事。無何，代杜松鎮山海關。松敗歿，虎墩兔乘機犯邊，國柱等力遏之。尋移鎮瀋陽。

《明史》卷二五〇《孫承宗傳》：

兵部尚書王在晉代[熊]廷弼經略遼東，與總督王象乾深相倚結。象乾在薊門久，習知西部種類情性，西部亦愛戴之。然實無他才，惟啖以財物相羈縻，冀得以老解職而已。在晉謀用西部襲廣寧，象乾尼之……承宗（時以閣臣掌兵部之務）……身往决之。

光旦：事在天啓二年。

《明史》卷二五〇《孫承宗傳》：

初，化貞（王化貞）等既逃，自寧遠以西五城七十二堡悉爲哈喇慎諸部所據，聲言助守邊。……承宗知諸部不足信……

光旦：王化貞棄廣寧逃是天啓二年事。哈喇慎諸部似原在宣府以北，見《鍾羽正傳》。

［既而］承宗自請督師（時以閣臣掌兵部）。……既至關（山海關）……［部署人事，］令……副將陳諫①助趙率教於前屯……率教已守前屯，盡驅哈喇慎諸部，撫場（當是撫諸部用者）猶在八里舖。［總督王］象乾議開水關，撫之關内。承宗不可，乃定於高臺堡。時大清兵委廣寧去，遼遺民入居之。插漢部以告有孚（萬有孚，廣寧道僉事，承宗督師後委主採木者），有孚謀挾西部乘間殲之，冒恢復功。承宗下檄曰："西部殺我人者，致罰如盟言。"是役也，全活千餘人。……

光旦：西部似即插漢，或包括插漢。

先是，虎部（應是虎墩兔部）竊出盜掠，率教捕斬四人。象乾欲斬率教謝虎部，承宗不可。而承宗所遣王楹戍中右，護其兵出採木，爲西部朗素所殺。承宗怒，遣世龍勒之（馬世龍，承宗督師後所委總兵官）。象乾恐壞撫局，令朗素縛逃人爲殺楹者以獻，而增市賞千金。承宗方疏争，而象乾以憂去。

《明史》卷二五〇《孫承宗傳》：

［萬］有孚者……爲廣寧理餉同知。城陷逃歸，［總督王］象乾題爲廣寧道僉事，專撫插漢，乾没多。至是以承宗言被斥。

光旦：廣寧以天啓二年陷，至是"被斥"，當是三四年間事。

《明史》卷二五七《趙彦傳》：

［天啓］三年八月……代董漢儒爲兵部尚書……參將王楹行邊，爲哈刺（亦作喇）慎部襲殺，彦請覈實論罪，並敕諸邊撫賞毋增故額。

《明史》卷二五九《楊鎬傳》：

進參政（山東者，分守遼東）。［萬曆］二十五年春，偕副將李如梅出塞，失部將十人，士卒百六十餘人。

---

① 標點本《校勘記》：陳諫，據本傳下文、《明史》卷二七一《趙率教傳》、《熹宗實錄》卷四〇天啓三年閏十月丁亥條應爲"孫諫"。——整理者注

《明史》卷二五九《熊廷弼傳》：

　　邊將好搗巢，輒生釁端。廷弼言防邊以守爲上，繕垣建堡，有十五利，奏行之。

　　　　光旦：事在萬曆三十六年後，時廷弼以御史按遼。

《明史》卷二五九《熊廷弼傳·王化貞附傳》：

　　（化貞與"西部"蒙古關係，欲仗以禦滿洲，所謂"西部"包括虎墩兔及炒花等部，半屬土蠻，半屬兀良哈，見"[滿]——與熊廷弼"片。）

《明史》卷二五九《袁崇煥傳》：

　　天啓二年……超擢僉事，監關外軍，發帑金二十萬，俾招募。時關外地悉爲哈剌慎諸部所據，崇煥乃駐守關內。未幾，諸部受款，經略王在晉令崇煥移駐中前所……尋令赴前屯安置遼人之失業者。

《明史》卷二五九《袁崇煥傳》：

　　[崇禎元年，崇煥以兵部尚書兼右副都御史督師薊、遼，]哈剌慎三十六家向受撫賞，後爲插漢所迫，且歲饑，有叛志。崇煥召至於邊，親撫慰，皆聽命。

蒙古——在東北（袁應泰與降人）

《明史》卷二五九《袁應泰傳》：

　　泰昌元年……擢兵部右侍郎……代[熊]廷弼爲經略……是時蒙古諸部大饑，多入塞乞食。應泰言："我不急救，則彼必歸敵（滿洲），是益之兵也。"乃下令招降。於是歸者日衆，處之遼、瀋二城，優其月廩，與民雜居，潛行淫掠，居民苦之。議者言收降過多，或陰爲敵用，或敵雜間諜其中爲內應，禍且叵測。應泰方自詡得計，將藉以抗大清兵。會三岔兒之戰，降人爲前鋒，陣死者二十餘人，應泰遂用以釋羣議。

　　明年，天啓改元，三月十有二日，我大清兵來攻瀋陽。總兵官賀世賢、尤世功出城力戰，敗還。明日，降人果內應，城遂破，二將戰死。總兵官陳策、童仲揆等赴援，亦戰死。應泰乃撤奉集、威寧諸軍，幷力守遼陽，引水注濠，沿濠列火器，兵環四面守。十有九日，大清兵臨城。應泰身督總兵官侯世祿、李秉誠、梁仲善、姜弼、朱萬良出城五里迎戰，軍敗多死。……明日大清兵掘城西閘以洩濠水，分兵塞城東水口，擊敗諸將，兵遂渡濠，大呼而進。鏖戰良久，騎來者益衆，諸將兵俱敗，望城奔，殺溺死者無算。應泰乃入城，與巡按御史張銓等分陴固守。諸監司高出、牛維曜、胡嘉棟及督餉郎中傅國並踰城遁，人心離沮。又明日，攻城急，應泰督諸軍列楯大戰，又敗。薄暮，譙樓火，大清兵從小西門入，城中大亂，民家多啓扉張炬以待，婦女亦盛飾迎門，或言降人導之也。應泰……遂佩劍印自縊死。婦弟姚居秀……僕唐世明……[亦]死。

  光旦：降人中自亦有兀良哈，且不在少數。

蒙古——在東北

《明史》卷二七〇《沈有容傳》：

  萬曆……十四年（時以千總隸遼東巡撫顧養謙麾下練火器）從李成梁出塞，抵可可毋林，斬馘多。明年再出，亦有功。成梁攻北關，有容陷陣，馬再易再斃，卒拔其城。……遷都司僉書。

  光旦：此不必是蒙古，亦應不是滿洲，時滿洲尚未起。究爲何族人，須先查明可可毋林、北關等地名方可加以推定。姑先置此。

《明史》卷二七一《滿桂傳》：

  時蒙古部落駐牧寧遠（今興城縣）東鄙，遼民來歸者（當是因滿洲之逼，自北自東來歸者）悉遭劫掠，承宗（孫承宗，時以大學士兵部尚書鎮山海關）患之。[天啓]四年二月，遣桂（時以副總兵鎮寧遠）及總兵尤世祿襲之大凌河。諸部號泣西竄，東鄙以寧。

  拱兔、炒花、宰賽諸部陽受款而陰懷反側。桂善操縱，諸部咸服，歲省撫賞銀不貲。

  光旦：後炒花諸部離散，督師王之臣、鎮寧遠總兵滿桂多收之，事在天啓末，別見"蒙古——降人漢化之例"片。

《明史》卷二七一《趙率教傳》：

  [天啓二]年，王化貞棄廣寧，關外諸城盡空。率教（時爲副總兵）請於經略王在晉，願收復前屯衛城（今綏中縣西南五十五里），率家丁三十八人以往。蒙古據其地，不敢進，抵中前所而止（似亦在今綏中縣西南境）。其年，遊擊魯之甲以樞輔孫承宗令，救難民六千口，至前屯，盡驅蒙古於郊外。率教乃得入，編次難民爲兵，繕雉堞，謹斥堠，軍府由是粗立。既而承宗令裨將陳練以川、湖土兵來助，前屯守始固。而率教所招流亡至五六萬。擇其壯者從軍，悉加訓練。餘給牛種，大興屯田，身自督課，至手足胼胝。[大爲承宗所賞]……

  蒙古虎墩兔素爲總督王象乾所撫。其部下抽扣兒者，善爲盜，率教捕斬四人。招撫僉事萬有孚……以故敗款事訴之象乾。象乾告兵部尚書董漢儒，將斬之，賴承宗貽書漢儒，得不死。……

[天啓]六年二月，蒙古以寧遠被圍（被滿洲所圍也），乘間入犯平川三山堡。率教禦之，斬首百餘級，奪馬二百匹，追至高臺堡乃還。……擢都督同知，實授總兵官。

《明史》卷二八九《皇甫斌傳》：

調遼海衛[指揮同知]。……宣德五年十月勒兵禦寇，至密城東峪，自旦及晡力戰，矢盡援絶，[與]子弼……俱戰死。千户吴貴，百户吴襄、毛觀……皆死。斌等雖死，殺傷過當，寇亦引退。

光旦：此不知果是蒙古否，文字欠詳。

《明史》卷二九一《張春傳》：

天啓……七年，哈剌慎部長汪燒餅者，擁衆窺桃林口，春（時以參政領永平、燕建二路兵備道）督守將擒三人。燒餅叩關願受罰，春等責數之，誓不敢叛。

《明史》卷三〇四《曹吉祥傳》附：

[宦官]亦失哈鎮遼東。敵犯廣寧（此敵應是兀良哈或其他蒙古），亦失哈禁官軍勿出擊。百户施帶兒降敵（此敵爲蒙古），爲脱脱不花通於亦失哈。正統十四年冬，帶兒逃歸，巡按御史劉孜並劾亦失哈及他不法事。景帝命誅帶兒，而置亦失哈不問。

《明史》卷三〇四《汪直傳》：

直年少喜兵。陳鉞（直黨，右副都御史遼東巡撫）諷直征伏當加，立邊功自固。直聽之，用撫寧侯朱永總兵，而自監其軍。師還，永封保國公，鉞晉右都御史，直加禄米。……已[而]伏當加寇遼東……殺掠甚衆。遼東巡按强珍發鉞奸狀。

光旦：事在成化十五年秋後，十七年秋前。

《明史》卷三〇五《魏忠賢傳》：

[天啓七]年自春及秋，忠賢冒款汪燒餅、擒阿班歹羅銕（前似未經見）等功，積蔭錦衣指揮使至十有七人。……

《明史》卷三二〇《朝鮮傳》：

[萬曆]四十八年正月，[朝鮮國王李]琿奏："敵（滿洲）兵八月（四十七年）中攻破北關，金台吉自焚，白羊出降。鐵嶺之役，蒙古宰賽亦爲所滅。聞其國（滿洲）謀議以朝鮮、北關、宰賽皆助兵南朝，今北關、宰賽皆滅，不可

使朝鮮獨存。……望速調大兵,共爲犄角,以固邊防。"

光旦:北關之金台吉、白羊,不知果是蒙古否。

蒙古——在西南

《明史》卷二:

[洪武]十四年……九月壬午朔,傅友德爲征南將軍,藍玉、沐英爲左、右副將軍,帥師征雲南。

光旦:查洪武五年正月癸丑待制王禕使雲南,詔諭元梁王把匝剌瓦爾密,禕至,不屈,死之。至此始進討。

《明史》卷二:

[洪武十四年]十二月……戊辰,傅友德大敗元兵於白石江,遂下曲靖。壬申,元梁王把匝剌瓦爾密走普寧自殺。

《明史》卷三:

[洪武]十五年……正月辛巳……景川侯曹震、定遠侯王弼下威楚路。壬午,元曲靖宣慰司及中慶、澂江、武定諸路俱降。雲南平。

光旦:此所牽涉者自不止滇境内之蒙古人而已,如曲靖宣慰司即有大量彞族人民,各路亦多有之。故此條同時另列"[彞]"片。

《明史》卷三:

[洪武十五年]四月甲申,遷元梁王把匝剌瓦兒密及威順王子伯伯等家屬於耽羅。

光旦:耽羅①地未詳,似在東北國境之外。參洪武五年正月乙丑,徙陳理、明昇於高麗。

《明史》卷三:

[洪武]二十五年……四月……癸丑,建昌衛指揮月魯帖木兒叛,指揮魯毅敗之。……戊寅,都督聶緯、徐司馬、瞿能討月魯帖木兒,俟藍玉[自征罕東]還,並聽節制。五月辛巳,[罕東寇遁,藍玉]遂趨建昌。……七月……癸未,指揮瞿能敗月魯帖木兒於雙狼寨。……十一月甲午,藍玉擒月魯帖木兒,誅之。召玉還。

---

① 耽羅,今朝鮮半島南端之濟州島。見《中國歷史地圖集·元》(地圖出版社,1982年)。——整理者注

蒙古——在西南（建昌）

《明史》卷一三二《藍玉傳》：

[洪武]二十四年……[玉方略西番,]會建昌指揮使月魯帖木兒叛，詔移兵討之。至則都指揮瞿能等已大破其衆，月魯走柏興州。玉遣百户毛海誘縛其父子，送京師誅之，而盡降其衆；因請增置屯衛。報可。

光旦：此應是蒙古。建昌有大量蒙古，見《郡國利病書》所引《土夷考》，爲當地九種之一；此或是也。時蒙古在南者已服，既服而又不服，故曰叛，如月魯爲彝人而蒙名，或其從者多彝人，則書法應作"作亂"之類；且彝人恐亦不得爲衛指揮也。然建昌究屬彝地，從叛之中亦必有其成分，故互見。

《明史》卷一三三《俞通海傳》：

[通海弟淵]帥師討建昌叛賊，城越嶲。

光旦：應即隨藍玉爲之者。曰叛賊，而不曰叛蠻，明所指爲月魯帖木兒。史文將此段寫在二十五年封越嶲侯之後。（封侯在二十五年六月，見卷一○五《功臣世表一》。）

《明史》卷一四二《瞿能傳》：

以副總兵討建昌叛酋月魯帖木兒，破之雙狼寨。

光旦：與上二條同一事。

蒙古——在西南

《明史》卷三一一《四川土司傳·建昌傳》：

（元平章月魯帖木兒爲建昌衛指揮使及後之叛明，見"[彝]（建昌）——沿革"片。）

光旦：當地亦稱韃靼。

蒙古——在雲南

《明史》卷三一三《雲南土司傳·雲南[府]》：

元[初，下雲南]，封子忽哥爲雲南王鎮之……忽哥死，其子嗣封爲梁王。[洪武]十四年……[明]師至雲南城，[最後一代之]梁王赴滇池死。

光旦：蒙古自梁王以下留雲南者爲數必多。我所知雲南友人中源自蒙古者不一其例。

《明史》卷三一三《雲南土司傳·臨安[府]》：

   洪武十四年……下雲南……取臨安。元右丞兀卜台、元帥完者都……降，改路爲府……十八年，臨安府千戶納速丁等來朝……

   光旦：納速丁亦應是元降人，降後仍原職者。

《明史》卷三一三《雲南土司傳·曲靖[府]》：

   洪武……二十二年……置陸涼衛指揮使司。[沐]英……言："曲靖指揮千戶哈剌不花，乃故元守禦陸涼千戶。今陸涼置衛，宜調於本衛鎮守，庶絕後患。"

   光旦：哈剌不花應是蒙古人留滇者。

《明史》卷三一四《雲南土司傳·鶴慶[府]》：

   洪武中，大軍平雲南，分兵拔三營、萬戶砦，獲僞參政寶山帖木兒等六十七人。置鶴慶府（改以白族人領府事）。

《明史》卷三一四《雲南土司傳·永昌[府]》：

   洪武十五年……立金齒衛。以元雲南右丞觀音保爲金齒指揮使，賜姓名李觀。

《明史》卷三一四《雲南土司傳·麗江[府]》：

   洪武……十八年，巨津[州]土酋阿奴聰叛，劫石門關，千戶浦泉戰死。……

   光旦：浦氏，元亡後留金陵之蒙古人中初有此姓，後散居蘇南各縣。今雲南亦有此，豈同出一源而由南京移滇者乎？滇人每云其族隨沐英自南京來，此豈其一例耶？

蒙古——天花初傳入

《明史》卷二三九《杜桐傳》：

   朔漠素無痘症，自嘉靖庚戌（公元 1550 年）深入石州，染此症，犯者輒死。打兒漢者，卜失兔祖吉能部落也，數將命奉貢，累官指揮同知。一日，互市還，與其儕禿退台吉等俱染痘死。禿退子阿計疑邊吏酖其父，思亂。……（互見"蒙古——在河套"片。）

   光旦：嘉靖庚戌是初染。打兒漢等之例則事在萬曆十四年後。此類資料甚好，惜太少。

《明史》卷二三九《官秉忠傳》：

（河套吉能以他部鐵雷死於痘瘡爲入寇之借口，見"蒙古——在河套"片。）
《明史》卷二四八《梅之焕傳》：

　　[崇禎初，套]寇復大入（應是入甘、肅，時之焕巡撫甘肅），患豌豆創，環大黄山而病。諸將請掩之，之焕不可……[寇以此感德。]（詳"蒙古——在河套"片）

　　　　光旦：豌豆創應即痘瘡。

蒙古——宗教

《明史》卷二二二《鄭洛傳》：

　　俺答迎佛，又建寺於青海，奏賜名仰華……[後]撦力克（俺答孫，辛愛子）[窺青海]，遺洛書，以赴仰華爲名。……[洛卒使蒙古各部北歸，退出青海，]焚仰華。

　　　　光旦：西行迎佛事，亦見同卷上文王崇古、吴兑二傳，不盡錄。

蒙古——古蹟

《明史》卷一五二《王英傳》：

　　[永樂]二十年扈從北征。師旋，過李陵城。帝聞城中有石碑，召英往視。既至，不識碑所。而城北門有石出土尺餘。發之，乃元時李陵臺驛令謝某德政碑也，碑陰刻達魯花赤等名氏。具以奏。帝曰："碑有蒙古名，異日且以爲己地，啓争端。"命再往擊碎之。沉諸河。

蒙古——與滿洲關係

《明史》卷二四〇《孫如游傳·孫嘉績附傳》：

　　（滿洲調蒙古兵南下，見"[滿]"片。）

《明史》卷二五二《吴甡傳》：

　　[崇禎八年]秋，我大清平察哈爾國，旋師略朔州，直抵忻、代，守將屢敗。總督楊嗣昌遣副將自代州往偵，亦敗走。（時甡巡撫山西，亦有責任。）

　　　　光旦：崇禎七年，清兵西征插漢，見卷二三九《張臣傳》，別有片"蒙古——插漢"。

《明史》卷二六一《劉之綸傳》：

　　[崇禎二、三年之交，]大清兵蒙古諸部號十餘萬，駐永平。

蒙古？

《明史》卷一七四《史昭傳》：

永樂……八年充總兵官，鎮涼州。土軍老的罕先與千户虎保作亂，虎保敗，老的罕就撫。昭上書言其必[再]叛狀。未至，而老的罕果叛。昭與都指揮滿都等擊平之。

光旦：虎保，疑羌。老的罕，疑不是蒙古。

《明史》卷一七四《魯鑑傳》：

成化四年，固原滿四反，鑑[以莊浪衛署都指揮僉事]以土兵千人從征。諸軍圍石城，日挑戰，鑑出則先驅，入則殿後，最爲賊所憚。賊平，進署都督同知。尋充左參將，分守莊浪。命其子麟爲百户，統治土軍。……

光旦：鑑之先世、滿四、土兵土軍，以及上條之老的罕疑非蒙古，暫列此。

魯氏世守西陲（小而莊浪，大而甘肅，又曾東至延綏；世守，指至此四世：阿失都鞏卜失加、失加、鑑、麟），有捍禦功，至鑑官益顯，其世業益大，而所部土軍生齒又日盛。麟既移甘肅（時以都督同知，充甘肅遊擊將軍），帝以土軍非鑑不能治，特起治之（此弘治初事，鑑於孝宗初立時致仕，尋又起復），且命有司建坊旌其世績。（參"蒙古人漢化之例"片。）……[弘治間（十七年後，參下條），]授麟子經官，令約束土軍。而麟奏經幼，土人不受要束……[自]歸治之（歸自甘肅遊擊將軍任）。[麟正德初葉卒，經代，]分守如故。嘉靖六年……大學士楊一清言："經守莊浪二十餘載，屢立戰功，其部下土軍非他人所能及。……"

《明史》卷一八二《劉大夏傳》：

莊浪土帥魯麟爲甘肅副將，求大將不得，恃其部衆强，徑歸莊浪。廷臣懼生變，欲授以大帥印，又欲召還京，處之散地。大夏（時爲兵部尚書）請獎其先世忠順，而聽麟就閒。麟素貪虐失衆心，兵柄已去無能爲，竟怏怏病死。

光旦：事在弘治十七年後。

蒙古——土兵

見"總錄——土兵"片。

蒙古——明軍中之蒙古騎兵

《明史》卷五《成祖一》：

[靖難師起，建文四年四月，小河橋之役，燕]王幾爲[平]安輩所及。番騎王騏躍入陣，掖王逸去。

> 光旦：此番騎當是蒙古騎將。是則當時北方軍隊中已有蒙古族參加。

蒙古——番兵

《明史》卷一二九《馮勝傳》：

[洪武]二十一年，[勝]奉詔調東昌番兵征曲靖。番兵中道叛，勝鎮永寧撫安之。

> 光旦：番兵，當是蒙古兵爲明用者，駐山東東昌府，今聊城及其鄰縣。

> 光旦：曲靖、永寧，均彝地，永寧今四川敘永，征曲靖道出此地。未言征討下文，我不列"彝"片。

《明史》卷一三〇《吳良傳》：

[良子嗣江陰侯高嘗]帥蕃軍討百夷。

> 光旦：亦洪武二十年代之事，此蕃軍與上條番兵當是一類隊伍，即蒙古人歸明者。

《明史》卷一三〇《張龍傳》：

[洪武二十一年，馮]勝調降軍征雲南，次常德，叛去。龍追至重慶，收捕之。

> 光旦：即上第一條，可相互補充。番兵之番即蒙古，亦獲證明，曰"降軍"者，蓋隨納哈出降者也。降後曾調至東昌整編。叛而收捕後則集中永寧。是則早在明初，蒙、彝之間必有混合者。

《明史》卷一四一《黃子澄傳》：

[自北]召護衛胡騎指揮關童等入京(應天府)，以弱燕。……皆[齊]泰、子澄謀也。

《明史》卷一四四《盛庸傳》：

[建文二年冬]庸引兵屯東昌以邀[燕王]……開陣縱王入，圍之數重。燕將朱能帥番騎來救……

《明史》卷一四四《何福傳》：

[洪武]二十一年，江陰侯吳高帥迤北降人南征。抵沅江，衆叛，由思州

出荆、樊，道渭河，欲遁歸沙漠。明年正月，福與都督聶緯追擊，及諸鄜、延，盡殲之。

《明史》卷一四四《何福傳》：

[永樂]六年，福[自甘肅]請遣京師蕃將將迤北降人。帝報曰："爾久總蕃、漢兵，恐勢衆致讒耳。爾老將，朕推誠倚重，毋顧慮。"

蒙古——與明帝扈從

《明史》卷一三七《羅復仁傳》附《孫汝敬傳》：

宣宗初，上書大學士楊士奇，[欲其諫宣宗校獵]曰："……今年六月，車駕幸天壽山，躬謁二陵……而道路喧傳，禮畢即較獵講武，扈從惟也先土干與其徒數百人……"

光旦：此所諫不止"銜橛之虞"而已。

蒙古——番兵、番將

《明史》卷一五五《宋晟傳》：

洪武十二年……降涼州衛指揮使。十七年五月討西番叛酋，至亦集乃路，擒元海道千戶也先帖木兒、國公吳把都剌赤等，俘獲萬八千人，送酋長京師，簡其精銳千人補卒伍，餘悉放遣。

光旦：估計簡補卒伍之千人爲蒙古，放遣者大都爲西番。

《明史》卷一五六《毛勝傳》：

正統七年，[初征麓川後，]靖遠伯王驥請選在京番將舍人，捕苗雲南。乃命勝與都督冉保統六百人往。

光旦：冉保當亦"番將"，與巴人之冉姓不相涉。

《明史》卷一五六《毛勝傳》：

景帝[初立]，貴州苗大擾，詔勝往討。[值也先進逼京師，未果行]……事定，乃命以左副總兵統河間、東昌降夷赴貴州。[平香鱸山，俘韋同烈，]還討湖廣巴馬諸處反賊……

光旦：此對蒙古又稱"夷"。河間、山東有較大量之蒙古降人，可爲兵者，前已一見《本紀》。

《明史》卷一五六《和勇傳》：

[天順、成化間，]兩廣多寇，命[勇]充遊擊將軍，統降夷千人往討。

《明史》卷一六四《左鼎傳·練綱附傳》：

　　也先將入犯……〔練綱（時爲國子監生）建言，〕"檄陝西守將調番兵入衛。"……從之。

蒙古——番兵，番將，番騎

《明史》卷一五六《羅秉忠傳》：

　　英宗北狩，塞上多警。朝議恐降人乘機爲變，欲徙之南方。會貴州苗亂，都督毛福壽（即毛勝，番將也）南征，即擢秉忠（亦番將也）都督僉事，率所部（時已自沙州衛內徙山東東昌、平山二衛地，番兵也）援勦。積戰功至左都督。（互見）……

　　曹欽之反，番官多從之者。秉忠亦坐下獄……久之，上章自辯，乃得釋。

《明史》卷一七八《韓雍傳》：

　　〔大藤峽之役，諸將主編修邱濬之議，分兵兩廣，〕請令遊擊將軍和勇率番騎趨廣東，而大軍直趨廣西，〔雍不可，堅持全力直搗大藤峽，卒如雍議。〕

　　光旦：此役果用番騎否，不詳。然成化初，明軍隊中尚有番騎，則爲事實，而和勇者當即領隊之蒙古人。

《明史》卷一八六《許進傳》：

　　……（赤斤、罕東、哈密土兵，皆稱番兵，見"土魯番"片，此不複錄。）

《明史》卷二三九《達雲傳·尤繼先附傳》：

　　（萬曆二十年代，薊州總兵官尤繼先收用兀良哈降丁，見"兀良哈"片。）

　　光旦：此與番兵略異，諒即與漢兵同樣役使矣；雖降丁，漢化程度當已較永樂間之番兵爲高。

《明史》卷二四八《徐從治傳》：

　　崇禎初，以〔右布政使〕飭薊州兵備。〔會薊軍因缺餉譁變，從治〕陰部署夷丁、標兵，分營四門，按甲不動……〔卒平變。〕

　　光旦：此所云夷丁，當是蒙族人。

《明史》卷二六三《馮師孔傳·黃絅附傳》[①]：

　　崇禎中……起臨鞏兵備副使，調番兵，大破李自成潼關原。

[①] 標點本《校勘記》：黃絅，據《明史》卷二四《莊烈帝紀》、《明進士題名碑錄》應爲"黃炯"。——整理者注

光旦：此番兵或不是"蒙"而是真所謂"番"，姑置於此。

蒙古——留內地者之例

《明史》卷二：

　　[洪武元年]七月……辛卯……諭[徐]達等曰："……元祖宗功德在人，其子孫罔恤民隱，天厭棄之。君則有罪，民復何辜。前代革命之際，肆行屠戮，違天虐民，朕實不忍。諸將克城，毋肆焚掠妄殺人，元之宗戚，咸俾保全。……不恭命者罰無赦。"

《明史》卷二：

　　[洪武元年]八月……己卯，[諭]……蒙古、色目人有才能者，許擢用。

《明史》卷一二四《陳友定傳》：

　　[友定既亡，]時云"閩有三忠"，謂友定、柏帖木兒、迭里彌實也。

　　　光旦：後二人自是蒙古未北去者。迭里彌實，元末為漳州路達魯花赤，自刺死，其家屬當留閩不去。迭里彌實與柏帖木兒二人，《新元史》卷二三二均有傳，迭里彌實，回回人。

《明史》卷一二四《陳友定傳》（篇末）：

　　……元亡時，守土臣仗節死者甚眾。……

　　　光旦：文多，不錄。其子孫留漢地者必多。死者亦自不盡為蒙古人，然蒙古人實佔重要部分，前途摘《元史》及《新元史》時應具體及之，此處從省。

《明史》卷一二五《徐達傳》：

　　[達子輝祖]以勳衛署左軍都督府事。……元將阿魯帖木兒隸燕府，有異志，捕誅之。

《明史》卷一三〇《華雲龍傳》：

　　洪武三年……雲龍上言……"前大兵克永平，留故元八翼軍士千六百人屯田，人月支糧五斗，所得不償費，宜入燕山諸衛，補伍操練。"……從之。

　　　光旦：是六年之事。

《明史》卷一三六《崔亮傳》附《答祿與權傳》：

答禄與權，字道夫，蒙古人。仕元爲河南北道廉訪使僉事①。入明，寓河南永寧。……祀三皇……建帝王廟……巡視歷代諸陵寢，設守陵户……三年一祭，其制皆由此始。又請行禘禮。

  光旦：以蒙古人而建議及此，漢化甚深矣！

《明史》卷一三八《周楨傳》：

  洪武[初年]，出爲廣東行省參政。……廉州知府脱因、歸善知縣木寅，楨皆列其政績以聞。寅，土司。脱因，蒙古人也。

  光旦：不分民族，一視同仁。

《明史》卷一四〇《道同傳》：

  道同，河間人。其先蒙古族也。……爲番禺知縣（因執法不撓，死於勳貴之讒）。

《明史》卷一四四《平安傳》：

  [建文]四年，燕兵……破蕭縣。安……躡其後，至淝河。[連敗燕將]……燕王乃身自迎戰。安部將火耳灰……直前刺王。馬忽蹶被擒。

  光旦：火耳灰當是蒙古人留爲漢將者。

《明史》卷一四五《邱福傳·火真附傳》：

  火真，蒙古人，初名火里火真。洪武時歸附……[從邱福]出塞戰殁……裔孫斌，嘉靖中武舉。倭寇浙東，[以水師拒戰，死補陀山。]

蒙古——漢化蒙古人

《明史》卷一五六《吴允誠傳》：

  吴允誠，蒙古人。名把都帖木兒，居甘肅塞外塔溝地，官至平章。永樂三年與其黨倫都兒灰率妻子及部落五千、馬駝萬六千，因宋晟來歸。帝以蒙古人多同名，當賜姓别之。尚書劉儁請如洪武故事，編爲勘合。允誠得賜姓名，授右軍都督僉事。

  倫都兒灰亦賜姓名柴秉誠，授後軍都督僉事。餘授官賜冠帶，給畜產鈔幣有差。

  使領所部居涼州耕牧。……

---

① 標點本《校勘記》：廉訪使僉事，據《太祖實錄》卷一一七洪武十一年三月甲戌條應爲"廉訪司僉事"。——整理者注

自是降附者益衆，邊境日安，由允誠始。……

[允誠三子之一，管者，及部將都指揮保住，謀擒虎保之黨有功（時約永樂八年或略後），]授管者指揮僉事。保住賜姓名楊效誠，授指揮僉事。……[後長子]答蘭更名克忠。

[允誠三子，管者外，尚有長子答蘭、三子克勤，皆有武功，]克勤子瑾……英宗嘗欲使……守甘肅，辭曰："臣，外人，若用臣守邊，恐外裔輕中國。"帝善其言，乃止。

光旦：此在土木變之後，瑾之爲此言，亦是恐見疑耳。

《明史》卷一五六《毛勝傳》：

毛勝……初名福壽，元右丞相伯卜花之孫。伯父那海，洪武中歸附……[勝]嘗逃歸塞外，尋復自還。……[景帝初，既平定貴州、湖廣諸苗，]疏請更名，從之。移鎮騰衝金齒……巡按御史牟俸劾其……不法……且言勝本降人，狡猾難制……卒置不問。

蒙古——漢化蒙古人、韃靼人

《明史》卷一五六《薛斌傳》：

薛斌，蒙古人，本名脫歡。父薛台，洪武中歸附，賜姓薛，累官燕山右護衛指揮僉事。斌嗣職……卒，子壽童……嗣，[仁宗]賜名綬。……正統十四年（土木之變之年）……遇敵於鷂兒嶺。軍敗……敵……支解之。既而知其本蒙古人也，曰："此吾同類，宜勇健若此。"相與哭之。……[斌弟]貴，本名脫火赤……以舍人從燕王起兵……

《明史》卷一五六《薛斌傳·李賢附傳》：

（見"韃靼"片。）

《明史》卷一五六《吳成傳》：

吳成，遼陽人，初名買驢。父通伯，元遼陽行省右丞。太祖時，觀童來降，通伯父子與俱。買驢更今姓名……

光旦：未言蒙古人，但應是。

《明史》卷一五六《吳成傳·附傳》：

滕定，父瓚住，元樞密知院。洪武中，來降。授會州衛指揮僉事，賜姓滕。……卒，定嗣……屢從出塞……

《明史》卷一五六《吳成傳·附傳》：

金順，本名阿魯哥失里。永樂中來降……從敗本雅失里，又敗阿魯台……宣德三年從巡北邊，有斬捕功。

《明史》卷一五六《金忠傳》：

　　金忠者，蒙古王子也先土干也。素桀黠，爲阿魯台所忌。永樂二十一年，成祖親征漠北，至上莊堡，率妻子部屬來降。時六師深入，寇已遠遁。帝方恥無功，見其來歸，大喜，賜姓名，封忠勇王……宣德三年親征兀良哈……忠與把台請自效，帝許之。或言不可遣，帝曰：去留任所欲耳。[卒不去。]……把台者，忠之甥，從忠來降……宣德初，賜姓名蔣信。正統[末]，從駕陷土木，也先使隸賽罕王帳下。信雖居朔漠，志常在中國。每詣上皇所慟哭，擁衛頗至。已[而]竟從駕還……卒。……子也兒索忽襲……天順初，更名善。

　　　光旦：把台以下，文屬《蔣信附傳》。

《明史》卷一五六《焦禮傳》：

　　焦禮……蒙古人。父把思台，洪武中歸附，爲通州衛指揮僉事。……英宗北狩，景帝命[禮]充左副總兵，守寧遠。……天順七年卒於鎮。……[禮]守寧遠三十餘年……邊陲寧謐。

《明史》卷一五六《毛忠傳》：

　　毛忠……初名哈喇，西陲人。曾祖哈喇歹，洪武初歸附……爲千戶，戰歿。祖拜都從征哈密，亦戰歿。父寶……充總旗，至永昌百戶。忠襲職……正統……十年……始賜姓。……十三年……始賜名忠。

《明史》卷一五六《和勇傳》：

　　和勇，初名脫脫孛羅，和寧王阿魯台孫也。阿魯台既爲瓦剌脫歡所殺，子阿卜只俺窮蹙，款塞來歸。宣宗授以左都督，賜第京師。卒，勇襲……天順元年……賜姓名。

《明史》卷一五六《羅秉忠傳》：

　　羅秉忠，初名克羅俄領占，沙州衛都督僉事困即來子也。兄喃哥……率千二百人内徙，詔居之東昌、平山二衛，給田廬什器，所以撫恤甚厚。喃哥卒，秉忠爲都指揮使，代領其衆。……天順初，始賜姓名。

　　　光旦：東昌、平山二衛在今山東聊城及其周圍。連明初所移置降人，河間及魯北所容蒙古人不在少數。

蒙古——漢化蒙古人

《明史》卷一五六：

> 贊曰：明興，諸番部懷太祖功德，多樂內附，賜姓名授官職者不可勝紀。繼以成祖銳意遠圖，震耀威武，於是吳允誠、金忠之徒，率眾來屬，遂得列爵授任，比肩勳舊。或以戰功自奮，錫券受封，傳世不絕。

《明史》卷一五七《柴車傳》：

> 英宗初……以車……協贊甘肅軍務。……在邊，章數十上，悉中時病。……建言："漠北降人，朝廷留之京師，雖厚爵賞，其心終異。如長脫脫木兒者，昔隨其長來歸，未幾叛去。今乃復來，安知他日不再叛，宜徙江南，離其黨類。"事下兵部，請處之河間、德州。帝報可。後降者悉以此令從事。

> 光旦：沙州衛喃哥與其黨一千二百人之徙置東昌、平山二衛地，即依此令行之者。

蒙古——蒙古人漢化之例

《明史》卷一六七《袁彬傳·哈銘附傳》：

> 哈銘者，蒙古人。幼從其父爲通事，[土木之變，侍英宗在漠北期年。]……從帝還，賜姓名楊銘，歷官錦衣指揮使，數奉使外蕃爲通事。

《明史》卷一七〇《于謙傳》：

> 初，永樂中，降人安置近畿者甚眾。也先入寇，多爲內應。謙謀散遣之。因西南用兵，每有征行，輒選其精騎，厚資以往，已[而]更遣其妻子，內患以息。

> 光旦：是西南各地應多如此被散遣之蒙古人。然漢化之外，必有少數爲當地其它民族所化者。

《明史》卷一七〇《于謙傳》：

> [謙既冤死，]指揮朵兒者，本出曹吉祥部下，以酒酹謙死所，慟哭。吉祥怒，抶之。明日復酹奠如故。

> 光旦：此人當是蒙古漢化者。

《明史》卷一七二《孫原貞傳》：

> [景泰]三年請褒贈禦賊（景泰元年，浙閩賊，包括畬族成分在內者）死事武臣[脫綱等]。

> 光旦：脫綱，應原是蒙古。

《明史》卷一七三《范廣傳》：

  英宗復辟……［治于謙獄，］廣……論死。子昇戌廣西……妻孥第宅賜降丁。

    光旦：此降丁當是蒙古。

《明史》卷一七四《巫凱傳·施聚附傳》：

  施聚，其先沙漠人，居順天通州。父忠爲金吾右衛指揮使，從北征，陣歿，聚……官至左都督。……封伯（父子事，在永樂至天順間）。

《明史》卷一七四《魯鑑傳》：

  魯鑑，其先西大同人①。祖阿失都輦卜失加，明初率部落歸附，太祖授爲百夫長，俾統所部居莊浪。傳子失加，累官莊浪衛指揮同知。正統末，鑑嗣父職。

    光旦：疑非蒙古，姑置此。

《明史》卷一七六《李賢傳》：

  ……（正統初，對降人待遇遠在京官之上，賢上言切論其非計，見"蒙古——明之守勢"片，此不複錄。）

《明史》卷一七六《李賢傳》：

  于謙嘗分遣降人南征，陳汝言希宦官指，盡召之還。賢力言不可。帝曰："吾亦悔之。今已就道，後當聽其願去者。"

    光旦：遣降人南征，在景泰或正統間，前已別有摘錄，召還則在天順時，時賢爲吏部尚書。

《明史》卷一七六《劉定之傳》：

  正統元年……應詔陳十事（時初授編修），［其一曰，］"降人散居京畿者，宜漸移之南方。"……疏入留中。……

  景帝即位，復上言十事，［有曰，］"臣於上皇朝，乞徙漠北降人，知謀短淺，未蒙採納（即指上文）。比乘國釁，奔歸故土、寇掠畿甸者屢見告矣。宜乘大兵聚集時，遷之南方。使與中國兵民相錯雜，以牽制而變化之。且可省俸給，減漕輓，其事甚便。"（時定之爲翰林侍講。）

《明史》卷一七七《年富傳》：

  英宗嗣位，［富以刑科給事中掌科事，］上言："永樂中，招納降人，縻以

---

① 標點本《校勘記》：西大同，據《明史稿》傳五三《魯鑑傳》、《英宗實錄》卷一四四正統十一年八月乙丑條應爲"西大通"。——整理者注

官爵，坐耗國帑，養亂招危，宜遣還故土。"

《明史》卷一八〇《彭程傳》：

弘治初，授御史，巡視京城。降人雜處畿甸多爲盜，事發則投戚里、奄豎爲窟穴。程每先機制之，有發輒得。

《明史》卷一八七《何鑑傳》：

正德……八年，宣府送迤北降人脫脫太等至京，命充御馬監勇士。鑑（時爲兵部尚書）等上言："漢、魏徙氐、羌於關中，郭欽、江統皆勸晉武早絶亂階。苻堅處鮮卑於漢南，苻融亦慮其窺測虛實。今使降人出入禁中，假寵踰分，且生慢侮。萬一北寇聞之，潛使黠賊僞降，以爲間諜，寧不爲將來患哉。"帝不聽。

蒙古——漢化之例

《明史》卷二二七《蕭彥傳》：

萬曆三年擢兵科給事中。自塞上多警，邊吏輒假招降倖賞。彥言："議招逆黨，爲中國逋亡設耳，乃欲以此招漠北敵人。夫李俊、滿四等休養百年，稱亂一旦，降人不可處內地，明矣。宜一切報罷。"從之。

蒙古——蒙人漢化之例

《明史》卷二四七《馬孔英傳》：

馬孔英者，宣府塞外降丁也，積戰功爲寧夏參將。……

《明史》卷二六九《猛如虎傳》：

本塞外降人，家榆林。（崇禎時禦"流寇"）

《明史》卷二六九《虎大威傳》：

榆林人。本塞外降卒。（崇禎時禦"流寇"）

蒙古——降人漢化之例

《明史》卷二七〇《馬世龍傳》：

天啓……五年九月，世龍（時爲右都督，從孫承宗督守山海關外諸城，禦滿洲）誤信降人劉伯漒言，遣前鋒副將魯之甲、參將李承先率師襲取耀州，敗没。

光旦：劉伯漒應是蒙古降人，已採用漢姓者。

《明史》卷二七一《賀世賢傳》：

（袁應泰納降人事，見"[滿]——與賀世賢"片。）

《明史》卷二七一《童仲揆傳》：

熹宗初立，經略袁應泰招蒙古諸部，處之遼、瀋二城。仲揆（時督川兵援遼，充援勦總兵官）力諫，不聽。

《明史》卷二七一《滿桂傳》：

滿桂，蒙古人，幼入中國，家宣府。……[天啓末，以總兵官再度鎮寧遠（今興城縣），]會蒙古炒花諸部離散，桂與[督師王]之臣多收置之麾下。莊烈帝已嗣位，詔之臣毋蹈袁應泰、王化貞故轍，並責桂阿之臣意（袁、王二人蓋皆嘗多收降丁而終被其累者）。……[崇禎二年十一月，勤王，率五千騎入衛，]所部降丁間擾民，桂不能問（時桂爲大同總兵官）。

《明史》卷二七三《祖寬傳》：

[崇禎初年（五年以前），]累官寧遠參將，部卒多塞外降人，所向克捷。

《明史》卷二七三《祖寬傳》：

[寬所將]邊軍強憨，性異他卒，不可以法繩。往時官軍多關中人，與賊鄉里，臨陣相勞苦，拋生口，棄輜重，即縱之去，謂之"打活仗"。邊軍不通言語，逢賊（指流寇）即殺，故多勝。然所過焚廬舍，淫婦女，恃功不戢；又利野戰，憚搜山；且……自以爲客將，無持久心。

> 光旦：此"邊軍"用法不妥，應言從軍之蒙古降丁，言邊軍則成一般戍卒矣，而戍卒固漢人也。

《明史》卷二七四《姜曰廣傳·雷縯祚附傳》：

崇禎……十五年，[以武德道兵備僉事劾督師范志完，有曰，]"薊州失事，由降丁內潰。"

《明史》卷二九一《張銓傳》：

熹宗即位，[以御史]出按遼東，經略袁應泰下納降令，銓力爭，不聽，曰："禍始此矣。"

《明史》卷二九一《王肇坤傳》：

崇禎……九年七月，大清兵入喜峰口，肇坤（時以御史出巡山海、居庸二關）……不敵，退保昌平。被圍……有降丁二千爲內應，城遂破……被四矢兩刃而死。

《明史》卷三〇七《佞倖傳·紀綱傳》：

［永樂中，綱］恚都指揮啞失帖木不避道，誣以冒賞事，捶殺之。

光旦：當是蒙古降者。

蒙古——各地降人之例

《明史》卷三一七《廣西土司傳·梧州［府］》：

洪武元年，征南將軍廖永忠、參將朱亮祖等……引兵至梧州境。元達魯花赤拜住率官吏父老迎降。

光旦：地方元人官吏迎降者大抵不可能北去，因而留當地而終於漢化者必不在少數，此其一例。

《明史》卷三二〇《朝鮮傳》：

［洪武］五年，［朝鮮貢使］失風溺死者三十九人……帝……遣［故］元樞密使延安答里往諭入貢冊數。

《明史》卷三二八《瓦剌傳》：

永樂初……數使鎮撫答哈帖木兒等諭［瓦剌］馬哈木等，［并賜文綺。］

《明史》卷三二八《瓦剌傳》：

［永樂］十六年（或略後），［中官］海童及都督蘇火耳灰等以綵幣往［瓦剌］賜太平、把禿孛羅及［其］弟昂克。

光旦：蘇火耳灰當是降人或其子。

《明史》卷三二八《瓦剌傳》：

［永樂］二十二年冬，瓦剌部屬賽因打力來降，命爲所鎮撫，賜綵幣、襲衣、鞍馬，仍令有司給供具。自後來歸者悉如例。

光旦：時兀良哈來歸者亦不乏其例，見本片，不另列。

《明史》卷三三二《撒馬兒罕傳》：

［永樂］五年……遣指揮白阿兒忻台等往祭［撒馬兒罕］故王［帖木兒］，而賜新王［其孫哈里］及部落銀幣。

光旦：白阿兒忻台前已一見，似未摘錄。此人又見同卷《哈列傳》及《哈實哈兒傳》。

《明史》卷三三二《別失八里傳》：

［洪武二十四年］九月，命主事寬徹［等］使西域……［別失八里］王［黑的兒火者］……拘留之。……［至洪武］三十年……乃得還。

光旦：能爲主事（禮部？），應是漢化程度已頗高者。

蒙古——入明後從漢定姓之例——浦姓

《明史》卷二九六《孝義傳》序：

> 永樂間［孝子］則有……江寧浦阿住……府軍衛浦良兒……

> 光旦：參看宋濂《潛溪集》中《浦氏定姓碑文》一文。浦阿住，江寧人，尤無可疑，元亡，留江寧之蒙古人不及北退，有因其祖名中之一字而定姓爲浦者，事固出於江寧也。其後金匱、常熟、松江、嘉定……之浦應皆從南京遞衍而來。

《明史》卷二九七《楊通照傳・浦邵附傳》：

> 無錫民浦邵，賊縛其父虞，將殺之。邵以首迎刃而死，父得免。

蒙古——薩姓

《明史》卷五〇《禮志四・吉禮四・諸神祠》：

> 崇恩真君、隆恩真君者，道家以崇恩姓薩名堅，西蜀人，宋徽宗時嘗從王侍宸、林靈素輩學法有驗。隆恩……又嘗從薩傳符法。

> 光旦：薩堅似實有其人。是則蒙古入主前，中原即有薩姓，薩姓不盡出蒙古也。

蒙古——漢人從元亡入塞北之例

《明史》卷一四五《張玉傳》：

> 玉，字世美，祥符人。仕元爲樞密知院。元亡，從走漠北。洪武十八年來歸。

蒙古——漢人叛入蒙古之例

《明史》卷二二二《王崇古傳》：

> （趙全等與俺答，見"蒙古——……（與王崇古）"片。）

《明史》卷二二二《方逢時傳》：

> （亦有趙全事，見"蒙古——俺答、辛愛（與方逢時）"片。）

《明史》卷二三八《麻貴傳・兄錦附傳》：

> 千戶魏昂者，坐罪亡入沙漠，引寇至［大同右衛］城下，挾取妻子，錦（時爲千總，協守大同右衛）伏甲擒之。（事在嘉靖間。）……俺答納款，錦招塞外叛人歸者甚衆（時爲大同副總兵）。

中国民族史料汇编

下

潘光旦　编著

学苑出版社

蒙顧洞"賊"

《明史》卷一〇：

　　[正統元年]十二月……乙酉，湖廣、貴州總兵官蕭授討廣西蒙顧十六洞賊，平之。

　　　　光旦：具體所在待查。

苗

　　　　光旦：亦作猫，見"苗（鎮遠）——沿革"片。又"猫"片。

苗——苗字濫用之例

《明史》卷二〇一《王軏傳》：

　　[芒部]隴氏舊部沙保……子普奴……連烏撒、水西苗攻剽畢節諸衛。

　　　　光旦：此以玀，即彝，爲苗。

《明史》卷二〇二《周期雍傳》：

　　[期雍發]陳金討江西賊[時]，縱苗殺掠[之狀]。

　　　　光旦：此苗主要是指永順、保靖土兵，今土家也。

　　　　光旦：前所遇濫用之例尚不止此二族，有機會須檢出。宋末及元始用"猫"稱，似不濫；元末及明清廣泛用"苗"字，始濫。

[苗]

《明史》卷四三《地理志四》：

　　[四川]平茶洞長官司（元溶江、芝子、平茶等處長官司。）洪武八年正月置，屬酉陽宣撫司。十七年直隸布政司。

《明史》卷四三《地理志四》：

　　[四川]溶溪芝麻子坪長官司（元溶江、芝子、平茶等處長官司。）洪武八年改置，屬湖廣思南宣慰司。十七年五月直隸四川布政司。

《明史》卷四三《地理志四》：

　　[四川重慶衛酉陽宣慰司]石耶洞長官司（元石耶軍民府。洪武八年正月改

爲長官司。)

《明史》卷四三《地理志四》：

[四川重慶衛酉陽宣慰司，又領]邑梅洞長官司(元佛鄉洞長官司。明玉珍改邑梅沿邊溪洞軍民府。洪武八年正月改置。)

[又領]麻兔洞長官司(洪武八年正月置。)

苗

《明史》卷四四《地理志五》：

[湖廣辰州府沅州]麻陽[縣](……西有蠟爾山，與保靖司及四川、貴州界，諸苗蠻在山下者凡七十四寨。)

> 光旦：曰與保靖司界，則縣境實包括今鳳凰、吉首、花垣等縣地，或其甚大之一部分，皆所謂"紅苗"地也。

《明史》卷四六《地理志七》：

[貴州都勻府]平浪長官司(……西南有凱陽山，上有滅苗鎮，即故凱口囤。)

> 光旦：此應是苗無疑，凱口囤當時苗初居時之名，滅苗鎮則漢人佔居後所改之名。

《明史》卷四六《地理志七》：

[貴州平越軍民府東南]楊義長官司(西有清水江……流經城西……北經乖西、巴香諸苗界，而入烏江。)

《明史》卷四六《地理志七》：

[貴州石阡府西南境]苗民長官司(洪武七年十月置，屬思州宣慰司。永樂十二年三月來屬[石阡府]。)

> 光旦：又同府南有葛彰葛商長官司，葛彰、葛商之稱之由來有二可能，其一苗也，苗之先與"鵠倉"之傳說有連；又其一仡佬也，黔之有葛彰，猶湘之有"古丈"也。

《明史》卷一三〇《胡海傳》：

[海久]鎮益陽。武岡、靖州、五開諸苗蠻先後作亂，悉捕誅首亂而撫其餘衆。

> 光旦：苗是廣義，苗之外，應尚有侗、瑤。

> 光旦：無年，當在洪武元至十四年間。

《明史》卷一三〇《吳復傳》：

[洪武]十四年，從傅友德征雲南，克普定，城水西。充總兵官，勦捕諸蠻。遂由關索嶺開箐道，取廣西。十六年克墨定苗，至吉剌堡，築安莊新城，平七百房諸寨，斬獲萬計，轉餉盤江。是年……[復]卒於普定……[復]在普定買妾楊氏，[自經以殉。]

光旦：墨定苗，所未詳，前未經見。妾楊，疑是當地花苗。

[苗]

《明史》卷一四四《顧成傳》：

從潁川侯傅友德征雲南，爲前鋒，首克普定，留成列柵以守。蠻數萬來攻，成出柵，手殺數十百人，賊退走。餘賊猶在南城，成斬所俘而縱其一曰："吾夜二鼓來殺汝。"夜二鼓，吹角鳴礮。賊聞悉走，獲器甲無算……諸蠻隸普定者悉平。十七年平阿黑、螺螄等十餘寨。明年奏罷普定府，析其地爲三州、六長官司。（成因功進貴州都指揮同知。）

光旦：普定即後之安順，今多花苗；然其在明初疑亦以彝族爲主，姑列"[苗]"片。此洪武十四至十七年間事。

《明史》卷一四四《顧成傳》：

[永樂十一年（見《太宗實錄》卷一四三）]八月，臺羅苗普亮等作亂，詔成帥二都司三衛兵討平之。

光旦：臺羅，寨名，屬思州（見"苗（思州）"）；普亮等疑不是苗，而是彝，一時無從肯定，姑列此。

苗

《明史》卷一五五《宋晟傳》：

[洪武二十九]年，拜[晟]征南右副將軍，討廣西缾礞諸寨苗，擒斬七千餘人。

光旦：此未必是苗，缾礞當是寨名之一，所在待查。

《明史》卷一五六《毛勝傳》：

正統七年，[初征麓川後，]靖遠伯王驥請選在京番將舍人，捕苗雲南。乃命勝與都督冉保統六百人往。

光旦：此亦未必是苗，而可能是彝。

《明史》卷一五九《夏壎傳》：

[成化]八年以右副都御史巡撫四川。苗、獠時爲寇。壎立互知會捕法，賊爲之戢。古州苗萬餘，居爛土久，時議逐之，壎謂非計。……[事]得寢。……在蜀二年，民夷畏服。

光旦：四川之苗，當是指在省東南與貴州接壤處之苗，在今秀山縣南部；然恐所指不止苗耳，在酉陽之所謂"冉家"或亦在內，顧"冉家"與今湘西之"土家"同類，非苗也。

光旦：古州、爛土，皆今貴州地；時貴州已自有布政司，而巡撫四川者得可否其事，當是事關軍政，非民政，而此一帶之貴州軍政歸四川管轄，猶黔東之歸湖廣管轄也。

《明史》卷一六六《蕭授傳》：

[宣德]七年，[討辰州蠻後，]移兵擊江華苗，討富川山賊，先後破擒之。（授自永樂十六年起以右軍都督僉事充總兵官，鎮守湖廣、貴州。）

光旦：江華之苗，嚴格言之，是瑤。

光旦：富川闌入廣西中部，所未喻。① 豈湘黔境內另有地名富川者耶？江西西南有富川水，亦若與此風馬牛不相及。

《明史》卷一六六《蕭授傳》：

先是，貴州治古、答意二長官司苗數出掠。授築二十四堡，環其地，分兵以戍，賊不得逞。久之，其酋吳不爾覘官軍少，復掠清浪，殺官吏。授遣張名擊破之。賊走湖廣境，結生苗，勢復張。授乃發黔、楚、蜀軍分道捕討。進軍箐子坪，誅不爾，斬首五百九十餘級。賊悉平。

光旦：清浪，明爲衛，清改爲青溪縣，屬思州府。

光旦：此條是苗不誤，其它文獻所稱紅苗、黑苗者也。紅苗、黑苗有吳姓（別有四姓，龍、石、廖、麻），此似初見。事亦在宣德七、八年中。

光旦：當時黔東與東北之苗頗若與漢人接觸較多較早，已成所謂熟苗，而湘西鎮、箪者尚是"生苗"，前所未喻也。

光旦：清乾嘉鎮箪苗起義失敗後，統治者用屯堡之法隔絕之，蕭授於三百六十餘年前已行之矣。

---

① 富川位置偏廣西東邊，與湘之江華接界，現有江華瑤族自治縣。參《中國歷史地圖集·明》（地圖出版社，1982年）。——整理者注

《明史》卷一六六《蕭授傳》：

正統元年（或略後）……上言（時方進右都督，佩征蠻副將軍印，仍鎮湖廣、貴州）："靖州與廣西接壤，時苦苗患（此未必是苗——光旦）。永樂、宣德間，嘗儲糧數萬石，備軍興。比年儲糧少，有警，發人徒轉輸，賊輒先覺，以故不能得賊。乞於清浪、靖州二衛，各增儲五萬石，庶緩急可藉。"報可。

《明史》卷一六六《蕭授傳》：

[正統]四年，貴州計沙①賊苗金蟲、苗總牌糾紅江②生苗作亂，僞立統千侯、統萬侯號。授督兵抵計沙，分遣都指揮鄭通攻三羊洞，馬曄攻黃柏山，大破之。[副總兵官都督僉事]吳亮窮追至蒲頭、紅江，斬總牌，千户尹勝誘斬金蟲。於是生苗盡降。……（亦見本傳《吳亮附傳》，亮因功進右都督。）

　　光旦：苗人確有以苗爲姓者。參看王應麟《姓氏急就篇》及方氏《通雅》論江、鄂、岳三州間有"猫"姓。

　　自鎮遠侯顧成歿，羣蠻所在屯結。官軍討之，皆無功。授在鎮二十餘年，規畫多本於成，久益明練，威信大行，寇起輒滅，前後諸帥莫及也。論功，進左都督。

　　光旦：此論諸蠻，自不限於苗，然湘黔究以苗爲多，故錄於此。

《明史》卷一七一《王驥傳》：

[正統末年，]湖廣、貴州諸苗，所在蜂起，圍平越及諸城堡，貴州東路閉。驥[三征麓川還]，至武昌，詔還軍討苗。會英宗北狩，羣臣劾王振并及驥。以驥方在軍，且倚之平苗，置弗問。命佩平蠻將軍印，充總兵官，侍郎侯璡總督軍務。已而苗益熾，衆至十餘萬。平越被圍半歲，巡按御史黃鎬死守，糧盡掘草根食之。而驥頓軍辰、沅不進。景泰元年，鎬草疏置竹筒中，募人自間道出，聞於朝。更命保定伯梁珤爲平蠻將軍，益兵二萬人。侯璡自雲南督之前，疾戰，大破賊，盡解諸城圍。而驥亦俘剗平王蟲富等以獻。

　　光旦：此自又是廣義之苗。下條同，參"佈依？"片。

《明史》卷一七二《王來傳》：

---

① 標點本《校勘記》：計沙，《明史》卷一〇《英宗前紀》、卷三一六《黎平傳》，《明史稿》傳四〇《蕭授傳》，《英宗實錄》卷五一正統四年二月丁巳條都作"計砂"。——整理者注

② 標點本《校勘記》：紅江，據《明史》卷三一六《黎平傳》，《明史稿》傳四〇《蕭授傳》，《英宗實錄》卷五一正統四年二月丁巳條應爲"洪江"。下同。——整理者注

景泰元年，貴州苗叛。總督湖廣、貴州軍務侯璉卒於軍，進來（原爲左副都御史巡撫河南）右都御史代之。與保定伯梁珤，都督毛勝、方瑛會兵進討。至靖州，賊掠長沙、寶慶、武岡。來等分道邀擊，俘斬三千餘人，賊遁去。已復出掠，官軍連戰皆捷。賊魁韋同烈據興隆，劫平越、清平諸衛，來與方瑛擊敗之。賊退保香爐山，山陡絶。勝、瑛與都督陳友三道進，來與珤大軍繼之。先後破三百餘寨，會師香爐山下。發礟轟崖石，聲動地。賊懼，縛同烈并賊將五十八人降。餘悉解散。遂移軍清平，且檄四川兵共剿都勻、草塘諸賊。賊望風具牛酒迎降。賊平。

《明史》卷一七二《王來傳》：

　　[景泰]三年十月，[自貴州]召還（時來以右都御史總督湖廣、貴州軍務，初平湘黔"苗"亂，擒韋同烈於香爐山，受命兼撫貴州）……在道，以貴州苗復反，敕回師進討。明年，事平。召爲南京工部尚書。

《明史》卷一七二《馬謹傳》：

　　正統末，湖南叛苗掠靖州。命謹（時爲湖廣右布政使）同御史侯爵撫諭，參將張善率兵繼之。謹等至，招數千人復業，其出掠者擊敗之。尋與善破淇溪諸寨。景泰初，復與善大破臈婆諸洞。已[而]同參將李震擊破青龍渡、馬楊山諸賊，追奔至雞心嶺，先後斬首千四百有奇。師還，靖州賊復出掠，搗其巢，斬獲如前。武岡、城溪諸賊結廣西蠻，據青肺山，復與震攻破之。獲賊楊光拳等五百六十人，斬首倍之。扶城諸砦，聞風款附。……轉左布政使。

《明史》卷一七二《孔鏞傳》：

　　[成化後葉]以右副都御史巡撫貴州。清平部苗阿溪者，桀驁多智。其養子阿賴尤有力，横行諸部中。守臣皆納溪賂，驕不可制。鏞行部至清平，詢得溪所昵者二人。遂以計擒溪，磔之。并討平雞背苗。郡蠻震懾。……

　　光旦：阿溪、阿賴，疑不是苗，而是彝或獠。

　　平樂李時敏者，爲信宜知縣。嘗與鏞共平猺亂有功，遷知化州。

《明史》卷一七〇《于謙傳》：

　　都督張軏以征苗失律，爲謙所劾。

　　光旦：自是景泰間事。軏旋亦爲誣陷謙之一人。軏征苗事本身當別有記述處（見卷一四五《張玉傳·子軏附傳》）。

《明史》卷一七五《劉玉傳》：

　　[天順初（二年或略後），以都督僉事充左參將分守貴州，]討西堡苗，繫其

魁楚得。先後斬首千級，毀其巢而還。

  光旦：此雖明言是苗，疑不是。

《明史》卷一七八《韓雍傳》：

  成化元年，[雍大征大藤峽之役，軍出會州、桂林間，]陽峒苗掠興安，擊破之。[始進]至桂林。

  光旦：陽峒苗不知果是苗否。

《明史》卷一七八《余子俊傳》：

  ……（成化十五年）播州苗竊發……（見"播州"片。）

  光旦：此不應是苗，或不盡是苗。

《明史》卷一八八《陸崑傳·史良佐附傳》：

  [爲]雲南副使。平十八寨苗。

  光旦：約在弘治後葉。不知果是苗否。十八寨，專名，在彌勒縣西南。彝之可能性甚大，疑不是苗。

《明史》卷一八九《李文祥傳》：

  弘治二年……貶貴州興隆衛經歷（原兵部主事）。都御史鄧廷瓚征苗，咨以兵事。

《明史》卷一七二《鄧廷瓚傳》：

  弘治二年以右副都御史巡撫貴州。[越三年，]都勻苗乜富架、長腳等作亂。敕廷瓚提督軍務，同湖廣總兵官顧溥、貴州總兵官王通等討之。副使吳倬遣熟苗詐降富架，誘令入寇，伏兵擒其父子。官軍乘勝連破百餘寨，生縶長腳以歸。羣蠻震慴。

  廷瓚言："都勻、清平舊設二衛、九長官司，其人皆世祿，自用其法，恣虐激變，苗民亂四十餘年。今元凶就除，非大更張不可。請改爲府縣，設流官，與土官兼治，庶可久安。"因上善後十一事，帝悉從之。遂設府一，曰都勻；州二，曰獨山、麻哈；縣一，曰清平。苗患自此漸戢。……進右都御史。……

  光旦：年份未詳，應在弘治五至七年間（見"苗（貴州黑苗）"）。

  [廷瓚]設施，動中機宜。其在貴州平苗功爲尤偉云。

[苗]

《明史》卷一六六《蕭授傳》：

  永樂十六年擢右軍都督僉事，充總兵官，鎮湖廣、貴州。宣德元年，鎮遠卬（邛）水蠻銀總作亂。指揮祝貴往撫，被殺。授遣都指揮張名破斬之。

  光旦：邛水蠻是否爲苗，尚待肯定。

《明史》卷一七五《何洪傳》：

  景泰末，［以成都前衛指揮使］從征天柱、銅鼓……有功。

《明史》卷一八四《劉瑞傳》：

  ［弘治間（應在弘治十年光景，或略後），以翰林院檢討上言，有曰，］"都勻之捷，鄧廷瓚冒其功……請追正欺罔之罪。"報聞。

  光旦：都勻之捷，見前片。

《明史》卷一八七《陳金傳》：

  弘治［中（十三年以前），］歷雲南左布政使，討平竹子箐叛苗。

  光旦：竹子箐，所在不詳。① 是否爲苗，亦待肯定。

苗

《明史》卷一七二《劉丙傳》：

  正德六年以右副都御史巡撫湖廣。所部鎮溪千戶所、筸子坪長官司與貴州銅仁、四川酉陽梅桐諸土司，犬牙相錯。弘治中，錯（鎮？）溪苗龍麻陽與銅仁苗龍童保聚衆攻剽，土官李椿等實縱之，而筸子百夫長龍真與通謀。後遂四出劫掠，遠近騷然。先後守臣莫能制。丙將討之，賊入連山深箐，爲拒守計。丙率師破其數寨。賊走據天生崖及六龍山。貴州巡撫沈林兵繼至，連攻破之。前後擒童保等二百人，斬首八百九十餘級。都指揮潘勛又破鎮、筸諸寨，擒麻陽等百六十人，斬首級如前。餘賊遠遁。

《明史》卷一九一《徐文華傳》：

  正德［中］，擢……御史，巡按貴州。乖西苗阿雜等倡亂，偕巡撫魏英討之，破寨六百三十。

  光旦：此果是苗否，待查。

《明史》卷一九三《費宏傳》：

  ［宏］世父瑄……弘治時爲兵部員外郎。貴州巡撫謝昻、總兵官吳經等奏爛土苗反，僭稱王，乞發大軍征討。以兵部尚書馬文升請，令瑄與御史鄧庠往

---

① 竹子箐位於雲南廣西府維摩州東南。（見《中國歷史地圖集·明》，地圖出版社，1982年）——整理者注

按。白苗無反狀，撫定之。劾杲、經及鎮守中官張成罪。遷貴州參議。

《明史》卷一九四《鄒文盛傳》：

　　正德……十一年以右副都御史巡撫貴州。清平苗阿旁、阿階、阿革稱王，巡撫（前任）曹祥調永順、保靖土兵討之，尋被劾罷。阿旁等據香爐山，興隆、偏橋、平越、新添、龍里諸衛咸被其患。文盛至，檄川、湖兵協剿，以貴州兵擣礆木砦，擒阿革。川、湖兵至，抵山下，山壁立，惟小徑五，賊皆樹柵。仰攻不能克，乃製戰樓與崖齊，乘夜雨附崖登，拔柵焚廬舍。賊奔後山，據絶頂。官軍乘間梯籐木以上，遂擒阿旁，餘賊盡平。

　　　　光旦：清平，今鑪山，當即因香爐山得名。

　　移師討平龍頭、都黎、都蘭、都蓬、密西、大支、馬羅諸砦黑苗，先後斬降無算。

苗（湖廣）

《明史》卷一一：

　　[景泰]三年……三月戊午，毛福壽討湖廣巴馬苗，克之。

　　　　光旦：巴馬，不詳。①

《明史》卷一一：

　　[景泰]六年……十一月乙亥，南和伯方瑛爲平蠻將軍充總兵官，討湖廣苗。

　　　　光旦：此南和伯即從上年平貴州草塘司苗得來。

《明史》卷一一：

　　[景泰]七年……十二月己亥，方瑛大破湖廣苗。

《明史》卷一二：

　　[天順元年]二月……戊午，方瑛、石璞大破湖廣苗。

《明史》卷一四四《顧成傳》：

　　弘治二年，[成玄孫嗣侯溥]拜平蠻將軍，鎮湖廣。始至，捕斬苗中首惡。

　　　　光旦：此或是廣義之苗。

《明史》卷一五一《鄭賜傳》：

---

① 巴馬在廣西。今有巴馬瑶族自治縣。（見《中國歷史地圖集·明》，地圖出版社，1982年）——整理者注

[洪武中、晚年間，與吳文同爲]湖廣布政司參議……二人協心剗弊，民以寧輯，苗獠畏懷。

《明史》卷三一二《四川土司列傳·酉陽宣撫司傳》：

正德三年，酉陽宣撫司護印舍人冉廷璽及邑梅長官司奏，湖廣鎮溪所洞苗聚衆攻劫，請兵剿捕。

苗（湖北）？

《明史》卷三〇九《張獻忠傳》：

[崇禎]十六年……獻忠……陷武昌……遂僭號，改武昌曰天授府……以興國州柯、陳兩姓土官悍勇，招降之。

> 光旦：鄂之興國有土民土官，前所未聞，《明史》上文亦未經見。自南宋至明末，江、鄂、岳三州間有苗或"猫"姓人，見王應麟《姓氏急就篇》及方氏《通雅》，興國州在鄂州江州間，豈亦有此種人乎？如或有之，則其首領亦即不妨被視爲土官矣。興國州今陽新縣。

苗（湖北施州）

《明史》卷三一〇《土司列傳·湖廣土司》：

蠻苗吳面兒之難，[施州]諸土司地多荒廢，長官（幾全部爲巴人後裔，或亦稱"土家"）亦罷承襲。至是（永樂二年），故土官之子覃友諒等以招復蠻民，請仍設治所，[從之。]以其户少，降爲長官司（散毛、施南），隸大田軍民千户所。以友諒爲散毛長官，覃添富爲施南長官。（互見）

> 光旦：苗自酉水以南陸續向北伸展，遠至鄂西南巴人舊地，此條是最好例證。

> 光旦：土家或巴人後裔從此多成地主，而苗則爲佃農，繩以清初顧彩《容美紀游》一書所反映之情況，可知此種地主實屬領主性質，而佃農實乃農奴，則可知此一隅之發展久久停滯在初期封建階段，遲至清雍、乾改土歸流以後，尚無甚變化也。

> 光旦：吳面兒事，在洪武十八年，其地則爲五開，距此甚遠，而土司地竟至於荒廢，足見此次起事影響甚廣，而苗之團結囊括今黔、湘、鄂三省邊區，此在苗族史上亦應大書特書之事。

《明史》卷三一〇《土司列傳·湖廣土司》：

[永樂四年,]高羅安撫田大民言,招復蠻民四百餘户,乞還原職[及]治所。木册長官田谷佐、唐崖長官覃忠孝,並言父祖世爲安撫,洪武時大軍平蜀,民驚潰,治所廢,今谷佐等招集三百餘户,請襲,許之。

　　光旦:此所云"蠻民"、"民",參前片覃友諒之例,皆苗也。惟其捨施州土地而他去,不必概與吴面兒之起事有涉耳。然苗之去來如是其易,頗若與土司之關係不甚固定,即苗之依附於土司似不甚緊密,是則領主與農奴之説尚可斟酌也。各土司均爲巴後,或亦稱"土家",可不待言。下同。

　　[永樂]五年,鎮南長官覃興等來朝,稱係世職,洪武中廢,今招徠蠻民三百户,乞仍舊……從之。

　　光旦:別有相類之例,此處不盡録,見"[巴](施州)——沿革"片。

苗(湖南武岡)

《明史》卷一一八《諸王傳三》:

　　[岷王朱徽𤊨(太祖第十八子岷莊王楩之後)]弟廣通王徽煠有勇力,家人段友洪以技術得寵。致仕後軍都事于利賓言徽煠有異相,當主天下,遂謀亂。作僞敕,分遣友洪及蒙能、陳添行①入苗中,誘諸苗以銀印金幣,使發兵攻武岡(岷府所在地,岷府初在岷州,後改雲南,終移武岡)。苗首楊文伯等不敢受。事覺……除爵……時景泰二年十月也。

[苗](沅州麻陽)

《明史》卷一五四《李彬傳》:

　　熙(彬裔孫嗣爵者)[世宗時]出鎮湖廣。……討平沅州麻陽叛蠻。

苗(湖南)

《明史》卷二四七《鄧子龍傳》:

　　麻陽苗金道侣等作亂,擢參將(本以署指揮僉事掌浙江都司)討之。大破賊,解散其黨。

　　光旦:事在萬曆最初十年間。

---

① 標點本《校勘記》:陳添行,《明史稿》傳四《岷莊王楩傳》、《英宗實録》卷二〇九景泰二年十月丁卯條均作"陳添仔"。——整理者注

《明史》卷二四九《朱燮元傳·林兆鼎附傳》：

[崇禎]四年，[以總兵官（何省總兵官，未詳，惟知時歸朱燮元調遣）]遣將討湖廣苗黑酋（不知字有顛倒否，似若作"湖廣黑苗酋"較通，否則，"黑酋"當是苗首領之名），攻拔二百餘寨。加左都督（本秩都督同知）。

《明史》卷二六九《姜名武傳·鄧祖禹附傳》：

[崇禎間]爲辰沅參將，擒苗酋飛天王張五保，斬首千五百級，夷其巢。擢副總兵。

光旦：此雖曰苗，疑實乃仡佬，當地所稱"大、小張"也。

《明史》卷二八一《循吏傳·陳鋼傳》：

成化[初]，授黔陽知縣。楚俗，居喪好擊鼓歌舞。鋼教以歌古哀詞，民俗漸變。

光旦：此未必苗，亦可能漢人受苗影響者。

《明史》卷三一〇《土司列傳·湖廣土司》：

[永樂]三年，辰州衛指揮龔能等招諭箄子坪等三十五寨生苗廖彪等，各遣子入貢。因設箄子坪長官司，以彪爲之，隸保靖[宣慰使司]。

光旦：湘西今土家族、苗族自治州首府吉首（舊乾城）迤東之苗，在明初猶屬"生苗"。

光旦：苗人首領自爲長官，此爲不多見之一例，其在湖南，可稱僅見。此一帶雖亦土、苗雜居，苗究佔絕大多數也。

《明史》卷三一〇《土司列傳·湖廣土司》：

[永樂]十二年，箄子坪賊吳者泥自稱苗王，與蠻民（亦苗也）苗金龍等爲亂，總兵梁福平之。未幾，者泥子吳擔竹復誘苗吳亞麻糾貴州答意諸蠻（亦苗也）叛，都督蕭授斬平之。

苗（思州、靖州）

《明史》卷六《成祖二》：

[永樂]十一年……八月……乙丑，鎮遠侯顧成討思州、靖州叛苗。

光旦：苗之名，於《明史》初見，但稱苗者是否真爲苗，或僅爲苗，尚待考。

《明史》卷七《成祖三》：

[永樂]十二年……正月庚寅，思州苗平。

《明史》卷七《成祖三》：

　　［永樂十二年］九月……丙戌，靖州苗平。

苗（湖廣、貴州）

《明史》卷一〇：

　　［正統］十四年……四月……壬戌，湖廣、貴州苗賊大起，命王驥討之。

《明史》卷一〇：

　　［正統十四年］六月庚戌，靖州苗犯辰溪，都指揮高亮戰死。

《明史》卷一一：

　　［正統十四年］九月（英宗北狩在八月）……甲辰……都督同知陳友帥師討湖廣、貴州叛苗。……丙午，苗圍平越衛，調雲南、四川兵會王驥討之。

《明史》卷一一：

　　［正統十四年］十一月……辛卯，毛福壽爲副總兵，討辰州叛苗。

　　　　光旦：此中必有土家。

《明史》卷一一：

　　［正統十四年］十二月……辛亥，王驥爲平蠻將軍，充總兵官，討貴州叛苗。

《明史》卷一一：

　　［景泰元年］四月……丁亥，保定伯梁珤代王驥討貴州叛苗。……五月……丙寅，侍郎侯璡、副總兵田禮大破貴州苗。……七月庚戌，尚書侯璡、參將方瑛破貴州苗，擒其酋獻京師。……九月癸丑，巡撫河南副都御史王來總督湖廣、貴州軍務，討叛苗。

《明史》卷一一：

　　［景泰］二年……四月乙酉，梁珤、王來等破平越苗，獻俘京師。……七月戊申，普定、永寧、畢節諸苗復叛，梁珤等留軍討之。

《明史》卷一五四《梁銘傳》：

　　景泰元年拜［珤（銘子）］平蠻將軍，代王驥討貴州苗。其冬，分四道進攻，大敗之，斬首七千有奇，破寨五百。明年自沅州進兵，與都督方瑛破賊於興澤，又大破之香罏山，俘僞王韋同烈等，擒斬數千人。分兵攻都勻、草塘諸苗，悉震恐，降。師還，苗復叛，珤復與瑛討平之。……

　　四年討平湖廣清浪叛苗。

　　　　光旦：景泰元年之起事，當係此一帶各少數民族合作爲之者。韋同烈

  恐不是苗，而是仲家，今稱佈依。

《明史》卷一五六《毛勝傳》：

  景帝進勝左都督……貴州苗大擾，詔勝往討。未行，而也先逼京師。［勝禦之有功］……事定，乃命以左副總兵統河間、東昌降夷赴貴州。

  賊首韋同烈據香鑪山作亂，勝與總兵梁珤、右副總兵方瑛等從總督王來分道夾擊。勝進自重安江，大破之。會師山下，環四面攻之。賊窘，縛同烈降。

  還討湖廣巴馬諸處反賊，克二十餘寨，擒賊首吳奉先等百四十人，斬首千餘級。封南寧伯……

    光旦：吳奉先自是苗人，足證上所云民族合作之推測。此番起事，區域亦廣，跨湘、黔兩省，亦由此見之。

《明史》卷一六〇《石璞傳》：

  ［景泰七］年，湖廣苗亂，命璞［以兵部尚書］總督軍務，與南和伯方瑛討之。天順元年以捷聞。

苗——與方瑛、李震

《明史》卷一六六《方瑛傳》：

  景泰元年……貴州羣苗叛，道梗……四月拜右副總兵，與保定伯梁珤、侍郎侯璡次第破走之。進右都督。復破賞改諸砦，擒僞苗王王阿同等。……

  三年秋……命瑛［以右都督］鎮守貴州。其冬，討白石崖賊，俘斬二千五百人，招降四百六十砦。進左都督。

    光旦：白石崖在安順北，此一帶應是所稱"花苗"之地。

《明史》卷一六六《方瑛傳》：

  ［景泰六年，］湖廣苗叛，拜瑛平蠻將軍，率京軍討之……七年，賊渠蒙能攻平溪衛。都指揮鄭泰等擊卻之，能中火槍死。瑛遂進沅州。連破鬼板等一百六十餘砦。與尚書石璞移兵天柱，率陳友等分擊天堂諸砦，復大破之。克砦二百七十，擒僞侯伯以下一百二人。時英宗已復位。……璞召還，瑛留鎮貴州、湖廣。瑛討蒙能餘黨，克銅鼓藕洞一百九十五砦，覃洞、上隆諸苗各斬其渠納款。帝嘉瑛功，進侯。

《明史》卷一六六《方瑛傳·陳友附傳》：

  景帝即位，進都督同知，征湖廣、貴州苗。尋充左參將，守備靖州。景泰……四年春（時破香爐韋同烈後，進右都督，留鎮湖廣）奏斬苗五百餘級，五年又奏斬苗三百餘，而都指揮戚安等八人戰死。兵部疑首功不實，指揮蔡昇亦奏友欺妄。命總督石璞廉之，斬獲僅三四十人，陷將士千四百人……詔令殺賊自効。

　　　　光旦：此中疑或有伺人，不盡是苗也。

《明史》卷一六六《方瑛傳·陳友附傳》：

　　天順元年隨瑛征天堂諸苗，大獲。命充左副總兵，仍鎮湖廣。已［而］又偕瑛破蒙能餘黨。召封武平伯。

《明史》卷一六六《李震傳》：

　　景帝即位，［以都指揮同知］充貴州右參將。擊苗於偏橋，敗之。……

　　方瑛討苗，乞震隨軍……從瑛大破天堂諸苗，仍充左參將。瑛平銅鼓諸賊，震亦進武崗，克牛欄等五十四砦，斬獲多。進都督僉事。……

　　初（當在景泰末天順初），麻城人李添保以逋賦逃入苗中，偽稱唐太宗後，衆萬餘，僭王，建元武烈，剽掠遠近。震（時以都督僉事充總兵官，鎮貴州、湖廣）進擊，大破之。添保遁入貴州鬼池諸苗中，復誘羣苗出掠。震擒之，送京師。尋破西堡苗。……

　　　　光旦：事俱在天順五年之前。

　　［天順］七年冬，苗據赤谿湳洞長官司。震（時專鎮湖廣，另李安充總兵官，守貴州）與［李］安分道進，斬賊渠飛天侯等，破砦二百，遂復長官司。進都督同知。……

　　　　光旦：此長官司在錦屏縣境，元首置，清廢。

　　成化改元，守備靖州。都指揮同知莊榮奏，貴州黎平諸府密邇湖廣五開諸衛，非大將總領不可。乃復命震兼鎮貴州。未幾，獲賊首苗蟲蝦。

《明史》卷一六六《李震傳》：

　　武崗、沅、靖、銅鼓、五開苗復蜂起，而貴州亦告警。震（成化改元以來，仍兼鎮湖廣、貴州）言貴州終難遙制，請專鎮湖廣。許之。乃還兵。由銅鼓、天柱分四道進，連破賊，直抵清水江。因苗爲導，深入賊境。兩月間破巢八百，焚盧舍萬三千，斬獲三千三百……

　　當是時，震威名著西南，苗獠聞風畏懾，呼爲"金牌李"。……

　　　　光旦：無具體年份，但知在成化七年以前。其時震已進爲右都督。

　　［成化］十一年，苗復犯武崗、靖州，湖湘大擾。震與巡撫劉敷等分五道進，破六百二十餘砦，俘斬八千五百餘人，獲賊孥萬計。論功封興寧伯。……

震在湖湘久，熟知苗情，善用兵。一時征苗功，方瑛後，震爲最。

《明史》卷一六六《王信傳》：

[成化]十三年，以[署都督僉事]佩平蠻將軍印……鎮湖廣。……靖州及武岡蠻久不戢，守臣議剿之。信親詣，犒以牛酒，責其無狀，衆稽顙服罪。

光旦：此及上若干條數及武岡、靖州；當時之武岡疑尚有瑤，靖州則有侗，不止苗也。

苗——與彭倫

《明史》卷一六六《彭倫傳》：

成化初，[以]都指揮使守備貴州清浪諸處，討破茅坪、銅鼓叛苗。賊掠乾溪，倫討之。賊還所掠，與盟而退。倫以賊入時，道邛水，諸砦不即邀遏，乃下令，賊入境能生致者予重賞，縱者置諸法。由是諸司各約所屬，凡生苗軼入，即擒之，送帳下者纍纍。倫大會所部目把，縛俘囚寘高竿，集健卒亂射殺之，復割裂肢體，烹噉諸壯士。罪輕者截耳鼻使去，曰："以此識，再犯不赦矣。"因令諸砦樹牌爲界，羣苗股栗不敢犯。

明年（成化二年？）充右參將，仍鎮清浪。……妖賊石全州潛入絞洞，煽動古州苗，洪江、甘篆諸苗咸應之。倫遣兵截擒，並搜獲其妻子。諸苗將攻鎮遠，倫大敗之，斬首及墮崖死者無算。無何，印（邛）水十四砦苗糾洪江生苗爲逆。倫分五哨往，甫行，雨如注，倫曰："賊不虞我，急趨之，可得志也。"競進夾攻，縶其魁，俘斬餘黨。賊盡平。

靖州苗亂，湖廣總兵官李震檄倫會討。軍至邛水江，諸熟苗驚，欲竄。倫與僉事李晃計曰"苗竄必助賊"，乃急撫定之。又緣道降天堂、小坪諸苗。既抵靖州，倫將右哨，出賊背布營。賊走據高山，倫軍仰攻之，賊敗走。遂渡江，搗其巢，大獲。乘勝攻白崖塘。崖高萬仞，下臨深淵，稱絕險。倫會左哨同進，得徑路。夜登，賊倉皇潰。追斬二千餘級，俘獲如之，盡夷其砦。

初，臻剖六洞苗侵熟苗田，不輸賦，又不供驛馬，有司莫敢問。倫遣人諭之，頓首請如制。

錄功，進都督僉事。

苗（湘、黔）

《明史》卷一九四《鄒文盛傳》：

（正德近末，重安司土舍馮綸與凱里司楊弘有怨，弘卒，綸糾合諸苗與凱里相讎殺，因未能肯定馮、楊與所云諸苗究否爲苗，暫列"[彝？]"片中，此不另錄。）

《明史》卷一九五《王守仁傳》：

　　正德元年冬……謫貴州龍場驛丞。龍場萬山叢薄，苗、獠雜居。守仁因俗化導，夷人喜，相率伐木爲屋，以棲守仁。

《明史》卷二〇八《余珊傳・汪珊附傳》：

　　巡撫貴州時，討都勻叛苗有功。

　　　　光旦：事應在嘉靖初、中葉間。

《明史》卷二一〇《趙錦傳》：

　　隆慶元年以右副都御史巡撫貴州，破擒叛苗龍得鮓等。宣慰安氏（水西）素桀驁，畏錦，爲效命。

　　　　光旦：是以彝兵攻苗。

苗（湘、黔）——與張岳

《明史》卷二〇〇《張岳傳》：

　　湖、貴間有山曰蠟爾，諸苗居之。東屬鎮溪千户所、筸子坪長官司，隸湖廣；西屬銅仁、平頭二長官司，隸貴州；北接四川酉陽；廣袤數百里。諸苗數反，官兵不能制。侍郎萬鏜征之，四年不克。乃授其魁龍許保冠帶。湖苗暫息。而貴苗反如故。鏜班師，龍許保及其黨吳黑苗復亂。貴州巡撫李義壯告警，乃命岳[以兵部左侍郎]總督湖廣、貴州、四川軍務，討之。進右都御史。

　　義壯持鏜議欲撫，岳劾其阻兵，罷之。先義壯撫貴州者僉都御史王學益，與鏜附嚴嵩，主撫議，數從中撓岳。岳持益堅。

　　許保襲執印江知縣徐文伯及石阡推官鄧本忠以去……乃使總兵官沈希儀、參將石邦憲等分道進，躬入銅仁督之。先後斬賊魁五十三人，獨許保、黑苗跳（逃）不獲。岳以捷聞，言貴苗漸平，湖苗聽撫，請遣土兵歸農……許之。

　　未幾，酉陽宣慰冉元嗾許保、黑苗突思州，劫執知府李允簡。邦憲兵邀奪允簡還，允簡竟死。……邦憲等旋破賊。岳搜山箐，餘賊獻思州印及許保。湖廣兵亦破擒首惡李通海等。岳以黑苗未獲，不敢報功。已而冉元謀露，岳發其奸。元賄嚴世蕃責岳絕苗黨。邦憲竟得黑苗以獻，苗患乃息。……

　　允簡[爲思州知府]，以郡境多寇，遣孥歸[融縣]，獨與孫炳文居。祖孫皆被執，許保挾以求厚贖。允簡則傳語邦憲令亟進兵。在賊中自投高崖下，賊拽出，棄之途。思人舁還，至清浪衛而卒。

　　光旦：事在嘉靖間，自嘉靖二十二年至三十年（參下條及"苗（湘、黔）——與石邦憲"）。

　　光旦：李允簡被執經過，上下文不盡一致，亦史之疏筆。

苗（湘、黔）

《明史》卷二〇二《李默傳·萬鏜附傳》：

　　[嘉靖中（二十二年，見"苗（銅仁）——沿革"），]湖廣蠟爾山蠻叛，起鏜副都御史，相機剿撫。鏜納上（土）指揮田應朝策，誘致其酋，督兵破之。條上善後七事，帝咸報可。召鏜還。未幾，銅平酋龍子賢復叛，御史繆文龍言鏜剿撫皆失。詔下撫按官勘覆，歸罪於參將李經，事乃解。

　　光旦：此苗無疑，上文他傳已明言之。

　　光旦：銅平，應是屬銅仁之平頭著可長官司。地名如此簡稱，所未經見。

　　光旦：此一隅民族形勢頗複雜。銅仁原稱銅人，謂其地曾發見一銅人像，因名；此後來望文生義渲染為故事耳，實則為"侗人"，即今侗族。侗當是此地最較土著之居民；其後苗從東入，土家從北來，故明清兩代，平頭著可長官司之正長官為苗人楊姓，而副長官為土家人田姓，長官之正副亦正說明苗、土人口之比例。田應朝應即當地之土指揮，為土家無疑，而龍子賢則苗，可肯定也。今其地人口應是以苗為主，其原為土家者，今亦率多苗化矣，中央民族學院之同學中即有其例。

　　光旦：苗、土矛盾與湘西亦同。

苗（湘、黔）——與石邦憲

《明史》卷二一一《沈希儀傳》：

　　[嘉靖二十年代（二十八年，參卷二一二《俞大猷傳》），]進都督同知，改貴州總兵官。……從[張]岳平銅仁叛苗龍許保、吳黑苗。

《明史》卷二一一《石邦憲傳》：

　　苗龍許保、吳黑苗叛，總督張岳議征之，而賊陷印江、石阡，邦憲（時署都指揮僉事，充銅仁參將）坐逮問。岳以銅仁賊巢穴，而邦憲有謀勇，乃奏留之。邦憲遂與川、湖兵進貴州，破苗砦十有五。竄山箐者，搜戮殆盡。上功，邦憲第一。……而許保等突入思州，執知府李允簡以去。邦憲急邀奪之歸（此與允簡本傳不盡合，已見同題前片）。……賊既破思州，復糾餘黨，與湖廣蜡爾山苗合，欲攻石阡，不克，還過省溪。千戶安大朝等邀之，斬獲大半，盡奪其輜重，賊不能軍。邦憲乃使使購老猫、老猱等執許保送軍門。而黑苗竄如故。復以計購烏朗土官田興邦等斬黑苗。賊盡平。……進署都督僉事，充總兵官，代沈希儀鎮貴州。

  光旦：邦憲本人疑出苗，家本清平衞，姓石，世襲指揮使，皆可疑之點。張岳留之，亦因於苗情特諳也。

  光旦：老猫、老猱，名甚奇特，疑非個人名，而爲羣體之稱，老猱，或即猱猪，即今仡佬，"猫"從犭，從苗，而不從苗，疑應作"猫"，即生苗也，皆雜居當地而漢化程度甚淺者。

  光旦：烏朗，地未詳，但土官田姓爲土家無疑。

《明史》卷二一一《石邦憲傳》：

  臺黎砦苗關保倡亂，四川容山、廣西洪江諸苗應之。遠近騷然，撫剿莫能定。邦憲（時以署都督僉事充總兵官鎮貴州）與湖廣兵分道討破之，傳檄十八砦，許執首惡贖罪。諸苗聽撫，設盟受約而還。（事在嘉靖三十四年，見《世宗實錄》嘉靖三十四年三月庚子條。）

  光旦：臺黎，所在未詳；容山，元長官司，明廢，在貴州湄潭縣東，當時屬四川。廣西洪江，疑應作湖廣洪江，洪江即巫水，在湘西南，故下文分道討破，用湖廣兵也。

《明史》卷二一一《石邦憲傳》：

  破地隆阡叛苗四砦。又破答干諸砦，擒其渠魁。地隆阡遺賊龍老三、龍得奎結龍停苗老夭、扳（板）凳苗石章保等縱兵掠，執石耶洞土官妻冉氏以歸，攻梅平砦。官軍要（邀也）擒老三。得奎走免，復與老夭等攻破平南營囤。邦憲偵冉氏在老夭所，陽議贖，而潛擊殺老夭。官軍遂入龍停砦，并執扳凳砦苗龍老丙，令執獻章保。於是諸苗悉降。

  光旦：地隆阡、龍停、扳凳，均未詳，疑皆在黔東松桃、銅仁一帶，彼此相近。答干，亦砦名，在都勻縣東，是另一事，不相屬；然亦苗也。

  光旦：石耶洞，楊氏，苗也，其妻冉氏，土家也，當是酉陽土家女。石耶洞長官司似直轄於酉陽宣慰司；苗人自有其小土官，而得與酉陽之大土官通婚，此在湘西土、苗之間爲絕對不可能發生之事。於以見階級關係或矛盾，本也，而民族關係或矛盾，末也。

　　光旦：事在嘉靖後葉，時邦憲以署都督同知充總兵官鎮貴州。

《明史》卷二一一《石邦憲傳》：

　　白洗、養鵝諸苗叛，討擒其魁，降百餘砦。……

　　光旦：白洗、養鵝，當是砦名，所在不詳，只知在貴州境。年代亦不具，應在嘉靖後葉，時邦憲以署都督同知充總兵鎮貴州。

　　銅仁、都勻苗相煽叛。邦憲亟馳還（自湖廣漵浦，時甫平其地瑤人沈亞當），率守備安大朝進剿。先破彪山砦賊，乘勝略定諸砦。獲賊首龍老羅、王三等，餘黨盡平。（嘉靖三十九年，見"苗（銅仁）——沿革"。）

　　又……招降冷水溪諸洞苗二十八砦。

　　光旦：冷水溪所在不詳，與銅仁、都勻叛苗條未必有係。姑列此。但事屬先後，均在嘉靖後葉。

《明史》卷二一一《石邦憲傳》：

　　播州容山副長官土舍韓甸與正長官土舍張問相攻，甸屢勝，遂糾生苗剽湖、貴境，垂二十年。問亦糾黨自助。邦憲（時以署都督同知充貴州總兵官）討之，斬百餘人。問潛出，被獲。官軍乘勝入甸巢。會暮，大雨，迷失道。守備葉勳、百戶魏國相等陷伏中，死焉。邦憲奪圍出，還軍鎮遠。再征之，賊沿江守。邦憲佯與爭，而別自上流三十里編竹以渡。水陸並進，大破之。斬甸，容山平。進右都督。

　　光旦：事在嘉靖中，鎮壓則應在後葉，且或已近末年。

　　尋與巡撫吳維嶽招降平州叛酋楊珂……

　　光旦：事應已在嘉靖近末。平州疑應作平洲。明置平洲六洞長官司，應在舊都勻府境。

　　隆慶元年剿平鎮遠苗。已［而］又破誅白泥土官楊贇及苗酋龍力水等。部內帖然。

　　邦憲生長黔土，熟苗情。……大小數十百戰，無不摧破。……爲總兵官十七年，威鎮蠻中。與四川何卿、廣西沈希儀並稱一時名將。［隆慶二］年卒官。

苗（湘、黔）

《明史》卷二一二《俞大猷傳》：

　　鎮、筸有警，川湖總督黃光昇薦大猷，即用爲鎮筸參將。

光旦：時在嘉靖三十七年至四十年間。

《明史》卷二一二《劉顯傳·郭成附傳》：

爲貴州總兵官，鎮守銅仁。……每苗出掠，潛遣壯士入其砦，斬馘而出。嘗挺身入林箐察賊。苗一日數驚，曰："郭將軍至矣。"相戒莫敢犯。

光旦：事當在萬曆初葉，成鎮壓山都掌蠻之後不久。

《明史》卷二二〇《萬士和傳》：

進湖廣參政。撫納叛苗二十八砦。

光旦：事應在嘉靖三十年前後。

苗（湘、黔間）

《明史》卷二四七《鄧子龍傳》：

五開衛卒胡若盧等火監司行署，撻逐守備及黎平守。靖州、銅鼓、龍里諸苗咸響應爲亂。子龍（時爲參將，何地未詳）火其東門（五開衛城之東門？）以致賊，而潛兵入北門，賊遂滅。

光旦：事在萬曆最初十年間。所滅者應只五開亂卒而已。衛卒中應有當地苗人。

苗（湘、黔間）——起事

《明史》卷三一〇《土司列傳·湖廣土司》序：

［洪武前葉（五年後不久），］五開、五谿諸蠻亂，討平之。

光旦：五溪不盡是苗。

［洪武］十八年，五開蠻吳面兒反，勢獗甚。命楚王楨將征南將軍湯和①，擊斬九谿諸處蠻獠，俘獲四萬餘人，諸苗始懼。而靖、沅、道、澧之間，十年內亦尋起尋滅。……

永樂初，苗告繼絕，襲冠帶，益就銜勒。垂百年（此苗應是土家，苗鮮本族之土官也）。而五開、銅鼓間又紛紛多警。時英宗北狩，中原所在侵擾，苗勢殊熾。景泰初，總兵官宮聚奏："蠻賊西至貴州龍里，東至湖廣沅州，北至武岡（武岡不甚北），南至播州之境，不下二十萬，圍困焚掠諸郡邑。臣所領

---

① 標點本《校勘記》：征南將軍，據《明史》卷三《太祖紀》、又卷一二六《湯和傳》及《太祖實錄》卷一七五洪武十八年九月戊子條應爲"征虜將軍"。——整理者注

官軍不及二萬，前後奔赴不能解平越之圍。乞急調京、邊軍及征麓川卒十萬前來，以資調遣。"久而師徵不至，更易他帥，浸淫六七載。至天順元年，總督石璞調總兵官方瑛，始剋期征勦。破天堂、小坪、墨溪二百二十七寨，擒僞王、侯、伯等百餘人，斬賊首千四百餘級，奪回軍人男婦千三百餘口，於是苗患漸平。蓋萌發於貴州，而蔓衍於湖南，皆生苗爲梗。諸土司初無動搖……

   光旦：此云諸土司，較大者率爲土家而非苗。

   光旦："生苗"爲梗，而諸土司不動搖，亦見階級矛盾方是實質。

《明史》卷三一〇《土司列傳·湖廣土司·保靖》：

  （篁子坪苗與貴州答意諸苗協同起事，在永樂十年代，見"苗（湖南）"片。）

苗（貴州計砂）

《明史》卷一〇：

  [正統]四年……二月丁巳，總兵官蕭授平貴州計砂叛苗。

苗（貴州）

《明史》卷一一：

  [景泰]三年……十一月……戊辰，都督方瑛平白石崖諸苗。（詳"苗——與方瑛、李震"中卷一六六《方瑛傳》條）

《明史》卷一一：

  [景泰]四年……二月戊子，五開、清浪諸苗復叛，梁珤、王來討之。

   光旦：參"五開蠻"片，《本紀》初概稱爲"蠻"者，永樂中葉起逐漸具體的稱爲苗、瑶，但亦未必盡相符耳。

《明史》卷一一：

  [景泰]五年……四月……辛卯，方瑛破草塘苗。

   光旦：在甕安東一百里，元有長官司，明初爲安撫司。

《明史》卷一二：

  [天順元年]四月……丁酉，方瑛攻銅鼓藕洞苗，悉平之。

《明史》卷一二：

  [天順]三年……四月……己巳，南和侯方瑛克貴州苗。

《明史》卷一二：

  [天順]七年……閏[七]月……戊寅，命湖廣、貴州會師討洪江叛苗。

（詳"苗（鎮遠）——沿革"）

苗（灣溪）
《明史》卷一四：

  ［成化］十二年……十一月，巡撫四川都御使張瓚討灣溪苗，破之。

    光旦：此當是重安長官司所轄之灣溪（見"播州——沿革"）。

苗（貴州黑苗）
《明史》卷一五：

  ［弘治］五年……十月壬戌，湖廣總兵官鎮遠侯顧溥、貴州巡撫都御史鄧廷瓚、太監江恵會師討貴州黑苗。

《明史》卷一五：

  ［弘治］七年……三月癸巳，貴州黑苗平。

苗（貴州皮林）
《明史》卷二一：

  ［萬曆］二十八年……十月辛未，貴州皮林苗叛，總兵官陳璘討之。

《明史》卷二一：

  ［萬曆二十九年正］月，皮林苗賊平。

《明史》卷二四七《陳璘傳》：

  遂移師討皮林（移者，移自平播州楊應龍也，時璘以湖廣總兵官從征，爲八道兵之一）。皮林在湖、貴交，與九股苗相接。有吳國佐者，洪州司特峒寨苗也，桀黠無賴。其從父大榮以叛誅，國佐收其妾。黎平府持之急，遂反。自稱"天皇上將"，其黨石纂太稱"太保"，合攻上黃堡，誘敗參將黃沖霄，追至永從縣，殺守備張世忠，炙而噉之，掠屯堡七十餘，焚五開南城，陷永從，圍中潮所。時方征播州，未暇討。

  既平播，偏沅巡撫江鐸命璘與良玭（陳良玭，湖廣副總兵官）合兵討之，良玭失利。明年（萬曆二十九年），鐸移駐靖州，命璘率副將李遇文等七道進。璘擒苗酋銀貢等。遊擊宋大斌攻破特峒，焚之。國佐逃天浦四十八寨，復入古州毛洞，追獲之。石纂太逃廣西上巖山，指揮徐時達誘縛之。賊黨楊永祿率衆萬餘屯白冲。遊擊沈弘猷等夾攻，生擒永祿。諸苗悉平。

苗（貴州紅苗）

《明史》卷二二：

　　［天啓元年］五月丁未，貴州紅苗平。

《明史》卷二五七《張鶴鳴傳》：

　　（貴州紅苗分布、人數，見"仲家"片。）

苗（貴州）

《明史》卷一二九《傅友德傳》：

　　［洪武］九年……帝將征雲南，命友德巡行川蜀雅、播之境，修城郭，繕關梁，因兵威降金筑、普定諸山寨。

　　［洪武十四］年秋［友德］充征南將軍……征雲南。……自帥大軍由辰、沅趨貴州。克普定、普安，降諸苗蠻。

　　光旦：苗是廣義，此中只普定多苗，普安已是彝地，金筑之民族成分最雜，彝、苗而外，尚有佈依等。

苗（貴州普定）

《明史》卷一三〇《康茂才傳》：

　　［茂才子鐸嘗］從征南將軍傅友德征雲南，克普定，破華楚山諸砦。

　　光旦：普定爲今安順，有花苗聚居。華楚山是否即在普定，待查。《明史》於此等所在甚疏，往往將全不相干之兩地聯書也。

　　光旦：此中亦大有彝人，苗蓋泛言之。

苗（貴州）

《明史》卷一五六《羅秉忠傳》：

　　英宗北狩，塞上多警。朝議恐降人乘機爲變，欲徙之南方。會貴州苗亂，都督毛福壽（即毛勝）南征，即擢秉忠都督僉事，率所部（時已自沙州移山東之東昌、平山二衛地）援勦。積戰功至左都督。（互見）

《明史》卷一五七《黃鎬傳》：

　　正統……十四年，［鎬以御史］按貴州。羣苗盡叛，道梗塞。靖遠伯王驥等自麓川還，軍無紀律，苗襲其後，官軍大敗。鎬赴平越，遇賊幾死。夜跳入城，賊圍之。議者欲棄城走，鎬曰："平越，貴州咽喉，無平越是無貴州也。"

乃偕諸將固守。置密疏竹筒中，募土人間行乞援於朝，且劾驥等覆師狀。景帝命保定伯梁珤等合川、湖軍救之，圍始解。城被困已九月，掘草根煮弩鎧而食之，死者相枕籍，城卒全，鎬功爲多。

《明史》卷一五八《吳訥傳》：

宣德初（五年七月前兩三年間）……按貴州，恩威并行，蠻人畏服。將代還，部民詣闕乞留。不許。

《明史》卷一六二《陳鑑傳》：

正統中，［鑑以御史按貴州，時］復大舉遠征［麓川］，兵連不解，雲、貴軍民疲敝，苗乘機煽動。

光旦：苗主要指在貴州境者。

《明史》卷二二四《陳有年傳》：

父克宅……遷右副都御史，巡撫貴州。都勻苗王阿向作亂，據凱口囤。克宅與總兵官楊仁攻斬阿向。……旋移撫蘇松。既行，而阿向黨復叛……巡撫汪珊討平賊，推功克宅。克宅已卒。

光旦：在嘉靖中，十五年前後（參"苗（都勻）"）。

《明史》卷二二七《蕭彥傳》：

以右僉都御史巡撫貴州。都勻答千（干？）巖苗叛，土官蒙詔不能制，彥檄副使楊寅秋破擒之。

光旦：在萬曆中，十四年（參"苗（都勻）"）。

《明史》卷二三六《江東之傳》：

［萬曆］二十四年以右僉都御史巡撫貴州。擊高砦叛苗，斬首百餘級。

《明史》卷二四一《張問達傳·陸夢龍附傳》：

三山苗叛，思州告急。夢龍（時爲貴州右參政，監軍討水西安氏）夜遣中軍吳家相進搗賊巢，搥苗鼓，聲振山谷。苗大奔潰，焚其巢而還。

光旦：事在天啓四年後不久。

《明史》卷二四七《馬孔英傳》：

以總兵官鎮貴州。平金筑、定番叛苗，生擒首惡阿包、阿牙等。已而欲襲黄柏山苗。苗知之，先發，敗官兵，匿不報。又誘執苗酋石阿四，稱陣擒冒功。爲巡撫胡桂芳所劾。

光旦：無年份，在平播州後若干年，萬曆三十年代。

《明史》卷二四八《李若星傳》：

[崇禎]十一年以[兵部右侍郎]兼右僉都御史,代朱燮元總督川、湖、雲、貴軍務,兼巡撫貴州。討安位餘孽安隴璧及苗、仲諸賊,有功。(互見)
《明史》卷二四九《朱燮元傳》:

[崇禎三年]冬討平定番、鎮寧叛苗(事在水西安氏完全受鎮壓之後)。

光旦:此條與崇禎十年燮元所上疏所言剌謬:"滇(?)之定番,小州耳,爲長官司者十有七,數百年來未有反者。非他苗好叛逆,而定番性忠順也。"

光旦:上按語中所引燮元疏語中,"苗"字用法甚濫,包括播州楊氏、永寧奢氏、水西安氏,事實上等於"非漢"。

苗(山苗)

《明史》卷二四七《陳璘傳》:

在水硍(應即銀)山介銅仁、思(思州思南)、石(石阡)者曰山苗,紅苗之羽翼也。……(播州平以後,曾與仲家協同起事,萬曆三十四年璘平之,詳"仲家苗"片。)

苗(貴州)(九股)

《明史》卷二四七《陳璘傳》:

[萬曆二十八年征播州之役]追奔至龍溪山,賊合四牌賊共拒。四牌在江(烏江)外,與江內七牌皆五司遺種,九股惡苗,素助賊。璘廣招撫,乃進軍龍溪。[先後平四牌、七牌之賊(此賊乃播州者,假四牌、七牌地爲守,然其中亦必有部分所謂"九股苗"參加)。]乃分兵六道,攻克大、小三渡關,乘勝抵海龍囤下。

《明史》卷二四九《李橒傳》:

[天啓二年二月,安邦彥初反,與之合作者,當地各族皆有,]洪邊土司宋萬化糾苗、仲、九股陷龍里。

光旦:苗,一般之苗,仲,"仲家苗",九股,更迤東之九股苗也。

《明史》卷二五七《張鶴鳴傳》:

(參見"仲家"片。)

苗(貴州)

《明史》卷二四九《朱燮元傳》:

鎮西南久……馭蠻以忠信，不妄殺，苗民懷之。

> 光旦：此苗字亦泛用者。且亦不限於貴州。

《明史》卷二四九《朱燮元傳·林兆鼎附傳》：

積功（平永寧奢氏之功）至總兵官，都督同知。崇禎三年遣將討定番州苗，連破十餘寨，擒其魁。

《明史》卷二四九《李㯶傳》：

（水西安氏起事，水西彝兵而外，當有苗兵、仲家兵、及其他彝兵，見"[彝]（水西）——李㯶"片。）

《明史》卷二四九《王三善傳》：

（水西之役中，諸苗叛服不常，視官軍對安氏之勝負爲轉移，見"[彝]（水西）——王三善"片。）

> 光旦："諸苗"甚雜，包括"宋家"在內。

《明史》卷二四九《王三善傳》：

楊明楷……銅仁烏羅司人。[爲參將，佐三善自領中軍前鋒，與解貴陽圍。天啓三年正月陸廣河之敗被執，冬三善師抵大方，得還。大方退師，內莊敗時]爲中軍，免死。後從魯欽討長田賊，功最。

> 光旦：此人原出苗族無疑。

> 光旦：長田賊是"苗"，見下文《蔡復一傳》（見有關"[彝]（水西）——蔡復一"片）。

《明史》卷二四九《蔡復一傳》又諸附傳：

（水西安氏之起事，與之合作之貴州"諸苗"有"平越苗"、"勻、哈苗"（都勻、麻哈之苗？），又有"苗賊汪狂抱角"，又首領"老蟲添"，疑亦苗，見"[彝]（水西）——蔡復一"片。）

> 光旦：平越苗名阿秩。

> 光旦：同傳上文，又有"烏粟、螺蝦、長田及兩江十五砦叛苗"，不知果是苗否。

《明史》卷二五七《張鶴鳴傳》：

又有紅苗，環銅仁、石阡、思州、思南四郡，數幾十萬。而鎮遠、清平間，大江、小江、九股諸種，皆應龍遺孽，衆萬餘。……[鶴鳴]合諸土兵……大破紅苗，追剿猱坪。賊首老蠟雞據峰巔仰天窩，窩有九井，地平衍，容數千人，下通三道，各列三關，老蠟雞僭王號。鶴鳴奪其關，老蠟雞授首，撫降餘衆而還。尋發兵擊平定廣、威平、安籠諸賊。(詳"仲家"片。)

> 光旦：此中亦不必盡是苗族。

> 光旦：天啓初，又追論"平苗"功，進兵部尚書（前已因此進右侍郎，見"仲家"片）。

《明史》卷二六二《傅宗龍傳》：

陸廣敗（天啓五年正月）後，諸苗復蠢動。復一（黔撫）、宗龍（御史按黔）謀，討破烏粟、螺螄（《蔡復一傳》附傳中作螺蝦）、長田諸叛苗，大破平越賊，毀其砦百七十，賊黨（此指水西）漸孤。

《明史》卷二六二《傅宗龍傳》：

條上屯守策，[有曰，]"安酋土地半在水外，犵狫、龍、仲、蔡苗諸雜種，緩急與相助。賊有外藩，我無邊蔽。"

> 光旦：此中定有不少"娃子"。

《明史》卷二六九《湯九州傳·楊正芳附傳》：

崇禎三年，[以副總兵]擊破定番叛苗。

> 光旦：苗地而稱"定番"者，其地本屬犵佬，猶遵義之嘗爲"播州"也。是則番字應讀作"播"或鄱陽之鄱方合。

《明史》卷二七〇《魯欽傳》：

（水西安邦彥起事中與諸苗合作關係，見"[彞]（水西）——與魯欽"片。）

《明史》卷二七三《左良玉傳·鄧玘附傳》：

[以都司僉書充守備]討敗苗酋李阿二。

> 光旦：事在天啓中。

《明史》卷二八九《牟魯傳·吳得、井孚附傳》：

得……龍里守禦所千戶。洪武三十年，古州上婆洞蠻作亂，得與鎮守將井孚守城。賊燒門急攻，二人開門奮擊，得中毒弩死，孚戰死。

《明史》卷二九七《楊通照傳》：

楊通照、通杰，銅仁人。……萬曆三十六年，羣苗流劫，至其家，母被執去。二人追鬭數十里，被傷不顧。至鬼空溪，見賊縶母，大罵……爲賊所磔死。……泰昌元年……旌……雙孝。

《明史》卷三一〇《土司列傳·湖廣土司》：

[成化]十三年以征苗功，命[永順]宣慰彭顯英進散官一階……

> 光旦：未言何地苗，當是貴州者（與下摘卷三一二《酉陽宣撫司傳》中

冉雲一事，見《憲宗實錄》卷一六二成化十三年二月己未條）。

弘治七年，貴州奏平苗功，以[永順]宣慰彭世麒等與有勞……進世麒階昭勇將軍……

《明史》卷三一〇《土司列傳·湖廣·保靖》：

景泰七年命調保靖土兵協勦銅鼓、五開、黎平諸蠻，先頒賞犒之。天順二年敕宣慰彭捨怕俾即選兵進討。……

《明史》卷三一一《四川土司傳·烏蒙等傳》：

景泰元年敕諭烏撒、烏蒙諸府土官普茂等，以貴州諸苗叛亂……宜戒嚴防守……倘來逼犯，便當剿殺。

《明史》卷三一一《四川土司傳·烏蒙等傳》：

（嘉靖初，芒部隴氏爭襲之際，隴政與支祿不得襲之一方曾糾集諸苗剽掠畢節等處，詳"[彝]（烏蒙、烏撒等）——沿革"片。）

《明史》卷三一二《四川土司傳·播州宣慰司傳》：

[宣德]七年，草塘[安撫司（隸播宣）]所屬穀徹等四十一寨蠻作亂，總兵陳懷剿撫之，旋定。

　　光旦：此未言苗，究否是苗，待核。

《明史》卷三一二《四川土司傳·播州宣慰司傳》：

景泰三年，[播州宣慰楊]輝奏："湖、貴所轄臻剖、五坌等苗賊，糾合草塘、江渡諸苗黃龍、韋保等，殺掠人民，屢撫復叛，乞調兵征剿……"帝命總督王來、總兵梁珤等，會同四川巡撫剿之。（互見）

　　光旦：黃龍、韋保應不是苗，而是布依。

《明史》卷三一二《四川土司傳·播州宣慰司傳》：

景泰……七年，調[播州宣慰楊]輝兵征銅鼓、五開叛苗，賜敕頒賞。

　　光旦：此的是苗。

《明史》卷三一二《四川土司傳·播州宣慰司傳》：

（自天順末至弘治初，播州境外諸苗及境內苗齋果、又天壩干地方及重安所轄灣溪等寨苗先後攻佔境地，事平，於灣溪設安寧宣撫司等土司，建城設堡，既而爛土諸苗畏逼，又引齋果等攻圍新立之諸土司，詳"播州——沿革"片，文長不重錄。）

《明史》卷三一二《四川土司傳·播州宣慰司傳》：

初（成化末，弘治初）[宣慰楊愛庶兄友]既編置保寧，愛益恣，厚斂……

征取友向所居凱里地者獨苛。同知楊才居安寧（友原爲安撫於此），乘之，朘剝尤甚，諸苗憤怨。……（詳"播州——沿革"片。）

《明史》卷三一二《四川土司傳·播州宣慰司傳》：

[正德間（十年，見《武宗實錄》卷一二六正德十年六月戊子條），]播州安撫宋淮奏："貴州凱口爛土苗婚於凱離、草塘諸寨，陰相搆結，誘山苗爲亂。……"（似未有實際亂狀，下文詳"播州——沿革"片。）

《明史》卷三一二《四川土司傳·播州宣慰司傳》：

[正德間，播州土舍楊弘，弘亦作宏，與重安土舍馮綸相怨，弘雖卒，綸猶引苗人攻凱里，即弘所居地，]更相仇殺，侵軼貴州境。[貴州巡撫遣人入播州，]督致仕[宣慰]楊斌撫平之（詳"播州——沿革"片）。

《明史》卷三一二《四川土司傳·播州宣慰司傳》：

[嘉靖中（約三十五年），]真州苗盧阿項者（與播州宣慰楊烈同時）亦久稱亂，[總兵石]邦憲以兵七千擊敗之。……擒阿項父子，斬獲四百餘人。

光旦：上條重安之馮，此條真州之盧疑不是苗，而是布依。

《明史》卷三一二《四川土司傳·播州宣慰司傳》：

[萬曆]二十一年，[川撫王繼光、總兵劉承嗣初征楊應龍]進婁山關，屯白石口。應龍……統苗兵據關衝擊。承嗣兵敗……（苗兵中有苗，亦有布依。）

《明史》卷三一二《四川土司傳·播州宣慰司傳》：

[萬曆二十三年，應龍得寬貸後再度思反，]厚撫諸苗，名其健者爲硬手；州人稍殷厚者，没入其貲以養苗。苗人咸願爲出死力。

《明史》卷三一二《四川土司傳·播州宣慰司傳》：

[萬曆二十七年，楊應龍既陷綦江，]益結九股生苗及黑腳苗等爲助，屯官壩，聲[言]窺蜀。已[而]遂焚東坡爛橋，楚、黔路梗。

光旦：推詞氣，此兩種苗應在今貴州境，且爲苗無疑。

《明史》卷三一二《四川土司傳·永寧宣撫司傳》：

景泰二年，減永寧宣撫司稅課局鈔，以苗賊竊發，客商路阻……也。

光旦：此苗應是黔西北者，當時屬四川。然下文周洪謨奏中有云，景泰中，白玀玀糾戎、珙兩縣苗破長寧九縣，則今日之川南在明代亦未嘗無苗也。爲此，此類資料亦互見"苗（四川）"片下，免萬一之遺漏。

《明史》卷三一二《四川土司傳·酉陽宣撫司傳》：

景泰七年調宣撫僉事冉廷璋兵，征五開、銅鼓叛苗。

《明史》卷三一二《四川土司傳·酉陽宣撫司傳》：

  天順十三年（天順無十三年，是成化之誤），命進宣撫冉雲散官一階，以助討叛苗及擒石全州之功也。

   光旦：未言何處苗，在貴州銅仁、松桃一帶，見"苗（銅仁）——沿革"片。

《明史》卷三一二《四川土司傳·酉陽宣撫司傳》：

  弘治七年，宣撫冉舜臣以征貴州叛苗功，乞陞職。兵部以非例，請進舜臣階明威將軍，賜敕褒之。

《明史》卷三一二《四川土司傳·酉陽宣撫司傳》：

  ［天啓元年（參卷二五七《張鶴鳴傳》）］兵部尚書張鶴鳴言："……臣在貴州時，［酉陽宣撫冉］躍龍……自捐餉征紅苗，屢建奇功。"

   光旦：事在萬曆近末，四十六年（參《神宗實錄》卷五七〇萬曆四十六年五月戊戌條），時張鶴鳴任職貴州巡撫。此紅苗應是在銅仁、松桃者。

《明史》卷三一六《貴州土司傳》序：

  ［洪武］二十九年，清水江之亂既平，守臣以賊首匿宣慰家，宜並罪。帝曰："蠻人鴟張鼠伏，自其常態，勿復問。"

   光旦：此當是苗之起事。

《明史》卷三一六《貴州土司傳·貴陽［府］》：

  天順三年，東苗之亂，［水西宣慰隴］富不時出兵，聞朝廷有意督之，乃進馬謝罪。（互見"東苗"片。）

《明史》卷三一六《貴州土司傳·貴陽［府］》：

  ［天啓初，水西安邦彥之起事，引故宣慰土舍宋萬化爲助，］萬化……率苗、仲、九股陷龍里，遂［與邦彥兵合］圍貴陽……

   光旦：此後助水西之諸苗，往往視官軍之成敗爲向背，時降時背，散見"［彝］（水西）——沿革"片，此處不盡複錄。

《明史》卷三一六《貴州土司傳·貴陽［府］》：

  ［邦彥既死，安位既降（崇禎初年），總督朱］燮元復遣兵平擺金五洞諸叛苗。

苗（思州）

《明史》卷三一六《貴州土司傳·思南、思州［二府］》：

[思州宣慰田琛既被逮]引服，琛妻冉氏尤强悍，遣人招誘臺羅等寨苗普亮爲亂，冀朝廷遣琛還招撫，以免死，[不克。尋命改宣慰司爲府，]命顧成剿臺羅諸寨。成斬苗賊普亮。思州乃平。

　　光旦：事在永樂十一年，改府命下之後，實行改府之前，實行在十二年。

苗（鎮遠）——沿革

《明史》卷三一六《貴州土司傳·鎮遠[府]》：

　　鎮遠，故爲暨眼大田溪洞。元初，置鎮遠沿邊溪洞招討使（似應作司），後改爲鎮遠府。

　　洪武五年改爲州，隸湖廣。

　　永樂十一年仍改府，屬貴州。領長官司二：曰偏橋，曰邛水十五洞。領縣二：曰鎮遠，即金容金達、楊溪公俄二長官司地；曰施秉，即施秉長官司地也。

　　[初，]洪武二十年，土官趙士能（族屬不明）來朝，貢馬。

　　三十年，鎮遠鬼長菁等處苗民作亂，指揮萬繼、百户吳彬戰死。都指揮許能率兵會偏橋衛軍擊敗之。衆散走。

　　永樂初，鎮遠長官（此鎮遠應指鎮遠溪洞金容金達蠻夷長官司，參"總錄——貴州土司（鎮遠府）"）何惠（族屬不明）言："每歲修治清浪、焦溪、鎮遠三橋，工費浩大。所部臨溪部民，皆犺獽（獽似應作獽）、猫、狢，力不勝役，乞令軍民參助。"從之。

　　宣德初，鎮遠邛水奥洞蠻苗章奴劫掠清浪道中，爲思州都坪峨異溪長官司所獲。其父苗銀總劫取之，聚兵欲攻思州。因令赤溪洞長官楊通諒往撫。銀總伏兵殺諒，又掠埂洞。命總兵官蕭綏（誤，應作授）調辰、沅諸衛兵萬四千人勦之，會於清浪衛。指揮張名討銀總，克奥洞，盡殺其黨，銀總遁。

　　光旦：苗亦姓，姓稱由族稱出無疑。王應麟《姓氏急就篇》有猫姓，初疑其誤以族稱爲姓，恐不爾，苗族中實有採苗字爲姓者，此其例也。

　　正統三年革鎮遠州，以鎮遠、施秉二長官司隸鎮遠府。

　　光旦：上文言，改府是永樂十一年事，未言仍有州。又上文改府之時，以鎮遠爲縣，又何來鎮遠長官司。史筆之疏亦太甚矣。（參"總錄——貴州土司（鎮遠府）"。長官司改鎮遠縣，設流官，在弘治十年，見下文。）

　　[正統]十二年，巡按御史虞禎奏："貴州蠻賊出沒，撫之不從，捕之不

得，若非設策，難以控制。臣觀清水江等處，峭壁層崖，僅通一徑出入，彼得恃險爲惡。若將江外山口盡行閉塞，江內山口并津渡俱設關堡，屯兵守禦，又擇寨長有才幹者爲辦事官，庶毋疎虞。"從之。

十四年命振偏橋衛，以被苗寇殺掠，不能自存，有司以請，從之。

天順七年，鎮守湖廣太監郭閔奏："貴州洪江賊苗蟲蝦等糾合二千餘人，僞稱王侯，攻劫鎮遠坌寨。撫諭不服，請合兵進討。"命總兵官李震、李安等分道入。賊退守平坤寨。官兵追至清水江，獲蟲蝦，并斬賊首飛天侯苗老底額頭（應是二人，但難以點斷）等六百四十餘人，并復黎平之赤溪湳洞。賊平。

弘治十年改鎮遠金容金達長官司爲鎮遠州①，設流官。時土官何倫②（何惠之後？）父子罪死，土人思得流官，守臣以聞。報可。

萬曆末，邛水長官司楊光春貪暴，土目彭必信濟之箕斂。苗不堪，將上訴改設流官。光春與必信遂謀反，言官兵欲勦諸苗，當斂金贖，得金五百餘。都御史何起鳴詗知之，捕光春下獄，瘐死。於是每四户擇壯兵一人，立四哨，不爲兵者佐糗糧魚鹽，簡土吏何文奎等掌之。必信復釀諸苗金［而］訴於朝，言巴也、梁止諸寨爲亂，指揮使陶効忠不問，反索土官楊光春金而殺之。改舊例用新法，不便。書上，意自得，歸謁知府王一麟。一麟縛之下獄，檄諸苗，言："若等十五洞所苦者，以兵餉月米三斗過甚耳。然歲給白蟲鋪米，每洞月八斗，他於平溪驛剩餘徵銀兩，皆可足餉。我爲若通之，毋爲必信所誑。"苗皆悦服，乃坐必信罪。

時有土舍楊載清者應襲推官，嘗中貴州鄉試，命於本衛（何衛？）加俸級優異之。

天啓五年，巡撫傅宗龍奏："苗寇披猖，地方受害，乞敕偏沅撫臣移鎮偏橋，勿復回沅，凡思、石、偏、鎮等處俾練兵萬餘人，平時以之勦苗，大征即統爲督臣後勁，庶苗患寧而西賊之氣亦漸奪矣。"報可。

光旦：西賊，指水西彝及宋家。

---

① 鎮遠州，誤，應爲"鎮遠縣"，查《孝宗實錄》卷一二七弘治十年七月己未條稱："改貴州鎮遠金容金達蠻夷長官司爲鎮遠縣，設流官知縣、典史各一員。"——整理者注

② 標點本《校勘記》：何倫，據《明史》卷一八五《黃珂傳》及《孝宗實錄》卷一二七弘治十年七月己未條應爲"何碖"。——整理者注

苗（銅仁）——沿革

《明史》卷三一六《貴州土司傳·銅仁[府]》：

銅仁，元爲銅人大小江等處軍民長官司。

洪武初，改爲銅仁長官司。

永樂十一年置銅仁府。（司仍舊不廢。）

萬曆二十六年始改銅仁長官司爲縣治。

領（府領之也）長官司五：曰省溪，曰提溪，曰大萬山，曰烏羅，曰平頭著可。

烏羅者，本永樂時（十一年）分置貴州八府之一也，所屬有朗溪長官司、答意長官司、治古長官司，而平頭著可長官司亦隸焉。宣德五年，烏羅知府嚴律己言："所屬治古、答意二長官石各野等聚衆出没銅仁、平頭、瓮橋諸處，誘脅蠻賊石雞娘并筸子坪長官（此在湘西者）吳畢郎等共爲亂，招撫不從。緣其地與鎮溪（湖南）、酉陽（四川）諸蠻接境，恐相煽爲亂。

請調官土軍分據要地，絕其糧道，且捕且撫。事平之後，宜置衛所巡司以守之。"事聞，命總兵官蕭授及鎮巡諸司議。於是授築二十四堡，環其地守之。兵力分，卒（猝也）難扞禦。賊四出劫掠，殺清浪衛鎮撫葉受，勢益獗。七年（仍宣德），巡按御史以聞，且言生苗之地不過三百餘里，乞別遣良將督諸軍殄滅。授言："殘苗吳不爾等遁入筸子坪，結生苗龍不登等攻劫湖廣五寨及白崖諸寨，爲患滋甚。宜令川、湖、貴州接境諸官軍、土兵分路併力攻勦，庶除邊患。"從之。既[而]降敕諭授言："暴師久，恐蹉跌爲蠻羞，或撫或勦，朕觀成功，不從中制。"八年，授奏言："臣受命統率諸軍進攻賊巢，破新郎等寨，前後生擒賊首吳不跳等二百一十二人，斬吳不爾、王老虎、龍安軸等五百九十餘級，皆梟以徇，餘黨悉平。還所掠軍民男婦九十八口，悉給所親。獲賊婦女幼弱一千六百餘口，以給從征將士。"并械吳不跳等獻京師。帝顧謂侍臣曰："蠻苗好亂，自取滅亡，然於朕心不能無惻然也。"授威服南荒，前後凡二十餘年。正統三年革烏羅府，所屬治古、答意二長官司，亂後殘民無幾，亦并革之，以烏羅、平頭著可隸銅仁，以朗溪隸思南，從巡按御史請也。

景泰七年，平頭著可長官司奏其地多爲蠻賊侵害，乞立土城固守。從之。

成化十一年，總兵官李震奏："烏羅苗人石全州，妄稱元末明氏（明玉珍）子孫，僭稱明王，糾衆於執銀等處作亂，鄰洞多應之。因調官軍往勦，石全州已就擒，而諸苗攻劫未已。"命鎮巡官設策撫捕，未幾平。

嘉靖二十二年，平頭苗賊龍桑科作亂，流劫湖廣桂陽間，甚獗。帝以諸苗再叛，責激亂者，而起都御史萬鏜往討之。明年（嘉靖二十三年），鏜奏叛苗以次殄滅，惟龍母叟雛降，然其罪大，宜置重典。命安置遼東。

未幾，龍子賢復叛。二十六年，湖貴巡按御史奏官軍討賊不力，降旨切責。三十九年，總兵官石邦憲勦之，擒首惡龍老羅等，遂平。

光旦：此一段苗人起事，前後亦幾跨二十年。

光旦：銅仁府境為黔東苗人集居之一大中心，石、龍、吳等姓，無疑皆今日所瞭解之苗族人也。然以銅仁、烏羅、朗溪等地名推之，其先實亦侗、仡佬之舊地。銅仁初名銅人，實即侗人，烏羅即仡佬之音轉，朗與夜郎之郎同一由來，猶播州在唐初曾一度稱朗州，皆已見它片按語。侗與仡佬有比較近密關係，近人亦有指出之者。

苗（黎平）——沿革

《明史》卷三一六《貴州土司傳·黎平[府]》：

黎平，元潭溪地也。洪武初，仍各長官司。永樂十一年改置黎平、新化二府。宣德十年并新化入黎平。領長官司十三：曰潭溪，曰八舟，曰洪舟泊里，曰曹滴洞，曰古州，曰西山陽洞，曰湖耳，曰亮寨，曰歐陽，曰新化，曰中林驗洞，曰赤溪湳洞，曰龍里。

初，洪武三年，辰州衛指揮劉宣武率兵招降湖耳、潭溪、新化、萬平江、歐陽諸洞，於是諸洞長官皆來朝，納元所授印敕。帝命皆仍其原官，以轄洞民，隸辰州衛。

既[而]改龍里長官司為龍里衛，又增立五開衛以鎮之，隸思州。

二十九年，清水江蠻金牌黃作亂，都司發兵捕之，金牌黃遁去。捕獲其黨五百餘人，械至京，以其脅從，宥死，戍（應作戍字）遠衛。既[而]有言金牌黃匿宣慰家（宣慰為誰？思州田氏更近是）者，詔勿問。

三十年，古州洞蠻林寬者，自號小師，聚衆作亂，攻龍里。千戶吳得、鎮撫井孚力戰死之。寬遂犯新化，突至平茶。千戶紀達率壯士擊之。達突陣殺數人，以鎗橫挑一人擲之，流矢中臂，達拔矢復戰。賊驚曰："是平茶紀蒙邪？"遁去。蠻稱官為"蒙"云。已[而]復熾。命湖廣都指揮使齊讓為平羌將軍，統兵五萬征之。既[而]以讓逗遛，命楊文代之。又命楚王楨、湘王柏各率護衛兵進討，城銅鼓衛。未幾，讓擒寬等，械入京，誅之。

光旦：金牌黄、林寬，族屬均不明。林寬及其衆，以"蒙"爲官之語言推之，前途可以判定。

三十一年復平其（林寬）餘黨。并俘獲三十岡等處洞蠻二千九百人以歸。遂班師。

永樂五年，寨長韋萬木來朝，自陳所統四十七寨，乞設官。因設酉（應作西）山陽洞長官司，以萬木爲屯長。（何不云長官？屯長是何種土官？）

光旦：此疑布依，不是苗。互見"[布依]"片。

宣德六年①改永從蠻夷長官司爲永從縣，置流官，以土官李瑛絶故也。

光旦：上言領十三長官司中，無永從之名。李瑛族屬不明。

又割思州新溪等十一寨隸黎平赤溪湳洞長官司。

正統四年，計砂苗賊苗金蟲等糾合洪江生苗，僞立統千侯、統萬侯名號，劫掠四出。命都督蕭授調兵勦之。賊首苗總牌等爲都督吳亮所戮，洪江生苗遂詣軍門降。授諭遣之，命千户尹勝誘執苗金蟲，斬以徇。

景泰五年，巡撫王永壽以苗賊蒙能攻圍龍里、新化、銅鼓諸城，乞調兵勦之。時賊欲取龍里爲巢穴，攻破亮寨、銅鼓、羅圍堡諸城，都指揮汪迪爲賊所殺。朝議以南和伯方瑛爲平蠻將軍，統湖廣諸軍討之。蒙能糾賊衆三萬出攻平溪衛，瑛遣指揮鄭泰等以火鎗攻，斃賊三千人，能亦死。而能黨李珍等尚煽惑苗衆，官軍計擒之。克復銅鼓藕洞，連破鬼板等一百六十餘寨，覃洞、上陸②諸苗悉降。

光旦：蒙能不知果是苗否。

天順元年……三年，[對東苗之鎮壓。]（別見"東苗"片）

先是（先於天順三年也），麻城人李添保以逋賦逃入苗中，詭稱唐後，聚衆萬餘，僭稱王，建元武烈。署故賊首蒙能子聰爲總兵官，遺之銀印敕書，縱兵剽掠，震動遠近。至是（天順三年或略後）爲李震所敗，餘賊大潰。添保僅以身免，潛入鬼池及絞洞諸寨，復煽諸苗劫攻中林（中林驗洞）、龍里，亦爲震擒，伏誅。

---

① 《明史·地理七》稱永從改縣在正統六年九月，《英宗實錄》卷八三載其事於正統六年九月乙巳，此繫於宣德六年有誤。——整理者注

② 標點本《校勘記》：上陸，據《明史》卷一六六《方瑛傳》、《讀史方輿紀要》卷一一一應爲"上隆"。——整理者注

萬曆二十八年，皮林逆苗吳國佐、石纂太等作亂。國佐本洪州司（應即上文十三長官司中之洪舟泊里司）特洞寨苗，頗知書，嘗入永從學為生員，素桀黠，皮林諸苗推服之。因娶叛人吳大榮妾，為黎平府所持，遂反。自稱天皇上將，陽聽撫而陰與播賊通。纂太亦自稱太保，殺百戶黃鐘等百餘人，與國佐合兵圍上黃堡。參將黃沖霄討之，敗績。殺守備張世忠，焚五開，破永從縣，圍中潮所。總兵陳良玭、陳璘合湖、貴兵進討，亦失利。國佐益橫。二十九年命巡撫江鐸會兵分七路進勦。苗據險不出。陳璘潛師奪隘，縱火焚其巢。國佐逃，擒之，纂太亦為他將誘縛，皆伏誅。

苗（都勻）

《明史》卷三一六《貴州土司傳・都勻[府]》：

　　洪武二十二年，都督何福奏討都勻叛苗，斬四千七百餘級，擒獲六千三百九十餘人，收降寨洞一百五十二處。

　　二十三年城都勻衛……守之。

　　二十五年，九名九姓蠻亂，命何福平之。

　　二十八年，豐寧三藍等寨亂，命顧成平之。

　　二十九年，平浪蠻殺土官王應名，都指揮程遙平之。應名妻吳攜九歲子阿童來訴，詔予襲。

　　永樂四年，鎮遠侯顧成招諭合江州十五寨來歸。

　　宣德元年，平浪賊紀那、阿魯等占副長官地，殺掠葉果諸寨，招諭不聽。詔蕭授平之。

　　七年，陳蒙爛土副長官張勉奏，所司去衛遠，地連古州生苗與廣西獠洞，近化從寨長韋翁同等煽亂，乞立堡，并請調泗城州土兵一千鎮守。從之。

　　　　光旦：所云古州生苗而外，餘疑皆與僚有係。互見"獠（黔、桂間）"片。

《明史》卷三一六《貴州土司傳・都勻[府]》：

　　（宣德間起自韋翁同之"苗"亂，綿延至弘治七年始止，從而設都勻府及所屬獨山、麻哈二州，見"獠（黔、桂間）"片。"苗"亂雖不盡是苗，其中必有苗無疑，錄此以相呼應。）

　　正德三年，都勻長官司吳欽與其族吳敏爭襲仇殺，鎮巡以聞，言："欽之祖賴洪武間立功為長官，陣亡。子琮幼，弟貴署之。及琮長，仍襲，傳至欽三世。敏不得以貴故妄爭。"詔可之。

嘉靖十五年，平浪叛苗王聰攻奪凱口崽，執參將李佑等。初，王阿向先世為土官，為王仲武先人所奪，至阿向，與仲武爭印煽亂。總兵楊仁、巡撫陳克宅平之，斬阿向等，盡逐其黨，以地屬都勻府，改名滅苗鎮。仲武因諸苗失業，陰為招復，旋科索之。諸苗不勝怨，遂推阿向餘孽王聰、王佑為主。巡按楊春芳遣李佑等撫諭之，賊質佑等，乞還土田官印，乃釋佑。春芳以聞，詔巡撫調官軍三萬人集崽下。崽故絕險，其要害處置弩樓，疊石為防。攻之三月不克。復調宣慰安萬銓兵合剿。萬銓力戰破賊，聰等皆伏誅。前後斬首二百六十餘級，降苗寨一百五十餘，男婦二萬餘口。……

又有黑苗曰夭漂者，在湖、貴、川、廣界，與者亞鼎足居。萬曆六年，夭漂請內附。都御史遣指揮郭懷恩及長官金篆往問狀，而阻於者亞，乃遠從丹彰間道通夭漂。會苗坪黨銀（苗坪，地名，黨銀，人名？）等亦以格於者亞不得通，都御史王緝遣使責者亞部長阿斗。斗願歸附平定（長官司，屬麻哈），緝謂斗故養善牌部，何故欲屬平定，必有他謀。下吏按驗，果得實，蓋欲往平定借諸蒙兵（諸蒙何人，欠說明）襲養善，皆內地奸人夭金貴等導之。遂治金貴罪，以者亞仍屬養善，路遂通。於是苗坪、夭漂皆請奉貢賦，比編氓，名其地曰歸化，隸都勻府（歸化是何行政單位，未說明）。凡使命往來，自生齒以上，悉跪拜迎送，夾騎從行，前吹蘆笙，唱蠻歌，呼導而馳。事聞，帝嘉之。

光旦：此條為苗應無疑義。餘條大都須經核定。

[萬曆]七年，者亞阿斗以反誅，乃罷樂平吏目，增設麻哈州州判一員，令居樂平司，以養鵝、者亞、羊腸諸苗屬之。初，者亞阿斗反，答干寨阿其應之。[及]斗誅，阿其屢犯順。[萬曆]十四年，土舍吳楠、王國聘慮阿其叵測禍及己，請以答干、雞買、甲多諸寨屬蒙詔，立宣威營（蒙詔為何，欠說明），歲輸賦。獨阿其不服，引者亞殘苗圍宣威營大譟，曰："此我地，誰令爾營此？"蒙詔常（嘗也）徵秋稅，阿其度使至，以血釁門，令勿通。居常張緞鼓角，繪龍鳳器。遂與雞買、甲多、仰枯諸苗擊牛酒為誓，劫歸化。官兵不敢近。獨山土吏蒙天眷願以兵進勦，乃使人佯言，漢已黜蒙詔，令以宣威營地還阿其，旦暮撤兵去矣。阿其乃親馳樂邦牛場詗視，言人人同，遂弛備。天眷驟入斬阿其，雞買、甲多皆降。其屬蒙詔者，自答干、雞買、甲多外，有塘蛙、當井、斗坡等十七寨。

光旦：凡此應均是所稱黑苗之屬。但蒙氏何以稱詔，所不解。

小橋熟苗龍木恰視寨事，（何寨？小橋寨乎？）年老，子俸襲，頒糧者遂不及恰，（頒糧何事？頒者又爲何人？）恰輒奪倬之有以爲養。倬訴於官。官逮問恰，非罪之也，[而]恰輒鎖漢使，已而逐之曰："速去，此我家事，再來我當以烏雞諸寨踐漢邊矣。"官以計擒之，死獄中。無何，龍化龍羊山苗引川苗作亂，曰："漢無故殺苗，苗請報之。"官軍戰不利。既而都司蔡兆吉招諭令降，待以不死。於是諸苗皆散。倬視事如故。

[萬曆]四十三年，平州[六洞]長官楊進雄凶惡，土人苦之。雄無子，以兄繼祿子珂爲後，既[而]生子治安而疏珂。珂怨雄，雄乃奪珂財產，并其父逐之。珂頗得民心，遂爲亂，據唐宿壸攻雄。雄敗走，屠其家。各上疏訐奏。詔推問。都御史趙釴以雄不法，逮之獄，檄獨山土酋蒙繼武諭珂歸命，許改土爲流以安之。治安計不便，乃陰許以六洞賂繼武借兵。繼武乃發兵攻珂，復平州。珂走廣西之泗城。繼武遂屯耕六洞地。六洞民不服，復助珂與繼武相攻。珂復據平州。巡撫吳岳招降其父繼祿，六洞乃安。

光旦：蒙氏是否爲苗，尚是問題。

苗（平越）

《明史》卷三一六《貴州土司傳·平越[府]》：

洪武八年，貴州江力、江松、刺回四十餘寨苗把具播、共桶等連結苗、獠二千作亂，平越（越，本傳上文作月）安撫司乞兵援。命指揮同知胡汝討之。

《明史》卷三一六《貴州土司傳·平越[府]》：

[洪武]十九年，平越衛麻哈苗（洪武十六年置麻哈長官司，屬平越衛，弘治七年升爲州，屬都勻府，見卷四六《地理志七》）楊孟等作亂，命傅友德平之。時麻哈長官宋成陣歿，命其子襲。（宋氏疑是宋家。）

《明史》卷三一六《貴州土司傳·平越[府]》：

[洪武]二十二年，察隴、牛場、乾溪苗亂，傅友德平之。

《明史》卷三一六《貴州土司傳·平越[府]》：

正統末，鎮遠蠻苗金臺僞稱順天王，與播州苗相煽亂，遂圍平越、新添等衛。半年城（平越衛城）中糧盡，官兵逃者九千餘人，貴州東路閉。時王驥征麓川班師，過其地，不之顧。景泰元年[始]命保定伯梁珤佩平蠻將軍印督師進勦，大破之，平八十餘寨，擒賊首王阿同等，平越諸衛圍乃解。

《明史》卷三一六《貴州土司傳·平越[府]》：

[景泰]五年，副總兵李貴奏，黎從等寨賊首阿挈、王阿傍、苗金虎等僞

號苗王，與銅鼓諸賊相應，乞加兵。七年，巡撫蔣琳奏，勦苗賊於平越，斬四百餘級。其阿傍等據車椀寨，仍爲亂於清平、平越地方，殺指揮王杞，據香鑪山，掠偏橋。正德十一年（相去何如是之久，幾二十年）命巡撫秦金勦之。

初，黔、楚之交，羣苗嘯聚，連寨相望。而香鑪山周廻四十里，高數百尋，四面陡絕，其上平衍，向爲叛苗（此段中苗字皆泛稱）巢穴。阿傍等據之，糾諸寨苗作亂。巡撫鄒文盛、總兵官李昂等分漢、土兵爲五，克其前栅。密遣人援崖先登，殺賊守路者，衆蟻附而上，焚賊巢，擒阿傍。餘賊猶堅守不下。參將洛（應即錐，書洛誤）忠等詭言招撫，自山後擊之，殲焉（應作殲之）。遂移師龍頭、黎蘭等寨，悉破之。賊遂平。

天啓四年，凱里土司楊世慰叛，合安邦彥兵與平茶羣苗來修怨，復窺香鑪山，搖動四衛，梗塞糧運。總督楊述中檄總兵（總兵或稱總理，見他傳稱魯欽）魯欽馳至清平，相機進勦，調副使顏欲章等爲後援。欽督將領攻破巖頭，分遣朗溪司田景祥截平茶賊援。用藥弩及礆殺傷賊衆。賊乘夜遠遁。自是不敢再窺鑪山，四衛得安。

苗（石阡）

《明史》卷三一六《貴州土司傳·石阡[府]》：

領長官司四，[其一]曰苗民，[又其一]曰葛彰葛商。

光旦：苗民之稱應是名副其實。

光旦：葛彰葛商之稱甚奇。其與"鵠倉""牯臟"有連乎？果爾，則亦畬、瑤、苗之系統也。浙東有"括蒼"，湘西有"古丈"，來源疑亦相類，"古丈"今尚多苗，"括蒼"今尚多畬。然古丈亦曾有仡佬，今亦尚有土家，然二者人數均不及苗，疑或後入者。姑存此説於此，核實總須憑其它方面之資料，不能單憑一二稱謂在音聲上之偶合也。

苗（新添衛）

《明史》卷三一六《貴州土司傳·新添衛》：

景泰二年，苗賊有在新添行劫，聚於西廬者，官軍破之以聞。

光旦：此疑泛稱之苗。

《明史》卷三一六《貴州土司傳·新添衛》：

萬曆三十四年，貴州巡撫郭子章討平貴州苗，斬獲苗長吳老喬、阿倫、阿皆等十二人，招降男婦甚衆。

先是，東西二路苗名曰仲家者，盤踞貴（貴陽）、龍（龍里）、平（平越）、新（新添）之間，爲諸苗渠帥。其在水硍山介於銅仁、思、石者，曰山苗，紅苗之羽翼也。窺黔自平播後財力殫竭，有輕漢心，經年剽掠無虛日。子章奏討之。命相機進兵。子章乃命總兵陳璘、參政洪澄源率官軍五千，益以土兵五千，攻水硍山。監軍布政趙健率宣慰土兵萬人，使遊擊劉岳等督之。及兩路會師，皆九十餘日而克。二寇既平（二寇指山苗、紅苗），專命總兵陳璘率漢、土兵五千移營新添，進攻東路苗，不一月復克其六箐。諸苗盡平。

苗（松潘疊溪）

《明史》卷一四：

[成化]十三年……十一月，[巡撫四川都御史]張瓚破松潘疊溪苗。

光旦：此疑是羌，但亦稱苗，姑照錄。

苗（四川）

《明史》卷二一二《劉顯傳》：

嘉靖三十四年，宜賓苗亂，巡撫張臬討之。顯[以武生]從軍陷陣，手格殺五十餘人，擒首惡三人。諸軍繼進，賊盡平。……官副千戶。

光旦：頗疑此不是苗。宜賓古爲僰道，最早之居民是獠，其後巴自北來，彝自西入，更後，豈亦有苗自南至乎？卷一八七《馬昊傳》謂筠連、珙縣有"猫子"，"猫子"之爲苗，則無可疑，而高、珙、筠連等縣逕接宜賓南境，則宜賓未嘗不能有苗也。

《明史》卷二九四《陳璸傳·周鳳岐附傳》：

崇禎[間]，進四川副使。苗人爭界，爲立碑畫疆以定之。

光旦：此未必是苗，若果是苗，則應在今黔北者，黔北遵義時尚屬四川。事應在崇禎十年後，十六年前。

《明史》卷三一二《四川土司傳·永寧宣撫司傳》：

景泰二年，減永寧宣撫司稅課局鈔，以苗賊竊發，客商路阻……也。

《明史》卷三一二《四川土司傳·永寧宣撫司傳》：

景泰中，[司境白玀玀]糾戎、珙（兩縣）苗攻破長寧九縣。

光旦：上兩條疑是一事。

《明史》卷三一二《四川土司傳·酉陽宣撫司傳》：

  永樂三年，指揮丁能、杜福撫諭亞堅等十一寨生苗一百三十六戶，各遣子入朝，命隸酉陽宣撫司。

《明史》卷三一二《四川土司傳·酉陽宣撫司傳》：

  ［弘治］十二年，［宣撫冉］舜臣奏，宋農寨蠻賊糾脅諸寨洞蠻殺掠焚劫，乞剿捕。保靖、永順二宣慰亦奏，邑梅副長官楊勝剛父子謀據酉陽，結俊倍洞長楊廣震等，號召宋農、後溪諸蠻，聚兵殺掠，請並討。兵部議，酉陽溪洞連絡，易煽動，宜即撲滅，請行鎮巡官酌機宜。

  光旦：所報者應盡是司境以內之苗。

苗（雲南彌勒）

《明史》卷一六：

  ［正德］十六年……二月己亥，巡撫雲南副都御史何孟春討平彌勒州苗。

  光旦：此不應是苗。

苗——楊完者與元末苗軍

《明史》卷一二六《鄧愈傳》：

  ［元末，愈初從明祖渡江征討］……與胡大海克徽州……守之。苗帥楊完者以十萬衆來攻，守禦單弱，愈激厲將士，與大海合擊，破走之。……［輾轉］克建德。楊完者來攻，破擒其將李副樞，降溪洞兵三萬。踰月，復破完者於烏龍嶺。

《明史》卷一三三《胡大海傳》：

  ［大海］副……鄧愈……拔徽州……元將楊完者以十萬衆來攻，大海戰城下，大破走之。……［及］克建德，再敗楊完者，降溪洞兵三萬人。……

  嚴州（即指建德）既下，苗將蔣英、劉震、李福皆自桐廬來歸。大海喜其驍勇，留置麾下。［及大海以江南行省參知政事鎮金華，］三人者謀作亂，晨入分省署請大海觀弩於八詠樓。大海出，英遣其黨跪馬前，詐訴英過。大海未及答，反顧英。英出袖中槌擊大海，中腦仆地，并其子關住、郎中王愷皆遇害。英等大掠城中，奔於吳。其後李文忠攻杭州，杭人執英以降。太祖命誅英，刺其血以祭大海。

《明史》卷一二三《張士誠傳》：

  ［元至正十六年，士誠］陷平江……既得平江，即以兵攻嘉興。元守將苗

帥楊完者數敗其兵。乃遣士德（士誠弟）間道破杭州。完者還救，復敗歸。……［元江浙右丞相］達識帖睦邇在杭，與楊完者有隙，陰召士誠兵（時士誠方降元）。士誠遣史文炳襲殺完者，遂有杭州。

《明史》卷一二三《方國珍傳》：

苗帥蔣英等叛，殺胡大海，持首奔國珍，國珍不受，［英］自台州奔福建。［方］國璋守台，邀擊之，爲所敗，被殺。

　　光旦：蔣英當是楊完者屬將降太祖者。此言奔國珍，又自台奔福建，與一三三卷《胡大海傳》所云異。

《明史》卷一二六《李文忠傳》：

［文忠初從太祖征伐，轉戰皖南、浙西］……敗苗軍於於潛、昌化。……尋會鄧愈、胡大海之師，取建德，以爲嚴州府，守之。苗帥楊完者以苗獠數萬水陸奄至。文忠將輕兵破其陸軍，取所馘首浮巨筏上。水軍見之亦遁。完者復來犯，與鄧愈擊卻之。……［不久，］完者死，其部將乞降，撫之，得三萬餘人。……

［尋所降］苗將蔣英、劉震殺大海，以金華叛。文忠遣將擊走之，親撫定其衆（大海之衆）。處州苗軍亦殺耿再成叛。文忠遣將屯縉雲以圖之。

《明史》卷一二八《劉基傳》：

苗軍反，殺金、處守將胡大海、耿再成等，浙東搖動。基至衢，爲守將夏毅諭安諸屬邑，復與平章邵榮等謀復處州，亂遂定。

　　光旦：時基已附明祖，但尚家居。旋即勸方國珍歸於明，又此後方赴南京。

《明史》卷一三三《耿再成傳》：

金華苗帥蔣英等叛殺胡大海。處州苗帥李祐之等聞之，亦作亂。再成方對客飯，聞變上馬，收戰卒不滿二十人，迎賊罵曰："賊奴！國家何負汝，乃反。"賊攢槊刺再成。再成揮劍連斷數槊，中傷墜馬，大罵不絶口死。

《明史》卷一三三《趙德勝傳》：

從徐達取鎮江，破苗軍水寨。下丹陽、金壇。

《明史》卷一三三《趙德勝傳·南昌、康郎山兩廟忠臣附傳》：

程國勝者，徽人。以義兵元帥來歸，敗楊完者，累功至萬户。

《明史》卷一三三《胡深傳》：

處州苗軍叛，殺守將耿再成，深從平章邵榮討誅之。

《明史》卷一三四《繆大亨傳》附《武德傳》：

[德從李文忠克嚴州，]苗帥楊完者軍烏龍嶺，德請曰："此可襲而取也。"文忠問故。對曰："乘高觇之，其部曲徙舉不安而聲囂。"文忠曰："善。"即襲完者，覆其營。……

蔣英、賀仁德之叛，浙東大震。從文忠定金華。又從攻處州，遇仁德於劉山，戈中右股。德引刀斷戈，追擊之。仁德再戰再敗走，遂爲其下所殺。

  光旦：賀仁德前似未見，亦未必是苗將，但既與蔣英同叛，有可能是，姑并錄之。

苗——苗軍

《明史》卷二八九《王愷傳》：

[太祖初克蘇皖江以南地，建中書省，用愷爲都事。]杭州苗軍數萬降，待命嚴州境。愷馳諭之，偕其帥至。……

  光旦：此當是初屬楊完者者。

遷左司郎中，佐胡大海治省（浙江）事。苗軍作亂，害大海。其帥多德愷，欲擁之而西。愷正色曰："吾守土，義當死，寧從賊邪！"遂並其子行[被殺]。

《明史》卷二八九《孫炎傳》：

[太祖克浙東後，爲處州總制，]時城外皆賊，城守無一兵。苗軍作亂，殺院判耿再成，執炎及知府王道同、元帥朱文剛，幽空室脅降，不屈。賊帥賀仁德燲雁斗酒噉炎，炎且飲且罵。……遂與道同、文剛皆見害。

  光旦：曰賊，曰苗軍作亂，當是一事，非苗軍外別有賊也。文義欠清。

猫

《明史》卷三一六《貴州土司傳·鎮遠[府]》：

永樂初，鎮遠長官何惠言："每歲修治清浪、焦溪、鎮遠三橋，工費浩大。所部臨溪部民，皆犵獞、猫、狫，力不勝役，乞令軍民參助。"從之。

  光旦：即苗。宋末文獻及《元史》多用此污蔑之寫法。

猫子

《明史》卷一八七《馬昊傳》：

烏蒙、芒部二府壤接筠連、珙縣，圍亘千里，山箐深阻，諸蠻僰人子、羿子、仲家子、猫子、猓猡等雜居其中。

  光旦：正德近末（十二年爲被鎮壓之年，起事或略早於此），猫子曾與其它雜居之諸族從僰人子首領普法惡一同起事，詳"僰人子"片，此不複。

  光旦：即苗。"猫"之稱，於《明史》尚屬初見，南宋末文獻如王應麟《姓氏急就篇》已有之，《元史》中屢見不鮮。川南有苗，亦初見，而此乃本義之苗，非泛稱。

麽些

麽些蠻

《明史》卷三：

  ［洪武］十五年……閏［二］月癸卯，藍玉、沐英克大理，分兵徇鶴慶、麗江、金齒，俱下。

《明史》卷三：

  ［洪武］三十一年……二月……甲辰，都督僉事徐凱討平麽些蠻。

《明史》卷一三八《周楨傳》：

  洪武［初年］，出爲廣東行省參政。……廉州知府脫因、歸善知縣木寅，楨皆列其政績以聞。寅，土司。脫因，蒙古人也。

  光旦：木，麗江土司姓，此其子弟出仕者無疑。

［麽些］

《明史》卷一二六《沐英傳》：

  成化三年春，［沐］琮……之鎮……以次討平馬龍、麗江、劍川、順寧、羅雄諸叛蠻，捕擒橋甸、南窩反者。

  光旦：麗江爲麽些聚居地。

  光旦：後句中兩地名不詳，姑附此。

麽些

《明史》卷三〇五《宦官傳二·梁永傳·楊榮附傳》：

  ［萬曆三十四］年，楊榮爲雲南人所殺。初，榮妄……請詔麗江土知府木增獻地聽開採。巡按御史宋興祖言："太祖令木氏世守茲土，限石門以絕西域，

守鐵橋以斷土蕃，奈何自撤藩蔽，生遠人心。"不報。榮由是愈怙寵……

麽些（建昌）

《明史》卷三一一《四川土司傳·建昌衛傳》：

[洪武二十五年，建昌衛指揮使月魯帖木兒叛，遣藍玉、瞿能等征之，月魯帖木兒敗遁，轉輾]入柏興州。帝遣諭藍玉曰："……其柏興州賈哈喇境內麽些等部，更須留意。"賈哈喇者，麽些洞土酋也。初，王師克建昌，授以指揮之職，自（至）是從月魯帖木兒叛。玉率兵至柏興州，[以計擒月魯帖木兒，]降其衆……玉班師。……

二十七年，麽些洞蠻寇打冲河西守堡，都督徐凱擊敗之。……

三十一年，徐凱等平卜木瓦寨，執賈哈喇，送京師，誅之。寨地峻險，三面陡絶，下臨大江，江流悍急，不可行舟，惟一道僅可通人行。官軍至，輒自上投石，不得進。凱乃斷其汲道困之，寇窮促，凱督將士抵其寨，力攻破之，遂就擒。因改建昌路爲建昌衛①，置軍民指揮史司……（下文見"[彝]（建昌）——沿革"片。）

《明史》卷三一一《四川土司傳·建昌衛傳》：

[建昌衛境內有]土番、僰人子、白夷、麽些、獠獚、猓玀、韃靼、回紇諸種，散居山谷間。

《明史》卷一五三《陳瑄傳》：

從征賈哈剌，以奇兵涉打中河（打冲河），得間道，作浮梁渡軍。既渡，撤梁，示士卒不返，連戰破賊。

光旦：年份應是洪武中後葉。

光旦：打中河定是打冲河之刊誤，即鴉礱江，土名黑惠江，在四川鹽源縣東北。

麽些（鹽井）

《明史》卷三一一《四川土司傳·鹽井衛傳》（附《建昌衛傳》之後）：

---

① 《明史》卷四三《地理志四》稱：建昌衛，元建昌路。洪武十五年正月爲府，兼置衛。二十五年六月府廢，升衛爲軍民指揮使司。《太祖實錄》卷二一八洪武二十五年六月癸丑條亦稱置建昌軍民指揮使司於洪武二十五年六月。——整理者注

打冲河守禦中左千户所，其土千户剌兀，於洪武二十五年征賈哈喇效順來歸。其子剌馬非①復貢馬赴京，授本所副千户。永樂十一年陞正，以別於四所（四所，本衛文下未詳，自是漢千户所，別者，別土、漢也）。地與麗江、永寧二府隣，麗江土官木氏侵削其地幾半。（互見）

　　光旦：剌兀父子應亦是麽些而略有漢化程度者，故因其功而授之土千户。賈哈喇則當地原有之麽些首領，蒙古以之爲間接統治之工具，其人蒙化程度自亦較深，此於其姓名即可見之，今既隨月魯帖木兒叛，遭擒滅，不能不別立本族首領，則剌兀父子其人也。賈哈喇亦衛境麽些人，見上文《建昌衛傳》，已別有片。"剌兀"，《方輿紀要》（卷七四）作"剌他"。

麽些（永寧）

《明史》卷三一三《雲南土司傳・永寧[府]》：

　　永寧，昔樓頭睒。地接吐蕃。又名苔藍。唐屬南詔，後爲麽些蠻所據。元憲宗時内附；至元間，置苔藍管民官，尋改永寧州，隸北勝府。洪武平雲南時，屬鶴慶府。[洪武]二十九年，改屬瀾滄衛。[是年]十二月，土賊卜百如加劫殺軍民，前軍都督僉事何福遣指揮李榮等討之。其子阿沙遁入革失瓦都寨。官軍齎三日糧深入追之，會天大雨，衆饑疲，引還。

　　永樂四年設四長官司，隸永寧土官，以土酋張首等爲長官，各給印章，賜冠帶綵幣。尋陞永寧爲府，隸布政司，陞土知州各吉八合知府，遣之齎敕往大西番撫諭蠻衆。

　　宣德四年，永寧蠻寨矢不剌非糾四川鹽井衛土官馬剌非殺各吉八合，官軍撫定之。命卜撒襲知府，復爲矢不剌非所殺。已[而]命卜撒之弟南八襲。馬剌非又據永寧節卜上下三村，逐南八，大掠夜白、尖住、促卜瓦諸寨。事聞，帝命都督同知沐昂勒兵諭以禍福，并移檄四川行都司下鹽井衛諭馬剌非還所據村寨。

　　正統二年，馬剌非爲南八所攻，拔烏節等寨，南八亦言馬剌非殺害。詔鎮巡官驗問，令各歸侵地，乃寝。

　　永寧界，東至四川鹽井衛十五里，西至麗江寶山州，南至浪渠州，北至西

---

① 標點本《校勘記》：剌馬非，據《明史》卷三一三《永寧傳》及《宣宗實錄》卷五九宣德四年十月丁亥條應爲"馬剌非"。——整理者注

番。領長官司四，曰剌次和，曰魯瓦之①，曰革甸，曰香羅。

麽些（鶴慶）
《明史》卷三一四《雲南土司傳·鶴慶[府]》：
  正統……五年[敕黔國公沐]昂等曰："比聞土知府高倫妻劉氏……等，糾集囉囉、麽些人衆，肆行凶暴。……"

麽些（麗江）
《明史》卷三一四《雲南土司傳·麗江[府]》：
  麗江，南詔蒙氏置麗水節度。宋時麽些蠻蒙醋據之。
    光旦：宋以前何族所居，不甚了了，恐亦麽些或尚未以麽些稱之烏蠻別種。特至宋時，因大理段氏不能有其地而始突出、著名耳。
  元初，置茶罕章宣慰司；至元中，改置麗江路軍民總管府；後改宣撫司。
  洪武十五年置麗江府。
  十六年，蠻長木德來朝貢馬，以木德爲知府，羅克爲蘭州知州。
    光旦：羅克及蘭州當地居民不知是麽些否。有可能爲彝也。
  十八年，巨津[州]土酋阿奴聰叛，劫石門關，千户浦泉戰死。吉安侯陸仲亨率指揮李榮、鄭祥討之。賊戰敗，遁入山谷，捕獲誅之。時木德從征。
    光旦：阿奴聰族屬不詳。《方輿紀要》卷一一七云，巨津"古西番地，唐時爲羅婆九睒，濮、玃二蠻所居，後麽些蠻奪其地"。是當地居民不止於麽些也。玃應即彝。以先後言之，濮最老，彝次之，麽些最後入。此外亦應有西番。
  [木德]又從西平侯沐英征景東定邊，皆有功，予世襲。
  [洪武]二十四年，木德死，子初當襲。初守巨津州石門關，與西番接境。既襲職，英請以初弟虧爲千夫長，代守石門。從之。
  二十六年十月，西平侯沐春奏，麗江土民每歲輸白金七百六十兩，皆麽些洞所產，民以馬易金，不諳真僞，請令以馬代輸。從之。
  三十年改爲麗江軍民府，從春請也。

---

① 標點本《校勘記》：魯瓦之，據《明史》卷四六《地理志》、《明史稿》傳一八七《永寧傳》、《明一統志》卷八七應爲"瓦魯之"。——整理者注

永樂十六年，檢校龐文郁言，本府及寶山、巨津、通安、蘭州四川（州字之誤）歸化日久，請建學校。從之。

宣德五年，麗江府奏浪滄江（即瀾滄江）寨蠻者保等聚衆劫掠。黔國公沐晟委官撫諭，不服，部議再行招撫。已[而]蘭州土官羅牙等奏，者保拒命，請發兵討之。帝命黔國公及雲南三司相機行[事]，勿緣細故激變蠻民。

光旦：上按語疑蘭州土官羅氏或是彝，於此略得證明，者保應是彝，者是彝姓，而羅牙爲奉命招撫之者，以彝招彝，於事爲便也。

正統五年，賜知府木森誥命，加授大中大夫資治少尹，以征麓川功也。

成化十一年，知府木欽奏，鶴慶千夫長趙賢屢糾羣賊越境殺掠，乞調旁衛官軍擒剿。命移知守臣計畫。

嘉靖三十九年，知府木高進助殿工銀二千八百兩，詔加文職三品服色，給誥命。

四十年又進木植銀（木料銀？）二千八百兩，詔進一級，授亞中大夫，給誥命。

萬曆三十一年，巡按御史宋興祖奏："稅使內監楊榮欲責麗江土官退地聽採。竊以麗江自太祖令木氏世官，守石門以絶西域，守鐵橋以斷吐蕃，滇南藉爲屏藩。今使退地聽採，必失遠蠻之心。即令聽諭，已使國家歲歲有吐蕃之防；倘或不聽，豈獨有傷國體。"疏上，事得寢。

三十八年，知府木增以征蠻軍興，助餉銀二萬餘兩，乞比北勝土舍高光裕例，加級。部覆賜三品服色，巡按御史劾其違越，請奪新恩。從之。

[萬曆]四十七年，增復輸銀一萬助遼餉。

泰昌元年，錄增功，賞白金表裏，其子懿及舍目各賞銀幣有差。

天啓二年，增以病告，加授左參政，致仕。

五年，特給增誥命，以旌其忠。

雲南諸土官，知詩書、好禮守義，以麗江木氏爲首云。

麽些（北勝）

《明史》卷三一四《雲南土司傳·北勝[州]》：

唐貞元中，南詔異牟尋始開其地，名北方賧，徙瀾河（即西洱河？）白蠻及羅落、麽些諸蠻以實其地，號成偈賧……大理段氏改爲成紀鎮。元……至元中……改北勝州。……

麼些徒蠻

見"些麼徒蠻"片。

[仫佬？]

《明史》卷四五《地理志六》：

[廣西梧州府]藤[縣]（……西有幕僚江。一作幕寮江——光旦）。

　　光旦：此疑與今之仫佬有係，今仫佬之分布偏於西北，在羅城、柳城、忻城、宜山一帶，只四萬餘人，古時，作為獠人之一部分，散布較廣，或東及鬱林，故水留其名，亦未可知。

木瓜[彝]

見"[彝]（黎州）——沿革"片。
見"[彝]（涼山）"片。

南番

《明史》卷一五三《陳瑄傳》：

瑄少從大將軍幕……屢從征南番。

　　光旦：南番前未經見，不詳。豈西番之刊誤耶？大將軍何人？徐達乎？馮勝乎？史筆大疏。參上下文，是洪武中後葉事。

儂

[儂]

《明史》卷四五《地理志六》：

[廣西南寧府]宣化[縣]（東有崑崙山，上有崑崙關。）

　　光旦：宋皇祐間狄青破儂智高處。

《明史》卷一六六《韓觀傳》：

[洪武二十八年，以廣西都指揮使受命爲]征南左副將軍從都督楊文討龍州土官趙宗壽，宗壽伏罪。（互見"[僮]"下。）

《明史》卷二一〇《鄒應龍傳》：

[萬曆間，臨安普崇明與弟崇新搆爭，崇明嘗引儂人爲助。]（見"[獠]"片。）

光旦：此明言儂人，在廣南府境。

獞

《明史》卷二一二《劉顯傳》：

隆慶改元……還故官（以署都督僉事充總兵官），移鎮貴州。廣西（雲南廣西府，非廣西省）獞賊者念父子僭稱王，攻剽安順。巡撫阮文中檄顯勦，俘斬五百餘人。

儂

《明史》卷二五一《錢龍錫傳·錢士晉附傳》：

崇禎時……擢雲南巡撫。築師宗、新化六城，濬金針、白沙等河。平土官岑、儂兩姓之亂。頗著勞績。

光旦：豈雲南境亦有岑姓土官，抑涉及廣西境？此類條條病在太簡。

儂（廣西）

《明史》卷三一七《廣西土司傳·慶遠[府]》：

[洪武二十八年]南丹土官莫金叛。帝命征南將軍楊文，[於征龍州後，移師南丹、奉議等處，以討金及他起事者。及]龍州趙宗壽來朝謝罪，貢方物，大軍[乃]進征奉議……南丹。

光旦：儂智高失敗後，其屬留廣西境者率改宋王室之姓，其移入今雲南境者，則不改。今則皆是僮矣。

《明史》卷三一七《廣西土司傳·南寧[府]》：

果化州，宋始置。元屬田州路。洪武二年，土官趙榮歸附，授世襲知州，以流官吏目佐之。洪熙元年，果化州土官趙英遣族人趙誠等貢馬及方物。弘治間，州……爲田州所侵削，因改隸於南寧。

> 光旦：此趙當亦是由儂改者。曰宋置，應是在儂智高失敗之後。此條互見"僮（南寧）"。

《明史》卷三一七《廣西土司傳·南寧[府]》：

（下雷州世襲土官許氏疑是儂，已列入僮，見"僮（南寧）"片。）

《明史》卷三一八《廣西土司傳·太平[府]》：

宣德元年，崇善縣土知縣趙暹謀廣地界，遂招納亡叛，攻左州，執故土官（黃氏），奪其印，殺其母，大肆擄掠，占據村洞四十餘所。造火器，建旗幟，僭稱王，署僞官，流劫州縣。事聞，帝命總兵官顧興祖會廣西三司剿捕。興祖等招之不服，遣千戶胡廣率兵進。暹扼寨拒守，廣進圍之，給出所奪各州印（上文第言左州一州之印），撫諭脅從官民，使復職業。暹計窮，從間道遁。伏兵邀擊，及其黨皆就擒。

時左州土官黃榮亦奏："蠻人李圓英劫掠居民，僞稱官爵，乞發兵剿捕。"帝謂兵部曰："蠻民愚獷，或挾私讎忿爭戕殺，來告者必欲深致其罪，未可遽信。其令鎮遠侯并廣西三司勘實，先遣人招撫，如叛逆果彰，發兵未晚也。"

> 光旦：李圓英疑亦儂。下文農峒多李姓。

[宣德]二年斬南寧百戶許善。初，善知趙暹謀逆，與之交通。及總兵官遣善追暹，又受暹馬十匹、銀百兩，故延緩之，冀幸免。事覺，下御史鞫問，得實，斬之，餘黨皆伏誅。

《明史》卷三一八《廣西土司傳·太平[府]》：

[太平府屬]太平州，舊名瓠陽，爲西原農峒地。唐爲波州。宋隸太平寨。元隸太平路。洪武元年，土官李以忠歸附，授世襲知州，設流官吏目佐之。

《明史》卷三一八《廣西土司傳·太平[府]》：

[府屬]鎮遠州，舊名古隴，宋置，隸邕州。元隸太平路。洪武初，土官趙勝昌歸附，授世襲知州，設流官吏目佐之。

茗盈州，宋置，隸邕州。元隸太平路。洪武初，土官李鐵釘歸附，授世襲知州，設流官吏目佐之。

安平州，舊名安山，亦西原農峒地。唐置波州。宋析爲安平州。元隸太平路。洪武初，土官李郭佑歸附，授世襲知州，設流官吏目佐之。

思同州，舊名永寧，爲西原地，唐置，隸邕州。宋隸太平寨。洪武元年，土官黃克嗣歸附，授世襲知州，設流官吏目佐之……萬曆二十八年，省入永康州。

> 光旦：此黃氏與其所轄或是僮，而不是儂。西原亦不盡是農地。

养利州，元属太平路。洪武初，土官赵日泰归附，授知州，以次传袭。宣德间，稍侵其邻境，肆杀掠。万历三年讨平之，改流官。

万承州，旧名万阳。唐置万承、万形二州。宋省万形，隶太平寨。元隶太平路。洪武初，土官许郭安归附，授世袭知州，设流官吏目佐之。永乐间，郭安从征交阯，死于军，子永诚袭。

《明史》卷三一八《广西土司传·太平[府]》：

全茗州，旧名连冈，为西原地，宋置，隶邕州。元隶太平路。洪武初，土官李添庆归附，授世袭知州，设流官吏目佐之。

结安州，旧名营周，亦西原农峒地。宋置结安峒，隶太平寨。元改州，属太平路。洪武元年，土官张仕荣归附，授世袭知州，设流官吏目佐之。

龙英州，旧名英山，宋为峒。元改州，属太平路。洪武元年，土官李世贤归附，授世袭知州，割上怀地益其境，设流官吏目佐之。

结伦州，旧名邦兜，亦西原农峒地。宋置安峒①，隶太平寨。元改州，属太平路。洪武二年，峒长冯万杰归附，授世袭知州，设流官吏目佐之。

都结州，元属太平路。土官农姓。洪武初内附，授世袭知州，设流官吏目佐之。

上、下冻州，旧名冻江。宋置冻州。元分上、下冻二州，寻合为一，属龙州万户府。洪武元年，土官赵贴从归附，授世袭知州，设流官吏目佐之……贴从死，子福瑀袭。永乐四年从征交阯，死于军。

《明史》卷三一八《广西土司传·太平[府]》：

思城州，亦西原农峒地，唐置州。宋分为上、下思城二州，隶太平寨。元至正间，并为一，属太平路。洪武元年，土官赵雄杰归附，授世袭知州，设流官吏目佐之。

《明史》卷三一八《广西土司传·思明[府]》：

（上石西州，初属思明府，后属太平府。土官曾更三姓，最初为赵姓，后皆绝，既有赵姓，则其地有僙可知——见"僮（思明）"片。）

《明史》卷三一八《广西土司传·思明[府]》：

凭祥，宋为凭祥洞，属永平寨。元属思明路。洪武十八年，土蛮李升归附。

---

① 标点本《校勘记》：安峒，脱"结"字，据上文及《寰宇通志》卷一一〇、《明一统志》卷八五应为"结安峒"。——整理者注

置憑祥鎮，授昇巡檢（原任巡檢爲高祥，疑是流），屬思明府。永樂二年置縣，以昇爲知縣。成化八年升爲州，以昇孫廣寧爲知州，直隸布政司。廣寧有十子，廣寧死，諸子爭立不決，凡三四年，乃以孫珠襲知州職。嘉靖十年，珠死，族弟珍、珏爭立，珍挈印走況村，珏攝州事。十四年，州目李清、趙琪等謀納珍，許思明府黃朝以州屬之。朝遂以兵納珍於憑祥，珏奔罄柳。既[而]珍悔屬思明，與朝隙，朝乃以外婦所生子時芳詭云廣寧孫，以兵千人納之。時珍淫縱，爲部民所怨，於是廣寧季子寰以尊屬謀廢立。十七年，寰遂殺珍而附於安南，莫登庸藉爲嚮導。總督蔡經屬副使翁萬達擒之，論死。於是珏與時芳復爭立，時芳倚思明勢，州民皆右之。萬達黜珏而論時芳死，更立李佛嗣珍爲知州。憑祥遂定。

《明史》卷三一八《廣西土司傳·思恩[府]》：

[思恩與田州搆難期間，思恩土知府岑]濬兵二萬據舊田州，劫龍州印，納故知府趙源妻岑氏。

光旦：事在弘治十二、十六年間。

《明史》卷三二一《安南傳》：

[永樂十五年，征安南張輔、沐晟等軍既班師，張輔旋又出鎮，不久召還，中官馬騏又以採辦至，大肆搜索，於是交人]一時並反。……儂文歷起邱溫……

光旦：邱溫，縣名，元屬思明路，元季喪亂，安南取之，見本傳上文。然由此地尚有儂姓一層推之，此地在宋時本屬安南，爲宋統治力所不及，故智高起事失敗後，仍得維持其儂姓不改也。

光旦：此本在國境外，可不列。然儂、僮之分布跨國境綫內外，可由此類資料覘知之，故仍附列。

《明史》卷三二一《安南傳》：

[成化]四年，[安南國王黎灝]侵據廣西憑祥。帝聞，命守臣謹備之。（下文，憑祥曾爲安南所有，不知何時歸還。）

儂（龍州）

《明史》卷三一九《廣西土司傳·龍州》：

龍州，古百粵地。漢屬交阯。宋置龍州，隸太平寨。元大德中，陞州爲萬户府。

洪武二年，龍州土官趙帖堅遣使奉表，貢方物。詔以帖堅爲龍州知州，世襲。

八年①改隸廣西布政司。時帖堅言:"地臨交阯,所守關隘二十七處,有警須申報太平,達總司,比報下,已涉旬月,恐誤事機,乞依奉議、泗城二州[例],隸廣西便。"從之。

十六年,帖堅以孝慈皇后喪上慰表,貢馬及方物,賜綺帛鈔錠有差。

二十一年,帖堅病,無子,以其從子宗壽代署州事。帖堅卒,宗壽襲。鄭國公常茂以罪謫居壽(應是龍字之誤)州。帖堅妻黃氏有二女,一爲太平州土官李圓泰妻,茂納其一爲妾。時宗壽雖襲職,帖堅妻猶持土官印,與茂、圓泰專擅州事,數陵逼宗壽。會茂以病卒,其閽者趙觀海等亦肆侮宗壽(當是宗壽往唁之際,否則二語不相屬)。宗壽乃與把事等以計取土官印,上奏言茂已死,并械觀海等至京。於是帖堅妻惶懼,使人告宗壽擄掠,又與圓泰謀劫茂妾并其奴婢往太平州,又盡掠趙氏祖父官誥諸物,又欲併取龍州之地。乃自至京,告宗壽實從子,不應襲。宗壽亦上章言狀。帝乃詔宗壽勿問,下吏議帖堅妻與圓泰罪,既而以遠蠻俱釋之。久之,復有人告茂匿龍州未死,前宗壽所言皆妄。遂詔右軍都督府榜諭宗壽及龍州官民,言:"昔鄭國公常茂有罪,上以開平王之功,不忍遽置於法,安置龍州。土官趙帖堅故,其妻與茂結爲婚姻,誘諸蠻,肆爲不道。帖堅姪宗壽襲職,與黃氏互相告訐,言茂已死。上以功臣子,猶加憐憫,釋二人告訐罪。今有人言茂實未死,宗壽等知狀。已遣散騎舍人諭宗壽捕茂,延玩使者久不復命,其意莫測。特命榜諭爾宗壽等知之,如茂果存,則送至京師以贖罪,如茂果死,宗壽亦宜親率大小頭目至京,具陳其由。"廣西布政司言宗壽屢詔赴京,拒命不出;又言南丹、奉議等蠻梗化。帝復命致仕兵部尚書唐鐸往諭,宗壽訖不從命。詔發湖廣、江西所屬衛所馬步官軍六萬餘,各齎三月糧,期以秋初俱赴廣西。命都督楊文佩征南將軍印爲總兵官,都指揮韓觀爲左將軍,都督僉事宋晟爲右將軍,劉真爲參將,率京衛馬步軍三萬人至廣西,會討龍州及奉議、南丹、向武等州叛蠻。……復遣禮部尚書任亨泰、監察御史嚴震直使安南,諭以討龍州趙宗壽之故,令陳日焜慎守邊境,毋助逆,勿納叛。遣人諭文調南寧衛兵千人,江陰侯吳高領之;柳州衛兵千人,安陸侯吳傑領之,皆令其建功自贖。又詔文等,如兵至龍州,宗壽親來見,具陳茂已

---

① 標點本《校勘記》:八年,《明史》卷四五《地理志》龍州條及《明一統志》卷八五俱作"九年"。——整理者注

死之由，則宥其罪。若詐遣人來，則進兵討之。既[而]鐸還京，言宗壽伏罪來朝，乞罷兵勿征。詔文移兵於奉議，仍命鐸至軍參軍事。宗壽偕耆民農里等六十九人來朝謝罪，貢方物。

　　光旦：儂智高敗後，上層或走或留，走者仍農姓，留者改趙姓，羣衆則未必改，故此處有耆民農里。

　　光旦：儂人之分布，宋即跨我與越南國境。儂智高之史跡，究屬何國，今尚有爭論者。明祖諭安南"毋助逆，勿納叛"，亦説明此族分布之涉及兩國也。

宗壽死，子景升襲。景升死，無嗣，以叔仁政襲。仁政再傳爲趙源，源死無子。思恩土官岑濬率兵攻田州回，劫龍州，奪其印，納故知府（何來知府？）源妻岑氏。詔下鎮巡官剿賊，而議立爲源後者。以源庶兄浦有二子，相居長當立。相弟楷不能無望，則謀於岑氏，以僕韋隊子璋詭云遺腹。岑氏恃兄子猛方兵雄，楷遂奏言璋實源子，當立，爲相所篡。事下督府勘，未決。璋賂鎮守太監傅倫舍人，詭稱有詔檄猛調二萬兵納璋入龍州。左江大震。相挈印奔况村。都御史楊旦討璋，猛殺之。相乃歸。

　　光旦：源妻岑氏，是田州者，與岑猛爲姑姪關係。

相二子，長燧，次寶。相枝拇，寶亦枝拇，相絕愛之，曰："肖我當立。"猛乃以寶去，髠爲奴。嘉靖元年，相死，州人立燧。楷弑之，州人立其族弟煖。時王守仁提督兩廣，幕客岑伯高用事，楷賂伯高，言煖非趙氏裔，當立者楷也。遣上思州知州黄熊兆虢之。熊兆黨伯高，言楷當立，以州印畀楷。楷遂殺煖，龍州大亂。州目黄安等潛往田州購寶。寶時爲奴楊布家十三年矣，安等行百金購得之。言之督府，都御史林富謂楷勢已張，毋持之急，乃令楷攝職，俟寶長讓之。楷復時時謀殺寶。富諭楷，令以印還寶，寶謝以五千金，益以腴田三十一村。楷計寶弱易與，不如邀厚利而徐圖之，遂聽命。楷復求韋璋之子應育之，令往來寶所。寶妻黄氏，思明府土官黄朝女也，貳於寶而與應通。應乃厚結州目，又數遣人與向武州締好，乞兵爲衛。寶日荒悍，刑狡男子王良爲閽。楷知良恨寶，激使内應，良許之。楷以千人夜至寶寢門呼良，良開門納楷兵，執寶寢所，斬之，以他盜聞。應以兵千人據州，并結朝自援。都御史蔡經屬副使翁萬達謀之。萬達謂楷狙詐，未可速圖。韋應巽愞寡慮，可旦夕擒，斷其中堅，然後可次第獲，督撫善之。萬達行部至太平，使人以他事召朝，諭之計，論應當死，言楷才勇，正須藉爲龍州當一面耳。時諸言楷事者，故不爲理，州人大譁。萬達愈厚楷，楷信之，遂統精兵千人詣萬達言狀，并以三十一村地獻。萬達召楷及州目鄧瑀等入見，伏壯士劫之，曰："汝罪大，宜自爲計。誠死，尚可爲爾子留一官。"楷自分無生理，乃手書諭其黨曰："業已如此，亂無益也，可善輔我子以存趙。"萬達即杖楷，斃之，以楷書諭其州人。時楷子匡時，生四年矣，立之，一州悉定。乃以十三村還龍州，十八村隸崇善縣。於是龍州趙氏仍得襲。

儂（龍州）——與安南
《明史》卷三二一《安南傳》：
　　大軍方討龍州趙宗壽……諭［安南］令輸米八萬石，餉龍州軍。……［後實輸二萬石。］
　　　　光旦：事似在洪武二十八年。

［儂］（雲南富州）
《明史》卷一二六《沐英傳》：
　　［永樂］十七年，富州蠻叛，［沐］晟引兵臨之，弗攻，使人譬曉，竟下之。
　　　　光旦：富州，元、明、清州，清後改廳，民國縣。明、清屬廣南府，世襲土官知州沈氏、同知儂氏。

儂（雲南廣南）
《明史》卷一二六《沐英傳》：
　　［洪武二十七年，］廣南酋儂貞佑糾黨蠻拒官軍，［沐春］破擒之，俘斬千計。
《明史》卷一三三《俞通海傳》：
　　［通海］弟通源……攻雲南，征廣南蠻，俘斬數萬。
　　　　光旦：年不詳，惟既云"攻雲南"，則應在洪武十四、十五年間大舉攻雲南時也。
《明史》卷三一三《雲南土司傳·廣南［府］》：
　　廣南，宋時名特磨道。土酋儂姓，智高之裔也。元至元間立廣南西道①宣

---

① 標點本《校勘記》：廣南西道，據《明史》卷四六《地理志》、《元史》卷六一《地理志》應爲"廣南西路"。——整理者注

撫司，初領路城等五州，後惟領安寧、富二州。

洪武十七年①歸附，改廣南府，以土官儂郎金爲同知。

十八年，郎金來朝，賜錦綺、鈔錠。

二十八年，都指揮同知王俊奉命率雲南後衛官軍至廣南，築城建衛。郎金父貞佑不自安，結衆據山寨拒守。俊遣人招之不服，時伏草莽中劫掠，覘官軍進退。俊乃遣指揮歐慶等分兵攻各寨，自將取貞佑；又以兵扼間道，絕其救援。諸寨悉破，衆潰，貞佑窮促就擒，械送京師。降郎金爲府通判。

永樂六年，富州土知州沈絃經入貢，值仁孝皇后喪，絃經奉香幣致祭。

宣德元年，土官儂郎舉來朝，貢馬。

正統六年，廣南賊阿羅、阿思等劫掠，命總兵官沐昂等招撫之。

光旦：阿羅、阿思，非彝即獠，非儂也。

時富州土官沈政與郎舉互訐糾衆侵地，帝命昂等勘處。[正統]七年，昂奏二人叛逆無實迹，因有隙相妄奏。兵部請治政等罪，帝以蠻人宥之。政、[郎]舉相讎殺已十餘年，時方征麓川，憚兵威不敢動。未幾，郎舉以從征功陞同知（復祖職）。

[郎舉]死，無嗣，四門舍目共推儂文舉署事，[文舉]屢立戰功。萬曆七年，實授同知。子應祖從征三鄉，親獲賊首，詔賞銀百兩。播州之役，徵其兵三千討尋甸叛目，皆有功，賜四品服。

儂氏自文舉藉四門舍目推擁之力得授職，後儂氏襲替必因之。土官之政出於四門。租稅僅取十之一。道險多瘴，知府不至其地，印以臨安指揮一人署之。指揮出，印封一室，入取，必有瘟瘴死亡。

萬曆末，知府廖絃者，避瘴臨安，以印付同知儂仕英子添壽。添壽死，家奴竊印并經歷司印以逃，既而歸印於其族叔儂仕祥。時仕英親弟仕獬例得襲，索仕祥印，仕祥不與，遂獻地與泗城（廣西省）土官岑接，與連婚，搆兵滅仕獬家。及仕祥死，子琳以府印送接，而經歷司印又爲琳弟瓊所有。巡撫王懋中調兵往問，瓊懼，還印於通判周憲。接亦出府印獻於官。時兵方調至境，遽遣歸。廷議治絃擅離與守巡失撫之罪；瓊、接已輸服，勿問。詔可。

未幾，儂紹湯兄弟爭襲，各糾交阯兵象，焚掠一空。

---

① 標點本《校勘記》：洪武十七年，據《明史》卷四六《地理志》、《太祖實錄》卷一五〇洪武十五年十一月"是月"條應爲"十五年"。——整理者注

光旦：富州沈氏族屬不詳，當亦僮之一派？

儂（元江）

《明史》卷三一四《雲南土司傳·元江[府]》：

元江……南詔蒙氏[時]屬銀生節度，徙白蠻蘇、張、周、段等十姓戍之。……後和泥侵據其地。宋時，儂智高之黨竄居於此。

女 直

女直

《明史》卷四一《地理志二》：

東寧衛，本東寧、南京、海洋、草河、女直五千户所，洪武十三年置。十九年七月改置。

光旦：衛地在今遼陽縣境，治所與旁近其它四衛、一州之治所均在遼陽城內。

《明史》卷四一《地理志二》：

三萬衛，[洪武二十年]置……於故[開元路]城西，兼置兀者野人乞例迷女直軍民府。二十一年，府罷，徙衛於開元城。

光旦：查元置開元南京三萬户府於其地，旋改為開元路。即今開原縣。

《明史》卷一二九《馮勝傳》：

[洪武]二十年，命勝……以步騎二十萬征[蒙古太尉納哈出於金山]。……勝……深入，踰金山，至女直苦屯，降納哈出之將……觀童。

光旦：上條設衛之事，應即在此戰役之後。戰地即在今開原北不甚遠也。

[女直]

《明史》卷一七四《巫凱傳》：

宣宗立，以都督僉事佩征虜前將軍印，代朱榮鎮遼東。……帝嘗遣使造舟松花江，招諸部。地遠，軍民轉輸大困，多逃亡。……凱力請罷其役，而逃軍入海西諸部者已五百餘人。……

光旦：海西可有二義：一為元代海西遼東提刑按察司（《元史·世祖紀》）所轄地之東偏或東北偏，今吉林及俄領沿海州等處，其地有女直水達達部

（今赫哲應是其中一部分）。二爲明之海西衛，在吉林松花江以西，遼寧遼河以東，明爲扈倫四部所居，四部者，北曰烏拉，西曰哈達，東曰葉赫，南曰輝發，總有扈倫國之稱，明季爲滿洲所滅。此四部者皆金源部落之遺，亦女直也。此云海西諸部應包括第二義或以第二義爲主。

《明史》卷一八〇《王獻臣傳》：

……（弘治間〔六年以後〕，海西貢使曾爲泰寧衛部騎所射傷，見"兀良哈"片。）

《明史》卷一九〇《石珤傳·兄玠附傳》：

正德中……拜兵部右侍郎。海西部長數犯邊。泰寧三衛與別部相攻，久缺貢市。遣玠以左侍郎兼僉事（都）御史往遼東巡視。出關撫諭，皆受約束。

《明史》卷二二二《張學顔傳》：

〔隆慶初（五年以前），〕海、建諸部日強，皆建國稱汗（事似在蒙古土門汗東移，挾朵顔三衛以抗明之後不久）。大將王治道、郎得功戰死，遼人大恐。……

〔隆慶六年〕秋，建州都督王杲以索降人不得，入掠撫順，守將賈汝翼詰責之。杲益憾，約諸部爲寇，副總兵趙完責汝翼啓釁。學顔（五年起巡遼，初以右僉都御史，繼以右副都御史）奏曰："汝翼卻杲饋遺，懲其違抗，實伸國威，苟緣此罷斥，是進退邊將皆敵主之矣。臣謂宜諭王杲送還俘掠，否則調兵勦殺，毋事姑息以蓄禍。"……詔……宣諭王杲如學顔策。諸部聞大兵且出，悉竄匿山谷。杲懼，十二月約海西王台送俘獲就款，學顔因而撫之。……

萬曆初，〔李成梁議移孤山堡及險山五堡（見"總錄——明與東北"片），〕工甫興，王杲復犯邊，殺游擊裴承祖。巡按御史亟請罷役，學顔不可，曰："如此則示弱也。"即日巡塞上，撫定王兀堂諸部，聽於所在貿易。卒築寬佃，斥地二百餘里。於是撫順以北，清河以南，皆遵約束。（寬佃爲新移險山五堡之一。）

明年（萬曆二年，見《神宗實錄》卷三一萬曆二年十一月丙子條、甲申條）冬，發兵誅王杲，大破之，追奔至紅力寨。……加兵部侍郎。

女直

《明史》卷三二〇《朝鮮傳》：

〔洪武二年秋，高麗國王王〕顓遣總部尚書成惟得〔等〕上表謝……帝……

以書諭之曰："……王國北接契丹、女直，而南接倭，備禦之道，王其念之。"
《明史》卷三二〇《朝鮮傳》：

  [洪武]二十六年……[六]月，遼東都指揮使司奏，朝鮮國招引女直五百餘人，潛渡鴨綠江，欲入寇。……

    光旦：此女直被招引時，似原在朝鮮國境内；然其初當是自鴨綠江南渡者。

《明史》卷三二〇《朝鮮傳》：

  先是(正統三年八月前)，建州長童倉避居朝鮮界，已[而]復還建州。朝鮮言："昔以窮歸臣，臣遇之善。今負恩還建州李滿住所，慮其同謀擾邊。"建州長言，所部爲朝鮮追殺，阻留一百七十餘家。五年詔裪(李裪，時朝鮮國王)還之。

    光旦：李滿住爲野人女直頭目，見本傳下文。童倉不知何族人，"建州長"似不類漢職官。

《明史》卷三二〇《朝鮮傳》：

  正統……七年五月諭[朝鮮國王李]裪曰："鴨綠江一帶東寧等衛，密邇王境，中多細人逃至王國，或被國人誘脅去者，無問漢人、女直，至即解京。"初，瓦剌密令女直諸部誘朝鮮，使背中國。裪拒之，白其事於朝。帝嘉其忠，敕獎之……

《明史》卷三二〇《朝鮮傳》：

  [正統]十三年冬，命使調發朝鮮及野人女直兵會遼東，征北寇(蒙古瓦剌也)。

《明史》卷三二〇《朝鮮傳》：

  景泰元年……遼東奏報開原、瀋陽有寇入境，掠人畜，係建州海西野人女直頭目李滿住等爲嚮導。因諭珦(李珦，時朝鮮國王)相爲犄角截殺之。

《明史》卷三二〇《朝鮮傳》：

  [景泰]二年冬，以建州頭目潛與朝鮮通，戒珦絶其使。

    光旦：建州頭目，儱侗，不知是女直否。

《明史》卷三二〇《朝鮮傳》：

  [成化]十五年十月，命[朝鮮國王李]娎出兵夾擊建州女直。娎遂遣右贊成魚有沼率兵至滿浦江，以水(冰字之誤)泮後期。復遣左議政尹弼商、節度使金嶠等渡江進勦。十六年春遣陪臣來獻捷。帝[遣使獎飾]……使還，[娎]

遣其臣許熙伴送。熙歸至開州，建州騎二千邀之，掠其從卒三十餘人，馬二百三十餘匹，他所亡物稱是。奏聞。英國公張懋、吏部尚書尹旻等以遼東連年用兵，未可輕動……[整飭備禦外，]令譯者窮究所掠，期在必得，仍[賜物]慰安之。

《明史》卷三二八《瓦剌傳》：

[景泰初(元、二年)，也先既殺脫脫不花，]遂乘勝迫脅諸蕃，東及建州、兀良哈。

《明史》卷三二八《朵顏等三衛傳》：

正統間(九年以前)，[三衛西附瓦剌也先，]又東合建州兵，入廣寧前屯。

《明史》卷三二八《朵顏等三衛傳》：

成化元年，[三衛]……以兵從[韃靼]字來大入遼河。已[而]復西附毛里孩，東合海西兵，數入塞。

《明史》卷三二八《朵顏等三衛傳》：

弘治初……海西尚古者，以不得通貢叛中國，數以兵阻諸蕃(此諸蕃自是更在海西以東者，不知是何等族類也)入貢，諸蕃並銜之。朝廷旋許尚古納款。撫寧猛克帖木兒等皆以尚古為辭，入寇遼陽，殺掠甚眾。

  光旦：撫寧猛克應是兀良哈，互見。

[彭]

《明史》卷四四《地理志五》：

[湖廣鄖陽府]房[縣](……南有粉水，亦曰彭水……流入穀城縣，注漢。)

  光旦：房、粉、彭皆彭也。疑助周武伐殷、誓師於牧野之西南八族中之彭人原居此地。《尚書》孔傳謂在戎府以南者殊失之太遠，不近情實。存此一點想法，俟續考。

蒲

濮洛(亦作濮落)

《明史》卷三一三《雲南土司傳·鎮沅[府]》：

鎮沅，古濮洛雜蠻所居，《元史》謂是和泥、昔樸二蠻也。

> 光旦：《方輿紀要》云，楚雄古亦爲濮洛蠻地，《明史·雲南土司傳》楚雄府下未言。"濮"即"獠"之最古之稱，僰次，獠又次之，仡佬之音最後見，然《華陽國志》已有"鳩獠"矣。然郭義恭志猶言滇西多各種濮人，則在西南，濮字遲至中古猶尚通用。濮洛之濮即此濮矣，"洛"即"獠"之音轉。又有"鳩獠濮"之稱，與此最近。

《明史》卷三一四《雲南土司傳·威遠[府]》：

> 威遠，唐南詔銀生府地，舊爲濮落雜蠻所居。大理時，爲百夷所據。

玃刺蠻

《明史》卷三一四《雲南土司傳·尋甸[府]》：

> 尋甸，古滇國地，玃刺蠻居之，號仲劄溢源部，後爲烏蠻裔斯丁所奪，號斯丁部。……

> 光旦：是尋甸古亦獠地，玃刺應即樸子或濮子之異寫。烏蠻，即彝，乃後入者，文字甚明。

[蒲蠻]

《明史》卷一二六《沐英傳》：

> 成化三年春，[沐]琮……之鎮……以次討平馬龍、麗江、劍川、順寧、羅雄諸叛蠻，捕擒橋甸、南窩反者。

> 光旦：順寧爲蒲蠻聚居之地。

> 光旦：橋甸、南窩不詳，反者亦未必爲少數民族，姑附此。

《明史》卷一六五《姜昂傳·子龍附傳》：

> 遷雲南副使，備兵瀾滄、姚安。滇故盜藪，龍讓土酋曰："爾世官，縱盜寧非賄乎？"酋懼，撫諭羣盜，悉聽命。巨盜方定者，既降而貧，爲妻妾所訴，卒不忍負龍，竟仰藥死。南安大盜千人，御史欲徵兵，龍檄三日散盡。……大候（侯？）州土官猛國恃險肆暴，龍擒之。在滇四年，番、漢大治。鄧川州立三正人祠，祀袁州郭紳、莆田林俊及龍。

> 光旦：此一帶民族成分至複雜，當時漢化程度最淺者爲蒲蠻，其數量亦尚多，姑列此片。

> 光旦：南安，當是元置而明清相因之南安州，明清屬楚雄府，民國改縣，尋又改摩芻縣，此疑是彝，蒲蠻之散布，當時已不如是之北也。

光旦：年不詳，在正德中，武宗南巡之年（十四年，參卷一六）以後。

[蒲蠻？]

《明史》卷一九八《毛伯溫傳·鮑象賢附傳》：

　　初，元江土舍那鑑殺知府那憲以叛，布政使徐樾往招降被殺。[巡撫石]簡攻之未克，坐樾事罷，而象賢（原以右副都御史巡撫陝西）代之。乃集土、漢兵七萬以討。鑑懼，仰藥死，擇那氏後立之。

　　光旦：無年份，應在嘉靖中葉（嘉靖三十年，見"[彝？]（元江那氏）"）。

　　光旦：元江有蒲蠻，應無問題，然那氏族屬待肯定，或是彝。

《明史》卷二〇三《唐胄傳》：

　　[嘉靖初葉，]擢金、騰（雲南金齒、騰越）副使。土酋莽信虐，計擒之。

　　光旦：莽姓實出蒲蠻。然其人自承為西遼，即黑契丹後，元初受調入滇西南者，初姓耶律，後改姓莽，終又有改姓蔣者；前民族學院研究部幹部蔣家驊即其例。然事實不爾，《讀史方輿紀要》有關部分有資料可核。

蒲人

《明史》卷二四七《鄧子龍傳》：

　　[萬曆十一年，子龍征緬與岳鳳之役，]子龍餌蒲人以金，盡知賊間道。（詳"[傣]"片。）

　　光旦：上文云，罕"虔子招罕、招色奔三尖山，令叔罕老率蒲人藥弩手五百阻要害"。此蒲人今似已在國境之外，然應與境內之蒲蠻同一族屬。狹義之緬甸人稱 Burman 或因此輩得名，亦未可知。

蒲蠻（順寧）

《明史》卷三一三《雲南土司傳·順寧[府]》：

　　順寧府，本蒲蠻地，名慶甸。

　　光旦："本"字欠斟酌，似遲至明代，猶是蒲蠻地，至少統治階層與部分土地仍是蒲蠻。《方輿紀要》卷一一八云：蒲蠻，"一云即古濮人也"。於境內"蜢濮者山"下又云："蜢濮者，《滇略》云，順寧境內沿瀾滄江而居者曰普蠻，一名撲子蠻。"蒲、濮、普、撲，皆一事。是至明代，主要居民猶是此族人。本傳下文云，"宋以前不通中國"；又云，參將吳顯忠盡劫土官猛氏十八代之積蓄數百萬，是則初通中國之際，其地居民與其酋猛氏即以蒲蠻之名相見，而十八代也者大約即自初通時算起者也。

宋以前不通中國，雖蒙氏、段氏不能制。元泰定間始内附；天曆初，置順寧府并慶甸縣，後省入府。

洪武十五年，順寧歸附，以土酋阿悅貢署府事。

十七年命阿日貢（與阿悅貢應是同一人，悅誤作曰，又誤刻成日字）爲順寧知府。

二十三年，土酋猛邱、土知府子邱（此邱字似冗）等，不輸徵賦，自相仇殺。大理衛指揮鄭祥[時]征蒙化賊，移師至甸頭，破其寨。猛邱請降，輸賦，乃還。猛邱死，把事阿羅等復起兵相攻擊。二十九年，西平侯沐春遣鄭祥與指揮李榮等，分道進討，擒阿羅等誅之。後貢賜如制。……

宣德（？）中，大侯[州]土舍奉赦、奉學兄弟不相能。奉學倚妻父土知府猛廷瑞，與兄赦日搆兵。巡撫陳用賓檄參將李先著、副使邵以仁勘處。以仁襲執廷瑞，因請改順寧爲流官。先著被檄，極言不可討，被謗語，逮下獄，瘐死。然廷瑞實無反謀，以參將吳顯忠覘其富，誣以助惡，索金不應，遂讒於巡按張應揚，轉告巡撫陳用賓。廷瑞大恐，不得已斬奉學以獻。顯忠益誣其陰事，傳以反狀。撫按會奏，得旨大剿。廷瑞出，獻印、獻子以候命，不從。顯忠帥兵入其寨，盡取猛氏十八代蓄貲數百萬，誘廷瑞至會城執之，獻捷於朝。於是所部十三寨盡憤，始聚兵反，官兵悉剿除之，并殺其子。以仁超擢右都御史，廕子。未幾，坐大辟繫獄。應揚亦病卒。人以爲天道云。

光旦：此似是萬曆中事。云宣德者誤。參《蠻司合誌》及《土官底簿》。

光旦：猛氏初似未有姓，後始稱猛。

順寧附境有猛猛、猛撒、猛緬，所謂三緬也（何以不言三猛？緬字疑誤。卷四六《地理志七》有"三猛"之稱）。猛猛最強，部落萬人，時與[其他]二猛爲難。其地田少箐多，射獵爲業。猛緬地雖廣而人柔弱，部長賜冠帶，最忠順。猛撒微弱，後折入於耿馬云。

光旦：以猛字推之，三猛當亦蒲人。耿馬司之統治者罕氏，則爲傣。

蒲（廣邑）

《明史》卷三一五《雲南土司傳·潞江[安撫司]》：

［宣德五］年，置雲南廣邑州。時雲仙還，言："金齒廣邑寨，本永昌副千户阿干所居。干嘗奉命招生蒲五千户向化。今干孫阿都魯同蒲酋莽塞等詣京貢方物，乞於廣邑置州，使阿都魯掌州事，以熟蒲并所招生蒲屬之。"帝從之，遂以阿都魯爲廣邑州知州，莽塞爲同知，鑄印給之。

光旦：是永昌以南，直至緬甸，一路皆有蒲人也。莽應是蒲人中統治層之姓，此處見之於莽塞，於龍陵一帶見之於余所識蔣家驛之先，初亦爲當地首長（家驛自謂爲元時入滇之西契丹人之後，而又云蔣從莽出，徵之《方輿紀要》（卷一一八），蒲人莽姓改蔣之例，顯係假托，不可信），三則見之於緬甸一段時期之統治者莽瑞體、莽應裏父子。按之蒲即古濮人之遺之説，是遲至明代，未經漢化之濮，亦即與會於牧野之濮不甚相遠之濮，尚大有人，且自有其大小聚落，甚或踞統治它族之地位也。順寧之猛氏，亦莽之類，猛、莽一聲之轉。從而疑及滇西南國境内外一切以猛或孟稱之地名初皆與蒲、濮有關，或濮、傣之間，當初亦必有密切之淵源關係。

蒲（南甸）

《明史》卷三一五《雲南土司傳·南甸［宣撫司］》：

（南甸疑亦有蒲人，或嘗有蒲人，見"仡佬——異寫"有關片及其按語。）

乞兒吉思

《明史》卷三三二《坤城傳》：

其［貢道］不由哈密者，更有……乞兒吉思［等十一地面］。

光旦：即柯爾克孜。

羌

羌

《明史》卷三：

［洪武］二十七年……正月……辛酉，李景隆爲平羌將軍，鎮甘肅。

《明史》卷三：

［洪武二十七年］八月……丙戌，階、文軍亂，都督甯正爲平羌將軍討之。

光旦：亂者不必羌，然其地多羌，動易定難也。

《明史》卷三：

[洪武]二十八年……正月丙午，階、文寇平。甯正[遂征洮州番]。

光旦：上言軍亂，此云寇平，疑其中亦或有羌也。

《明史》卷六《成祖二》：

[永樂元年]正月……丁酉，宋晟爲平羌將軍，鎮甘肅。

《明史》卷一三四《甯正傳》：

命[正]爲平羌將軍，總川、陝兵討平階、文叛寇張者。

光旦：即上列第二條事。在洪武廿七年。

[羌]

《明史》卷一〇：

[正統]四年……十二月丁丑，都督同知李安充總兵官，僉都御史王翱參贊軍務，討松潘祈命簇叛番。

《明史》卷一〇：

[正統]五年……四月……丙戌，祈命簇番降。

《明史》卷一八：

[嘉靖]二十五年……三月戊辰，四川白草番亂。

《明史》卷一八：

[嘉靖]二十六年……四月乙巳，巡撫四川都御史張時徹、副總兵何卿討平白草叛番。

《明史》卷二〇：

[萬曆十三年六]月，四川松茂番作亂。

《明史》卷二〇：

[萬曆]十四年……六月癸未，松茂番平。

光旦：松、茂者應是羌。（互見"番"片）

《明史》卷四三《地理志四》：

[四川]松潘衛（元松州，屬雲南行省。）洪武初，因之。十二年四月兼置松州衛。十三年八月罷衛。未幾，復置衛。二十年正月罷州，改衛爲松潘等處軍民指揮使司，屬四川都司。嘉靖四十二年罷軍民司，止爲衛。領千户所一（小河守禦千户所），長官司十六，安撫司五。

十六長官司：占藏先結簇、蠟匝簇、白馬路簇、山洞簇、阿昔洞簇、北定簇、麥匝簇、者多簇、牟力結簇、班班簇、祈命簇、勒都簇、包藏先結簇（以上俱洪武十四年正月置）、阿用簇（宣德十年五月置）、潘斡寨（正統五年七月置）、別思寨（宣德十年五月置）。

五安撫司：八郎（永樂十五年二月置）、麻兒匝（宣德二年以阿樂地置）、阿角寨、芒兒者（俱正統五年七月置）、思曩日（正統十一年七月置）。

《明史》卷四三《地理志四》：

[四川]疊溪守禦軍民千户所，本疊溪右千户所，洪武十一年以古翼州置，屬茂州衛。二十五年改置，直隸都司。領長官司二。

疊溪長官司（所城北，永樂元年正月置。）

鬱即長官司（所城西，永樂元年正月置。）

羌——地名

《明史》卷四三《地理志四》：

[四川雅州]蘆山[縣]（……東有蘆山，青衣水出焉……其水經多功峽，下流入平羌江。）

光旦：一般地理辭書謂平羌江即青衣水。而青衣水一說有三（《方輿紀要》），此及青神、南溪各一，一說有此一（《清一統志》），不承認在南溪、青神者。要自西之雅安，至東之南溪，千有餘里，皆古青衣羌之國與地也，唯其散布地域廣，又甚古，故所留地名不一，致後人有此紛紜之論。

光旦：青衣羌後必曾分化，部分成漢人，部分演爲今之彝族之一部分。

羌

《明史》卷四三《地理志四》：

黎州守禦軍民千户所……（西北有飛越山，兩面皆接生羌界。）

光旦：查黎州即今漢源，其西北爲瀘定，再西北爲康定，即打箭鑪，此方向應多藏人，而言生羌，豈當日羌所散布之地帶尚遠較今日爲廣乎？以今日之情況言之，南似不越理縣。

《明史》卷一三二《藍玉傳》附《張溫傳》：

[洪武]十一年，[溫]以副將會王弼等討西羌。

光旦：查《王弼傳》只言是年曾征西番。而此言西羌。疑《明史》作者亦未嘗不混番、羌爲一，是番、藏、羌有時全不分也！

《明史》卷一三二《藍玉傳·曹興附傳》：

洪武十一年從沐英討沘（應作洮）州羌，降朶甘酋，擒三副使等。

光旦：參看"西番"片。番、羌不分又一例。

《明史》卷一三二《謝成傳》：

從沐英征朶甘，降乞失迦。平洮州十八族。

光旦：未言年份，但緊接十二年之前，與上條應是一事。

《明史》卷一五一《劉觀傳》：

［永樂］八年，都督僉事費瓛討涼州叛羌，命觀［以刑部尚書］贊軍事。

《明史》卷一三四《丁玉傳》：

［洪武十年十一月（見"羌（威州、茂州蠻）"）］四川威、茂土酋董貼里叛，以玉爲平羌將軍討之。至威州，貼里降。承制設威州千户所。十二年平松州，玉遣指揮高顯等城之，請立軍衛。帝謂松州山多田少，耕種不能贍軍，守之非策。玉言松州爲西羌要地，軍衛不可罷。遂設官築戍如玉議。

［羌］

《明史》卷一五五《陳懷傳》：

宣德元年代梁銘爲總兵官，鎮寧夏。時官軍征交阯者屢敗，詔發松潘軍援之。將士憚行，千户錢宏與衆謀，詐言番叛，帥兵掠麥匝諸族。番人震恐，遂反。殺指揮陳傑等，陷松潘、疊溪、圍威、茂諸州。指揮吳玉、韓整、高隆相繼敗績，西鄙騷然。詔遣鴻臚丞何敏、指揮吳瑋往招之，而命懷統劉昭、趙安、蔣貴帥師數萬隨其後。瑋等至，賊不順命。瑋與龍州知州薛繼賢擊賊，復松潘。比懷至，仍用瑋［爲］前鋒，遂復疊溪，降二十餘寨，招撫復業者萬二千二百餘户，歸所掠軍民二千二百餘人，事遂定。……懷留鎮四川。

六年，松潘勒都、北定諸族，暨空郎、龍溪諸寨番復叛。懷遣兵戰敗，指揮安寧等死者三百餘人。懷乃親督兵深入，破革兒骨寨，進攻空郎乞兒洞。賊敗，斬首墜崖死者無算。革兒骨賊復聚生苗邀戰。擊破之，勦戮殆盡。於是任昌、牛心諸寨番聞風乞降。羣寇悉平。

光旦：此應是羌，曰番，曰苗，皆史筆疏濶、不求甚解處。

《明史》卷一五五《趙安傳》：

宣德二年，松潘番叛。充左參將，從總兵陳懷討平之。

《明史》卷一五九《夏壎傳》：

　　[成化]八年以右副都御史巡撫四川。……松潘參將堯或請益戍兵三千……力陳不可。……得寢。……在蜀二年，民夷畏服。

《明史》卷一五五《蔣貴傳》：

　　宣德二年，四川松潘諸番叛，充右參將，從總兵官陳懷討之。募鄉導，絕險而進，薄其巢，一日十數戰，大敗之。……七年復命為參將，佐懷鎮松潘。明年進都督僉事，充副總兵，協方政鎮守。又明年，諸番復叛，政等分道進討。貴督兵四千，攻破任昌大寨，會都指揮趙得、宮聚兵以次討平龍溪等三十七寨，斬首一千七百級，投崖墜水死者無算。捷聞，進都督同知，充總兵官，佩平蠻將軍印，代政鎮守。

《明史》卷一六〇《羅綺傳》：

　　[景泰二]年二月，[以刑部左侍郎]出督雲南、四川軍儲。已[而]代寇深鎮守松潘。賊首卓勞糾他寨阿兒結等頻為寇，綺擒斬之。土官王永、高茂林、董敏相讎殺，守將不能制，綺搗永巢誅之。……在鎮七年，威名甚震。

《明史》卷一七二《程信傳》：

　　[景泰間，]起四川參政。理松潘餉，偕侍郎羅綺破黑虎諸寨。

《明史》卷一七二《張瓚傳》：

　　會松、茂番寇邊，詔起復（原任右副都御史，巡撫四川，以母憂去）視事。先是（成化十年光景），僉事林璧言："松茂曩為大鎮。都御史寇深、侍郎羅綺嘗假便宜專制其地，故有功。今惟設兩參將，以副使居中調度，事權輕，臨敵稟令制府，千里請戰，謀洩機緩，未有能獲利者。宜別置重臣彈壓，或即命瓚兼領，專其責成。"十二年七月命瓚兼督松、茂、安、綿、建昌軍務。瓚至軍，審度形勢，改大壩舊設副使於安、綿，而令副總兵堯或軍松潘，參將孫晸軍威、疊，為夾攻計。乘間修河西舊路，作浮梁，治月城，避偏橋棧道，軍獲安行，轉餉無阻。十四年六月攻白草壩、西坡、禪定數大寨，斬獲亡算。徇茂州、疊溪，所過降附。抵曲山三砦，攻破之。再討平白草壩餘寇。先後破滅五十二砦，賊魁撒哈等皆殲。他一百五砦悉獻馬納款。諸番盡平。留兵戍要害，增置墩堡，乃班師。……拜戶部左侍郎。

《明史》卷一七四《史昭傳·劉昭附傳》：

　　宣德二年，[劉昭（時以都指揮使鎮河州）]副陳懷討平松潘寇。

[羌？]

《明史》卷一五五《趙安傳》：

趙安，狄道人。從兄琦，土指揮同知……永樂元年[安]進馬，除臨洮百户，使西域。從北征，[平叛羌及蒙古之在西北者，歷功至都督同知，封會川伯。]……家臨洮，姻黨厮養多爲盜，副使陳斌以聞。在涼州又多招無賴爲僮奴，擾民，復爲御史孫毓所劾。詔皆不問。

光旦：詔不問者，當因其不爲漢人，不能以漢禮、法繩之耳。但不知究爲何屬人，疑或是羌。

《明史》卷一五七《柴車傳》：

英宗初，西鄙不靖。以車……協贊甘、肅軍務。……岷州土官后能冒功得陞賞，車奏請加罪。能復請，命宥之。車反覆論其不可……朝廷雖從能請，然嘉車賢，遣使勞賜之。

《明史》卷二一一《周尚文傳》：

[正德近末，尚文以指揮使（西安後衛）]守備階州。計擒叛番，進署都指揮僉事。

《明史》卷二一六《黄鳳翔傳》，又《劉應秋傳》：

（萬曆十八年前不久，在西北之蒙古曾深入洮、岷、臨、鞏"番地"，見"蒙古——在西北"片。）

羌

《明史》卷一七八《項忠傳》：

天順……七年……改右副都御史，巡撫[陝西]。洮、岷羌叛，忠疏言："羌志在劫掠，盡誅則傷仁，邊撫則不威，請聽臣便宜從事。"報可。乃發兵據險，揚聲進討。衆盡降。

《明史》卷一七八《余子俊傳》：

[成化十二年十二月，以右都御史自榆林移撫陝西。十三年，]岷州栗林羌爲寇，子俊潛師設伏擊走之。[同]年召爲兵部尚書。

《明史》卷一九八《王瓊傳》：

番大掠臨洮，瓊（時以兵部尚書兼右都御史督陝西三邊軍務）集兵討籠、板爾諸族[①]，焚其巢，斬首三百六十，撫降七十餘族。……瓊在邊，戎備甚飭。寇嘗入山西得利（此寇應仍是"番"，山西，當地某山之西——光旦），踰歲復獵境上，陽欲東，瓊令備其西。寇果入，大敗之。諸番蕩平，西陲益靖。

> 光旦：此嘉靖九年、十年事（見"西番——西番諸衛"）。

《明史》卷二〇〇《劉天和傳》：

以右僉都御史……撫陝西。……洮、岷番四十二族蠢動，天和誅不順命者。

> 光旦：事在嘉靖九年。

《明史》卷二〇八《余珊傳》：

嘉靖四年二月，[以四川副使備兵威、茂。]應詔陳十漸……"今朶顏蹢躅於遼海，羌戎跳梁於西川，北狄蹂躪於沙漠。……此外裔之強，其漸四也。"

《明史》卷二一一《王效傳·劉文附傳》：

嘉靖八年，以[署都督僉事充]總兵官鎮陝西。大破洮、岷叛番若籠、板爾諸族，斬首三百六十有奇。

《明史》卷二六三《林日瑞傳》：

遷陝西左、右布政使。[崇禎]十五年夏，遷右僉都御史……巡撫甘肅。明年十一月，李自成……別將……進逼甘州。日瑞聞賊急，結西羌，嚴兵以待……

[羌]（松州蠻）（松潘蠻）

《明史》卷二：

[洪武]十二年……正月……丙申，丁玉平松州蠻。

> 光旦：上文十年十一月命丁玉爲平羌將軍。此與威、茂州蠻自是一事。

《明史》卷九：

[宣德]二年……七月……辛丑，命都督同知陳懷充總兵官，帥師討松潘蠻。

《明史》卷九：

[宣德]三年……正月……丙申，陳懷平松潘蠻。

---

① 標點本《校勘記》：籠、板爾諸族，脫"若"字，據《明史》卷三三〇《西番諸衛傳》、《明史稿》傳四一《王瓊傳》、《世宗實錄》卷一一四嘉靖九年六月庚辰條應爲"若籠、板爾諸族"。——整理者注

《明史》卷九：

  [宣德]六年……十月甲辰，陳懷平松潘蠻。

    光旦：未言何時又叛，何得連平二次。①

《明史》卷九：

  [宣德]九年……十月……丙辰，都督方政討平松潘叛蠻。

《明史》卷一三二《藍玉傳》附《曹震傳》：

  先是行人許穆言："松州地磽瘠，不宜屯種，戍卒三千，糧運不給，請移戍茂州，俾就近屯田。"帝以松州控制西番，不可動。至是運道既通（參"[羌]（茂州）"片），松潘遂爲重鎮。

    光旦：此洪武二十年代事，與此一帶羌人之日即於漢化必有關係。

《明史》卷一三四《甯正傳》：

  [洪武]十五年遷四川都指揮使，討平松、茂諸州。

[羌]（松潘）

《明史》卷一七四《許貴傳》：

  松潘地雜番苗，密邇董卜韓胡，舊設參將一人。天順五年，守臣告警，廷議設副總兵，以貴（時爲都督同知）鎮守。未抵鎮而山都掌蠻叛，詔便道先蔇之。[事畢，還，]未至松潘卒。

《明史》卷一七七《王翱傳》：

  宣德……五年，[以御史]巡按四川。松潘蠻竊發，都督陳懷駐成都，相去八百餘里，不能制。翱上便宜五事，[有曰，]請移懷松潘；而松茂軍糧於農隙齊力起運，護以官軍，毋專累百姓，致被劫掠……允行。

  [正統四]年冬，松潘都指揮趙諒誘執國師商巴，掠其財，與同官趙得誣以叛。其弟小商巴怒，聚衆剽掠。命翱（時爲右僉都御史）及都督李安[帥]軍二萬征之。而巡按御史白其枉，詔審機進止。翱至，出商巴於獄，遣人招其弟，撫定餘黨，而劾誅諒，得，復商巴國師。松潘遂平。

    光旦：商巴兄弟當是羌。是則國師、番僧之來源初不限於藏矣。但羌

---

① 指宣德六年三月前後，松潘勒都、北定諸簇東路、空郎、龍溪諸寨聚衆截路，殺傷軍民，攻擊關堡。詳見《宣宗實錄》卷七七宣德六年三月己丑條、卷八〇宣德六年六月癸丑條及卷八四宣德六年十月甲辰條。——整理者注

之接受喇嘛教，不知始於何時耳。別一可能，則羌地亦有藏人。

《明史》卷一八六《潘蕃傳》：

弘治九年以右副都御史巡撫四川，兼提督松潘軍務。宣布威信，蠻人畏服，單車行松、茂，莫敢犯。

《明史》卷一八七《馬昊傳》：

正德……十年，亦不剌寇松潘，番人磨讓六少等乘機亂，爲之鄉導，西土大震。昊招（時昊以副都御史巡撫四川）土番爲間，發兵掩擊之。千戶張倫等夜率熟番攻破賊，獲磨讓六少。亦不剌遯去。昊以松潘地險阻，番人往往邀劫餽運，乃督參將張傑等修築牆柵，自三舍堡至風洞關，凡五十里。……

　　光旦：亦不剌似是蒙古之在西北者。土番，應即生番，所以別於熟番，與吐番不涉。土番、生番、番人，皆羌也。

亦不剌既遯，昊移兵攻小東路番砦未下。茂州羣蠻懼見侵，遂糾生苗圍城堡。參將芮錫等討之，兵敗，指揮龐昇等皆死。又嘗遣副總兵張傑、副使吳澧擊松潘南北二路番，不利，亡軍士三千餘人，匿不以聞。……［昊終因此獲罪。］

　　光旦：既曰番，又曰蠻，又曰苗，卻不曰羌，而松潘、茂州固羌也，直至今日猶是羌也。作史者亦太疏濶矣。

《明史》卷一九七《熊浹傳》：

正德九年……授禮科給事中。……出核松潘邊餉。副總兵張傑倚江彬勢，贓累鉅萬，誘殺熟番上功啓邊釁，箠死千戶以下至五百人。……撫、按莫敢言。浹至，盡發其狀，傑遂褫職。（事在正統末。）

《明史》卷一九九《胡世寧傳》：

松潘所部熟番，將吏久不能制，率輸貨以假道。番殺官軍，憚不敢詰。官軍殺番，輒抵罪。世寧（正德末以右僉都御史巡撫四川，至此已是世宗初年）陳方略，請選將益兵，立賞罰格，嚴隱匿禁，修烽堠，時巡徼，以振軍威，通道路。詔悉行之。又劾罷副總兵張傑、中官趙欽。

《明史》卷二〇八《蕭鳴鳳傳》：

［正德後葉，］同官（御史）……高公韶劾王瓊誤邊計，言："松潘副將吳坤請增設總兵於成都，瓊即以坤任之。花當本我屬衛，日憑陵。由本兵非人，致小醜輕中國。"瓊怒，奏訐公韶。……鳴鳳（時爲御史）上疏［爲公韶辨］……［終］謫公韶富民典史。

　　光旦：花當爲兀良哈，屬朵顏衛，與羌不相涉。

[羌](松潘)——與何卿

《明史》卷二一一《何卿傳》：

[嘉靖初葉(五年以後)，]黑虎五砦番反，圍長安諸堡，烏都、鵓鴿諸番亦繼叛。卿(時以署都指揮僉事爲松潘副總兵)皆破平之……進都督僉事。威、茂番十餘砦連兵劫軍餉，且攻茂州及長寧諸堡，要撫賞。卿與副使朱紈築茂州外城以困之。旋以計殘其衆，戰屢捷，遂攻深溝，焚其碉砦。諸番窘，請贖罪。卿責獻首惡，番不應。復分剿淺溝、渾水二砦殲之。諸番乃爭獻首惡，歃血斷指耳，誓不復叛。卿乃與刻木爲約，分處其曹，畫疆守，松潘路復通。……

"卿鎮松潘十七年(嘉靖五至廿二年，累官至署都督同知)，爲蜀保障，軍民頌德"(巡按御史冉崇禮覈實上報語)。……

四川白草番爲亂，副總兵高岡鳳被劾。……卿代之。……再涖松潘……會巡撫張時徹討擒渠惡數人，俘斬九百七十有奇，克營砦四十七，毀碉房四千八百，獲馬牛、器械、儲積各萬計(至此再進署都督同知，前此曾一再被貶)。

卿素有威望，爲番人所憚。自威、茂迄松潘、龍安夾道築牆數百里，行旌往來，無剽掠患。先後涖鎮二十四年，軍民戴之若慈母。

光旦：白草番爲亂，自是嘉靖二十年代間事，二十五年(見上摘卷一八條)。

光旦：卿在鎮先後二十四年，不知計其爲守備年月在內否，否則應爲二十八年。

光旦：夾道築牆數百里，是牆之外，左右皆羌地也，設無此牆夾護，則威、茂、松潘一孤島耳！對蒙古有邊牆，對羌更有夾牆，封建統治者與少數民族之交道，亦打得過於笨拙矣。

[羌](松潘……)

《明史》卷二一二《劉顯傳·郭成附傳》：

[成爲貴州總兵官，處理永寧奢氏事獲罪，因薦再起從軍，以應]松茂之役[之急]。乃將七千人，直抵黃沙。屢破賊，與總兵官李應祥盡平河東西諸巢……授參將。復偕應祥大破膩乃諸賊……膩乃黨楊九乍復出爲亂，成討平之。

光旦：無年份，只知爲萬曆初、中葉間事(十四年及十五年，見卷二四七《李應祥傳》)。

《明史》卷二二一《王廷瞻傳》：

萬曆五年以右僉都御史巡撫四川。番屢犯松潘。廷瞻令副使楊一桂、總兵官劉顯勦之，殲其魁，羣蠻納款。風村、白草諸番，久居二十八砦，率男婦八千餘人來降。復命總兵顯討建昌傀厦、洗馬、姑宰、鐵口諸叛番，皆獻首惡出降。

　　　　光旦：《明史》於此輩幾全部稱"番"，參"番"片。

《明史》卷二二一《李禎傳》：

　　（萬曆中葉，二十五年前後，俺答西牧後，西部蒙古之禍，初則鍾於隴西，繼及川西北松潘一帶，見"蒙古——在西北"片。）

羌（松潘）——沿革

《明史》卷三一一《四川土司傳·松潘衛傳》：

　　松潘，古氐羌地。西漢置護羌校尉於此。唐初置松州都督；廣德初，陷於吐蕃。宋時，吐蕃將潘羅支領之，名潘州。元置吐蕃宣慰司。

　　洪武十二年命平羌將軍御史大夫丁玉定其地，敕之曰："松潘僻在萬山，接西戎之境，朕豈欲窮兵遠討，但羌戎屢寇邊，征之不獲已也。今捷至，知松州已克，徐將資糧於容州，進取潘州。若盡三州之地，則疊州不須窮兵，自當來服。須擇士勇者守納都、疊溪路，其驛道無阻遏者，不可守也。來降諸戎長，必遣入朝，朕親撫諭之。"遂併潘州於松州，置松州衛指揮使司。丁玉遣寧州衛指揮高顯城其地。

　　十三年，帝以松州衛遠在山谷，屯種不給，餽餉爲難，命罷之。未幾，指揮耿忠經略其地，奏言松州爲番蜀要害地，不可罷。命復置。

　　十四年置松潘等處安撫司，以龍州知州薛文勝爲安撫使，秩從五品。又置十三族長官司，秩正七品：曰勒都，曰阿昔洞，曰北定，曰牟力結，曰蛒匝①，曰祈命，曰山洞，曰麥匝，曰者多，曰占藏先結，曰包藏先結，曰班班，曰白馬路。其後復隸松潘者，長官司四，曰阿思，曰思囊兒，曰阿用，曰潘幹寨；安撫司四，曰八郎，曰阿角寨，曰麻兒匝，曰芒兒者。後又以思曩日安撫司附焉。諸長官司每三年入貢（安撫司亦爾，此"長官司"係泛稱），賞賜如例。

　　十五年，占藏先結等土酋來朝，貢馬一百三匹，詔賜綺鈔有差。

---

① 標點本《校勘記》：蛒匝，《明史》卷四三《地理志》作"蠟匝"。——整理者注

十六年，耿忠言：“臣所轄松潘等處安撫司屬各長官司，宜以其戶口之數，量其民力，歲令納馬置驛，而籍其民充驛夫，供徭役。”從之。既而松潘羌民作亂，官兵討平之。甃松州及疊溪城。

〔洪武〕十七年，松潘八積族老虎等寨蠻亂。官兵擊破之，獲馬一百二十，犏牛三百，氂牛五百九十。景川侯曹震請擇良馬貢京師，餘給軍，其犏牛、氂牛非中國所畜，令易糧餉犒軍。從之。

光旦：羌與巴族緣不遠。巴人及今湘西之土家自稱白芳，亦作麥著，永順宣慰司屬有麥著黃洞長官司，明聚族而居者皆黃姓之麥著人。今羌人中用此名稱者亦不一而足，上文十三族中有"麥匝"，此處又有"八積"，其義雖迄未能查明，其為同一來源應可肯定。

今姑先提出一個說法。羌與巴聚居在同一地區之時，已有族之分化，族各有其自稱，巴稱"鼻息"（見於漢文獻之最早之寫法），羌稱"爾綿"或"爾芊"（今作此自稱，古時是否即有此，未詳）。其後兩部分分散，各自發展，然留在西北甘南一帶者尚多，其中仍相夾雜，其移至岷江上游今松、茂一帶者亦然，此一般"爾綿"、"爾芊"之中所以有少數"麥匝"與"八積"也。更具體言之，茂州古冄、駹地，駹未詳，冄之後，在今羌人中為何，亦未詳，然巴人之後，六朝以來見於漢文獻者，多冄姓，夔州、酉陽尤多，其在酉陽至有"冄家蠻"之稱，說者謂與古冄、駹有關，或即從松、茂東遷者，是則即在同徙岷江上游之後，尚續有分出而與早徙之巴人相合流者。

甘肅天水之麥積山或麥積崖，甚古，疑亦巴、羌分族而未甚分散時之遺。

〔洪武〕十八年，松州羌反。成都衛指揮成信等率兵攻其牟力等寨，破之。兵還，又遇賊三千人於道，復擊敗之，追至乞剌河乃還。

〔洪武〕二十年改松州衛為松潘等處軍民指揮使司，改松潘安撫司為龍州。

二十一年，朶貢生番則路、南向等引草地生番千餘人寇潘州阿昔洞長官司，殺傷人口。指揮周助率馬步軍同松潘衛軍討之，番寇率眾迎戰，千戶劉德破之，斬首三十四級，獲馬三十餘匹。賊潰，渡河四十餘里，復收敗卒屯聚。指揮周能追擊之，斬首一百三十餘級，獲馬六十餘匹，溺死甚眾，羣番遠遁。

二十六年，西番（此為藏）思曩日等族來歸，進馬百三十匹，命給金銅信符并賜文綺襲衣。

宣德二年，麻兒匝順化，喇嘛（前此皆書作刺麻）著八讓卜來歸（此亦西番，藏也）。置麻兒匝安撫司，以喇嘛著八讓卜爲安撫。麻兒匝在阿樂地，去松潘七百餘里。初，著八讓卜時侵掠邊民及遮八郎安撫司朝貢路。松潘衛指揮吳瑋遣人招之，因遣其姪完卜來貢獻，言其地廣民衆，過於八郎，請置宣撫司以轄之。帝命置安撫，遣敕諭之。

四川巡按等奏松潘衛所轄阿用等寨蠻寇，擁衆萬餘，傷敗官軍，請討之。帝意邊將必有激之者。既［而］四川都司奏至，言並非番寇。實由千户錢宏因調發松潘官軍往征交阯，衆憚行，宏詭言番寇至，當追捕，冀免調。又領軍突入麥匝諸族，逼取牛馬，致番人忿怨。復以大軍將致討慴之，番衆驚潰，約黑水生番爲亂。帝命逮宏等，而責諸司怠玩邊務，亟捕諸傷官軍者。遣都指揮僉事蔣貴往，同松潘衛指揮吳瑋招撫番寇，令調附近諸衛軍二萬人以行。時賊圍松潘、疊溪、茂州，斷索橋，官軍與戰皆敗；出掠緜竹諸縣，官署民居皆被焚燬，鎮撫侯璉死之。蜀王遣護衛官校七千人來援，命都督陳懷與指揮蔣貴等合師亟討之，而梟宏於松潘以徇，并寘諸將之貪淫玩寇者。

［宣德］三年，陳懷等率諸軍屢敗賊於圪答壩、葉棠關，奪永鎮等橋，復疊溪，撫定祁命等十族，又招降渴卓等二十餘寨。松潘平。

八年，八部安撫司及思囊兒十四族朝貢之使陛辭，令齎敕還諭其土官，俾約束所轄蠻民，安分循理，毋作過以取罪戾。

九年，敕指揮僉事方政、蔣貴等撫剿松潘。政等至，榜諭禍福，威、茂諸衛俱聽命，惟松潘、疊溪所轄任昌、巴猪、黑虎等寨梗化。政令指揮趙得、宫聚等以次進兵，平龍溪等三十七寨，班師還。命蔣貴佩征蠻將軍印①，鎮守松潘。

［宣德］十年，貴奏，比因番人不靖，松潘、疊溪諸處倉糧支銷殆盡，別無儲積。帝命户部於四川歲運之數，量益二分給之。

正統三年，巖州長官司讓達作亂，侵雜道諸邊，雜道長官安白訴於朝。帝命四川三司往諭之，皆歸服。

四年，松潘指揮趙得奏："祁命族番寇商巴作亂，官軍捕擒之。其弟小商巴復聚浦江、新塘等關，據險劫掠，乞發大軍剿除。"帝命李安充總兵官，王

---

① 標點本《校勘記》：征蠻將軍，據《明史》卷一五五《蔣貴傳》及《宣宗實錄》卷一一三宣德九年十月乙丑條應爲"平蠻將軍"。——整理者注

翱參贊軍務，調成都左衛官軍及松潘土兵，合二萬人征之。已［而］翱知商巴爲都指揮趙諒所陷，乃按誅諒而釋商巴等，事遂已。

［正統］九年，松潘指揮僉事王昊奏："比者，黑虎等寨番蠻攻圍椒園、松溪等關堡，殺傷官民。欲行擒剿，恐各寨驚疑，應諭能擒賊者重賞之。"報可。

十五年，（正統何來十五年？）黑虎寨賊首多兒太伏誅。初，多兒太掠茂州境，爲官軍所獲，誡而釋之。未幾，復糾諸寨入掠。帝命序班祁全往諭諸寨，擒多兒太至京，梟其首。

光旦：此"十五年"必有誤，爲正統十年之誤（見《英宗實錄》卷一二七正統十年三月戊子條）。

十一年（應接上文正統）以寇深爲僉都御史，提督松潘兵備。時松潘皆已向化，惟歪地骨鹿族二十寨不服，命督高廣（此人何官職，前未見交代。與王昊同爲指揮僉事，見《英宗實錄》卷一四八正統十一年十二月丙辰條）、王昊等剿之。

設思曩日安撫司，以阿思觀爲之使（此西番之司與使），隸松潘衛。先是，阿思觀父端葛，洪武中歸順，給金牌撫番，至阿思觀又能招撫，故有是命。

景泰三年，鎮守松潘刑部左侍郎羅綺等奏："雪兒卜寨賊首卓時芳①等，烟崇寨賊首阿兒結等，累年糾合於安化關劫掠。臣會師抵其巢穴，斬首不計其數，生擒卓時芳、阿兒結等，梟斬於市。"

［景泰］七年，提督松潘羅綺復奏："松潘土番（此不是藏）王永習性凶獷，嘗殺其土官高茂林男婦五百餘口，及故土官董敏子伯浩等二十餘人。今又糾合番蠻攻劫地方。臣與指揮周貴等統領官軍，直抵桑坪，已將永等誅滅，邊境肅清。"降敕褒賞。

天順五年，番衆入龍安、石泉等處，擾糧道。六年敕松潘總兵許貴曰："叙州蠻賊出沒爲患，比松潘尤甚，其馳往會剿。"貴聞命，會兵叙州，追討昔乖、件莫洞、都夜三寨，分兵兩哨，克硬寨四十餘，斬首一千一百餘級。

成化二年，鎮守太監閻禮奏："松、茂、疊溪所轄白草壩等寨番羌聚衆五百人，越龍州境剽掠。白草番者，唐吐蕃贊普遺種，上下凡十八寨。部曲素強，恃其險阻，往往剽奪爲患。"四年，禮復奏："白草諸番擁衆寇安縣、石

---

① 標點本《校勘記》：卓時芳，《明史》卷一六〇《羅綺傳》、《英宗實錄》卷二一八景泰三年七月己酉條作"卓勞"。下同。——整理者注

泉諸處，因各軍俱調征山都掌蠻，致指揮王璟備禦不謹。"命副總兵盧能剿之。能遣指揮閻斌巡邊至廟子溝，番賊三百突至，殺傷相當。斌以失機逮治。

[成化]九年，巡撫夏壎奏："黑虎寨賊首夜合等劫攻關堡，左參將宰用、兵備副使沈琮督兵馳詣松溪堡敗之，斬獲夜合等三十六級。"松潘指揮僉事堯或奏："臣與兵備沈琮分剿白馬路水土、茹兒等番寨，大克之。"

弘治二年，松潘番寇殺傷平夷堡官軍，命逮指揮以下各官治之。

三年免思曩日安撫等十六族明年朝覲，以守臣言其地方災傷也。

七年，松潘空心寨番賊犯邊，都指揮僉事李鎬敗之。

十三年①，番賊入犯松潘壩州坡抵關，勢益獗。命逮指揮湯綱等，而敕巡撫張瓚調漢、土官兵五萬，由東南二路分剿，破白羊嶺、鵝飲溪等三十一寨，斬四百餘級。商巴等二十六族皆納款。十四年復攻黃頭、青水諸寨，前後殺獲男婦七百餘人，赭其碉房九百，墜崖死者不可勝計。諸番稍靖。

正德元年，巡撫劉洪奏："祈命族[等]八長官司所攝番衆多至三十寨，少亦二十餘寨，環布松潘兩河。其土官已故，子孫自應承襲。今宜察勘，有原降印信者，方許襲。"報可。

十六年，松潘衛熟番八大襄等作亂，同知杜欽平之。

嘉靖五年命都督僉事何卿鎮守松潘。時黑虎五寨及烏都、鵓鴿諸番叛。[何]卿次第平之，降者日至。卿有威望，在鎮十七年，松潘以寧。二十三年以北警召卿入衛。繼之者李爵、高岡鳳，未幾皆爲巡撫劾罷。二十六年復命卿往鎮。時白草番亂，卿會巡撫張時徹討擒渠惡數人，俘斬九百七十餘級，克營寨四十七，毀碉房四千八百（是在居住方式一端，藏族已羌化矣），獲馬牛、器械、儲積無算。終嘉靖世，松潘鎮號得人，邊境安堵焉。

初，龍州薛文勝於洪武六年來降，命仍知龍州。既[而]置松潘安撫司，命文勝爲安撫使。既[而]置松州衛，仍以松潘[安撫司]爲龍州。宣德九年②陞龍州爲宣撫司，以土知州薛忠義爲宣撫使。龍州者，漢陰平道也。宋景定間，

---

① 標點本《校勘記》：此繫於弘治十三年，疑係誤入。張瓚鎮壓松潘人民事，在成化十三年，見《明史》卷一四《憲宗紀》、《國朝獻徵錄》卷三〇《張瓚傳》，並參見《明史》卷一七二《張瓚傳》及《憲宗實錄》卷一七九成化十四年六月丙申條。且張瓚成化十八年已卒，不得預弘治間事。——整理者注

② 標點本《校勘記》：九年，據《明史》卷四三《地理志》、《寰宇通志》卷七〇、《明一統志》卷七〇應爲"七年"。——整理者注

臨邛進士薛嚴來守是州，捍衛有功，得世襲。自文勝歸附，其部長李仁廣、王祥皆輸糧餉有功，亦得世襲。及宣德中，以征松潘[衛]功，陞州爲宣撫使（應作司），[以]仁廣爲副使，祥爲僉事，各統兵五百，世守白馬、白草、木瓜番地。至嘉靖四十四年，宣撫薛兆乾與副使李蕃相仇訐，兆乾率衆圍執蕃父子，毆殺之。撫按檄兵備僉事趙教勘其事。兆乾懼，與母陳氏及諸左右糾白草番衆數千人，分據各關隘拒命，絶松潘餉道。脅僉事王華，不從，屠其家。居民被焚掠者無算。是年春，與官軍戰不利，求救於上下十八族番蠻，皆不應。兆乾率其家屬奔至石壩，官軍追及之，就擒。四十五年，兆乾伏誅，籍其家，母及其黨二十二人皆以同謀論斬，餘黨悉平。遂改龍州宣撫司爲龍安府，設立流官如馬湖，而割保寧之江油、成都之石泉二縣分隸之。

　　光旦：此實龍安府沿革，與松潘衛不相干；第因其曾有"松潘"之名，又與衛境相連，故附於此。薛氏源出古蜀族，漢化已久，第因其久爲世襲土官，且監守"番"地，改流較晩，斯亦作土司論列耳。

　　萬曆八年，雪山國師喇嘛等四十八寨，勾北邊部落爲寇，圍漳臘，守備張良賢破之。犯鎮虜，百户杜世仁力戰，城得全，世仁死焉。又犯制臺，良賢復擊之，追至思答弄，連戰大破之，火落赤之姪小王子死焉。

　　十九年，巡按李化龍言："松潘爲四川屏蔽，疊、茂爲松潘咽喉。番戎作梗，松潘力不能支，宜移四川總兵於松潘以備防禦。"是時疊、茂諸番衆糾結爲亂，鎮巡官率兵勦之，俘馘八百餘級，番寇亦斬其部長黑卜、白什等，獻功贖罪。而松坪諸惡屯據大雪山頂，諸將卒搜討，亦有斬獲。以捷聞，遂設平武縣於龍安府。

　　松潘以孤城介絶域，寄一綫餽運路於龍州，制守爲難。洪武時欲棄者數，以形勝扼險不可罷，乃内修屯務，外輯羌戎，因俗拊循，擇人爲理，番衆相安者垂四十餘年（故永樂年間史文無記録）。及宣德初，調兵（征交阯）啓釁，致動干戈，自是置鎮建牙，宿重兵以資彈壓，亦時服時叛。自漳臘以北即爲大荒，斯籌邊者之所亟圖也。

　　光旦：北即與蒙古等族相接，何得謂之大荒？

羌（威州、茂州蠻）

《明史》卷二：

　　[洪武十年十一]月……威、茂蠻叛，御史大夫丁玉爲平羌將軍，討平之。

《明史》卷二：

[洪武]十一年……二月，指揮胡淵平茂州蠻。

[羌]（松、茂）

《明史》卷二八六《陸深傳》：

累官四川左布政使。松、茂諸番亂，深主調兵食有功。

光旦：事在嘉靖十六年以前不久。

[羌]（茂州）

《明史》卷四三《地理志四》：

[成都府]茂州（西北有汶山長官司，又南有靜川長官司，東南有隴木頭長官司，西南有岳希蓬長官司，俱洪武七年五月置，屬重慶衛。）

光旦：末句費解。

（又茂州北有長寧堡，本長寧安撫司，宣德中，平曆日諸蠻置，屬松潘衛。正統元年二月改屬疊溪所。八年六月改屬茂州衛。後廢爲堡。）

[又，茂州]汶川[縣]（西有汶川長官司，[亦]洪武七年五月置。）

《明史》卷一三二《藍玉傳》附《曹震傳》：

[震於疏鑿永寧水道之後，]又闢陸路，作驛舍郵亭，駕橋立棧，自茂州，一道至松潘，一道至貴州（？）以達保寧。

光旦：貴州必有誤。此與松、茂一帶羌人之日即於漢化而消亡定有關係。此洪武二十年代事。

《明史》卷一三四《甯正傳》：

[洪武]十五年遷四川都指揮使，討平松、茂諸州。

《明史》卷一六五《陳敏傳》：

宣德時，爲四川茂州知州。遭喪去官，所部諸長官司及番民百八十人詣闕奏言："州僻處邊徼萬山中，與松潘、疊溪諸番鄰，歲被其患。自敏涖州，撫馭有方，民得安業。……乞矜念遠方，還此良牧。"……報可。正統中……軍民復請留。進成都府同知，視茂州事。……在職公勤，羣番信服。……進……右參議，仍視州事。以監司秩涖州，前此未有也。

黑虎寨番掠近境，爲官軍所獲。敏從其俗，與誓而遣之。既復出掠，爲巡按御史陳員韜所劾。詔貰之。……

敏既以參議治州，其體儷監司，遂劾按察使陳泰無故杖死番人。……泰下獄論罪。

景泰改元……進右參政，視州事如前。

[敏]涖州二十餘年，威信大行，番民胥悅。

羌（茂州）——沿革

《明史》卷三一一《四川土司傳·茂州衛傳》：

茂州，古冉駹國地。漢武帝置汶山郡。宣帝[時]爲北部都尉。隋爲蜀州，尋改會州。唐貞觀改茂州。宋、元仍舊，治汶山縣。

洪武六年，茂州權知州楊者七及隴木頭、靜州、岳希蓬諸土官來朝貢。十一年置茂州衛指揮使司。時四川都司遣兵修灌縣橋梁至陶關，汶川土酋孟道貴疑之，集部落阻陶關道。都司遣指揮胡淵、童勝等統兵分二道擊之，一由石泉，一由灌口。由灌口者進次陶關，蠻衆伏兩山間，投石崖下，兵不能進。適汶川土官來降，得其間道。乃選勇士捲旗甲，乘夜潛出兩山後，遲明從山頂張旗幟，發火礟，蠻驚潰。師進雁門關，道險，蠻復據之。乃駐平野，得小舟渡至龍止鐵冶寨，擊破之。其由石泉者次泥池，蠻悉衆拒。千戶薛文突陣射卻之，士卒奮擊，大敗其衆。兩軍遂會於茂州。楊者七迎降，以者七仍領其州。乃詔立茂州衛，留指揮楚華將兵三千守之。

十五年，者七陰結生番，約日伏兵陷城。有小校密告於官，遂發兵捕斬者七。生番不之覺，如期入寇，官軍掩擊敗之。於是盡徙羌民於城外。

正德二年，太監羅籥奏，茂州所轄卜南村、曲山等寨，乞爲白人，願納糧差。其俗以白爲善，以黑爲惡。禮部覆，番人向化，宜令入貢給賞。從之。

光旦：白黑分善惡，與彝族適相反，明二族雖出一源，其分化必甚早也。

[正德]十四年，巡撫馬昊調松潘兵，攻小東路番寨，而茂州核桃溝上下關番蠻懼，遂糾白石、羅打鼓諸寨生番，攻圍城堡，游擊張傑敗績。

十五年，巡撫盛應期奏，綽頭番犯松州，總兵張傑克之。復犯雄溪屯，指揮杜欽敗之，烟崇等寨皆降。

萬曆十九年，威、茂諸番作亂，攻破新橋，乘勢圍普安等堡。四川巡撫李尚忠檄諸路兵追剿過河，普安諸堡得以保全。

茂州地方數千里，自唐武德改郡會川①，領羈縻州九，前後皆蠻族，向無城郭。宋熙寧中，范百常知茂州，民請築城，而蠻人來爭。百常與之拒……城乃得立。自宋迄元，皆爲羌人所據，不置州縣者幾二百年。

洪武十一年平蜀，置疊溪右千户所，隸茂州衛。而置威茂道，開府茂州，分游擊以駐疊溪，規防始立。

然東路生羌，白草最强，又與松潘黄毛韃相通，出没爲寇，相沿不絶云。

其通西域要路爲桃坪，即古桃關也，有繩橋渡江。守桃坪者，爲隴木司。茂州長官司三：曰隴木，曰静州，曰疊溪。隴木長官司，其長官即隴木里人也。洪武時歸附，授承直郎，世襲長官，歲貢馬二匹。所屬玉亭、神溪[等]十二寨，俱爲編氓，有保長統之。静州長官司，其地即唐之悉唐縣，其長官亦静州里人也。襲官貢馬，與隴木同。正德間，與岳希蓬節孝爲亂，攻茂城，斷水道七日。節孝弟車勺潛引水以濟我軍。事平，使車勺襲職，轄法虎、核桃溝[等]八寨，俱編户爲氓，亦有保長統之。

疊溪千户所，永樂四年置（上云洪武十一年平蜀置右千户所，上摘卷四三《地理志四》條云洪武二十五年改置千户所，直隸都司）。領長官司二：曰疊溪，在治北一里；曰鬱即，在治西十五里。疊溪郁氏，洪武十五年歸附，給印世襲，凡三年貢馬四匹。長官所轄河東熟番八寨，皆大姓，及馬路、小關七族。其土舍轄河西小姓六寨。地土廣遠，饒畜産，稞麥路積。人皆梟黠，名雖熟番，與生番等。鬱即長官噉保，萬曆十八年與黑水、松坪稱兵，攻新橋，明年伏誅。漢關墩附近諸小姓，舊屬鬱即，至是改屬疊溪。初，都督方政平曆日諸寨，設長寧安撫司，隸松潘。至正統元年，總兵蔣貴言其遼闊，亦改隸於疊溪守禦千户。

光旦：實應曰長官司四，二直隸於衛，二隸於疊溪千户所。後又增安撫司一，亦隸所。

[羌]（疊州）

《明史》卷一三〇《康茂才傳》：

[茂才子鐸]平施、疊諸州。

---

① 標點本《校勘記》：會川，據本傳上文及《舊唐書》卷四一《地理志》、《寰宇通志》卷六一、《讀史方輿紀要》卷六七應爲"會州"。——整理者注

光旦：施州是土家、疊州是羌，不分地區、民族、時間先後，率合書之，大是疏濶。

光旦：時間當在洪武十年代。

羌（臨洮）

《明史》卷一二五《徐達傳》：

[洪武]二年，[達]引兵西渡河。……[元將]張思道遁[慶陽]……李思齊走臨洮。達會諸將議所向。……[達堅主臨洮]曰："……臨洮北界河、湟，西控羌戎，得之，其人足備戰鬭，物產足佐軍儲。甕以大兵，思齊不走，則束手縛矣。……"[遂逼臨洮，克之。]

羌（陝西寧羌州）

《明史》卷四二《地理志三》：

[陝西]漢中府……領州二，縣十四。[州之一曰]寧羌州（本寧羌衛。）洪武三十年九月以沔縣之大安地置[衛]。成化二十一年六月置州，屬府。……[州]領縣一，略陽。

光旦：以羌名衛及州，當時必尚有不少之羌人在其境。略陽縣在州治之北，當是漢人所居，迤南則多羌人矣。今似不聞有羌人。

羌（伏羌縣）

《明史》卷四二《地理志三》：

鞏昌府……領州三，縣十四。[十四之一曰]伏羌。

光旦：查縣本古冀戎地，秦置冀縣。唐改置伏羌縣，後沒於吐番。宋置伏羌寨，升爲伏羌城。元升爲縣。是則從唐至明，縣境必仍有羌人存在，殊未可知，其與冀戎有無淵源關係，亦待考。

羌——與巴在族源上之關係

《明史》卷三一一《四川土司傳·松潘衛傳》：

（見"羌（松潘）——沿革"片，主要見按語。）

冄 駹

《明史》卷三一一《四川土司傳·茂州衛傳》：
  茂州，古冄駹國地。

婼 羌

《明史》卷三三〇《安定衛傳》：
  安定衛……漢爲婼羌。

撒里畏兀兒

撒里畏兀兒（安定衛）

《明史》卷三三〇《安定衛傳》：
  安定衛，距甘州西南一千五百里。漢爲婼羌。唐爲吐蕃地。元封宗室卜烟帖木兒爲寧王鎮之。其地本名撒里畏兀兒，廣袤千里，東近罕東，北邇沙州，南接西番。居無城郭，以氊帳爲廬舍。産多駝馬牛羊。
  光旦：婼羌漢爲西域三十六國之一，在羌中爲最强，則最先之居民固羌也；唐時入於吐蕃，則亦必有藏之一層。地名撒里畏兀兒，疑是宋代回紇始居之而得名；其附近如哈密、火州等地《明史》每云"入於回紇"或"回紇入居之"，疑此地亦爾也。元時，蒙古爲其統治之上層，故居民中亦必有蒙古之移民。故前後至少應有四種成分，羌、藏、維、蒙；漢可不論。然自宋以來至明，疑應以維爲主，故列之"畏兀兒"。
  洪武三年遣使持詔招諭。
  七年六月，卜烟帖木兒使其府尉麻答兒等來朝，貢鎧甲刀劍諸物。太祖喜，宴賚其使者，遣官厚賚其王，而分其地爲阿端、阿真、若先[①]、帖里四部，各賜以印。

[①] 標點本《校勘記》：若先，據《太祖實録》卷九〇洪武七年六月壬戌條、《明一統志》卷八九應爲"苦先"。——整理者注

明年正月，其王遣傅卜顏不花來貢，上元所授金銀字牌，請置安定、阿端二衛。從之。乃封卜煙帖木兒爲安定王，以其部人沙剌等爲指揮。

九年（洪武）命前廣東參政鄭九成等使其地，賚王及其部人衣幣。

明年，王爲沙剌所弑。王子板咱失里復讎，誅沙剌。沙剌部將復殺王子。部內大亂。番將朵兒只巴（此番將何人，欠交代）叛走沙漠，經安定，大肆殺掠，奪其印去。其衆益衰。

二十五年，藍玉西征，徇阿真川。土酋（自是安定當地土酋，但來源如何，與舊安定王有無關係，是否仍爲蒙古，均是問題）司徒哈昝等懼，逃匿山谷不敢出。及肅王（明祖第十四子，見卷一一七《諸王傳二》）之國甘州，遣僧謁王，乞授官以安部衆。王爲奏請，帝許之。

二十九年命行人陳誠至其地，復立安定衛。其酋長哈孩虎都魯等五十八人悉授指揮、千［户］、百户等官。誠還，酋長隨之入朝，貢馬謝恩。帝厚賚之，復命中官齎銀幣往賜。

　　光旦：此所云酋長顯與舊安定王之系統無關。但仍似蒙古。上云"土酋"疑不是蒙古。

永樂元年遣官齎敕撫諭撒里諸部。

　　光旦：此應是畏兀兒。

明年，安定頭目多來朝，擢千户三即等三人爲指揮僉事，餘授官有差，并賜本衛指揮同知哈三等銀幣。

未幾（仍永樂二年），指揮朵兒只束來朝，願納差發馬五百匹，命河州衛指揮康壽往受之。壽言："罕東、必里（必里衛似未經見）諸衛納馬，其直皆河州軍民運茶與之。今安定遼遠，運茶甚難，乞給以布帛。"帝曰："諸番市馬用茶，已著爲例。今姑從所請，後仍給茶。"於是定制，上馬給布帛各二匹，以下遞減。（既不以爲例，何言定制？）

三年，哈三等遣使來貢，奏舉頭目撒力加藏卜等爲指揮等官，且請歲納孳畜什一。並從之。

四年徙駐苦兒丁之地。

　　光旦：誰徙駐？安定衛之治所乎？地無廬舍，而有氈帳，事實當是如此，然總嫌交代不清。

初，安定王之被殺也，其子撒兒只失加爲其兄所殺，部衆潰散，子亦攀丹（卜煙帖木兒孫，撒兒只失加子）流寓靈藏。十一年（永樂）五月率衆入朝，自陳家難，乞授職。帝念其禮（祖字之誤）率先歸附，令襲封安定王，賜印誥。自是朝貢不輟。

二十二年（永樂），中官喬來喜、鄧誠使烏斯藏，次畢力术江黃羊川。安定指揮哈三孫散哥及曲先指揮散即思等率衆邀劫之，殺朝使，盡奪駝馬幣物而去。仁宗大怒，敕都指揮李英偕康壽等討之。英等率西寧諸衛軍及隆奔國師賈失兒監藏等十二番族之衆，深入追賊，賊遠遁。英等踰崑崙山西行數百里，抵雅令瀾之地，遇安定賊，擊敗之，斬首四百八十餘級，生擒七十餘人，獲駝馬牛十四萬有奇。曲先聞風遠竄，追之不及而還。英以此封會昌伯①，壽等皆進秩。大軍既旋，指揮哈三等懼罪，不敢還故地。

宣德元年，帝遣官招諭之，復業者七百餘人。帝并賜綵幣表裏，以安其反側。

三年春，賜安定及曲先衛指揮等官五十三人誥命。

初，大軍之討賊也，安定指揮桑哥與罕東衛軍同奉調從征。罕東違令不至，其所轄板納族瞰桑哥軍遠出，盡掠其部內廬帳畜產。事聞，降敕切責，令速歸所掠，違命則發兵進討。已[而]進桑哥都指揮僉事。

正統元年遣官齎敕諭安定王及桑哥曰："我祖宗時，爾等順天命，尊朝廷，輸誠效力，始終不替，朝廷恩賚亦久而弗渝。肆（今也）朕嗣位，爾等復遵朝命，約束部下，良用爾嘉。茲特遣官往諭朕意，賜以幣帛。宜益順天心，篤忠誠，保境睦鄰，永享太平之福。"

三年，桑哥卒，其子那南奔嗣職。

九年，那南奔率衆掠曲先人畜。朝廷遣官諭還之，不奉命，反劫其行李。帝怒，敕責安定王追理。王既奉命，又陳詞乞憐。帝乃宥之，諭以保國睦鄰之義。

十一年（正統）冬，亦攀丹卒，子領占幹些兒襲。時王年幼，叔父指揮同知輆思泰巴佐理國事，其同儕多不相下。王遣之入朝，奏請量加一秩，乃擢都指揮僉事。

歷景泰、天順、成化三朝，頻入貢。

弘治三年，領占幹些兒卒，子千奔襲。賜齋糧、麻布，諭祭其父。

---

① 標點本《校勘記》：會昌伯，據《明史》卷一〇七《功臣世表》、又卷一五六《李英傳》，《宣宗實錄》卷三一宣德二年九月戊申條應爲"會寧伯"。——整理者注

先是，哈密忠順王卒，無子。廷議安定王與之同祖，遣官擇一人爲其後。安定王不許。至是（弘治五年，見卷三二九，哈密本傳），訪求陝巴於安定，册爲忠順王，命千奔遣送其家屬。千奔怒曰："陝巴不應嗣王爵，爵應歸綽爾加。"綽爾加者，千奔弟也。且邀厚賞。兵部言："陝巴實忠順王之孫，素爲國人所服。前哈密無主，遣使取應立者，綽爾加自知力弱不肯往。今事定之後，乃爾反覆，所言不可從。"陝巴迄得立。然千奔以立非己意，後哈密數被寇，竟不應援。（按陝巴亦安定王子，見《曲先衛傳》。）

十七年（弘治）率衆侵沙州，大掠而去。

正德時，蒙古大酋亦不剌、阿爾禿斯侵據青海，縱掠鄰境。安定遂殘破，部衆散亡。

　　　光旦：近人論者謂撒里畏兀兒即今裕固族，原從畏兀兒分出又加上其它民族成分者。

撒里畏兀兒（阿端衛）

《明史》卷三三〇《阿端衛傳》：

阿端衛，在撒里畏兀兒之地，洪武八年置。後爲朵兒只巴殘破，其衛遂廢。

永樂四年冬，酋長小薛、忽魯札等來朝，貢方物，請復置衛設官。從之，即授小薛等爲指揮僉事。

洪熙時，曲先酋散即思邀劫朝使（所劫爲中官喬來喜等使烏斯藏者，見同卷上文《安定衛傳》，惟《安定衛傳》作永樂二十二年，時洪熙雖已即位，尚未改元，此逕作洪熙，不切），脅阿端指揮鎖魯丹偕行。已［而］大軍出征，鎖魯丹懼，率部衆遠竄，失其印。

宣德初遣使招撫，鎖魯丹猶不敢歸，依曲先雜處。

六年春，西寧都督史昭言："曲先衛真只罕等本別一部，因其父助散即思爲逆，竄處畢力术江。其地當烏斯藏孔道，恐復爲亂，宜討之。"帝敕昭曰："殘寇窮迫，無地自容，宜遣人宥其罪，命復故業。"於是真只罕率所部還居帖兒谷舊地。

明年正月，［真只罕］入朝。天子喜，授指揮同知，令掌衛事，以指揮僉事卜答兀副之。真只罕因言："阿端故城在回回境，去帖兒谷尚一月程，朝貢艱（當是帖兒谷更遠），乞移本土爲便。"天子從其請，仍給以印，賜璽書撫慰之。

迄正統朝，數入貢。後不知所終。

其時西域地亦有名阿端者，貢道從哈密入，與此爲兩地云。

  光旦：近人論者謂撒里畏兀兒即今甘肅河西走廊中部之裕固族，原從畏兀兒分出而融合有其它民族成分者。裕固自稱"堯乎爾"，裕固、堯乎爾與"回紇""回鶻"音皆相近。

撒里畏兀兒（曲先衛）

《明史》卷三三〇《曲先衛傳》：

  曲先衛，東接安定，在肅州西南。古西戎。漢西羌。唐吐蕃。元設曲先答林元帥府。

  洪武時，酋長入貢。命設曲先衛，官其人爲指揮。

  後遭朶兒只巴之亂，部衆竄亡，併入安定衛。居阿真之地。

  永樂四年，安定指揮哈三、散即思、三即等奏："安定、曲先本二衛，後合爲一。比遭土番把禿侵擾，不獲寧居。乞仍分爲二，復先朝舊制。"從之。即令三即爲指揮使，掌衛事，散即思副之。又從其請，徙治藥王淮（疑灘字之誤，《讀史方輿紀要》即作灘）之地。自是屢入貢。

  洪熙時，散即思偕安定部酋劫殺朝使（詳"安定衛"下）。已[而]大軍往討，散即思率衆遠遁，不敢還故土。

  宣德初，天子赦其罪，遣都指揮陳通等往招撫，復業者四萬二千餘帳。乃遣指揮失剌罕等入朝謝罪，貢駝馬。待之如初。

  尋擢散即思都指揮同知，其僚屬悉進官，給以誥命。

  五年六月，朝使自西域還，言散即思數率部衆邀劫往來貢使，梗塞道途。天子怒，命都督史昭爲大將，率左右參將趙安、王彧及中官王安、王瑾，督西寧諸衛軍及安定、罕東之衆往征之。昭等兵至其地，散即思先遁，其黨脱脱不花①等迎敵。諸將縱兵擊之，殺傷甚衆，生擒脱脱不花及男婦三百四十餘人，獲駝馬牛羊三十四萬有奇。自是西番震懾。散即思素狡悍，天子宥其罪，仍怙惡不悛。至是人畜多損失，乃悔懼。

  明年（宣德六年）四月遣其弟副千户堅都等四人貢馬請罪。復待之如初，令還居故地，并歸其俘。

---

① 標點本《校勘記》：脱脱不花，《明史》卷一七四《史昭傳》、《明史稿》卷四〇《史昭傳》、《宣宗實錄》卷七三宣德五年十二月癸巳條都作"答答不花"。——整理者注

七年，其指揮那那罕言："往者安定之兵從討曲先，臣二女、四弟及指揮桑哥等家屬被掠者五百人。今散即思已蒙赦宥，而臣等親屬猶未還，望聖明垂憐。"天子得奏惻然，語大臣曰："朕常以用兵爲戒，正恐濫及無辜。彼不自言，何由知之。"即敕安定王亦攀丹等悉歸所掠。

其年，散即思卒，命其子都立嗣職，賜敕勉之。

十年（宣德）擢那那罕都指揮僉事，其僚屬進職者八十九人。

正統七年遣使貢玉石。

成化時，土魯番强，[曲先]被其侵掠。

弘治中，安定王子陝巴居曲先。廷議哈密無主，迎爲忠順王。

正德七年，蒙古酋阿爾禿斯、亦不剌竄居青海，曲先爲所蹂躪，部族竄徙，其衛遂亡。

明初設安定、阿端、曲先、罕東、赤斤、沙州諸衛，給之金牌，令歲以馬易茶，謂之差發。沙州、赤斤隸肅州，餘悉隸西寧。時甘州西南盡皆番族，受邊臣羈絡，惟北面防寇（蒙古）。後諸衛盡亡，亦不剌據青海，土魯番復據哈密，逼處關外（此嘉峪關）。諸衛遷徙之衆又環列甘、肅肘腋，獷悍難馴。於是河西外防大寇，内防諸番，兵事日亟。

光旦："諸番"包羅甚廣，撒里畏兀兒（今裕固）外，有畏兀兒、藏，亦有蒙。

撒里畏兀兒（罕東衛）

《明史》卷三三〇《罕東衛傳》：

罕東衛，在赤斤蒙古南，嘉峪關西南。漢燉煌郡地也。

洪武二十五年，涼國公藍玉追逃寇祁者孫至罕東地，其部衆多竄徙。西寧三剌爲書招之，遂相繼來歸。

三十年，酋鎖南吉剌思遣使入貢。詔置罕東衛，授[鎖南吉剌思]指揮僉事。

永樂元年偕其兄答力襲入朝，進指揮使。授答力襲指揮同知，並賜冠帶、鈔幣。自是數入貢。

十年，安定衛奏罕東數爲盜，掠去民户三百，復糾西番阻截關隘。帝降敕切責，令還所掠。

十六年（永樂）命中官鄧誠使其地。

洪熙元年遣使以即位諭其指揮同知綽兒加，賜白金、文綺。

时官军征曲先贼，罕东指挥使却里加从征有功，擢都指挥佥事，赐诰世袭。其指挥那那奏所属番民千五百，例纳差发马二百五十匹，其人多逃居赤斤，乞招抚复业。帝即命招之，并免所负之马。

宣德元年，谕（应作论）从征曲先功，擢绰儿加都指挥同知。初，大军之讨曲先也，安定部内及罕东密罗族人悉惊窜。事定，诏指挥陈通等往招。于是罕东复业者二千四百余帐，男妇万七千三百余人，安定部人亦还卫。

正统四年，罕东、安定合众侵西番申藏族，掠其马牛杂畜以万计。其僧诉于边将，言畜产一空，岁办差发马无从出。帝切责二卫，数其残忍暴横、违国法、毒邻境之罪，令悉归所掠。又谕僧（西番）不限旧制，随所有入贡。

明年冬，绰儿加偕班麻思结共侵哈密，获老稚百人、马百匹，牛羊无算。忠顺王遣使索之，不予。帝闻，复赐敕戒谕。然番人以剽掠为性，天子即有言，亦不能尽从也。

六年（正统）夏，绰儿加来贡马，宴赉还。

九年卒，子赏卜儿加嗣职，奏乞斋粮、茶布。命悉予之。

十一年进都指挥使。

成化九年，土鲁番陷哈密。都督李文西征，罕东以兵来助。

后都督罕慎复哈密，亦藉其兵。赐敕奖赉。

十八年，其部下掠番族，有侵入河清堡者。都指挥梅琛勒兵追之，夺还男妇五十余人，马牛杂畜四千五百有奇。边臣请讨其罪，部臣难之。帝曰："罕东方听调协取哈密，未有携贰之形，奈何因小故遽加以兵。宜谕令悔过，不服，则耀兵威之。"

二十二年（成化），边臣言："比遣官往哈密，与土鲁番使臣家属四百人偕行。道经罕东，为都督把麻奔等掠去，朝使仅免，乞讨之。"帝命遣人往谕，如番人例议和，还所掠物，不从则进兵。

弘治中，土鲁番复据哈密。兵部马文升议直捣其城，召指挥杨翥计之。翥言罕东有间道，不旬日可达哈密，宜出贼不意，从此进兵。文升曰："如若言，发罕东兵三千前行，我师三千后继，各持数日乾粮，兼程袭之，若何？"翥称善。文升以属巡抚许进，进遣人谕罕东如前策。会罕东失期不至，官军仍由大路进，贼得遁去。

十二年（弘治），其部人侵西宁隆奔族，掠去印诰及人畜。兵部请敕都督，宣谕其下，毋匿所掠物，尽归其主，违命则都督自讨。从之。

時土魯番日強，數侵掠鄰境，諸部皆不能支。

正德中，蒙古大酋入青海（指亦不剌、阿爾禿厮），罕東亦遭蹂躪，其衆益衰。

後土魯番復陷哈密，直犯肅州。罕東復殘破，相率求內徙，其城遂棄不守。

嘉靖時，總督王瓊安輯諸部，移罕東都指揮枝丹部落於甘州。

撒里畏兀兒（沙州衛）
《明史》卷三三〇《沙州衛傳》：

沙州衛。自赤斤蒙古西行二百里曰苦峪，自苦峪南折而西百九十里曰瓜州，自瓜州而西四百四十里始達沙州。漢燉煌郡西域之境，玉門、陽關並相距不遠。後魏始置沙州。唐因之，後没於吐蕃；宣宗時，張義潮以州內附，置歸義軍，授節度使。宋入於西夏。元爲沙州路。

洪武二十四年，蒙古王子阿魯哥失里遣國公抹台阿巴赤、司徒苦兒蘭等來朝，貢馬及璞玉。

永樂二年，酋長困即來、買住率衆來歸。命置沙州衛，授二人指揮使，賜印誥、冠帶、襲衣。已而其部下赤納來附，授都指揮僉事。

五年（永樂）夏，敕甘肅總兵官宋晟曰：「聞赤納本買住部曲，今官居其上，高下失倫，已擢買住爲都指揮同知。自今宜詳爲審定，毋或失序。」

八年擢困即來都指揮僉事，其僚屬進秩者二十人。

買住卒，困即來掌衛事。朝貢不絕。

二十二年，瓦剌賢義王太平部下來貢，中道爲賊所梗。困即來遣人衛送至京。帝嘉之，賚以綵幣。尋進［困即來］秩都督僉事。

洪熙元年，亦力把里及撒馬兒罕先後入貢，道經哈密地，並爲沙州賊邀劫。宣宗怒，命肅州守將費瓛剿之。

宣德元年，困即來以歲荒人困，遣使貸穀種百石，秋成還官。帝曰：「番人即吾人，何貸爲。」命即予之。尋遣中官張福使其地，賚綵幣。

七年又奏旱災，敕於肅州授糧五百石。

已而哈烈貢使言道經沙州，爲赤斤指揮革古者等剽掠。部議赤斤之人遠至沙州爲盜，罪不可貸。帝令困即來察之，敕曰：「彼既爲盜，不可復容，宜驅還本土，再犯不宥。」

九年（宣德）遣使奏罕東及西番數肆侵侮，掠取人畜，不獲安居，乞徙察罕舊城耕牧。帝遣敕止之曰："爾居沙州三十餘年，戶口滋息，畜牧富饒，皆朝廷之力。往年哈密嘗奏爾侵擾，今外侮亦自取。但當循分守職，保境睦鄰，自無外患。何必東遷西徙，徒取勞瘁。"又敕罕東、西番，果侵奪人畜，速還之。

明年又爲哈密所侵，且懼瓦剌見逼，不能自立。乃率部衆二百餘人走附塞下，陳饑窘狀。詔邊臣發粟濟之，且令議所處置。邊臣請移之苦峪。從之。自是不復還沙州，但遙領其衆而已。

正統元年，西域阿端（非阿端衛）遣使來貢，爲罕東頭目可兒即及西番野人剽敓。困即來奉命往追還其貢物。帝嘉之，擢都督同知。

四年，其部下都指揮阿赤不花等一百三十餘家亡入哈密。困即來奉詔索之，不予。朝命忠順王還之，又不予。會遣使冊封其新王，即令使人索還所逃之戶。而哈密僅還都指揮桑哥失力等八十四家，餘仍不遣。

時罕東都指揮班麻思結久駐牧沙州不去，赤斤都指揮革古者亦納其（沙州）叛亡。困即來屢訴於朝，朝廷亦數遣敕詰責，諸部多不奉命。

四年八月令人偵瓦剌、哈密事，具得其實以聞。帝喜，降敕獎勵，厚賜之。

明年（正統五年）遣使入貢，又報迤北邊事。進其使臣二人官。

初，困即來之去（離也）沙州也，朝廷命邊將繕治苦峪城，率戍卒助之。六年冬，城成，入朝謝恩，貢駝馬。宴賜遣還。

七年率衆侵哈密，獲其人畜以歸。

九年，困即來卒。長子喃哥率其弟克俄羅領占來朝。授喃哥都督僉事，其弟都指揮使，賜敕戒諭。既還，其兄弟乖爭，部衆攜貳。甘肅鎮將任禮等欲乘其窘乏，遷之塞內。而喃哥亦來言，欲居肅州之小鉢和寺。禮等遂以十一年秋令都指揮毛哈剌等偕喃哥先赴沙州，撫諭其衆，而親率兵隨其後。比至，喃哥意中變，陰持兩端，其部下多欲奔瓦剌。禮等進兵迫之，遂收其全部入塞，居之甘州，凡二百餘戶，千二百三十餘人，沙州遂空。帝以其迫之而來，情不可測，令禮熟計其便。然自是安居內地，迄無後患。

而沙州爲罕東酋班麻思結所有。獨喃哥弟鎖南奔不從徙，竄入瓦剌，也先封之爲祁王。禮偵知其在罕東，掩襲獲之。廷臣請正法，帝念其父兄恭順，免死，徙東昌（當是山東之東昌）。

先是，太宗置哈密、沙州、赤斤、罕東四衛於嘉峪關外，屏蔽西陲。至是，沙州先廢，而諸衛亦漸不能自立，肅州遂多事。

光旦：他史別有"沙州回鶻"，《明史》無此名稱，姑列作"撒里畏兀兒"。

撒里畏兀兒（罕東左衛）

《明史》卷三三〇《罕東左衛傳》：

罕東左衛，在沙州衛故城，憲宗時始建。

初，罕東部人奄章與種族不相能，數鬬殺，乃率其衆逃居沙州境。朝廷即許其耕牧，歲納馬於肅州（應亦是差發馬）。

後部落日蕃，益不受罕東統屬。至其子班麻思結，洪熙時從討曲先有功，賞未之及。

宣德七年自陳於朝，即命爲罕東衛指揮使，賜敕獎賚。然猶居沙州，不還本衛。

十年進都指揮使僉事。

正統四年，沙州衛都督囷即來以班麻思結侵居其地，乞遣還。天子如其言，賜敕宣諭，班麻思結不奉命。時赤斤衛指揮鎖合者（赤斤本傳作瑣合者）因殺人遁入沙州地，班麻思結納之。鎖合者又令其子往烏斯藏取毒藥，將還攻赤斤。赤斤都督且旺失加以爲言。天子即敕諭班麻思結睦鄰保境，無啓釁端。

久之，沙州全部悉内徙，思結遂盡有其地。

十四年（正統），甘肅鎮臣任禮等奏，班麻思結潛與瓦剌也先通好，近又與哈密搆兵，宜令還居本衛。天子再賜敕宣諭，亦不奉命。尋進秩都指揮使。

歷景泰、天順朝，朝貢不廢。

成化中，班麻思結卒，孫只克嗣職。部衆益盛。其時，土魯番强，侵據哈密。只克與之接境，患其逼己，欲自爲一衛。

十五年（成化）九月奏請如罕東、赤斤例，立衛賜印，捍禦西陲。兵部言："近土魯番吞噬哈密，罕東諸衛各不自保，西鄙爲之不寧。而赤斤、罕東、苦峪又各懷嫌隙，不相救援。倘沙州更無人統理，勢必爲强敵所并，邊方愈多事。宜如所請，即於沙州故城置罕東左衛，令只克仍以都指揮使統治。"從之。

二十一年，甘肅守臣言："北寇屢犯沙州，殺掠人畜。又值歲饑，人思流竄。已發粟五百石，令布種，仍乞人給月糧振之。其酋只克有斬級功，亦乞并叙。"乃擢只克都督僉事，餘報可。

弘治七年，指揮王永言："先朝建哈密衛，當西域要衝。諸番入貢至此，必令少憩以館穀之，或遭他寇剽掠，則人馬可以接護，柔遠之道可謂至矣。今土魯番竊據其地，久而不退。聞罕東左衛居哈密之南，僅三日程，野乜克力居哈密東北，僅二日程，是皆唇齒之地，利害共之。去歲秋，土魯番遣人至只克所，脅令歸附，只克不從。又殺野乜克力頭目，其部人咸思報怨。宜旌獎二部，令并力合攻，永除厥患，亦以寇攻寇一策也。"章下兵部，不能用。

十七年（弘治），瓦剌及安定部人大掠沙州人畜。只克不能自存，叩嘉峪關求濟。天子既振給之，復諭二部解讎息爭，不得搆兵召釁。

正德四年，只克部內番族有劫掠鄰境者。守臣將勦之。兵部言："西戎強悍，漢、唐以來不能制（漢、唐以來亦不知幾易族類矣）。我朝建哈密、赤斤、罕東諸衛，授官賜敕，犬牙相制，不惟斷匈奴右臂，亦以壯西土藩籬。今番人相攻，於我何預，而遽欲兵之。宜敕都督只克，曉諭諸族，悔過息兵。"報可。

只克卒，子乞台嗣。

十一年（正德），土魯番復據哈密，以兵脅乞台降附，遂犯肅州。左衛不克自立，相率徙肅州塞內。守臣不能拒，因撫納之。

乞台卒，子曰羔嗣。

十六年秋入朝，乞賞賚。禮官劾其越例，且投疏不由通政司，請治館伴者罪。從之。

乞台既內徙，其部下帖木哥、土巴二人仍居沙州，服屬土魯番，歲輸婦女、牛馬。會番酋徵求苛急，二人怨。七年（應是嘉靖，奪）夏，率部族五千四百人來歸。沙州遂爲土魯番所有。

散毛洞蠻

見"土家"片。

《明史》卷一三〇《張銓傳》：

水盡源通塔平、散毛諸洞酋作亂，[銓]副[江夏侯周]德興討平之。

光旦：時在洪武十四年秋以前。

《明史》卷一三一《梅思祖傳》：

[洪武]十四年，四川水盡源通塔平、散毛諸洞長官作亂，命思祖爲征南副將軍，與江夏侯周德興帥兵討平之。

《明史》卷一三二《周德興傳》：

[德興征五溪，蠻既散走，]會四川水盡源通塔平諸洞作亂，仍命德興討平之。

光旦：三條皆一事。

《明史》卷一三二《藍玉傳》：

　　[洪武]二十三年……平都勻安撫司、散毛諸洞。

　　　　光旦：都勻、散毛，相去甚遠，且民族成分各異，不應聯敘一處。散毛與水盡源通塔平二者則可。

《明史》卷一三二《藍玉傳》附《曹震傳》：

　　[洪武十五年，雲南平後，]請討容美、散毛諸洞蠻……詔不許。

《明史》卷一四五《張玉傳》：

　　[洪武、永樂間]從征遠順、散毛諸洞。

　　　　光旦：遠順，未詳，《新元史》似有之。

沙

[沙？]（＋彝）

《明史》卷一二六《沐英傳》：

　　[正德]七年，安南長官司那代爭襲，殺土官，[沐崑（沐昂孫瓚之孫）]與都御史顧源討擒之。

　　　　光旦：查《古今地名辭典》，此司在文山縣西一百四十里，元為捨資千戶，後為安南道防送千戶，明改長官司，以王弄山長官沙源掌管，令阻截交州；明末，源子定洲謀叛，討誅之，其兵頭王朔遂撫有王弄及安南之地。清康熙四年，朔與祿昌賢叛，敗，併其地入開化府。

　　　　據此，則那氏之為土官自在沙氏之前。沙氏，又其地近越南及桂西南，疑應為與僮相近之沙人，沙之為姓，猶儂之為姓也。然其地亦有彝，"祿"為彝姓，"那"亦應爾。

《明史》卷一二六《沐英傳》：

　　[明末，沐]天波嗣[黔國公位。嗣]十餘年而土司沙定洲作亂，天波奔永昌。……母陳氏、妻焦氏自焚死。

[沙？]

《明史》卷一二六《沐英傳》：

　　[嘉靖七年，]師宗、納樓、思陀、八寨皆亂，久不解。[沐]紹勛（沐氏嗣公，沐崑子）使使者徧歷諸蠻，諷以武定、尋甸事，皆慴伏，願還侵地。

光旦：八寨自亦少數民族所居地名，當是在雲南馬關縣西者。

[沙]

《明史》卷一七一《王驥傳》：

[正統七年]四月，[於初征麓川還，]遣偏師討維摩土司韋郎羅。郎羅走安南，俘其妻子。傳檄安南，縛之以獻。

光旦：以韋姓及所在地推，此應是沙人。沙與僮近，故亦有韋姓。王驥於此際討沙人，當是沙人對麓川之役，曾起過敵後牽制作用；亦於以見傣、僮之關係頗近也。

沙？

《明史》卷二四九《蔡復一傳》：

[復一代王三善討水西安氏，]發兵通盤江路，斬逆酋沙國珍及從賊五百。

光旦：盤江路句不知與下文有直接關係否，如有，則地近沙人聚居地，此沙姓之酋應有可能是沙人。事在天啓四年（參卷二二）。

《明史》卷二四九《蔡復一傳·沈儆炌附傳》：

[水西安氏之起，滇東它彝與之合作者不一而足，儆炌爲雲南巡撫，]起故參將……袁善，令率守備金爲貴、土官沙源等馳救嵩明，大破之。

光旦：沙源似爲沙定洲之父，在臨安一帶，似更有可能爲沙人。

山都掌蠻

山都掌蠻

《明史》卷七《成祖三》：

[永樂]十三年……七月……乙巳，四川戎縣山都掌蠻平。

光旦：此是仡佬，至萬曆時始完全被鎮壓、同化。此言平，未言何時叛。

《明史》卷一三：

[成化元年]三月庚戌，四川山都掌蠻亂。

《明史》卷一三：

[成化]三年……六月……辛酉，襄城伯李瑾爲征夷將軍，充總兵官，兵部尚書程信提督軍務，太監劉恒監軍，討山都掌蠻。……

[十二]月，程信破山都掌蠻，平之。

《明史》卷二〇：

[萬曆元年]九月……丙戌，四川都掌蠻平。

光旦：未言何時起事。

《明史》卷二〇：

[萬曆]二年……二月甲寅，振四川被寇諸縣。

光旦：寇指元年之都掌蠻（見《神宗實錄》卷二二萬曆二年二月甲寅條）。

《明史》卷一四六《李濬傳》：

成化三年，四川都掌蠻叛，命[濬孫瑾]佩征夷將軍印，充總兵官往討。兵部尚書程信督之。師至永寧，分六路進。瑾與信居中節制，盡破諸蠻寨。前後斬首四千五百有奇，獲鎧仗牲畜無算。分都掌地，設官建治控制之。

《明史》卷一五六《羅秉忠傳》：

成化初，尚書程信討山都掌蠻，秉忠以游擊將軍從。既抵永寧，分兵六道。秉忠由金鵝江進，大破之。論功，封順義伯。

《明史》卷一六六《蕭授傳·吳亮附傳》：

[正統中，]討平四川都掌蠻（時亮佩征南副將軍印，鎮湖廣、貴州）。

《明史》卷一七二《程信傳》：

成化元年……四川戎縣山都掌蠻數叛，陷合江等九縣。廷議發大軍討之。以襄城伯李瑾充總兵官，太監劉恒爲監督，進信尚書（原兵部左侍郎），提督軍務。至永寧，分道進。都督芮成由戎縣，巡撫貴州都御史陳宜、參將吳經由芒部，都指揮崔旻由普市冰腦，南寧伯毛榮由李子關，巡撫四川都御史汪浩、參將宰用由渡船鋪，左右游擊將軍羅秉忠、穆義由金鵝池，而信與瑾居中節制。轉戰六日，破龍背、豹尾諸寨七百五十餘。明年至大壩，焚寨千四百五十。前後斬首四千五百有奇，俘獲無算。按諸九姓不奉化者遷瀘州衛，於渡船鋪增置關堡。改大壩爲太平川長官司，分山都掌地，設官建治控制之。……進兼大理寺卿，與白圭同涖兵部。

光旦：太平川長官司於成化四年置，在敘永縣西，今稱大壩營。

《明史》卷一七四《許貴傳》：

天順五年……山都掌蠻叛，詔[貴（時以都督同知赴松潘衛副總兵任）]便道先勦之。貴分兩哨直抵其巢，連破四十餘砦，斬首千一百級，生擒八百餘人，餘賊遠遁。貴亦感嵐氣，未至松潘卒。

《明史》卷一八四《周洪謨傳》：

　　成化改元，廷議討四川山都掌蠻，洪謨（時爲侍讀，掌南院事）上方略六事，詔付軍帥行之。

　　　　光旦：洪謨，四川長寧人；唐於長寧置長寧、淯二羈縻州；五代時沒於蠻（獠也）；宋時夷人獻地，置淯井監，理鹽之生產，尋建爲長寧軍；明初改軍爲縣。其地密邇都掌，故洪謨得建鎮壓方略。

《明史》卷一八四《周洪謨傳》：

　　都掌蠻及白羅羅、舁（羿字之誤）子數叛，[洪謨嘗建言，]"宜特設長官司，就擇其人任之，庶無後患。"

　　　　光旦：無年份。洪謨卒於弘治四年。傳文謂其好建白，此似是一例。時在成化十六年（參"[彝]（永寧）——沿革"）。

山都掌蠻——與劉顯

《明史》卷二一二《劉顯傳》：

　　四川巡撫曾省吾議征都掌蠻，令顯（時爲隆慶初年，顯以署都督僉事爲貴州總兵官）移鎮其地。……

　　都掌蠻者，居敘州戎縣，介高、珙、筠連、長寧、江安、納溪六縣間，古瀘賊也。成化初爲亂，程信討平之。正德中，普法惡復爲亂，馬昊討平之。至是，其酋阿大、阿二、方三等據九絲山，剽遠近。其山修廣，而四隅峭仄。東北則雞冠嶺、都都寨、凌霄峰三岡，峻壁數千仞。有阿苟者，居凌霄峰，爲賊耳目，威儀出入如王者。省吾議討之，屬顯軍事。起故將郭成、安大朝爲佐，調諸土兵，合官軍凡十四萬人。

　　萬曆改元三月，畢集敘州，誘執阿苟，攻拔凌霄，進逼都都寨。三酋遣其黨阿墨固守。官軍頓匝月，鑿灘以通漕，擊斬阿墨，拔其寨。阿大自守雞冠。顯令人誘以官，而分五哨盡壁九絲城下。乘無備，夜半縋上，斬關入。遲明，諸將畢至。阿二、方三走保牡豬寨。郭成破雞冠，獲阿大。諸軍攻牡豬，擒方三。阿二走，追獲於貴州大盤山。克寨六十餘，獲賊魁三十六，俘斬四千六百，拓地四百餘里，得諸葛銅鼓九十三，銅、鐵鍋各一。阿大泣曰："鼓聲宏者爲上，可易千牛，次者七八百。得鼓二三，便可僭號稱王。鼓山巔，羣蠻畢集，今已矣。"鍋狀如鼎，大可函牛，刻畫有文彩。相傳諸葛亮以鼓鎮蠻。鼓失，則蠻運終矣。……進顯都督同知。已而剿餘孽，復俘斬千一百有奇。都掌蠻……滅。

> 光旦：都掌蠻、九絲蠻，由其所累積之銅鼓之多，以及銅鼓之用途似仍屬中古以前之舊（參《隋書·地理志》等文獻），其爲獠人，已了無疑義。
>
> 光旦：曰，"威儀出入如王者"，參較南宋末年朱輔《谿蠻叢笑》中所論湖南獠人氣派。

《明史》卷二一二《劉顯傳·郭成附傳》：

> 四川都掌蠻爲亂，詔成移鎮（原以署都督同知爲廣東總兵官，自廣東移川）。……萬曆改元，命劉顯大征，詔成……爲之副。先登九絲山，生縶阿大。初，成父爲蠻殺（成爲敘州衛人），乃以所斬首級及生擒諸蠻置父墓前，剖心致祭。

山都掌蠻

《明史》卷二四七《劉綎傳》：

> 萬曆初，從［父］顯討九絲蠻（時綎爲指揮使）。先登，擒其酋阿大。以功遷雲南迤東守備。

《明史》卷三一一《四川土司傳·松潘衛傳》：

> 成化……四年，［鎮守太監閻禮］奏，白草諸番擁衆寇安縣、石泉諸處，因各軍俱調征山都掌蠻，致……備禦［不周之故］。

《明史》卷三一二《四川土司傳·永寧宣撫司傳》：

> （景泰元年、天順六年、成化最初四年間，山都掌蠻屢叛，其間有國子學錄黃明善之奏論剿撫機宜及尚書總督程信之奏請徵調彝、土家兵，見"［彝］（永寧）——沿革"片，此處不複。）

《明史》卷三一二《四川土司傳·永寧宣撫司傳》：

> ［成化］十六年，白玀玀、羿子與都掌大壩蠻相攻，禮部侍郎周淇（洪）謨言……（下詳"［彝］（永寧）——沿革"片。）

> 光旦：大壩蠻應與都掌蠻同屬一種，皆獠也。

《明史》卷三一二《四川土司傳·永寧宣撫司傳》：

> 萬曆元年，四川巡撫曾省吾奏："都蠻叛逆，發兵征討（包括永寧、水西土兵）……並令總兵官劉顯節制。"

山　苗

《明史》卷三一六《貴州土司傳·新添衛傳》：

在水硍山（水銀山）介於銅仁、思、石者，曰山苗，紅苗之羽翼也。……（詳"苗（新添衛）"片。）

畲

[畲]——稱瑤

《明史》卷一八三《何喬新傳》：

　　成化四年遷福建副使。……清流[縣]歸化里介沙縣、將樂間，恃險不供賦，白都御史置歸化縣，其民始奉要束。

　　光旦：此條頗有意義。將樂有所謂"莫徭民"。見晉以來文獻，"莫徭"，即瑤也，亦即畲之先輩也，至今閩、浙、贛東之畲猶或自稱爲瑤。"不供賦"亦非完全因恃險，而因"莫徭"或除免徭役之舊傳統說法。曰"歸化里"，明示此地居民原是少數民族"歸化"者。總之，晉以降之"莫徭"，其在閩之將樂者，遲至明代中葉，尚有殘存，未盡漢化，此條提供了一筆證據。

《明史》卷一八六《張泰傳·吳文度附傳》：

　　……（汀州之畲至明中葉猶被呼爲"猺"，見"瑤（福建）"片，不重錄。）

　　光旦：此與上條歸化里之民應連繫觀之。實同一片地也，清流縣即在寧化縣之東，皆舊汀州府地。然則晉以降之莫徭，至明中葉而猶稱爲瑤，理有固然也。

[畲？]

《明史》卷一二八《章溢傳》：

　　溢……龍泉人。……[留石抹宜孫]幕下。從平慶元、浦城盜。授龍泉主簿，不受歸。宜孫守台州，爲賊所圍。溢以鄉兵赴援，卻賊。已而賊陷龍泉，監縣寶忽丁遁去，溢與其師王毅帥壯士擊走賊。……[旋又]引兵平松陽、麗水諸寇。……

　　光旦：此所云賊或寇不必多數是畲，然其中必有畲，松陽、麗水尤爾。

　　[及與劉基等同受明祖之聘，]命溢爲[浙東提刑按察使司]僉事。胡深出師溫州，令溢守處州，饋餉供億，民不知勞。山賊來寇，敗走之。

　　光旦：言溫、處間山賊，其爲畲可無疑。

　　光旦：以上所列皆元末明尚未定鼎之年之事。下同。

《明史》卷一二八《章溢傳》：

[尋]胡深入閩陷沒，處州動搖，命溢爲浙東按察副使往鎮之。溢……辭副使，仍爲僉事。既至，宣布詔旨，誅首叛者，餘黨悉定。召舊部義兵分布要害。賊寇慶元、龍泉，溢列木柵爲屯，賊不敢犯。

《明史》卷一二九《廖永忠傳》附《趙庸傳》：

[洪武]十四年，閩、粵盜起，命庸討之。踰年悉平諸盜及陽山、歸善叛蠻，戮其魁，散遣餘衆，民得復業。（互見）

[畲]

《明史》卷一二八《劉基傳》：

山寇蜂起，[浙江]行省……辟基勦捕，與行院判石抹宜孫守處州。經略使李國鳳上其功……授總管府判，不與兵事。基遂棄官還青田。

　　光旦：事在方國珍受撫之後不久，明祖下金華而以幣聘基之前。

《明史》卷一二八《葉琛傳》：

琛……麗水人。……元末從石抹宜孫守處州，爲畫策，捕誅山寇。

　　光旦：與上《劉基傳》條應是一事。時距明定鼎尚有數年。

《明史》卷一三三《胡深傳》：

胡深……處州龍泉人。……元末兵亂……集里中子弟自保。石抹宜孫以萬戶鎮處州，辟參軍事，募兵數千，收捕諸山寇。……偕章溢討龍泉之亂，搜旁縣盜，以次平之。（參《章溢傳》，見別片。）

《明史》卷一五七《郭敦傳》：

洪武中……遷衢州知府，多惠政。衢俗，貧者死不葬，輒焚其屍。敦爲厲禁，且立義阡，俗遂革。

　　光旦："衢"之稱，原由"徐"、"畲"之音而來，此俗決非漢，疑爲"山都"之遺，今衢地尚有畲族，有緣當向故老一探詢之也。

《明史》卷一六一《夏寅傳》：

進浙江右參政。處州民苦虐政，走山谷。寅檄招之，衆皆解散。

　　光旦：年不詳，應在成化十年前後。

《明史》卷一六五《王得仁傳》：

[英宗時，爲汀州府推官。]沙縣賊陳政景，故鄧茂七黨也，糾清流賊藍得隆等攻城。得仁與守將及知府劉能擊敗之，擒政景等八十四人，餘賊驚潰。諸

将议穷搜，得仁恐滥及百姓，下令招抚，辨释难民三百人。都指挥马雄得通贼者姓名，将按籍行戮，得仁力请焚其籍。贼复寇宁化，率兵往援，斩首甚众。民多自拔归，贼势益衰。贼退屯将乐，得仁将追灭之，俄遘疾。……卒。时正统十四年夏也。

  光旦：参"总录——起事"片。

《明史》卷一七二《孙原贞传》：

  景泰元年，原贞（时以兵部左侍郎参赞军务，镇守浙江）进兵捣贼巢。俘斩贼首陶得二等，招抚三千六百余人，追还被掠男女。……复分兵剿平余寇。[遂]奏析瑞安地增置泰顺，析丽水、青田二县地置云和、宣平、景宁四邑，建官置戍，盗患遂息。

  光旦：今此四邑犹为畲族散布最多之几个县份。

  光旦：余详"总录——起事"片。

《明史》卷一七八《朱英传》：

  [天顺间，]潮州贼罗刘宁等流劫远近，屡挫官兵。英（时以御史为广东右参议）会师破灭之。还所掠人口数千，别置一营以处妇女，人莫敢犯。

  光旦：罗刘宁纵非畲，其群众中必有畲，或輋。

《明史》卷一七九《章懋传》：

  [成化六年（或七年），]迁福建[按察司]佥事。平泰宁、沙、尤贼。听福安民采矿以杜盗源。

《明史》卷一八三《何乔新传》：

  成化四年迁福建副使。所属寿宁银矿，盗采者聚众千余人，所过剽掠，募兵击擒其魁。

  光旦：此中应不尽是汉。

《明史》卷一八三《何乔新传》：

  （同上条大致年代）福宁豪尤氏杀人，出入随兵甲，拒捕者二十年。……捕杀之。

  光旦：此"尤"即尤溪所从得名之"尤"也，亦即猺也。尤亦犬，小犬而两耳上耸者，则自称而外，又暗示其图腾关系。然自南宋起，尤氏率已汉化矣。

《明史》卷一八六《潘蕃传》：

  [弘治十四年后之几年内，以左都御史总督两广军务期间，]平归善剧贼古

三仔、唐大鬢等。

> 光旦：古、唐疑是客家，然其隨從者中必有畲瑤。

《明史》卷一八七《洪鍾傳》：

成化[中，十一年以後]，遷郎中，奉命安輯江西、福建流民。還言福建武平、上杭、清流、永定，江西安遠、龍南，廣東程鄉皆流移錯雜，習鬭爭，易亂，宜及平時令有司立鄉、社學，教之《詩》《書》禮讓。

> 光旦：此中有畲，亦有客家。郎中，刑部者。

《明史》卷一九五《王守仁傳》：

……（正德十一至十三年，守仁先後鎮壓大帽山、大庾、橫水、左溪、桶岡、俐頭諸瑤、畲等起義者，分贛上猶縣地設崇義縣、閩南靖縣地設平和縣，見"（瑤——與王守仁）"片，此不複録。）

《明史》卷二〇三《陶諧傳》：

[嘉靖中（十年，見《世宗實録》卷一二二嘉清十年二月乙丑條）]擢右副都御史，提督南、贛、汀、漳軍務。

> 光旦：南、贛、汀、漳聯防，完全因畲族故。前此專設南贛巡撫，王守仁等均曾任之，原因相同。

《明史》卷二一〇《張翀傳》：

隆慶二年春，以右僉都御史巡撫南、贛。所部萬羊山跨湖廣、福建、廣東境，故盜藪，四方商民種藍其間。至是，盜出劫，翀遣守備董龍剿之。龍聲言搜山，諸藍户大恐。盜因煽之，嘯聚千餘人。兵部令二鎮撫臣協議撫剿之宜，久乃定。南雄劇盜黃朝祖流劫諸縣，轉掠湖廣，勢甚熾。翀討擒之。

> 光旦：藍應是靛青。藍户中有漢亦有畲與瑤。黃朝祖為又一事，但屬同一地區。

《明史》卷二六三《林日瑞傳》：

崇禎初（當在十年前，四年或五年），[爲]江西右參政……分守湖廣（？）。屬縣鉛山界閩，妖人聚山中謀不軌，圍鉛山。日瑞擊敗之，搗其巢。

> 光旦：此"妖人"，畲也，今鉛山西南鄉尚有畲族數千人，在縣城西南九十三里陳坊鎮之西南山中，有村名"苗民村"，我於1957年5月曾走訪其人，並逾嶺至貴溪，嶺之兩坡，皆畲人聚落也。

> 光旦："湖廣"定誤，應是"廣信"（湖東道，駐廣信，見卷七五《職官四》），鉛山時屬廣信府。

畬？

《明史》卷二七六《朱大典傳》：

　　［崇禎十四年（或略後）］東陽許都事發。許都者，諸生，負氣，憤縣令苛斂，作亂，圍金華。大典（金華人，時總督江北及河南、湖廣軍務，專辦流賊，因貪墨削籍候勘）子萬化募健兒禦之，賊平。

　　　　光旦：許都，名與姓疑皆與源出於畬有涉。宋末元初有起義抗元之許夫人，畬也。"都"猶"三天子都"之"都"，亦即"山都"之"都"也。

《明史》卷二七六《朱大典傳·王道焜附傳》：

　　崇禎時……光澤寇發。其父老言非道焜不能平（道焜初爲南平知縣，遷南雄同知去）。撫按爲請，詔改邵武同知，知光澤縣事。撫勦兼施，境內底定。

《明史》卷二七六《曾櫻傳》：

　　崇禎元年以右參政分守漳南。九蓮（連）山賊犯上杭，櫻募壯士擊退之，夜搗其巢，殲鹹殆盡。士民爲櫻建祠。

　　　　光旦：上兩條說明閩西、閩西南，遲至明末，畬民尚多，猶是隋唐以降光景。今則不爾，閩東北而外，畬民率已漢化矣。

《明史》卷二七七《陳子龍傳》：

　　崇禎十年……選紹興推官。東陽諸生許都者，副使達道孫也。家富，任俠好施，陰以兵法部勒賓客子弟，思得一當。……都葬母山中，會者萬人。或告監司王雄曰："都反矣。"雄遽遣使收捕。都遂反。旬日間聚衆數萬，連陷東陽、義烏、浦江，遂逼郡城（金華）……巡按御史左光先以撫標兵，命子龍爲監軍討之，稍有俘獲。而游擊蔣若來破其犯郡之兵，都乃率餘卒三千保南砦。雄欲撫賊，語子龍曰："賊聚糧據險，官軍不能仰攻，非曠日不克。我兵萬人，止五日糧，奈何？"子龍曰："都，舊識也，請往察之。"乃單騎入都營，責數其罪，諭令歸降，待以不死。遂挾都見雄。復挾都走山中，散遣其衆，而以二百人降。……竟斬都等六十餘人於江滸。子龍爭，不能得。……

　　　　光旦：許都果源出畬族，漢化亦已若干代矣。其徒衆中多畬族，更是事之無可疑者。

　　　　光旦：事在十四年至十七年間。

畬

《明史》卷二七八《楊廷麟傳》：

[順治]三年正月，廷麟（明唐王命爲兵部尚書，東閣大學士）赴贛（州），招峒蠻張安等四營降之，號龍武新軍。……四月，大兵逼城下（贛州），廷麟遣使調廣西狼兵，而身往雩都趣新軍張安來救。五月望，安戰梅林，再敗，退保雩都。廷麟乃散其兵。

  光旦：海鹽彭期生（唐王命爲太常寺卿，視江西湖西兵備事）亦參與招安張安之舉，見此傳下文《期生附傳》。

《明史》卷二七八《萬元吉傳》：

[順治二年七月，江西盡入於清，]惟贛州孤懸上游，兵力單寡。會益府永寧王慈炎招降峒賊張安，所號龍武新軍者也，遣復撫州。……新軍張安者，汀、贛間峒賊四營之一，驍勇善戰，既降，有復撫州功，且招他營盡降。元吉（時唐王命爲兵部右侍郎兼右副都御史，總督江西、湖廣諸軍，又兼巡撫）以新軍足恃也，蔑視雲南、廣東[二]軍（此中亦必有少數民族之土兵），二軍皆解體。然安卒故爲賊，居贛淫掠，遣援湖西，所過殘破。及是（順治三年三月），大兵逼吉安，諸軍皆內攜，新軍又在湖西。……城遂破。[元吉等退入贛州，清兵圍贛州。]五月……新軍先往湖西者，聞吉安復失，仍還雩都。[楊]廷麟躬往邀之，與大兵戰梅林，再敗，乃散遣其軍。

《明史》卷二七八《曾亨應傳》：

福王立之明年（順治二年），江西列城皆不守。……永寧王慈炎招連子峒土兵數萬復建昌，入撫州，寓書亨應（臨川人，原官吏部文選司主事，被謫家居）。亨應募兵數百，與相犄角。

  光旦：此與同卷《萬元吉傳》所言慈炎招降峒賊張安事，不知是一是二。連子峒，未詳，查亦未得。

《明史》卷二七八《張家玉傳》：

順治三年……[唐王命]以右僉都御史巡撫廣信。廣信已失，請募兵惠、潮，說降山賊數萬，將赴贛州急。會大兵克汀州，乃歸東莞。

  光旦：此山賊爲畲族無疑。山賊之稱，猶襲東漢末年以來之舊。亦即南朝之"揭陽蠻"也。

畲？

《明史》卷三〇九《張獻忠傳》：

[張獻忠等]犯安慶，連營百里……詔左良玉、馬爌、劉良佐合兵援之，

遂大破賊。賊走潛山之天王古寨。

　　光旦：天王古寨，地名甚奇。疑此爲畲、瑤之先渡江前之遺跡，猶皖南山中之有"三天子都"也。今畲民"祖國"中猶列天、地、人三皇，在盤瓠故事之前。

　　別一可能爲"白帝天王"，則是巴人之遺跡，東漢初年以後，巴人日東，自巴郡而江夏，而五水，而西陽，逼近潛山一帶，而大別山即巴山，即在其西北。

　　二說中以前一說之可能性較大。

畲——福建

《明史》卷四五《地理志六》：

　　[福建漳州府]漳平[縣]（南有百家畲洞，踞龍巖、安溪、龍溪、南靖、漳平五縣之交。）

　　光旦：此自是在明代尚存在者。在五縣之交，又用到踞字，於形勢亦合。

[畲？]——沙、尤賊，上杭盜

《明史》卷九一《兵志三》：

　　閩漳、泉習鏢牌，水戰爲最。泉州永春人善技擊。正統間，郭榮六者，破沙、尤賊有功。

　　光旦：福建沙縣、尤溪，其爲畲可無疑。

《明史》卷一五三《陳瑄傳》：

　　[瑄]孫豫……正統末，福建沙縣賊起，以副總兵從寧陽侯陳懋分道討平之。

《明史》卷一五九《高明傳》：

　　成化……十四年，上杭盜發。詔起[明]巡撫福建，督兵往討。擒誅首惡，餘皆減死遣戍。以上杭地接江西、廣東，盜易嘯聚，請析置永定縣。

　　光旦：此所云盜，必與畲民有涉。

[畲]（浙東山寇）

《明史》卷二：

　　[洪武]十四年……十月……己卯，延安侯唐勝宗帥師討浙東山寇，平之。

>光旦：此爲東漢以降之山越、山賊，唐宋之山都，宋末以來之畬或山客無疑。

《明史》卷一三一《唐勝宗傳》：

>［洪武］十四年，浙東山寇葉丁香等作亂，命［勝宗］總兵討之，擒賊首併其黨三千餘人。分兵平安福賊。

>>光旦：安福賊，不詳。文連，同錄於此待考。

畬（浙、閩）

《明史》卷一四八《楊榮傳》：

>永樂末，浙、閩山賊起，議發兵。帝時在塞外，奏至，以示榮。榮曰："愚民苦有司，不得已相聚自保。兵出，將益聚不可解。遣使招撫，當不煩兵。"從之。盜果息。

［畬］（廣東山賊）

《明史》卷一八：

>［嘉靖四十五年二］月，俞大猷討廣東山賊，大破之。

《明史》卷一九：

>［隆慶元］年，廣東賊大起。

《明史》卷一九：

>［隆慶］二年……三月……乙丑，廣西總兵官俞大猷討廣東賊。……

>>光旦："廣東賊"是否即"廣東山賊"，未可必。

>六月……己丑，廣東賊曾一本寇廣西，殺知縣劉師顏。……

>七月己酉，賊入廉州。……

>>光旦：此中必有客、畬，無疑。

>十一月……己巳，命廣東、福建督撫將領會剿曾一本。

>>光旦：曾一本於隆慶三年被鎮壓，元至三年別有資料一二條，未摘錄。

《明史》卷一九：

>［隆慶］六年……二月……山寇復起。

>>光旦：未言何處山寇，但承《本紀》上文言之，似是廣東者。

《明史》卷二〇：

>［萬曆元年］四月乙丑，潮、惠賊平。

光旦：上二條應指一事。

畲——畲兵

《明史》卷三一八《廣西土司傳·田州[府]》：

[嘉靖四年起，田州盧蘇、王受之搆難，]都御史姚鏌……疏調湖廣永、保土兵，江西汀、贛畲兵，俱會於南寧，併力進剿。

光旦：畲兵，《明史》至此尚屬初見，即"畲"之爲一民族羣體之稱亦尚是第一次。畲兵或畲軍之稱，初見於宋末元初，文天祥、張世傑曾以之共同抗蒙古，及天祥等敗没，自推將領黄華等與蒙古相撑拒者，前後近十年之久。不圖此傳統遲至明代嘉靖初葉猶未絶也。然此時之畲兵究不知由誰募集、歸誰領導，《明史》竟全無交代。意者，明中葉前後，閩、浙、贛礦、窰起事者絡繹（其中漢與畲、瑶率相合作），至明廷不得不專設南贛巡撫，此種畲兵之重新組合殆起於此時而其領導調度即歸南贛巡撫歟？

畲——語言（汪、翁）

《明史》卷三〇二《張氏傳·戚家婦附傳》：

戚家婦者，寶應人。甫合卺而夫暴殁。婦……投門外汪中死。

光旦：汪，水也，原出畲、瑶、苗語，猶翁山、翁源、翁菜之"翁"也。翁姓出畲，已有的證，疑汪姓亦爾也；汪氏出於歙，爲山越舊地，歙亦畲也。

[畲]——蕭

《明史》卷四四《地理志五》：

[浙江紹興府]蕭山[縣]。

畲——蕭（姓、地名）

《明史》卷二〇八《戚賢傳》：

嘉靖五年……授歸安知縣。縣有蕭總管廟，報賽無虚日。會久旱，賢禱不驗，沉木偶於河。居數日，舟過其地，木偶躍入舟，舟中人皆驚。賢徐笑曰："是特未焚耳。"趣焚之。潛令健隸入岸傍社，誡之曰："水中人出，械以來。"已[而]果獲數人。蓋奸民募善泅者爲之也。

光旦：閩、贛民間迷信對象稱蕭姓者不一而足，今乃知浙江亦有之。

疑爲畲瑶遺跡，猶閩中又一民間迷信"泗州佛"之爲徐偃王遺跡也。蕭、徐一音之轉，均爲畲瑶二音之合，亦同出淮泗間，徐之地名與徐之姓固不待論，蕭之地名則早在蕭叔大心以前即已有之矣，蕭之爲姓當亦始於此時，後之蘭陵蕭、南蘭陵蕭以及更南之一般蕭姓應皆導源於此，浙有蕭山，山名亦縣名，自是因蕭姓人（畲瑶）初居而得名。

  光旦：又浙江奉化縣西北有蕭王廟（亦市名），江西會昌縣南一百里有蕭帝巖，皆此類。浙、贛以蕭稱之地名多至不勝枚舉。蕭帝巖相傳爲蕭道成避難處，自是附會，又何以解於會昌之盤固（盤古、盤瓠）山？

［畲］——塗

《明史》卷四四《地理志五》：

  ［湖廣武昌府］江夏［縣］（……南有金水，一名塗水，西流至金口入江。）

《明史》卷四四《地理志五》：

  ［浙江嘉興府］平湖［縣］（宣德五年三月以海鹽縣之當塗鎮置。）

    光旦：皖南之當塗縣外，又一當塗。

《明史》卷四四《地理志五》：

  ［浙江紹興府］山陰［縣］（西北有塗山。）

    光旦：相傳禹娶塗山，即此，事實恐不可能，禹時此處尚不能有塗山之名。塗山在皖北懷遠之説則無此困難。

《明史》卷四五《地理志六》：

  ［福建泉州府］惠安［縣］（東北有塗嶺巡檢司，洪武二十年廢。）

［畲］——塗、塗山

《明史》卷一五四《李彬傳》：

  ［永樂中，］鎮交阯。……范玉者，塗山寺僧也，反東潮州。彬往討，敗之江中。……

［畲］——滁

《明史》卷四四《地理志五》：

  ［湖廣郴州］興寧［縣］（……東南有滁口巡檢司。）

    光旦：南直隸之滁州外，此又一以"滁"爲名之地點。

[畬]——茶

《明史》卷四四《地理志五》：

[湖廣長沙府]茶陵州……（東南有茶水，源出江西永新縣之景陽山，西流來合[於洣水]，洣水北流，入攸縣之攸水。）

光旦：茶本茶字，與"畬"之先定有繫，此可能是畬流布最西之一點，再西則為瑶矣。

《明史》卷四四《地理志五》：

[湖廣衡州府]衡山[縣]（……東南有茶陵江，即洣水也，自攸縣合攸水流入境，注於湘，曰茶陵口。）

畬——茶

《明史》卷二七六《朱大典傳》：

[崇禎]十一年，[流]賊復入江北，謀竄茶山。大典（時總督漕運兼巡撫廬、鳳、淮、揚四郡，鎮鳳陽）與安慶巡撫史可法提兵遏之，賊乃西遁。

光旦：此茶山當在皖北，具體地點尚未能查出。茶山不必產茶而因產茶得名，"茶"者，音耳，猶長江口東南大海中之茶山亦稱佘山與江蘇銅山縣北之茶城河亦作垞城河也。所以稱此音者，古代畬之先民曾居其地故也。

光旦：此茶山《明史》上文已一度見過（見卷二六〇《余應桂傳》）。

《明史》卷三〇九《張獻忠傳》：

崇禎……十四年，[獻忠復自蜀]東出，[陷襄、樊後，]合[羅]汝才入光州，殘商城、羅山、息縣、信陽、固始。分軍犯茶山、應城，陷隨州。……

光旦：此茶山未詳，應在豫鄂接境地帶，非產茶之地，茶亦音也。

畬——佘、茶

《明史》卷二一二《俞大猷傳》：

[嘉靖三十三、三十四年間，大猷追擊倭於大江口，]金涇、許浦、白茅港賊俱出海，大猷追擊於茶山，焚五舟。

光旦：茶山，今地圖似作佘山，在吴淞口外直東，鴨窩沙之東而稍北，出海各航綫皆經其南。與松江縣北之佘山同名異實。其所以得此名稱者，當緣畬族先輩自淮泗南行，必有部分經由海道而於此落户者。松江之佘山，得名之由亦同。安徽銅陵縣多佘姓，宋代起始見於文獻，則其先應是直接自江北南渡者，不必皆走海道也。

《明史》卷二二三《朱衡傳·翁大立附傳》：

[隆慶間(近末)，]黃河又暴至，茶城復淤。……

光旦：茶城，即茶城河，在銅山縣北，亦稱坨城。此亦畬人先輩所經留之遺跡。茶既亦可作坨，明與產茶不相涉，特取其音而已。茗類之所以稱茶，亦與畬人之先輩有關，曾在它處論之。

[畬]——查

《明史》卷四四《地理志五》：

[浙江處州府]龍泉[縣]（南有慶元巡檢司，治查田市。）

《明史》卷四五《地理志六》：

[廣東廣州府]順德[縣]（……西有江村巡檢司，後遷縣西北查浦。）

[畬]——藍姓

《明史》卷四五《地理志六》：

[廣東潮州府]鎮平[縣]（……東有藍坊巡檢司。）

光旦：前史，此一帶東漢、魏、晉為山越地，南北朝至隋為揭陽蠻地，此藍坊自是為畬族藍姓之人聚居之地無疑。

畬——千姓

《明史》卷三二三《呂宋傳》：

[言利者閻應龍、張嶷]言呂宋機易山素產金銀，採之，歲可得金十萬兩、銀三十萬兩，以[萬曆]三十年七月詣闕奏聞，帝即納之。……[羣臣力諫不聽。]……福建守臣……迫於朝命，乃遣海澄丞王時和、百戶千一成偕嶷往勘。……

光旦：畬人姓氏，藍、雷等而外，尚有比較流行之二十姓，"千"其一也。"一、十、百"等為其通用之排行。此百戶是畬無疑。

畬——翁姓

《明史》卷一九八《翁萬達傳》：

翁萬達……揭陽人。……

光旦：翁姓初出畬。説者謂"翁"之音，畬語水也，苗、瑤稱水，音亦近似。廣東有翁源縣，翁源即水源也。南方有"滃菜"，生水中，莖中空如管，即水中所生菜，實出瑤語。

光旦：近人翁獨健自言其先或出畬，幼時曾爲鄰兒所奚落，謂其出"狗祖宗"之後，"狗祖宗"者，指圖騰"槃瓠"云。

光旦：揭陽，原"揭陽蠻"或所謂"山越"地，即畬族先民之地。餘所見翁姓人舉皆出浙、閩、粵東或自其地外移者。

輋

《明史》卷一八八《張欽傳》：

正德……十二年七月，帝……將出關幸宣府。欽（時以御史巡視居庸諸關）上疏諫，[有曰，]"外之甘肅有土番之患，江右有輋（輋字之誤）賊之擾。"

光旦：輋，定是輋字之誤，即畬，音亦同。閩、浙通行畬字，而贛南與粵東則通行輋字。此字最初見南宋末，文文山集中，王守仁集中數用之，然始終未甚通行，故遲至清代，《康熙字典》猶不載；《辭源》則網羅及之。

光旦：畬人自稱"山達"（唐宋"山都"之音轉）。輋字從山、從大、從車，"山大"即"山達"，"車"疑即"家"之音轉，同於"土家""客家"之"家"。蓋當地漢人就其所自稱之音拈合而成之字。

光旦："總錄——起事"片中所列閩、浙、贛、粵諸條下，我往往作按語曰，此中疑有畬人，或必有畬人；至此乃有若干條獲得證實。可見"起事"片之不可不備也。

《明史》卷一九五《王守仁傳》：

[守仁既卒，桂萼奏論其學術功業之非，有曰，]"但討捕輋賊（入"瑤——與王守仁"片），擒獲叛藩（朱宸濠），功有足錄……"

光旦：輋字，又誤作牵。

施州蠻

見"[土家]"片。

《明史》卷一三〇《康茂才傳》：

[茂才子鐸嘗]平施、疊諸州。

> 光旦：此當是洪武十四年事，從周德興進行者。

《明史》卷一三二《藍玉傳》：

> ［洪武］二十三年，施南、忠建二宣撫司蠻叛，命玉討平之。

史　夷

《明史》卷二二二《吳兌傳》：

> （見"蒙古——東西全線（與吳兌）片"。）

《明史》卷二二二《張佳胤傳》：

> （滿五大掠史、車二部，見"蒙古——在北方"片。）

《明史》卷二二七《孫維城傳》：

> 遷赤城兵備副使。……招史、車二部千餘人。
>
> 光旦：事在萬曆前半葉，二十年前後。

思州蠻

見"［土家］"片。

《明史》卷一一六《諸王傳》：

> 楚昭王楨，太祖第六子。……就藩武昌。……［洪武］十八年四月，銅鼓、思州諸蠻亂，命楨與信國公湯和、江夏侯周德興帥師往討。和等分屯諸洞，立柵，與蠻人雜耕作。久之，擒其渠魁，餘黨悉潰。
>
> 光旦：此主要當是苗，然在明初，其上層猶是巴人之後，與"土家"有淵源。

《明史》卷一二六《湯和傳》：

> ［洪武］十八年，思州蠻叛，以征虜將軍從楚王討平之。
>
> 光旦：此所云蠻，主要是苗，其次是土家。然思南思州一帶之古老居民應是仡佬，至明代似已不復存在，只留若干殘迹而已，參《嘉靖思南府志》，卷七，"家親殿"一條記錄。

宋 家

《明史》卷二四九《朱燮元傳》：

贵阳東北有洪邊十二馬頭，故宣慰宋嗣殷地也。嗣殷以助[安]邦彥被剿滅，乃即其地置開州。

> 光旦：事在崇禎三年安氏既平之後。

> 光旦：今宋家已不作少數民族論，其人漢化亦已久矣。一説其先本來自中原，屬諸夏系統。

《明史》卷二四九《李樗傳》：

[天啓二年，水西安邦彥之起，]洪邊土司宋萬化糾苗、仲、九股陷龍里。

《明史》卷二四九《王三善傳》：

[天啓三年初，官軍既敗於陸廣河，安邦彥]令宋萬化、吴楚漢爲左右翼，自將趨貴陽。遠近大震。……[楚漢先敗，]萬化不知楚漢敗，詐降。三善佯許，而令諸將捲甲趨之。萬化倉皇出戰，被擒，邦彥爲奪氣。羣苗[初蜂起，至此]復效順。

> 光旦："宋家"亦在"諸苗"、"羣苗"之列。

《明史》卷二五七《張鶴鳴傳》：

（洪邊十二馬頭，見"仲家"片。）

《明史》卷二七〇《魯欽傳》：

（水西安邦彥之起，與宋家宋萬化合作關係，見"[彝]（水西）——與魯欽"片。）

《明史》卷三一二《四川土司傳・播州宣慰司傳》：

[成化末，宣慰使楊輝欲捨嫡立庶，]安撫宋韜謂楊氏家法立嗣以嫡……輝不得已立[嫡子楊]愛。

《明史》卷三一二《四川土司傳・播州宣慰司傳》：

[正德間（十年），]播州安撫宋淮奏……（詳"播州——沿革"片。）

> 光旦：曰"播州安撫"者，播州宣慰司轄下某一安撫司之安撫使也。宣慰司所屬二安撫司，曰草塘、曰黄平，宋氏所司者何，文未詳，以所奏内容推之，疑是草塘。是則上條中之宋韜，應即淮之先世，亦草塘安撫也。

《明史》卷三一六《貴州土司傳》序：

洪武五年，貴州宣慰靄翠與宋蒙古歹及普定府女總管適爾等先後來歸，皆予以原官世襲。

　　光旦：宋蒙古歹應是宋家而取蒙古名者。

《明史》卷三一六《貴州土司傳·貴陽[府]》：

洪武初，[靄翠]同宣慰宋蒙古歹來歸，賜[蒙古歹]名欽，俱令領原職世襲。

《明史》卷三一六《貴州土司傳·貴陽[府]》：

[貴州有兩宣慰，永樂十一年設布政司後未改，]安氏領水西，宋氏領水東。八番降者，皆令世其職。

《明史》卷三一六《貴州土司傳·貴陽[府]》：

[洪武]十四年，宋欽死，妻劉淑貞隨其子誠入朝，賜米三十石、鈔三百錠、衣三襲。

《明史》卷三一六《貴州土司傳·貴陽[府]》：

（洪武十四年至十七年，宋欽妻劉淑貞爲奢香走京師，愬都督馬曄欲盡滅諸彝，又代明廷招奢香入朝，從而消弭禍變，得彝人力以闢貴州通川南之路，見"[彝]（水西）——沿革"片。）

《明史》卷三一六《貴州土司傳·貴陽[府]》：

[正統七年前後，與水西宣慰隴富同時，]宋誠之子斌年老，以子昂代，昂死，然代。

《明史》卷三一六《貴州土司傳·貴陽[府]》：

初，安氏世居水西，管苗民四十八族。宋氏世居貴州（應作貴陽）城側，管水東、貴竹等十長官司（此傳上文云，貴竹長官司領於府，不領於宣慰司，前後刺謬）。皆設治所於城内，衙列左右。而安氏掌印，非有公事不得擅還水西。至是（安貴榮爲水西宣慰之年代，成化十五年以後）總兵官爲之請，許其以時巡歷所部，趣辦貢賦，聽暫還水西，以印授宣慰宋然代理。

　　光旦：是二宣慰實有正副也，宋氏爲副。

《明史》卷三一六《貴州土司傳·貴陽[府]》：

[宣慰]宋然貪淫，所管陳湖等十二馬頭科害苗民，致激變。而[水西宣慰安]貴榮欲并然地，誘其衆作亂。於是阿朵等聚衆二萬餘，署立名號，攻陷寨堡，襲據然所居大羊腸，然僅以身免。貴榮遽以狀上，冀令己按治之。會阿朵黨洩其情，官軍進討。貴榮懼，乃自率所部爲助。及賊平，貴榮已死，坐追奪；

然坐斬。然奏世受爵土，負國厚恩。但變起於榮（貴榮），而身陷重辟，乞分釋。因從末減，依土俗納粟贖罪。都御史請以貴筑、平伐（貴筑應即貴竹）[等]七長官司地設立府縣，皆以流官撫理。巡撫覆奏以蠻民不願，遂寢。宋氏亦遂衰，子孫守世官，衣租食稅，聽徵調而已。

　　光旦：七長官司中餘五長官司，文未詳，然貴筑、平伐二長官司，據本傳上文（見"總錄——貴州沿革"片），實屬府，而不屬宣慰司，則與宋氏又有何干係，所不解。

《明史》卷三一六《貴州土司傳·貴陽[府]》：

　　[天啓初，水西安邦彥之起事，]招故宣慰土舍宋萬化爲助……萬化……率苗、仲、九股陷龍里，遂[與邦彥合]圍貴陽……（貴陽解圍後，萬化之擒，諸苗之降，詳"[彝]（水西）——沿革"片。）

《明史》卷三一六《貴州土司傳·貴陽[府]》：

　　[安邦彥既死，安位既降，]前助邦彥故宣慰（同傳上文作宣慰土舍）宋萬化之子嗣殷亦至是始剿滅（或與安位之降約同時）。乃以宋氏洪邊十二馬頭地置開州，建城設官。

　　光旦：時在崇禎初年。（三年安氏平，見上摘卷二四九《朱燮元傳》條；四年置開州，見卷四六《地理志七》。）

《明史》卷三一六《貴州土司傳·平越[府]》：

　　[洪武十九年，平越衛]麻哈長官（本傳上文無此土司名。洪武十六年置麻哈長官司，屬平越衛，見卷四六《地理志七》）宋成陣歿（時部下苗楊孟等作亂），命其子襲。

　　光旦：宋成應是宋家，其宣慰之族屬乎？

《明史》卷三一六《貴州土司傳·新添衛》：

　　洪武五年春，新添安撫宋亦憐真子仁來朝。……

　　光旦：猶之宋蒙古歹，元時已採用蒙古名字。

　　宣德元年，新添土舍宋志道糾洞蠻肆掠，蕭授討擒之。

洮州番

《明史》卷二：

　　[洪武]十二年……正月……甲申，洮州十八族番叛，命沐英移兵討之。

《明史》卷二：

[洪武十二年]二月戊戌，李文忠督理河、岷、臨、鞏軍事。

光旦：此督理範圍甚大，洮州應在內。所牽涉到之民族應有西番、羌、藏等。或亦有蒙古。

光旦：是年七月，李文忠還掌大都督府事，故此督理時期只約半年。

《明史》卷一三〇《張龍傳》：

[洪武]十一年，副李文忠征西番洮州。

光旦：與上條是一事，但年份有出入。

《明史》卷一三一《葉昇傳》：

[洪武]十二年……擒洮州番酋。

光旦：與上數條是一事。合數條觀之，"番"與"西番"二名亦互用。

《明史》卷一三四《甯正傳》：

[洪武]二十八年，從秦王討平洮州番。

光旦：參"番"、"羌"、"西番"等片。

銅鼓蠻

《明史》卷一一六《諸王傳》：

楚昭王楨，太祖第六子。……就藩武昌。……[洪武]十八年四月，銅鼓、思州諸蠻亂，命楨與信國公湯和、江夏侯周德興帥師往討。和等分屯諸洞，立柵，與蠻人雜耕作。久之，擒其渠魁，餘黨悉潰。

光旦：銅鼓，今貴州錦屏縣。最早當亦獠地，明與今同，應是苗、侗二族聚居之所。

《明史》卷一三〇《吳良傳》：

[洪武]五年，[良]副征南將軍鄧愈帥平章李伯昇出靖州……數月，[先]平左右兩江及五溪之地，移兵入銅鼓、五開，收潭溪，開太平，殲清洞、崖山之眾於銅關鐵寨。諸蠻皆震慴內附。

光旦：此段，文字浮於事實，地名亦若甚亂，其實五溪之源、銅鼓、五開，乃同一地區，何勞如此鋪張、浪擲筆墨？當是本諸墓誌一類文章，非史筆也。

吐　番

土番

《明史》卷三一一《四川土司傳·建昌衛傳》：

[建昌衛境內，]土番、僰人子、白夷、麼些、猓玀、猓玀、韃靼、回紇諸種，散居山谷間。（衛之四至見"[彝]（建昌）——沿革"片。）

光旦：此是藏族應無疑。惟《明史》中寫法甚不一致，土番、土蕃、吐蕃互見。

《明史》卷三二七《韃靼傳》：

隆慶……四年……冬，[俺答孫把漢那吉來歸，時]俺答方西掠土番，聞之亟引還，約諸部入犯……

光旦：此應是藏人之在甘、青者。

吐蕃

《明史》卷二：

[洪武]三年……五月己丑，徐達取興元。分遣鄧愈招諭吐蕃。

《明史》卷二：

[洪武]五年……十二月……庚子，鄧愈爲征西將軍，征吐番。

《明史》卷二：

[洪武]十年……四月己酉，鄧愈爲征西將軍，沐英爲副將軍，率師討吐番，大破之。

《明史》卷一三〇《吳復傳》：

[洪武]三年從大將軍[徐達西征，敗蒙古擴廓於秦州後]，征吐番，克和州①。

《明史》卷四二《地理志三》：

[臨洮府]河州（元河州路，屬吐蕃宣慰司。）洪武四年正月置河州衛，屬

---

① 標點本《校勘記》：和州，據《明史》卷二《太祖紀》、卷一二六《鄧愈傳》、卷三三〇《西番諸衛傳》，《明史稿》傳一四《吳復傳》，《太祖實錄》卷五二洪武三年五月辛亥條應爲"河州"。——整理者注

西安都衛。六年正月置河州府，屬陝西行中書省。七年七月置西安行都衛於此，領河州、朶甘、烏斯藏三衛。八年十月改行都衛爲陝西行都指揮使司。九年十二月，行都指揮使司廢，衛屬陝西都指揮使司。十年分衛爲左右。十二年七月，府廢，改左衛於洮州，升右衛爲軍民指揮使司。成化九年十二月置州，屬府，改軍民指揮使司爲衛。

> 光旦：明初藏、漢交接地區之行政區劃及隸屬關係變化綦多，河州一地似最爲典型，其所以表示中央勢力向外展開之嘗試亦最明顯，故特摘存此片。猶例另見，列有簡表。

卷次	元原稱（屬）	明改稱（屬）	初改年份
四二	禮店文州軍民元帥府（吐蕃宣慰司）	禮縣（鞏昌府秦州）	洪武四年
四二	文州（吐蕃宣慰司）文	縣（鞏昌府階州）	洪武四年
四二	文州番漢千戶所（文州）	文縣守禦千戶所（文縣）	洪武四年
四二	河州路（吐蕃宣慰司）	河州（臨洮府）	洪武四年
四二	積石州（河州路，吐蕃宣慰司）積石州千戶所（河州）洪武四年		
四二	貴德州（河州路，吐蕃宣慰司）歸德守禦千戶所（河州）洪武八年		
四二	洮州（吐蕃宣慰司）洮州軍民千戶所（河州）洪武四年		
四二	岷州（吐蕃宣慰司）岷州千戶所（河州）洪武四年		
四二	鐵州（吐蕃宣慰司）鐵城千戶所（河州）洪武四年		
光旦：表中所列"河州路"另有詳片。			
四三	茂州（陝西行省吐蕃宣慰司）	茂州（成都府）	洪武中
四三	雅州（陝西行省吐蕃宣慰司）	雅州（四川布政司）	洪武中
四三	黎州（陝西行省吐蕃宣慰司）	黎州長官司（四川布政司）	洪武九年
		黎州安撫司（四川布政司）	洪武十一年
		黎州千戶所（四川都司）	萬曆廿四年

吐蕃（河州及迤西北）

《明史》卷一二六《鄧愈傳》：

> ［洪武］三年，［愈］以征虜左副副將軍從大將軍出定西。［逼擴廓帖木兒於

車道峴，敗之。因]分兵自臨洮進克河州，招諭吐蕃諸酋長，宣慰何鎖南等皆納印請降。……河州以西朶甘、烏斯藏諸部悉歸附。出甘肅西北數千里而還。

《明史》卷一二六《鄧愈傳》：

[洪武]十年，吐番川藏爲梗，剽貢使，愈以征西將軍偕副將軍沐英討之。分兵爲三道，窮追至崑崙山，俘斬萬計，獲馬牛羊十餘萬，留兵戍諸要害乃還。

《明史》卷一二六《沐英傳》：

[洪武十]年充征西副將軍，從衛國公鄧愈討吐番，西略川、藏，耀兵崑崙。

《明史》卷一二九《馮勝傳》：

[洪武三]年正月[勝]……以右副將軍同大將軍[徐達]出西安，擴定西，破擴廓帖木兒……分兵……徇略陽，擒元平章蔡琳，遂入沔州。遣別將……取興元。移兵土番，征哨極於西北。

吐蕃

《明史》卷一四七《黃淮傳》：

[成祖時，]阿魯台歸款，請得役屬吐蕃諸部。求朝廷刻金作誓詞，磨其金酒中，飲諸酋長以盟。衆議欲許之。淮曰："彼勢分則易制，一則難圖矣。"帝[韙其言]。

《明史》卷一四七《黃淮傳》：

西域僧大寶法王來朝，帝（成祖）將刻玉印賜之，以璞示淮。淮曰："朝廷賜諸番制敕，用'敕命'、'廣運'二寶。今此玉較大，非所以示遠人、尊朝廷。"帝嘉納。

土 家

[土家]——自稱

《明史》卷三一〇《土司列傳·湖廣土司》：

永順等處軍民宣慰使司……領州三……長官司六，[六之一]曰麥著黃洞。

光旦：麥著，土家自稱，亦巴人自稱，此洞居民以黃姓土家爲主，故名。

土家——今族稱

《明史》卷三一〇《土司列傳·湖廣土司·永順、保靖》：

　　（土家之稱，在明代即已在當地流行，所以別於"漢家""苗家"，永、保兩傳中不止一次提到"土人""土蠻"，當即因其對人自稱與他人亦稱之爲"土家"之故，見有關永順、保靖沿革之各片。）

［土家？］

《明史》卷一二九《楊璟傳》：

　　［璟］擢湖廣行省參政，移鎮江陵。進攻湖南蠻寇，駐師三江口。

　　　　光旦：此蠻當是近湘北者，三江口自是岳陽北之三江口，即洞庭入江處。事在明定鼎之前不久，定鼎之初，又有慈利覃垕之起事，亦略可證，故此條以"土家"當之，然亦未可必也。

［土家］

《明史》卷一五八《黃宗載傳》：

　　永樂初……爲湖廣按察司僉事。……武陵多戎籍，民家慮與爲婚姻，［則］徭賦將累［及］己，男女至年四十尚不婚。宗載以理諭之，皆解悟，一時婚者三百餘家。鄰邑效之，其俗遂變。

　　　　光旦：武陵及其鄰邑多土家族人，漢化程度雖已較深，猶爲"土兵"淵藪；戎籍者，兵籍也，列戎籍則免徭賦，民家或漢人慮徭賦之轉而累及所與通婚之家，故不與通婚也。然人口中土家之比重必尚大，不與通婚，則無復可以通婚者，故遲誤至四十歲猶不婚云。武陵及其鄰邑何以獨多戎籍，捨此殊無以説明。

《明史》卷一六六《蕭授傳》：

　　［宣德七年，］討辰州蠻，擒其酋八十，斬馘無算。（時授以右軍都督僉事，充總兵官，鎮湖廣、貴州，自永樂十六年始，授即任此職，似多年未見遷官。）

　　　　光旦：此列"土家"，主要亦就其統治層爲説，一般人口之民族成分則包括苗、瑶、乃至仡佬。

《明史》卷一六六《王信傳》：

　　［成化］十三年，以［署都督僉事］佩平蠻將軍印……鎮湖廣。永順、保靖二宣慰世相讎殺，信諭以禍福，兵即解。

《明史》卷一七五《仇鉞傳》:

[正德七年鉞帥兵鎮壓河南"盜"劉惠、趙鐩等之役,]賊……敗奔固始,抵潁州,屯朱皋鎮。永順宣慰彭明輔等擊之,賊倉猝渡河,溺死者二千人。餘衆走光山……[尋]湖廣軍……破其別部賈勉兒於羅田。

光旦:土家土兵之用,不限於外寇,如倭,與其它少數民族之起事者,如苗,而亦適用於漢民之起事者,此是一例。

《明史》卷一七八《項忠傳》:

白圭既平劉通,荊、襄間流民屯結如故。……渭南諸縣流民附賊者至百萬。[成化]六年冬,詔忠(時以右都御史協掌督察院事)總督軍務,與湖廣總兵官李震討之。忠乃奏調永順、保靖土兵。……時白圭爲兵部……[僉人]縱流言,圭信之,止土兵毋調。忠疏爭……帝……聽調土兵如故。合[他兵凡]二十五萬……[誅殺首惡外,]先後招撫流民復業者九十三萬餘人……又招諭解散自歸者五十萬人。……

光旦:荊、襄、渭南,即陝、鄂、川邊區,本巴人舊地,至唐末已屬殘存,參看五代杜光庭《録異記》及北宋江鄰幾《雜志》之一二條筆記即可知;至此則殘存者亦已蕩然矣,亦即廣大人口基本上換成另一批矣!

光旦:土家土兵之徵調亦所以鎮壓漢人之起事,此亦一例。

《明史》卷一八六《韓文傳》:

[成化間(應是在中葉以後),]出爲湖廣右參議。……九谿土酋與鄰境爭地相攻,文往諭,皆服。

光旦:土酋之"土",非泛用者。

《明史》卷一八七《洪鍾傳》:

正德[間(五年以後),四川藍廷瑞、鄢本恕等之起事也,鍾以刑部尚書兼左都御史出京總制湘、陝、豫、川軍務(同時鎮壓其它地區之起事者)],廷瑞以所掠女子詐爲己女,結婚於永順土舍彭世麟,冀得間逸去。世麟密白鍾,鍾授方略使圖之。及期,廷瑞、本恕暨其黨王金珠等二十八人咸來會。伏發悉就擒,惟廖麻子得脱。……

光旦:事當在正德六年。地點似在四川之營山縣附近,是則軍中亦有湖廣土兵矣,彭世麟即土兵之將領。《傳》文只言石砫土兵與湖廣兵,疏。

光旦:彭世麟誘擒廷瑞、本恕等事亦見卷一九四《林俊傳》,但無此詳細。然《林俊傳》亦未明言此役中湖廣曾有土兵參加。

《明史》卷一九九《李鉞傳》：

［嘉靖初年，有司禮太監］扶安；［四年，］帝……又錄［其家］八人官錦衣南京守備。

光旦：扶姓，源出板楯七姓中之朴姓，後改扶，同音；北周時有將軍扶猛，陝東南"虎蠻"，即巴人也；余於1956年夏訪湘西北，於永順、龍山兩縣交界處之公路站遇扶姓者四家，則土家族人矣。巴與土家有淵源關係，此亦一小證。

《明史》卷二〇二《李默傳·萬鏜附傳》：

（貴州銅仁府苗族地區在明代尚有未經苗化之土家，見"苗（湘、黔）"片。）

《明史》卷二〇三《鄭岳傳》：

遷湖廣［按察司］僉事……施州夷民相讎殺者，有司以叛告。岳擒治其魁，餘悉縱遣。

光旦：無年份，應是弘治近末事。

《明史》卷二一一《石邦憲傳》：

［嘉靖二十年代後半葉（二十八年以後，參"苗（湘黔）——與石邦憲"），邦憲征銅仁苗，苗竄思州，邦憲］以計購烏朗土官田興邦等斬［苗酋吳］黑苗。賊盡平。

光旦：烏朗，未詳，疑爲思州境內地名。思州於永樂改流後，似仍保留一部分小土官，田興邦或爲其中之一之承襲者。

《明史》卷二一一《石邦憲傳》：

石耶洞土官妻冉氏（詳"苗（湘、黔）"片）。

《明史》卷二一一《石邦憲傳》：

與總督黃光昇修湖北墩臺、烽堠百十所。

光旦：總督當是湖廣、貴州者。湖北，應即今所瞭解之湖北。是則所修墩臺、烽堠應是防過鄂西土家各大小土司者。

《明史》卷二一六《瞿景淳傳·子汝稷附傳》：

［萬曆中爲辰州知府，］永順土司彭元錦助其弟保靖土司象坤與酉陽［土司］冉御龍①相讎殺。汝稷馳檄元錦解兵去。三土司皆安。

---

① 標點本《校勘記》：冉御龍，據《明史》卷三一二及《明史稿》傳一八六《酉陽宣撫司傳》、《神宗實錄》卷五八八萬曆四十七年十一月戊子條應爲"冉躍龍"。——整理者注

光旦：此言弟，係遠房族弟，永、保由兄弟二人分別控制，宋時已然，至此已久歷世代矣。

《明史》卷二二四《蔡國珍傳》：

　　萬曆十一年……遷湖廣右參政，分守辰、沅。洞蠻亂，將吏議剿，國珍檄諭之，遂定。

　　光旦：此中亦有苗。未必即十一年事。

《明史》卷二七九《堵允錫傳》：

　　順治四年……八月，大兵破武岡（永明王在武岡，當是破前出走）及寶慶、常德、辰、沅，允錫（時爲兵部尚書，加東閣大學士）走永順土司。

《明史》卷三二二《日本傳》：

　　［嘉靖三十四年］五月，復合新倭突犯嘉興，至王江涇，乃爲［張］經擊斬千九百餘級，餘奔柘林。

　　光旦：此實永順、保靖土兵之所爲，爲當時東南戰功第一，見本傳。

[土家]（湘西北）

《明史》卷四四《地理志五》：

　　［湖廣岳州府澧州］慈利［縣］（……西南有永定衛，洪武中置，二十三年八月徙於永順宣慰司之芋岸坪。［衛］西北有龍伏關，東南有後平關、黑崇關，謂之永定三關。［衛］所屬曰大庸守禦千户所，本大庸衛，在衛西，洪武九年四月置，三十一年改爲所。曰茅岡長官司，在［永定］衛東北，正統中［由］……衛置。）

　　（［慈利縣］北〔按應作西北〕有九溪衛，洪武二十三年六月置，有九淵、野牛、三江口、閘口四關。所屬曰守禦添平千户所，在衛北，洪武二年置。曰守禦安福千户所，在衛西北，洪武二十三年九月置。曰守禦麻寮千户所，在衛北，洪武四年置。曰桑植安撫司，本桑植荒溪等處宣撫司，在衛西北〔似應作西南〕，太祖丙午年二月置，後廢，永樂四年十一月改置。）

　　光旦：於此可見：

　　1. 明所以防遏土家之周至。

　　2. 土家地區之日益減削，由衛而所，由宣撫而安撫，而長官，皆其跡也。

[土家]——永順

《明史》卷四四《地理志五》：

[湖廣]永順軍民宣慰使司(元至元中，置永順路，後改永順保靖南渭安撫司。至大三年四月改永順等處軍民安撫司。至正十一年四月升宣撫司，屬四川行省。)洪武二年爲州。十二月置永順軍民安撫司。六年十二月升軍民宣慰使司，屬湖廣行省，尋改屬都司。領州三，長官司六。……

南渭州(司西。元屬新添葛蠻安撫司，後廢。洪武二年復置，改屬。)

施溶州(司東南。元會溪施溶等處長官司，屬思州軍民安撫司，後廢。洪武二年改置，來屬。)

上溪州(司西。洪武二年置。)

臘惹洞長官司

麥著黃洞長官司

驢遲洞長官司

施溶溪長官司(四長官司，元俱屬思州軍民安撫司。洪武三年改屬。)

白崖洞長官司(元屬新添葛蠻安撫司。洪武三年改屬。)

田家洞長官司(洪武三年置。)

光旦："麥著"即"土家"自稱，此司以黃姓爲多。

[土家](永順)——沿革

《明史》卷三一〇《土司列傳·湖廣土司》：

永順，漢武陵、隋辰州、唐溪州地也。宋初爲永順州。嘉祐中，溪州刺史彭仕羲叛，臨以大兵，仕羲降。熙寧中，築下溪州城，賜名會溪。元時，彭萬潛自改爲永順等處軍民安撫司。

光旦：唐末，彭氏入主溪州，爲此族歷史上最大關鍵，不予叙及，是大疏漏。

洪武五年，永順宣慰使順德汪倫、堂厓安撫使月直遣人上其所受僞夏印，詔賜文綺襲衣。遂置永順等處軍民宣慰使司，隸湖廣都指揮使司。領州三，曰南渭，曰施溶，曰上谿；長官司六，曰臘惹洞，曰麥著黃洞，曰驢遲洞，曰施溶溪，曰白崖洞，曰田家洞。

光旦：順德汪倫、月直，疑俱蒙古化之名字。

光旦：麥著黃，麥著，土家自稱，黃，姓，猶云黃姓土家。

［洪武］九年，永順宣慰彭添保遣其弟義保等貢馬及方物，賜衣幣有差。自是，每三年一入貢。

永樂十六年，宣慰彭源之子仲率土官部長六百六十七人貢馬。

宣德元年，禮部以永順宣慰彭仲子英朝正後期，請罪之。帝以遠人不無風濤疾病之阻，仍賜予如例。總兵官蕭綬奏："酉陽宋農里石提洞軍民被臘惹洞長謀古賞等連年攻劫，又及後溪，招之不從，乞調兵勦之。"謀古賞等懼，願罰人馬贖罪。乃罷兵。

光旦：施州衛有"剌惹"長官，似屬散毛，此與"臘惹"不知是一是二，然施州下於剌惹之所以為一長官司未交代，疑是鄰近散毛，而藍玉於攻克散毛時殊及之者。是則二者或一事也。

光旦：謀古賞之"賞"即它處之"什用""踵"，亦有作"送"者，皆首領之尊稱，土家語也。

正統元年命彭仲子世雄襲職。

天順二年諭世雄調土兵會勦貴州東苗。

成化三年，兵部尚書程信請調永順兵征都掌蠻。

［成化］十三年以征苗功，命宣慰彭顯英進散官一階，仍賜敕獎勞。

光旦：此苗何苗，未詳（參"［巴］（酉陽）——沿革"成化十三年下，據《憲宗實錄》為同一事）。

［成化］十五年免永順賦。

弘治七年，貴州奏平苗功，以宣慰彭世麒等與有勞，世麒乞陞職。兵部言非例，請進世麒階昭勇將軍，仍賜敕褒獎。從之。

［弘治］八年，世麒進馬謝恩。

［弘治］十四年，世麒以北邊有警，請帥土兵一萬赴延綏助討賊。兵部議不可，賜敕獎諭，并賜奏事人路費鈔千貫，免其明年朝覲，以方聽調征賊婦米魯故也。

光旦：一般不以南方土兵北調，明末始調以抵禦滿洲，乃出於萬不得已。

正德元年以世麒從征（米魯？）有功，賜紅織金麒麟服。世麒進馬謝恩。

［正德］二年，［世麒］進馬賀立中宮。命給賞如例。

五年，永順與保靖爭地相攻，累年不決，訴於朝。命各罰米三百石。

六年，四川賊藍廷瑞、鄢本恕等及其黨二十八人倡亂兩川，烏合十餘萬人，僭王號，置四十八營，攻城殺吏，流毒黔、楚。總制尚書洪鍾等討之，不克。已而爲官軍所遏，乏食，乃佯聽撫，劫掠自如。廷瑞以女結婚於永順土舍彭世麟，冀緩兵。世麟僞許之，因與約期。廷瑞、本恕及王金珠等二十八人皆來會，世麟伏兵擒之，餘賊潰渡河，官兵追圍之，擒斬及溺死者七百餘人。總制、巡撫以捷聞……論者以是役世麟爲首功云。

[正德]七年，賊劉三等自遂平趨東臯，宣慰彭明輔及都指揮曹鵬等以土軍追擊之，賊倉卒渡河，溺死者二千人，斬首八十餘級。巡撫李士實以聞。命永順宣慰格外加賞，仍給明輔誥命。

十年，致仕宣慰彭世麒獻大木三十，次者二百，親督運至京；子明輔所進如之。賜敕褒諭，賞進奏人鈔千貫。

十三年，世麒獻大楠木四百七十，子明輔亦進大木備營建。詔世麒陞都指揮使，賞蟒衣三襲，仍致仕；明輔授正三品散官（按宣慰使從三品，此逾格矣），賞飛魚服三襲，賜敕獎勵，仍令鎮巡官宴勞之。……世麒辭賞，請立坊，賜名曰表勞。會有保靖兩宣慰争兩江口之議，詞連明輔，主者議逮治。明輔乃令蠻民奏其從征功，悉辭香鑪山[之役]（是鎮壓佈依者）應得陞賞，以贖逮治之辱。部議悉已之。

嘉靖六年，[以]擒岑猛功，免應襲宣慰彭宗漢赴京，而加宗漢父明輔、祖世麒銀幣。

光旦：岑猛之擒，似爲其岳父岑璋之力，何關彭氏，所不解。

[嘉靖]二十一年，巡撫陸傑言："酉陽與永順以採木仇殺，保靖又煽惑其間，大爲地方患。"乃命川、湖撫臣撫戢，勿釀兵端。是年，免永順秋糧。

三十三年冬，調永順土兵協勦倭賊於蘇、松。

[三十四]年，永順宣慰彭翼南統兵三千，致仕宣慰彭明輔統兵二千，俱會於松江。時保靖兵敗賊於石塘灣。永順兵邀擊，賊奔王江涇，大潰。[論功，]保靖兵最，永順次之，帝降敕獎勵，各賜銀幣，翼南賜三品服。先是，永順兵勦新場倭，倭故不出，保靖兵爲所誘遽先入，永順土官田菑、田豐等亦争入，爲賊所圍，皆死之。議者皆言督撫經略失宜，致永順兵再戰再北。及王江涇之戰，保靖犄之，永順角之，斬獲一千九百餘級，倭爲奪氣，蓋東南戰功第一云。……翼南遂授昭毅將軍。已[而]陞右參政管宣慰事，與明輔俱受銀幣之賜。

時保、永二宣慰破倭後，兵驕，所過皆劫掠，緣江上下苦之。御史請究治，部議以土兵新有功，遽加罰，失遠人心，宜諭責之。并令浙、直（南直隸也）練鄉勇，嗣後不得輕調土兵。

四十二年以獻大木功再論賞，加明輔都指揮使，賜蟒衣，其子掌宣慰司事右參政彭翼南爲右布政使，賜飛魚服，仍賜敕獎勵。

[嘉靖]四十四年，永順復獻大木，詔加明輔、翼南二品服。

萬曆二十五年，東事（朝鮮受日本侵略）棘，調永順兵萬人赴援。宣慰彭元錦請自備衣糧聽調，既而支吾，有要挾之迹。命罷之。

三十八年賜元錦都指揮銜，給蟒衣一襲，妻汪氏封夫人。

四十七年，永順貢馬後期，減賞。兵部言："前調宣慰元錦兵三千人援遼（此爲禦滿洲），已半載，到關者僅七百餘人。"命究主兵者。

四十八年進元錦都督僉事。先是，元錦以調兵三千爲不足立功，願以萬兵往。朝廷嘉其忠，加恩優渥。既而檄調八千，僅以三千塞責，又上疏稱病，爲巡撫所劾，得旨切責。元錦不得已行，兵抵通州北，聞三路敗衄，遂大潰。於是巡撫徐兆魁言："調永順兵八千，費踰十萬，今奔潰，虛糜無益。"罷之。

[土家]——保靖

《明史》卷四四《地理志五》：

[湖廣]保靖州軍民宣慰使司（元保靖州，屬新添葛蠻安撫司。）太祖丙午年二月置保靖州軍民安撫司。洪武元年九月改宣慰司。六年十二月升軍民宣慰使司，直隸湖廣行省，尋改屬都司。領長官司二。……

五寨長官司（司南。元置。洪武七年六月因之。）

篢子坪長官司（司南。太祖甲辰年六月置篢子坪洞元帥府，後廢。永樂三年七月改置。）

光旦：篢子坪長官爲土家，其所轄人口主要爲苗族。五寨地①，不詳，亦在司南，人口中亦定有苗族。

[土家]（保靖）——沿革

《明史》卷三一〇《土司列傳·湖廣土司》：

保靖，唐溪州地，宋置保静州，元爲保靖州安撫司。明太祖之初起也，安撫使彭世雄率其屬歸附，命仍爲保靖安撫使。

---

① 五寨長官司治所即今湖南鳳凰縣。（見《中國歷史地名大辭典》，廣東教育出版社，1995年）——整理者注

洪武元年，保靖安撫使彭萬里遣子德勝奉表貢馬及方物，詔陞安撫司爲保靖宣慰司，以萬里爲之，隸湖廣都指揮使司。自是，朝貢如制。

永樂元年以保靖族屬大蟲可宜等互仇殺，遣御史劉從政齎敕撫諭之。

三年，辰州衛指揮龔能等招諭箪子坪等三十五寨生苗廖彪等，各遣子入貢。因設箪子坪長官司，以彪爲之，隸保靖。

光旦：龔亦巴舊姓，板楯蠻七姓之一，自川東至湘西皆有之。此人能爲衛指揮，蓋漢化已深矣。

光旦：土家土官屬下有較小之苗族土官，此爲難得之一例。酉陽亦爾，然所轄較多。施州、永順無此情況，則苗人數量究少而社會經濟地位更受制於土家土司故也。

[永樂]九年，宣慰彭勇烈遣人來貢。

[永樂]二十一年，宣慰彭藥哈俾遣人貢馬。

宣德元年，宣慰彭大蟲可宜遣子順來貢。

[宣德]四年，兵部奏："保靖舊有二宣慰，一爲人所殺，一以殺人當死，其同知以下官皆缺，請改流官治之。"帝以蠻性難馴，流官不諳土俗，令都督蕭授擇衆所推服者以聞。

光旦：此條上下文均欠交代，不知《實錄》較詳否。（查《宣宗實錄》卷五六宣德四年七月己酉條所載已見下文。指副宣慰彭大蟲可宜殺宣慰彭藥哈俾。其後繼任宣慰者爲彭勇傑。）

正統十四年，保靖宣慰與族人彭南木答（族人有名字，而宣慰名字反闕！宣慰彭顯宗，見《英宗實錄》卷一七七正統十四年四月丁巳條）等相訐奏，既而講和，願輸米贖誣奏罪。從之。

景泰七年命調保靖土兵協勦銅鼓、五開、黎平諸蠻，先頒賞犒之。天順二年敕宣慰彭捨怕俾即選兵進討。

[天順]三年，保靖奏夏災。

成化二年，以保靖宣慰彭顯宗征蠻有功，命給誥命。

光旦：此太簡，不詳何方之蠻，是廣西大藤峽瑶，參"[瑶]（大藤峽）"。

三年復調保靖兵征都掌蠻。

五年免保靖宣慰諸土司成化二年稅糧八百五十三石，以屢調征廣西及荆、襄、貴州有功也。

光旦：土家兵中有苗兵，此可徵，箄子坪即諸土司之一，而其民則苗也。征廣西事，上文未交代。

［成化］七年，顯宗老不任事，命其子仕瓏代。

十三年，以平苗功，顯宗、仕瓏皆進一階。

　　光旦：此是新功，詳"［巴］（酉陽）——沿革"成化十三年下（據《憲宗實錄》爲同一事）。

十五年以災免保靖租賦。仕瓏奏，兩江口長官彭勝祖違例進貢。下部臣議，宜逮問。命鎮巡官諭之。

弘治十二年，永順宣慰司奏，仕瓏擅率兵攻長官彭世英，仇殺多年，搆禍不已，乞發兵征勦。部覆以屢行按問不報，宜諭鎮巡官速勘奏聞。從之。

十四年，以保靖宣慰等方聽調，免明年朝覲，時有征貴州賊婦米魯之役故也。

初，保靖安撫彭萬里以洪武六年歸附，即其地設保靖宣慰司（此與上文不合，上文作設司在元年，而歸附則猶在元年以前，而爲之者非萬里，而是世雄），授萬里宣慰使，領白崖、大別（與大別山之稱同一由來）、大江、小江等二十八村寨。萬里卒，子勇烈嗣。勇烈卒，子藥哈俾嗣，年幼。萬里弟麥谷踵之子大蟲可宜諷土人奏已爲副宣慰，同理司事，因殺藥哈俾而據其十四寨。事覺，逮問，死獄中，革副宣慰（即上云有二宣慰云云），而所據寨如故。其後，勇烈之弟勇傑嗣，傳子南木杵，孫顯宗，曾孫仕瓏；與大蟲可宜之子忠，忠子武，武子勝祖及其子世英，代爲仇敵。而武以正統中隨征有功，授兩江口長官，勝祖成化中亦以功授前職，並隨司理事，無印署。弘治初，勝祖以年老，世英無官，恐仕瓏奪其地，援例求世襲，奏行覈實，仕瓏輒沮之，以是仇恨益甚。兩家所轄土人亦各分黨仇殺。永順宣慰使彭世麒取勝祖女，復左右之，以是互相攻擊，奏訴無寧歲。弘治十年，巡撫沈暉奏言，令世英入粟嗣父職，將以平之，而仕瓏奏訐不止。是時，敕調世英從征貴州（所征對象不詳），而兵部移文有"兩江口長官司"字，仕瓏疑世英得設官署，將不聽約束，復奏言之。於是巡撫閻仲宇、巡按王約等請以前後章奏下兵部、都察院，議："令世英歸所據小江七寨於仕瓏，止領大江七寨，聽仕瓏約束。其原居兩江口係襟喉要地，請調清水溪堡官兵守之。而徙世英於沱埠，以絕爭端。以後土官應襲子弟悉令入學，漸染風化，以格頑冥。如不入學者，不准承襲。世麒黨於世英，法當治，但從征湖廣（？似應作貴州，參"永順"片可知）頗効忠勤，已有旨許以功贖。

仕瓏、世英並逮問，勝祖照常例發遣。"奏上，從之。弘治十六年六月事也。

正德十四年，保靖兩江口土舍彭惠既以祖大蟲可宜與彭藥哈俾世仇，至是與宣慰彭九霄復搆怨。永順宣慰彭明輔與之連姻，助以兵力，遂與九霄往復仇殺，數年不息，死者五百餘人，前後訐奏累八十餘章。守巡官繫惠於獄，明輔率衆劫之去，尋復捕繫。事聞，詔都御史吳廷舉勘處。廷舉乃令鎮巡議，以為惠罪當誅，但土蠻難盡以法繩，宜徙惠置辰、常城中，令九霄出價以易兩江口故地。仍用文官左遷者二人為首領官，以勸相之（指惠）。俟數年後革心向化，請敕獎諭，仍擢用為首領。下兵部議，以惠徙內地，恐貽後患，令廷舉再議。於是廷舉等復請以大江之右五寨歸保靖，大江之左二寨屬辰州，設大剌巡檢司，流官一人主之。惠免遷徙，仍居沱埠，以土舍名目協理巡檢事。部覆如廷舉言。

嘉靖六年以擒岑猛功進九霄湖廣參政，賜銀幣。長子虎臣戰歿，贈指揮僉事，次子良臣襲職時，免赴京。

二十六年免保靖秋糧。

三十三年詔調宣慰彭藎臣帥所部三千人赴蘇、松征倭。明年遇倭於石塘灣，大戰，敗之。賊北走平望，諸軍尾之於王江涇，大破之。錄功，以保靖為首，敕賜藎臣銀幣并三品服，令統兵益擊賊。先是，都司李經率保靖兵追倭至新場，倭二千人伏不出，保靖土舍彭翅引軍探之，中伏，與所部皆死，贈翅一官并賜棺殮具。及是，以王江涇捷，進藎臣為昭毅將軍。既[而]又調保靖土兵六千赴總督軍前，從胡宗憲請也。……復加藎臣右參政，管宣慰司事，仍賞銀幣。

萬曆四十七年調保靖兵五千，命宣慰彭象乾親統援遼。四十八年加象乾指揮使。象乾至涿州病，中夜兵逃散者三千餘人。部臣以聞。帝嚴旨責統兵者，并敕監軍道沿途招撫。明年，象乾病不能行，遣其子姪率親兵出關，戰於渾河，全軍皆殁（應作沒）。天啓二年進象乾都督僉事，贈彭象周、彭緄、彭天祐各都司僉書，以渾河之役一門殉戰，義烈為諸土司冠云。

　　光旦：《湖廣土司》各傳中，先後用"土人""土蠻"之稱，顯與一般"土"字之用法有所不同，"土家"之稱，在明代當地應已是流行之詞，所以別於漢家、苗家者。

[土家]（慈利）

《明史》卷四四《地理志五》：

［湖廣岳州府澧州］慈利［縣］(……西南有天門山，有檳榔洞，與瑤分界。)

光旦：瑤定誤。查此一帶皆今日所稱之"土家"，或主要爲土家，覃垕之起事可證。然"土家"之名，不見於史，地方志明言之者亦罕，往往被稱爲瑤或苗或獠，其被妄指爲瑤，宋初之秦再雄即其先例矣。秦本覃也，爲巴、土姓不疑。

[土家]（湖南慈利）

《明史》卷二：

[洪武三年四]月，慈利土官覃垕作亂。……十月……癸亥，周德興爲征南將軍，討覃垕，垕遁。

《明史》卷一二九《楊璟傳》：

璟遷湖廣行省平章（時在攻蜀亡明氏之後）。慈利土官覃垕搆諸洞蠻爲亂，命帥師往討，連敗之。垕詐降，璟使部卒往報，爲所執。太祖遣使讓璟。璟督戰士力攻，賊乃遁。

光旦：此應是洪武二年事，因下文接言"三年"之事。是則因覃氏遁而未滅，斯有三年周德興專討之舉，即此片第一條。

《明史》卷一三二《周德興傳》：

[洪武三年，]慈利土酋覃垕連茅岡諸寨爲亂，長沙洞苗俱煽動。太祖命德興爲征蠻將軍①，帥師討平之。……

光旦："土酋"之"土"非泛泛言之者，應即"土家"之"土"。

光旦：明初長沙附近尚有少數民族。此言苗不必即今日所瞭解者，其間必有"土家"。

蜀平，論功，帝[賞德興而面責湯和]。且追數征蠻事，謂覃垕之役，楊璟不能克（即上第二條），趙庸中道返（前未見），功無與德興比者。

《明史》卷一三三《曹良臣傳》：

[洪武四年，]會周德興拔茅岡覃垕寨。

---

① 標點本《校勘記》：征蠻將軍，據《明史》卷二《太祖紀》、卷三一〇《湖廣土司傳》、《太祖實錄》卷五七洪武三年十月癸亥條應爲"征南將軍"。——整理者注

[土家]（慈利蠻）

《明史》卷一二三《張士誠傳》：

　　李伯昇仕士誠至司徒，既降，[太祖]命仍故官，進中書平章同知詹事府事。嘗將兵討平湖廣慈利蠻；又爲征南右副將軍，同吳良討靖州蠻。

　　光旦：年份不詳，或與周德興所領之役有係。

[土家]（辰、澧諸蠻）

《明史》卷一二六《鄧愈傳》：

　　[洪武]五年，辰、澧諸蠻作亂，以愈爲征南將軍，江夏侯周德興、江陰侯吳良爲副，討之。愈帥楊璟、黃彬出澧州，克四十八洞。

《明史》卷一二九《楊璟傳》：

　　[洪武五年，璟]充副將軍，從鄧愈討定辰、沅蠻寇。

　　光旦：二條是一事，然上條作辰、澧，此作辰、沅，不一致，應以澧更爲近實。

《明史》卷一三〇《康茂才傳》：

　　[茂才子鐸嘗]帥兵征辰州蠻。

　　光旦：與上二條亦似一事。

《明史》卷一三〇《吳復傳》：

　　[洪武五]年從鄧愈平九溪、辰州諸蠻，克四十八洞。

　　光旦：與上各條均一事，此條具體到"九溪"，更見《楊璟傳》之辰、沅應作辰、澧。

[土家]（辰溪）

《明史》卷三一三《雲南土司傳·曲靖[府]》：

　　洪武……二十二年……帝以平夷尤當要衝，四面皆諸蠻（彝也）部落，乃遣開國公常昇往辰陽（今辰溪）集民間丁壯五千人，統以右軍都督僉事王成，即平夷千戶所改置衛。

　　光旦：選擇辰溪者蓋有故。其地多土家人，雖已漢化，而巴人尚武善戰之風猶存，能多出丁壯，且又不憚遠戍，明祖亦頗知之。參"白芳子"片。然此已作官兵論，而非土兵。

[土家]（施州蠻）

《明史》卷二：

[洪武]十四年……九月……丙午，周德興移師討施州蠻，平之。

光旦：移師，從五溪移師也，討五溪蠻在是年五月，見別片，由是可知五溪蠻之受討者亦以土家爲主也。

光旦：此即宋以來見於記錄之"白芇"，片眉稱土家者，從地方習慣也。

《明史》卷三：

[洪武]二十三年……閏[四]月丙子，藍玉平施南、忠建叛蠻。

[土家]（散毛……）

《明史》卷二：

[洪武]五年……四月……庚子，鄧愈平散毛諸洞蠻。

光旦：此是否稱土家，尚未可必，然與湘西北土家同出一源，皆巴人之後，則無疑也。

光旦：嚴格言之，可稱白芇。

光旦：鄧愈於是年正月奉命出征，見"洞蠻"片。

《明史》卷三：

[洪武]二十三年……六月乙丑，藍玉遣鳳翔侯張龍平都勻、散毛諸蠻。

光旦：不知何以與都勻連在一處。

[土家]（容美）

《明史》卷一三〇《仇成傳》：

[洪武]二十年充征南副將軍，討平容美諸峒。

光旦：今湖北鶴峯縣境，跨部分五峰縣境。

光旦：參清人顧彩，《容美紀游》。

《明史》卷一三二《藍玉傳》附《曹震傳》：

[洪武十五年，雲南平後，震]請討容美、散毛諸洞蠻……詔不許。

《明史》卷一三三《曹良臣傳》：

[洪武四]年從伐蜀，克歸州山寨，取容美諸土司。

光旦：容美與歸州相去尚遠，且隔江，豈明初歸州境內尚有"白芇"乎？或所云山寨完全與"白芇"無干，而是漢民之右蜀者。

[土家]（酉陽）

《明史》卷二〇〇《張岳傳》：

> [嘉靖間，張岳討湘、黔苗，湘西及黔東銅仁一帶暫告平息。既而]酉陽宣慰冉元喉[苗首龍]許保、[吳]黑苗突思州，劫執知府李允簡。……已而冉元謀露，岳發其奸。元賄嚴世蕃責岳絕苗黨，[藉以自脱。]（參"苗（湘、黔）——與張岳"片。）

> 光旦：酉陽之土家冉氏，其先應來自北周時之信州（今奉節），至唐代之冉人才，始與中原統治者有聯繫。亦巴人之後也。

> 光旦：思州本土家與苗舊地，永樂間改土歸流後，其人口中之土、苗成分尚多，原宣慰田氏或尚掌握一部分地方勢力，冉元此舉殆旨在收復土家已失之地盤乎？

> 光旦：冉元賄嚴世蕃，欲其責成岳"絕苗黨"（即擒取在逃之吳黑苗），固爲自脱計，然亦於以見民族矛盾，究其極，實乃階級矛盾。初之喉龍許保、吳黑苗，是以民族矛盾爲辭者也；後之通賄世蕃，欲張岳竟滅苗之功，是階級矛盾之終極表現，所謂圖窮匕首見也。元之與世蕃，民族異，而階級則同；元之與吳黑苗，雖同屬非漢族，苗究服屬於土家而屬於不同階級者。

[土家]（石砫）

《明史》卷二二：

> [天啓元年]十月……石砫宣撫使女土官秦良玉起兵討賊。

> > 光旦：賊指永寧宣撫奢崇明，時方圍成都，已據重慶。

《明史》卷二四：

> [崇禎]十三年……五月，羅汝才犯夔州，石砫女官秦良玉連戰卻之。……羅汝才走大寧。

[土家]（思州蠻）

《明史》卷三：

> [洪武]十八年……四月……丙辰，思州蠻叛，湯和爲征虜將軍，周德興爲副將軍，帥師從楚王楨討之。

> 光旦：其首領田氏也。然當是亦不乏其它民族。

[土家]（思州、思南）

《明史》卷一四四《顧成傳》：

[永樂]六年……思州宣慰使田琛與思南宣慰使田宗鼎搆兵，詔成以兵五萬壓其境。琛等就擒。於是分思州、思南地更置州縣。遂設貴州布政司。

土家——土兵

見"總錄——土兵"片。

[土家]——土兵

《明史》卷三〇八《嚴嵩傳·趙文華附傳》：

東南倭患棘……總督尚書張經方徵四方及狼、土兵，議大舉，自以位文華上（文華僅通政使加工部右侍郎，然與嵩結爲父子，於時被命祭告海神並察倭情），心輕之。文華不悅。狼兵稍有斬獲功，文華厚犒之，使進勦（文華何以有此權，欠交代），至漕涇戰敗，亡頭目十四人。文華恚，數趣經進兵。（又何以有此權？）經慮文華輕淺洩師期，不以告。文華益怒，劾經養寇失機。疏方上，經大捷王江涇。文華攘其功，謂己與巡按胡宗憲督師所致。經竟論死。（文華只祭告海神與視察倭情，何來督師？何得攘功？雖曰因嚴嵩關係，無所不可，於史筆上究欠清楚交代。）

[土家]——"土兵"

《明史》卷三一〇《土司列傳·湖廣土司》：

永、保諸宣慰，世席富強，每遇征伐，輒願荷戈前驅，國家亦賴以撻伐，故永、保兵號爲虓雄。嘉、隆以還，徵符四出，而湖南土司均備臂指矣。

《明史》卷三一〇《土司列傳·湖廣土司》：

（永、保土兵紀律不佳，見"[土家]（永順）——沿革"片。）

土　獠

見"獠（土獠）"片。

土魯番

土魯番

《明史》卷一三：

> ［成化九年正］月，土魯番速檀阿力破哈密，據之。
>
> > 光旦：土魯番於永樂十三年起屢屢入貢，見"總錄——明與西域"片。

《明史》卷一三：

> ［成化十］年……土魯番入貢。

《明史》卷一三：

> ［成化十一］年，土魯番……入貢。

《明史》卷一四：

> ［成化十二］年，土魯番……入貢。

《明史》卷一四：

> ［成化十六］年……土魯番……入貢。

《明史》卷一四：

> ［成化十八］年……土魯番……入貢。
>
> > 光旦：查是年罕慎復哈密城，土魯番與哈密各自入貢。

《明史》卷一四：

> ［成化二十］年……土魯番入貢。

《明史》卷一五：

> ［成化二十三］年……土魯番……入貢。

《明史》卷一五：

> ［弘治元］年，土魯番殺［哈密］忠順王罕慎，復據哈密。

《明史》卷一五：

> ［弘治二］年，土魯番入貢。

《明史》卷一五：

> ［弘治三］年……土魯番入貢。

《明史》卷一五：

> ［弘治］四年……土魯番以哈密地及金印來歸。

《明史》卷一五：

[弘治五]年……土魯番入貢。

《明史》卷一五：

[弘治]六年……四月己亥，土魯番速檀阿黑麻襲執[哈密]陝巴，據哈密。

《明史》卷一五：

[弘治六]年……土魯番……入貢。

《明史》卷一五：

[弘治七]年……以土魯番據哈密，卻其貢使。

《明史》卷一五：

[弘治]十年……十一月庚子，土魯番歸陝巴，乞通貢。

《明史》卷一五：

[弘治十一]年……土魯番……入貢。

《明史》卷一五：

[弘治十二]年……土魯番……入貢。

《明史》卷一五：

[弘治十三]年……土魯番……入貢。

《明史》卷一五：

[弘治十六]年……土魯番……入貢。

《明史》卷一六：

[正德四]年……土魯番……入貢。

《明史》卷一六：

[正德五]年……土魯番……入貢。

《明史》卷一六：

[正德]八年……土魯番襲據哈密。

《明史》卷一六：

[正德]十一年……五月庚寅，土魯番以哈密來歸。

[同年]九月，土魯番復據哈密，侵肅州，殺遊擊芮寧。

《明史》卷一六：

[正德]十二年……四月……丙辰，副總兵鄭廉敗土魯番於瓜州。

《明史》卷一六：

[正德十五]年……土魯番入貢。

《明史》卷一七：

[嘉靖二]年……土魯番……入貢。

《明史》卷一七：

[嘉靖]三年……九月……丙戌，土魯番入寇，圍肅州。兵部尚書金獻民總制軍務，署都督僉事杭雄充總兵官，太監張忠提督軍務，禦之。……

十二月壬子，甘、涼寇退，召金獻民還。

《明史》卷一七：

[嘉靖八]年……土魯番入貢。

《明史》卷一七：

[嘉靖十一]年……土魯番……入貢。

《明史》卷一七：

[嘉靖十二]年，土魯番……入貢。

《明史》卷一七：

[嘉靖十六]年，土魯番……入貢。

《明史》卷一七：

[嘉靖十七]年……土魯番入貢。

《明史》卷一八：

[嘉靖二十二]年……土魯番……入貢。

《明史》卷一八：

[嘉靖二十五]年，土魯番入貢。

《明史》卷一八：

[嘉靖三十三]年……土魯番……入貢。

《明史》卷一八：

[嘉靖三十八]年，土魯番……入貢。

《明史》卷一九：

[嘉靖四十五]年，土魯番入貢。

《明史》卷一九：

[隆慶三]年……土魯番入貢。

《明史》卷一九：

[隆慶五]年……土魯番入貢。

《明史》卷二〇：

[萬曆三]年……土魯番入貢。

《明史》卷二〇：
〔萬曆四〕年……土魯番……入貢。

《明史》卷二〇：
〔萬曆九〕年……土魯番……入貢。

《明史》卷二〇：
〔萬曆十三〕年，土魯番……入貢。

《明史》卷二〇：
〔萬曆十四〕年，土魯番入貢。

《明史》卷二〇：
〔萬曆二十〕年……土魯番入貢。

《明史》卷二一：
〔萬曆四十二〕年……土魯番入貢。

《明史》卷二一：
〔萬曆四十六〕年，土魯番……入貢。

《明史》卷二二：
〔天啓元〕年……土魯番……入貢。

《明史》卷二四：
〔崇禎十一〕年，土魯番……入貢。

《明史》卷九一《兵志三》(論西北邊防)：
是時(弘治十四年前後)陝邊惟甘肅稍安，而哈密屢爲土魯番所擾，乃敕修嘉峪關。

《明史》卷一五六《李英傳·從子文附傳》：
成化中，哈密爲土魯番所併，求救於朝。詔文與右通政劉文往甘肅經略之，無功而還。

《明史》卷一六八《劉吉傳》：
〔弘治三年，〕土魯番使者貢獅子還，帝令内閣草敕，遣中官送之。吉等言不宜優寵太過，使番戎輕中國。事遂寢。

《明史》卷一七四《周賢傳·子玉附傳》：
〔弘治間(弘治四年秋，參"畏兀兒(土魯番)")〕土魯番貢獅子，願獻還哈密城及金印，贖所留使者。玉(時以右都督鎮甘肅)爲之奏，帝命與巡撫王繼經畫。既〔而〕果來歸。

《明史》卷一七四《王璽傳》：

……（成化十七年，璽助罕慎從土魯番牙蘭收復哈密，見"哈密"片，此不另録。）

《明史》卷一七四《劉寧傳》：

［弘治八年（時寧以右都督，佩平羌將軍印鎮甘肅），］與巡撫許進襲破土魯番於哈密。進左都督。

《明史》卷一七四《彭清傳》：

……（同上條事，劉寧爲當時甘肅總兵官而清爲其副，哈密之收復，清功實居多，見"哈密"片，此處不複録。）

《明史》卷一七四《杭雄傳》：

嘉靖……三年秋，土魯番侵甘肅，詔尚書金獻民視師，以雄（時爲都督僉事）佩平虜大將軍印充總兵官提督陝西、延綏、寧夏、甘肅四鎮軍務。……甫至，寇已破走。

《明史》卷一八二《馬文升傳》：

土魯番既襲執陝巴（哈密首領），而令牙蘭據守哈密，僭稱可汗，侵沙州，迫罕東諸部附己。文升（時爲兵部尚書）議，此寇桀驁，不大創終不知畏，宜用漢陳湯故事襲斬之。察指揮楊翥熟番情，召詢以方略。翥備陳罕東至哈密道路，請調罕東兵三千爲前鋒，漢兵三千繼之，持數日糧，間道兼程進，可得志。文升……遂請……敕發罕東、赤斤、哈密兵，令副總兵彭清將之，隸巡撫許進往討，果克之。語詳《進傳》。

光旦：參其它有關諸條，事在弘治八年。

《明史》卷一八三《周經傳》：

土魯番貢獅子不由甘肅，假道滿剌加，浮海至廣東。經（時弘治三年，參"畏兀兒（土魯番）"，經爲禮部右侍郎）倡議……卻貢不與通。

光旦：土魯番而走海路，當是經印度爲之，惜不詳當時具體情况，然獅子來自非洲，而貢出西域，貢道則經印度洋，三地之商業關係當時必已甚多，可推而知也。

《明史》卷一八三《耿裕傳》：

初，撒馬兒罕及土魯番皆貢獅子，甘肅鎮守太監傅惪先圖形以進，巡按御史陳瑶請卻之。裕（時爲禮部尚書）等乞從瑶請，而治惪違詔罪。帝（孝宗，時弘治初年）不從。後番使（土魯番使，見"畏兀兒（土魯番）"再至，留京師，頻有宣召。裕等言："番人不道，因朝貢許其自新（此應是專指土魯番）。彼復潛稱可汗，興兵犯順。陛下優假其使，適遇倔強之時（時哈密尚未收復，事應在弘治三年，見"畏兀兒（土魯番）"），彼將謂天朝畏之，益長桀驁。且獅子野獸，無足珍異。"帝即遣其使還。

《明史》卷一八五《李介傳·子昆附傳》：

……（正德十年，彭澤與昆經略哈密，遏止強寇，即土魯番，見"哈密"片。）

《明史》卷一九二《張璁傳》：

[彭澤嘗遣使土魯番，許以金幣贖哈密城印。]（見"哈密"片，此不複錄。）

土魯番——與許進用兵

《明史》卷一八六《許進傳》：

弘治……七年遷陝西按察使。土魯番阿黑麻攻陷哈密，執忠順王陝巴去，使其將牙蘭守之。尚書馬文升謂復哈密非進不可，乃薦爲右僉都御史巡撫甘肅。明年涖鎮，告諸將曰："小醜陸梁，謂我不敢深入耳。堂堂天朝不能發一鏃塞外，何以慰遠人。"諸將難之。乃獨與總兵官劉寧謀，厚結小列禿，使以四千騎往，殺數百人，小列禿中流矢卒。小列禿故與土魯番世相讎，及死，其子卜六阿歹益憤。進復厚結之，使斷賊道，無令東援牙蘭，而重犒赤斤、罕東及哈密遺種之居苦峪者，令出兵助討。

十一月（弘治八年），副將彭清以精騎千五百出嘉峪關前行，寧與中官陸誾統二千五百騎繼之。越八日，諸軍俱會，羽集乜川。……時番兵俱集，惟罕東兵未至，衆欲待之。進曰："潛師遠襲，利在捷速，兵已足用，不須待也。"及明，冒雪倍道進。又六日奄至哈密城下。牙蘭已先遁去，餘賊拒守。官軍四面並進，拔其城，獲陝巴妻女。賊退保土剌。土剌，華言大臺也。守者八百人，諸軍再戰不下。問其俘，則皆哈密人爲牙蘭所劫者，進乃令勿攻。……遣使撫諭即下。於是探牙蘭所嚮，分守要害，而疏請懷輯罕東諸衛爲援，散土魯番黨與孤其勢。遂班師。……加右副都御史。

光旦：小列禿關係，未詳。

土魯番

《明史》卷一九四《金獻民傳》：

土魯番速檀滿速兒寇肅州，命獻民[以兵部尚書]兼右都御史總制陝西四鎮軍務。比至蘭州，巡撫陳九疇已破敵。獻民再以捷聞。

　　光旦：此嘉靖三年事，核對帝紀片。

　　光旦：速檀，當即英文之Sultan，伊斯蘭教政教合一之高級官稱也。

滿速兒，名。

《明史》卷一九八《楊一清傳》：

　　嘉靖三年……改兵部尚書、左都御史，[三度]總制陝西三邊軍務。……土魯番求貢，陳九疇欲絕之，一清則請撫。

　　光旦：事似即在嘉靖三年。

《明史》卷一九八《王瓊傳》：

　　[嘉靖七年，]以兵部尚書兼右都御史……督陝西三邊軍務。土魯番據哈密，廷議閉關絕其貢，四年矣。至是，其將牙木蘭（前有牙蘭，應是一人——光旦）為酋速檀滿速兒所疑，率衆二千求內屬。沙州番人帖木哥、土巴等素為土魯番役屬者，苦其徵求，亦率五千餘人入附。番人來寇，連為參將雲昌等所敗。其引瓦剌寇肅州者，遊擊彭濬擊退之。賊既失援，又數失利，乃獻還哈密，求通貢，乞歸羈留使臣，而語多謾。瓊奏乞撫納。帝……如瓊請。霍韜難之，瓊再疏請，詔還番使，通貢如故。自是西域復定。

土魯番——與彭澤

《明史》卷一八六《彭澤傳》：

　　土魯番據哈密，執忠順王速檀拜牙郎，以其印去，投謾書甘肅，要索金幣。總制鄧璋、甘肅巡撫趙鑑以聞，請遣大臣經略。……[澤以左都御史受命行，]至甘州，土魯番方寇赤斤、苦峪諸衛，遣使索金幣，請還哈密。澤以番人可利啗也，與鑑謀，遣哈密都督寫亦虎仙以幣二千、銀酒鎗一賂之，令還哈密城印。未得報，輒奏事平，乞……召還……巡按御史馮時雍言城未歸，澤不宜遽召。不納。……澤還理院事。

　　寫亦虎仙者，素桀黠。雖居肅州，陰通土魯番酋速檀滿速兒，為之耳目，據城奪印皆其謀。澤初不知而遣之。滿速兒以城、印來歸，留速檀拜牙郎如故。虎仙復啗使入寇，曰："肅州可得也。"滿速兒悦，使其壻馬黑木隨入貢，以覘虛實，且徵賄。[時]澤已還，鑑亦遷[官]去，李昆代巡撫，慮他變，質其使於甘州，而驅虎仙出關。虎仙懼弗去。滿速兒聞之怒，復取哈密，分兵據沙州，自率萬騎寇嘉峪關。游擊芮寧與參將蔣存禮禦之。寧以七百人先遇寇沙子壩。寇圍寧，而分兵綴存禮軍。寧軍盡沒。遂墮（隳？）城堡，縱殺掠。詔澤提督三邊軍務往禦。會副使陳九疇繫其使失拜煙答及虎仙等，內應絶，乃復求和。澤兵遂罷。……

失拜煙答子訟父冤，下法司議，釋寫亦虎仙等。

　　光旦：無具體年份，應作正德下半葉（八年至十四年，見"哈密——沿革"）。

　　光旦：哈密之速檀拜牙郎、土魯番之速檀滿速兒，既號速檀，應是信伊斯蘭教之維吾爾人，寫亦虎仙、失拜煙答亦是。

　　光旦：別片言王瓊欲殺彭澤，即以前之賂遺及後嘉峪關之敗爲澤罪云。

土魯番

《明史》卷一九九《胡世寧傳》：

　　［世寧代王時中爲兵部尚書。］……土魯番貢使乞歸哈密城，易降人牙木蘭。王瓊上其事。世寧言："先朝不惜棄大寧、交阯，何有於哈密。況初封忠順爲我外藩，而自罕慎以來三爲土魯番所執，遂狎與戎比，以疲我中國，耗財老師，戎得挾以邀索。臣以爲此與國初所封元孽和順、寧順、安定三王等耳。安定在哈密，內近甘肅，今存亡不可知，我一切不問，獨重哈密何也？宜專守河西，謝絶哈密。牙木蘭本曲先衛人，反正歸順，非納降比，彼安得索之，唐悉怛謀事可鑑也。"

張璁等皆主瓊議，格不用，獨留牙木蘭不遣。

　　光旦：事在嘉靖初，應在九年前（嘉靖七年，見"哈密——沿革"）。

　　光旦：土魯番、哈密似均維吾爾；牙木蘭既曲先衛人，疑本蒙古。於此亦見元以降之蒙、維關係仍密。

　　光旦：安定等三王皆蒙古。"安定在哈密"應是指亦在哈密地區，不必哈密城。"今存亡不可知"，不知是否意味着爲維吾爾所併。

《明史》卷二〇一《周金傳》：

　　朝議用兵土魯番，復哈密。金（時爲户科都給事中）言西邊虛憊，而土魯番險遠，且青海之寇窺伺西寧（此何寇，指蒙古亦不剌等，參"西番——西番諸衛"），不宜計哈密。已［而］卒從金議。

　　光旦：事在正德末葉，最遲不到嘉靖；其後發展爲上條事。

土魯番——與陳九疇

《明史》卷二〇四《陳九疇傳》：

遷肅州兵備副使。總督彭澤之賂土魯番也，遣哈密都督寫亦虎仙往。九疇奮曰："彭公受天子命，制邊疆，不能身當利害，何但模棱爲！"乃練卒伍，繕營壘，常若臨大敵。寫亦虎仙果通賊。番酋速檀滿速兒犯嘉峪關，遊擊芮寧敗死。尋復遣斬巴思等以馳馬乞和，而陰遣書虎仙及其姻黨阿剌思罕兒、失拜烟答等俾內應。九疇知賊計，執阿剌思罕兒及斬巴思付獄。通事毛鑑等守之。鑑等故與通，欲縱去，衆番皆伺隙爲變。九疇覺之，僇鑑等。賊失內應，遂拔帳走。兵部尚書王瓊惡澤，并坐九疇失事罪……以失拜烟答繫死爲罪……

　　光旦：此正德近末事，九年至十三年（見"哈密——沿革"）。

嘉靖三年，速檀滿速兒復以二萬餘騎圍肅州。九疇（時以右僉都御史巡撫甘肅）自甘州晝夜馳入城，射賊，賊多死。已[而]又出兵擊走之。其分掠甘州者，亦爲總兵官姜奭所敗。……進副都御史……

九疇上言："番賊敢入犯者，以我納其朝貢，縱商販，使得稔虛實也。寫亦虎仙逆謀已露，輸貨權門，轉蒙寵幸，以犯邊之寇爲來享之賓。邊臣怵利害，拱手聽命，致內屬番人勾連接引，以至於今。今即不能如漢武興大宛之師，亦當效光武絕西域之計。先後入貢未歸者二百人，宜安置兩粵，其謀逆有迹者加之刑僇，則賊內無所恃，必不復有侵軼。倘更包含隱忍，恐河西十五衛所永無息肩之期也。"事下，總制楊一清頗採其議。四年春致仕歸。

初，土魯番敗遁，都指揮王輔言速檀滿速兒及牙木蘭俱死於礆，九疇以聞。後二人上表求通貢，帝怪且疑。而番人先在京師者爲蜚語，言肅州之圍由九疇激之，帝益信。會百戶王邦奇訐楊廷和、彭澤，詞連九疇。吏部尚書桂萼等欲緣九疇以傾澤，因請許通貢，而追治九疇激變狀。大學士一清言事已前決。帝不聽，逮下詔獄。

刑部尚書胡世寧言於朝曰："世寧司刑而殺忠臣，寧殺世寧。"乃上疏爲訟冤曰："番人變詐，妄騰謗讟，欲害我謀臣耳。夫其畜謀內寇，爲日已久。一旦擁兵深入，諸番約內應，非九疇先幾奮僇，且近遣屬夷卻其營帳，遠交瓦剌擾其窟巢，使彼內顧而返，則肅州孤城豈復能保。臣以爲文臣之有勇知兵、忘身殉國者，無如九疇，宜番人深忌而欲殺也。惟聽部下卒妄報，以滿速兒等爲已死，則其罪有不免耳。"……[仍]謫戍極邊。

土魯番

《明史》卷二一七《吳道南傳》：

　　土魯番貢玉，請勿納（時道南爲禮部右侍郎，署部事，約在萬曆二十年代）。

《明史》卷二七九《呂大器傳》：

　　崇禎……十四年，擢右僉都御史巡撫甘肅。劾總兵官柴時華不法……時華乞兵西部（蒙古）及土魯番爲變，大器令［王］世寵（代時華爲總兵官，本爲副總兵官）討敗時華及西部，時華自焚死。（未言討敗土魯番，土魯番究助時華與同被討敗否，不詳。）

《明史》卷三二八《瓦剌傳》：

　　弘治初……土魯番據哈密，都御史許進……金帛厚啗［瓦剌（時已式微，所啗爲火兒忽力、火兒古倒溫二部）］，令以兵擊走之。

《明史》卷三二八《瓦剌傳》：

　　正德十三年，土魯番犯肅州。守臣陳九疇……遺［瓦剌部長］卜六王（時駐屯把思瀾）綵幣，使乘虛襲破土魯番三城，殺擄以萬計。土魯番畏逼，與之和。嘉靖九年，復以議婚相仇隙（自是土、瓦之間議婚）。土魯番益强，瓦剌數困敗。

《明史》卷三二九《哈密衛傳》：

　　（土魯番與哈密長期糾紛，見"哈密——沿革"片。）

《明史》卷三三二《撒馬兒罕傳》：

　　［嘉靖］十二年……樞臣王憲等謂："……弘、正間，土魯番十三［次］入貢。"

［土族？］

《明史》卷二〇：

　　［萬曆］十年……四月……甲午，寧夏土軍馬景殺參將許汝繼，巡撫都御史晉應槐討誅之。

　　光旦：疑與今日之土族有涉。

佤？

《明史》卷三〇五《宦官傳二·梁永傳·楊榮附傳》：

[萬曆三十四]年，楊榮爲雲南人所殺。初，榮妄奏阿瓦、猛密諸番願內屬，其地有寶井，可歲益數十萬，願賜敕領其事。帝許之。既而榮所進不得什一，乃誣知府熊鐸侵匿，下法司。……

光旦：此阿瓦不知是即今佤佤否。更有可能爲緬北之阿瓦城。姑列此。

維摩（彝＋獠？）

《明史》卷一二六《沐英傳》：

洪武二十六年，維摩十一寨亂，[英長子春]遣瞿能討平之。

光旦：地名，不是族名，然出民族語言，在今雲南東部邱北縣及其附近。此一帶，1956年民族分布圖只說"其它少數民族"，當是情況甚雜，一時無法分析指名。以余推之，當以所稱"土獠"爲主，亦舊時獠人之遺而經分化者也，猶之桂有仫佬、毛難，黔有侗、水，第尚不成名目耳，故此處亦只以寨名舉之。然"維摩"亦州名，元設維摩千戶，後改州，明因之，明初且建土城於今邱北縣西。明又曾移若干交趾叛民於此。

光旦：又查《古今地名辭典》"瀘西縣"條云："唐東爨烏蠻彌鹿等部居之。"是初則彝也。又云："後爲師宗、彌勒、維摩三部所據，歷蒙氏、段氏皆不能制。"是則維摩初亦部名，但疑已不是爨之屬，而另有由來，故蒙、段皆不能制，是則上文獠之說仍不爲全無着落也。

[維吾爾]

見"畏兀兒"、"撒里畏兀兒"片。

畏兀兒

見"土魯番"片。

《明史》卷二：

[洪武七]年……畏兀兒入貢。
《明史》卷三三〇《哈梅里傳》：
　　[洪武十四]年五月，[哈梅里地方故元諸王兀納失里]遣回回阿老丁來朝貢馬。詔賜文綺，遣往畏吾兒之地詔諭諸番。

畏兀兒（哈密）

《明史》卷三二九《哈密衛傳》：
　　洪武中，太祖既定畏兀兒地，置安定等衛，漸逼哈密。[元所封肅王]安克帖木兒懼，將納款。
　　　　光旦：是"畏兀兒地"東至哈密以東，包括安定等衛地在內。
《明史》卷三二九《哈密衛傳》：
　　[哈密之]地種落雜居。一曰回回，一曰畏兀兒，一曰哈剌灰，其頭目不相統屬，[哈密忠順]王莫能節制。
《明史》卷三二九《哈密衛傳》：
　　[成化]九年……遣都督同知李文、右通政劉文赴甘肅經略[哈密受土魯番攻占事]。……[尋]檄都督罕慎及赤斤、罕東、乜克力、[畏兀兒]諸部集兵進討。十年冬，兵至卜隆吉兒川，諜報[敵勢甚強，且更將東侵，乃]不敢進，[令各退守]……罕慎及乜克力、畏兀兒之眾退居苦峪……
　　　　光旦：是哈密之畏兀兒亦有與蒙古統治上層合作而對之效忠者。
《明史》卷三二九《哈密衛傳》：
　　[弘治四年，兵部尚書馬]文升……言：[哈密]"番人重種類，且素服蒙古，哈密故有回回、畏兀兒、哈剌灰三種，北山又有小列禿、乜克力相侵逼，非得蒙古後裔鎮之不可……"

畏兀兒（哈密、柳城）

《明史》卷三二九《哈密衛傳》：
　　[嘉靖七年正月，刑部尚書胡世寧疏救甘肅巡撫陳九疇，主棄哈密不予興復，有云：]"拜牙即（最後一代之哈密忠順王）久歸土魯番（自正統八年至此已十五六年）……回回一種，早已歸之（應是同入土魯番）。哈剌灰、畏兀兒二族逃附肅州已久，不可驅之出關。"[是哈密實已無可興復。]
《明史》卷三二九《柳城傳》：

柳城，一名魯陳，又名柳陳城，即後漢柳中地，西域長史所治。唐置柳中縣。西去火州七十里，東去哈密千里。經一大川……渡流沙，在火山下有城屹然，廣二三里，即柳城也。四面皆田園……葡萄最多，小而甘，無核，名鎖子葡萄。……土人純樸，男子椎結，婦人蒙皁布，其語音類畏兀兒。

永樂四年，劉帖木兒使別失八里，因命齎綵幣賜柳城酋長。

明年，其萬戶瓦赤剌即遣使來貢。

七年，傅安自西域還，其酋復遣使隨入貢。帝即命安齎綺帛報之。

十一年夏，遣使隨白阿兒忻台入貢。冬，萬戶觀音奴再遣使隨安入貢。

二十年與哈密共貢羊二千。

宣德五年，頭目阿黑把失來貢。

正統五年、十三年並入貢。自後不復至。

柳城密邇火州、土魯番，凡天朝遣使及其酋長入貢，多與之偕。後土魯番強，二國（柳、火）並爲所滅。

畏兀兒（火州）

《明史》卷三二九《火州傳》：

火州，又名哈剌，在柳城西七十里，土魯番東三十里。即漢車師前王地。隋時爲高昌國。唐太宗滅高昌，以其地爲西州。宋時回鶻居之，嘗入貢。元名火州，與定安（應是安定）、曲先諸衛統號畏兀兒，置達魯花赤監治之。

永樂四年五月命鴻臚丞劉帖木兒護別失八里使者歸，因齎綵幣賜其王子哈散。

明年遣使貢玉璞方物。使臣言，回回行賈京師者，甘、涼軍士多私送出境，洩漏邊務。帝命御史往按，且敕總兵官宋晟嚴束之。

七年遣使偕哈烈、撒馬兒罕來貢。

十一年夏，都指揮白阿兒忻台遣使偕俺的千[1]、失剌思等九國來貢。秋，命陳誠、李遑等以璽書、文綺、紗羅、布帛往勞。

十三年冬，遣使隨誠來貢。自是久不至。

正統十三年復貢，後遂絕。

---

[1] 標點本《校勘記》：俺的千，據《明史稿》傳二〇二《火州傳》、《太宗實錄》卷一四〇永樂十一年六月癸酉條應爲"俺的干"。《明史》卷三三二有《俺的干傳》。——整理者注

其地……僧寺多於民居。東有荒城，即高昌國都。漢戊己校尉所治。西北連別失八里。國小不能自立，後爲土魯番所并。

畏兀兒（土魯番）

《明史》卷三二九《土魯番傳》：

土魯番，在火州西百里，去哈密千餘里，嘉峪關二千六百里。漢車師前王地。隋高昌國。唐滅高昌，置西州及交河縣，此則交河縣安樂城也。宋復名高昌，爲回鶻所據，賞（嘗）入貢。元設萬户府。

永樂四年遣官使別失八里，道其地，以綵幣賜之。其萬户賽因帖木兒（此應是蒙古）遣使貢玉璞。

明年達京師。

六年，其國番僧清來率徒法泉等朝貢。天子欲令化導番俗，即授爲灌頂慈慧圓智普通國師，徒七人並爲土魯番僧綱司官，賜賚甚厚。由是其徒來者不絕，貢名馬、海青及他物。天子亦數遣官獎勞之。

> 光旦：此番僧應不是喇嘛，而是舊有之佛教僧人，西域之由佛入伊斯蘭，至此蓋尚未完成。清來、法泉等僧名與内地和尚無別，且同爲僧綱，亦其徵也。

二十年（永樂），其酋尹吉兒察（此應是本族人？）……爲別失八里酋歪思所逐，走歸京師。天子憫之，命爲都督僉事，遣還故土。尹吉兒察德中國。

洪熙元年躬率部落來朝。

宣德元年亦如之。天子待之甚厚，還國病卒。

三年，其子滿哥帖木兒來朝。已而都督鎖恪弟猛哥帖木兒來朝，命爲指揮僉事。

五年，都指揮僉事也先帖木兒來朝。

> 光旦：明於土魯番未設衛所，何來如許都督、指揮……之類？孰爲蒙古，孰爲當地族人，亦無由分辨。

正統六年，朝議土魯番久失貢，因米昔兒（國名）使臣還，令齎鈔幣賜其酋巴剌麻兒。

明年遣使入貢。

初，其地介于闐、別失八里諸大國間，勢甚微弱。後侵掠火州、柳城，皆爲所并，國日強。其酋也密力火者（此應是當地族人）遂僭稱王。以景泰三年偕其妻及部下頭目各遣使入貢。

天順三年復貢，其使臣進秩者二十有四人。

先後命指揮白全、都指揮桑斌等使其國。

成化元年，禮官姚夔等定議，土魯番三年或五年一貢，貢不得過十人。

五年遣使來貢，其酋阿力自稱速檀（此爲本地族人無疑），奏求海青、鞍馬、蟒服、綵幣、器用。禮官言物多違禁，不可盡從。命賜綵幣、布帛。

明年（成化六年）復貢，奏求忽撥思箏、鼓羅、粘鐙、高麗布諸物。廷議不許。

時土魯番愈强，而哈密以無主削弱，阿力欲并之。

九年春，襲破其城，執王母，奪金印，分兵守之而去。朝廷命李文等經略，無功而還。阿力修貢如故，一歲中，使來者三。朝廷仍善待之，未嘗一語嚴詰。貢使益傲，求馴象。兵部言象以備儀衛，禮有進獻，無求索，乃卻其請。使臣復言已得哈密城池及瓦剌奄檀王（瓦剌本傳未見此王）人馬一萬，又收捕曲先并亦思渴頭目倒剌火只，乞朝廷遣使通道，往來和好。帝曰："迤西道無阻，不須遣官。阿力果誠心修貢，朝廷不計前愆，仍以禮待。"使臣復言，赤斤諸衛素與有仇，乞遣將士護行，且謂阿力雖得哈密，止以物產充貢，願質使臣家屬於邊，賜敕歸諭其王，獻還城印。帝從其護行之請，而賜敕諭阿力獻王母及城印，即和好如初。使臣還，復遣他使再入貢，而不還哈密。

十二年（成化）八月，甘州守臣言，番使謂王母已死，城、印俱存（城存何待言），俟朝廷往諭即獻還。帝[原]已卻其貢使，復俾入京。時大臣專務姑息，致遐方小醜無顧忌。

十四年（成化），阿力死，其子阿黑麻嗣爲速檀，遣使來貢。

十八年，哈密都督罕慎潛師襲哈密，克之。賊將牙蘭遁走。阿黑麻頗懼。朝議罕慎有功，將立爲王。阿黑麻聞之，怒曰："罕慎非忠順族，安得立！"乃僞與結婚。

弘治元年躬至哈密城下，誘罕慎盟，執殺之，復據其城，而遣使入貢；稱與罕慎締姻，乞賜蟒服及九龍渾金膝襴諸物。使至甘州，而罕慎之變已聞。朝廷亦不罪，但令還諭其主，歸我侵地。番賊知中國易與，不奉命，復遣使來貢。禮官議薄其賞，拘使臣，番賊稍懼。

三年（弘治）春，偕撒馬兒罕貢獅子，願獻還城印，朝廷亦還其使臣。禮官請卻勿納，帝不從。及使還，命內官張芾護行，諭內閣草敕。閣臣劉吉等言：

"阿黑麻背負天恩，殺我所立罕慎，宜遣大將直擣巢穴，滅其種類，始足雪中國之憤。或不即討，亦當如古帝王封玉門關，絕其貢使，猶不失大體。今寵其使臣，厚加優待，又遣中使伴送，此何理哉！陛下事遵成憲，乃無故召番人入大內看戲獅子，大賚御品，誇耀而出。都下聞之，咸爲駭嘆，謂祖宗以來從無此事。奈何屈萬乘之尊，爲奇獸之玩，俾異言異服之人，雜遝清嚴之地。況使臣滿剌土兒即罕慎外舅，忘主事讎，逆天無道。而阿黑麻聚集人馬，謀犯肅州，名雖奉貢，意實叵測。兵部議羈其使臣，正合事宜。若不停張苪之行，彼使臣還國，阿黑麻必謂中土帝王可通情希寵，大臣謀國，天子不聽，其奈我何。長番賊之志，損天朝之威，莫甚於此。"疏入，帝止苪行，而問閣臣興師、絕貢二事。吉等以時勢未能，但請薄其賜賚。因言飼獅日用二羊，十歲則七千二百羊矣，守獅日役校尉五十人，一歲則一萬八千人矣。若絕其餧養，聽其自斃，傳之千載，實爲美談。帝不能用。秋，又遣使從海道貢獅子（是何走法，參"土魯番"中卷一八三《周經傳》條），朝命卻之，其使乃潛詣京師。禮官請治沿途有司罪，仍卻其使。從之。當是時，中外乂安，大臣馬文升、耿裕輩，咸知國體，於貢使多所裁損。阿黑麻稍知中國有人。

四年（弘治）秋，遣使再貢獅子，願還金印及所據十一城。邊臣以聞，許之。果以城印來歸。

明年封陝巴爲忠順王，納之哈密，厚賜阿黑麻使臣，先所拘者盡釋還。

六年（弘治）春，其前使二十七人還，未出境，後使三十九人猶在京師，阿黑麻復襲陷哈密，執陝巴以去。帝命侍郎張海等經略，優待其使，俾得進見。禮官耿裕等諫曰："朝廷馭外番，宜惜大體。番使自去年入都，久不宣召，今春三月以來，宣召至再，且賜幣帛羊酒，正當謾書投入之時，小人何知，將謂朝廷恩禮視昔有加，乃畏我而然。事干國體，不可不慎。況此賊崛強無禮，久蓄不庭之心。所遣使臣，必其親信腹心，乃令出入禁掖，略無防閑。萬一奸宄窺伺，潛逞逆謀，雖悔何及。今其使寫亦、滿速兒等宴賚已竣，猶不肯行，日恐朝廷復宣召。夫不寶遠物，則遠人格。獅本野獸，不足爲奇，何至上煩鑾輿，屢加臨視，致荒徼小醜得覩聖顏，藉爲口實。"疏入，帝即遣還。張海等抵甘肅，遵朝議，卻其貢物，羈前後使臣一百七十二人於邊，閉嘉峪關，永絕貢道。而巡撫許進等又潛兵直擣哈密，走牙蘭。阿黑麻漸懼。其鄰邦不獲貢，胥怨阿黑麻。

十年冬，送還陝巴，款關求貢。廷議許之。

十二年，其使再求（疑是來之誤），命前使安置廣東者悉釋還。

十七年（仍弘治），阿黑麻死，諸子爭立，相仇殺。已而長子滿速兒嗣爲速檀，修貢如故。

明年，忠順王陝巴卒，子拜牙即襲，昏愚失道，國內益亂。而滿速兒桀黠變詐踰於父，復有吞哈密之志。

正德四年，其弟真帖木兒在甘州，貢使乞放還。朝議不許。[終]乃以甘州守臣奏送還。還即以邊情告其兄，共謀爲逆。

九年誘拜牙即叛，復據哈密。朝廷遣彭澤經略，贖還城印。其部下他只丁復據之，且導滿速兒犯肅州。自是，哈密不可復得，而患且中於甘肅。會中朝大臣自相傾陷，番酋覘知之，益肆讒搆，賊腹心得侍天子，中國體大虧，賊氣焰益盛。

十五年復許通貢。甘肅巡按潘倣言："番賊犯順，殺戮摽掠，慘不可勝言。今雖悔罪，果足贖前日萬一乎？數年以來，雖嘗閉關，未能問罪。今彼以困憊求通，且將窺我意向，探我虛實，緩我後圖，誘我重利。不於此時稍正其罪，將益啓輕慢之心，招反覆之釁，非所以尊中國馭外番也。況彼番文執難從之詞，示敢拒之狀，當悔罪求通之日，爲侮慢不恭之語，其變詐已見。若曰來者不拒，馭戎之常，盡略彼事之非，納求和之使，必將叨冒恩禮，飽饜賞餼，和市私販，滿載而歸。所欲既足，驕志復萌，少不慊心，動則藉口，反復之釁，且在目前。叛則未嘗加罪，而反獲鈔掠之利，來則未必見拒，而更有賜賚之榮，何憚不爲。臣謂宜乘窘迫之時，聊爲慴伏之計，雖納其悔過之詞，姑阻其來貢之使，降敕責其犯順，仍索歸還未盡之人。其番文可疑者，詳加詰問，使彼知中國尊嚴，天威難犯，庶幾反側不萌，歸服可久。"時王瓊力主款議，不納其言。

明年，世宗立，賊腹心寫亦虎仙伏誅，失所恃，再謀犯邊。

嘉靖三年寇肅州，掠甘州。

四年復寇肅州，皆失利去。於是卑詞求貢。會[張]璁、[桂]萼等起封疆之獄，遂陰庇滿速兒再許之貢，議已定。賊黨牙蘭者，本曲先人，幼爲番掠，長而黠健，阿力以妹妻之，握兵用事，久爲西陲患，至是獲罪其主。

七年夏，率所部二千人來降。[又]有帖木兒哥、土巴者（應是二人），俱沙州番族，土魯番役屬之，歲徵婦女牛馬，不勝侵暴，亦率其族屬數千帳來歸。邊臣悉處之內地。滿速兒怒，使其部下虎力納咱兒引瓦剌寇肅州，不勝，則復遣使求貢。總督王瓊請許之。詹事霍韜言："番人攻陷哈密以來，議者或請通貢，或請絕貢，聖諭必有悔罪番文然後許。今王瓊譯進之文，皆其部下小醜之語，無印信足憑。我遽許之，恐戎心益驕，後難駕馭。可虞者一。哈密城池雖稱獻還，然無實據，何以興復。或者遂有棄置不問之議，彼愈得志，必且劫我罕東，誘我赤斤，掠我瓜沙，外連瓦刺，內擾河西，而邊警無時息矣。可虞者二。牙蘭爲番酋腹心，擁衆來奔，而彼云不知所向，安知非詐降以誘我。他日犯邊，曰納我叛臣也。我不歸彼叛臣，彼不歸我哈密。自是西陲益多事，而哈密終無興復之期。可虞者三。牙蘭之來，日給廩餼，所費實多，猶曰羈縻之策不獲已也。倘番酋擁衆叩關，索彼叛人，將予之耶，抑拒之耶？又或牙蘭包藏禍心，搆變於內，內外協應，何以禦之？可虞者四。或曰今陝西饑困，甘肅孤危，哈密可棄也。臣則曰，保哈密所以保甘、陝也，保甘肅所以保陝西也。若以哈密難守即棄哈密，然則甘肅難守亦棄甘肅乎？昔文皇之立哈密也，因元遺孽力能自立，因而立之。彼假其名，我享其利。今忠順之嗣三絕矣，天之所廢，孰能興之。今於諸夷中求其雄傑能守哈密者，即畀金印，俾和輯諸番，爲我藩蔽，斯可矣，必求忠順之裔而立焉，多見其固也。"疏入，帝嘉其留心邊計，下兵部確議。尚書胡世寧等力言牙蘭不可棄，哈密不必興復，請專圖自治之策。帝深納其言。自是番酋許通貢，而哈密城印及忠順王存亡置不復問，河西稍獲休息，而滿速兒桀傲益甚矣。

十二年（嘉靖）遣[使]臣奏三事。一請追治巡撫陳九疇罪。一請遣官議和。一請還叛人牙蘭。詞多悖慢，朝廷不能罪，但戒以修職貢，無妄言。然自寫亦虎仙誅，他只丁陣殁，牙蘭又降，失其所倚賴，勢亦漸孤，部下各自雄長，稱土（應作王）入貢者多至十五人，政權亦不一。

十五年，甘肅巡撫趙載陳邊事，言："番酋屢服屢叛，我撫之太厚，信之太深，愈長其奸狡。今後入犯，宜戮其使臣，徙其從人於兩粵，閉關拒絕。即彼悔罪，亦但許奉貢，不得輒還從人。彼內有所牽，外有所畏，自不敢輕犯。"帝頗採其言。

二十四年，滿速兒死，長子沙嗣爲速檀。其弟馬黑麻亦稱速檀，分據哈密。已而兄弟鬩殺，馬黑麻乃結婚瓦刺以抗其兄，且墾田沙州，謀入犯。其部下來告。馬黑麻乃叩關求貢，復求內地安置。邊臣諭止之，乃還故土，與兄同處。總督張珩以聞。詔許其入貢。

二十六年（嘉靖）定令五歲一貢。

其後貢期如令，而來使益多。迨世宗末年，番文至二百四十八道（此句意義不清楚)。朝廷重違其情,咸爲給賜。

隆慶四年,馬黑麻嗣兄職,遣使謝恩。其弟瑣非等三人亦各稱速檀,遣使來貢。禮官請裁其犒賜,許附馬黑麻隨從之數(語亦不清)。可之。

迄萬曆朝,奉貢不絕。

光旦:土魯番與哈密不同,中原統治者之權力實未嘗伸入,元亦只設萬戶府,其萬戶當是蒙古人,至明,此萬戶者似不久即無形消滅,而明亦不復有所設置,任其自立速檀而亦不復加封。哈密不然,蒙古置王於此,明設衛,有都督、指揮等官,即以蒙古所設之王之後裔爲之,且亦加封爲王,如忠順、忠義之類。此不同者一。哈密之蒙古族統治者至正德八年始絕,其地方人口中之蒙古成分應不太少,而土魯番之民族成分則應十九爲畏兀兒,蒙古萬戶之後裔,入明以後不久,恐即亦畏兀兒化。此其不同者二。

畏兀兒(別失八里)

《明史》卷三三二《別失八里傳》:

別失八里,西域大國也。南接于闐,北連瓦剌,西抵撒馬兒罕,東抵火州,東南距嘉峪關三千七百里。或曰焉耆,或曰龜茲。元世祖時設宣慰司,尋改爲元帥府,其後以諸王鎮之。

洪武中,藍玉征沙漠,至捕魚兒海,獲撒馬兒罕商人數百。太祖遣官送之還,道經別失八里。其王黑的兒火者即遣千戶哈馬力丁等來朝,貢馬及海青,以二十四年七月達京師。帝喜,賜王綵幣十表裏,其使者皆有賜。

[同年(洪武二十四年)]九月命主事寬徹、御史韓敬、評事唐鉦使西域。以書諭黑的兒火者……(書詞從略。)徹等既至,王以其無厚賜,拘留之。敬、鉦二人得還。

三十年(洪武)正月復遣官齎書諭之曰:"朕即位以來,西方諸商來我中國互市者,邊將未嘗阻絕。朕復敕吏民善遇之,由是商人獲利,疆場無擾,是我中華大有惠於爾國也。前遣寬徹等往爾諸國通好,何故至今不返?吾於諸國,未嘗拘留一人,而爾顧拘留吾使,豈理也哉!是以近年回回入境者,亦令於中國互市,待徹歸放還。後諸人言有父母妻子,吾念其至情,悉縱遣之。今復使使諭爾,俾知朝廷恩意,毋梗塞道路,致啓兵端。……"徹乃得還。

成祖即位之冬,遣官齎璽書綵幣使其國。

未幾,黑的兒火者卒,子沙迷查干嗣。

永樂二年遣使貢玉璞、名馬，宴賚有加。

時哈密忠順王安克帖木兒爲可汗鬼力赤毒死，沙迷查干率師討之。帝嘉其義，遣使賚以綵幣，令與嗣忠順王脫脫敦睦。

四年夏來貢，命鴻臚寺丞劉帖木兒齎敕幣勞賜，與其使者偕行。秋、冬暨明年夏，三入貢，因言撒馬兒罕本其先世故地，請以兵復之。命中官把太、李達及劉帖木兒齎敕戒以審度而行，毋輕舉，因賜之綵幣。

六年（永樂），太等還，信（言字之誤）沙迷查干已卒，弟馬哈麻嗣。帝即命太等往祭，并賜其新王。

八年以朝使往撒馬兒罕者，馬哈麻待之厚，遣使齎綵幣賜之。

明年貢名馬、文豹。命給事中傅安送其使還，賚金織文綺。時瓦剌使者言馬哈麻將襲其部落，因諭以順天保境之義。

十一年，貢使將至甘肅，命所司宴勞，且敕總兵官李彬善遇之。

明年冬，有自西域還者，言馬哈麻母及弟相繼卒。帝愍之，命安齎敕慰問，賚以綵幣。

已而馬哈麻亦卒，無子，從子納黑失只罕嗣。

十四年（永樂）春，使來告喪。命安及中官李達弔祭，即封其嗣子爲王，賚文綺、弓刀、甲冑，其母亦有賜。

明年遣使來貢，言將嫁女撒馬兒罕，請以馬市妝奩。命中官李信等以綺、帛各五百匹助之。

十六年，貢使速哥言其王爲從弟歪思所弒，而自立，從其部落西去，更國號曰亦力把里。帝以番俗不足治，授速哥爲都督僉事，而遣中官楊忠等賜歪思弓刀、甲冑及文綺、綵幣，其頭目忽歹達等七十餘人並有賜。自是，奉貢不絶。

宣德元年，帝嘉其尊事朝廷，遣使賜之鈔幣。

明年入貢，授其正、副使爲指揮、千戶，賜誥命、冠帶。自後使臣多授官。

三年貢駝馬。命指揮昌英等齎璽書、綵幣報之。時歪思連歲貢，而其母鎖魯檀哈敦亦連三歲來貢。

歪思卒，子也先不花嗣。

正統元年遣使來朝，貢方物。後亦頻入貢。故王歪思之壻卜賽因亦遣使來貢。

十年，也先不花卒，也密力虎者（即火者？）嗣。

明年貢馬駝方物。命以綵幣賜王及王母。

景泰三年貢玉石三千八百斤，禮官言其不堪用，詔悉收之，每二斤賜帛一匹。

　　天順元年命千户于志敬等以復辟諭其王，且賜綵幣。

　　成化元年，禮官姚夔等定西域朝貢期，令亦力把里三歲、五歲一貢，使者不得過十人。自是朝貢遂稀。

　　其國無城郭宮室，隨水草畜牧。人性獷悍，君臣上下無體統。飲食衣服多與瓦剌同。地極寒，深山窮谷，六月亦飛雪。

畏兀兒（于闐）

《明史》卷三三二《于闐傳》：

　　于闐，古國名，自漢迄宋皆通中國。

　　永樂四年遣使來朝，貢方物。使臣辭歸，命指揮神忠、母撒等齎璽書偕行，賜其酋織金文綺。

　　其酋打魯哇亦不剌金遣使者貢玉璞，命指揮尚衡等齎書幣往勞。

　　　光旦：此應是又一年事，但年份奪（永樂六年，見《太宗實錄》卷八永樂六年七月丁未條）。

　　十八年偕哈烈、八答黑商諸國貢馬，命參政陳誠、中官郭敬等報以綵幣。

　　二十年貢美玉，賜賚有加。

　　二十二年貢馬及方物。時仁宗初踐祚（阼），即宴賚遣還。

　　先是，永樂時，成祖欲遠方萬國無不臣服，故西域之使歲歲不絕。諸蕃貪中國財帛，且利市易，絡繹道途。商人率偽稱貢使，多攜馬、駝、玉石，聲言進獻。既入關，則一切舟車水陸、晨昏飲饌之費，悉取之有司。郵傳困供億，軍民疲轉輸。比西歸，輒緣道遲留，多市貨物。東西數千里間，騷然繁費，公私上下罔不怨咨。廷臣莫為言，天子亦莫之恤也。

　　至是，給事中黄驥極陳其害。仁宗感其言，召禮官呂震責讓之。自是，不復使西域，貢使亦漸稀。

　　　光旦：此部分西域各傳應有一總序，"先是"以下云云應入此序，因所言絕不限於于闐也。

　　于闐自古為大國。隋、唐間侵并戎盧、扜彌、渠勒、皮山諸國，其地益大。南距蔥嶺二百餘里，東北去嘉峪關六千三百里。大略蔥嶺以南，撒馬兒罕最大；以北，于闐最大。元末時，其主暗弱，鄰國交侵。人民僅萬計，悉避居山谷，生理蕭條。永樂中，西域憚天子威靈，咸修職貢，不敢擅相攻，于闐始獲休息。漸行賈諸蕃，復致富庶。桑麻黍禾，宛然中土。其國東有白玉河，西有綠玉河，又西有黑玉河，源皆出崑崙山。土人夜視月光盛處，入水採之，必得美玉。其鄰國亦多竊取來獻。迄萬曆朝，于闐亦間入貢。

畏兀兒（哈實哈兒）

《明史》卷三三二《哈實哈兒傳》：

哈實哈兒……西域小部落。永樂六年，把太、李達等齎敕往賜，即奉命。十一年遣使隨白阿兒忻台入朝，貢方物。宣德時亦來朝貢。天順七年命指揮劉福、普賢使其地。其貢使亦不能常至。

光旦：明人似不知此即漢之疏勒，只知隨"朝貢者"之自稱稱之。

倭　泥

《明史》卷三一五《雲南土司傳·車里[宣慰司]》：

車里，即古產里，爲倭沙①、貊玁諸蠻雜居之地。

兀良哈

兀良哈

《明史》卷三：

[洪武]二十二年……五月辛卯，置泰寧、朵顏、福餘三衛於兀良哈。

光旦：查即烏梁海，原在河北省長城外，明初設三衛統之，即此。後徙外蒙西北境。其人似爲隋唐突厥之餘，自稱東巴，分三部，第一已入蘇聯，第三入外蒙，只第二部在新疆舊阿山道。

《明史》卷六《成祖二》：

[永樂元年]三月……始以大寧地界兀良哈。

《明史》卷六《成祖二》：

---

① 倭沙，據標點本《校勘記》應爲"倭泥"，詳前注。倭泥，即今哈尼（見《哈尼族簡史》，1985年）。參"和泥"及其按語。——整理者注

［永樂］九年……十二月壬辰，敕宥福餘、朶顏、泰寧三衛罪，令入貢。
《明史》卷七《成祖三》：

　　［永樂］二十年……七月己未，阿魯台……北遁……遂旋師。［帝］謂諸將曰："阿魯台敢悖逆，恃兀良哈爲羽翼也。當還師翦之。"簡步騎二萬，分五道並進。庚午，遇於屈裂兒河，帝親擊敗之，追奔三十里，斬部長數十人。辛未，徇河西，捕斬甚衆。甲戌，兀良哈餘黨詣軍門降。……

　　八月戊戌，諸將分道者俱獻捷。
《明史》卷八《仁宗紀》：

　　［仁宗即位之年，永樂二十二年］十一月……乙亥，赦兀良哈罪。
《明史》卷九：

　　［宣德］三年……八月……丁未，帝自將巡邊。九月辛亥，次石門驛。兀良哈寇會州，帝帥精卒三千人往擊之。乙卯，出喜峰口，擊寇於寬河。帝親射其前鋒，殪三人。兩翼軍並發，大破之。寇望見黃龍旂，下馬羅拜請降，皆生縛之，斬渠酋。甲子，班師。癸酉，至自喜峰口。
《明史》卷九：

　　［宣德］六年……七月……壬午，許朶顏三衛市易。
《明史》卷一〇：

　　［正統］七年……十月壬辰，兀良哈犯廣寧。
《明史》卷一〇：

　　［正統］九年……正月……辛未，成國公朱勇，興安伯徐亨，都督馬亮、陳懷，同太監僧保、曹吉祥、劉永誠、但住分道討兀良哈。……三月……甲子，朱勇等師還。……乙丑，敍征兀良哈功……
《明史》卷一〇：

　　［正統九年］十月……庚午，兀良哈貢馬謝罪。
《明史》卷一〇：

　　［正統］十年……二月……丙寅，兀良哈貢馬，請貸犯邊者罪。不許。
《明史》卷一三：

　　［成化］九年……四月……甲子，福餘三衛寇遼東，總兵官歐信擊敗之。
《明史》卷一四：

[成化二十三年五]月，朵顏三衛避那孩入遼東，令駐牧近邊，給米布。①

《明史》卷一五：

[弘治]十四年……七月丁未，泰寧衛賊犯遼東，掠長勝諸屯堡。

《明史》卷一七：

[嘉靖三年正]月，朵顏入寇。

《明史》卷一八：

[嘉靖]二十二年……十月，朵顏入寇，殺守備陳舜。

《明史》卷一八：

[嘉靖]二十八年……九月，朵顏三衛犯遼東。

《明史》卷二〇：

[萬曆]十年……三月……丙子，泰寧衛部長速把亥犯義州，李成梁擊斬之。

《明史》卷二〇：

[萬曆]十三年……三月……己丑，李成梁出塞襲把兔兒、炒花，大破之。

《明史》卷二〇：

[萬曆二十二年十]月，炒花犯遼東，總兵官董一元敗之。

《明史》卷二一：

[萬曆二十八年]秋，炒花犯遼東，副總兵解生等敗沒。

《明史》卷二一：

[萬曆]二十九年……十二月辛未，詔復朵顏馬市。

《明史》卷二一：

[萬曆]三十四年……十一月己巳，朵顏入犯。總兵官姜顯謨禦卻之。

《明史》卷二三：

[崇禎元]年，革廣寧及薊鎮塞外諸部賞。諸部饑，告糴，不許。（與"蒙古——在東北與北方"互見）

光旦：此未言何部，三衛當在內。

《明史》卷四〇《地理志一》：

北平行都指揮使司，本大寧都指揮使司，洪武二十年九月置。（治大寧

---

① 標點本《校勘記》：《明史稿》紀一一《憲宗紀》、《憲宗實錄》卷二九一均繫於六月己巳。——整理者注

衛。)二十一年七月更名。領衛[若干]。永樂元年三月復故名,僑治保定府,而其地遂虛。景泰四年,泰寧等三衛乞居大寧廢城,不許,令去塞二百里外居住。天順後,遂入於三衛。西南距北平布政司八百里。

《明史》卷九一《兵志三》:

[洪武]二十年置北平行都司於大寧。其地在喜峰口外,故遼西郡,遼之中京大定府也……建文元年,文帝……改北平行都司爲大寧都司,徙之保定。……以大寧地畀兀良哈[朵顏、泰寧、福餘三衛]。……

初,大寧之棄,以其地畀朵顏、福餘、泰寧三衛,蓋兀良哈歸附者也。未幾,遂不靖。宣宗嘗因田獵,親率師敗之,自是畏服。故喜峰、密雲止設都指揮鎮守。土木之變,頗傳三衛助逆。後因添設太監、參將等官。至是(正德十三年前後),朵顏獨盛,情叵測。嘉靖初,御史邱養浩請復小河等關於外地,以扼其要。又請多鑄火器,給沿邊州縣……(此語以後,適用於各邊,此處省,別有"蒙古──防蒙措施"片。)

[嘉靖二十九年至三十四年間,]俺答益强,朵顏三衛爲之嚮道,遼、薊、宣、大連歲被兵。……其後(自此至隆慶間戚繼光總理薊、遼之前)……防禦益疎,朵顏遂乘虛歲入。

《明史》卷一一七《諸王傳二》:

寧獻王權,太祖第十七子。……[洪武二十六年]就藩大寧。大寧在喜峯口外,古會州地,東連遼左,西接宣府,爲巨鎮。帶甲八萬,革車六千。所屬朵顏三衛騎兵皆驍勇善戰。

[兀良哈]

《明史》卷一三四《葉旺傳》:

[洪武]十二年命[馬]雲征大寧。捷……

光旦:《馬雲傳》附《葉傳》中,夾敘。

光旦:此所征當是兀良哈,時距設大寧都司或行都司之前尚八九年,距設三衛前約十年。

兀良哈

《明史》卷一四五《朱能傳》:

宣宗即位,[能子勇]從……征兀良哈。

《明史》卷一四五《朱能傳》：

  正統九年[能子勇]出喜峯口，擊朶顏諸部，至富峪川而還。

《明史》卷一四六《鄭亨傳》：

  (見"蒙古——朱棣北征"片。)

《明史》卷一四六《徐祥傳》：

  正統九年[祥孫亨]征兀良哈，出界嶺口、河北川。

《明史》卷一四六《陳志傳》：

  [陳鏸(志曾孫韶之孫)]總薊州兵。朶顏入寇，禦卻之。

    光旦：無年份，約在世宗即位之前(正德十年，參"兀良哈——朶顏等三衛")。

《明史》卷一五四《柳升傳》：

  [永樂]二十年，[升第三次從成祖]北征，將中軍，破兀良哈於屈裂兒河。

《明史》卷一五五《朱榮傳》：

  永樂……二十年復從北征……[既走敵，]移師破兀良哈。

《明史》卷一五五《陳懷傳》：

  [正統]九年春，與中官但住出古北口，征兀良哈。還……封……平鄉伯。

《明史》卷一五五《陳懷傳·馬亮附傳》：

  宣宗時[亮]官至左都督。兀良哈之役，偕中官劉永誠出劉家口，至黑山、大松林、流沙河諸處，遇賊勝之，還封招遠伯。是役也，王振主之，故諸將功少率得封。

兀良哈——番騎

《明史》卷一四五《陳亨傳》：

  燕師起，亨與劉真、卜萬[爲惠帝]守大寧。……大寧行都司所領興州、營州二十餘衛，皆西北精銳。朶顏、泰寧、福餘三衛，元降將所統番騎獷卒，尤驍勇。……成祖(時尚爲燕王)……以計紿亨囚萬，[敗真]……亨等帥衆降。成祖盡拔諸軍及三衛騎卒……自是衝鋒陷陣多三衛兵。成祖取天下，自克大寧始。

    光旦：成祖既得帝位，即以大寧三衛棄與兀良哈而移大寧行都司於保定者，蓋所以酬兀良哈番騎獷卒"從龍"之功也。成祖棄大寧，初所不解，至此恍然矣。

《明史》卷一四八《楊榮傳》：

    [宣德]三年從帝巡邊，至遵化。聞兀良哈將寇邊，帝留扈行諸文臣於大營，獨命榮從。自將輕騎出喜峰口，破敵而還。

兀良哈

《明史》卷一五五《任禮傳》：

    宣宗[時]……從征兀良哈，還爲後拒。

《明史》卷一五五《趙安傳》：

    宣德二年……時議討兀良哈，詔安（時爲都督僉事，討松潘番後歸駐臨洮）與史昭統所部赴京師。兀良哈旋來朝。命回原衛（應是臨洮）。

《明史》卷一五六《吴允誠傳》：

    正統九年，[允誠子克忠以副總兵]統兵出喜峰口，征兀良哈，有功。

《明史》卷一五六《金忠傳》：

    宣德三年親征兀良哈，敗寇於寬河。忠與把台請自效，帝許之。……二人獲數十人、馬牛數百來獻。

《明史》卷一六六《方瑛傳·陳友附傳》

    [正統]九年充寧夏遊擊將軍，與總兵官黄真擊兀良哈，多獲。進都督僉事（原爲都指揮使）。

《明史》卷一六六《李震傳》：

    正統九年，[以指揮使]從征兀良哈有功，進指揮僉事。

《明史》卷一六八《江淵傳》：

    [景泰二]年六月……條上三事，[其第一，]厚結朵顔、赤斥諸衛，爲東西藩籬。（時爲户部侍郎兼翰林學士。）

《明史》卷一七三《楊洪傳》：

    洪初敗兀良哈兵，執其部長朵欒帖木兒。既代[李]謙任（初，洪都指揮僉事副都督僉事李謙守赤城、獨石，後代其任），復敗其兵於西涼亭。帝……敕宣大總兵官譚廣等曰："此即前寇延綏，爲指揮王禎所敗者，去若軍甚邇，顧不能撲滅，若視洪等媿不？"……

    光旦：當是英宗立後一二年内事。

    [歷]都指揮同知……進都指揮使。與兀良哈兵戰三岔口……再遷都督同知。（正統三年後，九年前事。）

[正統]九年，兀良哈寇延綏，洪與內臣韓政等出大同，至黑山迤北，徼（邀）破之克列蘇。進左都督……十二年充總兵官，代郭玹鎮宣府。

自宣德以來，迤北未嘗大舉入寇。惟朶顏三衛衆乘間擾邊，多不過百騎或數十騎。他將率巽愞，洪獨以敢戰至大將。諸部亦憚之，稱爲"楊王"。

《明史》卷一七三《楊洪傳·從子能附傳》：

也先已死，孛來繼興，能（時以左都督爲宣府總兵官）欲約兀良哈共襲劫之，與以信礮。兵部劾其非計，[不果。]

《明史》卷一七三《石亨傳》：

正統……十四年（時亨以都督僉事，充左參將佐武進伯朱冕守大同），與都督僉事馬麟巡徼塞外。至箭豁山①，敗兀良哈衆。進都督同知。

《明史》卷一七三《朱謙傳》：

正統六年，[謙（時爲萬全都指揮僉事）]與參將王真巡哨……次閔安山，遇兀良哈三百騎……敗之。追至莽來泉，寇越山澗遁去……[九]年（時以都指揮使，充右參將，守備萬全左衛）與楊洪破兀良哈兵於克列蘇。進都督僉事。

《明史》卷一七四《巫凱傳·曹義附傳》：

[正統間（三年後，九年前），]兀良哈犯廣寧前屯，詔切責，命王翺往飭軍務，劾義死罪。頃之，義獲犯邊孛台等，詔戮於市。自是義數與兀良哈戰。正統九年，會朱勇軍夾擊，斬獲多。進都督同知（義初爲都督僉事，副巫凱守遼東，正統三年凱卒，代凱爲總兵官）。

《明史》卷一七四《周賢傳》：

[景泰間，]兀良哈入寇，總兵官過興令宣府副將楊信及賢（時以都指揮僉事，充右參將，守石〔右？〕八城）合擊。賢不俟信，徑擊敗之。

《明史》卷一七四《歐信傳》：

成化……七年春，[以都督同知]充總兵官，鎮守遼東，累敗福餘三衛。

《明史》卷一七七《王翺傳》：

正統……十二年，[翺（時以右副都御史提督遼東軍務）]與總兵曹義等出塞，擊兀良哈，擒斬百餘人，獲畜產四千六百。進右都御史。

《明史》卷一八〇《强珍傳》：

初，遼東巡撫陳鉞起釁召敵，敵至，[又]務爲蔽欺。巡按御史王崇之劾

---

① 標點本《校勘記》：箭豁山，《明史》卷三二八《朶顏傳》作"箭豁山"。——整理者注

鉞……及……鉞用兵，方論功而敵大入，中官韋朗、總兵官緱謙等匿不以聞。珍[以御史]往巡按，請正鉞罪。……帝弗從。未幾，指揮王全等誘殺朵顏衛人，珍發其狀，全等俱獲罪。……[珍卒以忤鉞（汪直私人）謫戍遼東。]

      光旦：無具體年份，是成化間事。

《明史》卷一八〇《屈伸傳》：

[弘治中（九年以後），]泰寧衛部長大掠遼陽，部議令守臣遺書，稱朝廷寬大不究已往，若還所掠，則予重賞。伸（時為兵科都給事中）等言："在我示怯弱之形，在彼無創艾之意，非王者威攘之道。前日犯邊不以為罪，今日歸俘反以為功。誨以為盜之利，啓無賴[之]心，又非王者懷柔之道。"帝悟，書不果遣。已[而]劾鎮守中官孫振、總兵官蔣驥、巡撫陳瑤償事罪，帝不問。廣寧復失事，瑤等以捷聞。伸及御史耿明等交章劾其欺罔，乃按治之。

《明史》卷一八〇《王獻臣傳》：

[張天祥者，遼東都指揮僉事。]有泰寧衛部十餘騎射傷海西貢使，天祥出毛喇關掩殺他衛三十八人以歸，指為射貢使者。巡撫張鼐等奏捷，獻臣疑之。……移牒駁勘……盡得其實。

      光旦：弘治間（弘治六年以後）事，時獻臣為御史。後此事曾翻案，興大獄，此不論。

《明史》卷一八八《張文明傳·劉士元附傳》：

正德……十三年，帝獵古北口，將招朵顏衛花當、把兒孫等燕勞。士元（時以御史巡按畿輔）陳四不可。

《明史》卷一九〇《石珤傳·兄玠附傳》：

正德中……海西部長數犯邊。泰寧三衛與別部相攻，久缺貢市。遣玠以左侍郎（兵部，原為右）兼僉事（都）御史往遼東巡視。出關撫諭，皆受約束。

《明史》卷一九四《鄒文盛傳》：

弘治六年……除吏科給事中。……朵顏三衛屢擾邊，文盛（時勘遼東鎮守中官廖玘案）還奏制馭六策。尚書劉大夏深善之，下之邊吏。

《明史》卷一九九《李承勛傳》：

[嘉靖]十年春……承勳（時為兵部尚書）言："……兀良哈最近京師，不善撫，即門庭寇。"

《明史》卷二〇二《胡松傳》：

[嘉靖三十年，以山西提學副使上言邊務十二事，有云，]"東賂黃毛三衛

以牽其左……"

　　光旦：此應是指朵顏等三衛，黃毛，當非地名，而是指其人形態。兀良哈爲進至極東之突厥後裔，此亦一證矣。

《明史》卷二〇三《汪元錫傳》：

　　[正德中，]駕……幸大喜峯口，欲招三衛花當、把兒孫，元錫（時爲兵科都給事中）等皆抗章諫。

《明史》卷二〇四《王忬傳》：

　　[嘉靖三十八年，把都兒、辛愛等之由會州西入潘家口，渡灤河，以掠京東諸縣也，曾]挾朵顏爲鄉導。（參"蒙古——在東北"片。）

《明史》卷二〇四《楊選傳》：

　　（嘉靖四十年代，三衛與蒙古之若干關係，見有關之"蒙古——在北方（與兀良哈關係）"片。）

《明史》卷二〇八《蕭鳴鳳傳》：

　　[正德後葉]同官（御史）……高公韶劾王瓊誤邊計……"花當本我屬衛，日憑陵。由本兵（兵部尚書）非人，致小醜輕中國。"

《明史》卷二〇八《蕭鳴鳳傳·高公韶附傳》：

　　正德中爲御史……朵顏花當入寇……劾總兵官遂安伯陳鏸、中官王欣、巡撫王倬，鏸坐解職。（後又以此劾兵部尚書王瓊，即上條。）

《明史》卷二〇八《余珊傳》：

　　嘉靖四年二月[以四川副使備兵威、茂]，應詔陳十漸……"今朵顏踦躅於遼海，羌戎跳梁於西川，北狄踩躪於沙漠。……此外裔之強，其漸四也。"

《明史》卷二〇九《楊繼盛傳》：

　　[繼盛以刑部員外郎劾嚴嵩父子，論其與仇鸞狼狽爲奸，謂]鸞[嘗]冒擒哈呀兒功①。

　　光旦：此哈呀兒者，不知何人，前似未見。

《明史》卷二一一《馬永傳》：

　　朵顏把兒孫結諸部邀賞不得，盜邊。永（時以署都督同知鎮守薊州）迎擊洪山口，而伏兵斷其後，斬獲過當。進右都督。已[而]復鹹其驍將，把兒孫

---

① 標點本《校勘記》：哈呀兒，據《明史》卷三二八《朵顏福餘泰寧傳》、《明經世文編》卷二九三頁三〇八八楊繼盛《早誅奸險巧佞賊臣疏》應爲"哈舟兒"。——整理者注

不敢復擾邊。（時應爲嘉靖最初若干年內。）……

［嘉靖］十四年，遼東兵變。……以永［代劉淮爲總兵官，鎮遼東］。太清堡守將徐顥誘殺大寧衛九人。① 部長把當孩怒，寇邊，永擊斬之。其族屬把孫借朶顏兵報讎，復爲永所卻。已［而］復入犯。中官王永戰敗，永坐戴罪。

《明史》卷二一二《俞大猷傳·湯克寬附傳》：

萬曆四年，炒蠻入掠古北口。克寬（時戴罪立功薊鎮）偕參將苑宗儒追出塞，遇伏，戰死。

《明史》卷二一二《戚繼光傳》：

（隆慶間至萬曆初年，兀良哈朶顏衛董狐狸、長禿、長昂等與蒙古土蠻合擾薊州，繼光征撫之，見"蒙古——土蠻"片。）

《明史》卷二一二《戚繼光傳》：

［萬曆初葉（四年，見上引《俞大猷傳·湯克寬附傳》）］炒蠻入犯，湯克寬戰死，繼光被劾……久之，炒蠻偕妻大嬖只襲掠邊卒，官軍追破之。

《明史》卷二二二《吳兑傳》：

（朶顏都督長昂娶蒙古昆都力女東桂；泰寧速把亥交通昆都力子青把都，陰入宣府互市……——見"蒙古——東西全線（與吳兑）"片。又速把亥與弟姪等寇義州，同見。）

《明史》卷二二二《張學顏傳》：

（土門汗挾三衛窺遼，見"蒙古——土蠻"片。）

《明史》卷二二二《張學顏傳》：

（萬曆五年冬，土蠻約泰寧速把亥分犯遼、瀋、開原，詳"蒙古——土蠻"片。）

《明史》卷二二七《李頤傳》：

［以右副都御史巡撫順天，］進兵部右侍郎。長昂桀驁，頤與總兵王保擒其心腹小郎兒等七人，賊遂讋。已［而］別部伯牙入寇，督將士敗之羅文峪。進左侍郎。

　　　　　光旦：事應在萬曆中葉間（二十三年，參"兀良哈——朶顏等三衛"）。

---

① 標點本《校勘記》：太清堡，大寧衛，據《明史》卷三二八及《明史稿》傳二〇一《朶顏福餘泰寧傳》分別應爲"大清堡"及"泰寧衛"。——整理者注

兀良哈——李化龍（論木市附）

《明史》卷二二八《李化龍傳》：

[萬曆]二十二年夏，擢右僉都御史，巡撫遼東。初總兵官李成梁破殺泰寧速把亥，其子把兔兒、弟炒花據舊遼陽以北，居兩河之中，益結土蠻爲患。

其年（二十二年）四月，把兔兒圍遼陽，朶顏小歹青、福餘伯言兒分犯錦、義，掠清細河，巡撫韓取善坐免。化龍受事甫兩月，把兔兒與伯言兒等寇鎮武，又約土蠻子卜言台周犯右屯。把兔兒先至吳家墳。化龍與總兵官董一元定計先擊把兔[兒]、伯言兒，伯言兒中流矢死，把兔[兒]被傷。卜言台周至，攻右屯不利，亦解去。於是把兔[兒]、小歹青、卜言台周益相結，謀復前恥。化龍與一元嚴備之。一元又出塞搗巢有功，而把兔[兒]傷重竟死。邊塞讋服。詳具《一元傳》。化龍進兵部右侍郎。

明年（萬曆二十三年），小歹青悔禍款塞，請開木市於義州，且告朶顏長昂將犯邊。已[而]長昂果犯錦、義，副總兵李如梅擊卻之。歹青言既信，化龍遂許其請。上疏曰："環遼皆敵也，迤北土蠻種類多不可數。近邊者，直寧前則長昂，直錦、義則小歹青，直廣寧、遼、瀋則把兔[兒]、炒花、花大，直開、鐵則伯言[兒]、煖兔。其在東邊海西則猛骨孛羅、那林孛羅、卜寨，皆與遼地項背相望。並牆圍獵，則刁斗聲相聞，蓋肘腋憂也。自那卜被剿，數年東陲無事。去年把兔[兒]、伯言[兒]戰死，炒花、花大一敗塗地。今伯言[兒]子宰賽受罰，入市廣寧，遼、瀋、開、鐵間警報漸希。所未馴伏者，惟小歹青與長昂耳。小歹青素凶狡，雄長諸部。西助長昂，東助炒花。大舉動以數萬，小竊則飛騎出没錦、義間。自周之望、柏朝翠戰歿，無敢以一矢加遺。淩河上下方數百里，野多暴骨，民無寧宇。遠慮者每以河西不保爲虞。今乃叩關求市。臣遍詢將領及彼地居民，僉言木市開有五利。河西無木，皆在邊外，叛亂以來，仰給河東，以邊警又不時至。故河西木貴於玉，市通則材木不可勝用。利一。所疑於歹青者無信耳。彼重市爲生路，當市時必不行掠。即今年市而明年掠，我已收今年不掠之利矣。利二。遼東馬市，成祖所開，無他賞，本聽商民與交易。木市與馬市等，有利於民，不費於官。利三。大舉之害酷而希，零竊之害輕而數。小歹青不掠錦、義，零竊少矣。又西不助長昂，東不助炒花，則敵勢漸分。即寧前、廣寧患亦漸減。且大舉先報，又得預爲備。利四。零竊既希，邊人益得修備。利五。"疏入，從之。化龍尋以病去，木市亦停止。

其後總兵官馬林復議開市，與巡撫李植相左，論久不決。小歹青遂復爲寇云。

> 光旦：此條中"土蠻"一詞用法不一致。先用者指蒙古之首領東移者，爲俺答等之主，別見"蒙古——土蠻"片。後用者爲薊、遼以北非漢族人民之泛稱，此所列者主要爲兀良哈，亦兼及海西，則其中應有女直，而屬於蒙古土蠻所轄之"土蠻"則未見一例，即卜言台周之部亦未見列入。

兀良哈

《明史》卷二三八《李成梁傳》：

（隆、萬間，前後約三十年，約至萬曆十九年，土蠻諸部在遼東之活動，率由兀良哈諸部佐之，見"蒙古——在東北（與李成梁）"片，此處不複。）

《明史》卷二三八《李成梁傳·子如柏附傳》：

[萬曆末年，]遼東總兵官張承蔭戰歿（當是歿於禦滿洲），[詔以如柏代。]蒙古炒花入犯，督諸將擊卻之。（互見）

> 光旦：按成梁本傳，炒花爲泰寧部長，則嚴格言之，應是兀良哈，此作蒙古者，蓋泛言之。然《明史》至後期，亦不甚言兀良哈，當是因：一，兀良哈之蒙古化程度益深；二，蒙古土蠻與之連結共同侵邊，在明人視之，固亦無甚分別。再則二族亦有通婚之事，見別條。

《明史》卷二三八《麻貴傳》：

[萬曆]三十八年命貴鎮遼東（總兵官）。泰寧炒花素桀驁，九子各將兵，他部宰賽、煖兔又助之。邊將畏戰，但以增歲賞爲事，寇益無所忌。明年，臨邊要賞，將士出不意擊之，拔營遁，徙額力素居焉。其地忽天鳴地震，炒花驚懼，再徙渡老河，去邊幾四百里。其第三子色特哂之，南移可可毋林，伺隙入犯。貴伏兵敗之，追北至白雲山，斬馘三百四十有奇。色特憤，謀復讎。糾宰賽、以兒鄧，皆不應。乃東糾卜言顧伯要兒，西糾哈剌漢、乃蠻，合犯清河，皆潰。以兒鄧等懼，代炒花求款，邊境乃寧。

《明史》卷二三九《張臣傳》：

炒蠻潛入古北口，參將范宗儒追至十八盤山，戰歿，餘衆被圍。臣（事在萬曆初，即萬曆五年以前，時臣以署都督僉事，充副總兵，守薊鎮西協）急偕遊擊高廷禮等馳救，寇始去。……

> 光旦：炒蠻，當是泰寧衛炒花之部。

[萬曆]十一年，小阿卜户犯黑峪關，守將陳文治以下俱逮繫。……起臣

副總兵，駐守馬蘭峪。會朵顏長昂屢擾邊，薊鎮總兵官楊四畏不能禦，乃……徙臣代之。長昂雅憚臣，使其從母土阿、妻東桂款關乞降，乃撫賞如初。

光旦：小阿卜戶疑不是兀良哈，疑為俺答之屬，故互見"俺答"下。

《明史》卷二三九《張臣傳·子承廕附傳》：

（炒花與插漢部虎墩兔連合侵遼邊，見"蒙古——土蠻"片。）

兀良哈——與董一元

《明史》卷二三九《董一元傳》：

遼東自李成梁後，代以楊紹勳，一歲三失事。尤繼先繼之，半歲病去。廷議……乃以命一元。泰寧速把亥為官軍所殺，其次子把兔兒常欲復讎。從父炒花及姑壻花大助之，勢益強。西部卜言台周，故插漢土蠻子也，部衆十餘萬，與把兔兒東西相倚，數侵邊。至是卜言合一克灰正、腦毛大諸部，聲犯廣寧。而把兔兒以炒花、花大、煖兔、伯言兒之衆營舊遼陽，將入掠鎮武、錦、義。一元與巡撫李化龍策曰："卜言雖衆，然去邊遠，我特患把兔兒及炒花耳。今其衆不過萬騎，破之則西部將不戰走。"乃遣副將孫守廉馳右屯禦西部，而親將大軍匿鎮武外，為空營待之。寇騎馳入營，大笑，以為怯，乃深入。官軍忽從中起，奮呼陷陣，自午至酉。寇大奔，逐北七十餘里，至白沙堝。俘斬五百四十有奇，獲馬駝二千計。伯言兒中矢死，把兔兒亦傷，餘衆終夜馳，天明駐馬環哭。其明日，卜言台周入右屯，攻五日夜。守廉等固守，乃引去。時[萬曆]二十二年十月也。捷聞……祭告郊廟……進一元左都督……

伯言兒最慓悍，諸部倚以為強。嘗誘殺慶雲守備王鳳翔，坐革歲賞。至是被殲，諸部為奪氣，其部下遂納款。

把兔兒、炒花及卜言台周、瓜兔兒、歹青復臨邊駐牧，期以明年正月（二十三年正月）略遼、瀋東西。一元慮歲晏不備，為寇所乘，乃先西巡以遏其鋒。化龍亦留弱卒廣寧，數西發以疑寇。一元提健卒，踏冰渡河，監軍楊鎬與之俱。度墨山，天大雪，將士氣益奮。行四百里，三日夜乃抵其巢。斬首百二十級，獲牛馬甲仗無算，全師而還。把兔兒以鎮武創重，歎曰："我竟不獲報父讎乎？"未幾死，其衆散亂，諸部悉遠遁。

兀良哈

《明史》卷二三九《董一元傳·王保附傳》：

朵顏長昂當張臣鎮薊時（萬曆十一年後，參《張臣傳》）納款。居五六年，復連寇石門路、木馬峪、花場谷，遂罷其市賞。後偕銀燈寇山海關。已［而］又馳喜峰口要賞。邦奇（張邦奇，時爲薊鎮總兵官）佯許增市，誘殺其通事二十五人。長昂益怒，犯大青山。頃之，遣其黨小郞兒等潛伏喜峰口，射殺偵卒。會保已至（萬曆二十三年，參"兀良哈——朵顏等三衛"。原爲山西總兵官，與張邦奇互調），遂擒之。長昂［本］資小郞兒籌策，懼而謝罪，獻還被掠人畜，保乃釋還小郞兒。長昂補五貢，邊吏始補二賞，互市如初。

《明史》卷二三九《杜桐傳·弟松附傳》：

　　［萬曆］三十六年夏，代李成梁鎮遼東。十二月敗敵連山驛。賴鼍歹者，朵顏長昂子也，狡黠爲邊患。與從父蟒金潛入薊鎮河流口，大掠去。復結黃台吉謀犯喜峰口。松受總督王象乾指，潛擣黃台吉帳，以牽薊寇。乃從寧遠中左所夜馳至哈流兔，掩殺拱兔部落百四十餘級。以大捷聞……副使馬拯謂拱兔内屬，不當剿，彼且復讎……拱兔果以無罪見剿怒，小歹青又數激之，乃以五千騎攻陷大勝堡，執守將耿尚仁支解之。深入小淩河，肆焚掠。遊擊于守志遇於山口，大敗，死千餘人，守志亦重創。松駐大淩河，不敢救。……乃勒松歸里。

《明史》卷二三九《達雲傳·尤繼先附傳》：

　　［萬曆］二十一年冬爲遼東總兵官。炒花二千騎入韓家路，繼先督諸軍奮擊，寇乃去。……

　　二十四年起鎮薊州。自戚繼光鎮守十年，諸部雖叛服不常，然邊警頗稀。寇嘗一入青山口，輒敗去。最後，長昂導班、白二部長入犯，道石門，闌山海關，京東民盡逃入通州。繼先出關，寇已縱掠寧前去。總督蹇達怒繼先不追擊，而繼先方收召降丁八百人，欲倚爲用。達乃疏言番情難馭，恐遺後憂……達復疏言："守邊在自強，繼先獨言惟藉降丁。去歲出關，何竟不得降丁力？羽書狎至，邊隘虛實久爲所窺。呼吸變生，安所措手！"……繼先遂罷。

《明史》卷二三九《李懷信傳》：

　　［萬曆］四十七年，遼東急（此因滿洲），詔充援剿總兵官，馳赴遼東。時熊廷弼爲經略，令懷信偕柴國柱、賀世賢以四萬人守瀋陽（此亦以對滿洲爲主）。煖兔、炒花謀入犯，廷弼急移懷信戍首山，寇不敢入。俄泛懿有警（此警不知來自何方），檄懷信禦卻之。

　　　　光旦：此條與滿洲事夾雜。

《明史》卷二四二《翟鳳翀傳》：

［以］御史……出按遼東。宰賽、煖兔二十四營環開原而居，歲爲邊患。宰賽尤桀驁，數敗官軍，殺守將，因挾邊吏增賞。慶雲參將陳洪範所統止羸卒二千，又恇怯不任戰。鳳翀奏請益兵，易置健將。開原始有備。

　　　　光旦：事應在萬曆三十年代後葉。開原雖曰有備，不出十年，没於滿洲矣。

《明史》卷二五〇《孫承宗傳》：

　　［崇禎二年十二月祖大壽之變，揚言］"當出搗朵顏，然後束身歸命。"［承宗（時復以閣臣兼兵部尚書，守通州，衛京師，清兵於是年十月自大安口入畿輔）卒撫定之。］

《明史》卷二五〇《孫承宗傳》：

　　［崇禎三年，］朵顏束不的反覆，承宗令大將王威擊敗之。

《明史》卷二五七《張鶴鳴傳》：

　　［天啓二年初，王化貞棄廣寧遁，鶴鳴以兵部尚書自請行邊（鶴鳴本右王化貞而反對熊廷弼者）。］抵山海關。至則無所籌畫，日下令捕間諜，厚啗蒙古炒花、宰賽諸部而已。

　　　　光旦：炒花本三衛兀良哈，至此亦直稱蒙古矣。

《明史》卷二五九《楊鎬傳》：

　　［萬曆前葉（二十年光景）］遷山東參議，分守遼海道。嘗偕大帥董一元雪夜度墨山，襲蒙古炒花帳，大獲。進副使。

《明史》卷二五九《楊鎬傳》：

　　［萬曆］三十八年起撫遼東。襲炒花於鎮安，破之，御史田生金劾其開釁。

《明史》卷二五九《熊廷弼傳·王化貞附傳》：

　　［萬曆四十年代，］歷右參議，分守廣寧。蒙古炒花諸部長乘機窺塞下。化貞撫之，皆不敢動。朱童蒙（官職未見交代）勘事還，極言化貞得西人心，勿輕調，隳撫事。化貞亦言遼事將壞，惟發帑金百萬，亟款西人，則敵顧忌不敢深入。

　　［及］遼、瀋相繼亡，廷議……起［熊］廷弼……乃進化貞右僉都御史，巡撫廣寧。……化貞招集散亡……激厲士民，聯絡西部，人心稍定。……

《明史》卷二七〇《沈有容傳》：

　　萬曆……十二年秋，朵顏長昂以三千騎犯劉家口。有容（時以千總守薊鎮東路）夜半率健卒二十九人迎擊，身中二矢，斬首六級，寇退乃還。由是知名。

《明史》卷三〇四《曹吉祥傳》：

　　正統［間（九年，見上摘卷一〇條）］，征兀良哈，與成國公朱勇、太監劉永誠分道。……劉永誠……宣德、正統中，再［度］擊兀良哈。

《明史》卷三〇七《江彬傳》（《佞倖列傳》）：

　　正德……十三年……帝駐大喜峯口，欲令朶顏三衛花當、把兒孫等納質宴勞，御史劉士元陳四不可。不報。

《明史》卷三二七《韃靼傳》：

　　［洪武二十二年間（見"蒙古——元嗣君"），故元嗣脱古思帖木兒父子既爲其下也速迭兒所襲殺……］衆潰，詔朶顏等衛招撫之，來降者益衆。

　　　　光旦：是明初兀良哈中即有大量蒙古人。

《明史》卷三二七《韃靼傳》：

　　［洪熙、宣德間，］阿魯台數敗于瓦剌，部曲離散。……日益蹙，乃率其屬東走兀良哈，駐牧遼塞。

《明史》卷三二七《韃靼傳》：

　　［天順間，］孛來……往來塞下，以西攻瓦剌爲辭，又數要劫三衛。

《明史》卷三二七《韃靼傳》：

　　［天順］八年春，御史陳選言：……孛來……密招三衛諸蕃，相結屯住。……成化元年春，孛來誘兀良哈九萬騎入遼河，武安侯鄭宏禦卻之。

《明史》卷三二七《韃靼傳》：

　　［成化五年］冬，［毛里孩自河套］糾三衛入寇，延綏、榆林大擾。……

《明史》卷三二七《韃靼傳》：

　　［嘉靖］四十二年，［三衛入犯京東。］時薊遼總督楊選囚繫三衛長通罕，令其諸子更迭爲質。通罕者，［俺答子］辛愛妻父也，冀以牽制辛愛，三衛皆怨。冬，大掠順義、三河。諸將趙溱、孫臏戰死。京師戒嚴。大同總兵姜應熊禦之於密雲，敗之。敵退。詔誅選。

《明史》卷三二七《韃靼傳》：

　　隆慶元年……三衛勾土蠻同時入寇薊鎮……遊騎至灤河，京師震動，三日乃引去。……（詳"韃靼（蒙古）"片。）

《明史》卷三二七《韃靼傳》：

　　［元裔］打來孫始駐牧宣塞外，俺答方强，懼爲所併，乃徙帳於遼，收福餘雜部……四傳至虎墩兔……

《明史》卷三二七《韃靼傳》：

　　崇禎元年……秋……總督王象乾……對言：禦插[漢]之道，[須合韃靼其它諸部及兀良哈，包括]朶顏三十六家。

《明史》卷三二八《瓦剌傳》：

　　[正統間（四年以前），瓦剌三部併於一，日強，脫懽]脅誘朶顏諸衛，窺伺塞下。

《明史》卷三二八《瓦剌傳》：

　　[正統間（四至十年間）]也先……破兀良哈……十一年冬，也先攻兀良哈……[正統]十四年七月，[也先]大舉入寇。脫脫不花以兀良哈寇遼東。

《明史》卷三二八《瓦剌傳》：

　　[景泰初（元至三年前），也先既殺脫脫不花，]遂乘勝迫脅諸蕃，東及建州、兀良哈。

《明史》卷三二八《瓦剌傳》：

　　[景泰五年]冬，也先自立爲可汗……未幾……逼徙朶顏所部於黃河母納地。

《明史》卷三三二《天方傳》：

　　[嘉靖]十一年……禮官言："舊制，惟哈密與朶顏三衛比歲一貢，貢不過三百人。三衛地近，盡許入都。哈密則十遣其二，餘留待於邊。"

兀良哈——朶顏等三衛

《明史》卷三二八《朶顏等三衛傳》：

　　朶顏、福餘、泰寧，高皇帝所置三衛也。其地爲兀良哈，在黑龍江南，漁陽塞北。漢鮮卑、唐吐谷渾、宋契丹，皆其地也。元爲大寧路北境。

　　高皇帝有天下，東蕃遼王、惠寧王、朶顏元帥府相率乞內附。遂即古會州地，置大寧都司營州諸衛，封子權爲寧王使鎮焉。

　　已[而]數爲韃靼所抄。

　　洪武二十二年置泰寧、朶顏、福餘三衛指揮使司，俾其頭目各自領其衆，以爲聲援（同拒韃靼也）。自大寧前抵喜峰口，近宣府，曰朶顏；自錦、義歷廣寧至遼河，曰泰寧；自黃泥窪逾瀋陽、鐵嶺至開原，曰福餘。獨朶顏地險而強。久之皆叛去。

　　成祖從燕起靖難，患寧王躡其後，自永平攻大寧，入之。謀脅寧王，因厚賂三衛説之來。成祖行，寧王餞諸郊，三衛從，一呼皆起，遂擁寧王西入關。成祖復選其三千人爲奇兵，從戰。天下既定，徙寧王南昌，徙行都司於保定，遂盡割大寧地界三衛，以償前勞。

帝踐阼初，遣百户裴牙失里等往告。

永樂元年復使指揮蕭尚都齎敕諭之。

明年夏，頭目脫兒火察等二百九十四人隨尚都來朝貢馬。命脫兒火察爲左軍都督府都督僉事，哈兒兀歹爲都指揮同知，掌朵顏衛事；安出及土不申俱爲都指揮僉事，掌福餘衛事；忽剌班胡爲都指揮僉事，掌泰寧衛事；餘三百五十七人各授指揮，千、百户等官。賜誥印、冠帶及白金、鈔幣、襲衣。自是，三衛朝貢不絶。

三年冬，命來朝頭目阿散爲泰寧衛掌衛事都指揮僉事，其朵兒朵卧（似是二人）等各陞賞有差。

四年冬，三衛饑，請以馬易米。帝命有司第其馬之高下，各倍價給之。

久之，陰附韃靼掠邊戍，復假市馬來窺伺。帝下詔切責，令其以馬贖罪。

十二年（仍永樂）春，納馬三千於遼東。帝敕守將王真，一馬各予布四匹。

已[而]復叛附阿魯台。

二十年，帝親征阿魯台還，擊之，大敗其衆於屈烈河，斬馘無算，來降者釋勿殺。

仁宗嗣位，詔三衛許自新。

洪熙元年，安出奏其印爲寇所奪，請更給，許之。

冬，三衛頭目阿者禿來歸，授千户，賜鈔幣、襲衣、鞍馬，仍命有司給供具。自後來歸者，悉如例。

　　光旦：此與待遇蒙古降人完全相同，參"蒙古——各地降人之例"片。

宣宗初，三衛掠永平、山海間。帝將親討之。三衛頭目皆謝罪入貢，撫納之如初。

七年更給泰寧衛印。秋，以朵顏頭目哈剌哈孫、福餘頭目安出、泰寧頭目脫火赤等恭事朝廷久，加賜織金綵幣表裏有差。

正統間，屢寇遼東、大同、延安境。獨石守備楊洪擊敗之，擒其頭目朵欒帖木兒。

未幾，復附瓦剌也先。泰寧拙赤妻也先以女，皆陰爲之耳目。入貢輒易名，且互用其印。又東合建州兵入廣寧前屯。帝惡其反覆。

九年春，[乃]命成國公朱勇偕恭順侯吳克忠出喜峰，興安伯徐亨出界嶺，都督馬亮出劉家口，都督陳懷出古北口，各將精兵萬人，分勦之。勇等捕其擾邊者致闕下，并奪回所掠人畜。拙赤等拘肥河衛使人，殺之。肥河衛頭目別里格與戰於格魯坤迭連，拙赤大敗。瓦剌復分道截殺，建州亦出兵攻之，三衛大困（瓦剌與建州何忽相背，欠交代）。

十二年（仍正統）春，總兵曹義、參將胡源、都督焦禮等分巡東邊，值三衛入寇，擊之，斬三十二級，擒七十餘人。

其年，瓦剌賽刊王（此人《瓦剌傳》中反未見）復擊殺朵顏乃兒不花，大掠以去。也先繼至，朵顏、泰寧皆不支，乞降，福餘獨走避腦溫江。三衛益衰。畏瓦剌強，不敢背（背明也），仍歲來致貢，[然]止以利中國賜賚；又心銜邊將勦殺，故常潛圖報復。

十四年夏，大同參將石亨等復擊其盜邊者於箭谿山，擒斬五十人。三衛益怨。秋，導瓦剌大入，英宗遂以是役北狩。

景泰初，朝廷仍遣使撫諭。三衛受也先旨，數以非時入貢，多遣使往來伺察中國。既而也先虐使之，復逼徙朵顏所部於黃河母納地。三衛皆不堪，遂陰輸瓦剌情於中國，請得近邊屯駐。

舊制，三衛每歲三貢，其貢使俱從喜峰口驗入，有急報則許進永平。時三衛使有自獨石及萬全右衛來者。邊臣以爲言，敕止之。

天順中，嘗乘間掠諸邊。復竊通韃靼孛來，每爲之鄉導。所遣使與索（孛之誤）來使臣偕見。中國待韃靼厚，請加賞[比韃靼]不得，大忿，遂益與孛來相結。

成化元年，頭目朵羅干等以兵從孛來，大入遼河。已[而]復西附毛里孩，東合海西兵，數入塞。又時獨出沒廣寧、義州間。

九年，遼東總兵歐信以偏將韓斌等敗之於興中，追及麥州，斬六十二級，獲馬畜器械幾數千。

其年，喜峰守將吳廣以貪賄失三衛心，三衛入犯，廣下獄死。

明年（成化十年）復掠開原，慶雲參將周俊擊退之。

十四年詔復三衛馬市。初，國家設遼東馬市三，一城東，一廣寧，皆以待三衛。正統間，以其部衆屢叛，罷之。會韃靼滿都魯暴強，侵掠三衛，三衛頭目皆走避塞下。數饑困，請復馬市再四，不許。至是巡撫陳鉞爲帝言，始許之。

滿都魯死，亦思馬因主兵柄，三衛復數爲所窘。

二十二年①（仍成化），韃靼別部那孩擁三萬衆入大寧金山，涉老河，攻殺三衛頭目伯顔等，掠去人畜以萬計。三衛乃相率攜老弱走匿邊圍。邊臣劉潺以聞，詔予芻糧優卹之。

弘治初，常盜掠古北、開原境，守臣張玉、總兵李杲等以計誘斬其來市者三百人。遂北結脱羅干，請爲復讎，數寇廣寧、寧遠諸處。

時海西尚古者，以不得通貢叛中國，數以兵阻諸蕃（此諸蕃自是更在海西之東者，不知伊誰）入貢，諸蕃並銜之。朝廷旋許尚古納款。撫寧猛克帖木兒等皆以尚古爲辭，入寇遼陽，殺掠甚衆。

　　光旦：此段與兀良哈看不出任何關係，除非撫寧是三衛境内地，而猛克帖木兒是三衛人。事實應是如此，否則無意義，不應繫此。互見"女直"片。

韃靼小王子屢掠三衛，三衛因各叩關輸罪。朝廷許之，然陽爲恭順而已。

朵顏都督花當者，恃險而驕，數請增貢加賞，不許。

正德十年，花當子把兒孫以千騎毁鮎魚關，入馬蘭谷（峪）大掠，參將陳乾戰死；復以五百騎入板場谷，千騎入神山嶺，又千餘騎入水開洞。事聞，命副總兵桂勇禦之。花當退去，屯駐紅羅山，匿把兒孫，使其子打哈等入朝請罪。詔釋不問。

十三年，帝巡幸至大喜峰口，將徵三衛頭目，使悉詣關下宴勞，不果。

當把兒孫犯邊時（正德十年），朝廷詔削其職。把兒孫死，其子伯革入貢。

嘉靖九年，詔予伯革父爵。而打哈自以花當子不得職，怒，遂先後掠冷口、擦崖、喜峰間。參將袁繼勳等失於防禦，皆逮治。

十七年（嘉靖）春，指揮徐顥誘殺泰寧部九人，其頭目把當亥率衆寇大清堡，總兵馬永擊斬之。其屬把孫以朵顏部衆復入，鎮守少監王永與戰，敗績。

二十二年冬，攻圍墓田谷，殺守備陳舜，副總兵王繼祖等赴授（援之誤），擊斬三十餘級。

其年，詔罷舊設三衛馬市，并新設木市亦罷之。

秋，三衛復導韃靼寇遼州②，入沙河堡，守將張景福戰死。

---

① 標點本《校勘記》：二十二年，《明史》卷一四《憲宗紀》、《憲宗實錄》卷二九一成化二十三年六月己巳條都作"二十三年"。——整理者注

② 《明史》卷一八《世宗紀》、《世宗實錄》卷三五四嘉靖二十八年十一月壬午條均載此事發生於嘉靖二十八年九月，地點均作"遼東"，遼州誤。——整理者注

光旦：遼州應是在山西者，今昔陽。又若不類，則"州"字或誤刊。明之東北無遼州。

三衛之迭犯也，實朵顏部哈舟兒、陳通事爲之。二人者，俱中國人，被擄遂爲三衛用。

二十九年（嘉靖），韃靼俺答謀犯畿東，舟兒爲指潮河川路。俺答移兵白廟，近古北，舟兒詐言敵已退，邊備緩，僚（俺之誤）答遂由鴿子洞、曹榆溝入，直犯畿甸。已[而]俺答請開馬市，舟兒復往來誘阻之。

三十年，薊遼總督何棟購捕[舟兒]至京，伏誅。

朵顏通罕者，俺答子辛愛妻父也。四十二年，古北哨卒出關，爲朵顏所撲殺。俄通罕叩關索賞，副總兵胡鎮伏兵執之。總督楊選將爲牽制辛愛計，乃拘繫通罕，令其諸子更迭爲質。三衛恨甚，遂導俺答入掠順義及三河。選得罪。

萬曆初，朵顏長昂益強，挾賞不遂，數糾衆入掠，截諸蕃貢道。

十二年秋，[朵顏]復導土蠻，以四千騎分掠三山、三道溝、錦川諸處。守臣李松請急剿長昂等，朝議不從，僅革其月賞。未幾，復以千騎犯劉家口，官軍禦之，殺傷相當。於是長昂益跋扈自恣，東勾土蠻，西結婚白洪大，以擾諸邊。

十七年（萬曆）合韃靼東西二部寇遼東，總兵李成梁逐之，官軍大敗，[被]殲八百人。

又二年，大掠獨石路。

二十二年復擁衆犯中後所，攻入小屯臺，副總兵趙夢麟、泰（應是秦字，上文它傳中已一見）得倚等力戰卻之。

明年潛入喜峰口，官軍擒其頭目小郎兒。

二十九年，長昂與董狐狸等皆納款，請復寧前木市，許之。

三十四年冬，復糾韃靼班不什、白言台吉等，以萬騎迫山海關，總兵姜顯謨擊走之。長昂復以三千騎窺義院界，邊將有備，乃引去。旋詣喜峰，自言班、白入寇，己不預知。守臣具以聞。詔長昂復貢市，頒給撫賞如例。

長昂死，諸子稍衰，三衛皆靖。

崇禎初，與插漢戰於早落兀素，勝之，殺獲萬計，以捷告。未幾，皆服屬於……清云。

烏蠻

《明史》卷二六〇《熊文燦傳》：

[崇禎]十年四月，拜……兵部尚書兼右副都御史……總理南畿、河南、山西、陝西、湖廣、四川軍務。文燦……大募粵人及烏蠻精火器者一二千人以自護。

光旦：此烏蠻未詳，視語氣似亦在粵。然萬曆四十年代嘗巡按貴州，處理烏撒、水西事，則此應是彝也。然彝精火器，所未喻。

《明史》卷三一三《雲南土司傳·楚雄[府]》：

[府屬南安]州俱羅舞、和泥、烏蠻雜類。

烏滸蠻

[烏滸]

《明史》卷四五《地理志六》：

[廣西南寧府]橫州……（東有烏蠻山。）

光旦：此當是烏滸蠻之遺蹟，參《圖書集成》，卷一四四六，《南寧府部雜錄》引《異物志》及《明一統志》，所疑似可肯定。

烏滸蠻

《明史》卷一六六《張祐傳》：

嘗過烏蠻灘，謁馬伏波祠，太息曰："殁不俎豆其間，非夫也。"

光旦：烏蠻，當即烏滸蠻之簡稱。

烏羅蠻（貴州）

《明史》卷九：

[宣德]八年……五月丁巳，總兵官都督蕭授討平貴州烏羅蠻。

光旦：此名稱前所未見，疑非仡佬，即彝也，前者之可能性較大，烏羅為仡佬之聲轉。以分布地區言之，仡佬之可能性更大。參"總錄——貴州土司"下之烏羅府及烏羅長官司。

五開蠻

五開蠻

《明史》卷二：

[洪武]五年……八月丙申，吳良平五開、古州諸蠻。

《明史》卷二：

[洪武]十一年……六月……己巳，五開蠻叛，殺靖州指揮過興，以辰州指揮楊仲名爲總兵官討之。……[十一]月，五開蠻平。

《明史》卷三：

[洪武]十八年……七月……庚辰，五開蠻叛。……

[洪武十八年十]月，楚王楨、信國公湯和討平五開蠻。

光旦：查同年四月，湯和本從楚王楨討思州蠻者，今轉而平五開，是二者相去不遠。（明後設五開衛，清爲開泰縣，今爲黎平縣。）

光旦：五開與五溪疑必有連。開、溪古音相通，古均爲百越中侗人一派先輩所居之地，五開言其源，五溪則兼源流所被而言之。

《明史》卷三：

[洪武十九年正]月，征蠻師還。

光旦：文未言何蠻，參上文當是五開，或兼思州蠻言之，惟思州蠻是否已"平"，到此尚未見交代。

《明史》卷三：

[洪武]二十四年……十一月甲午，五開蠻叛，都督僉事茅鼎討平之。

《明史》卷三：

[洪武]二十五年……二月……都督茅鼎等平五開蠻。

五開[蠻]

《明史》卷一二六《湯和傳》：

[和]少子醴，[以]左軍都督同知征五開，卒於軍。

光旦：五開，今貴州黎平，此蠻主要應是苗，然亦有它族成分，如侗、土家。

光旦：五開，疑即五溪，溪之古音近開，侗族自稱亦是此音。

《明史》卷一三〇《吳良傳》：

[洪武]五年，[良副]鄧愈(征南將軍)帥平章李伯昇出靖州……數月，盡平左右兩江及五溪之地，移兵入銅鼓、五開，收潭溪，開太平，殲清洞、崖山之衆於銅關鐵寨。諸蠻皆震慴內附。

光旦：反應見"銅鼓蠻"下。

《明史》卷一三〇《胡海傳》：

[海]鎮益陽。武岡、靖州、五開諸苗蠻先後作亂，悉捕誅首亂而撫其餘衆。

光旦：無年，當在洪武元年至十四年間。曰諸苗，苗字泛用，武岡當有瑤，靖州、五開亦有侗。

《明史》卷一三二《周德興傳》：

[洪武]十八年，楚王楨討思州五開蠻，復以德興爲副將軍。德興在楚久，所用皆楚卒，威震蠻中。

《明史》卷一四四《何福傳》：

與都督茅鼎會兵徇五開。未行，而畢節諸蠻復叛，[因先平畢節]……乃趨五開。

光旦：事在洪武二十四、二十五年(見上摘卷三條)。

《明史》卷一五五《宋晟傳》：

[洪武三十年，晟]總羽林八衛兵討平五開、龍里苗。

光旦：龍里之"苗"，至少部分應是佈依。

《明史》卷一六六《韓觀傳》：

[洪武三十年，以都督同知]從楊文討平吉(古？參"古州蠻")州及五開叛苗。

《明史》卷一六六《李震傳》：

(見"苗——與方瑛、李震"片。)

五溪蠻

《明史》卷二：

[洪武]十四年……五月，五溪蠻叛，江夏侯周德興討平之。

光旦：此主要包括土家及苗。

《明史》卷一三〇《吴良傳》：

[洪武]五年，[良]副征南將軍鄧愈帥平章李伯昇出靖州……數月，盡平左右兩江及五溪之地……

光旦：此自桂入黔，五溪之源在黔境。

《明史》卷一三〇《張銓傳》：

[銓]副江夏侯周德興征五溪蠻。

《明史》卷一三二《周德興傳》：

[洪武十四]年，五溪蠻亂，德興已老，力請行。帝壯而遣之，賜手書曰："趙充國圖征西羌，馬援請討交阯，朕常嘉其事，謂今人所難。卿忠勤不怠，何忝前賢，靖亂安民，在此行也。"至五溪，蠻悉散走。

西　番

西番

《明史》卷二：

[洪武]九年……八月……西番朶兒只巴寇罕東，河州指揮甯正擊走之。

《明史》卷二：

[洪武]十一年……十一月庚午，征西將軍西平侯沐英率都督藍玉、王弼討西番。

《明史》卷二：

[洪武]十二年……九月己亥，沐英大破西番，擒其部長三副使。十一月甲午，沐英班師。

光旦：此役包括洮州番，別有片。

光旦：藍玉封侯似即因此役有功。

《明史》卷三：

[洪武十六]年……西番……入貢。

《明史》卷三：

[洪武]十七年……五月丙寅，涼州指揮宋晟討西番於亦集乃，敗之。

《明史》卷三：

[洪武]二十三年……二月戊申，藍玉討平西番叛蠻。

《明史》卷三：

[洪武]二十八年……正月丙午，階、文寇平，甯正以兵從秦王樉征洮州叛番。

《明史》卷一八：

[嘉靖四十三]年，西番……入貢。

《明史》卷四三《地理志四》：

四川[之四至]，西至威、茂（與西番界）。

《明史》卷四三《地理志四》：

[四川雅州]榮經[縣]（……西北有紫眼關，地接西番。又有碉門砦，亦曰和川鎮，元置碉門安撫司。洪武五年設碉門百户所於此，其地與天全界。）

《明史》卷四三《地理志四》：

[四川]天全六番招討司（元六番招討司。）洪武六年十二月改置，直隸四川布政司。二十一年二月改隸都司。（……[司]東有善所、張所、泥山、天全、思經、樂藹、始陽、樂屋、在城、靈關凡十百户所。）

光旦：此在司東，疑皆漢户。番居則多在司西，此段上文有云："西番境内有可跋海……俱在司西。"可證。是百户者，用以"招討"西番者也。

《明史》卷四三《地理志四》：

[四川]黎州守禦軍民千户所，本黎州長官司，洪武九年七月置。十一年六月升安撫司，直隸布政司。萬曆二十四年降爲千户所，直隸都司。（……[所]西南有大田山，[山]東麓爲大田壩，萬曆二十四年立黎州土千户所於此。）

光旦：此條未提"番"字，但推之當是。

《明史》卷四三《地理志四》：

[四川]寧番衛軍民指揮使司（今冕寧縣、冕山一帶。元蘇州，屬建昌路。）洪武十五年三月屬建昌府。二十一年十月兼置蘇州衛，屬四川都司。二十五年六月，州廢，升衛爲軍民指揮使司。二十六年三月更名，屬四川都司。二十七年九月來屬[四川行都指揮使司]。（[衛]西有定番堡，萬曆十五年置。）

光旦：《方輿紀要》，卷七四，引《志》云，"環衛而居，皆西番種也，故曰寧番。"又引《土彝考》曰，"寧番東南東北諸蠻頗馴擾，惟西去月落、三渡水、妙竹等一十九寨，恃其險臨，常引水外生番入寇，自[定番]堡設而稍斂迹"。

光旦：按諸書皆引《土夷考》謂四川行都司五衛民族成分複雜，多至九種，以今日所稱之彝爲最多，觀此則可知寧番一衛或以"番"爲最多，其地在五衛中最偏西北，理亦應爾也。

《明史》卷四六《地理志七》：

[雲南]北勝州（東有寧番土巡檢司。）

光旦：猶建昌之有"寧番衛"也。

《明史》卷四六《地理志七》：

[雲南永昌府]鎮道安撫司、楊塘安撫司（二司地舊屬西番，與麗江府接界。）俱永樂四年正月置，屬金齒軍民司。嘉靖元年[廢司置府]，屬府。

光旦：上二則似即在今普米自治區域之内。

西番——羈縻衛所

《明史》卷九〇《兵志二》：

西番，即古土番。洪武初，遣人招諭，又令各族舉舊有官職者至京，授以國師及都指揮、宣慰使、元帥、招討等官，俾因俗以治。自是番僧有封灌頂國師及贊善、闡化等王，大乘、大寶法王者，俱給印誥，傳以爲信。所設有都指揮使司、指揮司。

都指揮使司二：烏思藏　朶甘衛

指揮使司一：隴答衛

宣尉使司三：朶甘　董卜韓胡　長河西魚通寧遠

招討司六：朶甘思　朶甘隴答　朶甘丹　朶甘倉溏　朶甘川　磨兒勘

萬戶府四：沙兒可　乃竹　羅思端　別思麻

千戶所十七：朶甘思　剌宗　孛里加　長河西　多八三孫　加八兆日　納竹　倫答　果由　沙里可哈忽的　孛里加思　撒里土兒　參卜郎　剌錯牙　泄里壩　潤則魯孫

西番——茶馬（附其它馬之交易）

見"總錄——茶馬法、司"片。

《明史》卷一二六《李文忠傳》：

[洪武十九年，景隆（文忠長子）]市馬西番。

西番

《明史》卷一二六《沐英傳》：

[洪武十一年，英]拜征西將軍，討西番，敗之土門峽。徑洮州，獲其長阿昌失納，築城東籠山，擊擒酋長三副使瘦嗦子等，平朵甘納兒七站，拓地數千里，俘男女二萬、雜畜二十餘萬，乃班師。

《明史》卷一三〇《吳復傳》：

[洪武]十一年從沐英再征西番，擒三副使，得納鄰哈七站之地。明年，師還。

光旦："納鄰哈"與上條之"納兒"疑一事。

光旦：言"再征"者，從吳復言之也，復於洪武三年，嘗一征吐番，見"吐番"片。

《明史》卷一三〇《吳復傳·周武附傳》：

與復以征西番功[而]侯者，又有周武。……洪武十一年以參將從沐英討西番朵甘。

《明史》卷一三一《薛顯傳》：

[顯]從[徐達]入關中，抵臨洮。別將攻馬鞍山西番寨，大獲其畜產。

光旦：此洪武二年間事（參卷一二五《徐達傳》）。

《明史》卷一三一《金朝興傳》：

[洪武]十一年從沐英西征，收納鄰七站地。

光旦：納鄰，《吳復傳》作納鄰哈，見上。

《明史》卷一三一《葉昇傳》：

[洪武]十二年……西番叛，[昇以大都督府僉事]與都督王弼征之，降乞失迦，平其部落。……擒洮州番酋。

《明史》卷一三二《王弼傳》：

[洪武]十一年副西平侯沐英征西番，降朵甘諸酋及洮州十八族，殺獲甚眾。

光旦：此說明番、西番、[藏]三者，明史家殊不分。

《明史》卷一三二《藍玉傳》：

[洪武]十一年同西平侯沐英討西番，擒其酋三副使，斬獲千計。

《明史》卷一三二《藍玉傳》：

[洪武]二十四年命玉理蘭州、莊浪等七衛兵，以追逃寇祁者孫。遂略西番罕東之地。土酋哈昝（昝）等遁去。

光旦：祁者孫疑是蒙古，未查明前姑附此。

《明史》卷一三二《藍玉傳》附《曹震傳》：

　　洪武十二年，以征西番功封……侯。[十五年，平雲南後，]請討……西番朵甘、思曩日諸族。詔不許。

《明史》卷一四二《瞿能傳》：

　　以四川都指揮使從藍玉出大渡河擊西番，有功。

　　　　光旦：即上第二條事。

《明史》卷一五一《呂震傳》：

　　飲酒西番僧舍，大醉歸，一夕卒。

　　　　光旦：與西番關係亦甚深矣。事在宣德元年。

《明史》卷一五五《宋晟傳》：

　　洪武十二年……降涼州衛指揮使。十七年五月討西番叛酋，至亦集乃路，擒元海道千戶也先帖木兒、國公吳把都剌赤等，俘獲萬八千人，送酋長京師，簡其精銳千人補卒伍，餘悉放遣。

　　　　光旦：此中上層自是蒙古，互見"蒙古——在西北"片。所簡千人亦爾，
　　　　互見"蒙古——番兵"片。

《明史》卷一五六《李英傳》：

　　李英，西番人。父南哥，洪武中率眾歸附，授西寧州同知，累功進西寧衛指揮僉事。英嗣官。永樂十年，番酋老的罕叛。英擊之。討來川，俘斬三百六十人。夜雪，賊遁，追盡獲之，進都指揮僉事。

　　番僧張答里麻者，通譯書。成祖授以左覺義。居西寧，恣甚。以計取西番貢使貲，納逋逃，交通外域，肆惡十餘年。英發其事，磔死，籍其家。西陲快之。……

　　　　光旦：是番與西番似尚略有分別。

　　英恃功而驕，所爲多不法。寧夏總兵官史昭奏英父子有異志。南哥上章辯。賜敕慰諭……英家西寧，招逋逃七百餘戶，置莊墾田，豪奪人產，復爲兵部及言官所劾。帝宥英，追逃者入官。……

　　英從子文，宣德間爲陝西行都司都指揮僉事。西番思俄可嘗盜他部善馬，都指揮穆肅求不得。會思俄可以畜產驔於邊，肅誣以盜，收掠致死。番人惶駭思亂。文劾之，逮肅下吏，西陲以寧。

《明史》卷一五六《毛忠傳》：

　　初忠之征沙漠也，獲番僧加失領真以獻。英宗赦不誅。後[番僧]逃之瓦剌，

爲也先用，憾忠，欲陷之。遂宣言忠與也先交通，而朝廷不察……［執忠赴京問罪，景帝貶忠發福建立功。］英宗在塞外獨知之，比復辟，即召還。

　　光旦：此番僧，以名字推之，應是藏人。

《明史》卷一六五《姜昂傳·子龍附傳》：

　　［正德中］遷雲南副使……四川鹽井刺馬仁、雲南矖江和歌仲讎殺數十年，龍撫諭，遂解。（此是西番否，尚待肯定。）

《明史》卷一七五《衛青傳·子穎附傳》：

　　天順間，［穎（時以都督同知出鎮甘肅）］征西番馬吉思、冬沙諸族，［有］功。

《明史》卷一八五《梁璟傳》：

　　擢陝西左參政，分守洮、岷。西番入寇，督兵斬其魁。

　　光旦：無年份，應在成化後葉。

《明史》卷一九九《王憲傳》：

　　［嘉靖中，憲爲兵部尚書，］西番諸國來貢，稱王號者百餘人。憲與禮臣夏言等請如成化、弘治間例，答敕止國王一人，仍限貢期、人數。議乃定。

　　光旦：此西番應是西域諸族泛出，與今所瞭解之西番異。

《明史》卷二二二《王崇古傳》：

　　［隆慶四年正月，］崇古總督宣、大、山西軍務。……檄勞番、漢陷寇軍民……西番、瓦剌、黃毛諸種一歲中降者踰二千人。

《明史》卷三一一《四川土司傳·寧番衛傳》（附在《建昌衛傳》後）：

　　寧番衛，元時立於邛都之野，曰蘇州。洪武間，土官怕兀它從月魯帖木兒爲亂，廢州置衛。環而居者，皆西番種，故曰寧番。有冕山、鎮西、禮州中三千户所①。

《明史》卷三一一《四川土司傳·松潘衛傳》：

　　松潘……唐……廣德初，陷於吐蕃。宋時，吐蕃將潘羅支領之，名潘州。元置吐蕃宣慰司。洪武十二年命平羌將軍御史大夫丁玉定其地。

---

① 標點本《校勘記》：有冕山鎮西禮州中三千户所，疑衍"鎮西禮州中三"六字。《明史》卷四三《地理志》稱寧番衛"領千户所一"，即冕山橋後千户所。又禮州後千户所及禮州中中千户所屬建昌衛，鎮西後千户所屬越嶲衛，與本傳上文所記建昌衛及下文越嶲衛所屬千户所基本相符。——整理者注

> 光旦：衛境內羌、藏（西番）、漢分居，大抵羌在東、藏在西、漢在南。衛所領十三族長官司之中之占藏先結、包藏先結等長官司，又後設之思囊日、麻兒匝安撫司等，皆西番也。白草番，史文謂是唐時贊普遺種。
> 詳見"羌（松潘）——沿革"片，不一一複錄。

《明史》卷三一三《雲南土司傳·永寧[府]》：

永樂四年[四月（見卷四六《地理志七》），陞永寧土州爲土府]，陞土知州各吉八合知府，遣之齎敕往大西番撫諭蠻衆。

《明史》卷三一四《雲南土司傳·瀾滄衛》：

弘治十一年，福建布政李韶以前任雲南參議，知土俗事宜，上疏……[有]謂瀾滄衛與北勝州同一城，地域廣遠，與四川建昌西番野番相通。邇年西番土舍章輗等倚恃山險，招服野番千餘家爲莊户，遂致各番生拗，動輒殺人，州官無兵不能禁止。衛官大廢軍政，恬不加意。……[請於瀾滄設兵備副使。]

西番——西番諸衛

《明史》卷三三〇《西番諸衛傳》：

西番，即西羌，族種最多，自陝西歷四川、雲南西徼外皆是。其散處河、湟、洮、岷間者，爲中國患尤劇。漢趙充國、張奐、段熲，唐哥舒翰，宋王韶之所經營，皆此地也。元封駙馬章古爲寧濮郡王（濮字實不相干），鎮西寧，於河州設吐番宣慰司，以洮、岷、黎、雅諸州隸之，統治番衆（所統亦不盡是"西番"）。

洪武二年，太祖定陝西，即遣官齎詔招諭，其酋長皆觀望。復遣員外郎許允德招之，乃多聽命。

明年五月，吐蕃（上作番）宣慰使司鎖南普等以元所授金銀牌印宣敕來上，會鄧愈克河州，遂詣軍前降。其鎮西武靖王卜納剌亦以吐蕃諸部來納款。冬，鎖南普等入朝貢馬及方物。帝喜，賜襲衣。

四年正月設河州衛，命爲指揮同知（命鎖南普），予世襲。知院朵兒只、汪家奴並爲指揮僉事。設千户所八，百户所七，皆命其酋長爲之（千、百户應皆西番[？]，上層則蒙古之遺）。卜納剌等亦至京師，[命]爲靖南衛指揮同知，其僑桑加朵兒只爲高昌衛指揮同知，皆帶刀侍衛。自是，番酋日至。

尋以降人馬梅、汪瓦兒並爲河州衛指揮僉事。又遣西寧州同知李喃哥等招撫其酋長，至者亦悉授官。乃改西寧州爲衛，以喃哥爲指揮。

帝以西番産馬，與之互市，馬至漸多。而其所用之貨與中國異，自更鈔法後，馬至者少，患之。八年五月命中官趙成齎羅綺、綾絹并巴茶往河州市之，馬稍集，率厚其值以償。成又宣諭德意，番人感悦，相率詣闕謝恩。山後歸德等州西番諸部落皆以馬來市。

十二年（洪武），洮州十八族番酋三副使（三字應是人名）等叛，據納麟七站之地。命征西將軍沐英等討之，又命李文忠往籌軍事。英等至洮州舊城，寇遁去，追斬其魁數人，盡獲畜産。遂於東籠山南川度地築城置戍，遣使來奏。帝報曰：“洮州，西番門户，築城戍守，扼其咽喉。”遂置洮州衛，以指揮聶緯、陳暉等六人守之。已[而]文忠等言官軍守洮州，餉艱民勞。帝降敕諭之曰：“洮州西控番戎，東蔽湟、隴，漢、唐以來備邊要地。今番寇既斥，棄之不守，數年後番人將復爲患。慮小費而忘大虞，豈良策哉。所獲牛羊，分給將士，亦足充兩年軍食。其如敕行之。”文忠等乃不敢違。

秋，鎖南普及鎮撫劉温各攜家屬來朝。諭中書省臣曰：“鎖南普自歸附以來，信義甚堅。前遣使烏斯藏，遠涉萬里，及歸，所言皆稱朕意。今以家屬來朝，宜加禮待。”乃賜米、麥各三十石，劉温三之一。

英等進擊番寇，大破之，盡擒其魁，俘斬數萬人，獲馬牛羊數十萬。自是，羣番震慴，不敢爲寇。

十六年（洪武），青海酋長史剌巴等七人來歸，賜文綺、寶鈔。

時岷州亦設衛，番人歲以馬易茶，馬日蕃息。

二十五年又命中官而聶（姓名）至河州，召必里諸番族，以敕諭之。爭出馬以獻，得萬三百餘匹，給茶三十餘萬觔。命以馬畀河南、山東、陝西騎士。（必里似屬朶甘）

帝以諸衛將士有擅索番人馬者，遣官齎金、銅信符敕諭，往賜涼州、甘州、肅州、永昌、山丹、臨洮、鞏昌、西寧、洮州、河州、岷州諸番族。諭之曰：“往者朝廷有所需，必酬以茶貨，未許私徵。近聞邊將無狀，多假朝命擾害，俾爾等不獲寧居。今特製金、銅信符頒給，遇有徵發，必比對相符始行，否則僞，械至京，罪之。”自是，需求遂絶。

初，西寧番僧三剌爲書招降罕東諸部，又建佛剎於礙白南川，以居其衆。至是來朝貢馬，請敕護持，賜寺額。帝從所請，賜額曰瞿曇寺。立西寧僧綱司，以三剌爲都綱司。又立河州番、漢二僧綱司，並以番僧爲之，紀以符契。自是，其徒爭建寺，帝輒錫以嘉名，且賜敕護持。番僧來者日衆。

永樂時，諸衛僧戒行精勤者，多授剌麻、禪師、灌頂國師之號，有加至大國師、西天佛子者，悉給以印誥，許之世襲，且令歲一朝貢。由是諸僧及諸衛土官輻輳京師。其他族種，如西寧十三族、岷州十八族、洮州十八族之屬，大者數千人，少者數百，亦許歲一奉貢，優以宴賚。西番之勢益分，其力益弱，西陲之患亦益寡。

  光旦：此段甚好，説明明統治者有意識的在羌族中傳播喇嘛教，從爾削弱其團結與抗拒之力，計亦毒矣。其後清統治者之於蒙古亦然。然始作俑者仍是本族之統治上層，有如瓦剌之也先，否則中原統治者輕易亦不得施其技也。

宣德元年，以協討安定、曲先功，加國師吒思巴領占等五人爲大國師，給誥命、銀印，秩正四品；加剌麻著星等六人爲禪師，給敕命、銀印，秩正六品。

正統五年敕陝西鎮守都督鄭銘、都御史陳鎰曰："得奏，言河州番民領占（又一領占）等，先因避罪逃居結河里，招集徒黨，占耕土田，不注籍納賦，又藏匿逃亡，剽劫行旅，欲發兵討之。朕念番性頑梗，且所犯在敕前，若邊加師旅，恐累及無辜。宜使人撫諭，令散遣徒黨，還所掠牛羊，兵即勿進，否則加兵未晚。爾等其審之。"番人果輸服。

七年（正統）再敕銘及都御史王翱等曰："得鎮守河州都指揮劉永奏：往歲阿爾官等六族三千餘人，列營歸德城下，聲言交易，後乃抄掠屯軍，大肆焚戮。而著亦匝族番人屢於煖泉亭諸處潛爲寇盜。指揮張瑀擒獲二人，止責償所盜馬，縱之使去。論法，瑀及永皆當究治，今姑令戴罪。爾等即遣官偕三司堂上親詣其寨，曉以利害，令還歸所掠，許其自新，不悛則進討。蓋馭戎之道，撫綏爲先，撫之不從，然後用兵。爾等宜體此意。"番人亦輸服。

成化三年，陝西副使鄭安言："進貢番僧，自烏斯藏來者不過三之一，餘皆洮、岷寺僧詭名冒貢，進一羸馬，輒獲厚直，得所賜幣帛，製爲戰袍，以拒官軍。本以羈縻之，而益致寇掠，是虛國帑而齎盜糧也。"章下吏部[①]，會廷臣議，請行陝西文武諸臣，計定貢期、人數及存留、起送之額以聞。報可。已而奏上，諸自烏斯藏來者皆由四川入，不得徑赴洮、岷，遂著爲例。

[①] 標點本《校勘記》：吏部，據《明史稿》傳二〇三《西域傳》、《憲宗實錄》卷四二成化三年五月丙子條應爲"禮部"。——整理者注

明年冬，洮州番寇擁衆掠鐵城、後川二寨，指揮張翰等率兵禦之，敗去，獲所掠人口以歸。

五年，巡按江孟綸言："岷州番寇縱横，村堡爲虚。頃令指揮后泰與其弟通泰①反覆開示，生番忍藏、占藏等三十餘族酋長百六十餘人，熟番栗林等二十四族酋長九十一人，轉相告語，悔過來歸，且還被掠人畜，願供徭賦。殺牛告天，誓不再犯。已令副使李玘從宜賞勞，宣示朝廷恩威，皆歡躍而去。惟熟番綠園一族怙惡不服。"兵部言："番性無常，朝撫夕叛，未可弛備。請諭邊臣，向化者加意撫綏，犯順者克期勦滅。"帝納其言。

八年（成化），禮官言："洮、岷諸衛送各族番人赴京，多至四千二百餘人，應賞綵幣人二表裏，帛如之，鈔二十九萬八千有奇，馬直尚在其外。考正統、天順間，各番貢使不過三五百人。成化初，因洮、岷諸處濫以熟番作生番冒送，已定例，生番三年一貢，大族四五人，小族一二人赴京，餘悉遣還。成化六年，副使鄧本瑞妄自招徠，又復冒送，臣部已重申約束。今副使吴玘等不能嚴飭武備，專事通番，以紓近患。乞降敕切責，務遵前令。"帝亦如其言。

西寧即古湟中，其西四百里有青海，又曰西海，水草豐美。番人環居之，專務畜牧，日益繁滋，素號樂土。正德四年，蒙古部酋亦不剌、阿爾秃斯獲罪其主（何主？韃靼者乎？指小王子，參"韃靼（蒙古）"），擁衆西奔。瞰知青海饒富，襲而據之，大肆焚掠。番人失其地，多遠徙。其留者不能自存，反爲所役屬。自是甘肅、西寧始有海寇之患。

九年（成化），總制彭澤集諸道軍，將擣其巢。寇訛知之，由河州渡黄河，奔四川，出松潘、茂州境，直走烏斯藏。及大軍引還，則仍返海上，惟阿爾秃於（於字冗，上文無）斯遁去。

嘉靖二年，尚書金獻民西征，議遣官招撫，許爲藩臣，如先朝設安定、曲先諸衛故事。兵部行總制楊一清計度，一清意在征討，言寇精騎不過二三千，餘皆脅從番人，然怨之入骨，時欲報讎，可用爲間諜，大舉剿絶。議未定，王憲、王瓊相繼來代，皆以兵寡餉詘（絀），議竟不行。

八年（嘉靖），洮、岷諸番數犯臨洮、鞏昌，内地騷動。樞臣李承勳言："番爲海寇所侵，日益内徙。倘二寇交通，何以善後。昔趙充國不戰而服羌，

---

① 標點本《校勘記》：通泰，據《明史稿》傳二〇三《西寧河州洮州岷州諸衛番傳》、《憲宗實録》卷六四成化五年閏二月壬戌條應爲"通"。——整理者注

段熲殺羌百萬而内地虛耗，兩者相去遠矣。乞廣先帝之明，專充國之任，制置方略，悉聽瓊便宜從事。"瓊乃集衆議，且剿且撫。先遣總兵官劉文、遊擊彭械分布士馬。

明年（嘉靖九年）二月自固原進至洮、岷，遣人開示禍福。洮州東路木舍等三十一族，西路答禄失等十三族，岷州西寧溝等十五族，皆聽撫，給白旌犒賜遣歸。惟岷州東路若籠族、西路板爾等十五族及岷州剌即等五族，恃險不服。乃分兵先攻若籠、板爾二族，覆其巢，剌即諸族震慴乞降。凡斬首三百六十餘級，撫定七十餘族，乃班師。自是，洮、岷獲寧，而西寧仍苦寇患。

十一年（嘉靖），甘肅巡撫趙載等言："亦不剌據海上已二十餘年，其黨卜兒孩獨傾心向化，求帖木哥等屬番來納款。宜因而撫之，或俾之納馬，或令其遣質，或授官給印，建立衛所，爲我藩籬，於計爲便。"疏甫上，會河套酋吉囊引衆西掠，大破亦不剌營，收其部落大半而去，惟卜兒孩一枝斂衆自保。由是西寧亦獲休息，而納款之議竟寢。

及唐龍爲總制，寇南掠松潘。龍慮其回巢與諸番及他部勾結爲患，奏行甘肅守臣，繕兵積粟，爲殄滅計。及龍去，事亦不行。

二十年（嘉靖）正月，卜兒孩獻金牌、良馬求款。（金牌是何物，疑是當初發與西番首領爲易馬之用，而爲亦不剌輩所奪者，故獻還乎？）兵部言："寇果輸誠通貢，誠西陲大利。乃止（只也）獻馬及金牌，未有如往歲遣子入侍、首長入朝之請，未可遽許。宜令督撫臣偵察情實，並條制馭之策以聞。"報可。會寇勢漸衰，番人亦漸復業，其議復寢。

二十四年設岷州，隸鞏昌府。岷西臨極邊，番漢雜處。洪武時，改土番十六族爲十六里，設衛治之，俾稍供徭役。自設州之後，徵發繁重，人日困敝。且番人戀世官，而流官又不樂居，遙寄治他所。越十餘年，督撫合疏言不便，乃設衛如故。

> 光旦：是亦改土歸流、革流還土之佳例，然不明顯，因其無土司土官，而由軍衛直接統治。所云"世官"，即首長、頭目之類，中原統治者第承認之而不再加以官號。如此之統治方式實自成一格，應加分別研究，頗慮自來從事於流、土制度之研究者多忽略之也。

時北部俺答猖獗，歲掠宣、大諸鎮。又羡青海富饒，三十八年（嘉靖）攜子賓兔、丙兔等數萬衆，襲據其地。卜兒孩竄走。遂縱掠諸番。已[而]引去，留賓兔據松山，丙兔據青海。西寧亦被其患。

隆慶中，俺答受封順義王，修貢惟謹，二子亦斂戢。時烏斯藏僧有稱活佛者，諸部多奉其教。丙兔乃以梵修爲名，請建寺青海及嘉峪關外，爲久居計。廷臣多言不可許。禮官言："彼已採木興工，而令改建於他所，勢所不能，莫若因而許之，以鼓其善心，而杜其關外之請。況中國之禦戎，惟在邊關之有備。戎之順逆，亦不在一寺之遠近。"帝許之。丙兔既得請，又近脅番人，使通道松潘以迎活佛。四川守臣懼逼，乞令俺答約束其子，毋擾鄰境。俺答言，丙兔止因甘肅不許開市，寧夏又道遠艱難，雖有禁令，不能盡制。宣大總督方逢時亦言開市爲便。帝以責陝西督撫(時甘、肅二州屬陝西)，督撫不敢違。

萬曆二年冬，許丙兔市於甘肅，賓兔市於莊浪，歲一次。既而寺成，賜額仰華。

先是，亦不剌之據青海，邊臣猶以外寇視之。至是以俺答故，竟視若屬番。諸酋亦以父受王封，不敢大爲邊患。

而洮州之變乃起。

初，洮州番人以河州奸民負其物貨，入掠內地，他族亦乘機爲亂。奸民以告河州參將陳堂，堂曰："此洮州番也，何與我事。"洮州參將劉世英曰："彼犯河州，非我失事。"由是二將有隙。總督石茂華聞之，令二人及蘭州參將徐勳、岷州守備朱憲、舊洮州守備史經各引兵壓其境，曉以利害。番人懼，即還所掠人畜。世英謂首惡未擒，不可遽已，遂勦破之，殺傷及焚死者無算。軍律，吹銅角乃退兵。堂挾前憾，不待角聲而去，諸部亦多引去。憲、經方深入搜捕，鄰番見其勢孤，圍而殺之。事聞，帝震怒，褫堂、世英職，切責茂華等。茂華乃集諸軍分道進討，斬首百四十餘級，焚死者九百餘人，獲孳畜數十羣。諸番震恐遠徙，來降者七十一族，斬送首惡四人，生縛以獻者二人，輸馬牛羊二百六十。稽首謝罪，誓不再犯。師乃還。

自丙兔據青海，有切盡台吉者，河套酋吉能從子，俺答從孫也，從之而西。屢掠番人不得志，邀俺答往助。俺答雅欲侵瓦剌，乃假迎活佛名，擁衆西行。疏請授丙兔都督，賜金印，且開茶市。部(兵部)議不許，但稍給以茶。俺答既抵瓦剌，戰敗而還。乃移書甘肅守臣，乞假道赴烏斯藏。守臣不能拒，遂越甘肅而南，會諸酋於海上。番人益遭蹂躪，多竄徙。

八年(萬曆)春，始以活佛言東還，而切盡弟火落赤及俺答庶兄子永邵卜遂留居青海不去。八月，丙兔率衆掠番並內地人畜，詔絕其市賞。俺答聞之，馳書切責。乃盡還所掠，執獻爲惡者六人，自罰牛羊七百。帝嘉其父恭順，賚之銀幣，即以牛羊賜其部人，爲惡者付之自治，仍許貢市。俺答益感德。而火落赤侵掠番族不休，守臣檄切盡台吉約束之，亦引罪輸服。及俺答卒，傳至孫扯力克（即撦力克？），勢輕，不能制諸酋。

十六年（萬曆）九月，永邵卜部衆有闌入西寧者，副總兵李奎方被酒，躍馬而前。部衆控鞍欲愬，奎拔刀斫之，衆遂射奎死。部卒馳救之，亦多死。守臣不能討，遣使詰責，但獻首惡，還人畜而止。以故無所憚，愈肆侵盜。

時丙兔及切盡台吉亦皆死。丙兔子真相移駐莽剌川，火落赤移駐捏工川，逼近西寧，日蠶食番族。番不能支，則折而爲寇用。扯力克又西行助之，勢益熾。

十八年（萬曆）六月入舊洮州，副總兵李聯芳率三千人禦之，盡覆。七月復深入，大掠河州、臨洮、渭源。總兵官劉承嗣與遊擊孟孝臣各將一軍禦之，皆敗績，遊擊李芳等死焉。西陲大震。事聞，命尚書鄭洛出經略。洛前督宣、大軍，撫順義王及忠順夫人（三娘子）有恩。[洛？]遣使趣扯力克東歸，而大布招番之令，來者率善遇之。自是歸附者不絕。火、真二酋自知罪重，又聞套酋卜失兔來助，大敗於水泉口，[而]扯力克復將還巢，始懼。徙帳去，留其黨可卜兔等於莽剌川。

明年（萬曆十九年），總兵官尤繼先破走之。洛更進兵青海，焚仰華寺，逐其餘衆而還。番人復業者至八萬餘人。西陲暫獲休息。已[而]復聚於青海。

二十三年增設臨洮總兵官，以劉綎任之。

未幾，永邵卜諸部犯南川，參將達雲大破之。已[而]連火、真二酋犯西川，雲又擊破之。

明年（二十四年），諸酋復掠番族，將窺內地。綎部將周國柱禦之莽剌川，又大破之。

二十七年（萬曆）糾叛苗（此所稱苗，下句即稱爲番）犯洮、岷，總兵官蕭如薰等敗之，斬番人二百五十餘級，寇（此蒙古）八十二級，撫降番族五千餘人。

三十四年復入鎮番黑古城①，爲總兵官柴國柱所敗。自是屢入鈔掠，不能

---

① 標點本《校勘記》：鎮番黑古城，《明史》卷二三九《柴國柱傳》作"鎮羌黑古城諸堡"，《神宗實錄》卷四二五萬曆三十四年九月丙戌條、《國榷》卷八〇頁四九六四都作"鎮羌古城"。——整理者注

大得志。

时为陕西患者，有三大寇：一河套，一松山，一青海。青海土最沃，且有番人屏蔽，故患犹不甚剧。

崇祯十一年，李自成屡为官军击败，自洮州轶出番地。诸将穷追，复奔入塞内，番族亦遭蹂躏。

十五年，西宁番族作乱，总兵官马爌督诸将五道进勦，斩首七百有奇，抚降三十八族而还。

明年冬，李自成遣将陷甘州，独西宁不下。贼将辛恩忠攻破之，遂进掠青海。诸酋多降附。而明室亦亡。

番有生熟二种。生番犷悍难制。熟番纳马易茶，颇柔服，后寖通生番为内地患。自青海为寇所据，番不堪剽敚，私馈皮币曰手信，岁时加馈曰添巴，或反为嚮导，交通无忌。而中国市马亦鲜至，盖已失捍外卫内之初意矣。原夫太祖甫定关中，即法汉武刱河西四郡隔绝羌、胡之意，建重镇於甘、肃，以北拒蒙古，南捍诸番，俾不得相合。又遣西宁等四卫土官与汉官参治，令之世守。且多置茶课司，番人得以马易茶。而部族之长，亦许其岁时朝贡，自通名号於天子。彼势既分，又动於利，不敢为恶。即小有蠢动，边将以偏师制之，靡不应时底定。自边臣失防，北寇得越境阑入，与番族交通，西陲遂多事。然究其时之所患，终在寇（蒙古）而不在番，故议者以太祖制驭为善。

光旦：文於四卫未作简单之总说，亦是阙失；四卫盖西宁、河州、洮州、岷州。

光旦：羌族分布之范围，今昔大见悬殊。蒙古之阑入青海，侵逼四卫，应是最大之原因。

光旦：题为西番，而论西番之文字甚少，篇幅十之七八为阑入青海之蒙古所占，令人有文不对题之感。

《明史》卷三三一《朵甘乌斯藏行都指挥使司传》：

[洪武]二十六年，西番思曩日等族遣使贡马，命赐金铜信符、文绮、袭衣，许之朝贡。

光旦：此西番诸卫事，误系《朵甘……传》者。

《明史》卷三三一《朵甘乌斯藏行都指挥使司传》：

成化三年，阿昔洞诸族土官言："西番大小二姓为恶，杀之不惧。惟国师、剌麻劝化，则革心信服。"乃进禅师远丹藏卜为国师，都纲子瑺为禅师，以化導之。

　　光旦：此條亦似誤繫《朵甘……傳》者，或國師、禪師爲朵甘人耳。

西番（赤斤蒙古衛等）

　　見"蒙古（赤斤蒙古衛）"片。
　　見"撒里畏兀兒（罕東衛）"片。

西番（即藏）

《明史》卷三三一《烏斯藏大寶法王傳》：

　　正德……十年，[將至烏斯藏迎活佛]……閣臣梁儲等言："西番之教，邪妄不經……"

　　　　光旦：此稱藏族爲西番之例，與羌不分。

《明史》卷三三一《西天阿難功德國傳》附《和林國傳》：

　　和林，即元太祖故都，在極北，非西番，其國師則番僧。[洪武七年]來貢，後……不復至。

　　　　光旦：喇嘛教在蒙古族中之傳播，自是從元代始，然其初主持之者猶是藏族，至明初尚然。和林今在國境外，惟於以見"西番"之稱與喇嘛教入蒙之早，故錄之。

《明史》卷三三一《朵甘烏斯藏行都指揮使司傳》：

　　[永樂]十八年，帝以西番悉入職方……（詳"藏（朵甘）"片。）

《明史》卷三三一《朵甘烏斯藏行都指揮使司傳》：

　　初，太祖以西番地廣，人獷悍，欲分其勢而殺其力，使不爲邊患，故來者輒授官。……[又設茶課，使以馬易茶；成祖又益以廣封法王、國師……之法以羈縻之；故]終明世無番寇之患。

西　苗

《明史》卷三一六《貴州土司傳·新添衛》：

　　東西二路苗名曰仲家者，盤踞貴（貴陽）、龍（龍里）、平（平越）、新（新添）之間，爲諸苗渠帥。……（下詳"苗（新添衛）"、"東苗"片。並參"總錄——貴州沿革"片新添衛部分。）

西南蠻（或夷）

《明史》卷三：

[洪武]二十二年……三月庚午，傅友德帥諸將分屯四川、湖廣，防西南蠻。

《明史》卷一四二《宋忠傳》：

[洪武]三十年，平羌將軍齊讓征西南夷無功，以忠爲參將，從將軍楊文討之。

光旦：不圖《史記》西南夷之稱，至此尚有用之者！

西　域

《明史》卷一二四《陳友定傳》：

友定所辟者……有伯顏子中。……其先西域人，後仕江西，因家焉。……[元亡，卒飲酖死。]

光旦：伯顏子中，《新元史》卷二三三有傳。

昔　樸

《明史》卷三一三《雲南土司傳·鎮沅[府]》：

鎮沅，古濮洛雜蠻所居，《元史》謂是和泥、昔樸二蠻也。

光旦：昔樸亦濮也。昔樸豈即"西濮"，所以別於江漢以南之"東"濮耶？

些麼徒蠻

《明史》卷三一四《雲南土司傳·元江[府]》：

元江[於宋元之間]爲麼些徒蠻阿僰諸部所據。

光旦：些麼徒蠻，原文爲麼些徒蠻，疑因麼些之稱而誤倒也。些亦作夢。此爲何族人，向所未喻，以此文言之，似爲阿僰部所屬之族類之總稱，爾爾，則亦濮或獠之一派矣。尚待續考，姑存此說。

涂

[徐]——鵠倉

《明史》卷四四《地理志五》：

[浙江台州府]臨海[縣]（西南有括蒼山。）

[徐]——泗州

《明史》卷四四《地理志五》：

[湖廣衡州府]桂陽州……（北有泗州寨……巡檢司。）

> 光旦：泗州之名不圖於此出現，豈擁戴徐偓王之人渡江南移有遠進至湘境東南者乎？抑別有解釋？姑存此。

《明史》卷四五《地理志六》：

[廣西]泗城州。（今凌雲縣）

徐

《明史》卷二六七《徐汧傳》：

[汧友楊廷樞，明清鼎革之交，見殺於]蘆墟泗洲寺。

> 光旦：此泗洲寺或直接與唐之泗洲和尚有涉，而與徐偓無關，姑記於此。寺似在蘇州郊外，應一查方志。①

《明史》卷二九九《袁珙傳·子忠徹附傳》：

[永樂時，]禮部郎周訥自福建還，言閩人祀南唐徐知諤、知海，其神最靈。帝命往迎其像及廟祝以來，遂建靈濟宮於都城祀之。……

> 光旦：此所祀之徐，恐實是偓王，即所稱"泗洲佛"，而與南唐徐氏不相涉，同是徐也，故誤繫耳。對徐偓之紀念，誤繫亦不一矣，此爲較後於唐泗洲和尚之一例。

---

① 查《蘇州府志》（清光緒九年）卷三九《寺觀一》："泗州教寺在城西南隅（康熙《志》云在杉瀆橋東南），本報恩寺子院，宋景定間移置，賜今額，崇寧中改教寺。"——整理者注

犵獽（獽似作獷）

《明史》卷三一六《貴州土司傳·鎮遠[府]》：
　　永樂初，鎮遠長官何惠言："每歲修治清浪、焦溪、鎮遠三橋，工費浩大。所部臨溪部民，皆犵獽、猫、猺，力不勝役，乞令軍民參助。"從之。

瑤

[瑤(？)]

《明史》卷三：
　　[洪武]二十三年……正月……贛州賊爲亂，東川侯胡海充總兵官，普定侯陳桓、靖寧侯葉昇爲副將，討平之。
　　　　光旦：此僅言"賊"，疑是贛省西南之瑤人，即後王守仁所大力鎮壓者。存此備考。

瑤、獞

《明史》卷一二：
　　[天順]五年……三月……甲寅，湖廣、貴州總兵官李震會廣西軍剿猺、獞，悉破之。

[瑤]

《明史》卷七四《職官志三》：
　　太醫院掌醫療之法。凡醫術十三科……[其第十三]曰祝由。

[瑤？]

《明史》卷一一三《后妃傳一》：
　　孝穆紀太后，孝宗生母也，賀縣人。本蠻土官女。成化中征蠻，俘入掖庭。

[瑤]

《明史》卷一三〇《胡海傳》：

［海久］鎮益陽。武岡、靖州、五開諸苗蠻先後作亂，悉捕誅首亂而撫其餘衆。

  光旦：苗是廣義，其中部分應是瑤，武岡必有之。

《明史》卷一三四《花茂傳》：

［茂］調廣州左衛。平陽春、清遠、英德、翁源、博羅諸山寨叛蠻及東莞、龍川諸縣亂民。

  光旦：此中主要爲瑤，亂民中亦或有非漢成分。其在偏東之各縣份中，有畬。

  光旦：未著年份，事在平廣西之後。

  光旦：此後又"平電白、歸善賊"。

瑤

《明史》卷一三四《花茂傳》：

［茂］數剿連州、廣西、湖廣諸猺賊。

  光旦：時茂任廣東都指揮同知，事在廣西全境收復之後若干年內。

［瑤］

《明史》卷一六〇《張瑄傳》：

［天順初，］擢廣東右布政使。廣西賊莫文章等越境陷連山，瑄擊斬之。又破陽山賊周公轉、新興賊鄧李保等。既而大藤峽賊頻陷屬邑，瑄坐停俸。成化初，韓雍平賊，録瑄轉餉勞。

  光旦：除莫文章爲僮或仫佬外，餘皆爲瑤或以瑤爲主。大藤峽部分互見有關片。

《明史》卷一六二《倪敬傳·附傳》：

［天順時，］杜宥爲英德知縣。鄰境多寇，［宥］創立縣城。嘗被圍糧盡，宥死守不下。夜縋死士焚其營，賊始驚潰。移韶州通判。

《明史》卷一五三《陳瑄傳》：

［陳圭（瑄孫豫，豫子鋭，鋭子熊，熊再從子圭）］出鎮兩廣。封川寇起，圭督諸將往討，擒其魁，俘斬數千……復平柳、慶及賀、連山賊……圭……在粵且十年，殲諸小賊不可勝數。

  光旦：無具體年份，當在嘉靖間，早於俺答入寇之前；圭爲仇鸞妹夫，

亦可參考。(嘉靖二十二年至二十九年,見卷一〇六《功臣世表二》)

　　光旦:此所云"寇"、"賊",自十九不可能不爲少數民族,以地區推之,主要應是瑶,然柳、慶二地則尚有僮及其它較小之民族。

《明史》卷一五四《柳升傳》:

　　[升曾孫景,]景子文,文子珣,凡三世皆鎮兩廣,有平蠻功。

《明史》卷一六六《歐磐傳》:

　　成化中,擢廣東都指揮僉事。屢剿蠻寇有功。

　　光旦:此二條所云蠻雖不必盡是瑶,應以瑶爲多。

《明史》卷一六六《張祐傳》:

　　弘治中……爲廣州右衛指揮使。……從總督潘蕃征南海寇褟元祖,先登有功。

　　光旦:褟,疑是瑶姓。

《明史》卷一六六《張祐傳》:

　　[嘉靖中(十一年前),]破封川賊盤古子(時祐仍爲副總兵)。又剿廣東會寧劇賊邱區長等,斬首一千二百,勒銘大隆山。十一年,楊(陽)春賊趙林花陷高州。總督陶諧檄祐討。深入,多所斬獲。

　　光旦:祐爲廣西副總兵,而此所鎮壓者皆在廣東。

瑶

《明史》卷一五五《蔣貴傳》:

　　[貴裔孫嗣侯]傅,嘉靖中……佩征蠻將軍印,鎮兩廣。以平海賊及慶遠猺功[加官]。

《明史》卷一五八《顧佐傳》:

　　永樂……七年(或此年以後不久)……奉命招慶遠蠻(時佐爲御史)。

《明史》卷一五九《夏壎傳》:

　　天順[間]……擢廣東按察使。時用師歲久,役民守城……成化初,奏:猺、獞弗靖[之緣由與組合]……(見"總錄——起事(緣由與組合)"片。)

[瑶]

《明史》卷一六五《毛吉傳》:

　　[以]副使……[自潮、惠]移巡高、雷、廉三府。時民遭賊蹂,數百里無

人烟，諸將悉閉城自守，或以賊告，反被撻。有自賊中逸歸者，輒誣以通賊，撲殺之。吉不勝憤，以平賊爲己任。按部雷州。海康知縣王騏……日以義激其民，賊至輒奮擊。……薦騏遷雷州通判。[騏]未聞命，戰死。……成化元年二月，新會告急。吉率指揮閻華、掌縣事同知陶魯，合軍萬人，至大磴破賊，乘勝追至雲岫山，去賊營十餘里。時已乙夜，召諸將分三哨，黎明進兵。會陰晦，衆失期。及進戰，賊棄營走上山。吉命潘百户者據其營，衆競取財物。賊馳下，殺百户，華亦馬躓，爲賊所殺，諸軍遂潰。吉勒馬大呼止軍，[不克]……遂被害。

　　光旦：參"總録——陶魯與兩廣"片。

瑶

《明史》卷一六五《陶成傳》：

　　[成子魯]授新會丞。當是時（應是景泰末、天順初），廣西猺流刼高、廉、惠、肇諸府，破城殺吏無虛月。香山、順德間，土寇蜂起，新會無賴子羣聚應之。魯……[率闔城父老子弟守城。]賊來犯，輒擊破之。天順七年……遷[新會]知縣。

《明史》卷一六五《陶成傳·子魯附傳》：

　　[成化]二十年，[魯以廣東按察副使]征荔浦猺，[有功]……

　　弘治四年，總督秦紘遣[魯]（時爲湖廣按察使，治兵兩廣）平德慶猺。

《明史》卷一六六《王信傳·郭鋐附傳》：

　　以從征荔浦功，進都指揮僉事。

　　　光旦：無具體年份，或即成化二十年從陶魯爲之者。附傳上文有"成化初"字樣，應是。

《明史》卷一六六《張祐傳》：

　　正德二年，[以]署都指揮僉事，守備德慶、瀧水。猺、獞負險者聞其威信，稍稍遁去。……守備惠、潮，擒盜魁劉文安、李通寶穴，平之。

　　　光旦：此一帶應以瑶爲多，潮、惠且有與瑶相近之僮。

遷廣西，[歷]右參將……副總兵……進署都督僉事。古田諸猺、獞亂。[祐上言重用兩江土兵（見另片："僮（古田）""總録——狼兵"）]……督都指揮沈希儀等討臨桂、灌陽諸猺，斬首五百餘級……又連破古田賊，俘斬四千七百。進署都督同知。已[而]復討平洛容、肇慶、平樂諸蠻。

《明史》卷一六六《李震傳》：

　　[天順]五年春，[震（時以都督僉事充總兵官鎮貴州、湖廣）]剿城步猺、獞，攻橫水、城溪、莫宜、中平諸砦，皆破之。長驅至廣西西延，會總兵官過興軍，克十八團諸猺，前後俘斬數千人。其冬命震專鎮湖廣，以李安充總兵守貴州。明年夏率師由錦田、江華抵雲川、貴嶺①、橫江諸砦，破猺，俘斬二千八百餘人。……

　　[天順八]年冬，廣西猺侵湖南，夜入桂陽州大掠。震遣兵分道追擊，連敗之，俘斬千餘人。……

　　[成化初年（七年以前），於大力鎮壓清水江苗之同時，於]廣西猺刼桂陽者，亦擊斬三千八百有奇。

《明史》卷一七四《歐信傳》：

　　景泰三年以廣東破賊功，擢都指揮同知。……天順初，以都督僉事充參將，守備廣東雷、廉諸府。……進都督同知，代副總兵翁信。兩廣猺猇陷開建，殺官吏。帝趣進兵。信破賊化州之馬里村，再破之石城。擊斬海南衛反者邵瑄。

　　時所在盜羣起，將吏不能定。廣西參將范信守潯、梧，猺盡在境內，陰納猺賂，縱使越境流刼，約毋犯己。於是雷、廉、高、肇悉被寇。帝命廣西總兵官陳涇及信合剿。時有斬馘，而賊勢不衰……[乃]命信佩征蠻將軍印代涇鎮廣西。成化元年，賊掠英德諸縣，信討斬五百餘人，奪還人口。韓雍督師，令信等分五哨，攻破大藤峽。已而餘賊復入潯州，信被劾獲宥，召還[京]……

　　[初，歐信之調廣西也，朝廷擢范信都督僉事充副總兵官，鎮廣東。]范信既徙，廣東賊勢愈盛，刼掠不止，乃語人曰："今賊仍犯廣東，亦我遣之耶。"而是時都督顏彪佩征夷將軍印，討賊久無功，濫殺良民報捷。嶺南人咸疾之。

　　　　光旦：廣西獞為多，然此一時期起事者瑶為多；廣東部分，未言何族，應多半是瑶。

[瑶]

《明史》卷一七五《劉玉傳》：

　　天順元年……充右參將，守備潯州（以都督僉事充任）。慶遠蠻剽博白及

---

① 標點本《校勘記》：貴嶺，據《明史稿》傳五二《李震傳》、《英宗實錄》卷三四一天順六年六月甲申條應作"桂嶺"。《讀史方輿紀要》卷一○六及卷一○七均載有"桂嶺"。——整理者注

廣東之寧川，玉偕左參將范信邀擊，敗之。

《明史》卷一七八《朱英傳》：

天順初，兩廣賊愈熾，諸將多濫殺冒功。巡撫葉盛屬英督察。參將范信誣宋泰、永平二鄉民爲賊，屠戮殆盡，又欲屠進城鄉。英馳訊，悉縱去。信忿，留師不還。英密請於盛，檄信班師，一方始靖。

潮州賊羅劉寧等流劫遠近，屢挫官兵。英會師破滅之。還所掠人口數千，別置一營以處婦女，人莫敢犯。

光旦：時英以御史爲廣東右參議，凡官參議十年，自景泰間至天順近末。

光旦：兩廣"賊"應以瑶爲主，其在潮州者應包括畬。

《明史》卷一八二《劉大夏傳》：

弘治二年……遷廣東右布政使。……後山賊起，承檄討之。令獲賊必生致，驗實乃坐，得生者過半。

光旦："後山賊起"可有二說：一，接上文"田州、泗城不靖"之後，山賊復起，魏晉以降，往往稱瑶、畬之先輩爲山越、山寇、山賊；二，後山或泛指廣東北部之山，後字並不聯繫上文，後山之賊，亦瑶也。

光旦：此應是弘治四年之事（參下條）。

《明史》卷一七八《秦紘傳》：

在兩廣被逮時（弘治四年，參《孝宗實錄》卷四九弘治四年三月己亥條），方議討後山賊。治軍事畢，從容就道，儀衛騶從不貶損。既踰嶺，始囚服就繫。謂官校曰："兩廣蠻夷雜處，總制體尊（時紘總督兩廣軍務），遽就拘執，損國威。今既踰嶺，真囚矣。"其嚴重得體如此。

光旦：所謂"上國威儀"亦用以唬少數民族！亦大族主義之一表現也。

光旦：時總督駐梧州，四周以瑶爲多，故列"瑶"下。"後山賊"不知何指。①

《明史》卷二〇〇《張岳傳》：

連山賊李金與賀縣賊倪仲亮等，出沒衡、永、郴、桂，積三十年不能平。岳（時以刑部右侍郎，留督兩廣軍務）大合兵討擒之。蒞鎮（指總督兩廣軍務全部任期）四年，巨寇悉平（李金、倪仲亮外，前尚有封川之蘇公樂、馬平之

---

① 查《明史·地理六》廣西平樂府荔浦縣下有縣治所在地稱後山，但不知與此是否有關。——整理者注

韋金田等，均別有片）。召拜兵部左侍郎。

  光旦：連山、賀縣爲瑶地無疑。事在嘉靖間，二十六年（見"瑶（廣西）——與沈希儀"）。

《明史》卷一七：

  ［嘉靖］十二年……九月庚戌，廣東巢賊亂，提督侍郎陶諧討平之。

  光旦：巢字不詳。（查《世宗實錄》卷一五四嘉靖十二年九月庚戌條，此指"廣東陽春西山諸處巢賊趙林花等"及"德慶州東山南鄉諸巢賊首鳳二全等"，與下條一事。）

《明史》卷二〇三《陶諧傳》：

  ［嘉靖中（十二年，見上條）］陽春賊趙林花等攻城，與德慶賊鳳二全相倚爲患。諧（時以兵部右侍郎總督兩廣軍務）討破百二十五砦。

瑶（廣東、廣西）

《明史》卷一二：

  ［天順］五年……二月……丙申，都督僉事顏彪爲征夷將軍，充總兵官，討兩廣猺賊。

《明史》卷一二：

  ［天順］六年……五月庚子，顏彪討平兩廣諸猺。

《明史》卷一二：

  ［天順］七年……九月甲戌，敕廣東總兵官歐信會廣西兵討猺賊。

《明史》卷一二：

  ［天順七年］十月……丁未，巡撫廣西僉都御史吳楨節制兩廣諸軍，討猺賊。

  十一月癸酉，賊陷梧州，致仕布政使宗欽[①]死之。

  光旦：此與上聯文，當是瑶無疑。查上文四年二月，僮亦曾一度陷梧州，蓋梧當僮、瑶南北交會之衝，先陷於南來之僮，再陷於北下之瑶，或二者合作而再度爲之，前度以僮爲主，後一次以瑶爲主，皆可能也。

《明史》卷一四：

[①] 標點本《校勘記》：宗欽，據《明史》卷三一七《潯州傳》、《明史稿》紀一〇《英宗後紀》、《英宗實錄》卷三五九應爲"宋欽"。——整理者注

[成化十六年十二]月，總督兩廣軍務都御史朱英、總兵官平鄉伯陳政討廣西猺，破之。

《明史》卷一四：

[成化]十九年……六月……丁丑，陳政破廣西猺。

瑶——與孔鏞

《明史》卷一七二《孔鏞傳》：

都御史葉盛征廣西，以鏞（時知連山縣）從。諸將妄殺者，鏞輒力爭，所全活甚衆。成化元年……擢高州試知府。前知府劉海以猺警，閉城門自護。鄉民避猺至者輒不納，還爲猺所戕。又疑民陰附賊，輒戮之。賊緣是激衆怒，爲內應，城遂陷。鏞至，開門納來者，流亡日歸。城不能容，別築城東北居之。……時賊屯境內者凡十餘部，而其魁馮曉屯化州，鄧公長屯茅峒，屢招不就。鏞一日單騎從二人直抵茅峒。峒去城十里許，道遇賊徒，令還告曰："我新太守也。"公長驟聞新守至，亟呼其黨擐甲迎。及見鏞坦易無騎從，氣大沮。鏞徐下馬，入坐庭中，公長率其徒弛甲羅拜。鏞諭曰："汝曹故良民，迫凍餒耳。前守欲兵汝，吾今奉命爲汝父母。汝，我子也。信我，則送我歸，資汝粟帛。不信，則殺我，即大軍至，無遺種矣。"公長猶豫，其黨皆感悟泣下。鏞曰："餒矣，當食我。"公長爲跪上酒饌。既食，曰："日且暮，當止宿。"夜解衣酣寢。賊相顧駭服。再宿而返。見道旁裸而懸樹上者纍纍，詢之，皆諸生也，命盡釋之。公長遣數十騎擁還。城中人望見，皆大驚，謂知府被執，來紿降也，盡登陴。鏞止騎城外，獨與羸卒入，取穀帛，使載歸。公長益感激，遂焚其巢，率黨數千人來降。

公長既降，諸賊次第納款，惟曉恃險不服。鏞選壯士二百人，乘夜抵化州。曉倉皇走匿，獲其妻子以歸，撫恤甚厚。曉亦以五百人降。

已[而]與僉事陶魯敗賊廖婆保。他賊先後來犯，多敗去。境內大定。……擢按察副使，分巡高、雷二府。益招劇賊梁定、侯大六、鄧辛酉等，給田產，分處內地爲官，備他盜。廣西賊犯信宜、岑溪，皆擊敗之。……

光旦：此中正不必盡是瑶；馮、梁二姓或爲僮。

光旦：岑溪在廣西，此豈又一岑溪？

光旦：孔鏞單騎入瑶事，亦見明人筆記，此殆即取諸筆記者。

遭喪，服除，改廣西。猺、獞聞鏞至，悉遠遁。十四年（仍成化），兵部上其功……尋進按察使。荔浦賊來寇，總督朱英以兵屬鏞，擊平之。

瑤（兩廣）

《明史》卷一七七《王翱傳》：

  景泰三年……潯、梧猺亂，總兵董興、武毅推委不任事。于謙請以翁信、陳旺易之，而特遣一大臣督軍務，乃以命翱（時以左都御史掌都察院事）。兩廣有總督自翱始。翱至鎮……推誠撫諭，猺人嚮化，部內無事。

《明史》卷一七七《葉盛傳》：

  天順二年召爲右僉都御史，巡撫兩廣。……瀧水猺鳳弟吉肆掠，督諸將生擒之。

《明史》卷一七八《項忠傳》：

  景泰中，由[刑部]郎中遷廣東副使。按行高州，諜報賊攜男女數百剽村落。忠曰："賊無攜家理，必被掠良民也。"戒諸將毋妄殺。已[而]訊所俘獲，果然，盡釋之。從征瀧水猺，有功。

    光旦：高州之"賊"應亦以瑤爲主。然歷史上，高州應是獠地。高州，本唐潘州，潘即番禺之番也。高州治茂名縣，縣東北有高涼山，三國以降，其地或迤東先後設置高涼郡、高涼縣：高涼，即仡佬也。故曰，歷史上本獠地。

《明史》卷一七八《朱英傳》：

  [成化中（十六年至十九年前），]潯、梧、高、廉賊起，偕[總兵官陳]政等分道擊之。再戰，俘斬甚衆。十九年，桂林平樂蠻攻城殺將，英、政復分兵十二道擊破之。

《明史》卷一七八《秦紘傳》：

  [弘治間（弘治四年，見上摘卷一六五《陶魯傳》條），]遣將討平……猺賊[於]德慶（時紘以右都御史總督兩廣）。

瑤（兩廣）——"鵰剿"

《明史》卷一七八《朱英傳》：

  [成化十一年冬，代吳琛爲兩廣總督。]自韓雍大征（成化元至三年）以來，將帥喜邀功，利俘掠，名爲"鵰剿"。英至，鎮以寧靜，約飭將士，毋得張賊聲勢，妄請用師。招撫猺、獞效順者，定爲編户，給復三年。於是馬平、陽朔、

蒼梧諸縣蠻悉望風附。而荔波賊李公主有衆數萬，久負固，亦遣子納款。爲置永安州處之，俾其子孫世吏目。自是歸附日衆，凡爲户四萬三千有奇，口十五萬有奇。

  光旦：此中應仍以瑶爲多，僮則次之。

  光旦：編户爲民，亦漢化一過程也，猶歸流也。永安州，今蒙山縣。

  光旦："鵰剿"一詞之用法後來似有所變化，凡屬由當地出兵力之小規模之鎮壓行動，而所鎮壓者又不必爲非漢族人民，概得目之爲"鵰剿"，見卷二一二《張元勳傳》，詳"總録——起事（在粤東，與張元勳）"片。

瑶（廣西）

《明史》卷一六六《韓觀傳》：

  ［洪武］二十七年，［以廣西都指揮使］會湖廣兵討全州灌陽諸猺，斬千四百餘人。……

  成祖即位……命佩征南將軍印，鎮廣西，節制兩廣。［四年之間（洪武或建文末，永樂元、二、三），大事鎮壓諸僮。（另有片）］荔波猺震恐，乞爲編户。帝屬觀撫之，八十餘洞皆歸附（時永樂二年）。

《明史》卷一六六《山雲傳》：

  ［宣德］九年……以慶遠、鬱林苗、猺非大創不服，請濟師。詔發廣東兵千五百人益雲。雲分道剿捕，擒斬甚衆。復遣指揮田真攻大藤峽賊，破之。（雲時爲征蠻將軍總兵官鎮廣西。）……英宗即位……進［雲］右都督。正統二年上言："潯州與大藤峽諸山相錯，猺寇出没，占耕旁近田。……"（下建議移左右江狼兵屯種以遏之，見"總録——狼兵"片。）

《明史》卷一六六《歐磐傳》：

  成化中，［以都指揮僉事］充廣西右參將，分守柳州、慶遠。與左參將馬義討融縣八砦猺，克之。師旋，餘賊復出掠……帝紬磐等功……猺賊方公强亂，兵部劾總鎮中官顧恒，並及磐……督撫奏："磐所守乃猺、獞出没地。磐募死士，夜入賊巢，斬其渠胡公返，威震羣蠻。論功，可贖罪。"帝乃宥之，還故任。

  ［成化］二十三年，鬱林陸川賊黄公定、胡公明等亂。磐偕按察使陶魯等分五道攻破之。進都指揮同知。

《明史》卷一九五《王守仁傳》：

嘉靖六年，[守仁出至廣西，處理思恩、田州盧蘇、王受之變，]在道疏陳，[有曰，]"田州隣交阯，深山絶谷，悉猺、獞盤據……"

　　　　光旦：瑶僮並提，若非隨意言之，則田州亦有瑶。

《明史》卷二〇〇《張岳傳》：

　　[以兵部右侍郎總督兩廣軍務兼巡撫。]平廣西馬平諸縣猺賊，先後俘斬四千，招撫二萬餘人，誅賊魁韋金田等。

　　　　光旦：此疑不是瑶，或不止是瑶，其中必亦有僮。此嘉靖間事，二十五年（見《世宗實録》卷三一五嘉靖二十五年九月癸酉條）。

《明史》卷二〇五《張經傳》：

　　進兵部尚書（仍總督兩廣軍務）。副使張瑶等討馬平猺屢敗，帝罪瑶等而宥經。……

　　　　光旦：事當在嘉靖二十年代（二十一年，見《世宗實録》卷二六五嘉靖二十一年八月辛丑條）。

瑶（廣西）——與沈希儀

《明史》卷二一一《沈希儀傳》：

　　正德十二年調[希儀（時爲奉議衛指揮使；希儀，貴縣人）]征永安。以數百人擣陳村砦，馬陷淖中，騰而上，連馘三酋，破其餘衆。進署都指揮僉事。

　　　　光旦：此條主要應是瑶，然尚待肯定。

　　義寧賊寇臨桂，還巢，希儀追之。巢有兩隘，賊伏兵其一，使熟猺紿官兵入。希儀策其詐，急從別隘直抵賊巢。賊倉卒還救，遂大破之。

《明史》卷二一一《沈希儀傳》：

　　[正德近末（十四年以前），]荔浦賊八千渡江東掠，希儀（時爲奉議衛署都指揮僉事）率五百人駐白面砦，待其歸。砦去蛟龍、滑石兩灘各數里。希儀以滑石灘狹，雖衆可薄，蛟龍灘廣，濟則難圖，欲誘致之滑石。乃樹旗百蛟龍灘，守以羸卒，然柴以疑之。賊果趨滑石。希儀預以小艦載勁卒伏葭葦中。賊渡且半，乘瀧急衝之，兩岸軍譟而前，賊衆多墜水死。收[其]所掠而還。

　　從副總兵張祐連破臨桂、灌陽、古田賊。進署都指揮同知，掌都司事。（擊臨桂、灌陽瑶在正德十五年初，古田事在正德十六年初，分別見《武宗實録》卷一八二正德十五年正月甲辰條及卷一九六正德十六年二月癸巳條。）

　　　　光旦：古田不止有瑶，亦有僮。

[嘉靖初葉七年（參"僮（田州）"），王守仁與希儀定思、田後，希儀]改右江柳慶參將，駐柳州。象州、武宣、融縣猺反，討破之。……柳在萬山中，城外五里即賊巢（與唐時無大異，參柳宗元詩——光旦），軍民至無地可田，而官軍素罷不任戰。又賊耳目徧官府，閭閻動靜無不知。希儀謂欲大破賊，非狼兵不可，請於制府。調那地狼兵二千來，戍兵稍振。乃求得與猺通販易者數十人，持其罪而厚撫之，使詗賊。賊動靜，希儀亦無不知。希儀每出兵，雖肘腋親近不得聞。至期鳴號，則諸軍咸集。令一人挾旗引諸軍行，不測所往。及駐軍設伏，賊必至，遇伏輒奔。官軍擊之，無不如志。已[而]賊寇他所，官軍又先至。遠村僻聚，賊度官軍所不逮者，往寇之，官軍又未嘗不在，賊驚以爲神。希儀得賊巢婦女畜產，果鄰巢者悉還之，惟取陰助賊者。諸猺盡讋伏，無敢嚮賊。

　　希儀初至，令熟猺得出入城中，無所禁。因厚賞其黠者，使爲諜。後漸令猺婦入見其妻，資以酒食繒帛。其夫常以賊情告者，則陰厚之。諸猺婦利賞，爭勸其夫輸賊情，或自入府言之。以故，賊益無所匿形。

　　希儀每於風雨晦冥夜，偵賊所止宿，分遣人齎銃潛伏舍旁。中夜銃舉，賊大駭曰："老沈來矣！"咸挈妻子匍匐上山。兒啼女號，或寒凍觸厓石死，爭怨悔作賊非計。至曉下山，則寂無人聲。他巢亦然，衆愈益驚。潛遣人入城偵之，則希儀故居城中不出也。賊膽落，多易面爲熟猺。

　　韋扶諫者，馬平猺魁也，累捕不得。有報扶諫逃鄰賊三層巢者，希儀潛率兵剿之，則又與三層賊往劫他所。希儀盡俘三層巢妻子歸。希儀俘賊妻子盡以畀狼兵，至是獨閉之空舍，飲食之。使熟猺往語其夫曰："得韋扶諫，還矣。"諸猺聞，悉來謁希儀。令入室視之，妻子固無恙。乃共誘扶諫出巢，縛以獻，易妻子還。希儀刎扶諫目，支解之，懸諸城門。諸猺服希儀威信，益不敢爲盜。自是，柳城四旁數百里，無敢攘敓者。

　　　　光旦：以韋扶諫之例言之，疑此傳中所稱之"猺"或主要爲僮，或至少包括僮。《明史》中此類不求甚解之處亦不一而足矣。

　　希儀嘗上書於朝，言狼兵亦猺、獞耳。猺、獞所在爲賊，而狼兵死不敢爲非，非狼兵順而猺、獞逆也。狼兵隸土官，猺、獞隸流官。土官令嚴足以制狼兵，流官勢輕不能制猺、獞。若割猺、獞分隸之旁近土官，土官世世富貴，不敢有他望。以國家之力制土官，以土官之力制猺、獞，皆爲狼兵，兩廣世世無患矣。時不能用。

光旦：希儀不主改土歸流，原因亦在此。

[嘉靖中葉(十八年，見"瑤(潯州)")，從總督張經大破大藤峽、弩灘賊。](互見"瑤——大藤峽"片)

[嘉靖]二十六年以爲廣東副總兵(以署都督僉事充之)。……從總督張岳大破賀縣賊倪仲亮等。予實授(都督僉事)。

瑤(廣西)——與郭應聘

《明史》卷二二一《郭應聘傳》：

遷廣西按察使，歷左、右布政使。隆慶四年大破古田賊，斬獲七千有奇。已[而]從巡撫殷正茂平古田。(參"獞(古田)"片。)

正茂遷總督，遂擢應聘右副都御史代之[爲巡撫]。府江猺反。府江上起陽朔，下達昭平，亘三百餘里。諸猺夾江居，怙險剽劫。成化、正德間，都御史韓雍、陳金[先後]討平之。至是攻圍荔浦、永安，劫知州楊惟執、指揮胡潮。①事聞，大學士張居正……寓書應聘曰："炎荒瘴癘區，役數萬衆，不宜淹留，速破其巢，則餘賊破膽。"應聘集土、漢兵六萬，令總兵官李錫進討。未行，而懷遠猺亦殺知縣馬希武反。應聘與正茂議先征府江。三閱月悉定。乃檄錫討懷遠。天大雨雪，無功而還。

懷遠，古牂牁地，界湖、貴靖、黎諸州(靖屬湖，黎屬貴)，環郭皆猺，編氓處其外。嘉靖中征之不克。知縣寄居府城，遥示羈縻而已。古田既復，猺懼兵威願服屬，希武始入其地。議築城，董作過峻，猺遂亂，希武見殺。及是，師出無功。

應聘益調諸路兵，鎮撫白杲、黄土、大梅、青淇狪、獞，以孤賊勢。而錫與諸將連破賊，斬其魁，懷遠乃下。事皆具《錫傳》。

光旦："懷遠，古牂牁地"一語最有歷史意義。牂牁之民，夜郎也，亦即仡佬也，舊稱"獠"，今其地之侗、毛難、仫佬，以至伙，皆其後裔之分化而出者。今泗城州一帶尚有仡佬數千人，則屬未分化者。"狼兵"之"狼"即夜郎之郎，亦可以無疑矣。瑤則自湘、贛移入者，非土著，此則《明史》作者所未必了解者也。然明清作家妄作推測者亦嘗有之，如吳震方《嶺南

---

① 標點本《校勘記》：胡潮，據《明史》卷三一七《平樂傳》、《明史稿》傳一〇二《郭應聘傳》、傳一九一《平樂傳》應爲"胡翰"。——整理者注

雜記》以爲瑤即獠之後人，其錯誤即出此種地方，誤以土著與移民相混。

　　初議行師，錫以陽朔金寶嶺賊近，欲先滅之。應聘曰："君第往，吾自有處。"錫行數日，應聘與按察使吳一介出不意襲殺其魁。比懷遠克復，陽朔亦定，乃分遣諸將門崇文、楊照、亦孔昭等討洛容上油邊山。

　　五叛瑤悉平。……進兵部右侍郎兼右副都御史，巡撫如故。……

　　　　光旦：五，指古田、府江、懷遠、陽朔、洛容。

　　［萬曆］八年……十寨初下，應聘與總督劉堯誨奏設三鎮隸賓州，以土巡檢守之，而統於思恩參將。十寨遂安。進右都御史兼兵部右侍郎，總督兩廣軍務。

　　　　光旦：十寨，詳"瑤——大藤峽、八寨"按語。互見"［僮］（廣西）"片下。

瑤（廣西）

《明史》卷二二一《郭應聘傳·吳文華附傳》：

　　萬曆三年以右副都御史巡撫廣西。討平南鄉、陸平、周塘、板寨猺及昭平黎福莊父子。偕總督淩雲翼征河池、咘咳、北三猺。三猺未爲逆，雲翼喜事，殺戮甚慘，得廕襲，文華亦受賞，遷……

　　　　光旦："三猺"，應即河池、咘咳、北三三地之瑤。

《明史》卷二二二《殷正茂傳》：

　　廣西巡撫郭應聘亦奏平懷遠、洛容猺。語詳元勳（張元勳）及李錫傳。

　　　　光旦：事應在萬曆三年之前，萬曆元年（見"瑤（古田）——與李錫"）。

《明史》卷二二二《淩雲翼傳》：

　　［萬曆］六年夏，［以提督兩廣軍務，與廣西］巡撫吳文華討平河池、咘咳、北三諸猺。

《明史》卷二三一《顧憲成傳·歐陽東鳳附傳》：

　　［萬曆中（二十年前後），］擢平樂知府。撫諭生猺，皆相親如子弟。因白督學監司，擇其俊秀者入學。猺漸知禮讓。

瑤（廣西）——與童元鎮

《明史》卷二四七《李應祥傳·童元鎮附傳》：

　　屢遷游擊將軍。高江猺反，從呼良朋破平之（萬曆中，當在萬曆二十年以前）。……

[萬曆]二十三年，總督陳大科以元鎮熟蠻事，仍移廣西（前此在廣東爲總兵官，而再前則本爲廣西總兵官，故云）。岑溪西北爲上、下七山，介蒼、藤間，有平田、黎峒、白板、九密等三十七巢。東南（應是岑溪之東南）爲十三山[①]，有孔亮、陀田、桑園、古欖、魚修等百餘巢，與廣東羅旁接。山險箐深，環數百里無日色。賊首潘積善等據之，久爲民患。

及羅旁平，積善懼，乞降。爲設參將於大峒，兵千餘戍之。

其後，將領多掊克，士卒又疲弱，賊復生心，時出剽。會歲饑，粤東亡命浪賊數百人潛入七山，誘諸猺爲亂。元鎮先以參將戍岑溪，得諸猺心。至是，積善及其黨韋月咸願招撫自効，十三山諸猺多受約束。

有訛言將勦北科猺者。諸猺謂紿己，大恨，遂與孔亮山賊攻月，殺之，火大峒參將署。督撫陳大科、戴燿屬元鎮討之。時副將陳璘、參將吳廣罷官里居，大科起令將兵，與元鎮並進。賊伐大木塞道，環佈狐簽。元鎮佯督軍開道，而潛從小徑上。孔亮山賊憑高，弩矢雨下。諸軍用火器攻，大破之。俘馘千五百有奇，餘招撫復業。

時府江韋扶仲等亦據險亂。元鎮與參政陸長庚謀，募猺爲間，乘夜獲其妻子，誘出劫，伏兵擒之。餘黨悉平。

　　光旦：曰瑶，就其地主要民族成分言之耳。僮亦不乏，莫大龍、韋月、韋扶仲等皆僮也，或獠之演而爲僮者也。

　　光旦：此一帶爲俚僚舊地，瑶雖多，乃後來者。尚有俚僚之民，如莫、韋諸姓，一也。有地名"黎峒"，二也。有地名"古欖"，無疑爲仡佬之同音異寫，三也。潘積善應是瑶人，潘姓爲盤姓之異寫，然亦無從肯定，潘之爲姓，亦可從"番"加水得之，則亦有源出僚、僮之可能。

　　光旦：孔亮疑亦同音異寫之一例。

《明史》卷二四七《陳璘傳‧吳廣附傳》：

　　岑溪猺反，總督陳大科檄廣（時從福建南路參將罷歸廣東）從總兵童元鎮討之。將士少卻，廣手斬一卒以徇，遂大破之。……復故官。

[①] 標點本《校勘記》：十三山，應爲"六十三山"。據《明史》卷三一七《廣西土司傳》稱廣西瑶、僮"六十三山倚爲巢穴"，《萬曆武功錄》頁三六四謂"六十三山及七山皆岑溪瑶巢也"。下同。——整理者注

瑶（廣西）

《明史》卷二七九《堵允錫傳》：

[順治五年，李赤心等軍收復湖廣諸州縣，既而又失之。]赤心等走廣西……允錫（永明王命爲兵部尚書，加東閣大學士）……守衡州，戰敗[亦]走桂陽。初，赤心等入廣西，龍虎關守將曹志建惡其淫掠，並惡允錫……或說志建，允錫將召忠貞營（即赤心所部名）圖志建。志建夜發兵圍允錫……允錫及子逃入富川猺峒。志建索之急，猺潛送允錫於監軍僉事何圖復，間關達梧州。……[乃得謁永明於肇慶。]

《明史》卷二九四《唐時明傳·唐夢鯤附傳》：

歷知仙居、天台、富川、分水四縣。在富川，有撫猺功。

光旦：事在崇禎十年代。

瑶（古田）——與李錫

《明史》卷二一二《李錫傳》：

柳州懷遠，猺、獞、狑、狪環居之，猺尤獷悍。侵據縣治久，吏民率寓郡城。隆慶時大征古田，諸猺懼而聽命。知縣馬希武之官，繕城塹，程役過嚴，諸猺殺希武及經歷等五人，復反。巡撫[郭]應聘與總督殷正茂議征之。

萬曆元年正月，錫（時以征蠻將軍充總兵官鎮廣西）進次長安鎮。會連雨雪，乃退師。益徵浙東鳥銃手、湖廣永順鉤刀手及狼兵十萬人，令參將[錢]鳳翔、[王]世科，都指揮楊照、戚繼美，故參將亦孔昭、魯國賢，六道並進，監以副使沈子木。錫自統水師，次羅江，獨當其衝。時賊屯板江大洲，累石樹柵，潛以舟來襲。錫伏舟敗之，水陸並進。會鳳翔等亦至。賊悉舟西遁。追擊，連破數巢。賊據楓木大山，前阻隄澗，鼓譟出。諸軍奮擊，而別以奇兵繞其後。賊大奔，保天鵝嶺。錫以水軍截潯江，督諸將攻斬渠魁二人。乘勝復破數巢，直抵清州界。賊奔大巢，亘數里，崖壁峭絶，爲重柵拒官軍，鏢弩矢石雨下。婦人裸體揚箕，擲牛羊犬首爲厭勝。諸軍大呼直上，四面舉火，賊盡殲。先後破巢一百四十，獻馘三千五百有奇，俘獲撫降者無算。

永福、永寧、柳城并以賊告，洛容獞又殺典史。錫令王端①討永寧，柳

---

① 王端，據《明史》卷三一七及《明史稿》傳一九一《柳州傳》，《萬曆武功錄》頁三六〇《永寧洛容諸僮列傳》應爲"王瑞"。——整理者注

照（楊照）討柳城，參將門崇文討永福，亦孔昭討洛容，已帥舟師屯理定江，節制諸軍。甫二旬，四道並捷。斬首四千五百有奇，洛容賊首陶浪金等俱伏誅。……巡按御史唐諫[①]言錫一年內破賊二百一十四巢，獲首功一萬二千餘級，宜久其任。帝可之。

  光旦：古田有僮亦有瑤。隆慶初及以前，將近百年間，起事者似以僮爲主，其領袖若黃朝猛、韋銀豹等皆爲僮無疑。此一階段似由於俞大猷之大力鎮壓而告一結束。至此，萬曆初，則又一階段開始，參加起義者似以瑤爲主，史文明白言之而未一及僮。非無僮也，瑤特多耳。然此一階段中未見有突出之首領姓名，如僮中黃、韋之輩；此亦多少說明此後一階段之主體爲瑤，瑤在廣西不如僮之更爲土著，地位更低於僮，無土官，漢化程度一般更淺，更爲漢人所鄙視，宜其首領姓名之不見著錄也。

《明史》卷二一三《高拱傳》：

  古田猺賊亂，用殷正茂總督兩廣。曰："是雖貪，可以集事"。……既而如其言。

  光旦：李錫所鎮壓者，不止古田之瑤，參卷二二一《郭應聘傳》，別有片。

瑤（桂林）

《明史》卷三一七《廣西土司傳·桂林[府]》：

  洪武七年，永、道、桂陽諸州蠻竊發，命金吾右衛指揮同知陸齡率兵討平之。

  光旦：湘、桂邊境之瑤原成一片，此由湘波及桂者，故亦敘及之乎？

  二十二年，富川縣逃吏首賜（姓名甚奇，應是漢人）糾合苗賊盤大孝等爲亂，殺知縣徐元善等，往來劫掠。廣西都指揮韓觀遣千戶廖春等討之，擒殺大孝等二百餘人。觀因言："靈亭鄉乃猺蠻出入地，雖征勦有年，未盡殄滅，宜以桂林等衛贏餘軍士，置千戶所鎮之。"詔從其請。

  二十七年，全州灌陽等縣平川諸源猺民，聚衆爲亂。命湖廣、廣西二都司發兵討之，擒殺千四百餘人，諸猺奔竄遁去。置灌陽守禦千戶所。初，灌陽

[①] 標點本《校勘記》：唐諫，據《明史稿》傳九一《李錫傳》、《萬曆武功錄》頁三六〇《永寧洛容諸僮列傳》應爲"唐鍊"。——整理者注

縣隸湖廣，因廣西平川等三十六源猺賊作亂，攻擊縣治，詔寶慶衛指揮孫宗總（應作統，庶不混）兵討平之。縣丞李原慶因奏灌陽去湖廣（指布政司治）遠，隸（應作去）廣西近。遂以灌陽隸桂林府千户所，命廣西都指揮同知陶瑾領兵築城守之。

永樂二年，總兵韓觀奏："潯、桂、柳三郡蠻寇黃田（人名）等累行劫掠，殺擄人畜。已調都指揮朱輝追勦，斬獲頗多。尋蒙遣官齎敕撫安，其黃田等猺皆已向化，悉歸所擄人畜。"帝命觀，復業者善撫恤之。

　　光旦：此中主要應是瑶，亦有僮，黃田本人亦未必是瑶。瑶、僮片須合而觀之，摘錄不能不分爲之耳。

《明史》卷三一七《廣西土司傳·桂林[府]》：

景泰五年，廣西古丁等洞賊首藍伽、韋萬山等，糾合蠻類，劫掠南寧、上林、武緣諸處。鎮守副總兵陳旺以聞。詔令總督馬昂等勦捕之。

　　光旦：此瑶、僮合作甚明，互見。

《明史》卷三一七《廣西土司傳·桂林[府]》：

萬曆六年，總制凌雲翼、巡撫吳文華大征河池、咘咳諸猺，斬首四萬八百餘級。嶺表悉平。

　　光旦：此猺字不的。咘咳爲十寨之一，應以僮爲多。河池居民，恐且不止瑶、僮兩種。姑照字面列此。

　　光旦：參"僮（桂林）"片。

[瑶]（＋僮）（廣西梧州府）

《明史》卷四五《地理志六》：

　　[廣西梧州府鬱林州]博白[縣]（有安定、春臺、平山、兆常四土巡檢司。）

　　光旦：此所云土，非瑶即僮。此一帶漢及三國爲鬱林蠻地。六朝至唐宋居有俚獠，唐代宗大曆間梁崇牽起事於容州，梁即獠人也。至宋，已有瑶人，紹興、建炎間，陳宇知梧州，有善政，文獻有"猺獠帖然"之語。《圖書集成》卷一四三五引《府志》，元世祖至元間，安撫司朱國寶曾諭降黎户三千；按黎即俚也。獞之稱則初見於明代文獻，亦不若猺之稱之多。鬱林蠻也、俚獠也、黎也、獞，要皆一事，均屬僮侗語之人，而瑶則後來而漸居多數者，故片眉作"瑶（＋僮）"。

又府境古或曾散布有今日所稱"仫佬"，藤縣有幕僚江，在縣西境，疑因而得名，另有片。

瑶（梧州）

《明史》卷三一七《廣西土司傳·梧州［府］》：

廣西全省惟蒼梧一道無土司，猺患亦稀。萬曆初，岑溪有潘積善者，僭號平天王，與六十三山、六山、七山諸猺、獞據山爲寇，居民請勦。會大兵征羅旁不暇及，總制淩雲翼檄以禍福，積善願歸降輸賦，乃貸其死，且以其子入學。

光旦：潘積善應是瑶。瑶中有此姓，說者謂由盤改，尚待證實。

議者謂七山爲蒼、藤信地，六山爲容縣、北流中衝，北科爲六十三山咽喉，懷集爲賀縣諸村出入之所。因立五大營，營六百人，合得三千人，設參將及屯堡三十治焉。

而懷集猺賊，在正德中已雄據十五寨，環二百餘里，爲州縣患。官軍屢討之，歸降。然盤互如故，往往相結諸峒蠻劫掠，殺百户朱裳及把總羅定朝，村民畏之，東西走匿。都御史吳善（《平樂府傳》中，萬曆六年爲廣西守巡道，不知即此人否）檄總兵戚繼光徵兵於羅定、泗城、都康諸土司，分五道，命參將戴應麟等擊金雞、松柏諸寨，斬渠魁，撫四百餘人。

時鬱林猺亦桀驁，數糾諸生猺破諸村寨，入寇興業縣。兵巡道副使王原相告於總制，調兵擊破之。諸瑶悉平。

光旦：末兩段年份未詳，應在萬曆初前葉。

［瑶］（＋僮）（廣西平樂府）

《明史》卷四五《地理志六》：

［廣西平樂府］平樂［縣］（……東有水滻營土檢司。……昭平堡土檢司，［尋］廢。）

光旦：弘治九年總督鄧廷瓚請設土巡檢於昭平堡（梧州與平樂之間），並以冠帶千夫長龍彪爲土巡檢，見《圖書集成》卷一四二七引《明外史·土司傳》。龍姓自是瑶人。

《明史》卷四五《地理志六》：

［廣西平樂府］恭城［縣］（……有白面寨、西嶺寨二土巡檢司。）

《明史》卷四五《地理志六》：

[廣西平樂府]賀[縣](東北有大寧寨、樊字寨、白花洞三土巡檢司，後廢。)

《明史》卷四五《地理志六》：

[廣西平樂府]修仁[縣](東北有麗壁市土巡檢司。)

《明史》卷四五《地理志六》：

[廣西平樂府]永安州(元立山縣)……成化十三年二月置州，曰永安，屬桂林府。弘治三年九月改爲長官司。五年復爲州，來屬。(……南有古眉寨土巡檢司。北有羣峯寨土巡檢司。)

瑤(廣西平樂)

《明史》卷一五：

[弘治]八年……七月……戊子，廣西副總兵歐磐擊破平樂叛猺。

《明史》卷一四四《顧成傳》：

[顧寰(成玄孫溥之孫)]以兵討平桂林平樂叛猺。

瑤(平樂)

《明史》卷三一七《廣西土司傳·平樂[府]》：

洪武二十一年，廣西都指揮使言："平樂府富川縣靈亭山、破紙山等洞猺二千餘人，占耕內地，嘯聚劫奪，居民被擾，恭城、賀縣及湖廣道州永明等縣之民亦被害。比調衛兵收捕，即逃匿巖谷，兵退復肆跳梁。臣等欲於秋成時，統所部會永、道諸軍，列屯賊境，扼其要路，收其所種穀粟。彼無糧食，勢必自窮，乘機擒戮，可絕後患。"從之。

《明史》卷三一七《廣西土司傳·平樂[府]》：

弘治九年，總督鄧廷瓚言："平樂府之昭仁堡①介在梧州、平樂間，猺、獞率出爲患……"[及自此至隆慶六年期間府江獞、猺之終於受鎮壓。](詳"獞(平樂)"片。)

《明史》卷三一七《廣西土司傳·平樂[府]》：

---

① 標點本《校勘記》：昭仁堡，據本傳下文及《明史》卷四五《地理志》、《孝宗實錄》卷一一六弘治九年八月壬寅條應爲"昭平堡"。——整理者注

萬曆六年，[平樂北山譚公柄、河塘韋宋武、義寧、永寧、永福諸獞等猺、獞之起事中，有]㖪咳寨（十寨之一，見"獞（桂林）"片）藍公潻執土吏黃如金，奪其司。……（餘詳"獞（平樂）"片。）

《明史》卷三一七《廣西土司傳·平樂[府]》：

[萬曆]三十二年，桂林、平樂猺、獞據險肆亂，殺知縣張士毅，焚劫無虛月。總督應檟檄總兵官顧寰督兵進剿，擒斬四百八十四，俘獲男女三百四十，牛馬器械甚衆。守臣以捷聞，並上僉事茅坤、參將王寵、都指揮鍾坤秀、參政張謙、百戶吳通等功狀……

《明史》卷三一七《廣西土司傳·平樂[府]》（結束語）：

平樂界桂、梧，西北近楚，清湘、九嶷，鬱相繆結。東南入梧，溪洞林箐，多爲猺人盤據。自數經大征後，刊山通道，展爲周行，而又增置樓船，繕修校壘，居民行旅皆怙席，猺、獞亦駸駸馴習於文治云。

猺（＋獞）（廣西柳州府）

《明史》卷四五《地理志六》：

[廣西柳州府賓州]上林[縣]（……西南有周安堡，在八寨中，舊爲猺、獞所據，嘉靖三年討平之，萬曆七年改屬南丹衛。）

《明史》卷四五《地理志六》：

[廣西柳州府]洛容[縣]（……治，天順中徙於朱峒。正德時，爲猺、獞所據，嘉靖三年十一月復。萬曆四年正月遷於靈塘，以朱峒舊治爲平樂鎮，留兵百名守之。）

光旦：此所云獞，舊亦獠也，猺定是後來移入而轉居多數者。地名可證：洛容也，城南之洛清江也，西南之章洛鎮也，乃至平樂鎮之樂（與平樂府之樂，皆取其音）——皆是也。

又同府柳城縣西有洛好鎮。又同府羅城縣之羅，又此縣舊有樂善鎮巡檢司亦是。

[猺]（＋獞）（廣西柳州府）

《明史》卷四五《地理志六》：

[廣西柳州府]融[縣]（……有大約鎮土巡檢司。）

光旦：《圖書集成》，卷一四一〇，《柳州府風俗考》引《府志》云"猺獞相半"。

> 光旦：舊亦獠也。查縣西二十里有銅鼓山，相傳諸葛亮嘗埋銅鼓，以壓獠蠻，後有得於是山者，故名云。

瑤（柳州）

《明史》卷三一七《廣西土司傳·柳州［府］》：

> 賓、象、融、羅（羅城）諸猺蠻蟠結爲寇，城外五里即賊巢，軍民至無地可田。後屢加征勦，置土巡檢於各峒隘，稍稱寧焉。

> 光旦：實不止瑤。猺字泛用。

《明史》卷三一七《廣西土司傳·柳州［府］》：

> 永樂……十四年，融州徭（各史亦時作猺，不必猺也）民作亂，官軍討平之。

《明史》卷三一七《廣西土司傳·柳州［府］》：

> ［永樂］十九年，融縣蠻賊五百餘人，羣聚剽掠，廣西參政耿文彬率民兵會桂林衛指揮平之。

> 光旦：只言蠻賊，不分瑤、僮，互見"瑤"、"僮"片。

《明史》卷三一七《廣西土司傳·柳州［府］》：

> 懷遠爲柳州屬邑，在右江上游，旁近靖綏、黎平，諸猺竊據久。隆慶時，大征古田，懷遠知縣馬希武欲乘間築城，召諸猺役之，許犒不與。諸猺遂合繩坡頭、板江諸峒，殺官吏反。總制殷正茂請於朝，遣總兵官李錫、參將王世科統兵進討。官兵至板江，猺賊皆據險死守。正茂知諸猺獨畏永順鉤刀手及狼兵，乃檄三道兵數萬人擊太平、河裏諸村，大破之，連拔數寨，斬賊首榮才富、吳金田等，前後捕斬凡三千餘，俘獲男婦及牛馬無算。事聞，議設兵防，改萬石、宜良、丹陽爲土巡司，屯土兵五百人，且耕且守。

> 光旦：此明是瑤。

《明史》卷三一七《廣西土司傳·柳州［府］》：

> ［萬曆初，韋朝義之起受鎮壓後，］殘獞黃朝貴復合融縣猺（？）號萬人，聲言欲入富福鎮。王世科（時爲參將）復引兵擊之，斬五十餘人。

［瑤］（＋僮）（廣西潯州府）

《明史》卷四五《地理志六》：

> ［廣西潯州府］桂平［縣］（西北有大藤峽。）

> 光旦：即景泰間瑤首領侯大狗等起義處，史稱大藤峽蠻。

（[縣治]南有羅秀土巡檢司。）

[廣西潯州府]平南[縣]（南有崗心、東南有三堆、東北有大峽、西北有平嶺四土巡檢司。）

瑶（潯州）

《明史》卷三一七《廣西土司傳·潯州[府]》：

洪武八年，潯州大藤峽猺賊竊發，柳州衛官軍擒捕之。

[洪武]二十年，知府沈信言："府境接連柳、象、梧、藤等州，山谿險峻，猺賊出沒不常。近者廣西布政司參議楊敬恭爲大亨老鼠羅碌山生猺所殺，官軍討之，賊登巖攀樹，捷如猿狖，追襲不及。若久駐兵，則瘴癘時發，兵多疾疫，又難進取，兵退復出爲患。臣以爲桂平、平南二縣舊附猺民，皆便習弓弩，慣歷險阻。若選其少壯千餘人，免其差徭，給以軍器衣裝，俾各團（動詞）村寨置烽火，與官兵相爲聲援，協同捕逐，可以殲之。"帝以蠻夷梗化，夙昔固然，但當謹其防禦，使不爲患。如爲寇不已，則發兵討之，何必團寨。

永樂三年，總兵韓觀奏桂平縣蠻民爲亂，請發兵剿捕。帝命姑撫之，勿用兵。

宣德四年，總兵山雲討潯、柳二州寇，並誅從寇二千四百八十人，梟首境上。

> 光旦：上兩條中應亦有僮，瑶、僮合作，難以分辨，故統言之曰蠻、曰寇耳。下同。

《明史》卷三一七《廣西土司傳·潯州[府]》：

[宣德]九年，[山]雲奏潯州等處蠻寇劫掠良民，指揮田真率兵於大藤峽等處，前後斬首九十六級，歸所掠男婦二百三人。

正統元年，兵部尚書王驥奏："桂平大藤峽等處蠻寇攻劫鄉村。因調廣東官軍二千人，今已逾年，軍器衣裝損壞，宜如貴州諸軍例，予賤更。"從之。

二年，山雲奏："潯州府平南等縣耆民言：大藤峽等山，猺寇不時出沒，劫掠居民，阻絕行旅。近山荒田，爲賊占耕；而左、右兩江，人多食少，其狼兵素勇，爲賊所憚。若選委頭目，屯種近山荒田，斷賊出沒之路，不過數年，賊徒坐困，地方寧靖矣。臣已會同巡按、諸司計議，量撥田州等府族目土兵，分界耕守，即委土官都指揮黃竑（誤，下文卷三一八《思明府傳》作玹）領之。

遇賊出没，協同勦殺。"從之。

　　光旦：參《明史》它處所云，此實狼兵之所由始，而於此始也，似尚未有狼兵之稱。今曰，"狼兵素勇，爲賊所憚"，殊不合史實發展。此條互見"總録——狼兵"。

　　[正統]七年，猺賊藍受貳等恃所居大藤峽山險，糾集大信等山山老、山丁數百人，遞年殺掠。千户滿智等誘殺十人。帝命梟之，家口給賜有功之家。

　　十一年，大藤峽蠻賊流劫鄉村，侵犯諸縣。巡按萬節以聞。

　　景泰七年，大藤峽賊糾合荔浦等處賊，劫掠縣治，殺擄居民。命總兵柳溥等勦之。

　　天順五年，鎮守廣東中官阮隨奏："大藤峽猺賊出没兩廣，爲惡累年，邇來愈甚。雖常會兵勦捕，緣地里遼遠，且兩廣軍馬不相統屬，未易成功，宜大舉搗其巢穴，庶絶民患。"乃命都督僉事顔彪佩征蠻將軍①印，調南京、江西及直隸、九江等衛官軍一萬隸之。

　　六年，彪奏："臣率軍進勦大藤，攻破七百二十一寨，斬首三千二百七十一級，復所掠男婦五百餘口。"帝敕奬之。

　　七年，大藤峽賊夜入梧州城。時總兵官泰寧侯陳涇駐兵城中，會太監朱祥、巡按吴璘、副使周璹、僉事董應軫、參議陸禎、都指揮杜衡、土官都指揮岑瑛等議調兵。夜半，賊駕梯上城，涇等不覺，遂入府治，劫庫放囚，殺死軍民無算，大掠城中，執副使周璹爲質，殺訓導任璩。涇等倉卒無計，惟擁兵自衛。隨軍器械并備賞銀物，皆爲賊有。布政使宋欽時致仕家居，挺身出，以大義諭賊，爲所害。黎明，賊聲言官軍若動，則殺周副使。涇等乃遣人與賊講解。晡時，縱之出城。賊既出，乃縱璹還。時官軍數千，賊僅七百而已。都指揮邢斌奏至，帝曰："梧州蕞爾小城，總兵、鎮、巡、三司俱擁重兵駐城中，乃爲小賊所蔑視，況遇大敵乎！爾兵部其即議處行。"

　　光旦：瑶人此舉，智勇俱不可及，亦統治者長期壓迫、剥削有以激發之也。

　　八年，國子監生封登奏："潯州夾江諸山，岆岈巘嶪，峽中有大藤如斗，延亘兩崖，勢如徒杠，蠻衆蟻渡，號大藤峽，最險惡，地亦最高。登藤峽巔，

---

① 標點本《校勘記》：征蠻將軍，據《明史》卷一二《英宗後紀》及《英宗實録》卷三二五天順五年二月丙申條應爲"征夷將軍"。——整理者注

数百里皆歷歷目前，軍旅之聚散往來，可顧盼盡，諸蠻倚爲奧區。桂平大宣鄉崇姜里爲前庭，象州東鄉、武宣北鄉爲後户，藤縣五屯障其左，貴縣龍山據其右，若兩臂然。峽北巖峒以百計，仙人關、九層崖極險峻；峽以南有牛腸、大岵諸村，皆緣江立寨。藤峽、府江之間爲力山，力山之險倍於藤峽。又南則爲府江，其中多冥巖奥谷，絶壁層崖，十步九折，失足隕身。中産猺人，藍、胡、侯、槃四姓爲渠魁。力山又有獞人，善傅毒藥[於]弩矢，中人無不立斃，四姓猺亦憚之。自景泰以來，[峽猺]嘯聚至萬人，隳城殺吏。而修仁、荔浦、平樂、力山諸猺應之，其勢益張。渠長侯大狗嘗懸千金購，莫能得。鬱林、博白、新會、信宜、興安、馬平、來賓亦煽動，所至圩墟，爲民害。乞選良將，多調官軍、狼兵急滅賊。"報聞。

光旦：是大藤瑶之起，影響遠及廣東中部之其他瑶人。然其初起也，實不自景泰，而自洪武八年，見本傳上文，斯其影響與牽引之所以遠也。

成化元年，編修邱濬條上兩廣用兵機宜。兵部尚書王竑奏言："峽賊稱亂日久，皆由守臣以招撫爲功，致釀大患，非大創不止。"因薦浙江參政韓雍有文武才。命以雍爲僉都御史，都督同知趙輔爲征蠻將軍①，和勇爲游擊將軍，率師討之。時大藤峽賊三千餘陷南平縣，殺典史周誠，擄其妻子，并劫縣印。又入藤縣城，掠官庫，劫縣印。鎮守總兵歐信以聞。於是總兵官趙輔率軍至，奏言："大藤蠻賊以修仁、荔浦爲羽翼，今大軍壓境，宜先勦之。"乃合諸軍十六萬人，分五道進，先破修仁，窮追至力山，生擒千二百餘人，斬首七千三百餘級。

二年，趙輔、韓雍等奏："元年十一月，師次潯州，謀深入以覆其巢。遂調總兵官歐信等分兵五哨，取道山北以進。臣及指揮白全分兵八哨，直抵潯州，以擣山南。復令參將孫震分兵二哨，從水路入。别遣指揮潘鐸等以兵分守諸山隘口：剋期十二月朔日，水陸並進，腹背交攻。賊知師至，先移妻子錢米入桂州横石塘等處藏匿。乃於山南各寨，立柵自固，用木石鏢鎗藥弩，憑險拒守。官軍用團牌、扒山虎等器，魚貫而進。士殊死戰，一日之間，攻破山南石門、林峒、沙田、古營諸巢，縱火焚其積聚。賊皆奔潰。復督兵追躡，剷山開路，直抵横石塘及九層樓（即上文之九層崖？）等山。賊已據險立柵數重，復用木

---

① 標點本《校勘記》：征蠻將軍，據《明史》卷一三《憲宗紀》、又卷一五五《趙輔傳》及《憲宗實録》卷一三成化元年正月甲子條應爲"征夷將軍"。——整理者注

石、鎗弩拒守。臣等多設疑兵，誘賊抛擲木石幾盡，別遣壯士於賊所不備處，高山絕頂，舉礮爲號。諸軍緣木攀蘿，蟻附而上，四面夾攻，連日鏖戰，賊不能支。破賊寨三百二十四所，斬首三千二百七級，生擒七百八十二人，獲賊婦女二千七百一十八人，戰溺死者不可勝計。已將大藤峽改爲斷藤峽，刻石紀之，以昭天討。"（以上皆趙、韓奏中語。）捷聞，帝降敕褒諭，仍敕輔計議長策，永絕後患。

光旦：此段與《雍傳》所云頗不重複，卻好。

未幾，雍奏斷藤峽殘賊侯鄭昂等七百餘人，夜入潯州府城，焚軍營城樓，奪百户所印三顆，殺掠男婦數十人。旋爲參將孫震、指揮張英率軍擊斬賊魁，餘黨仍奔入巢。

既［而］雍又奏："諸猺之性，憚見官吏，攝以流官，終難靖亂。請改設武宣縣東鄉等巡檢司，以土人李昇等爲副巡檢；設武靖州於峽内，以上隆州知州岑鐸知州事，（兼乎？調乎？）土人覃仲英世襲土官吏目。"然府江東西兩岸，大、小桐江、洛口與斷藤峽、朦朧、三黄等處，村巢接壤，路道崎嶇，聚衆劫掠，終不能除。

光旦：雍所建議設置之土副巡檢、土知州、土吏目，皆僮人，始終堅持以夷制夷之下策，宜瑤患之無法消弭也。何不一試以瑤人自爲土官？於以見大漢族主義之歧視苗、瑤，有更甚於對其它少數民族者！

正德十一年，總督陳金復督調兩廣官軍、土兵，分爲六大哨，按察使宗璽，布政使吳廷舉，副總兵房閨，鎮守太監傅倫，參將牛桓，都指揮魯宗貫、王瑛將之，水陸並進，斬七千五百六十餘級。金謂諸蠻利魚鹽耳，乃與約，商船入峽者，計船大小，給之魚鹽。蠻就水濱受去，如榷稅然，不得爲梗。蠻初獲利聽約，道頗通。金以此法可久，易峽名永通。諸蠻緣此無忌，大肆掠奪，稍不愜，即殺之。因循猖獗，江路爲斷。

時總督王守仁定田州還。兩江父老遮道言峽賊阻害狀。守仁上疏請討。報可。

守仁率湖南兵至南寧，約日會兵。寇聞湖兵且至，皆逃匿。守仁故爲散遣諸兵狀，寇弛不爲備。乃令官軍突進，連破油榨、石壁、大皮等寨。賊奔斷藤峽，復追擊破之。賊奔渡橫石江，溺死六百餘人，俘斬甚衆。賊潰散。遂移兵仙臺、花相、白竹、古陶、羅鳳諸處，賊不支，奔入永安、力山，官軍次第破之，擒斬三千餘，俘獲無算。八寨平，兩江悉定。

光旦：曰八寨平，說明大藤峽之起事，猶之古田，亦瑤、僮協同者，

特主從相反耳。

守仁遂以土官岑猛子邦佐爲武靖知州,(韓雍時所委岑鐸之系又如何者?)使靖遺孽。邦佐不能輯衆,且貪得賊賄,峽北賊復獗。有侯勝海者爲首,指揮潘翰臣誘殺之;勝海弟公丁聚衆譟城下。僉事鄔閱、參議孫繼祖言於都御史潘旦,請討之。參將沈希儀以爲宜需春江漲,順流下,乃可破賊;不聽,閱與繼祖以千人往擊,賊遁,斬一厄寇還。漫言賊退,請置堡。堡成,閱令土目黃貴、韋香以三百人往戍。

初,桂(應是貴之誤,上下文皆作貴)香利勝海田廬,故說翰臣殺海,至是往戍,遂奪勝海田廬。於是諸猺俱患,邦佐又陰黨之(同是僮上層也,故黨之)。公丁遂嘯聚二千餘人,乘夜陷堡城,殺戍兵二百人,貴、香走免。巡按以聞,乃罷閱與繼祖,旦亦代去。命侍郎蔡經督兵討之。會朝議欲征安南,事遂已。

公丁等益橫,時出殺掠。久之,經乃會安遠侯柳珣決計發兵,以兵事屬副使翁萬達。萬達廉得百户許雄通賊狀,詰之。雄懼,請自効。萬達佯庇公丁,捕繫訐訟公丁者數人。公丁果遣人自列,萬達佯許之。又令雄假稱貸爲賄,公丁喜,益信雄。會萬達巡他郡,以事屬參議田汝成。汝成召雄申飭之,雄紿公丁詣汝成自列,言寇堡事由他猺,汝成亦慰遣之。乃密授意城中居民被賊害者家,出毆公丁,一市皆讙,遊檄并逮公丁入繫獄。遣雄諭其黨曰:"寇堡事公丁委罪諸猺,果否?"諸猺遂言事自公丁,聽論坐,不敢黨。乃檻致公丁於軍門,磔之。

汝成因言於經,謂首惡既誅,宜乘勢進兵討賊。乃以副總兵張經、都指揮高乾分將左右二軍,萬達及副使梁廷振監之,副使蕭晥紀功,參政林士元及汝成督餉。

嘉靖十八年二月,兩軍齊發。左軍三萬五千人,分六道,攻紫荊、石門、梅嶺、木昂、藤沖、大坑等巢;右軍萬六千人,分四道,攻碧灘、羅渌上、中、下洞等巢。南北夾擊。賊大窘,遂擁衆奔林峒而東。王良輔(指揮,見"瑶——大藤峽"中卷二〇五《張經傳》條)邀擊之,中斷,復西奔。諸軍合擊,大破之,斬首千二百級,追至羅連山①,又斬百餘級。

---

① 標點本《校勘記》:羅連山,據《明史》卷二〇五《張經傳》、《炎徼紀聞》卷二、《行邊紀聞》頁三九應爲"羅運山"。——整理者注

平南縣有小田、羅應、古陶、古思諸猺，亦據險勿靖。萬達等移兵勦之，招降賊黨二百餘人。江南胡姓諸猺歸順者亦千餘人。

藤峽復平。

> 光旦：自洪武八年算起，大藤峽瑤之反明運動前後跨一百五十餘年，幾倍於古田僮人之起事，惜其在漢、僮上層雙重高壓之下，生產落後，組織散漫，其橫受鎮壓之慘酷更有甚於古田僮人者。

隆慶三年，右江諸猺、獞復亂，巡撫郭應聘請給餉剿除。給事中梁問孟以賊黨衆，不可盡滅，宜令守臣熟計。兵部言："府江自正德十二年都御史陳金征討之後，且六十年。而右江北三、北五等巢，素未懲創，生齒日繁，遂肆猖獗。頃者大征古田，各巢咸畏威斂戢，獨府江、右江恃險爲亂，若復縱之，非惟無以固八寨、懷遠之招，亦恐以啓古田攜貳之漸，勦之便。但兵在萬全，宜即以科臣所慮，備行提督殷正茂及巡撫郭應聘等便宜行之。"應聘遂檄總兵官李錫等將兵往討。以捷聞。

> 光旦：此段大是官樣文章。

瑤（大藤峽蠻）

《明史》卷九：

[宣宗即位之年，洪熙元年]七月……辛卯，鎮遠侯顧興祖討大藤峽蠻，平之。

《明史》卷一三：

[成化元年]正月……甲子，都督同知趙輔爲征夷將軍，充總兵官，僉都御史韓雍贊理軍務，討廣西叛猺。……

[十二]月，韓雍大破大藤峽猺，改名峽曰"斷藤"。

《明史》卷一三：

[成化]二年……六月甲辰，趙輔師還。

《明史》卷一三：

[成化二年十二]月，斷藤峽賊復起。

《明史》卷一四六《陳珪傳》：

天順六年，[珪玄孫涇]鎮廣西。明年九月，猺賊作亂。涇將數千人駐梧州。是冬，大籐賊數百人夜入城，殺掠甚衆。涇擁兵不救，徵還……

《明史》卷一五四《柳升傳》：

［子］溥，［正統中］出鎮廣西。……承山雲後，不能守成法，過於寬弛。猺、獞相煽爲亂，溥先後討斬大藤峽賊渠，破柳州、思恩諸蠻寨，而賊滋蔓如故。
《明史》卷一五五《趙輔傳》：

　　成化元年以中府都督同知拜征夷將軍，與韓雍討兩廣蠻，克大藤峽。還封武靖伯。已而蠻入潯州，言官交劾。廣西巡按御史端宏謂："賊流毒方甚，而輔妄言賊盡，冒封爵，不罪輔無以示戒。"輔乃……委其罪於守將歐信。帝皆弗問。

［瑤］(大藤峽)

《明史》卷三一〇《土司列傳·湖廣·保靖》：

　　成化二年，以保靖宣慰彭顯宗征蠻有功，命給誥命。

　　　　光旦：彭顯宗所征蠻是瑤（參《憲宗實錄》卷三〇成化二年五月丁丑條："以總兵官趙輔等奏……"）。

《明史》卷一五六《和勇傳》：

　　成化初，趙輔、韓雍征大藤峽賊，詔勇以所部從征。其冬，賊大破。進左都督……［三年（或略後）］上言："大藤峽之役，臣與趙輔同功。輔還京，餘賊復叛。臣親搗賊巢，縶其魁，誅其黨，還被掠男女四千人。今輔已封伯，而臣止進秩……"憲宗……封［勇］靖安伯。

《明史》卷一五九《李侃傳·雷復附傳》：

　　正統初進士。……歷官廣西副使。藤縣民胡趙成搆猺陷縣治，復與參將范信計（討）斬之。

　　　　光旦：民胡趙成疑初亦瑤，已漢化爲民耳。

　　　　光旦：時期未詳，應在景泰、天順間。復於成化初改官山東。

《明史》卷一六〇《張瑄傳》：

　　［天順初］擢廣東右布政使。……大藤峽賊頻陷屬邑，瑄坐停俸。成化初，韓雍平賊，錄瑄轉餉勞。

　　　　光旦：屬邑，自是屬廣東之屬邑，大藤峽起事之聲勢亦頗大矣。此屬邑當是瑤人分布較多之各邑，而非以漢人爲主要人口者，族屬同，則聲勢易通也。事當在天順中末間。

《明史》卷一六五《陶成傳·子魯附傳》：

　　成化二年，［魯］從總督韓雍征大藤峽。雍在軍嚴重，獨於魯未嘗不虛己。

用其策，輒有功。……擢……僉事，專治新會、陽江、陽春、瀧水、新興諸縣兵。其冬會參將王瑛破劇賊廖婆保等於欽、化二州，大獲。

瑤——大藤峽

《明史》卷一六六《山雲傳》：

[宣德]九年，[於大事剿捕慶遠、鬱林苗、猺之後，]復遣指揮田真攻大藤峽賊，破之。（時雲爲征蠻將軍總兵官，鎮廣西。）……正統二年，[雲（時已進右都督，仍鎮廣西）]上言："潯州與大藤峽諸山相錯，猺寇出沒，占耕旁近田。……"（下建議移左、右江狼兵屯種以遏之，見"總錄——狼兵"片。）

《明史》卷一六六《彭倫傳》：

成化初，從趙輔平大藤峽賊。進都指揮使。

《明史》卷一七四《歐信傳》：

成化元年……韓雍督師，令信（時以都督同知，佩征蠻將軍印鎮廣西）等分五哨，攻破大藤峽。已而餘賊復入潯州，信被劾獲宥，召還[京]。

《明史》卷一八七《陳金傳》：

斷藤峽苗時出剽。金（時以左都御史總督兩廣軍務）念苗嗜魚鹽，可以利縻也，乃立約束，令民與苗市，改峽曰永通。苗性貪而黠，初陽受約，既乃不予直，殺掠益甚。潯州人爲語曰："永通不通，來葬江中，誰其作者？噫，陳公！"蓋咎金失計也。

　　光旦：此似正德二、三年間事（卷三一七《潯州傳》繫於正德十一年，時金再次總督兩廣軍務）。

　　光旦：苗，應作瑤，故列此。

瑤——大藤峽（與韓雍）

《明史》卷一七八《韓雍傳》：

廣西猺、獞流剽廣東，殘破郡邑殆徧。成化元年正月大發兵，拜都督趙輔爲總兵官，以太監盧永、陳瑄監其軍。兵部尚書王竑曰："……平賊非雍莫可。"乃改雍左僉都御史，管理軍務。雍馳至南京，集諸將議方略。先是，編修邱濬上書大學士李賢，言賊在廣東者宜驅，在廣西者宜困。欲宿兵大藤峽，扼其出入，蹂其禾稼，期一二年盡賊。賢善之，獻於朝，詔錄示諸將。諸將主其說，請令遊擊將軍和勇率番騎趨廣東，而大軍直趨廣西，分兵撲滅。雍曰："賊已蔓延數千里，而所至與戰，是自敝也。當全師直搗大藤峽。南可援高、肇、雷、廉，東可應南、韶，西可取柳、慶，北可斷陽峒諸路。首尾相應，攻其腹心，巢穴既傾，餘迎刃解耳。舍此不圖，而分兵四出，賊益奔突，郡邑益殘，所謂救火而噓之也。"衆曰善。輔亦知雍才足辦賊，軍謀一聽雍。

雍等遂倍道趨全州。陽峒苗掠興安，擊破之。至桂林，斬失機指揮李英等四人以徇。按地圖與諸將議曰："賊以修仁、荔浦爲羽翼，當先收二縣以孤賊勢。"乃督兵十六萬人，分五道，先破修仁賊，窮追至力山。擒千二百餘人，斬首七千三百級。荔浦亦定。十月至潯州，延問父老，皆曰："峽天險，不可攻，宜以計困。"雍曰："峽延廣六百餘里，安能使困。兵分則力弱，師老則財匱，賊何時得平。吾計決矣。"遂長驅至峽口。儒生、里老數十人伏道左，願爲嚮導。雍見即罵曰："賊敢紿我！"叱左右縛斬之，左右皆愕。既縛，而袂中利刃出。推問，果賊也。悉支解刳腸胃，分挂林箐中，累累相屬。賊大驚曰："韓公天神也。"雍令總兵官歐信等爲五哨，自象州武宣攻其北；身與輔督都指揮白全等爲八哨，自桂平、平南攻其南；參將孫震等爲二哨，從水路入；而別分兵守諸隘口。賊魁侯大狗等大懼，先移其累重於桂州橫石塘，而立柵南山，多置滾木、礌石、鏢鎗、藥弩拒官軍。十二月朔，雍等督諸軍水陸並進，擁團牌登山，殊死戰。連破石門、林峒、沙田、右營諸巢，① 焚其室廬積聚，賊皆奔潰。伐木開道，直抵橫石塘及九層樓諸山。賊復立柵數重，憑高以拒。官軍誘賊發矢石，度且盡，雍躬督諸軍緣木攀藤上。別遣壯士從間道先登，據山頂舉礮。賊不能支，遂大敗。先後破賊三百二十四砦，生擒大狗及其黨七百八十人，斬首三千二百有奇，墜溺死者不可勝計。峽有大藤如虹，橫亘兩厓間，雍斧斷之，改名斷藤峽。勒石紀功而還。分兵擊餘黨，鬱林、陽江、洛容、博白次第皆定。……遷雍左副都御史，提督兩廣軍務。雍乃散遣諸軍……而遺孽侯鄭昂等遂乘虛陷潯州及洛容、北流二縣。雍被劾……益發兵撲討。時諸賊所在蜂起，思恩、潯、賓、柳城悉被擾掠。流劫至廣東，欽、化二州皆應時破殄。

[成化]四年春，雍以兩廣地大事殷，請東西各設巡撫。帝可之。……而[命]雍專理軍事。尋以憂歸。

明年（成化五年），[按察司]僉事陶魯言："兩廣地勢錯互，當如臂指相

---

① 標點本《校勘記》：右營，據《明史》卷三一七《潯州傳》、《蠻司合誌》卷一二應爲"古營"。——整理者注

使,不可離析。近賊犯廣西,臣與廣東三司議調兵,匝月未決,盜賊無所憚。乞仍命大臣總督便。"……乃罷兩巡撫,而起復雍右都御史,總督如故。

又明年(成化六年)……雍抵任,遣參將張壽、遊擊馮昇等分道討賊,忻州八砦蠻及諸山猺、獞掠州縣者,皆摧破之。蠻民素懾雍威,寇盜寢息。

九年,柳、潯諸蠻復叛,參將楊廣等俘斬九百人。方更進,而賊破懷集縣。兵部劾雍奏報不實。……竟命致仕去。

  光旦:成化前葉兩廣之動亂所牽涉之民族不一而足,然總以瑤爲主,領袖之見於此條者如侯大狗、侯鄭昂,是瑤不疑,而其中心則大藤峽也,故並繫之"瑤——大藤峽"下。

瑤——大藤峽、八寨

《明史》卷一九五《王守仁傳》:

斷藤峽猺賊,上連八寨,下通仙臺、花相諸洞蠻,盤亙三百餘里,郡邑罹害者數十年。守仁(嘉靖六年以南京兵部尚書兼左都御史總督兩廣兼巡撫)欲討之,故留南寧。罷湖廣兵,(應是土兵?)示不再用。伺賊不備,進破牛腸、六寺等十餘寨。峽賊悉平。

遂循橫石江而下,攻克仙臺、花相、白石①、古陶、羅鳳諸賊。(此由藤峽下行。)

令布政使林富率蘇、受兵(狼兵也)直抵八寨,破石門。副將沈希儀邀斬軼賊。盡平八寨。(此由藤峽上行。)……

[時執政者桂萼等有憾於守仁,]賞格不行。[方]獻夫及霍韜不平,上疏爭之,言:"諸猺爲患積年,(言猺而不言獞!)初嘗用兵數十萬,僅得一田州,(田州主要是僮!)旋復召寇。守仁片言馳諭,思、田稽首(另有片)。至八寨、斷藤峽賊,阻深巖絕岡,國初以來未有輕議剿者,(何以服韓雍等?)今一舉蕩平,若拉枯朽。議者乃言守仁受命征思、田,不受命征八寨。……"

  光旦:八寨,在上林縣北,包括思吉、周安、古卯、古蓬、古鉢、都者、羅黑、剎丁(見《中國古今地名大辭典》);後又益龍哈、咘咳,爲十寨。居民有瑤亦有獠。寨名有"古"音者,顯皆與獠相涉者也。然舊之獠

---

① 標點本《校勘記》:白石,據《明史》卷三一七《潯州傳》、《明經世文編》卷一三一頁一二八四《八寨斷藤峽捷音疏》應爲"白竹"。——整理者注

今悉爲僮矣。

瑶——大藤峽

《明史》卷一九八《翁萬達傳》：

[嘉靖間，]斷藤峽猺侯公丁負固。[萬達時爲廣西副使，]佯繫訟公丁者紿公丁，執諸坐，以兩軍破平其巢。(參"[僮](廣西)"片。)

《明史》卷二○五《張經傳》：

[嘉靖]十六年進兵部右侍郎，總督兩廣軍務。斷藤峽賊侯公丁據弩灘爲亂。經與御史鄒堯臣等定計，以軍事屬副使翁萬達，誘執公丁。參議田汝成請乘勢進討。命副總兵張經(同時又一張經)將三萬五千人爲左軍，萬達監之，指揮王良輔等六將分六道會南寧；都指揮高乾將萬六千人爲右軍，副使梁廷振監之，指揮馬文傑等四將分四道會賓州；抵賊巢夾擊。賊奔林峒而東。良輔等邀之，賊中斷，復西奔，斬首千二百級。其東者遁入羅運山，萬達等移師攻之。檄右軍沿江而東，繞出其背。賊刊巨木塞隘口，布蒺藜筑簽，伏機弩毒鏢，懸石樹杪，急則撼其樹，石皆墜。官軍並以計破之。右軍愆期，田州土酋盧受(非盧蘇，即王受，不可能盧受)乃縱賊去。俘其衆四百五十，招降者二千九百有奇。土人言，祖父居羅運八世矣，未聞官軍涉茲土也。……進經左侍郎。

《明史》卷二一一《沈希儀傳》：

[嘉靖間(十八年，見"瑶(潯州)")，希儀(時久以署都指揮同知充柳慶參將)]從總督張經大破斷藤峽、弩灘賊……

希儀鎮柳、慶久(自平岑猛之年至嘉靖十九年)，渠魁宿猾捕誅殆盡。先後擣巢斬馘，積五千餘級。

光旦：此中瑶、僮皆有，且似以瑶爲多。

瑶(大藤峽、努灘)

《明史》卷二八七《田汝成傳》：

改廣西右參議，分守右江。……努灘賊侯公丁爲亂，斷藤峽羣賊與相應。汝成……偕[副使翁]萬達設策誘擒公丁，而進兵討峽賊，大破之。又與萬達建善後七事，一方遂靖。(嘉靖中葉，十八年，見"瑶(潯州)"。)……

撰《炎徼紀聞》(所論不限瑶事)。

瑶——大藤峡

《明史》卷三一七《廣西土司傳·潯州[府]》：

（見"瑶（潯州）"片。）

瑶（慶遠）

《明史》卷三一七《廣西土司傳·慶遠[府]》：

[永樂二年，]荔波（今屬貴州）縣民覃真保上言："縣自洪武至今，人民安業，惟八十二洞猺民未隸編籍。今聞朝廷加恩撫綏，咸願爲民，無由自達，乞遣使招撫。"乃命右軍都督府移文都督韓觀遣人撫諭，其願爲民者，量給賜賚，復其徭役三年。

光旦：此條今應入"瑶（貴州）"片。因互見。

《明史》卷三一七《廣西土司傳·慶遠[府]》：

嘉靖二十七年，那地州土官羅廷鳳聽調有勞，命襲替，免赴京。

《明史》卷三一七《廣西土司傳·慶遠[府]》：

[嘉靖]四十二年録平猺功，授東蘭州、那地州土官職。（此語不明，查《世宗實録》卷五二二嘉靖四十二年六月辛酉條稱：東蘭州土官知州韋應龍與實授本職，仍加四品服色。那地州土官知州男羅忠輔暫署本職。）

光旦：那地，自唐代起似已爲瑶人聚居之地，惟土官羅氏未必是瑶耳。

又有土官黄暘，見"僮（平樂）"片。

《明史》卷三一七《廣西土司傳·慶遠[府]》：

那地州，在府城西南二百四十里。宋熙寧初，土人羅世念來降，授世職。崇寧五年，諸蠻納土，遂置地、那二州，以羅氏世知地州。大觀中，析地州置孚州。元仍爲地、那二州。洪武元年，土官羅黄貌歸附，詔并那入地，爲那地州，予印，授黄貌世襲土知州，以流官吏目佐之。

光旦：羅、黄兩姓土官，應均是僮人。

瑶（南寧）

《明史》卷三一七《廣西土司傳·南寧[府]》：

成化……後（後至何時未詳）因猺蠻不靖，往往仗狼兵，急則藉爲前驅，緩則檄爲守禦諸猺，乃稍稍驕恣（應是狼兵驕恣），不可盡繩以法。議邕事者謂宜開重鎮，以復邕州督府之舊云。

光旦：此條與"僮（南寧）"互見。

瑤（思恩）

《明史》卷三一八《廣西土司傳·思恩［府］》：

[正統]六年……[思恩府知府岑]瑛以府治僻隘，橋利堡正當猺寇出没之所，且有城垣公廨，乞徙置。許之。……

景泰……五年……以瑛征剿猺寇功，免土軍今年應輸田糧之半，進瑛從二品散官。

瑤（田州）

《明史》卷三一八《廣西土司傳·田州［府］》：

[洪武]十七年，都指揮使耿良奏："田州知府岑堅、泗[城]州知州岑善忠率其土兵討捕猺寇，多樹功績。臣欲令選取壯丁各五千人，立二衛，以善忠之子振，堅之子永通爲千户，統衆守禦，且耕且戰，此古人以蠻攻蠻之術也。"詔行其言。

光旦：岑堅於十六年襲，此"討捕猺寇"事自是在此以前。選丁、立衛、設千户、且耕且戰，亦所以應付瑤人也。此亦狼兵之始。

光旦：《明史·廣西土司傳》至此尚未見有苗，疑所稱瑤，諸如此處田州所直接捕寇者實今日所稱之苗也。

《明史》卷三一八《廣西土司傳·田州［府］》：

（天順、成化間土知府岑鏞助征大藤峽有功，見"僮（田州）"片。）

瑤（廣東）

《明史》卷一〇：

[正統]十三年……十二月庚午，廣東猺賊作亂。

《明史》卷一四八《楊榮傳》：

[榮曾孫旦以]右都御史總督兩廣軍務，討平番禺、清遠、河源諸猺。

光旦：無年份，時在劉瑾誅後及嘉靖以前。

光旦：遲至明中葉，番禺亦尚有瑤。

《明史》卷一七一《王驥傳·三代孫（見卷一〇七《功臣世表三》）瑾附傳》：

佩征蠻將軍印，鎮兩廣。廣東新寧、新興、思（應作恩）平間，多高山叢箐，亡命者輒入諸猺中，吏不得問，衆至萬餘人，流劫高要、陽江諸縣。官軍討之，輒失利。[嘉靖]三十五年春，瑾與巡撫都御史談愷檄諸路土兵誅其魁陳以明，悉平諸巢。……而扶藜、葵梅諸山岡馮天恩等，據險爲寇者亦數十年。瑾復督軍分道進剿，破巢二百餘。

> 光旦：此中有瑶有漢，乃至舊獠人之後漢化者，其入瑶中之漢人自亦多瑶化者。此與唐開元間進入閩西南黃龍洞地區（後闢爲汀州）以避賦役之漢人，光景完全相似，此瑶化而彼則畲化耳。

《明史》卷一七二《孔鏞傳》：

[景泰、天順間]知連山。猺、獞出没鄰境，縣民悉竄。鏞往招之，民驚走。鏞炊飯民舍，留錢償其直以去。民乃漸知親鏞，相率還。鏞慰勞振恤，俾復故業，教以戰守，道路漸通，縣治遂復。

> 光旦：連山應以瑶爲多。猺、獞，均作雙人傍，傳文前後一律，與他傳不同，可異。此所言縣民中，當不乏漢化之瑶、獞人。

[瑶]（廣東）

《明史》卷二四七《陳璘傳》：

嘉靖末，爲指揮僉事。從討英德賊有功。進廣東守備。

> 光旦：此"賊"應是瑶。

《明史》卷二四七《陳璘傳》：

萬曆初，[以廣東守備]討平高要賊鄧勝龍。又平揭陽賊及山賊鍾月泉。屢進署都指揮僉事……官軍攻諸良寶，副將李成立戰敗。總督殷正茂請假璘參將，自將一軍。賊平，授肇慶遊擊將軍，徙高州參將。

瑶（廣東）

《明史》卷二八九《牟魯傳·裴源附傳》：

[洪武初，]源[爲]肇慶府經歷。以公事赴新興，遇山賊陳勇卿，被執……[見殺。]

《明史》卷二九四《王孫蘭傳》：

遷廣東副使，分巡南雄、韶州二府。連州猺賊爲亂，馳勦，三戰皆捷。

> 光旦：事應在崇禎十年前後，後更近實。

《明史》卷二九七《鄭鄤傳》：

鄭藙，石康人。父賜，舉人，兄護，進士。天順中，母爲猺賊所掠。藙年十六，挺身入賊壘，紿之曰："吾欲丐吾母，豈惜金，第金皆母所瘞，願代母，[許母]歸取之。"賊遂拘藙而釋母。然其家實無金也，藙遂被殺。廉州知府張岳建祠祀之。

[瑤]（陽春蠻）

《明史》卷二：

　　[洪武]十三年……十二月……南雄侯趙庸鎮廣東，討陽春蠻。

《明史》卷三：

　　[洪武十五年十]月，廣東羣盜平，詔趙庸班師。

　　　　光旦：曰羣盜，瑤自在內，然曰盜，亦太儱侗矣。

瑤（化州）

《明史》卷一〇：

　　[正統]十一年……九月辛巳，廣西猺叛，執化州知州茅自得，殺千户汪義。

瑤（瀧水）

《明史》卷一一：

　　[景泰]五年……三月……甲子，總督兩廣副都御史馬昂破瀧水猺。

《明史》卷一二：

　　[天順]三年……四月壬子，巡撫兩廣僉都御史葉盛破瀧水猺。

　　[瑤]（廣東陽山、歸善）

《明史》卷一二九《廖永忠傳》附《趙庸傳》：

　　[洪武十四、十五年間]閩、粵盜起，命庸討之。踰年悉平諸盜及陽山、歸善叛蠻，戮其魁，散遣餘衆，民得復業。（互見）

　　　　光旦：只陽山、歸善二地可肯定爲瑤，其餘或包括部分畬民。

瑤（欽、廉）

《明史》卷一六五《林錦傳》：

　　景泰初……授合浦訓導。猺寇充斥，內外無備。錦條具方略，悉中機宜。

巡撫葉盛異之，檄署靈山縣事。城毀於賊，錦因形便，爲栅以守，廣設戰具，賊不敢逼。滿秩去官，[民無所依]……悉逃入山。盛以狀聞，詔即以錦爲知縣。……民復來歸。適歲饑，諸猺益剽掠無虛日。錦單騎詣壘，曉以禍福。猺感悟，附縣二十五部咸聽命。其不服者則討之。天順六年破賊羅禾水，再破之黃姜嶺，又大破之新莊。先後斬獲千餘級，還所掠人口。賊悉平，乃去栅，築土城。……

成化改元，會連州①爲賊所陷，乃以錦爲試知府。歲復大饑，賊四出刼掠。錦諭散千餘人，誅梗化者，而綏輯其流移。境内悉平。

[成化]四年……令專備欽、廉羣盗。乃以爲按察使僉事……十年賜敕旌異。久之，進副使。錦以所部屢有盗警，思爲經久計，乃設團河營於西，設新寮營於南，而别設洪崖營以杜諸寇出没處。易靈山土城，更築高墉，亘五百丈，卒爲巖邑。十四年，兵部上其撫輯功……其治廉、欽……振起文教。爲人誠實，洞見肺腑，猺蠻莫不愛信。……

　　光旦：今越南北部之瑤，當於此時起陸續遷至越北者。

瑤（廣東羅旁）

《明史》卷二〇：

　　[萬曆]五年……五月癸巳，廣東羅旁猺平。

瑤（廣東羅定）

《明史》卷四五《地理志六》：

　　[廣東]羅定州……（西南有瀧水，源出猺境。……）領縣二。……東安（萬曆五年十一月以……東山黃姜峒置……）西寧（萬曆五年十一月以……西山大峒置。）

　　光旦：羅定州地位頗特殊，《明史·地理志》列廣東省部分之最後，後於瓊州府。

　　光旦：黃姜峒、大峒當本是瑤峒。

　　光旦：州與領縣所設之守禦千户所與巡檢司不一而足，皆萬曆間設縣

---

① 標點本《校勘記》：連州，據《明史》卷四五《地理志》，《明史考證攟逸》卷一〇應爲"廉州"。——整理者注

前後置，自所以防瑶之所以收復其失地者。

　　光旦：即所稱羅旁瑶，萬曆四、五年大加鎮壓，設縣置州，詳《續通志》。羅定者，羅旁平定也。亦據《通志》，至萬曆八年，始全定。

瑶（廣東羅旁瑶）

《明史》卷一八六《胡富傳》：

　　四會猺亂，[富以副使]剿擒五百餘人。瀧水猺出没無時，富度其所經地，得荒田三千餘頃，招獞户耕牧其中。猺畏獞不敢出擾，居民得田作。

　　光旦：此在弘治間，年份未詳，應在中葉。

　　光旦："猺畏獞"，説明僮更較土著，瑶乃後來者。亦説明自來統治者率以僮直接治瑶，而瑶無土官，只基層有"瑶首"而已。

　　光旦：此亦説明，遲至明中葉，粤東僮人尚頗不少，今只廉南、欽州有自治縣，相去遠矣。此處所云"獞户"，當即由粤東之西部招來者，即來自欽、廉一帶，正未可知。

《明史》卷二一二《李錫傳》：

　　從淩雲翼大破羅旁賊。

　　光旦：此爲瑶無疑，即羅旁瑶也。

　　光旦：事在萬曆五年（錫時以征蠻將軍鎮廣西，萬曆六年卒於官），見下條。

　　光旦：明羅定州，明以前即瀧水縣，則此亦即卷一八六《胡富傳》所稱"瀧水猺"也。

《明史》卷二一二《張元勳傳》：

　　[萬曆]五年，[元勳（時以都督同知充總兵官鎮廣東）]從總督淩雲翼大征羅旁賊，斬首萬六千餘級。進都督。

《明史》卷二二二《淩雲翼傳》：

　　[討平海賊林鳳後，]尋進征羅旁。羅旁在德慶州上下江，界東西兩山間，延袤七百里。成化中，韓雍經略西山，頗安輯。惟東山猺阻深箐剽掠，有司歲發卒戍守。[前總督殷]正茂方建議大征，會遷去。雲翼（時以右僉都御史、兵部左侍郎代正茂提督兩廣軍務）乃大集兵，令兩廣總兵張元勳、李錫將之。四閲月，克巢五百六十，俘斬、招降四萬二千八百餘人。岑溪六十三山、七山、那留、連城諸處鄰境猺、獞皆懼。賊首潘積善求撫。雲翼奏設官戍之。……加

右都御史兼兵部侍郎。……改瀧水縣爲羅定州，設監司、參將。積患頓息。……

  光旦：參它有關條，知是萬曆五年事。

  羅旁之役，繼正茂成功。然喜事好殺戮，爲當時所譏。

《明史》卷二二七《李材傳》：

  隆慶中……遷廣東僉事。羅旁賊猖獗，材襲破之周高山，設屯以守。賊有三巢在新會境，調副總兵梁守愚由恩平，遊擊王瑞由德慶入，身出肇慶中道，夜半斬賊五百級，燬廬舍千餘，空其地，募人田之。

瑶（羅旁）

《明史》卷二四七《陳璘傳》：

  總督凌雲翼將大征羅旁，先下令鵰剿。璘（時爲高州參將）所破凡九十巢。已[而]分十道大征。璘從信宜入，會諸軍，覆滅之。以其地置羅定州及東安、西寧二縣。即遷璘副總兵，署東安參將事。未幾，餘孽殺吏民，責璘戴罪辦賊。璘會他將朱文達攻破石牛、青水諸巢，斬捕三百六十餘人……東安初定……既而獲賊，乃除罪，改狼山副總兵。

  光旦：具體年份，參其它有關羅旁瑶片，當在萬曆五年前後。

[瑶]（贛、粤之間）

《明史》卷一五七《林鶚傳》：

  成化初……遷江西按察使。……廣東寇剽贛州急，調兵禦之，遁去。

  光旦：此必後世所稱北江瑶也。時贛南與西南瑶尚多，其言"寇"者，憤漢統治者強爲隔絕，欲南北相通耳。

《明史》卷一五八《顧佐傳·陳勉附傳》：

  仁宗初……擢左副都御史。信豐諸縣盜起，命勉撫之，招徠三千六百餘人，亂遂定。

  光旦：此"盜"必爲贛南、粤北之瑶，人數至三四千人，而言撫不言討，明其非一般"寇盜"也。

《明史》卷一六一《陳選傳》：

  天順四年……授御史，巡按江西……廣寇流入贛州，奏聞不待報，遣兵平之。

  光旦：此與本片上第一條屬同一性質。

[瑶？]（江西）

《明史》卷一七八《韓雍傳》：

　　正統[間（正統十年前後）以御史]巡按江西……廬陵、太和（似應作泰和）盜起，捕誅之。

《明史》卷一八二《王恕傳》：

　　天順四年……超遷江西右布政使，平贛州寇。

　　　　光旦：此應是瑶，或亦稱畬。

《明史》卷一八三《閔珪傳》：

　　成化[間（具體年份不詳）]，江西南、贛諸府多盜，率強宗家僕。珪（時以右僉都御史巡撫其地）請獲盜連坐其主。法司議從之。尹直輩謀之李孜省，取中旨責珪不能弭盜，左遷廣西按察使。

　　　　光旦：強宗疑率多漢地主，而家僕則多半漢化之瑶人，此種傳統由來似已甚久，《三國志・吳書》中已有不少記錄，應聯繫考慮，惟彼時尚多限於贛北或西北耳。參下條，事應在成化末年。

《明史》卷一八六《張鼐傳》：

　　[憲宗末年，以御史]出按江西。盜賊多強宗佃僕，鼐與巡撫閔珪交奏其事。……

《明史》卷一八九《陸震傳》：

　　正德三年[始，爲]泰和知縣。……督捕永豐、新淦賊，以功受賞。

《明史》卷二〇八《余珊傳》：

　　世宗立，擢江西僉事，討平梅花峒賊。

　　　　光旦：梅花峒所在未詳。

瑶（江西）

《明史》卷二八九《黃宏傳》：

　　遷江西左參議，按湖西、嶺北二道。王守仁討橫水、桶岡賊，宏主餉有功。賊閔念四既降，復恃宸濠勢，剽九江上下。宏發兵捕之……

　　　　光旦：閔念四應是另一事，與橫水、桶岡無涉。

《明史》卷二九四《劉熙祚傳》：

　　弟綿祚……崇禎四年……爲吉安永豐知縣。鄰境九連山，界閩、粵，賊窟其中，綿祚請會勦。賊怒，率衆攻綿祚。[綿祚]出擊，三戰三捷。賊益大至，

綿祚伏兵黄牛峒，大破之。……（互見）

> 光旦：此中定有瑶人。

[瑶]（龍泉山寇）

《明史》卷三：

[洪武]十六年……九月癸亥，申國公鄧鎮爲征南將軍，討龍泉山寇，平之。

> 光旦：此不是屬舊處州府之龍泉，而是舊吉安府之龍泉，今江西遂川縣。

《明史》卷一三一《顧時傳》：

[時子]敬……[洪武]十五年嗣侯，爲左副將軍，平龍泉山寇有功。

> 光旦：與上條是一事，平龍泉應是在嗣侯之次年。

《明史》卷一三一《陳德傳》：

子鏞，[洪武]十六年爲征南左副將軍，討平龍泉諸山寇。

《明史》卷一三七《趙俶傳》附《蕭執傳》：

申國公鄧鎮剿龍泉寇，不戢下。執往責之，鎮爲禁止，邑人以安。

> 光旦：上文，執泰和人，泰和爲龍泉東北鄰縣。

《明史》卷一四六《李濬傳》：

永樂元年出鎮江西。永新盜起，捕誅其魁。

> 光旦：永新爲龍泉鄰縣，此盜，瑶也，然不曰山寇者，當是漢化程度較深之故。

《明史》卷一四八《楊榮傳》：

江西盜起，遣使撫諭，而令都督韓觀將兵繼其後。賊就撫奏至，帝欲賜敕勞觀。榮曰："計發奏時，觀尚未至，不得論功。"……

> 光旦：此與上條應是一事。

[瑶？]（永新、龍泉山寇）

《明史》卷一二六《鄧愈傳》：

[愈長子鎮]以征南副將軍平永新、龍泉山寇。……弟銘……征蠻，卒於軍。

> 光旦：年月未詳，参上下文應在愈卒（洪武十年）之後，其妻之外祖父

李善長敗之前。後查明是十六年。

　　光旦：二縣皆屬江西吉安府，永新在龍泉西北，接境，龍泉在上猶之北，興國之西。上猶之瑤，即王守仁所鎮壓者，興國至今尚有瑤人。故此"山寇"云者可以判定爲瑤。龍泉，民國改稱遂川。

　　鄧銘征蠻卒於軍。此蠻不知何蠻，文字不詳，恐與上文的"山寇"不是一事。

《明史》卷一五四《李彬傳》：

　　[永樂二]年，襄城伯李濬討永新叛寇，命彬帥師策應。未至，寇平。

[瑤]（江西上猶）

《明史》卷一三一《黄彬傳》：

　　[洪武]四年，贛州上猶山寇叛，討平之。

　　光旦：上猶之猶，即猺也。此尚在龍泉山寇起事之前十二年。當時未盡鎮壓，完全鎮壓留待明中葉王守仁爲之。

瑤——與王守仁

《明史》卷一九五《王守仁傳》：

　　正德……十一年八月擢右僉都御史，巡撫南、贛。當是時，南中盜賊蜂起。謝志山據橫水、左溪、桶岡，池仲容據浰頭，皆稱王，與大庾陳曰能、樂昌高快馬、柳（上文卷一九四《秦金傳》作郴，作郴者是，郴與贛南壤地相接，皆瑤區，柳則遥隔矣——光旦）州龔福全等攻剽府縣。而福建大帽山賊詹師富等又起。前巡撫文森托疾避去。

　　志山合樂昌賊掠大庾，攻南康、贛州，贛縣主簿吴玭戰死。

　　守仁至，知左右多賊耳目，乃呼老黠隸詰之。隸戰栗不敢隱，因貰其罪，令詗賊，賊動靜無勿知。於是檄福建、廣東會兵，先討大帽山賊。

　　明年正月，督副使胡璉等破賊長富村①，逼之象湖山。指揮覃桓、縣丞紀鏞戰死。守仁親率鋭卒屯上杭。佯退師，出不意搗之，連破四十餘寨，俘斬七千有奇，指揮王鎧等擒師富。……

---

① 據《王文成全書》卷九，胡璉時任福建按察司分巡漳南道兵備僉事。下文楊璋時任江西按察司分巡嶺北道兵備副使。——整理者注

其年七月進兵大庾。志山乘間急攻南安，知府季斅擊敗之。副使楊璋等亦生繫日能以歸。遂議討橫水、左溪。

十月，都指揮許清、贛州知府邢珣、寧都知縣王天與各一軍會橫水，斅及守備郟文、汀州知府唐淳、縣丞舒富各一軍會左溪，吉安知府伍文定、程鄉知縣張戩遏其奔軼。守仁自駐南康，去橫水三十里，先遣四百人伏賊巢左右，進軍逼之。賊方迎戰，兩山舉幟。賊大驚，謂官軍已盡犁其巢，遂潰。乘勝克橫水，志山及其黨蕭貴模等皆走桶岡。左溪亦破。

守仁以桶岡險固，移營近地，諭以禍福。賊首藍廷鳳等方震恐，見使至大喜，期仲冬朔降。而珣、文定已冒雨奪險入。賊阻水陣，珣直前搏戰，文定與戩自右出，賊倉卒敗走，遇淳兵又敗。諸軍破桶岡，志山、貴模、廷鳳面縛降。

凡破巢八十有四，俘斬六千有奇。

時湖廣巡撫秦金亦破福全。其黨千人突至，諸將擒斬之。（是亦説明福全起自郴州，而非柳州，破之者為湖廣巡撫，一也；突至贛境，不可能由柳州，二也。）

乃設崇義縣於橫水，控諸猺。

光旦：橫水本上猶縣地，上猶之猶，即猺也。宋以降瑤人中頗有猶姓。

還至贛州，議討浰頭賊。初，守仁之平師富也，龍川賊盧珂、鄭志高、陳英咸請降。及征橫水，浰頭賊將黃金巢亦以五百人降。獨仲容未下。橫水破，仲容始遣弟仲安來歸，而嚴為戰守備。詭言，珂、志高讎也，將襲我，故為備。守仁佯杖繫珂等，而陰使珂弟集兵待。遂下令散兵，歲首大張燈樂。仲容信且疑。守仁賜以節物，誘入謝。仲容率九十三人營教場，而自以數人入謁。守仁呵之曰："若皆吾民，屯於外，疑我乎？"悉引入祥符宮，厚飲食之。賊大喜過望，益自安。守仁留仲容觀燈樂。正月（應是正德十三年者）三日大享，伏甲士於門，諸賊入，以次悉擒戮之。自將抵賊巢，連破上、中、下三浰，斬馘二千有奇。餘賊奔九連山。山橫亙數百里，陡絕不可攻。乃簡壯士七百人，衣賊衣奔崖下，賊招之上。官軍進攻，內外合擊，擒斬無遺。乃於下浰立平和縣[1]，置戍而歸。

---

[1] 標點本《校勘記》：平和縣，據《明史稿》傳八〇《王守仁傳》作"和平縣"。《明史》卷四五《地理志》廣東惠州府和平縣注云："正德十三年八月以龍川縣之和平司置"，"西北有浰頭山，三浰水出焉。"作"和平縣"是。——整理者注

自是境内大定。……

守仁所將皆文吏及偏裨小校，平數十年巨寇，遠近驚爲神。進右副都御史。

　　光旦：此役中，瑤與畬或輋皆屬主要成分，崇義本瑤地。文成集中，瑤、畬、輋（參"輋"片）三字屢見，互用。然此外亦多一般漢人或客家。

　　光旦：九連山在粵北。廣東北江瑤，疑很大部分爲此役後退入者。又今福建西南幾已不復有畬，而改以閩東北爲集中地區，疑大帽山與三浰之敗有以致之。

[瑤]（贛、湘）

《明史》卷一三一《葉昇傳》：

　　[昇]屯襄陽。贛州山賊復結湖廣峒蠻爲寇。昇爲副將軍，同胡海等討平之，俘獲萬七千人。昇凡三平叛蠻。（一，東川之彝；二，九溪之土家；三，此。）

　　光旦：皆是瑤也，應與龍泉、上猶者聯繫觀之。

　　光旦：《明史》往往稱浙、閩、贛與粵東之瑤、畬爲山寇、山賊，猶是東漢以降之傳統稱法；其於湖廣、粵西，則與其它民族泛呼峒蠻，蓋對兩地區之具體民族成分，均不甚了了也。

瑤（湖廣）

《明史》卷一八六《樊瑩傳》：

　　[弘治七年後不久]改右副都御史巡撫湖廣。錦田賊結兩廣猺、獞爲寇，瑩諭散餘黨，戮首惡十八人。

　　光旦：錦田鎮，在江華縣東南百八十里。

《明史》卷一九四《秦金傳》：

　　正德……九年擢右副都御史，巡撫湖廣。……郴州桂陽猺龔福全稱王，金先後破砦八十餘，斬首二千級，擒福全及其黨劉福興等。

《明史》卷二一一《石邦憲傳》：

　　湖廣溆浦猺沈亞當等爲亂，總督石勇檄邦憲（時以署都督同知充總兵官鎮貴州）討之，生擒亞當，斬獲二百有奇。

　　光旦：事在嘉靖後葉（嘉靖三十九年或稍前，參"苗（銅仁）——沿革"）。

　　光旦：溆浦有瑤，應不成問題。《宋史》所稱"南江舒氏"，即瑤也，即在此一帶。

[瑶]（湖南）

《明史》卷二七九《堵允錫傳》：

[崇禎中（十一、十二年後，十六年前），]歷官長沙知府。山賊掠安化、寧鄉，官軍數敗，允錫督鄉兵破滅之。又殺醴陵賊魁。遂以知兵名。

光旦：此應是瑶，或此中應有瑶。

《明史》卷二九四《崔文榮傳》：

授南安守備。崇禎中，臨、藍盜起，逼桂陽，桂王告急。文榮督所部會勦，卻賊四萬人。以功，擢武昌參將。

光旦：此中定有瑶人。

《明史》卷二九四《劉熙祚傳》：

弟綿祚……崇禎四年……爲吉安永豐知縣。鄰境九連山，界閩、粵，賊窟其中，綿祚請會勦。賊怒，率衆攻綿祚。[綿祚]出擊，三戰三捷。賊益大至，綿祚伏兵黃牛峒，大破之。……

光旦：此中亦定有瑶。王守仁鎮壓贛南瑶人後，贛瑶率退入九連山。此條與上條或有連，故列此，九連山西部實亦跨湘、粵界也。但亦可入"瑶（江西）"片，互見。

《明史》卷二九四《陳璸傳》：

遷右參議，分守湖南，討平八排賊。

光旦：事應在崇禎十年代。

[瑶]（郴、桂蠻）

《明史》卷三：

[洪武]二十九年……二月癸卯，征虜前將軍胡晃討郴、桂蠻，平之。

[瑶]（古梅山蠻）

《明史》卷四四《地理志五》：

[湖廣寶慶府]新化[縣]（……南有上梅山，其下梅山在安化縣境。……北有蘇溪巡檢司。）

光旦：北宋中葉以前此爲梅山蠻地。首領蘇姓，蘇溪當即其所居之溪。從零星資料推之，應是瑶。宋開新化、安化二縣後，此蠻自日即於漢化，降至明代，不知尚有殘存者否。而所退亦不甚遠。

瑶（福建）

《明史》卷一八六《張泰傳·吳文度附傳》：

[文度]遷汀州知府。猺弗靖，設方略綏撫，猺承賦如居民。

光旦：此應是成化近末葉時事。

光旦：此以今日言之，應作畲。然此言瑶，而今畲人家譜，亦往往自稱爲瑶。畲、瑶本一族，此亦確證矣。

光旦：今福建畲族率聚居省東北境，與浙江溫、處之畲相接，汀州一帶已所餘無多。然汀故畲族聚居最密之舊地；唐開元二十四年設汀州治，即於屠殺大量"山都"人後爲之，山都即畲之舊稱；詳《臨汀彙考》等書。

光旦：遲至明代中葉，閩西南之畲族猶不在少數，自此以降，豈十九漢化矣乎？抑十九移至閩東北乎？尚待進一步探索。

瑶（貴州）

《明史》卷三一七《廣西土司傳·慶遠[府]》：

[永樂二年，]荔波縣（當時屬廣西慶遠府）民覃真保上言："縣自洪武至今，人民安業，惟八十二洞猺民未隸編籍。今聞朝廷加恩撫綏，咸願爲民，無由自達，乞遣使招撫。"乃命右軍都督府移文都督韓觀遣人撫諭，其願爲民者，量給賜賚，復其徭役三年。

光旦：貴州東部有瑶。宋元時，古州（今榕江）有首領猶氏，是有瑶之證。然資料不多，此在《明史》尚屬僅見之一例，且猶是從廣西劃入者。疑早即作苗看待矣。苗、瑶本出一源，亦自無妨。"八十二洞"，應不是洞名，而是洞數，則人口數量亦復不少。

瑶——鵰剿

《明史》卷二八七《茅坤傳》：

屢遷廣西兵備僉事，轄府江道。坤雅好談兵。猺賊據鬼子諸砦，殺陽朔令。朝議大征，總督應檟以問坤。坤曰："大征非兵十萬不可，餉稱之，今猝不能集，而賊已據險爲備。計莫若鵰剿。俟入殲其魁，他部必讋，謀自全，此便計也。"檟善之，悉以兵事委坤。連破十七砦……民立祠祀之。

光旦：無具體年月，應在嘉靖三十年前。

瑶——盤瓠

《明史》卷一六六《張祐傳》：

  破封川賊盤古子。

    光旦：事在嘉靖十年光景；時祐爲廣西副總兵。

[瑶]——猶

《明史》卷四三《地理志四》：

  [江西南安府]崇義[縣]（正德十四年三月以上猶縣之崇義里置……西有桶岡。……又有橫水……西南有左溪，下流俱合章江。）

    光旦：此爲王守仁"平"瑶後所置縣。桶岡、橫水、左溪皆王守仁所曾用兵之地，詳見王文成公集。

[瑶]——猶、栖

《明史》卷四三《地理志四》：

  [江西南安府]上猶[縣]（元永清縣。洪武初，更名。……東有大猶山，猶水出焉。）

    光旦：縣名晚出，猶山、猶水之名則必甚古。"大猶山"猶"大瑶山"也。

《明史》卷四四《地理志五》：

  [浙江台州府]天台[縣]（東有栖溪。）

[瑶]——攸

《明史》卷四三《地理志四》：

  [江西贛州府]贛[縣]（……北有桂源巡檢司，後遷[至]攸鎮。）

    光旦：湖南攸縣之外，又一以"攸"爲名之地點。其西即爲上猶縣。攸縣與此鎮亦相去不遠，其爲"瑶"之別寫，無疑。

    光旦：王守仁於明中葉鎮壓贛南瑶人，分上猶地別立崇義縣，可知明之攸鎮尚不是一歷史地名，即其地尚有瑶人。

    光旦：查鎮在縣北120里，元稱攸鎮站，明稱攸鎮驛，清廢驛。

    光旦：鎮之東北，按輿圖，似即爲興國縣，今興國縣尚有瑶或畬人。

《明史》卷四四《地理志五》：

  [湖廣長沙府]攸[縣]（東有攸水，自江西安福縣流入……下流至衡山縣，

入於湘水。)

[瑶]——酉
《明史》卷四四《地理志五》：
  [湖廣辰州府]沅陵[縣]（西北有大酉山、小酉山。）

    光旦：此可能標誌：瑶族在古代湘境之散布曾較今日爲廣。然爲時必甚早，故酉山、酉水因而得名。湘西今日之苗人有可能爲此輩之後裔，在巴人進逼下逐步南退者。

[瑶]——尤
《明史》卷四五《地理志六》：
  [福建延平府]尤溪[縣]（……東有尤溪，其上源一出龍巖縣，一出德化縣，合流於縣西南，又北流……出尤口，入建溪。）

    光旦：尤亦小犬也。

[瑶(畲、苗同)]——翁
《明史》卷四四《地理志五》：
  [湖廣岳州府]巴陵[縣]（……東南有㲼湖，亦名翁湖。）
《明史》卷四五《地理志六》：
  [廣東韶州府]翁源[縣]（……東有靈池山，滃溪出焉。）

[彝]

[彝]
《明史》卷三：
  [洪武]十五年……正月辛巳……景川侯曹震、定遠侯王弼下威楚路。壬午，元曲靖宣慰司及中慶、澂江、武定諸路俱降。雲南平。

    光旦：時元統治者已敗亡，此必涉及當地少數民族之曾效忠於元者，其中自以彝族爲主。
《明史》卷四三《地理志四》：
  [四川嘉定州]峨眉[縣]（……陽江在縣南，自黎州所夷界流入，與羅目

江合。又西南……有土地關，接蠻界。）

《明史》卷四三《地理志四》：

[四川瀘州]納溪[縣]（……西有納溪水，自蕃部西南流合[大江]。）

《明史》卷四六《地理志七》：

[雲南臨安府]新化州，本馬龍他郎甸長官司。……（西有馬籠山，蠻酋結寨處，元置馬籠部千戶於此，屬元江路，洪武十五年廢。）[十七年四月置馬龍他郎甸長官司，弘治八年改爲新化州。]（州北又有法龍〔應作籠〕山，亦蠻酋結寨處。）

　　光旦：籠，彝語城也，故得推知其爲彝。

《明史》卷四六《地理志七》：

[雲南曲靖府]霑益州（南有平夷衛，本平夷千戶所，洪武二十一年十一月置，二十三年四月改爲衛，後廢，永樂元年復置衛。）

　　光旦：今平彝縣即清康熙三十四年以此改置，並改夷爲彝。漢於此即設有平夷縣，晉改平蠻。今縣之東境即古平夷縣地，阮元《雲南志稿》云。

《明史》卷一二六《沐英傳》：

[英既定大理及滇西諸蠻，]回軍與[傅]友德會滇池，分道平烏撒、東川、建昌、芒部諸蠻，立烏撒、畢節二衛。

《明史》卷一二六《沐英傳》：

[洪武二十二年，英]會潁國公傅友德討平東川蠻，又平越州酋阿資及廣西阿赤部。（互見）

　　光旦：此廣西乃雲南之廣西府，非廣西省。

《明史》卷一二六《沐英傳》：

阿資又叛，擊降之。南中悉定。（互見）

　　光旦：此是洪武二十四年事（見"[彝]——阿資"）。

《明史》卷一三九《韓宜可傳》：

命撰……征烏蠻詔……稱旨。

　　光旦：年份不詳，近洪武末年，或二十年前後。

《明史》卷一四一《陳迪傳》：

除雲南右布政使。普定、曲靖、烏撒、烏蒙諸蠻煽亂。迪率土兵擊破之。

　　光旦：無年份，應是洪武末年事。

《明史》卷一二九《傅友德傳》：

[洪武十四]年秋，[友德]充征南將軍（藍玉、沐英爲左、右副）將步騎三十萬征雲南。至湖廣，分遣都督胡海等將兵五萬由永寧趨烏撒，而自帥大軍由辰、沅趨貴州。克普定、普安，降諸峝蠻。

　　　　光旦：此所云蠻，主要是彝。

進攻曲靖（與元平章達里麻大戰白石江，擒之），遂擊烏撒，循格孤山而南，以通永寧之兵。遣兩將軍（藍、沐）趨雲南（元梁王走死）。友德城烏撒，羣蠻來爭，奮擊破之，得七星關以通畢節。又克可渡河，降東川、烏蒙、芒部諸蠻。烏撒諸蠻復叛，討之，斬首三萬餘級……水西諸部皆降。

　　　　光旦：此云水西，乃廣義者，括各彝部，直至東川。

《明史》卷一二九《傅友德傳》：

　　[洪武]二十一年，東川蠻叛，復爲征南將軍，帥師討平之。

《明史》卷一三〇《郭英傳》：

　　[洪武]十四年，[英]從潁川侯傅友德征雲南，與陳桓、胡海分道進攻赤水河路。久雨，河水暴漲。英斬木爲筏，乘夜濟。比曉，抵賊營。賊大驚潰。擒烏撒幷阿容等。攻克曲靖、陸涼、越州、關索嶺、椅子寨。

《明史》卷一三〇《張龍傳》：

　　[龍]從傅友德征雲南，鎮七星關。

　　　　光旦：是洪武十四年事。詳見上。

《明史》卷一三〇《胡海傳》：

　　[洪武]十四年從征雲南，由永寧趨烏撒，進克可渡河。

《明史》卷一三〇《張銓傳》：

　　[銓]從征雲南，由永寧克烏撒。久之，復從傅友德平烏撒及曲靖、普定、龍海、孟定諸蠻。

　　　　光旦：洪武十四、十五年間事。普定以下，與彝不相涉。

《明史》卷一三〇《吳復傳》：

　　[洪武]十四年，從傅友德征雲南，克普定，城水西。充總兵官，勦捕諸蠻。遂由關索嶺開箐道，取廣西。十六年克墨定苗，至吉剌堡，築安莊新城，平七百房諸寨，斬獲萬計。轉餉盤江。是年……[復]卒於普定。

　　　　光旦：互見"苗"片。

《明史》卷一三一《費聚傳》：

　　明年（據上文，此"明年"爲洪武四年，然事實在十四年，定是修史者誤奪一"十"字，斯以爲即三年之次年耳——光旦），從傅友德征雲南，大戰白石江，擒達里麻（蒙古）。雲南平，進取大理（白）。未幾，諸蠻復叛（主要應是彛），命［費聚］副安陸侯吳復爲總兵……分攻關索嶺及阿咱等寨，悉下之。蠻地始定。置貴州都指揮使司，以聚署司事（此與《梅思祖傳》不無矛盾，二人皆於初置都司時署司事，必是略有先後，史筆疏漏也---光旦）。十八年命爲總兵官，帥指揮丁忠等征廣南，擒火立達，（民族成分？）俘其衆萬人。還鎭雲南［至二十三年］。

［彛？］

《明史》卷一六二《倪敬傳·盛昶附傳》：

  ［天順後，昶］擢叙州知府……有禦寇功。

  光旦：此"寇"應是從南來者，則永寧衛彛族也。然亦有可能自西來者，則應爲山都掌蠻，是則獠也。姑只列此，以二者之中，永寧較盛大故。

《明史》卷一九四《鄒文盛傳》：

  ［正德近末，］芒部陳聰等爲亂，討破之。

《明史》卷一九四《鄒文盛傳》：

  ［正德近末，］四川土舍重安馮綸與凱里楊弘有怨。弘卒，綸糾諸苗相讎殺，侵軼貴州境。文盛（時以右副都御史巡撫貴州）遣參議蔡潮詣播州，督宣慰楊斌撫定之。請復設安寧宣撫司，以弘子襲。

  光旦：陳聰不知是彛否。

  光旦：重安，應是重安長官司，黃平西三十里；凱里，凱里安撫司，鑪山東四十五里；今皆貴州境，當時屬四川（見卷三一二《播州宣慰司傳》）。故終由播州宣慰出面撫定。

  光旦：曰諸苗，或不誤，姑列此，容調整。

  光旦：安寧宣撫司（詳卷三一二《播州宣慰司傳》），地理辭書謂"今闕，當在四川境"。以今言之，當在貴州境，言四川境者誤。

《明史》卷一八六《張泰傳·吳文度附傳》：

  正德元年遷右副都御史，巡撫雲南。師宗州賊阿本等作亂。諭不從，乃遣參議陳一經等督軍二萬攻之，別遣兵截盤江，據賊巢背，先後俘斬千人。

  光旦：師宗，古本獠地，元以前爲㑩蠻師宗部所據。據此，阿本應是彛；文度別遣兵截盤江者，亦應是防其與迤北之彛相交通耳。然此一帶至近年尚有所謂"土獠"者，則獠固尚有其遺黎也。

《明史》卷一八八《陸崑傳·史良佐附傳》：

[爲]雲南副使。平十八寨苗。

光旦：事約在正德末葉。雖名苗，疑是彝。十八寨，專名，在彌勒縣西南。

《明史》卷一九一《何孟春傳》：

[正德近末]以右都御史巡撫雲南。討平十八寨叛蠻阿勿、阿寺等。

《明史》卷二〇三《陳察傳》：

[正德近末，以御史]巡按雲南，助巡撫何孟春討定彌勒州。

光旦：與上條是一事。

《明史》卷一九四《梁材傳》：

嘉靖初……補雲南[按察使]。土官相雠殺累年，材召其酋曰："汝罪當死。今貰汝，以牛羊贖。"御史訝其輕。材曰："如是足矣，急之變生。"諸酋衷甲待變，聞無他迺止。

[彝]

《明史》卷二一〇《鄒應龍傳》：

[隆慶間，改]兵部侍郎兼右僉都御史，巡撫雲南。……萬曆改元，鐵索箐賊作亂，討平之。……斬獲……千餘人。

光旦：箐在大姚縣西北。爲彝地無疑。

光旦：事詳下文《土司傳》。

[彝？]

《明史》卷二四七《劉綎傳》：

[萬曆]三十六年，雲南阿克反，起綎（時被革職）討賊總兵官。未至，賊已平，寢前命。

[彝]

《明史》卷二四九《蔡復一傳》：

（水西安氏之起事，與之合作之西南諸彝，永寧奢氏、烏撒安氏爲巨擘外，又有陷平夷之李賢，犯尋甸、嵩明之禄千鍾，攻武定之張世臣，掠曲靖之設科

〔邦彥女弟，當是適曲靖境內之土官者，又嘗轉掠陸涼〕；此外又有"逆酋沙國珍"，不知亦是彞否——均見"［彞］（水西）——蔡復一"片。）

［彞］（烏撒蠻）

《明史》卷三：

[洪武]十五年……七月……乙亥，傅友德、沐英擊烏撒蠻，大敗之。

《明史》卷一四：

[成化]十四年……三月……辛巳，罷烏撒衛銀場。

《明史》卷一三一《陸仲亨傳》：

[仲亨]鎮成都，平巨津州叛蠻。烏撒諸蠻復叛，從傅友德討平之。

> 光旦：與上第一條是一事，事在洪武十五年。

> 光旦：巨津州蠻當亦是彞。

《明史》卷一三二《藍玉傳》附《陳桓傳》：

[洪武]十四年從征雲南，與胡海、郭英帥兵五萬，由永寧趨烏撒。道險隘，自赤［水］河進師，與烏撒諸蠻大戰，敗走之。再破芒部土酋，走元右丞實卜，遂城烏撒，降東川、烏蒙諸蠻。（進克大理。）

［彞］——烏蒙、烏撒

《明史》卷四三《地理志四》：

[四川]烏蒙軍民府（元烏蒙路，屬四川行省。）洪武十五年正月爲府，屬雲南布政司。十六年正月改屬四川布政司。十七年五月升爲軍民府。（西有涼山。）……

《明史》卷四三《地理志四》：

[四川]烏撒軍民府（元烏蒙〔撒〕路，屬四川行省。）洪武十五年正月爲府，屬雲南布政司。十六年正月改屬四川布政司。十七年五月升爲軍民府。

《明史》卷一三二《藍玉傳》附《陳桓傳》：

（參"烏撒"片。）

［彞］（烏撒、烏蒙、芒部）

《明史》卷一七二《侯璡傳》：

宣德二年進士，授行人。烏撒、烏蒙土官以爭地相讎殺，詔遣璡及同官章聰諭解之，正其疆理而還。

《明史》卷一八三《何喬新傳》：

父文淵，[以御史按四川。]烏蒙奸民什伽私其知府禄昭妻，懼誅，誣昭反；詔發軍討。文淵檄止所調軍，而白其誣。

光旦：無具體年份，應是永樂末年或宣德初年事。

《明史》卷一九四《王廷相傳》：

嘉靖[初年（七年，參"[彝]（烏蒙、烏撒等）——沿革"）]，以右副都御史巡撫四川，討平芒部賊沙保。

《明史》卷一九九《胡世寧傳》：

[李]承勛欲授隴勝官，復芒部故地。世寧言勝非隴氏子，芒氏（部）不當復立。

光旦：事似在嘉靖六年冬以前，時世寧以左都御史掌院事，而承勛似正掌兵部。《李承勛傳》（同卷下文）未具體及此。

《明史》卷一九九《李承勛傳》：

[嘉靖初年（七年，參"[彝]（烏蒙、烏撒等）——沿革"），承勛以]兵部尚書兼左都御史……言："……川、貴芒部之役措置乖方，再勝再叛，宜命伍文定深計，毋專用兵。"

光旦：與上條是同一事。

《明史》卷二〇〇《伍文定傳》：

（文定討芒部沙保子普奴，爲議者旁撓，未果，見"[彝]（尋甸、武定）"片，此處不複。）

[彝]（烏撒）

《明史》卷二四九《朱燮元傳》：

烏撒安效良死，其妻安氏招故霑益土酋安遠弟邊爲夫，負固不服。燮元（時以兵部尚書兼督雲、貴、廣西諸軍，兼巡撫貴州，駐遵義）乘兵威脅走邊，遂復烏撒。

光旦：時在崇禎二年秋冬間，奢崇明、安邦彥授首之後，安位乞降之前。（安氏招夫在崇禎元年，見"[彝]（烏蒙、烏撒等）——沿革"。）

《明史》卷二四九《李橒傳》：

[安邦彥之起事，]烏撒土目安效良亦與通。邦彥首襲畢節……效良助邦彥

陷其城。

  光旦：事在天啓二年。

  光旦：邦彥與效良合作，亦見《王三善傳》，見"[彝]……王三善"片。

《明史》卷二四九《蔡復一傳》及《沈儆炌、袁善等附傳》：

  （效良與邦彥合作，此數傳中所叙較詳，見"彝（水西）——蔡復一"片。）

《明史》卷二五一《錢龍錫傳》：

  烏撒土官安效良死，其妻改適霑益土官安邊，欲兼有烏撒，部議將聽之。龍錫言："效良有子其爵，立其爵以收烏撒，存亡繼絶，於理爲順。安邊淫亂，不可長也。"帝悉從之。

  光旦：按此傳，崇禎元年事。

[彝]（烏撒、霑益）

《明史》卷二六〇《楊鶴傳》：

  [以御史]巡按貴州。貴州接壤烏撒，去川南叙州千里，節制難。土官安雲龍死，其族人與霑益安效良爭印，搆兵三十年①，後竟爲效良所據。其父紹慶又據霑益州。皆川、雲、貴咽喉地。鶴請割烏撒隸貴州，地近節制便，可弭後患。朝議不決。未幾，效良爲亂，如其言。

  光旦：效良本霑益彝。"爲亂"，指與水西同反。此萬曆四十年代事。

[彝]（烏蒙、烏撒等）——沿革

《明史》卷三一一《四川土司·烏蒙等傳》：

  烏蒙、烏撒、東川、芒部，古爲窨地、的巴②、東川、大雄諸甸，皆唐烏蒙裔也。宋有封烏蒙王者。元初置烏蒙路，遂以東川、芒部皆隸於烏蒙、烏撒等處宣慰司。烏撒富盛甲諸部，元時嘗置軍民總管府，而於東川置萬户府。地勢並在蜀之東南，與滇、黔壤土相接，皆據險阻深，與中土聲教隔離。

  明太祖既平蜀，規取雲南，大師皆集於辰、沅，欲并剪諸蠻以通蜀道。

---

① 標點本《校勘記》：搆兵三十年，《明史》卷三一一《烏蒙烏撒東川鎮雄四軍民府傳》作"仇殺者二十年"。——整理者注

② 標點本《校勘記》：的巴，《明史稿》傳一八五《烏蒙烏撒東川鎮雄四軍民府傳》、《明一統志》卷七二作"巴的"。——整理者注

洪武十四年遣內臣齎敕諭烏蒙、烏撒諸部長曰："西南諸部，自古及今，莫不朝貢中國。朕受天命爲天下主十有五年，而烏蒙、烏撒、東川、芒部、建昌諸部長猶桀驁不朝。朕已遣征南將軍潁川侯、左副將軍永昌侯、右副將軍西平侯率師往征。猶恐諸部長未喻朕意，故復遣內臣往諭。如悔罪向義，當即躬親來朝，或遣人入貢，亟攄誠款，朕當罷兵，以安黎庶。爾共省之。"時征南將軍傅友德已分遣都督胡海洋等帥師五萬，由永寧趨烏撒，復自率師由曲靖循格孤山而南，以通永寧之兵，擣烏撒。時元右丞實卜聞海洋兵至，乃聚兵赤水河以拒之。及聞大軍繼進，皆遁。友德令諸軍築城，版鍤方具，蠻寇大集。友德屯兵山岡，持重以待。既知士勇可用，乃縱兵接戰。有芒部土酋率衆來援，實卜兵與合，鋒甚銳。大軍鼓譟而前，其酋長多中槊墜馬死。大軍益奮，蠻衆力不支，大潰，斬首三千，獲馬六百，實卜率衆遁。遂城烏撒，克七星關以通畢節。又克可渡河。於是東川、烏蒙、芒部諸蠻震聾，皆望風降附。

[洪武]十五年置東川、烏撒、烏蒙、芒部諸衛指揮使司，詔諭諸部人民。以雲南已降附，宜益效順中國，以享昇平。復諭諸部長曰："今置郵傳通雲南，宜率土人，隨其疆界遠邇，開築道路，各廣十丈，準古法，以六十里爲一驛。符至奉行。"又敕征南將軍友德等曰："烏蒙、烏撒、東川、芒部諸酋長雖已降，恐大軍一還，仍復嘯聚。符到日，悉送其酋長入朝。"又諭以"貴州已設都指揮使，然地勢偏東，今宜於實卜所居之地立司，以便控制，卿其審之"。

已[而]烏撒諸蠻復叛。帝諭友德曰："烏撒諸蠻伺官軍散處，即有此變，朕前已慮之，今果然。然雲南之地如曲靖、普安、烏撒、建昌，勢在必守，其東川、芒部、烏蒙，未可遽守也。且留屯大軍蕩埽諸蠻，戮其渠長，方可分兵守禦耳。"乃命安陸侯吳復爲總兵，平涼侯費聚副之，征烏撒、烏蒙諸叛蠻。并諭勿與蠻戰於關索嶺上，當分兵掩襲，直擣其巢，使彼各奔救其家之不暇，必不敢出以抗大師。俟三將軍至，破擒之。是月（何月？六月，見《太祖實錄》卷一四六洪武十五年六月是月條及七月乙亥條），副將軍西平侯沐英自大理還軍，會友德，擊烏撒。大敗其衆，斬首三萬餘級，獲馬牛羊萬計，餘衆悉遁，復追擊破之。帝諭友德等，師捷後，必戮其渠魁，使之畏懼。搜其餘黨，絕其根株，使彼智窮力屈，誠心款附，方可留兵鎮守。又諭宜乘兵勢修治道途，令土酋諭其民，各輸糧一石以給軍，爲持久計。

[洪武]十六年以雲南所屬烏撒、烏蒙、芒部三府隸四川布政使司。烏蒙、烏撒、東川、芒部諸部長百二十人來朝，貢方物。詔各授以官，賜朝服、冠

帶、錦綺、鈔錠有差。其烏撒女酋卜實（應作實卜），加賜珠翠。芒部知府發紹、烏蒙知府阿普病卒，詔賜綺衣并棺殮之具，遣官致祭，歸其柩於家。

十七年割雲南東川府隸四川布政使司，并烏撒、烏蒙、芒部皆改爲軍民府，而定其賦税。烏撒歲輸二萬石，氈衫一千五百領；烏蒙、東川、芒部皆歲輸八千石，氈衫八百領。又定茶鹽布疋易馬之數，烏撒歲易馬六千五百匹，烏蒙、東川、芒部皆四千匹。凡馬一匹，給布三十疋，或茶一百斤，鹽如之。實卜復貢馬，賜綺鈔。

[洪武]十八年，烏蒙知府亦德言，蠻地刀耕火種，比年霜旱疾疫，民饑窘，歲輸之糧無從徵納。詔悉免之。

二十年徵烏撒知府阿能赴京。

二十一年命西平侯沐英南征。英言，東川强盛，據烏山路作亂，罪狀已著，必先加兵。但其地重關複嶺，上下三百餘里，人迹阻絶，須以大兵臨之。帝命潁國公傅友德仍爲征南將軍，英與陳桓爲左右副將軍，率諸軍進討。敕友德等曰："東川、芒部諸夷，種類皆出於玀玀。厥後子姓蕃衍，各立疆場，乃異其名曰東川、烏撒、烏蒙、芒部、禄肇、水西。無事則互起争端，有事則相爲救援。若唐時閣羅鳳亡居大理，唐兵追捕，道經芒部諸境，羣蠻聚衆據險設伏。唐將不備，遂墮其計，喪師二十萬，皆將帥無謀故也。今須預加防閑，嚴爲之備。"烏撒軍民府葉原常獻馬三百匹、米四百石於征南將軍，以資軍用，且願收集土兵從征。英等以聞，從之。復命景川侯曹震、靖寧侯葉昇等分討東川，平之。捕獲叛蠻五千五百三十八人。

[洪武]二十三年，烏撒土知府阿能，烏蒙、芒部土官，各遣子弟入監讀書。

二十七年，烏撒[土]知府卜穆奏，霑益州屢侵其地。命沐春諭之。

二十八年，户部言："烏撒、烏蒙、芒部、東川歲賦氈衫不如數，詔已免徵。今有司仍追之，宜申明。"從之。

二十九年，烏蒙軍民府知府實哲貢馬及氈衫。自是，諸土知府三年一入貢，以爲常。或有恩賜，則進馬及方物謝恩。

宣德七年，兵部侍郎王驥言，烏蒙、烏撒土官禄昭、尼禄（當是二人）等，争地仇殺，宜遣官按問。八年遣行人章聰、侯璡齎敕往諭，仍敕巡按與三司官往平之。

設烏蒙儒學教授、訓導各一員。以通判黄甫越言，元時本府向有學校，今文廟雖存，師儒未建。乞除教官，選俊秀子弟入學讀書，以廣文治。從之。

光旦：亦宣德八年事。

正統七年裁烏撒軍民府通判、推官、知事、檢校各一員。

十一年裁烏蒙、東川知事、檢校各一員；并革烏撒、烏蒙遞運所。

景泰元年敕諭烏撒、烏蒙諸府土官普茂等，以貴州諸苗叛亂，恐滋蔓鄰近，宜戒嚴防守，毋聽賊衆誘惑，倘來逼犯，便當剿殺。時烏撒進萬壽表踰期，部議宜究，詔以遠人宥之。嗣後，朝貢過期及表箋不至者，朝廷率以土官多從寬貸，應賞者給其半。

天順元年，鎮守四川中官陳清等奏，芒部所轄白江蠻賊千餘作亂，攻圍筠連縣治，敕御史項愻會鎮巡官捕之。

成化十二年，烏撒知府隴舊等奏，同知剛正（人姓名）撫字有方，蠻民信服，今九年秩滿，乞再任三年，以慰羣望。從之。

弘治十四年，烏撒所轄可渡河巡檢司［上報，大雨河漲成災，山崩地裂等］（不具錄，説明少數民族地區較大之災情亦上報中央統治者）。

正德十五年討斬芒部僰蠻阿又磔等。初，芒部土舍隴壽，與庶弟隴政及兄妻支祿爭襲仇殺。所部僰蠻阿又磔等乘機倡亂流劫。事聞，命鎮守中官會撫按官捕治。至是，貴州參政傅習、都指揮許詔，督永寧宣撫司女土官奢爵等，討擒阿又磔等四十三人，斬一百十九級，事乃定。

光旦：僰蠻，今仡佬也，史簡稱獠，彝人則稱之爲濮或僰（彝文作此漢字之音）。此處云僰，亦與古史合，即僰道、僰侯國、或僰僮之僰也。僰蠻實爲彝人之奴隸，彝人自營畜牧，而以耕植之事屬之僰蠻，參見近項畢節縣所譯印之《西南彝志》。阿又磔者，奴隸不堪虐殺而起事者也，其他被擒與被斬殺者皆充奴隸或娃子之仡佬也，漢官於此，不特不爲申理，更爲土官奴隸主出兵鎮壓，民族壓迫者現象，階級壓迫者實質，昭然若揭矣。

嘉靖元年命芒部護印土舍隴壽襲知府，免赴京。故事，土官九品以上，皆保送至京乃襲。時壽、政等爭襲，不敢離任。朝廷以嫡故立壽，恐壽赴京而政等乘隙爲亂，故有是命。然政與支祿倚烏撒土舍安寧等兵力，仇殺如故。壩底參將何卿請於巡撫許廷光，發土兵二萬五千人，命貴州參將楊仁等將之，受何卿節制，相機進剿。政、祿佯聽撫，乞緩師，而令賊黨阿黑等掠周泥站、七星關，復遣阿核等糾集諸苗，剽掠畢節諸處，殺傷官軍，燬官民房屋甚衆。兵部言賊勢猖獗，宜速征。於是何卿等進剿，斬首二百餘級，俘二十餘人，降其衆數百。政敗奔烏撒。卿檄烏撒土舍安寧、土婦奢勿擒之。安寧佯許諾，僅以阿核等屍獻，竟不出政。兵久不解。都御史湯沐以聞。詔切責諸將及守巡官罪，而革何卿冠帶，令剿賊自贖。四年，政誘殺壽，奪其印。巡撫王軏、巡按劉黻各上其事。黻言從蠻情，立支祿便。軏以隴政、支祿怙終稔惡，戕朝廷命吏，罪不可赦。乃命鎮巡官諭安寧，縛政、祿及諸助惡者。時政已爲官軍擒於水西，追獲芒部印信；前後斬首六百七十四級，生擒一百六十七人，招撫白烏石等四十九寨，以捷聞。貴州巡按劉廷簹言："烏撒所獻阿核等屍，及水西所縛隴政，真偽未可信，恐首惡尚在，不無後慮，請覈實。"五年，兵部奏："芒部隴氏，釁起蕭牆，騷動兩省，王師大舉，始克蕩平。今其本屬親支已盡，無人承襲，請改爲鎮雄府，設流官知府統之。分屬夷良、母響、落角利之地，爲懷德、歸化、威信、安靜四長官司，使隴氏疏屬阿濟、白壽、祖保、阿萬四人統之。如程番府例，令三年一入朝，貢馬十二匹，而以通判程洸爲試知府。"〔從之。〕

〔嘉靖〕六年，芒部賊沙保等謀復隴氏，擁隴壽子勝糾衆攻陷鎮雄城，執程洸，奪其印，殺傷數百人。洸奔畢節。事聞，兵科給事中鄭自壁等言："鎮雄初設流官，蠻情未服，而有司失先事之防，不亟收遺裔隴勝，而令沙保得擁孺子，致煽禍一方。宜速遣總兵何卿并力勦寇。"於是兵部覆言："隴勝非真隴壽子，故議設流官，有司撫循失策，遂生叛亂。沙保罪不容誅，當勦。何卿方守松潘，勢難相援，宜亟趣都御史王廷相之任，并敕總兵牛桓調兵速進。"時沙保出鎮雄府印乞降，然尚持兩端，欲立土官如故。四川撫按以保狡悍不可馴，檄瀘州守備丁勇擊之。又遣使勞賜芒部撫夷鄧良佐，使計擒沙保。保怒，復叛。七年，川、貴諸軍會勦，敗沙保等，擒斬三百餘級，招撫蠻玀男婦以千計。捷聞，設鎮雄流官如舊。而芒部、烏撒、母響苗蠻隴革等復起，攻劫畢節屯堡，殺掠士民，紛紛見告。兵部尚書李承勛以伍文定（時兵部尚書提督雲南、四川、貴州、湖廣軍，見"〔彝〕（尋甸、武定）"）專主用兵爲失計，疏及之。而御史楊彝復言芒部改土易流非長策……於是四川巡撫唐鳳儀言："烏蒙、烏撒、東川諸土官，故與芒部爲唇齒。自芒部改流，諸部內懷不安，以是反者數起。今懷德長官阿濟等雖自詭擒賊，其心固望隴勝得一職，以存隴後。臣請如宣德中復安南故事，俯順輿情，則不假兵而禍源自塞。"川、貴巡按戴金、陳講等奏如鳳儀言。金又以首惡如母響祖保等宜勦誅，以折其驕氣，始下撫處之令，許生獻沙保等，待阿濟以不死，然後復隴勝故職，或降爲知州。其長官或因或革，或分隸，庶操縱得宜，恩威並著。章下部覆，乃革鎮雄流官知府，而以隴勝爲通判，署鎮雄府事。令三年後果能率職奉貢，准復知府舊銜。時嘉靖九年四月也。

[嘉靖]三十九年命勘東川阿堂之亂。初，東川土知府祿慶死，子位幼，妻安氏攝府事。有營長阿得革頗擅權，謀奪其官。因先求烝安氏不得，乃縱火焚府治，走武定州，爲土官所殺。得革子堂奔水西，賄結烏撒土官安泰，入東川，囚安氏，奪其印。貴州宣慰安萬銓故與祿氏姻連，乃起兵攻阿堂所居寨，破之。堂妻阿聚攜幼子奔霑益州土官安九鼎。萬銓脅九鼎，取阿聚及幼子殺之。堂以是怨九鼎，時相攻擊。堂兵侵羅雄州境，九鼎及祿位與羅雄土官者濬等，各上書訟堂罪。詔下雲、貴、四川撫按官會勘。堂聽勘於車洪江，具服罪，願獻所劫府印并霑益、羅雄人口、牲畜及侵地，乞貸死。時位及弟儌已前殁，官府因訊祿氏所當襲者，堂以己幼子詭名祿哲以報。據府印如故，復與九鼎治兵相攻。九鼎訴之雲南巡撫游居敬，謂堂怙亂，請致討，且自詭當率所部爲前鋒，必擒堂以獻。居敬信之，遂上疏言堂稔惡不悛，請專意進勦，爲地方除害。帝允部議，行川、貴撫按會勘具奏。居敬遽調土漢兵五萬餘進勦。雲南承平久，一旦兵動，費用不貲，賦斂百出，諸軍衛及有司、王（應是土字之誤）官、舍等乘之爲姦利，遠近騷動。巡按王大任言："逆堂奪印謀官，法所必誅。第彼猶借朝廷之印以約土蠻，冒祿氏之宗以圖世職，而四川之差稅辦納以時，雲、貴之鄰壤未見侵越，此其非叛明矣。其與九鼎治兵相攻，彼此俱屬有罪。居敬乃信一偏之詭辭，違會勘之明旨，輕動大衆，恐生意外患。且外議籍籍，謂居敬入九鼎重賄，欲爲雲（應是雪字）怨，及受各土官賂，攘盜帑積，皆有實跡。請亟罷居敬，暫停征勦爲便。"乃命逮居敬。時堂聞大兵至東川，逃深箐，諸將分兵於新舊諸城，窮搜不獲，地方民夷大遭屠掠。四十年，營長者阿易謀於堂之心腹母勒阿濟（此又一阿濟）等，掩殺堂於戛來矣石之地，其子阿哲就擒，哲時年八歲。事雖定，而府印不知所在。於是安萬銓取東川府經歷印，畀祿位妻寧著署之，以照磨印畀羅雄土官者濬，而以寧著女妻者濬子。仍留水西兵三千於東川，爲寧著防衛。水西與東川鄰，萬銓本水西土官，故議者謂其有陰據東川之志。巡按王大任以誅阿堂聞，因言："東川地方殘傷，該府三印悉爲土官部置，請通敕川、貴總督及鎮巡官，按究各土官私擅標署之罪。并訪祿氏支派之宜立，與所以處阿哲者。"部覆報可。四十一年鑄給四川東川府印。初，阿堂既誅，索府印不獲，人疑爲安萬銓所匿，及是屢勘，印實亡失。而祿位近

派悉絶，惟同六世祖有幼男阿采。撫按官雷賀、陳瓚請以采襲禄氏職，姑予同知銜，令寧著署掌，後果能撫輯其衆，仍進襲知府。其新印請更名，以防奸僞。有旨不必更，餘如議。

先是，烏撒與永寧、烏蒙、霑益、水西諸土官，境土相連，世戚親厚，既而以各私所親，彼此搆禍，奏訐紛紜，詳四川《永寧土司傳》中，當事者頗厭苦之。萬曆六年乃令照蠻俗罰牛例處分，務悔禍息争，以保境安民；然終不能靖也。

[萬曆]三十八年詔東川土司並聽雲南節制。時巡按鄧漾①疏稱："蜀之東川偪處武定、尋甸諸郡，只隔一嶺，出没無時，朝發夕至。其酋長禄壽、禄哲兄弟，安忍無親，日尋干戈。其部落以劫殺爲生，不事耕作。蜀轄遼遠，法紀易疏。滇以非我屬内，號令不行。以是驕蹇成習，目無漢法。今惟改敕滇撫兼制東川。"因條三利以進。詔從之。

先是，四川烏撒軍民府，雲南霑益州，雖滇、蜀異轄，宗派一源。明初大軍南下，女土官實卜與夫弟阿哥二人，率衆歸順，授實卜以烏撒土知府，授阿哥以霑益土知州。其後，彼絶此繼，通爲一家。萬曆元年，霑益女土官安素儀無嗣，奏以土知府禄墨次子繼本州，即安紹慶也。已[而]禄墨及長子安雲龍與兩孫俱殁，安紹慶奏以次子安效良歸宗，襲土知府。安雲龍之妻隴氏，即鎮雄女土官者氏之女也，以雲龍雖故，尚有遺孤，且挾外家兵力，與紹慶爲敵。紹慶則以隴氏所出，明係假子，亦倚霑益兵力，與隴氏爲難。彼此仇殺，流毒一方。土民連名上奏。事行兩省會勘，歷十有四年不結。是年（何年？萬曆三十八年，見《神宗實録》卷四七二萬曆三十八年六月丁亥條），安雲翔（此是何人？是何關係？欠交代）奏稱："隴氏有子官保，今已長成。效良倚父兵，強圖竊據，殺戮無辜。"因極言效良不可立者數事。

[萬曆]三十九年，廷臣議行川、貴大吏勘報。貴州撫臣以土官争職在雲南，而爲害在黔、蜀，必得三省會勘，始可定獄（似或讞字之誤）。帝命速勘。乃（下文似不甚銜接，何言"乃"？）命隴鶴書承襲鎮雄土知府。鶴書，原名阿卜。自其始祖（始者，始自明初耳）隴飛沙獻土歸順，授爲世職知府，五傳而爲庶魯卜，别居於果利地，又四傳而爲庶禄姑，别居夷良七欠頭地，又五傳

---

① 標點本《校勘記》：鄧漾，據《明史稿》傳一八五及《神宗實録》卷四六〇萬曆三十七年七月甲申條、卷四六八萬曆三十八年三月丁酉條應爲"鄧渼"。——整理者注

而隴氏之正支斬矣。水西安堯臣贅於禄，（此禄字何指？是庶禄姑之禄乎？）欲奄有之，衆論不平，始有驅安立隴之奏。奉旨察立隴後。女[土]官者氏以阿固應。阿固者，魯卜之六世孫，而易名隴正名者也。於是主立阿固，而先立其父阿章。章尋病死，阿固不爲夷衆所服。往復察勘。者氏及四十八目、十五火頭等共推阿卜。阿卜者，禄姑之五世孫，咸以爲長且賢，而者氏且以印獻。遂定立阿卜，而以阿固充管事。從巡撫喬應星之議也。

[萬曆]四十一年（至此，方與上文銜接），烏撒土舍安効（前後效，効互用）良初與安雲翔爭立，朝廷以嫡派立効良。雲翔數爲亂，謀逐効良，焚劫烏撒。四川撫按上其事，以効良爲雲龍親姪，雲翔乃其堂弟（至此，云翔關係方有交代），親疏判然，効良自當立。雲翔擾害地方，欺罔朝廷，罪原難赦，但爲奸人指使，情可原，姑准復冠帶。從之。

[萬曆]四十三年，雲南巡按吳應琦言：“東川土官禄壽、禄哲爭襲以來，各縱部衆越境劫掠。擁衆千餘，剽掠兩府，浹旬之間，村屯並掃，荼毒未有如此之甚者。或撫或勦，毋令養禍日滋。”下所司勘奏。

貴州巡按御史楊鶴言：“烏撒土官自安雲龍物故，安咀與安効良爭官奪印，仇殺者二十年。夷民無統，盜寇蜂起，堡屯焚燬，行賈梗絶者亦二十年。是爭官奪印者蜀之土官，而蹂踐糜爛者黔之赤子。誠改隸於黔，則彈壓既便，干戈可戢。”又言：“烏撒者，滇、蜀之咽喉要地。臣由普安入滇，七日始達烏撒。見効良之父安紹慶據霑益，當曲靖之門户。効良據烏撒，又扼滇、蜀之咽喉。父子各據一方，且壤地相接，無他郡縣上司以隔絶鈐制之，將來尾大不掉，實可寒心。蓋黔有可制之勢，而無其權；蜀有遥制之名，而無其實。誠以爲隸黔中便。”帝命所司速議。

泰昌元年，雲南撫按沈敬炌①等言：“蜀之東川，業奉朝命兼制，然事權全不相關。禄千鍾、禄阿伽縱賊披猖，爲患不已。是東川雖隸蜀，而相去甚遠，雖不隸滇，而禍實震鄰。宜特敕蜀撫按，凡遇襲替，務合兩省會勘。蜀察其世次，滇亦按無侵犯，方許起送，亦羈縻綏静之要術也。”詔下所司。

時諸土司皆桀驁難制，烏撒、東川、烏蒙、鎮雄諸府地界，復相錯於川、滇、黔、楚之間，統轄既分，事權不一，往往軼出爲諸邊害。故封疆大吏紛

---

① 標點本《校勘記》：沈敬炌，據《明史》卷二四九《蔡復一傳》附《沈儆炌傳》、《明實録》泰昌元年十二月己巳條應爲“沈儆炌”。——整理者注

纷陈情，冀安边隅，而中枢之臣动诿勘报，弥年经月，卒无成画，以致疆事日坏。

播州初平，永宁又叛，水西煽起，东川、乌蒙、镇雄皆观望骑墙，心怀疑贰。于是安効良以乌撒首附逆於[安]邦彦，并力攻陆广，复合霑益贼围罗平，陷霑益，为云南巡抚闵洪学所败。洪学以兵力不继，好语招之，令擒贼自赎，効良亦佯为恭顺。又见黔师出陆广，滇师出霑益，水、乌之势已成骑虎，遂合永宁、水西诸部三十六营，直抵霑益，对垒城下五日。副总兵袁善、宣抚使沙源等督将士力战，出奇兵破之，効良败死。

[効良]妻安氏无子，妾设白生其爵、其禄。二妇素不相能；安氏居盐仓，设白母子居抱渡。安氏遂代効良为土官，然亦未绝其爵，其爵亦以安氏为安位姐，不敢抗。

崇祯元年，四川巡抚差官李友芝赍冠带奖赏其爵母子，令管乌撒。安氏恶分，始绝其爵。其爵夜袭安氏盐仓，不克，与设白、其禄逃东川界，为东川所拒，而抱渡又失。李友芝为请於制府，发滇兵三千援其爵，滇抚不应。安氏惧，谋迎霑益土官安边为婚，授之乌撒，以拒其爵。安边亦欲偶安氏，以拒其禄，以催粮为名至建昌（此数语文义欠明，用意何在，亦不清楚）。安氏遂迎边至盐仓成婚。一时皇皇，谓水西必纠霑、乌入犯。云南巡抚谢存仁以闻；存仁因移镇曲靖以观变。安边、安氏请复乌撒卫以自赎。二年，总督朱燮元调集汉土兵，列营霑益，趣滇抚会兵进乌撒境。安边、安氏逃避偏桥。大兵入盐仓，拔难民一千馀人。师还，安边、安氏复还盐仓，遣人至军前，请俟乌城克复，束身归命，意实缓师。乃复发兵逐安边、安氏，以盐仓授其爵。兵至望城坡，遇贼哨骑百馀，麾兵奋击，贼尽奔箐中，遂复乌撒城。安边驻三十里外，拥兵求见；谕令束身归诚。边夜遁，遂弃盐仓，入九龙囤。乌撒陷贼八年，至是始复。乃召其爵来盐仓，令约束九头目以守，且令图献安边、安氏。其爵以盐仓残烬，乞移乌撒城；从之。时其爵署乌撒知府，其禄署霑益知州，虽懦稚，颇忠顺，其母亦颇有主持，能得众。安边屡乞降於总督朱燮元，且藉水西安位代申，以边实绍庆嫡孙，宜袭知州，请罪其爵、其禄。燮元曲为调护，欲予以职衔，分乌撒安置之。云南抚按坚执不可，以安边令其党勒兵於野马川，复以千金诱其爵头目，日为并吞霑、乌计。万一其爵被袭，则乌撒失，而前功尽弃。乌撒失，霑益危，而全滇动摇，非但震邻，实乃切肤。竟不行。安边乃乞师於安位，纳之霑益，而逐其禄。时安氏在也。既而安氏死，安位与之贰；其禄乃假手罗彩令者布（羅彩應是地名，者姓布名）發難，邊遄死。不移日，其祿率兵至，詭言爲其叔報仇（其叔，當即邊也），士民歸者如流。於是其祿復有霑益。而廟堂之上方急流寇，不復能問云。

　　　　光旦：關於烏蒙府，無甚資料。然凡此槪從烏蒙部分化而出，故片眉仍首著烏蒙。

《明史》卷三一一《四川土司傳·建昌傳》：

　　（洪武二十一年，建昌彝曾受命出土兵討東川、芒部及赤水河叛蠻，見"[彝]（建昌）——沿革"片。）

[彝]（烏撒）

《明史》卷三一六《貴州土司傳·貴陽[府]》：

　　[萬曆]四十一年，烏撒土舍謀逐安效良，[水西宣慰安]堯臣以追印爲名，領兵數萬長驅入滇，直薄霑益州，所過焚掠，備極慘毒。朝廷方以越境擅兵欲加堯臣罪，而堯臣死。

《明史》卷三一六《貴州土司傳·貴陽[府]》：

　　初，[水西之]大方東倚播，北倚藺，相爲犄角。後播、藺既平，賊（安邦彥）惟恃烏撒爲援，而畢節爲四夷交通處（四夷，指水西、烏撒、永寧、播州）。

[彝]——芒部

《明史》卷四三《地理志四》：

　　[四川]鎮雄府（元芒部路，屬雲南行省。）洪武十五年正月爲府。十六年正月改屬四川布政司。（[府北]有益良州、强州，元俱屬芒部路，洪武十七年後廢。）

　　（又有阿頭、易溪、易娘三蠻部，元屬烏撒路，洪武十五年三月[改]屬芒部府[鎮雄府初名芒部府，至嘉靖五年四月改稱鎮雄]。[洪武]十七年又改阿頭部爲阿都府，屬四川布政司。後俱廢。）

　　[鎭雄府]白水江簇酬長官司（正德十六年十一月置。）

　　[鎭雄府]懷德長官司（本却佐寨。）

　　[鎭雄府]威信長官司（本母響寨。）

　　[鎭雄府]歸化長官司（本夷良寨。）

[鎮雄府]安静長官司(本落角寨。[以上]四司俱嘉靖五年四月改置。)

《明史》卷一三二《藍玉傳》附《陳桓傳》：

(參"烏撒"片。)

[彝](芒部)

《明史》卷二〇一《王軏傳》：

[嘉靖中(應在初葉),]遷右副都御史,巡撫四川。芒部土官知府隴慰死,庶子政與嫡子壽爭立。朝議立壽。政倚烏撒,數搆兵,使人誘殺壽,奪其印。軏請討之。乃會貴州兵分道進,擒政於水西,招降四十九砦。……

軏之平隴政也,以隴氏無後,請改設流官。兵部尚書李鉞等然之。遂改芒部爲鎮雄府,分置四長官司,授隴氏疎屬阿濟等爲長官,而擢重慶通判程洸爲試知府。隴氏舊部沙保等攻執洸,奪其印,欲復立隴氏後。巡撫王廷相等破保,洸得還。保子普奴復連烏撒、水西苗(稱彝爲"苗",此具體一例)攻剽畢節諸衛。帝命伍文定圖之。以朝議不合,召還。御史戴金因言："芒部改流之議,諸司咸執不可。軏徇洸邪説,違衆獨行,致疆場不靖。"遂罷軏官(時爲户部左侍郎;此段文字係後來追叙,然均在嘉靖初葉,九年以前,參"[彝](烏蒙、烏撒等)——沿革")。

《明史》卷二一一《何卿傳》：

嘉靖初,芒部土舍隴政、土婦支禄等叛。卿(時以署都指揮僉事充左參將協守松潘)討之,斬首二百餘級,降其衆數百人。政奔烏撒,卿檄土官安寧擒以獻。寧佯諾,而匿政不出。巡撫湯沐言狀……川、貴兵合討,賊始滅……(以上,嘉靖四年事,參"[彝](烏蒙、烏撒等)——沿革"。)

隴氏已絶,改芒部爲鎮雄府,設流官。未幾,政遺黨沙保復叛。卿(嘉靖五年起,擢副總兵,仍鎮松潘)偕參將魏武、參議姚汝皋等並進,斬保等賊首七人,餘盡殄。

[彝](鎮雄,即芒部)

《明史》卷三一二《四川土司傳·永寧宣撫司傳》：

(萬曆中,具體爲萬曆三十五年以前,上限則不明,水西安堯臣出贅鎮雄,改稱隴澄,平播州有功;鎮雄隴氏垂絶,澄圖兼併;尋又介入永寧奢氏承襲之糾紛——見"[彝](永寧)——沿革"片,不重録。)

[彝]（東川蠻）

《明史》卷三：

　　[洪武]二十一年……六月……甲子，傅友德爲征南將軍，沐英、陳桓爲左、右副將軍，帥師討東川叛蠻。……十月丁未，東川蠻平。

《明史》卷一三一《葉昇傳》：

　　[洪武二十一]年，東川龍海諸蠻叛，昇以參將從沐英討平之。（互見，此爲主）

《明史》卷一三二《藍玉傳》附《曹震傳》：

　　[洪武]二十一年與靖寧侯葉昇分道討平東川叛蠻，俘獲五千餘人。

《明史》卷一三二《藍玉傳》附《陳桓傳》：

　　[洪武]二十年同靖寧侯葉昇征東川，俘獲甚衆。

　　　　光旦：與上條當是一事，但年份小有出入。

[彝]——東川

《明史》卷四三《地理志四》：

　　[四川]東川軍民府（元東川路，屬雲南行省。）洪武十五年正月爲府。十七年五月升爲軍民府，改屬四川布政司。二十一年六月廢。二十六年五月復置。

[彝]（東川）

《明史》卷三一四《雲南土司傳·武定[府]》：

　　（武定鳳繼祖娶於東川，見"[彝]（武定）"片。）

　　　　光旦：東川土官亦鳳氏，見同傳、片下文。

[彝]（永寧）

《明史》卷二二：

　　[天啓元年]九月……乙卯，永寧宣撫使奢崇明反，殺巡撫徐可求，據重慶，分兵陷合江、納溪、瀘州。丁卯，陷興文，知縣張振德死之。……

　　十月……乙酉，奢崇明圍成都，布政使朱燮元固守。尋擢燮元僉都御史，巡撫四川。石砫宣撫使女土官秦良玉起兵討賊。……

　　十二月丁丑，巡撫河南都御史張我續爲兵部侍郎，提督川、貴軍務。陝西巡撫移駐漢中，鄖陽巡撫移駐夷陵。湖廣官軍由巫峽趨忠、涪討賊。

《明史》卷二二：

［天啓］二年……正月丁未，延綏總兵官杜文煥、四川總兵官楊愈懋討永寧賊。……永寧賊將羅乾象約降，與官軍共擊賊。成都圍解。

《明史》卷二二：

［天啓二年］五月……癸亥，秦良玉、杜文煥破賊於佛圖關，官軍合圍重慶，復之。……

七月甲辰，松潘副使李忠臣約總兵官楊愈懋謀復永寧，不克，皆死之。賊攻大壩，遊擊龔萬祿戰死，遂陷遵義。

《明史》卷二二：

［天啓二年七月］庚申，援黔兵潰於新添。……

十一月癸丑，朱燮元總督四川軍務。

《明史》卷二二：

［天啓］三年……五月辛丑，四川官軍敗賊於永寧，奢崇明走紅崖。……

七月……壬辰，奢崇明走龍場，與安邦彥合。

《明史》卷四三《地理志四》：

［四川］永寧宣撫司（元永寧路。）洪武七年爲永寧長官司。八年正月升宣撫司。天啓三年廢，地屬叙州府。

光旦：奢崇明平後，廢。

領長官司二。……

九姓長官司（元九姓羅氏黨蠻夷長官千户。洪武六年十二月改置。天啓六年改屬瀘州。）

太平長官司（元大壩軍民府，洪武中廢。成化四年四月改置。）

《明史》卷一三二《藍玉傳》附《曹震傳》：

永寧宣慰司言，所轄地有百九十灘，其八十餘灘道梗不利。詔震疏治之。震至瀘州按視，有支河通永寧，乃鑿石削崖令深廣，以通漕運。

光旦：此洪武二十一年以後事，與此一帶彝、仡佬之同化於漢人必有關係。

《明史》卷二一二《劉顯傳·郭成附傳》：

起四川總兵官。永寧宣撫奢效忠卒，其妻奢世統無子，妾奢世續子崇周幼。前總兵劉顯因命世續署宣撫印。世統怒，攻奪其落紅寨。世續奔永寧。成遣義兒郭天心偕指揮禹嘉績按問。天心遂據世續永寧私第，罄取其資。而成亦入落紅，盡掠奢氏九世之積。效忠弟沙卜遂拒殺裨將三人，執天心等。撫、按交章劾成，下吏……會有松茂之役，薦從軍[立功]。

  光旦：兄名效忠，而弟名沙卜，大抵凡爲土官或依世系或姻親關係有可能承襲爲土官者用漢名，且有排行字，否則仍從其俗。然世統、世續，妻與妾亦同一排行，且末字同屬"糸"之偏旁，則似爲可哂。而根據同一原則，凡無子女則妻妾得以承襲爲女土官，或子幼則得署印，亦成女土官，則又不足爲怪矣。

  光旦：事當在萬曆初葉，具體年份待核。

《明史》卷二二〇《李汝華傳》：

  （奢崇明之反與明徵及彝兵有關係，見"總錄——土兵"片。）

[彝]（永寧）——朱燮元

《明史》卷二三九《杜桐傳・子文煥附傳》：

  奢崇明圍成都，總督張我續請令文煥（本延綏總兵官，時以致河套寇被勘，天啓初年事）赴救。至則圍已解。偕諸軍復重慶。崇明遁永寧。文煥頓不進。尋擢總理，盡統川、貴、湖廣軍。度不能制賊，謝病去。

《明史》卷二四九《朱燮元傳》：

  天啓元年……遷左[布政使（四川）]。……永寧奢崇明反，蜀王要燮元治軍。永寧，古藺州地。奢氏，猓玀種也，洪武時歸附，世爲宣撫使。傳至崇周，無子。崇明以疏屬襲，外恭内陰鷙；子寅尤驍桀好亂。時詔給事中明時舉、御史李達徵川兵援遼。崇明父子請行。先遣土目樊龍、樊虎以兵詣重慶。巡撫徐可求汰其老弱，餉復不繼，龍等遂反。殺可求及參政孫好古、總兵官黃守魁等，時舉、達負傷遁。時九月十有七日也。賊遂據重慶。播州遺孽及諸亡命奸人鼓起應之。賊黨符國禎襲陷遵義，列城多不守。崇明僭僞號，設丞相五府等官，統所部及徼外雜蠻數萬，分道趨成都。陷新都、内江，盡據木樨、龍泉諸隘口。指揮周邦太降，冉世洪、雷安世、瞿英（三人當亦是指揮）戰死。成都兵止二千，餉又絀。

  燮元檄徵石砫、羅綱、龍安、松、茂諸道兵入援，斂二百里内粟入城。偕巡按御史薛敷政、右布政使周著、按察使林宰等分陴守。賊障革裹竹牌鉤梯附城，壘土山，上架蓬華，伏弩射城中。燮元用火器擊卻之，又遣人決都江堰水注濠。賊治橋，得少息，因斬城中通賊者二百人，賊失內應。賊四面立望樓，高與城齊。燮元命死士突出，擊斬三賊帥，燔其樓。

既而援兵漸集。登萊副使楊述程以募兵至湖廣，遂合安綿副使劉芬謙、石砫（原文作柱，亦通用）女土官秦良玉軍敗賊牛頭鎮，復新都。他路援兵亦連勝賊。然賊亦愈增。日發塚，擲枯骸。忽自林中大譟，數千人擁物如舟，高丈許，長五十丈，樓數重，牛革蔽左右，置板如平地。一人披髮仗劍，上載羽旗，中數百人挾機弩毒矢，旁翼兩雲樓，曳以牛，俯瞰城中。城中人皆哭。燮元曰："此呂公車也。"乃用巨木爲機關，轉索發礮，飛千鈞石擊之。又以大礮擊牛，牛返走，敗去。

有諸生陷賊中，遣人言賊將羅象乾①欲反正。燮元令與象乾俱至，呼飲戍樓中，不脫其佩刀，與同臥酣寢。象乾誓死報，復縋而出。自是，賊中舉動無不知。乃遣部將詐降，誘崇明至城下。伏起，崇明跳免。

會諸道援軍至，燮元策賊且走，投木牌數百錦江，流而下，令有司沉舟斷橋，嚴兵待。象乾因自內縱火，崇明父子遁走瀘州，象乾遂以眾來歸。城圍百二日而解。

初，朝廷聞重慶變，即擢燮元僉都御史②，巡撫四川，以楊愈懋爲總兵官；而擢河南巡撫張我續總督四川、貴州、雲南、湖廣軍。未至而成都圍解。官軍乘勢復州縣衛所凡四十餘。惟重慶爲樊龍等所據。其地三面阻江，一面通陸。副使徐如珂率兵繞出佛圖關後，與良玉攻拔之。崇明發卒數萬來援，如珂迎戰，檄同知越其杰躡賊後，殺萬餘人。監軍僉事戴君恩令守備金富廉攻斬賊將張彤，樊龍亦戰死。……燮元所遣他將復建武、長寧，獲僞丞相何若海。瀘州亦旋復。

先是，國禎陷遵義，貴州巡撫李橒已遣兵復之。永寧人李忠臣嘗爲松潘副使，家居陷賊，以書約愈懋爲內應，事覺，合門遇害。賊即用其家僮紿愈懋，襲殺之，并殺順慶推官郭象儀等。[及]再陷遵義，殺推官馮鳳雛。

當是時，崇明未平，而貴州安邦彥又起。安氏世有水西，宣慰使安位方幼，邦彥以故得倡亂。朝議……加[燮元]兵部侍郎，總督四川及湖廣荊、岳、鄖、

---

① 標點本《校勘記》：羅象乾，據《明史》卷三一二《永寧宣撫司傳》、《明史稿》傳一二八《朱燮元傳》、《熹宗實錄》卷一八天啓二年正月乙丑條應爲"羅乾象"。下同。——整理者注

② 標點本《校勘記》：僉都御史，據《明史稿》傳一二八《朱燮元傳》、《熹宗實錄》卷一五天啓元年十月己丑條應爲"右副都御史"。——整理者注

襄、陝西漢中五府軍務，兼巡撫四川，而以楊述中總督貴州軍務，兼制雲南及湖廣辰、常、衡、永十一府，代我續共辦奢、安二賊。然兩督府分閫治軍，川、貴不相應，賊益得自恣。

[天啓]三年，燮元謀直取永寧，集將佐曰："我久不得志於賊，我以分，賊以合也。"乃盡掣諸軍會長寧，連破麻塘坎、觀音庵、青山崖、天蓬洞諸砦。與良玉兵會，進攻永寧，擊敗奢寅於土地坎，追至老軍營、涼傘鋪，盡焚其營。寅被二鎗遁，樊虎亦中鎗死。復追敗之橫山，入青崗坪，抵城下，拔之，擒叛將周邦太，降賊二萬。副總兵秦衍祚等亦攻克遵義。崇明父子逃入紅崖大囤，官軍蟻而拔之。連拔天台、白崖、楠木諸囤，撫定紅潦四十八砦。賊奔入舊藺州城，五月爲參將羅象乾所攻克。崇明父子率餘衆走水西龍場客仲壩，倚其女弟奢社輝以守。

初，賊失永寧，即求救於安邦彦。邦彦遣二軍窺遵義、永寧，燮元敗走之。總兵官李維新等遂攻破客仲巢，崇明父子竄深箐。維新偕副使李仙品、僉事劉可訓、參將林兆鼎等擣龍場，生擒崇明妻安氏、弟崇輝。寅、國禎皆被創走。……進燮元右都御史。

時蜀中兵十六萬，土、漢各半。漢兵不任戰，而土兵驕淫不肯盡力。成都圍解，不即取重慶；重慶復，不即擣永寧；及永寧、藺州並下，賊失巢穴，又縱使遠竄。大抵土官利養寇，官軍效之，賊得展轉爲計。崇明父子方窘甚，燮元以蜀已無賊，遂不窮追。永寧既拔，拓地千里。燮元割膏腴地歸永寧衛，以其餘地爲四十八屯，給諸降賊有功者，令歲輸賦於官，曰"屯將"，隷於敘州府，增設同知一人領之。且移敘州兵備道於衛城，與貴州參將同駐，蜀中遂靖。

光旦：何以貴州參將亦駐永寧衛城，所未解。

而邦彦張甚。[天啓]四年春陷貴州，巡撫王三善軍没。明年，總理魯欽敗於織金，貴州總督蔡復一軍又敗。廷臣以三善等失事由川師不協助，議合兩督府。乃命燮元以兵部尚書兼督貴州、雲南、廣西諸軍，移鎮遵義；而以尹同皋代撫四川。燮元赴重慶，邦彦偵知之。六年二月，謀乘官軍未發，分犯雲南、遵義，而令寅專犯永寧。未行，寅被殺，乃已。寅凶淫甚。有阿引者，受燮元金錢，乘寅醉殺之。寅既死，崇明年老無能爲。邦彦亦乞撫。燮元聞於朝，許之。乃遣參將楊明輝往撫。

燮元旋以父喪歸，偏沅巡撫閔夢得來代。先是，貴州巡撫王瑊謂督臣移鎮貴陽有十便，朝議從之。夢得乃陳用兵機宜，"請自永寧始。次普市、摩泥、赤水，百五十里皆坦途，赤水有城可屯兵，進白巖、層臺、畢節、大方僅二百餘里。我既宿重兵，諸番交通之路絕，然後貴陽、遵義軍剋期進，賊必不能支。"疏未報，夢得召還，代以尚書張鶴鳴，議遂寢。

鶴鳴未至，撫（明字之誤）輝奉制書，僅招撫安位，不云赦邦彥。邦彥怒，殺明輝，撫議由此絕。鶴鳴視師年餘，未嘗一戰，賊得養其銳。

崇禎元年六月復召燮元代之，兼巡撫貴州，仍賜尚方劍。……時寇亂久，里井蕭條，貴陽民不及五百家，山谷悉苗仲。而將士多殺降報功，苗不附。燮元招流移，廣開墾，募勇敢。用夢得前議，檄雲南兵下烏撒，四川兵出永寧，下畢節，而親率大軍駐陸廣，逼大方。總兵官許成名、參政鄭朝棟由永寧復赤水。邦彥聞之，分守陸廣、鴨池、三岔諸要害，別以一軍趨遵義。自稱四裔大長老，號崇明大梁王，合兵十餘萬，先犯赤水。燮元授計成名，誘賊至永寧，乃遣總兵官林兆鼎從三岔入，副將王國禎從陸廣入，劉養鯤從遵義入，合傾其巢。

邦彥恃勇，擬先破永寧軍，還拒諸將，急索戰。四川總兵官侯良柱、副使劉可訓遇賊十萬於五峰山桃紅壩，大破之。賊奔據山巔。諸將乘霧力攻，賊復大敗。又追敗之紅土川。邦彥、崇明皆授首。時[崇禎]二年八月十有七日也。

（此處有烏撒安效良一條，別錄"[彝]（烏撒）"片。）

燮元以境內賊略盡，不欲窮兵，乃檄招安位，位不決。燮元集將吏議曰："水西地深險多箐篁，蠻烟獠雨，莫辨晝夜，深入難出。今當扼其要害，四面迭攻，賊乏食，將自斃。"於是攻之百餘日，斬級萬餘。養鯤復遣人入大方，燒其室廬。位大恐。三年春，遣使乞降。

燮元與約四事：一、貶秩；二、削水外六目地歸之朝廷；三、獻殺王巡撫（三善）者首；四、開畢節等九驛。位請如約，率四十八目出降。燮元受之。貴州亦靖。

遂上善後疏曰："水西自河以外，悉入版圖。沿河要害，臣築城三十六所，近控蠻苗，遠聯滇、蜀，皆立邸舍，繕郵亭，建倉廩，賊必不敢猝入爲寇。鴨池、安莊傍河可屯之土，不下二千頃，人賦土使自贍，鹽酪芻荛出其中。諸將士身經數百戰，咸願得尺寸地長子孫，請割新疆以授之，使知所激勸。"帝報可。……

龍場壩者，隣大方，邦彥以假崇明。崇明既滅，總兵侯良柱欲設官屯守以自廣。而安位謂己故地，數舉兵爭。燮元不之禁。會燮元劾良柱不職；良柱亦訐燮元曲庇安氏，納其重賄。章下四川巡按御史劉宗祥。宗祥亦劾燮元受賄，且以龍場、永寧不置邑衛爲欺罔。帝以責燮元，燮元乃上言：“禦夷之法，來則安之，不專在攻取也。今水西已納款，惟明定疆界，俾自耕牧，以輸國賦。若設官屯兵，此地四面孤懸，中限河水，不利應援，築城守渡，轉運煩費。且內激藺州必死之鬭，外挑水西扼吭之嫌，兵端一開，未易猝止，非國家久遠計。”帝猶未許。後勘其地，果如所議。……

　　[崇禎]十年，安位死，無嗣，族屬爭立。朝議又欲郡縣其地。燮元力爭。遂傳檄土目，布上威德。諸蠻爭納土，獻重器。燮元乃裂疆域，衆建諸蠻。復上疏曰：“水西有宣慰之土，有各目之土。宣慰公土，宜還朝廷。各目私土，宜界分守；籍其戶口，徵其賦稅，殊俗內嚮，等之編氓。大方、西溪、谷里、北那要害之地，築城戍兵，足銷反側。夫西南之境，皆荒服也，楊氏反播，奢氏反藺，安氏反水西。滇(？)之定番，小州耳，爲長官司者十有七，數百年來未有反者。非他苗好叛逆，而定番性忠順也，地大者跋扈之資，勢弱者保世之策。今臣分水西地，授之酋長及有功漢人，咸俾世守。虐政苛斂，一切蠲除，參用漢法，可爲長久計。”因言其便有九：“不設郡縣置軍衛，因其故俗，土漢相安，便一。地益墾闢，聚落日繁，經界既正，土酋不得侵軼民地，便二。黔地荒确，仰給外邦，今自食其地，省轉輸勞，便三。有功將士，酬以金則國幣方匱，酬以爵則名器將輕，錫以土田，於國無損，便四。既世其土，各圖久遠，爲子孫計，反側不生，便五。大小相維，輕重相制，無事易以安，有事易以制，便六。訓農治兵，耀武河上，俾賊遺孽不敢窺伺，便七。軍民願耕者給田，且耕且守，衛所自實，無勾軍之累，便八。軍耕抵餉，民耕輸糧，以屯課耕，不拘其籍，以耕聚人，不世其伍，便九。”帝咸報可。無何，所撫土目有叛者，諸將方國安等軍敗，燮元……竟破滅之。十一年春卒官。

《明史》卷二四九《朱燮元傳‧徐如珂附傳》：

　　天啓元年，遷川東兵備副使。擊殺奢崇明黨樊龍，復重慶。奉檄擣藺州土城。賊借水西兵十萬來援，前軍少卻。捍子軍覃懋勳挽白竹弩連中之，賊大潰。轉戰數十里，斬首萬餘級，遂拔藺州，崇明父子竄水西去。

《明史》卷二四九《朱燮元傳‧劉可訓附傳》：

　　天啓元年，[以刑部員外郎]恤刑四川。會奢崇明反，圍成都，可訓佐城守有功。擢僉事，監軍討賊。崇明走龍場壩，可訓督諸將進剿，功最多。……崇禎元年[授]叙瀘副使，仍監諸將軍。二年與總兵侯良柱破賊十萬衆於五峯山，斬崇明及安邦彥。

《明史》卷二四九《朱燮元傳・胡平表附傳》：

天啓元年秋，樊龍陷重慶，平表（時爲忠州判官）縋城下，詣石砫土官秦良玉乞師，號泣不食飲者五晝夜。良玉爲發兵。巡撫朱燮元檄平表監良玉軍。……[積功至]副總兵……貴州右參議。崇禎元年，總督張鶴鳴言：平表……復新都，解成都圍，連戰白市驛、馬廟，進據兩嶺，俘斬無算。奪二郎關，擒賊帥黑蓬頭，追降樊龍，遂克重慶。用六千人敗奢、安二酋十萬兵。……進秩右參政，分守貴寧道……

《明史》卷二四九《朱燮元傳・盧安世附傳》：

貴州赤水衛人。……爲富順教諭。天啓初，奢崇明反，遣賊逼取縣印，署令棄城走。安世收印，率壯士擊斬賊。無何，賊數萬猝至，安世單騎鬭，手臧數人，詣上官請兵復其城（富順）。……超擢僉事，監軍討賊，屢戰有功。[天啓]五年四月，總督朱燮元上言："自遵義五路進兵，永寧破巢之後，大小數百戰，擒獲幾四萬人，降賊將百三十四人，招撫羣賊及土、漢、苗仲二十九萬三千二百餘人，皆監司李仙品、劉可訓、鄭朝棟及安世等功，武將則林兆鼎、秦翼明、羅象乾，土官則陳治安、冉紹文、悅先民等。"……安世進貴州右參議……

《明史》卷二四九：

贊曰：奢、安之亂，竊發於蜀，蔓延於黔，勞師者幾十載。燮元戡之以兵威，因俗制宜，開屯設衛，不亟亟焉郡縣其地，以蹈三善之覆轍，而西南由茲永寧，庶幾可方趙營平之制羌、韋南康之鎮蜀者歟。

[彝]（永寧）

《明史》卷二四九《李㮴傳》：

（永寧奢氏與水西安氏世姻，又同謀起事，及奢氏初起攻佔當時川南自桐梓至遵義一綫（今屬貴州省）情況，見"[彝]（水西）——李㮴"片。）

《明史》卷二四九《王三善傳》：

（三善鎮壓對象，主要爲水西安氏，然傳中亦有永寧奢氏穿插，見"[彝]（水西）——王三善"片。）

《明史》卷二六九《張令傳》：

永寧宣撫司人。天啓元年，奢崇明反，令爲僞總兵，從攻成都。令雖爲賊用，非其志。崇明敗歸永寧，令結宋武等乘間擒其僞丞相何若海，率衆以降。崇明怒，殺令一家，夷其先墓。巡撫朱燮元……請……與武並授參將。……

[彝]（永寧）——與侯良柱
《明史》卷二六九《侯良柱傳》：

天啓初，累官四川副總兵。討奢崇明父子，復遵義城。又與參議趙邦清招降奢寅黨安鑾。六年五月代李維新爲四川總兵官，鎮永寧。時[奢]崇明敗奔水西，與安邦彦合，貴州兵數討不克。崇禎二年，總督朱燮元遣貴州總兵許成名復赤水衛，崇明、邦彦以十餘萬衆來爭。成名還（疑退字之誤）永寧，賊追之銳甚。良柱偕監軍副使劉可訓出戰小卻，成名等來援。賊乃據五峯山桃紅壩。越數日，良柱乘賊不備，與副將鄧玘等侵（乘）早霧迫之，賊大潰。成名聞山上呼噪聲亦出。賊奔鵝項嶺，徑長而陿，人馬不能容。良柱、玘軍至，賊復大敗，死者數萬人。崇明、邦彦與邦彦黨僞都督莫德並授首，俘其黨楊作等數千人。積年巨寇平。時稱"西南奇捷"。……進良柱左都督。（當時黔、蜀兩總兵曾爲此爭功，久而始決。）

[彝]（永寧）
《明史》卷二七〇《秦良玉傳》：

（石砫土兵助討奢氏，解成都圍，復重慶，見"[巴]——秦良玉"片。）

《明史》卷二七一《童仲揆傳·周敦吉附傳》：

敦吉……爲四川永寧參將。永寧宣撫奢效忠卒，子崇明幼，其妻奢世統與妾奢世續爭印，相攻者十餘年。後崇明襲職，世續猶匿印不予。都司張神武與敦吉謀，盡掠其積聚子女，擒世續以歸。其部目閻宗傳怒，以求主母爲名，大掠永寧、赤水、普市、麼（？）尼，數百里成邱墟。事聞，敦吉、神武並論死。遼東告警，命敦吉從軍自效（後戰死，見"[滿]"片）。

《明史》卷二九〇《張振德傳》：

[萬曆近末，]授四川興文知縣。……永寧宣撫奢崇明有異志，潛結奸人，掠賣子女。振德捕奸人，論配之，招還被掠者三百餘人。崇明賄以二千金，振德怒卻之，裂其牘。天啓元年方赴成都與鄉闈事，而崇明部將樊龍殺巡撫徐可求，副使駱日升、李繼周等。重慶知府章文炳、巴縣知縣高選皆抗節死，賊遂據重慶。……振德……疾趨入[興文]城。……督鄉兵與戰，不敵，退集居

民城守。會大風雨，賊毀土城入。振德……一門死者十二人。賊至……皆駭愕，羅拜而去。

  光旦：奢氏之起事，川南郡縣漢官死者甚衆，多見此傳附傳，不盡錄。

《明史》卷二九〇《龔萬祿傳》：

  署守備，戍建武所。奢崇明反，衆推萬祿遊擊將軍，主兵事。……戮力固守[建武所（珙縣東南，清廢）]。崇明謀犯成都，憚萬祿牽其後，遣部將張令說降。令與萬祿結，紿崇明以降。崇明果遣他將來戍，萬祿脅降之，誘殺無算。復微服走叙州，說副使徐如珂曰："賊精騎萃成都，留故巢者悉老弱，誠假萬祿萬人擣其巢，彼必還救，成都圍立解矣。"如珂奇其計，而不能用。未幾，賊悉衆攻建武，萬祿邀擊十里外，兵少敗還，城遂陷。……走至叙州，乞師巡撫朱燮元，遂以兵復建武。會官軍敗於江門，賊四面來攻，萬祿力戰三日，手刃數十人，與子崇學並死。

《明史》卷三一一《四川土司傳·烏蒙等四軍民府傳》：

  （永寧與烏蒙等四軍民府關係，見"[彝]（烏蒙、烏撒等）——沿革"片。）

《明史》卷三一六《貴州土司傳·貴陽[府]》：

  （奢氏與水西安氏婚姻、奢崇明與安邦彥之合作反明，亦見"[彝]（水西）——沿革"片。）

[彝]（永寧）——沿革

《明史》卷三一二《四川土司傳·播州宣慰司傳》：

  永寧、酉陽皆[宣慰楊]應龍姻媾。

    光旦：按語見"[巴]（酉陽）"片。

《明史》卷三一二《四川土司傳·永寧宣撫司傳》：

  永寧，唐藺州地。宋爲瀘州江安、合江二縣境。元置永寧路，領筠連州及騰川縣，後改爲永寧宣撫司。

  洪武四年平蜀，永寧內附，置永寧衛。

  六年，筠連州滕大寨蠻編張等叛，詐稱雲南兵，據湖南（馬湖之南也）長寧諸州縣。命成都衛指揮袁洪討之。洪引兵至叙州慶符縣，攻破清平關，擒僞千戶李文質等。編張遁走。復以兵犯江安諸縣。洪追及之，又敗其衆，焚其九寨，獲編張子僞鎮撫張壽。編張遁匿溪洞，餘黨散入雲南。帝聞之，敕諭洪曰："南蠻叛服不常，不足罪。既獲其俘，宜編爲軍。且駐境上，必以兵震之，使聾天威，無遺後患。"未幾，張復聚衆據滕大寨，洪移兵討敗之。追至小芒部，張遁去，遂取得花寨，擒阿普等。自是，張不敢復出，其寨悉平。遂降筠連州爲縣，屬叙州①。以九姓長官司隸永寧安撫司。

  光旦：編張子名張壽，父子聯名，應是姓名尚未漢化之彝。

 [洪武]七年陞永寧等處軍民安撫司爲宣撫使司，秩正三品（秩殊高，宣慰亦不過此秩）。

 [洪武]八年以禄照爲宣撫使。

 十七年，永寧宣撫使禄照貢馬，詔賜鈔幣冠服，定三年一貢如例。

 十八年，禄照遣弟阿居來朝，言比年賦馬皆已輸，惟糧不能如數。緣大軍南征，蠻民驚竄，耕種失時，加以兵後疾疫死亡者多，故輸納不及。命蠲之。

  光旦：南征，十五年征雲南也。

 二十三年，永寧宣撫言，所轄地水道有一百九十灘，其江門大灘有十二處②，皆石塞其流。詔景川侯曹震往疏鑿之。二十四年，震至瀘州按視，有枝河通永寧，乃鑿石削崖，以通漕運。

 [洪武]二十六年，以禄照子阿聶襲職。先是，禄照坐事逮至京，得直，還卒於途。其子阿聶與弟（當是聶之弟）智皆在太學，遂以庶母奢尾署司事。至是，奢尾入朝，請以阿聶襲。從之。

 永樂四年，免永寧荒田租。

 宣德八年，故宣撫阿聶妻奢蘇朝貢。

 九年，宣撫奢蘇奏："生儒皆土獠，朝廷所授官言語不通，難以訓誨。永寧監生李源資厚學通，乞如雲南鶴慶府例，授爲儒學訓導。"詔從之。

 景泰二年，減永寧宣撫司税課局鈔，以苗賊竊發，客商路阻，從布政司請也。

 成化元年，山都掌大壩等寨蠻賊分劫江安等縣，兵部以聞。二年，國子學録黄明善（應是永寧司人，或已退職鄉居者）奏："四川山都掌蠻屢歲出没，殺掠良民。景泰元年招之復叛，天順六年撫之又反。近總兵李安令永寧宣撫奢貴

---

① 標點本《校勘記》：降筠連州爲縣屬叙州，此繫於洪武六年，《明史》卷四三《地理志》繫於洪武四年。——整理者注

② 標點本《校勘記》：十二處，據《明史》卷一三二《曹震傳》，《太祖實録》卷二〇四洪武二十三年九月"是月"條應爲"八十二處"。——整理者注

赴大壩招撫，亦未效。恐開釁無已，宜及大兵之集，早爲定計，毋釀邊患。"

［成化］三年，明善復言："宋時多剛縣蠻爲寇，用白艻（應作芀，從艸從力，不從刀，音棘）子兵破之。白艻子者，即今之民壯；多剛縣者，即今之都掌多剛寨也。前代用鄉兵有明效，宜急募民壯，以助官軍。都掌水稻十月熟，宜督兵先時取其田禾，則三月之內蠻必餒矣。軍宜分三路：南從金鵝池攻大壩，中從戎縣攻箐前，北從高縣攻都掌。小寨破，大寨自拔。又大壩南百餘里爲芒部，西南二百里爲烏蒙，令二府土官截其險要。更用火器自下而上，順風延爇，寨必可攻。……"詔總兵官參用之。

時總督尚書程信亦奏："都掌地勢險要，必得土兵嚮道。請敕東川、芒部、烏蒙、烏撒諸府兵，並速調湖廣永順、保靖兵，以備征遣。"又請南京戰馬一千應用。皆報可。

［成化］四年，信奏："永寧宣撫奢貴開通運道，擒獲賊首，宜降璽書獎賚。"從之。

光旦：宣撫初爲禄，何時轉爲母姓之奢，史未詳。彝姓在當時尚在發展與固定之中，而承繼亦可由妻女，此種轉換原不關緊要也。

［成化］十六年，白玀玀、羿子與都掌大壩蠻相攻。禮部侍郎周淇（洪）謨言："臣叙人也，知叙蠻情。戎、珙、筠、高諸縣，在前代皆土官，國朝始代以流，言語性情不相習，用激變。洪、永、宣、正四朝，四命將徂征，隨服隨叛。景泰初，益滋蔓，至今爲梗。臣向嘗言仍立土官治之，爲久遠計。而都御史汪浩徼幸邊功，誣殺所保土官及寨主二百餘人，諸蠻怨入骨髓，轉肆劫掠。及尚書程信統大兵，僅能克之。臣以謂及今順蠻人之情，擇其衆所推服者，許爲大寨主，俾世襲，庶可相安。"又言："白玀玀者，相傳爲廣西流蠻，有衆數千，無統屬。景泰中，糾戎、珙苗，攻破長寧九縣，今又侵擾都掌。其所居，崖險箐深，既難剪滅，亦宜立長官司治之。地近芒部，宜即隸之"（是則此類山箐地當時尚無所隸屬而在永寧司境外者）。[又言,]"羿子者，永寧宣撫所轄。而永寧乃雲、貴要衝，南跨赤水、畢節六七百里，以一柔婦人（是奢貴爲女宣撫）制數萬强梁之衆，故每肆劫掠。臣以爲宣撫[境內之]土獠，仍令宣撫奢貴治之（是土、獠似是兩種人，土應即指與宣撫同出之彝）。其南境寨蠻（指白玀玀、羿子、苗等）近赤水、畢節要路者，宜立二長官司，仍隸永寧宣撫。夫土官有職無俸，無損國儲，有益邊備。"從之。

光旦：周洪謨建議立三長官司，文亦顯分三段，第一段針對汪浩所激變而程信所鎮壓、又距司治較遠之都掌蠻，即仡佬，爲此輩應立世襲大寨主，名義上仍由司直接統治；第二段則針對白玀玀，第三段針對犵子，則分立三長官司，前一長官司爲白玀玀者屬芒部，後二長官司似爲犵子而設，則仍隸永寧。此三長官司境內當均有自黔西流入之苗，則由各長官分別治理，殆即所謂戎、琫苗也。惟文字尚嫌不夠明晰。

〔嘉靖（原文無年號，順上文應仍爲成化，然成化、弘治、正德均不足二十五年，是嘉靖，見《世宗實錄》卷三一七嘉靖二十五年十一月戊辰條）〕二十五年，永寧宣撫司女土官奢禄獻大木，給誥如例。

萬曆元年，四川巡撫曾省吾奏："都蠻（當是山都掌蠻之簡稱，然亦太簡矣）叛逆，發兵征討，土官奢効忠首在調，但與貴州土官安國亨有讎。請並令總兵官劉顯節制，使不得藉口復讎，妄有騷動。"從之。初，烏撒與永寧、烏蒙、水西，霑益諸土官境相連，復以世戚親厚。既而安國亨（水西）殺安信，信兄智結永寧宣撫奢効忠報讎，彼此相攻。而安國亨部下吏目與智有親，恐爲國亨所殺，因投安路墨。〔路〕墨詐稱爲土知府安承祖，赴京代奏。已而國亨亦令其子安民陳訴；與奢効忠俱奉命聽勘於川貴巡撫。議照蠻俗罰牛贖罪。報可。

効忠死，妻世統無子，妾世續有幼子崇周。世統以嫡欲奪印，相讎殺。方奏報間，總兵郭成、參將馬呈文利其所有，遽發兵千餘，深入落紅。奢氏九世所積，搜掠一空。世續亦發兵尾其後。効忠弟沙卜出拒戰，且邀水西兵報讎。成兵敗績，乃檄取沙卜於世統，〔世〕統不應，復殺把總三人，聚苗兵萬餘，欲攻永寧洩怨。巡按劾成等邀利起釁，宜逮；而議予二土婦冠帶，仍分地各管所屬，其宣撫司印俟奢崇周成立，赴襲理事〔時承受〕。報可。

〔萬曆〕十四年，奢崇周代職。未幾死。

奢崇明者，効忠親弟盡忠子也。幼孤，依世統撫養一十三年。至是，送之永寧。世續遺之氈馬，許出印給之。事已定，而諸奸閻宗傳等自以昔從世續逐世統，殺沙卜，懼崇明立，必復前恨，遂附水西，立阿利以自固。安疆臣（國亨子）陰陽其間，蠻兵四出，焚劫屯堡，官兵不能禁。總督以聞。朝議命奢崇明暫管宣撫事，冀崇明蠲夙恨，以收人心。而閻宗傳等攻掠永寧、普寧①、摩

---

① 標點本《校勘記》：普寧，據《明史》卷二七一《童仲揆傳》、《明史稿》傳一二九《張神武傳》、《神宗實錄》卷四三二萬曆三十五年四月丁未條應爲"普市"。——整理者注

尼如故。崇明承襲幾一載，世續印竟不與，且以印私安疆臣妻弟阿利（當即上文閣宗傳等所立之阿利，説明安疆臣蓋娶於永寧者）。巡撫遣都司張神武執世續索印，世續言印在鎮雄隴澄處。隴澄者，水西安堯臣也。隴氏垂絶，堯臣入贅，遂冒隴姓，稱隴澄。叙平播州、叙州功，澄與焉，中朝不知其爲堯臣也。堯臣外怙播功，内仗水西，有據鎮雄制永寧心。蜀撫按以堯臣非隴氏種，無授鎮雄意。堯臣以是懷兩端，陰助世續。意世續得［以印］授阿利，則已據鎮雄益堅。又朝廷厭兵，宗傳、阿利等方驛騒，已可卧取隴氏也。而閣宗傳等每焚掠，必稱鎮雄兵，以怖諸部。川南道梅國樓所俘蠻丑者言，鎮雄遣將魯大功督兵五營屯大壩，水西兵已渡馬鈴堡，約攻永寧，普市遂潰，宗傳等以空城棄去。奢崇明又言，堯臣所遣目把彭月政、魯仲賢六大營助逆不退，聲言將抵叙南，攻永寧、瀘州。於是總兵侯國弼等，皆歸惡於堯臣。都司張神武等所俘唤者、朗者，皆鎮雄土目，堯臣亦不能解（無以自解也）。黔中撫、按以西南多事，兵食俱絀，無意取鎮雄。堯臣因以普市、摩尼諸焚掠，皆歸之蜀將。議者遂以貪功起釁爲蜀將罪。四川巡撫喬璧星言："堯臣狡謀，欲篡鎮雄，垂涎藺地有年矣。宗傳之背逆恃鎮雄，猶鎮雄之恃水西也。水西疆臣不助兵，臣已得其狀，宜乘逆孽未成，令貴州撫、按調兵與臣會勦。倘堯臣稔惡如故，臣即移師擊之，毋使弗摧之虺復爲蛇，弗窒之罅復爲河也。"疏上，廷議無敢決用師者。

　　久之，阿利死，印亦出，蜀中欲逐堯臣之論，卒不可解。時播州清疆之議方沸騰，黔、蜀各紛紛。至是，永寧議兵又如聚訟矣。（文義不清。）

　　時朝廷已一意休兵。三十五年（萬曆），命釋奢世續，赦閣宗傳等罪，訪求隴氏子孫爲鎮雄後。並令安疆臣約束堯臣歸本土司（水西），聽遥授職銜，不許冒襲隴職。於是宗傳降，堯臣請避去。黔督遂請撤（撤）師。

　　舊制，永寧衛隸黔，土司隸蜀。自水、藺交攻，軍民激變，奢崇明雖立，而行勘未報。摩尼、普市千户張大策等復請將永寧宣撫改土爲流。兵部言，無故改流，置崇明何地，命速完前勘諸案。於是蜀撫擬張大策以失守城池罪，應斬；黔撫擬張仲（神）武以擅兵劫掠罪，亦應斬。［大］策，黔人，［神］武，蜀人也。由是兩情皆不平，諸臣自相搆訟，復紛結不解。

　　會奢崇明子寅與水西已故土官妻奢社輝争地，安［氏］兵馬十倍奢，而奢之兵精，兩相持。蜀、黔撫按不能制，以狀聞。［萬曆］四十八年，黔撫張鶴鳴以赤水衛白撒所屯地爲永寧占據，宜清還。皆待勘未决。

天啓元年，崇明請調馬步兵二萬援遼。從之。崇明與子寅久蓄異志，借調兵援遼，遣其壻樊龍、部黨張彤等，領兵至重慶，久駐不發。巡撫徐可求移鎮重慶，趣永寧兵。樊龍等以增行糧爲名乘機反，殺巡撫、道、府、總兵等官二十餘員，遂據重慶。分兵攻合江、汭（應作納）溪，破瀘州，陷遵義，興文知縣張振德死之。興文，故九絲蠻地也。

進圍成都，僞號大梁。布政使朱燮元、周著（當是一正一副，或一左一右），按察使林宰分門固守。石砫土司女官秦良玉遣弟民屏、姪翼明等，發兵四千，倍道兼行，潛渡［江至］重慶，營南坪關。良玉自統精兵六千，沿江上趨成都。諸［他］援兵亦漸集。時寅攻城急，陰納劉勳等爲内應，事覺伏誅。復造雲梯及旱船，晝夜薄城，城中亦以礮石擊毁之。相持百日。

會賊將羅乾象遣人輸款，願殺賊自効。是夜，乾象縱火焚營，賊兵亂，崇明父子倉皇奔，錢帛穀米委棄山積，窮民賴以得活。乾象因率其黨胡汝高等來降。時燮元已授巡撫，率川卒追崇明。江安、新都、遵義諸郡邑皆復。時二年三月也。

樊龍收餘衆數萬，據重慶險塞。燮元督良玉等奪二郎關，總兵杜文煥破佛圖關，諸將迫重慶而軍。奢寅遣賊黨周鼎等分道來救，鼎敗走，爲合江民所縛。官軍與平茶、酉陽、石砫三土司合圍重慶，城中乏食。燮元遂以計擒樊龍，殺之，張彤亦爲亂兵所殺，生擒龍子友邦及其黨張國用、石永高等三十餘人，遂復重慶。

時安邦彦反於貴州，崇明遥倚爲聲援。

［天啓］三年，川師復遵義，進攻永寧，遇奢寅於土地坎，率兵搏戰。大兵奮擊，敗之。寅被創遁，樊虎亦戰死。進克其城，降賊二萬。復進拔紅崖、天臺諸囤寨，降者日至。

崇明勢益蹙，求救於水西，邦彦遣十六營過河（赤水河？）援之。羅乾象急破藺州，焚九鳳樓，覆其巢。崇明踉蹡走，投水西。邦彦與合兵，分犯遵義、永寧。川師敗之於芝蔴塘。賊遁入青山。諸將逼渭河，麈入龍場陣，獲崇明妻安氏及奢崇輝等，斬獲萬計。藺州平。

總督朱燮元請以赤水河爲界，河東龍場屬黔，河西赤水、永寧屬蜀。永寧設道、府、與遵義、建武聲勢聯絡。

未幾，貴州巡撫王三善爲邦彦所襲死。崇明勢復張，將以踰春大舉寇永寧。會奢寅爲其下所殺，而燮元亦以父喪去。崇明、邦彦得稽誅。崇明稱大梁王，邦彥號四裔大長老，諸稱元帥者不可勝計。合兵十餘萬，規先犯赤水。

崇禎初，起燮元總督貴、湖、雲、川、廣諸軍務。大會師，燮元定計誘賊深入向永寧，邀之於五峰山桃紅壩，令總兵侯良柱大敗之。崇明、邦彥皆授首。是役也，掃蕩蜀、黔數十年巨憝，前後皆燮元功云。

[彝]（馬湖）

《明史》卷一八七《洪鍾傳》：

弘治初……遷四川按察使。馬湖土知府安鰲恣淫虐，土人怨之刺骨，有司利其金置不問，遷延二十年。僉事曲銳請巡按御史張鸞按治，鍾贊決，捕鰲送京師，寘極刑。

安氏自唐以來世有馬湖，至是改流官，一方始靖。

光旦：馬湖舊牂柯地，古為獠所居。曰唐以來歸安氏，必有所本，安氏，彝也，與水西之安必有連。然彝之進入馬湖，必遠在唐以前，豈在成漢李勢年代乎？獠以勢之招引，始從[南]山而出，散布全蜀，南山之獠既減少，彝乃得乘虛而入，以從事畜牧之奴隸主奴役從事農業之獠人，其形勢蓋與水西者正同（彝文，《西南彝誌》）。曰土人怨之刺骨者，土人，必包含大量獠人之為奴者。聞今其地多苗，則是明末以還彝、獠同被明統治者鎮壓以後自黔西北移者。

光旦：參《嘉靖馬湖府志》。

[彝]（馬湖）——沿革

《明史》卷三一一《四川土司傳·馬湖傳》：

馬湖，漢牂牁郡內地也，有龍馬湖，因名焉。唐為羈縻州四，總名馬湖部。

洪武四年冬，馬湖路總管（此元代所遺地名官名）安濟，遣其子仁來歸附，詔改馬湖路為馬湖府。領長官司四：曰泥溪，曰平夷，曰蠻夷，曰沐川。以安濟為知府，世襲。

六年，安濟以病告，乞以子安仁代職。詔從之。自是，三年一入貢。

七年，馬湖知府珉德遣其弟阿穆上表貢馬。廷臣言："洪武四年，大兵下蜀，珉德叔安濟遣子入朝，朝廷授以世襲知府，恩至渥矣。今珉德既襲其職（安仁先已代職，而終未得襲，何故，未見交代），不自來朝而遣其弟，非奉上之道。"帝卻其所貢馬。

十二年，珉德貢香楠木。詔賜衣鈔。

十六年，珉德來朝，獻馬十八匹。賜衣一襲、米二十石、鈔三十錠。

永樂十二年，泥溪、平夷、蠻夷、沐川四長官司遣人貢方物。賜鈔幣。

宣德八年，平夷長官司奏，比者火延公廨，凡朝廷頒降榜文、倉庫稅糧錢帛及案牘皆救免，乞宥罪，并獻馬二匹。帝曰："遠蠻能恭謹畏法如此。"置不問。

正統二年，泥溪土官醫學正科田璣盜官藏絲鈔，援永、宣時例，邊夷有犯，聽以馬贖。許之。

三年，免馬湖府舉人王有學充吏。先是，有學會試過期不至，例充吏。有學原籍長官司，因遣通事貢馬，乞宥罪，仍肄習太學。許之。

弘治八年，土知府安鰲有罪，伏誅。鰲性殘忍虐民，計口賦錢，歲入銀萬計。土民有婦女，多淫之。用妖僧百足魘魅殺人。又令人殺平夷長官王大慶，大慶聞而逃，乃殺其弟。為橫二十年。巡按御史張鸞請治之，得實，伏誅。遂改馬湖府為流官知府。

　　光旦：參《嘉靖馬湖府志》。

　　光旦：本仡佬舊地，至明萬曆以前，仡佬之比數應尚不少。彝似後來者，人數不多而居領主或奴隸主地位。其間亦多巴人之後，田璣疑即其例，亦不乏漢人，王有學或其例也。今其地似多從滇、黔北移之苗人。

[彝]（涼山）

《明史》卷三一一《四川土司傳·越巂衛傳》：

　　（涼山一帶彝族，歷久與中原統治者無直接隸屬關係，明代初屬馬湖安氏，後屬邛部嶺氏，其與嶺氏關係見"[彝]（越巂衛）——沿革"片。）

《明史》卷三一一《四川土司傳·黎州安撫司傳》：

　　（《傳》後附木瓜種彝，其中一部分即今涼山彝族，在嘉靖以前，尚屬"徼外"，見"[彝]（黎州）——沿革"片。）

[彝]（建昌蠻）

《明史》卷二〇：

　　[萬曆]十六年……五月，四川建昌番作亂，討平之。

　　　　光旦：此應是彝。互見"番"片。

《明史》卷二一：

[萬曆]四十二年……正月乙丑，總兵官劉綎討建昌叛蠻，平之。

《明史》卷一三二《藍玉傳》：

[洪武]二十四年[玉方略西番]，會建昌指揮使月魯帖木兒叛，詔移兵討之。至則都指揮瞿能等已大破其衆，月魯走柏興州。玉遣百户毛海誘縛其父子，送京師誅之，而盡降其衆；因請增置屯衛。報可。

光旦：建昌之基本人口是彝，然月魯及其從者應是蒙古。元時建昌有蒙古，見《土夷考》，爲九種之一。互見"蒙古——在西南"片。

[彝]（建昌）

《明史》卷四三《地理志四》：

四川……元置四川等處中書省①（治成都路）。又置羅羅蒙慶等處宣慰司（治建昌路），屬雲南行中書省。

光旦：此説明彝族部分所在地之建昌一帶，元代本屬雲南者，至明劃歸四川管轄，成爲四川省之組成部分。

《明史》卷四三《地理志四》：

四川行都指揮使司（元羅羅蒙慶等處宣慰司，治建昌路，屬雲南行省。）洪武十五年罷宣慰司。二十七年九月置四川行都指揮使司。領衛五，所八，長官司四（四，應作五——光旦）。

建昌衛軍民指揮使司（今西昌縣，北至禮州、瀘沽，南至德昌縣）……領守禦千户所四（略），長官司三：昌州、威龍、普濟（均永樂二年七月改置）。（又[衛]東有建昌土衛，洪武十五年置，萬曆後廢。）

寧番衛軍民指揮使司（今冕寧縣）……領千户所一：守禦冕山橋後千户所（今冕山）。

越巂衛軍民指揮使司（今越巂縣）……領千户所一（略），長官司一：邛部（元邛部州。永樂元年五月改置。司東有平夷、歸化二堡，萬曆十五年開部夷地增置）。

鹽井衛軍民指揮使司（今鹽源）……領千户所一（略），長官司一：馬剌

---

① 標點本《校勘記》：中書省，原脱"行"字，據《元史》卷六〇《地理志》應爲"行中書省"。——整理者注

（永樂初置）。

會川衛軍民指揮使司（今會理）……領千戶所一（迷易）。

光旦：大致相當於今西昌專區。五衛中民族成分複雜，各書皆引《土彝考》謂有九種，大抵以今日所稱之彝爲最多，寧番最較西北，西番亦不少。

《明史》卷一三二《藍玉傳》附《曹震傳》：

[洪武十五年，雲南平後，震]言："四川至建昌驛，道經大渡河，往來者多死瘴癘。詢父老，自嵋（眉）州峨嵋至建昌有古驛道，平易無瘴毒，已令軍民修治。請以瀘州至建昌驛馬，移置峨嵋新驛。"從之。

光旦：按此與大小涼山及其附近彝區之開通必有關係。疑即今西昌公路之濫觴。

《明史》卷一三四《何文輝傳・徐司馬附傳》：

[洪武]二十五年……從藍玉征建昌，討越巂。

《明史》卷一五三《陳瑄傳》：

[從]征越巂，討建昌叛番月魯帖木兒，踰梁山，平天星寨，破寧番諸蠻。復征鹽井，進攻卜木瓦寨。賊熾甚。瑄將中軍，賊圍之數重。瑄下馬射，傷足，裹創戰。自巳至酉，全師還。

光旦：此條內容複雜，自不盡是彝。寧番一衛多西番，月魯帖木兒疑是蒙古降明而受官者……年份應是洪武中後葉，二十五年（參"[彝]（建昌）——沿革"）。

[彝]（建昌）——沿革

《明史》卷三一一《四川土司傳・建昌衛傳》：

建昌衛，本邛都地。漢武帝置越巂郡。隋、唐皆爲巂州；至德初，没於土番，貞元中收復；懿宗時，爲蒙詔所據，改建昌府，以烏、白二蠻實之。元至元間，置建昌路，又立囉囉斯宣慰司以統之。

光旦：此未及南齊時之越巂與沈黎獠郡，大是掛漏。據此及前史，此地民族交替與交雜之情況頗不單純。大抵最初即爲僮侗語之先與藏緬語之先二派相值與交處之地，故越與巂並稱，越者，駱越，後轉爲獠，巂與今之彝有淵源關係。然越之來此或更早於巂，其初之人口比量亦大於巂，故曰越巂，而不曰巂越，故南齊於此有獠郡之設，明獠爲主體也。然至隋唐而巂之人口轉盛，超越獠而上之，故改稱巂州。至至德，又因没於吐蕃而有西番之族。懿宗時，入於蒙詔，而有烏、白二蠻之移民，烏蠻，與古之 巂同出一源，其後即爲今日之彝，日久而與巂之後不甚分辨，皆彝矣。白 即近代之民家，即今日之白族，則爲完全新至者。至元代而又有韃靼與回 紇（今維吾爾）之流入。巂之後，其又一部分應即今之麽些，巂與些音近。

洪武五年，囉囉斯宣慰安定來朝，而建昌尚未歸附。

十四年遣內臣齎敕諭之，乃降（建昌路統治長官應是蒙古，而不是彝）。

十五年置建昌衛指揮使司。元平章月魯帖木兒等自雲南建昌來貢馬 一百八十匹，并上元所授符印。詔賜月魯帖木兒綺衣、金帶、靴襪，家人綿布 一百六十疋、鈔二千四百四十錠。以月魯帖木兒爲建昌衛指揮使，月給三品俸 贍其家。

> 光旦：此應是蒙古，而不是採用蒙古化名字之彝，姑列此。查西北有 此種情況，即以降附之蒙古長官仍爲當地長官。當地多蒙古人或韃靼人， 更説明有此必要。

［洪武］十六年，建昌土官安配及土酋阿派先後來朝，貢馬及方物，皆賜 織金文綺、衣帽、靴襪。

十八年，月魯帖木兒舉家來朝，請遣子入學，厚賜遣之。

二十一年，建昌府故土官安思正妻師克等來朝，貢馬九十九匹。詔授師克 知府，賜冠帶、襲衣、文綺、鈔錠；因命師克討東川、芒部及赤水河叛蠻。

二十三年，安配遣子僧保等四十二人入監讀書。

二十五年，致仕指揮安配貢馬，詔賜配及其把事五十三人幣鈔有差。

已而月魯帖木兒反，合德昌、會川、迷易、柏興、邛部并西番土軍萬餘 人，殺官軍男婦二百餘口，掠屯牛，燒營屋，劫軍糧，率衆攻城。指揮使安的 以所部兵出戰，敗之，斬八十餘級，擒其黨十餘人。賊退屯阿宜河，轉攻蘇 州。指揮僉事魯毅率精騎出西門擊之，賊衆大集，毅且戰且卻，復入城拒守。 賊圍城，毅乘間遣壯士王旱突入賊營，斫賊，賊驚遁。於是置建昌、蘇州二軍 民指揮使司及會州①軍民千户所，調京衛及陝西兵萬五千餘人往戍之。仍諭將 士互相應援，設伏出奇，并諭擒賊首獻者賞千金。復諭總兵官涼國公藍玉，以 月魯帖木兒詭詐，不可信其降，致緩師養禍。四川都指揮使瞿能率各衛兵至雙

---

① 標點本《校勘記》：會州，據《明史》卷四三《地理志》、《明史稿》傳一八五《建昌衛傳》、《太祖 實録》卷二一八洪武二十五年六月癸丑條應爲"會川"。——整理者注

狼寨，擒僞千戶段太平（應是白族）等，賊衆大潰，月魯帖木兒敗遁。能督兵追捕，攻托落寨，拔之。轉戰而前，進至打沖河三里所，與月魯帖木兒遇，大戰，又敗之。俘其衆五百餘人，溺死者千餘，獲牛馬無算。官軍入德昌。能遂調指揮同知徐凱分兵入普濟州搜捕。復駕橋於打沖河，遣指揮李華引兵追托落寨餘孽，進至水西，斬月魯帖木兒把事七人，其截路寨土蠻長沙、納的皆中矢死。能還攻天星、臥漂諸寨，皆克之，先後俘殺千八百餘人。月魯帖木兒遁入柏興州。帝遣諭藍玉曰："月魯帖木兒信其逆党達達楊把事等，或遣之先降，或親來覘我，不可不密爲防。其柏興州買哈喇境內麽些等部，更須留意。"買哈喇者，麽些洞土酋也。初，王師克建昌，授以指揮之職，自（至）是從月魯帖木兒叛。玉率兵至柏興州，遣百戶毛海以計誘致月魯帖木兒并其子胖伯，遂降其衆，送月魯帖木兒京師，伏誅。玉因奏："四川地曠山險，控扼西番。松、茂、碉、黎當土番出入之地，馬湖、建昌、嘉定俱爲要道，皆宜增屯衛。"報可。命玉班師。

二十七年，麽些洞蠻寇打沖河西守堡，都督徐凱擊敗之。

二十九年，威龍土知州普習（此應是彝）叛。普習，月魯帖木兒妻兄也。官軍捕之，普習中流矢死。

　　光旦：此應是蒙、彝通婚之例。（？）

三十一年，徐凱等平卜木瓦寨，執買哈喇，送京師，誅之。寨地峻險，三面陡絶，下臨大江，江流悍急，不可行舟，惟一道僅可通人行。官軍至，輒自上投石，不得進。凱乃斷其汲道困之，寇窮促，凱督將士抵其寨，力攻破之，遂就擒。因改建昌路爲建昌衛，置軍民指揮使司。安氏世襲指揮使，不給印，置其居於城東郭外里許。所屬有四十八馬站大頭。土番、獛人子、白夷、麽些、猓玀、猓玀、韃靼、回紇諸種，散居山谷間。北至大渡，南及金沙江，東抵烏蒙，西訖鹽井，延袤千餘里。以昌州、普濟、威龍三州長官隸之。有把事四人，世轄其衆。皆節制於四川行都指揮使司。

西南土官，安氏殆爲稱首。配六世孫安忠無後，妻鳳氏管指揮使事。鳳氏死，族人安登繼襲，復無子，妻瞿氏管事，以族人世隆嗣。世隆復無子，繼妻祿氏管事。祿死，以族姪安崇業嗣。崇業與祿氏不相能，因養那固爲假子，其奴祿祈從臾搆難，歲仇殺。鎮巡官讞之，殺那固而戍祿祈，事遂平。

安氏所轄四驛，曰祿馬、阿用、白水、瀘沽（沽），各百里有差。其涼山拖郎、桐槽、熱水諸番，則以强弱爲向背。所領昌州等三長官司，皆在衛東、西、南三百里内。洪武十八年，土官盧尼姑、吉撒加、白氏等歸附，皆令世襲爲知州。月魯帖木兒之亂，諸州皆廢革。永樂元年復置①，悉改爲長官司，仍隸建昌。其千户所之隸於衛者有三：曰禮州，曰打冲河，曰德昌。禮州，漢蘇示（亓？）縣；打冲河，唐沙野城；德昌，元定昌路也。

  光旦：有二問題：建昌衛之設，上文謂在洪武十五年，又謂二十五年置軍民指揮使司，而下文云云，則均在擒麽些酋貫哈喇之後，則應在洪武三十一年。此其一。十五年設衛，指揮使爲前元平章月魯帖木兒，而據下文，則安氏爲世襲指揮使。在月魯於二十五年擒滅之後，安氏爲當地最高首領，問題不大，然在此以前及元亡之後，情況又如何，豈不有兩指揮使同時存在？此其二。

  光旦：大小涼山之彝，明屬建昌衛，此條中有交代，然有"以強弱爲向背"之語，可知衛統治者亦未能完全控制之也。涼山爲今日彝族最大之集中地域，此正復賴此不完全之控制耳。

[彝]（建昌）

《明史》卷三一四《雲南土司傳·武定[府]》：

  （建昌土官鳳氏爲武定土知府鳳詔母瞿氏之甥壻，另一甥壻爲水西土舍安國亨，見"[彝]（武定）"片。）

[彝]（越嶲衛）——沿革

《明史》卷三一一《四川土司傳·越嶲衛傳》（附在《建昌衛傳》後）：

  漢邛都及闡二縣地。（闡字，爲蘭字之誤）有奴諾城，即蜀漢時諸葛亮征蠻所築以憩軍者也。元置邛部安撫招討司，已[而]改邛部州。

  洪武中，嶺真伯以招討使來歸，因改爲邛部軍民州。洪武十五年②置越嶲軍民指揮使司於邛部州，命指揮僉事李質領謫戍軍士守之。二十六年置越嶲衛。永樂元年改邛部爲長官司，隸越嶲衛。

---

① 標點本《校勘記》：永樂元年復置，《明史》卷四三《地理志》及《太宗實錄》卷三三永樂二年七月壬寅條均繫昌州等長官司之復置於永樂二年。——整理者注

② 標點本《校勘記》：洪武十五年，據《明史》卷四三《地理志》及《太祖實錄》卷二一九洪武二十五年七月丙午條應爲"洪武二十五年"。——整理者注

萬曆中，土官嶺柏死，孽子應昇負印去，柏妾沙氏爭之不得。土目阿堆等擁沙氏，焚利濟站廬舍，擁兵臨城。總兵劉顯率兵往撫之，沙氏悔禍，殺阿堆等自贖，顯遂以印授之。後沙氏淫於族人阿祭，印復爲昇（應昇）所奪。祭死，其子嶺鳳起嗾他番刺殺應昇。鎮守官因平蠻之師，誘鳳起縶之，收其印，而誅從鳳起爲亂者百餘人。印無所歸，緘於庫。部衆無統，肆行爲盜。普雄部衆姑咱等乘勢蜂起，郵傳不通，遠近震恐。十五年，鎮巡官會師討之，斬馘千數。鳳起病死，其衆爭歸附，因置平夷、歸化二堡以居之。有鎮西千户所（應是又一鎮西千户所，與卷三一一上文寧番衛者爲二事。但上摘卷四三《地理志四》稱寧番衛只領千户所一：冕山橋後千户所。）

［彝］（鹽井）——沿革

《明史》卷三一一《四川土司傳‧鹽井衛傳》（附《建昌衛》之後）：

古定笮縣也。元初爲落蘭部。至元中，於黑、白鹽井置閏鹽縣，於縣置柏興府。洪武中，改爲柏興千户所，旋改鹽井衛，又於二井置鹽課司。

永樂五年設馬剌長官司，其村落多白夷居之。長官世阿氏，洪武時歸附，授世職。地接雲南北勝州，稱庶富，人亦擾馴。

打冲河守禦中左千户所，其土千户剌兀，於洪武二十五年征賈哈喇效順來歸。其子剌馬非復貢馬赴京，授本所副千户。永樂十一年陞正，以別於四所（四所，此處未詳，應亦屬打冲河沿岸者，不必屬本衛）。地與麗江、永寧二府隣，麗江土官木氏侵削其地幾半。

光旦：衛境内民族至少有彝、漢、蒙、白、麽些。彝族在東與北，所稱落蘭部應是彝無疑，漢、蒙之入也，其勢似頗有削弱。白在南，與北勝接。麽些在西，與麗江接，麗江亦麽些也。分布形勢似亦應爾。漢、蒙多城居，衛治及鹽廠周圍應多漢、蒙，餘則鄉居。今地圖有白廠、黑廠，應即文中所云黑、白二井處。土千户剌兀父子應是麽些，曰"所以别"，别於一般漢千户也。

［彝］（會川）——沿革

《明史》卷三一一《四川土司傳‧會川衛傳（附《建昌衛》之後）》：

會川衛，［漢］越嶲［郡］之會無縣也。唐上元中，移邛都縣於會川鎮，以川原並會故名。宋屬大理（國），爲會川府。元置會川路，治武安州，隸囉囉斯宣慰司。

洪武十七年，會川土同知馬誠來朝，復立會川府，領武安、永昌、麻龍等州。二十六年革會川府。初，月魯帖木兒反，土知府王春陷會川，燬民居府治，至是遂墮其城。尋改爲會川衛軍民指揮使司。領迷易千户所。土官賢姓，其先雲南景東僰（僚）種也，徙其屬來田種。洪武十六年歸附，以隨征東川、芒部勞，授世襲副千户。居所治城外，所轄僰蠻僅八百户。

> 光旦：衛境民族成分，明顯者爲迷易之僚，然因混用"僰"字，非對景東先有所瞭解，未必知其爲僚也。然衛境基礎民族實爲彝，其次爲白，亦有部分麽些，詳《方輿紀要》，卷七四。

《明史》卷三一四《雲南土司傳·武定[府]》：

萬曆三十五年，[武定鳳]繼祖姪阿克久徙金沙江外，賊黨鄭舉等誘阿克作亂，陰結江外會川諸蠻，直陷武定，大肆刮掠。連破元謀、羅次諸城……（餘詳"[彝]（武定）"片。）

[彝]（黎州）

《明史》卷三〇九《張獻忠傳》：

[崇禎]十七年……冬……[獻忠]據有全蜀。惟遵義一郡及黎州土司馬金堅不下。

> 光旦：黎州安撫司，今漢源。但不知的是彝否。

[彝]（黎州）——沿革

《明史》卷三一一《四川土司傳·黎州安撫司傳》：

黎州，漢沈黎郡地。《史記》稱越嶲以東北，君長以十數，筰都最大。自唐蒙通夜郎，邛筰之君請爲內臣，因置筰都縣，復曰旄牛縣。元鼎中，以爲沈黎郡。唐割雅、嶲二州置黎州。天寶初，改爲洪源郡，尋改漢源[郡（見《方輿紀要》卷七三）]。宋屬成都路。元屬土番等處宣慰司。

洪武八年省漢源縣（州治，見《明史》卷四三《地理志四》），置黎州長官司，以芍德爲長官。德，雲南人，馬姓。祖仕元，世襲邛部州六番招討使。明氏據蜀，德兄安復爲黎州招討使。明氏亡，蠻民潰散，德奉母還居邛部。至是，四川布政司招之，德遂來朝貢馬，請置長官司。詔以德爲黎州長官，賜印及衣服綺帛。

[洪武]十一年陞爲黎州安撫司，即以德爲使。

　　十四年，德遣使貢馬。詔賜德鈔五十四錠、文綺七疋。自是，三年一入貢。弘治十四年命黎州安撫隸四川都司。

　　萬曆十九年，安撫馬祥（何時從誰繼任，未見說明）無後，妻瞿氏掌司事，取瞿姓子撫之，將有他志。祥姪土舍居松坪者，遂興兵攻城，奪印，番衆乘機剽掠。時參將吳文傑方有征東之役，移師剿平之。（何處參將，"東"何所指，均不詳。）

　　[萬曆]二十四年降黎州安撫司爲千戶所，立所治於司南三十里大田山壩。分上七枝，編戶屬大渡河千戶所，下七枝仍屬松坪馬氏約束。松坪在司之東南，自炒米城直接峨嵋，高山峻阪三百餘里，皆安撫族人居之。

　　光旦：改千戶所，不第降也，實歸流矣，至少上七枝畫出，別有隸屬，即屬大渡河千戶所，而此應是漢千戶。馬氏是否降爲千戶，未明言，以"約束"之言推之，應是土千戶。凡此等地方皆可見漢族日就擴張，而非漢日歸削減之迹。

　　黎、雅諸蠻，宋時屢爲邊患。明興，以諸蠻皆天全六番諸部，散居於二州之境，遂於黎州設安撫，於天全六番設招討，以示羈縻。而雅州所屬，與招討所轄之蠻民，境土相連，時有爭訟。

　　徼外大、小木瓜種分三枝，膩乃卜最強，世居西河。初屬馬湖土官安氏鈐轄，自馬湖改流，諸瓜叛入邛部，歸嶺氏（"見[彝]（越嶲衛）——沿革"片）。其地自西河至涼山、雪山諸處，周圍蟠據。嘉靖末，諸瓜畜牧蕃盛，時窺邊，邛部長官嶺柏不能制，嘉、峨、犍爲諸邊皆爲侵擾。鎮巡官督邛部兵捕之，瓜兵益熾；乃議大征，分建昌、越嶲、馬湖三路兵進討。瓜部始惶駭請降，願歲貢馬、方物，乃定。其地四千八百四十餘畝，徵糧四百四十餘石，輸峨眉縣。

　　光旦：涼山彝至明嘉靖始爲中原軍政力量所幾及，前所未喻。

　　明初與[黎州]安撫司同置者，有大渡河守禦千戶所。唐時，河平廣可通漕，戍將一不守，則黎、雅、邛、嘉、成都皆動搖。宋建隆三年，王全斌平蜀，以圖來上。議者欲因兵威復越嶲，藝祖以玉斧畫圖曰："外此（大渡河），吾不有也。"自是之後，河中流忽陷下五六十丈，水至此，洶湧如空中落，船筏不通，名爲噎口，殆天設險以限內外云。

[彝]（水西蠻）

《明史》卷三：

[洪武]三十年……二月庚寅，水西蠻叛，都督僉事顧成爲征南將軍，討平之。……四月……壬寅，水西蠻平。

> 光旦：前一平字冗。

《明史》卷二二：

[天啓]二年……二月癸酉，水西土同知安邦彥反，陷畢節、安順、平壩、霑益、龍里，遂圍貴陽，巡撫都御史李橒、巡按御史史永安固守。……

三月……丁巳，敕湖廣、雲南、廣西官軍援貴州。……

六月……貴州總兵官張彥芳爲平蠻總兵官，從巡撫都御史王三善討水西賊。……

十月辛未，水西賊犯雲南，官軍擊敗之。……壬午，總兵官魯欽代杜文煥爲總理，援貴州。……

十二月己巳，王三善、副總兵劉超敗賊於龍里，貴陽圍解。

《明史》卷二二：

[天啓]三年……正月……乙卯……貴州官軍三路進討水西，副總兵劉超敗績於陸廣河。……

七月……壬辰，[永寧]奢崇明[敗]走龍場，與安邦彥合。……

[閏十]月，王三善勦水西，屢破賊，至大方。

《明史》卷二二：

[天啓]四年……正月……乙丑，王三善自大方旋師遇伏，被執死之，諸官將皆死。

[彝]（水西）

《明史》卷二一：

[萬曆]二十七年……十月……戊子，貴州宣慰使安疆臣有罪，詔討賊自贖。

> 光旦：賊指楊應龍。

《明史》卷二二：

[天啓四年十一]月，貴州官兵敗賊於普定，進至織金，破之。

《明史》卷二二：

［天啓五年正］月，總理魯欽、劉超等自織金旋師，爲賊所襲，諸營兵潰。
　　三月……甲戌，朱燮元總督雲、貴、川、湖、廣西軍務，討安邦彦。
《明史》卷二二：
　　［天啓］六年……三月……庚戌，安邦彦犯貴州，官軍敗績，總理魯欽死之。……
　　閏［六］月……壬子，朱燮元以憂去，偏沅巡撫都御史葉夢得①代之。……
　　［九］月，參將楊明輝齎敕招諭水西賊，被殺。
《明史》卷二三：
　　［崇禎］二年……八月甲子，總兵官侯良柱、兵備副使劉可訓擊斬奢崇明、安邦彦於紅土川。水西賊平。
《明史》卷一四四《何福傳》：
　　［洪武二十五年，福初定五開，］請因兵力討水西奢香。不許。三十年三月，水西蠻居宗必登等作亂，會顧成討平之。
《明史》卷一四四《顧成傳》：
　　［洪武］二十九年遷右軍都督僉事，佩征南將軍印，會何福討水西蠻，斬其酋居宗必登。明年，西堡滄浪諸寨（原文作塞，定誤）蠻亂。成遣指揮陸秉與其子統分道討平之。（統爲成之子。）

　　　　光旦：上二條中，討居宗必登是一事，應在三十年。則下條西堡之事應在卅一年。
　　　　光旦：西堡，長官司名，在普定西北境，與郎岱縣境接，長官爲溫姓，其人口主要是仡佬。滄浪是長官司屬下之寨名。（詳見"獐獠（貴州）"）其在元代，西堡亦只一寨，明始設長官司。

《明史》卷一六六《韓觀傳》：
　　［洪武三十年，以都督同知］與顧成討平水西諸蠻堡。
《明史》卷一六六《蕭授傳》：
　　［宣德］二年（或略後），水西蠻阿閉妨宜作亂，授（自永樂十六年起，以右軍都督僉事，充總兵官鎮湖廣、貴州）結旁寨酋，以計誅之。而西堡蠻阿骨等與寨底、豐寧、清平、平越、普安諸苗復相聚爲寇。四川筠連諸蠻應之。授

---

① 標點本《校勘記》：葉夢得，據《明史》卷二四九《朱燮元傳》及《熹宗實錄》卷七三應爲"閔夢得"。——整理者注

且捕且撫。諸蠻先後聽命，承制赦之。以豐寧酋稔惡，械送京師，伏誅。

  光旦：查西堡在普定縣西北，接郎岱縣境，元爲寨，明於此設長官司，清改副長官司。明之設司，在洪武十九年（見卷四六《地理志七》）。除西堡之仡佬（見"獞獠（貴州）"）外，此一帶應皆是彝，條中所云"苗"，亦彝也，然蕭授用兵後民族成分似即有所改變，至少其統治階層或不復是彝矣。

  光旦：豐寧在今獨山南與西南，洪武二十三年設長官司（見卷四六《地理志七》），其統治層之民族成分前後亦似曾發生變動。有印象，明初及以前，彝在貴州之分布原不限於水西，東南之都勻、獨山一帶亦有散布。

《明史》卷一六六《蕭授傳》：

  英宗即位，命佩征蠻副將軍印，鎮守如故。……正統元年，普定蠻阿遲等叛，僭稱王，四出攻掠。授遣顧勇等擣其巢，破之。

《明史》卷一六六《蕭授傳·吳亮附傳》：

  破普定蠻，進都督同知。（與上條一事，時亮爲授之副。）

《明史》卷二一一《石邦憲傳》：

  ［嘉靖末葉，］水西宣慰安國亨恃衆跋扈，謁上官，辭色不善，輒鼓衆譁譟而出。邦憲（時以右都督爲貴州總兵官）召責之曰："爾欲反耶？吾視爾釜中魚爾。爾兵孰與雲、貴、川、湖多？爾四十八酋長，吾鑄四十八印畀之。朝下令，夕滅爾矣。"國亨叩頭謝，爲斂戢。

《明史》卷二一三《高拱傳》：

  貴州撫臣奏土司安國亨將叛，命阮文中代爲巡撫。臨行語之曰："國亨必不叛，若往，無激變也。"既而如其言。

  光旦：年份約在隆慶四年以後（參"［彝］（水西）——沿革"）。

《明史》卷二一七《李廷機傳》：

  廷機輔政時（萬曆三十五年），四川巡撫喬璧星銳欲討鎮雄（？）安堯臣，與貴州守臣持議不決。廷機力主撤兵。其後卒無事，議者稱之。

  光旦：鎮雄似誤，疑應作水西。（時水西安堯臣入贅鎮雄隴氏，欲據有其地，參"［彝］（永寧）——沿革"。）

《明史》卷二二〇《李汝華傳》：

  （安邦彥之反，與明廷徵及彝兵有關係，見"總錄——土兵"片。）

《明史》卷二二七《蕭彥傳》：

  以右僉都御史巡撫貴州。……宣慰安國亨詭言獻大木，被貴。及徵木無有，爲彥所劫。國亨懼，誣商奪其木，訐彥於朝。帝怒，欲罪彥。大學士申時行等言國亨反噬，輕朝廷。帝乃止。

  光旦：事在萬曆中。

《明史》卷二三五《何士晉傳》：

  [天啓]四年，擢兵部右侍郎，總督兩廣軍務，兼巡撫廣東。明年四月，魏忠賢大熾，争梃擊者率獲罪。御史田景新希旨，誣[稱]叛臣安邦彥賄士晉十萬金，阻援兵。遂除士晉名，徵賄助餉。士晉憤鬱而卒。

《明史》卷二三六《金士衡傳》：

  楊應龍伏誅，貴州宣慰使安疆臣邀據故[楊氏]所侵地。總督王象乾不許。（時士衡似官南京工科給事中，士衡因劾象乾啓釁。）

《明史》卷二三六《王元翰傳》：

  兩疏劾貴州巡撫郭子章……言："子章曲庇安疆臣，堅意割地，貽西南大憂。……子章罪當斬。"不納。（事似在萬曆四十年前不久，時元翰爲工科右給事中。）

《明史》卷二四一《張問達傳·陸夢龍附傳》：

  天啓四年，貴州賊未靖，總督蔡復一薦……[爲貴州]右參政，監軍討賊。安邦彥犯普定。夢龍偕總兵黃鉞以三千人禦之。曉行大霧中，直前薄賊，賊大敗。

《明史》卷二四八《李若星傳》：

  [崇禎]十一年以本官（兵部右侍郎）兼右僉都御史，代朱燮元總督川、湖、雲、貴軍務，兼巡撫貴州。討安位餘孽安隴壁及苗、仲諸賊，有功。（互見）

[彝]（水西）——李橒

《明史》卷二四九《李橒傳》：

  [萬曆]四十七年秋，擢右僉都御史，巡撫貴州。貴州宣慰同知安邦彥者，宣慰使堯臣族子。堯臣死，子位幼，其母奢社輝代領其事。社輝，永寧宣撫奢崇明女弟也。邦彥遂專兵柄。會朝議徵西南兵援遼，邦彥素桀黠，欲乘以起事，詣橒請行。橒諭止之。邦彥歸，益爲反謀。橒累疏請增兵益餉，中朝方急遼事，置不問。會橒被劾……乞休。天啓元年始得請，以王三善代。

  而奢崇明已反重慶，陷遵義，貴陽大震，橒遂留視事。時城中兵不及三千，倉庫空虛。橒與巡按御史史永安貸雲南、湖廣銀四萬有奇，募兵四千，儲米二萬石，治戰守具，而急遣總兵官張彥方[①]，都司許成名、黃運清，監軍副使朱芹，提學僉事劉錫元等援四川。屢捷，遂復遵義、綏陽、湄潭、真安、桐梓。

[天啟]二年二月，或傳崇明陷成都，邦彥遂挾安位反，自稱羅甸王。四十八支及他部頭目安邦俊、陳其愚等蠢起相應，烏撒土目安效良亦與通。邦彥首襲畢節，都司楊明廷固守，擊斬數百人。效良助邦彥陷其城，明廷敗歿。賊遂分兵陷安順平壩，效良亦西陷霑益，而邦彥自統水西軍及羅鬼、苗、仲數萬，東渡陸廣河，直趨貴陽，別遣王倫等下甕安，襲偏橋，以斷援兵。洪邊土司宋萬化糾苗、仲九股陷龍里。

樗、永安聞變，亟議城守。會藩臬、守令咸入覲，而彥方鎮銅仁，運清駐遵義。城中文武無幾人。乃分兵為五，令錫元及參議邵應禎、都司劉嘉言、故副總兵劉岳分禦四門，樗自當北門之衝。永安居譙樓，團街市兵，防內變。學官及諸生亦督民兵分堞守。

賊至，盡銳攻北城，樗迎戰，敗之。轉攻東門，為錫元所卻。乃日夕分番馳突，以疲官兵。為三丈樓臨城，用婦人、雞犬厭勝術。樗、永安烹麂雜斗米飯投飼雞犬，而張虎豹皮於城樓以被之，乃得施礮石。夜縋死士燒其樓。賊又作竹籠萬餘，土壘之，高踰睥睨。永安急撤大寺鐘樓建城上。賊棄籠去，官軍出燒之。數出城邀賊糧。賊怒，盡發城外塚，徧燒村砦。又先後攻陷廣州（？）、普定、威清、普安、安南諸衛。貴陽西數千里，盡為賊據。初被圍，彥方、運清來救，敗賊於新添。賊誘入龍里，二將皆敗，乃縱之入城曰"使耗汝糧"。城中果大困。

川貴總督張我續、巡撫王三善擁兵不進。樗、永安連疏告急，詔旨督責之。會彥方等出戰頻得利，賊退保澤溪。乃遣裨將商士傑等率九千人分控威清、新添二衛，且乞援兵。賊謂城必拔，沿山列營柵隔內外，間旬日一來攻，輒敗去。副總兵徐時逢、參將范仲仁赴援，遇賊甕城河。仲仁戰不利，時逢擁兵不救，遂大敗，諸將馬一龍、白自強等殲焉。援遂絕。

賊聞三善將進兵，益日夜攻擊，長梯蟻附，城幾陷者數矣。樗奮臂一呼，士卒雖委頓，皆強起斫賊，賊皆顛踣死城下。王三善屢被嚴旨，乃率師破重圍

---

① 標點本《校勘記》：張彥方，據《明史》卷三一六及《明史稿》傳一九〇《貴陽傳》應為"張彥芳"。下同。——整理者注

而進。十二月七日，抵貴陽城下，圍始解。檙乃辭兵事，解官去。三善既破賊，我續無寸功，乾没軍資六十萬……

方官廩之告竭也，米升直二十金。食糠麯草木敗革皆盡，食死人肉，後乃生食人，至親屬相噉。彦方、運清部卒公屠人市肆，斤易銀一兩。……城中户十萬，圍困三百日，僅存者千餘人[①]。孤城卒定，皆檙及永安、錫元功。……進檙兵部右侍郎，永安太僕少卿，錫元右參政。……

［崇禎］元年……御史毛羽健……上疏［訟檙功並白其誣］："安、奢世爲婚姻，同謀已久。奢寅寇蜀，邦彦即寇黔，何用激變？當貴陽告急，正廣寧新破之日，舉朝皇皇，已置不問。後知檙不死，孤城尚存，始命王三善往救，至則圍已十月。安酋初發難，崇明欲取成都作家，邦彦欲圖貴陽爲窟，西取雲南，東擾偏、沅、荆、襄，非檙扼其衝，東南盡塗炭。……"貴州人亦爭爲檙頌冤。……事始白。

[彝]（水西）——王三善

《明史》卷二四九《王三善傳》：

天啓元年十月擢右僉都御史，代李檙巡撫貴州。時奢崇明已陷重慶。明年二月，安邦彦亦反，圍貴陽。檙及巡按御史史永安連章告急，趣三善馳援。三善始駐沅州，調集兵食。已［而］次鎮遠，再次平越，去貴陽百八十里，方遣知府朱家民乞兵四川。兵未至，不敢進。……

至十二月朔，知貴陽圍益困，集衆計曰："失城死法，進援死敵，等死耳，盍死敵乎？"乃分兵爲三：副使何天麟等從清水江進，爲右部；僉事楊世賞等從都匀進，爲左部；自將二萬人，與參議向日升，副總兵劉超，參將楊明楷、劉志敏、孫元謨、王建中等由中路，當賊鋒。舟次新安，抵龍頭營。超前鋒遇賊，衆欲退，斬二人乃定。賊酋阿成驍勇，超率步卒張良俊直前斬其頭，賊衆披靡。三善等大軍亦至。遂奪龍里城。諸將議駐師觀變，三善不可，策馬先。邦彦疑三善有衆數十萬，乃潛遁，餘賊退屯龍洞。官軍遂奪七里沖，進兵畢節舖。元謨、明楷連敗賊，其渠安邦俊中礮死，生獲邦彦弟阿倫，遂抵貴陽城下。賊解圍去。

[①] 標點本《校勘記》：僅存者千餘人，《明史》卷三一六及《明史稿》傳一九〇《貴陽傳》、又《明史稿》傳一二八《李檙傳》都作"僅餘二百人"。——整理者注

檨、永安請三善入城。三善曰："賊兵不遠，我不可即安。"營於南門外。明日，破賊澤溪。賊走渡陸廣河。居數日，左右二部兵及湖廣、廣西、四川援兵先後至。

三善以二萬人破賊十萬，有輕敵心，欲因糧於敵。舉超爲總兵官，令渡陸廣，趨大方，搗安位巢，以世賞監之；總兵官張彥方渡鴨池，搗邦彥巢，以天麟監之。漢、土兵各三萬。別將都司線補袞出黃沙渡。剋期並進。超等至陸廣，連戰皆捷。彥方部將秦民屏亦破賊五大寨。諸將益輕敵。

邦彥先合崇明、效良（安效良，烏撒土目，本《傳》上文未有交代，未免突如其來）兵誘官軍深入。三年正月，超渡陸廣，賊薄之，獨山土官蒙詔先遁，官軍大敗，爭渡河（回渡也），超走免，明楷被執，諸將姚旺等二十六人殲焉。賊遂攻破鴨池軍，部將覃弘化先逃，諸營盡潰。彥方退保威清。惟補袞軍獨全。

諸苗見王師失利，復蠢起。土酋何中尉進據龍里，而邦彥使李阿二圍青巖，斷定番餉道；令宋萬化、吳楚漢爲左右翼，自將趨貴陽。遠近大震。

三善急遣遊擊祁繼祖等取龍里，王建中、劉志敏救青巖。繼祖燔上、中、下三牌及賊百五十砦，建中亦燔賊四十八莊。龍里、定番路皆通。三善又夜遣建中、繼祖搗楚漢［於］八姑蕩，燔莊砦二百餘，薄而攻之。賊溺死無算。萬化不知楚漢敗，詐降，三善佯許，而令諸將捲甲趨之。萬化倉皇出戰，被擒，邦彥爲奪氣。羣苗復效順，三善給黃幟，令樹營中。邦彥望見不敢出，增兵守鴨池、陸廣諸要害。

時崇明父子屢敗，邦彥救之，爲川師敗走。

總理魯欽等剿擒中尉。彥方亦追賊鴨池。而賊復乘間陷普安。

總督楊述中駐沅州，畏賊。朝命屢趣，始移鎮遠。議與三善左，三善屢求退。不許。

會崇明爲川師所窘，逃入貴州龍場，依邦彥。三善議會師進討，述中暨諸將多持不可。三善排羣議，以閏十月自將六萬人渡烏江，次黑石，連敗賊，斬前逃將覃弘化以徇。賊乃柵漆山，日遣遊騎掠樵採者。軍中乏食，諸將請退師。三善怒曰："汝曹欲退，不如斬吾首詣賊降。"諸將乃不敢言。

三善募壯士逼漆山。緋衣峩冠，肩輿張蓋，自督陣，語將士曰："戰不捷，此即吾致身處也。"旁一山頗峻，麾左軍據其巔。賊倉皇拔柵爭山，將士殊死戰，賊大敗，邦彥狼狽走。三善渡渭河，降者相繼。師抵大方，入居安位第。位偕母奢社輝走火灼堡，邦彥竄織金。先所陷將楊明楷乃得還。位窘，遣使诣述中请降。述中令缚崇明父子自赎，三善责并献邦彦。往返之间，贼得用计为备。

三善以贼方平，议郡县其地。诸苗及土司咸惴恐，益合於邦彦。三善先约四川总兵官李维新灭贼，以饷乏辞。三善屯大方久，食尽，述中弗为援。不得已议退师。

四年正月尽焚大方庐舍而东。贼蹑之。中军参将王建中、副总兵秦民屏战殁。官军行且战，至内庄，后军为贼所断。三善还救，士卒多奔。陈其愚者，贼心腹，先诈降，三善信之，与筹兵事，故军中虚实贼无不知。至是遇贼，其愚故纵辔冲三善坠马。三善知有变，急解印绶付家人，拔刀自刎，不殊，群贼拥之去。骂不屈，遂遇害。同知梁思泰、主事田景猷等四十馀人皆死。贼拘监军副使岳具仰以要抚。具仰遣人驰蜡书於外，被杀。……

大方之役，御史贵阳徐卿伯上言："邦彦招四方奸宄，多狡计。抚臣得胜骤进，视蠢苗不足平。不知泽溪以西，渡陆广河，皆鸟道，深林丛箐，彼诱我深入，以木石塞路，断其邮书，阻饷道，遮援师，则彼不劳一卒，不费一矢，而我兵已坐困矣。"後悉如其言。

[彝]（水西）——蔡复一
《明史》卷二四九《蔡复一传》：

奢崇明、安邦彦反，贵州巡抚王三善败殁，进复一兵部右侍郎代之。……寻代杨述中总督贵州、云南、湖广军务，兼巡抚贵州。……乃……遣总理鲁钦等救凯里，斩贼众五百馀。贼围普定，遣参将尹伸、副使杨世赏救，卻之，捣其巢，斩首千二百级。发兵通盘江路，斩逆酋沙国珍及从贼五百。钦与总兵黄钺等复破贼於汪家冲、蒋义寨，斩首二千二百。长驱织金。织金者，邦彦巢也，缘道皆重关叠隘，木石塞山径。将士用巨斧开之，或攀藤穿窦而入。贼战败，遁深箐，斩首复千级。穷搜不得邦彦，乃班师。是役也，焚贼巢数十里，获牛马、甲仗无算。

复一以邻境不协讨，致贼未灭，请敕四川出兵遵义，抵水西，云南出兵霑益，抵乌撒，犄角平贼。帝悉可之。因命广西、云南、四川诸郡邻贵州者，听复一节制。

［天启］五年正月，钦等旋师渡河。贼从後袭击，诸营尽溃，死者数千人。时复一为总督，而朱燮元亦以尚书督四川、湖广、陕西诸军，以故复一节

制不行於境外。欽等深入，四川、雲南兵皆不至。……故敗。……

［復一］仍拮据兵事，與［巡按御史傅］宗龍計，勦破烏粟、螺蝦、長田及兩江十五砦叛苗，斬七百餘級。

賊黨安效良（烏撒彝）首助邦彥陷霑益，雲南巡撫沈儆炌遣兵討之，未定，遷侍郎去。代者閔洪學，招撫之，亦未定。及是見雲南出師（此句上文交代不清），懼，約邦彥犯曲靖、尋甸。復一遣許成名往援，賊望風遁。

又遣劉超等討平越苗阿秩①等，破百七十砦，斬級二千三百有奇。

至十月（仍天啓五年），復一卒於平越軍中。

《明史》卷二四九《蔡復一傳·沈儆炌附傳》：

安邦彥反，諸土目並起。安效良陷霑益，李賢陷平夷，禄千鍾犯尋甸、嵩明，張世臣攻武定，邦彥女弟設科掠曲靖，轉寇陸涼。儆炌（時以右副都御史巡撫雲南）起故參將雲南人袁善，令率守備金爲貴、土官沙源等馳救嵩明，大破之。賊轉寇尋甸，復大敗去。乃請復善故官，與諸將分討賊，數有功。……［及閔洪學代儆炌爲巡撫，］亦任用袁善。賊陷普安，圍安南，善攻破之，通上六衛道。王三善之歿（三善歿於天啓四年初，是上文袁善各事皆在天啓四年之前），六衛復梗，善護御史傅宗龍赴黔，道復通。已而敗安效良於霑益。又敗賊於炎方、馬龍。

［天啓］七年，御史朱泰禎核上武定、嵩明、尋甸破賊功，大小百三十三戰，斬四千六百餘級，請宣捷告廟，從之。……善加都督同知。

光旦：《蔡復一傳》後亦附有《袁善附傳》，上條部分文字應作《袁善附傳》文。

《明史》卷二四九《蔡復一傳·周鴻圖附傳》：

積軍功至知府（貴陽）。……勻、哈（當時都勻、麻哈之簡稱）叛苗與邦彥相倚爲亂。天啓六年春，巡撫王瑊及御史傅宗龍使監胡從儀（見下）及都司張雲鵬軍，分道搜山，所向摧破。會聞魯欽敗，賊復趨龍場助邦彥。已而邦彥屢敗，賊（勻、哈）返故巢。鴻圖、從儀等攻之，破焚一百餘寨，斬首千二百餘級。鴻圖擢副使，分巡新鎮道；從儀進副總兵（本參將）。當是時，鴻圖駐平越，轄下六衛，參議段伯炌駐安莊，轄上六衛。千餘里間，奸宄屏息，兩人力也。……

---

① 標點本《校勘記》：阿秩，《明史》卷二七〇《魯欽傳》作"阿秧"。——整理者注

[段]伯炌……爲鎮寧知州。力拒安邦彥，超擢僉事，分巡鎮寧。邦彥寇普定，偕從儀擊破之……擢參議。……

　　從儀……天啓四年，[初]以遊擊援普定，功多。既而破賊長田。以參將討平勺、哈。後又與諸將平老蟲添。崇禎三年討平苗賊汪狂抱角。

《明史》卷二六一《邱民仰傳·邱禾嘉附傳》：

　　貴州新添衛人。……天啓時，安邦彥反，捐資製器，協擒其黨何中尉。……貴州巡撫蔡復一請遷翰林待詔（原爲教諭），[留]參[其]軍。

[彝]（水西）——與朱燮元、侯良柱

《明史》卷二四九《朱燮元傳》：

　　（水西安氏之起事，半與永寧奢氏之起事交織一起，其見於此《傳》者，悉見"彝（永寧）——朱燮元"片，不複錄。）

《明史》卷二五八《毛羽健傳》：

　　崇禎元年……授御史。好言事……王師討安邦彥久無功。羽健言："賊巢在大方，黔其前門，蜀遵、永其後户。由黔進兵，必渡陸廣奇險，七晝夜抵大方，一夫當關，千人自廢，王三善、蔡復一所以屢敗也。遵義距大方三日程，而畢節止百餘里平衍，從此進兵，何患不克？"因畫上足兵措餉方略，并薦舊總督朱燮元、閔夢得等。帝即議行。後果平賊。

《明史》卷二六九《侯良柱傳》：

　　（奢崇明與安邦彥合以至戰敗與同時戰死，見"彝（永寧）——與侯良柱"片。）

[彝]（水西等）——與傅宗龍

《明史》卷二六二《傅宗龍傳》：

　　昆明人。……授御史。……[天啓二]年，安邦彥反，圍貴陽，土寇蜂起。請發帑金濟滇將士，開建昌，通由蜀入滇之路，別設偏沅巡撫（前者因由黔入滇路斷，後者所以加強水東地區）……又上疏自請討賊，言："爲武定、尋甸患者，東川土酋禄千鍾。爲霑益、羅平患者，賊婦設科及其黨李賢輩。攻圍普安，爲滇、黔門户患者，龍文治妻及其黨尹二。困安南，據關索嶺者，沙國珍及羅應魁輩。困烏撒者，安效良。臣皆悉其生平，非臣敵。臣願以四川巡按兼貴州監軍，滅此羣醜。"……[所請因病]不果行。

四年正月，貴州巡撫王三善爲降賊陳其愚所紿，敗歿。其夏……起宗龍巡按其地，兼監軍。初，部檄滇撫閔洪學援黔，以不能過盤江而止。宗龍既被命，洪學令參政謝存仁、參將袁善及土官普名聲、沙如玉等以兵五千送之。……渡盤江，戰且行，寇悉破。乃謝遣存仁、善，以名聲等土兵七百人入貴陽，擒斬其愚。……

宗龍盡知黔中要害及土酋逆順……巡撫蔡復一倚信之，請敕宗龍專理軍務……初，三善令監軍道臣節制諸將，文武不和，進退牽制。宗龍反其所爲，令監軍……不得專進止。由是諸將用命，連破賊汪家冲、蔣義寨，直抵織金。

五年正月，總理魯欽敗績於陸廣河。宗龍上言："不合滇、蜀，則黔不能平賊；不專總督任，則不能合滇、蜀兵。請召還朱燮元……而移蜀撫駐永寧，滇撫駐霑益，黔撫駐陸廣，沅撫駐偏橋，四面並進……"帝……如宗龍議。

……（言破水外諸苗，以孤水西之勢，別有片。）

……（議以守爲屯，見"總錄——滇黔之經營"片。）

［議屯田後，又云，］"兵當用四萬八千人，餉當歲八十餘萬，時當閱三年，如此而後賊可盡滅也。"部議從之。

復一卒，王瑊代，事悉倚辦。宗龍乃漸剪水外逆黨，將大興屯田。邦彥懼，謀沮之。六年三月大舉渡河入寇。宗龍擊破邦彥趙官屯，斬老蟲添，威名大著。當是時，大帥新亡……燮元［尚］遠在蜀，瑊擁虛位，非宗龍，黔幾殆。……加太僕少卿。

[彝]（水西）
《明史》卷二六〇《楊鶴傳》：

貴州土官以百數，水西安氏最大，而土地、户口、貢賦之屬，無籍可稽。鶴（時以御史巡撫貴州，當是萬曆四十年代事）乃檄宣慰安位盡著之籍，并首領目把主名、承襲源委，悉列上有司。自是簿牒始明，奸弊易核。

《明史》卷二六九《湯九州傳·楊正芳附傳》：

天啓間，以小校從軍，屢勦貴州賊，積功至副總兵。敘桃紅壩功，加署都督同知。

[彝]（水西）——與魯欽
《明史》卷二七〇《魯欽傳》：

奢崇明、安邦彦並反，貴州總兵張彥方在圍中，而總理杜文焕稱病。明年（天啓二年）十月用欽（原以署都督僉事充保定總兵官）代文焕，命總川、貴、湖廣漢土軍刻期解圍。未至，圍已解，欽馳赴貴陽。

　　三年正月，巡撫王三善大敗於陸廣，羣苗宋萬化、何中尉等蠭起。欽佐三善防勦，率諸將擒中尉、萬化，遂進營紅崖。紅崖者，崇明敗走處也。三善謀大舉深入，欽及總兵官馬炯、張彥方，諸道監司尹伸、岳具仰、向日升、楊世賞各以兵從，五戰，斬首萬八千，直抵大方。

　　四年正月，三善敗殁於内莊，欽等以殘卒還。……都匀凱里土司者，運道咽喉也，邦彥結諸蠻困其城，長官楊世蔚（苗？）不能守。總督蔡復一遣欽及總兵官劉超救之，拔賊巖頭寨，遂移師克平茶。已而邦彥盡驅玀鬼，結四十營於斑鳩灣後寨，亙二十餘里，分犯普定。復一令欽與總兵官黃鉞分道禦之。欽率部將張雲鵬、劉志敏、鄧玘等大敗賊汪家沖。鉞及參政陸夢龍、副使楊世賞亦大敗賊蔣義寨。合追至河，斬首千五百餘級。搜山，復斬六百餘級。尹伸守普定，亦敗賊兵，與大軍會，共翦水外逆苗。邦彥勢窮，渡河西奔。欽、鉞督諸將窮追，夢龍等分駐三岔河岸爲後勁。前鋒雲鵬、玘等深入纖金，先後斬首千餘級。復一上其功……

　　明年（天啓五年）正月，欽等渡河還，中伏，敗死者數千人。……

　　自平越至興隆、清平二衛，苗二百餘寨盤踞其間，以長田之天保、阿秧爲魁。邦彥初反，授二酋都督，使通下六衛聲息。是年春，寇石阡、餘慶。監軍按察使來斯行啗阿秧，使圖天保，阿秧反以情告。斯行乃誘斬阿秧，議討天保，會以疾去。復一令貴陽同知周鴻圖代爲監軍。阿秧弟阿買與天保請兵邦彥，復兄讎。復一以兵事屬鴻圖及欽，而遣參將胡從儀、楊明楷等佐之。欽等三道進，大戰米墩山，生擒天保及阿買，先後斬賊魁五十四人，獲首功二千三百五十，破焚百七十四寨。……劇寇盡除，土人謂二百年所未有。復一既奏功，未報而卒。監軍御史傅宗龍復以爲言，乃命欽總理如故，鴻圖授平越知府。

　　六年三月，邦彥復大舉入寇。欽禦之河上，連戰數日，殺傷相當。夜半，賊直逼欽壘。將士逃竄，欽遂自刎。諸營盡潰，賊勢復張。

　　欽勇敢善戰，爲西南大將之冠。

[**彝**]（水西）
《明史》卷二七〇《秦良玉傳》：

（石砫土兵，在秦民屏率領下，助征水西，大方退師，民屏戰死，見
"［巴］——秦良玉"片。）

《明史》卷二七三《左良玉傳·鄧玘附傳》：

　　天啓初……積功得守備。安邦彥反，玘追賊織金，勇冠諸將。已［而］敗
績河濱。魯欽敗歿，賊犯威清。玘夜斫營走賊（使賊走也）。進都司僉書。……
崇禎初，屢遷四川副總兵，與侯良柱共斬安邦彥。

《明史》卷二九五《尹伸傳》：

　　天啓時，起故官（兵備參政），分守貴州威清道。貴陽圍解，巡撫王三善
將深入，伸頗贊之，監軍西征。三善敗歿，伸突圍歸，坐奪官，戴罪辦賊。四
年（天啓），賊圍普安，伸赴援，賊解去，遂移駐其地。賊復來攻，率參將范
邦雄破走之，逐北至三岔河。總督蔡復一上其功，免戴罪。

《明史》卷二九五《張燿傳·吳子騏附傳》：

　　知興寧縣。天啓時，安邦彥圍貴陽，子騏以母在城內，倉皇棄官歸。崇
禎十年，蠻賊阿烏謎叛，陷大方城，逐守將。總督朱燮元屬子騏詣六廣（即陸
廣），走書召諸目，曉以利害，果乞降。燮元上其功。

《明史》卷三一一《四川土司傳·烏蒙等四軍民府傳》：

　　（水西與烏蒙等四軍民府關係，見"［彝］（烏蒙、烏撒等）——沿革"片。）

《明史》卷三一二《四川土司傳·播州宣慰司傳》：

　　［嘉靖中（二十年前後），播州楊氏嫡庶爭襲，嫡子烈］盜兵逐［宣慰］相。
相走，客死水西。烈求父屍，宣慰安萬銓因要挾水烟、天旺故地，而後予屍。
烈陽許之。及相喪還，烈靳地不予。遂與水西搆難。（互見）

　　　　光旦：搆難下文殊未見。

《明史》卷三一二《四川土司傳·播州宣慰司傳》：

　　［萬曆］二十三年……水西宣慰安疆臣請父國亨卹典。兵部……［因］札示
疆臣，趣［楊］應龍就吏，［可］得賞。疆臣奉札至播招應龍。……

《明史》卷三一二《四川土司傳·永寧宣撫司傳》：

　　（萬曆元年至三十五年間，水西安國亨與安疆臣兩代介入永寧宣撫承襲問
題而發生之糾紛與仇殺，見"［彝］（永寧）——沿革"片，此處不再錄。）

　　　　光旦：水西與永寧讎怨似可溯至萬曆以前，其原因亦不限於永寧承襲
　　　　之事，前途合它條資料觀之，或可更見明白。

《明史》卷三一二《四川土司傳·永寧宣撫司傳》：

(天啓初，奢崇明反永寧，初倚水西安邦彦爲聲援，尋敗而退入黔境，又與之合流，亦見"[彝]（永寧）——沿革"片。)

《明史》卷三一三《雲南土司傳·景東[府]》：

(安邦彦之起事，曾西入滇境，去會城止十五里，見"[傣]"片。)

《明史》卷三一四《雲南土司傳·武定[府]》：

(水西安國亨爲武定鳳詔母瞿氏甥壻，見"[彝]（武定）"片。)

[彝]（水西）——沿革

《明史》卷三一六《貴州土司傳》序：

貴州，古羅施鬼國。

> 光旦：彝在貴州，歷史上雖亦曾遠至黔東，且有至廣西者，其主要區域，自三國濟火以來，應是水西，非貴州全境也，故繫於此。

《明史》卷三一六《貴州土司傳》序：

洪武五年，貴州宣慰靄翠與宋蒙古歹及普定府女總管適爾等先後來歸，皆予以原官世襲。

> 光旦：靄翠屬水西，後即安氏。

《明史》卷三一六《貴州土司傳》序：

太祖於《平滇詔書》言："靄翠輩不盡服之，雖有雲南不能守也"，則志已在黔，至成祖遂成之。

> 光旦：指永樂十一年改思南、思州爲流而置八府四州及設貴州布政司與都司等一系列措施，然實與水西不太相干，其於水西，即貴州宣慰司，第較羈縻略勝一籌耳。

《明史》卷三一六《貴州土司傳》序：

靄翠歸附之初，請討其隴居部落。帝曰："中國之兵，豈外夷報怨之具。"

《明史》卷三一六《貴州土司傳·貴陽[府]》：

自蜀漢時，濟火從諸葛亮南征有功，封羅甸國王。後五十六代爲宋[時之]普貴。傳至元[代之]阿畫。世有土於水西。宣慰司（應作使）靄翠，其裔也，後爲安氏。

洪武初，[靄翠]同宣慰宋蒙古歹來歸，[蒙古歹]賜名欽；俱令領原職，世襲。及設布政使司（永樂十一年），而宣慰司如故。安氏領水西，宋氏領水東。八番降者，皆令世其職。

六年詔靄翠位各宣慰之上。靄翠每年貢方物與馬；帝賜錦綺鈔幣有加。

十四年……靄翠……死，妻奢香代襲。都督馬曄欲盡滅諸羅，代以流官，故以事撻香，激爲兵端。諸羅果怒，欲反。劉淑貞（宣慰宋欽妻）聞止之，爲走愬京師。帝既召問，命淑貞歸招香，賜以綺鈔。

十七年，奢香率所屬來朝，并訴曄激變狀，且願効力開四鄙，① 世世保境。帝悦，賜香錦綺、珠翠、如意冠、金環、襲衣，而召曄還，罪之。香遂開偏橋、水東，以達烏蒙、烏撒及容山、草塘諸境，立龍場九驛。

二十年，香進馬二十三匹；每歲定輸賦三萬石。子安的襲，貢馬謝恩。帝曰："安的居水西，最爲誠恪。"命禮部厚賞其使。

[洪武]二十五年，的來朝；賜三品服并襲衣金帶、白金三百兩、鈔五十錠。香復遣其子婦奢助及其部長來貢馬六十六匹。詔賜香銀四百兩，錦綺鈔幣有差。自是每歲貢獻不絶；報施之隆，亦非他土司所敢望也。

二十九年，香死，朝廷遣使祭之，的貢馬謝恩。

正統七年，水西宣慰隴富自陳："祖父以來，累朝皆賜金帶。臣蒙恩受職，乞如例。"從之。……

十四年賜敕隴富母子，嘉其調兵保境之功。隴富頗驕。

天順三年，東苗之亂，富不時出兵，聞朝廷有意督之，乃進馬謝罪。賜敕警之。

富死，姪觀襲。觀老，子貴榮襲。巡撫陳儀以西堡、獅子孔之平，由觀與子貴榮統部衆二萬攻白石崖，四旬而克，家自餽餉，口不言功，特給觀正三品昭勇將軍誥。

初，安氏世居水西，管苗民四十八族。宋氏世居貴州（應作貴陽）城側，管水東貴竹等十長官司。皆設治所於城內，銜列左右。而安氏掌印，非有公事不得擅還水西。至是（西堡仡佬平之後）總兵官爲之請，許其以時巡歷所部，趣辦貢賦，聽暫還水西，以印授宣慰宋然代理。

光旦：是二宣慰實有正副之分，水西爲正。

貴榮老，請以子佐襲。命賜貴榮父子錦紵。

[貴榮欲併宋然所轄地，未成而貴榮死，然宋氏亦由此而衰。]（此一段擾攘見"宋家"片，此處不録。）

---

① 標點本《校勘記》：四鄙，據《明史稿》傳一九〇《貴陽傳》應爲"西鄙"。——整理者注

[貴榮既死，]安萬鐘應襲，驕縱不法。漢民張純、土目烏掛等導之游獵，酒酣，輒射人爲戲。又嘗撻其左右，爲所殺。無子，其從弟萬鎰宜襲，[萬]鎰以賊未獲辭。烏掛等遂以疎族幼子普者冒萬鐘弟曰萬鈞告襲，承勘官入其賄，遂暫委[萬]鐘（鐘字似應作鍾，此處皆刊作鐘，疑誤）妻奢播攝事。萬鎰悔不立，而恨烏掛之主其謀也，遂以兵襲烏掛，烏掛亦發兵相仇殺，皆以萬鐘之死爲辭。巡按御史上其狀，[云]萬鎰宜襲，但與烏掛相誣訐，宜各宥輸贖。而梟殺鐘者，并戍純等，受其賄者亦罰治。詔如之。

　　未幾，鎰死，子阿寫幼，命以萬銓借襲。萬銓有助平阿向功，提督尚書伍文定爲之請。萬銓亦自陳其功，乞加參政銜，賜蟒衣。帝命賜以應得之服。

　　後阿寫長，襲職，改名仁。未幾死。子國亨襲，淫虐，乃以事殺萬銓之子信。信兄智與其母別居於安順州，聞之，因告國亨反。巡撫王諍遽請發兵誅國亨，智遂爲總兵安大朝畫策，且約輸兵糧數萬。及師至陸廣河，智糧不至。諍乃令人諭國亨，而止大朝毋進。[然]兵已渡河，爲國亨所敗。國亨懼大誅，遣使哀辭乞降，朝廷未之許。巡撫阮文中至，檄捕諸反者，密使語國亨，亟出諸奸徒，割地以處安智母子，還所費兵糧，朝廷當待汝以不死。於是國亨悉聽命。帝果赦不誅，而命國亨子民襲。國亨事起於隆慶四年，至萬曆五年乃已。

　　國亨既革任，日遣人至京納賂，爲起復地。[萬曆]十三年，播州宣慰楊應龍以獻大木得賜飛魚服，國亨亦請以大木進，乞還給冠帶誥封如播例。既而木竟不至，乃諉罪於木商。上怒，命奪所賚。國亨請補貢以明不欺，上仍如所請。

　　萬曆二十六年，國亨子疆臣襲職。會播州楊應龍反，疆臣亦以戕殺安定事爲有司所案。科臣有言其逆節漸萌者，詔不問，許殺賊圖功。疆臣奏稱："播警方殷，臣心未白。"上復優詔報之。巡撫郭子章許疆臣以應龍平後還播所侵水西烏江地六百里以酬功，於是疆臣兵從沙溪入。有蜚語水西佐賊者，總督李化龍檄詰之，疆臣遂執賊二十餘人，率所部奪落濛關，至大水田，焚桃溪莊。應龍伏誅。

　　初，應龍之祖以內難走水西，客死。宣慰萬銓挾之，索水烟、天旺地，聽還葬，其地遂爲水西所據。及播州平，分[州]地爲遵義、平越二府，分隸蜀、黔，以渭河中心爲界。總督王象乾代化龍（李化龍），命疆臣歸所侵播州地。子章奏言："侵地始於萬銓，而非疆臣。安氏迫取於楊相喪亂之時，非擅取於應龍蕩平之日。且臣曾許其裂土，今反奪其故地，臣無面目以謝疆臣，願罷去。"象乾疏言："疆臣征播，殲應龍子惟棟不實，首功[之不實]可知。至佯敗棄陣，送藥往來，欺君助逆，迹已昭然。令還侵地，不咎既往，已屬國家寬大。若因其挾而予之，彼不爲恩，我且示弱。疆臣既無功，不與之地，正所以全撫臣（郭子章也）之信。宜留撫臣罷臣，以爲重臣無能與蕞爾苗（此廣義之苗）噂沓者之戒。"於是清疆之議，累年不決。兵部責令兩省巡按御史勘報，而南北言官交章詆象乾貪功起釁。科臣呂邦耀復劾子章納賄縱奸。子章求去益力。象乾執疆臣所遣入京行賄之人與金，以聞於朝。然議者多右疆臣；尚書蕭大亨遂主巡按李時華疏，謂："征播之役，水西不惟假道，且又助兵。矧失之土司，得之土司，播固輸糧，水亦納賦，不宜以土地之故傷字小之仁，地宜歸疆臣。"於是疆臣增官進秩，其母得賜祭，水西尾大之患，亦於是乎不可制矣。

[萬曆]三十六年，疆臣死，弟堯臣襲。

四十一年，烏撒土舍謀逐安効良，堯臣以追印爲名，領兵數萬長驅入滇，直薄霑益州，所過焚掠，備極慘毒。朝廷方以越境擅兵欲加堯臣罪，而堯臣死。子位幼，命其妻奢社輝攝事。社輝，永寧宣撫奢崇明女弟。崇明子寅獷悍，與社輝爭地，相仇恨。而安邦彥者，位之叔父也，素懷異志，陰與崇明合。及崇明反，調兵水西（此明廷調兵也），邦彥遂挾位叛以應之，位幼弱不能制。邦彥更招故宣慰土舍宋萬化爲助，率兵趨畢節，陷之；分兵破安順、平壩、霑益。而萬化亦率苗、仲、九股陷龍里；遂圍貴陽，自稱羅甸王。時天啓元年二月也①。

[時]巡撫李㟫②方受代，聞變，與巡按御史史永安悉力拒守。賊攻不能克，則沿巖制柵，斷城中出入。鎮將張彥芳將兵二萬赴援，隔龍里不得進。貴州總兵楊愈懋、推官郭象儀與賊戰於江門而死。外援既絕，攻益急；城中糧盡，人相食，而拒守不遺餘力。中朝方急遼[事]，不之省。已[而]以王三善爲巡撫，倉卒調兵食，大會將士，分兵三道進。三日抵龍頭營，屢敗賊兵，遂奪龍里。邦彥聞新撫自將大兵數十萬，懼甚，遂退屯龍洞。前鋒楊明楷率烏羅兵擊死安邦俊。遂乘勝抵貴陽城下。先以五騎傳呼曰："新撫至矣。"舉城懽呼更生。貴陽被圍十餘月，城中軍民男婦四十萬，至是餓死幾盡，僅餘二百人。詳《李㟫》

---

① 標點本《校勘記》：元年，據《明史》卷二二《熹宗紀》、又卷二四九《李橒傳》及《熹宗實錄》卷一九天啓二年二月癸酉條應爲"二年"。——整理者注

② 標點本《校勘記》：李㟫，據《明史》卷二四九《李橒傳》應爲"李橒"。下同。——整理者注

及《三善傳》中。

　　光旦："烏羅兵"，烏羅，長官司名，在松桃縣西北，元時始置，明清仍之。正長官楊姓，副冉姓，説明其地有苗、有土家；然原疑亦仡佬地，烏羅爲仡佬之音轉。參《地理志》部分有關片（"總録——貴州土司"）。

　　貴陽圍既解，邦彥遠遁陸廣河外。三善遣使諭社輝母子縛邦彥以降。大軍至者日益衆，三善欲因糧於敵。又諸軍視賊過易。楊明楷營於三十里外，邦彥復糾諸苗來攻，師敗，明楷爲所執。邦彥勢復張，合衆欲再圍貴陽。三善遣兵三路禦之，破生苗寨二百餘，擒萬化等，焚其積聚數萬。龍里、定番四路並通，諸苗畔者相繼降。邦彥氣奪不敢出，於鴨池、陸廣諸要地掘塹屯兵，爲自守計。

　　時奢崇明爲蜀兵所敗，計窮投水西，與邦彥合。

　　[天啓]三年，三善督兵攻大方賊巢，擒土司何中尉等，進營紅崖。連破天台、水腳等七囤，奪其天險。別將亦破賊於羊耳，追至鴨池河，奪其戰象。遂深入至紅鳥岡，諸苗奔潰。

　　三善率兵直入大方。奢社輝、安位焚其巢，竄火灼堡。邦彥奔織金。位遂遣人赴鎮遠，乞降於總督楊述中。[述中]許之，令擒崇明父子自贖，一意主撫。而三善責并獻邦彥，當并用剿，議不合。往返間已逾數月，邦彥得益兵爲備。

　　三善糧不繼，焚大方，還貴州（貴陽），道遇賊，三善爲所害。邦彥率數萬衆來追，總理魯欽力禦之，大戰數日。大軍無糧，乘夜皆潰，欽自到。賊燒劫諸堡，苗兵復助逆。貴陽三十里外樵蘇不行。城中復大震。

　　初，大方東倚播，北倚藺（永寧），相爲犄角。後播、藺既平，賊惟恃烏撒爲援，而畢節爲四夷交通處。當三善由貴陽陸廣深入大方百七十里，皆玀鬼巢窟，以失地利而陷。天啓間（此間字應作初字方合），朱燮元爲蜀督，建議：滇兵出霑益，遏安効良應援，分兵於天生橋、尋甸等處，以絕其走；蜀兵臨畢節，扼其交通之路，而別出龍場巖後，以奪其險；黔兵由普定（安順）渡思臘河，徑趨邦彥巢（織金?），由陸廣、鴨池擣其虛；粵西兵出泗城，分道策應；然後大軍由遵義鼓行而前。尋以憂去，未及用。

　　總督閔夢得繼之，亦以貴州（貴陽）抵大方路險，賊惟恃畢節一路外通。我兵宜從永寧始，自永寧而普市，而霑泥[①]，而赤水，百五十里皆坦途。赤水

[①] 標點本《校勘記》：霑泥，據《明史》卷二四九《朱燮元傳》及《熹宗實録》卷七九天啓六年十二月戊午條應爲"摩泥"。——整理者注

有城郭可憑而守，宜結營進逼。四十里爲白巖，六十里爲層臺，又六十里爲畢節。畢節至大方不及六十里，賊必併力來禦，須重兵扼之，斷其四走之路。然後遵義、貴陽剋期而進。亦不果用。

及是黔事棘，詔起燮元總督貴、雲、川、廣。於是燮元再涖黔，時崇禎元年也。

奢崇明自號大梁王，安邦彥自號四裔大長老，其部衆悉號元帥。悉力趨永寧，先犯赤水。燮元授意守將佯北，誘深入。度賊已抵永寧，分遣別將林兆鼎從三岔入，王國禎從陸廣入，劉養鯤從遵義入。邦彥分兵四應，力不支。羅乾象復以奇兵繞其背，急擊之，賊大驚潰，崇明、邦彥皆授首。邦彥亂七年而誅。

燮元乃移檄安位，赦其罪，許歸附。位豎子不能決，其下謀合潰兵來拒。燮元扼其要害，四面迭攻，斬首萬餘級。復得嚮導，輒發窖粟就食，賊益饑。復遣人至大方燒其室廬。位大恐，遂率四十八目出降。燮元奏請許之，報可。

而前助邦彥故宣慰（上云宣慰土舍）宋萬化之子嗣殷亦至是始剿滅。乃以宋氏洪邊十二馬頭地置開州，建城設官。燮元復遣兵平擺金五洞諸叛苗。水西勢益孤。

十年，安位死（是崇禎十年），無嗣，族屬爭立。朝議欲乘其敝郡縣之。燮元奏未可驟。乃傳檄土目，諭以威德，諸苗爭納土獻印。貴陽甫定，而明亦旋亡矣。

《明史》卷三一六《貴州土司傳·都勻［府］》：

（安萬銓以其兵協征都勻叛苗王聰，見"苗（都勻）"片。）

[彝]（安順）——沿革

《明史》卷三一六《貴州土司傳·安順［府］》：

安順，普里部蠻所居。元世祖置普定府；成宗時改普定路，又爲普安路，並屬雲南。洪武初爲普定府，十六年改爲安順州，隸四川。正統三年改屬貴州。萬曆中改安順軍民府，以普安等州屬焉。普安，故軍民府也，初隸雲南，尋廢爲衛，永樂間改爲州，始隸貴州。［安順軍民府］領長官司二：曰寧谷，曰西堡。

洪武五年，普定府女總管適爾及其弟阿甕來朝，遂命適爾爲知府，許世襲。

六年設普定府流官二員。

十四年城普定。

十五年，普定軍民知府者額來朝，賜米及衣鈔，命諭其部衆，有子弟皆令入國學。

十六年，者額遣弟阿昌及八十一砦長阿窩等來朝。

二十年詔徵普定、安順等州六長官赴京，命以銀二十萬備糴。遣普定侯陳桓等率諸軍駐普安屯田。

明年（二十一年），越州叛苗（彝也）阿資率衆寇普安，燒府治，大肆剽掠。征南將軍傅友德擊走之。且詣軍門降。遂改軍民府爲指揮使司。

二十三年，西平侯沐英奏普安百夫長密即叛，殺屯田官軍及驛丞、試百户。調指揮張泰討之於盤江木窄關，官軍失利。更調指揮蔣文統烏撒、畢節、永寧三衛軍勦之。乃遁。

[洪武]二十六年，普定西堡長官司阿德及諸寨長作亂，命貴州都指揮顧成討平之。

二十八年，成討平西堡土官阿旁。

三十一年，西堡滄浪寨長必莫者聚衆亂，阿革傍等亦糾三千餘人助惡。成皆擊斬之。其地悉平。

　　光旦：根據下文說明，此有關西堡之三條乃仡佬，互見"犵獠"片。

永樂元年，故普安安撫（上未言有安撫司，何有安撫？）者昌之子慈長言："建文時父任是職，宜襲，吏部罷之。本境地闊民稠，輸糧三千餘石，乞仍前職報効。"命仍予安撫。十三年改普安安撫司爲普安州（至此方叙明，不順）。

　　光旦：自明初至永樂十三年，普安已四變矣，軍民府、衛指揮使司、安撫司、州，大抵視當地少數民族力量之消長爲轉移，然亟於求與內地之制取得劃一之操切心情，亦即強求漢化之企圖與作法亦於是見之。

[永樂]十四年，慈長謀占營長地，且強娶民人妻爲妾，殺其夫，閹其子。事聞，命布政司孟驥按狀。慈長糾兵萬餘圍驥，驥以計擒之，逮至京，死於獄。

天順四年，西堡蠻賊[起事]……（別見"犵獠（貴州）"片。）

十年（天順無十年，奪成化二字，見《憲宗實錄》卷一三四成化十年十月庚寅條），安順土知州張承祖與所屬寧谷寨長官顧鐘爭地仇殺。下巡撫究治，命各貢馬贖罪。

　　光旦：張、顧應不是苗，更不是彝，而是仡佬。今苗族中之張姓，以湘省之情況例，疑出自仡佬，所謂"大、小章"或"大、小張"也。顧姓之由來，亦嘗有說，東漢、三國以降，江東顧、陸二姓突然發展，"朱張顧陸",四居其二,其由來尚待研究,然其興也,實與"獠"之初見於史籍完全同時,因不能不疑與仡佬二音有係。以彼例此,顧鐘之顧,殆亦此類。然懸測易,肯定尚難,姑繫於此。

成化十四年,貴州總兵吳經奏,西堡、獅子孔洞等苗作亂……(別見"犵獠(貴州)"片。)

弘治十一年,普安州土判官隆暢妻米魯反。① 米魯者,霑益州土知州安民女也,適暢被出,居其父家。暢老,前妻子禮襲,父子不相能。米魯與營長阿保通,因令阿保諷禮迎己,禮與阿保同烝之。暢聞怒,立殺禮,燬阿保寨。阿保挾魯與其子阿鮓等攻暢,暢走雲南。時東寧伯焦俊爲總兵官,與巡撫錢鉞和解之。魯於道中毒暢死,遂與保據寨反。暢妾曰適烏,生二子,別居南安。米魯欲並殺之,築寨圍其城。又別築三寨於普安,而令阿鮓等防守。名所居寨曰承天,自號無敵天王,出入建黃纛。官兵不能制,鎮巡以聞。發十衛及諸王(土字之誤)兵萬三千人分道進,責安民殺賊自贖。民乃攻斬阿保父子於查刺寨(是則阿鮓爲阿保之子,上文不明),米魯亡走。焦俊等責安民獻魯,民陰資魯兵五百襲殺適烏及其二子,據別寨殺掠,又自請襲爲女土官。鎮巡官皆受魯賂,請宥魯。嚴旨切責,必得魯乃已。貴州副使劉福陰索賂於魯,故緩師。賊益熾,官兵敗於阿馬坡,都指揮吳遠被擄,普安幾陷。帝命南京兵部② 尚書王軾、巡撫陳金、都指揮李政進勦,破二十餘寨。魯竄馬尾籠,官兵圍之,就擒,伏誅。安民自辨,得赦。正德元年,暢族婦適擦襲土判官,赴京朝貢,帝嘉之。或曰適擦亦暢妾云。

[彝](金筑安撫司)

《明史》卷三一六《貴州土司傳·金筑安撫司》:

洪武四年,故元安撫密定來朝貢馬;詔賜文綺三匹,置金筑長官司,秩正六品,隸四川行省,以密定爲長官,世襲。

---

① 標點本《校勘記》:弘治十一年普安州土判官隆暢妻米魯反,《孝宗實錄》卷一五一、《國榷》卷四四頁二七三七均繫於弘治十二年六月癸卯。《明史》卷一五《孝宗紀》繫於十二年九月壬午,係兵部議奏征討之日,參見《孝宗實錄》卷一五四。——整理者注

② 標點本《校勘記》:兵部,據《明史》卷一五《孝宗紀》、又卷一七二《王軾傳》及《孝宗實錄》卷一七六弘治十四年七月癸亥條應爲"户部"。——整理者注

十四年敕勞密定曰："西南諸部雖歸附，然暫入貢而已。爾密定首獻馬五百匹，以助征討，其誠可嘉，故遣特使往諭，俟班師之日，重勞爾功。"陞金筑長官司爲安撫司，仍以密定爲安撫使，予世襲。

十六年，密定遣使貢方物。

十八年，密定遣弟保珠來貢。

二十九年以金筑安撫司隸貴州軍民指揮使司。

永樂初年，金筑安撫得梾來朝，賜絨錦文綺。

洪熙、宣德改元，皆貢馬。

十年（宣德），直隸貴州布政司。

正統五年，安撫金鏞貢馬。

成化、弘治、隆慶時歷朝貢。

萬曆四十年，吏部覆巡撫胡桂芳奏："金筑安撫土舍金大章乞改土爲流，設官建治，欽定州名，鑄給印信，改州判爲流官。授大章土知州，予四品服色，不許管事，子孫承襲，隸州於貴陽府。"遂改金筑安撫司爲廣順州。

　　光旦：金筑本水西地，密定之名類彝，其主要居民姑假定爲彝。

[彝]（普定）

《明史》卷三一六《貴州土司傳》序：

洪武五年，貴州宣慰靄翠與宋蒙古歹及普定府女總管適爾等先後來歸，皆予以原官世襲。

　　光旦：普定之治所即今安順。

　　光旦：其地亦多苗族，所稱花苗是也。

《明史》卷三一九《廣西土司傳·泗城州》：

[弘治]十四年，貴州賊婦米魯作亂，提督王軾請調[泗城土知州岑]接領土兵二萬營於砦布河，因敕接自備兩月餉，趂期赴調。（互見）

　　光旦：弘治三年，接兄應曾侵入貴州，遠至鎮寧，鎮寧北不遠即普定，亦即安順，米魯之地，接奉調出兵，所走固自熟路。

[彝]（普安米魯）

《明史》卷一五：

[弘治]十二年……九月壬午，普安賊婦米魯作亂。

《明史》卷一五：

[弘治]十四年……七月……癸亥，南京户部尚書王軾兼左副都御史提督軍務，討貴州賊婦米魯。

《明史》卷一五：

[弘治]十五年……七月……己丑，王軾破斬米魯，貴州賊平。

《明史》卷一五：

[弘治]十六年……五月……刑部侍郎樊瑩巡視雲、貴，察官吏，問民疾苦。

光旦：此是平米魯後之一種緩和措施，故列此。

《明史》卷一二六《沐英傳》：

弘治十二年，[沐崑（沐昂孫瓚之孫）]平普安賊。

光旦：此"賊"自是米魯，然據帝紀，弘治十二年是米魯起事之年，"平"則十五年間事。

光旦：普安即今盤縣。

光旦：參《嘉靖普安州志》。

[彝]（畢節、普安）

《明史》卷一五七《胡拱辰傳》：

景帝即位（後，年月不詳）……出爲貴州左參政。……至畢節，平宣慰使隴富亂，威行邊徼。

光旦：拱辰文人，直接"平亂"者應是總兵官方瑛。

《明史》卷一八〇《王徽傳》：

[天順八年冬，徽以刑科給事中上疏獲罪，謫貴州普安州州判官。]至普安，興學校教士，始有舉於鄉者。卻土官隴暢及白千户賄。治甚有聲。居七年，棄官歸。

光旦：上疏是憲宗初事，故謫戍亦在成化年間。

光旦：參《嘉靖普安州志》卷六，徽實第一任判官，有褒詞曰，"克修厥職，民夷向化"。

《明史》卷一八〇《汪奎傳》：

弘治十四年以右副都御史巡撫貴州。未浹歲，普安賊婦米魯作亂，被劾致仕。

《明史》卷一八五《黃珂傳》：

  賊婦米魯亂，[珂(時以御史巡按貴州)]奏劾巡撫錢鉞、總兵官焦俊等，皆得罪。

    光旦：無年份，參上條。

《明史》卷一八七《陳金傳》：

  [弘治間(十三年以後)，金以右副都御史巡撫雲南。]貴州兵敗賊婦米魯，米魯退攻平夷衛及大河、扼勒諸堡。金發兵連破之。

[彝] ——米魯

《明史》卷一七二《王軾傳》：

  [弘治十四年(見上摘卷一五條)，]命兼(原已有南京戶部尚書職)左副都御史，督貴州軍務，討普安賊婦米魯。時鎮守中官楊友、總兵官曹愷、巡撫錢鉞共發兵討魯，大敗於阿馬坡。都指揮吳遠被執，普安幾陷。友等請濟師，乃以命軾。軾未至，而友等遣人招賊。賊揚言欲降，益擁眾攻圍普安、安南衛城，斷盤江道，勢愈熾。又乘間劫執友。右布政使閻鉦，按察使劉福，都指揮李宗武、郭仁、史韜、李雄、吳達等死焉。

  軾至，以便宜調廣西、湖廣、雲南、四川官軍、土兵八萬人，合貴州兵，分八道進。使致仕都督王通將一軍。十五年正月，參將趙晟破六墜砦。賊遁，過盤江。都指揮張泰等渡江追擊，指揮劉懷等遂進解安南衛圍。而愷、通及都指揮李政亦各破賊砦。賊還攻平夷衛及大河、扼勒諸堡，都御史陳金以雲南兵禦之。賊遁歸馬尾籠寨。官軍聚攻益急，土官鳳英等格殺米魯，餘黨遂平。

  用兵凡五月，破賊砦千餘，斬首四千八百有奇，俘獲一千二百。

    光旦：土官鳳英，雲南彝，是武定者(見"[彝](武定)")。

[彝](普安)

《明史》卷三一〇《土司列傳·湖廣土司》：

  [弘治]十四年，[永順宣慰彭]世麒……聽調征賊婦米魯。

    光旦：此條見《永順傳》，然下文《保靖傳》中亦及之，保靖土兵亦與於是役也。

《明史》卷三一二《四川土司傳·播州宣慰司傳》：

  [弘治]十四年，調播州兵五千征貴州賊婦米魯等。[有功。]

《明史》卷三一二《四川土司傳·酉陽宣慰司傳》：

[弘治]十四年調酉陽兵五千協剿貴州賊婦米魯。

《明史》卷三一四《雲南土司傳·姚安[府]》：

弘治中，土官高棟與普安叛賊戰，死於板橋驛。

[彝]（雲南蠻）

《明史》卷一七：

[嘉靖]七年……三月……癸巳，右都御史伍文定爲兵部尚書提督軍務，侍郎梁材督理糧儲，討雲南叛蠻。……

六月……丁卯，雲南蠻平。（參"[彝]（尋甸、武定）"）

《明史》卷一二九《傅友德傳》：

[洪武]十九年，[友德]帥師討平雲南蠻。

光旦：此雲南自非全省，究何所指，不詳。（參"[彝]（曲靖蠻）"）

[彝]（曲靖蠻）

《明史》卷一三〇《耿炳文傳》：

[洪武]十九年從潁國公傅友德征雲南，討平曲靖蠻。

[彝]（曲靖）

《明史》卷三一六《貴州土司傳·安順[府]》：

[洪武二十一]年越州叛苗阿資率衆寇普安，燒府治，大肆剽掠。征南將軍傅友德擊走之。旦詣軍門降。遂改軍民府爲指揮使司。（普安本軍民府，自此改衛。）

[彝]（越州蠻）——阿資

《明史》卷三：

[洪武]二十一年……九月……癸巳，越州蠻阿資叛，沐英會傅友德討之。

[洪武]二十二年……正月……乙未，傅友德破阿資於普安。二月……阿資降。

《明史》卷三：

[洪武]二十四年……十二月……辛巳，阿資復叛，都督僉事何福討降之。

《明史》卷三：

  [洪武]二十七年……十一月……阿資復叛，西平侯沐春擊敗之。

《明史》卷三：

  [洪武]二十八年……正月……甲子，西平侯沐春擒斬阿資，越州平。

[彝]——阿資

《明史》卷一二六《沐英傳》：

  [洪武二十二年，英]會潁國公傅友德……平越州酋阿資。

《明史》卷一二六《沐英傳》：

  阿資又叛，[英]擊降之。南中悉定。

    光旦：此條無具體年月，應是洪武廿四年事。英於廿五年卒。

《明史》卷一二六《沐英傳》：

  [洪武二十七年]冬，阿資復叛，[沐春（英長子，嗣英位）]與何福討之。春曰："此賊積年逋誅者，以與諸土酋姻婭，輾轉亡匿。今悉發諸酋從軍，縻繫之，而多設營堡，制其出入，授首必矣。"遂趨越州，分道逼其城，伏精兵道左，以羸卒誘賊，縱擊大敗之。阿資亡山谷中。春陰結旁近土官，詗知所在，樹壘斷其糧道。賊困甚。已[而]出不意擣其巢，遂擒阿資，並誅其黨二百四十人。越州遂平。

《明史》卷一二九《傅友德傳》：

  [洪武]二十一年，[友德復為征南將軍，於討平東川叛蠻之後，]移兵討越州叛酋阿資。明年破之於普安。

    光旦：上《沐英傳》作二十二年，亦可。

《明史》卷一三四《甯正傳》：

  土酋阿資叛……從[沐]英討降之。

    光旦：即上文第二條事，在洪武廿四年。

《明史》卷一四四《何福傳》：

  [洪武]二十四年，拜平羌將軍，討越州叛蠻阿資，破降之。擇地二（立）柵處其衆，置寧越堡。遂平九名九姓諸蠻。

[彝]（曲靖）

《明史》卷三一三《雲南土司傳·曲靖[府]》：

曲靖，隋恭、協二州地。唐置南寧州，改恭州爲曲州，分協州置靖州。至元初，置磨彌部萬户，後改爲曲靖路宣慰司。

洪武十四年，征南將軍下雲南，元曲靖宣慰司征行元帥張麟、行省平章劉輝等來降。

十五年改曲靖千户所爲曲靖軍民指揮使司；置曲靖軍民府。

十六年，霑益州土官安索叔、安磁等貢馬及玀玀刀甲、氊衫、虎皮。詔賜磁冠帶、綺羅衣各一襲并文綺、鈔錠。

羅雄州土酋納居來朝，賜鈔幣。

十七年，亦佐縣土酋安伯作亂。西平侯沐英發兵討降之。

二十年，越州土酋阿資與羅雄州營長發束等叛。阿資者，土官龍海子也。越州，蠻呼爲苦麻部。元末，龍海居之，所屬俱囉囉斯種。王師征南時，［沐］英駐兵其地之湯池山。龍海降，遂遣子入朝，詔以龍海爲知州。尋爲亂，英擒之，徙遼東，至蓋州病死。阿資繼其職，益桀驁。至是叛。

帝命英會征南將軍傅友德進討。道過平夷，以其山險惡，宜駐兵屯守，遂遷其山民往居卑午村，留神策衛千户劉成等將千人置堡其地，後以爲平夷千户所。

阿資等率衆寇普安，燒府治，大肆剽掠。友德率兵擊之，斬其營長。

［洪武］二十二年，友德等進攻，土官普旦來降。阿資退屯普安，倚崖壁爲寨。友德以精兵薄之，蠻衆皆緣壁攀崖，墜死者不可勝數，生擒一千三百餘人，獲馬畜甚衆。阿資遁還越州。復追擊敗之，斬其黨五十餘人。阿資窮蹙請降。初，阿資之遁也，揚言曰："國家有萬軍之勇，我地有萬山之險，豈能盡滅我輩。"英乃請置越州、龍馬①二衛，扼其險要，復分兵追捕，至是遂降。

英等以陸涼西南要地，請設衛屯守。命洱海衛指揮僉事滕聚於古魯昌築城，置陸涼衛指揮使司。

英又言："曲靖指揮千户哈剌不花，乃故元守禦陸涼千户。今陸涼置衛，宜調於本衛鎮守，庶絶後患。"詔從之。

光旦：哈剌不花應是蒙古。

---

① 標點本《校勘記》：龍馬，據《明史稿》傳一八七《曲靖傳》、《寰宇通志》卷一一二、《明一統志》卷八七應爲"馬龍"。"馬龍"一作"馬隆"。《明史》卷四六《地理志》曲靖府馬龍州注云："北有馬隆守禦千户所，本馬隆衛，洪武二十三年七月置。"——整理者注

帝以平夷尤當要衝，四面皆諸蠻部落，乃遣開國公常昇往辰陽集民間丁壯五千人，統以右軍都督僉事王成，即平夷千戶所改置衛。

光旦：五千人中應有今之土家。其選辰陽（今辰溪）亦必有故，土家人尚武善戰，能多出民壯故也，參"白芳子"片。

[洪武]二十三年置越州衛。

二十四年徙越州衛於陸涼州，以英言雲南諸蠻皆降，惟阿資恃險屢叛，宜徙衛軍守禦。

已[而]阿資復叛。命都督僉事何福爲平羌將軍，率師進討，屢敗賊衆。會連月淫雨水溢，阿資援絕，與其衆降。福擇曠地列柵以置其衆。西南有木蓉菁（應作箐），賊常出沒處，復調普安衛官軍置寧越堡鎮之。然阿資終不悛。

[洪武]二十七年，阿資復反。西平侯沐春及福率兵營於越州城北，遣壯士伏於岐路，而以兵挑戰。蠻兵悉衆出，伏起，大敗之。阿資脫身遁。

初，曲靖土軍千戶阿保、張琳所守地與越州接壤，部衆多相與貿易。春使人結阿保等，覘阿資所在及其經行地，星列守堡，絕其糧道。賊益困。

二十八年，福潛引兵屯赤窩鋪，遣百戶張忠等擣賊巢，擒阿資，斬之，俘其黨。越州乃平。自是以後，諸土官按期朝貢，西南晏然。

正統二年，曲靖軍民知府晏毅言四事。一[關]土官承襲（別見"總錄——土官制度"片）。……事下所司議行。毅復請設霑益州松韶巡檢。從之。

嘉靖中，羅雄知州者濬殺營長，奪其妻，生子繼榮。稍長即持刀逐濬。濬欲置之死，以其母故不忍。及濬請老，以繼榮代襲，繼榮遂逐濬。濬訴之鎮巡官，[鎮巡官]命迎濬歸。繼榮陽事之，實加禁錮。

萬曆九年調羅雄兵征緬。繼榮將行，恐留濬爲難，遂弑濬。時霑益土知州安世鼎死，妻安索（素字之誤）儀署州事，亦提兵赴調。繼榮與之合營，通焉；且倚霑益兵力爲助。師過越州，留土官資氏家（資氏疑非彝族，或別有來歷；巴族有資姓），淫樂不進。知州越應奎（越州久廢，只越州衛，何以有知州，所不解；越應奎應是漢官，越姓亦希姓）白於兵備，將擒之。繼榮走，遂聚衆反，攻破陸涼鴨子塘、陡陂諸寨。築石城於赤龍山，據龍潭爲險，廣六十里。名己所居曰"龍樓鳳閣"，環以羣寨，實諸軍士妻女其中。

十三年，巡撫劉世曾乃檄諸道進兵。適劉綎破緬解官回，世曾以兵屬綎。綎遂馳赴普鮓營，直擣赤龍寨，斬賊渠帥，繼榮遁去。綎復連破三寨，降其衆一萬七千人，追奔至阿拜江，斬繼榮。賊平。

世曾請築城，改設流官。乃以何佟爲知州，者繼仁爲巡檢。未幾，蠻寇必大反，殺繼仁，執佟。參將蔡兆吉等討定之。乃改羅雄州曰羅平，設千戶所曰定雄。

時霑益安索（素）儀無子，以烏撒土官子安紹慶爲嗣。[紹]慶死，孫安遠襲。土婦設科作亂，逐安遠，糾衆焚掠霑益諸堡站，陷平夷衛。天啓三年，官兵擒設科，誅之。[天啓]五年，安邊據霑益，從水西叛。事詳《烏撒傳》中（別有片）。

初，越州阿資罪誅。永樂間以其子祿寧爲土縣丞，與亦佐（府屬縣）沙氏分土而居。其地南北一百二十里，士馬精強，征調銀至三千八百兩。曲靖境內有交水，去平夷衛二舍，與黔接壤，滇師出上六衛必由之道。天啓初，水西用兵，撫臣議："曲靖鎖鑰全滇，交水當黔、滇之衝，乃阨塞要地。平夷右所宜移置交水，去險築城，俾與平夷衛相望，互爲聲援，便。"報可。

[彝]（霑益、祿豐）

《明史》卷一二六《沐英傳》：

　　天順初，[沐璘（沐昂孫）卒，]擢璘弟……瓚爲都督同知……[瓚]居七年，先後討平霑、祿諸寨及土官之搆兵者。

　　　　光旦：霑、祿當是霑益、祿豐，此一帶自是彝地。

　　　　光旦：土官搆兵者，不必盡是彝，姑附此。

[彝]（霑益）

《明史》卷三一一《四川土司傳・烏蒙等四軍民府傳》：

　　（霑益與烏蒙等關係，尤其是與烏撒，見"[彝]（烏蒙、烏撒等）——沿革"片。）

[彝？]（羅平）

《明史》卷一二六《沐英傳》：

　　成化三年春，[沐]琮……之鎮……以次討平馬龍、麗江、劍川、順寧、羅雄諸叛蠻；捕擒橋甸、南窩反者。

　　　　光旦：馬龍、羅雄二地，彝之成分爲多。

　　　　光旦：後句中兩地名不詳，"反者"可能爲少數民族，可能不是，姑附此。

《明史》卷一二六《沐英傳》：

  [萬曆十二年後，沐昌祚(沐氏嗣公)]以次平羅雄諸叛蠻。

    光旦：羅雄今雲南羅平縣。查萬曆十二年羅雄首領者繼榮起事，被鎮壓，改土設流，因名羅平，猶羅旁瑤受鎮壓後而有羅定縣也。

    光旦：相傳盤瓠後裔有羅雄者居此，後因名羅雄部。是則當地民族容有一部分基礎爲瑤或巴，自范氏作《後漢書》以來，頗有史家以部分廩君之後裔混爲盤瓠之後裔者，在此亦未始無此可能。然無論其初爲瑤爲巴，歷久在彝族包圍之中，至明代後葉，當亦已基本上彝化矣，故片眉列"[彝]"。

[彝](羅雄)

《明史》卷二四七《劉綎傳》：

  [萬曆間(十二、十三年)]羅雄變起。羅雄者，曲靖屬州也，者氏世爲知州。嘉靖時，者濬嗣職，殺營長而奪其妻，生子繼榮。濬年老無他子，繼榮得襲職，遂弑濬。妖僧王道、張道以繼榮有異相，奉爲主。用符術鍊丁甲，煽聚徒黨。獨外弟隆有義不從。十三年冬，繼榮分黨四剽，廣西師宗、陸涼諸府州咸被患。巡撫劉世曾檄調漢土軍，屬監司程正誼、鄭璧等分禦之。會綎解官(適在平岳鳳之後，有罪革副總兵臨元參將原職)至霑益，世曾……令與裨將劉紹桂、萬鏊分道討。綎直搗繼榮寨，拔之，獲其妻妾數人，繼榮逸去。綎連克三砦，斬王道、張道，追亡至阿拜江。隆有義部卒斬繼榮首以獻，賊盡平。時首功止五十餘級，而撫降者萬餘人，論者稱其不妄殺。

[彝？](雲南楚雄)

《明史》卷一二六《沐英傳》：

  [嘉靖]四十四年，[沐朝弼(沐氏嗣公，紹勛子，朝輔弟)]討擒叛蠻阿方、李向陽。(參"總錄——雲南沿革"中卷三一三《楚雄傳》條)

[彝](楚雄)

《明史》卷一三四《甯正傳》附《袁義傳》：

  從沐英征雲南……留鎮楚雄。蠻人屢叛；義積糧高壘，且守且戰。以功遷楚雄衛指揮使。

  光旦：此蠻人應是彝。

《明史》卷三一三《雲南土司傳·楚雄[府]》：

  [所屬南安]州俱羅舞、和泥、烏蠻雜類（時在宣德間）。

《明史》卷三一三《雲南土司傳·楚雄[府]》：

  （楚雄府境城、郊居者多白族，山居者多彝族，起事者亦以彝爲多，見"總錄——雲南沿革"片。）

[彝?]（金沙江蠻）

《明史》卷二一：

  [萬曆]三十五年……十二月，金沙江蠻阿克叛，陷武定，攻圍雲南，別陷嵩明、禄豐。

《明史》卷二一：

  [萬曆]三十六年……九月甲午，四川巡撫都御史喬璧星奏擒阿克於東川，賊平。

[彝]（武定）

《明史》卷一二六《沐英傳》：

  尋甸土舍安銓叛……武定土舍鳳朝文亦叛，與銓連兵攻，雲南大擾。世宗遣尚書伍文定將大軍征之。未至，而[沐]紹勛（沐氏嗣公，昂孫瓚之孫崑之子）督所部先進，告土官子弟當襲者，先予冠帶，破賊後當爲請。衆多奮戰，賊大敗。朝文絶普渡河走，追斬之東川。銓[初]還尋甸，[續抗官軍，後走芒部被擒。]先後擒賊黨千餘人，俘斬無算。時嘉靖七年也。

《明史》卷一二六《沐英傳》：

  隆慶初，[沐朝弼（沐氏嗣公，紹勛子，朝輔弟）]平武定叛酋鳳繼祖，破賊巢三十餘。

《明史》卷一二六《沐英傳》：

  [萬曆中葉後，沐昌祚病，]命子叡代鎮。武定土酋阿克叛，攻會城，脅府印去，叡被逮下獄。

《明史》卷一五四《李彬傳》：

  正德中，[旻（彬裔孫嗣爵者）]鎮貴州……平武定諸蠻有功。

《明史》卷二〇二《唐龍傳》：

　　授御史，出按雲南。……土官鳳朝明坐罪死，革世職。[武宗義子錢]寧令滇人爲保舉，而矯旨許之。龍抗疏爭，寢其事。

　　　　光旦：此與土官制度之維持與鞏固有關，故爭之；互見"總錄——土官制度"片。此應是正德六、七年間事。

《明史》卷二二一《郭應聘傳·吳文華附傳》：

　　歷四川右參政，與平土官鳳繼祖。

　　　　光旦：年份在嘉靖四十五年（參下摘卷三一四《武定傳》條）。

《明史》卷二二二《譚綸傳》：

　　[嘉靖]四十四年冬，[以右僉都御史巡撫四川。]雲南叛酋鳳繼祖遁入會理，綸會師討平之。

《明史》卷二二三《盛應期傳》：

　　正德初，歷雲南僉事。武定知府鳳應死，其妻攝府事，子朝鳴爲寇。應期單車入其境，母子惶怖，歸所侵。策鳳氏終亂，奏降其秩，設官制之。寢不行。後卒叛。

《明史》卷二三六《王元翰傳》：

　　武定賊阿克作亂。元翰（時爲工科右給事中）上言："克本小醜，亂易平也。至雲南大害，莫甚貢金、榷稅二事。"

　　　　光旦：時當在萬曆三十五年（參下摘卷三一四《武定傳》條）。元翰雲南寧州人。

《明史》卷二八三《鄧以讚傳·張元忭附傳》：

　　父天復，官雲南副使，擊武定賊鳳繼祖有功。已[而]賊還襲武定，官軍敗績，巡撫呂光洵討滅之。至隆慶初，議者追理前失亡狀，逮天復赴雲南對簿。元忭適下第還，萬里護行，髮盡白。已[而]復馳詣闕下白[父]冤……天復得削籍歸。

《明史》卷二九〇《蘇夢暘傳》：

　　萬曆間，爲雲南祿豐知縣。三十五年十二月，武定賊鳳騰霄反，圍雲南府城，轉寇祿豐。夢暘率民兵出城力戰，賊退去。明年元旦，方朝服祝釐，賊出不意襲陷其城，執之去，不屈死。……當祿豐之未陷也，賊先犯嵩明州，吏目韋宗孝出禦而敗，合門死之。……有龍旌者……爲嵩明州學正。……[亦]被執，罵賊死。

《明史》卷三一四《雲南土司傳·武定[府]》：

武定，南詔三十七部之一。宋淳熙間，大理段氏以阿歷爲羅武部長。三傳至矣格，當元世祖時，爲北部土官總管；至元七年改武定路，置南甸縣。

洪武十四年，雲南下，武定女土官商勝首先歸附。

十五年改爲武定軍民府，以勝署府事。

十六年，勝遣人來朝，貢馬。詔賜勝誥命、朝服及錦幣、鈔錠。

十七年以和曲土官豆派爲知州。

二十一年發內帑，令於武定、德昌、會川諸處，市馬三千匹。

宣德元年，元謀縣故土知縣吾忠子政來朝。

> 光旦：吾必奎之先世。

正德三年（爲二年之誤）……七月廢武定所屬之南甸縣改隸和曲州，石舊縣改隸祿勸州。（既曰廢，又曰改隸，文字矛盾。）

三年，土知府鳳英以從征功，進秩右參政，仍知府事（又一破例之舉，或是賂遺劉瑾得之者）；請賜金帶，部議不可。帝以英有軍功，給之。明年，英貢馬謝恩，賜如例。

嘉靖七年，土舍鳳朝文作亂。殺同知以下官吏，刦州印，舉兵與尋甸賊安銓合犯雲南府。撫臣以聞。時安銓未平，朝文復起，滇中大擾。詔以右都御史伍文定爲兵部尚書，提督雲、貴、川、湖軍務，調四鎮土漢官軍討賊。五月，黔國公沐勛①疏言："臣奉命會同巡撫等調發官軍，分道剿撫。諸賊抗逆，執留所遣官軍二人，所調集各土舍，又重自疑畏。臣謹以便宜榜示，先給冠帶，待後奏請承襲，衆始感奮。於二月進兵，擊斬強賊十餘人，賊奔回武定。乞敕部授臣方略，俾獲便宜行事，并宥各土舍往罪，凡有功者，俱許承襲，作其敵愾之氣。"帝納之……賊既敗歸，其黨稍散。初，朝文紿其衆，謂武定知府鳳詔母子已戮，朝廷且盡剿武定蠻衆。至是，鳳詔同其母率衆自會城往，蠻民相顧錯愕，咸投鳳詔降。（鳳詔何故去會城，又何以歸，欠說明）朝文計無所出，絕普渡（河名）而走；官兵追及，復敗之。朝文率家奴數人，取道霑益州，奔至東川之湯郎箐，爲追兵所及，磔死。

銓衆猶盛，遁據尋甸故巢，列寨數十。官兵分哨夾攻之，諸寨先後破，乃

---

① 標點本《校勘記》：沐勛，據《明史》卷一〇五《功臣世表》、卷一二六《沐英傳》及《世宗實錄》卷八八嘉靖七年五月甲申條應爲"沐紹勛"。——整理者注

併力攻拔其必古老巢。銓奔東川，入芒部，爲土舍祿慶所執。賊平。

是役也，生擒渠賊千餘人，斬首二千九百餘級，俘獲男婦千二百餘，撫散蠻黨二萬有奇，奪器械牛馬無算。捷聞，銓、朝文皆梟示，籍其產，家屬戍邊。

[嘉靖]十六年命土知府瞿氏掌印。初，府印自洪武以來俱掌於土官；正德間有司議以畀流官同知，土知府職專巡捕、徵糧而已。及鳳詔死，瞿氏以母襲子官，所轄四十七馬頭阿台等，數請以印屬瞿氏。吏部覆言，係舊例，宜如其請。從之。

四十二年，瞿氏老，舉鳳詔妻索林自代。比索林襲，遂失事姑禮。瞿氏大恚，乃收異姓兒繼祖入鳳氏宗，挾其甥壻貴州水西土舍安國亨、四川建昌土官鳳氏兵力，欲廢索林，以繼祖嗣。不克；乃具疏自稱爲索林囚禁，令繼祖詣闕告之。繼祖歸，詐稱受朝命襲職，驅目兵逼奪府印。索林抱印奔會城。撫按官諭解之。索林歸武定，視事如故，而復聽繼祖留瞿氏所。於是婦姑嫌隙益甚。索林謀誅繼祖，事洩，繼祖遂大發兵圍府，行劫和曲、祿勸等州縣，殺傷調至土官王心一等兵。索林復抱印走雲南[府]。巡撫曹忭下令收印，逮其左右鄭竑繫獄，令瞿氏暫理府事；貸繼祖，責其自新。

四十四年添設府通判一員。

四十五年築武定新城成。巡撫呂光洵遣鄭竑回府復業。鄭竑者，前爲索林謀殺繼祖者也。繼祖執而殺之；糾衆攻新城。臨安通判胡文顯督百戶李鰲、土舍王德隆往援；至雞溪子隘，遇伏，鰲及德隆俱死。僉事張澤督尋甸兵二千餘馳救，亦敗，澤及千戶劉裕被執。鎮巡官促諸道兵並進，逼繼祖東山寨，圍之。繼祖懼，攜澤及索林走照姑。已[而]復殺澤。官軍追之急，[乃]由直勒渡過江（金沙江），趨四川，依東川婦家阿科等。巡按劉思問以狀聞。敕雲南、四川會兵討賊。初，繼祖之走東川也，土官鳳氏與之通。已而[鳳氏]見滇、蜀官軍與土舍祿紹先等兵皆會，乃背繼祖，發卒七千人來援。繼祖益窮。賊帥者色赴紹先營降，斬繼祖以獻。姚縣（疑是姚州之誤，至民國始改姚州爲姚安縣）土官高繼先復擒其餘黨，姚安府同知高欽及弟鈞，謀主趙士傑等皆伏誅。（姚安府同知高氏兄弟何以亦在內，欠明白交代。）

> 光旦：姚安、武定異府，白、彝異族，終於合作，必有故，竟無絲毫說明，《明史》疏略，類此者不一。

守臣議改設流官；猶不欲絕鳳氏，授索林支屬鳳曆子思堯經歷，給莊百餘。鳳曆以不得知府怨望，陰結四川七州及水西宣慰安國亨謀作亂。

> 光旦：此在當時之彝族爲最廣泛之結合矣。

流官知府劉宗寅遣諭之，不聽，遂聚衆稱思堯知府，夜襲府城。城中嚴備不能入，退屯魯墟。宗寅夜出兵，砍其營，賊潰，追至馬剌山，擒鳳曆，伏誅。

萬曆三十五年，繼祖姪阿克久徙金沙江外，賊黨鄭舉等誘阿克作亂，陰結江外會川諸蠻，直陷武定，大肆刦掠。連破元謀、羅次諸城；索府印。會流官知府攜印會城，不能得。賊以無印難號召，劫推官，請冠帶、印信。鎮撫以兵未集，懼，差人以府印授之。賊退入武定，立阿克爲知府。鎮撫調集土兵，分五路進勦，克復武定、元謀、羅次、禄豐、嵩明等州縣，擒阿克及其黨至京師，磔於市。武定平，遂悉置流官。

> 光旦：川、滇、黔諸彝，地廣兵强，姻親關係亦極密切，金沙江南北，西自建昌，東至水西，固無不連接，牽一髮而可動全身者；然始終未能進入部落聯盟之境界，其故不一，主要自是周圍及中原之封建統治强大，一有風吹草動，即遭無情鎮壓。封建統治之影響有二方面，一爲兵威；二爲統治方式所提出之榜樣，大大超出部落與部落聯盟，致使彝人不發難則已，發難則以此爲模式，稱王道霸，引起內部矛盾，削弱團結，卒至一一被翦滅而後已！

[彝]（尋甸、武定）

《明史》卷一九二《楊慎傳》：

> [嘉靖六年（參下摘卷二〇〇《伍文定傳》條），慎（時謫戍永昌衛）]聞尋甸安銓、武定鳳朝文作亂，率僮奴及步卒百餘馳赴木密所，與守臣擊敗賊。

《明史》卷一九九《李承勛傳》：

> [嘉靖]十年春……承勛（時爲兵部尚書）言："……雲南安、鳳之叛，軍民困敝。臨安、蒙自盜賊復興，曠日淹時，恐釀大患。"

> 光旦：安、鳳二人，即上條事。臨安、蒙自之"盜"或不是彝。姑附此。

《明史》卷二〇〇《伍文定傳》：

> [嘉靖六年]冬，擢右都御史，代胡世寧掌院事。雲南土酋安銓反，敗參政黃昭道，攻陷尋甸、嵩明。明年，武定土酋鳳朝文亦反，殺同知以下官，與銓合兵圍雲南。詔進文定兵部尚書兼前職，提督雲南、四川、貴州、湖廣軍討之，以侍郎梁材督餉。會芒部叛酋沙保子普奴爲亂，并以屬文定。文定未至雲南，銓等已爲巡撫歐陽重所破。遂移師征普奴。左都御史李承勛極言川、貴殘

破，不當用兵，遂召還……四川巡按御史戴金復上言："叛酋稱亂之初，勢尚可撫。而文定決意進兵，一無顧惜。飛芻輓糧，糜數十萬。及有詔罷師，尚不肯已。又極論土酋阿濟等罪。軍民訛言，幾復生變。臣愚以爲文定可罪也。"……文定忠義自許，遇事敢爲……芒部之役，憤小醜數亂，欲爲國伸威，爲議者旁撓。廟堂專務姑息，以故功不克就。九年……卒。

《明史》卷二〇三《歐陽重傳》：

尋甸土酋安銓、[武定土酋]鳳朝文反，[以右僉都御史巡撫]雲南。初，武定土知府鳳詔母子坐事留雲南，朝文紿其衆，言詔已戮，官軍將盡滅其部黨，以故諸蠻悉從爲亂，攻圍會城。重督兵擊敗之，而遣詔母子還故地。其黨愕，相率歸之。朝文計窮，絕普渡河走。追兵至，殲焉。銓逃尋甸故巢。官軍攻破其砦，執銓。賊盡平。乃散其黨二萬人，遷尋甸府於鳳梧山下，更設守禦千户所。重推功於前撫臣傅習。

[彝]（尋甸）

《明史》卷一二六《沐英傳》：

成化三年春，[沐]琮（斌子）……之鎮（初琮幼，代之鎮雲南者爲沐昂孫璘，璘卒，爲璘弟瓚）……屬夷餽贄無所受。尋甸酋殺兄子，求爲守，琮捕誅之。

　　光旦：尋甸事不必即成化三年者，或略後。

《明史》卷一二六《沐英傳》：

尋甸土舍安銓叛，都御史傅習討之，敗績。武定土舍鳳朝文亦叛，與銓連兵攻，雲南大擾。世宗遣尚書伍文定將大軍征之。未至，而紹勛（沐氏嗣公，沐崑子，崑爲昂孫瓚之孫）督所部先進，告土官子弟當襲者，先予冠帶，破賊後當爲請。衆多奮戰，賊大敗。朝文絕普渡河走，追斬之東川。銓還尋甸，列砦數十，官軍攻破之，擒銓於芒部。先後擒賊黨千餘人，俘斬無算。時嘉靖七年也。

《明史》卷三一四《雲南土司傳·武定[府]》：

（武定鳳朝文與尋甸安銓合力反明，終於失敗，見"[彝]（武定）"片。）

《明史》卷三一四《雲南土司傳·尋甸[府]》：

尋甸，古滇國地，僰剌蠻居之，號仲劄溢源部；後爲烏蠻裔斯丁所奪，號斯丁部。蒙氏爲尋甸。至段氏，改仁德部。元初，置仁德萬户，後改府。

光旦：斯丁、尋甸、仁德皆一音之轉。

　　洪武十五年定雲南，仁德土官阿孔等貢馬及方物，改爲尋甸軍民府。

　　十六年，土官安陽來朝，貢馬及虎皮、氈衫等物，詔賜衣服、錦綺、鈔錠。

　　十七年以尋甸土官沙琛爲知府。

　　二十三年置木密關守禦千户所於尋甸之甸頭易龍驛。又置屯田所於甸頭里果馬里，聯絡耕種，以爲邊備。

　　是後，土官皆按期入貢。

　　成化十二年，兵部奏，土官舍人安宣聚衆殺掠。命鎮守官相機撫捕。

　　十四年，土知府安晟死，兄弟争襲，遂改置流官。

　　嘉靖六年，安銓作亂，乃土舍之失職者也（雖設流官知府，仍留土舍），侵掠嵩明、木密、楊林等處。巡撫傅習橄守巡官討之，大敗，賊遂陷尋甸、嵩明，殺指揮王昇、唐功等，知府馬性魯棄城走。時武定鳳朝文叛，銓與之合，久之伏誅，事詳前傳（見同片前條）。

　　光旦：安銓之起已在尋甸設流之後四十九年。

[彝]（雲南廣西府）

《明史》卷三一三《雲南土司傳·廣西[府]》：

　　廣西，隋屬牂州，後爲東爨（爨字之誤）烏蠻等部所居。唐隸黔州都督府。後師宗、彌勒二部寖盛，蒙、段皆莫能制。元憲宗時始内屬；至元十二年籍二部爲軍，置廣西路。

　　洪武十四年歸附，以土官普德署府事（忘言改路爲府）。

　　二十年，普德及彌勒知州赤善、師宗知州阿的各遣人貢馬，詔賜文綺鈔錠。

　　二十四年，布政使張紞奏："維摩、雲龍、永寧、浪渠、越、順等州（似只維摩州在本府，餘不相干）縣蠻民頑惡，不遵政教，宜置兵戍守以控制之。"是後，朝貢賜予如制。

　　正統六年，總兵官沐昂奏師宗州及廣南府賊阿羅、阿思（亦見《廣南府》下）糾合爲亂。命昂等招諭，未幾平。

　　成化中，土知府昂貴（普德之後人？）有罪，革其職，安置彌勒州；乃置流官，始築土城。

　　嘉靖元年設雲南彌勒州十八寨守禦千户所。

　　其部衆好擄掠，無紀律。至水西、烏撒用兵，始徵調之。崇禎間，巡按御史傳宗龍由滇入黔，招普兵以行。時滇中最勍稱沙、普兵，亦曰昂兵。

[彝]（雲南師宗）

《明史》卷一〇：

[正統]五年……十一月……乙丑，沐昂討平師宗叛蠻。

光旦：此是彝否，尚需肯定。

《明史》卷一二六《沐英傳》：

[沐昂]捕斬師宗反者。

光旦：無具體年月，但書在正統四年下，六年前，與上自是一事。

《明史》卷一二六《沐英傳》：

弘治十二年，[沐崑（沐瓚孫）]平龜山、竹箐諸蠻。

光旦：雲南至少有二龜山，一在師宗，一在路南，此應是在師宗者，師宗之蠻曾屢次起事於前也。後至萬曆間又曾築城於龜山，駐有督捕通判。竹箐應是別一處，未詳。①

《明史》卷一二六《沐英傳》：

正德二年，師宗民阿本作亂，[沐崑（沐昂孫瓚之孫）]與都御史吳文度督兵分三道進。一出師宗，一出羅雄，一出彌勒，而別遣一軍伏盤江，截賊巢，遂大破之。

《明史》卷一二六《沐英傳》：

[嘉靖七年，]師宗、納樓、思陀、八寨皆亂，久不解。[沐]紹勛（沐崑子）使使者徧歷諸蠻，諷以武定、尋甸事，皆慴伏，願還侵地。

光旦：時武定鳳朝文，尋甸安銓之起事方敗。

[彝]（雲南）——龍在田

《明史》卷二七〇《秦良玉傳》：

拱明（良玉兄邦屏之子，官至副總兵）值普名聲之亂，與賊鬬死。

《明史》卷二七〇《龍在田傳》：

龍在田，石屏州土官舍人也。天啓二年，雲南賊安效良、張世臣等爲亂。

---

① 竹箐，應即竹子箐，龜山在雲南廣西府北面，竹子箐在廣西府南面，見《中國歷史地圖集·明》（地圖出版社，1982年）。又參"[苗]"中《明史》卷一七八《陳金傳》條。——整理者注

在田與阿迷普名聲、武定吾必奎等征討，數有功，得爲土守備。新平賊剽石屏，安效良攻霑益，在田俱破走之。巡撫閔洪學上其功，擢坐營都司。

崇禎二年與[吾]必奎收復烏撒。

八年，流賊犯鳳陽，詔徵雲南土兵。在田率所部應詔，擊賊湖廣、河南，頗有功，擢副總兵。總理盧象昇檄討襄陽賊……十年三月擊擒大盜郭三海。十一年九月大破賀一龍、李萬慶於雙溝，進都督同知。明年（十二年）三月大破賊固始，斬首三千五百有奇。張獻忠之叛也，[熊]文燦（代盧象昇者）命在田駐穀城，遏賊東突。……及文燦被逮，在田亦罷歸。

還至貴州，擊平叛賊安隴璧。

十五年夏，中原盜益熾。在田上疏曰：臣以石屏世弁，因流氛震陵，奮激國難，捐貲募精卒九千五百，戰象四，戰馬二千，入楚、豫破賊。賊不敢窺江北陵寢，滇兵有力焉。五載捷二十有八，忌口中阻，逼臣病歸。……臣妄謂討寇必須南兵……滇兵萬里長驅，家人父子同志，非若他軍易潰也。……滇兵輕走遠跳，善搜山。臣願整萬衆，力掃秦、楚、豫、皖諸寇，不滅不止。望速給行糧……下兵部議，寢不行。

踰二載，乙酉八月，吾必奎叛。黔國公沐天波檄在田及寧州土知州祿永命協討，擊擒之。

未幾，沙定洲作亂，據雲南府。在田不敢擊。明年，定洲攻在田不下，移攻寧州，尋陷嶍峨。在田走大理。又明年，孫可望等至貴州，在田說令攻定洲，定洲迄破滅。在田歸，卒於家。

　　光旦：普、龍、安、吾、沙，皆彝也。安無問題，吾亦略可肯定，普、龍、沙尚須進一步查核，姑列此。祿爲彝亦無疑。

[彝]（阿迷）

《明史》卷二九〇《何天衢傳》：

阿迷州人。……土酋普名聲招爲頭目，使駐三鄉。崇禎三年，名聲反，謀出三路兵，至昆明會戰。令天衢自維摩、羅平入，以礦手三百人助之。天衢……曰："……吾豈爲逆賊用哉！"坑殺礦手數十人，率衆歸附，署維摩州同知李嗣泌開城納之。名聲已陷彌勒，聞大懼，急撤兩路兵歸。……授[天衢]爲守備。後數與嗣泌進勦有功。

及名聲死，妻萬氏代領其衆，屢攻天衢。天衢屢挫之……進參將。十三年擢副總兵。萬氏贅沙定洲爲壻，益以南安兵，且厚賂黔國公用事者，令毀天衢。天衢請兵餉皆不應，賊悉力攻之，食盡，舉家自焚死。

《明史》卷二九五《張繼孟傳》：

　　出爲廣西知府(雲南廣西府)。土酋普名聲久亂未靖，繼孟設計戢之，一方遂安。

　　　　　光旦：事應在崇禎十年前後。

《明史》卷二九五《耿廷籙傳》：

　　崇禎……十七年……十一月，以張獻忠亂四川，命加太僕少卿赴雲南監沙定洲軍(廷籙本臨安河西人)，由建昌入川討賊。明年三月……拜……右僉都御史[巡撫四川]。未赴，而定洲作亂，蜀地亦盡失，遂止不行。

《明史》卷二七九《王錫袞傳》：

　　[唐王、桂王前後命爲禮部尚書東閣大學士，]皆不至。土酋沙定洲作亂，執至會城，詭草錫袞疏上永明王，言定洲忠勇，請代黔國公鎮雲南。疏既行，以稿示之。錫袞大恨，懇上帝祈死。居數日，竟卒。

[彝]（武定、阿迷）

《明史》卷二七九《楊畏知傳》：

　　崇禎中，歷官雲南副使，分巡金、滄。乙酉秋，武定土官吾必奎反，連陷祿豐、廣通諸縣及楚雄府。畏知督兵復雄，駐其地。必奎伏誅，而阿迷土官沙定洲繼亂，據雲南，黔國公沐天波走楚雄。巡撫吳兆元不能制，許爲奏請鎮雲南。定洲遂西追天波。畏知說天波走永昌，而己以楚雄當定洲。定洲至，畏知復紿之曰："若所急者，黔國爾，今已西。待爾定永昌還，朝命當已下，予出城以禮見。今順逆未分，不能爲不義屈也。"定洲恐失天波，與盟而去。分兵陷大理、蒙化。畏知乘間清野繕堞，徵鄰境援兵，姚安、景東俱響應。定洲聞，不敢至永昌，還攻楚雄，不能下。畏知伺賊懈，輒出擊，殺傷多。[沙定洲]乃引去，還攻石屏、寧州、嶍峨，皆陷之。① 復西攻楚雄，迄不能下。明年(丙戌)，孫可望等入雲南，定洲還救，大敗，遁歸阿迷。

《明史》卷二九五《高其勳傳》：

---

① 標點本《校勘記》：攻石屏、寧州、嶍峨皆陷之，《明史》卷三一三《雲南傳》作"攻石屏不下"。——整理者注

爲黔國公標下中軍。吾必奎反，擢參將，守禦武定。及沙定洲再反，分兵來攻。固守月餘，城陷，[死之。]

[彝]——吾必奎

《明史》卷三一三《雲南土司傳·雲南[府]傳》：

　　崇禎中，元謀土知州吾必奎叛。總兵官沐天波剿之，調[沙]定洲從征。定洲不欲行……[遂反。]

《明史》卷三一三《雲南土司傳·臨安[府]》：

　　（普名聲、吾必奎、沙定洲三人先後起伏關係，見"[僚？](阿迷普氏)"片。）

《明史》卷三一四《雲南土司傳·武定[府]》：

　　宣德元年，元謀縣故土知縣吾忠子政來朝。

　　　　光旦：必奎之先世，初爲土知縣，後陞州，何時陞，未詳。

[彝？]——沙定洲

《明史》卷三一三《雲南土司傳·雲南[府]傳》：

　　滇南喪敗，卒由土官沙定洲之禍。沙定洲者，王弄山長官司沙源之子也。源驍勇有將材，萬曆中，數從征調有功，巡撫委以王弄副長官事。繼以征建水功，以安南長官司廢地畀之。後征東川、水西、馬龍山等處，全雲南會城，稱首功；累加至宣撫使；時號沙兵。

　　定洲，其仲子也。

　　崇禎中，元謀土知州吾必奎叛。總兵官沐天波剿之，調定洲從征。定洲不欲行，出怨言。會奸徒饒希之、余錫朋者逋天波金，無以償。錫朋常出入土司家，誇黔府富盛。定洲心動，陰結都司阮韻嘉諸人爲內應。既[而]定洲入城辭行，天波以家諱日不視事，定洲譟而入，焚劫其府。天波聞變，由小竇遁。時寧州土司祿永命在城（雲南府城），方巷戰拒賊……定洲據黔府，盤踞會城。劫巡撫吳兆元，使題請代天波鎮滇，傳檄州縣，全滇震動。祿永命與石屏州龍在田俱引所部去。

　　天波走楚雄。金滄副使楊畏知奉調駐城（楚雄）中，謂天波曰："公何不走永昌，使楚[雄]得爲備，而公在彼犄角，首尾牽制之，上策也。"天波從之。定洲至楚雄，城閉不得入，乃去。遣其黨王翔、李日芳等，攻陷大理、蒙化。畏知乘間檄城外居民盡入城，築陣濬隍，調土、漢兵守之。

定洲聞祿永命等各固守，不敢至永昌，恐畏知截其歸路，急還兵攻楚雄。畏知坐城樓，賊發巨礮擊之，煙焰籠城櫓，衆謂畏知已死，而畏知端坐自如，賊相驚謂神。畏知伺賊間，輒出奇兵殺賊甚衆。賊引去。攻石屏不下。還攻寧州，祿永命戰死。

賊計迤東稍稍定，乃復攻楚雄。分兵爲七十二營，環城掘濠，爲久困計。會張獻忠死，其部將孫可望率餘衆由遵義入黔，稱黔國焦夫人弟來復仇（天波遁時，其母妻走城北自焚死，上文未引）。民久困沙兵，喜其來，迎之。定洲解楚雄圍，迎戰於草泥關，大敗，遁阿迷。……[可望既入雲南城，]遣李定國徇迤東諸府。……李定國[部下]之徇臨安者，定洲部目李阿楚拒戰甚力。定國[部下]穴地置礮，礮發城陷，遂入[大屠之，不復移師攻阿迷]……定洲歸（阿迷），屯兵洱革龍，且借安南援自固。會可望……責[定國屠諸城罪，令]以取定洲自贖。定國既至，定洲土目楊嘉方迎定洲就其營宴。定國偵知之，率兵圍營，相拒數日，乃出降。遂械定洲及妻萬氏數百人回雲南[府]，剝其皮市中。

《明史》卷三一三《雲南土司傳‧臨安[府]》：

（普名聲、吾必奎、沙定洲三人先後起伏關係，見"[僚？](阿迷普氏)"片。）

[彝]（寧州祿氏）

《明史》卷三一三《雲南土司傳‧雲南[府]傳》：

崇禎中，[沙定洲之襲取會城也，]寧州土[知州]祿永命在城……巷戰拒賊……[沐天波既出走，]祿永命與石屏州龍在田俱引所部去。……[及沙定洲攻楚雄不下]引去，攻石屏[亦]不下，還攻寧州，祿永命戰死。

《明史》卷三一三《雲南土司傳‧臨安[府]》：

嘉靖元年復設寧州流官知州，掌州事，土知州祿氏專職巡捕。寧州舊設流官，正德初，土官祿倰陰賄劉瑾罷之。遂交通彌勒州十八寨強賊爲亂，爲官軍捕誅；其子祿世爵復以罪諭死。撫按請仍設流官，從之。

《明史》卷三一三《雲南土司傳‧臨安[府]》：

[阿迷]普維藩（實東山巡檢，東山似即王弄山，界阿迷、維摩之間者）……與寧州祿氏搆兵，師殲焉。（事當在崇禎之前，萬曆末或天啓間。）

《明史》卷三一三《雲南土司傳‧臨安[府]》：

正德八年，蒙自土舍祿祥爭襲父職，鳩殺其嫡兄祿仁，安南長官司土舍那代助之以兵，遂稱亂。守臣討平之。事聞，命革蒙自土官，改長官司（此指安南）爲新安守禦千戶所，調臨安衛中所官軍戍之。

光旦：同屬臨安府境禄氏，故列於此。

[彝？]（元江那氏）

《明史》卷一二六《沐英傳》：

嘉靖三十年，元江土舍那鑑叛。詔[沐]朝弼（沐氏嗣公，紹勛子，朝輔弟）與都御史石簡討之，分五軍薄其城。城垂拔，以瘴發引還。詔罷簡。將再出師。鑑懼仰藥死。乃已。

[彝]（雲南元江）

《明史》卷二七九《吴貞毓傳・那嵩附傳》：

有那嵩者，沅江土官也。世爲知府。嵩嗣職，循法無過。[永明]王走緬甸，過沅江，嵩與子燾迎謁，供奉甚謹，設宴皆金銀器。宴畢，悉以獻，曰："此行上供者少，聊以佐缺乏耳。"後李定國號召諸土司兵，嵩即起兵應之。已而城破，登樓自焚，闔家皆死，其士民亦多巷戰死。

《明史》卷二八三《王畿傳・徐樾附傳》：

歷官雲南左布政使。沅江①土酋那鑑反，詐降。樾信之，抵其城下，死焉。

[彝？]（姚安）

《明史》卷一二六《沐英傳》：

萬曆元年，姚安蠻羅思等叛，殺郡守。[沐]昌祚（沐氏嗣公，紹勛孫，朝弼子）與都御史鄒應龍發土、漢兵討之，破向寧、鲊摩等十餘寨，犁其巢，盡得思等。

[彝]（姚安）（鶴慶）

見"猓（姚安）"片。

見"玀玀（或囉囉）"片及"[白]（鶴慶）"片。

---

① 標點本《校勘記》：沅江，據《明史》卷三一四《元江傳》、《世宗實錄》卷三九三嘉靖三十二年正月丁酉條應爲"元江"。——整理者注

[彝]（雲南永北）

《明史》卷一二六《沐英傳》：

　　[洪武二十七年，英子沐春]平越巂蠻，立瀾滄衛。

　　　　光旦：衛今永北縣治。

羿　子

羿子？

《明史》卷一八四《周洪謨傳》：

　　都掌蠻及白羅羅、异（羿字之誤）子數叛，[洪謨嘗建言,]"宜特設長官司，就擇其人任之，庶無後患。"

　　　　光旦：無年份。洪謨於弘治元年以禮部尚書致仕歸四川長寧原籍，又三年卒。建言在成化十六年（參下摘卷三一二《永寧宣撫司傳》條）。

　　　　光旦：川南瀘州，永寧以西，漢統治勢力伸入甚晚，至明弘治間尚未有土司。

　　　　光旦：异，字典無此字，疑爲羿字之刊誤。是則羿子散布不限於貴州省境，其迤西北之四川南境亦有之矣。貴州有羿子，見《通志·土民志》。

《明史》卷一八七《馬昊傳》：

　　烏蒙、芒部二府壤接筠連、珙縣，圍亘千里，山箐深阻，諸蠻僰人子、羿子、仲家子、猫子、猓猡等雜居其中。

　　　　光旦：正德十二年（或略前，此乃被鎮壓之年），羿子曾從僰人子首領普法惡共同起事，詳"僰人子"片，此處不複。

　　　　光旦：羿子之名，初見卷一八四《周洪謨傳》（見上）。我之按語，至此竟獲證實！

羿子

《明史》卷三一二《四川土司傳·永寧宣撫司傳》：

　　[成化]十六年，白羅羅、羿子與都掌大壩蠻相攻。禮部侍郎周淇（洪）謨言……"羿子者，永寧宣撫所轄。而永寧乃雲、貴要衝，南跨赤水、畢節六七百里，以一柔婦人（指女宣撫奢貴）制數萬强梁之衆（應即羿子之數），故每肆劫掠。臣以爲……南境寨蠻近赤水、畢節要路者（亦似指羿子，或主要爲

羿子，其間應亦有黔西北流入之苗），宜立二長官司，仍隸永寧宣撫。……"從之。

光旦：羿子之由來族屬，録《明史》至此，尚未見端倪。

裔

見"華"片。

《明史》卷二〇八《余珊傳》：

"……此外裔之強，其漸四也。"

《明史》卷二一五《鄭履淳傳》：

隆慶三年，［以尚寶丞上疏，有云，］"以蠻裔爲關門勁敵"。

光旦：裔等於"夷"。

野 番

《明史》卷三一四《雲南土司傳·瀾滄衛》：

弘治十一年，福建布政李韶以前任雲南參議，知土俗事宜，上疏……一謂瀾滄衛與北勝州同一城，地域廣遠，與四川建昌西番、野番相通。邇年西番土舍章輓等倚恃山險，招服野番千餘家爲莊户，遂致各番生拗，動輒殺人；州官無兵不能禁止。衛官大廢軍政，恬不加意。……請添設兵備副使於瀾滄衛城……於野番……用撫流民法（當時用於鄂西鄖陽一帶之法）……從其議，設兵備副使一員於瀾滄城。

光旦：所言設兵備副使之目的不限於此一端，但此爲與應付少數民族有直接關係者。

光旦：野番不知何屬，應是傈僳乃至怒、俅之屬。然顯然皆在北勝與瀾滄衛所轄境内。

野人（東北建州）

《明史》卷三二〇《朝鮮傳》：

正統……十三年冬，命使調發朝鮮（今國境外）及野人女直兵會遼東，征北寇（蒙古瓦剌）。

《明史》卷三二〇《朝鮮傳》：

　　景泰元年……遼東奏報開原、瀋陽有寇入境，掠人畜，係建州海西野人女直頭目李滿住等爲嚮導。因諭［朝鮮國王李］珦相爲犄角截殺之。

《明史》卷三二〇《朝鮮傳》：

　　天順……五年，建州衛野人至義州（此是朝鮮新義州）殺掠，［朝鮮國王李］瑈奏乞朝命還所掠。兵部議：「朝鮮先嘗誘殺郎卜兒哈，繼又誘致都指揮兀克，縱兵掠其家屬。今野人實係復讎，宜諭朝鮮，寇盜之來皆自取，惟守分安法，庶弭邊釁。」從之。

　　光旦：郎卜兒哈事，見"總錄——明與東北（建州）"片。是郎卜兒哈乃野人頭目也。

《明史》卷三二〇《朝鮮傳》：

　　［成化］十一年四月，［朝鮮國王李］娎奏建州野人糾聚毛憐等衛侵擾邊境不已，乞朝命戒飭。

　　十二年……娎奏："小邦北連野人，南鄰倭島，五兵之用，不可缺一。……望特許收買弓角，不與外番同禁。"……（時禁外國互市兵器。）

　　光旦：野人即野人女直。"野人女直"是一名目，所以別於"海西女直"、"建州女直"。

野人（西番）

《明史》卷三三〇《沙州衛傳》：

　　［宣德］九年，［沙州遣使］奏罕東及西番數肆侵侮，掠取人畜，不獲安居，乞徙察罕舊城耕牧。帝遣敕止之曰："爾居沙州三十餘年……何必東遷西徙……"又敕罕東、西番，果侵奪人畜，速還之。

《明史》卷三三〇《沙州衛傳》：

　　正統元年，西域阿端（非阿端衛）遣使來貢，爲罕東頭目可兒即及西番野人剽掠。［沙州衛］困即來（時其直接部屬已內遷苦峪，遙領衛衆而已）奉命往追還其貢物……擢［困即來］都督同知。

　　光旦：自嘉峪至玉門，古亦西羌地，疑至此尚有散居而絕少與外界接觸之羌人，故有"西番野人"之目。

永州蠻

《明史》卷二：

> ［洪武］七年……四月……壬寅，金吾指揮陸齡討永、道諸州蠻，平之。

光旦：此當是瑤。

越

［越］——自稱

《明史》卷四四《地理志五》：

> ［浙江湖州府］武康［縣］（……東有封山，一名防風山。又有禹山。）

光旦：此之有"封"與"禹"猶粵之有"番"與"禺"也，"禹"字寫法適同，番、封、防風，亦一音而已。

光旦：又同府自德清流經烏程、歸安而入杭州府境之"餘不"溪（即苕溪、霅溪），及歸安東之"歐餘"山一類地名，疑亦與古越人之自稱有係。又查武康有前、後溪，即流入"餘不"溪。

光旦：《國語》，封禺之山亦曾爲長狄防風氏所居，此應是較晚之事，後於越人。

《明史》卷四四《地理志五》：

> ［浙江金華府］武義［縣］。

光旦：亦猶武夷山之武夷二音也。

《明史》卷四五《地理志六》：

> ［福建建寧府］崇安［縣］（南有武夷山。）

《明史》卷四五《地理志六》：

> ［廣東廣州府］番禺［縣］（有番、禺二山，縣是以名。）

《明史》卷四五《地理志六》：

> ［廣西思恩軍民府］武緣［縣］（即今武鳴）。

光旦：查武緣之稱始自隋開皇初。

《明史》卷四四《地理志五》：

> ［湖廣寶慶府武岡州］新寧［縣］（……南有夫夷水，北流合都梁水。此後

一水東北流，入濱水。)

　　　　光旦：疑越人亦嘗居留此湘西南一帶，斯水有"夫夷"之名。"都梁"
　　指"蘭"，不知爲何族語，或亦越也，應一查問。

《明史》卷四六《地理志七》：

　　[雲南麗江軍民府]蘭州(北有福源山。)

[越]——天姥、大姥

《明史》卷四四《地理志五》：

　　[浙江紹興府]新昌[縣](東南有天姥山。)

《明史》卷四五《地理志六》：

　　[福建]福寧州(東北有大姥山。)

[越]——莫耶

《明史》卷四五《地理志六》：

　　[廣西思恩軍民府]武緣[縣](……東有鏌鎁寨巡檢司。)

越——地名

《明史》卷四四《地理志五》：

　　[浙江台州府]寧海[縣](……東有越溪巡檢司。)

《明史》卷四五《地理志六》：

　　[廣西桂林府]興安[縣](北有越城嶺，亦曰始安嶠，五嶺之最西[者]。)

《明史》卷四六《地理志七》：

　　[雲南曲靖府]南寧[縣](東南有石堡山，山西有元越州治，洪武二十八年正月廢。)

《明史》卷四六《地理志七》：

　　[雲南曲靖府]霑益州(東南有越州衛，洪武二十三年七月置，二十四年十二月徙於陸涼州，二十八年廢，永樂元年九月復置。)

《明史》卷四六《地理志七》：

　　[雲南曲靖府]馬龍州(東南有木容箐山，洪武二十四年十二月置寧越堡於此。)

《明史》卷四六《地理志七》：

[雲南永昌府]騰越州。

越——城隍之祀

《明史》卷四九《禮志三·吉禮三》：

城隍，洪武二年，禮官言："城隍之祀，莫詳其始。先儒謂既有社，不應復有城隍。故唐李陽冰《縉雲城隍記》謂祀典無之，惟吴、越有之。然成都城隍祠，李德裕所建，張説有祭城隍之文，杜牧有祭黄州城隍文，則不獨吴、越爲然。又蕪湖城隍廟建於吴赤烏二年，高齊慕容儼①、梁武陵王祀城隍，皆書於史，又不獨唐而已。宋以來其祠徧天下……"

光旦：此祀或本非漢人所有，而始於越人，大抵唐以前已向北傳播，至唐而盛，至宋而徧。方之盤古之出自瑶、畲人盤瓠，有相似處；至唐，各地亦頗有盤古廟，然不同者，似始終未推廣，亦未列入祀典而已。盤古傳説之始亦在東漢、三國間，亦相似。

越

《明史》卷三一三《雲南土司傳·曲靖[府]》：

[府所屬有舊越州，洪武]二十三年置越州衛。二十四年，[平阿資後，又]置寧越堡。

光旦：《方輿紀要》卷一一四云，唐武德中置悦州，後爲爨蠻所據，元至元十二年改越州。稱悦或越，應必有故；曰"後爲爨蠻所據"，則爨蠻入據前其地應別有土著族類。蓋亦獠耳，獠亦可稱越，猶駱越中有駱，亦猶越巂之曾爲獠郡也，亦猶貴州之有平越也。

越——越姓

《明史》卷二七三《左良玉傳》：

[崇禎六年]三月，[流]賊再入河内，良玉自輝縣逐之。賊奔修武，殺遊擊越效忠……

《明史》卷二七九《吕大器傳》：

---

① 標點本《校勘記》：慕容儼，據《太祖實録》卷三八洪武二年正月戊申條應爲"慕容儼"。《北齊書》卷二〇和《北史》卷五三《慕容儼傳》，有祀城隍事。——整理者注

大器……劾［馬］士英［疏中，有］越其杰，［爲馬士英姻婭。］

光旦：是越姓出貴州。時福王初立，以大器爲吏部左侍郎。

《明史》卷三一三《雲南土司傳·曲靖［府］》：

萬曆……［時，有越州（？）］知州越應奎。

雲南"蠻"

（此片專錄兩部分資料：1. 涉及不止一民族而無民族名稱者；2. 族屬不明尚待核定者。）

《明史》卷三一三《雲南土司傳·雲南［府］傳》：

［洪武］十四年……二月詔諭雲南諸郡蠻。

［洪武］十五年［傅］友德等分兵攻諸蠻寨之未服者。

《明史》卷三一三《雲南土司傳·大理［府］傳》：

［洪武］十七年以土官阿這爲鄧川知州，阿散爲太和府正千夫長，（何來太和府？）李朱爲副千夫長。

《明史》卷三一三《雲南土司傳·臨安［府］》：

［洪武］十七年以土官和寧爲阿迷知州，弄甥爲寧州知州，陸羨爲蒙自知縣，普少爲納婁茶甸副長官；俱來朝貢，因給誥敕冠帶以命之。

光旦：此數土官族屬皆不詳。然"弄"、"陸"、"普"應是彝，弄、陸較可確指，弄後爲祿，陸即祿也，弄、祿一聲之轉；曩在昆明時，當地人有謂龍雲、盧漢（前後"省主席"）、陸崇仁（"財政廳長"）、祿國藩（"衛戍司令"）"實一家"，此言之過甚，事實則同出彝族也。

《明史》卷三一三《雲南土司傳·臨安［府］》：

永樂九年，溪處甸長官司副長官自恩來朝，貢馬及金銀器，賜賚如例。自恩因言："本司歲納海䏶七萬九千八百索，非土所產，乞准（應是折合之意）鈔銀爲便。"戶部以洪武中定額，難准折輸。帝曰："取有於無，適以厲民，況彼遠夷，尤當寬恤，其除之。"

光旦：明及清初，雲南猶以貝爲通貨，此一實例。

《明史》卷三一三《雲南土司傳·景東［府］》：

［景東］土官俄陶……（詳"總錄——雲南沿革"片。後定姓爲陶，見同片。）……府治東有邦泰山，頗險峻，土官陶姓所世居也。

《明史》卷三一四《雲南土司傳·元江[府]》：

洪武十五年改元江府。十七年，土官那直來朝貢象，以那直爲元江知府，賜襲衣冠帶。

光旦：元江那氏族屬未詳。下文白氏亦爾。

[洪武]十八年置因遠羅必甸長官司隸之，以土酋白文玉爲副長官。

光旦：核對下文，此長官司長官及其居民應以和泥爲多，因互列"和泥"片。蓋因遠羅必之"羅必"即"羅槃"，而羅槃甸固首由和泥人開拓者也。

《明史》卷三一五《雲南土司傳·促瓦、散金二長官司》：

皆永樂五年設，① 隸雲南都司。其地舊屬麓川、平緬。土蠻註甸八等來朝，請別設長官司；從之。命註甸八等爲長官，各給印章。

牂　牁

《明史》卷二二一《郭應聘傳》：

懷遠，古牂牁地，界湖、貴靖、黎諸州……

光旦：詳及其按語見"瑤（廣西）——與郭應聘"片。

藏

藏（吐蕃、烏斯藏）

《明史》卷二：

[洪武]五年……十二月……庚子，鄧愈爲征西將軍，征吐蕃。（互見）

[洪武五]年……烏斯藏入貢。

《明史》卷二：

[洪武七]年……烏斯藏……入貢。

《明史》卷二：

[洪武九]年……烏斯藏……入貢。

《明史》卷二：

---

① 標點本《校勘記》：永樂五年設，《明史》卷四六《地理志》、《太宗實錄》卷七八永樂六年四月癸未條繫於永樂六年。——整理者注

[洪武]十年……四月己酉，鄧愈爲征西將軍，沐英爲副將軍，率師討吐蕃，大破之。（互見）

> 光旦：吐蕃與烏斯藏疑若二事，姑列一片。

> 光旦：查同年十一月癸未，衛國公鄧愈卒。

《明史》卷二：

[洪武十一]年……烏斯藏……入貢。

> 光旦：烏斯藏或烏思藏自是指今西藏本土或舊稱衛藏之地，烏斯即衛之本音也，而吐蕃則唐以來藏人向衛藏東北擴展之部分，如青海、甘南等地與漢人交往頻繁者，此部分於明初尚未全服，且其間或尚有蒙古及蒙古移民之影響，輕易不接受新朝之統治。衛藏部分無此矛盾，故頻年入貢如例也。

藏（烏斯藏）

《明史》卷二：

[洪武十四]年……烏斯藏入貢。

> 光旦：洪武十四年起，烏斯藏之藏與吐蕃之藏分片録出。

《明史》卷三：

[洪武十五]年……烏斯藏……入貢。

《明史》卷三：

[洪武二十]年……烏斯藏入貢。

《明史》卷三：

[洪武二十七]年，烏斯藏……入貢。

《明史》卷三：

[洪武二十九]年……烏斯藏入貢。

《明史》卷三：

[洪武三十]年……烏斯藏……入貢。

《明史》卷六《成祖二》：

永樂元年……二月……乙丑，遣使徵尚師哈立麻於烏斯藏。

《明史》卷六《成祖二》：

[永樂]五年……三月丁巳，封尚師哈立麻爲大寶法王。

《明史》卷七《成祖三》：

[永樂十二]年……烏斯藏入貢。

《明史》卷九：

[洪熙元]年……烏斯藏……入貢。

《明史》卷九：

[宣德元]年……烏斯藏入貢。

《明史》卷一〇：

[正統元]年……烏斯藏……入貢。

《明史》卷一〇：

[正統五]年……烏斯藏入貢。

《明史》卷一〇：

[正統七]年……烏斯藏入貢。

《明史》卷一〇：

[正統九]年……烏斯藏……入貢。

《明史》卷一〇：

[正統十]年……烏斯藏入貢。

《明史》卷一〇：

[正統十一]年……烏斯藏入貢。

《明史》卷一一：

[正統十四]年……烏斯藏……入貢。

《明史》卷一一：

[景泰三]年……烏斯藏入貢。

《明史》卷一一：

[景泰七]年……烏斯藏入貢。

《明史》卷一二：

[天順元]年……烏斯藏入貢。

《明史》卷一二：

[天順二]年……烏斯藏……入貢。

《明史》卷一二：

[天順四]年……烏斯藏入貢。

《明史》卷一二：

[天順六]年……烏斯藏……入貢。

《明史》卷一二：
　　［天顺七］年……乌斯藏入贡。

《明史》卷一三：
　　［天顺八年，］乌斯藏入贡。

《明史》卷一三：
　　［成化元］年……乌斯藏入贡。

《明史》卷一三：
　　［成化二］年……乌斯藏……入贡。

《明史》卷一三：
　　［成化三］年……乌斯藏入贡。

《明史》卷一三：
　　［成化四］年……乌斯藏……入贡。

《明史》卷一三：
　　［成化五］年……乌斯藏……入贡。

《明史》卷一三：
　　［成化六］年……乌斯藏入贡。

《明史》卷一三：
　　［成化十］年……乌斯藏……入贡。

《明史》卷一四：
　　［成化十二］年……乌斯藏入贡。

《明史》卷一四：
　　［成化十三］年……乌斯藏……入贡。

《明史》卷一四：
　　［成化十四］年……乌斯藏……入贡。

《明史》卷一四：
　　［成化十五］年……乌斯藏入贡。

《明史》卷一四：
　　［成化十七］年……乌斯藏入贡。

《明史》卷一四：
　　［成化十八］年……乌斯藏入贡。

《明史》卷一四：

[成化二十一]年……烏斯藏入貢。

《明史》卷一五：

[成化]二十三年(孝宗初即位)……十月丁卯……革法王、佛子、國師、真人封號。

《明史》卷一五：

[成化二十三]年……烏斯藏……入貢。

《明史》卷一五：

[弘治元]年……烏斯藏入貢。

《明史》卷一五：

[弘治五]年……烏斯藏……入貢。

《明史》卷一五：

[弘治六]年……烏斯藏……入貢。

《明史》卷一五：

[弘治八]年……烏斯藏入貢。

《明史》卷一五：

[弘治九]年……烏斯藏入貢。

《明史》卷一五：

[弘治十]年……烏斯藏入貢。

《明史》卷一五：

[弘治十一]年……烏斯藏入貢。

《明史》卷一五：

[弘治十二]年……烏斯藏……入貢。

《明史》卷一五：

[弘治十三]年……烏斯藏入貢。

《明史》卷一五：

[弘治十七]年……烏斯藏入貢。

《明史》卷一六：

[正德元]年……烏斯藏入貢。

《明史》卷一六：

[正德三]年……烏斯藏入貢。

《明史》卷一六：

　　　　［正德五］年……烏斯藏入貢。

《明史》卷一六：

　　　　［正德九］年……烏斯藏入貢。

《明史》卷一六：

　　　　［正德十二］年……烏斯藏入貢。

《明史》卷一六：

　　　　［正德］十六年……三月……遺詔……放豹房番僧……

《明史》卷一七：

　　　　［嘉靖十四］年，烏斯藏入貢。

　　　　光旦：自放番僧以還，至此始復入貢，見二事當有關，而番僧必爲藏人，亦可證矣。

《明史》卷一七：

　　　　［嘉靖十五］年……烏斯藏入貢。

《明史》卷一八：

　　　　［嘉靖二十二］年……烏斯藏入貢。

《明史》卷一八：

　　　　［嘉靖二十四］年……烏斯藏入貢。

《明史》卷一八：

　　　　［嘉靖三十三］年……烏斯藏入貢。

《明史》卷一八：

　　　　［嘉靖四十］年，烏斯藏入貢。

《明史》卷二〇：

　　　　［萬曆］四年……烏斯藏……入貢。

《明史》卷二〇：

　　　　［萬曆六］年，烏斯藏入貢。

《明史》卷二〇：

　　　　［萬曆七］年，烏斯藏入貢。

《明史》卷二〇：

　　　　［萬曆九］年……烏斯藏入貢。

《明史》卷二〇：

　　　　［萬曆十］年……烏斯藏入貢。

《明史》卷二〇：

　　［萬曆十二］年……烏斯藏入貢。

《明史》卷二〇：

　　［萬曆十三］年……烏斯藏入貢。

《明史》卷二〇：

　　［萬曆十五］年……烏斯藏入貢。

《明史》卷二〇：

　　［萬曆十六］年，烏斯藏入貢。

《明史》卷二〇：

　　［萬曆十七］年……烏斯藏入貢。

《明史》卷二〇：

　　［萬曆二十一］年……烏斯藏入貢。

《明史》卷二〇：

　　［萬曆二十二］年……烏斯藏入貢。

《明史》卷二一：

　　［萬曆二十六］年，烏斯藏入貢。

《明史》卷二一：

　　［萬曆三十二］年……烏斯藏入貢。

《明史》卷二一：

　　［萬曆三十八］年，烏斯藏入貢。

《明史》卷二一：

　　［萬曆四十一］年……烏斯藏入貢。

《明史》卷二一：

　　［萬曆四十五］年……烏斯藏入貢。

《明史》卷二一：

　　［萬曆四十六］年……烏斯藏入貢。

《明史》卷二二：

　　［天啓元］年……烏斯藏入貢。

《明史》卷二二：

　　［天啓五］年……烏斯藏入貢。

《明史》卷二二：

[天啓六]年……烏斯藏……入貢。

《明史》卷二三：

[崇禎三]年，烏斯藏入貢。

藏

《明史》卷一四七《胡廣傳》：

帝徵烏思藏僧作法會，爲高帝、高后薦福，言見諸祥異。廣乃獻《聖孝瑞應頌》。帝綴爲佛曲，令宮中歌舞之。

光旦：帝，成祖也。

《明史》卷一四九《夏原吉傳》：

西域法王來朝，帝欲郊勞，原吉不可。及法王入，原吉見，不拜。帝笑曰："卿欲效韓愈耶？"

光旦：原吉不懂政治。成祖語及韓愈，説明懂得。此似永樂十八年事。

《明史》卷一五一《鄭賜傳》：

[永樂]四年正月，西域貢佛舍利，賜因請釋囚。……

《明史》卷一五五《趙安傳》：

[宣德四年(參《宣宗實錄》卷五二宣德四年三月丁卯條及《英宗實錄》卷一二四正統九年十二月壬戌條)，安以都督僉事自所駐臨洮衛]使烏思藏，四年還。……九年，中官宋成等使烏思藏，命安帥兵千五百人送之畢力术江。

《明史》卷一七四《史昭傳·劉昭附傳》：

永樂五年以都指揮同知使朶甘、烏思藏，建驛站。還至靈藏，番賊邀劫，昭敗之。進都指揮使，鎮河州。

《明史》卷一八五《叢蘭傳》：

正德……十年夏，改督漕運，尋兼巡撫江北。中官劉允取佛烏思藏，道蘭境……允需舟五百餘艘、役夫萬餘人，蘭馳疏極陳其害。不報。

光旦：番僧、番經、番像，至此齊全。

《明史》卷二〇六《鄭一鵬傳》：

帝(世宗)……建醮乾清、坤寧諸宮，西天、西番、漢經諸廠……莫不有之。

光旦：別有西番經廠。

《明史》卷二三九《達雲傳》：

（俺答從子永邵卜隨俺答西迎活佛，留據青海，見"蒙古——俺答（及其後人）"片。）

《明史》卷二三九《達雲傳·尤繼先附傳》：

火落赤、真相……黨……五百餘人[留]牧莽剌川南山。南山即石門大山口，走烏思藏門戶也。

《明史》卷二四七《李應祥傳》：

（羌中頗有國師喇嘛，與青海之同信仰之統治階級有連，見"番（松、茂等處）"片。）

光旦：此條中有灣仲、占柯、偏頭結賽等名，疑皆藏族之在青海、松茂爲國師喇嘛者。

《明史》卷二八二《吕柟傳》：

正德[間]……乾清宫災，[以翰林修撰]應詔陳六事，其言除義子，遣番僧，取回鎮守太監，尤人所不敢言。

《明史》卷二八五《危素傳》：

[元至正]十八年參中書省事（官禮部尚書），請[元帝]毋迎帝師悮軍事……

《明史》卷二八五《危素傳》：

先是，至元間，西僧嗣古妙高欲燬宋會稽諸陵。夏人楊輦真珈爲江南總攝，悉掘徽宗以下諸陵，攢取金寶，哀帝后遺骨，瘞於杭之故宫，築浮屠其上，名曰鎮南，以示厭勝，又截理宗顱骨爲飲器。真珈敗，其資皆籍於官，顱骨亦入宣政院，以賜所謂帝師者。素[入明]在翰林時，宴見，備言始末。帝……命北平守將購得顱骨於西僧汝納所……其明年，紹興以永穆陵圖來獻，遂敕葬故陵，實自素發之云。

光旦：元之帝師、西僧，應均是藏人。宣政院與藏之統治關係最切，固不待言。

《明史》卷二八六《何景明傳》：

[正德]九年，乾清宫災，[以中書舍人]疏言義子不當畜，邊軍不當留，番僧不當寵，宦官不當任。……

《明史》卷二八九《牟魯傳·朱顯忠附傳》：

以指揮僉事從鄧愈下河州，抵土番。

光旦：事在洪武三年（參"吐蕃（河州及迤西北）"）。

藏——與侯顯等

《明史》卷二八九《王褘傳》：

擢翰林待制，同知制誥兼國史院編修官。……奉使吐蕃，未至，召還。

光旦：事當在洪武三、四年間。

《明史》卷二九九《張正常傳》附：

[僧]智光，武定人。洪武時，奉命兩使烏斯藏諸國。永樂時，又使烏斯藏，迎尚師哈立麻，遂通番國諸經，多所譯解。歷事六朝，寵錫冠羣僧……淡泊自甘，不失戒行。迨成化、正德、嘉靖朝，邪妄雜進，恩寵濫加，所由與先朝異矣。

《明史》卷三〇四《宦官傳》序：

有趙成者，洪武八年以內侍使河州市馬。其後以市馬出者，又有司禮監慶童等。

《明史》卷三〇四《鄭和傳》：

當成祖時，銳意通四夷，奉使多用中貴。……西番則率使侯顯。

《明史》卷三〇四《鄭和傳·侯顯附傳》：

侯顯者，司禮少監。帝（永樂）聞烏思藏僧尚師哈立麻有道術，善幻化，欲致一見，因通迤西諸番。乃命顯齎書幣往迓，選壯士健馬護行。元年四月奉使①，陸行數萬里。至四年十二月始與其僧偕來，詔駙馬都尉沐昕迎之。帝延見奉天殿，寵賚優渥，儀仗鞍馬什器多以金銀爲之……五年二月建普度大齋於靈谷寺，爲高帝、高后薦福。……乃封哈立麻萬行具足十方最勝圓覺妙智慧善普應祐國演教如來大寶法王西天大善自在佛，領天下釋教，給印誥制如諸王；其徒三人亦封灌頂大國師。再宴奉天殿。顯以奉使勞，擢[司禮]太監。……

光旦："西番"主要爲藏，至此明確。

光旦：上條《張正常傳》中附見之僧智光應是與侯顯同行者。

宣德二年二月復使顯賜諸番，徧歷烏斯藏、（同一傳中思、斯二字互用！）必力工瓦、靈藏、思達藏諸國而還。途遇寇劫，督將士力戰，多所斬獲。還朝，錄功陞賞者四百六十餘人。顯……五使絕域，勞績與鄭和亞。

光旦：顯五使，此處所錄爲二，餘三使，一爲永樂十一年之使尼八剌，

---

① 標點本《校勘記》：元年四月奉使，《明史》卷六《成祖紀》、《太宗實錄》卷一七永樂元年二月乙丑條繫侯顯奉使之命於元年二月。——整理者注

二爲十三年之通榜葛剌，三爲十八年之宣諭沼納樸兒，後二者皆印度境，走海路。尼八剌應即尼泊爾，是否道出烏思藏，史文未詳。

藏

《明史》卷三〇四《谷大用傳》附：

又有[宦官]劉允者，以正德十年奉敕往迎烏斯藏僧，所齎金寶以百餘萬計。廷臣交章諫，不聽。允至成都，治裝歲餘，費又數十萬。公私匱竭。既至，爲番人所襲。允走免，將士死者數百人，盡亡其所齎。及歸，武宗已崩。

光旦：似終未到達烏斯藏。曰既至者，至其境耳或近其境耳。

《明史》卷三〇七《佞幸傳·繼曉傳》：

憲宗時……西番僧劄巴堅參封萬行莊嚴功德最勝智慧圓明能仁感應顯國光教弘妙大悟法王西天至善金剛普濟大智慧佛；其徒劄實巴、鎖南堅參、端竹也失皆爲國師，錫誥命。服食器用，僭擬王者。出入乘椶輿，衛卒執金吾仗前導，錦衣玉食幾千人。取荒塚頂骨爲數珠，髑髏爲法盌。給事中魏元等切諫，不納。尋進劄實巴爲法王，班卓兒藏卜爲國師。又封領占竹爲萬行清修眞如自在廣善普慧弘度妙應掌教翊國正覺大濟法王西天圓智大慈悲佛。又封西天佛子劄失藏卜、劄失堅參、乳奴班丹、鎖南堅參、法領占五人爲法王。其他授西天佛子、大國師、國師、禪師者不可勝計。……繼曉（亦國師，然係漢人，江夏人）尤奸黠竊權……成化二十一年，星變，言官極論其罪，始勒爲民，而諸番僧如故。

孝宗初，詔禮官議汰。禮官言諸寺法王至禪師四百三十七人，剌麻諸僧七百八十九人（以上應皆是藏），華人爲禪師及善世、覺義諸僧官一百二十人……請俱貶黜。詔法王、佛子遞降國師、禪師……餘悉落職爲僧，遣還本土，追奪誥敕、印章、儀仗諸法物。……繼曉……逮治棄市。

《明史》卷三〇七《佞幸傳·錢寧傳》：

[正德中，寧]引……回回人于永及諸番僧以秘戲進。

藏——番僧

《明史》卷一七六《商輅傳》：

[成化間，]疏弭災八事，[其第一]曰：番僧、國師、法王，毋濫賜印章。

光旦：時輅似爲吏部尚書、謹身殿大學士。

《明史》卷一七七《姚夔傳》：

　　成化……四年……[夔（時爲禮部尚書）]疏請……斥遠阿叱哩之徒。……

　　光旦：阿叱哩何等人，未詳，惟上句云"乞罷西山新建塔院"，上下語或屬一事，則應是番僧之流。觀下引文尤信。

　　帝信番僧，有封法王、佛子者，服用僭擬無度。奸人慕之，競爲其徒。夔力諫，勢稍減。（亦成化四年事。）

《明史》卷一七七《王復傳》：

　　大應法王劄實巴死，中官請造寺建塔。復（時爲工部尚書）言："大慈法王但建塔，未嘗造寺。今不宜創此制。"乃止命建塔，猶發軍四千人供役云。

　　光旦：事在成化間（成化十四年以前）。

《明史》卷一七九《鄒智傳》：

　　[成化二十三年，以庶吉士上疏，有曰，]"法王、佛子倚之（指宦官）以恣出入宮禁。"

《明史》卷一八〇《邱弘傳》：

　　成化四年春，[以户科給事中]偕同官上言[曰]："洪武、永樂間，以畿輔、山東土曠人稀，詔聽民開墾，永不科稅。邇者權豪怙勢，率指爲閒田，朦朧奏乞。如……西天佛子劄實巴求靜海縣地，多至數十百頃。夫……豈可徇一人之私情，而奪百家恒產哉。"帝納其言……劄實巴所乞地，竟還之民。

《明史》卷一八〇《魏元傳》：

　　[成化四]年九月……元（時爲禮科給事中）率諸給事上言,,[有曰,]"陛下崇信異教……西僧劄實巴等，至加法王諸號，賜予駢蕃。出乘樏輿，導用金吾仗，縉紳避道，奉養過於親王。悖理亂紀，孰甚於此。乞革奪名號，遣還其國，追錄橫賜，用振饑民。……"帝……不能用。

《明史》卷一八〇《李俊傳》：

　　[成化]二十一年正月……俊[以吏科都給事中]率六科諸臣上疏，[有曰，]"國師繼曉假術濟私，糜耗特甚，中外切齒。……"帝優詔答之。……繼曉革國師爲民。

　　光旦：此繼曉者不是番僧（見上摘卷三〇七《繼曉傳》條）。

《明史》卷一八〇《汪奎傳》：

　　……（與上條同年，亦嘗論繼曉事。）

《明史》卷一八〇《張弘至傳》：

弘治……十二年冬，[以兵科給事中，疏]陳初政漸不克終八事，[有曰，]"初追戮繼曉，逐番僧、佛子，近齋醮不息。異初政者二。"

《明史》卷一八三《耿裕傳》：

帝（孝宗）方踐阼，斥番僧還本土，止留乳奴班丹等十五人。其後多潛匿京師，轉相招引，齋醮復興。言官以爲言，裕（時爲禮部尚書）等因力請驅斥。帝乃留百八十二人，餘悉逐之。

《明史》卷一八三《倪岳傳》：

弘治……六年……詔召國師領占竹於四川，岳（時爲禮部尚書）力諫，帝不從。給事中夏昂、御史張禎等相繼爭之，事竟寢。（事在六年或其後不久。）

藏——番僧（與劉春之議論）

《明史》卷一八四《劉春傳》：

[正德]八年……爲禮部尚書。……帝崇信西僧，常襲其衣服，演法內廠。有綽吉我些兒者，出入豹房，封大德法王，遣其徒二人還烏思藏，請給國師誥命如大乘法王例，歲時入貢，且得齎茶以行。春持不可。帝命再議。春執奏曰："烏思藏遠在西方，性極頑獷。雖設四王撫化，其來貢必有節制，使不爲邊患。若許其齎茶，給之誥敕，萬一假上旨以誘羌人，妄有請乞，不從失異俗心，從之則滋害。"奏上，罷齎茶，[然]卒與誥命。

春又奏："西番俗信佛教，故祖宗承前代舊，設立烏思藏諸司，及陝西洮、岷，四川松潘諸寺，令化導番人，許之朝貢。貢期、人數皆有定制。比緣諸番僻遠，莫辨真偽。中國逃亡罪人，習其語言，竄身在內，又多刱寺請額。番貢日增，宴賞繁費。乞嚴其期限，酌定人數，每寺給勘合十道，緣邊兵備存勘合底簿，比對相同，方許起送。并禁自後不得濫營寺宇。"報可。

光旦：言藏、漢關係，乃至藏、羌關係，此條爲詳。

光旦："西番"指藏，"番"指羌，"諸番"則兼言之。"番"亦時或用以指西域諸族，如在哈密或土魯番者，甚或指蒙古，如言"番兵""番騎"。然究以羌、藏爲主。

光旦：春掌禮部凡三年，則此爲正德八至十年間事。

藏——番僧

《明史》卷一八四《張元禎傳·陳音附傳》：

成化六年三月……［音（時爲編修）］陳時政，［有曰，］"法王、佛子、真人，宜一切罷遣。"……忤旨切責。

《明史》卷一八四《張昇傳》：

孝宗崩，真人陳應循、西番灌頂大國師那卜堅參等，以被除率其徒入乾清宮。昇（時爲禮部尚書）請置之法。詔奪真人、國師、高士等三十餘人名號，逐之。

《明史》卷一八四《傅珪傳》：

正德六年……爲禮部尚書。……帝好佛，自稱大慶法王。番僧乞田百頃爲法王下院，中旨下部，稱大慶法王與聖旨並。珪佯不知，執奏："孰爲大慶法王，敢與至尊並書，大不敬。"詔勿問，田亦竟止。

《明史》卷一八五《侶鍾傳》：

弘治……十五年，［鍾以户部尚書］上天下會計之數，［因極言損節之要，］帝乃下廷臣議。議上十二事，［其中一事包括］省……番僧供應……事關權幸……格不行。

《明史》卷一八六《韓文傳》：

武宗即位……真人陳應循、大國師那卜堅參等落職，文（時爲户部尚書）請沒其貲實國帑。

《明史》卷一八六《韓文傳・陳仁附傳》：

弘治中，官户部郎中。……詔召番僧領占竹於四川，仁疏諫。……格不行。

《明史》卷一八八《周璽傳》：

武宗初即位，［以禮科都給事中］請……屏逐法王、真人。

《明史》卷一八八《徐文溥傳》：

正德……十年．［以禮科給事中］上疏①，［有曰，］"斥番僧於外寺。"

《明史》卷一八八《周廣傳》：

正德中……授御史，疏陳四事，［其第一事］略言："三代以前，未有佛法。況剌麻尤釋教所不齒。耳貫銅環，身衣赭服，殘破禮法，肆爲淫邪。宜投四裔，以禦魑魅，奈何令近君側，爲羣盜興兵口實哉！"

　　　　光旦：剌麻，或喇嘛之名，初見。

《明史》卷一八八《石天柱傳》：

---

① 標點本《校勘記》：十年上疏，《武宗實錄》卷一三六繫此事於十一年四月癸酉。——整理者注

　　　　[正德中，以户科試給事中上言，有曰，]"寵信番僧，從其鬼教。"
《明史》卷一九〇《楊廷和傳》：
　　　　[正德間，乾清宫災，與同僚上疏（時廷和已爲首輔），有]出西僧[一條，爲十餘條之一]……帝不省。……[數年後]帝崩，[始以]遺詔……罷遣。
《明史》卷一九〇《毛紀傳》：
　　　　正德……十年……拜禮部尚書。烏思藏入貢，其使言有活佛能前知禍福。帝遣中官劉允迎之，攜錦衣官百三十，衛卒及私僕隸數千人，芻糧、舟車費以百萬計。紀等上言："自京師至烏思藏二萬餘里，公私煩費，不可勝言。且自四川雅州出境，過長河西行數月而後至。無有郵驛、村市。一切資費，取辦四川。四川連歲用兵，流賊甫平，蠻寇復起。困竭之餘，重加此累，恐生意外變。"……内閣梁儲、靳貴、楊一清皆切諫。不報。
《明史》卷一九〇《石珤傳・兄玠附傳》：
　　　　西僧闡教王請船三百艘販載食鹽。玠[時爲户部尚書]極言其害。
　　　　　光旦：玠以正德十年拜户部尚書，此是十三年之事（參下摘卷三三一《闡教王傳》條，但該傳作"船三十艘"）。
《明史》卷一九一《毛澄傳》：
　　　　西番闡化王使者乞額外賜茶九萬斤。澄（正德十二年夏起爲禮部尚書）……力争。不聽。
《明史》卷一九一《徐文華傳》：
　　　　[正德間，]帝遣中官劉允迎佛烏斯（上文多作思）藏，文華（時爲御史）力諫。不報。
　　　　　光旦：所迎之佛乃活佛，見卷一九〇《毛紀傳》。
《明史》卷一九二《安磐傳》：
　　　　[嘉靖初年，]帝頻興齋醮，磐（以兵科給事中）……抗言："曩武宗……命番僧鎖南綽吉出入豹房，内官劉允迎佛西域。十數年間糜費大官，流謗道路。自劉允放，而鎖南囚，供億減，小人伏。……"
《明史》卷一九二《毛玉傳》：
　　　　[正德近末，]御史林有年諫迎佛烏思藏下獄，玉[以南京兵科給事中]抗疏諫（救）之。
《明史》卷一九四《喬宇傳》：
　　　　[正德間（時劉瑾已誅，乾清宫方災），以南京禮部尚書上言十事，其一，]

"番僧處禁寺。"

《明史》卷一九四《秦金傳》：

  嘉靖二年擢南京禮部尚書……上疏[言"不能如初"若干事，其一曰，]"即位之初，遣斥法王、佛子、國師、禪師。比來於禁地設齋醮，此崇正道不能如初也。"

《明史》卷一九四《趙璜傳》：

  正德初（劉瑾誅後）……遷右僉都御史，巡撫……山東。河灘地數百里，賦流民墾而除其租。番僧乞徵以充齋糧。帝許之。璜力爭得免。

《明史》卷二〇二《周用傳》：

  [正德中，以南京兵科給事中，]諫迎[活]佛烏斯藏。

    光旦：迎活佛事在正德十年（見上摘卷一九〇《毛紀傳》條）。

《明史》卷二〇三《李中傳》：

  [正德中（九年之後），]武宗自稱大慶法王，建寺西華門內，用番僧住持……中[以工部主事]……抗疏曰："……今乃建寺西華門內，延止番僧，日與聚處。……伏望……毀佛寺，出番僧……"

    光旦：寺似即今班禪額爾德尼辦事處。

《明史》卷二〇三《潘塤傳》：

  [正德九年，以工科給事中上疏：]"番僧可逐。"

《明史》卷二〇三《潘塤傳·呂經附傳》：

  [正德九年，以禮科給事中上疏]極論……番僧……之害。

《明史》卷二〇九《楊最傳·高金附傳》：

  [嘉靖九年，[以兵科給事中]上疏言："陛下臨御之初，盡斥法三（王）、國師、佛子……"

《明史》卷二二二《王崇古傳》：

  俺答[通過三鎮]欲西迎佛。……（詳見"蒙古——……（與王崇古）"片。）

    光旦：亦見同卷《吳兌傳》，見有關片。

藏

《明史》卷三二七《韃靼傳》：

  [正德五]年，北部[韃靼]亦不剌……竄西海（青海）……八年……西掠烏斯藏，據之。自是洮、岷、松潘無寧歲。

《明史》卷三二七《韃靼傳》：

（俺答與剌麻教，見"韃靼（蒙古）"片。）

《明史》卷三三〇《西番諸衛傳》：

[洪武四至十二年間曾遣河州衛指揮同知（故元吐蕃宣慰使）入藏，故洪武十二年秋鎖南普入朝時，明祖諭中書省加意禮待，有曰，]"前遣使烏斯藏，遠涉萬里，及歸，所言皆稱朕意。"

光旦：鎖南普疑是藏族人。

《明史》卷三三〇《西番諸衛傳》：

（洪武、永樂間喇嘛教在西番中之盛行與明統治者有意識之鼓勵，見"西番——西番諸衛"片。）

《明史》卷三三〇《西番諸衛傳》：

成化三年，陝西副使鄭安言："進貢番僧，自烏斯藏來者不過三之一，餘皆洮、岷寺僧詭名冒貢。……"[乃定]諸自烏斯藏來者皆由四川入，不得徑赴洮、岷，遂著爲例。

《明史》卷三三〇《西番諸衛傳》：

（隆慶中，留據青海之俺答子丙兔建剌麻寺名"仰華"，欲道松潘迎烏斯藏活佛居之——具詳"西番——西番諸衛"片。）

《明史》卷三三〇《西番諸衛傳》：

（萬曆八年以前，俺答再度入青海及其與烏斯藏活佛關係，見同上片。）

《明史》卷三三〇《安定衛傳》：

[永樂]二十二年，中官喬來喜、鄧誠使烏斯藏，次畢力术江黄羊川。安定指揮哈三孫散哥及曲先指揮散即思等率衆邀劫之，殺朝使，盡奪駝馬幣物而去。……（詳"撒里畏兀兒（安定衛）"片。）

《明史》卷三三一《烏斯藏大寶法王傳》《西天阿難功德國傳》附《和林國傳》：

（藏亦稱"西番"，見"西番（藏）"片。）

藏——烏斯藏大寶法王

《明史》卷三三一《烏斯藏大寶法王傳》：

烏斯藏，在雲南西徼外，去雲南麗江府千餘里，四川馬湖府千五百餘里，陝西西寧衛五千餘里。其地多僧，無城郭，羣居大土臺上，不食肉娶妻；無刑罰，亦無兵革，鮮疾病。佛書甚多，《楞伽經》至萬卷。其土臺外，僧有食肉娶妻者。

元世祖尊八思巴爲大寶法王，錫玉印。既没，賜號皇天之下一人之上宣文輔治大聖至德普覺真智佐國如意大寶法王西天佛子大元帝師。自是，其徒嗣者咸稱帝師。

洪武初，太祖懲唐世吐蕃之亂，思制御之。惟因其俗尚，用僧徒化導爲善。乃遣使廣行招諭。又遣陝西行省員外郎許允德使其地，令舉元故官赴京授職。於是烏斯藏攝帝師喃加巴藏卜先遣使朝貢。

五年十二月至京。帝喜，賜紅綺禪衣及鞾帽錢物。

明年二月躬自入朝，上所舉故官六十人。帝悉授以職，改攝帝師爲熾盛佛寶國師，仍錫玉印及綵幣表裏各二十。玉人製印成，帝睨玉未美，令更製，其崇敬如此。暨辭還，命河州衛遣官齎敕偕行，招諭諸番之未附者。冬，元帝師之後鎖南堅巴藏卜、元國公哥列思監藏巴藏卜並遣使乞玉印。廷臣言已嘗給賜，不宜復予；乃以文綺賜之。

七年（洪武）夏，佛寶國師遣其徒來貢。秋，元帝師八思巴之後公哥監藏巴藏卜及烏斯藏僧答力麻八剌遣使來朝，請封號。詔授帝師後人爲圓智妙覺弘教大國師，烏斯藏僧爲灌頂國師，並賜玉印。佛寶國師復遣其徒來貢，上所舉土官五十八人，亦皆授職。

九年，答力麻八剌遣使來貢。

十一年復貢，奏舉故官十六人爲宣慰、招討等官；亦皆報允。

十四年復貢。

其時喃加巴藏卜已卒。有僧哈立麻者，國人以其有道術，稱之爲尚師。成祖爲燕王時，知其名。

永樂元年命司禮少監侯顯、僧智光齎書幣往徵。其僧先遣人來貢，而躬隨使者入朝。

四年冬將至，命駙馬都封（尉之誤）沐昕往迎之。既至，帝延見於奉天殿。明日宴華蓋殿，賜黃金百，白金千，鈔二萬，綵幣四十五表裏，法器、裯褥、鞍馬、香果、茶米諸物畢備。其從者亦有賜。

明年春，賜儀仗——銀瓜、牙仗、骨朵、魫燈、紗燈、香合、拂子各二，手爐六，繖蓋一，銀交椅、銀足踏、銀杌、銀盆、銀罐、青圓扇、紅圓扇、拜褥、帳幄各一，幡幢四十有八，鞍馬二，散馬四。帝將薦福於高帝后，命建普度大齋於靈谷寺七日。帝躬自行香。……侍臣多獻賦頌。事竣，復賜黃金百，白金千，寶鈔二千，綵幣表裏百二十，馬九。其徒灌頂圓通善慧大國師答師巴囉葛羅思等，亦加優賜。遂封哈立麻爲萬行具足十方最勝圓覺妙智慧善普應佑國演教如來大寶法王西天大善自在佛，領天下釋教，賜印誥及金銀鈔、綵幣、織金珠袈裟、金銀器、鞍馬。命其徒孛隆逋瓦桑兒加領真爲灌頂圓修淨慧大國師，高日瓦禪伯爲灌頂通悟弘濟大國師，果欒羅葛羅監藏巴里藏卜爲灌頂弘智淨戒大國師，並賜印誥、銀鈔、綵幣。已[而]命哈立麻赴五臺山建大齋，再爲高帝后薦福，賜予優厚。

六年四月辭歸，復賜金幣、佛像，命中官護行。

自是，迄正統末，入貢者八。已[而]法王卒，久不奉貢。

弘治八年，王葛哩麻巴始遣使來貢。

十二年兩貢。禮官以一歲再貢非制，請裁其賜賚。從之。

正德元年來貢。

十年復來貢。時帝惑近習言，謂烏斯藏僧有能知三生者，國人稱之爲活佛，欣然欲見之。考永、宣間陳誠、侯顯入番故事，命中官劉允乘傳往迎。閣臣梁儲等言："西番（此又稱藏爲西番，與羌不別）之教，邪妄不經。我祖宗朝雖嘗遣使，蓋因天下初定，藉以化導愚頑，鎮撫荒服，非信其教而崇奉之也。承平之後，累朝列聖止因其來朝而賞賚之，未嘗輕辱命使，遠涉其地。今忽遣近侍往送幢幡，朝野聞之，莫不駭愕。而允奏乞鹽引至數萬，動撥馬船至百艘，又許其便宜處置錢物，勢必攜帶私鹽，騷擾郵傳，爲官民患。今蜀中大盜初平，瘡痍未起。在官已無餘積，必至苛斂軍民，挺而走險，盜將復發。況自天全六番出境，涉數萬之程，歷數歲之久，道途絕無郵置，人馬安從供頓。脫中途遇寇，何以禦之？虧中國之體，納外番之侮，無一可者。所齎敕書，臣等不敢撰擬。"帝不聽。禮部尚書毛紀、六科給事中葉相、十三道御史周倫等並切諫；亦不聽。允行，以珠琲爲幡幢，黃金爲供具，賜其僧金印，犒賞以鉅萬計，內庫黃金爲之罄盡。敕允往返以十年爲期。所攜茶鹽以數十萬計。允至臨清，漕艘爲之阻滯。入峽江，舟大難進，易以艨艟，相連二百餘里。及抵成都，日支官廩百石，蔬菜銀百兩，錦官驛不足，取傍近數十驛供之。治入番器物，估直二十萬。守臣力爭，減至十三萬。工人雜造，夜以繼日。居歲餘，始率將校十人、士千人以行。越兩月入其地。所謂活佛者，恐中國誘害之，匿不出見。將士怒，欲脅以威。番人夜襲之，奪寶貨、器械以去。將校死者二人，卒數百人，傷者半之。允乘善馬疾走，僅免。返成都，戒部下弗言，而以空函馳奏，至則武宗已崩。世宗召允還，下吏治罪。

嘉靖中，法王猶數入貢，迄神宗朝不絕。

時有僧鎖南堅錯者，能知已往未來事，稱活佛，順義王俺答不（應是亦字）崇信之。萬曆七年，以迎活佛爲名，西侵瓦剌，爲所敗。此僧戒以好殺，勸之東還。俺答亦勸此僧通中國。乃自甘州遺書張居正，自稱釋迦摩尼比邱，求通貢，饋以儀物。居正不敢受，聞之於帝。帝命受之，而許其貢。由是，中國亦知有活佛。此僧有異術能服人，諸番莫不從其教，即大寶法王及闡化諸王，亦皆俯首稱弟子。自是西方止知奉此僧，諸番王徒擁虛位，不復能施其號令矣。

藏——大乘法王等

《明史》卷三三一《大乘法王傳》：

大乘法王者，烏斯藏僧昆澤思巴也，其徒亦稱爲尚師。永樂時，成祖既封哈立麻，又聞昆澤思巴有道術，命中官齎璽書、銀幣徵之。其僧先遣人貢舍利、佛像，遂偕使者入朝。

十一年二月至京，帝即延見，賜藏經、銀鈔、綵幣、鞍馬、茶果諸物，封爲萬行圓融妙法最勝真如慧智弘慈廣濟護國演教正覺大乘法王西天上善金剛普應大光明佛，領天下釋教，賜印誥、袈裟、幡幢、鞍馬、繖器諸物；禮之亞於大寶法王。

明年辭歸，賜加於前，命中官護行。後數入貢；帝亦先後命中官喬來喜、楊三保齎賜佛像、法器、袈裟、禪衣、絨錦、綵幣諸物。

洪熙、宣德間並來貢。

成化四年，其王完卜遣使來貢。禮官言無法王印文，且從洮州入，非制，宜減其賜物。使者言，所居去烏斯藏二十餘程，涉五年方達京師，且所進馬多，乞給全賜，乃命量增。

十七年來貢。

弘治元年，其王桑加瓦遣使來貢。

故事，法王卒，其徒自相繼承，不由朝命。三年（弘治），輔教王（此下文別有傳）遣使奉貢，奏舉大乘法王襲職。帝但納其貢，賜賚遣還，不命襲職。

正德五年，遣其徒綽吉我些兒等從河州衛入貢。禮官以其非貢道，請減其賞，並治指揮徐經罪。從之。已[而]綽吉我些兒有寵於帝，亦封大德法王。

十年，僧完卜鎖南堅參巴爾藏卜遣使來貢，乞襲大乘法王。禮官失於稽考，竟許之。

嘉靖十五年偕輔教、闡教諸王來貢，使者至四千餘人。帝以人數踰額，減其賞，并治四川三司官濫送之罪。

初，成祖封闡化等五王，各有分地，惟二法王（大寶、大乘）以遊僧不常厥居，故其貢期不在三年之列。然終明世奉貢不絕云。

《明史》卷三三一《大慈法王傳》：

大慈法王，名釋迦也失，亦烏斯藏僧稱爲尚師者也。永樂中，既封二法王（大寶、大乘），其徒爭欲見天子邀恩寵，於是來者趾相接。釋迦也失亦以十二年入朝，禮亞大乘法王。

明年（永樂十三年）命爲妙覺圓通慈慧普應輔國顯教灌頂弘善西天佛子大國師，賜之印誥。

十四年辭歸，賜佛經、佛像、法仗、僧衣、綺帛、金銀器，且御製贊詞賜之。其徒益以爲榮。

明年（永樂十五年）遣使來貢。

十七年命中官楊三保齎佛像、衣幣往賜。

二十一年復來貢。

宣德九年入朝。帝留之京師，命成國公朱勇、禮部尚書胡濙持節，册封爲萬行妙明真如上勝清净般若弘照普慧輔國顯教至善大慈法王西天正覺如來自在大圓通佛。

宣宗崩，英宗嗣位，禮官先奏汰番僧六百九十人。正統元年復以爲請。命大慈法王及西天佛子如故，餘遣還，不願者減酒饌廩餼。自是輦下稍清。

西天佛子者，能仁寺僧智光也，本山東慶雲人。洪武、永樂中，數奉使西國。成祖賜號國師，仁宗加號……大國師……至是（正統元年）復加西天佛子。

初，太祖招徠番僧，本藉以化愚俗，弭邊患，授國師、大國師者不過四五人。至成祖兼崇其教，自闡化等五王及二法王（大寶、大乘）外，授西天佛子者二，灌頂大國師者九，灌頂國師者十有八，其他禪師、僧官不可悉數。其徒交錯於道，外擾郵傳，內耗大官，公私騷然。帝不恤也。然至者猶即遣還。及宣宗時則久留京師，耗費益甚。英宗初年，雖多遣斥，其後加封號者亦不少。

景泰中，封番僧沙加爲弘慈大善法王，班卓兒藏卜爲灌頂大國師。英宗復辟，務反景帝之政，降法王爲大國師，大國師爲國師。

成化初，憲宗復好番僧，至者日衆。劄巴堅參、劄實巴、領占竹等，以秘密教得幸，並封法王。其次爲西天佛子，他授大國師、國師、禪師者不可勝紀。四方奸民投爲弟子，輒得食大官，每歲耗費鉅萬。廷臣屢以爲言，悉拒不聽。

孝宗踐阼，清汰番僧，法王、佛子以下皆遞降，驅還本土，奪其印誥。由是輦下復清。

弘治六年，帝惑近習言，命取領占竹等詣京。言官交章力諫，事乃寢。

十三年命爲故西天佛子著肒領占建塔。工部尚書徐貫等言，此僧無益於國，營墓足矣，不當建塔。不從。尋命那卜堅參[等]三人爲灌頂大國師。帝崩，禮官請黜異教，三人並降禪師。

既而武宗蠱惑佞倖，復取領占竹至京，命爲灌頂大國師，以先所降禪師三人爲國師。帝好習番語，引入豹房。由是番僧復盛。封那卜堅參及劄巴藏卜爲法王，那卜領占及綽即羅竹爲西天佛子。已[而]封領占班丹爲大慶法王，給番僧度牒三千，聽其自度。或言，大慶法王，即帝自號也。綽吉我些兒者，烏斯藏使臣，留豹房有寵，封大德法王。乞令其徒二人爲正副使，還居本土，如大乘法王例入貢，且爲二人請國師誥命，入番設茶。禮官劉春等執不可，帝不聽。春等復言："烏斯藏遠在西方，性極頑獷。雖設四王撫化（四王究爲何四王，至此尚未見説明），而其來貢必爲節制。若令齎茶以往，賜之誥命，彼或假上旨以誘諸番，妄有所干請。從之則非法，不從則生釁，害不可勝言。"帝乃罷設茶敕，而予之誥命。帝時益好異教，常服其服，誦習其經，演法內廠。綽吉我些兒輩出入豹房，與權倖雜處，氣燄（應是燄）灼然。及二人乘傳歸，所過驛騷，公私咸被其患。

世宗立，復汰番僧，法王以下悉被斥。後世宗崇道教，益黜浮屠。自是番僧鮮至中國者。

　　光旦：此傳內容甚雜。三三一卷似應有一序言，而此傳之絕大部分應納序言中方合。

藏——闡化等五王

《明史》卷三三一《闡化王傳》：

闡化王者，烏斯藏僧也。初，洪武五年，河州衛言："烏斯藏怕木竹巴之地，有僧曰章陽沙加監藏，元時封灌頂國師，爲番人推服。今朶甘酋賞竹監藏與管兀兒（此何地或何人？）搆兵，若遣此僧撫諭，朶甘必內附。"帝如其言，仍封灌頂國師，遣使賜玉印、綵幣。

明年（洪武六年），其僧使酋長鎖南藏卜貢佛像、佛書、舍利。是時方命佛寶國師招諭番人，於是怕木竹巴僧等自稱輦卜闍，遣使進表及方物。帝厚賜之。輦卜闍者，其地首僧之稱也。

八年（洪武）正月設怕木竹巴萬戶府，以番酋為之。

已而章陽沙加卒，授其徒鎖南扎思巴噫監藏卜為灌頂國師。

二十一年上表稱病，舉弟吉剌思巴監藏巴藏卜自代，遂授灌頂國師。自是三年一貢。

成祖嗣位，遣僧智光往賜。永樂元年遣使入貢。

四年封為灌頂國師闡化王，賜螭紐玉印，白金五百兩，綺衣三襲，錦帛五十匹，巴茶二百斤。

明年命與護教、贊善二王，必力工瓦國師及必里、朵甘、隴答諸衛，川藏諸族，復置驛站（元代必嘗置之，故云復置），通道往來。

十一年（永樂），中官楊三保使烏斯藏還，其王遣從子剳結等隨之入貢。

明年復命三保使其地，令與闡教、護教、贊善三王及川卜、川藏等共修驛站，諸未復者盡復之。自是道路畢通，使臣往還數萬里，無虞寇盜矣。

其後貢益頻數。帝嘉其誠，復命三保齎佛像、法器、袈裟、禪衣及絨錦、綵幣往勞之。已[而]又命中官戴興往賜綵幣。

宣德二年命中官侯顯往賜絨錦、綵幣。其貢使嘗毆殺驛官子，帝以其無知，遣還，敕王戒飭而已。

九年（宣德），貢使歸，以賜物易茶。至臨洮，有司沒入之，羈其使，請命。詔釋之，還其茶。

正統五年，王卒。遣禪師二人為正副使，封其從子吉剌思巴永耐監藏巴藏卜為闡化王。使臣私市茶綵數萬，令有司運致。禮官請禁之；帝念其遠人（二禪師亦番僧在京者，故云），但令自僦舟車[而已]。

已，王卒，以桑兒結瘖眘巴藏卜嗣。

成化元年，禮部言："宣、正間，諸貢不過三四十人，景泰時十倍，天順間百倍。今貢使方至，乞敕諭闡化王，令如洪武舊制，三年一貢。"（未言限制人數，疑有脫句。）從之。

五年（成化），王卒，命其子公葛列思巴中柰領占堅參巴兒藏卜嗣。遣僧進貢。還至西寧，留寺中不去；又冒名入貢，隱匿所賜璽書、幣物。王使其下三人來趣，其僧閉之室中，剜二人目。一人逸，訴於都指揮孫鑑。鑑捕實之獄，受其徒賄，而復以聞。下四川巡按鞫治，坐僧四人死，鑑將逮治，會赦悉免。

十七年（成化）以長河西諸番多假番王名朝貢，命給闡化、贊善、闡教、輔教四王敕書勘合，以防奸偽。

二十二年遣使四百六十人來貢；守臣遵新例，但納一百五十人。禮官以使者已入境，難固拒，請順其情概納之，爲後日兩貢之數。從之。

弘治八年遣僧來貢，還至揚州廣陵驛，遇大乘法王貢使，相與殺牲縱酒，三日不去。見他使舟至，則以石投之，不容近陸。知府唐愷詣驛呼其舟子戒之，諸僧持兵仗呼譟擁而入。愷走避，隸卒力格鬭乃免，爲所傷者甚衆。事聞，命治通事及伴送者罪，遣人諭王令自治其使者。

其時王卒，子班阿吉江東剳巴請襲，命番僧二人爲正副使往封。比至，新王亦死，其子阿往剳失剳巴堅參即欲受封，二人不得已授之，遂具謝恩儀物，並獻其父所領勘合印章爲左驗。（似應作其祖所領，方合事理。）[還]至四川，守臣劾其擅封，逮治論斬，減死戍邊，副使以下悉宥。

正德三年，禮官以貢使踰額，令爲後年應貢之數。

嘉靖三年偕輔教王及大小三十六番請入貢。禮官以諸番不具地名、族氏，令守臣覈實以聞。

> 光旦：未有下文。如是者不一而足矣。

四十三年（嘉靖）①，闡化諸王遣使入貢請封。禮官循故事，遣番僧二十二人爲正副使，序班朱廷對監之。至中途大騷擾，不受廷對約束，廷對還白其狀。禮官請自後封番王，即以誥敕付使者齎還，或下守臣，擇近邊僧人齎賜。封諸藏之不[復]遣京寺番僧，自此始也。

番人素以入貢爲利，雖屢申約束，而來者日增。隆慶三年再定令闡化、闡教、輔教三王，俱三歲一貢，貢使各千人，半全賞，半減賞。全賞者遣八人赴京，餘留邊上。遂爲定例。

萬曆七年，貢使言闡化王長子札釋藏卜乞嗣職。如其請。久之卒，其子請襲。神宗許之，而制書但稱闡化王。用閣臣沈一貫言，加稱烏斯藏怕木竹巴灌頂國師闡化王。其後奉貢不替。

---

① 標點本《校勘記》：四十三年，據《明史稿》卷二〇四《闡化王傳》、《世宗實錄》卷五二六嘉靖四十二年十月癸丑條應爲"四十二年"。——整理者注

所貢物有畫佛、銅佛、銅塔、珊瑚、犀角、氆氌、左髻毛纓、足力麻、鐵力麻、刀劍、明甲冑之屬，諸[他]王所貢亦如之。

《明史》卷三三一《贊善王傳》：

贊善王者，靈藏僧也。其地在四川徼外，視烏斯藏爲近。成祖踐阼，命僧智光往使。

永樂四年，其僧著思巴兒監藏遣使入貢，命爲灌頂國師。

明年（永樂五年）封贊善王，國師如故，賜金印、誥命。

十七年，中官楊三保往使。

洪熙元年，王卒，從子喃葛監藏襲。

宣德二年，中官侯顯往使。

正統五年奏稱年老，請以長子班丹監剉代。帝不從其請，而授其子爲都指揮使。

初，入貢無定期，自永樂迄正統，或間歲一來，或一歲再至。而歷朝遣使往賜者，金幣、寶鈔、佛像、法器、袈裟、禪服，不一而足。至成化元年始定三歲一貢之例。

三年（成化）命塔兒把堅粲襲封。故事，封番王誥敕及幣帛遣官齎賜。至是西陲多事，禮官乞付使者齎回。從之。

五年（成化），四川都司言，贊善諸王不遵定制，遣使率各寺番僧百三十二種入貢（此句難以理解），且無番王印文；今止留十餘人守貢物，餘已遣還。禮官言："番地廣遠，番王亦多，若遵例並時入貢，則内郡疲供億。莫若令諸王於應貢之歲，各具印文，取次而來。今貢使已至，難拂其情。乞許作明年應貢之數。"報可。

十八年，禮官言："番王三歲一貢，貢使百五十人，定制也。近贊善王連貢者再，已遣四百十三人。今請封請襲，又遣千五百五十人，違制宜卻。乞許其請封襲者，以三百人爲後來兩貢之數，餘悉遣還。"亦報可。遂封喃葛堅粲巴藏卜爲贊善王。

弘治十六年卒，命其弟端竹堅參嗣。

嘉靖後猶入貢如制。

《明史》卷三三一《護教王傳》：

名宗巴斡即南哥巴藏卜，館覺僧也。（館覺二字應有意義，不知何義。）成祖初，僧智光使其地。

永樂四年遣使入貢；詔授灌頂國師，賜之誥。

明年遣使入謝。封爲護教王，賜金印、誥命，國師如故。遂頻歲入貢。

十二年（永樂）卒。命其從子幹些兒吉剌思巴藏卜嗣。

洪熙、宣德中並入貢。

已而卒，無嗣，其爵遂絕。

《明史》卷三三一《闡教王傳》：

闡教王者，必力工瓦僧也。成祖初，僧智光齎敕入番；其國師端竹監藏遣使入貢。

永樂元年至京。帝喜，宴賚遣還。

四年又貢。帝優賜，並賜其國師大板的達、律師鎖南藏卜衣幣。

十一年乃加號灌頂慈慧淨戒大國師，又封其僧領真巴兒吉監藏爲闡教王，賜印誥、綵幣。後比年一貢。楊三保、戴興、侯顯之使，皆齎金幣、佛像、法器賜焉。

宣德五年，王卒；命其子綽兒加監巴領占嗣。

久之卒，命其子領占叭兒結堅參嗣。

成化四年從禮官言，申三歲一貢之制。

明年，王卒；命其子領占堅參叭兒藏卜襲。

二十年，帝遣番僧班著兒齎璽書勘合往賜。其僧憚行，至半道，僞爲王印信、番文復命。詔逮治。

正德十三年遣番僧領占劄巴等封其新王。劄巴等乞馬快船三十艘載食鹽，爲入番買路之資。户科、户部並疏爭，不聽。劄巴等在途科索無厭；至呂梁，毆管洪主事李瑜幾斃，恣橫如此。

迄嘉靖世，闡教王修貢不輟。

《明史》卷三三一《輔教王傳》：

輔教王者，思達藏僧也。其地視烏斯藏尤遠。成祖即位，命僧智光持詔招諭，賜以銀幣。

永樂十一年封其僧南渴烈思巴爲輔教王，賜誥印、綵幣。

［是後］數通貢使。楊三保、侯顯皆往賜其國，與諸法王等。

景泰七年，使來貢，自陳年老，乞令其子喃葛堅粲巴藏卜代。帝從之，封爲輔教王，賜誥敕、金印、綵幣、袈裟、法器。以灌頂國師葛藏、右覺義桑加巴充正、副使往封。至四川，多雇牛馬，任載私物。禮官請治其罪。

英宗方復辟，命收其敕書，減供應之半。

成化五年，王卒；命其子喃葛劄失堅參叭藏卜嗣。

六年申舊制，三年一貢，多不過百五十人，由四川雅州入。國師以下不許貢。

弘治十二年，輔教等四王及長河西宣慰司並時入貢，使者至二千八百餘人。禮官以供費不貲，請敕四川守臣遵制遣送，違者卻還。從之。歷正德、嘉靖世，奉貢不絕。

藏（朵甘）

《明史》卷三三一《朵甘烏斯藏行都指揮使司傳》：

朵甘，在四川徼外，南與烏斯藏鄰。唐吐蕃地。元置宣慰司、招討司、元帥府、萬戶府，分統其衆。

洪武二年，太祖定陝西，即遣官齎詔招撫。又遣員外郎許允德諭其酋長，舉元故官赴京。攝帝師喃加巴藏卜及故國公南哥思丹八亦監藏等於六年春入朝，上所舉六十人名。帝喜，置指揮使司二，曰朵甘，曰烏斯藏，宣慰司二，元帥府一，招討司四，萬戶府十三，千戶所四，即以所舉官任之。廷臣言來朝者授職，不來者宜弗予。帝曰："吾以誠心待人。彼不誠，曲在彼矣。萬里來朝，俟其再請，豈不負遠人歸嚮之心。"遂皆授之。降詔……（詔詞略不錄）並宴賚遣還。

初，元尊番僧爲帝師，授其徒國公、[司徒]等秩，故降者襲舊號。鎖南兀即爾者歸朝，授朵甘衛指揮僉事。以元司徒銀印來上，命進指揮同知。已而朵甘宣慰賞竹監藏舉首領可爲指揮、宣慰、萬戶、千戶者二十二人。詔從其請，鑄分司印予之。乃改朵甘、烏斯藏二衛爲行都指揮使司，以鎖南兀即爾爲朵甘都指揮同知，管招兀即爾爲烏斯藏都指揮同知，並賜銀印。又設西安行都指揮使司於河州，兼轄二都司。

光旦：兩者皆都指揮使司，即皆都司，然河州者得轄朵甘、烏斯藏二司，所不解，然在河州者必爲漢官，朵、烏二司則番官，以漢轄番，則可解也。

已[而]佛寶國師（此上文未見，或即以封鎖南兀即爾者）鎖南兀即爾等遣使來朝，奏舉故官賞竹監藏（應即上文之賞竹監藏，非另一人）等五十六人。命增置朵甘思宣慰司及招討等司。[計]招討司六：曰朵甘思（似既有朵甘思宣慰司，又有朵甘思招討司），曰朵甘隴答，曰朵甘丹，曰朵甘倉溏，曰朵甘川，曰磨兒勘。萬户府四：曰沙兒可，曰乃竹，曰羅思端，曰列思麻。千户所十七。以賞竹監藏為朵甘都指揮同知，餘授職有差。自是，諸番修貢惟謹。

  光旦：以上無具體年份，應是洪武六、七年間事。

八年置俄力思軍民元帥府。

尋置隴答衛指揮使司。

十八年（仍洪武）以班竹兒藏卜為烏斯藏都指揮使。乃更定品秩，自都指揮以下皆令世襲。

未幾，又改烏斯藏俺不羅衛為行都指揮使司。

二十六年，西番思曩日等族遣使貢馬；命賜金銅信符、文綺、襲衣，許之朝貢。

  光旦：此條似應入《西番諸衛傳》，誤繫於此。

永樂元年改必里千户所為衛，後置烏斯藏牛兒宋寨行都指揮使司，又置上邛部衛，皆以番人官之。

  光旦：必里，不知即必赤里，今貴德縣（舊屬甘肅）否。

十八年，帝以西番悉入職方，其最遠白勒等百餘寨猶未歸附，遣使往招；亦多入貢。帝以番俗惟僧言是聽，乃寵以國師諸美號，賜誥印，令歲朝。由是諸番僧來者日多。

迄宣德朝，禮之益厚。

九年（宣德）命中官宋成等齎璽書、賜物使其地，敕都督趙安率兵送之畢力朮江。

正統初，以供費不貲，稍為裁損。

時有番長移書松潘守將趙得，言欲入朝，為生番阻遏，乞遣兵開道。詔令得遣使招生番，相率朝貢者八百二十九寨；悉賜賚遣歸。

  光旦：此中應亦有羌。

天順四年，四川三司言："比奉敕書，番僧朝貢入京者不得過十人，餘留境上候賞。今蜀地災傷，若悉留之，動經數月，有司困於供億。宜如正統間制，宴待遣還。"報可。

成化三年，阿昔洞諸族土官言："西番大小二姓為惡，殺之不懼。惟國師、剌麻勸化，則革心信服。"乃進禪師遠丹藏卜為國師，都綱子瑞為禪師，以化導之。

> 光旦：此條似亦應在《西番諸衛》下，只國師、禪師輩或與朵甘有涉耳。

六年（成化）申諸番三歲一貢之例，國師以下不許貢。於是貢使漸希。

初，太祖以西番地廣，人獷悍，欲分其勢而殺其力，使不爲邊患，故來者輒授官。又以其地皆食肉，倚中國茶爲命，故設茶課司於天全六番，令以馬市；而入貢者又優以茶布。諸番戀貢市之利，且欲保世官，不敢爲變。迨成祖，益封法王及大國師、西天佛子等，俾轉相化導，以共尊中國。以故西陲宴然，終明世無番寇之患。

> 光旦：末句中之"番"專指藏無疑，且與"西番"之"番"了不相涉，西番或羌固嘗爲"邊患"也。

藏（長河西魚通寧遠宣慰司）

《明史》卷三三一《長河西魚通寧遠宣慰司傳》：

長河西魚通寧遠宣慰司，在四川徼外，地通烏斯藏。唐爲吐蕃。元時置碉門、魚通、黎、雅、長河西、寧遠六安撫司，隸吐蕃宣慰司。

洪武時，其地打箭爐長河西土官元右丞剌瓦蒙遣其理問高惟善來朝，貢方物；宴賚遣還。

十六年復遣惟善及從子萬戶若剌（應是剌瓦蒙之從子）來貢。命置長河西等處軍民安撫司，以剌瓦蒙爲安撫使，賜文綺四十八匹，鈔二百錠，授惟善禮部主事。

二十年遣惟善招撫長河西、魚通、寧遠諸處。

> 光旦：此地藏人以外，應尚有蒙、白等族人。剌瓦蒙、若剌，蒙也；高惟善疑是白族，漢化程度高，故得爲禮部主事，且入京任職，故招撫事畢，下文言"還朝"。羌、漢民亦不乏，可不待言。

明年（洪武廿一年）[惟善]還朝，言："安邊之道，在治屯守，而兼恩威。屯守既堅，雖遠而有功；恩威未備，雖近而無益。今魚通、九枝疆土及巖州、雜道二長官司，東鄰碉門、黎、雅，西接長河西。自唐時吐蕃強盛，寧遠、安靖、巖州漢民，往往爲彼驅入九枝、魚通，防守漢邊。元初設二萬戶府，仍與盤陀、仁陽置立寨柵，邊民戍守。其後各枝率衆攻仁陽等柵。及川蜀兵起，乘勢侵陵雅、卭（邛之誤）、嘉等州。洪武十年始隨碉門土酋歸附。巖州、雜道二長官司自國朝設，迨今十有餘年，官民仍舊不相統攝。蓋無統制之司，恣其猖獗，因襲舊弊故也。其近而已附者如此，遠而未附者何由而臣服之。且巖州、寧遠等處，乃古之州治。苟撥兵戍守，就築城堡，開墾山田，使近者向化而先附，遠者畏威而來歸，西域無事則供我徭役，有事則使之先驅。撫之既久，則皆爲我用。如臣之説，其便有六。通烏斯藏、朶甘，鎮撫長河西，可拓地四百餘里，得番民二千餘户。非惟黎、雅保障，蜀亦永無西顧憂。一也。番民所處老思岡之地，土瘠人繁，專務貿販碉門烏茶、蜀之細布，博易羌貨，以贍其生。若於巖川（應作州）立市，則此輩衣食皆仰給於我，焉敢爲非。二也。以長河西伯思東巴獵等八千户爲外番犄角，其勢必固。然後招徠遠者，如其不來，使八千户近爲内應，遠爲鄉導，此所謂以蠻攻蠻，誠制邊之善道。三也。天全六番招討司八鄉之民，宜悉蠲其徭役，專令蒸造烏茶，運至巖州，置倉收貯，以易番馬。比之雅州易馬，其利倍之。且於打箭爐原易馬處相去甚近，而價增於彼，則番民如蟻之慕羶，歸市必衆。四也。巖州既立倉易馬，則番民運茶出境，倍收其稅，其餘物貨至者必多。又魚通、九枝蠻民所種水陸之田，遞年無征。若令歲輸租米，并令軍士開墾大渡河兩岸荒田，亦可供給戍守官軍。五也。碉門至巖州道路，宜令繕修開拓，以便往來人馬。仍量地里遠近，均立郵傳，與黎、雅烽火相應。庶可以防遏亂略，邊境無虞。六也。"帝從之。

　　後建昌酋月魯帖木兒叛，長河西諸酋陰附之，失朝貢。太祖怒。三十年春謂禮部臣曰："今天下一統，四方萬國皆以時奉貢。如烏斯藏、尼八剌國其地極遠，猶三歲一朝。惟打箭爐長河西土酋外附月魯帖木兒、賈哈剌，不臣中國。興師討之，鋒刃之下，死者必衆。宜遣人諭其酋。若聽命來覲，一以恩待，不悛則發兵三十萬，聲罪徂征。"禮官以帝意爲文馳諭之。其酋懼，即遣使入貢謝罪。天子赦之，爲置長河西魚通寧遠宣慰司，以其酋爲宣慰使。自是修貢不絕。初，魚通及寧遠、長河西，本各爲部，至是始合爲一。

　　永樂十三年，貢使言："西番無他土產，惟以馬易茶。近年禁約，生理實艱，乞仍許開中。"從之。

　　二十一年，宣慰使喃哩等二十四人來朝貢馬。

　　正統二年，喃哩卒，子加八僧嗣。

　　成化四年申諸番三歲一貢之令。惟長河西仍比歲一貢。[①]

　　六年（成化）頒定二年或三年一貢之例，貢使不得過百人。

　　十七年，禮官言："烏斯藏在長河西之西，長河西在松潘、越嶲之南，壤

[①] 見《憲宗實錄》卷五二成化四年三月戊辰條。——整理者注

地相接，易於混淆。烏斯藏諸番王例三歲一貢，彼以道險來少，而長河西番僧往往詐爲諸王文牒，入貢冒賞。請給諸番王及長河西、董卜韓胡敕書勘合，邊臣審驗，方許進入，庶免詐僞之弊。或道阻，不許補貢。"從之。

十九年，其部內灌頂國師遣僧徒來貢至千八百人，守臣劾其違制。詔止納五百人，餘悉遣還。

二十二年（成化），禮官言："長河西以黎州大渡河寇發，連歲失貢；至是補進三貢。定制，道梗者不得再補。但今貢物已至，宜順其情納之，而量減賜賚。"報可。

弘治十二年，禮官言："長河西及烏斯藏諸番，一時並貢，使者至二千八百餘人。乞諭守臣無濫送。"亦報可。然其後來者愈多，卒不能卻。

嘉靖三年定令不得過一千人。

隆慶三年定五百人全賞、遣八人赴京之制，如闡教諸王。

其貢物則珊瑚、琶琶之屬，悉準《闡化王傳》（別有片）所載。諸番貢皆如之。

藏（董卜韓胡宣慰司）

《明史》卷三三一《董卜韓胡宣慰司傳》：

董卜韓胡宣慰司，在四川威州之西，其南與天全六番接。

永樂九年，酋長南葛遣使奉表入朝，貢方物。因言答隆蒙、碉門二招討侵掠鄰境，阻遏道路，請討之。帝不欲用兵，降敕慰諭，使比年一貢，賜金印、冠帶。

正統三年奏年老，乞以子克羅俄堅粲代。從之。[克羅俄堅粲]凶狡不循禮法。

七年乞封王，賜金印。帝不許。命進秩鎮國將軍、都指揮同知，掌宣慰司事，給之誥命。[於是]益恃強，數與雜谷安撫及別思寨安撫饒蛤搆怨。

十年（正統）八月移牒四川守臣，謂："別思寨本父南葛故地，分界饒蛤父者。後饒蛤受事，私奏於朝，獲設安撫司。邇乃僞爲宣慰司印，自稱宣慰使，糾合雜谷諸番，將侵噬己地。已拘執饒蛤，追出僞印，用番俗法剜去兩目。謹以狀聞。"守臣上其事。帝遣使齎敕責其專擅，令與使臣推擇饒蛤族人爲安撫，仍轄其土地，且送還饒蛤，養之終身。

十三年十月，四川巡按張洪等奏："近接董卜宣慰文牒言：雜谷故安撫阿隙小妻毒殺其夫及子；又賄威州千戶唐泰誣己謀叛。今備物進貢，欲從銅門山西開山通道，乞官軍於日駐迓之。臣等竊以雜谷內聯威州保縣，外鄰董卜韓胡。雜谷力弱，欲抗董卜，實倚重於威保。董卜勢強，欲通威保，卻受阻於雜谷。以此讎殺，素不相能。銅門及日駐諸寨，乃雜谷、威保要害地。董卜欺雜谷妻寡子弱，瞰我軍遠征麓川，假進貢之名，欲別開道路，意在吞滅雜谷，搆陷唐泰。所請不可許。"乃下都御史寇深等計度。其議迄不行。時董卜比歲入貢，所遣僧徒強悍不法，多攜私物，強索舟車，騷擾道途，詈辱長吏。天子聞而惡之。

景泰元年賜敕切責。

尋侵奪雜谷及達思蠻長官司地，掠其人畜。守臣不能制。

三年(景泰)二月朝議獎其入貢勤誠，進秩都指揮使，令還二司侵地及所掠人民。其酋即奉命。惟舊維州之地尚為所據。

俄饋四川巡撫李匡銀甖、金珀，求《御製大誥》、《周易》、《尚書》、《毛詩》、《小學》、《方輿勝覽》、《成都記》諸書。匡聞之於朝，因言："唐時吐蕃求《毛詩》、《春秋》。于休烈謂，予之以書，使知權謀，愈生變詐，非中國之利。裴光庭(原刊廷，似誤)謂，吐蕃久叛新服，因其有請，賜以《詩》、《書》，俾漸陶聲教，化流無外。休烈徒知書有權略變詐，不知忠信禮義皆從書出。明皇從之。今茲所求，臣以為予之便。不然彼因貢使市之書肆，甚不為難。惟《方輿勝覽》、《成都記》，形勝關塞所具，不可概予。"帝如其言。

尋以其還侵地，賜敕獎勵。

六年(景泰)，兵部尚書于謙等奏其僭稱蠻王，窺伺巴、蜀，所上奏章語多不遜，且招集羣番，大治戎器，悖逆日彰，不可不慮，宜敕守臣預為戒備。從之。

克羅俄堅粲死，子刴思堅粲藏卜遣使來貢，命為都指揮同知，掌宣慰司事。

天順元年遣使入貢，乞封王。命如其父官，進秩都指揮使，仍掌宣慰司事。

成化五年，四川三司奏："保縣僻處極邊，永樂五年特設雜谷安撫司，令撫輯舊維州諸處蠻塞(寨字之誤)。後與董卜搆兵，維州諸地俱為侵奪，貢道阻絕。今雜谷恢復故疆，將遣使來貢，不知貢期，未敢擅遣。"帝從禮官言，許以三年為期。(見《憲宗實錄》卷六九成化五年七月丙戌條)

四年(亦成化，惟上條已云五年，此誤，應為六年四月，見《憲宗實錄》卷七八成化六年四月乙丑條)申諸番三年一貢之例，惟董卜許比年一貢。

六年，剳巴堅粲藏卜①卒，子綽吾結言千嗣爲都指揮使。

弘治三年卒；子日墨剳思巴旺丹巴藏卜遣國師貢珊瑚樹、氆氇、甲胄諸物，請嗣父職。許之，賜誥命、敕書、綵幣。

九年卒；子喃呆請襲，亦遣國師貢方物，詔授以父官。卒，子容中短竹襲。

嘉靖二年再定令貢使不得過千人；其所隷別思寨及加渴瓦寺別貢。

隆慶二年，董卜及別思寨貢使多至千七百餘人，命予半賞，遣八人赴京，爲定制。

迄萬曆後，朝貢不替。

中華人

《明史》卷三二二《日本傳》：

[永樂]十五年……有捕倭寇數人至京者……帝曰："……宜還之。"……中華人被掠者，亦令送還。

仲　家

仲家子

《明史》卷一八七《馬昊傳》：

烏蒙、芒部二府壤接筠連、珙縣，圍亘千里，山箐深阻，諸蠻僰人子、羿子、仲家子、猫子、猓㹭等雜居其中。

光旦：正德十二年（被鎮壓之年），仲家子及其它諸族嘗從僰人子首領普法惡一同起事，詳"僰人子"片，此處不複。

光旦：即今佈依。佈依之分布遠及四川南鄙，前所未喻。

仲家苗

《明史》卷二四七《陳璘傳》：

貴東、西二路苗：曰仲家苗，盤踞貴、龍、平、新間，爲諸苗巨魁；在水硍山介銅仁、思、石者曰山苗，紅苗之羽翼也。自平播後，貴州物力大屈，苗

---

① 標點本《校勘記》：剳巴堅粲藏卜，上文作"剳思堅粲藏卜"。——整理者注

益生心，剽掠無虛日。[萬曆]三十三年冬，巡撫郭子章請於朝。明年(三十四年)四月令璘(時以總兵官鎮貴州)軍萬人攻水硍，游擊劉岳督宣慰安疆臣兵萬人攻西路，並克之。乃令璘移新添，獨攻東路，復克之。生獲酋十二人，斬首三千餘級，招降者萬三千餘人。部內遂靖。

  光旦：仲家苗即今佈依。

  光旦：黔舊有所稱東、西苗，豈即此東、西二路苗耶？

  光旦："山苗"既爲紅苗羽翼，應是真苗，另列片。

  光旦：貴、龍、平、新應是貴陽、龍里、平越、新添。思、石爲思州、石阡。

《明史》卷二四八《李若星傳》：

  [崇禎]十一年以[兵部右侍郎]兼右僉都御史，代朱燮元總督川、湖、雲、貴軍務，兼巡撫貴州。討安位餘孽安隴璧及苗、仲諸賊，有功。(互見)

《明史》卷二四九《朱燮元傳》：

  [奢、安二氏]亂久，里井蕭條，貴陽民不及五百家，山谷悉苗仲。而將士多殺降報功，苗[仲]不附。

仲家

《明史》卷二四九《李橒傳》：

  (水西安氏起事，水西彝兵而外亦有仲家兵、苗兵、及其他彝兵，見"[彝](水西)——李橒"片。)

《明史》卷二五七《張鶴鳴傳》：

  遷右僉都御史，巡撫貴州。自楊應龍平後，銷兵太多，苗、仲所在爲寇。鶴鳴言："仲賊乃粵西猺種，流入黔中。自貴陽抵滇，人以三萬計，砦以千四百七十計，分即爲民，合即爲盜。又有紅苗，環銅仁、石阡、思州、思南四郡，數幾十萬。而鎮遠、清平間，大江、小江、九股諸種，皆應龍遺孽，衆萬餘。臣部卒止萬三千，何以禦賊？"因列上增兵增餉九議。合諸土兵剿洪邊十二馬頭，大破紅苗。追剿猺坪。賊首老蜡鷄據峰巓仰天窩，窩有九井，地平衍，容數千人，下通三道，各列三關。老蜡鷄僭王號。鶴鳴奪其關，老蜡鷄授首，撫降餘衆而還。尋發兵擊平定廣、威平、安籠諸賊。威名甚著。遷兵部右侍郎。

  光旦：此條內容甚雜，明確者有仲家、紅苗、宋家，姑並摘於此，可確知者參見有關片。

  光旦：仲家，即今佈依，其來自粵西與在黔分佈，皆合，謂猺種，則大誤。明人不辨猺、獞，此一證也。

仲[家]

《明史》卷二六二《傅宗龍傳》：

  條上屯守策，[有云，]"安酋土地半在水外，犵狫、龍、仲、蔡、苗諸雜種，緩急與相助。賊有外藩，我無邊蔽。"

  光旦：此中定有不少"娃子"。

仲　家

《明史》卷三一六《貴州土司傳·新添衛》：

  東西二路苗，名曰仲家者，盤踞貴（貴陽）、龍（龍里）、平（平越）、新（新添）之間，爲諸苗渠帥。……（下詳"苗（新添衛）"、"東苗"片。）

諸　夏

《明史》卷三三二《別失八里傳》：

  [洪武二十四年]九月……書諭[別失八里王]黑的兒火者，[有]曰："……三十年間，諸夏奠安，外蕃賓服。"

獞

獞——自稱

《明史》卷三一七《廣西土司傳·桂林[府]》：

  景泰五年，廣西古丁等洞賊首藍伽、韋萬山等，糾合蠻類，劫掠南寧、上林、武緣諸處。……

  光旦：武緣，與武夷山之武夷，應同出越人自稱。

獞——"卓旺"神（與自稱？）

《明史》卷二〇〇《姚鏌傳》：

擢廣西提學僉事（弘治六年成進士後之若干年）。……桂人祀山魈卓旺。鎮毀像，俗遂變。

  光旦：此條甚重要。卓旺，僮之反切，疑即僮之始祖，猶巴人之廩君，瑶、畬之槃瓠也，"僮"之稱即肇於此，以始祖之名爲族類之名，亦是常例。桂人，指漢人，漢人入少數民族地區，入國問禁，往往即以當地原所崇信之對象納入其信仰系統，亦猶之漢人初入鄂西與陝東南之巴人舊地，亦隨俗信白虎神（見杜光庭，《録異記》）也。

  光旦：惟"山魈"之稱始於漢人與畬族祖先發生接觸之時，其地則在閩、浙、贛一帶。亦出反切，即畬、蕭等稱之反切，亦即畬人之自稱，漢人初遇畬人祖先，可望而不可即，以爲山神鬼怪、魑魅魍魎之屬，又嘗聞其自稱之音，因即呼之爲"山魈"。自此轉輾成爲山林鬼怪之泛稱，此即其一例也。

[僮]

《明史》卷一一九《諸王傳四》：

  英宗北狩……郕王即位，心欲以[己子]見濟代[英宗]太子[見深]，而難於發……會廣西土官都指揮使黄玹以私怨戕其弟思明知府瑽，滅其家，所司聞於朝。玹懼罪，急遣千户袁洪走京師，上疏勸帝……易建東宮……疏入，景帝大喜，亟下廷臣會議，且令釋玹罪，進階都督。時景泰三年四月也。

  光旦：黃玹殺弟，景帝代兄，統治者心事如一，固不暇論是非、分民族也。

《明史》卷一二九《楊璟傳》：

  洪武元年……[璟既克永州，又下靖江，]復移師徇郴州[及其西南]，降兩江土官黄英、岑伯顔等。

《明史》卷一三〇《胡海傳》：

  [海]從平章楊璟征湖南、廣西未下郡縣（祁陽→永州→靖江）剿平左江上思蠻。

  光旦：與上是一事。

《明史》卷一三七《吳伯宗傳》附《任亨泰傳》：

  [亨泰使安南還，]以私市蠻人爲僕，降御史。未幾，思明土官與安南爭界，詞復連亨泰，坐免官。

光旦：被私市之蠻人可能爲安南人，可能爲僮人。

《明史》卷一三八《唐鐸傳》：

[洪武]二十八年，[龍州趙宗壽事既定（見"僮（龍州）"片），]乃詔[楊]文移兵征奉議諸州叛蠻，即以鐸參議軍事。逾月，諸蠻平。鐸相度形勢，請設奉議衛及向武、河池、懷集、武仙、賀縣諸處守禦千戶所，鎮以官軍。皆報可。

《明史》卷一四〇《陶垕仲傳·王佑附傳》：

[洪武中，佑官廣西僉事。]按察使尋适嘗咨以政體。佑曰："蠻方之人瀆倫傷化，不及此時明禮法、示勸懲，後難治。"适從之，廣西稱治。

光旦：此論無非進一步推行漢化而已，無大意義。

《明史》卷一五四《柳升傳》：

[升曾孫景，]景子文，文子珣，凡三世皆鎮兩廣，有平蠻功。

《明史》卷一五六《毛忠傳》：

[忠]孫銳……弘治初，出鎮湖廣，改兩廣。平蠻賊，累有功……九年以廣西破賊，增歲祿……思恩土官岑濬反，與總督潘蕃討平之。既又討平賀縣獞賊。……正德三年，劉瑾欲殺尚書劉大夏，坐以處置田州事失宜，并逮銳下詔獄。……賄瑾[得免]。

《明史》卷一五六《和勇傳》：

[天順、成化間，]兩廣多寇，命[勇]充游擊將軍，統降夷千人往討。時總兵顏彪無將略，賊勢愈熾。廣西巡撫吳禎殺降冒功，得優賞。彪效之，亦殺平民報捷。朝廷進彪官，勇亦進右都督。既而師久無功，言官劾文武將吏之失事者。……

光旦：此寇不必全是僮。

《明史》卷一五七《黃鎬傳》：

成化初……擢廣東左參政。高、雷、廉負海多盜，鎬討平之。

《明史》卷一五七《陳俊傳》：

天順五年，兩廣用兵，俊督餉。時州縣殘破，帑藏殫虛，弛鹽商越境令，引加米二斗，軍興賴以無乏。母喪，不聽歸，蠻平始還。（時俊爲戶部郎中）

光旦：此與上二條，尤其是第一條，應是一事。

《明史》卷一五九《熊概傳》：

永樂……十六年擢廣西按察使。峒獠蠻大出掠。布政使議請靖江王兵遏之。概不可，曰："吾等居方面，寇至無捍禦，顧煩王耶？且寇必不至，戒嚴而已。"已而果然。

> 光旦：此種記錄，幾乎全無用處，然亦不能不摘。所云峒溪蠻，主要當是僮。

僮

《明史》卷一五六《毛忠傳》：

[忠孫銳]討平賀縣獞賊。

> 光旦：事在正德二年(見下摘卷一八六《熊繡傳》條)。

《明史》卷一五九《夏壎傳》：

天順[間]……擢廣東按察使。時用師歲久，役民守城……成化初，奏：猺、獞弗靖[之緣由與組合]……(見"總錄——起事(緣由與組合)"片。)

《明史》卷一六六《王信傳·郭鋐附傳》：

弘治中……鎮守廣西，[爲]副總兵，破府江獞賊。

《明史》卷一六六《歐磐傳》：

[弘治]八年，府江永安諸獞亂。總督閔珪調兵六萬，分四哨往討。磐自象州、修仁直擣陸峒，所向摧破。已[而]偕諸軍連破山砦百八十，斬首六千有奇。進都指揮使，遷廣西副總兵。

《明史》卷一六六《張祐傳》：

[正德中，自廣東]遷廣西右參將，分守柳、慶。總督陳金討府江賊，命祐進沈沙口，大破之。……擢副總兵，鎮守廣西。尋進署都督僉事。

[僮]

《明史》卷一五九《李棠傳》：

[景泰初]巡撫廣西，提督軍務。所部多寇，棠以次討平之。……(所云寇，自不可能盡是僮。——光旦)景泰三年，思明土知府黃㻞老，子鈞嗣。㻞庶兄玹使其子殺㻞父子，滅其家，而以他盜爲亂告。棠檄右參政曾翬、副使劉仁宅按其事。翬等誘玹父子下之獄。玹窘則遣使走京師，上書請帝廢太子立己子。帝大喜，立擢玹都督同知，出其子於獄。事具《懷獻太子》及《土司傳》。棠既不得竟黃玹獄，鬱鬱……謝病歸。

《明史》卷一五九《李棠傳·曾翬附傳》：

擢廣西右參政。李棠檄翬及副使劉仁宅按黃玹父子。玹使人持千金賄於道，且擁精兵挾之。二人佯許諾。已[而]誘執玹下之獄。棠以聞。未幾，玹以上書擢都督同知，父子俱出獄。翬等太息而已。

《明史》卷一六〇《張瑄傳》：

[天順初，]擢廣東右布政使。廣西賊莫文章等越境陷連山，瑄擊斬之。

　　光旦：今僮人中多莫姓，故列此。然仡佬中亦有此姓，仡佬似爲舊獠人之一派，當時已否分出，亦未敢必。連山則瑤人地區矣。

《明史》卷一六〇《張鵬傳》：

成化四年，以右僉都御史巡撫廣西，勦蠻寇有功。

　　光旦：此蠻或爲大藤峽瑤，或其他瑤人。亦可能爲僮，或瑤、僮合，姑列此。

《明史》卷一六〇《張鵬傳》：

[成化]十八年代陳鉞爲兵部尚書。守珠池宦官韋助乞往來高、肇、瓊、廉，會守巡官捕寇。鵬執不可。帝竟許之。

　　光旦：韋助應是僮人。採珠人及所謂寇，自不止一族，其在廉州者，僮人之成分或亦不少，以僮人守珠池，亦有故也。然採珠人究以蜑人爲獨多。

《明史》卷一六一《黃潤玉傳》：

正統初……擢廣西僉事，提督學政。時寇起軍興，有都指揮妄掠子女萬餘口，潤玉劾而歸之。

　　光旦："寇"與"子女"中，僮應居多數。

《明史》卷一六一《陳選傳》：

歷廣東左、右布政使。……[成化]二十一年詔減省貢獻，而市舶中官韋眷奏乞均徭户六十人添辦方物。選持[不可]……（韋眷事亦見卷一六四《高瑤傳》。）

　　光旦：韋眷當亦是僮人，與上韋助同。

《明史》卷一六二《鍾同傳·楊集附傳》：

進士楊集（常熟人）上書于謙曰："奸人黃玹獻議易儲，不過爲逃死計耳，公等遽成之。公國家柱石，獨不思所以善後乎？……"

《明史》卷一六四《劉煒傳》：

[景泰五]年，都督黃玹以易儲議得帝眷，奏求霸州、武清縣地。煒（時爲都給事中）等抗章言："玹本蠻獠，遽蒙重任。怙寵妄干，乞地六七十里，豈盡無主者，請正其罪。"帝……遣户部主事黃岡、謝㽵往勘。還奏，果民產。……

帝卒宥［玹］。

《明史》卷一六五《陶成傳·子魯附傳》：

郁林陸川賊黃公定、胡公明等爲亂，［魯（時以湖廣按察使治兵兩廣）］與參將歐磐分五路進討，大破之，毀賊巢一百三十。

> 光旦：此中不必全是僮。

《明史》卷一六五《葉禎傳》：

授潯州府同知……調慶遠。兩廣猺賊蠭起，列郡咸被害，將吏率縮朒觀望。禎誓不與賊俱生，募健兒日訓練。峒酋韋父强數敗官軍，禎生縶之。其黨忿，悉衆攻城，旗山守將擁兵不救。禎率健兒出戰，賊卻去。旋躡禎，戰相當，禎子公榮殲焉。頃之，賊圍雞刺諸村，禎率三百人趨赴。道遇賊人頭山下，鏖戰，禎被數鎗，手刃賊一人，與從子官慶及三百人皆死。時天順三年正月晦也。……［會大雪，］賊釋圍去，諸村獲全。

> 光旦：又是瑤、僮合作之例。

《明史》卷一六六《蕭授傳》：

［宣德］七年諭降安隆酋岑俊。

> 光旦：安隆，今廣西西隆，明爲長官司，清廢。蕭授自永樂十六年起，以右軍都督僉事充總兵官鎮守湖廣、貴州，至此尚在鎮；其所以能諭降安隆，豈當時桂西北，在軍事上亦屬貴州範圍耶？

> 光旦：此一帶今率爲僮，然當時疑尚是仡佬。

［僮］——與韓觀

《明史》卷一六六《韓觀傳》：

授桂林右衛指揮僉事。洪武十九年討平柳州融縣諸蠻。累遷廣西都指揮使。二十二年平富川蠻，設靈亭千戶所。二十五年平賓州上林蠻。……［二十八］年捕擒宜山諸縣蠻，斬其僞王及萬戶以下二千八百餘人。以征南左副將軍從都督楊文討龍州土官趙宗壽，宗壽伏罪。移兵征南丹、奉議及都康、向武、高勞、上林、思恩、都亮諸蠻，先後斬獲萬餘級。……初，羣蠻所在蜂起，剽郡縣，殺守吏，勢甚熾。將士畏觀法，爭死鬭。觀得賊必處以極刑。間縱一二，使歸告諸蠻，諸蠻膽落。由是境內得安。……

> 光旦：此中必有仡佬，其時尚未必已成僮人者，例如"高勞"，即仡佬之同音異寫，然"高勞"作爲地名，前似未見。

成祖即位……命佩征南將軍印，鎮廣西，節制兩廣官軍。帝知觀嗜殺，賜璽書戒之曰："蠻民易叛難服，殺愈多愈不治。……務綏懷之，毋專殺僇。"會羣蠻復叛，帝遣員外郎李宗輔齎敕招之。觀大陳兵示將發狀，而遣使與宗輔俱。桂林蠻復業者六千家，惟思恩蠻未附。而慶遠、柳、潯諸蠻方殺掠吏民，乃上章請討。永樂元年與指揮葛森等擊斬理定諸縣山賊千一百八十有奇，擒其酋五十餘人，斬以徇。還所掠男女於民，而撫輯其逃散者。明年遣都指揮朱輝諭降宜山、忻城諸山寨。荔波猺震恐，乞爲編戶。帝屬觀撫之，八十餘洞皆歸附。明年，潯、桂、柳三府蠻作亂，已撫復叛，遣朱輝以偏師破之。蠻大懼。會朝廷遣郎中徐子良至，遂來降，歸所掠人畜器械。

　　［永樂］四年，［大征安南，觀與兵事，］柳、潯諸蠻乘觀出，復叛。五年，觀旋師抵柳州。賊望風遁匿。觀請俟秋涼深入，且請濟師。帝使使發湖廣、廣東、貴州三都司兵，又敕新城侯張輔遣都督朱廣、方政以征交阯兵協討。十月，諸軍皆集，分道進剿。觀自以貴州、兩廣兵由柳州攻馬平、來賓、遷江、賓州、上林、羅城、融縣，皆破之。會兵象州，復進武宣、東鄉、桂林、貴平①、永福。斬首萬餘級，擒萬三千餘人，羣蠻復定。……

　　觀在廣西久，威震南中，蠻人惴惴奉命。繼之者，自山雲外，皆不能及。
《明史》卷一六六《山雲傳》：

　　初，韓觀鎮廣西，專殺戮。慶遠諸生來迓。觀曰："此皆賊覘我也。"悉斬之。雲平恕。……不妄殺人……［雲時府吏］鄭牢嘗逮事觀。觀醉，輒殺人，牢輒留之，醒乃以白。牢爲士大夫所重，然竟以隸終。

僮——與山雲

《明史》卷一六六《山雲傳》：

　　［宣德二］年，柳、慶蠻韋朝烈等掠臨桂諸縣。時鎮遠侯顧興②以不救邱溫被逮，公侯大臣舉雲。……三年正月命佩征蠻將軍印，充總兵官往鎮。雲至，

---

① 標點本《校勘記》：貴平，明代無"貴平"，有貴縣，隸潯州府。《讀史方輿紀要》卷一〇六稱"諸蠻每恃藤峽爲奧區。以桂平之大宣鄉崇姜里爲前庭，象州東、南鄉、武宣北鄉爲後户。藤縣五屯障其左，貴縣龍山據其右，若兩臂然。""貴平"當係"貴縣"之譌。又，疑"桂林"爲"桂平"之譌。——整理者注

② 標點本《校勘記》：顧興，據《明史》卷一〇六《功臣世表》、卷一四四《顧成傳》，《明史稿》傳四〇《山雲傳》，《英宗實錄》卷三五五天順七年閏七月甲子條應爲"顧興祖"。

讨朝烈，破之。贼保山巅。山峻险，挂木於藤，垒石其上。官军至，辄断藤下木石，无敢近者。云夜半束火牛羊角，以金鼓随其後，驱向贼。贼谓官军至，亟断藤。比明，木石且尽，众譟而登，遂尽破之。南安、广源诸蛮悉下。

是夏，忻城蛮谭团作乱，云讨擒之。

四年春，讨平柳、浔诸蛮。其秋，雒容蛮出掠，遣指挥王纶破之。……

广西自韩观卒後，诸蛮渐横。云以广西兵少，留贵州兵爲用，先後讨平浔、柳、平乐、桂林、宜山、思恩诸蛮。……（涉及瑶部分，另有片。）

云在镇，先後大战十馀，斩首万二千二百六十，降贼酋三百七十，夺还男女二千五百八十，筑城堡十三，铺舍五百，陶砖凿石，增高益厚。自是猺、獞屏跡，居民安堵。论功，进都督同知……

［却土官馈献。］（见另片）

云所至，询问里老，抚善良，察诬枉，土人皆爱之。

僮

《明史》卷一六八《江渊传》：

初，黄㺷之奏易储也，或疑渊主之。邱濬曰："此易辨也，广西纸与京师纸异。"索奏视之，果广西纸，其诬乃白。

光旦：即白矣，此说明土官与中朝权要平时交通必密，否则不可能有黄㺷事也，初不论此权要爲江渊与否。

光旦：不同民族之阶级，因阶级而合，不因民族而分，黄㺷事亦一佳例。

光旦：邱琼山亦迂儒故作解人耳，内外交通既密，主之者独不可在京师取得广西纸乎？

《明史》卷一六九《王直传》：

［景］帝欲易太子，未发。会思明土知府黄㺷以爲请。帝喜，下礼部议。……文武诸臣议者九十一人。当署名，直有难色。陈循……强之，乃署。竟易皇太子。直……顿足叹曰："此何等大事，乃爲一蛮酋所坏，吾辈愧死矣。"

《明史》卷一七〇《于谦传》：

［英宗］复位，［石亨、曹吉祥、徐有贞即］诬谦［与王文］与黄㺷搆邪议，更立东宫。

[僮]

《明史》卷一七二《鄧廷瓚傳》：

[弘治]八年（或九年初），命提督兩廣軍務兼巡撫（時為右都御史，弘治十或十一年，進左）。……結羣蠻以恩信，不輕用兵，而兵出必成功。鬱林、雲纑、大桂諸蠻及四會饑民作亂，以次討平，兩廣遂無事。

　　光旦：諸次用兵應當在弘治十三年前。

《明史》卷一八〇《姜綰傳》：

弘治初[年]，遷慶遠知府。斬劇賊韋七旋、韋萬妙。其黨糾賊數萬攻城，綰堅守，檄民兵夾擊，破走之。東蘭諸州蠻悉歸侵地。

　　光旦：無具體年份，估計為弘治初年，或略後。

《明史》卷一八六《雍泰傳·張津附傳》：

武宗初，[以御史]巡按廣西……預平富、賀賊。

　　光旦：富川、賀縣。

《明史》卷一八六《熊繡傳》：

正德……二年，[以右都御史總督兩廣軍務兼巡撫，]與總兵官伏羌伯毛銳討平賀縣獞。

《明史》卷一八七《陳金傳》：

[正德]十年，再起[金以左都御史]督兩廣軍務。府江賊王公珣等為亂，金集諸道兵偕總兵官郭勛等分六路討之，斬公珣，大有所俘獲。

　　光旦：此應是僮，或有僮人參加。

《明史》卷一九八《毛伯溫傳·鮑象賢附傳》：

遷兵部右侍郎，總督兩廣軍務。……廣西賊黃父將等擾慶遠，擣其巢，大獲。（似嘉靖中葉事。）

《明史》卷二四一《周嘉謨傳》：

督兩廣軍務……廣西土酋引交阯兵內犯，官軍拒退之。嘉謨為增兵置戍。

　　光旦：無年份，當在萬曆後葉。此類資料粗疏無用。

《明史》卷二四七《李應祥傳》：

積功至廣西思恩參將。萬曆七年，巡撫張任大征十寨，應祥與有功。即其地設三鎮，築城列戍。……擢……副總兵……從總兵王尚文大破馬平賊韋王明。

《明史》卷二四七《李應祥傳·童元鎮附傳》：

萬曆中為指揮，從討平樂賊莫天龍有功。

《明史》卷三一〇《土司列傳·湖廣土司》：

（嘉靖六年或略前，永順彭氏土兵有擒岑猛功，見"[土家]（永順）——沿革"片。）

《明史》卷三一〇《土司列傳·保靖》：

（同上條事，亦見"[土家]（保靖）——沿革"片。）

僮（廣東）

《明史》卷一八六《胡富傳》：

瀧水猺出沒無時，富（弘治間爲廣東按察司副使）度其所經地，得荒田三千餘頃，招獞戶耕牧其中。猺畏獞不敢出擾。

光旦：廣東境內僮人，明代似已不多，且似均聚居西部欽、廉一帶，今廉南、欽縣均有自治區域，猶明代之舊，此所云"獞戶"或即從欽、廉招來者，正未可知。事無具體年份，只知在弘治十四年以前不久。

《明史》卷二〇〇《張岳傳》：

遷廉州知府。督民墾棄地，教以桔橰運水。廉民多盜珠池。岳居四年，未嘗入一珠。

光旦：受教用桔橰與"盜"珠池者應多僮人。此嘉靖前葉中事，時安南莫登庸事初起。

《明史》卷二〇〇《張岳傳》：

進右副都御史，總督兩廣軍務兼巡撫。討破廣東封川獞蘇公樂等。進兵部右侍郎。

光旦：疑不是僮，而是瑤。

《明史》卷二一二《俞大猷傳》：

擢署都指揮僉事，僉書廣東都司。新興恩平峒賊譚元清等屢叛，總督歐陽必進以屬大猷。乃令良民自爲守，而親率數人徧詣賊峒，曉以禍福，且教之擊劍，賊駭服。有蘇青蛇者，力格猛虎，大猷紿斬之，賊益驚。乃詣何老猫峒，令歸民侵田，而招降渠魁數輩。二邑以寧。

光旦：此應是僮，或以僮爲主，時在嘉靖二十年代。

[僮]（廣西蠻）

《明史》卷七《成祖三》：

［永樂］十三年……三月……丙午，廣西蠻叛，指揮同知葛森討平之。

　　　　光旦：廣西蠻主要自是僮，故作僮列片。

《明史》卷八《仁宗紀》：

　　［仁宗即位之年，永樂二十二年］八月……辛酉，鎮遠侯顧興祖充總兵官，討廣西叛蠻。

《明史》卷八《仁宗紀》：

　　［永樂二十二年］十二月……丙寅，鎮遠侯顧興祖破平樂、潯州蠻。

　　　　光旦：是同年八月所稱之"廣西蠻"，即在平樂與潯州者也。

《明史》卷一二：

　　［天順元年］二月……戊申，柳溥破廣西蠻。

　　　　光旦：此至此時尚稱蠻，明與苗、瑤有別，既有別，則是僮也。

《明史》卷一三〇《吳良傳》：

　　［洪武］五年，廣西蠻叛，副征南將軍鄧愈帥平章李伯昇出靖州討之。數月盡平左右兩江……粵西遂平。

《明史》卷一三四《蔡遷傳》：

　　克廣西，［遷爲］廣西行省參政，兼靖江王相，討平諸叛蠻。

　　　　光旦：此洪武三年九月前事，遷於九月卒於任。

《明史》卷一四四《顧成傳》：

　　仁宗即位，廣西蠻叛。詔［成孫］興祖爲總兵官討之。先後討平潯州、平樂、思恩、宜山諸苗，降附甚衆。

僮（廣西）

《明史》卷一八七《陳金傳》：

　　馬平、洛容獞猖獗，金（時以右都御史總督兩廣軍務）偕總兵官毛銳發兵十三萬征之，俘斬七千餘人。進左都御史。

　　　　光旦：事似在正德元、二年間。

《明史》卷一九五《王守仁傳》：

　　……（守仁鎮壓八寨，八寨爲"猺、獠占據之"地，舊稱"獠"者，其在廣西者，今多爲"僮"，見"瑶——大藤峽、八寨"片，此不再錄。）

《明史》卷二一二《李錫傳》：

　　［隆慶］六年春，以征蠻將軍代［俞］大猷鎮廣西。平樂府江者，桂林抵梧

州驛道也。南北亘五百里，兩岸崇山深箐，賊巢盤互。自嘉靖間張岳破平後，至是復猖獗。嘗執知州邀重賄。道路梗塞，城門晝閉。大猷議討之，會罷官去。巡撫郭應聘與錫計，徵兵六萬，令參將錢鳳翔、王世科，都指揮王承恩、董龍各將一軍，以副使鄭茂、金柱，僉事夏道南監之，錫居中節制。破賊巢數十，斬馘五千有奇。獞酋楊錢甫等悉授首。

《明史》卷二一二《李錫傳》：

> 柳州懷遠，猺、獞、狑、狪環居之……（詳"瑤（古田）"片。）

> 光旦：懷遠舊尚有巴人，三國時以軍隊形式移入者，遺跡似至明猶有存者，見鄺露所著《赤雅》。然其人應早已化於其它人數更多之鄰族矣。頗疑今僮族中之"覃"姓即出於懷遠三江之巴人，說已見它片按語。

《明史》卷二二一《郭應聘傳》：

> [隆慶間，廣西巡撫郭應聘與總兵官李錫討懷遠猺，無功。]應聘[乃]益調諸路兵，鎮撫白杲、黃土、大梅、青淇狪、獞，以孤賊勢。

[僮]（廣西）

《明史》卷一九八《翁萬達傳》：

> [嘉靖間，]朝議將討安南，擢萬達廣西副使，專辦安南事。萬達請於總督張經曰："莫登庸大言中國不能正土官弒逆罪，安能問我。今憑祥州土舍李寰弒其土官珍，思恩府土目盧回煽九司亂，龍州土舍趙楷殺從子燧、煖，又結田州人韋應殺燧弟寶，斷藤峽猺侯公丁負固。此曹同惡共濟，一旦約為內應，我且不自保。先擒此數人問罪，安南易下耳。"經曰："然，惟君之所為。"於是誅寰、應，擒回，招還九司，誘殺楷，佯繫訟公丁者給公丁，執諸坐，以兩軍破平其巢。又議割四峒屬南寧，降峒豪黃賢相。登庸始懼。

> 光旦：事皆在毛伯溫、翁萬達等定安南（嘉靖十九年）前。

《明史》卷一九九《胡世寧傳》：

> [正德初年，]遷廣西太平知府。太平知州（土知州？）李濬數殺掠吏民，世寧密檄龍英知州（土知州）趙元瑤擒之。思明叛族黃文昌四世殺知府（土知府），占三州二十七村。副總兵康泰偕世寧入思明，執其兄弟三人。而泰畏文昌夜遯，委世寧空城中，危甚。諸土酋德世寧，發兵援，乃得還。文昌懼，歸所侵地降。[世寧因作土官承襲章程若干條令行之。]（別見"總錄——土官制度"片。）

《明史》卷二〇一《吴廷舉傳》：

[正德間，]起廣東右布政使……佐陳金平府江賊。

《明史》卷二二一《郭應聘傳》：

[萬曆]八年……十寨初下，應聘（時巡撫廣西）與總督劉堯誨奏設三鎮隸賓州，以土巡檢守之，而統於思恩參將。十寨遂安。

光旦：十寨、三鎮，詳見"僮（平樂）"。

僮（廣西）

《明史》卷二七九《朱天麟傳》：

唐王擢少詹事，署國子監事。……見鄭芝龍跋扈，乞假至廣東。聞汀州變，又走廣西，入安平土州（明、清屬太平府，世襲土官李氏）。……[順治五年，永明]王在南寧，擢禮部尚書……拜東閣大學士。天麟請親率土兵（應是僮兵）略江右……[六年，永明王左右水火甚，天麟去]……七年……王……再召天麟，天麟疏言：……[王]當奮然自將[抗清]……諸臣盡擐甲冑。臣亦抽峒丁，擇土豪，募水手，經略嶺北湖南，爲六軍倡。……時大兵益逼……天麟乃奉命經略左、右兩江土司，以爲勤王之助。兵未集，大兵逼南寧，王倉皇出走……

僮（梧州）

《明史》卷一二：

[天順]四年……二月壬子，獞陷梧州。

光旦：獞之稱初見於《明史》。

[僮]——蒼梧

《明史》卷四五《地理志六》：

[廣東肇慶府]高要[縣]（東南有蒼梧水，流入西江。）

光旦：僮，當地漢人亦稱之爲"僮牯老"，"僮牯"即舊之蒼梧也，近人徐松石云。

光旦："僮牯老"亦可釋爲"僮"與"仡佬"之合稱。

光旦：古稱僕爲"臧獲"，疑與此有涉，當是"蒼梧"之人爲漢人之先生俘取而來者。

《明史》卷四五《地理志六》：

［廣西梧州府］蒼梧［縣］。

　　光旦：傳說舜崩於蒼梧之野，說者以爲即此，或稍北在湘南，或又以爲遠不可能，且與二妃過於睽隔，於理亦未順。然若蒼梧爲族名，而初非地名，舜南巡守，崩於蒼梧族人所居之野，而此族人之分布，當時尚不限於南方，洞庭湖流域亦有之，如常德之爲"朗"州，即其證，則傳說即完全講得通矣。

僮（梧州）

《明史》卷三一七《廣西土司傳·梧州［府］》：

　　（梧州僮似爲數不多，此傳中只猺"與六十三山、六山、七山諸猺、獞據山爲寇"一語，亦無具體僮人姓名，然"峒蠻"字樣亦曾一見，此中當亦有僮——見"瑤（梧州）"片。）

［僮］（＋瑶）（廣西桂林府）

《明史》卷四五《地理志六》：

　　［廣西桂林府］永寧州（元古縣。）洪武十四年改爲古田縣。隆慶五年三月升爲永寧州。（……南有桐木鎮、又有常安鎮、西南有富椽鎮三土巡檢司。）

　　光旦：此未言升州之由，蓋韋銀豹等所領導之僮人起義初平，明統治者用以示更張耳。曰土巡檢司，土者，應是僮無疑。

　　光旦：然此一帶，瑶之成分亦大，古田之起義，文獻中往往猺、獞合用或互用。

　　光旦：此地本獠，州屬永福縣東北有銅鼓市巡檢司可證。獠應是基礎民族成分。平樂府在唐爲樂州，"樂"即獠也，平樂者，平獠耳。其次爲瑶，自湖湘南入者。又其次爲僮，《圖書集成》卷一四〇三引《通志》云"明初有'湖北獞'者，由黔中入柳、桂，性剽悍，其後黨類日滋……弘治五年，賊首覃萬賢等據古田縣……"（古田起義之先河）；此所云獞，實亦"獠"也，然其間應亦有自左江移北者。

　　又，永福縣西南有太和江，東入柳州爲雒清江，江名亦舊爲獠地之一證。

僮（廣西古田）

《明史》卷一五：

[弘治]五年……三月……辛卯,廣西副總兵馬俊、參議馬鉉、千户王珊等討古田叛獞,遇伏死。

《明史》卷一五:

　　[弘治]六年……六月……壬申,都御史閔珪擊破古田叛獞。

《明史》卷一九:

　　[隆慶]五年……五月壬戌,古田獞賊平。

獞(古田)

《明史》卷一六六《張祐傳》:

　　[正德中,]擢副總兵,鎮守廣西。尋進署都督僉事。古田諸猺、獞亂。祐言:"先年征討,率倚兩江土兵,賞不酬勞。今調多失期,乞定議優賚。"從之。督都指揮沈希儀等……連破古田賊,俘斬四千七百。進署都督同知。

　　　　光旦:與此同時,或略早,但事相銜接,曾"討臨桂、灌陽諸猺,斬首五百餘級"。古田之起事,應是猺、獞合作也,特獞更居主要地位耳。

已[而]復討平洛容、肇慶、平樂諸蠻。

　　　　光旦:洛容、平樂者疑亦與上條屬同一運動。肇慶在粤東,不知有涉否。

《明史》卷一八〇《姜洪傳》:

　　[弘治間,]遷桂林知府。猺、獞侵擾古田,請兵討平之。

《明史》卷一八三《閔珪傳》:

　　[弘治初葉(五年,參上摘卷一五條),]進右都御史,總督兩廣軍務。與總兵官毛銳討古田獞。副總兵馬俊、參議馬鉉自臨桂深入,敗死,軍遂退。……珪復進兵,連破七寨,他賊悉就撫。

《明史》卷二〇三《唐冑傳》:

　　[嘉靖中(十五年以前不久),]遷廣西左布政使。官軍討古田賊,久無功,冑遣使撫之。其魁曰:"是前唐使君令吾子入學者。"(嘉靖初年,冑嘗爲廣西提學僉事,令土官,即獞,與猺族子弟悉入學,別見"總錄——推行漢化"片)即解甲。

《明史》卷二一二《俞大猷傳》:

古田獞黄朝猛、韋銀豹等，嘉靖末嘗再劫會城庫，殺參將黎民表[1]。巡撫殷正茂徵兵十四萬，屬大猷（時以右都督總廣西兵）討之。分七道進，連破數十巢。賊保潮水，巢極巔，攻十餘日未下。大猷佯分兵擊馬浪賊，而密令參將王世科乘雨夜登山設伏。黎明礮發，賊大驚。諸軍攀援上，賊盡死。馬浪諸巢相繼下。斬獲八千四百有奇，擒朝猛、銀豹。百年積寇盡除。

《明史》卷二一二《李錫傳・黄應甲附傳》：

隆慶中，以潯梧左參將從俞大猷討平韋銀豹。

光旦：參"瑶（古田）"片。

《明史》卷二二二《殷正茂傳》：

隆慶初，古田獞韋銀豹、黄朝猛反。銀豹父朝威自弘治中敗官兵於三厄，殺副總兵馬俊、參議馬鉉；正德中嘗陷洛容。嘉靖時，銀豹及朝猛劫殺參政黎民衷，提督侍郎吳桂芳遣典史廖元招降之。遷元主簿以守。而銀豹數反覆。

隆慶三年冬，廷議大征。擢正茂右僉都御史巡撫廣西。正茂與提督李遷調土、漢兵十四萬，令總兵俞大猷將之。先奪牛河、三厄險，諸軍連克東山鳳凰寨，蹙之潮水。廖元誘獞人斬朝猛。銀豹窮，令其黨陰斬貌類己者以獻。……進兵部右侍郎，巡撫如故。改古田爲永寧州，設副使、參將鎮守。未幾，僉事金柱捕得銀豹……詔磔銀豹京師。

光旦：古田，宋爲古縣，明洪武十四年改稱古田。民國初年改古化，後似又改稱百壽。兩廣地名有古字者不一而足，有逕稱"古勞"者，疑皆與"仡佬"有涉，蓋本皆獠地也。

《明史》卷二二二《殷正茂傳・李遷附傳》：

隆慶四年……以[兵部]左侍郎總督兩廣[軍務]……改……提督兼巡撫廣東……以平銀豹功加右都御史。

僮——古田僮人起事

見"僮（桂林）"片。

---

[1] 標點本《校勘記》：參將黎民表，據《明史》卷二二二及《明史稿》傳一〇〇《殷正茂傳》應爲"參政"。《明史》及《明史稿》《殷正茂傳》、《明史》卷三一七及《明史稿》傳一九一《桂林傳》作"黎民衷"。——整理者注

僮（桂林）

《明史》卷三一七《廣西土司傳·桂林[府]》：

宣德六年，都督山雲奏："廣西左、右兩江設土官衙門大小四十九處，蠻性無常，讎殺不絕。朝廷每命臣同巡按御史、三司官理斷，緣諸處皆瘴鄉，兼有蠱毒，三年之間，遣官往彼，死者凡十七人，事竟不完。今同衆議，凡土官衙門軍務重事，徑詣其處。其餘爭論詞訟，就所近衛理之。"報可。

《明史》卷三一七《廣西土司傳·桂林[府]》：

景泰五年，廣西古丁等洞賊首藍伽、韋萬山等，糾合蠻類，劫掠南寧、上林、武緣諸處。鎮守副總兵陳旺以聞。詔令總督馬昂等勦捕之。（此瑶、僮合。）

《明史》卷三一七《廣西土司傳·桂林[府]》：

初，桂林古田獞種甚繁，最强者曰韋，曰閉，曰白，而皆并於韋。賊首韋朝威據古田，縣官竄會城，遣典史入縣撫諭，[韋等]烹食之。弘治間，大征，[起事者]殺副總兵馬俊、參議馬鉉①。正德初再征，殺通判、知縣、指揮等官。嘉靖初，又征之，殺指揮舒松等。時韋銀豹與其從父朝猛攻陷洛容縣，據古田，分其地爲上、下六里。銀豹出掠，挾下六里人行，而上六里不與焉。四十五年，提督吳桂芳因其間，遣典史廖元入上六里撫諭之，諸獞復業者二千人。銀豹勢孤請降。久之，復猖獗，嘗挾其五子據鳳皇、連水二寨，襲殺昭平知縣魏文端。更自永福入桂林，劫布政司庫，殺署事參政黎民衷，縋城而去，官軍追不及。久之，臨桂、永福各縣兵羣起捕賊，始得賊黨扶嫩、土婆顯等三十餘人於各山寨中。時首惡未獲。

隆慶三年，朝議以廣西專設巡撫，推江西按察使殷正茂爲僉都御史以往。正茂至，奏請勦賊，合土漢兵十萬，集衆議。時八寨助逆，衆議先勦，敕書亦有先平八寨，徐圖古田之語。正茂獨不謂然，先給榜諭八寨，八寨聽命。然後分兵七哨，以總兵俞大猷統之，使副總兵門崇文，參將王世科、黃應甲，都司董龍、魯國賢，游擊丁山等各領一哨。復分土兵爲二隊，更番清道，必先清數里而後行。（當是以土兵清道！）及至其巢，合營攻之，斬七千四百六十餘級，生擒朝猛，梟於軍；俘獲男女千餘口。銀豹窮蹙，擇肖己者斬首獻。捷聞。既而生縛銀豹并其子扶枝膠送京師，斬之。古田平。乃并八寨與龍哈、咘咳爲十

---

① 標點本《校勘記》：馬鉉，據《明史》卷一五《孝宗紀》、又卷一八三《閔珪傳》、又卷二二二《殷正茂傳》及《孝宗實錄》卷六一弘治五年三月辛卯條應爲"馬鉉"。——整理者注

寨，立長官司，以黃昌等爲長官及土舍，聽守禦[千户所]調度。更陞古田縣爲永寧州。

　　光旦：是廣西亦未嘗無屬武選之土司。

　　光旦：八寨，未列舉，卻舉并入之二寨，缺筆。按八寨名思吉、周安、古卯、古蓬、古缽、都者、羅黑、剌丁。皆在上林縣北，今有周安鎮。（見《中國古今地名大辭典》）

　　已而永寧獞韋狼要與其黨黃銀成有隙，相仇殺，常安巡檢欲窮治之。狼要遂與右江荔浦山灣諸獞稱亂。命指揮徐民瞻將兵捕之，民瞻伏兵執狼要。諸猺（此應作獞，較更近實）大訌。總制殷正茂、巡撫郭應聘乃檄徵田州、向武、都康諸土兵，屬參將王瑞進勦，斬廖金鑑、廖金盎、韋銀花、韋狼化等。

　　光旦：此中亦自有瑶、苗之屬，但應以獞爲多。

　　光旦：参"瑶（桂林）"片。

[獞]（柳州山賊）（潯、柳州蠻）

《明史》卷六《成祖二》：

　　[永樂元年]十一月……丙申，韓觀討柳州山賊，平之。

　　　　光旦：主要是獞，然其中亦有瑶，曰"山賊"者，因瑶故。

《明史》卷六《成祖二》：

　　[永樂]五年……六月……乙未，張輔[於平安南後]移師會韓觀討潯、柳叛蠻。……十月，潯、柳蠻平。

《明史》卷七《成祖三》：

　　[永樂]二十一年……二月己巳，都指揮使鹿榮討柳州叛蠻，平之。

《明史》卷九：

　　[宣德]四年……四月辛巳，山雲討平柳、潯蠻。

《明史》卷二二：

　　[天啓]六年……十二月……甲子，潯州賊殺守備蔡人龍。

[獞]（廣西八寨）

《明史》卷二〇：

　　[萬曆]八年……四月庚申，廣西八寨賊平。

　　　　光旦：今上林縣北，舊說瑶、獠居之，獠當是主要成分，今亦獞矣。

[僮]（柳州）

《明史》卷一二〇《諸王五》：

　　[順治四年六月，在清兵節節追蹤下，永明王]由梧走靖州……[尋]又奔柳州。……九月，土舍覃鳴珂作亂，大掠城中，矢及由梧舟。……十二月，由梧返桂林。

《明史》卷一五四《柳升傳》：

　　[子]溥，[正統中]出鎮廣西。……承山雲後，不能守成法，過於寬弛。猺、獞相煽爲亂，溥先後討斬大藤峽賊渠，破柳州、思恩諸蠻寨，而賊滋蔓如故。

僮（柳州）

《明史》卷三一七《廣西土司傳・柳州[府]》：

　　[府境]惟上林縣尚爲土官。

《明史》卷三一七《廣西土司傳・柳州[府]》：

　　永樂七年，柳州道村寨蠻韋布黨等作亂。都指揮周誼率兵討擒之。命斬布黨，梟其首於寨。

　　廣西洞蠻韋父、融州羅城洞蠻潘父荅各聚衆爲亂，柳州等衛官軍捕斬之。

　　　　光旦：二條三事不相連係，但似在同一年發生，且亦不必盡在柳州府境。潘父荅不知是僮否。

《明史》卷三一七《廣西土司傳・柳州[府]》：

　　[永樂]十七年，象州土吏覃仁用言，其父景安，故元時常任本州巡檢，有兵獞（兵獞成一名詞）二百人，今皆爲民，請收集爲軍。帝不許。

　　　　光旦："兵獞"一詞雖漢字，卻用僮語語法，猶僮人之爲"布僮"也；然亦入官史，足證其已成當地之通用詞彙。

《明史》卷三一七《廣西土司傳・柳州[府]》：

　　[永樂]十九年，融縣蠻賊五百餘人，羣聚剽掠，廣西參政耿文彬率民兵會桂林衛指揮平之。

　　　　光旦：只言蠻，未分瑤、僮，互見"瑤"、"僮"片。

《明史》卷三一七《廣西土司傳・柳州[府]》：

　　[永樂十九年，]柳州等府上林等縣獞民梁公竦等六千户，男女三萬三千餘口，及羅城縣土酋韋公、成乾等三百餘户復業。初，韋公等倡亂，獞民多亡入山谷，與之相結。事聞，遣御史王煜等招撫復業。至是俱至，仍隸籍爲民。

《明史》卷三一七《廣西土司傳·柳州[府]》：

　　宣德初（當是指即位之初，實尚未改年號），蠻寇覃公旺作亂，據思恩縣大、小富龍[等]三十餘峒，固守險阻，以拒官軍。總兵官顧興祖等督兵分道攻之，斬公旺并其黨千五十餘人。捷至，帝曰："蠻民亦朕赤子，殺至千數，豈無脅從非辜者。以後宜開示恩信，撫慰而降之，如賈琮戍交州可也。"

《明史》卷三一七《廣西土司傳·柳州[府]》：

　　[宣德]元年，柳州獞首韋敬曉等歸附。

《明史》卷三一七《廣西土司傳·柳州[府]》：

　　[宣德]二年，廣西三司奏："柳、慶等府賊首韋萬黃、韋朝傳等聚衆劫殺爲民害。"敕興祖進兵勘平之。

《明史》卷三一七《廣西土司傳·柳州[府]》：

　　萬曆元年，洛容知縣邵廷臣以養歸，主簿謝漳行縣事。會上元夜，單騎巡檄山中。獞蠻韋朝義率上油、古底諸獞夜半出掠，逐漳，追至城，殺漳，奪縣印去。是夜，指揮朱昌允、土巡檢韋顯忠共提兵決戰，斬首三十一級，兵校文斌獲朝義，奪還縣印。守巡官以聞。乃命總兵李錫，參將王瑞、康仁等勦之，破上油、古底諸寨，斬覃金狼等二千八百三十餘級，俘二百二十餘人，牛馬器械稱是。

　　後殘獞黃朝貴復合融縣猺（？）號萬人，聲言欲入富福鎮。王世科復引兵擊之，斬五十餘人。

　　始洛容在萬山中，城小無雉堞，縣官皆寓府城。知縣余涵請遷城於白龍巖，不果。至是謝漳遂及於難。

《明史》卷三一七《廣西土司傳·柳州[府]》：

　　又韋王朋者，馬平獞也。初平馬平時，因建營堡，使土舍韋志隆提兵屯其地。王朋視堡兵如仇，常率東歐、大産諸蠻要挾營堡。兵備周浩使千總往撫，遂殺千總，劫村落。總兵王尚父勦平之。

　　　　光旦：初平馬平，應是明初事，移柳州府治於馬平應即在平馬平之後。但何以繫於傳末，所不解。

僮（潯州）

《明史》卷三一七《廣西土司傳·潯州[府]》：

　　[宣德]七年，[總兵山]雲奏斬獲桂平等縣蠻寇覃公專等首級數。帝顧左

右曰："蠻寇害我良民，譬之螟賊害稼，不可不去。然殺之過多，亦所不忍。雖彼自取滅亡，朕自以天地之心爲心也。"

光旦：此中亦不可能無瑤。

《明史》卷三一七《廣西土司傳·潯州[府]》：

藤峽、府江之間爲力山……[瑤人藍、胡、侯、槃而外，]力山又有獞人，善傳毒藥[於]弩矢，中人無不立斃，四姓猺亦憚之。

《明史》卷三一七《廣西土司傳·潯州[府]》：

隆慶三年，右江諸猺、獞復亂……提督（似即當時總督之異稱）殷正茂……巡撫郭應聘……檄總兵官李錫等……[討平之。]（詳"瑤（潯州）"片）

《明史》卷三一七《廣西土司傳·潯州[府]》：

（潯州僮似本不多，然正統二年以後，因山雲奏，量撥田州一帶土兵開墾大藤峽附近山區荒地，以遏諸猺，終於形成史所稱之"狼兵"，是則潯州之僮必因此一舉而有比較可觀之增加——見"總錄——狼兵"片所引同傳文，此處不再錄。）

[僮]（廣西南寧府）

《明史》卷四五《地理志六》：

[廣西南寧府]上思州……（西有遷隆峒土巡檢司。）

[僮]（上思）

《明史》卷一六六《張祐傳》：

[嘉靖初（或略晚），]上思州土目黃鏐作亂，祐購其黨黃廷寶縛獻之。總督張嵿惡祐不白己，至劾祐懷奸避難，逮繫德慶獄。數上書訟冤，釋令閒住。

光旦：黃氏事應在嘉靖改元前，餘則在後。時祐以署都督同知，充副總兵，鎮守廣西。

《明史》卷一八三《何喬新傳》：

英宗復位……喬新（時爲南京禮部主事）訐[揭]稽爲巡撫（當時廣西巡撫）時嘗薦黃玹……帝……以事經赦，釋不問。

《明史》卷二〇〇《張嵿傳》：

世宗即位，命以右都御史總督兩廣軍務。廣西上思州賊黃鏐糾峒兵劫州縣，嵿討擒之。

僮（南寧）

《明史》卷三一七《廣西土司傳・南寧［府］》：

洪武二年命潭州衛指揮同知邱廣爲總兵官，寶慶衛指揮僉事胡海、廣西衛指揮僉事左君弼副之，率兵討左江上思州蠻賊黃龍冠等。龍冠一名英傑，時聚衆萬餘，寇鬱林州。知州趙鑑、同知王彬集民丁拒守，賊圍半月不下。海北等衛官軍來援，賊夜遁，追至上思州境，破之；賊走還，仍結聚不解。事聞，故命廣等討之。廣等兵至上思州，賊拒戰，擊敗之，擒從賊黃權等。英傑走十萬山，官軍追及，斬之。上思州平。三年，置南寧、柳州二衛。……（下見"總錄——廣西沿革"片。）

《明史》卷三一七《廣西土司傳・南寧［府］》：

成化……後（後至何時未詳）因猺蠻不靖，往往仗狼兵，急則藉爲前驅，緩則檄爲守禦諸猺，乃稍稍驕恣（應是狼兵驕恣），不可盡繩以法。議邕事者謂宜開重鎮，以復邕州督府之舊云。

光旦：是邕州原有之僮而外，又有自桂西來作爲狼兵之僮，"緩則……守禦"云者，蓋亦耕守於此，終成南寧僮之一部分也。事與潯州略同。

《明史》卷三一七《廣西土司傳・南寧［府］》：

南寧領州［六。四爲土官，曰歸德州，曰果化州］，曰上思州，曰下雷州……

歸德州，宋熙寧中置。元屬田州路。洪武二年，土官黃隍城歸附，授知州，以流官吏目佐之。

果化州，宋始置。元屬田州路。洪武二年，土官趙榮歸附，授世襲知州，以流官吏目佐之。洪熙元年，果化州土官趙英遣族人趙誠等貢馬及方物。

弘治間，［果化］與歸德皆爲田州所侵削，因改隸於南寧。

光旦：果化州部分互見"僮（廣西）"片。

上思州，唐始置。元屬思明路，洪武初，土官黃中榮內附，授知州。子孫畔服不常。弘治十八年改流官，屬南寧府。正德六年，土目黃鏐聚衆攻城，都御史林廷選捕之下獄。已［而］越獄復叛，官軍禦之，詐降，攻破州城，復捕獲之，伏誅。嘉靖元年，都御史張嶺言："上思州本土官，後改流，遂致土人稱亂。宜仍其舊，擇土吏之良者任之。"議以爲然，仍以土官襲。

光旦：改流後復歸於土之一例。

下雷州，宋置。明初，印失，廢爲峒，在湖潤寨，屬鎮安府。峒長許永通奉調有功，給冠帶。傳世烈、國仁繼襲峒事。嘉靖十四年獲舊印。國仁及子宗蔭屢立戰功。四十三年改屬南寧府。萬曆十八年以地逼交南，奏陞爲州，頒印，授宗蔭子應珪爲土判官，流官吏目佐之。（判官應已是州之最高長官？）

［僮］（思恩蠻）

《明史》卷九：

　　［洪熙元年（時仁宗已崩），］十一月戊戌，顧興祖討平思恩蠻。

《明史》卷九：

　　［宣德］九年……三月戊寅，山雲討平思恩叛蠻。

［僮］（廣西思恩府）

《明史》卷四五《地理志六》：

　　［廣西］思恩軍民府（元思恩州。）……正統四年十月升爲府。六年十一月升軍民府。領州二（奉議、上映），縣二（上林、武緣）。（［又］東有古零，西有定羅、那馬、下旺，北有興隆，東北有白山、安定，西北有舊城、都陽九土巡檢司。）

　　　　光旦：據《圖書集成》，卷一四一九，云弘治末討平岑濬，改思恩土知府爲流官知府；嘉靖間王守仁討平王受，分布九土司，設立九土巡檢。

　　　　光旦：以"古零"等地名言之，舊亦仡佬地也。此一帶之"佬"，往往稱"狼"，狼、佬，聲之轉也。

［僮］（思恩）

《明史》卷四：

　　［建文四年云，］正統五年，有僧自雲南至廣西，詭稱建文皇帝。思恩知府岑瑛聞於朝。……

　　　　光旦：是亦北僮，其初出仡佬者。

　　　　光旦：事在正統五年十一月丁巳，見是年《本紀》，但未言岑瑛關係。

《明史》卷一五四《柳升傳》：

　　［子］溥，［正統中］出鎮廣西。……承山雲後，不能守成法，過於寬弛。猺、獞相煽爲亂，溥先後討斬大藤峽賊渠，破柳州、思恩諸蠻寨，而賊滋蔓如故。

《明史》卷一五六《毛忠傳》：

思恩土官岑濬反，[忠孫鋭]與總督潘蕃討平之。

　　　　光旦：事在弘治十八年（見下摘卷三一八《思恩傳》條）。

《明史》卷一六五《陶成傳·子魯附傳》：

　　[成化三]年，賊首黃公漢等猖獗，[魯（時爲都督僉事）]偕參將夏鑑等連破之思恩、潯州。未幾，賊陷石康，執知縣羅紳。復偕鑑追擊至六菊山，敗之。

《明史》卷一六六《歐磐傳》：

　　[弘治中（八年後）]思恩土官岑濬築石城於丹良莊，截江括商利。帥府令毀之，不聽。磐（時以都指揮使充廣西副總兵）自田州還，督兵將毀城。濬率衆拒，擊敗之，卒夷其城。……進都督僉事。

《明史》卷一八〇《姜綰傳》：

　　弘治[間（在弘治後半葉中）]，爲右江兵備副使。思恩知府岑濬逐田州知府岑猛，綰獻策總督潘蕃。蕃令與都指揮金堂合諸路兵大破賊，思恩平。綰條二府形勢，請改設流官，比中土。廷議從之。

《明史》卷一八六《潘蕃傳》：

　　思恩知府岑濬與田州知府岑猛相讎殺，攻陷田州，猛窮乞援。蕃諭濬罷兵，不從，乃與鎮守太監韋經、總兵官伏羌伯毛鋭集兵十餘萬，分六哨討之。濬死，傳首軍門，斬級四千七百，盡平其地。……蕃奏，思恩宜設流官，猛擁兵失地，宜降同知，俾還守舊土。兵部尚書劉大夏議，猛世濟凶惡，不宜歸舊治，請兩府皆設流官，而降猛爲千戶，徙之福建。帝從之。……

　　　　光旦：時蕃以右都御史總督兩廣（弘治十四年至末年），此是弘治十七及十八年之事（見下摘卷三一八《思恩傳》條）。

　　正德改元之正月……蕃[改官離]兩廣，岑猛據田州不肯徙，知府謝湖畏猛悍，亦逗遛。……[湖、蕃、經、鋭、大夏均獲罪。]（大夏與蕃均戍肅州。）

《明史》卷一九四《鄒文盛傳》：

　　[弘治中（十二年，參"僮（田州）"，以吏科給事中]出覈兩廣糧儲。思恩土官岑濬與田州岑猛搆兵。文盛言："田州廣西之藩蔽，李蠻田州之干城，參政武清受濬重賂，以計殺蠻釀成禍亂。制敕房供事參議岑業，濬懿親，爲彌縫於中，漏洩機事。請先誅二人（武清、岑業），而後行討。"業有內援，帝不聽。

　　　　光旦：李蠻，田州頭目（見"僮（田州）"）。

《明史》卷一九五《王守仁傳》：

　　……（守仁處置盧蘇、王受之變，見"僮（田州、思恩）——與王守仁"

片。)

《明史》卷一九八《翁萬達傳》：

[嘉靖間，]思恩府土目盧回煽九司亂。[萬達時爲副使，]擒回，招還九司。(參"[僮](廣西)"片。)

《明史》卷二〇〇《姚鏌傳》：

……(嘉靖初年，岑猛及其黨盧蘇、王受之起事，亦涉及思恩地，見"僮(田州)"片。)

《明史》卷二〇五《張經傳》：

進右都御史(仍總督兩廣軍務)，平思恩九土司。

光旦：事當在嘉靖十八、十九年。

《明史》卷二一一《沈希儀傳》：

(希儀論思恩改流之非，見"僮(田州)"片。)

《明史》卷二一一《沈希儀傳》：

[嘉靖]十六年……有思恩岑金之變。初，思恩土官岑濬既誅，改設流官，以其酋二人韋貴、徐五爲土巡檢，分掌其兵(狼兵)各萬餘。夷民不樂漢法，凡數叛。鎮安有男子名金，自言濬子。鎮安土官乃潛召其舊部酋長，出金而與之盟曰："若小主也。"諸酋羅拜，擁金歸，聚兵五千，將攻城復故地。遠近洶洶。

濬誅時，其酋楊留者無所歸，率黨千餘人詣賓州，應募爲打手。希儀在賓，留入言，欲往見小主人。希儀故患金，及聞留言，益大駭。因好謂留曰："是岑濬第九子耶？我向征田州固聞之。"因自語"岑氏其復乎？"欲以深動留。留果喜。已[而]召留密室，言："予我重賂，即爲金復官。"且出，復呼入曰："韋貴、徐五今分將思恩兵，必讎金，善防之。"留益大信。金遂從五千人因留以見。門者奔告，請無納。希儀罵曰："金，土官子，非賊，奈何不納。"引入，厚結之，又引以詣兵備副使。隨以計漸散其五千人，卒縛金，留亦自恨死。思恩復寧。

光旦：希儀雖以思恩之歸流爲非，然既歸流矣，則亦不欲其還而爲土。於以知其初之不欲改者，權宜之見也，其終之樂於維持既改之成局者，亦因其本與意識中之最後目的相合耳！約言之，其爲改土歸流派，其爲大民族主義者，實質上與常人無異。王守仁亦爾。

《明史》卷二二三《盛應期傳》：

進兵部右侍郎，總督兩廣軍務。……偕撫寧侯朱麒督參將李璋等，討平思恩土目劉召。

　　光旦：事應在嘉靖初，四年（見下摘卷三一八《思恩傳》條）。

[僮]（上林）

《明史》卷二四二《陳邦瞻傳》：

　　上林土官黃德勛弟德隆及子祚允叛德勛，投田州土酋岑茂仁。① 茂仁納之，襲破上林，殺德勛，掠妻子金帛。守臣問狀，詭言德勛病亡，乞以祚允繼。邦瞻請討於朝（時以右副都御史巡撫廣西）。會光宗嗣位，即擢邦瞻兵部右侍郎，總督兩廣軍務兼巡撫廣東，遂移師討擒之。

僮（思恩）

《明史》卷三一八《廣西土司傳·思恩[府]》：

　　洪武二十二年，田州府知府岑堅遣其子思恩州知州永昌貢方物。

　　二十八年，歸德州（屬南寧府）土官黃碧言，思恩州知州岑永昌既匿五縣民，不供賦稅，[又]仍用故元印章。帝以[其]不奉朝命，命左都督楊文相機討之，既[而]以荒遠不問。

　　永樂初，改[思恩州]屬布政司。時居民僅八百户。

　　永昌死，子瑛襲。

　　宣德二年，瑛遣弟璿貢馬。

　　正統三年進瑛職為知府，仍掌州事。瑛有謀略，善治兵，從征蠻寇，屢有功，故有是命。因與知府（田州府）岑紹交惡，各具奏。下總兵官及三司議。於是安遠侯柳溥等請陞思恩為府，俾瑛、紹各守疆土，以杜侵争。從之。

　　[正統]六年，瑛受屬挾詐事覺，帝以土蠻宥不問，令法司移文戒之。

　　瑛以府治僻隘，橋利堡正當猺寇出没之所，且有城垣公廨，乞徙置。許之。以思恩府為思恩軍民府。

　　十二年設儒學……（詳"總錄——推行漢化"片。）

　　景泰四年，總兵官陳旺奏："思恩土兵調赴桂林哨守者，離本府遼遠，不便耕種，税糧宜暫免。"從之。六月，以瑛親率本部狼兵韋陳威等赴城（桂林）

---

① 標點本《校勘記》：黃德勛，岑茂仁，《明史》卷三一八《田州傳》作"黃德勳""岑懋仁"。——整理者注

操練，協助軍威，敕授奉議大夫，賜綵緞；韋陳威等俱給冠帶。……

瑛屢領兵隨征，以子鑌代爲知府。鑌招集無賴，肆爲不法。瑛舉發其事，請於總兵，回府治之。鑌聞其父將至，自縊死。事聞，嘉其能割愛効忠，降敕慰諭。

又以柳溥奏，免思恩調用土軍千五百人秋糧二千三百餘石。

天順元年，戶部奏："思恩存留廣西（指桂林）操練軍一千五百人，有誤種田納糧。乞分爲三班，留五百人操練，免其糧七百七十餘石。放回千人耕種，徵其糧千五百四十餘石，俟寧靖日放回全徵。"從之。

［天順］三年，鎮守中官朱祥奏請量遷瑛都司軍職。帝以瑛歷練老成，累有軍功，改授都指揮同知，仍聽總兵官鎮守調用，以其子鐩爲知府。

成化元年遣兵科給事中王秉彝齎敕獎諭瑛父子，并賜銀幣。

二年命給瑛父母妻誥命，從總兵趙輔請也。

十四年，瑛卒。瑛自襲父職，頻年領兵於外，多所斬獲。歷陞知府、參政、都指揮使。年且八十，尚在軍中。既卒，鐩以誥請。帝念其勞，特賜之。

［成化］十六年，田州府土目黃明作亂，知府岑溥避入思恩。鐩會鎮守等官討平之。巡撫朱英請獎鐩功。

鐩死，子濬襲。

弘治十二年，田州土官岑溥爲子猇所殺，猇亦死。次子猛幼，頭目黃驥、李蠻搆難。督府命濬調衆護猛。驥厚賂濬，并獻其女，且約分地與濬。濬以兵屬驥，送猛至田州。不得入，猛遂久留濬所。及總鎮諸官攝濬，乃出猛襲知府。濬從索故分地，不得，怒，約泗城、東蘭二州攻劫田州，殺掠萬計，城郭爲墟。濬兵二萬據舊田州，劫龍州印，納故知府趙源妻岑氏。及總兵官詣田州勘治，黃驥懼，匿濬所。

先是，濬業（是築字之誤）石城於丹良莊，屯兵千餘人，截江道以括商利；官命毀之，不聽。會官軍自田州還，乘便毀其城。濬兵來拒，殺官軍二十餘人。官軍敗之，俘其目兵九人。總鎮及巡按等官請治濬罪，而參政武清納濬賂，曲護之。濬從弟業少從中官京師，仕爲大理寺副。三司、總鎮請敕業往諭。兵部以濬稔惡，非業所能諭責，宜敕鎮、巡召濬至軍門，諭以朝廷威德，罪其首惡，反侵地，納所劫印并官私財物，乃可赦。總督鄧廷瓚奏："濬屢撫不服，請調官軍土兵分哨逐捕按問。如集兵拒敵，相機剿殺，并將田州土官岑猛一并區處，以靖邊疆。"

[弘治]十六年，總督潘蕃奏："濬僭叛，當用兵誅剿。今濬從弟業以山東布政司參議在內閣制敕房辦事，禁密之地，恐有洩漏。"吏部擬改調，而業亦奏乞養去。

　　十七年，濬掠上林、武緣等縣，死者不可勝計。又攻破田州，猛僅以身免，掠其家屬五十人。總鎮以聞。兵部請調三廣兵剿之。

　　十八年，總督潘蕃、太監韋經、總兵毛銳調集兩廣、湖廣官軍土兵十萬八千餘人，分六哨。副總兵毛倫、右參政王璘由慶遠，右參將王震、左參將王臣及湖廣都指揮官纓（姓名）由柳州，左參將楊玉、僉事丁隆由武緣，都指揮金堂、副使姜綰由上林，都指揮何清、參議詹璽由丹良，都指揮李銘、泗城州土舍岑接由工堯，各取道共抵巢寨。賊分兵阻險拒敵。官軍奮勇直前，援崖而進。濬勢蹙，遯入舊城。諸軍圍攻之。濬死，城中人獻其首，思恩遂平。前後斬捕四千七百九十級，俘男女八百人，得思恩府印二，向武州印一（無所刼龍州印）。自進兵及班師僅踰月。捷聞，帝以蕃等有功，璽書勞之。

　　兵部議濬既伏誅，不宜再錄其後，改設流官⋯⋯以雲南知府張鳳陞廣西右參政，掌思恩府事，賜敕。

　　正德七年增設鳳化縣治。

　　時初設流官，諸蠻未服，相繼作亂。嘉靖四年，都御史盛應期遣官軍平之。

　　[嘉靖]六年，土目王受與田州盧蘇謀煽亂，勢復熾。新建伯王守仁受命至，一意招撫，而檄受等破八寨賊。因列思恩地為九土巡檢司，管以頭目，授王受白山司巡檢⋯⋯又以思恩舊治瘴霧昏塞，宜更之爽塏。於是擇地荒田建新郡，割武緣[縣之]止戈二里益之；又議割上林三里，而移鳳化縣治於其處。蓋寓犬牙相錯之意。巡撫林富謂遷郡及割止戈里應如守仁議；至以三里當設衛，而并鳳化縣裁之（此二事當是林富議行者），遂令府治益孤。

　　其後九司頭目日恣，所轄蠻民不堪。知府陳璜曲加綏戢。目把劉觀、盧回以復土為名，鼓衆作亂。副使翁萬達因事安南，計擒盧回殺之，招回從亂者三十餘人。最後（此二字無意義）東蘭岑瑄詐稱岑濬子起雲，謀復土官，為九司頭目所縛。

　　萬曆七年，督撫吳文華謂九司日以驕黠，編氓甚少，緩急難恃，奏割南寧武緣縣屬[之]思恩，自是思恩稱巨鎮云。（至此才算"最後"，較近實。）

　　思恩府土巡檢九司，皆嘉靖七年設，曰興隆，曰那馬，曰白山，曰定羅，曰舊城，曰下旺，曰安定，曰都陽，曰古零。

僮(田州、思恩)——與王守仁

《明史》卷一九五《王守仁傳》:

嘉靖六年,思恩、田州土酋盧蘇、王受反。總督姚鏌不能定,乃詔守仁以原官(南京兵部尚書)兼左都御史,總督兩廣兼巡撫。……守仁在道,疏陳用兵之非,且言:"思恩未設流官,土酋歲出兵三千,聽官征調。既設流官,我反歲遣兵數千防戍。是流官之設,無益可知。且田州隣交阯,深山絶谷,悉猺、獞盤據,必仍設土官,斯可藉其兵力爲屏蔽。若改土爲流,則邊鄙之患,我自當之,後必有悔。"章下兵部,尚書王時中條其不合者五。帝令守仁更議。

十二月,守仁抵潯州,會巡按御史石金定計招撫。悉散遣諸軍,留永順、保靖土兵數千,解甲休息。

蘇、受初求撫不得,聞守仁至益懼,至是則大喜。守仁赴南寧,二人遣使乞降,守仁令詣軍門。二人竊議曰:"王公素多詐,恐紿我。"陳兵入見。守仁數二人罪,杖而釋之。親入營,撫其衆七萬。

奏聞於朝,陳用兵十害,招撫十善。因請復設流官,量割田州地,别立一州,以岑猛次子邦相爲吏目,署州事,俟有功擢知州。而於田州置十九巡檢司,以蘇、受等任之,並受約束於流官知府。帝皆從之。

光旦:田州設流之請實與初議相矛盾。然留部分田州地仍作土州,以爲桂西南屏蔽,猶守仁初意也。

《明史》卷一九六《方獻夫傳》:

思恩、田州比歲亂,獻夫(時爲禮部尚書)請專任王守仁,而罷鎮守中官鄭潤、總兵官朱騏①。帝乃召潤、騏還。思、田既平,守仁議築城建邑……獻夫歷陳其功狀(駁桂萼之非難),築城得毋止。

[僮](田州蠻)

《明史》卷一二:

[天順元年]十一月甲戌,廣西總兵官朱瑛討田州叛蠻。

《明史》卷一七:

[嘉靖]六年……五月……丁亥,前南京兵部尚書王守仁兼左都御史,總制兩廣、江西、湖廣軍務,討田州叛蠻。

---

① 朱騏,應爲"朱麒",見下摘《明史》卷一七三《朱謙傳·孫暉附傳》條。——整理者注

《明史》卷一七：

  [嘉靖]七年……九月甲戌，王守仁討廣西蠻，悉平之。

    光旦：此廣西蠻指田州者無疑。

《明史》卷一五二《鄒濟傳·梁潛附傳》：

  潛……子槩[爲廣西布政使]……田州土官岑鑑兄弟相讎，槩爲解之，卻其厚餽。撫服梗化女土官，民夷服其信義。

[僮]（廣西田州）

《明史》卷四五《地理志六》：

  [廣西]田州……（東有床甲、拱甲、婪鳳，西有武隆、累彩，北有岜馬甲、篆甲，東北有下隆，東南有砦桑，西北有凌時，西南有萬岡陽院，又有大甲、子甲，又有縣甲、怕河、怕牙、思郎、思幼、候周十九土巡檢司。

[僮]（田州）

《明史》卷一六六《張祐傳》：

  盧蘇、王受亂田州。總督姚鏌召[祐（時因被前總督所劾，閒住，所職仍爲署都督同知，充廣西副總兵）]至軍中……多所禆贊。後王守仁代鏌，詢撫剿之宜。祐曰："以夷治夷，可不煩兵而下。"守仁納之。蘇、受果效順。因命祐部分其衆。事寧，守仁言："思、田初定，宜設一副總兵鎮之，請即以命祐。"報可。

    光旦：副總兵，前未言斥革，此當係再度任命者。

    光旦：事在嘉靖六及七年（參下摘卷三一八《田州傳》條）。

《明史》卷一七三《朱謙傳·孫暉附傳》：

  [暉]子麒襲侯（撫寧侯）。嘗充總兵官鎮兩廣。與姚鏌平田州，誅岑猛……嘉靖初，召還。

《明史》卷一七八《朱英傳》：

  田州酋黃明丞其知府岑溥祖母，欲殺溥。溥出走思恩，明因肆屠戮。英（時以右都御史總督兩廣）將進討，檄溥族人恩城知州岑欽殺明雪恥。欽遂誅明并其族屬，傳首軍門。

    光旦：無具體年份，應在成化十六年（見下摘卷三一八《田州傳》條）。

《明史》卷一七八《秦紘傳》：

  [弘治二年]進右都御史，總督兩廣軍務。……恩城知州岑欽攻逐田州知

府岑溥，與泗城知州岑應分據其地。紘入田州逐走欽，還溥於府，留官軍戍之，亂遂定。

　　光旦：無具體年月，當在弘治三年（見下摘卷三一八《田州傳》條）。

《明史》卷一八〇《姜綰傳》：

　　……（弘治間，田州改流，見"［僮］（思恩）"片。）

《明史》卷一八一《王鏊傳》：

　　［劉］瑾怒劉大夏，逮至京，欲坐以激變罪死。鏊爭曰："岑猛但遷延不行耳，未叛，何名激變？"

　　光旦：此應是正德三年事（見下條）。參有關之其它資料。

《明史》卷一八二《劉大夏傳》：

　　弘治二年……遷廣東右布政使。田州、泗城不靖，大夏往諭，遂順命。……

　　光旦：以廣東右布政，而問廣西事，所未解。

　　正德……三年九月，［劉瑾］假田州岑猛事，逮［大夏］繫詔獄（時大夏已休致）。瑾欲坐以激變律死，都御史屠滽持不可……乃坐戍……肅州。

《明史》卷一八六《潘蕃傳》：

　　……（上條所云劉大夏"激變"，原委見"［僮］（思恩）"片，此處不複錄。）

《明史》卷一九四《鄒文盛傳》：

　　……（思恩與田州搆兵事，亦見此傳，所言原委較詳，見"［僮］（思恩）"片。）

《明史》卷一九八《翁萬達傳》：

　　［嘉靖間，］龍州土舍趙楷……結田州人韋應［殺趙寶（土官或土官之子？），副使翁萬達誅應］，誘殺楷。（參"［僮］（廣西）"片。）

《明史》卷二〇〇《姚鏌傳》：

　　嘉靖……四年遷右都御史，提督兩廣軍務兼巡撫。田州土官岑猛謀不軌。鏌調永順、保靖兵，使沈希儀與張經、李璋、張佑、程鑒各統兵八萬①，分道討。而鏌與總兵官朱麒等攻破定羅、丹梁。用希儀計，結猛婦翁岑璋使爲內應，大破之，斬猛子邦彥。璋誘殺猛，獻其首。……進鏌左都御史……

---

① 標點本《校勘記》：各統兵八萬，據《明史》卷三一八及《明史稿》傳一九二《田州傳》都說"鏌偕總兵官朱麟（麒之誤）發兵八萬，以都指揮沈希儀、張經等統之"。傳文衍"各"字。——整理者注

鏌請改設流官，陳善後七事。制可。乃命參議汪必東、僉事申惠與參將張經以兵萬人鎮其地。必東、惠移疾他駐。猛黨盧蘇、王受等詐言猛不死，借交阯兵二十萬且至，夷民信之。蘇等薄城，經突圍走，城遂陷。王受亦攻入思恩府。巡按御史石金劾鏌失策罔上，並論前總督盛應期。帝以鏌有功，許便宜撫剿。蘇、受數求赦，鏌不許，將大討之。會廷議起王守仁督兩廣軍……鏌引疾乞罷……鏌……方候代，千夫長韋貫、徐伍攻復思恩。……［鏌罷去］後，蘇、受復叛，帝漸思鏌。

《明史》卷二〇三《鄭岳傳》：

　　正德初，擢廣西副使。土官岑猛當徙福建，據田州不肯徙。岳許爲奏改近地，猛乃請自効。尋改廣東。

　　　　光旦：改廣東，應是岳改廣東副使，非改岑猛徙地。（參《武宗實錄》卷三二正德二年十一月辛酉條，岑猛"准改附近衛所聽征殺賊"；又卷四二正德三年九月辛酉條，"猛令以同知莅田州府事"。）

《明史》卷二〇三《唐冑傳》：

　　［嘉靖十五年，冑爲兵部左侍郎，疏諫征安南，有曰，］"兩廣積儲數十萬，率耗於田州岑猛之役。"

《明史》卷二〇七《薛侃傳·石金附傳》：

　　巡按廣西……與［王］守仁共撫盧蘇、王受。

《明史》卷二一一《沈希儀傳》：

　　嘉靖五年，總督姚鏌將討田州岑猛。用希儀（時署都指揮同知，掌都司事）計，間猛婦翁歸順［州］土酋岑璋，使圖猛，而分兵五哨進。希儀將中哨，當工堯。工堯，賊要地，聚衆守之。希儀夜遣軍三百人，緣山上，繞出其背。比明合戰，則所遣軍已立幟山巔，賊大潰敗。猛走歸順，爲璋所執。田州平。希儀功最……

　　鏌議設流官。希儀曰："思恩以流官故，亂至今未已。田州復然，兩賊且合從起。"鏌不從。以希儀爲右參將，分守思、田。……［因事］以參將張經［暫］代守。甫一月，田州復叛。鏌罷歸。王守仁代。多用希儀計，思、田復定。

《明史》卷二二三《盛應期傳》：

　　朝議大征岑猛。應期（時以兵部右侍郎總督兩廣軍務）條上方略七事，言廣兵疲弱不可用……［會被劾去。］

　　　　光旦：事在嘉靖初，四年（見下條）。

僮（田州）

《明史》卷三一八《廣西土司傳·田州[府]》：

洪武元年，大兵下廣西右江，田州府土官岑伯顏（亦蒙古名字）遣使齎印詣平章楊璟降。

二年，伯顏遣使奉表貢馬及方物，詔以伯顏爲田州知府，世襲。自是朝貢如制。

六年，田州溪峒蠻賊竊發，伯顏討平之。

伯顏請振安州、順龍州、侯州、陽縣、羅博州龍威寨人民，詔有司各給牛米，仍蠲其稅二年。

十六年，伯顏死，子堅襲。

十七年，都指揮使耿良奏："田州知府岑堅、泗[城]州知州岑善忠率其土兵討捕猺寇，多樹功績。臣欲令選取壯丁各五千人，立二衛，以善忠之子振，堅之子永通爲千戶，統衆守禦，且耕且戰，此古人以蠻攻蠻之術也。"詔行其言。

光旦：此亦狼兵之濫觴。狼兵由防瑤始。

[洪武]二十年，堅遣子思恩知州永昌朝貢，如例給賜。

永樂元年，堅死，子永通襲。永通，上隆州知州也，州以瓊代，而己襲父職。

正統八年，賜知府岑紹誥命，并封贈其父母妻。

天順元年，田州頭目呂趙僞稱敵國大將軍，張旗幟，鳴鉦鼓，率衆劫掠南丹州，又據向武州。武進伯朱瑛以聞。兵部請命瑛及土官岑瑛剿捕。三年，巡撫葉盛奏："田州叛目呂趙勢愈獗，殺知府岑鑑，占據地方，僞稱太平王，圖謀岑氏宗族，冒襲知府職事。"帝命總兵速討。四年，巡按御史吳禎奏："奉敕剿捕反賊呂趙，選調官軍土兵，攻破功饒、棼鳳二關，直擣府城。呂趙攜妻子，挾知州岑鐸等宵遁。官軍追至雲南富州，奪回鐸等及其子若壻，斬首四十九級，賊衆悉降。趙以數騎走鎮安府，追及之，斬趙及其子四人，從賊十八人，獲其妻孥及僞太平王木印、無敵將軍（上云敵國大將軍）銅印，并鳳旗盔甲等物。復委知府岑鏞仍掌府事，撫安人民。"田州平。帝遣使齎敕獎諭禎等，并敕鏞謹守法度，保全宗族。

成化元年，遣兵科給事中王秉彝齎敕諭鏞，并賜銀幣，以兵部言其所部土官狼兵，屢調剿有勞，且有事於大藤峽也。二年，總兵官趙輔奏鏞從征有功，請給誥命，旌其父母并妻；從之。五年，復以輔言，予鏞官誥。

十六年，田州頭目黃明聚衆爲亂，知府岑溥走避思恩。總督朱英調參將馬義率軍捕明，明敗走，爲恩城知州岑欽所執，并族屬誅之。已[而]溥復與欽交惡。欽攻奪田州，逐溥，殺五十餘家。時泗城州岑應方恃兵強，復黨欽，殺擄[田州]人民二萬六千餘，與欽分割田州而據其地。

弘治三年，總制遣官護溥之子猇入田，爲欽所遏，[猇退]居潯州。按察使陶魯率官軍次南寧，欽拒敵，敗走。而應復援之入城，陳兵以備。巡撫秦紘請合貴州、湖廣及兩廣兵剿之。欽勢蹙，乞兵於應，遂匿應所。總鎮官因檄應捕欽。欽從應飲，殺應父子於坐，收其兵以拒官軍。已而應弟岑接佯以兵送欽至田州界，亦殺其父子以報。事聞，廷議仍命溥還田州。

九年，總督鄧廷瓚言溥前以罪革職，比隨征有功，乞復其冠帶，領土兵赴梧州聽調。從之。

十二年，溥爲子猇所弑，猇亦自殺。次子猛方四歲，溥母岑氏及頭目黃驥護之，赴制府告襲。歸至南寧，頭目李蠻來迎。驥慮蠻奪己權，殺其使。蠻率兵至舊田州。驥懼，誣蠻將爲變，乞以兵納。乃調思恩岑濬率兵衛猛。濬受驥賂，納其女，挾猛，約分其六甲地。比至田州，蠻拒不納，驥復以猛奔思恩，幽之。事覺，廷瓚檄副總兵歐磐等攝濬，久乃出猛，置於會城。得奏，命猛襲知府。驥、濬怒其事之不由己出也，要泗城岑接、東蘭韋祖鋐各起兵攻蠻。接兵二萬先入田州，殺掠男女八百餘人，驅之溺水死者無算，括府庫，放兵大掠，城郭爲墟。濬兵二萬攻舊田州，據之，殺掠男女五千三百餘人；蠻逃去。副總兵歐磐、參政武清等詣田州府勘治，遣兵送猛還府。驥懼罪，匿濬家，有司請治濬罪。

初，蠻之迎猛也，無他念，及猛在外，蠻守土以待其歸。驥爭權首亂，濬、接、祖鋐黨惡，以致茲變。清受濬賂，曲右之，且誣蠻占據府治，阻兵弄權。事竟不直。

於是廷瓚言思恩岑濬罪惡，正在逐捕，而田州岑猛亦宜乘此區畫，降府爲州，毋基異日尾大之患。從之。

[弘治]十八年，廷議以思、田既平，宜設流官；岑猛世濟凶惡，致陷府治，宜降授千户，而遴選才望者假以方面職銜，守田州，仍賜敕以重其權。帝然之，於是以平樂知府謝湖爲右參政，掌府事。時岑猛已降福建平海衛千户，遷延不行。及湖至，復陳兵自衛，令祖母岑氏奏乞於廣西極邊率部下立功，以便祭養。詔總鎮官詳議以聞。總督陳金奏："猛據舊巢，要求府佐，不赴平海衛。參政謝湖不即赴任，爲猛所拒，納餽遺而徇其要求，宜逮問。"時猛遣人重賂劉瑾，得旨，留猛而褫湖，并及前撫潘蕃、劉大夏。猛竟得以同知攝府事。

猛撫輯遺民，兵復振，稍復侵旁郡自廣。嘗言督撫有調發，願立功，冀復舊職。會江西盜起，都御史陳金檄猛從征，猛所至剽掠。然以賊平故論功，遷指揮同知。非猛初意，頗怨望。

正德十五年，猛奏："田州土兵每征調，輒許戶留一二丁耕種，以供常稅。其久勞於外者，乞量振給，免其輸稅。"從之。

嘉靖二年，猛率兵攻泗城，拔六寨，遂克州治。岑接告急於軍門，言猛無故興兵攻寨。猛言接非岑氏後，據其祖業，欲得所侵地。時方有上思州之役，徵兵皆不至。總督張嵿以狀聞。四年，提督盛應期、巡按謝汝儀議大征猛，條征調事宜。詔報可。而應期以他事去，詔以都御史姚鏌代，命懸金購猛。然鏌知猛無反心，猛方奏辯，鏌亦欲緩師。而巡按謝汝儀與鏌郤，乃誣鏌之子淶納猛萬金，廉得淶書獻之。鏌惶恐，乃再疏請征。於是部趣鏌尅期進。鏌偕總兵官朱麟[1]發兵八萬，以都指揮沈希儀、張經等統之，分道並入。猛聞大兵至，令其下毋交兵，裂帛書冤狀，陳軍門乞憐察。鏌不聽，督兵益急，沈希儀斬猛長子邦彥於工堯隧[2]。猛懼，謀出奔；而歸順州知州岑璋，猛婦翁也，其女失愛，璋欲藉此報猛，乃甘言誘猛走歸順，鴆殺之，斬首以獻。六年，鏌以田州平，告捷京師，乃請改田州爲流官，并陳善後七事。詔俱從之。

鏌留參議汪必東、僉事申惠、參將張經以兵萬人鎮其地，知府王熊兆署府事。會必東、惠皆移疾他駐，惟經、熊兆在府，兵勢分，防守稍懈。於是逆黨盧蘇、王受等乃爲僞印，詭言猛在，且借交阯兵二十萬，以圖興復。蠻民信之，聚衆薄府城。經出擊，兵少不敵，欲引還，而城中陰爲內應，呼譟四出；官軍腹背受攻，力戰不支，突圍渡江走；賊逼其後，爭舟溺死者甚衆。賊沿江置闌索，伏藥弩，夾岸並起。官軍且戰且行，抵向武，失士卒三四百人。賊遂入據府城，燒倉粟以萬計。御史石金上其事，頗委罪前撫盛應期生事召釁；而給事中鄭自璧因請仍檄湖廣永順、保靖兵併力剿賊。帝以四方兵數萬方歸休，豈可復調，命再計機宜以聞。時盧蘇等雖據府叛，佯聽撫，遣人迎署府事王熊兆。而其黨王受等糾衆萬餘，攻據思恩城，執知府吳期英、守備指揮門祖蔭等。已

---

[1] 標點本《校勘記》：朱麟，據《世宗實錄》卷五一嘉靖四年五月甲戌條、《行邊紀聞》應爲"朱麒"。——整理者注

[2] 標點本《校勘記》：工堯隧，據《明史》卷三一九《歸順州傳》、《行邊紀聞》應爲"工堯隘"。——整理者注

而釋期英等，亦投牒上官，願聽招撫。都御史姚鏌以兵未集，姑受之以緩其謀。遣諜者檄東蘭、歸順、鎮安、泗城、向武諸土官，各勒兵自效，且責失事守巡參將等官立功自贖。復疏調湖廣永、保土兵，江西汀、贛畬兵，俱會於南寧，併力進剿。

帝以蠻亂日久，鎮巡官受命大征，未及殄絕，輒奏捷散兵，使餘孽復滋，罪不容逭。姑赦前過，益圖新功。乃起原任兵部尚書新建伯王守仁總督軍務，同鏌討之。

時受既入思恩，封府庫，以賊兵守之，而自攻武緣。守巡官鄒輗等率兵至思恩，思恩千夫長韋貴、徐伍等遣壯士由間道入城爲内應，夜引官兵奪門，殺賊二十餘人，收府印及庫物，護送期英於賓州，因招撫城中未下者。時受攻武緣甚急，參將張經堅壁拒守。鎮守頭目許用與戰，斬其渠帥一人。（此鎮守頭目疑是儂。）賊見援兵大集，乃遁去。鏌以聞。

帝以田州、思恩賊鋒雖挫，首惡未擒，仍令守仁亟督兵剿撫。守仁威名素重，及督軍務，調兵數萬人至，諸蠻心懾。守仁至南寧，道中見受等勢盛，度亦未可卒滅，上疏極陳用兵利害。兵部議以守仁所見未確，復陳五事，令守仁詳計其宜。於是守仁又疏云："臣奉命於去年十二月至廣西平南縣，與巡按御史石金及藩、臬、諸將領等會議。思、田禍結兩省，已踰二年。今日必欲窮兵盡剿，則有十患。若罷兵行撫，則有十善。臣與諸臣，擴心極論，今日之局，撫之爲是。臣抵南寧，遂下令盡撤調集防守之兵。數日内解歸者數萬，惟湖兵數千，道阻遠，不易即歸，仍使分留南寧，解甲休養，待間而動。而盧蘇、王受先遣其頭目黄富等訴告，願得歸境投生，乞宥一死。臣等諭以朝廷威德，令齎飛牌歸巢曉諭，期以速降無死。蘇、受等得牌，皆羅拜踴躍，歡聲雷動。尋率衆至南寧城下，分屯四營。蘇、受等囚首自縛，與頭目數百人赴軍門請命。臣等復諭之曰：朝廷既赦爾罪，爾等擁衆負固，騷動一方。若不示罰，何以雪憤？於是下蘇、受於軍門，各杖一百，乃解其縛。又諭之曰：今日宥爾死者，朝廷好生之德；必杖爾者，人臣執法之義。衆皆叩首悦服，願殺賊立功。臣隨至其營，撫定其衆七萬餘人，復委布政使林富等安插，於二月二十六日悉命歸業。是皆皇上至孝達順之德，神武不殺之威，未期月而蠻民率服，不折一矢，不傷一人；而全活數萬生靈，即古舞干之化，奚以加焉。"疏聞，帝嘉之，遣行人齎敕獎賞。

於是守仁復疏言："思、田久搆禍，荼毒兩省，已踰二年。兵力盡於哨守，民脂竭於轉輸，官吏疲於奔走。地方巉脆，如破壞之舟，漂泊風浪，覆溺在目，不待智者而知之矣。必欲窮兵雪憤，以殲一隅，無論不克，縱使克之，患且不測。況田州外捍交阯，內屏各郡，深山絕谷，猺、獠盤據。使盡誅其人，異日雖欲改土爲流，誰爲編戶？非惟自撤其藩籬，而拓土開疆以資鄰敵，非計之得也。今岑氏世效邊功，猛獨詿誤觸法，雖未伏誅，聞已病死。臣謂治田州非岑氏不可，請降田州府爲田州，而官其子，以存岑氏之後。查猛有二子，長邦佐，自幼出繼爲武靖州知州。武靖當猺賊之衝，邦佐才足制馭，宜仍舊職。而今所建州，請以猛幼子邦相授吏目，署州事，俟後遞陞爲知州，以承岑氏之祀。設土巡檢諸司，即以盧蘇、王受等九人爲之，以殺其勢。添設田寧府，統以流官知府，以總其權。"從之。

　　光旦：上文《思恩府傳》中，有曰，"列思恩地爲九土巡檢司"，亦以守仁議設置。今於田州亦云，是一事乎，二事乎？王受爲九土巡檢司之一，兩傳均見，是則一事也，蓋合兩府州縣以外之地爲九土巡檢司，非思恩一府也，史筆交代未清。

　　惟以守仁所奏岑猛子，與撫按所報異，令再覆。於是守仁言："臣初議立岑氏後，該府土目及耆老俱言岑猛本有四子：長邦佐，妻張氏出；次邦彥，妾林氏出；次邦輔，外婢所生；次邦相，妾韋氏出。猛嬖溺林氏而張失愛，故邦佐自幼出繼武靖。邦彥既死，邦佐得武靖民心，更代亦難其人。欲立邦輔，土目謂外婢所生，名實不正。惟邦相係猛正派，質貌厚重，堪繼岑氏。故當時直謂猛子存者二人，亦所以正名慎始，杜後日之争也。"疏上，如議行。……

　　初，邦相兄邦彥有子芝，依大母林氏、瓦氏（上文未及瓦氏，應是未有所出）居，官給養田。其後邦相惡蘇專擅，密與頭目盧玉等謀誅蘇及芝。蘇知之。會邦相又侵削二氏原食莊田，二氏遂與蘇合謀，以芝奔梧州，赴軍門告襲。蘇又爲芝疏請。尋令人刺邦相，邦相覺，殺行刺者。而蘇遂伏兵殺盧玉等，以兵圍邦相宅，誘邦相出，乘夜與瓦氏縊殺之。巡按御史曾守約以聞。帝命守仁[①]亟爲勘處。蘇之殺邦相也，歸順、鎮安、泗城、向武諸土官羣起搆難，互相訐奏。當事者謂以岑芝承襲未定，田州無主，致令鄰封覬覦，當給劄付令芝管事。蘇又請早給芝冠帶，以撫田州，而自悔罪，願裹糧立功，及追補累年所逋

---

① 標點本《校勘記》：守仁，據《世宗實錄》卷一八二嘉靖十四年十二月丁未條應爲"守臣"。——整理者注

糧賦。巡按御史諸演疏聞。部議以土蠻自相讎殺,當從末減,皆令立功,方准贖罪復官。

[嘉靖]三十二年,芝死,子大壽方四歲。土人莫葦冒岑姓,及土官岑施,相煽搆亂。提督郎櫍奏令思恩守備張啓元暫駐田州鎮之。報可。

三十四年,田州土官婦瓦氏以狼兵應調至蘇州剿倭,隸於總兵俞大猷麾下。以殺賊多,詔賞瓦氏及其孫男岑大壽、大禄銀幣,餘令軍門獎賞。(是瓦氏應是邦彥之妻。)

> 光旦:是即田州僮人所盛傳之瓦氏夫人,論者謂其破倭功可與永、保土兵埒。觀此恐不能相比也。永、保土兵破倭,於《明史》屢見,而此只此一見,亦若事有輕重之別。

四十二年以平廣西猺、獞功,准岑大禄實受知州職。

泰昌元年,總督許弘綱奏:"田州土官岑懋仁肆惡起釁,窺占上林,納叛人黃得隆等①,糾衆破城,擅殺土官黃德勳,擄其妻女印信,乞正其罪。"詔令岑懋仁速獻印,執送諸犯,聽按臣分别正法,違則進剿。天啓二年,巡撫何士晉請免懋仁逮問,各(此字疑冗,或有誤)率土兵援剿,有功優敘。從之。

田州世岑氏,改流者再,而終不果。盧蘇再叛弑主,終逸於罰,論者以爲失刑云。

上林在田州東,宋置,隸橫山寨。元屬田州路。洪武二年,土官黃嵩歸附,授世襲知縣,流官典史佐之。

僮(恩城)
《明史》卷三一八《廣西土司傳·恩城州》:

(見"總録——廣西沿革"片。)

僮(上隆)
《明史》卷三一八《廣西土司傳》:

上隆州,宋置,隸橫山寨。元屬田州路。明因之,後改隸布政司。洪武十九年,上隆知州岑永通遣從子岑安來貢;賜綺帛鈔錠。洪熙元年,土官知州

---
① 標點本《校勘記》:黃得隆,據《明史》卷二四二《陳邦瞻傳》、《光宗實録》泰昌元年九月甲午條應爲"黃德隆"。——整理者注

岑瓊母陳氏來朝，貢馬；賜鈔幣。宣德四年以陳氏爲知州。時瓊已卒，無子，土人訴於朝，願得陳氏襲職，故有是命。

［僮］（廣西泗城州）

《明史》卷四五《地理志六》：

[廣西]泗城州……（西有上林長官司，永樂七年以州之上林洞置，直隸布政司，萬曆中，省入州，崇禎六年分司西地入雲南廣南府。）

《明史》卷四五《地理志六》：

[廣西]安隆長官司（元致和元年三月置安隆州，屬雲南行省。後廢爲寨，屬泗城州。）洪武三十五年（建文四年？）十二月置安隆長官司，仍屬泗城州，後直隸布政司。

光旦：安隆，即今西隆縣治。

僮（泗城）

《明史》卷三一九《廣西土司傳·泗城州》：

泗城州，宋置，隸横山寨。元屬田州路。其界東抵東蘭，西抵上林長官司，南抵田州，北抵永寧州。

洪武五年，征南副將軍周德興克泗城州，土官岑善忠歸附，授世襲知州。

十三年，善忠子振作亂，寇利州，廣西都司討平之。

十四年，善忠來貢方物。

二十六年，振遣人貢馬及方物；詔賜以鈔錠。

宣德元年，女土官盧氏遣族人岑臺貢馬及銀器等物；賜賚有差。

[宣德]八年，[盧氏]致仕……奏，襲職土官岑豹率土兵千五百餘人謀害己，又棄毀故土官岑瑄塑像，所爲不孝，難俾襲職。豹叔利州知州顏亦奏豹興兵謀殺盧氏，州民被害。都督山雲奏："豹實故土官瑄姪，人所信服，應襲職。盧氏，瑄妻，豹伯母，初借襲，今致仕，宜量撥田土以瞻終身。仍請敕豹無肆侵擾。"兵部請從雲奏。帝命行人章聰、侯璀齎敕，諭雲會三司、巡按究豹與盧氏是非，從公判決。

正統元年，豹遣人入貢。

二年①，豹攻利州，掠其叔顏妻子財物。朝廷官至撫諭，負固不服，增兵拒守。雲以聞，乞發兵剿之。帝敕雲曰："蠻夷梗化，罪固難容，然興師動衆，事亦不易，其更遣人諭之。"

五年，顏奏豹侵占及掠擄罪。頭目黃祖亦奏豹殺其弟，籍其家。瑄女亦奏豹占奪田地人民，囚其母盧氏。帝復遣行人朱昇、黃恕齎敕諭之，并敕廣西、貴州總兵官親詣其地，令速還所侵掠，如不服，相機擒捕。

正德六年（正德顯爲正統之誤，順沿上文，即作正統，亦冗），總兵官柳溥奏："行人恕、昇同廣西三司委官諭豹退還原占利州地，豹時面從，及回，占如故。今顏欲以利州[之]利甲等莊易泗城[之]古那等甲，開設利州衙門，宜從其請，發附近官軍送顏赴彼撫治蠻民。倘豹仍拒逆，則率兵剿捕。"從之。

八年（仍正統），豹遣人奉貢；賜綵幣。

十年，豹復奏顏占據其地。帝令速予議處，不可因循，貽邊方害。

成化元年，豹聚衆四萬，攻劫上林長官司，殺土官岑志威，據其境土。兵部言："豹強獷如此，宜調兵擒捕，明正典刑。"從之。未幾，豹死。

弘治三年，土官知州岑應復據上林長官司及貴州鎮寧等處一十八城。時恩城土官岑欽攻奪田州府，逐知府岑溥。應與欽黨，既復相讎，兩家父子交相讎殺。事聞，兵部奏："欽連年搆禍，而應黨之，復據上林長官司，流毒不少，今天厭禍，假手相殘，實地方之幸。應所占鄰壤及土官印信數多，亦宜勘斷，以除禍本，并令應弟接退還侵地及印信，乃許承襲。泗城地廣兵多，宜選頭目，量授職銜，分轄以殺其勢。"詔下總鎮官區處。

接遣人朝正；賜綵緞鈔錠。

十年，總督鄧廷瓚奏："接往年隨征都勻、府江等處有功，乞略其祖父罪，令承襲世職，以圖報効。"廷臣議："劫印侵地，雖係接祖父罪，然再四撫諭，接不肯歸之於官，遽使襲職，則志益驕，非馭土官法。"

十二年，田州土目黃驥作亂，要接爲聲援，殺掠男婦，劫燒倉庫民廬，又劫府學及橫山驛印記，遂據興仁。

十四年，貴州賊婦米魯作亂，提督王軾請調接領土兵二萬營於砦布河，因敕接自備兩月餉，剋期赴調。

---

① 標點本《校勘記》：二年，《明史》同卷《利州傳》作正統元年。《英宗實錄》卷二六繫此於正統二年正月庚戌，並有英宗敕命，則"二年"應是奏報到京之年。——整理者注

[弘治]十八年，泗城土官族人岑九仙奏："自始祖岑彭以來，世襲土官。至豹子應㦎欽之禍，子孫滅亡殆盡。其弟接，眾推護印，累著勞勩，乞令襲職，俾掌轄蠻眾。"兵部尚書劉大夏等議："豹乃叛臣餘孽，子應復自取滅亡。今接者，人皆傳稱爲梁接，非應親枝，又不知岑九仙是何逋逃，冒爲奏擾。臣大夏先在兩廣，見岑氏譜。岑之始祖木納罕於元至正年間，與田州知府之祖伯顏，一時受官。今九仙妄援漢岑彭世次，塵瀆聖聽，請治其罪。其岑接應襲與否，前已令鎮巡官勘奏，岑九仙雖蠻人難以深究，亦當摘發以破其奸。"從之。

光旦：是岑氏爲岑彭之後之説，明中葉已有人駁之矣。觀劉大夏所言，岑氏之攀附，於大夏官兩廣時尚無之，而是九仙上言前不久之事，甚或九仙自爲之，正未可知。

正德十二年，泗城及程縣各遣官族來貢。後期，賞減半。泗城貢厚，仍全給之。

嘉靖二年，田州岑猛率兵攻泗城，拔六寨，進薄州城，克之。接告急軍門，言猛無故攻寨。猛言接非岑氏後，據其祖業，欲得所侵地。詔下勘處。

[嘉靖]十六年，田州盧蘇作亂。泗城土舍岑施以兵納岑邦佐。兵敗，弗克納。

二十七年詔土舍[岑]施襲替，免赴京，以嘗聽調有勞也。

隆慶二年，泗城蠻黃豹、黃豸等據貴州程番府麻嚮、大華等司，時出擄掠。官軍剿之，豹等遁去。

光旦：是應與布依有連，自泗城至程番一路應均有布依分布。岑姓與程姓疑更有關係。

萬曆二年，泗城土官岑承勳等貢馬及香鑪等物。

四十一年，土官岑雲漢貢方物。初，雲漢乃紹勳（上文無紹勳，有承勳，一人乎？二人乎？如爲一人，紹、承二字必有一誤）嫡嗣，紹勳寵庶孽雷漢，頭目黃瑪等從中煽禍，以至焚劫稱兵。雲漢給母出印，扶弟以奔。撫按以聞。廷議請釋紹勳罪以存大倫，杖雷漢、黃瑪等以息囂孽，雲漢從寬削銜，戴罪管事。詔可。

天啓二年，巡撫何士晉請復雲漢知州職，量加都司職銜，令率土兵援黔。從之。

泗城延袤頗廣，兵力亦勁，與慶遠諸州互相雄長。其流惡自豹而應而接，且三世。領縣一，曰程縣；長官司二，曰安隆，曰上林。

程縣在泗城州之東北，舊號程丑莊。明初歸附，隸泗城州。洪武二十一年改爲縣，編户一里。後改屬慶遠府，尋復隸泗城州，設流官知縣。正統間，[縣官]爲岑豹所逼，棄官遁去，典史攝印，旋亦罹害。豹遂奪其印，據縣治。事聞，屢遣官諭之，歷岑應、岑接凡七十餘年不服。嘉靖二年，接爲諸土官攻殺（此在泗城本傳中未見敘明，"諸土官"包括岑猛無疑）；督府遣官按問，得縣印，貯於官，[縣]後僅存荒土。泗城、南丹、那地俱欲得之，時治兵相攻云。

光旦：程丑莊與程縣之名，似更說明此一地與貴州程番府一帶之民族源流關係。布依族自謂來自廣西西北，道紅水河，即都泥江，程縣境有布柳水，即流入都泥江者，入黔中之布依所取者即爲此道，殆不誣也。文云縣"僅存荒土"，豈即因北移入黔故耶？入黔之布依自不止此一批，亦不止此一地，然其構成移徙運動之一部分，可必也；泗城岑氏之暴虐，四周各土官之"治兵相攻"不已，即構成別尋樂土之一大原因，亦可必也。"布柳"與"布依"亦應有關連。

安隆長官司，東抵泗城，西抵雲南，南抵上林長官司，北抵貴州宣慰司，元泗城州地也。洪武元年，泗城州土官岑善忠以次子子得領安隆峒。三十年，子得來朝，貢馬。設治所。永樂元年設安隆長官司，以子得爲長官，撫其衆。十二年貢馬；賜鈔幣，予世襲。

上林長官司，東北俱抵泗城界，西抵安隆長官司，南抵雲南。宋、元號上林峒，屬泗城州。明興，因焉。永樂初置長官司，以泗城州土官岑善忠三子子成爲長官，撫其民。永樂四年，子成遣子保貢方物；賜鈔幣；自是貢賜不絶。成化元年，泗城岑豹攻劫上林，殺長官志威，滅其族，劫印，占其境土。兵部移文議豹罪，仍以地與印給上林。弘治三年，上林長官司遣頭目入貢，禮部以過期至，給半賞。既而泗城岑應復奪據上林長官司，然正、嘉、隆、萬間朝貢猶時至。

僮（利州）

《明史》卷三一九《廣西土司傳·利州》：

利州，漢屬交阯，號阪麗莊。宋建利州，隸橫山寨。元因焉。土官亦岑姓，洪武初歸附。授知州，以流官吏目佐之，直隸布政司。宣德二年，利州知州岑顔遣頭目羅嚮貢馬。正統元年，泗城岑豹侵據利州地，并掠顔妻子財物。總兵官山雲以聞，帝敕鎮、巡官撫諭之。四年，顔遣族人岑忻貢銀器方物。五年，顏奏："本州地二十五甲，被豹興兵攻占，母覃被囚，妻財被掠，累奉敕撫諭，猖獗不服。"帝遣行人黃恕、朱昇敕諭豹，事具前傳（"僮（泗城）"片）。七年，豹復與顏相仇殺。帝敕總兵官吳亮宣布恩威，令各罷兵。而豹終殺顏及其子得，奪州印去。遂以流官判州事。數十年間，屢經諸司勘奏，移檄督追，歷岑應、岑接二世如故。嘉靖二年歸併泗城。

  光旦：利州廢址今凌雲西南六十里。

[僮]（廣西龍州）

《明史》卷三：

  [洪武]二十八年……八月丁卯，都督楊文為征南將軍，指揮韓觀、都督僉事宋晟副之，討龍州土官趙宗壽。……辛巳，趙宗壽伏罪來朝。

  光旦：此本儂也，儂智高被鎮壓後改宋統治者之姓。

[僮]（龍州）

《明史》卷一二五《常遇春傳》：

  [常茂謫置龍州，時洪武二十年。]初，龍州土官趙貼堅死，從子宗壽當襲。貼堅妻黃以愛女予茂為小妻，擅州事。茂既死（洪武二十四年），黃與宗壽爭州印，相告訐。或搆蜚語，謂茂實不死，宗壽知狀。帝怒，責令獻茂自贖，命楊文、韓觀出師討龍州。已而知茂果死，宗壽亦輸歉，乃罷兵。

  光旦：此趙氏實儂，然自宋儂智高敗亡改姓以後，當已與一般僮人無別，故列為"[僮]"片。

《明史》卷一三〇《吳良傳》：

  [洪武]二十八年，[良子嗣江陰侯高]有罪調廣西，從征趙宗壽。

  光旦：與上當是一事，從征者，從楊文、韓觀也。

《明史》卷一三〇《吳復傳》：

  [洪武]二十八年，[復子傑]有罪從征龍州，建功自贖。

  光旦：與上是一事。吳高、吳傑均是"有罪從征"，亦說明統治者對某些少數民族之態度比一般更為惡劣。

《明史》卷一三七《吳伯宗傳》附《任亨泰傳》：

  會討龍州趙宗壽，命[亨泰]偕御史嚴震直使安南……（亦見卷一五一《嚴震直傳》。）

《明史》卷一三八《楊靖傳》：

  會征龍州趙宗壽，詔靖諭安南輸粟餉師。

    光旦：此洪武二十六年後之事，與上任亨泰、嚴震直之使命（二十八年）同時，而不爲一事（均見卷三二一《安南傳》）。

《明史》卷一三八《唐鐸傳》：

  ［洪武］二十八年，龍州土官趙宗壽以奏鄭國公常茂死事不實，被召又不至，帝怒，命楊文統大軍往討，而命鐸招諭。鐸至，廉得茂實病死，宗壽亦伏罪來朝。

［僮］（龍州、憑祥）

《明史》卷二八七《田汝成傳》：

  改廣西右參議，分守右江。龍州土酋趙楷、憑祥州土酋李寰皆弑主自立，與副使翁萬達密討誅之。

    光旦：事在嘉靖中葉（十八年討大藤峽之前）。

［僮］（廣西奉議、南丹州）

《明史》卷三：

  ［洪武］二十八年……八月……都督楊文爲征南將軍，［於辛巳討平龍州土官趙宗壽後，］移兵討奉議、南丹叛蠻。……十一月乙亥，奉議、南丹蠻悉平。

    光旦：此在今日似稱爲北僮，其初應是仡佬，但不知於明代初年其僮化程度已如何耳，語言則至今有南、北僮之別。據民族學院同學言，北僮人聽南僮語，猶不若佈依族人聽之之了了云。

僮（奉議）

《明史》卷三一九《廣西土司傳·奉議州》：

  奉議州，宋置，初屬静江軍，後屬廣西經略安撫司。元屬廣西兩江道宣慰司。

  洪武初，土官黃志威舊爲田州府（似應作路）總管，來歸附。

  二年詔授其子世鐵爲向武州知州，世襲。

  三年，志威入朝貢。

  六年招撫奉議等州百十七處人民，皆款服。帝嘉志威功，命以安州、侯州、陽縣屬之。（屬奉議？然志威爲奉議知州是下一年事，在此以前，只是故元田州路總管，無實土，果何屬乎？）

七年以志威爲奉議州知州兼守禦，直隸廣西行省。

二十六年，奉議州知州黃嗣隆遣人貢馬及方物，賜以鈔錠。

二十八年，廣西布政司言，奉議、南丹等處蠻人梗化。時都督楊文討龍州伏罪，帝命移兵奉議剿賊，遣使諭文等："近聞奉議兩江溪峒等處，林木陰翳，蛇虺遺毒草莽中，雨過，流毒溪澗，飲之令人死。師入其地，行營駐劄，勿飲山溪水泉，恐餘毒傷人。宜鑿井以飲，爾等其慎察之。"文發廣西都司及護衛官軍二萬人，調田州、泗城等土兵三萬八千九百人從征。師至奉議州，蠻寇聞官軍至，悉竄入山林，據險自固。文督諸將分兵捕之，復調參將劉真等領兵分道攻南丹叛寇。

初，文等駐師奉議州之東南，分兵追捕賊黨，且遣人招降其脅從者。賊皆焚廬舍，走山谷，憑險阻立柵自固。文督將士屢攻破之，賊衆潰散。左副將軍韓觀等遂分兵追討都康、向武、富勞、上林諸州縣，破其更吾、蓮花、大藤峽等寨，（另一大藤峽？）斬向武土官黃世鐵并其黨萬八千三百餘人，招降蠻民復業者六百四十八户，徙置象州武山（仙？）縣，蠻寇遂平。

時兵部尚書致仕唐鐸參議軍事，以朝廷嘗命征剿畢日，置衛守之。乃會諸將相度形勢，置奉議等衛并向武、河池、懷集、武仙、賀縣等處守禦千户所，設官軍鎮守。詔從其言。

宣德二年，署州事土官黃宗允①遣頭目貢馬。

正統五年，宗允科斂劫殺，甚且欲戕其母。母避之，殺母侍者以洩怒，爲母所告。僉事鄧義奏其事。帝敕總兵官柳溥及三司按驗以聞。

嘉靖四年，田州岑猛叛，奉議土官嘗助猛攻泗城州。至是提督盛應期言，許其自新，令出兵討賊，以功贖罪。

後土官知州死，皆以土判官掌州事。

論者以奉議彈丸地，三面交迫田州，獨南界鎮安，其勢甚蹙。明初置衛銓官，如宋、元故事，蓋欲中斷田、鎮，以伐其謀云。

---

① 標點本《校勘記》：黃宗允，據《明史》本卷上文及《明史稿》傳一九三《奉議州傳》、《英宗實錄》卷六四正統五年二月癸巳條應爲"黃宗陰"。下同。——整理者注

[僮]（宜山蠻）

《明史》卷九：

[洪熙元年（時仁宗已崩），]十二月甲申，顧興祖討平宜山蠻。

《明史》卷九：

[宣德]八年……五月……丁卯，山雲討平宜山蠻。

光旦：此原亦獠之屬。

[僮]（忻城蠻）

《明史》卷九：

[宣德]三年……十二月庚子，廣西總兵官山雲討擒忻城蠻。

光旦：此原亦仡佬。

[僮]（慶遠蠻）

《明史》卷一〇：

[正統]十年……十二月……廣西總兵官安遠侯柳溥討平慶遠叛蠻。

光旦：此果否爲僮，待查再定。（查《英宗實錄》卷一三六正統十年十二月辛酉條，"廣西賊韋萬王伏誅。萬王，慶遠陸河村獞人。自永樂時稱王，聚各峒蠻攻劫柳、慶、思恩諸城邑，指揮、御史皆爲所害。後官軍勦敗之，萬王脫走，更名公禮。至是爲安遠侯柳溥所擒，并其徒八百餘人悉誅之。"）

僮（慶遠）

《明史》卷三一七《廣西土司傳‧慶遠[府]》：

洪武……二年，行省臣言："慶遠府……所轄南丹、宜山等處，宋、元皆用其土酋安撫使統之。天兵下廣西，安撫使莫天護首來款附，宜如宋、元制，錄用以統其民，則蠻情易服，守兵可減。"帝從之，詔改慶遠府爲慶遠南丹軍民安撫司，置安撫使、同知、副使、經歷、知事各一員，以天護爲同知，王毅爲副使。（安撫又是何人？）

三年，行省臣言："慶遠故府也，今爲安撫司，其地皆深山曠野，其民皆安撫（上文只云同知）莫天護之族。天護素庸弱，宗族強者，動肆跋扈，至殺河池縣丞蓋讓，與諸蠻相煽爲亂，此豈可姑息以胎禍將來。乞罷安撫司，仍設府置衛，以守其地。"報可。乃命莫天護赴京。

　　光旦："其民皆安撫莫天護之族"，恐不符事實。其地必有今所稱之"毛難"族人，亦受莫氏之統治。

　　七年，賜廣西土官莫金文綺六匹，置南丹州，隸慶遠府，以莫金爲知州。

《明史》卷三一七《廣西土司傳·慶遠[府]》：

　　[洪武]八年，那地縣土官羅貌來朝，以貌知縣事。

《明史》卷三一七《廣西土司傳·慶遠[府]》：

　　[洪武]二十八年，都指揮韓觀率兵捕獲宜山等縣蠻寇二千八百餘人，斬僞大王韋召，僞萬户趙成秀、韋公旺等，傳首京師。時嶺南盛暑，官軍多病瘴，帝命觀班師。

　　光旦：所捕斬之二千八百人中，必有僮以外之族屬，如毛難，毛難亦有韋姓。

《明史》卷三一七《廣西土司傳·慶遠[府]》：

　　[洪武二十八年，]南丹土官莫金叛。帝命征南將軍楊文，龍州平後，移師討南丹、奉議等處。……[龍州既定，]大軍進征奉議，調參將劉真分道攻南丹，破之，執莫金併俘其衆。

《明史》卷三一七《廣西土司傳·慶遠[府]》：

　　[洪武二十九年，]都指揮姜旺、童勝率兵抵思恩縣鎮寧等村洞，殺獲叛蠻三千餘人，降一千一百餘户，得故宋銅印一來上。

　　光旦：此中應有毛難。

《明史》卷三一七《廣西土司傳·慶遠[府]》：

　　永樂二年，慶遠府言："忻城、宜山二縣洞蠻陳公宣等出没爲寇，請剿捕。"帝命都指揮朱輝親往撫諭，公宣等相率歸附，凡千三十五户。

　　光旦：此中亦不盡是僮。

《明史》卷三一七《廣西土司傳·慶遠[府]》：

　　宣德五年，總兵官山雲討慶遠蠻寇，斬首七千四百，平之。

《明史》卷三一七《廣西土司傳·慶遠[府]》：

　　[宣德]九年，雲奏："思恩縣蠻賊覃公砦等累年作亂，今委都指揮彭義等率兵勦捕，斬賊首梁公成、潘通天等梟之，仍督官軍搜捕餘黨。"帝賜敕慰勞。

　　光旦：此中必有毛難之先世。

　　又奏（同上宣德九年）："慶遠、鬱林等州縣蠻寇出没，必宜剿除，而兵力不足。"帝命廣東都司調附近衛所精鋭士卒千五百人，委都指揮一員，赴廣西，聽雲調用。

《明史》卷三一七《廣西土司傳·慶遠[府]》：

[宣德]十年，南丹土官莫禎來朝，貢馬；賜綵幣。

《明史》卷三一七《廣西土司傳·慶遠[府]》：

正統四年，莫禎奏："本府所轄東蘭等三州，土官所治，歷年以來，地方寧靖。宜山等六縣，流官所治，溪峒諸蠻，不時出没。原其所自，皆因流官能撫字附近良民，而溪峒諸蠻恃險爲惡者，不能鈐制其出没。每調軍勦捕，各縣居民與諸蠻結納者，又先漏洩軍情，致賊潛遁。及聞招撫，詐爲向順，仍肆劫掠，是以兵連禍結無寧歲。臣竊不忍良民受害，願授臣本州土官知府。流官總理府事，而臣專備蠻賊，務擒捕殄絶積年爲害者。其餘則編伍造册，使聽調用。據巖險者，拘集平地，使無所恃。擇有名望者立爲頭目，加意撫恤，督勵生理。各村寨皆置社學，使漸風化。三五十里設一堡，使土兵守備，凡有寇亂，即率衆勦殺。如賊不除，地方不靖，乞究臣誑罔之罪。"帝覽其奏，即敕總兵官柳溥曰："以蠻攻蠻，古有成説。今莫禎所奏，意甚可嘉，彼果能効力，省我邊費，朝廷豈惜一官，爾其酌之。"

　　光旦：酌量之後，似未得肯定結果。

《明史》卷三一七《廣西土司傳·慶遠[府]》：

弘治九年，總督鄧廷瓚言："廣西猺、獞數多，土民數少，兼各衛軍士十亡八九，凡有征調，全倚土兵。乞令東蘭土知州韋祖鋐子一人，領土兵數千於古田、蘭麻等處撥田耕守，候平古田，改設長官司以授之。"廷議以古田密邇省治，其間土地多良民世業，若以祖鋐子爲土官，恐數年之後，良民田税皆非我有。欲設長官司，祗宜於土民中選補。

　　光旦：土民兩字殊費解，以此處言之，土民爲非漢族，然本條上文又言"猺、獞數多，土民數少"，則又若漢族。究何所指乎？

《明史》卷三一七《廣西土司傳·慶遠[府]》：

[弘治九年，]廷瓚又言："慶遠府天河縣舊[有]十八里，後漸爲獞賊所據，止餘殘民八里，請分設一長官司治之。"部議增設永安長官司，授土人韋萬妙等爲正、副長官，并流官吏目一員。

是年，裁忻城縣流官，留土官知縣掌縣事，亦從廷瓚奏也。

　　光旦：按一般趨勢爲漢長而非漢趨於消減，上三條資料似與此相反，可謂難得之例外。

《明史》卷三一七《廣西土司傳·慶遠[府]》：

[弘治]十二年，韋祖鋐（東蘭土知州）率兵五千助思恩岑濬攻田州，殺掠男女八百餘人，驅之溺水死者無算。副總兵歐磐詣田州，兵乃解。

《明史》卷三一七《廣西土司傳·慶遠[府]》：

東蘭州，在府城西南四百二十里。宋時有韋君朝者，居文蘭峒爲蠻長，傳子宴鬧；崇寧五年内附，因置蘭州，以宴鬧知州事，俾世其官。元改爲東蘭州，韋氏世襲如故。洪武十二年，土官韋富撓遣家人韋錢保詣闕，上元所授印，貢方物。錢保匿富撓名，以己名上，因以錢保知東蘭州。既而錢保徵斂暴急，民不堪命，擁富撓作亂。廣西都司討平之，執錢保正其罪，仍以其地歸韋氏（富撓之系屬）。

《明史》卷三一七《廣西土司傳·慶遠[府]》：

南丹州，宋開寶初，土官莫洪臕内附；元豐三年置南丹州，管轄諸蠻，歷世承襲。元至正末，莫國麒納土，命爲慶遠南丹谿洞安撫使。明洪武初，安撫使莫天護歸附。七年置州，授莫金知州，世襲，佐以流官吏目。金以叛誅，廢州置衛。後因其地多瘴，遷之賓州。既而蠻民作亂，復置土官知州，以金子莫禄爲之。

《明史》卷三一七《廣西土司傳·慶遠[府]》：

忻城，宋慶曆間置縣，隸宜州。元以土官莫保爲八仙屯千户。洪武初，設流官知縣，罷管兵官，籍其屯兵爲民，莫氏遂徙居忻城界。宣、正後，猺、獞狂悖，知縣（流官）蘇寬不任職。猺（？）老韋公泰等舉莫保之孫誠敬爲土官，寬爲請於上官，具奏，得世襲知縣。由是邑有二令，權不相統，流官握空印，僦居府城而已。弘治間，總督鄧廷瓚奏革流官，土人韋保爲内官，陰主之，始獨任土官。……自是宜山東南棄一百八十四村地，宜山西南棄一百二十四村地。議者以忻城自唐、宋内屬已二百餘年，一旦舉而棄之於蠻，爲失策云。

《明史》卷三一七《廣西土司傳·慶遠[府]》：

永順司、永安司，舊爲宜山縣[地]。正統六年，因蠻民弗靖，有司莫能控禦，耆民黄祖記與思恩土官岑瑛交結，欲割地歸之思恩，因謀於知縣朱斌備。時瑛方雄兩江，大將多右之，斌備亦欲藉以自固，遂爲具奏，以地改屬思恩。土民不服，韋萬秀以復地爲名，因而倡亂。成化二十二年，覃召管等復亂，屢征不靖。弘治元年委官撫之，衆願取前地，別立長官司。都御史鄧廷瓚爲奏，置永順、永安二司，各設長官一，副長官一，以鄧文茂等四人爲之，皆宜山洛口、洛東諸里人也。

　　　　光旦：永順、永安二司居民或"土民"中疑有毛難。毛難亦有韋、覃等姓，一也。不甘役屬於僮之岑氏，二也。洛口、洛東之地名均與獠、駱有係，而毛難固獠之一派也，三也。

僮（平樂）

《明史》卷三一七《廣西土司傳·平樂[府]》：

　　弘治九年，總督鄧廷瓉言："平樂府之昭仁堡介在梧州、平樂間，猺、獞率出爲患，乞令上林土知縣黃瓊、歸德土知州黃通各選子弟一人，領土兵各千人，往駐其地。仍築城垣，設長官司署領，撥平樂縣仙回峒閒田與之耕種。其冠帶千夫長龍彪改授昭平巡檢，造哨船三十，使往來府江巡哨；流官停選。"廷議以昭平堡係內地，若增土官（照鄧議，非增而改），恐貽後患。況府江一帶，近已設按察司副使一員，整飭兵備，土官不必差遣，止令每歲各出土兵一千聽調。詔從其議。

　　　　光旦：此疑是以僮制瑤之計。千夫長龍彪應是瑤，有事時可能右瑤，故調它任，似可爲證。

　　府江有兩岸三洞，諸獞皆屬荔浦，延袤千餘里，中間巢峒盤絡，爲猺、獞窟穴。江上諸賊倚爲黨援，日與府江酋長楊公滿等掠荔浦、平樂及峰門、南源，執永安知州楊惟執，殺指揮胡翰、千户周濂、土舍岑文及兵民無算。而遷江之北三，來賓之北五（皆地名），皆右江獞，亦時與東歐、西里及三都、五都諸賊相倚附，馬多人勁，俗號爲剗馬賊。常陳兵走嶺東，掠三水、清遠諸縣，還入南寧、平南、武宣、來賓、藤、貴，劫府庫。已而劫來賓所千户黃元舉，殺土吏黃勝及其子四人，兵七十餘人，又殺明經諸生王朝經、周松、李茂、姜集等，白晝劫殺，道絶行人。

　　隆慶六年，巡撫郭應聘、總督殷正茂請討。詔總兵官李錫督軍進勦，并調東蘭、龍英、泗城、南丹、歸順諸土兵，而以土吏韋文明等統之，攻古西、巖口、笋山、古造及兩峰、黃洞等寨，斬獲賊渠，餘黨竄入仙回、古帶諸山，搜捕殆盡。乃移檄北三、北五，趣其歸降。峒老韋法真同被擄來賓、遷江民蒙演（此人應是毛難）等詣軍前乞降，許之。

　　乃定善後六策以聞。初，荔浦之峰門、南源，修仁之麗壁，永安之古眉諸巡司，爲諸獞所奪。至是議改土巡檢，推擇有才武者，給冠帶管事，三載稱職，始世襲。

《明史》卷三一七《廣西土司傳·平樂[府]》：

萬曆六年，北山蠻譚公柄挾毒弩，肆傷行旅，每一出十百爲羣。自殺黃勝後，復聚黨以三千人出佋鳳山氊鼇塘，與河塘韋宋武傍江結寨。時義寧、永寧、永福諸獞羣起，相殺掠，道路不通。會咘咳寨藍公潯執土吏黃如金，奪其司。巡撫吳文華檄守巡道吳善、陳俊徵永順白山兵及狼兵勦之，平橫山、咘咳諸巢。諸猺請還侵地及所擄生口，願輸賦爲良民。遂班師。

《明史》卷三一七《廣西土司傳·平樂[府]》：

右江十寨，隆慶中，總督殷正茂擊破古田，即以檄趣八寨歸降，得貸死。（以上參"僮（桂林）"片）於是寨老樊公懸、韋公良等踵軍門上謁，自言十寨（原八寨，見下文，加龍哈、咘咳）共一百二十八村，環村而居者二千一百二十餘家，皆請受賦。右江兵備鄭一龍、參將王世科，謂十寨既請爲氓，當以十家爲率，賦米一石。村立一甲長，寨立一峒老，爲徵賦計。而以思古、周安、落紅、古卯、龍哈立一州，屬向武土官黃九疇；羅墨、古鉢、古憑、都北、咘咳立一州，屬那地土官黃暘；皆爲土知州。（八寨之名，參"僮（桂林）"片按語所引地理詞書，略有出入）。已[而]移思恩守備於周安堡，而布政使以爲不便，總制乃議立八寨爲長官司，以兵八千人屬黃暘爲長官，黃昌、韋富皆給冠帶爲土舍，亦各引兵二百守焉。

久之，十寨復聚黨作亂，據民田產，白晝入都市剽掠，甚至攻城劫庫，戕官民。總制劉堯誨、巡撫張任急統兵進勦，斬首一萬六千九百有奇，獲器仗三千二百，牛馬二百三十九。帝乃陞賞諸土吏功；復分八寨爲三鎮，各建一城，而以東蘭州韋應鯤、韋顯能及田州黃馮克爲土巡檢，留兵一千人戍之。於三里增建二堡，自楊渡水爲界，墾田屯種，給南丹衛，通道慶遠、賓州，使思恩、三里（三里爲地名）聯絡不絕。於是右江十寨復安輯輸賦。

  光旦：此條後半段無年份，但云"久之"，以叙事前後推之，應在萬曆前半葉，八年（見"[僮]（廣西）"中卷二二一《郭應聘傳》條）。

《明史》卷三一七《廣西土司傳·平樂[府]》：

[萬曆]三十二年，桂林、平樂猺、獞據險肆亂……總督應檟檄總兵官顧寰[平之]。（又本傳結尾又總叙經歷次大征後，桂、平、梧間瑤僮曰即於"馴治"——均詳"瑤（平樂）"片。）

僮（太平）

《明史》卷三一八《廣西土司傳·太平[府]》：

  洪武元年，征南將軍廖永忠下廣西左江，太平土官黃英衍等遣使齎印詣平章楊璟降。璟還自廣海，帝問黃、岑二氏所轄情形。璟言："蠻獠頑獷，散則為民，聚則為盜，難以文治，當臨之以兵，彼始畏服。"帝曰："蠻猺（璟言蠻獠，此言蠻猺，足見數字率爾通用）性習雖殊，然其好生惡死之心未嘗不同。若撫之以安靖，待之以誠，諭之以理，彼豈有不從化者哉。"遣中書照磨蘭以權齎詔，往諭左、右兩江溪峒官民曰："朕惟武功以定天下，文德以化遠人，此古先哲王威德並施，遐邇咸服者也。睠茲兩江，地邊南徼，風俗質樸。自唐、宋以來，黃、岑二氏代居其間，世亂則保境土，世治則修職貢，良由其審時知幾，故能若此。……"（下文省）以權至廣西衛，鎮撫彭宗、萬戶劉維善以兵護送。將抵兩江，適來賓洞蠻寇掠楊家寨居民。以權謂彭宗等曰："奉詔遠來，欲以安民，今見賊不擊，何以庇民？"乃督宗等擊之。賊敗走，遂安輯其地，兩江之民由是懾服。

  二年，黃英衍遣使奉表貢馬。乃改為太平府，以英衍為知府，世襲。

《明史》卷三一八《廣西土司傳·太平[府]》：

  思同州，舊名永寧，為西原地，唐置，隸邕州。宋隸太平寨。洪武元年，土官黃克嗣歸附，授世襲知州，設流官吏目佐之。……

   光旦：黃姓，雖在西原地，應不是儂而是僮。西原地應不盡屬農峒也，農峒應是西原之一部分。

  永康州，宋置縣，隸遷隆寨（宋於兩江立五寨，此其一，太平又一）。元隸太平路。土官楊姓。成化八年，其裔孫楊雄傑糾合峒賊二千餘人，入宣化縣（屬南寧府）劫掠，且偽署官職。總兵官趙輔捕誅之。因改流官。萬曆二十八年升為州。

  左州，舊名左陽，唐置，隸邕州。宋隸古萬寨（亦五寨之一）。元屬太平路。洪武初，土官黃勝爵歸附，授世襲知州。再傳，子孫爭襲，相仇殺。成化十三年改流官。

  羅陽縣，舊名福利；陀陵縣，舊名駱陀。皆宋置。元隸太平。洪武初，土官黃宣、黃富歸附，並授世襲知縣，設流官典史佐之。

僮（思明）

《明史》卷三一八《廣西土司傳·思明[府]》：

[洪武]二年，土官黃忽都遣使貢馬及方物。詔以忽都爲思明府知府，世襲。十五年，忽都復遣其弟禄政奉表來貢，詔賜鈔錠。二十三年，忽都子黃廣平遣思州知州黃志銘率屬部，偕十五州土官李圓泰等來朝。明年（二十四年），廣平以服闋，遣知州黃忠奉表貢馬及方物。詔廣平襲職，賜冠帶、襲衣及文綺十匹、鈔百錠。二十五年，憑祥洞巡檢高祥奏，思明州知州門三貴謀殺思明府知府黃廣平，廣平覺而殺之，乃以病死聞於朝，所言不實。詔逮廣平鞫之。既至，帝謂刑部曰："蠻寇相殺，性習固然，獨廣平不以實言，故繩以法。今姑宥之，使其改過。"命給道里費遣還。是後朝貢如例。（忽都，蒙古式名。）

二十九年（仍洪武），土官黃廣成遣使入貢，因奏言："本府自故元改思明路軍民總管，所轄左江一路州、縣、峒、寨，東至上思州，南至銅柱。元兵征交阯，去銅柱百里，設永平寨軍民萬户府，置兵戍守，命交人供其軍餉。元季擾亂，交人以兵攻破永平寨，遂越銅柱二百餘里，侵奪思明屬地邱温、如熬、慶遠、淵、脱等五縣，逼民附之，以是五縣歲賦皆土官代輸。前者本府失理於朝，遂致交人侵迫益甚。及告（在告也）禮部，任尚書立站於洞登，洞登實思明地，而交阯乃稱屬銅柱界。臣嘗具奏，蒙朝廷遣刑部尚書楊靖覈其事，《建武志》（當是書名）尚可考。乞敕安南，俾還舊封，庶疆域復正，歲賦不虚。"帝令户部録所奏，遣行人陳誠、吕讓往諭安南。三十年，誠、讓至安南，諭其王陳日焜，令還思明地。議論往復，久而不決。以譯者言不達意，復爲書曉之。安南終辯論不已，出黃金二錠、白金四錠及沉、檀等香以賄，誠卻之。安南復咨户部，無還地意。廷臣議其抗命當誅，帝曰："蠻人怙頑不悛，終必取禍，姑待之。"

光旦：洞登，應即同登，在睦南關外十二里。

永樂二年，憑祥巡檢李昇言，其地瀕安南，百姓樂業，生齒日繁，請改爲縣，以便撫輯。從之。以昇爲知縣，設流官典史一員。三年，昇以新設縣治來朝，貢馬及方物謝恩。

光旦：憑祥巡檢，上文洪武二十五年下謂是高祥，而此處爲李昇，初疑是流官；今李昇所爲顯是土官行徑，前後不倫，所未喻。

廣成奏安南侵奪其禄州、西平州、永平寨地（應即元人設萬户府之永平寨，見上文），請遣使諭還。從之。……

宣德元年，思明賀天壽節奉表踰期，禮部請罪之。帝以遠蠻既至，毋問。土官知府黃瑚奏憑祥歲凶民饑。命發龍州官倉糧賑之。

正統七年，瑚遣使入貢。

九年，貢解毒藥味。賜鈔錦。

景泰三年，瑚致仕，以子鈞襲。瑚庶兄都指揮玹欲殺鈞，代以己子。玹守備潯州，託言徵兵思明府，令其子糾衆結營於府三十里外，馳至府，襲殺瑚一家，支解瑚及鈞，甕葬後圃，仍歸原寨。明日，乃入城，詐發哀，遣人報玹捕賊，以掩其迹。方殺瑚時，瑚僕福童得免，走憲司訴其事，且以徵兵檄爲證。郡人亦言殺瑚一家者，玹父子也。副總兵武毅以聞，將逮治之。玹自度禍及，乃謀迎合朝廷意，遣千戶袁洪奏永固國本事，請易儲。奏入，帝曰："此天下國家重事，多官其會議以聞。"玹爲此舉，衆皆驚愕，謂必有受其賂而教之者，或疑侍郎江淵云。事成，玹得釋罪，且進秩。英宗復辟，玹聞自殺。帝命發棺戮其屍，其子震亦爲都督韓雍捕誅。

成化十八年，土知府黃道奏所轄思明州土官孫黃義爲族人黃紹所殺，乞發兵捕剿。帝命兩廣守臣區處以聞。

弘治十年，况村賊黃紹侵占思明、上石、下石三州（亦涉及思明州，與前述之黃紹應是一人），復謀殺知府黃道父子。道妻趙氏累訴於朝，且謂屢經委官勘問，俱被賂免，乞發兵誅之。十一年，紹集衆數千人焚劫鄉村，據三州，屢撫不下。總鎮請發兵捕剿。

嘉靖四十一年，以剿平猺、獞功，命土官知州男黃承祖暫襲本職。（府所屬不止一州，此何一州者？）

隆慶四年，忠州土官黃賢相等據南寧府屬四都地作亂，永康（州，屬太平府）典史李材計誘其黨，縛賢相以降。

萬曆十六年，思明州土官黃拱聖謀奪襲，殺其母兄拱極等五人。而思明知府黃承祖乘亂掠村寨，爲之援。按臣請以拱聖及諸凶正法，思明州改屬流府，革承祖冠帶，立功自贖，而追其所掠；更令族人黃恩護拱極妻許氏撫遺孤世延，待其長官之。

［萬曆］三十三年，總督戴耀奏："思明叛目已擒，（各條往往無下文，此條則無上文！）土官黃應雷縱僕起釁，棄印而逃，斷難復官。黃應宿争地，殺戮六哨成仇，且係義子，不應襲職。黃應聘係承祖幼子，人心推戴，似應承襲知府，以存黃氏宗祀。但年甫七歲，暫令流官同知署府事，待至十五歲，交印

接管。應雷既廢，不宜同城，應降爲土舍，其後永襲土舍，給田養贍，制其出入。應宿仍管故業。俱屬思明府節制。於府治設教授一員……（下詳"總錄——推行漢化"片）則地方可安，文教可興。"詔悉從之。

崇禎十一年，總督張鏡心疏報土官殺職官思明州黃日章、黃德志等，鼓衆叛逆。帝令速擒首惡以靖地方。論者以黃玹神奸，身逭大鱉，世濟其兇，傳及四世，猶併思明州而有之，王綱墜矣。然骨肉相屠，至是四見，蓋天道云。

《明史》卷三一八《廣西土司傳·思明[府]》：

思明州，東抵思明府，西抵交阯界，南抵西平州，北抵龍英州。土官黃姓，與思明府同族。洪武初，黃君壽歸附，授世襲知州，屬思明府，後爲黃玹所并。萬曆十六年，黃拱聖之亂，改屬太平。

> 光旦：同傳上文云，"思明州改屬流府"，是此流府即太平也。然太平改流，《明史·太平府傳》無明文，始終只云有土官知府黃英衍以下。《方輿紀要》引《土司考》謂明初改府時即設流官知府。事實應是流、土二知府並存。

上石西州，宋屬承平寨（承平爲永平之誤，見上《太平府傳》）。元屬思明路。明初屬思明府；至萬曆三十八年改屬太平府。州更土官趙氏、何氏、黃氏凡三姓，皆絕，始改流官（改流官應即在改屬流府太平府之時，亦即萬曆三十八年）。

下石西州，宋分石西州置。元屬思明路。洪武二年，土官閉賢歸附。授世襲知州，設流官吏目佐之。

忠州，宋置，隸邕州。元屬思明路。洪武初，土官黃威慶率子中謹歸附，授威慶江州知州，中謹忠州知州，皆世襲，設流官同知、吏目佐之。其隣地有四峒者，界於南寧、思明、忠、江之間，思明、忠州屢肆侵奪。副使翁萬達議改峒名四都，隸之南寧，地方稍定。隆慶三年冬，思明府土官黃承祖奏取四都地，忠州土官黃賢相爭之，遂擅立總管諸名目，分兵數千戍守，因縱令剽掠，爲禍甚烈。僉事譚惟鼎調永康典史李材以計擒賢相，斃之於獄。（是擅立名目……者賢相也，文字欠明瞭）議改流官，不果，遂改隸州於南寧，仍以州印予賢相子有瀚，俾襲職。（江州見下卷。）

僮（思明）——與安南

《明史》卷三二一《安南傳》：

廣西思明土官訴安南犯境，安南亦訴思明擾邊。帝移檄數[安南]奸詭罪，敕守臣勿納其使。[國王陳]煒懼，遣使謝罪。

  光旦：事在洪武十年代。

《明史》卷三二一《安南傳》：

  思明土官黃廣成言："自元設思明總管府，所轄左江州縣，東上思州，南銅柱爲界。元征交阯，去銅柱百里（當是越出銅柱百里也）立永平寨萬户府，遣兵戍守，令交人給其軍。元季喪亂，交人攻破永平，越銅柱二百餘里（當是向北越進二百餘里也），侵奪思明所屬邱温、如嶅、慶遠、淵、脱等五縣地，近又告任尚書（亨泰）置驛思明洞登地。臣嘗具奏，蒙遣楊尚書（靖）勘實。乞敕安南以五縣地還臣，仍畫銅柱爲界。"帝命行人陳誠、吕讓往諭，[黎]季犛（時實掌安南國事）執不從。……帝知其終不肯還，乃曰："蠻夷相争，自古有之。彼恃頑，必召禍，姑俟之。"

  光旦：此事終於不了了之，今洞登（字作同登）猶在睦南關外十二里，余於1938年4月經此繞道入滇。

  光旦：黃廣平言此，在洪武二十九年（見"僮（思明）"）。

《明史》卷三二一《安南傳》：

  思明所轄禄州、西平州、永平寨爲[安南]所侵奪，帝（成祖，時永樂二年，見《太宗實錄》卷三三永樂二年八月壬申條）諭令還，不聽。（時黎季犛改姓胡，子胡奆爲國王。）

  光旦：後，永樂三年，胡奆曾詐言退還禄州等地，見同傳下文。

僮（鎮安）

《明史》卷三一八《廣西土司傳·鎮安[府]》：

  鎮安，宋時於鎮安峒建右江軍民宣撫司。元改鎮安路。

  明洪武元年，鎮安歸附。以舊治僻遠，移建廢凍州，改爲府。授土官岑添保知府，朝貢如例。

  二十七年，添保上言："往者征南將軍傅友德令郡民歲輸米三千石，運雲南普安衛（今貴州盤縣）。鎮安僻處溪洞，南接交阯，孤立一方，且無所屬州縣，人民鮮少，舟車不通，陸行二十五日始到普安。道遠而險，一夫負米三斗，給食餘所存無幾，往往以耕牛及他物至其地易米輸納。而普安荒遠，米不易得，民甚病之。又歲輸本衛米四百石，尤極艱難，舊以白金一兩折納一石。今願依前例（應即輸本衛之例），以蘇民困。"從之。

永樂中，向武知州黃世鐵侵奪鎮安[之]高寨等地。朝廷遣兵討平之，以其地屬（應作還屬）鎮安。

成化八年，知府岑永壽姪宗紹糾集土兵，攻破府治，殺傷嫡母，流劫鄉村，有司撫諭不服，都指揮岑瑛擒斬之。

嘉靖十四年，田州盧蘇作亂，糾歸順州土官岑璋攻毀鎮安府，目兵遇害者以萬計。按臣曾守約以聞。帝命新建伯王守仁治之①。時蘇倡亂，田州無主，鎮安府土官男岑真寶以兵納岑邦佐於田州。歸順州岑璋，蘇壻也，及向武州黃仲金皆與真寶隙；乘真寶入田州，蘇遣璋及仲金襲破鎮安。真寶聞亂，走還。蘇會目兵追圍之武陵寨，璋等遂發真寶父母墓，焚其骸，分兵占據諸洞寨。真寶訴之軍門，督諭璋等，不退。久之乃解，官軍歸真寶。於是璋與真寶互相訐。巡按御史言，土蠻自相讎，非有所侵犯，從末減。於是蘇、璋、仲金各降罰有差，真寶亦革冠帶，許立功自贖。

[嘉靖]二十二年以猺、獞作亂，防禦需人，免真寶諸土官來朝。

鎮安所屬有上映洞、湖潤寨巡檢，皆土人世官。

僮（都康）

《明史》卷三一八《廣西土司傳·都康州》：

（見"總錄——廣西沿革"片。）

僮（歸順州）

《明史》卷三一九《廣西土司傳·歸順州》：

歸順州，舊爲峒，隸鎮安府。永樂間，鎮安知府岑志綱分其第二子岑永綱領峒事。傳子瑛，屢率兵報効。弘治九年，總督鄧廷瓚言："鎮安府之歸順峒，舊爲州治，洪武初裁革。今其峒主岑瑛每効勞於官，乞設州治，授以土官知州。凡出兵令備土兵五千，仍歲領土兵二千赴梧州聽調。"詔從之，增設流官吏目一員。

瑛死，子璋襲。復從璋奏，以本州改隸布政司。璋多智略。田州岑猛以不

---

① 標點本《校勘記》：命新建伯王守仁治之，據《世宗實錄》卷一八二嘉靖十四年十二月丁未條，此處應爲"命守臣治之"。王守仁卒於嘉靖七年。——整理者注

法獲譴，都御史姚鏌將舉兵討之。璋，猛婦翁也。鏌慮璋黨猛，召都指揮沈希儀謀。希儀雅知璋女失寵，恨猛，又知部下千戶趙臣雅善璋。希儀因使趙臣語璋圖猛，璋受命。時猛子邦彥守工堯隘，璋詐遣兵千人助邦彥，言："天兵至，以姻黨故，且與爾同禍。今發精兵來，幸努力堅守。"邦彥欣納之。璋遣人報希儀曰："僅（應作謹）以千人內應矣。"時田州兵殊死拒戰，諸將莫利當隘者，希儀獨引兵當之。約戰三合，歸順兵大呼曰："敗矣！"田州兵驚潰，希儀麾兵乘之，斬首數千級，邦彥死焉。猛聞敗，欲自經。而璋先已築別館，使人請猛。時猛倉皇不知所出，遂挈印從璋使，走歸順。璋詭為猛草奏，促猛出印實封之。璋既知猛印所在，乃鴆殺猛，斬其首，并府印函之，間道馳軍門。為讒言所阻，竟不論功。

璋死，次子璘襲。嘉靖四年，提督盛應期以璘先助猛逆攻泗城，許自新，出兵討賊自贖。從之。

[嘉靖]十四年，田州盧蘇叛，糾璘攻鎮安府。璘破鎮安，并發岑真寶父母墳墓。事聞，革冠帶，許立功贖。璘後從征交阯，卒於軍。子代襲，萬曆間以貢馬違限，給半賞。

僅（向武）

《明史》卷三一九《廣西土司傳·向武州》：

向武州，宋置，隸橫山寨。元隸田州路。其界東北抵田州，西抵鎮安，南抵鎮遠（太平府屬州）。

洪武二年七月，土官黃世鐵遣使貢馬及方物。詔以世鐵為向武州知州，許世襲。

二十一年，廣西布政司言向武州叛蠻梗化。時都督楊文佩征南將軍印，討龍州、奉議等處，復奉命移師向武。文調右副將軍韓觀分兵進討都康、向武、富勞諸州縣，斬世鐵。以兵部尚書唐鐸言，置向武州守禦千戶所。

永樂二年，土官知州黃彧遣頭目羅以得貢馬；賜鈔幣。

宣德四年，故土官知州黃謙昌子宗蔭貢馬；賜鈔。

嘉靖四年，田州岑猛叛，向武土官以兵助猛。提督盛應期議大征，檄向武出兵討賊，以功贖罪。

十六年，田州盧蘇叛，鎮安土官岑真寶以兵納岑邦佐[於田州]，蘇求助於向武。時土官黃仲金怨真寶，遂與合兵，破鎮安。事聞，革仲金冠帶。

二十七年，以仲金聽調有勞，詔許承襲原職，免赴京。

　　四十二年，又以剿平猺寇功，加仲金四品服。

　　向武領縣一，曰富勞，元置。洪武間，爲蠻獠所據。建文時復置，仍隸向武州。永樂初，省武林入焉。土官亦黃氏世襲。

僮（江州）

《明史》卷三一九《廣西土司傳·江州》：

　　江州界，東抵忠州，西抵龍州，南抵思明，北抵太平府。其州宋置，隸古萬寨。元屬思明路。明初，土官黃威慶歸附。授世襲知州，設流官吏目以佐之，直隸布政司。嘉靖四十二年，以平猺、獞功，准江州土官子黃恩暫署本職。領縣一，曰羅白。洪武初，土官梁敬賓歸附，授世襲知縣。敬賓死，子復昌襲。永樂間，從征交阯被陷，子福里襲。

僮（思陵州）

《明史》卷三一九《廣西土司傳·思陵州》：

　　思陵州，宋置，屬永平寨。元屬思明路。洪武初，省入思明府。二十一年復置思陵州。二十七年，土官韋延壽貢馬及方物。宣德四年，護印土官韋昌來朝，貢馬；賜鈔幣。正統間，貢賜如制。其界東至忠州，西北至思明，南至交阯。

《明史》卷三二一《安南傳》：

　　[正統二年，]安南思郎州土官攻掠廣西安平、思陵二州，據二峒二十一村。帝命給事中湯鼐、行人高寅敕[安南國王黎]麟還侵地。麟奉命遣使謝罪，而訴安平、思陵土官侵掠思郎。帝令守臣嚴飭。（安平州屬太平府。）

僮——狼兵

見"總錄——狼兵"片。

《明史》卷二八〇《瞿式耜傳》：

　　福王立……擢右僉都御史……巡撫廣西。明年（實順治二年）夏，甫抵梧州，聞南京破。靖江王亨嘉謀僭號，召式耜。[式耜]拒不往，而檄思恩參將陳邦傳助防。止狼兵，勿應亨嘉調。

《明史》卷二九〇《錢錞傳》：

授江陰知縣。……［嘉靖三十四］年六月，倭據蔡涇閘，分衆犯塘頭。錞提狼兵戰九里山，薄暮，雷雨大作，伏四起，狼兵悉奔，錞戰死。

《明史》卷二七八《楊廷麟傳》：

　　［順治］三年……四月，大兵逼［贛州］城下，廷麟（明唐王命爲兵部尚書、東閣大學士）遣使調廣西狼兵……六月……援兵至，圍暫解。已，復合。八月……援師悉潰。

　　　　光旦：援兵的是從嶺南來者，見下條，但非狼兵。

《明史》卷二七八《萬元吉傳》：

　　［順治三年］八月……［楊］廷麟調廣西狼兵八千人踰嶺，亦不即赴。……十月初，［贛州］遂破，元吉（唐王加兵部尚書，統江西、湖廣諸軍，兼巡撫）死之。

《明史》卷二七八《陳邦彥傳》：

　　改職方主事，監廣西狼兵，援贛州。

　　　　光旦：即上條事。

《明史》卷二八〇《何騰蛟傳‧章曠附傳》：

　　南京已破，大兵逼湖南……唐王擢爲右僉都御史，提督軍務……扼湘陰、平江之衝……永明王加［曠］兵部右侍郎。長沙守將王進才與狼兵將覃遇春鬨，大掠而去。騰蛟奔衡州，曠亦走寶慶，長沙遂失。

［僮］——狼兵

《明史》卷三〇八《嚴嵩傳‧趙文華附傳》：

　　（禦倭用狼、土兵，亦見此傳，見"［土家］——土兵"片。）

附录

潘光旦日记摘录

一九六一年

一月一日，星日　……阅《明史》张居正等列传，完214卷，八十册中之五十册。……

一月二日，星一　……阅《明史》三卷。……

一月三日，星二　……阅《明史》二卷，完219卷。……

一月四日，星三　……阅《明史》220卷未完。

一月五日，星四　……午后阅《明史》，完222卷。

一月六日，星五　……阅《明史》五卷半，至228卷，中括海瑞、徐贞明等传，最为可读，贞明创为京东水田，至近年始得在完全不同的基础上成为事实，即天津专区于1956以来所进行之洼地改革工作也；任何有效之改革必须从改革社会制度始，此亦一大明证；社会主义学院同学曾于1958年4月至天津及静海参观"洼改"，我于讨论会中曾谈论及此，于时仅以顾氏《利病书》为据，今始获读贞明本传，亦一快云。……

一月七日，星六　……阅《明史》完228卷，李化龙播州之役在此卷中。有义、振庵自川返，先后来访。谈及叙、泸南境有苗族数万人，自称于明季自滇北迁，自是填都掌蛮灭后之空缺者；川南至此，盖已三易其民族矣，自远古至晋为僰，晋至明为獠，明至今为苗，汉族亦自大量扩殖，可勿论。……

一月八日，星日　阅《明史》完232卷。……

一月九日，星一　……阅《明史》至236卷。……

一月十日，星二　阅《明史》至238卷。……

一月十一日，星三　阅《明史》完239卷。……

一月十二日，星四　……阅《明史》完242卷。……

一月十三日，星五　……阅《明史》至245卷。……

一月十四日，星六　……夜读《明史》至247卷。……

一月十五日，星日　……阅《明史》完247卷。……

一月十六日，星一　阅《明史》248卷未完。……

一月十七日，星二　阅《明史》至250卷《孙承宗传》。……

一月廿一日，星六　……连日阅《明史》分量较少，但未间断，至今晚完255卷。……

一月廿二日，星日　阅《明史》至257卷。……

一月廿四日，星二　……阅《明史》，合昨所阅至258卷。……

一月廿六日，星四　……连日得间阅《明史》，进展不多，只至259卷。……

一月廿七日，星五　……夜阅《明史》，仍未完259卷。……

二月一日，星三　……阅《明史》，至261卷。……

二月三日，星五　……阅《明史》完266卷。……

二月四日，星六　……阅《明史》至269卷。……

二月五日，星日　……午前阅《明史》。……

二月六日，星一　……续阅《明史》至270卷。……

二月七日，星二　……夜阅《明史》完卷270。

二月八日，星三　午前阅《明史》。……

二月九日，星四　……阅《明史》至273卷。……

二月十一日，星六　……阅《明史》完274卷，中括《史可法传》。

二月十二日，星日　……阅《明史》完276卷。……

二月十三日，星一　……午后看《明史》完278卷。……

二月十四日，星二　……阅《明史》至281卷，夜静，所阅较多。……

二月十五日，星三　……阅《明史》，完282卷。……

二月十六日，星四　……阅《明史》完286卷。

二月十七日，星五　……阅《明史》至289卷。

二月十八日，星六　……阅《明史》完291卷。

二月十九日，星日　……阅《明史》。……

二月二十日，星一　……阅《明史》。……

二月廿一日，星二　……阅《明史》，完295卷。……

二月廿二日，星三　……阅《明史》至297卷。……

二月廿三日，星四　……夜阅《明史》。

二月廿四日，星五　……阅《明史》。

二月廿五日，星六　……二时许至阜外医院探之兰，在传达室候约半小时，阅《明史·隐逸传》。……

二月廿六日，星日　……阅《明史》完303卷。

二月廿七日，星一　……午后阅《明史》。……

二月廿八日，星二　……夜阅《明史》。

三月一日，星三　……阅《明史》完308卷。……

三月二日，星四　……午后阅《明史》，提前看《外国》诸传，希"辞海"组会讨论亚洲各条时或有所补益。……

三月三日，星五　……阅《明史》。……

三月四日，星六　……阅《明史·外国传》至324卷。

三月五日，星日　……阅《明史》完325卷，明代中央与人民在南洋来往频繁，远逾前代，于此略见。……

三月六日，星一　……得间阅《明史》。……

三月七日，星二　……阅《明史》。

三月八日，星三　……阅《明史》。

三月九日，星四　……阅《明史》。

三月十日，星五　……阅《明史》，完《外国》及所谓外国诸列传，已至书末，惟部分《奸臣传》、所谓《流贼传》及部分《土司传》尚待补阅。……

三月十一日，星六　……午后在政协，阅《明史》，完《奸臣》及《流贼》传。……

三月十二日，星日　……阅《明史·土司传》，部分为重阅。……

三月十三日，星一　……阅《明史·土司传》。……

三月十六日，星四　……阅《明史》，连日亦未间断。……

三月十七日，星五　……夜阅《明史》，合前完全书，前后跨半年有余矣。开始补阅辽、金两史。……

三月十八日，星六　……阅《辽史》。……

三月十九日，星日　……阅《辽史》。……

三月二十日，星一　……阅《辽史》。

三月廿一日，星二　……夜阅《辽史》。

三月廿二日，星三　……夜阅《辽史》。

三月廿三日，星四　……夜阅《辽史》。

三月廿五日，星六　……夜阅《辽史》。……

三月廿六日，星日　……阅《辽史》。

三月廿七日，星一　……夜阅《辽史》。

三月廿八日，星二　……夜阅《辽史》。

三月廿九日，星三　……夜阅《辽史》。……

三月卅一日，星五　……夜阅《辽史》。……

四月一日，星六　……夜阅《辽史》。……

四月二日，星日　……阅《辽史》。

四月三日，星一　……午后阅《辽史》……

四月七日，星五　……连日虽不适，阅《辽史》未间断。

四月九日，星日　……馀时阅《辽史》。……

四月十日，星一　……夜阅《辽史》。

四月十五日，星六　……阅《辽史》，至93卷，连日虽事多，此事从未间断，第所阅篇幅不多而已。……

四月十六日，星日　竟日在寓，阅《辽史》时间为多。……

四月十七日，星一　……阅《辽史》，完。全书殊失诸过简，薄弱环节太多，《列传》即其一例，各《表》乃至《高丽》、《西夏》传强半以至全部摘自《本纪》，若《本纪》外别无资料，亦可怪。开始补阅《金史》，初步印象即较《辽史》为好。……

四月十八日，星二　……阅《金史》。

四月十九日，星三　……夜阅《金史》。……

四月二十日，星四　……夜阅《金史》，同时听昆曲《文成公主》。……

四月廿一日，星五　……阅《金史》完9卷。……

四月廿二日，星六　……夜阅《金史》。

四月廿三日，星日　……阅《金史》。……

四月廿四日，星一　……阅《金史》。

四月廿五日，星二　……阅《金史》完23卷。

四月廿六日，星三　……夜阅《金史》。

四月廿七日，星四　……阅《金史》。

四月廿八日，星五　……阅《金史》。……

四月廿九日，星六　……夜阅《金史》。……

四月三十日，星日　……阅《金史》至48卷。……

五月一日，星一　……阅《金史》，完62卷，《志》、《表》部分，或今日已无甚意义，或与帝纪互见，或有略，或匆匆翻过，即可也。……

五月二日，星二　……阅《金史》。……

五月三日，星三　……阅《金史》。……

五月四日，星四　……阅《金史》。……

五月五日，星五　……夜阅《金史》。

五月六日，星六　……阅《金史》至76卷。……

五月七日，星日　……阅《金史》。……

五月八日，星一　……夜阅《金史》。……

五月九日，星二　……夜阅《金史》。

五月十日，星三　……阅《金史》。

五月十二日，星五　……阅《金史》。

五月十三日，星六　……午前无公事，阅《金史》。……续阅《金史》，至89卷。

五月十四日，星日　……馀时阅《金史》二卷。……

五月十五日，星一　上下午均在办公楼，无公事，阅《金史》至95卷。辽、金史均有所称"糺"或"乣"者，自是东北一个族类，但《辽史》未详，《金史》至此亦尚未作具体说明。……

五月十六日，星二　……阅《金史》。……

五月十七日，星三　……夜阅《金史》。

五月十八日，星四　……夜阅《金史》。

五月十九日，星五　……阅《金史》。……

五月二十日，星六　……阅《金史》完104卷。……

五月廿二日，星一　……夜阅《金史》，完106卷。

五月廿三日，星二　……阅《金史》。

五月廿四日，星三　……夜阅《金史》。

五月廿五日，星四　……阅《金史》至110卷。……

五月廿六日，星五　……夜阅《金史》至112卷。……

五月廿七日，星六　……阅《金史》。

五月廿八日，星日　……阅《金史》。……

五月廿九日，星一　……阅《金史》至121卷。……

五月三十日，星二　……阅《金史》完123卷。……

五月卅一日，星三　……馀时阅《金史》。……

六月一日，星四　……馀时阅《金史》，完132卷。……

六月二日，星五　……晚阅《金史》，全书完，对外族只西夏、朝鲜二者，简略与《辽史》同，《元史》亦有此弊，殊令人觖望。……

六月三日，星六　……夜检出今后需补阅之《新唐书》《新五代史》，及复阅之《南·北史》。开始阅《新唐书》。

六月四日，星日　阅《新唐书》二卷。……

六月五日，星一　……睡前阅《新唐书》一卷。

六月六日，星二　……夜突然停电，检出洋蜡半支，阅《新唐书》一卷。……

六月八日，星四　……午休期间阅《新唐书》一卷。……

六月九日，星五　上午在寓续搞译事，所译资料有征引《新唐书·高仙芝传》本文叙征小勃律事，临时检出加以复按，盖译文须转回原文也。……夜电灯复常，阅《新唐书》完第7卷。

六月十日，星六　……夜阅《新唐书》。……

六月十一日，星日　……阅《新唐书》，完《本纪》部分，颇嫌太略，与每卷末尾赞文不称，王介甫所云"断烂朝报"，当亦指此类也；进入各《志》，只摘阅至今日尚略有意义之部分，已至卷廿一。……

六月十二日，星一　……馀时阅《新唐书》，各《志》不分小题，行文又不分段另起，颇乖一般体例，摘阅、检阅均极不便。

六月十三日，星二　……阅《新唐书》。……

六月十四日，星三　……阅《新唐书》至《五行志》，史官所见较它史稍进一步，然犹不免于"占曰"、"象为"、"其兆为"浪费笔墨。……

六月十五日，星四　……馀时阅《新唐书》，完37卷，已至《地理志》，可较细阅。……

六月十六日，星五　……阅《新唐书》只几页。……

六月二十日，星二　……返寓后阅《新唐书·地理志》。

六月廿二日，星四　……夜阅《新唐书·地理志》。……

六月廿四日，星六　……夜阅《新唐书》。……

六月廿五日，星日　……阅《新唐书》至43卷。……

六月廿六日，星一　……阅《新唐书》。

六月廿七日，星二　……阅《新唐书》完50卷。……

六月廿八日，星三　……阅《新唐书》，以待同人之集合。……

六月廿九日，星四　……午休假寐前后，得阅完《新唐书》一卷。……

七月一日，星六　……得间阅《新唐书》。……

七月二日，星日　……阅《新唐书》。

七月三日，星一　……午休未休，阅《新唐书·宰相世系表》。

七月四日，星二　……续阅《新唐书·宰相世系表》。……

七月五日，星三　……阅《新唐书·宰相世系表》。

七月六日，星四　……阅《新唐书·宰相世系表》竟。

七月七日，星五　除午后出席"神仙会"外，馀时整理1952年以来所作关于中国民族史志卡片，午夜始蒇事；取出"黎""俚"部分备阅。

七月八日，星六　……得间阅"黎"人资料片数十张……阅《新唐书》，至《武后传》，武氏既入《本纪》，又有列传，亦可称"异数"。……

七月九日，星日　午前在寓，阅《新唐书》至79卷。……

七月十日，星一　……馀时阅《新唐书》。

七月十三日，星四　……原午休地点有集会，不再能利用，改办公室对门之休息室，殊更凉爽，休息前后阅《新唐书》一卷半，完84卷。……

七月十四日，星五　……阅《新唐书》。……

七月十五日，星六　……午休时阅《新唐书》至卷90。……

七月十六日，星日　……午休外，阅《新唐书》。……

七月十七日，星一　……午休时间、夜，阅《新唐书》卷许。

七月十八日，星二　……午休前后、夜，阅《新唐书》。

七月十九日，星三　……仍阅《新唐书》若干页。

七月二十日，星四　……午休前后，夜，阅《新唐书》一卷余。……

七月廿一日，星五　……得间阅《新唐书》。

七月廿二日，星六　……夜阅《新唐书》。

七月廿三日，星日　……阅《新唐书》。……

七月廿五日，星二　……阅《新唐书》。

七月廿六日，星三　……阅《新唐书》至109卷。……

七月廿七日，星四　……阅《新唐书》，得卷较多。

七月廿八日，星五　午前在寓，阅《新唐书》。……

七月廿九日，星六　……午休前阅《新唐书》。

七月三十日，星日　……阅《新唐书》，得卷较多。……

七月卅一日，星一　……得间阅《新唐书》。……

八月一日，星二　……无工作时间阅《新唐书》。……返寓已八时后，阅《新唐书》至126卷。

八月二日，星三　……馀时阅《新唐书》。……

八月三日，星四　……阅《新唐书》至134卷。……

八月四日，星五　……阅《新唐书》。……

八月五日，星六　……午后阅《新唐书》。

八月六日，星日　……阅《新唐书》。……

八月八日，星二　……阅《新唐书》。……

八月九日，星三　……阅《新唐书》如常，至149卷。……

八月十日，星四　……阅《新唐书》一卷余。……

八月十一日，星五　……阅《新唐书》。……

八月十二日，星六　……阅《新唐书》完155卷。……

八月十三日，星日　……午休及夜饭后，阅《新唐书》，夜灯光不足，至游艺室为之，此际尚有人阅线装书，颇有人引为奇异者。

八月十四日，星一　……午前后阅《新唐书》。……

八月十五日，星二　……午休前后阅《新唐书》160卷。……

八月十六日，星三　……午休前后，阅《新唐书》至163卷。……返室又续阅《新唐书》若干页始就枕，已逾十一时矣。

八月十七日，星四　……午休后阅《新唐书》。……

八月十九日，星六　……阅《新唐书》至170卷。……

八月二十日，星日　……馀时阅《新唐书》，完174卷。

八月廿一日，星一　……馀时阅《新唐书》。……

八月廿二日，星二　……午后阅《新唐书》至180卷。……

八月廿三日，星三　……阅《新唐书》时间为多，至185卷……归，灯光虽不佳，阅史仍坚持之十一时。

八月廿四日，星四　……阅《新唐书》完187卷。……

八月廿七日，星日　车中晨起，阅《新唐书》一卷，已释手二日矣。……

八月廿八日，星一　……阅《新唐书》。……续阅《新唐书》，完192卷。

八月廿九日，星二　……馀时阅《新唐书》，完195卷。……

八月三十日，星三　……唐擘黄兄来谈，并借去《新唐书》两册，谓灯光不足，此大字，看去不吃力云。……馀时阅《新唐书》卷半，《韦景骏传》言房州有蛮夷风，祀淫鬼，此与杜光庭《录异记》所叙极吻合，特不详尽耳。……

八月卅一日，星四　……馀时阅《新唐书》至199卷。

九月一日，星五　……馀时阅《新唐书》，所得卷页不多。

九月二日，星六　……三餐及午休几三小时，全部时间看《新唐书》，完205卷，出行携此书十四册，约全书三之一，至此完九册有零，看来到家前不克卒业，要看书多快好省，亦殊不易也。……

九月三日，星日　……馀时阅《新唐书》至207卷。……

九月六日，星三　……连日活动较多，阅书所得不多，仅至210卷。……

九月七日，星四　……阅《新唐书》至214卷。……

九月九日，星六　……午休后阅《新唐书》。……归拥被续看《唐书》。

九月十日，星日　……就舞厅向阳处阅《新唐书》，取其较温……午休后，续看《新唐书》。……

九月十三日，星三　……阅《新唐书》，完215卷，间歇二日矣。……

九月十四日，星四　……阅《新唐书·吐蕃传》若干页。

九月十五日，星五　……阅《新唐书》。……

九月十六日，星六　……馀时阅《新唐书》。……

九月十七日，星日　……阅《新唐书》，完《吐蕃传》。

九月十八日，星一　……馀时阅《新唐书·回纥传》，完大半。

九月十九日，星二　……夜阅《新唐书》。……

九月廿一日，星四　……阅《新唐书》不多页。……

九月廿二日，星五　……馀时阅《新唐书》。

九月廿三日，星六　……夜阅《新唐书》。……

九月廿四日，星日　……阅《新唐书》，得篇幅较多。……

九月廿六日，星二　……夜阅《新唐书》。

九月廿七日，星三　……夜阅《新唐书》……

九月廿八日，星四　……夜阅《新唐书》。……

九月廿九日，星五　……馀时阅《新唐书》。……

九月三十日，星六　……馀时阅《新唐书》。……

十月二日，星一　……阅《新唐书》。

十月三日，星二　……阅《新唐书》。……

十月四日，星三　……午后在寓，阅《新唐书》，225卷完，全书完。……

十月五日，星四　……开始阅《新五代史》。

十月六日，星五　……阅《新五代史》。……

十月七日，星六　……阅《新五代史》。……

十月九日，星一　……午后在寓，阅《新五代史》。……

十月十一日，星三　……夜阅《新五代史》。……

十月十二日，星四　……午后阅《新五代史》，旋又入城……夜续阅《新五代史》。

十月十三日，星五　……夜阅《新五代史》。……

十月十四日，星六　……阅《新五代史》。

十月十五日，星日　竟日在寓。阅《新五代史》。

十月十六日，星一　……午后阅《新五代史》。

十月十七日，星二　……午后在寓，阅《新五代史》。

十月十八日，星三　……归阅《新五代史》。

十月十九日，星四　……午后在寓，阅《新五代史》。……

十月二十日，星五　……馀时阅《新五代史》，已至《十国世家》。……

十月廿一日，星六　……阅《新五代史》。……夜阅《新五代史》。……

十月廿二日，星日　……阅《新五代史》。……

十月廿三日，星一　……午后在寓。阅《新五代史》，完；至此，《二十五史》全部阅讫，其中《史记》三遍，两汉、三国各两遍，余皆一遍；惟《南·北史》前所阅本已让出，须再读一过，摘加圈点，方为有用。……夜开始重阅《南史》，得一卷余。

十月廿四日，星二　……阅《南史》。……

十月廿五日，星三　……夜阅《南史》。……

十月廿六日，星四　……阅《南史》，至《梁本纪》。……

十月廿七日，星五　……阅《南史》。……

十月廿九日，星日　……阅《南史》。……

十月卅一日，星二　……午后在寓。阅《南史》。

十一月一日，星三　……夜阅《南史》。……

十一月二日，星四　……夜阅《南史》。

十一月四日，星六　……夜阅《南史》，至十八卷。

十一月五日，星日　……馀时阅《南史》。……

十一月六日，星一　……午后及夜间阅《南史》。……

十一月七日，星二　……午后在寓，阅《南史》。得颉刚先生信，索有关徐戎与畲民关系之资料。

十一月八日，星三　……阅《南史》。

十一月九日，星四　……午后在寓，阅《南史》。……

十一月十日，星五　……夜阅《南史》。

十一月十二日，星日　……夜阅《南史》。

十一月十三日，星一　……阅《南史》。

十一月十四日，星二　……午后阅《南史》。夜亦如之……

十一月十五日，星三　……夜阅《南史》至33卷。

十一月十六日，星四　……午后在寓，阅《南史》。……

十一月十七日，星五　……锐龄为检出《从徐戎到畲族》一稿①，备寄与颉刚。……夜阅《南史》。……

十一月十八日，星六　……阅《南史》。……

十一月十九日，星日　竟日在寓。阅《南史》时间为多。

十一月二十日，星一　……午后阅《南史》。……

十一月廿一日，星二　……夜阅《南史》。

十一月廿二日，星三　……夜阅《南史》。……

十一月廿三日，星四　……午前后均阅《南史》。夜亦如之。……

十一月廿四日，星五　……午后原有之"神仙会"改明日上午，得间多阅卷余《南史》。……

十一月廿六日，星日　……阅《南史》。……

十一月廿七日，星一　……在寓竟日阅《南史》。

---

① 已佚。

十一月廿八日，星二　……改阅《南史》。……

十一月三十日，星四　……午后在寓阅《南史》，至卷62。……

十二月二日，星六　……阅《南史》。……夜续阅《南史》。

十二月四日，星一　……午后在寓，阅《南史》。……

十二月五日，星二　……午后在寓阅《南史》。

十二月七日，星四　……午后阅《南史》。……

十二月八日，星五　……夜阅《南史》。

十二月十日，星日　……夜阅《南史》。……

十二月十一日，星一　……馀时阅《南史》。

十二月十二日，星二　……午后至夜阅《南史》，全书讫，八十卷书看了五旬。

十二月十三日，星三　……夜开始阅《北史》，亦是再度为之，意在圈点出有关资料。

十二月十四日，星四　……阅《北史》。……

十二月十五日，星五　……阅《北史》。……阅《北史》完3卷。

十二月十六日，星六　……夜阅《北史》。

十二月十七日，星日　……馀时阅《北史》。

十二月十八日，星一　……阅《北史》。……

十二月十九日，星二　……午后在寓，阅《北史》之时间为多，至10卷。

十二月二十日，星三　午前在办公室阅书，取归《清史列传》十函之三，备阅完《北史》后阅读，用代《清史稿》，所藏《清史稿》本书大字大，难作阅读用也。……夜阅《北史》。

十二月廿一日，星四　……馀时阅《北史》。

十二月廿二日，星五　……睡前阅《北史》，完11卷。……

十二月廿三日，星六　……馀时在寓，阅《北史》。……

十二月廿四日，星日　……阅《北史》时间为多。

十二月廿五日，星一　……午后在寓，阅《北史》至夜，完17卷。……

十二月廿七日，星三　……夜，庆钧来寓，问有关苗族由来之若干问题，各就所知与所设想谈一小时许。

一九六二年

一月一日，星一　……阅《北史》。乃先来，为检出有关"徐戎"卡片。

一月二日，星二　……食后，见送至干面胡同颉刚寓，挃去《从徐戎到畲族》一份，及有关"徐戎"之卡片资料，月余前渠曾来信洽索也。……睡前阅《北史》。

一月三日，星三　……馀时阅《北史》。

一月四日，星四　……馀时摒挡闽行应携书物及资料片。

一月五日，星五　……颉刚派人送到有关"徐戎"卡片。……仲易固闽人也；余语以到福州后，必导我一观街头巷口之"泗州菩萨"小庙，不知尚有存者否。馀时再度翻阅《读史方舆纪要》福建部分……

一月八日，星一　……阅《北史》。

一月十日，星三　……阅《北史》至21卷。……

一月十一日，星四　……阅《北史》至22卷，又检看《方舆纪要》若干页，颇嫌其于鼓山下所叙过于简略。

一月十三日，星六　……夜，刘蕙孙如约来，与漫谈此间史料，承见告山越即今畲民，林君惠祥亦尝有此说，见于其去世前不久之一论文云；又谓淮安一带民间信仰中之"泗州大圣"，依我所见，亦或与徐偃有涉，与此间之"泗洲佛"正相同。……

一月十九日，星五　……未午休，阅《方舆纪要》同安县及漳州府龙溪县部分……

一月廿二日，星一　……阅《北史》若干页。……

一月廿七日，星六　……仲易导观开元寺铁佛……又至小巷中观民间旧所广泛信仰之"泗洲佛"，此事数年前仲易即已为我言之，余即疑其为畲人祖先汉化后所崇奉之徐偃王；泗洲之称，舍徐偃王不可索解，一也；此信仰极普遍，街头巷尾皆有其龛，示江淮三十六国遗民与移民之子孙久久不能忘怀，二也；尝见旧说，"佛"为唐代楚州一和尚，死后示奇迹，顶上出烟，香闻数里，当时即疑其妄相牵引，楚州之和尚与远在两千里外之闽地有何相干，今观龛中画像，乃儒冠道服，不袭袈裟，显然不是和尚，即此已足证旧说之妄矣。……

一月廿八日，星日　……天去曙尚远，移步至餐车，就其灯光阅《北史》达两小时。……

二月二日，星五　……车厢有大方桌，有好台灯，得阅《北史》一卷。……

二月七日，星三　……阅《北史》，完 30 卷。南行匝月，参访日程至为紧凑，阅书时间难得，至此并归后所阅，亦只得八九卷。……

二月八日，星四　……阅《北史》。……

二月九日，星五　……阅《北史》完 33 卷。……

二月十日，星六　……阅《北史》至 35 卷。……

二月十一日，星日　阅《北史》至卷 37。……

二月十二日，星一　……阅《北史》至 39 卷。……

二月十三日，星二　……阅《北史》至 40 卷。

二月十四日，星三　……睡前阅《北史》若干页。

二月十五日，星四　……阅《北史》至 41 卷。

二月十六日，星五　……阅《北史》完 42 卷。……

二月十七日，星六　午前阅《北史》。……

二月十八日，星日　……阅《北史》至 47 卷。……

二月二十日，星二　……夜阅《北史》若干页。……

二月廿二日，星四　……阅《北史》至 48 卷。……

二月廿三日，星五　……夜阅《北史》。

二月廿四日，星六　……夜阅《北史》二卷，完 50 卷，全书之半。

二月廿七日，星二　……午后参访座谈会……独自入城至人大会堂……我就"福建的畲族"一题发言一小时，兼及福建之开拓与历史上之民族形势之变迁，故占时较多。……

二月廿八日，星三　……阅《北史》至 54 卷。……

三月一日，星四　……馀时阅《北史》完 55 卷。……

三月二日，星五　……午前及晚阅《北史》完 59 卷。……

三月三日，星六　午前阅《北史》60 卷。……

三月四日，星日　……馀时阅《北史》大半卷。……

三月五日，星一　……馀时阅《北史》，至卷 64。

三月六日，星二　……苗、瑶史讲稿执笔者胡起望君来，所谈以族源问题为中心，我并建议应将畲族史纳入，一并介绍。阅《北史》若干页。……

三月七日，星三　……阅《北史》，完 65 卷。……

三月八日，星四　……馀时阅《北史》，至 68 卷。

三月九日，星五　……在政协候开会时阅《北史》，完 68 卷。

三月十日，星六　……馀时阅《北史》。……

三月十一日，星日　……竟日阅《北史》时间为多，完卷73。……

三月十二日，星一　……夜，胡起望同志来，续谈有关苗、瑶民族史料问题，兼及一般民族史料之搜录，至十时始别去。馀时阅《北史》三卷，完76卷。……

三月十三日，星二　……除利用新小人书教程孙学读外，全部时间阅《北史》，完81卷。……

三月十四日，星三　……理书大半日，将《二十五史》依时代入壁橱，余书移入卧室，小程出力不少，须奔走处由彼任之。阅《北史》至83卷。……

三月十五日，星四　……馀时阅《北史》至85卷。……

三月十六日，星五　……馀时阅《北史》至87卷。……

三月十七日，星六　……馀时阅《北史》至89卷。夜胡起望同志来，续漫谈有关民族史研究一些心得。

三月十八日，星日　……阅《北史》完91卷。……

三月十九日，星一　夜胡起望同志来，借去有关苗瑶之史料卡片，属其择可用者用之。……馀时阅《北史》卷93。……

三月二十日，星二　……馀时阅《北史》至94卷。……

三月廿一日，星三　……馀时阅《北史》至97卷。……

三月廿二日，星四　……阅《北史》完卷98。……

三月廿三日，星五　……馀时阅《北史》，完100卷，全书完，摘加圈点《廿五史》，至此全部结束。……

三月廿四日，星六　……午休期间开始阅司马光《资治通鉴》。……

三月廿五日，星日　……馀时阅《通鉴》。……

三月廿六日，星一　……午休及归寓后续阅《通鉴》，完第5卷。

三月廿七日，星二　……馀时，午休及在寓时，阅《通鉴》两卷。

三月廿八日，星三　……夜阅《通鉴》一卷。……

三月廿九日，星四　……夜在寓阅《通鉴》两卷，完第10卷。

三月三十日，星五　……夜在寓阅《通鉴》两卷。……

三月卅一日，星六　……今日阅《通鉴》两卷，完14卷。……

四月一日，星日　……阅《资治通鉴》。夜访傅乐焕同志，未值，旋乐焕同志回访，洽订购较大量之卡片事，专为摘录《廿五史》中民族资料之用。……

四月二日，星一　……午休期间及晚阅《资治通鉴》。

四月三日，星二　……午休及回寓后续阅《通鉴》。……

四月四日，星三　……午休及晚间阅《通鉴》。

四月五日，星四　午前休会，但仍至政协，就三楼较静之一角阅《通鉴》。……

四月六日，星五　……夜阅《通鉴》。

四月七日，星六　……午休及晚间阅《通鉴》，至24卷。……

四月八日，星日　……阅《腾冲寸氏谱》，摘录有关得姓源流之资料。阅《通鉴》。

四月九日，星一　……阅《通鉴》完29卷。

四月十日，星二　……得间阅《通鉴》如例。

四月十一日，星三　……午休及夜在寓阅《通鉴》如例。

四月十二日，星四　……不开会时间阅《通鉴》。……

四月十三日，星五　……午休及在寓时间续阅《通鉴》。……

四月十四日，星六　……午后休会，即留政协休憩，瀹茗阅《通鉴》，晚食后归寓亦尔，已进至40卷东汉建武年代矣。

四月十五日，星日　……馀时阅《通鉴》完41卷。

四月十六日，星一　……午休阅《通鉴》。……

四月十七日，星二　……归寓《通鉴》至43卷。

四月十八日，星三　……八时回寓，续阅《通鉴》半卷后睡。……

四月十九日，星四　午前在寓阅《通鉴》。……夜阅《通鉴》。

四月二十日，星五　……馀时阅《通鉴》。

四月廿四日，星二　……阅《通鉴》完48卷。就枕已十二时。

四月廿五日，星三　……馀时阅《通鉴》不足二卷。

四月廿六日，星四　……馀时阅《通鉴》。……

四月廿七日，星五　……馀时阅《通鉴》，完53卷。……

四月廿八日，星六　……馀时阅《通鉴》一卷余。

四月廿九日，星日　……馀时阅《通鉴》，完56卷。……

四月三十日，星一　……馀时阅《通鉴》一卷半。

五月一日，星二　……馀时阅《通鉴》，至61卷。……

五月二日，星三　……阅《资治通鉴》，完65卷，论函完五之一，论卷为五之一以上。……

　　五月三日，星四　……阅《通鉴》完二卷，至卷 67，于浴后为之，亦畅适。

　　五月四日，星五　午前在寓，开始作《二十五史》中民族资料之卡片。……夜阅《通鉴》。……

　　五月五日，星六　午前作资料片。午后及晚间阅《通鉴》，至 70 卷。……

　　五月六日，星日　……阅《通鉴》约两卷。

　　五月七日，星一　午前作资料片。……馀时阅《通鉴》，至 73 卷。

　　五月八日，星二　……续作资料卡片。午休后，阅《通鉴》至 76 卷。

　　五月九日，星三　午前作资料片，至"祭公谋父谏周穆王伐犬戎"一条时，想起同时编一"民族史文献选读目"，暂亦登上卡片。……馀时阅《通鉴》二卷余，完 78 卷。

　　五月十日，星四　午前作资料片。午休后阅《通鉴》。完 81 卷。

　　五月十一日，星五　午前作资料片，于秦初亦西戎之史实特加注意。……馀时阅《通鉴》两卷。……

　　五月十二日，星六　午前作民族史料片，连日积累已近百张。……夜阅《通鉴》一卷。

　　五月十三日，星日　……作资料片。……馀时阅《通鉴》不足一卷。

　　五月十四日，星一　……馀时阅《通鉴》至 87 卷。

　　五月十五日，星二　午前作资料片，完《史记》1—5 卷，屈指已逾旬矣。午后阅《通鉴》。……

　　五月十六日，星三　竟日作资料片。……馀时阅《通鉴》大半卷。……

　　五月十七日，星四　午前治资料片。午休移时。阅《通鉴》，阅完 90 卷，于汉化中之"五胡"颇不易加以圈点，只斟酌选点一部分。

　　五月十八日，星五　午前作资料片。……

　　五月十九日，星六　午前作资料片，完《项羽本纪》。……

　　五月二十日，星日　作资料片，完《史记》8 卷。……

　　五月廿一日，星一　竟日作资料片。……夜阅《通鉴》一卷半。

　　五月廿二日，星二　午前作资料片。阅《通鉴》至 94 卷。……

　　五月廿四日，星四　午前作资料片。……

　　五月廿五日，星五　午前作资料片。午后无"神仙会"，阅《通鉴》。……

　　五月廿六日，星六　……作资料片。午后阅《通鉴》，至 98 卷。……

五月廿七日，星日　……午后及夜间阅《通鉴》。……

五月廿八日，星一　午前作资料片，至《史记》第28卷。午后及夜阅《通鉴》，完105卷。

五月廿九日，星二　午前作资料片，于山东半岛为远古各民族自西徂东、自北徂南的汇合点与转运站似乎有所发明。午后及夜阅《通鉴》两卷。……

五月三十日，星三　……夜阅《通鉴》，完109卷。

五月卅一日，星四　午前阅《通鉴》。……

六月一日，星五　……午后阅《通鉴》，完111卷。……

六月二日，星六　……午后及夜阅《通鉴》。……

六月三日，星日　……得间阅《通鉴》，完115卷。……

六月四日，星一　……午后及夜间阅《通鉴》四卷，完119卷。……书店送到有胡注之《通鉴》，收下，作第二回阅读之用，刻所阅者为影印百衲宋本，无注也。

六月五日，星二　午前治资料片。午后及夜间阅《通鉴》。炎声为换新购《资治通鉴》各册之脱线。……耿杰及另一清华社会系毕业同学来谈……耿在民族研究所工作，近年专搞贵州布依族，谓今后将从其现状方面更多的转入史料，颇感入手之不易云；布依史料确亦不太多，元明以前几于未见，盖原是百越之一部分，其自称犹完全保留"百越"之音，而宋代不入版图，宋以前，汉人影响所及者亦只今贵州境之东北一角，而布依之散布则偏在南境与桂省毗接地区，故记录不可能多也。

六月六日，星三　午前作资料片。……馀时阅《通鉴》完122卷。……

六月七日，星四　……馀时阅《通鉴》。

六月八日，星五　……馀时阅《通鉴》至125卷。……

六月九日，星六　……午前作资料片。午后及夜阅《通鉴》。……

六月十日，星日　……夜阅《通鉴》。

六月十一日，星一　竟日在寓，阅《通鉴》，至134卷。……

六月十二日，星二　……阅《通鉴》外未作它事。……

六月十三日，星三　……午前作资料片。……徐仲沅来，交还所借明本《汉魏丛书》中之《逸周书》，谈半小时，闻为此书作笺注已初步脱稿云。……

六月十四日，星四　在寓作资料卡片竟日，完《史记·齐太公世家》，于"徐州"一地名与"齐俗，妇人首祭事"等似有些新收获。……

六月十五日，星五　……馀时阅《通鉴》至137卷。

六月十六日，星六　午前作资料片。……夜归，阅《通鉴》。……

六月十七日，星日　……午后阅《通鉴》，完141卷。……

六月十八日，星一　……午后阅《通鉴》，完144卷，似已逾全书之半。……

六月十九日，星二　……午后阅《通鉴》不足三卷。……

六月二十日，星三　……作历史民族资料片。……归阅《通鉴》至148卷。

六月廿一日，星四　……午前作资料片。午后阅《通鉴》。……

六月廿二日，星五　午前治资料片。……夜归阅《通鉴》。……

六月廿四日，星日　阅《通鉴》，尽153卷。……

六月廿五日，星一　上午在寓作资料片。……夜归阅《通鉴》。……

六月廿六日，星二　午前查阅章炳麟著作，观其于民初或辛亥革命之顷所用"民族"一词之意义。午后出席院、所"神仙会"，即谈检阅所得，供同人参考。……馀时阅《通鉴》。……

六月廿七日，星三　上午治资料片。……夜阅《通鉴》。……

六月廿八日，星四　午前治资料片。……

六月廿九日，星五　午前治资料片。……阅《通鉴》。……

六月三十日，星六　上午治资料片。午后甚倦，休息较久。阅《通鉴》，至158卷。……

七月一日，星日　寓中人多，只阅《通鉴》一卷。……

七月二日，星一　……治资料片。……归，阅《通鉴》，完161卷。……

七月三日，星二　上午作资料片，至《赵世家》。……夜阅《通鉴》一卷半。

七月四日，星三　午前作资料片。……

七月五日，星四　竟日在寓，阅《通鉴》。

七月六日，星五　午前作资料片。午后及夜阅《通鉴》，完169卷。

七月七日，星六　……阅《通鉴》三卷。……

七月八日，星日　……阅《通鉴》四卷，完176。

七月十日，星二　……夜阅《通鉴》半卷。……

七月十一日，星三　……夜在史宅开会前阅《通鉴》。

七月十二日，星四　午前作资料片。……夜归阅《通鉴》。

七月十三日，星五　午前作资料片，不多。阅《通鉴》。……

七月十四日，星六 ……午前作资料片。午后阅《通鉴》。……

七月十五日，星日 ……阅《通鉴》。……

七月十六日，星一 ……归寓，阅《通鉴》。……

七月十七日，星二 ……午前治卡片，午后阅《通鉴》如例。……

七月十八日，星三 ……午前作资料片。午后及夜间阅《通鉴》，至191卷。……

七月十九日，星四 午前治资料片。午后阅《通鉴》。……

七月二十日，星五 午前作资料片。午后阅《通鉴》。……

七月廿一日，星六 ……阅《通鉴》。……

七月廿二日，星日 ……阅《通鉴》。

七月廿三日，星一 竟日阅《通鉴》。

七月廿四日，星二 竟日阅《通鉴》，完200卷。……连日阴雨，光线不足，未作资料片。

七月廿五日，星三 竟日阅《通鉴》，完203卷。……

七月廿六日，星四 午前治资料片。馀时阅《通鉴》二卷。……

七月廿七日，星五 午前作资料片。馀时阅《通鉴》。……

七月廿八日，星六 ……馀时阅《通鉴》，至212卷。

七月廿九日，星日 ……馀时阅《通鉴》。

七月三十日，星一 午前治资料片。下午阅《通鉴》，完215卷。

七月卅一日，星二 午前作资料片，完《史记》69卷。馀时阅《通鉴》，完216卷。……

八月一日，星三 ……续作民族史资料片。阅《通鉴》219卷。……

八月二日，星四 午前治资料片。午后阅《通鉴》。……

八月三日，星五 午前治资料片。午后及夜阅《通鉴》。

八月四日，星六 ……夜有雨。阅《通鉴》，至224卷。

八月五日，星日 上午治卡片三小时许，至《史记》86卷。……阅《通鉴》三卷。

八月六日，星一 ……阅《通鉴》至229卷。

八月七日，星二 ……午后及夜阅《通鉴》，至232卷。……

八月八日，星三 ……夜阅《通鉴》半卷。

八月九日，星四 阅《通鉴》一卷。……

八月十日，星五　……馀时阅《通鉴》至236卷。……

八月十一日，星六　上午治资料片。馀时阅《通鉴》。……

八月十二日，星日　上午治资料片。馀时阅《通鉴》。……

八月十三日，星一　上午治资料片。馀时阅《通鉴》，至243卷。……

八月十四日，星二　午前作资料片。……馀时阅《通鉴》两卷半。

八月十五日，星三　午前作资料片较多。……馀时在寓阅《通鉴》不足一卷。

八月十六日，星四　午前作资料片。……

八月十七日，星五　午前治资料片。……夜阅《通鉴》。……

八月十八日，星六　……至第一会议室休息并阅《通鉴》。……

八月十九日，星日　……作资料片及阅《通鉴》均不多。……

八月二十日，星一　治资料片不多。……阅《通鉴》，完249卷。……

八月廿一日，星二　竟日阅《通鉴》时间为多。……

八月廿二日，星三　午前治资料片。阅《通鉴》，完254卷。……

八月廿三日，星四　上午作资料片不多。司马迁于《匈奴传》中戎狄杂糅，将北、东北、西北各族概作匈奴论列，分别转录，亦费斟酌也。……阅《通鉴》。……

八月廿四日，星五　……竟日阅《通鉴》。

八月廿五日，星六　午前及夜间阅《通鉴》。……

八月廿六日，星日　……阅《通鉴》至265卷。……

八月廿七日，星一　竟日阅《通鉴》。……

八月廿八日，星二　……但阅《通鉴》未歇。……

八月廿九日，星三　……夜阅《通鉴》。

八月三十日，星四　……馀时阅《通鉴》。

八月卅一日，星五　午前阅《通鉴》，至276卷。……

九月一日，星六　竟日阅《通鉴》。……

九月二日，星日　……阅《通鉴》。

九月三日，星一　竟日阅《通鉴》，完286卷。……

九月四日，星二　……阅《通鉴》。……

九月五日，星三　午前阅《通鉴》。……

九月六日，星四　阅《通鉴》，至291卷。……

九月八日，星六　阅《通鉴》两卷。……

九月九日，星日　阅《通鉴》，完294卷，全书完。此书自今年三月廿四日开始阅读，凡五阅月，开会期间亦力求不间断，至此幸告结束，仍将有用资料用红笔点出，如前阅《廿五史》之例；今后再阅，当改用五月间购得之胡注本，此则影宋白文也。……

九月十日，星一　……午后治资料片。……

九月十一日，星二　……检出胡注《资治通鉴》，拟得间溜览，并就地理之注释文字特加留意。……

九月十五日，星六　……摘阅明袁褧所辑《金声玉振集》。……

九月十六日，星日　……续选阅《金声玉振集》。……

九月十七日，星一　……续摘阅《金声玉振集》。

九月十八日，星二　……摘阅《金声玉振集》。

九月十九日，星三　……阅《金声玉振集》毕，识其主要内容，足备前途查考而已，舍三四篇外，未逐字逐句经目也。……

十月十五日，星一　……1956年秒在奉节所购《蜀典》一书，面线残断，久未能用，为重加装钉，小程助我穿针。……

十月十七日，星三　午前阅《蜀典》。……

十月十八日，星四　……馀时阅《蜀典》。

十月十九日，星五　午前阅《蜀典》。……

十月廿一日，星日　……馀时阅《蜀典》，得暇拟就其方言部分与今日尚流行之土家语汇作一比较，以进一步肯定古代巴人与土家之渊源关系。……

十月廿三日，星二　……馀时阅《蜀典》，颇有一些有关西南民族之零星记录，为前所未见者。

十月廿四日，星三　……馀时阅《蜀典》。……

十月廿五日，星四　……馀时阅张澍《蜀典》，讫，此书所记四川掌故甚丰，然亦颇有应知、应列而未列与误列者，例如以"白芳子"（今土家族自称）列入器物类，叙冉姓只列夔州、开州者，而不列酉阳，不知度正为晦庵弟子等。……

十月廿六日，星五　……因便至办公室取归杨升庵所辑之《全蜀艺文志》，备阅查。……

十月廿八日，星日　……连日得间即翻阅《全蜀艺文志》。……

十月廿九日，星一　……大奎谈到在黔南地区之布依人概称贵州之苗人为"布由","布"者，人也，"由"者，瑶人自称之音也，而其地实无瑶人，苗、瑶原属一族，此亦一证矣。馀时摘阅《全蜀艺文志》。……

十月三十日，星二　……馀时摘阅《全蜀艺文志》。

十月卅一日，星三　……睡前，胡起望来，还所借有关苗、瑶卡片，并闲话中南民族分布与演变大势。

十一月一日，星四　……馀时阅《全蜀艺文志》。

十一月二日，星五　……夜，摘阅《全蜀艺文志》完。

十一月十日，星六　……阅《粤西丛载》，此书购得已久，前此仅获翻看一过，今拟细阅一遍，摘取其资料。……

十一月十二日，星一　……阅《粤西丛载》。

十一月十五日，星四　……中国书店送来瞿九思《万历武功录》一书，系据明原本影印者，略翻一过，有关民族资料似颇不少。……

十一月十八日，星日　……阅吴任臣《十国春秋》，清周昂作备考补遗，谈及徐锴子孙居南京摄山，即栖霞山，摄，必与"畬"之先有涉。……

十一月廿四日，星六　……夜阅《十国春秋》。……

十一月廿五日，星日　……阅《十国春秋》。……

十二月四日，星二　……夜阅《十国春秋》。……

十二月六日，星四　……竟日阅《十国春秋》。……

十二月八日，星六　……阅《十国春秋》。

十二月九日，星日　……馀时阅《十国春秋》。

十二月十三日，星四　……馀时阅《十国春秋》。

十二月十四日，星五　……三时返，阅《十国春秋》。

十二月十五日，星六　……午后阅《十国春秋》。……

十二月十六日，星日　竟日阅《十国春秋》，完南唐。

十二月十七日，星一　……午后阅《十国春秋》。……

十二月十八日，星二　……午后阅《十国春秋》。……

十二月十九日，星三　……夜阅《十国春秋》。……

十二月二十日，星四　……夜阅《十国春秋》。

十二月廿一日，星五　……夜，阅《十国春秋》。

十二月廿二日，星六　……阅《十国春秋》，完前蜀。……

十二月廿三日，星日　……阅《十国春秋》。

十二月廿五日，星二　……馀时阅《十国春秋》。

十二月廿七日，星四　……睡前阅《十国春秋》。

十二月廿八日，星五　……夜阅《十国春秋》。

十二月廿九日，星六　……阅《十国春秋》，完后蜀孟氏。……

十二月三十日，星日　……夜阅《十国春秋》。

十二月卅一日，星一　……馀时阅《十国春秋》。

一九六三年

一月元旦，星二　……馀时阅《十国春秋》。……

一月二日，星三　……夜阅《十国春秋》。

一月三日，星四　……馀时阅《十国春秋》。……

一月四日，星五　……阅《十国春秋》，完楚国，有些涉及今土家族之资料，南、北江均有之，但于彭氏由来，仍未能有所启发，为之失望。

一月七日，星一　……阅《十国春秋》吴越部分。

一月九日，星三　……馀时及夜，阅《十国春秋》。……

一月十一日，星五　……阅《十国春秋》。……

一月十二日，星六　……阅《十国春秋》。

一月十五日，星二　……夜阅《十国春秋》。

一月十六日，星三　……阅《十国春秋》。

一月十九日，星六　……阅《十国春秋》。……

一月二十日，星日　……夜阅《十国春秋》。

一月廿一日，星一　……阅《十国春秋》，完吴越。……

一月廿二日，星二　……馀时阅《十国春秋》，完闽。……

一月廿三日，星三　……阅《十国春秋》，完荆南。

一月廿四日，星四　……阅《十国春秋》，完北汉。……

一月廿五日，星五　……馀时阅《十国春秋》诸表及清周昂为此书所辑《拾遗》。

一月廿六日，星六　阅《十国春秋拾遗》，亦有所得，如"作㺍"一词之来源、鸲鹆即八哥之类。

一月廿八日，星一　……阅《十国春秋拾遗》完，全书完。……

一月廿九日，星二　……午休及夜，重阅《水经注》，此书十年前曾读一过，并摘取小部分资料，数年来眼光有些进步，再阅一过，必有裨益。

一月卅一日，星四　……午休阅《水经注》，居然在椅上熟睡。……

二月一日，星五　……午休及夜阅《水经注》，夜假耀华室为之，座位、桌灯较合适也。

二月二日，星六　……夜阅《水经注》，五日来只完三卷。

二月三日，星日　……馀时阅《水经注》。

二月四日，星一　……夜，阅《水经注》……

二月五日，星二　……阅《水经注》。

二月六日，星三　……午后休会，阅《水经注》……

二月九日，星六　……阅《水经注》。……

二月十日，星日　……阅《水经注》时间为多。……

二月十一日，星一　……夜阅《水经注》。……

二月十二日，星二　……夜阅《水经注》。

二月十三日，星三　……夜阅《水经注》。

二月十四日，星四　……阅《水经注》。……

二月十五日，星五　……馀时阅《水经注》。……

二月十六日，星六　……夜阅《水经注》。……

二月十七日，星日　……馀时阅《水经注》。……

二月十八日，星一　……午休期间及夜阅《水经注》。

二月十九日，星二　……午休时及夜阅《水经注》。……

二月二十日，星三　……夜阅《水经注》。

二月廿二日，星五　……午休及夜间阅《水经注》如例，虽所阅不能多，连日均无间断。

二月廿三日，星六　……午休及夜间续看《水经注》，已完二十卷，仍照例将涉及民族历史之语句圈点出之。……

二月廿四日，星日　……阅《水经注》。……

二月廿五日，星一　……夜阅《水经注》。

二月廿七日，星三　……阅《水经注》。……

二月廿八日，星四　……馀时阅《水经注》。……

三月一日，星五　……馀时阅《水经注》。……

三月三日，星日　……馀时阅《水经注》。……

三月四日，星一　……馀时阅《水经注》。

三月五日，星二　……馀时阅《水经注》。

三月六日，星三　……馀时阅《水经注》。

三月七日，星四　……馀时阅《水经注》。……

三月八日，星五　……馀时阅《水经注》。

三月九日，星六　午休后，摒挡迁归学院，同人皆忙整理运送，我则阅《水经注》相待。……夜续阅《水经注》，已至卷38，原定在宾馆工作期间抽空阅完，今须超出矣。去宾馆工作前后整四十日中，仅得此一项副产品……

三月十日，星日　……阅《水经注》。……

三月十一日，星一　……阅《水经注》第二遍，完。……

三月十二日，星二　……开始重读《左氏春秋传》，摘取古代民族史料。……

三月十三日，星三　午前阅《春秋左传杜注》，随阅随作卡片，所用版本较好，不欲加以圈点也。……夜续《左传》。……

三月十四日，星四　午前及夜阅《左传》。……

三月十五日，星五　……午前及夜间阅《左传》，可摘录之资料尚颇不少。……

三月十六日，星六　……阅《左传》。……

三月十七日，星日　……馀时曾得阅摘《左传》。……

三月十八日，星一　……馀时阅摘《左传》中有关民族资料。

三月十九日，星二　午后出席科研会小组会第四次会，论文中有胡起望君所作《瑶族的来源问题》，我就此发言约半小时。馀时阅《春秋左传杜注》，随阅随摘登卡片，已至第七卷。

三月二十日，星三　午前及夜间阅《左传杜注》，至第八卷。……

三月廿一日，星四　……阅《春秋左传杜注》，完卷九，得资料片较多。……

三月廿二日，星五　午前续阅《春秋左氏传》，并作摘录，至十一卷。……

三月廿三日，星六　竟日在寓，阅摘《春秋左传》中有关民族史料至第十二卷。阅林惠祥著《谈长住娘家风俗的起源及母系制到父系制的过渡》，中间不止一次征引我十余年前所草《论中国父权社会对舅权的抑制》（《新建设》，三卷五期）一文。……

三月廿四日，星日　……阅摘《春秋左传》中有关民族史料至第十三卷。……枕上翻看新近购入之明人《纪录汇编》，部分与《金声玉振集》相同，馀亦往往散见其它丛书中，但前所未见者亦尚不少。

三月廿五日，星一　……馀时阅摘《春秋左氏传》。

三月廿六日，星二　……馀时阅摘《春秋左氏传》。

三月廿七日，星三　……馀时阅摘《春秋左氏传》，完第十五卷，为全书之半。

三月廿八日，星四　……中国书店王同志送来略加整修后的《土官底簿》。馀时阅摘《春秋左氏传》，鲁襄中叶年代中民族纪录甚少，仅得三四片而已。

三月廿九日，星五　……夜阅《春秋左氏传》完卷18。……

三月三十日，星六　……夜阅摘《春秋左传》中民族资料。……

三月卅一日，星日　……阅摘《春秋左传》。……

四月一日，星一　……阅摘《春秋左传》中民族资料，颇若有所领悟，如：一、"人有十等"之最下若干等如僚、仆、台或与被俘获之南方少数民族之名称有直接关系，此点前已疑虑及此，今似可作进一步之肯定；二、夏之后，杞，殷之后，宋，以及周文化之代表，鲁，皆曾"用夷变夏"，甚至"用人于社"，鲁则自为之，宋人教它人为之，亦见诸夏之发展与巩固大是不易，不止随时有被发左衽之危险已也，此点肯定是一个新的领会，已记入"总录"片矣。至此完第22卷。……

四月二日，星二　……馀时在寓阅摘《春秋左传》，进行较快，几完两卷。

四月三日，星三　……馀时阅摘《春秋左传》。……

四月四日，星四　……馀时阅摘《春秋左传》如例。

四月五日，星五　……三时归寓。阅摘《春秋左传》资料。

四月六日，星六　……午后至夜十时许阅摘《春秋左传》，已至二十九卷。哀公四年传有云："楚人既克夷虎，乃谋北方……"，俨然后来文献中之廪君蛮，即巴人也，虎之特点与地望均合！谓为一个发见可，谓平日读书不多不细亦可，主要是后者矣。……

四月七日，星日　……馀时阅摘《春秋左传》。……

四月八日，星一　……午后续摘阅《春秋左传》。……

四月九日，星二　午前阅摘《春秋左传》，完第30卷，全书完，凡得资料片276。此一工作于三月十二日开始，至今不足一月，亦见事贵有恒与善于利用空隙也。……

　　四月十日，星三　……午前后检阅顾栋高《春秋大事表》，拟就其《四裔表》所列逐条复按，并与我所作之资料片作一比较。……

　　四月十一日，星四　竟日在寓，结合顾栋高之《四裔表》核对近所为之资料片，发见顾所收之范围太隘，如完全不列徐、舒、邾、莒，其明显而见收者亦只限于历次之"直接交道"，如征讨盟会之属。……

　　四月十二日，星五　午前续核对《春秋左传》资料片。……

　　四月十三日，星六　竟日在寓，续两日余来之工作，兴会甚浓。……

　　四月十四日，星日　溜览顾氏《春秋大事表》，并就其注解与说法可采者摘登资料片，竟。……

　　四月十五日，星一　……开始重阅《国语》，并亦摘制资料片，亦颇有《左传》所不具者。……

　　四月十六日，星二　……续阅《国语》，亦颇有《左传》所未收者。……

　　四月十七日，星三　……夜阅《国语》。

　　四月十八日，星四　粥后阅《国语》至十时。……阅《国语》至夜。

　　四月十九日，星五　午前阅《国语》。……夜阅《国语》。

　　四月二十日，星六　……阅《国语》。……

　　四月廿一日，星日　……阅《国语》竟日，但中间间歇甚多耳。……

　　四月廿二日，星一　……阅摘《国语》完，得片114。开始阅《战国策》。近午访乐焕同志，告以下学年起拟讲一个阶段之专题课，即以"先秦民族形势鸟瞰"为题。自约一年前加入历史系民族史教研组以来，组织上颇盼我能开课，我一时尚无以应，谓须一段酝酿与准备时期，至此自觉有几分成熟，下学年起，可以一试，能讲几个星期，即看资料而定，组中本设有"专题"一课，由同人分担，我即以此题分担一个段落，前途逐年扩充补缀，二三年后，或可以发展成为比较完整之课目也。……

　　四月廿三日，星二　……馀时阅摘《战国策》。

　　四月廿四日，星三　……馀时阅摘《战国策》。

　　四月廿五日，星四　竟日在寓，阅摘《战国策》。……

　　四月廿六日，星五　……仍阅摘《战国策》，但就枕略早。……

　　四月廿七日，星六　……竟日阅摘《战国策》。

　　四月廿八日，星日　半日阅摘《战国策》。……

四月廿九日，星一　竟日在寓，阅摘《战国策》，完卷六赵策。……

四月三十日，星二　……馀时阅摘《战国策》魏策。……

五月一日，星三　……竟日阅《战国策》。……

五月二日，星四　……摘录《战国策》，完燕策。……

五月三日，星五　……阅摘《战国策》完宋、卫、中山策，全书完。……

五月四日，星六　结束《战国策》摘录工作，得片122，以条论则不止此数，缘一片有不止一二条者。始有系统的阅《汲冢周书》。……

五月五日，星日　……阅《汲冢周书》完，并如例摘取有关古代民族之资料，主要自是《王会解》一篇。……

五月六日，星一　午前摘录《汲冢周书》资料片。……

五月七日，星二　……馀时续摘录《汲冢周书》资料片；《王会》一解，资料不乏，然前途可派用场者有限，顾亦不得不费些卡片，逐一摘录，亦是事之无可如何者。

五月八日，星三　……馀时摘录《汲冢周书》完，共得八十余片。……

五月九日，星四　……今起阅《世本》用近年商务集印之"八种"本。……

五月十日，星五　……馀时阅《世本》。

五月十一日，星六　……阅《世本》八种讫，摘点部分有关资料，不多，此书属谱系性质，自不可能多也，然巴人廪君一系，则全赖此书。……

五月十二日，星日　……始系统的阅《竹书纪年》。

五月十三日，星一　竟日在寓阅圈《竹书纪年》，用徐位山统笺本。

五月十四日，星二　竟日在寓，摘圈《竹书纪年》。……

五月十五日，星三　……在候诊室久，阅《吴越春秋》。……夜摘圈《竹书纪年》完。……

五月十六日，星四　……摘录《竹书纪年》资料片约二十张，于百越从东海岸向南海岸移动一事，自觉续有所发见。夜，研究生廖枚举来谈，渠是僮族人，家田州，属右江流域之所称北僮，其初实仡佬人，谈次亦颇得一些足以为此左证之事实。例如北僮语中之名词，人们于称道时必先发一"勒"音，犹"勾吴"之"勾"、于越"之"于"，意即北方汉语名词下之"子"或"儿"。廖生所举之例为"勒田"，即"骆田"也。从而可以作出一推论，"句吴""句践""句章"之句岂即"瓯"，而"瓯骆"或"仡佬"之称殆即由此递演而来。姑记此一笔供前途参考。……

五月十七日，星五　……馀时摘录《竹书纪年》得十许片。

五月十八日，星六　竟日在寓摘录《竹书纪年》，得片甚多。……

五月十九日，星日　……摘录《竹书纪年》。……

五月二十日，星一　……馀时摘录《竹书纪年》中资料，徐文靖氏以八十余岁之老读书人作此书《统笺》，引书不少，综合观之，亦若颇有启发，例如东北有百越之迹，似愈看愈不太隐约，与山东半岛可以比拟，两地海路，自必远古即已相通也。……

五月廿一日，星二　午前摘取《竹书纪年》。……

五月廿二日，星三　……摘录《竹书纪年》。……

五月廿三日，星四　……馀时继续摘录《竹书纪年》。夜钟健来，商下学年研究生选课事，专业课需两门，其一我主张读《资治通鉴》一过，渠亦同意。……

五月廿四日，星五　……馀时摘录《竹书纪年》。

五月廿五日，星六　……馀时摘录《竹书纪年》完，共得一百六十片。……

五月廿六日，星日　……昨夜起开始重阅《山海经》，用郝氏义疏本。……

五月廿七日，星一　……竟日阅《山海经》。……

五月廿九日，星三　……乐焕来，谈录登《明史》中民族资料，以其有关部分配合正在订补中之沿革地图（以杨守敬图为本）一事，并征我同意；我自乐于为之，定明后即开始。①

五月三十日，星四　……开始摘录《明史》片。

五月卅一日，星五　……续摘《明史》片，亦颇费周章，例如关于明初之蒙古族，说定以爱猷识理达腊北走为断。卫子臻来，续谈昨乐焕所谈一节，并商资料片如何录副之法，决定摘录工作仍由我独自进行，助手只管录副，即以我之卡片为本，助手直接钞书，目下尚无此条件也。

六月一日，星六　午前摘录《明史》卡片。……夜摘《明史》。……

六月二日，星日　……摘录《明史》。……近晚就工作场合扩大安排，一方面增加面积，便于回旋，一方面使光线更合适，穆儿夫妇助我搬动。

六月三日，星一　竟日在寓，摘录《明史》，亦颇不简单，于资料较多部分，几乎须不漏一字的重阅一过。……

---

① 以下日记中有关摘录《明史》中民族资料情况，见另卷附录，此处略去。——整理者注

六月五日，星三　……夜乐焕、子臻来，就谈抄存《明史》资料片及如何与"杨图"工作①配合事。续摘《明史》，迟迟始就枕。

六月六日，星四　竟日在寓，摘录《明史》。……

六月七日，星五　……归，续摘《明史》。……

六月八日，星六　……摘录《明史》，完第八卷，《仁宗纪》，已得百一二十资料片，开国之初，民族问题较多，于理应尔也。……

六月九日，星日　……摘录《明史》。……

六月十日，星一　竟日在寓。摘录《明史》。

六月十二日，星三　……馀时摘录《明史》。

六月十三日，星四　……摘录《明史》。……

六月十四日，星五　……摘录《明史》。

六月十六日，星日　竟日在寓摘录《明史》。……

六月十七日，星一　午前后摘录《明史》，至17卷。……

六月十九日，星三　……夜摘《明史》。……

六月二十日，星四　午前后均得摘录《明史》。……

六月廿一日，星五　午前后录摘《明史》。……

六月廿二日，星六　午前及夜间摘录《明史》。……

六月廿三日，星日　……续摘《明史》完二十四卷帝纪。

六月廿四日，星一　续摘《明史》各《志》中资料。……

六月廿六日，星三　……午后及夜摘《明史》。……

六月廿七日，星四　竟日在寓。摘《明史》。

六月廿八日，星五　竟日在寓，摘《明史》。

六月廿九日，星六　竟日在寓，摘《明史》，仍未出《地理志》，虽连续进行，而进展不速，原因在边地之民族成分往往不易肯定，费斟酌也。本周完全未进城，星一政协有报告，星三盟中央之学习例会，均请假未去，"辞海"占去了几乎两整日，《明史》又值进展缓慢之段落，有不得不尔者矣。……

七月一日，星一　应邀出席民族历史研究工作指导委员会所召开关于僮族族源之小型座谈，在民族饭店，我提供了我的看法，谈曰半小时。……馀时摘《明史》。

---

① 指编绘《中国历史地图集》工作。——整理者注

七月二日，星二　……馀时摘《明史》。

七月三日，星三　午前重阅《读史方舆纪要》中四川之一些部分，对摘录《明史·地理志》中之资料应有帮助。……

七月四日，星四　竟日在寓，阅《读史方舆纪要》四川之部。……

七月五日，星五　……至一楼取出《图书集成·职方典》之一部分，托所中派人送寓备参阅。午后续看《方舆纪要》，字小，殊吃力。

七月六日，星六　竟日在寓，看《方舆纪要》。……

七月七日，星日　……续阅《方舆纪要》四川西南沿边地区。

七月八日，星一　……午后阅《方舆纪要》。

七月九日，星二　……馀时阅《方舆纪要》。……

七月十一日，星四　……馀时阅《方舆纪要》，四川边区完。

七月十二日，星五　……阅《读史方舆纪要》告一段落。……

七月十三日，星六　……下午阅《图书集成》；四川边缘之民族资料，此书《职方典》亦自有些纪录，但亦甚不具体。……

七月十五日，星一　竟日在寓，唯阅《图书集成·职方典》，四川边缘部分。

七月十六日，星二　……馀时看《图书集成·职方典》。

七月十七日，星三　……阅《图书集成·职方典》。……

七月十八日，星四　午前摘《明史·地理志》中民族资料至十时半。……

七月十九日，星五　竟日在寓。边摘《明史·地理志》，边阅《图书集成·职方典》相关部分。

七月二十日，星六　……摘《明史》，边阅《图书集成》。……

七月廿一日，星日　……馀时摘《明史》，边阅《图书集成》。……

七月廿二日，星一　……摘《明史》，边阅《图书集成》。……

七月廿三日，星二　竟日在寓，续摘《明史·地理志》，边阅《图书集成·职方典》。……

七月廿四日，星三　午前在寓摘《明史》。……

七月廿五日，星四　竟日在寓，摘《明史·地理志》，边参阅《图书集成·职方典》，以确定一地方之民族成分究以何者为止，否则无法上片也。……

七月廿六日，星五　午前摘《明史》。……胡起望来，星一午后乐焕偕敬颜及系中助教索文清来，同谈摘史工作，及今后联系，贾、索、胡三位同志，皆将随时与我联系者也；乐焕本人则将去东北一小时期云。……

七月廿七日，星六　……馀时续摘《明史》；为了解当时之民族分布，除参阅《方舆纪要》及《图书集成·职方典》有关部分外，有必要查看解放以来各边远省区所建置之民族自治地方，前日向系中借得一份前民院研究部于1956所编集之《一览表》，今起特据此作一套资料片，甚见吃力，因油印不清楚也。

七月廿八日，星日　……竟日写"民族自治地方"资料片。

七月廿九日，星一　……续写"民族地方"资料片。

七月三十日，星二　竟日续写"民族自治地方"片，颇有须对看地图之处，进行缓慢。……

七月卅一日，星三　竟日在寓，续作"民族自治地方"资料片，竟。昨起望为借来又一份《一览表》，系1958—1959年者，内容有所增损，明日拟据此加以校补。

八月一日，星四　竟日在寓。校订"民族自治地方"片，至晚全部蒇事，1959年以后之变动，前途再加添注。……

八月二日，星五　竟日在寓。又开始摘《明史》，边看《图书集成·职方典》。

八月三日，星六　……摘《明史》，边阅《图书集成·职方典》。……

八月四日，星日　……摘《明史·地理志》，结束广西部分，得片不多，但因边阅它书，知识上颇有所增益。

八月五日，星一　摘《明史·地理志》云南布政司部分，仍边阅《图书集成·职方典》。……

八月六日，星二　阅《图书集成·职方典》云南之部。

八月七日，星三　阅《图书集成·职方典》云南之部。

八月八日，星四　……阅《图书集成·职方》云南之部。

八月九日，星五　竟日溜览《图书集成·职方》云南之部。

八月十一日，星日　阅《图书集成·职方》云南之部。……

八月十二日，星一　……馀时阅《图书集成·职方》云南之部。……

八月十三日，星二　竟日在寓，未午睡，阅《图书集成·职方》云南之部较多。……

八月十四日，星三　阅《图书集成·职方》云南之部竟，开始摘《明史》此一方面之《地理志》。……

八月十五日，星四　续摘《明史·地理志》云南布政司部分。中国书店……王君送到五局合刻本《廿四史》一部，书亦大，白纸较厚，比我七八年前所购入之一部更若初印，且分装小木匣44只，甚整齐，决意留下，并将前购者让出，换取此书，贴上木匣费百余元，亦殊值得；惟明告王君，所贴之费亦不得不陆续付清，一时无此力量也。……

八月十六日，星五　摘《明史·地理志》云南部分竟。……

八月十七日，星六　始阅《图书集成·职方》贵州之部。……

八月十八日，星日　阅《图书集成·职方》贵州之部。……

八月十九日，星一　续阅《图书集成·职方》贵州之部。……

八月二十日，星二　……续摘《明史·地理志》贵州布政司之部。……

八月廿一日，星三　竟日在寓续摘《明史·地理志》。……

八月廿二日，星四　竟日摘《明史·地理志》贵州部分。……

八月廿三日，星五　……摘《明史·地理志》完。……

八月廿四日，星六　……午后续摘《明史》，《地理志》过去后，可加快速度矣。索文清来，谓《明史》资料片复抄之人手已定，仍为王先生，因托其相约先至我处一洽，然后取抄；王于数年前曾为我抄稿子，对古汉语及书法均有好基础可信赖也。

八月廿五日，星日　……竟日续摘《明史》，至74卷。……

八月廿六日，星一　午前摘《明史》。……夜，仍摘《明史》。

八月廿七日，星二　竟日摘《明史》至81卷。……

八月廿八日，星三　午前摘《明史》，见到明代职官，大至"总督"，小至"巡检"，其最初的设置均与镇压少数民族有关。……

八月廿九日，星四　竟日在寓摘取《明史》。……

八月三十日，星五　……续摘《明史》。……

八月卅一日，星六　……馀时摘《明史》，至91卷。

九月一日，星日　……续摘《明史·兵志》。索文清来，洽抄史料片事。……

九月二日，星一　竟日在寓摘《明史》，并初步理已成各片。摘录已至卷117。……

九月三日，星二　竟日在寓，摘《明史》，至123卷。……

九月四日，星三　午前摘《明史》，涉及有关蒙古之资料，不能不录，亦不适宜于尽录，不能无斟酌，进行不免缓慢，今定如前录帝纪部分例，仍以元帝北走为断，后录前不录。……

九月五日，星四　日间全时在寓，摘《明史》。……

九月六日，星五　……续摘《明史》。……

九月七日，星六　……馀时摘《明史》，补摘前拟省略之若干有关蒙古之段落。……

九月八日，星日　……续摘《明史》卷126。……

九月九日，星一　竟日在寓，整理已成《明史》资料片，进一步排定次序。民族所及民院历史系约抄我史料片之王先生来洽，谈抄录方式，临行暂取去有关蒙古族之卡片97张。夜阅嘉靖《马湖府志》二册七卷，系新购影印范氏天一阁藏本，草创简陋，资料不多。

九月十日，星二　午前续整理已成《明史》资料片。续摘《明史·沐英传》，尚未完。……阅嘉靖《普安州志》未竟。

九月十一日，星三　粥后续摘《明史》。……续阅《普安州志》，颇记及彝妇米鲁起兵抗明事，但亦零碎。始阅嘉靖《思南府志》。

九月十三日，星五　……夜，续阅《思南府志》。……

九月十四日，星六　午前摘《明史》。……夜续阅《思南府志》。……

九月十五日，星日　……摘《明史》。……夜阅《思南府志》，其第七卷记仡佬人"家亲殿"及崖葬一则，绝好，前所未见，不知钟健曾见到否，当语之。

九月十六日，星一　……摘《明史》，完《沐英传》。……夜阅《思南府志》完。……

九月十七日，星二　竟日在寓，摘《明史》。夜阅唐晏《渤海国志》。……

九月十八日，星三　竟日在寓，摘《明史》；夜续阅《渤海国志》。……近晚罗大奎来。……大奎，布依族人，谓布依中颇多骆、罗、陆诸姓，是骆与越亦不宜过于划分清楚也。

九月二十日，星五　……又摘《明史》。……

九月廿一日，星六　续摘《明史》。……

九月廿二日，星日　竟日摘《明史》。……

九月廿三日，星一　……夜，王老先生来，问钞写中一些问题如何解决。……

九月廿七日，星五　……夜续摘《明史》。……

九月廿八日，星六　竟日在寓摘《明史》，所得较多，且亦不感觉倦顿。……

九月廿九日，星日　……摘《明史》暂停。……

十月二日，星三　……晨，摘《明史》一小时……

十月三日，星四　……我亦得摘录较多之《明史》资料。……

十月四日，星五　竟日摘《明史》。……

十月五日，星六　竟日摘《明史》，至144卷。

十月六日，星日　竟日摘《明史》。……

十月七日，星一　竟日在寓，惟只晨及夜间摘得若干条《明史》。……

十月八日，星二　……夜摘《明史》数条。

十月九日，星三　……夜摘《明史》至146卷。

十月十日，星四　竟日重阅并摘《通鉴》，完13卷。……

十月十二日，星六　竟日摘《明史》，完147卷，出门前将暂到此为止。……

十月十四日，星一　……馀时摘《明史》。

十月十五日，星二　……午后摘《明史》。……

十月十六日，星三　……走晤索文清同志，未值，所欲言者烦邻舍同志转告，取回卡片二百张待用。……归摘《明史》至153卷。……

十月十七日，星四　午前索文清与王老偕来，谈钞片事，告以明日南行，片在案头，随取钞随归盒，与阿妈接头即可。……

十月廿一日，星一　……夜阅《淮南鸿烈解》。……

十一月五日，星二　午前与地方座谈，我亦发言……谈及"无锡"地名之来源，或与古代当地聚居之少数民族（当时不必为少数，只是非诸夏耳）有涉，而与锡矿不相干……

十一月七日，星四　……田汝康来，询知谭季龙去京，否则拟约其一谈沿革图填民族分布问题。

十一月十四日，星四　今起恢复工作，续就《资治通鉴》摘取民族史料，完十四卷，于蜀西严道之"严"究为何事，自觉有所悟获，为特列一片。……

十一月十五日，星五　竟日在寓，摘《通鉴》。

十一月十六日，星六　竟日在寓，摘《通鉴》。……

十一月十七日，星日　……午休时间，及夜食后，均回寓，摘《通鉴》。……

十一月廿一日，星四　……午休时间，阅《淮南子》，完《俶真训》。

十一月廿三日，星六　……夜归，续摘《通鉴》。……

十一月廿四日，星日　……摘《通鉴》。……

十一月廿五日，星一　……夜归摘《通鉴》三小时。

十一月廿六日，星二　……馀时摘《通鉴》告一段落。……夜归摘《通鉴》三小时。

十一月廿七日，星三　……午休后阅《淮南子》，完《俶真训》。夜归摘《通鉴》三小时。

十一月廿八日，星四　……午休后阅《淮南子·天文训》。夜归摘《通鉴》三小时如例。

十一月廿九日，星五　……午休后阅《淮南子·地形训》。夜摘《通鉴》，完第 19 卷。近每晚能工作满三小时而不感疲乏，亦一种进步也。

十一月三十日，星六　……至东城新华书店购《学生字典》二册……一自用，主要为确定若干字之北京读音，整理资料卡片之次序时有此必要。……摘《通鉴》二小时。……

十二月一日，星日　……馀时摘《通鉴》。

十二月二日，星一　……夜归，续摘《通鉴》，完第 20 卷。

十二月四日，星三　……今起又续摘《明史》，中止一月半有余矣。

十二月五日，星四　……夜摘《明史》。

十二月六日，星五　……夜归摘《明史》，完第 154 卷。

十二月七日，星六　……夜归，北邻白族赵□□同志来闲话，我于白族历史所知不多，一夕话颇有所启发云。……

十二月八日，星日　……摘《明史》告一小段落。……夜归，续摘《明史》。

十二月九日，星一　……续摘《明史》。

十二月十日，星二　……夜摘《明史》。

十二月十一日，星三　……摘《明史》半日。……

十二月十二日，星四　……摘《明史》。……夜，韦、廖二研究生来，为谈对瑶族来源之一些较新之体会，包括瑶之称谓之见于汉文史籍可推早之西汉初年云。

十二月十三日，星五　……摘《明史》。

十二月十四日，星六　……午前王老来。洽钞资料片，送回已抄片两束，取去新片，自 M 至 S 一束。……午后摘《明史》。……

十二月十五日，星日　……摘《明史》。……

十二月十六日，星一　粥后去历史系……取回卡片备用。续摘《明史》。……

　　十二月十七日，星二　竟日在寓摘《明史》。……

　　十二月十八日，星三　午前摘《明史》。……

　　十二月十九日，星四　竟日在寓。摘《通鉴》。……

　　十二月二十日，星五　竟日在寓。摘《通鉴》。……

　　十二月廿一日，星六　竟日在寓。摘《通鉴》。……

　　十二月廿二日，星日　……摘《通鉴》完第 21 卷。……

　　十二月廿三日，星一　午前续摘《明史》，完第 159 卷。……

　　十二月廿四日，星二　竟日摘《明史》。……

　　十二月廿五日，星三　……续摘《明史》。……

　　十二月廿六日，星四　续摘《明史》。……

一九六四年

　　元旦，星三　……夜，越南留学生赵有理同志来访，谓于我南行期间已来过一次，谈瑶族由来及越南约十万瑶人之迁徙分布，当是明清两代陆续自广东钦、廉南去者，其最初一批或在明景泰间，至成化末年或犹络绎未已，容与林锦之大力镇压有关，见《明史》165 卷本传。……

　　一月二日，星四　……夜，韦、廖二研究生来，钟健后亦赶到，廖生所提问题较多，就所知逐一为之解答。

　　一月三日，星五　……夜阅《吕氏春秋》。

　　一月五日，星日　……馀时续摘《明史》，越昨王老又来，取去成片一束，再不赶摘，惧接不上也。……

　　一月六日，星一　午前摘《明史》。……午后及晚阅《吕氏春秋》。近晚庆钧来，提出有关土官之一些问题，为言我之看法。……

　　一月七日，星二　粥后阅完《吕氏春秋》。馀时摘《明史》166 卷，值资料较多之诸传，且涉及黔、桂等省，只指称蛮苗，或仅言贼寇，须尽可能加以识别，故进行特缓。……

　　一月八日，星三　午前摘《明史》。……购到民族研究所印行之民族简史简志十三种。

　　一月九日，星四　今日未得时间摘《明史》。

一月十日，星五　……午休起至夜，摘《明史》。

一月十一日，星六　竟日摘《明史》。……

一月十二日，星日　……续摘《明史》。……

一月十三日，星一　……午前及夜摘《明史》。……

一月十四日，星二　竟日摘《明史》。

一月十五日，星三　午前摘《明史》。……

一月十六日，星四　午前摘《明史》。……

一月十七日，星五　午前摘《明史》，王先生来，取去成片一束。……

一月十八日，星六　午前摘《明史》。……

一月二十日，星一　午前摘《明史》。……夜仍摘《明史》。

一月廿一日，星二　竟日在寓，摘《明史》。……

一月廿二日，星三　午前摘《明史》。……夜，阅柯尔克孜族之简史简志；近购各族简史、志十三种，拟就其简史部分溜览一过，此其第一种也。

一月廿三日，星四　竟日在寓，摘《明史》。……夜，韦、廖二生来，谈读《通鉴》所遇之大小问题。

一月廿四日，星五　竟日摘《明史》。……

一月廿六日，星日　竟日在寓，摘《明史》至173卷。……睡前阅完柯尔克孜族简史之古近部分。……

一月廿七日，星一　……夜摘《明史》。

一月廿八日，星二　午前摘《明史》。……

一月廿九日，星三　午前摘《明史》。……

一月三十日，星四　粥后阅庆钧近所写关于明代水西彝族奴隶制度之论文稿，未完；其所依据译自彝文之《西南彝志》谓彝人称仡佬为"濮人"，最引起我注意，我尝谓"濮"、"僰"、"獠"、"仡佬"基本上为一种人前后不同之称谓，竟不期于此获得直接之证明。罗大奎尝语我，贵州南部布依人呼邻近之苗人为"布繇"，说明了"苗"与"瑶"本属一族。此二事差可相比，而均出自贵州地区；一单纯之称谓亦大足发人深省也。……续摘《明史》。……

一月卅一日，星五　……续摘《明史》。……

二月一日，星六　午前续摘《明史》。……

二月二日，星日　半日摘《明史》。……

二月三日，星一　竟日摘《明史》，完174卷，以册数言，完四十册，为全书之半，迄为此已半年矣，亦见工作量之不可谓小。王老来，交还部分已抄卡片，取去部分新片。此老近身体较好，工作进行加快，余颇虞供应不及。……

二月四日，星二　竟日摘《明史》，并理旧所作片。……

二月五日，星三　午前摘《明史》。……

二月六日，星四　竟日阅庆钧明代水西彝族奴隶制稿，为提若干意见，夜庆钧来，面语之。……夜渐深，始得续摘《明史》。

二月七日，星五　午前摘《明史》。……

二月八日，星六　午前摘《明史》。……

二月九日，星日　竟日在寓，摘《明史》。……

二月十日，星一　……午后摘《明史》。……

二月十一日，星二　午前后均摘《明史》。……

二月十二日，星三　今为夏历癸卯年除日。竟日摘《明史》。……

二月十三日，星四　……摘《明史》未歇。……

二月十四日，星五　……摘《明史》未间歇。

二月十五日，星六　……续摘《明史》至180卷。……

二月十六日，星日　竟日在寓，摘《明史》。……

二月廿一日，星五　……夜摘《明史》，完第182卷。……

二月廿二日，星六　午前摘《明史》。……时芳为购送各民族简史、简志合编，又得八种，合前已得二十一种。……

二月廿三日，星日　……竟日摘《明史》，只换鱼缸水时略休息。……

二月廿四日，星一　竟日在寓，摘《明史》。……

二月廿五日，星二　竟日在寓，摘《明史》。……

二月廿七日，星四　……馀时摘《明史》。夜，韦、廖二生来，钟健后至，续谈论文范围、至广西参访并搜集论文所需资料诸事。

二月廿八日，星五　……王老来，续取去《明史》片一束。馀时续摘《明史》。……

二月廿九日，星六　……摘《明史》完卷186。……

三月一日，星日　……馀时摘《明史》。

三月二日，星一　……因照常摘《明史》，大半日。……

三月三日，星二　……馀时摘《明史》。

三月四日，星三　午前摘《明史》。……

三月五日，星四　竟日摘《明史》。……

三月六日，星五　竟日摘《明史》。夜，乐焕来，询摘《明史》进行情况，因略谈此中甘苦及体会。

三月七日，星六　午前略摘《明史》。……夜摘《明史》。

三月八日，星日　竟日摘《明史》。……

三月九日，星一　午前约明瑀来商榷其所为《明代广西之土司制度》稿，可提之意见多，非面谈不解决也。午后摘《明史》。……

三月十日，星二　午前明瑀来，续谈其所为稿未完，订后日上午再来。午后及夜摘《明史》，完第 198 卷。……

三月十二日，星四　午前续与明瑀谈其文稿。午后摘《明史》。……

三月十三日，星五　午前明瑀来，续商榷其所为有关土官制度之文稿。午后摘《明史》。

三月十四日，星六　……馀时摘《明史》。

三月十五日，星日　……摘《明史》至夜。……

三月十六日，星一　午前续与明瑀商谈其论文。续摘《明史》，毕卷 202。……

三月十七日，星二　午前续与明瑀商谈其文稿，看来尚须两个上午方可蒇事。王兴泰老先生来，取去《明史》卡片一束。午后及夜续摘《明史》。……

三月十九日，星四　竟日在寓，摘《明史》。……

三月二十日，星五　……午前明瑀来，续谈其所为文稿，眉目大较前清楚矣。馀时摘《明史》。

三月廿一日，星六　……摘《明史》。……

三月廿二日，星日　……摘《明史》。

三月廿三日，星一　……午前，明瑀来，谈其文稿，告一结束，另商定提纲，逐段重写，谓我所提意见最为中肯云。馀时摘《明史》。夜乐焕同志来谈最近关于"杨图"开会讨论情况，会中对我所进行之资料工作甚感有益，辰伯主持此会，建议将资料先油印云。

三月廿四日，星二　午前王兴泰老先生来，核对部分所钞明史资料，归还并取去卡片各一束。摘《明史》至夜十一时，完 210 卷。

三月廿五日，星三　……摘《明史》。……

三月廿六日，星四　……馀时摘《明史》。

三月廿七日，星五　……馀时摘《明史》。

三月廿八日，星六　粥后摘《明史》。……饭后归。续摘《明史》至夜。

三月廿九日，星日　竟日摘《明史》。……

三月三十日，星一　……馀时摘《明史》。

三月卅一日，星二　竟日摘《明史》。

四月一日，星三　……只午前略摘《明史》。

四月二日，星四　竟日摘《明史》。

四月三日，星五　午前王兴泰老先生来，对所钞《明史》资料。……馀时摘《明史》。

四月四日，星六　竟日摘《明史》。……

四月五日，星日　……馀时摘《明史》。

四月六日，星一　午前后摘《明史》，完219卷。……

四月七日，星二　竟日在寓，摘《明史》。

四月八日，星三　午前摘《明史》。……

四月九日，星四　午前摘《明史》。……

四月十日，星五　午前摘《明史》。……

四月十一日，星六　……午后续摘《明史》。……

四月十二日，星日　竟日在寓，摘《明史》。

四月十三日，星一　竟日摘《明史》。

四月十四日，星二　午前摘《明史》。……

四月十五日，星三　午前摘《明史》。……

四月十六日，星四　阴雨。竟日摘《明史》。……

四月十七日，星五　竟日摘《明史》至227卷。王兴老来，略核对钞件，取去新抄片一大束。……

四月十八日，星六　……馀时摘《明史》。……

四月廿四日，星五　……夜摘《明史》若干条。

五月四日，星一　……续摘《明史》。……

五月五日，星期二　今起续摘《明史》。……

五月六日，星三　午前摘《明史》。……

五月七日，星四　竟日摘《明史》，完卷236。……

五月八日，星五　……续摘《明史》。……

五月九日，星六　竟日在寓，摘《明史》。……

五月十日，星日　……馀时摘《明史》。……

五月十一日，星一　……馀时摘《明史》。

五月十二日，星二　……午后在寓，续摘《明史》。

五月十三日，星三　……夜摘《明史》。

五月十四日，星四　……午后续摘《明史》，至第 239 卷，明起又有译事须突击，系耀华同志于昨晚交到者，《明史》工作将暂停。

六月十日，星三　……刘尧汉来，谈近年调云南后对白族之一些探索，认为其来源中有重要之巴人成分，且谓"白蛮"为"白虎蛮"之省文。

六月十一日，星四　……阅倪蜕《滇小记》。

六月十三日，星六　……尧汉来，续谈白族来源问题，旁及滇省其它少数民族，近午始别。……

六月十五日，星一　竟日在寓译 Merton 文，仅王兴泰同志来寓核对《明史》卡片时略一间断。

六月十八日，星四　……夜，阅《滇小记》完。阅陈运溶辑盛弘之《荆州记》。

六月廿九日，星一　……王兴泰来，洽抄《明史》资料事，并取去旧存未抄卡片一束，此部分卡片尚有余空待续，因虑其工作中断，影响其收入，故先与之，前途再写《明史》片，须别起矣。……

六月三十日，星二　……尧汉来续谈，谓北朝商洛之泉姓疑与爨姓有涉，谓当地二字完全同音，所言亦有意致。……

七月四日，星六　……午后起续摘《明史》，旷五十日矣。……

七月五日，星日　续摘《明史》竟日。……

七月六日，星一　……夜摘《明史》。

七月七日，星二　竟日摘《明史》，完 239 卷，此卷各传，涉及西北境蒙古者独多，且夹杂，摘录亦吃力也。

七月八日，星三　午前摘《明史》。……

七月九日，星四　竟日在寓，摘《明史》。

七月十日，星五　竟日在寓摘《明史》。……

七月十二日，星日　竟日在寓，摘《明史》。……

七月十三日，星一　竟日摘《明史》。……

七月十四日，星二　摘《明史》。……

七月十五日，星三　午前摘《明史》，夜亦如之。……

七月十六日，星四　竟日在寓，摘《明史》。

七月十七日，星五　竟日在寓摘《明史》。……

七月十八日，星六　竟日在寓摘《明史》。……

七月十九日，星日　竟日在寓摘《明史》。……

七月二十日，星一　竟日在寓摘《明史》。

七月廿一日，星二　竟日在寓摘《明史》。

七月廿二日，星三　……夜摘《明史》。

七月廿五日，星六　竟日在寓摘《明史》。

七月廿六日，星日　竟日在寓摘《明史》。……

七月廿七日，星一　竟日摘《明史》，完第261卷。

七月廿八日，星二　……夜续摘《明史》。录新书卡片一束十余种，中有《湖南通志》清光绪本。……

七月廿九日，星三　午前及夜续摘《明史》至266卷。……

七月三十日，星四　……馀时摘《明史》至269卷。

八月一日，星六　……馀时摘《明史》完第269卷。

八月四日，星二　……摘《明史》，改自310卷《土司列传》首卷起，其自270至309各卷，俟归后为之；《土司》诸传资料集中，旅中有三四册足敷用，不至太加重行李分量也。……

八月五日，星三　……午后摘《明史》。……

八月七日，星五　……午休后摘《明史》，夜亦如之，昨夜起，宾馆已为装置桌灯，光照无碍也，闻明后其它各室亦将装置云。……

八月八日，星六　……摘《明史》。……睡前续摘《明史》一小时许。

八月九日，星期　……夜摘《明史》。

八月十日，星一　……夜，灯下摘《明史》。

八月十一日，星二　……续摘《明史》，完310卷《湖广土司》，得片五十二，条则不胜计矣。……

八月十三日，星四　……摘《明史》四小时。……

八月十五日，星六　……午休后摘《明史》。……

八月十六日，星日　……略摘《明史》两片。……

八月十七日，星一　……馀摘《明史》。

八月十八日，星二　……馀时略摘《明史》。

八月十九日，星三　……午休后略作史料卡片。……

八月二十日，星四　……馀时略作《明史》摘录。

八月三十日，星日　……阅袁嘉谷《滇绎》。……

八月卅一日，星一　今起恢复日常工作，摘《明史》自卷270起。……

九月一日，星二　摘《明史》完270卷。

九月二日，星三　摘《明史》第271卷。……

九月三日，星四　竟日在寓，摘《明史》完276卷。……

九月四日，星五　……馀时摘《明史》。

九月五日，星六　王兴泰来，核对其所抄资料，我所作卡片失误处不少，渠率能指出，甚好。摘《明史》至279卷。……

九月六日，星日　竟日摘《明史》。……

九月七日，星一　竟日摘《明史》，完第288卷。……

九月八日，星二　竟日摘《明史》。……

九月九日，星三　午前摘《明史》。……

九月十日，星四　竟日摘《明史》。……

九月十一日，星五　午前摘《明史》。……

九月十二日，星六　竟日摘《明史》，至305卷。……

九月十三日，星日　午前在寓摘《明史》。……夜续摘《明史》。

九月十四日，星一　竟日在寓摘《明史》，完309卷，与在大连时所摘之310、311卷终于衔接矣。……

九月十五日，星二　竟日在寓摘《明史》，自311卷《建昌卫传》起。自310卷始，因资料集中，非摘录，直抄写而已，然分段分片亦颇费神思，缘一地不止一族，而有些条条究属何族亦不易判定也。

九月十六日，星三　……夜摘录《明史》。

九月十七日，星四　午前录《明史》。……

九月十八日，星五　王兴泰来，同核其所转抄之《明史》资料。馀时摘写资料片。夜阅邻友白族赵同志惠借之李元阳《云南通志》及其祖父弢甫先生诗稿。《通志》系民廿三年重排印者，其所益龙云序即为弢甫先生手笔，此书为老人自藏，附有眉批不少；诗稿亦其手写本，字句皆不苟。弢甫先生名式铭，民初云南名士也。

九月十九日，星六　竟日摘《明史》。……

九月廿一日，星一　……中国书店王同志来，送来《大金国志》。……夜续摘《明史》。乐焕来，谈将下乡"四清"，又商将《明史》中所摘资料编成长编事。……

九月廿二日，星二　午前续摘《明史》。……夜仍摘《明史》。

九月廿三日，星三　……夜归，摘《明史》。

九月廿四日，星四　竟日在寓，摘《明史》。……

九月廿五日，星五　……王兴泰来，核对所抄史料。……夜食前后摘《明史》。……

九月廿六日，星六　午前摘《明史》。……

九月廿七日，星日　……竟日热闹，但仍得摘《明史》，且所得不亚于平时。……

九月廿八日，星一　摘《明史》，夜至十一时。……

九月廿九日，星二　午前摘《明史》。……

九月三十日，星三　竟日在寓摘《明史》。……

十月二日，星五　竟日摘《明史》。……

十月三日，星六　竟日摘《明史》。……

十月四日，星日　竟日摘《明史》。……

十月五日，星一　竟日摘《明史》。王兴泰来，核对抄件，此老细心，颇能发现我摘抄脱误处，亦是对古汉语有根柢故也。

十月六日，星二　竟日摘《明史》，完第313卷。尧汉来，出示其所为稿，论白族之部分来源为巴，甚有见地，稿暂留我处待细阅；尧汉本已调滇，近又调归民研所。南诏蒙氏族属，历来颇多聚讼，我于1959年溜览西南文献后，以为出蒲蛮者近是，尧汉见语，谓方国瑜兄亦持此见解，当不诬也。我又尝谓孟获亦出于蒲蛮，当时称为濮人，所谈较杂，竟未及此。夜续阅袁嘉谷《滇绎》。

十月七日，星三　……夜归，摘《明史》314卷。

十月八日，星四　竟日在寓摘《明史》。……

十月九日，星五　竟日在寓摘《明史》。

十月十日，星六　……馀时摘《明史》。……

十月十一日，星日　……竟日摘《明史》。

十月十二日，星一　竟日在寓摘《明史》。……

十月十三日，星二　竟日在寓摘《明史》，完314卷。一卷占时间一星期，资料集中故也。夜开始第315卷。……

十月十四日，星三　……夜摘《明史》。

十月十五日，星四　竟日在寓摘《明史》。

十月十六日，星五　……照常摘《明史》。……

十月十八日，星日　……四时归，摘《明史》。夜边摘边就收音机听取关于八国乒乓球邀请赛之现场报导。……

十月十九日，星一　竟日摘《明史》。

十月二十日，星二　竟日摘《明史》。……

十月廿一日，星三　……馀时摘《明史》。

十月廿二日，星四　……摘《明史》大半日。……

十月廿三日，星五　……摘《明史》大半日。……

十月廿四日，星六　午前摘《明史》。……

十月廿五日，星日　……竟日摘《明史》。……

十月廿六日，星一　竟日摘《明史》，完316卷。……

十月廿七日，星二　……摘《明史·广西土司传》，进入317卷矣。……

十月廿八日，星三　午前摘《明史》。……

十月廿九日，星四　……馀时摘《明史》。……

十月三十日，星五　……竟日摘《明史》。

十月卅一日，星六　竟日在寓，摘《明史》。……

十一月一日，星日　……摘《明史》竟日，完317卷。

十一月二日，星一　……竟日摘《明史》。

十一月三日，星二　……摘《明史》，照常。

十一月四日，星三　午前摘《明史》。……

十一月五日，星四　竟日在寓摘《明史》。

十一月六日，星五　竟日在寓摘《明史》。……

十一月七日，星六　竟日摘《明史》，至夜十时方罢，完318卷。……

十一月八日，星日　竟日在寓摘《明史》。……

十一月九日，星一　……馀时摘《明史》。

十一月十日，星二　竟日在寓摘《明史》。……

十一月十一日，星三　午前摘《明史》。……

十一月十二日，星四　竟日在寓摘《明史》。

十一月十四日，星六　午前摘《明史》。……

十一月十五日，星日　竟日在寓摘《明史》。……

十一月十六日，星一　竟日在寓摘《明史》。

十一月十七日，星二　竟日在寓摘《明史》。

十一月十八日，星三　午前摘《明史》。……

十一月十九日，星四　竟日摘《明史》。

十一月二十日，星五　竟日摘《明史》。……

十一月廿一日，星六　竟日摘《明史》。……

十一月廿二日，星日　竟日摘《明史》。……

十一月廿三日，星一　竟日摘《明史》。

十一月廿四日，星二　竟日摘《明史》。……

十一月廿五日，星三　……夜续摘《明史》。

十一月廿六日，星四　竟日摘《明史》，完第329卷。……

十一月廿七日，星五　竟日摘《明史》。……

十一月廿八日，星六　竟日摘《明史》，完330卷《西番诸卫》部分。……

十一月廿九日，星日　竟日在寓摘《明史》。

十一月三十日，星一　竟日在寓摘《明史》。……

十二月一日，星二　竟日在寓摘《明史》。

十二月二日，星三　午前摘《明史》。……

十二月三日，星四　竟日在寓摘《明史》。

十二月四日，星五　竟日在寓摘《明史》。……王兴泰来，对所抄资料。

十二月五日，星六　……夜摘《明史》。……

十二月六日，星日　午前摘《明史》。……

十二月七日，星一　竟日在寓摘《明史》。

十二月八日，星二　竟日在寓摘《明史》。

十二月九日，星三　午前摘《明史》。……夜摘《明史》。

十二月十日，星四　竟日在寓摘《明史》。……

十二月十一日，星五　竟日在寓摘《明史》。……

十二月十二日，星六 ……午后续摘《明史》，完332卷，全书完。……

十二月十五日，星二 今起开始整理《明史》中民族资料片，除"总录"部分首列外，馀将各族类据汉语拼音依次归纳，午前初步竣事。……夜进一步整理卡片，完"总录"部分。

十二月十六日，星三 午前及夜续整理《明史》民族史资卡片。……

十二月十七日，星四 ……馀时续整理卡片，至夜十时功竣，以后王兴泰续有归还，即陆续依次补插即可，所未插者估计已不足五百张，约全部卡片五六分之一。

十二月廿七日，星日 ……馀时在寓摘阅各民族简史简志。……

十二月廿八日，星一 ……夜归，续阅民族简史简志。

一九六五年

一月廿九日，星五 王兴泰来，核对所抄明史资料；上周亦曾来一次，失记。……

二月十七日，星三 王老兴泰来，对所抄明史片。……

二月廿二日，星一 王兴泰同志来，核所抄资料。……

四月三十日，星五 ……王兴老来，洽明史资料分题排比事。……

五月一日，星六 ……排插明史卡片三百余张，此为王老所抄最后一批。……

五月十日，星一 午前王兴泰来，谈明史民族资料排比事，并见示已剪贴之一部分。……

五月廿四日，星一 午前王兴泰来，续洽明史民族资料编排事。……

五月廿五日，星二 午后王兴泰来，知我将有苏州之行，续有有关资料编排之若干点须解决。……

六月十四日，星一 午前王兴泰同志来，交来一部分编贴就绪之明史民族资料，皆有关蒙族者，然亦只蒙族之一部分耳。昨途遇乐焕，云此事经费问题迄未解决，或须暂搁，或人事上另想办法，今兴泰亦云已属其暂且放下。究竟如何，须待乐焕来详谈之也。……

六月廿一日，星一 王兴泰先生来，续缴一部分编贴之明史资料。……

六月廿八日，星一 王兴泰来，续缴部分所抄贴之明史资料；此后须暂停矣，待组织上后命。……

七月廿八日，星三　杨图（历史地图）委员会约至和平宾馆其集中工作处出席一小会，谈制宋、元、明图须添注民族分布有关问题，实季龙、乐焕约为之，饭后归，接送均由彼派车，天气虽热，尚不吃力。……

九月十四日，星二　……馀时阅郭久祺所作有关苗、瑶族来源之稿件，此稿由宝骥同志介绍而来，留此已半年，今始得抽空为之。

九月十五日，星三　午前续看郭久祺稿完。闻寒假渠将来京见访，稿中问题，可从详谈之。……

十一月七日，星日　……至贵溪县西北境观白塔河之新渠水利工程……此段白塔河在丛山中……其中一山之削壁上有悬棺葬遗迹，悬棺葬为仡佬人或獠人上层旧俗，此处隐约可见者只余木板数片，估计至少已有二千五百年之历史，同行有询及此者，为就所知略言之。……

十一月廿一日，星日　……此行不搞业务，然亦难完全避免。摘录《明史》民族资料时，屡次发现封建统治者对所称"龙泉山寇"之镇压，事率在明代中叶以前。来此以前，我只知龙泉即清代以来之遂川，至此乃悟"山寇"之山，即井冈无疑。此次旅途虽不经遂川县治，然井冈中心及迤东境地原属遂川，1928年遂川克服，其工农兵政府，即县人民委员会，即设在茨坪，即当年革命根据地之中心，亦即今宾馆所在之平坝。此其一。井冈山，旧日舆地之书率不详，显为汉人所不甚涉足之地，此其二（此一点须归后再续加考查肯定）。井冈景色之美，实不在庐山之下（庐山我于30年代曾去过二次），舆志既不详论，今其地竟无一处僧寺道观，亦不见有坟山，与其它名山迥然不同，此其三。井冈中极少荒山秃岭，竹木之盛，得未曾有，其间闻尚有些原始森林，解放以来，林业有所发展，固亦事实，然不可能如是之快，今一望蔚然深秀者强半为原有之光景无疑，此其四。同来之省统战部余同志见语，井冈土语甚特别，渠为江西人亦全不懂，此说明其间或有部分非汉语之基础成分，此其五。有此五端，可知"龙泉山寇"者，即居于井冈山及其周匝山区之瑶族耳。"山寇"为畲族、瑶族之先之通称，东汉三国以还之史书皆载之，此固不待多事说明者。瑶族在历史上长期以来分布在赣、湘、粤、桂四省毗连地区，以江西论，小镇压不计，明以前亦姑不论，明代之大镇压至少有三次，历次对"龙泉山寇"之镇压至少有两次，而其余一次则王守仁之"功绩"，桶岗、三浰、左溪等地之大围剿，皆彼之为也。大抵"龙泉山寇"受镇压后，瑶族散布地区更趋压缩，而只限于上犹一隅，至守仁镇压成功，分上犹设崇义县，则幸存者非汉化，即退两粤北境，而更集中于九连山区矣。

　　此论而确，则可知井冈之所以成为当代革命之策源地，兄弟民族亦间接有其一分力量也。设此地早为汉人所占有，归汉族地主阶级所把持，则其为策源地也当必有较大之困难应须克服，不独外来之反动军队而已。正因其原为瑶族所开拓经营，汉人来得迟，来得少，故至本世纪二十年代，尚属一片比较干净之处女地，使策源之工作比较的较易为力，正未可知。姑作此一说，容前途纠正或充实。……

　　十一月廿五日，星四　……今晨所过之拿山，尚在井冈范围以内；拿山之名颇奇特，全不类汉族惯称之山名，同人有以此相询者。我颇疑"拿"是瑶语，指田地，拿山者，曾经开垦而有田畴之山耳。我说而是，则"龙泉山寇"之为瑶族，又多得一证矣。

　　十二月十二日，星日　……车至东湖……1957……年我曾唤车出观湖畔一角之二大土堆，俗谓之"蛮王坟"，显为东汉初年"江夏蛮"之遗迹，此次亦尝询之导游同志，则咸谓不知有此！……

　　十二月十九日，星日　……离家时中国书店送来拟购书多种，随意溜览《蜀中广记》至就枕。……

　　十二月二十日，星一　……续阅《蜀中广记》，就有用资料酌加圈点。……

　　十二月廿一日，星二　竟日阅《蜀中广记》，摘出有关民族资料。……

　　十二月廿二日，星三　竟日在寓，续摘点《蜀中广记》。……

　　十二月廿三日，星四　午前阅《蜀中广记》，夜亦如之。……

　　十二月廿五日，星六　……夜阅《蜀中广记》。……

　　十二月廿六日，星日　竟日在寓，阅《蜀中广记》。……

　　十二月廿七日，星一　竟日在寓阅《蜀中广记》，其边防部分颇集中了些民族资料。

　　十二月卅一日，星五　……归寓后续阅《蜀中广记》。……

（摘自《潘光旦文集》第十一卷）